红色记忆
——江苏省档案馆馆藏革命历史报刊资料选编
(1918—1949)

江苏省档案馆 编

东南大学出版社
·南京·

图书在版编目(CIP)数据

红色记忆：江苏省档案馆馆藏革命历史报刊资料选编(1918—1949)/江苏省档案馆编. — 南京：东南大学出版社,2014.9
ISBN 978-7-5641-5166-9

Ⅰ.①红… Ⅱ.①江… Ⅲ.①新民主主义革命－革命史－史料－江苏省 Ⅳ.①K295.3

中国版本图书馆CIP数据核字(2014)第199405号

红色记忆——江苏省档案馆馆藏革命历史报刊资料选编(1918—1949)

出版发行	东南大学出版社
社　　址	南京市四牌楼2号　邮编：210096
出 版 人	江建中
责任编辑	史建农
网　　址	http://www.seupress.com
电子邮箱	press@seupress.com
经　　销	全国各地新华书店
印　　刷	南京工大印务有限公司
开　　本	787mm×1092mm　1/16
印　　张	46.75
字　　数	1137千字
版　　次	2014年9月第1版
印　　次	2014年9月第1次印刷
书　　号	ISBN 978-7-5641-5166-9
定　　价	98.00元

本社图书若有印装质量问题，请直接与营销部联系。电话：025-83791830

编委会

主　任　谢　波
副主任　项瑞荃　贲道红　顾祖根　张姬雯
　　　　　赵　深　齐丽华　欧阳旭明

主　编　顾祖根
编辑室　薛春刚　方毓宁
　　　　　胡卫国　刘维荣　苏海霞

序　　言

报纸是传播新闻、反映和引导舆论的媒介和载体。报纸起源,源远流长。公元前59年,古罗马帝国就有《每日纪闻》。中国唐代有了每日发布的密报。近代报纸则产生于16世纪的意大利威尼斯。中国近代最早的日报是1873年于汉口创办的《昭文新报》。

报纸为中国共产党的诞生和红色政权的建立作出了不可磨灭的贡献。在中国共产党创建前,江苏地区就有多种进步报刊,宣传新思想,介绍马列主义学说。中国共产党创办的最早的报纸是1922年创刊于上海的《向导》周报,1925年又有《热血日报》,它们为共产主义在中国的早期传播发挥了理论向导作用。报刊信息还在中国革命的危急关头发挥过关键性的作用。长征途中,毛泽东率领濒临绝境的中央主力红军在云贵川康边境同反革命势力周旋时,正是通过报纸获悉陕北有刘志丹、徐海东创立的红色根据地,从而确立红军长征的目的地,最终将红色革命的大本营放在陕北。

在开展革命的漫长历程中,党的中央机构和各级组织,十分重视报刊的舆论宣传作用,各种红色报刊层出不穷。1927年中共江苏省委成立后,正式创办、出版的党的报刊,先后有50多种。在江浙一带,有中共江浙区委、江苏省委的《平民日报》(1927年2月)、中共江苏省委的《前锋》周报(1927年8月)、《上海报》(1929年4月)、《大中报》(1932年4月)、《真话报》,等等。1937年抗日战争爆发后,在江苏的各级党委、政府创办了100多种机关报刊,其中区党委以上的报刊有10种,形成了以党报为核心的抗日根据地报刊网络。解放战争期间,又有各种区党委以上机构创办的报刊,这些报刊在抗日战争、解放战争中对宣传指导敌后的政治军事斗争,开辟革命根据地,保护和扩大解放区,加强党的建设,发动人民群众支援革命斗争起到了重要的促进和推动作用。

本书收录的内容,上自反映中国共产党创始时的文化运动理论源头——"五四"运动前夕1918年12月创刊的进步政治报刊《每周评论》和1919年创刊的进步政治读物《先驱报》,下迄于1949年解放初期的《军政往来》,共100余万字。既有党不同革命历史时期的领袖人物陈独秀、李大钊、毛泽东、瞿秋白、邓中夏、蔡和森、张闻天等人的著名文章,如陈独秀的"十月革命与中国民族解放运动",李大钊的"新旧思潮之激战",毛泽东的"江浙农民的痛苦及其反抗运动",瞿秋白的"日本对华屠杀后的中日亲善论",邓中夏的"《先驱》发刊词",蔡和森的"中国革命运动与国际之关系",张闻天的"论中国革命的工农民主专政";又有革命队伍中的理论工作者,党外进步文化人士的通讯报道,如署名为"毅"的

"'五四运动'的精神"、高君宇和春默联名发表的"为了群众利益而革命——非为了革命来找群众"等;还有采撷于民间反映人民群众反抗社会黑暗,追求幸福生活的"劳动歌",歌颂革命烈士的"感黄庞二烈士底死"等。内容涵盖了党从诞生初期直至取得全国解放前夕的各个革命历史阶段的重大事件,有星星之火初期中国共产党成立的纲领宣言——"中国共产党第三次全国大宣言",有记录国共第一次合作北伐、荡平军阀的辉煌史实,有蒋介石发动"四·一二"反革命政变、对共产党人实施残酷镇压的罪证实录——"蒋介石屠杀上海工人纪实",更有反映中国共产党领导的人民军队抗击日本帝国主义的檄文——"新四军的胜利出击与中国的救国事业",以及从一个侧面反映人民解放军在人民群众的支援下发起三大战役歼灭国民党反动派的精锐主力,挥师南下,摧枯拉朽推翻蒋家王朝战争史实的"华中支前总动员令"……尤值一提的是,本书收录的一些文献,是解放后首次公开出版。如"江浙农民的痛苦及其反抗运动"、"查田运动的初步总结",等等,这些文献,对于研究毛泽东同志领导开展土地革命斗争的历史具有珍贵的史料价值。掩卷沉思,回首往事,"雄关漫道真如铁"。从此书中,人们可一窥中国革命红色记忆的辙印,一睹中国先烈来自群众、为了群众、为人民群众谋幸福,抛头颅、洒热血的悲壮历史,对比"人间正道是沧桑"的新中国,我们会更加缅怀为革命英勇奋斗、壮烈献身的英烈,更加珍惜当下的美好生活,坚持走群众路线,为中华民族的伟大复兴奋力前行。

读史使人明智。昔人云:"思所以危则安,思所以乱则治,思所以亡则存。"毛主席在延安时期就指出:"仅仅有这种(拿枪的)军队是不够的,我们还要有文化的军队,这是团结自己、战胜敌人必不可少的一支军队。'五四'以来,这支文化军队就在中国形成,帮助了中国革命。"同样,今天的文化建设要助推实现中国梦。通观《红色记忆》,确是反映我党艰苦卓绝的革命斗争、历尽苦难成就辉煌的缩影。

"看似寻常最奇崛,成如容易却艰辛。"《红色记忆》的编纂过程,是一次文化苦旅的重温。愿此书为实现中国梦,弘扬档案魂,为江苏率先全面现代化起到积极的推动作用。

谢 波
2014 年 7 月 1 日

凡　　例

一、本史料选编共收录江苏省档案馆馆藏革命历史报刊485篇文章。其中理论性文章44篇、评论文章107篇、反映军事武装类的119篇、记述红色政权类的98篇、红色文化类的117篇。各个章节所选文章据其形成时间先后排序。作者姓名一般以当时的署名为准，包括笔名、化名等。如只眼、实庵、仲、实、巨缘、春水、众甫、独秀等均是陈独秀，守常、李大钊等均是李大钊，润之、泽东等均是毛泽东，等等，不作统一。

二、所选录报刊文章无论原作是竖行版式还是横排版式，均改为横排版式，由编者标点、分段。

三、所选录文章在目录里均按标题名—（作者）—所选报刊名称—刊登时间—期或号序列。正文中作者名以仿宋体标注在题目的右下方，刊物名称和刊登时间以楷体字加"（　）"排印于文章末尾。

四、所选录报刊文章内对人名、地名画线标注，原作者对重要内容标以波浪线或下加圆点等均予以保留。对原文的英文字母、单词、词组或句子均予以保留。对原文中标点符号与现代用法明显相左者，予以纠正。

五、所选录报刊文章格式中的抬头、称呼和空格均予保留。原编者对正文的以"（注）"、"（注一）"、"（注二）"等依序标于文中，注释内容以楷体注于文后。

六、所选录报刊文章的繁体字改为简体字；古字、异体字（含俗体字）以"[　]"注其后。其中人名、地名、古籍名以及易引起歧义者不予纠正，通常用原名。通假字一般不予纠正。如"徼幸"不作"侥幸"，"发见"不作"发现"等。对原文的苏北方言等不作解释。如"不亏毛主席，亏哪一个"的"亏"作"幸遇"、"幸亏"，"你俺那块知道"作"你我哪里知道"等。但对少数易引起当下误解的字，仍改为简体规范字，或以"[　]"注于其后。

七、所选录报刊文章文字凡缺漏、残破、污损、字迹难以辨识者，以"□"表示，一个"□"表示一个字。错别字以"（　）"予以改正。

八、所选录报刊文章除以上作适当的整理加工外，均原文照录，以保持其真实原貌。

目　　录

第一篇　理论指南

第一章　东方惊雷 ··· （3）

新时代之根本思想 ················ 一　湖《每周评论》1919.02.09 第 8 号（3）
万恶之"治" ···················· 汪伊真《每周评论》1929.02.16 第 9 号（5）
新旧思潮之激战 ···················· 守　常《每周评论》1919.03（6）
为什么要南北分立 ··················· 只　眼《每周评论》1919.03.23（7）
共产党的宣言（摘译） ·················· 舍《每周评论》1919.04.06（8）
最近新旧思潮冲突之杂感 ··············· 毋一忘《每周评论》1919.04.13（9）
废娼问题 ······················· 常《每周评论》1919.04.27（10）
"五四运动"的精神 ·················· 毅《每周评论》1919.05.26（11）
危险思想与言论自由 ··················· 常《每周评论》1919.06.01（11）
我们究竟应当不应当爱国 ················ 只　眼《每周评论》1919.06.08（13）
民众运动的目的 ···················· 涵　庐《每周评论》1919.08.03（14）
为了群众利益而革命——非为了革命来找群众
　　················ 高君宇　春　默《向导》1922.10.04 第 4 期（16）
中国青年之共同抱负 ··················· 程　鹏《向导》1924.05.28 第 67 期（19）
中国共产党对于时局之主张 ················· 《向导》1924.11.19 第 92 期（20）
列宁与中国 ······················ 独　秀《向导》1925.01.21 第 99 期（22）
中国共产党一九二五年"五一"告中国工农阶级及平民
　　······················ 中共中央执委《向导》1925.05.01 第 112 期（24）
中国共产党为反抗帝国主义野蛮残暴的大屠杀告全国民众
　　······························ 《向导》1925.06.06 第 117 期（25）
民族解放运动的新时期 ·················· 心　诚《向导》1925.09.07 第 127 期（27）
十月革命与中国民族解放运动 ············· 独　秀《向导》1925.11.07 第 135 期（29）
中共青年团为吴佩孚联奉进攻国民军事告全国民众
　　······························ 秋　白《向导》1926.02.07 第 145 期（29）
江浙农民的痛苦及其反抗运动 ············· 润　之《向导》1926.10 第 179 期（30）
南通工农的地狱生活及其英勇斗争 ··········· 赵贵胜《红旗周报》1932.12.17（33）

第二章 开天辟地······(35)

《先驱》发刊词 ·················· 邓中夏《先驱》1922.01.15(35)
革命与社会主义 ·················· 仁 任《先驱》1922.01.15(36)
共产主义者所应取的态度 ·········· 凯 旋《先驱》1922.01.30(37)
在国际青年共产革命运动之下，我们中国青年应有的觉悟
　　　　　　　　　　　　　　　　丁 燕《先驱》1922.03.15(39)
关于中国少年运动的纲要 ·················《先驱》1922.04.01(40)
革命与进化 ·················· 成 阴《先驱》1922.04.15(41)
马克思诞生百零五周年纪念日　敬告中国青年
　　　　　　　　　　　中国社会主义青年团《先驱》1923.05.05(42)
青年共产主义运动在中国的意义 ···· 敬 云《先驱》1923.06.01(43)
中国的青年运动究竟应该怎样 ······ 存 统《先驱》1923.07.01(44)
中国社会主义青年团对于时局的宣言
　　　　　　中国社会主义青年团中央执行委员会《先驱》1923.07.16(51)
中国革命运动与国际之关系 ·········· 和 森《向导》1923.05.02第23期(54)
中国共产党第三次全国大宣言 ······ 和 森《向导》1923.06.20第34期(57)
为收回海关主权事告全国国民 ······ 和 森《向导》1923.12.12第48期(58)
为"二七"纪念告国人 ·············· 为 人《向导》1924.02.20第53期(60)
为日本出兵干涉中国告全国民众
　　　　　　　　　　中共中央共青团中央《向导》1925.12.20第139期(60)
中国共产党致第三次全国劳动大会信
　　　　　　　　中国共产党中央执行委员会《向导》1926.05.01第151期(61)
中国共产党致第一次全国农民大会信
　　　　　　　　中国共产党中央执行委员会《向导》1926.04.20第151期(62)
打破"民族的巴士底狱" ············ 独 秀《向导》1926.05.30第155期(63)
革命的目的 ·················· 倬 云《向导》1926.06.23第160期(64)
中国共产党为英国帝国主义屠杀万县告民众书
　　　　　　　　　　　　　　　　　　《向导》1926.09.25第173期(66)
列宁论东方民族的解放运动 ·········· 魏 琴《向导》1927.01.21第184期(67)
无产阶级与民族运动 ·············· 独 秀《向导》1927.02.16第188期(68)
我们目前的奋斗 ·················· 独 秀《向导》1927.03.06第190期(68)

第二篇　时局评论

第一章　国际时事 ……………………………………………………（73）

中德俄三国联盟与国际帝国主义及陈炯明之反动
　　…………………………………… 和　森《向导》1922.10.04 第 4 期（73）
日本帝国主义与张作霖 …………………… 振　宇《向导》1922.10.04 第 4 期（76）
议员学者跑到美国帝国主义家里讨论宪法问题吗
　　…………………………………… 只　眼《向导》1922.10.04 第 4 期（77）
请看国际帝国主义怎样宰制中东路 ……… 只　眼《向导》1922.10.04 第 4 期（77）
目下局势与国际帝国主义 ………………… 和　森《向导》1922.10.18 第 6 期（77）
护路提案与美日 …………………………… 独　秀《向导》1923.08.29 第 38 期（79）
英国人与梁如浩 …………………………… 泽　东《向导》1923.08.29 第 38 期（79）
日本大灾与中国 …………………………… 独　秀《向导》1923.09.08 第 39 期（80）
日本大灾在国际上的意义 ………………… 和　森《向导》1923.09.08 第 39 期（80）
限制天空军备会议——重新宰割弱小民族
　　…………………………………… 章　龙《向导》1923.09.08 第 39 期（81）
引人入胜的外交案——组织联合舰队 …… 章　龙《向导》1923.09.16 第 40 期（82）
华会以后美国对华的德政一斑 …………… 章　龙《向导》1923.09.16 第 40 期（83）
美人私运军火与临城土匪军火之来源 …… 振　宇《向导》1923.09.16 第 40 期（84）
呜呼！英国侦探的和平运动 ……………… 和　森《向导》1923.09.23 第 41 期（84）
试看英人护路的又一论证 ………………… 章　龙《向导》1923.09.23 第 41 期（85）
救灾声中日本军阀的暴行 ………………… 章　龙《向导》1923.09.23 第 41 期（86）
外国帝国主义国家及中国军阀可以救中国么
　　…………………………………… 再　万《向导》1923.09.23 第 41 期（86）
丧权辱国的临案覆牒　重要部分予以承认——万恶的自动处置
　　…………………………………… 章　龙《向导》1923.09.30 第 42 期（87）
临城案与侨日华工被杀案 ………………… 独　秀《向导》1923.10.17 第 43 期（88）
美国侨商公然在沪大开侵略会议 ………… 章　龙《向导》1923.10.27 第 44 期（89）
内地河川将为海关铁道之续——不仅一吴淞江问题
　　…………………………………………………《向导》1923.10.27 第 44 期（90）
外舰联防之另一用意 ……………………… 和　森《向导》1923.11.07 第 45 期（92）
恢复华人领港权 …………………………… 独　秀《向导》1923.11.27 第 47 期（93）
蛮狠的美国侨商 …………………………… 章　龙《向导》1924.01.20 第 52 期（93）
洋商船全副武装航行内河 ………………… 为　人《向导》1924.01.20 第 52 期（94）

洋商反抗我国商标条例 ……………	维　英《向导》1924.02.20 第 53 期（ 94 ）
导淮与外患 …………………………	仁　静《向导》1924.04.02 第 60 期（ 95 ）
上海租界三大问题 …………………	独　秀《向导》1924.04.16 第 61 期（ 95 ）
外力宰制下之华人生命 ……………	育　南《向导》1924.04.23 第 63 期（ 96 ）
美国退还赔款的阴谋 ………………	章　龙《向导》1924.05.14 第 65 期（ 97 ）
请看帝国主义底"自供" ……………	楚　女《向导》1924.05.14 第 66 期（ 98 ）
肉麻世界 ……………………………	独　秀《向导》1924.06.04 第 68 期（ 98 ）

世界第一名帝国主义者——英国——他的经济与政治状况之研究

　　　　　　　　　　　　　　　　　　赵世炎《向导》1924.07.23 第 75 期（ 98 ）

| 日本在华侵略之新计划 …………… | 独　秀《向导》1924.08.06 第 77 期（102） |
| 再论外人私运军火与中国治安 …… | 独　秀《向导》1924.08.06 第 77 期（103） |

世界战争第十周年
　　　　　　　………………… 韦　译（D. Petrovsky 原作）《向导》1924.08.13 第 78 期（104）

美国人又以军火供给北洋军阀 ……	独　秀《向导》1924.08.20 第 79 期（106）
列宁与义和团 ………………………	太　雷《向导》1924.09.03 第 81 期（107）
十月革命与弱小民族 ………………	瞿秋白《向导》1924.11.07 第 90 期（107）
鸦片会议给中国人的教训 …………	天　声《向导》1925.02.14 第 102 期（108）
请看帝国主义的横暴 ………………	超　麟《向导》1925.03.14 第 106 期（109）
帝国主义铁蹄下的中国 ……………	超　麟《向导》1925.06.06 第 118 期（110）
此次运动中之帝国主义与军阀 ……	独　秀《向导》1925.08.15 第 124 期（117）
辛丑条约对于中国的影响 …………	子　毅《向导》1925.09.07 第 128 期（118）
日本对华屠杀后的中日亲善论 ……	秋　白《向导》1926.06.23 第 159 期（118）
英美在远东的报纸与中国事变 ……	马　恩《向导》1926.10.12 第 175 期（119）
国际帝国主义与东方被压迫的国家 ……	马　恩《向导》1926.10.19 第 176 期（120）

英国的船又在南京开炮了——又是一个"南京条约"
　　　　　　　………………………………………… 代　英《红旗周报》1929.07.24（123）

第二章　国内时事……………………………………………………………（126）

南京通讯 ……………………………	止　戈《每周评论》1919.01.20（126）
联省自治与中国政象 ………………	独　秀《向导》1922.09.13 第 1 期（127）
统一　借债　与国民党 ……………	和　森《向导》1922.09.13 第 1 期（129）
武力统一与联省自治　军阀专政与军阀割据	
	和　森《向导》1922.09.22 第 2 期（132）
孙吴可在一种什么基础上联合呢 …	和　森《向导》1922.10.04 第 4 期（135）
外交团劝告裁兵 ……………………	振　宇《向导》1922.10.04 第 4 期（137）

中山先生的兵工政策是为军阀说法的吗？			

中山先生的兵工政策是为军阀说法的吗？
　　……………………………… 和　森《向导》1922.10.25 第 7 期(138)
国人应当共弃的陈炯明 ……………… 和　森《向导》1922.11.02 第 8 期(139)
国家主义者要注意罢工运动 ………… 田　诚《向导》1922.11.02 第 9 期(140)
国会对于宰制中国的九国协约取何态度
　　……………………………… 振　宇《向导》1922.11.02 第 9 期(140)
革命与反革命 ………………………… 独　秀《向导》1923.01.18 第 16 期(141)
我们要何种势力管理中国 …………… 独　秀《向导》1923.07.18 第 33 期(143)
粤局与革命运动 ……………………… 独　秀《向导》1923.08.29 第 38 期(143)
纸烟税 ………………………………… 泽　东《向导》1923.08.29 第 38 期(144)
江浙和平公约与商界 ………………… 独　秀《向导》1923.08.29 第 38 期(144)
读了"阅中国共产党对于时局之主张"之后
　　……………………………… 安志成《向导》1923.09.08 第 39 期(145)
国民党应号召国民反对英国的侵略 …… 和　森《向导》1923.09.08 第 39 期(146)
大元帅赞助何东爵士吗 ……………… 和　森《向导》1923.09.08 第 39 期(146)
中国的乱源和挽救中国的各种主张 …… 炳　荣《向导》1923.09.08 第 39 期(147)
黎元洪南来 …………………………… 独　秀《向导》1923.09.16 第 40 期(148)
今年双十节应注意的四大事 ………… 和　森《向导》1923.09.30 第 42 期(149)
曹锟贿选与中国前途 ………………… 独　秀《向导》1923.09.30 第 42 期(150)
国民运动 ……………………………… 童炳荣《向导》1923.09.30 第 42 期(151)
贿选后国民所能取的态度 …………… 独　秀《向导》1923.10.17 第 43 期(151)
研究系与中国政治 …………………… 独　秀《向导》1923.10.17 第 43 期(152)
何东的狐狸尾巴现出来了 …………… 和　森《向导》1923.11.16 第 46 期(152)
内债与军阀 …………………………… 独　秀《向导》1924.01.09 第 51 期(153)
祝上海丝纱女工协会成功 …………… 独　秀《向导》1924.01.20 第 52 期(153)
上海卷烟商人抗税失败 ……………… 为　人《向导》1924.02.20 第 53 期(153)
中国工人运动之转机 ………………… 独　秀《向导》1924.03.26 第 58 期(154)
南京通信 ……………………………… 独　秀《向导》1924.04.02 第 60 期(154)
中国人的言论自由与外国人的政府 …… 巨　缘《向导》1924.04.16 第 61 期(157)
导淮问题与政治 ……………………… 独　秀《向导》1924.04.23 第 62 期(158)
国耻纪念日檄告全国同胞 …………… 独　秀《向导》1924.05.07 第 64 期(159)
我们底出路 …………………………… 正　厂《向导》1924.05.14 第 65 期(160)
江浙战争 ……………………………… 独　秀《向导》1924.08.27 第 80 期(161)
我们对于义和团两个错误的观念 …… 独　秀《向导》1924.09.03 第 81 期(161)
国民党右派反革命的经济背景 ……… 述　之《向导》1924.09.10 第 82 期(162)
江浙战争与外国帝国主义 …………… 君　宇《向导》1924.09.10 第 82 期(163)

江浙战争之世界政局的背影 …………… 述　之《向导》1924.09.17 第 83 期(163)
这是右派的行动吗,还是反革命? ……… 独　秀《向导》1924.10.15 第 87 期(164)
江苏人民怎样解除军阀的宰割与战祸?
　　…………………………………… 和　森《向导》1925.03.07 第 105 期(165)
上海大屠杀与中国民族自由运动 ……… 独　秀《向导》1925.06.06 第 117 期(165)
为南京青岛的屠杀告工人学生和兵士
　　………………………… 中国共产党中央委员会《向导》1925.08.11 第 124 期(167)
怎样才能解决江浙目前的危急问题 …… 述　之《向导》1926.11.15 第 178 期(168)
寸铁·中国人都赤化了吗? ……………… 实《向导》1926.12.05 第 180 期(170)
剥削农民以读书呢? 解放农民以革命呢?
　　…………………………………… 缪扶植《向导》1927.01.21 第 184 期(171)
中国共产党为上海总罢工告民众书
　　……………………………… 中共中央执委《向导》1927.02.24 第 189 期(174)
中国共产党为此次上海巷战告全世界工人阶级书
　　………………… 中国共产党中央执行委员会《向导》1927.03.28 第 193 期(175)
上海邮务工人复工以后 …………………… 登　贤《红旗周报》1928.12.11(176)
什么时候中国才可以统一太平 …………… 代　英《红旗周报》1929.02.21(178)
论苏维埃经济发展的前途 ………………… 洛　甫《红旗周报》1933.10.30(179)
关于新的领导方式——再谈学习领导群众的艺术
　　………………………………………… 洛　甫《红旗日报》1933.11.20(183)
对于我们的阶级敌人,只有仇恨,没有宽恕!
　　………………………………………… 张闻天《红色中华》1934.05.25(188)

第三篇　武装斗争

第一章　黑云压城 …………………………………………………………(193)

蒋介石屠杀上海工人纪实 ……………… 作　新《向导》1927.05.01 第 194 期(193)
酝酿战争革命暴动的反动统治 …………… 立　三《红旗周报》1928.11.20(193)
再论军阀战争的形势 ……………………… 立　三《红旗周报》1932.06.08(196)
更加紧迫的军阀战争 ……………………… 立　三《红旗周报》1933.10.30(197)
纪念五一每个工人和农人武装上前线去! 武装上前线
　　………………………………………… 张闻天《红色中华》1934.04.14(199)
死亡或者胜利 ……………………………… 张闻天《红色中华》1934.04.28(201)
一切为了保卫苏维埃! …………………… 张闻天《红色中华》1934.09.29(202)

第二章　风卷残云 ··· (206)

中国工农红军在进攻中的胜利 ············ 洛　甫《红旗周报》1932.05.14(206)
我们应该怎样拥护红军的胜利——评我们对于拥护红军的宣传鼓动工作
　　　　　　　　　　　　　　　　　　　 博　古《红旗周报》1932.05.14(210)
红军的胜利与敌人的新进攻 ·············· 洛　甫《红旗周报》1932.06.08(215)
新四军"八一"大检阅——准备更艰苦的战斗下全军政治动员令
　　　　　　　　　　　　　　　　　　　　　　　　《盐阜报》1943.08.19(216)
新四军军首长下全军政治动员令 ···················《盐阜报》1943.08.27(217)
统一领导推动扩军工作　全边区扩军委员会成立——内设组织动员宣传优抗总务
五部 ···《拂晓报》1943.11.14(220)
新四军的胜利出击与中国的救国事业 ···········《解放日报》1944.10.01(220)
上海、杭州、南京三角洲上苏浙军区成立——粟裕同志任军区司令
　　　　　　　　　　　　　　　　　　　　　　　　《拂晓报》1945.03.17(222)
雪大第一期毕业典礼邓政委亲莅训话鼓励同学们要有高度的群众观念
　　　　　　　　　　　　　　　　　　　　　　　　《拂晓报》1945.04.23(223)
新四军军部的命令（苏北行政委员会通令）········《盐阜大众》1945.08.18(223)
陆军新编第四军军部通令——八月二十九日于淮南本部
　　　　　　　　　　　　　　　　　　　　　　　　《拂晓报》1945.08.30(224)
陆军新编第四军军部布告 ···························《苏北报》1945.09.03(224)
曹政委号召——提高战斗技术，学会夺取大城市本领！
　　　　　　　　　　　　　　　　　　　　　　　《苏北日报》1947.09.14(225)
苏中军区第一军分区政治部训令九月十五日于曹昌镇本部　训（新）字第一号
　　　　　　　　　　　　　　　　　　　　　　　《江海前线》1947.09.19(226)
运河线战役政治命令 ·······························《战旗报》1949.01.26(227)
渡江作战指挥上的几个问题 ··········一五一师司令部《前进》1949.06.12(227)

第三章　同舟共济 ··· (229)

春季参军运动宣传大纲 ·····························《盐阜报》1944.02.12(229)
盐阜区行政公署关于拥护军队的决定 ···············《盐阜报》1943.05.13(232)
拥护拥军决定开展拥军参军运动 ···················《盐阜报》1943.05.13(232)
新四军告华中根据地同胞书 ························《盐阜报》1943.08.25(233)
苏南人民心目中的新四军 ··············戈　扬《解放日报》1943.10.11(235)
行政公署关于发动冬季扩军贯彻拥军运动的指示 ·····《拂晓报》1943.10.26(237)

参军运动宣传大纲	《拂晓报》	1943.11.01(238)
共产党员到军队中来	《拂晓报》	1943.11.16(241)

边区党政军民六千人欢庆苏联十月革命节——学习苏联革命精神保卫边区努力生产 ………………………………………………《拂晓报》1943.11.16(243)
边区扩军委员会关于目前扩军工作的指示 …《拂晓报》1943.11.26(244)
爱护民兵 ………………………………………《盐阜报》1943.11.27(246)
加强民兵破坏敌人"扫荡" ………………………《拂晓报》1943.12.06(246)
拥军优抗宣传大纲 ……………………………《盐阜报》1944.01.19(247)
行政公署关于优抗工作指示 …………………《盐阜大众》1944.01.25(250)
军民一家人 ……………………………………《盐阜大众》1944.01.25(250)
新四军第三师苏北军区政治部 春节告苏北同胞书
………………………………………………《盐阜报》1944.01.31(251)
党政军民协力一致努力完成春季参军任务 …… 向 明《盐阜报》1944.02.12(253)
实行拥政爱民的办法 新四军张副军长在干部会上的讲话
………………………………………………《盐阜报》1944.02.15(255)
好男要当兵 ……………………………………《盐阜大众》1944.02.19(258)
从敌人"扫荡"中检查我们的备战 工作意见
泰县·周泽《江潮时报》1944.06.25(259)
淮北苏皖边区行政公署布告——为告沦陷区同胞来根据地避难谋生及号召伪军反正事 ……………………………………………《拂晓报》1944.12.10(260)
淮北苏皖边区行政公署紧急命令 ……………《拂晓报》1945.02.26(261)
召四群众为什么热爱召四民兵 ………………《拂晓报》1945.07.07(262)
向解放淮阴全体指战员慰问 …………………《苏北报》1945.09.10(264)
感谢新四军拿盐城——人民奋勇为前线服务
鲁 竹《苏北报》1945.11.02(264)
军民一致奋起 坚决保卫华中解放区 ……《新华日报》(华中版)1945.12.13(265)
专员公署发下指示：今年怎样拥军抗优 ………《盐阜大众》1946.01.22(266)
在军直庆祝和平大会上——张司令鼎丞讲话 号召永远为人民尽忠尽孝
………………………………………………《新华日报》(华中版)1946.01.24(268)
解决拥爱思想中三个基本问题——邓政委在军直属队拥政爱民会议上的报告
………………………………………………《新华日报》1946.01.30(271)
县立功委员会颁布参军立功办法标准 ………《兴化人民》1947.09.10(276)
参军立功 迎接反攻 …………………………《宝应大众》1947.10.06(278)
怎样巩固新兵 …………………… 海 燕《兴化人民》1947.10.15(278)
县立功委员会订定评功庆功办法 ……………《兴化人民》1947.10.20(279)
打通时局思想，加强战争观念！ ………………《盐阜大众》1948.06.27(281)

地委布置当前任务继续贯彻生产联系准备支前 ……《盐阜大众》1948.11.03(282)
紧急行动起来,迎接胜利,加强支前! ……《盐阜大众》1948.11.15(284)
华中支前总动员令 ……《盐阜大众》1948.11.17(285)
地委再发指示 继续动员支前,迎接新的任务——动员要掌握四个关键,同时做好生产工作 ……《盐阜大众》1948.11.25(287)
继续贯彻动员,全力支援前线! ……《盐阜大众》1948.11.25(288)
分区政治部关于旧历年关拥爱工作指示 ……《战旗报》1949.01.18(289)
为迎接大批知识分子到部队工作做准备 …… 张光华《军政往来》1949.08.10(290)
十军渡江前后民工担架工作——野政民运科整理
……《军政往来》1949.08.15(292)

第四章　逐鹿江淮……(294)

大江南北 …… 胡金魁《新中华报》1940.02.24(294)
抗议无法无天之罪行 ……《新中华报》1941.01.19(296)
拥护新四军将领　声讨亲日派 ……《新中华报》1941.01.31(297)
苏南反"清乡"斗争　一九四一年七月——现在
…… 杨　迪《解放日报》1942.06.07(298)
高流镇的争夺 …… 罗　列《淮海报》1942.07.11(301)
新四军第四师司令部淮北苏皖边军区政治部淮北苏皖边区行政公署布告——战斗动员准备反扫荡 ……《拂晓报》1943.12.06(302)
新四军一师和三师合打了个大胜仗夺回车桥朱圩等据点
……《盐阜大众》1944.03.22(304)
敌寇"清乡"屡败后承认:新四军是华中唯一抗日力量
……《江潮报》1944.07.22(304)
在扩军中备战 ……《拂晓报》1944.11.20(305)
师兼军区建军会议胜利闭幕——历时三十三天审慎研究确定今后淮北建军方针
……《拂晓报》1945.07.25(306)
师兼军区建军会议 ……《拂晓报》1945.07.25(307)
淮海部队机动动员的经验 ……《解放日报》1945.08.12(309)
永生永世——为人民尽忠尽孝 ……《盐阜大众》1946.01.28(311)
半月作战百余次　淮海形势改观——前拉锯式地区大部为我控制
……《苏北日报》1947.09.11(311)
粟裕将军 ……《江海前线》1947.10.12(312)
紧急进行备战,粉碎蒋匪"扫荡" ……《盐阜大众》1948.03.07(313)

追记强渡淮河时的刘伯承将军
　　………………………某旅政委谈、卢耀武作《盐阜大众》1948.06.21(315)
渡江后一三九团五连支部工作检查 ………………《军政往来》1949.08.10(316)
刘伯承同志在野直党代会议上的讲话 ……………《军政往来》1949.09.09(318)
张际春同志在野直党代表会议上传达前委指示的报告
　　…………………………………………………《军政往来》1949.09.14(318)
野政召开野直党代表会议——检查与动员爱护人民祖国财产,树立人民国家观念
　　…………………………………………………《军政往来》1949.09.09(321)
通报——关于野政组织工作会议的传达的情况 …《军政往来》1949.09.27(322)

第五章　东方欲晓……………………………………………………(324)

为保卫南京而战 ……………………………………《新中华报》1937.11.29(324)
尸山血海的南京　敌在南京之空前暴行
　　……………………………………《新中华报》1938.02.25、1938.03.01(324)
徐州失守以后 ………………………………………《新中华报》1938.05.25(327)
庆祝江南反扫荡的伟大胜利 ………………………《新中华报》1940.10.24(327)
苏北事件何以善后 …………………………………《新中华报》1940.11.28(328)
苏北事件真相 ………………………………………《新中华报》1940.11.28(330)
苏北事件真相(续一) ………………………………《新中华报》1940.12.01(334)
苏北事件真相(续二) ………………………………《新中华报》1940.12.05(337)
苏北事件真相(续三) ………………………………《新中华报》1940.12.08(339)
苏北事件真相(续完) ………………………………《新中华报》1940.12.12(342)
中共中央发言人对皖南事变发表谈话 ……………《新中华报》1941.01.23(344)
庆祝陈道口大捷 ……………………………………………《人民报》1941.10.25(346)
粟裕将军谈述大江南北反清乡的胜利 ……………………《拂晓报》1943.11.26(347)
车桥战役斩获奇钜　军首长传令嘉奖 ……………………《苏中报》1944.03.16(348)
加强力量准备反攻——纪念国庆和新四军成立七周年
　　……………………………………………………陈时夫《群众报》1944.10.11(349)
新四军转战江海河汉八年来辉煌建树 ……………………《前进报》1945.10.18(350)
华中军区成立　张司令发表谈话 ………………………………………………(351)
华中军区司令部颁布华中停战命令 ………………………《解放日报》1946.03.08(352)
南通惨案 …………………………………………………《解放日报》1946.04.26(353)
苏中一分区人民六个月英勇反"清剿""助战""破拆"开展群众性自卫运动　农村兵营化创造惊人斗争新方法 ……………………………《苏北日报》1947.04.25(354)
祝响水口大捷 ……………………………………………《苏北日报》1947.06.15(355)

说盐南大捷	《江海前线》1948.01.07(356)
华东战场一来年的变化经过	《盐阜大众》1948.01.22(357)
淮海战役大事记	《新华电讯》1949.02.12(359)
用正确的政策团结改造解放战士	《战旗报》1949.01.18(361)
华东军区政治部关于新旧年节政工指示	《战旗报》1949.01.12(362)
重视渡江作战学习中的思想领导	泽 光《前进》1949.06.12(363)
厉行整编节约　反对贪污浪费——野政传达前委指示	《军政往来》1949.09.09(364)

第四篇　红色政权

第一章　土地革命……………………………………………………(369)

江苏群众斗争的形势与反动统治的进攻	《红旗周报》1929.09.16(369)
江苏省互济会代表大会致中国共产党信	《红旗周报》1930.03.08(370)
红色震荡中的徐海蚌	石　恪《红旗周报》1930.07.19(371)
中国工农兵会议（苏维埃）第一次全国代表大会中央准备委员会第一办事处致江苏准备委员会并转江苏各革命团体的信	《红旗日报》1930.09.18(374)
为发行工作致江苏省委信	《红旗周报》1931.12.17(375)
江苏省委关于党报的决议	《红旗周报》1931.03.30创刊号(377)
论苏维埃政权与民众政权	洛　甫《红旗周报》1932.02.15(378)
论民众革命与民众政权的口号	博　古《红旗周报》1932.01.25(380)
论中国革命的工农民主专政	洛　甫《红旗周报》1932.05.15(383)
论中国革命的工农民主专政（续二）	洛　甫《红旗周报》1932.05.20(387)
论革命的工农民主专政（三续）	洛　甫《红旗周报》1932.09.01(397)
查田运动的初步总结	毛泽东《红旗周报》1933.10.30第61期(406)
国民党的统治下无锡庆丰纱厂全体罢工	《红色中华》1934.05.01(413)

第二章　党政建设………………………………………………………(415)

淮海区专员公署为开展冬学运动告民众书	《淮海报》1941.12.19(415)
盐阜区二届行政会议决本年施政十大任务　会议经旬日圆满闭幕	《盐阜报》1942.01.21(3)(416)
为实现十大任务而奋斗	《盐阜报》1942.01.21(3)(416)
共同建设新盐阜——欢迎上海归来同胞	《盐阜报》1942.01.26(417)

为保证实行民主政治　边府讨论"三三"制——响应"精兵简政"号召　召开干部动员大会 ………………………………………《盐阜报》1942.02.01(418)

为改变作风,确定新工作制度,贯彻精兵简政给各级政府的指示信 …………………………… 曹荻秋　贺希明《盐阜报》1942.10.11(419)

刘彬同志报告简政要义与方针 ……………………《盐阜报》1942.10.11(420)

盐阜区临参会宣言 …………………………………《解放日报》1942.11.08(421)

出生也没见过这种大会——阜宁七区南境"七七"大会纪实 ………………………………………………《盐阜报》1943.07.25(422)

行署九届行政会议闭幕决定秋季三大任务 ………《盐阜报》1943.08.13(424)

淮北苏皖边区行政公署训令关于土地复查问题 …《拂晓报》1944.06.03(424)

淮北苏皖边区行政公署训令 ………………………《拂晓报》1944.06.03(428)

淮北苏皖边区行政委员会、参议会驻委会联合通知 …《拂晓报》1945.07.19(430)

华东四解放区统一行政机构　苏皖边区政府正式成立　统辖五十三个旧县治　各部门负责人亦选出四区合组边区临时参议会 ……………《苏北报》1945.11.05(433)

庆祝苏皖边区政府成立 ……………………………《苏北报》1945.11.11(434)

边府决定边区划八行政区　定期召开临参会　计划筑公路九条 ………………………………《新华日报》(华中版)1945.12.10(435)

保卫华中万众一心　各地军民庆祝边府成立 ………………………………《新华日报》(华中版)1945.12.10(436)

中共华中五地委指示　寒天要做几件事 …《盐阜大众》1946.01.25(437)

华中解放区第一次农民代表大会决议案 ………………………………《新华日报》(华中版)1946.03.19(438)

华中解放区第一次工人代表大会决议 …《新华日报》(华中版)1946.03.24(443)

华中解放区第一次工人代表大会决议(续完) ………………………………《新华日报》(华中版)1946.03.25(450)

华中解放区工联总会　农联总会　青联总会　妇联总会　总武委会　联合告全体会员书 …………………………《新华日报》(华中版)1946.03.24(451)

苏皖边区第一行政区专员公署布告 ………………《前线报》1947.09.29(453)

分区举行行政会议布置秋季三大任务 ……………《盐阜大众》1948.09.08(455)

确立新城市观念——城市是人民的,是我们的! …《战旗报》1948.12.08(457)

地委召开干部扩大会布置冬季三大任务 …………《盐阜大众》1948.12.27(458)

专署发布临时人民法庭组织办法 …………………《盐阜大众》1948.01.25(460)

淮安县委发出告新农会党员书——号召审查干部、组织、领导 ………………………………………………《盐阜大众》1948.01.07(460)

大力重建淮北党——第一次组工会议结束　陈元良同志作总结报告 ………………………………………………《拂晓报》)1948.05.24(461)

在紧张的反"扫荡"中政工大会胜利结束——陈主任在总结中号召：继续贯彻三查三整运动 ……………………………………………………《江海前线》1948.04.24(462)

发扬民主联系群众　盐城召开党代表会 ………………《盐阜大众》1949.12.04(463)

第三章　党风整顿 …………………………………………………………(466)

军区召开整风大会——刘司令员作整风动员报告 ……《淮海报》1942.10.19(466)

淮北苏皖边区三十二年　冬学运动实施办法 …………《拂晓报》1943.11.26(466)

区党委·四师政治部关于"三冬"运动宣传大纲 ………《拂晓报》1943.12.14(469)

加强冬学运动领导　边区冬学委员会成立——刘主任说要做到"自觉自办自学"三原则 ……………………………………………………《拂晓报》1943.12.16(472)

冬学讲话 …………………………………………………《淮北大众》1944.11.15(472)

反对复查中的形式主义官僚主义 ………………欧阳惠林《江海导报》1947.08.09(475)

四查中的几点经验

　　社会部　吕万吉、沈德辉　盐东大会报导组　王也六《盐阜大众》1948.01.07(476)

曲阳晓林村——整顿队伍的三个会 …………………迪　仁《盐阜大众》1948.01.07(477)

两种作风两条道路——评荡东区三乡的党内整党运动

　…………………………………………………………《盐阜大众》1948.02.09(480)

改造思想，统一政策，提高工作，迎接七一！………《盐阜大众》1948.07.01(481)

反对空喊 …………………………………………………《盐阜大众》1948.10.04(482)

改变作风，加强政府建设 ………………………成克坚《盐阜大众》1949.01.01(484)

放下包袱，虚心学习 ……………………………………《军政往来》1949.09.27(485)

第四章　群众工作 …………………………………………………………(487)

加紧领导灾民的斗争 ……………………………华　岗《红旗周报》1931.09.10(487)

怎样加强党的动员群众工作 ……………………华　岗《红旗周报》1931.09.10(489)

对农救会的希望 …………………………………………《盐阜报》1942.03.26(490)

广泛开展盐阜区的青年工作 ……………………维　平《盐阜报》1942.05.01(491)

华中根据地的妇女——记徐克同志的谈话

　…………………………………………………曾　健《解放日报》1943.03.07(492)

开展城市工作 ……………………………………………《拂晓报》1944.09.28(493)

边区各界热烈座谈时事　共同要求是从速成立民主的联合政府

　…………………………………………………………《拂晓报》1945.04.23(495)

淮北路西　第三次群众工作会议的决议——一九四五年五月二十日群众工作会议通过 ………………………………………………………《拂晓报》1945.07.07(498)

华中分局关于进一步开展妇女运动的指示(不另行文)
　　……………………………《新华日报》(华中版)1945.12.26(503)
再谈参运中的发动群众与民主评议 ………《前线报》1947.09.01(504)
沈朗乡发动群众的经过及经验 ………… 王遐松　黎　洪《前线》1947.09.09(507)
民主评定就是参运中的群众路线 ………… 华　海《兴化人民》1947.10.09(509)
阜宁县委发指示纠正偏向 ………………… 陈海楼《盐阜大众》1948.02.09(509)
学习工人阶级的长处——纪念"五一"节而作
　　……………………………………………… 小　林《华中邮报》1948.05.01(510)
工人运动的新时期 ……………………………《拂晓报》1949.03.17(511)
中共苏北区党委郑平部长在苏北少年儿童工作会议上的讲话
　　…………………………………………………………《苏北日报》1949.12.31(513)

第五章　生产建设 …………………………………………………………… (516)

淮北行政公署关于开展生产建设的决定 …………《拂晓报》1943.11.30(516)
淮北苏皖边区行政公署关于冬季工作的指示 ……《拂晓报》1943.12.06(521)
在紧急备战声中卫北乡派伕办法及挖沟调查
　　………………………………………… 阜东调研工作组《盐阜报》1943.12.05(522)
淮北苏皖边区三十四年午季救国公粮公草征收办法
　　………………………………………………… 姚　洛《拂晓报》1945.06.19(524)
华中敌产管理委员会接管敌伪汉奸财产暂行办法 ……《苏北报》1945.09.02(527)
拨粮百六十万斤救济难胞　成立救济会并订难民救济办法
　　…………………………………………………………《苏北报》1945.09.02(529)
贯彻土复满足贫雇农要求——十一专署颁五项决定
　　…………………………………………………………《苏北日报》1947.09.25(530)
平分土地中的几个问题 ………………… 胡　淮《盐阜大众》1948.01.10(531)
为提高产量而斗争! ………………………………《盐阜大众》1948.04.21(532)
生产一定要领导 …………………………………《盐阜大众》1948.09.26(533)
中共华中工委关于抢耕抢种突击完成冬麦下种的紧急任务
　　…………………………………………………………《盐阜大众》1948.10.12(534)
华中工委关于深入检查和继续贯彻抢耕抢种的指示
　　…………………………………………………………《盐阜大众》1948.10.30(535)
不荒掉一亩地,不饿死一个人!——华东局号召快快生产救灾
　　…………………………………………………………《盐阜大众》1948.03.13(537)
救灾工作中要坚决反对官僚主义作风 ……《盐阜大众》1948.04.18(538)
关于帮助群众抢收抢耕抢种的决定 ………《盐阜大众》1948.05.27(539)

紧急备战,保卫夏收,粉碎蒋匪"总体战"阴谋 ·········《盐阜大众》1948.06.06(541)
关于领导和参加群众抢耕抢种的联合通令 ············《盐阜大众》1948.10.12(543)
中共中央华东局　华东军区政治部号召机关部队学校积极帮助农民春耕
　　···《新华电讯》1949.02.11(544)
苏北行政公署通令 ·······························《盐阜大众》1949.09.07(544)
中共苏北区党委、苏北行政公署关于烈军工属代耕代工的指示
　　···《盐阜大众》1949.10.03(546)

第五篇　红色文化

第一章　文宣策论···(551)

规定口号的艺术 ······················华　冈《红旗周报》1932.02.21(551)
论苏维埃政权的文化教育政策 ·········洛　甫《红旗周报》1933.10.30(554)
洛甫同志讲演略词——以文艺的方法具体的表现去影响推动全国人民促成巩固的
统一战线 ······························《红色中华》1936.11.30(559)
中共盐阜地委关于加强盐阜报及盐阜大众的决定(一九四四年元旦)
　　···《盐阜报》1944.01.01(560)
教导伪军反"清乡" ······················华　夫《江潮报》1944.06.13(561)
我们怎样对敌伪进行政治攻势 ···············《拂晓报》1944.06.25(563)
对新解放区群宣工作意见 ···············叶　炎《苏北报》1945.09.30(564)
华中宣教大会部队组　总结战士教育工作　政治教育要靠发扬民主和自由思想
大家认为今后应大力进行文化教育 ·········《新华日报》(华中版)1946.04.20(565)
华中分局指示：今年怎样纪念五月节 ···········《盐阜大众》1946.04.26(566)
注意发现和培养出色的民间诗人 ···············《盐阜大众》1946.12.09(567)
漫谈"翻身文化" ······················禾　斗《盐阜大众》1947.12.07(567)
地委关于当前宣传教育工作的指示 ···············《盐阜大众》1947.12.18(568)
地委指示广泛展开宣传教育 ···············《盐阜大众》1948.07.01(570)
办好我们的党报——祝战旗报一周年 ·······郑　平《战旗报》1948.10.07(571)
华中五地委关于加强通讯报道工作的指示 ·······《盐阜大众》1948.11.07(572)
中共华中五地委关于盐阜大众复刊重建五支社的决定
　　···《盐阜大众》1948.12.07(574)
知识分子教育工作的几点经验 ···············王　勉《军政往来》1949.08.10(575)
坚持人民民主专政,团结国际友人！——庆祝中央人民政府成立
　　···《盐阜大众》1949.10.07增刊(580)

中共苏北区党委宣传部关于干部新年学习时政问题的通知(附录:干部新年时政学习研究提纲)……………………………《苏北日报》1949.12.28(581)
关于新年、春节的宣传要点 ……………………《苏北日报》1949.12.30(583)

第二章　通讯报道……………………………………………(586)

一支儿童团的劲旅——新安旅行团缩影 ……… 代　云《盐阜报》1942.01.26(586)
借粮 ……………………………………………… 艾　汀《盐阜报》1942.02.11(587)
我们在期望着新四军 …………………………… 徐　普《盐阜报》1942.03.26(588)
苏南人民心目中的新四军 ………………………………《盐阜报》1942.04.26(590)
佃湖战斗纪实 …………………………………… 于天明《盐阜报》1943.09.27(591)
选好人民代表 …………………………………… 吴　诚《滨海报》1943.11.20(592)
公路上捉迷藏 …………………………………… 致　华《滨海报》1943.11.20(594)
靖江人民的胜利 ………………………………… 夏　阳《苏中报》1943.12.27(595)
黄师长访问记 …………………………………… 常　工《盐阜报》1944.01.25(597)
反清乡中的民兵 ………………………………… 力　耘《苏中报》1944.02.24(599)
江边的孤儿 ……………………………………… 晓　影《江潮报》1944.03.27(602)
筑起新的长城——在反"清乡"斗争中 ………… 杜　诺《苏中报》1944.04.12(604)
美国机师被救脱险经过 ………………………… 朱　茵《盐阜报》1944.08.25(609)
抢救空中堡垒 …………………………………… 白　桦《苏中报》1944.06.25(611)
忆韬奋先生 ……………………………………… 戈　扬《苏中报》1944.10.19(612)
淮阴之战 ………………………………… 随军记者团《苏北日报》1945.09.12(613)
一切为了前线 …………………………………… 百　痕《苏北报》1945.09.17(616)
在南门——特务团通讯 ………………………… 陈忠良《苏北报》1945.09.17(617)
攻克高邮 ………………………………………… 郭永绵《新华日报》1946.01(618)
从南京到清江——三个从南京来的飞行员的记述
　……………………………………………………… 希·涛·翔　1946.04.17(620)
联防小调——八段景调 ………………… 倪骝瑞《盐阜大众》1946.05.28(622)
南行半月——随淮阴执行小组去通琐记
　………………………………………… 樊发源　吴　青《江淮导报》1946.06(623)
巧计 …………………………………… 李世佐　王恒祥《盐阜大众》1946.12.09(631)
常胜英雄杨连长 ………………………………… 陈登科《盐阜报》1947.01.16(631)
共产党员在火线上 ……………………………… 柯　岗《苏北日报》1947.04.21(633)
郭大娘藏枪立功 ………………………………… 芦　芒《淮海报》1947.05.27(634)
红枪女将李兰英 ………………………………… 孙　明《人民报》1947.06.16(635)
坚持敌后的旗帜——华光游击队 ………………………《淮海报》1947.07.07(636)

在这里找到了光明 …………… 张以煾 张立岫《苏北日报》1947.08.09(637)
英勇担架队 ……………………………… 刘锋芒《苏北日报》1947.08.20(639)
宋集——淮安边区的哨兵 ……………… 楚 升《苏北日报》1947.08.20(640)
三年回顾 ………………………………… 蔡修本《人民报》1947.09.03(640)
随军琐记——胡集战斗之一 …………… 丁 芒《苏北日报》1947.09.25(644)
英勇的苏北海员 ………………………… 沈 坚《苏北日报》1947.10.24(645)
小勺子在田埂上 ………………………… 木 木《盐阜大众》1947.10.25(647)
杨广美换了一个人 ………………………………《盐阜大众》1948.02.18(648)
活捉乡长鲍希仁 ………………… 陆敬芳《淮海报》1948 年第 1493 期(649)
磨军粮 …………………………………… 小 景《新华日报》1948.12.12(650)
胡大嫂劝夫出民工 ……………………… 周德远《新华日报》1948.12.18(651)

第三章　铭诔公函 ……………………………………………………(653)

悼李大钊同志 ………………… 魏 琴《向导》1927.05.08 第 195 期(653)
革命烈士总追悼词 …………… 尹 宽《向导》1927.05.30 第 196 期(654)
悼韩紫翁　闻韩紫翁陷敌不屈而死诗以赞之
　…………………………………………… 陈 毅《盐阜报》1942.04.26(654)
记盐阜区抗日阵亡将士纪念塔 ………… 常 工《盐阜报》1943.10.03(654)

第四章　散文小说 ……………………………………………………(656)

怜的若格 Pauvre Jacoues ……………… 赵祖欣《每周评论》1919.02.16(656)
现代教育的趋势 ………………………… 天 风《每周评论》1919.06.22(656)
找儿子的老太太 ……………… 杨国民《新华日报》华中版 1946.08.10(659)

第五章　诗词歌谣 ……………………………………………………(661)

雪 ………………………………………… 志 希《每周评论》1918.12.20(661)
背枪的人 ………………………………… 仲 密《每周评论》1919.03.07(661)
偶成 ……………………………………… 仲 密《每周评论》1919.06.08(662)
威权 ……………………………………………… 适《每周评论》1919.07.13(663)
女丐 ……………………………………… 辛 白《每周评论》1919.07.30(664)
一颗星儿 ………………………………………… 适《每周评论》1919.08.10(664)
感黄庞二烈士底死 ……………… 雁 汀《先驱》1922.02.18 第 3 期(664)
劳动歌 ………………………………………《先驱》1923.05.01 第 7 期(665)

篇名	作者	出处
和杨芷江先生步六韵	陈 毅	《盐阜报》1942.06.11(666)
赠陈军长	阿 英	《盐阜报》1942.07.23(666)
和陈毅同志(三首)	杨芷江	《盐阜报》1942.08.01(667)
颂陈军长	阿 英	《盐阜报》1942.11.18(667)
送沈、张诸君赴延安	陈 毅	《盐阜报》1942.11.18(668)
我从黄河堤上来	常 工	《盐阜报》1943.10(668)
民做主(三十六码头调)	彭 彬	《盐阜大众》1944.02.05(670)
乡选运动小调(陪送调)	夏侯魁	《苏中报》1944.02.21(671)
可惜未住新四军	雍有方	《苏中报》1944.06.12(673)
开荒小调	朱木人	《苏中报》1944.06.19(673)
反抢粮	吉 甫	《江潮报》1944.06.28(676)
战争七年	田 园	《盐阜报》1944.07.06(676)
新四军	马启明	《苏中报》1944.07.07(678)
打了胜仗	克 襄	《人民报大众》1945.05.06(680)
红旗手——徐家标	陈允豪	《苏北报》1945.09.17(681)
解放淮阴城后的巡礼	方 徨	《苏北报》1945.09.17(683)
歌颂您——苏皖	林在午	《江海导报》1946.02.11(688)
记一个人的殉难——悼迅逸兄	章品镇	《江海导报》1946.04.16(689)
长江咏	阿 二	《江海导报》1946.04.16(690)
蝗虫和中央军	戴爱棠 何 干	《盐阜大众》1946.05.28(690)
洪泽湖草民谣	刘兆楠 周象琰 陈学广	《盐阜大众》1946.07.22(691)
洪泽湖上的鸭枪队	陈一石	《盐阜大众》1946.08.09(694)
女村长余德英	惠 霖	《新华日报》1946.10.06(696)
人靠田来田靠人	严服群	《苏北日报》1947.07.24(698)
我们是自愿来的——记射阳后勤大队	江 流	《苏北日报》1947.09.04(699)
涟水保卫战(快板)	民间艺人老苗作	《淮海报》1946.11.07(701)
做双慰劳鞋	吴德生	《盐阜大众》1948.02.18(706)
不亏毛主席亏哪个(秧歌词)	彭 勃	《盐阜大众》1948.02.18(707)
匪币和华中币	沈 云	《江海日报》1948.06.30(707)
救命的运棉河——记开北村棉民郝锡甲的谈话	黄海平	《新华日报》1948.11.04(708)
横渡长江	小 王	《江海导报》1949.03(709)
黑乌鸦(小开口)	孟庆秀	《盐阜大众》1946.06.28(709)
纺纱组长顾学英(快板)	工农余秀英 永富代笔	《淮海报》1948第1454期(710)
缴公粮(五更京儿里调)		《淮海报》第1479期(711)
送郎出后勤(梁兄十送调)	寒 星	《淮海报》1948.06.08(713)

报喜(凤阳花鼓调) ……………………………… 沈金铃《江海报》1948.11.01(714)
拿他的枪,打他的人(快板) ………………………吴庭汉《江海报》1948.11.01(715)
支前(莲花落) ……………………………… 张万渠 葛政银《江海报》1948.11.01(716)
说胜利(快板) ……………………………………… 丁开娴《江海报》1948.11.17(717)

后记 ……………………………………………………………………………………(719)

第 一 篇

理 论 指 南

第一章

东方惊雷

新时代之根本思想

一 湖

今年是一千九百十九年了。从前年俄罗斯革命以来，旧的世界渐渐死灭。新的世界渐渐产生。千九百十九年以后的局面，将变到怎么样。我们浅识的人，实在预想不到。不过含含糊糊知道千九百十九年以后的世界，一定和以前的世界大大不同。我们要做千九百十九年以后的人必不可不知道我们现在正在大漩涡之中，在大急滩之上，更不可不准备我们做千九百十九年以后的人的要素。空泛的话少说。现在且把新时代的根本思想讲一点。现在时代的根本思想，依我看起来就是个"得莫克拉西"（Democracy），政治上要求他，社会上经济上文化上也都要求他，所以有什么社会的"得莫克拉西、'经济的'得莫克拉西"、文化的"得莫克拉西"等等名称出现。一个"得莫克拉西"，逼人类生活各方面，没一处没有。现代的根本思想，除了"得莫克拉西"是再找不出第二个来的。这个"得莫克拉西"到底是个什么东西？现在暂把社会的经济的文化的等等"得莫克拉西"搁住，先将"得莫克拉西"的本义说明。"得莫克拉西"这个字，本来可以译作民众政治或平民政治。因为这个字，现在应用的范围甚广。刚才说的不用冠词的"得莫克拉西"之外，又有什么社会的经济的文化的等等"得莫克拉西"，在那些地方，不适用政治两字，所以我才把它音译，免得令人迷惑。"得莫克拉西"这个字，原来是两个希腊字合成的。希腊文的"得莫斯"是"民众"，"克拉脱斯"是"力"或"支配"拼合起来，就是民众支配即民众政治的意义。近来许多音译这个字的，说根据人民的意思行政，便是"得莫克拉西"。这样说法，实在和原义不符。照原义说，必须一般民众执行政治，才是"得莫克拉西"。但所谓一般民众是指哪种人说的呢？亚里士多德却是指贫者说的。亚氏就一国内人的职业地位约分十种。他以为其中最要不可不分的，就是富者阶级与贫者阶级。他认定贫者比富者多，所以把贫者看作一般民众。由是他所谓"得莫克拉西"就是贫者为政的政治。不但求之古义如是，就是现代的社会民主党，他们彰明较著，说以劳动者阶级为中心。单从这里看起来，也就知道所谓"得莫克拉西"是以贫者为政的政治了。"得莫克拉西"究竟是些什么？一言以蔽之，实在和刚才所说明的"得莫克拉西"的精神是一个样子，不过加上了一个冠词，以别于"得莫克拉西"本来是说政治的罢了。所谓社会的"得莫克拉西"，就是扫除社会上贵族阶级，用一般民众，组成一个完全平等的社会团体。所谓经济的"得莫克拉西",就是废止资本主义的生产,用一般民众,造出大家是劳动者,大家作了大家用的一个平等的经济组织。所谓文化的"得莫克拉西",就是教育的恩惠,不叫他成了一部分贵族的专有物,人人都要平等享受。简单一句话,无论什么"得莫克拉西",都是一切以民众为主的思想。这种思想,和贵族主义、官僚主义、军阀主义以及金权主义绝对不能相容,是不待言的了。

以上已经把新时代的根本思想是什么和这种根本思想的意义如何略略说了,现在要将我对于"得莫克拉西"的态度表白几句。对于社会的"得莫克拉西"和文化的"得莫克拉西"因为不会生问题,我只简单说一句极端赞成的话。对于"得莫克拉西"即政治的"得莫克拉西"和经济的"得莫克拉西"却要多说几句,不能彀[够]那样简单。世界学者里头,有许多对于"得莫克拉西"政治的"得莫克拉西"持反对态度的,他们也是照着亚里士多德的说法,说"得莫克拉西"不外是以贫者为政的政治组织。这种政治主义,依然是以阶级观念为背景的部分主义,和君主政治、贵族政治的弊害差不多。因为君主横暴政治只从君主一身打算,贵族寡头政治只从一部分贵族打算,而"得莫克拉西"也只知道一般人民的利害,就是下级人民,只顾下级人民之利益,不顾一国全体的利益如何,所以"得莫克拉西"实在也不是什么善良的政治组织。据我看来,这些话是立于现代社会组织之下,就有贫富阶级说的。若是没有什么贫富阶级,现在的富者少富一些,贫者少贫一点,彼此平均一下,弄成八两对半斤,都是一个阶级的民众,哪可不能拿部分主义的短处来非难"得莫克拉西"了。所以我们想要论"得莫克拉西"的是非,倒先要论经济的"得莫克拉西"的是非。我对于经济的"得莫克拉西"换一句话说,就是我对于社会主义,根本上是极端赞成的。因为现在世界是不平等的世界,是有特权的世界,一切优越权利都是少数人把持。如今把他们的特权剥夺了去,虽说从来享特权的人一时很感痛苦,但我们要知道为保全他们的特权却害了最大多数的人受痛苦。有一个吃肥鸡烂肉的富人,就生出百十个连烧饼都吃不着的苦力。有一个穿狐狸皮猞猁皮的富人,就生出百十个连棉袄都穿不上的老头儿。我们试想想还是大家平均一点的好吃(呢),还是富的富死、贫的贫死好呢。况且现在剥夺少数人的特权,他们所感痛苦是一时的。到了经济的得莫克拉西完全成立之后,可一万人平等,没有谁受苦痛,这不是顶好的世界吗?所以从根本上说起来,我是极端赞成经济得莫克拉西主义的一个。但我的赞成是附条件的赞成,条件不完备我却不敢轻易许可。所谓条件是什么呢?简单说出来,就是要社会民众、大家都以劳动为神圣,都有劳动,没有想从中讨巧,利用人家勤劳的结果来自己过活的贼心,这个条件如果不备,大家只好吃懒做,那社会主义的社会恐怕比现在还贫些。因为生产的东西太少,无论分配政策如何美备却是不中用的。欧美人我还不敢说,若是我们中国人,确是鄙弃劳动想吃轻巧饭的国民性。这种劣根性,不把他彻底改了,就没有实行社会主义的资格。何况现在兵匪遍地,不隄(提)防给他们利用起来,社会主义的社会不曾建设却受了一个强盗社会。虽说现在也是强盗世界,但作强盗的还是少数个人,我们还可以想法子治他。若大家化为强盗,那可收拾不了了。所以我要警告我们中国现在的智(知)识阶级务必从根本上着想,努力增进中国一般民众的劳动道德,不要单拿浅薄中听的福利话来欣(掀)动他们才好。

(《每周评论》1919.02.09 第 8 号)

万恶之"治"

汪伊真

这几年来,我常常听得人说:"我们中国乱极了!要'治'要紧了!"我去看看报纸上果然也有这些话;而且实在还有人拼命去求"治"。这不是别人,就是那"北方"和"南方"的一批"大人物"。我于是再去听听:这两方"大人物"求"治"的说话;到底我们中国是怎样弄乱,他们又怎样去求"治"?那"北方大人物"说:"南方"不服从政府的命令,常常要造反;我们应当用"武力"——"北洋派的"——去征服他,中国才可以"治"!那"南方"的"大人物"也说道:"北方"几个跋扈的"督军",忽而徐州会议,忽而天津会议,忽而弄洪宪皇帝,忽而弄宣统复辟。他们目无"国法",所以弄得这样糟!我们"南方"应该兴起"义师",去征服他们,保护这"宪法",中国才可以"治"!我听了这两番话心中又惊又怪,究竟哪一面的"大人物"是乱,哪一面的"大人物"是"治",弄得"莫明其妙"。仔仔细细地想了一番,忽然大悟了:原来我们中国是没有什么乱,只因为他们要求"治",所以弄得这样乱罢了!

在古代的时候,人类多向着"损人乱己"的主义上去做,所以和强盗差不多。那时更强的征服许多次强的,征服了,社会暂时安稳一点,这就算"治"了。所以"治"的"真义",就是"以暴制暴"的行为。换句话说,就是"对付强盗的手段"的总称呼。你看这野蛮不野蛮。然而在从前未开化的时代,用这"治"的行为总还有些适宜。若是到如今,人类已开化了,仍然想要世界上的人人都服从我的命令、听我的指挥;不就说他是造反,马上用武力去征服他;自己还要道我是求"治",天下哪有人相信这样专制的、暴横的、假意的行为?而且现在的人,都已明白和平自由的幸福,倘便能够施些教育,发达他们的知识,兴些实业,宽裕他们的生计,这就极太平了,哪还要他们专讲"武力"的"治"呢?

诸位想想,我们中国的同胞原来是最安分的,社会也没有什么祸乱,然而一批"大人物"偏偏硬要求"治"。可是小百姓实在没有什么可"治",不得已,他们就做出"以治治治"。说得简直些,就是以大人物治大人物;或是以暴制暴的事情来。北方的大人物要打服南方的大人物;南方的大人物要打服北方的大人物。从此我们中国就弄得兵连祸结!弄得百业凋敝!弄得家破人亡!弄得盗贼蜂起哎!"治"呀"治"呀,天下多少罪恶假着你的名字横行!

如今我们对于"治"的功效可以完全明白了,是野蛮的,是专制的,是压逼的,是武力的。要治人的,一定是些强盗。无论他用武的或是用文的,都是靠不住。不是想囊括金钱,就是想揽擅权位。那甘愿受人"治"的,一定是些奴隶;若不是奴隶,万万不肯屈服强盗势力之下的。同胞呀!我们如果要没有强盗,要不做奴隶,那么一定要去掉这个"万恶之治"。要去掉这个"万恶之治",首先要铲除两种恶魔。哪两种恶魔?一种是硬要"治"我们的"督军";一种是帮他们治我们的"兵"。因为用武力求"治",无论是违法或护法,根本上都是造成万恶之治,去"治"很远。

(《每周评论》1929.02.16 第9号)

新旧思潮之激战

守 常

录《晨报》

宇宙的进化,全仗新旧两种思潮,互相挽进,互相推演,仿佛像两个轮子运着一辆车一样,又像一个鸟仗着两翼向天空飞翔一般。我确信这两种思潮都是人群进化必要的,缺一不可。我确信这两种思潮都应该知道须和他反对的一方面并存同进。不可妄想灭尽反对的势力,以求独自横行的道理。我确信万一有一方面若存这种妄想,断断乎不能如愿,徒得一个与人无伤适以自败的结果。我又确信这两种思潮一面要有容人并存的雅量,一面更要有自信独守的坚操。

我们且看今日的日本!新的方面,有黎明会一班人士种种的结合,大张民主主义社会主义的旗帜,大声疾呼,和那一切顽迷思想宣战。什么军阀、贵族,什么军阀主义资本主义,都是他们的仇敌,都在他们攻击之列。他们天天宣传,天天游说,这儿一个演说会,那儿一个讨论会,这里立一个杂志,那里创一所日刊。公共结合以外,他们还有自己本着他专究的学理,择选的问题。今天一个小册子,明天一个小册子,散布传播飞如蝴蝶。他们虽然定了一个共同进行的方向都向着黎明的曙光去走,可是各人取哪条路还是各人的自由,不必从同,且不能从同,不可从同。那反对一方面也是堂堂鼓正正旗来相对应。桐花会黑龙会这一班人的思想虽旧,他们也知道走正路,也知道本着自己所信的道理,思想在社会上造成一种正当势力,和新的对抗,就是那个浪人会的行动,在日本社会已为舆论所不直。他们对于新派的激战,也不过开一个演说会请反对党的魁领莅会辩论而已。

我辈再回过头来看看我们中国新的旧的,都是死气沉沉,偶有一二稍稍激昂的议论,稍稍新颖的道理。因为靡有旗鼓相当的对立,也是单调靡有情采,比人家那如火如荼的新潮,那风起潮涌的新人运动,尚不知相差几千万里。那些旧人见了尚且鬼鬼祟祟的。想用道理以外的势力来铲除这刚一萌动的新机,他们总不会堂皇正大地立在道理上来和新的对抗。在政治上相见就想引政治以外的势力,在学术上相遇就想引学术以外的势力。我尝追究这个原因,知道病全在惰性太深、奴性太深,总是不肯用自己的理性维持自己的生存,才想用个巧法,走个捷径,靠他人的势力摧除对面的存立。这种靠人不靠己、信力不信理的民族性真正可耻,真正可羞!

我正告那些顽旧鬼祟抱着腐败思想的人:你们应该本着你们所信的道理光明磊落地出来同这新派思想家辩驳讨论,公众比一个人的聪明质量广方面多,总可以判断出来谁是谁非。你们若是对于公众失败,那就当真要有个自觉才是。若是公众袒祐你们,哪个能够推倒你们?你们若是不知道这个道理,总是隐在人家的背后,想抱着哪位伟丈夫的大腿,拿强暴的势力压倒你们所反对的人,替你们出出气,或是作篇鬼话妄想的小说快快口,造段谣言宽宽心,那真是极无聊的举动。须知中国今日如果有真正觉醒的青年,断不怕你们那伟丈夫的摧残。你们的伟丈夫,也断不能摧残这些青年的精神。当年俄罗斯的暴虐政府,也不知用尽多少残忍的心性,杀戮多少青年的志士。哪知道这些青年牺牲的血,都是培植革命自由花的肥料。那些暗沉沉的监狱,都是这些青年运动奔劳的休息所。那暴横政府的压制却为他们增加一层革命的新趣味。直到今日这样滔滔滚滚的新潮,一决不可复遏。不知道那些当年摧残青年压制思想的伟丈夫哪里去了!我很盼望我们中国真正的新思想家或旧思想家,对于这种事实都有一种觉悟。

(《每周评论》1919.03)

为什么要南北分立

只 眼

南北人民分立呢?

还是南北特殊势力分立呢?

前年张勋复辟的时候,我曾主张仿奥匈制度南北分治。那时我的意思,以为中国无论南北,都有一大部分人相信君主政治或大权政治。不妨画定北方几省,让他们去过那"磕头请安"、"打板子"的生活。那相信欧美自由政治的人,可在南方另设自治政府和国会。免得南北意见分歧,种种都说不到一处。

但是现在细细想起来,我这种观察很浅薄,我这种主张很鲁莽灭裂。

听说上海会议的南北代表中,颇有主张南北分立的人。我就简章(单)问他们一句:"为什么要南北分立?"

我不是迷信统一的人,但主张分立也须有个理由。在人种宗教语言历史上当然不发生南北分立的问题。他们回答的唯一理由,必说是"因为南北政见不同"。

我以为他们所持的这个理由和我从前所想的是同样的观察浅薄。除了人种、宗教、语言、历史不同以外,多年共同生活的国民,实没有分立的理由。

若因为政见不同便主张分立,这理由却十分薄弱。

(一)全国民的政见,永远没有相同的时候。要因政见不同而分立,必至人人分立而后已,便永远没有共同生活的组织。

(二)所谓不同的政见:第一层要分别他是南北两方人民的意思还是少数野心家的意思。第二层要分别他是正当的政见或是不正当。若是少数野心家不正当的政见(例如从前南美蓄奴制度和此时中国北方军阀的军治主义),就应该用多数民意正当的政见来征服他们才是。不应该承认他们利用分立的名义,施行他们的野心和不正当的政见。

说南北政见不同应当分立的人,必是假定南方人相信自由政治,北方人相信大权政治和军国主义,南北政见如此不同,所以只好分立。我看南方人是否都相信自由政治,这个问题且不必讨论。试问相信大权政治和军国主义是北方多数人民的意思还是少数野心家不正当的政见呢?若真正是多数民意,或者还可以分立。若是少数野心家不正当的政见,便万万没有分立的理由了。因为一国的分裂,既没有人种、宗教、语言、历史上异同问题,又非出于利害感情的真正民意,但凭少数野心家不正当的政见便把国家分裂起来,这只可以叫做"割据",不能叫做"分立"。

果然要实行分立,请问这南北的界线是如何分法?若是由军人政客们以意为之,那沿江各省属南属北用什么来做标准呢？若是以西南护法几省属南,其余的都属北,那湖北安徽江西江苏浙江福建六省的人,难道都是相信大权政治军国主义吗？若依各省人民投票决定,现在军治下的人民能自由表示意思吗？

我看解决中国政治问题的根本要点,不在南北分立与否,而在能否合舆论的内力和友邦的外力,铲除这南北军阀的特殊势力。倘能铲除这特殊势力,不但南北分立不成问题,就是什么陕西问题、福建问题、湖南问题、川滇问题、粤桂问题、湘桂问题也都根本解决了。这种特殊势力倘不能铲除,就是南北果然分立,北方且不必论,那南方将来层出不穷的唐陆、川滇、粤桂、湘桂等种种问题试问如何解决？试问有什么方法可以调和团结这种种利害感情冲突的特殊势力来建设南方的自由政治呢？难道又牺牲民意的本位来就特殊势力的本位,分立什么滇国、桂国吗？

仅就一时特殊势力少数野心家造成的现象便主张毫无民意根据的南北分立,固然没有理由。就是那理由充足有历史习惯根据的各省地方分治,在军阀特殊势力未铲除以前也没有主张的价值。因为军阀不铲除,无论名义上是南北分立,或是各省地方分治,那实质上都是"藩镇割据",和地方分权人民自治的精神隔得太远。

(《每周评论》1919.03.23)

共产党的宣言(摘译)

舍

这个宣言是 Marx 和 Engels 最先最重大的意见。他们发表的时候是由 1847 年的十一月到 1848 年的正月,其要旨在主张阶级战争要求各地劳工的联合。是表示新时代的文书。劳工革命的第一步,我们所最希望的,就是把无产阶级高举起来,放他们在统治的地位,以图 Democracy 的战争的胜利。这些无产阶级的平民,将行使他们政治上的特权,打破一切的阶级,没收中产阶级的资本,把一切的生产机关都收归政府掌管,由这些人去组织一个统治的机关。并且要增加生产的能力,愈速愈妙。在我们开始的进行,对于一切的资产和中产阶级的生产,若不加以猛烈地攻击,便没有效果可得。虽然这种政略,可以现出经济恐慌和不能支持的状况。然而他们进行得愈快,必可以把从前的社会制度一齐打破。并可以把一切的生产状况完全革新。

进行的方法,是因为国别不同而生出差异。若是在很进化的国家,这以下的条款是很适用的。

（1）废除土地私有制度。所有地租,概归公有。
（2）第一条若不能积极进行,则或由国家递增岁入的租税。
（3）遗产归公。
（4）迁居国外及叛党之财产,一律充公。
（5）用国家资本,组织一国家银行,有垄断一切营业的权。
（6）实行中央集权。交通机关和转运事业概归国有。
（7）大制造厂及各种生产机关概归国有。垦辟荒地、改良种植须用同一的计划。

（8）一切人民有担负同样工作的义务。并须招集若干的军队以保护农事。

（9）农工互相联合，渐废城与乡的区别。对于全国国民，用同等的平均分配。

（10）采用自由教育制度。设立公共学校，俾一切儿童入校就学，当就学时代不得入工厂工作。教育方针须与各种工艺相关合。

若是照以上的那些条款都做到了，这一切的阶级制度便自然消灭。并且全国的生产机关既都完全收归国有，这由人民组织的国家，自然没有政治的臭味。政治的势力（Political Power）是纯粹由一阶级人的势力所组织以反对别的阶级的。无产阶级去和中产阶级争战，因为情势所迫，不能不自行组织一种阶级。若是取革命的手段，他们便自居于统治的地位，把一切的旧生产情形都要废除。并且要把一切阶级的反抗都消灭了。到后来连他们自己那一阶级的特权都一并废除。中产阶级和别的阶级以及其他阶级的抗争，我们都要融合起来，成一个平等的大团体。在这个团体的中间，各去自由地发展，便是全体的发展。

（《每周评论》1919.04.06）

最近新旧思潮冲突之杂感

毋一忘

近来思想界才苞出的一枝嫩芽，不料竟有人想来摧残。这种举动本不值得批评，不过记者回想民国三四年的时候，复古主义披靡一世，什么忠孝节义，什么八德的建议案，连篇累牍地披露出来，到后来便有帝国的结果。可见这种顽旧的思想，与恶浊的政治往往相因而至。现在这辈顽旧思想的人又想借不正当的势力来摧残新思想。思想是不可摧残的，并且经一度的摧残，便是一度的助长。所以记者对于这种摧残的举动倒也毫不悲观。不过这种顽旧的思想在今日的时候还是这样弥漫，那前途的影响保不定要发生与帝制一般的危险哩！

外人批评吾国，总说是半开化的国家，他们的观察点，就在这种顽旧思想的存在。这种顽旧思想的是非是另一问题，简单一句话，多少是不适于现时的。他们开口是纲常名教，闭口又是纲常名教，试问他们自身是否守着纲常名教去做的？凡是破坏纲常名教的事，都是这辈自命为拥护纲常名教的人做的。这纲常名教里边，最重的自然是忠孝两字。这个忠字，他们能实行吗？如能实行，为什么亡清大夫又联翩的来做民国官僚呢？至于孝字，除了哀启上铺张的什么呛地呼天百身莫赎等等烂套而外，只怕他们平日尽有逆着父母的行为哩！

今再还到本题，这思想自由，无论什么大力，是不可压抑的。吾国几千年来，拿着孔子之道，定为一尊，没有人敢拿自己的思想去批评孔子。所以现在见了批评孔子的话，就以为叛经悖理、大逆不道，想要拿罪名来加在这批评孔子的人的身上。其实古代圣哲的议论未必句句都是。就算句句都是，也还因时代变迁未必一成不变。你看苏格拉底至今有人称道他的学说，正因为西洋没有人禁止批评苏氏的学说，所以他的学说，长处短处都显出来，转能历久弥光。吾国孔子的学说只因禁止批评，所以变成一种锢蔽思想的枷锁，连他学说的本来面目也都失去。到现在的时代,小民族工人等尚且要求解放,难道吾国的思想界就永远锢蔽吗？中世纪欧洲教会的势力何等伟大,也还有人推翻,可见思想是不可压制的。现在的耶教并不禁人批评,却也无害于耶教的存在。若说吾国的孔子之道,不但这辈诵法孔子之道的人并不能实行,就全国看去,横的方面,全国四万万人,耶回佛教的信徒有多少人？竖的方面,佛教的输入中国有多少年？佛教以出世为空间,与孔子的纲常名教是绝不相容的。他们既不容现在的人去批评孔子,何不起几千年的陈死人来科他的异端中国的罪呢？所以就实际上说,究竟这孔子之道早已不纯粹存在的了。他们到现在来维持孔子之道未免太迟了。不过表现一种顽旧的思想,供外人的嘲笑罢了。至于这新思想的进行,他们无论加以何等妨害,决不会戛然中止。吾最后还有一句话,从来一种思想,决非压抑的力量所能打消。就以现在的过激主义而论,各国也没有法去压抑他。这辈顽旧思想的人,要真有术道的热心,何不拿出正当的态度来发挥孔子之道使人信服呢？

（《每周评论》1919.04.13）

废 娼 问 题

常

废娼运动,是现代社会运动的一种。最近上海有一部分外人提起这个问题,某报因此特辟一栏,征求社会上对于妇人问题的意见。登了好久,并没有一个应声的人。可见中国人一般的心理,都不认妇女有个人格。这真是可怜的现象！

我们主张废娼,有五大理由：

第一,为尊重人道不可不废娼。凡是侮辱人权背反人道的制度风俗,我们都认作仇敌,要尽最大的努力去攻讨他、征伐他,非至扑灭他不止。到了今日人类社会上还有娼妓存在,国家法律上仍然认许公娼,真是可痛可耻的事情！你想好端端的一个人,硬把他放在娼门里,让他冒种种耻辱,受种种辛苦在青天白日之下,去营那人间最卑贱的生活,卖自己的肉体、精神、完全人格,博那些拥有金钱的人的欢心。那一种愁苦、羞愤、卑屈、冤枉,真是人所不能忍受的境遇。我从前在上海的时候,看见许多青年女子,不管风雨昼夜一群一群的站在街头招拉行路的人。那一种可怜、悽惨的光景,恐怕是稍有人心的人都要动点同情的。至于娼察（寮）中的黑暗,和他们在那里所受的虐待,真是人间的活地狱一般了。像这样侮辱人权、背离人道的事,若不绝对禁止,还讲什么人道自由,不是自欺欺人么？

第二,为尊重恋爱生活不可不废娼。两性相爱,是人生最重要的部分。应该保持他的自由、神圣纯洁崇高,不可强制他、侮辱他、污蔑他、屈抑他,使他在人间社会丧失了优美的价值。社会上若许公娼存在,男女间恋爱生活的价值,自然低落,恋爱的自由必为不正不当的势力所侵犯,致令一般人对于恋爱起一种苟且轻蔑的心。不在人生上求他,却向兽欲里求他。不但是侮辱了人权,而且是侮辱了人生。

（《每周评论》1919.04.27）

"五四运动"的精神

毅

什么叫做"五四运动"呢?

民国八年五月四日北京学生几千人因山东问题失败在政府高压的底下,居然列队示威,作正当民意的表示。这是中国学生的创举,是中国教育界的创举,也是中国国民的创举。大家不可忘了!列队示威,在外国是常有的事,何以我们要把他看得大惊小怪呢?

不知这次运动里有三种真精神,可以关系中国民族的存亡。

第一,这次运动,是学生牺牲的精神。从前我们中国的学生,口里法螺破天、笔下天花乱坠,到了实行的时候,一个个缩头缩颈。比起俄国朝鲜的学生来,真是惭愧死人哩!唯有这次一班青年学生,奋空拳,扬白手,和黑暗势力相斗,伤的也有,被捕的也有,因伤而愤死的也有,因卖国贼未尽除而急疯的也有。这样的牺牲精神不磨灭,真是再造中国的元素。

第二,这次运动,是社会裁制的精神。当这个乱昏昏的中国,法律既无效力,政治又复黑暗,一班卖国贼宅门口站满了卫兵,出来坐着飞也似的汽车,车旁边也站着卫兵。市民见了敢怒而不敢言,反觉得他们有神圣不可侵犯的样子。他们也未始不微微笑道:"谁敢动我?"哪知道一被手底无情的学生,把那在逃的吓得如丧家之犬、被捉的打得发昏之十一章(原文如此)。他们那时候才知道社会裁制的厉害!这次学生虽然没有把他们一个一个的打死,但是把他们在社会上的偶像打破了!以后的社会裁制更要多哩!我敢正式告我国民道:在这无法律政治可言的时候,要想中国有转机,非实行社会裁制不可!

第三,这次运动,是民族自决的精神。无论什么民族,都是不能压制的。可怜我们中国人,外受强国的压制,内受暴力的压制,已经奄奄无生气了。当这解放时代不能自决,还待何时?难道中国人连朝鲜印度人都不及吗?这次学生不问政府,直接向公使团表示,是中国民族对于自决第一声。不求政府直接惩办卖国贼,是对内自决的第一声。这次运动是二重保险的民族自决运动。

总观以上的理由,我也不用多说了。只是高呼道:

学生牺牲的精神万岁!

社会裁制的精神万岁!

民族自决的精神万岁!

(《每周评论》1919.05.26)

危险思想与言论自由

常

思想本身,没有丝毫危险的性质。只有愚暗与虚伪是顶危险的东西,只有禁止思想是顶危险的行为。

近来——自古已然——有许多人听见几个未曾听过未能了解的名词,便大惊小怪起来,说是危险思想。问他们这些思想有什么危险,为什么危险,他们认为危险思想的到底是些什么东西,他们都不能说出。像这种人,我们和他共同生活,真是危险万分。

我且举一个近例,前些年科学的应用刚刚传入中国,一般愚暗的人都说是异端邪教。看待那些应用科学的发明的人,如同洪水猛兽一样。不晓得他们也是和我们同在一个世界上一样生存而且比我们进化的人类同胞,却说他们是"鬼子",是"夷狄",这愚暗无知的结果,竟造出来一场义和拳的大祸。由此看来,到底是知识思想危险呢,还是愚暗无知危险呢?

听说日本有位议长,说俄国的布尔扎维克是实行托尔斯泰的学说。彼邦有识的人已经惊为奇谈。现在又出了一位明白公使,说我国人鼓吹爱国是无政府主义。他自己果然是这样愚暗无知,这更是可怜可笑的话。有人说他这话不过是利用我们政府的愚暗无知和恐怖的心理故意来开玩笑。嗳呀!那更是我们莫大的耻辱!

原来恐怖和愚暗有密切的关系,青天白日,有眼的人在深池旁边走路是一点也没有危险的。深池和走路的行为都不含着危险的性质。若是"盲人瞎马夜半深池",那就危险万分,那就是最可恐怖的事情。可见危险和恐怖,都是愚昧造出来的,都是黑暗造出来的。

人生第一要求,就是光明与真实。只要得了光明与真实,什么东西什么境界都不危险。知识是引导人生到光明与真实境界的灯烛,愚暗是达到光明与真实境界的障碍,也就是人生发展的障碍。

思想自由与言论自由,都是为保障人生达于光明与真实的境界而设的。无论什么思想言论,只要能够让他的真实没有矫操[柔]造作的尽量发露出来,都是于人生有益,绝无一点害处。

说某种主义学说是异端邪说的人,第一要知道他自己所排斥的主义学说是什么东西。然后把这种主义学说的真相尽量传播,使人人都能认识他是异端邪说,大家自然不去信他,不致受他的害。若是自己未曾认清,只是强行禁止,就犯了泯没真实的罪恶。假使一种学说确与情理相合,我们硬要禁止他,不许公然传布,那是绝对无效。因为他的原素仍然在情理之中,情理不灭,这种学说也终不灭。假使一种学说确与情理相悖,我以为不可禁止、不必禁止。因为大悖情理的学说,正应该让大家知道,大家才不去信。若是把他隐蔽起来,很有容易被人误信的危险。

禁止人研究一种学说的,犯了使人愚暗的罪恶。禁止人信仰一种学说的,犯了教人虚伪的罪恶。世间本来没有"天经地义"与"异端邪说"这样东西。就说是有,也要听人去自由知识自由信仰。就是错知识了错信仰了所谓邪说异端,只要他的知识与信仰是本于他思想的自由、知念的真实,一则得了自信,二则免了欺人,都是有益于人生的,都比那无知的排斥自欺的顺从远好得多。

禁止思想是绝对不可能的,因为思想有超越一切的力量。监狱、刑罚、苦痛、穷困,乃至死杀,思想都能自由去思想他们、超越他们。这些东西,都不能钳制思想、束缚思想、禁止思想。这些东西,在思想中完全没有一点价值,没有一点权威。

思想是绝对的自由,是不能禁止的自由,禁止思想自由的,断断没有一点的效果。你要禁止他,他的力量便跟着你的禁止越发强大。你怎样禁止他、制抑他、绝灭他、摧残他,他便怎样生存、发展、传播、滋荣。因为思想的性质力量本来如此。我奉劝禁遏言论思想自由的注意,要利用言论自由来破坏危险思想,不要藉口危险思想来禁止言论自由。

(《每周评论》1919.06.01)

我们究竟应当不应当爱国

只 眼

爱国——不爱国!这种声浪,近年以来几乎吹满了我们中国的各种社会。就是腐败官僚蛮横军人,口头上也常常挂着爱国的字样,就是卖国党也不敢公然说出不必爱国的话。自从山东问题发生,爱国的声浪更陡然高起十万八千丈,似乎"爱国"这两字竟是天经地义、不容讨论的了。

感情和理性,都是人类心灵重要的部分,而且有时两相冲突。爱国大部分是感情的产物,理性不过占一小部分,有时竟全然不合乎理性(德国和日本的军人就是如此)。人类行为,自然是感情冲动的结果。我以为若是用理性做感情冲动的基础,那感情才能够始终热烈坚固不可摇动。当社会上人人感情热烈的时候,他们自以为天经地义的盲动,往往失了理性,做出自己不能认识的罪恶(欧战时法国、英国的市民打杀非战派就是如此)。这是因为群众心理不用理性做感情的基础,所以群众的盲动有时为善,有时也可为恶。因此我要在大家热心盲从的天经地义之"爱国"声中,提出理性的讨论,问问大家,我们究竟应当不应当爱国?

若不加以理性的讨论,社会上盲从欢呼的爱国,做官的用强力禁止我们爱国,或是下命令劝我们爱国,都不能做我们始终坚持有信仰的行为之动机。

要问我们应当不应当爱国,先要问国家是什么。原来国家不过是人民集合对外抵抗别人压迫的组织、对内调和人民纷争的机关。善人利用他可以抵抗异族压迫,调和国内纷争。恶人利用他可以外而压迫异族,内而压迫人民。

我们中华民族自古闭关,独霸东洋,和欧美日本通商立约以前,只有天下观念,没有国家观念。所以爱国思想在我们普遍的国民根性上印象十分浅薄。要想把爱国思想,造成永久的非一时的,和自古列国并立的欧洲民族一样,恐怕不大容易。

欧洲民族,自古列国并立,国家观念很深,所以爱国思想成了永久的国民性。近来有一部分思想高远的人,或是相信个人主义,或是相信世界主义,不但窥破国家是人为的不是自然的没有价值,并且眼见耳闻许多对内对外的黑暗罪恶都是在国家名义之下做出来的。他们既然反对国家,自然不主张爱国的了。在他们眼里看起来,爱国就是害人的别名。所以他们把爱国杀身的志士,都当做迷妄疯狂。

我们中国人无教育无知识无团结力,我们不爱国,和那班思想高远的人不爱国,决不是一样见解。官场阻止国民爱国运动,不用说更和那班思想高远的人用意不同。我现在虽不能希望我们无教育无知识无团结力的同胞都有高远思想,我却不情愿我们同胞长此无教育无知识无团结力。即且相信我们同胞从此有教育有知识有团结力,然后才有资格和各国思想高远的人共同组织大同世界。

我们中国是贫弱受人压迫的国家,对内固然造了许多罪恶,"爱国"二字往往可以用做搜刮民财、压迫个人的利器,然而对外一时万没有压迫别人的资格。若防备政府利用国家主义和国民的爱国心去压迫别国人,简直是说梦话。

思想高远的人反对爱国,乃是可恶野心家利用他压迫别人。我们中国现在不但不能压迫别人,已经被别人压迫得几乎没有生存的余地了。并非压迫别人,以为抵抗压迫自谋生存而爱国,无论什么思想高远的人,也未必反对。个人自爱心无论如何发达,只要不伤害他人生存,没有什么罪恶。民族自爱心无论如何发达,只要不伤害他族生存,也没有什么罪恶。

据以上的讨论,若有人问:我们究竟应当不应当爱国?我们便大声答道:

我们爱的是人民拿出爱国心抵抗被人压迫的国家,不是政府利用人民爱国心压迫别人的国家。

我们爱的是国家为人[民]谋幸福的国家,不是人民为国家做牺牲的国家。

(《每周评论》1919.06.08)

民众运动的目的

涵　庐

我国"五四运动"不用说是乘民治潮流而起的,不过据我个人观察,觉得很有几种缺点:

(一)是消极的一时的运动,没有积极的永久的要求。

(二)是单反对政府和一时的外交政策,不是主张改革外交制度。

(三)只想唤醒人民的自觉,不想得到法律上的保障。

民众运动本不是"扰乱治安",但既然被"扰乱治安"的骂名,应当得到"扰乱治安"的代价。代价是什么? 就是对于酿成运动的问题,想个根本解决的方法,用法律规定起来,作未来的保障。这就是"扰乱治安"的代价,就是民众运动的目的。照事实和法律说来,民众政治只有实行议会政治才可以办得到。但是如今自助的社会主义,大多数都是不相信议会政治的。现在不相信议会政治的有三种:一是劳工自决主义,Syndicalism 叫同行的工人,结合在一块,听他们自己直接行动,去谋同行的利益。二是同盟罢工(Strike),他们不求教议会,单讲究自动的革命和直接行动的手段。三是国民决议(Reserndum),因为议会不能尽量发表民意,然想叫全体国民来处决各项问题,事实上也不容易做到,所以普通问题仍归议会议决,遇特别事件乃由国民直接决议。这都是近来自助和自决主义。

但是一件,无论他们讲独立自助的或是讲共同互助的,总不能脱去国家权力。他们要求的结果,也必定要得法律的保障。这是什么缘故呢! 大概现在国家的组织功效大著,不藉国家的权力,分配也不能平均,自利心也不能限制,资本家和劳动家的利益也不容易调停。所以单讲自助自决,专在社会上运动,不想参加政治的活动和得到法律上的改革,终究是劳而无功的。且看我举出一个例来:

前几年比利时的选举法是很不公平的。有财产年龄教育的限制,有职业的种类和既婚未婚有儿子没儿子的区别。有的没有选举权,有的只有一票选举权,有的却有两三票选举权。保守党拿这种选举法做护符,每回选举都占胜利,一连独掌三十多年的政权。到了一九一〇年,查调户口,新添议员额数二十名。而且增加议员名额的地方,都是自由党和社会党工业所在的城市。这样看起来,下次选举自由党和社会党当然不会失败了。一九一一年八月自由社会两党先就做起同盟罢工的示威运动,到了十月间各地方议会改选,自由、社会两党互相帮助,果然把保守党打败了。但是到了一九一二年国会改选,人人料定必得胜利的自由党、社会党不但不能战胜,保守党的议员名数反比从前增加许多。到这个时候,他们才知道选举法不改正,任凭你费多大气力去示威运动都是不济事的。所以他们又改变方针,在同盟罢工的"发祥地"里边又大大的闹了一次罢工,才把这种旧选举法改掉,把那些拿旧选举法作护符的保守党推翻了。

照这样看来,比利时改正选举法,着实给我们民众运动的一个大教训。使我们知道民众运动不过是得到民众主张的一个方法,设若没有具体的主张,或有具体的主张还没有得到法律的保护,仍然是没有结果的!

我们"五四运动"为什么起的呢?大家不是都说是反对秘密外交吗,我们试想一想秘密外交的制度果打破了没有?如这种制度还在,单打伤一个章宗祥,和逐掉一个曹汝霖,以后就能保没有章曹第二来缔结军事协约、定高徐顺济铁路借款的合同、主张禁止专使发言和极力替日本人尽忠吗?所以我说驱掉曹章、拒绝签字仍然不是秘密外交的根本解决。要想废了秘密外交,除非从法律上改革不可。

中国的外交,从法律上说,代表国家缔结条约的权限是在大总统,从实际上说,代表国家缔结条约的权限是在外交部。这就是秘密外交的祸根。欧战既起之后,有许多外国学者想打破秘密外交,所以主张民治的外交。鲍生贝(Authur Ponsonby, M. P.)的"民治与外交"(Democracy and Diplomacy)书中说得很详细。他说外交也不是一种专门的学问,是人人都能办到的。不过因为政府故意把外交秘密起来,使人民不晓得个中情形,看起来好像人民不大晓得外交,其实这都是秘密的坏处。政治本是公开的一种教育,先把他秘密起来,那么,人民将从何处学习呢?鲍氏想造成平民的外交,所以主张外交由国会公开讨论,条约草案必先交国会通过后才能同外国缔结。他的主张是:

(一)任命外交官须年年由众议院照普通议事手续讨论。这项讨论至少也要占两天的工夫。头一天,由外交总长陈述外交的政策,定下一切大体的计划。第二天,当注意目前有关系的详细的论点和特别的问题。

这一条最大的好处,就是使议会和国民都知这外交的政策,使外交官的外交全体的计划都对于国民负宪法上的责任。

(二)非经议会议决条款,不得同外国缔结条约。

因为条约同别的法律一样重要,所以必定要经人民的代表逐字逐句讨论之后才能同别国缔结。宪法上果有这样规定,那么,如我国的中日军事密约、高徐顺济铁路的合同和日英、日意、日法关于青岛问题的换文,自然不能成立了。

(三)非经议会明白允许,不得加入别国的协约同盟和承诺事项。

(四)非得国会允许,不得宣战。

(五)外交总长有定期宣布外交事情的义务,在议会闭会之后,这种宣布更为重要。使国民由此得以学习外交、信任当局,别叫他们堕在五里雾中。

这五条都是鲍生贝的主张。中国想免掉秘密外交的祸害,将来创造宪法必须加入这些条文,才是根本上打破外交黑幕的道理。

但是国会就能靠得住不和外交当局通同作弊吗?这也有个办法,就是一方面改正选举法,去掉财产年龄资格教育的限制,使选出平民的议员。一方面组织公民的政治社,专于监督选举,检察投票,告发他们不正当的运动,抵抗官吏非法的把持。更多多印刷书报,教导公民应有的知识,评论各党的主张,批评各候补人的资格。

以上所说的虽然不大详细,但都是积极的主张,比较到秘密条约结成之后才去奔走呼号的反对似乎略为好一点。我并不是不赞成民众运动,我是不赞成急来抱佛脚的民众运动,不赞成无目的、无结果的民众运动。所以我不问民众运动的方法,单要问民众运动的目的!

(《每周评论》1919.08.03)

为了群众利益而革命——非为了革命来找群众

高君宇　春默

我们现在要介绍的,是印度国民革命的纲领。印度运动的大略近况已在本报第二期讲过,我们知道,印度运动已到了一个不是空泛的计划可领导的时期,同时国民会议的中心人物成了明显的反对革命,革命的群众渐渐离开了他们;现下需要的是革命领袖的发展和一个革命的纲领的采取了。

革命的纲领吗?——国民会议新发生的左翼曾提议过一个。但他们提议的并没比甘地纲领——建设的纲领——多了革命性质,不过是措辞稍较激烈罢了;因为他们也没有按照群众实际的需要,感发不起群众亲切的了解和不可堵挡的力量。印度运动当然也不是这样一些不接触群众的人物和计划可领导的。

现下唯一有希望可领导印度革命的是新分子的发展。这些新分子中的社会主义者,已提议了"全印度中央革命委员会"的纲领,虽然他还不过是个草案,但他是亲切于群众实际利益的;他一定会为革命的群众所采取,且一致环绕着他前进,推翻了不列颠帝国主义的统治,成功一个印度劳苦民众的共和国。我们要介绍的就是这个纲领了。

绪言:印度底自由

达到印度人民自由的第一步,就是推翻外国的统治。但是印度人民底真正自由决非只是建设一个独立的政府所能得到的。政治独立之所以先要获得,因为群众底经济和社会的解放的事业可以进行无碍。就是印度底政治解放亦不能达到,除非是全部或至少多数人民在这奋斗中很勇往地从事活动。为了要使群众有对于这样自由的奋斗有亲切的了解,全印度中央革命委员会采取下列各项,作为彼纲领底重要原则,其目的在统一一切印度人民宗教信仰各别的社会,在推翻外国势力后,造成一种"一个社会不能剥削他个社会"的情况。

第一节　政治方面

（1）民族独立:"民族自由"这种抽象的名词,对于印度人民群众不能有什么意义。"祖国神圣"等这些感情的宣传已缺乏鼓励起无智识及被压迫的群众底爱国精神的力量。在过去的五十年中,民族运动只限于受教育的资产阶级的极狭范围中。但是到了近来,向来从不做声的群众也成为倔强不驯了,已表现勇猛的和发展不已的活动了。这种觉悟的原因就是那不堪忍受的经济状况。

（一）全印中央革命委员曾承认日进不已的群众活动在自由解放运动中之真实力量,提议依照经济的和社会的自由底原则,先组织城市的无产阶级,次及于贫农的群众。既有适当的组织,再给以有力的政治指导,这种集中的群众势力是要推翻了外国帝国主义的统治。

（二）虽然明了最强有力的军器是群众运动,全印度中央革命委员会也不忽视他种可为政治独立尽力的分子底存在。所以,彼从事于联合各种同意推翻外国帝国主义宰制的革命分子。但是温和派,或国民宪政派,不是想普遍的剥削群众,就是想代有现在英国统治者底地位。照他们那样笃信现在政府制度,倘若一旦政权落在他们手里,他们决不能改善群众底经济状况。

（2）政府基础建于劳农议会之上:因为要防止独立印度底政权落在为自利和图侥幸的领袖底掌握之中,全印度中央革命委员会在大多数人民——就是无智识和不识字的劳动群众——底意志完全发表之前,将行使革命专政。全印度中央革命委员会将筑基于革命的军队和组入议会与工会的劳农底撑持之上。

（一）印度联邦共和国将照群众底意志和现存的实际状况而组成。政治的民治主义在欧美已证明是一种失败;在这种制度之下,普通选举,代议政府,人民意志等等,多不过造诳而已。在事实上属于劳动阶级之人民——全体底百分之九十——是被管束在全国经济生命的少数人们所剥削之下。群众底真正解放的达到,只有是成功一种将政权握在社会生产分子——即劳动者——手中的新制度。

（二）一切国内的统治首长要连同英国的统治一并推翻,并且一切朝代统治须永远废除。

第二节　经济方面

（3）土地给予劳动者:

（一）属于 Zamindars、Talukdars、Sardms Jagirdars 和其他贵族或诸侯的财产和领

有田地,收归国有,分配给耕种田地的人们。这种分配由乡村议会执行而受革命政府底监督。

（二）因为要给农民知道公有地底利益,公有农事机器须给小农应用。这些机器由国家供给而为公有财产。

（4）收用财富：

（一）一切私有财产为公共利益使用者充公。

（二）铁路、电报、水利、矿山等公众利益均归国有——由劳工议会管理,无利经营。

（三）各种大的产业设立劳工管理。工会须管理生产、分配、主要社会底需品底交换,并须对于这些负责。

（四）废止一切间接的税,而实行高度的累进率所得税。

第三节　社会方面

（5）改善劳动生活状况：

（一）国家社会给养所；养老费；疾病保险；儿童利益金；产母保护；失业补助费。

（二）实行一日八小时,一星期六日的工作；以增高劳动阶级生活程度为目的,制定最小限度的工资。

（三）妇女底地位：社会上和经济上完全解放,并有相等的政治权利。

（四）废除一切社会特权。

第四节　教育　文化及宗教

（6）教育：

（一）自中等学校以下施行免费和强迫教育；一切阶级的教育机关须废除。

（二）完全文化独立。

（三）宗教和信仰自由；宗教须与国民政治生活明白分开。

第五节　武装和国际的关系

（7）武装群众：

（一）在外力推翻后,群众仍须保持武装,以保卫革命和镇压反革命。无常备军。如保卫革命需要时,可设立海军。

（二）承认各民族有完全政治上的独立权。不与任何帝国主义列强缔结秘密或公开的条约。与各革命的无产阶级共和国家——例如俄罗斯——成立经济上的合作。

我们介绍这个纲领有两点意思。

第一,要将革命的意义更显亮的摆在我们面前。革命的造因全在于客观的环境,有了一个阶级受压迫或是几个阶级并受压迫的事实,这种环境就决定要发生革命了；反之,若没有阶级压迫的事实,便不会有发生革命的事实。革命是压迫环境的必然结果,是阶级对阶级的群众行动。没有客观的革命造因,想以主观的方式来造成革命,是不可能；但既有客观的革命造因存在,想以方法来消灭革命的动力,也是不可能。不论他实现的进程是怎样,一种压迫多数的环境就是形成革命的本身,且决定革命是定要实现了。在另一方面,革命是需要有革命的组织;他是需要有领导群众实际势力的先锋军。但这种领导,不是主观的号召和空泛的计划可做到的;是需接触了群众革命的动因,亲切地站在他们利益奋斗的前面。空泛而不革命的甘地自然要落伍了;左翼不接触群众革命动因的号召也召集不动群众势力;现在印度革命须要一个亲切于群众利益先锋来领导了。——从这一点我们可看出一个革命的立脚是在什么上头了。

第二,供需要做国民革命的中国参取。在国际帝国主义和军阀交相压迫下的中国,是决定他急于要做国民革命,压迫的程度且也决定他有广大的客观的革命群众了,他也有——虽然很弱小——奋斗历史的先锋军了。目下因为先锋军和这广大的群众还是隔离,所以还没有唤起他们不可扼抑的援应,就是因为先锋还没有旗帜鲜明为了群众利益而奋斗,引不起他们亲切的了解和感发的缘故。在这种情形下,国民党宣告改组,重新估定他的纲领,我们不能不赞许这是很合实际需要的一件事情。新党纲的采取自然要由群众的利益来决定。群众的利益是什么,这又要由他不堪忍受的生活情形来决定了。拿中国来和印度比,除了印度封建势力已被资本主义破坏得远不及中国的有势,和中国农人还没形成像印度农人那样壮大的革命势力之外,我们可说他俩实际情形很有相似的地方。印度和中国都是要和帝国主义战的。印度劳苦群众在国民革命中所要求的,当然大部也是中国劳苦群众所要求的,所以我们感着中国国民革命的纲领有参取印度国民革命纲领的必要。

唯有亲切于群众利益的革命党,才不会在革命的群众前落伍!

革命是要为了群众利益的呵!

(《向导》1922.10.04 第 4 期)

中国青年之共同抱负

程 鹏

意大利巴尔达里尼(Bartalini)教授,以主张和平为法西斯政府所逐,逃至法国,向中国学生程鹏君询问中国青年之共同抱负及计划。程君说:"我国青年之共同抱负无他,唯志在排除列强在华之压力,以求中华民族之真正独立与自由而已。欲达此目的,固不能不求各国和平派之同情,尤不能不预备本国自卫之能力,他日和平无效,终将出于一战,一如今日土耳其之所以对列强。吾人为防御而战,自问理由正大,予在法(程自称)学习陆军,即为保护祖国之预备,此则对君不能讳者也。"巴氏又问:"贵国青年何以对列强怀恨如此其深,得毋惧再演拳匪之乱?"程答:"君言未免昧于远东情势,今日远东之中国,为列强共同竞争之场所,一如战前之巴尔干半岛,因而吾人所受痛苦,实在不堪言状。例如'关税权'各国皆系自主,而中国则为列强所制,进口税只许值百抽五,使幼稚之中国工商业不得政府保护,永远不能与他国竞争,经济上为人制其死命,中国势将由贫弱而臻于灭亡,此吾人所不能忍者一也。又如'外交权'各国皆系自主,而中国则动受列强之牵制,参加欧战须得列强之允许,承认俄国须伺列强之意旨,甚至与甲国订约,亦遭乙国之干涉,外交失其自主,国家何能独立,此吾人所不能忍者二也。又如'司法权'各国皆系独立,中国则有领事裁判权以乱本国之法统,此吾人所不能忍者三也。又如'路政权'各国皆系自主,中国则动遭列强之干涉,仅因借债关系,甚至因而掌握路权,不惟会计必须委用外人,而且沿路矿山,亦复任其采掘,一隅之匪乱,遂欲共管全国之铁路,此吾人所不能忍者四也。

此外如强迫租地派兵示威,种种无理之暴行,皆非独立国所能受,吾人为求祖国之生存计,不能不出于反抗,此乃'国民意识'发达之结果,与义和团盲动之举,岂可同日而语。吾人今固尚无能力反抗列强,然列强不终止其侵略之行为,对华为继续的压迫,则民族革命之怒潮终有爆发之一日,此固无法避免者也。中国今日所处之地位,正如贵国当年受奥地利之压迫,普国当年受拿破仑之蹂躏,故'外抗强权内除国贼'之呼声已弥漫于全国,吾辈青年肩此重任,责无旁贷,义不反顾,宁为自由而死,不作亡国之民,君为提倡世界和平之人,试为中国青年设想,除以武力自卫外,果有何法自拔于危亡之境乎"?

(《向导》1924.05.28 第67期)

中国共产党对于时局之主张

(一)

此次北京政变之后,在国内政象上,一方面表现出反直派在北方之胜利,将回复到直皖奉直战前安福交通执政的局面,一方面表现出直系在中部仍保有其地位;同时,在外交上,一方面表现出英美帝国主义者不能独力挟曹吴攫取全中国,一方面表现出日本帝国主义者也没有挟段(祺瑞)张(作霖)统一中国之可能。

(二)

帝国主义者宰制中国之企图,约分为三时期:第一时期是所谓瓜分政策,由帝国主义的列强协议在华势力范围之划定,华盛顿会议以前,均属此时期;第二时期是所谓共管政策,由英美法日等帝国主义者协力共同宰制中国,自华盛顿会议至今年七月伦敦会议,均属此时期;这两种政策,均因为帝国主义的列强间在华利害之冲突不能成为事实,遂进入第三期,即现在之分立政策。

这种分立政策,和第一时期不同者,只是不取列强间协定形式及表面上避去瓜分之名,而实际上乃是帝国主义者各在其势力范围内——日本在北方,英国在中部,法比在其他方面,——集中当地军阀之力,由经济的支配权力,进而各造其自己支配的政治机关,实行分裂中国。

独有后到的美国,一面因为其国内经济力特别优裕——余资余货——之故,一面因为在中国尚未有独占的势力范围,遂极力鼓吹什么"在华开国际会议讨论施行于中国之一种道威斯计划",以图寻得相当的机会与工具——游移于英日帝国主义之外的军阀,达到其以经济力宰制全中国之野心。

(三)

在这种情形之下,我们此时不得不大声疾呼,警醒国民,勿固执从前的预料与恐怖,以为帝国主义者宰制我们只有瓜分与共管两个死板方式,应该觉察他们希图宰制我们的别有新而更毒的方式:分立或道威斯计划。前者比后者更有实现之可能,其危险更迫在目前。

此种政治的分立,即是国家的民族的分裂,也即是帝国主义者瓜分中国的计划之实现。挽救此迫在目前的危机之方法,不是各省军阀的和平会议或国是会议,也不是几头元老的善后会议,乃是本党去年北京政变时所主张的及中国国民党现在所号召的国民会议,只有这种国民会议才可望解决中国政治问题,因为他是由人民团体直接选出,能够代表人民的意思与权能。

我们希望国民党领袖们努力号召全国人民的团体,促成此国民会议,并须努力使他们所主张的国民会议预备会急速在北京召集,更应极力反对军阀们拿什么各省军民长官会议来代替此会,执行此会职权。此预备会之任务不但是筹议国民会议,我们更应号召各阶级国民众及与各派帝国主义者尚无确定的关系之武力,拥护此预备会,在正式政府未成立以前,即为临时国民政府——号令全国的唯一政府。

此临时国民政府(一)为挽救帝国主义者分裂中国之危机而成立,自应不妥协的打破各派军阀勾结帝国主义者分裂中国之势力;同时,也应杜绝帝国主义者勾结军阀藉口援助中国统一实行其道威斯计划之阴谋。(二)依赖各阶级的民众及与帝国主义尚无确定关系的武力之拥护而存在,至少也应采用国民党政纲为施政方针,方能得农工兵等民众的同情。

(四)

此临时政府如果成立,本党当然不能妄想他是国民革命左派的政府,或甚至还不是中派;然而我们却准备赞助他,只要他确能防止帝国主义者分裂中国或共管之阴谋,只要他确能镇压一切反革命的军事行动,只要他不妨碍一切平民参与政治之机会。

(五)

为全民族的解放,为被压迫的兵士农民工人小商人及知识阶级的特殊利益,本党将向临时国民政府及国民会议提出目前最低限度的要求。同时本党认定拥护这些要求,是一切人民及其代表之责任,尤其是国民党之责任。要求如下:

(一)废除一切不平等条约,第一重要是收回海关,改协定关税制为国民关税制,因为这是全民族对外的经济解放之唯一关键。

(二)废止治安警察条例及罢工刑律,保障人民集会结社出版言论罢工之无限制的自由权;因为这是人民对内的政治解放之唯一关键。

（三）全国非战时的常备军，均以旅长为最高级军职，废除巡阅使督军督理督办总司令检阅使护军使镇守使军长师长等军职；因为这是杜绝军阀势力集中盗国乱政之重要关键。

（四）军阀之祸，罪在最少数高级军官，失业入伍的兵士们所受压迫与困苦，与其他一切平民等；今后旅团司令部，应采用委员制，军饷公开；应改良现役兵士之生活及教育；兵士退伍，须给以土地及农具或他种确实可靠的生活。

（五）规定最高限度的租额，取消田赋正额以外的附加捐及陋规，谋农产品和他种生活必需的工业品价格之均衡，促成职业的组织（农民协会）及武装自卫的组织，这都是农民目前急迫的要求。

（六）八小时工作制，年节星期日及各纪念日之休假，最低限度的工资之规定，废除包工制，工厂卫生改良，工人补习教育之设施，工人死伤保险法之规定，限制童工之年龄及工作时间，女工妊孕前后之优待，这都是工人目前最低限度的要求。

（七）限制都市房租加租及建设劳动平民之住屋。

（八）没收此次战争祸首的财产，赔偿东北东南战地人民之损失及救济北方水灾。

（九）各城市乡镇之厘金牙税及其他正杂捐税，在国库收入无多，而小本营商者则因之重感困苦，宜一切废止。

（十）废止盐税米税以裕平民生计。

（十一）增加海关进口税，整理国有企业之收入，征收遗产税，征收城市土地税。此等大宗税收，不但足以补偿废止旧税——厘金牙税盐税米税田赋附加税及其他各种正杂捐税——之损失，并可用为补助退伍兵士失业贫农及推广教育之经费。

（十二）为保障知识阶级之失业及青年失学计，国家预算中，不得将教育经费移作别用，并应指定特种收入如收回庚子赔款等，为实行中小学免费优待小学教员及推广平民教育之用。

（十三）妇女在政治上法律上经济上教育上社会地位上，均应与男子享平等权利。

（《向导》1924.11.19 第92期）

列宁与中国

独　秀

列宁逝世周年纪念日告中国民众：

有许多中国人及其他各国许多人，尤其是在十月革命后的二三年间，以为这个布尔什维克首领列宁，不知是什么一个极恶穷凶的怪物。其实这完全一幻想。列宁的外表，像一个很朴素的教授，又像一个很活泼的工人；他的内心贮满了对于全世界被压迫者的同情热泪，他不但同情于被压迫的工人农民阶级，指导全世界的阶级争斗，他并且同情于被压迫的弱小民族，指导全世界的民族争斗。释迦佛说：要普度此世界众生于他世界；列宁说：要为此世界人类中被压迫者脱离被压迫地位于此世界而奋斗。我们若要指证释迦佛所说他世界在何处及超度了多少众生到那里，便未免太滑稽了；而由列宁奋斗所解放之被压迫的工人农民阶级和被压迫的弱小民族,已经分明在此世界中令我们看见了,如十月革命后的苏俄工人农民之解放及苏联境内小民族之解放与夫近在远东民族革命运动之勃兴。

欧洲人对于远在亚洲东方的中国,或视为不可知的秘密国,或视为一大群未开化民族所聚居的地方,一任其传教师外交官远征的军队与商人明欺暗算,而漠然无动于衷。独有同情于全世界被压迫者的列宁,他对于远在数万里外的中国近代重大事变及在这些事变中所受欧洲各国的欺凌,无不注意到,无不严峻的批难到,他并不宽恕他本国(俄罗斯)政府欺凌中国人之罪恶。

自从义和团事件起,列宁即表示深厚的同情于中国人,攻击他本国政府非常严厉。当时他曾在火星报上说:"俄罗斯与中国战争(即指义和团战争)已告结束,为这次战争调动了许多军队……对于那帮暴动的中国人,尤其是对于那些没有武装的中国人,加以剿灭,弹击,无量数的妇女儿童,都被惨杀,其苦何堪!至若农村居民商店之被蹂躏抢劫的状况,更是不用说了。……今日欧洲资本家贪欲的利爪又伸入中国了,且现在力求满足私欲的俄罗斯亦转入这个漩涡之中,并已割据中国的旅顺口,由俄兵保护,在满洲公然建筑铁路;同时欧洲各国政府,相继而起,大家都热心来做抢劫中国的事,冲动了他们"瓜分中国"的观念,由是将中国的土地,或占据或租借,事实上就等于欧洲各国政府(俄罗斯居其首位)已开始瓜分中国;可是他们瓜分中国不是用一种公开的形式,而是和暗中偷窃人家坟墓中的死人一样。假若被偷的死人稍有反抗的表示,他们就如猛兽一般,烧毁其村庄,驱逐于海洋,或将赤手空拳的居民和其妻子,枪杀刀杀,毫不加以姑息……如现在报纸(指俄国报纸)又鼓吹兴兵反对中国,加上中国人是'野蛮黄种'、'仇视文明'的罪名。……那帮无耻的新闻记者,屈服于政府及金钱目的之前,故意无中生有,造谣惑众,鼓励民众轻视中国。"

列宁对于中国的辛亥革命,也表示满腔同情。当时他曾在真理报上说:"四万万落后的亚洲人得到自由了,对于政治生活已经有觉悟了。可以说,地球上全人口四分之一已经由沉睡转到光明、活动、奋斗的路上了。此事对于文明的欧洲是不发生关系的,甚至法国至今还未正式承认中华民国。欧洲这种冷淡的态度,用什么可以去解释呢?原来在西方各处都受帝国主义的资产阶级之统治,这资产阶级四分之三已经腐朽,对于任何一个野心家,只要争得反对工人之严厉方法及一个卢布有五个戈比的利息,都愿把自己所有的文化卖去。

这个资产阶级把中国只不过看成一块肥肉,这肥肉自从被俄国亲热的拥抱一下之后,现在也许要被日本、英国、法国等撕碎了罢!"

列宁对于列强扶助袁世凯造成中国的反动政局,也曾在真理报上攻击过:"欧洲资产阶级居然拥护亚洲的黑暗势力。……掠夺中国,帮助德谟克拉西之仇人,中国自由之仇人。……中国的新外债(是指袁世凯的善后大借款)是反抗中国德谟克拉西的,因为欧洲帮助袁世凯,他原来是预备实行军事专政的一个人。欧洲为什么帮助他?就是因为可以分点利润。中国借了二万五千万卢布的债……假使中国人民不承认这笔债呢?那时先进的欧洲就要大声疾呼什么'文明'、'秩序'及'祖国'了！那时就要装着大炮，与野心家黑暗势力的好友袁世凯联合去压迫这'落后亚洲'的共和国了！"

在列宁这些说话中，可以看出他是一个何等人物，可以看出他对于中国及中国民众之同情是何等诚挚；同时，也可以看出中国本国的反动军阀勾结外国帝国主义的资产阶级，压迫中国民众破坏中国德谟克拉西运动是何等严酷；同时，又应该看出中国民众之好友，只有反对帝国主义的资产阶级之无产阶级，那些帝国主义的资产阶级都是中国反动军阀之好友，也就是中国民众之敌人。

现在全世界人类对垒的形式是：

（甲）压迫者——各国帝国主义的资产阶级及反动的军阀

（乙）被压迫者——各压迫国之无产阶级及各被压迫国之民众

被压迫的中国民众呵！我们若真要纪念列宁，永远纪念列宁，只有接受列宁遗训——联合全世界被压迫者，向全世界压迫者开战，为脱离被压迫的地位而战！

（《向导》1925.01.21 第99期）

中国共产党一九二五年"五一"告中国工农阶级及平民

中共中央执委

全中国工人们农民们及一切被压迫的平民们！

每年的"五一"本是全世界工人阶级检阅战斗力的日子，可是这个日子，在中国应该扩大他的新意义。这新意义就是"五一"这一天，在中国不但是工人阶级检阅战斗力的日子，也是农民检阅战斗力的日子，并且是被压迫的学生自由职业者小商人等一切劳苦平民，对工人农民表示同情的日子。

全中国的工人农民学生自由职业者小商人等一切劳苦平民，同是活在国际资本帝国主义者及国内军阀大商绅士阶级等恶势力欺压摧残之下，已渐至不能自存。反抗这种欺压摧残的必是工人农民最激烈，恶势力之欺压摧残亦必是对工人农民为最甚；然而被压迫的学生自由职业者小商人等一切劳苦平民，切不可以为这是工人农民独有的运命，你们的生活不安，破产，甚至于为经济所迫而犯法或自杀，也是受了欺压摧残工人农民的那班恶势力所迫害；工人农民反抗那班帝国主义者军阀大商绅士阶级勾串一气的恶势力，直接是保卫自己，间接也可以保卫你们，因为帝国主义者军阀大商绅士们固然是工农的敌人，也决不是你们的朋友，工人农民反抗这班恶势力，不但于你们无害，并且战斗力涣散的你们，只有联结工人农民，打破这班恶势力，才能够得着较安定的生活。

今年"五一"到了，我们应该扩大他的意义，叫出两个口号并要实现两个事实：

一、工农联合的"五一"运动

二、一切平民同情于工农的"五一"运动

中国共产党中央执行委员会

（《向导》1925.05.01 第112期）

中国共产党为反抗帝国主义野蛮残暴的大屠杀告全国民众

全国工人们！农人们！一切被压迫的民众们！

血肉横飞的上海，现在已成为外国帝国主义的屠场了！这是偶然的事么？不是的。这是资本帝国主义统治下的必然现象。资本帝国主义存在一天，被压迫民族和被压迫阶级每日都有被屠杀的可能呵！

印度、埃及、非洲等弱小民族和欧美各国被压迫阶级，不是常常被资本帝国主义的强盗们定期的或不定期的大屠杀么？我们中国民族的被屠杀亦非始于今日呵，自鸦片之役以至庚子之役，中国史，完全是一部外国强盗宰割中国民族的血书。然而这次上海的大流血，却是中国民族自觉的反抗外国时期之第一页呵！

年来全国被帝国主义压迫的民众之普遍的觉醒，早已促起了英美日法侵掠家的杀机。尤其是反帝国主义的主力军工农阶级势力之形成，更坚决了各强国的强盗阶级（即帝国主义的资本家阶级）对于中国的铁血镇压政策。上海的大屠杀，便是帝国主义者重新表示他们兽性的志愿——只准中国人做奴隶，不准中国人谋解放，只准中国人在"奴隶"与"铁血"的两种惨境中有个选择！

帝国主义的列强，对于侵略中国和镇压中国的民族运动是一致的，无论他是先进的帝国主义（如英国）或后起的帝国主义（如日本）。这次上海事变，起于日本帝国主义向上海以及青岛纱厂工人积极的进攻，而成于英国帝国主义向学生工人市民狠毒的残杀。美国帝国主义在这大残杀中完全与英国一致。在公共租界耀武扬威的万国商团，美国商团的凶暴与英国的没有两样；美国海军陆战队悉数上岸加入英兵的队伍之日，即在杨树浦一带任意残杀中国路人，尤其望见工人学生经过即开枪；美国大陆报同英国字林西报一样的凶恶，一样的造谣，诬指这次运动为苏俄和共产党所主使，声言美国在华之三十余艘军舰将全部或大部分调向上海厮杀。然而在另一方面，各帝国主义之间的相互冲突与狡猾也摆在我们面前：日本帝国主义正在努力企图将此次事变的目标移嫁于英国，而德国驻沪领事亦向学生表示一种假仁假义的态度。

这次上海事变的性质既不是偶然的，更不是法律的，完全是政治的。因为这次事变是起于日本帝国主义向中国民族运动的主力军——工人阶级——进攻，而成于英国帝国主义对援助工人的民族运动之铁血镇压政策。所以因英日帝国主义之大屠杀而引起的全上海和全中国的反抗运动之目标，决不止于惩凶、赔偿、道歉等"了事"的虚文，解决之道不在法律而在政治，所以应认定废除一切不平等条约，推翻帝国主义在中国的一切特权为其主要目的。不平等条约一日不废除，帝国主义在中国的一切特权一日不推翻，中国民族的生命与自由便一日没有担保，随时随地都有被横暴残酷野蛮无耻的帝国主义蹂躏屠杀之危险。全中国人民的生命与自由，决不能由惩凶、赔偿、道歉等虚文得到担保，只有废除一切不平等条约推翻帝国主义在中国的一切特权才能得到担保。所以由这次大屠杀引起的全上海全中国的反抗运动,将是一种长期的民族争斗。这争斗的得失将不以英日帝国主义是否允许惩凶、赔偿、道歉为转移,而将被决定于下列的两个条件:第一,这争斗是否能长期的持续的摇动帝国主义在中国的特权与统治,并使其在经济上生活上发生永久的危机;第二,这争斗是否能引导全国各阶级的民众入于反帝国主义的高潮,并形成各阶级分别的群众组织与联合的民族组织。

中国共产党敢号召全国各种被压迫阶级的群众来反抗帝国主义野蛮残暴的大屠杀;中国共产党更号召全国各种被压迫阶级的群众坚持到底地来维持并发展这个长期的民族斗争;务使野蛮残暴的帝国主义在中国之特权与统治不断地动摇,务使其在华的政治经济地位发生永久的危机;而在这个争斗中务必提高并普遍反帝国主义的宣传与组织,成功各阶级分别的与联合的民众政治势力。

中国共产党请全国愤激的反抗帝国主义之屠杀的人民,注意四件事:

第一,须将这个斗争持续地依靠于全国民众自身的力量,万不可倚赖和相信政府的交涉而中辍民众的反抗;须知段张政府是帝国主义的工具,尤其是日本帝国主义的工具,卖国媚外是其特长;我们虽不必拒绝政府的交涉,却不可相信并倚赖政府的交涉而中辍民众的反抗。

第二,须知中国人民与野蛮残暴的帝国主义无调和之余地。更须知外国大资本家大商业家大银行家是外国帝国主义的主人,在上海的外商厂主(工部局的主人)更是这次大屠杀的真凶,万不能自欺欺人把残杀之罪专移于其雇用之巡捕,而反认真正的敌人为"调人",希望他们出来讲什么"斡旋"、"公道"和"谅解"。帝国主义对付我们只有奴隶地位与铁血政策,我们与帝国主义的斗争也只有我们屈服他们,或他们屈服我们之两条路。与其认贼为父,敷衍面子以了事,毋宁干脆的斗争、干脆的失败之光荣。

第三,在这如火如荼的大反抗运动中,上海上流社会和各报新闻记者已多少暴露其调和妥协和"速了"的倾向;纵然上流社会现在还是这反抗运动中的要素,然这种倾向若不停止,实大有害于全民族的利益。

第四,须谨防帝国主义的离间破坏政策。帝国主义的离间破坏政策,第一是用种种方法捏造苏俄和共产党主使的谣言,第二是离间商界与工人学生的一致,并企图和缓商界领袖使与商人群众分离。

中国共产党敢告全国人民不要受帝国主义的暗示与欺骗。这样反抗帝国主义野蛮屠杀的大运动,各阶级各党派都应当积极地参加积极地鼓励或主使。中国共产党是中国工农阶级的党,工农阶级既不是冷血动物,又不是帝国主义的附属品,乃是帝国主义之最坚强最可怕的死敌,中国共产党哪有不参加运动的道理?假设这次运动真如帝国主义机关报之所说——是共产党所鼓动的,那么这不仅不足使各阶级群众畏避共产党而观望不前,反而要使他们亲近共产党,并加倍勇往的团结中国民族之一致的奋斗。因为中国共产党只有这样的积极努力才能使各阶级群众深信共产党不仅为工农阶级的利益而奋斗,并且为全中国被压迫民族而奋斗。

苏俄亦然。假如帝国主义机关报所说苏俄鼓动是真的,那么不仅不足使各阶级民众畏避苏俄停止运动,反而要使他们证实只有工农共和国的苏俄是被压迫民族唯一的挚友;挚友的帮助,无论是精神的或物质的,都要大大增加他们反帝国主义的情绪与勇气。只可惜苏俄的力量现在还不能助中国民族一举打倒帝国主义,使他从野蛮残暴的列强中解放出来。然而中国全国民众正殷殷地望着苏俄及其领导的各强国无产阶级有帮助中国民族如此解放之一日呵!

中国共产党敢提醒全国民众的注意:这次上海的大事变是由帝国主义向工人阶级之进攻引起的,这是证明各阶级的民众已经深悟拥护反帝国主义的新动力之重要。几十几百几千几万的上海学生市民不惜殒身饮弹在帝国主义的炮火中前仆后继地来援助工人,这是何等可敬的精神,何等重大的牺牲呵! 务望上海和全国奋起的民众,承继流血烈士之遗志,在长期的民族争斗中时时拥护虽被帝国主义仇视压迫的工人群众之利益;勿中帝国主义的离间政策,使最忠于民族利益的工人阶级有任何不堪之危险,而民族解放运动亦因此而遭铩羽不振之打击呵!

全国工人们! 农人们! 一切被压迫的群众们! 起来,起来:打倒野蛮残暴的帝国主义!

各阶级联合战线万岁!

中国民族解放万岁!

(《向导》1925.06.06 第 117 期)

民族解放运动的新时期

心　诚

自《向导》出世以后,三年之内,中国政治上发生许多变化;而民族运动之突飞猛进,更为前此所未有。这三年来政治变化和民族运动演进中的种种阶段,都由向导的论文里表现无遗。政论界里幼稚的谬见和幻想,渐渐减少起来,民众的组织亦日见扩大,民族解放运动成了全国人民的实际运动。现在更进到一个新的时期了,这个新的时期即以五卅事件为起点。

五卅运动何以形成民族解放运动的新时期呢? 第一,五卅运动是一个空前的民族解放运动,不但普遍全国,而且是自觉的和有组织的运动;在此次运动中,各地民众的热血染红了这面民族解放运动的大旗。第二,民族解放的必要条件,渐次成为民众团体的具体要求;全国民众,在这次长期奋斗中,都从梦中觉醒过来。第三,此次运动的最大特点,就是沪港等处五十万工人,始终能为有组织的有觉悟的奋斗,支持至三月之久,为民族解放运动的柱石。

在五卅运动开始的时候,民众的势力十分伟大,迫得帝国主义者不得不和北京政府开始谈判,准备让步。不幸这个时候,奉系军阀突然自告奋勇来压迫民众了。天津青岛上海等处民众团体之被解散,爱国人民之遭杀戮,都是奉系军阀献媚英日摧残民众的铁证。外国帝国主义得着这么一个忠仆,好像吃了续命汤一样,如是又强硬起来,不理中国民众的要求了。现在既然有奉系军阀替英日保镖,对外交涉已是难于胜利了。但是这次运动的价值,决不因此减色,只是使人民对于帝国主义和他的工具更加愤懑罢了。

这次运动虽然不能得着条件上的胜利,但是民众普遍的觉醒和民众——尤其是工人——组织力的加厚,已是民族解放运动最可宝贵的胜利。这个初步的胜利必能引导吾人达到最后的胜利。

在五卅以前,只有民族解放的呼声,现在民族解放运动却已有人民的热血去培养了,民族解放运动已是普遍全国而有组织的运动了。

在这个民族解放运动壮大的基础上,可以发展一个伟大的国民革命的政党,而且可以武装这些觉悟的民众为国民革命的军队。所以五卅运动能使民族解放运动在一个新的形势中发展,五卅运动的结果,就是替中国独立和自由安下一块础石。因此我们说:现在是民族解放运动的新时期。

中华民族的解放运动能否成功,第一,要全国民众普遍的觉醒;第二,要最大多数的工农群众能有组织;第三,要有一个伟大的国民革命政党或是一个联合的国民革命政党;第四,要有国民革命的军队。自五卅运动以后,民众的确有了普遍的觉醒,工人的组织有了极大的进步,就是农民的组织亦日渐壮大起来;而且在广州已经有了一个小小的国民革命军,因为民众势力日见扩大,革命潮流渐次高涨,就是北方的国民军亦有左倾之势。在这个新时期中,我们所少的还有一个伟大的国民革命政党。

说到国民革命政党,使我们不得不追念中山先生之死。中山先生之所以伟大,因为他几十年不断地革命,他知道革命的历史,他又知道革命的正当道路。他知道一个伟大的革命党之必要,他联络各派的革命主义者于他手创的国民党之下。在他的观念中,没有别的顾虑,只是革命能否成功。但是他已经死了! 自他死了以后,不但国民党内一般反革命和不革命的分子,乘机捣乱,就是自命孙文主义的继承者也不免有许多的错误观念。这种错误的观念,足以使中国革命前途受到极大的损失。

在这千载一时的五卅运动中,共产党人集中他所有的力量,为民众奋斗。但是自命为孙文主义的革命家却不肯十分为这次运动努力,反于坐在屋子里著书立说,图谋发展一种反对为国民革命努力的共产党的情绪,排斥一般稍有"别信"的真正革命分子。但是现在中国革命的正当道路,在于联络各派革命分子,共同努力各派革命分子和全国民众所需要的国民革命,所谓纯粹三民主义信徒团结起来的势力,或能激动一些人们的感情,但是革命派的联合愈见危险,国民革命成功的日子愈见远了。这可谓"得着一些反对共产党的情绪,失掉了一个国民革命"。现在居然有假借这种所谓纯粹三民主义的理论,做专门分散革命势力的勾当,这就是国民党领袖努力的结果呵!

我们希望在这民族解放运动潮流高涨的新时期中,所有以革命为己任的人,都能十分地努力,设法集中革命势力,那么,五卅运动至少可以缩短革命的路程,而五卅运动中各烈士的血才不是空流了。

(《向导》1925.09.07 第 127 期)

十月革命与中国民族解放运动

独 秀

受了帝国主义侵略八十余年的中国,为什么欧战后渐渐才有了有意识的民族运动?这是因为:(一)在客观上,一方面中国的工业乘欧洲大战机会一时有了相当的发展;一方面大战后帝国主义者因弥补战中的损失,加紧向中国等经济落后的民族剥削进攻,促起了反抗。(二)在主观上,苏俄十月革命触动了中国青年学生及工人革命的情绪,并且立下了全世界各被压迫的国家及各弱小民族共同反抗帝国主义之大本营。

苏俄十月革命之内容是:(一)城市工人打倒资产阶级而得了自由;(二)乡村农民打倒地主阶级而得了自由;(三)俄国境内的小民族打倒俄皇及资产阶级的统治而得了自由;(四)全俄人民脱离西欧帝国主义的羁绊而得了自由。前二者是阶级运动,后二者是民族运动,合起来便是整个的世界革命之开端。这两种革命运动,在苏俄同时并行,不但没有妨害,而且正因为工农阶级奋起得了政权,对外拒绝与帝国主义的协约国合作,对内取消前俄帝国主义的政策,即强迫民族同化于大俄罗斯的政策,因此,民族运动才得到彻底的解决,否则若照当时资产阶级的克伦斯基政府政策,至今全俄人民仍旧屈服在帝国主义的协约国羁绊之下,俄国境内诸小民族仍旧屈服在资本主义的大俄罗斯政府威权之下,这是毫无疑义的。

(《向导》1925.11.07 第135期)

中共青年团为吴佩孚联奉进攻
国民军事告全国民众

秋 白

全中国的工人农民学生兵士小商人及一切革命的民众!

一九二三年"二七"残杀京汉铁路工人的刽子手吴佩孚,现在又破坏全国的反奉战线,转而与全国共弃的奉系军阀张作霖等联合,进攻反奉战争的友军国民军了。这是反奉战争起后中国政局上最大的变动——由进步势力结合进攻反动势力的局面,转而成了反动势力结合反攻进步势力的局面。此局面若继续下去,则在中国将被一黑暗的大反动统治着,英美日的代办吴佩孚和张作霖将镇压住这几年来,特别是"二七"以后勃发而日益增长的民族解放运动,进而造成远东的黑暗局面,危害于日在发展的全世界革命。

中国共产党中国共产主义青年团特把吴佩孚此次联奉反攻国民军这一件事的危险,在全国革命民众面前指示出来。中国共产党中国共产主义青年团一向是站在全国革命民众前面的:我们于每次政局变动时际,都很明显指示民众以政局的趋向及民众应有的努力。我们在反奉战争初兴时,即指明爱国的民众是反奉运动大潮中之主潮,民众应该积极参加反奉战争。到奉系军阀因革命潮流的逼迫而成郭松龄之倒戈,我们亦已指明全国革命的民众应该不犹豫地起来夺取政权。结果,因日本及其他帝国主义者的阴谋和吴佩孚的暗中破坏反奉的联合战线,以致奉系军阀仍然得保其残喘而与吴佩孚联合起来。这也是因为在这几个月的战争中,革命民众未能积极行动之所致。现在的局面更加危险了。全国革命的民众此时正处在革命势力和反动势力决战的时机,若不急起向吴佩孚行总攻击,则任这局面发展下去,中国民族解放运动所受的打击将不堪设想了。

全国的革命民众!我们再不能迟疑了。我们应该起来积极地行动。向吴佩孚行总攻击!吴佩孚是奉系军阀之最后的拥护者。

打倒吴佩孚——这不啻是严重打击奉系军阀的势力,这也即是扫除国际帝国主义压服中国民族一种有力的工具。我们应该一齐起来集中于这一步工作——打倒吴佩孚,援助国民军。国民军此时正在直接抵御吴张反动联合的进攻,民众要肃清反动势力,必须援助这一支军队。而民众自身也应该迅速崛起,向反动的吴佩孚作大规模的示威,并集合在一种行动的组织之中,表现自己的势力,请求广州国民政府出兵北伐,督促国民军不犹豫的不妥协的对付吴佩孚并肃清吴系在长江的势力。在这状况底下,尤其是武汉的民众和河南的民众更应该特别努力实行驱逐吴佩孚并努力参加反吴的战争。同时,我们即应进行召集孙中山先生主张的国民会议;至于吴系政客一切护法护宪的主张,自然都是我们所应根本反对的。

全中国一切革命的民众!快起来!

打破吴张的联合!

打倒吴佩孚!

打倒张作霖!

打倒英日等帝国主义!

(《向导》1926.02.07 第145期)

江浙农民的痛苦及其反抗运动

润 之

江浙两省在中国为工商业特别发达之区,因此工人商人的地位容易被人重视,至于这两省农民,便很少有人重视其地位,而且多以为两省乃太平富庶之区,农民并无多大痛苦。其实这种见解完全是皮相,完全是不明白江浙农村实际状况之谈,我们试一考察江浙农村之实际状况,便知道实际情形与悬想完全相反,以下所述各县具体事实,又算我们近来得到的一极小部分材料,然已足证明江浙农民并不是一般人想象的那样太平富庶无多痛苦的农民了。

崇明 长江口之一岛,岛之全城为崇明县,均长江泥沙沉淀冲积而成,岛之四周年涨新沙,因此沙田甚多,佃农甚多。今举上沙一地为例,此地地主剥削佃农非常厉害,每千步田要纳保证金五十元,这种田完全是新涨的沙田,农民逐渐替地主们经营成熟,成熟后,地主管田底所有权,农民管田面的权,每年耕种所用人工、肥料、农具、种子等均归农民自备。秋收后每千步田要纳租谷五百斤甚者五百斤以上,地主到农民家里的时候,农民要请他们吃好酒饭,不然便难免加租,收租的称,大概都在二十两以上。农民稍有反抗,马上送县究办。农民若今年欠了五元租,明年就要还你十元二十元。又不得不还,于是农民破产者年年有之,此地农民曾在民国十一年起了一个暴动。并没有什么赤党过激党煽动他们,他们成群的起来打毁警察局,割去地主陶某的耳朵,并大闹县署要求减租,后因团结不固,首领被捕,以致失败。今年江苏遭了普遍的旱灾,田亩减收,上沙地方每千步田农民只收谷三四百斤,而地主缴租则坚持要照例缴五百斤,地主且以"佃业维持会议决"以欺农民(佃业维持会系十一年地主组织以欺农民的),于是农民恨地主益深,暴动又将发生了。

江阴　从无锡乘轮船前往,到一处地方,叫顾山镇。这顾山镇在江阴常熟无锡三县之间,三县大地主很多,压迫佃农很厉害。去年秋天,有一个日本留学生顾山人周水平(周原在无锡省立师范毕业)回到本乡,看不过眼,乃劝佃农组织团体,名曰"佃农合作自救社"。周往来各村,宣讲农民痛苦声泪俱下,顾山农民从者极众,江常锡三县各界农民都为煽动,如云而起,反对为富不仁之种种大地主,一致要求减租。但农民尚未完全联合起来之时,劣绅地主早已联合起来。江阴、常熟、无锡三县,绅士地主同时动作,文电如雪片告到孙传芳。孙传芳哪有不听劣绅地主的话,于去年十一月便把"佃户合作社"解散了,把周水平捕获,今年一月便把他枪毙了,减租运动算是一时镇压下来。当周水平灵柩回到顾山安置在他家里时,农民们每日成群到他灵前磕头,他们说:"周先生是为我们死的,我们要给他报仇。"今年大旱,稻收不好,农民又想起要求减租,可见他们并不怕死,他们知道只有团结奋斗,以减少贪暴地主的剥削,才是他们的出路。只江阴东乡有一名叫沙洲的地方,亦有农民反对地主的事,此地主苛例为交上期租,江苏人所谓寅交卯种,是一件于农民经济上很痛苦的事。现在农民要求种田还租,正在那里奋斗。

丹阳　这里述丹阳县吕城镇的两件事(这吕城镇在丹阳县东乡,靠近沪宁铁路)。一件是反抗当铺欺剥农民,事在今年夏间,吕城镇上有一家当铺,一天被马玉仁残部在县西茅山为匪者到境抢了一回,但所抢不多。当铺主人即鸣警报失,说典当的衣物都抢去了,同时密将衣物乘夜移藏他处。这些衣物的当户即近镇各村农民,闻讯,邀截于路,得原物之一部,但已被移藏之部未得。典物的农民乃起而组织"当户联合会",向吕城镇当铺算账,结果当铺赔偿损失一部,即每人赔偿等于当价之数目,共赔了九百块钱。此事证明农民有团结便可得胜利,设这回没有团结,便让奸狡的当商欺剥了全部的当物去了。又一件是反抗劣绅富农强迫农民缴钱戽水。事在今年夏秋,一直到现在尚未了结。江苏各县农村的河里,现在很普遍地采用一种机器戽水,叫作"戽水机器",以代替旧法的手车脚车车水。吕城附近几个村子的农民,感觉得要戽水改用机器。但这个地方的劣绅及富农便乘机图利,抢头先做,组织一个"机器戽水公司",集合资本一千四百元,买来一架机器,安装在河里,用公司名义,要农民按亩出钱,若不出钱不准戽水。农民们一打算:所有这几村的田一年按亩交纳的钱,即够买一架机器,若集资自买一架,一次出钱,年年可用,用公司的机器,则年年要缴这样多钱。于是大反对劣绅富农的公司。本地有几位小学教员颇帮农民的忙,帮他们组织一个团体,叫做"农民促进会"。在这个团体内,组织一个"机器戽水合作社",办法也是农民按亩出钱,也凑足一千四百元,买了一架戽水机器。于是河里有两个戽水机器,一架是公司的,一架是合作社的。公司的一架完全摆在那里没人理会,劣绅气极了,用种种诬词告到孙传芳那里,结果派兵下乡,大索过激党,捕去四人,通缉三人,声言不用公司机器的人都要重办。当兵来时,村中壮年男子都躲在禾丛中,只留下老弱妇女小孩见兵士的面。这些犯了重罪的农民,单是送兵太爷免捕礼就送了一千元,其余被搜掠者不在内。此案到现在还没有完结。好在现在已是孙传芳不甚如意之时,吕城的劣绅们或者也稍稍感到难尽如意,亦未可知。

无锡　离无锡县城十里之徐巷镇,不久之前也出了一件小小乱子。此地大商兼大地主的荣德生,他要在此地修一条马路经过农村,拆毁镇上房屋,廉价收买过路田亩,此事直接损害农民经济,故农民们组织农民俱乐部反抗荣德生。结果荣德生屈服,允许田二百元一亩,新植的桑苗一角一株,镇上房子不拆。

青浦　沪杭路侧之青浦县,上月内发生农民反对重价买荒之事。本县荒地,农民缴价买荒,历来定价每亩三元。此次劣绅县长林员一组织一公司,以每亩三元领得荒地,而以每亩十二元卖给农民。农民组织垦务联合会对抗,劣绅官厅则多方恐吓,现在仍在争持中。

泰兴　东乡王家庄地方,今年因旱少收,农民要求减租,与地主起了激烈的斗争。地主不但不肯减租,反压迫农民。农民之中一人因恨极图杀一万恶之地主,地主报县,捕农民三十人入狱。

泰县　泰县森森庄地方之农民,今年因旱请求减租,起了一个运动。地主压迫,捕去为首数人。

徐州　江苏农民江北徐海一带算是最苦,红枪会连庄会到处皆是,农村各种斗,比他处更多,缕述不尽,铜山县东乡北乡等处地势洼下,去年禾稼淹没殆尽。所幸二麦已种,农民尚有"转过荒年有熟年"之希望。今秋淫雨连绵,田间禾苗终日浸在水中,由萎黄而腐烂,农民辛勤半载,落得两手扑空,此时地中仍是积水片片,二麦播种无期,怨声载道,莫不表现一种悽惨愁苦的状态。天灾之处,同时还有横征暴敛之军阀贪官与重租重利之劣绅地主,层层敲剥,因此农民流为匪者极多,徐州一带所以成了著名之匪区以此。

慈溪　慈溪属浙江,在宁波之西,近月本县山北地方曾发生一次大的暴动。这山北地方的农民本来是很强悍的,时常有械斗的事发生,加以近年官僚警察无理的压迫,劣绅地主加倍剥削,农里极愤已深,恰巧今年晴雨不均,稻和棉花都没有收成,那地主铁租又一些儿都不肯减,农民的闹荒暴动就因此爆发了。农民的暴动一旦爆发,一般游民无产阶级都很勇敢地参加进来。九月十三日上午,聚集两千多人到警察局报荒,和警察冲突起来,他们把警察署焚毁了,把警察的枪械也缴了,又转至乡绅地主家"吃大户"。吃了以后,因愤乡绅地主的凶恶,把他们的屏画古董门窗壁络捣毁净尽。每天都是这样,他们也不大听人劝导,只是这样发泄他们的怒气。隔日乡绅逃至城内告发,军警陆续下乡大搜农民,农民领袖多已逃撤。"犯法"、"犯罪"已成了普遍的宣传,农民由此胆怯起来,这次暴动就镇压下去了。这次暴动失败的原因,在群众完全没有组织,又没有指导,所以成了原始的暴动而至于失败。

(《向导》1926.10 第 179 期)

南通工农的地狱生活及其英勇斗争

赵贵胜

一

南通,上海附近的一小工业都市,有着约十万以上的产业工人,分布于纱布、面粉和铁厂。

纱布厂有大生第一第八厂,工人主要的是女工和童工,女工工资每天至多三角,青工童工,不过一二角钱,每天都要工作十二小时。在资本家和包工头双重压迫之下,动不动就罚工钱,扣工资。面粉厂一家,工人工资大约三角,至多五角。铁厂一家,工资普遍五角至多一元。

这些厂里都有国民党的黄色工会,每月从每个工人剥削两角钱"会费",但对于工人的痛苦,自然不仅不管,且帮助资本家来压迫欺骗工人。

除上述产业工人之外,还有黄包车夫小车夫约二千余人,和挑盐苦力五百人。南通小车夫和木匠瓦匠每月要给国民党政府纳捐两角钱,但他们所入极微,如木瓦匠普通一元钱六七丁,即一元工资包工六七天,每天工时无限制,虽一个人自己的奴隶的生活也极难维持。黄包车夫车捐,现在每月一元四角,但这还是去年夏天坚持两个多月的轰轰烈烈的大罢工所得到的结果,本来那时国民党已决定把车捐从二元二角增加到二元五角的。和这斗争同时,各工厂挑夫约三百人为要求增加工资五角至六角的联合的斗争,也是完全胜利的。

最近南通工人的斗争浪潮愈益澎湃起来。受去年以来抗日抵货运动的影响,南通资本家都得利至数十万元,而工人不仅未得丝毫利益,反而工作愈益加重,被剥削愈加厉害。如大生纱厂,最近决定一方面减少男工,代以女工童工,一方面更将每一间原有小工头八人的减少到五人,遂激起了工人激烈反对,因而资本家至今未敢实行。同时资生铁厂资本家想要撤换该厂经理,同时将工人全部解雇,另雇新工,以便减低工资。对于这阴谋,工人们就团结起来提出要求解雇金十个月工资。资本家见工人情绪高涨,就将原定计划撤销,胜利属于工人。而在国民党的盐税征收机关的苛征与暴压下的南通挑盐夫,竟于三月间在挑运中途将缉私队武装缴除三十多人。

二

在国民党地主重重剥削农村经济破产和去年水灾影响之下,南通贫苦农民的生活已陷绝境。田赋每年上等田每四亩六元,次等田二元。地租年纳约三十元,多者四十元。但事实上,丰年种棉收获亦不过四十元,米麦更不如,而投下资本却至少总在二十元以上。所以贫农佃农,在这样的荒年,仅有的些微收获,几乎全部为国民党地主榨取了去。至于雇农,男子每年工资至多十五六元,女子六元左右,童工则除供给饭食之外,完全无工资,但工时是无限制的,工作也不限于耕种,任何工作都要做,完全和奴隶一般。贫苦农民以织土布为副业,但在商业资本家操纵压迫下,无论如何辛苦工作他们的生活终不能从此得到丝毫帮助。布庄资本家对于他们的残酷剥削,可以举这样一个例,譬如交易时,资本家付价,可以十六铜元作一角钱算,而卖布的农民找钱时,一角钱往往非作六十铜元不可!

在这样情形之下,农民斗争,抗租抗税斗争,汹涌澎湃起来。如去年十一月间,国民党政府通告征收所谓"居户捐",每月二角。一天,五个保卫团全副武装到农村去收捐,农民就敲锣,立刻集起三百多人,把五人拘起,解除武装。后来又增派了二十个保卫团来,同时农民方面也增加到五百人,于是冲突起来,一方全副武装,一方赤手空拳,结果农民受伤两人,被捕五人。不过三人立刻释放,其余两人三天后释出,农民得到了政府负责医治受伤者两人,和贫苦者得不缴居户捐的胜利。

但农村破产深入,今年南通农民斗争已经进展到分粮,吃大户的地步。

在今年四月间,南通"中五区"发生"吃麻雀饭"风潮,成百成千的没饭吃的贫苦农民、灾民聚到地主富农家去吃大户。吃大户斗争很快就发展成分粮的斗争,乡村地主富农闻讯,请到大队保卫团驻扎各路口,武装压迫分粮群众,不使他们集中起来。群众立刻组织起保护队来相抗,不幸群众领袖两人被保卫团捕去,群众失去领导,这一斗争在国民党地主武装的严重打击之下失败了。

不过同时在南通南五区爆发的抢粮斗争,却得到了大胜利。也是四月间,国民党政府借名以工代赈,以一百石米,雇灾民数百人开运河,不给工资。农民就以怠工来答复国民党的残忍剥削。国民党就派保卫团来弹压。但农民不仅不因此屈服,反更进一步,号召了附近饥民一千余人将谷仓存米一抢而光。抢米时和保卫团冲突,农民勇敢的战斗结果打伤保卫团员两人,农民亦伤五人。但因此使国民党县政府承认存米无条件分给工作群众及饥民,受伤者由县政府负担医药费及生活费。以工代赈的欺骗破碎,国民党也就不再开运河了。

三

并且不仅工人农民这样,战争浪潮更波及于其他阶层。

南通原有警察三个中队,约三百余人。他们都欠饷三个月以上,而国民党政府因为财政破产无法维持,最近四月间又将第三中队警察开除六十多人。当时警察就组织起来,提出发清欠饷和六个月饷的解散费的要求。这一斗争警察是胜利的。

此外小商人在三月间,有过反对国民党公安局征收两个月房租的斗争,结果失败。学生在满洲战事以后,响应着全国学生的反帝怒潮,在南通也屡次示威游行,击破国民党县党部的欺骗,每次示威都公然地喊出了"打倒帝国主义走狗国民党"和"拥护中国共产党"等口号。

中国工农通讯社
一九三二年七月一日
(《红旗周报》1932.12.17)

第二章

开天辟地

《先驱》发刊词

邓中夏

先驱出版了,在先驱与读者相见的第一天,先驱要告诉读者"他出世以后的使命"。

中国自近年以来,与外人通商的结果,旧的农业社会的经济组织,已次第为新的工商业社会的经济组织所撼动所代替了。在这样变迁的中间,就发生旧道德、旧制度的摇动和新道德、新制度的乘时代兴的现象。但二者是不能相容的,因不免互相冲突。请看前数年由专制改成共和的运动,和近数年来的新文化运动便是这两种势力互相冲突最显著的表示了。只不幸这种冲突还未告一结束,就全国的形势看来,还是旧的势力占着优势。如国内武人军阀的横行,他们的勒索聚敛,毫无忌惮使我们感觉着这还是法国大革命以前封建社会的状态,何曾有一丝民主的气味呢?全国由辛亥革命以后,直到现在,可说还是反革命的势力冒着民主的招牌,以行他们的抢掠之实罢了。再看新文化运动的结果,使我们尤抱悲观,近一二年来的言论界,大非"五四"前后的言论界了。大家都在纸上空谈不着边际的主义,并毫无研究问题解决问题的决心。反动的势力便也乘着这人家不注意他的机会大施其活动来了。所以我们现在社会里的道德,还是农业社会里留存给我们的。因袭,奴性,偷惰,倚赖,这社会里的事业哪一种不受他们的影响?各种事业经他们的熏染自然是麻木不仁,因之中国的政治,也任一般武人操纵把持了。我们以为军阀武人的专横不是他们的力量强大,实是我们国民的力量薄弱,实由国民还未觉悟的结果。所以本刊的任务是努力唤醒国民的自觉,打破因袭、奴性、偷惰和倚赖的习惯而代以反抗的创造的精神,使将来各种事业,都受着这种精神的支配而改变。我们的政治,以后就不至于这样黑暗,我们达到理想的社会——共产主义的社会——的道路,也就容易得多了。

既有了这种精神,我们若不知道中国客观的实际情形,还是无用的。许多无政府主义者何尝不富于反抗的和创造的精神?但他们因为不明白实际情形,他们的努力不知不觉地就变成盲目的和反动的了。我们要知道,那不就客观的实际情形研究,而徒凭个人主观的思想想改造社会的人,他们的罪恶在实际上与反动派保守派没有什么分别(虽然我们可以原谅他的心迹)。在一定时候,改造社会的方法是只有一种的,他们反对那一种最合于环境的要求的改造方法而不谙实际的传播一种高调的主张,便是使一般人入于歧路,分散对敌人的力量,而我们的理想社会也终于不能达到了。所以本刊的第一任务是努力研究中国的客观的实际情形,而求得一最合宜的实际的解决中国问题的方案。

我们除了以上一种目的之外,还要介绍各国社会主义运动的成绩和失败之点,以供我们运动的参考。我们特别注意的是俄国革命的状况和革命以后的建设。许多人都只知咒骂俄国和赞美他,但他的施设和他运动的方法,从来无人注意研究的。我们想在此时将他们实际运动的真相,忠实地介绍国人。

本刊发刊的旨趣说完了,我们很希望海内外表同情于我们的目的人对于本刊物都加以充分地赞助。

(《先驱》1922.01.15)

革命与社会主义

仁 任

下面是我在时事新报社会主义研究里看见一位署名六几的所作的一段文字!

"朋友们! 社会主义正着急呢,正啜泣呢,他还是一个无主的孤魂。

他抱怨失魂的被压民众老没有觉悟,昏沉而且飘荡的在非人的世界过非人的生活。这[举]罢了。

你们把他的灵魂骗了去,在那里放革命的空炮,那真碎心呢?

啊! 朋友们! 他把灵魂交给我们应该不是叫我们来蹧踏罢! 我们早些儿把这个无主的孤魂拼合到失却灵魂的民众身上去,空炮似乎也放够了。"

我看了这段文字,很有感触。那位六几先生除了他失手错写一句在那里放革命的空炮外,简直全部都是骂他自己了。他真老实,他岂肯公开的数出他的罪恶。

他说提倡革命的是骗了社会主义的灵魂,他不知道革命正是社会主义的灵魂。他们基尔特社会主义者把社会主义的灵魂抛弃,空呈露着一社会主义的死躯壳,我们可以想象着社会主义的"啜泣和着急"了。

社会主义可以不要革命实现么? 社会主义是代替几千年以来的私有财产和阶级对抗的一种制度,但达到他需要打破旧习惯、旧心理的新方法。倘若这一种制度,可以不用方法,从天降下,社会现有的旧习惯、旧心理不加改变,社会主义仍是行不通的。改造旧心理旧习惯的方法是什么? 那只有革命的方法了。

革命除了以武力推翻敌人外,还有一种好处就是他连带的训练了无产阶级。在他的罢工,抵制 boycott 群众运动,牺牲,煽动,殉难,组织的具体事实中已将无产阶级的博爱,互助,为群众牺牲个人的诸精神表现得极充分了。他们为战胜他们的敌人而团结,他们因团结而矫正私的恶习惯,矫正与团结精神不相容的自私自利的心理。他们在他们的奋斗的长时期中,铸成了他们的新哲学、新伦理学、新经济学,把旧时代的个人主义的哲学,吃人的优胜劣败的伦理学,和站在利润基础之上而发达实业的经济学都打得粉碎了。合作的精神直浸入无产阶级群众的心底里。有了这些自发的精神,正是预备到社会主义的道路。这些精神岂是可以靠书本的灌灌可以得到的吗? 共产主义者当劳动者尚未觉悟的时候,他于组织劳动组合之外,当然要藉文字的帮助来鼓吹他们革命的哲学,讨论革命的方法。他只要不是以鼓吹为终极的目的,怎样见得他是放空炮?

看啊,中国的基尔特社会主义者如何的不蹧踏社会主义！在社会主义研究上,做些令人不懂的文章(岂但我不懂,我问过许多朋友,他们都说不懂),宣传些生吞活剥的观念。我们究竟取何手段因为他们要有自己的孩儿,也要因为他们要得家庭的幸福,并不是因为他们不嫁人就成了一种没有意识的女子。

我们此刻已经认定女子的褊狭心理为进化的大阻力,女子的"个人主义"为团体生活的障碍物。为什么有多人总是踌躇不决的,有多人总是要离弃公众而单独行动的,这缘故就是因为他们受家里的几个女人的感化,这种女人,眼光如豆,只晓得他们自己的目前利益。至于小孩子,受他们感动更大。小孩子在最能教育的时期,就天天被孤独的家庭模范围住,久而久之,他们以为人生最大的职务是对于家庭,不是在于家庭以外。民治政制所以这样的难以实行,就是因为我们大家是在我们各人的最小世界生长的。

从女子的经济上与精神上的服从,小孩儿就得到男女关系的观念。大众总知道父母对于小孩的影响。这种影响往往不是我们所想得到的。一个小孩也不能够得像他父亲所有的性情,同时也吸收他父亲贱视女小的心理,他父亲在家庭作威作福的能力。小女孩在家里只有学习怎样服从、怎样伺候"尊贵"的男子,同时觉得他们与世界的关系实在是毫无紧要。这样的情形就生出我们现在的人民,不晓得民治制度的真义,一天到晚只计算他们自己的利益。

所以女子问题的解决方法,必须要把家庭作为社会的。女子要有职业,她们必先有一种专长。女子有了专长的本领,她们一定要协力合作。旧家庭的"个人主义"非弃绝不可。新家庭的事务非由多数家庭组织团体同力合办不可。

慰慈这篇文章的见解很可以补救现时人所主张的缺点。现在有很多人提倡"小家庭",以夫妇儿女为单位。这是很不错的。但这种个人主义的小家庭是一种奢侈品。除了少数很有余钱的人家,决不能多雇男女仆人,所以家妇的职务格外加重,哪有余力来做真正解放的事业呢?我并不是说解放了的妇女便不该做煮饭炒菜洗衣裳的事。我的意思是说,如果一个女子是很配做学者或美术家的,因为社会的组织不完备,她不能不在她的小家庭里做那煮饭洗衣裳的事,这岂不是社会的大损失吗?所以慰慈说的"新家庭的事务非由多数家庭组织团体同力合办不可",是比"小家庭"的主张更进一层了。(适)

(《先驱》1922.01.15)

共产主义者所应取的态度

凯　旋

《先驱》出了创刊号之后,很得着几个朋友的批评。有的说:"态度不大好。"有的说:"树敌太众。"平时又常听见人说:"不要谈主义,先谈人格。"……因为这许多的原因,所以我今天把共产主义者所应取的态度说出来,一方面以解除一般误会,一方面以勉励我们的同志们!

第一,我先说一说我们共产主义者对于无政府主义者所应取的态度。本来马克思与克鲁泡特金在目的上是一致的。这一点由马克思的最后的著作，哥达纲领批评[判]中，已经可以证明。如若无政府主义者能采取初步共产主义的手段，那么，不只是我们的朋友而且是我们的一家子。所以共产主义者对于无政府主义者实在没有同室操戈的道理。无政府主义者的革命精神，牺牲态度，我们是异常佩服的。无政府主义在中国，比较历史长一点，对于运动上经验也一定多一点，所以我很希望无政府主义者——不只是无政府主义者——，改变空想的、盲目的态度，同我们携手，一致对敌。

第二，那主张以政治支配经济的人，我们知道他在经济学上的根据是错误了。不过，说法虽然不同，步骤却是一样，我们为集中且增大力量起见，也希望他们赶速纠正自己的错误，来同我们联合起来一致进行。

第三，我们共产主义者所反对的是什么呢？我们的唯一反对者就是专讲进化（Evolution）不讲革命（Ruvoletion）的，冒着社会主义的招牌，缓和阶级斗争以使资本家间接收利益的人们。就是基尔特社会主义者。不过，在现在诱惑的世界中，青年一时受的迷惑，是可能的。所以一方面虽不喜欢他们，但一方面却希望他们启发良心，即叫向左转，受革命的洗礼，和我们同向光明道上奋斗去。

我们看一看现在的社会唉！得到最小限度生活费的人有多少？经济逼得人虚伪，狡诈，堕落，……资本主义把人们的幸福生活剥夺尽了。私有制度把维系人类的"爱"打得粉碎了。我们眼中看见许多的文化运动者，社会改造家，沦陷在浊恶的害人坑中，甘为官僚、军阀、资本家所利用。中国的需要改革已经是很急了！在现在的时候万不容我们自己再彼此闹意见了。一条路上的奋斗者！我们都是本着良心为社会而运动的。我们不同之处，没有不可以开诚布公的商量的。我们似不必再闹意气，以资敌人呀！我们醒来罢！

现在我又来说一说共产主义者的修养。革命是何等重大的一件事情！社会革命更是何等重大的一件事情！此后共产社会创造的责任，完全要我们一肩承荷，我们的责任，何等伟大呀！革命家有革命家的人生观，革命家有革命家的特质特操。革命第一个条件是"牺牲"。我不入地狱，谁入地狱？为主义牺牲一切。什么刀锯鼎镬，枪弹刺刀，……管他哩！革命家的第二个条件是"纯洁"。分子的行为，可以影响团体，有时分子不好，使人家连团体所信奉的主义也不信任了。故须修养一个高尚的人格。共产主义是何等清白的一个名词，到了中国不要再把他弄污秽了。革命家的第三个条件是"血诚"。什么生命牺牲尚不放在心中，何况外人的无意味漫骂与讥评呢。无论他们怎样瞎说，我们总当竭诚和他们相见。我们的活动是"水银式"的，无孔不入，我们决不要只做表面上的，可以出风头的……事情。这是我受刺激的而生出来的反应，并且也认为是我们必要应取的态度。质之一般社会革命家以为何如？

（《先驱》1922.01.30）

在国际青年共产革命运动之下，我们中国青年应有的觉悟

丁 燕

　　二十世纪初叶，正是被压迫、被侵掠的民族互相联络、互相携手作世界无产阶级革命底初期。资本主义底基本已经拱把而立了，社会主义底屋角石也要竖起了——这是欧战终了，苏俄给立以后，日常发现的事实所能告愬、所能证明成我们的，只要我们留心观察这个。向我们风起云涌而来的有两个怒潮——国际帝国主义底侵略，世界共产革命底运动——一个是奴隶我的，一个是自由我的。

　　可敬爱的兄弟姊妹啊！帝国主义的经济侵略是我国与外人接触以来身受的痛苦；我不信聪明有志的青年竟茫然不知！国内的军阀财阀，哪一个不是帝国主义的侵略孕育出来的管理、侮辱、压榨我们的——这自然是很不明了的观念，但是我们仔细想想，可又不错；他们哪一个不与外国资本家发生关系，他们哪一个不受资本主义国家底支配，作人家底走狗，以成为人家侵略工具之一种。日本之于袁世凯，段祺瑞是已往的证据；近数年来，供给北京武人以穷兵黩武之具，以造成危机的，正不只日本。简直可以说，这个七零八碎的国家是国际帝国主义经济侵略底猎场。现在情形，比较以先更坏，打破势力范围……门开户放直要把这个民族弄得万劫不复了！我们观望前途真要不寒而栗：资本发达，生产囤积底销场，除了睡着不醒的东方民族之中国，尚有何处！

　　帝国主义的侵略我们有何法抵制呢？封海口吗？筑长城吗？我想无论何人决不作如是想，但是坐而待毙又非吾人所安；然则提倡单纯的爱国主义，拥戴第三阶级政府，向资本主义的国家借债以开发财源，不可以自救？"不……不……"是这个问题唯一的回答，借债度日是现在鸟政府底能事；其借债底产儿就是连年内争，养兵成匪，造成无量数铤而走险流寇式的无产阶级……真令人言之心悸。即使能利用借债开发财源，也不过新生些国内资本家，引入些外国资本家；无产阶级的兄弟姊妹之福利是永远得不着的，我们不看看资本主义国家劳动们！爱国主义更是资本主义的政府用来羁縻伊底臣服的人们一种呓语。由帝国主义侵略冲突而发生的欧洲大战，更因爱国主义之蛊惑而延长。更使许多无产阶级的先锋堕落，失节！在两个潮流——帝国主义的侵略，世界共产革命——涤荡中的中国，中国的青年犹梦想以促成资本主义国家之形成，引入国际帝国主义侵略之加厉，而捏眉哄眼地认爱国主义……为自救之法，真太可怜了！我们要爱国，要爱共产主义的国家，我们要为我们底子孙创造共产主义的祖国。青年啊！不要酣睡，我们应当觉悟，我们是被召的，我们更愿望我们都是被选的；共产主义底潮头，已经溅湿了我们底衣襟，国际青年共产革命运动之呼声与无产阶级底哭泣声凑成很谐和的单调，好似鼓励出征战士的，吹入我们底耳鼓。

　　可敬爱的兄弟姊妹啊！打倒国内军阀、财阀和打倒国际主义侵略是革命的民族自决，也是无产阶级革命过程中一种战略；与世界与无产阶级，国际青年共产党，第三国际并其他种种革命的团体携手连根拔去资本主义底独一门径也是国际共产大组合组织底

开始。诸君不愿吗？中国是资本主义运用的最后一块土，也必是国际共产大联合底发祥地。以地理关系，及居国际共产大联合历史第一章地位俄国而论，我说的也许有几分可靠，努力啊，诸君！努力……

(《先驱》1922.03.15)

关于中国少年运动的纲要

中国经济的状况，可依性质分为两种：一为在内地乡村的，还是一种旧式农业的和家长制的状况；一为在边境各口岸的，则已是一种近代资本主义发展的状况了。列强在中国所施行之帝国主义政策——侵略政策——已使中国完全经济的奴服了。这样所产生的结果：一方面是大部分农民被倾覆而驱迫入都市去找工作，于是开始形成了一部分无产阶级；一方面是手工工业不足与资本国机器工业竞争，渐渐归于毁灭。

中国政治的状况，亦可分为两种：在北方是大权操在封建式军阀的手中，他们是替日本实施其在中国的侵略政策，日本资助他们内争来扰乱中国，贫弱中国。所以日本军阀现在可在中国操纵一切，无异乎做了中国"太上政府"。在南方是大权操在方兴的有产阶级的手中，他们正预备一个战争去推倒北方封建式的军阀，在这个战争是美国资助着他们的。

经济的和政治的状况，影响了中国阶级战争，使他分成两段程途。第一段是大的和小的有产阶级起来推倒封建主义的战争，第二段是新起的无产阶级起来推倒有产阶级的战争。因为中国的无产阶级还没有强壮，第二个战争现还在刚萌芽的时代；在这个时候，他所表显的，只是"组成工会"和"罢工运动"。

为了要使我们的事业得到胜利，中国劳苦的群众，应分两步去做：第一步是完全倾覆封建主义，促成中国真正独立；第二步是推翻有产阶级的政治，把政权掌在自己手中。

中国少年运动问题中，必须有一个是教育少年男女工人和学生使他们有革命的精神，这样他们才可在这个战争中果敢地前进。为了这个理由，这种运动，必须具个群众的性质，他当收集少年的工人和农人以及少年的智识阶级在他旗子下面。社会主义青年团现在应从事普遍的做争自由的运动（如出版言论集会等等自由）。但同时又要给群众解释道："现在的政权，是握在有产阶级的手中呢。'国家'是他们压制无产阶级惯用的武器；所以有产阶级存在一天，我们无产阶级便一天得不到完满的自由。"

在形式上这种运动的组织，须纯是少年，参加的人要在二十五岁以下；所运动的事业，也应当限定是少年的。他应当是以革命的态度，来保护和发展少年工人农人及少年智识阶级的利益的。只有纯粹的少年事业，才可以吸收大群的少年们，万勿要变成少数人自修的组合。

社会主义青年团的事业，应具有政治教育的性质。他不仅仅应当教育团内的人，对团外少年的群众也应当教育，以便引起他们来参加普通革命性质的运动。这样事情的进行：在团内应当时常分组研究和演讲，团员们应格外努力做科学的革命训练；在团外应当时常用激烈的议论,做口实的和文字的(如小册子、定期刊物、报纸等等)宣传。

(《先驱》1922.04.01)

革命与进化

成 阴

现在社会改造的潮流,可大别为两大派:一是无产阶级的苏维埃派的工人政治的 Ergatocraticn 社会改造,一是中流阶级的议会派的 Parliamentary 平民的政治的 Democratic 的社会改造。前者为创造的革命,后者为创造的进化。

进化是一点一点的渐进的改革,革命是猛烈的、全的、彻底的变动。一个新时代在旧时代的母孕中化育完成的实际,必要有一次迅速的、全体的、彻底的新发展。这种新发展,如果没有旧势力、旧秩序的束缚拘牵,这新生于没有什么痛苦的中间,便可以诞育出来。我们也未尝不愿取一种平和的手段,只是新生是必要发生的,旧秩序的束缚妨阻是必不能免的,依平和的手段以求新生的实现是必不可能的,于是乎革命乃为诞育新生必经的途程,乃为打破旧制度旧秩序所必需的手段。

有人说:"革命只得着悲惨痛苦杀戮与流血,得不着进步与幸福。"这是由于为旧环境所惯闹,以旧秩序为天经地义,以在旧社会制度下的牺牲者,被擅用者,被压迫者,呻吟者,病苦者,为"命该如此"的谬见而生的推论。被擅用者,被压迫者的阶级,对于擅用者,压迫者的阶级,因为主张废除这资本家擅用的经济组织而起争斗与战乱。这都是那以少数擅用多数的特权阶级拥护占据这掠夺擅取的权力的结果。我们觉得大多数的无产者在资本家的平和幸福中所受的悲惨与痛苦,较之他们因革命而蒙的悲惨与痛苦,在分量上,在程度上,都多得多。平和中的幸福是少数资产阶级的幸福,不是大多数无产阶级的幸福。革命中的苦痛是少数资产阶级的苦痛,不是大多数无产阶级的苦痛。就是在新秩序的艰难缔造中,革命的无产阶级冒很大的牺牲,也岂得因苟安而避免?

又有人说:"共产主义者的目的,是在打破专擅的、不平的、私有的阶级制度,而代以自由的、无阶级的社会秩序,现在所取的手段,乃与自由不相容,乃与自由相反,这不是南辕北辙吗?"但是此话大错。革命不但不是自由的摧残者,却是自由的产生者。在革命的时期,自由正在萌芽,经过革命的霹雳震撼后,他才怒苗,他才激发,他才光辉灿烂地成了全世界工人辛勤工作的出产品。革命中所被摧折压缚的自由,不是真正合理的自由,乃是资产阶级多年专擅僭取的自由。有了他们的自由,就没有大多数无产阶级的自由。

"无产阶级专政"是革命进行的途程,对于屡谋反动的资产阶级非实行最严义的统治不可,直到阶级的根蒂完全拔除净尽,这个统治的关系才能随着阶级消灭。这时候大家都是工人,都是管理事物的人,都不是治人的人,都不是受制于人的人。在纯正的工人政治 Ergatocrcy 之下,大家都有了自由。要知道这个自由,就是赖革命的工作才产生出来的。我们要自由,我们须先作革命的工作!

(《先驱》1922.04.15)

马克思诞生百零五周年纪念日　敬告中国青年

亲爱的青年同志们！

今天不是全世界无产阶级的革命祖师马克思先生诞生百零五周年纪念日吗？全世界无产阶级都高高兴兴热热烈烈地在这一天集会纪念马克思。这是表示什么意义？简单地说，就是表示马克思主义是无产阶级革命的唯一的指导原理！

自从马克思主义出世以来，虽经过无数资本家的御用学者和黄色的社会主义者的诬陷，中伤，曲解，误解，然资本主义的现实反越益证明其真实性。他在无产阶级中的势力，一天膨大一天。他的真意义真精神，由无产阶级的革命行动斗争行动一天显明一天。俄罗斯国的无产阶级，奉之以成就其社会革命。第三共产国际，遵之以指导全世界无产阶级革命。全世界无产阶级，大半受其精神的感染，直接间接集中于马克思主义旗帜之下。最近且有使全世界被压迫民族都归依于马克思主义旗帜之下的倾向。这是说明什么？就是说明资本主义是普遍的，无孔不入的，马克思主义也是普遍的，无孔不入的。凡资本主义势力所到之处，即是马克思主义势力应兴之所。马克思主义是资本主义社会现实的反映。只要是资本主义存在一天，马克思主义就必然地在无产阶级及被资本主义压迫的人们的心坎里燃烧一天。他是推翻资本主义解放无产阶级的唯一的武器！

我们究竟应该怎样把这武器应用到中国来？自从海禁开放以来，中国早已成了国际资本主义的支配地了。国际资本主义，一面以中国为他们剩余生产品的消费市场，一面以中国为供给他们贱价原料和低廉劳力的出产地，拼命地刻骨地向中国人民榨取，以致中国堕入半殖民地的地位。同时他又尽力扶植中国反动的军阀叫他们互相残杀压迫人民，以遂其操纵经济政治实权的资本欲大野心。因此我们中国本身虽未成为一个资本主义的国家，而受资本主义的压迫和榨取，反比任何国家都还厉害。所以我们中国有采用马克思主义的需要——应用马克思主义的原理来改造中国社会的需要，与其他资本主义成熟的国家有同样的急迫。然而马克思主义是建筑于事实上面的，离开事实就没有马克思主义，资本主义的发达程度不同，而应用对付的方法也就要各异。在目下的中国，无产阶级革命的第一步，就是联合全体被压迫人民向国际资本主义及其走狗军阀进攻！

亲爱的青年同志们！

客观的事实已经告诉我们只有这一条路走得通的了！我们是未来社会的创造者，我们不起来担负这改造中国的大责任，叫谁来担负？起！奋起！前进！一致前进！加入马克思主义旗帜下面一致向资本主义和军阀进攻呵！

马克思主义万岁！

第三共产国际万岁！

全世界无产阶级和被压迫民族团结万岁！

中国社会主义青年团
（《先驱》1923.05.05）

青年共产主义运动在中国的意义

敬 云

　　青年共产主义运动的发生,在中国是最近两年来的事。像劳动运动一样他是为欧洲大战后的革命潮流所影响的。可是中国自有共产主义的青年运动以来,他所具的性质及其发展都与欧洲的全不相同。此种运动输入中国也与其他的学说输入的结果一样,被误解而且变色了。

　　中国产业不发达的结果,劳动运动发生较迟,但是关于青年工人的运动直至现在还未发生。各国的少年共产主义运动是在青年劳动群众——工人学徒和农民中托足的,在中国只是一般青年学生信奉和宣传这种主义。各国的少年共产主义运动的目标是为改善少年经济地位而行经济斗争;为反对少年服兵役,改善少年兵士待遇而举行反对军国主义的运动;利导青年的特性而施以共产主义的教育。在中国这种运动只偏于反对军阀的示威,和纪念日的开会。我们一年来运动的成绩除去得着一部分学生的同情外,千千万万的青年工人几不知有我们团体名字。我们与群众隔离,不能在民众中伸张势力,不能引导民众,我们忽视我们的正当工作,我们的损失是没有比这个还大的。

　　中国的资本主义尚在初期发达时代,他已充满了初期资本主义所用的凶恶的剥削方式。在纱厂矿山中都雇用着几百千儿童。五岁以上的儿童都逼迫在工厂做十二小时以上的工。每日所得的工资最少的只有六分。因为机械生产简单,许多工厂都以童工代替成年工人。上海的丝厂百分之九十的工人是妇女和儿童。以脆弱的身体当强烈的剥削,成年劳动者又毫不过问青年的利益,劳动者的心身退化,神经麻木几乎回到原(始)人时代的状态了。

　　中国的兵士从来是招募土匪充当的。但是近来进步的(就是狡猾的)军阀吴佩孚冯玉祥等经过许多战争,竟觉悟得要使打仗胜利,非用最精壮的兵士不可。所以他们只是挑选十八岁以至二十岁的青年,供他们的训练。一般生活落伍的穷苦同胞竟为一月八九元的饷银,替军阀做炮火,为军阀扩张地盘和压迫无产阶级。我们倘若不伸张势力在这些军队当中去,使军队解体,我们无产阶级的经济斗争和社会革命便永无实现的可能。

　　中国的小工商店的学徒的情形更是苦不可言了。从早至晚做十六七小时以上的工。无休息的时间,无固定的工作。在学徒的期间直成为师傅的奴隶。加以手工业与近代工业强烈竞争的结果,逼迫着一般师傅少雇工人,多收学徒,强迫他们做成年工人的工作,日夜不断以冀苟延手工业的残喘。学徒在这种情形之下生活状况更低落到悲惨的境地了。

　　在中国真正受痛苦压迫的,是这些劳苦同胞,在中国负社会革命的任(务)的也是他们。我们社会主义青年团既是无产阶级革命的团体,为什么不注意组织和教育这些青年?看呵!资产阶级,国际帝国主义者,他们比我们聪明,他们已预先知道他们将来的仇敌在哪里,已预防得周到十分了。他们用基督教和天主教的势力在各处"教育"和组织一些工人。救世军沿街宣传他们的"福音",麻醉工人的心理,消除工人对资本家的反抗力。

他们伸张势力到军队中去,将冯玉祥的军队尽化成基督教徒。他们在青年运动的团体——基督教青年会——之下聚集着几十万的学生,这些学生有时也插进劳动阶级中去,组织工人。这些学生都是处处直接间接与我们的运动反对。我们看我们的仇敌是如何集中他们的能力拥护巩固资本主义。而我们的势力比较起来是何等的轻微不足道呢!

我们须认定中国能革命的只有劳动阶级,他们的普遍的痛苦和被压迫,他们居人民之大多数,这些事实使他们永远无与资产阶级妥协放弃革命之可能。我们的责任是在努力唤醒无产阶级青年的阶级觉悟,预备他们作无产阶级革命的前驱。我们的组织当严密完整,与工人群众有不可分解的关联。我们的组织当为最先的、勇敢的实行经济斗争的团体。我们的宣传当继续不断地为工人的工资问题,工作时间问题,改良工人待遇问题。鼓吹一切理论,介绍和翻译现在都证明不是能动人的宣传的利器了,只有一些干枯的事实,一切真实的统计材料,将他们的真实苦况铺排摆在他们前面,才能促进他们愤恨现存的制度,逼迫他们取革命的手段。现在横在我们的前面的紧要问题不是学生运动,乃是怎样组织这些工人,怎样改变他们的奴性心理,怎样打倒基督教在工人间的势力,怎样要求改善军队待遇,怎样帮助军队争得政治的权利,怎样使兵士反抗军阀。我们假如不注意这些火烧眉毛的紧急问题,我们偏安于学生运动,结果徒使反动派的势力在工人中日渐增长,延宕革命的潮流罢了。

所以我们在中国的青年共产主义运动的意义与欧洲的运动应当完全相同。中国并不是没有劳动者,中国的学生并无与欧洲学生经济地位的不同之点,可以证实我们改变活动方针的必要。过去一年的我们活动,偏于学生当中的发展,只是病的现象。于中国的革命运动是无多大的直接的助力的。我们在这一年之末,重新估量我们的活动方针,明了少年运动的意义和我们的责任的结果,我们在第二次大会以后便可引导中国的革命运动向正当的途径发展,便可以减少许多错误了。

我以为任何革命运动,都从现实社会的需要产生的;绝不是由某一国输入某一国的。中国的青年运动也是如此,并非是从"西洋"输入而变了颜色的,中国青年运动之所以发生这种"病的现象",一定有他必然的原因,决非误解"西洋"青年运动之故。我们的方针本没有错,只是因为钱和人的问题,弄得现在还没有做青年工人的运动,只向学生方面活动。不仅学生团员没有做青年工人运动,就是工人团员也没有做青年工人运动。我们固然一面当注重青年工人运动,同时也须注重青年学生运动。我们的青年运动,意义不妨与欧洲的相同,方法却不一定是一样的。

(《先驱》1923.06.01)

中国的青年运动究竟应该怎样

存 统

本团在最近期间应该做些什么?

（一）

若单就理论来说，共产主义的运动，是无产阶级的运动；共产主义的青年运动，是无产阶级的青年运动；本团既以做共产主义的青年运动为目的，当然应做无产阶级的青年运动，应向无产阶级青年中发展。这是极简单的道理，谁也容易明白；但是实际的施行，却不能如此简单。

我们在未讨论本问题之先，有两个先决问题，不能不求一个彻底明白。第一个就是社会主义的革命为什么以近代无产阶级为中心为基础为原动力；第二个是中国的经济政治情形究竟怎样，在此情形之下将如何成就社会主义的革命。我们是科学的社会主义者，我们对于社会现象须有彻底的了解，所以我们对于以上两个问题也非有明确的观念不可。

我现在且简单说明我个人对于此二问题的见解。

（二）

十九世纪初叶的空想的社会主义者，只知道资本主义社会的黑暗、残酷、不平、束缚、腐败，要想依自己所描写的理想去改造，而不知道能推翻资本主义的方法及能担任推翻资本主义的使命的人物。所以他们虽做了许多的运动尽了许多的努力施了许多的示范，而结果终归于失败。及后马克思兴，发见了社会进化的法则，认识了无产阶级的历史的使命——推翻资本主义实现无资本无阶级无国家一切生产机关归公有的共产社会——社会主义运动才蓬蓬勃勃地发达起来，造成一种足与资本阶级对抗的伟大势力。现在全世界社会主义者，几乎一致承认改造现存的社会是无产阶级的历史的使命，只有新兴的无产阶级才有改造现存社会实现社会主义的力量。

为什么只有新兴无产阶级（新兴劳动阶级）才有改造现存社会——实行社会主义革命——的力量呢？简单说一句，是因为他们处在现代经济组织的主要地位，是新的经济组织的支配者，与新的生产力的发展相适合。他们的生活困苦堕落，自然也是促进他们反抗现社会改造现社会的决心。然这并非使他们产生有改造现社会力量的主因，因为古代和中世，奴隶和农奴的生活状况比现代无产者更要困苦，而奴隶和农奴终不能成就若何社会的革命，可见生活困苦者并非一定是能实行社会革命的了。

近代机械生产的结果，把生产机关——在现在，就是马克思所说的不变资本——集中到少数资本家手里，一方面，企业和经营集中了，他方面，劳动者也集中了。同时，因交通的发达，世界市场的确立，更加促进此种倾向。近代劳动者在此情形之下，有两个重大理由可以使他能担任改造现存社会的使命，一个是生产及劳动的社会化，一个是自己势力的组织化。他们是生产者，他们有创造社会的活气和活力。

近代劳动者（无产者），目击身历近代大规模的生产组织，自然发生社会主义的思想，并且觉悟实现社会主义是自己的历史的使命。此外如农民，兵士，智识分子，都不过是他们的附从，只有跟着他们去走才能尽他社会革命上的任务。这是经济地位使然，并非我们社会主义者无故要侧重劳动者。

由上所说，我们不是苦痛论者（更不是慈善家或人道主义者），而是势力论者（利害论者）。一切非劳动者分子之所以投身社会主义运动，并非看见劳动者可怜要他们去救他，乃是看见只有劳动者才有改造现存社会的力量，使一切被榨取被压迫的人们从苦痛中解救出来。社会主义是劳动者的主义，只有近代劳动阶级（无产阶级）才能做实现社会主义的原动力，主力军。（这一层道理，详细说来，须得几万字，今天并非专门讨论这个问题，姑止于此。）

（三）

社会主义的革命为什么要以近代无产阶级为中心，我们已经明白了。我们所谓近代无产阶级，当然不是说没有财产（财产是什么？）的就是无产阶级，乃是指在近代大规模的有组织的机器生产底下劳动的工钱劳动者而说的。严格地说，只有交通劳动者、矿山劳动者和工场劳动者这三者是代表的无产阶级，革命的无产阶级。农业劳动者，当然也算无产阶级，但只有在地主自行企业已组织化的农业底下劳动的工钱劳动者，才是近代意义的无产阶级。只有这些近代无产阶级，近代劳动阶级，才是社会主义底真实的要求者和真实的支持者。

我们中国，因为经济落后产业幼稚的缘故，所以近代劳动阶级，近代无产阶级，只占全人民的极少数，全国合计也至多不过五六十万人。以这很少数的无产阶级，便能成就社会革命吗？我想谁也不能大胆答一个"能"字的。

中国目下的经济情形，一方面是国际资本主义的榨取市场（购买中国的贱价原料和销卖各国的高贵制造品等），他方面是小农业和手工业占生产主要地位的状况，机械生产占绝对的少数。在此情形之下，占全体人民之大多数的是小资产阶级的农民、手工业者和小商人等，并非无产阶级的工钱劳动者。

中国目下的政治，是各资本帝国主义的国家利用各自所援助的军阀互争雄长互为起伏的状态，全国政权直接握在军阀手里，间接即握在各资本帝国主义的国家手里。因为各资本主义国家的利害不同，援助有利于自己的一派军阀来反对别一派军阀（受别一国资本主义利用的军阀），以致造成连年纷争、军阀割据、涂炭人民的局面。

更明白点说，中国的经济政治都受国际资本帝国主义的支配，军阀之所以能存在至今，也完全由于国际资本帝国主义的援助；所以中国目下的根本问题，就是全国一致不分阶级地反对国际帝国主义的国民运动。

但我们要明白国民运动的意义，资产阶级的所谓国民运动，是驱出外国资本主义的势力由中国资本家来自由发达产业实现民主主义的意思；无产阶级的国民运动，是联合全世界无产阶级和被压迫民族一致推翻国际资本主义促进社会主义的实现的意思。换句话说，国民运动是几个阶级联合一致反对共同敌人的一种运动（不能说是革命，革命是指社会制度变迁而说，有破坏和建设两方面的意义），只在破坏上有意义，等到破坏工作完了，共同敌人打倒以后，关于建设的事，就要分道扬镳互相争斗了。还有一层要注意，资产阶级的国民运动，一定带妥协的性质，一达到某种程度就不敢前进了；只有无产阶级的国民运动,才有彻底的性质,才能把全体被压迫民族从国际帝国主义及军阀的压迫中解放出来。

我们中国人民,我们中华民族,能不能够从国际资本帝国主义及军阀的压迫中解放出来,完全系于国际资本主义的能否死灭。国际资本主义的死灭是一定的,不过是时期迟早的问题。国际资本主义死灭的那一天,也就是全世界无产阶级和被压迫民族得解放的那一天,也即是资产阶级民主主义(资产阶级专政)死灭的那一天。

国际资本主义,受了欧洲大战的痛创,经济已破坏不堪,非另找一个足以维持他的生命的地盘不可,于是都看中中国、侵入中国、争夺中国这块地大物博的肥美的肉了。他们为使自国的剩余生产品销卖于中国起见,为使自国的剩余资本投资于中国起见,为掌握中国的经济命脉以满足其资本欲起见,非常妒忌中国资本主义的发达,拼命地援助反动卖国的军阀来妨碍中国产业的发展,使中国永远为他们的公共殖民地。

依此种情形来看,中国的真正的资产阶级的民主政治决不能实现。因为中国资本主义在此外力压迫之下决不能发达,依照大资本打灭小资本的原则,中国资本主义决不能战胜外国资本主义,所以中国资产阶级决不能壮大,民主政治决不能得到强固的资产阶级作基础作后援来拥护他。中国真正民主政治,一则没有经济的基础,没有资产阶级做基础,二则又受外国资本主义的阻碍,三则又在国际资本主义正在崩坏、国际共产主义正在隆兴的时期,所以决没有实现之可能。

我们依据社会进化的法则,相信民主革命是历史上必然经过的一个阶段;我们为无产阶级目前的利益和未来革命的进展,承认我们加入民主革命的运动是应做的急务。但我们对于民主革命绝不存过多的希望,只承认他是达到社会革命的一种过程和手段,决不相信他能够成功。同时我们自己,一刻也不能忘记自己的地位和使命,一刻也不能不为社会主义奋斗。

我们诚然知道:在中国目下这种情形底下,单就中国来说,企图社会革命是一种空想。但我们同时又知道:世界资本主义行将破灭,中国民主革命不能成功,在我们这种产业后进国有迎受世界社会革命潮流直接运用到社会主义经济组织之可能。

中国现在既无实行社会主义的经济基础,又少实行社会主义的无产阶级,在国际形势未大变动以前,只要不是疯子,都会知道社会主义不能实现。但我们同时要注意:虽然中国单独的力量不能实现社会主义,在国际形势未大变动以前不能实现社会主义,而我们却不能不急速在未实现社会主义以前准备迎接世界社会革命潮流实行社会革命的力量。不然,若毫无准备,则中国的社会革命势必请外国同志来代办不可。

我以为我们现在的工作,除了实行国民运动赞助民主革命外,就是:(一)组织及训练真正无产阶级(产业劳动者),使成为我们革命的基础和中心;(二)训练一般相信共产主义的非无产阶级分子,使成为无产阶级化;(三)对一般民众宣传共产主义或以共产主义的见地来批评解决各种问题。我认为这三者都是我们的基本工作,我们应该把大部分力量集中到这三种工作上面(至少在现在应该如此),先植定我们自己的根基。自己没有根基,我们去做国民运动、参与民主革命,只是供人家利用。我们也只有在植定此种要基时,才能迎受世界潮流乘机实行社会革命。

我以为中国的社会革命,只有两种形势可能:一种是全世界社会革命风起时自然卷入漩涡,一种是与日本无产阶级作有计划的联络,趁日本与其他各国(例如美国)战争时一同起事(但先决的条件是我们有无这个力量)。前者是很明白的,不必多说的。后者我须略为解释几句。日本经济不能独立,不能像俄国那样受得起封锁,单独不能成就社会革命(其实世界上没有一国可以单独成就社会革命),那是很明白的。日本山川均同志曾经对我们说过,日本社会革命能否成功,全靠我们中国能否帮助。我以为中国社会革命能否成功,也全靠日本能否帮助。日本所需要中国帮助的,是原料和粮食;中国所需要日本帮助的,是机器和人才。如果中日两国无产阶级能联合一致推翻日本资本主义,再加以苏维埃俄罗斯的帮助,把中、日、俄联成一片,协力建设社会主义,即使英、美、法不起社会革命,恐对之也无可如何,亚洲一带,或能先欧美资本主义成熟的国家而成立社会主义的国家(虽不能立刻完全实现社会主义)。至于究竟能否成功,当然须看中日两国的无产阶级及共产党的革命力量和四周形势来决定。除此两种形势以外,我以为中国实无成功社会革命之可能。即在此两种形势之下,我们中国究竟能否以自己为主来成就社会革命,最重要的关键,还在我们能否在这最短期间内造成此种实力和人才。

(四)

以上两个先决问题,我已经大略说过了。总结我的重要意思是如此:(一)从原则上说,社会革命应以无产阶级为基础,由无产阶级之力来完成;(二)但中国是无产阶级很少的国家,中国的社会革命有发展产业(建设社会主义的经济基础)制造无产阶级的作用,所以中国的社会革命除了须以一部分无产阶级为基础外,还须注很大的力量于其他非无产阶级的分子(尤其是智识分子),绝不能单靠无产阶级的力量来完成。

根据上述的理由,我们就可以讨论中国的青年运动究竟应该怎样了。一言以蔽之,中国的青年运动,除了应该注重无产阶级的青年以外,还须极力注重其他非无产阶级的青年。至少在目前,应该两者并重。

中国的共产主义的青年运动,不起于无产阶级的青年而起于非阶级化的青年学生。他的最大的根本原因是在于中国产业的幼稚和无产阶级的微弱。同时,我们又须看明中国共产主义的青年运动,是因青年学生革命的要求而发生,并非因无产阶级青年日常生活的改良要求而发生。因青年学生的革命的要求而发生的青年运动,当然要注重有革命力量的分子。我们咒骂此种现象是可以的,但我们须认明此种事实。

我以为我们目前的问题,实在不是无产阶级的青年运动的问题,乃是运动无产阶级的青年做无产阶级的青年运动及运动非无产阶级的青年投身无产阶级的青年运动中的问题。我们如不认明这一点,糊里糊涂乱喊无产阶级的青年运动,不但徒劳,而且可笑。我们这一年来没有做无产阶级的青年运动,就是为此。我以为我们目下尽可慢谈经济奋斗(经济奋斗须有一种"力"为其后盾,应切切实实训练一部分青年工人(先从已入本团的青年工人训练起,他们现在也不知道无产阶级的青年运动)去做无产阶级的青年运动,宣传(或运动)一部分青年学生投身无产阶级的青年运动;换句话说,教育与宣传,倒是目下最重要的工作。

我们为什么运动青年工人做无产阶级的青年运动?不用说为的是革命。我们为什么运动青年学生投身无产阶级的青年运动?不用说为的他是革命。我们(假使不是无产阶级)不是慈善家(我们不是资本家,我们就[权]做慈善家的资格),我们并不是看见青年工人生活可怜,要我们自命处在特殊的地位去援救他。我们有什么资格和力量援救工人?我们不但没有资格和力量去援救工人,反而是要藉工人的解放来解放自己呢。

自然,恻隐之心,人皆有之。我们(不是指工人团员说的)眼看见工人生活的悲惨和黑暗,自然要对工人表同情,自然要想尽一分微力来帮助工人,使工人得早日解放,藉工人的解放来解放全人类。不过我们是要刻刻记牢的:无产阶级是主体,我们这些非无产阶级的人只是无产阶级的附从者,我们只有跟着无产阶级行动才有意义。我们的力量,只不过是促进无产阶级的觉悟,协助无产阶级的进行,绝不能以我们的意思去强制无产阶级。我们不是英雄主义者,我们不相信我们个人的力量能够自由转移无产阶级的意志。个人只有在代表群众的意志而行动的时候,才有个人力量存在的意义和价值。我们这些非无产阶级的分子,只有在以无产阶级的意志为意志,以无产阶级的思想为思想,以无产阶级的要求为要求,以无产阶级的行动为行动的时候,才能在社会进化的推进上尽了我们的任务和能力。我们若以无产阶级的意志为意志,以无产阶级的思想为思想,以无产阶级的要求为要求,以无产阶级的行动为行动,则我们纵非出身无产阶级,而实际上却已成了无产阶级的分子。俄罗斯人民委员会的委员,大半为知识者,我们不能说他是"知识阶级专政"(知识阶级一名词,根本不能成立),就是为此。无论智识分子或其他非无产阶级的分子,他要在社会革命上尽他的任务,都非实际上成为无产阶级化,自认为无产阶级的附从者不可。若以特殊阶级自命,以人道主义来自命,不问自己在经济上的地位如何,妄欲以自己的力量来渡救无产阶级,以自己作主体来改造社会,结果一定是"失败"二字。马克思所谓无产阶级解放须靠无产阶级自己的力量,就是这个意思。

目下中国无产阶级,人数既少,又无觉悟,所以力量非常薄弱,而青年无产者尤甚。我们要使他有力量,非把他组织起来并且教育他们不可。在我们目下这种情形下面,组织和教育的工作,非藉智识分子(尤其是学生)来担任和非靠他们帮助不可。况且中国的社会革命,根本不是无产阶级的单独的力量所能成功,无论在掌握政权、运用政权、发达产业、普及思想(社会主义的思想)上,都非于革命前养成多数为无产阶级的利益而奋斗为社会主义的实现而奋斗的真实人才不可,而这些分子大部分必由现在学生中造成。所以我的意思,以为我们以后应该以向青年工人中发展和向青年学生中活动注重。至于在青年学徒、青年农民、青年兵士中的活动,暂时尚不能成为我们的重要的工作,目前应以大部分力量用于青年工人和青年学生上去。而在青年工人和青年学生中应做的最大的工作,就是宣传和教育。

（五）

青年工人日常生活的奋斗，是应当而且必要的，我们应该尽我们的力量去援助他。但我们援助他们的主要理由，并不是因为可怜他们生活困苦，乃是因为承认他们的日常的经济奋斗是进到革命的必要条件。工人没有日常的经济奋斗，决不能骤然进到社会革命。日常奋斗的价值，不在胜利的条件，而在养成斗争的精神。这个斗争的精神，才是无产阶级解放的灵魂。没有这个斗争的精神，无产阶级将永远为工钱奴隶。

但我们要知道：经济奋斗的先决条件，在于青年工人有实行经济奋斗的觉悟和力量，并不是青年工人以外的人所能代庖的。若青年工人本身没有这种觉悟和力量，经济奋斗是不会发生的。所以我们现在的问题，不是如何使青年工人实行经济奋斗的问题，乃是如何促成青年工人实行经济奋斗的觉悟和力量的问题。换句话说，就是教育的问题。

我以为对于年纪轻的青年工人，固应施以相当的教育，即对于年纪稍大的青年工人（二十岁左右的青年工人），也应施以一种革命的教育，把他们训练成革命的先锋军。而对于后者的训练及教育，比较前者更为重要，我们须特别注重，因为他们稍加以训练，即可成为一个健全的斗士。

本团的工人同志，主义的及革命的教育，都很缺乏。我们以后须切切实实地做一番教育的工夫，然后才有经济奋斗可说。如不此之图，而骤然要企图经济奋斗，那也是徒劳无功的。

还有一层，普通劳动运动不发达的地方，决无青年工人的经济奋斗之可能。在此种地方开始做劳动运动，不宜有成年工人青年工人之分。

（六）

学生运动，自然不是我们的目的，不论是达到我们目的的一种手段。以在经济上没有独立地位的学生，而欲他做社会革命的主体当然是不可能的。而在中国这种无产阶级幼稚的国家，学生在社会革命上有两层重要的意义。

第一，在中国这产业幼稚、无产阶级微弱的国家，在破坏以前，很要学生投身无产阶级的运动中去组织及训练无产阶级，并对一般民众宣传共产主义。

第二，未来为无产阶级专政的国家服务的人才，须从现在的学生中养成。

因为有一两层道理，所以我们以后对于青年学生应加一番更大的努力。我们一面须使学生努力于无产阶级革命上有用的学问，同时须使学生投身无产阶级运动中为无产阶级的利益而奋斗。而对于已加入本团的学生同志，更须切实做一番训练的工夫，革除小资产阶级的遗习，完全成了无产阶级化。

在学生中最应注意的是师范学生，因为师范学生是未来之教师，担任教育青年及儿童的大责任，在我们主义的宣传上有很大的作用。且师范生分布乡村，与农民接近，可把我们的思想传布于农民之中。

(七)

根据上面所说,我以为中国青年运动的抽象方针应该是:

(1) 无产阶级青年与非无产阶级青年在活动上应该并重;

(2) 为使无产阶级的青年运动发展起见,应极力训练已入本团的工人同志去做青年工人的运动并宣传学生投身无产阶级的青年运动;

(3) 为中国的社会革命前途,一面须造成无产阶级的青年革命军,他面须养成未来建设事业上真实的人才;

(4) 目前须以大部分的力量做宣传及教育的工作,并促进无产阶级青年实行经济奋斗的觉悟和力量。

而本团目下最急迫应该做且能够做的具体工作却是:

(1) 派专人到工人团员众多的地方(例如唐山、安源等处)去做教育及训练同志的工作,先把已入本团的工人同志训练成健全勇敢的斗士;

(2) 派专人到青年工人众多而本团尚无组织的地方去做教育及组织的工作;

(3) 在工会发达的地方要求工会设立青年工人的教育及娱乐的机关;

(4) 在普通工人罢工的时候要求加入青年工人的经济要求;

(5) 以自己的力量或通过其他团体设立青年工人的教育及娱乐的机关;

(6) 须办一有力完备实际的指导青年运动的定期出版物;

(7) 须多出些通俗的小册子;

(8) 须使学生同志加入学生会、国民党及其他机关中做我们主义的宣传及活动。

这是我对本团今后进行的大略意思。我自信我以上所说的话都是根据实际可能的情形而说的,至于目下不能实行的说话,都暂略而不说。我认为中国的青年运动,应依中国实际可能的情形来决定,绝不能因为西欧怎样我们也就要怎样无条件地模仿人家。就本团的实状而论,要全体同志(或大多数同志)都去做青年工人的运动,不但是不可能,而且是没有这个必要。我们固然须注重青年工人的运动,同时也须极注重青年学生的运动(虽然学生不能与工人对立)。我们固然须向外发展,而同时也须极力整顿内部。这是我对于本团的根本意见。

我这篇文章做成之后,自己看了几遍,很觉得不满意,因为我有许多意思没有畅快表现出来,并且说了一些题外的废话。本拟撕破再做,因无暇而止。有好多处所,还望同志们不以辞害意。脑昏的人所做的东西,没有系统是不待言的了。统志。

(《先驱》1923.07.01)

中国社会主义青年团对于时局的宣言

全国工人们,农人们,商人们,学生们,以及一切被压迫的人们!

你们还记得吗? 当去年北洋军阀曹锟、吴佩孚等在所谓"法统重光"名义之下利用一个傀儡的黎元洪来做他们的走狗,而全国人民正在融融望治的时候,我们不是就对全国人民号召道：

"封建的军阀不铲除，废督裁兵是绝对不能实现的！"

"封建的军阀不铲除，民主政治是绝对没有希望的！"

"封建的军阀不铲除，人民是绝对不能安生乐业的！"

这一年来所经过的种种事实，不都是证明我们这种观察是不错的吗？

最近，曹大军阀驱逐其傀儡黎元洪的把戏又出现了！全国人民都惊骇奔告，看做什么"逼宫大事"，群起责骂曹锟，认他为民国叛徒；其实这不过是题中应有之义，许多同样罪恶中的一种罢了！

此次事变，表面原因虽是曹锟之竞争总统，而根本原因却在于北洋军阀之安然存在。黎元洪本是一个无耻傀儡，甘为北洋军阀的走狗而不惜，此次被逐，乃是自作之孽，没有丝毫值得我们人民对他表同情。直系军阀对他本是一时的利用，因为认他可为直系实行"武力统一"维持"北洋正统"的忠厚家奴，才于去年拥他上台以作暂时管家之用。现在直系主人曹锟既然要亲来当家做什么大总统，自然非向黎元洪下逐客令不可了！这是当然的现象，毫不足怪。洪宪之乱，复辟之乱，安福之祸，逐条之变，都是与此同性质的变乱，都是军阀政治底下必然产生的结果。北洋军阀存在一天，此种变乱一定是层出不穷，继起无已，永远不会消灭！

我们要根本明白：封建的军阀永远是我们人民的敌人，封建的军阀存在一天，我们人民的幸福就要被蹂躏一天。曹锟、吴佩孚等固然是压迫人民自由，蹂躏人民幸福，枪杀人民生命，掠取人民财产的大盗巨贼；段祺瑞、张作霖辈也同样是压迫人民自由，蹂躏人民幸福，枪杀人民生命，掠取人民财产的大盗巨贼。曹锟、吴佩孚等所造的罪恶所给与人民的苦痛固然是擢发难数，很多很多；而段祺瑞、张作霖过去所造的罪恶所给与人民的苦痛也一样数不胜数。现在曹锟、吴佩孚等得势，掌握北京政权，固然是压迫我们，是我们的仇敌（曹锟、吴佩孚等之残杀京汉工人，尤其是我们工人所一刻不能忘记的）；将来段祺瑞、张作霖等得势，掌握北京政权也仍旧是压迫我们（过去的段张所做的事实已经替我们证明了），仍旧是我们的仇敌。曹锟、吴佩孚等直系军阀，我们固然应该拼命地反对；段祺瑞、张作霖等皖奉军阀，我们不应该盲目地欢迎。我们要觉悟：能够解除我们自己的苦痛的只有我们人民自己！希望段祺瑞、张作霖等皖奉军阀打倒曹锟、吴佩孚等直皖军阀来解除我们人民的苦痛，完全是一种梦想！

我们更要根本明白：中国历年的变乱，没有一次没有外国帝国主义者的势力躲藏各派军阀的背后发纵指示，以遂其各自经济上、政治上的目的。北洋军阀之所以能存在至今，完全由于国际帝国主义之利用扶植。国际帝国主义之所以扶植北洋军阀，完全是在于利用此黑暗的反动势力来压抑中国产业的发展，使中国能永为他们的公共殖民地，世界资本主义的续命汤。所以我们除了应该认识封建的军阀是我们人民的共同仇敌外，还应该认识这全中国人民最大的敌人——国际帝国主义。现在曹锟、吴佩孚等和段祺瑞、张作霖等利害的冲突，实际就是英美与日本利害的冲突。英美帝国主义是帮助曹锟、吴佩孚等直系军阀的，日本帝国主义是帮助段祺瑞、张作霖等皖奉军阀的。去年奉直战争之后，美国在北京的势力几取日本而代之，这是日本帝国主义者所最痛心不忘的。现在日本的运气又到了，援助段祺瑞、张作霖等军阀组织亲日政府的机会又来了，第二次的奉直战争（或皖奉与直系之战争）已迫在眉睫了。目下段祺瑞、张作霖等之所以未与曹锟、吴佩孚等开火，乃是因为日本与英美的后台准备都还没有完整，双方都不好冒昧从事，正在观望形势中。若一旦形势观望明白了，双方的战争就会立刻开始（若利于妥协时则妥协了事），孰胜孰败，都不是军阀本身所能决定，要由各帝国主义者帮助的力量来决定。所以各派军阀的胜败，实际就是各帝国主义者的胜败。而在这战争中作牺牲品的，却是我们无辜的人民和无辜的兵士，无论谁胜谁败，都是一样。所以我们应该明白知道，军阀固然是我们人民的敌人，国际帝国主义也是我们人民的敌人。我们不但要打倒本国的军阀，我们还须更进一步联合全世界无产阶级及被压迫民族协力打倒国际帝国主义！

全国工人们，农人们，商人们，学生们，以及一切被压迫的人们！

事实早已告诉我们：国际帝国主义利用军阀来侵略中国，本国军阀勾结国际帝国主义来压迫人民，两者狼狈为奸，都是我们人民的共同仇敌，我们非一致奋起来打倒他不可！看呵！曹锟、吴佩孚惨杀京汉工人之血未干，日本帝国主义者又在长沙枪杀我们同胞了！军阀的祸闽扰粤乱川之战未停，奉直皖直之政权争夺战又将起了！帝国主义者的贪婪不足，共管铁路，共管财政，共管中国的声浪又腾喧了！如此内忧外患相迫而来的时局，我们若还再不奋起图存，我们将永远做国际帝国主义和军阀的两重奴隶了！我们要根本觉悟：解放我们自己，使自己脱除奴隶生活的只有我们自己，国际帝国主义和军阀都是我们的死对头，一个也不可依赖！什么主张由段张黎唐卢岑等军阀官僚组织"中央行政委员会"，什么主张由割据督军组织"联省政府"，什么主张迎孙入京行使大总统职权，什么主张南国会迁制宪，……都不是解决时局的办法，都不能解决这由国际帝国主义和军阀共同造成的纷乱局面！现在横在我们面前的唯一的切要的工作，就是我们应该一致团结起来用革命的手段实行国民革命来打倒国际帝国主义和本国军阀，此外一切废督、裁兵、制宪、理财和民主政治等等，都只有革命以后才能实现！

中国社会主义青年团根据以上的见地，所以对于中国共产党关于时局的主张，首先表示赞成，承认他的主张完全是合于目下实际的需要的。中国共产党主张排除一切黑暗势力，由负有国民革命使命的国民党出来听召全国商会工会农会学生会及其他职业团体，推举代表在适宜地点开一国民会议，由国民会议来解决时局；我们承认这是国民革命的途径上必须经过的第一步。我们知道若不由国民以自身起来担当解决这混乱时局的责任，这混乱时局是要永远混乱下去的！

因此，我们敬对全国人民高呼道：

打倒国际帝国主义！

打倒军阀！

全世界无产阶级和被压迫民族团结起来！

中国社会主义青年团中央执行委员会
（《先驱》1923.07.16）

中国革命运动与国际之关系

和　森

一、世界资本主义与民主主义之崩坏

自十八世纪以来，人类经济生活演进到资本主义时代，政治组织也就随着演进到民主主义时代；产业革命与民革命的潮流，在欧美各先进国，次第扫荡农业手工业与封建制度，而建立了近代资本民主的政治经济组织。

资本主义发达到十九世纪下半纪，银行资本与工业资本混合，托拉斯与加特尔垄断国际市场，于是遂入于争夺殖民地的帝国主义时代；资产阶级民主主义的国家，由阶级争斗与国际竞争的结果，一面成为一些托拉斯争夺殖民地之武力的集团，尽量扩张其军国主义与军备，一面渐渐揭破其"德谟克拉西"的假面具，显出资产阶级专政的真相。

一九一四年至一九一八年，资本帝国主义世界大战的结果：一面酿成俄罗斯无产阶级革命，一面破坏了全世界资本主义的经济基础。

这就是世界资本主义与民主主义崩坏之发端。

现在我们可以简单列举资本主义崩坏之科学的例证：

（一）地域上的推广阻止了并且缩小了。以前资本主义之昌盛由于不停地推广殖民地及常常获得新市场；但地球面积有限，资本主义发达到今日已是无孔不入，亚洲非洲的穷乡僻壤，都有了大工业国的商品；加以劳农俄国成立，占全地球六分之一的地方，已不是资本主义的范围了。

（二）有些资本主义国家，回复到资本主义以前的经济状态去了。这种状态在中欧与东欧特别显著：因为纸币的跌落，农人渐渐回复到自给的经济状况，既不愿将其农产品卖于市场，又不愿买市场的商品，而以家庭生产自给；从前以现银纳税，现在以货品纳税，从前用货币交易，现在用谷物交易；资本不投于生产事业而投于不生产的交易事业。

（三）国际的分工限制了，世界经济生活的单位摇动了。比如美国从前是农业国，英国是工业国，因有这种国际的分工，所以资本主义发达非常畅利。现在不然：美国由大战一跃而兼为工业最发达的国家，同时英国也高唱发展自己的农业；各大工业国皆极力恢复几百年前的保护政策，增加进口税（如美国新税则），以防外来商品之输入，巩固国内的市场；因为国际贸易额大减，国际经济的协作衰颓。

（四）世界经济生活的统一破坏了。战后，资本主义的中心由欧洲移至美国与日本，但以前欧洲的旧中心能藉水陆交通，将高量的生产匀送于低量生产之各地，故世界经济生活常呈统一平衡之观；现在不然，因为国际经济的平衡破坏，中欧东欧纸币的跌落，生产高的国家不能将其生产品匀送于生产低之各地，高量生产与低量生产遂失其调剂而分为两种半身不遂的经济状况。

（五）生产减低，财富的积聚也减低了。战后，中欧东欧完全破产，丧失其购买力，故工业恐慌，在英美特别显明，失业者常自二三百万至六七百万，所以生产异常减低，财富之积聚自然也要异常减低，这种状况在战败国更甚。

（六）信用制度崩坏了。战前欧洲各国皆采用金本位制，纸币与金币价格相等；战后几乎完全变为纸本位，纸币与金币价格相差悬殊；国际间汇兑率尤为奇变，国际经济之平衡异常倾畸，国际交易也就异常衰歇。

资本主义这样的崩坏，有方法可挽回吗？这个问题，资本主义的本身是不能解答的（参看本报十六期至十八期的赔偿问题与帝国主义）。至此我们更可审查现在还勉强可以维持其存在的政治形势。

现在各大强国的资产阶级，以最少数的人口统治了十二万万以上被压迫民族（占全人类四分之三以上）及其本国几百几千万无产阶级。

战前殖民事业发达，经济状况优裕，资本民主国家的统治权威，自然要算是"万能"；可是现在就不同了，经济恐慌，财政恐慌，失业问题，贫困问题，不仅一个不能解决，一纸凡尔赛和约，更弄得破产的欧洲一塌糊涂。不仅国际资产阶级不能协调一致，就是一国的资产阶级，因为利害关系亦常常四分五裂互相冲突（如美国禁酒案、商船津贴案之争等）。他们再也没有能力解决社会问题了，对于革命的无产阶级，便只有揭破"德谟克拉西"的假面具，野蛮地反动起来。

他方面，我们试看各国共产党运动之强大，英国工党左翼在上届选举之胜利，劳农俄国（世界革命的大本营）之巩固，土耳其及东方被压迫民族之崛起，就可知道世界资本主义与民主主义的末日快到了。

二、殖民地的革命运动与中国

资本主义与民主主义在历史上虽确已入了凋谢日期，但在殖民地及弱小民族，因为国际侵略的关系，还未充分发达并且不能充分发达，如中国就是一个例。国际资本主义最后生息调剂的源泉，现在可说只有中国，他们若容中国政治经济独立发展，便无异于是宣布自己的死刑。中国民主革命至今不能成功，关税至今不能自立，就是因为他们不承认中国政治经济独立发展的缘故。他们维持袁世凯与吴佩孚的封建势力，目的就在永远握住中国的经济生命，掠夺中国自然的富源与劳力，以图救济或和缓其国内政治经济的危机，延长其资本主义民主主义的命运。

中国三十年来的革命运动，虽然是幼稚的资产阶级民主革命运动，实际上与十八九世纪欧洲资产阶级民主革命运动有国际地位及经济地位之不同。在英法各资本主义先进国，资本主义不仅自动的萌芽于封建社会的内部，而且自动的成熟于封建社会的内部，以至打破封建制度狭隘的束缚；殖民地及半殖民地则不然，这些地方的资本主义，乃因国际资本主义之侵入而发生，但在国际资本压迫与操纵之下，决不容独立地发展至于成熟；这些地方的资本主义，在外貌上虽比十八九世纪英法的经济状况更发达（如上海），但这系外铄而非自动，系外国资本之幻影，而非本国资本发展之实质。

各资本主义先进国的民主革命，可说完全是对内的革命，他的敌人只有一个，就是封建阶级；殖民地及半殖民地的革命则不然，不仅是对内的革命而且是对外的革命，他的敌人有两个，一是封建阶级，一是外国帝国主义。当资本主义先进国革命时，国际资产阶级每每能互相援助（如法美）以对抗国际的封建势力；殖民地及半殖民地革命时则不然，国际资产阶级不仅不帮助此等地方幼稚的资本阶级去打倒封建势力，反而援助封建势力压迫民主革命，中国十二年来的往事，就是证明。

资本主义先进国的民主革命与殖民地半殖民地的民主革命既有如许区别，所以中国革命运动之性质与历程必与从前欧美资产阶级的民主革命大不相同。当此世界资本主义和民主主义业已开始崩坏之时，当此被压迫民族与无产阶级同夷为最少数帝国主义者的奴隶之时，殖民地的革命运动已不是纯粹资产阶级民主革命的问题，事实上业已变成为国民革命（亦可称民族革命）的问题，而且这个问题要待列入世界革命的议事日程中才得解决。

殖民地国民革命运动的特性就是：一面打倒国内的封建势力，一面反抗外国帝国主义；在这种立场上，殖民地的无产阶级所以可与革命的资产阶级结成联合战线。革命党的领袖们如不认清中国的革命运动为殖民地的革命运动，如不认清中国的革命须同时打倒军阀与外国帝国主义，则其方略与趋向必致大错而特错，不但不能达到成功目的，而且将使革命运动中道夭殇。

三、革命党之谬误观念

上述中国革命运动的性质，是由中国国际地位决定的；中国革命运动之动因（因外力侵凌，清廷丧权辱国）与挫折（因各国援助袁世凯以下的旧势力），自始即具有复杂之国际关系；中国革命运动之成功，亦必成为国际的问题而不是纯粹可由中国自己解决的"内政"问题。资本世界崩坏的现象：在西方业已形成普遍的无产阶级之革命运动，在东方业已形成普遍的被压迫民族之革命运动；两种革命运动的焦点就是推翻国际帝国主义，两种革命运动的成功就是世界革命；必须使中国革命运动与世界革命运动汇合，中国革命才能成功，中国革命问题才能真正解决。所以"联合苏维埃俄罗斯"实成为中国革命运动更向前进之唯一重要的先决问题。

然而，中国革命的领袖人物，常有许多谬误观念：第一，他们认不清中国的革命运动是殖民地的革命运动，所以他们把中国的革命专门做成为一种解决"内政"的运动，他们以为对于外国帝国主义无须倡言反抗，只要内政肃清，强邻自然改颜相向。第二，他们误认革命为纯粹的中国事业，与国际没甚关系，他们以为只需用一种政策阻止外国的干涉，中国革命便可成功，只需声明"承认（或不侵犯）一切条约"，外国妨害革命的举动即可免避。第三，他们常常梦想所谓"友邦"的帮助，换过说即一派外国帝国主义者的帮助，虽然事实上常常证明这种梦想得不到什么益处，但是他们心中总还保留这种想头。

其实，外国势力早已在中国内政上支配着：东交民巷的太上政府可以决定北京政府一切动作；外国公使领事商人牧师的态度可以影响一切官吏甚至于国民领袖；不仅北京政府一举一动要仰公使团的鼻息，就是广州前前后后的革命政府对于"如在其上"的香港英国帝国主义者也常常免不掉畏首畏尾呢！况且外力不停地援助军阀们，革命形势常在失败之中，中国"内政"何日可以肃清呢？国民党因为种了以上的谬误观念，所以对于全国如火如荼的反抗外国帝国主义的爱国运动（如现在收回旅大的运动）常常缩头缩脑不敢出面领导群众，有时且故意躲避。又如年来工人阶级罢工运动之发展与失败，这在国民革命的意义上何等重要，但是国民党因为避"赤化"的嫌疑——恐怕外国报纸指他为"过激化"，对于被军阀与洋资本家压迫工人的事情一声不响；最近吴佩孚——国民党现在主要的敌人——对于京汉路工的大惨杀，国民党还是一声不响，还是恐怕惹起英国帝国主义的嫌疑，却不顾及因此要减低劳动群众对于他的同情！

因为梦想"友邦"的援助，或者也是使国民党不敢与爱国运动和劳动群众接近的原因之一个。虽然，丢开过去的事实不谈，我们且看现在自称对于孙中山改变态度的英国帝国主义；英国帝国主义者，除了敲敲广九与粤汉路接轨的竹槓外，帮助了孙中山些什么？不但没有丝毫帮助，而且香港又成为陈炯明的阴谋窟，英国帝国主义者不日又要资助陈贼回粤发难驱逐孙中山呵！我们试回忆中山先生在香港的演说，有何意义呢？

因为要避外国帝国主义者的嫌疑，因为要保持"外交"的面孔，国民党不但不敢与民众接近，更是不敢与苏维埃俄罗斯接近；苏俄革命成功已六年了，土耳其国民党得其帮助（这才是被压迫民族真正的帮助）业已战胜外国帝国主义使土耳其民族朝向解放的路上走了，然而中国国民党至今还未派一个正式代表赴莫斯科呢！

以上种种谬误与失策，实是中国国民革命运动的损失！这种损失比较军事的失败地盘的丧失要重大得多！我们诚恳地希望中山先生们迅速估定革命新方针，朝着国民革命的正轨走去，而且朝着世界革命走去，中国革命才得成功，中华民族才得解放！

（《向导》1923.05.02 第23期）

中国共产党第三次全国大宣言

和　森

中国人民受外国及军阀两层暴力的压迫，国家生命和人民自由都危险到了极点，不但工人农民学生感觉着，即和平稳健的商人，也渐渐感觉着了。

目前北京政局之粉乱儿；戏［系］北洋军阀统治之下工会学生会日在压迫摧残中；山东河南兵匪之猖獗，外人之藉端要挟，并要拿回华盛顿会议所赏的利益；沙市长沙日本水兵之暴行；外人强令棉花出口；吴佩孚、齐燮元争相制造广东之战祸；吴佩孚、萧耀南合力助成川乱；又若未来的奉直战。及直系军阀之内哄；——在在可以证明内忧外患更复加于国民之身，除集合国民自己之势力，做强大的国民自决运动，别无他途可以自救；也在在可以证明本党一年以来号召的"打倒军阀"、"打倒国际帝国主义"之国民革命运动，不是一条错误的道路。

中国国民党应该是国民革命之中心势力，更应该立在国民革命之领袖地位；不幸中国之民党常有两个错误的观念：（一）希望外国援助中国国民革命，这种求救于敌的办法，不但失了国民革命领袖的面目，而且引导国民依趋外力，减杀国民独立自信之精神；（二）集中全力于军事行动，忽视了对于民众的宣传，因此，中国国民党不但要失去政治上领袖的地位，而且一个国民革命党不得全国民众的同情，是永远不能单靠军事行动可以成功的。

我仍希望社会上革命分子,大家都集中到中国国民党,使国民革命运动得以加速实现;同时希望中国国民党断然抛弃依赖外力及专力军事两个旧观念,十分注意对于民众的政治宣传,勿失去一两个宣传的机会,以造成国民幸福之真正中心势力,以树立国民革命之真正领袖地位。

中国共产党鉴于国际及中国之经济的政治的状况,鉴于中国社会的阶级(工人农民工商业家)之苦痛及要求,都急需一个国民革命,拥护工人农民的自身利益,是我们不能一刻忘忽的;对于工人农民之宣传与组织,是我们特殊的责任,引导工人农民参加国民革命,更是我们的中心工作,我们的使命,是以国民革命来解放被压迫的中国民族,更进而谋世界革命,解放全世界的被压迫民族和被压迫的阶级。

中国国民革命万岁！！
全世界被压迫民族解放万岁！
全世界被压迫的阶级解放万岁！！！

(《向导》1923.06.20 第34期)

为收回海关主权事告全国国民

和　森

代表你们利益的革命领袖已在英美炮口的威胁之下！
你们应拥护广州政府与外国帝国主义为光荣的奋斗！

自广州政府收回海关的消息传出,英美等国即大派军舰进逼省河,并遣陆战队上岸游行,向广州政府示威。同时英美帝国主义者在香港北京上海各大埠散布的宣传空气是说孙中山要将海口开放为自由港,并且要摇动内债基金。

砲舰政策与宣传政策并施,果然错乱全中国人民的耳目:有的打电报替外交团和安格联助威(如总商会银行公会等),要求孙中山不要破坏关税以裕内债基金;有的颠颠然忧虑广州政府的非常行动足以惹起外力的干涉和共管,共责备爱国领袖的论调,也不啻间接为北京卖国政府张目(报载北京政府忠告孙文勿惹起外力干涉);有的分散其注意力去讨论自由关税制是否适宜于中国,因而对于所谓"孙中山开放海口为自由港"的政策不免发出些反对的议论。以上三部分的意识虽然各不相同,然其被英美宣传政策所蒙蔽,而忘记收回关税主权的大目标,都是一样的。

据本报所得确实消息,孙中山氏的唯一政策,在收回关税主权;此外并无所谓自由港之拟议。虽其入手办法,自然要控制粤关收入,然此项政策的性质并非局部的,但为中国国民党改组的新政纲之一,将来尚须全国大会通过施行,发展为普遍的全国的运动(参看本期国民党改组消息)。故此项政策不仅无丝毫损害商界银行界的意义,而且是专为国家的主权和中流阶级的利益设定的。

可怜的中国商人和银行家及一部分新闻记者,未免太缺乏政治上的关心与常识。他们不知反抗外债担保侵及内债基金的优先权;他们不知此时英美帝国主义压迫孙中山便是打消与他们利害切身的收回关税主权的必要运动;他们以为孙中山也是利己主义者,只顾巩固自己的地盘,而不惜招惹外力干涉与摇动内债基金。其实中国自最近八十年以来,已无日不在外力干涉之中,无时不在外国帝国主义的压迫与宰割之下:国境以内,租界厘然,水陆要塞,大半割让;各大都会,莫不有外兵的驻扎;长江内河,简直任外舰横冲直撞;海关盐政早已共管;铁路交通,现又继之;外交内政,无一事能容中国人自主;文化教育也几乎全归外力支配……然则这样早被外力占据和宰割的中国,还有什么方法可免避外力的干涉?

现在中国人只有两条路可走:一是永远屈伏为奴;一是起来与外国帝国主义奋斗。而孙中山氏对于收回粤关主权的坚决表示,便是这种奋斗的第一步。

孤军独战的孙中山,他负了中国国民革命的唯一使命,所以他不仅是盗窃国政的直系军阀的唯一敌人,而且是帮助曹吴的英美帝国主义之唯一敌人。他对于外国帝国主义没有遵守什么"条约"的义务,也如他对于直系军阀没有"提供广东关税以打广东"的义务是一样的。英美军舰既在长沙帮助赵恒惕打走了谭延闿;现在于陈炯明大败之后,又藉口海关问题开到广州来示威,原来毫不足奇。所以现在代表中国国民运动的领袖与英美帝国主义的冲突是没有方法可以妥协的,因而外力干涉的招惹,自然也没有方法可以免掉。只有善于卖国的北京政府,才有常常免除外力干涉的本领!

亲爱的全国国民,你们快快醒来罢!代表你们利益的革命领袖现在已在英美帝国主义的炮口威胁底下,你们还不迅速起来为他的后盾吗?!

附录:孙中山告宇林西报记者格廉氏,谓广东一省,独负护法军全部战费,已越多年,而北京依列强承认之便利,得收广东之关税以打广东,事之不平,无过于此!依彼计算,两广关税收入,年约一千万元。此本两广人民之钱,故当然为两广所有。彼拟令饬关吏,缴出税收,若关吏拒绝,则撤换另委。至于外债部分,广东应摊之数仍当照缴:……格廉氏问此计划拟何时实行?孙答数日后即将着手,且事前不先通告列强者,因税款属于广东,与列强无涉也。……格又问若外交团承允拨付广东部分之关余,如民八故事,则此事是否中止?孙答曰然,然亦必将历年应拨未拨之数如数付彼而后可,但彼意外交团对于此层不能办到。……格又问今外舰云集于广东,若各国武力干涉,则将与之战乎抑否乎?孙答以广东兵力,决难胜外舰联队,但彼若有与外舰接仗之机会而遭败衂,则虽败犹荣,将视为一种荣誉,且亦尚有第二步办法。第二步办法如何虽未明言,格廉氏之意,以为指联合苏俄,因苏俄代表婆罗廷氏近在广州也。……格又言干涉关税,影响债票市面,若各省群起效尤,势必破坏全国之关税制度,国家将蒙不利。孙氏答言,国债担保,除关余外,尚有盐税及交通收入,果切实整顿,何难弥补。若虑各省效尤,债基无着,摇动国信,则补救之法,亦甚易易,只需外国撤销对于北京政府之承认可也。

(《向导》1923.12.12 第48期)

为"二七"纪念告国人

为 人

去年二月七日京汉铁路工人底惨事,至今已有一年了!此一年中,反抗曹吴的先锋队——工人底痛苦,更日甚一日!那惨杀工人的罪魁——曹锟吴佩孚萧耀南等,反做的做贿选总统,升的升伪巡阅使,我们久无自由和受压迫的国民,对此自然是极痛恨!

但单是痛恨还是无益的,必定还要积极地去救济受惨祸的工人,与革命的先锋工人联成统一的战线,促进国民革命的发展,实现国民革命政府的成功。

国民呀!请看那为反抗曹吴而死的工人及其家属,至今还是"死者已矣"!家属无依!我们应当快去赈济他们底家属,并继续死者底志愿以为我们今后奋斗的志愿!

请看那为"二七"而被捕的志士,在那军阀黑暗的狱中已死剩无几了,我们应当快去救出他们底命,并赈济他们底家属!

请看那为"二七"而更受压迫的工人,现在还是在那儿秘密不断地努力团结,我们应当去与他们诚恳地携手,一齐担起国民革命的大事业!

请看那惨杀工人和卖国殃民的直系军阀,至今反发展不已,作恶不已,两湖、四川、两粤、闽、赣、河南、陕西、直隶等省底人民,都把他们杀到了;勾结英美,仇视苏俄,承认临城案,阻止孙中山收回海关……卖国已卖够了。我们应当快去反抗他们到底,速起革命!

请更看那为国民革命而奋斗的孙中山与国民党,现在还是在那反革命重围之中,孤军苦斗,我们应当快去直接或间接地援助他们肃清东江,移师北伐!

"二七"纪念已一周了!国事已如此了!请看来周的"二七"纪念又将如何?京汉路工人努力!全国工农努力!!全国人民努力!!!

(《向导》1924.02.20 第53期)

为日本出兵干涉中国告全国民众

中共中央 共青团中央

全中国的工人、农民、学生、兵士、小商人及一切革命的民众们:

一向做日本帝国主义工具的奉张及安福政府,现在已经公然跪在日本政府面前求援了!一向替奉张安福保镖的日本帝国主义者,现在也公然出兵援助张作霖抵抗郭军了!

公开出发的日军已有二千五百人,继续出发的尚不知有多少;同时在奉天的日军已占领省城兵工厂及子药库。日本政府宣称,据朴资茅斯条约,日本有权在南满驻兵一万五千。南满洲明明是中国的领土,日本帝国主义者有何权利可以派兵干涉中国内战?有何权利可以占领中国兵工厂?他和前俄所订条约现在如何能责中国遵守?

张作霖兵败早应出亡,他现在仍留奉天不走,已经不是为自己作战,乃是为日本帝国主义作战了。日本出兵奉天,也已经不是利用张作霖间接的和中国人作战,而是直接的和中国人作战了。

　　五卅事件本起源于日厂惨杀中国工人,中国的资产阶级,在五卅运动中提出"撇开日本单独对英"的口号,本来非常错误。后来五卅运动的形式,一变而为反奉,反奉的主义,乃是要除去一切帝国主义者在中国所用的有力工具。反奉运动一发展到郭军倒戈,奉张势力完全崩溃,一切帝国主义者之中,仍旧是和奉张有最深关系的日本帝国主义者,无法维持中立假面,悍然亲自出马,直接用武力来压服中国反奉运动。

　　是中国人民反奉运动胜利呢,还是日本帝国主义者援奉运动胜利,这是中国全民族目前的一个生死问题,全中国人,任何阶级的中国人,都应该起来参加此次由反奉而反日的运动,以保全中国国家的领土主权与民族自由。

　　叙利亚人及里乎人,均以百数十万的小民族,血战法兰西及西班牙帝国主义而不屈,难道我们四万万中国人,竟肯屈服于日本帝国主义者?! 各阶级革命的民众其速起:

　　反抗日本帝国主义者出兵满洲干涉中国内战! 督促全国反奉军队速灭张作霖李景林张宗昌的势力,并驱逐日本在满洲所有武力!!

　　推倒亲日卖国的段祺瑞政府!!!

(《向导》1925.12.20 第139期)

中国共产党致第三次全国劳动大会信

中国共产党中央执行委员会

第三次全国劳动大会代表诸同志们:

　　去年第二次劳动大会后接着便发生了中国历史上空前的民族革命运动——五卅运动;在此次运动中,中国的工人阶级,尤其上海和香港工人,表现出惊动世界的战斗力,不但使帝国主义及军阀震恐,并且使中国的资产阶级震恐;香港工人至今尚能支持一年的政治罢工,上海工人也能保持为从来所未有的群众组织,这是使今年的大会比上年的大会,更有新的生命。

　　现时中国工人阶级的组织,在全国人口比例上虽然还很幼稚,而在政治争斗上,弱小的中国工人运动,已在世界革命影响上收了很大的结果;这是因为工人运动一开始,不但有静的组织,而且有了动的政治争斗——民族革命的争斗,使计算世界革命力量的人,不得不把中国工人的力量列入。

　　现在反动军阀的势力又布满了北京,使北方的工人运动尤其是路工和矿工运动受很大的打击;然而崩溃中的中国军阀,决不能长期地维持其统治地位,我们工人群众正应在此反动时期中,格外努力积聚我们的力量,即静的组织力量,以备马上将来的动的政治争斗——与军阀决死战的最后争斗。

　　我们以后积聚我们的组织力量,不应仅仅是产业工人,并要普及于一般劳苦群众,以扩大我们在数量上的战斗力;我们的力量在数量上增加了,我们的力量在争斗的质量上也是会增加的。而且,我们不但要组织一般劳苦的工人群众,并且要和劳苦的农民群众组织亲密的同盟领导他们参加一切经济的政治的争斗才免得工人阶级孤军独战之困难,因为现时中国工人的数量在全国人口比例上还是很小。

总之,我们必须努力扩大及巩固全国工人农民及一切劳苦群众的联合战线,才能够抵抗一切特权阶级的压迫,以至获得我们政治争斗的初步胜利——民族革命的胜利。

本党是代表中国工人及农民利益而奋斗的党,本党目前的职责,是领导中国工人农民参加中国民族革命的争斗;同时,在民族革命中,代表中国工人农民利益而争斗。

本党和工人同志们携着手奋斗已经四五年了,现在方开始和农民携手走上战线,因此,在此次大会提出"全国工农及一切劳苦群众大团结"的口号,以贡献于大会,并祝大会之成功。

第三次全国劳动大会万岁!

中国劳动运动万岁!

中国工农大团结万岁!

中国革命万岁!

世界革命万岁!

(《向导》1926.05.01 第151期)

中国共产党致第一次全国农民大会信

中国共产党中央执行委员会

全国农民大会代表诸同志们:

中国农民的数量,不但在全中国人口比例上居最大多数,在全世界各国农民人数比例表中,亦居第一位。可是中国农民所受的困苦,也居第一位,因为中国农民兼受帝国主义、军阀、地主、贪官污吏、劣绅土豪、兵匪六种蹂躏,是别国农民所未曾同时苦受的。

被人指为睡觉的中国农民,现在已经开始醒悟,开始组织自己的团体,并且准备自己的武装,向六种蹂躏者反抗了。

中国农民运动要注意两件事:

(一)中国完全在外国帝国主义及国内军阀宰割之下,非到推翻帝国主义及军阀的民族革命得着胜利,农民所受六种蹂躏者所给之困苦是不能免除的,因此农民运动必须与全中国的民族革命运动相结合;同时中国的民族革命运动,非得到农民大群众参加,也不会成功。

(二)工人是现代革命运动中之最急进的先锋,且城市工人又站在政治上重要地位;因此农民运动有与工人运动结合之必要,而且革命的工人阶级有领导这些运动之必要。

本党是代表中国农民工人利益而奋斗的党,本党目前的职责,是领导中国农民工人参加中国民族革命的争斗;同时,在民族革命运动中,代表中国农民工人利益而争斗。因此,在此次大会提出"全国农民工人大团结"的口号,以贡献于大会,并祝大会之成功。

全国农民大会万岁!
中国农民运动万岁!
中国农工大团结万岁!
中国革命万岁!
世界革命万岁!

(《向导》1926.04.20 第151期)

打破"民族的巴士底狱"

独 秀

法国赫里欧氏有言:"目下一般专务私利之投机者,已造成一种资本的巴士底狱,朘削法国政治界之心脏,而政府与之狼狈为奸,报界亦复同一腐败,一般报纸尚自称崇信共和主义,但实则已为资本家之奴隶。"

现在我倒可以说:国际资本帝国主义者,已在中国造成一种"民族的巴士底狱",朘削中国人之心脏,而中国军阀与之狼狈为奸,教育界商界中所谓高等华人亦复同一腐败,一般高等华人尚自以为崇信民族主义,但实则已为帝国主义者之奴隶。

五卅运动,就是中国反帝国主义的民族革命运动之开幕,就是要打破八十年来这"民族的巴士底狱"。

从前代表法王威权的巴士底狱,摧折了无数革命志士无罪平民,"打破巴士底狱"为法国革命之开幕,至今传为美谈,垂为纪念;现在资本帝国主义在西方造成之无形的资本巴士底狱,朘削了无数平民膏血,并牢笼了报界学者一辈精神的奴隶,为之歌功颂德;在东方造成之无形的民族巴士底狱,朘削了全中国人的无量膏血,并禁锢了高等华人的民族精神不能发展或不敢发展。

我们现在如果真心纪念五卅运动,便应该继续此一运动,而完成其工作——彻底打破这民族的巴士底狱,把中国民族从这狱中解放出来!

我们要打破此狱,不用说首先要毁灭此狱之墙壁——资本侵略制度,驱除为资本帝国主义者看守此狱之狱卒——军阀官僚;一帮鼓吹反赤的失意政客及所谓老民党,也在狱卒的伙伴助手之列。尤其重要的是打破狱中人之精神上的镣锁,使之愿意牺牲一切,死里逃生地打出此狱。

最不幸的是狱中人尤其是狱中的所谓高等华人,因精神上的长期镣锁,已麻木其感觉性,自以为身在狱外;并且习于狱中生活,已与狱吏(帝国主义者)狱卒(军阀官僚)取了友谊的合作态度,反指斥主张打破此狱之人是捣乱,是唱高调,是多事,是惹祸,是破坏和平秩序,是别有用心,是过激赤化。取这样态度的高等华人,乃是打破此民族的巴士底狱之重要阻碍物。

在此次上海各界筹备五卅纪念的联席会议席上，教育界代表有人主张学生不加入此次运动，更不主张各界共同发表宣言，这分明是表示民族解放运动对于他们没有什么需要。商界某首领忽然说到什么"军阀帮助帝国主义而共产党也帮助赤色帝国主义的苏俄"这类话，似乎这两方面都应该反对，可惜他们一向只勇于反对共产党与赤俄，而怯于反对军阀与帝国主义者。他们甚至于因为军阀与帝国主义者的威吓，怕犯了纪念五卅运动的嫌疑，主张把五卅烈士墓奠基礼改在二十九日举行。更可惜他们竟忘记了扣用火车妨害商业者，是军阀而不是共产党；以苛税杂捐强用军用票等形式没收商民财产者，也是反赤的军阀而不是赤的共产党；把持中国海关抑制中国工商业发展者，是帝国主义而不是赤俄；他们向之哀求交还会审公堂及租界增加华董而不得者，也是帝国主义而不是赤俄；他们更忘记了应该全中国人永世惨痛不忘的五卅事件，在日本纱厂，在南京路上，在宁波会馆前，流中国人血的，也是帝国主义者而不是赤俄！国民党右派及国家主义者也主张中国民族独立，可是他们都以为中国民族独立运动，只应以中国人自己的力量来干，不应接受外力即赤俄的援助，甚至于马素拿外国帝国主义的钱办的独立报也这样说；他们尤其反对赤俄以军械接济国民政府及国民军。大概他们觉得中国人所受帝国主义及军阀的践踏并不甚厉害，尽可从容以自力解放，不需急急求助于邻人；他们更或以为只有帝国主义者及军阀应该有武装，该死的中国人民，理应赤手空拳的让帝国主义者及军阀恣意屠杀，不但民众不应该寻求武装来反抗，即接近民众的国民政府及国民军，也应该由帝国主义者及军阀来铲除，赤俄不应该接济军械使他们存在，以为帝国主义者及军阀之患。国民党右派口中虽说反对帝国主义与军阀，同时却用反对赤俄与共产党以相消；并且大登其广告直指什么什么人是共产党员，公开地向帝国主义者军阀告密。报界宁开罪于民众，而不开罪于帝国主义与军阀，封锁民众运动的消息，乃是常事。

这班人的思想主张，其阻碍民族的巴士底狱之打破，也不在所谓高等华人之下，也因为帝国主义者给他们以精神上的镣锁、禁锢了他们的自由思想，使他们不甚感觉狱中痛苦，不急于求解放，不需要邻人之助，甚至于不认识邻人与仇敌。

所以我们如果要纪念五卅运动，如果要继续五卅运动，必须打破帝国主义者所加于我们精神上的镣锁，一致起来打破八十年来这"民族的巴士底狱"，使中国民族完全解放，才算完成了五卅运动的工作！如此，则将来中国的"五卅运动"，方能和法国的"打破巴士底狱"成为同样光荣而严肃的纪念——被压迫者反抗压迫者之胜利的纪念！

(《向导》1926.05.30 第155期)

革命的目的

倬云

独秀先生：

校中组织了一个"学术研究会"，第二次例会讨论的题目是"革命的目的"，不意引起争议（这固然是好现象），愈争愈烈，结果没有明了的判断，双方都作罢论。现在且将我与大多数会员的辩论点写在下面：

我说：各位已经争论很久，我现在要来参加一句，革命的目的是实现一个"无阶级的社会"——共产社会。

他们说：革命的目的有时代之不同。比方"在清末，革命之目的是排除满清；在民国四年，革命之目的是打倒袁世凯；在民国六年，革命之目的是打倒复辟党；……在现在，革命之目的是打倒军阀与帝国主义。"

我说：这只算"革命的过程"，不能算作革命的目的。纵然在某一时代有人误会革命的过程是目的（如反正时认排除满清是革命之目的，现在认打倒军阀是革命之目的），这是关于人的"眼光的远近"问题——眼光远者，以为革命的目的在于最后一个无阶级的共产社会；眼光近者，就误会中间的过程是目的。

有人说：革命之目的，有这个人与那个人之不同，譬如这个人的革命是为要有饭吃，那个人的革命是为要讨个好堂客。这个题目太笼统，革命的目的是不一定的。

我说：这是"个人的私欲"不同，不是革命的目的不同。比方这个人要有饭吃才来革命，那个人要得个好老婆才来革命，纯是一种升官发财的心理，借革命以求私利，完全是假革命；称革命且不配，何能算作革命的目的？因革命党人，只知有积极的牺牲，不知有可享的权利。且权利是公共的不是个人的，把革命来满足私人的欲望，未免污蔑革命。从好一边说：比主义想要得一个志同道合与我共做革命家的好堂客，便要反对父母及媒人包办我的婚姻，这可算是婚姻革命之目的，是个人的；就是做到全社会的结婚自由离婚自由，也只可说是"婚姻革命之目的"。照革命点说起来，是局部的不是全部的，是片面的不是整个的。要知道"革命的目的"的革命，是指全世界的革命，不是一个人一桩事或一省一国的革命。

有人说：革命两字是包括很广的，贫民革资本家的命，当然叫做革命；资本家革贫民的命，也可以称作革命，故革命的目的不同。

我说：革命是为多数人的利益去打倒少数人的特权，也就是被压迫阶级去打倒压迫阶级以脱离其被压迫的一种手段。所以四万万同胞推倒满清称作革命，未闻秦始皇吞并六国，亦可称为革命。推倒满清是革命的步骤，马厂誓师也是革命的步骤：一个步骤又一个步骤，自自然然地要流向"目的地"去。故革命的目的，在宇宙的生命中是相同的。

有人说：革命的目的，是满足人生的欲望。

我说：满足全人类人生的欲望，自然是革命的责任。但"欲望"是渡到"目的"的引线，"目的"是接受"欲望"的结果，不可混作一谈，且不可把欲望作革命的目的，盖人生的欲望，在事实上是不同的，而革命的目的，在天演上是相同的。

有人说：革命是没有"目的"的，因为看不见目的。你说革命的目的在于实现"无阶级的共产社会"，难道那个社会以后就再没有革命吗？所以谈不到"目的"。

我说：不错，革命是动的不是静的。但是据古人及我们所知道的，只有一个世界大同以后的"无阶级的共产社会"。除了这个社会以外，此时尚未发明什么再好的方法，亦不便再讲别的目的。假定将来科学日益昌明，社会日益进步，能够与月球上的人民来往，只要我们不去压迫他们,我相信他们也未必要来革我们"无阶级的共产社会"的命。所以革命的目的就是一个科学的真理的无阶级的共产社会。

有人说:俄国已经共产,目的已达,为什么还有阶级呢?有阶级自然还有革命的目的。

我说:现在的俄国还只做到无产阶级专政,并未实现无阶级的共产社会,只算达到革命的过程的某一阶段,不能算达到革命之目的。

为了这个"革命的目的"的题目,讨论至四点钟之久。我们这边,起初只有校长先生把"革命的目的在'生存'——就是民生主义"向他们力战,后来才加入了一个不爱说话的我来说出我的意思。但是我们是少数,难于三次四次的说蛮话,又没有趋家来判断,不知我们说的对与不对,成了一个疑问,所以写出来请先生给一个圆满的定律并答复我们——究竟革命的目的是什么?

(《向导》1926.06.23 第 160 期)

中国共产党为英国帝国主义屠杀万县告民众书

全国一切被压迫的民众们!

英国帝国主义在五卅中惨杀上海汉口广州等处的爱国同胞的空前惨案,还未了结,现在又陡起杀心,在万县大屠杀而特屠杀,这是何等的严重问题啊!

英国帝国主义这次在万县既利用不平等条约任意航行内河,不按航规,横冲直撞,致撞沉民船数次(艘),沉毙人命数十,地方官提出抗议一味横蛮不理,反而用十二生的之大砲野战砲硫磺弹尽量施行轰击,伤毙人民至五千之众,焚毁房屋至数千间,损失财产至千余万,整个的万县城差不多成了腥血涂染的断瓦残垣;这不仅比五卅时的屠杀情形更凶恶惨酷十倍,简直是近百年来世界史上未有之惨案奇闻(除向敌人正式宣战外,没有如此用大砲肆行轰击者)。这种野蛮毒辣的行为,在帝国主义对于非洲南洋之野人尚不敢遽施,今英国帝国主义竟一再施之于中国,他简直视中国为屠场,视中国人为非人类,不过是他任意屠杀的对象罢了!

这次屠杀的起因,表面看是由英船撞沉官船,与杨森冲突的结果,其实英国帝国主义早就在准备一个大屠杀,故屡次挑衅乘机待发。当北伐军兴师之初,英兵便在梧州上岸捕人,这是挑衅的第一次;当北伐军到武汉,英舰公然援助吴军,炮击北伐军,这是第二次;九月四日在广州英舰派兵上岸,占领码头,逮捕工人纠察队,截获民船,强行驾驶货船进口,这是第三次;在万县便是第四次。因为英国帝国主义在五卅时虽然屠杀了数百中国人,却引起了全中国民众空前的反英运动,英国帝国主义在各方面都受了严重的打击,尤其在广东,昔日繁盛逼人的香港几成了荒岛,现在北伐军又攻入武汉,广东国民政府的势力伸入了长江流域,英国帝国主义的工具吴佩孚根本毁坏,英国帝国主义在长江的势力将根本摇动,因此,他便不顾一切,横行无忌尽量地使用他的炮舰政策来施行大屠杀了。

英国帝国主义已在不但用各种方法扰害北伐军的后方,拼命帮助败亡之吴佩孚,并且正在援助孙传芳,助孙军费一千万元,子弹二千万,公然加害于北伐军,希图延长北洋军阀的统治,延长中国的内乱,以遂其在中国任意侵略之野心。

现在英国帝国主义一面援助孙传芳加害北伐军,一面在国际间提倡共同干涉中国,同时,复调兵遣舰,地中海之舰队近已来华,准备更大更凶毒之屠杀。

全国一切被压迫的民众们,你们应该起来注意呀,我们今天不知明天英国帝国主义要轰击哪一个城市,不知谁又是英国帝国主义枪口里的炮灰,真是死的恐怖充满了全中国人的周围呵!但是我们要指出,万县这样的屠杀惨案,靠什么政府交涉,是绝对没有希望的,因为现时的北方政府以至四川地方政府,都是帝国主义直接或间接的工具,段祺瑞政府对于五卅惨案交涉之失败便是显例。现在只有民众起来,用自己的力量使用一切方法对付这个强盗的英国帝国主义,便是有更广大运用五卅运动的经验,再形成第二个更广大的反英的五卅运动,以民众的力量与英国实行经济绝交,根本铲除英国帝国主义在中国各地经济命脉,同时一致拥护北伐军的胜利。只有如此,才能免除英国帝国主义强盗之第二第三次……的大屠杀。

中国共产党愿以全力来反抗英国帝国主义此种凶横残酷的强盗行为。

全国一切被压迫的民众们!起来!

反对英国帝国主义之炮舰政策!

(《向导》1926.09.25 第173期)

列宁论东方民族的解放运动

魏 琴

我们的教师,世界社会革命的首领——列宁逝世三周年纪念到了,但他关于东方的许多预言,已渐成为实际了。他的名字,尤其他的思想,已随东方革命运动的发展,日渐深入亚洲广大的群众了。

中国工人农民学生们,久知列宁不仅为世界革命工人的首领,且为反帝国主义、反封建残余、争民族独立的东方民族的首领,其主要思想,即是:现代人类社会,已经开始由资本主义向社会主义,但必须殖民地民族得到解放,才能完成这个过程。

中国辛亥革命后,列宁曾发表"先进的亚洲与落后的欧洲"一篇名著,其内容,简直有世界的历史的意义。当时他已经说欧洲资本主义国家日趋瓦解,向反动路上走,增加本国和殖民地工农的剥削,而同时亚洲如当时的土耳其、波斯、中国,已走上革命道路,向德谟克拉西的新形式前进,以解放千百万人的奴隶束缚。

当世界大战时,列宁即大声疾呼世界无产阶级,不应拥护自己资本主义"祖国",应开始国内内战,使世界资本主义的恐慌,变为社会革命的开始。

至于对东方受帝国主义压迫的国家,列宁仍主张这些国家的无产阶级应该联合本国人民,反对帝国主义的侵袭并推翻帝国主义压迫的斗争。

(《向导》1927.01.21 第184期)

无产阶级与民族运动

独 秀

国家主义者说:"共产党……以为……帝国主义之国家有其无产阶级同情于被压迫之中国人民,可以牵制其本国政府之行动,……此种思想又何殊于梦呓。……英工党领袖前相麦克唐纳尔在工党机关报前进报论汉口案一文。……共产党人读此言论,不知能醒其迷梦否?"

毫无世界知识的中国国家主义者,他们一点也不知道现在世界无产阶级运动已经到了什么状况,他们更不知道麦克唐纳尔在世界无产阶级运动中居何地位,一见麦氏反动的言论,他们便大喊其各国无产阶级同情于被压迫之中国人民是共产党的梦呓。果然是梦呓么?请看下列事实。

电通社五日东京电:日本之劳动农民党发表对华声明书,将努力于国民政府之承认。

路透社六日伦敦电:英海军大臣白里志曼演说:工党在事不干己之中国内战中择仇英之领袖而拥护之。

路透社六日伦敦电:英国全国工党联合行政会发起,在爱尔白特厅开要求对华和平之大会,到者甚众。

世界新闻社加拿大电:加拿大劳动党主席杜慕牟亚氏于一月二十六日声明:关于中国问题,加拿大劳动者愿与脱离被英国等榨取之中国为友,排斥英国之对华出兵,英国虽有劝诱加拿大出兵之形迹,而加拿大劳动党极力反对出兵云。

本社六日北京电:据伦敦报告,柯克(Cook 英国矿工会书记)提议成立"勿侵犯中国会",并开会讨论援助中国问题。又奥斯露消息,工人大会在该地举行,一致通过挪威工人与中国民族独立斗争休戚相关。又英国共产党机关报"工人生活"提议工人应为反对战争而奋斗,并在各城市成立"勿侵犯中国会"。

世界新闻社墨尔邦电:澳洲海员工会驻维多利亚分会已决定通告各会员,对于凡载兵或运军火,至中国之船,一律罢工,不予驾驶。国闻社七日汉口电:英工党复陈友仁电,极反对英舰来华。电通社七日北京电:据伦敦电告,苏格兰独立工党机关报"前进"唤起群众反对英国在华政策。又德国共产党在柏林发起几次大会决议对英国之武力干涉中国提出严重抗议。

(《向导》1927.02.16 第 188 期)

我们目前的奋斗

独 秀

我们要懂得目前的奋斗是什么,必须先懂得中国目前的状况是怎样。

一方面中国的革命运动日渐高涨起来,工人经济的政治的罢工普遍了各大城市;农民经济的政治的争斗,由珠江流域一直达到了黄河流域(河南直隶山东);反军阀反帝国主义的国民革命军快要占住扬子江上下游全流域;全国思想界逐渐革命化了,至少也挂起了不反对革命的招牌。另一方面,英国帝国主义者增派一万人以上的兵力来向中国革命运动示威,意大利、美国都是英国的帮手;日本帝国主义者,对付中国革命运动,比他国更是巧妙,他在表面不与英国合作,以和缓中国人对日之历史的恶感,而实际上则企图在经济上得到互惠协定以抵消关税自主,在政治上一手拿住奉天军阀,一手拿住国民党的右派:即他们所谓稳健分子(日本帝国主义者拉拢右派的方法有两种:一是派一帮浪人在上海和西山会议派的老民党,合办一个江南晚报,鼓吹反赤;一是派佐分利等一班官僚奔走广东江西,勾结右倾的军事领袖,使之离开苏俄,排除急进分子的左派及共派,压迫工农运动),使他们俩见面可结婚,实现南北妥协,以根本消灭中国的革命运动。直系军阀可算是已经完全破灭,其余残余部分不归奉即归国民政府,决不能独立存在了;剩下的奉鲁军,正在河南江苏向革命势力作困兽之斗。奉系军阀也感觉得自己危险,于是他们在日本帝国主义指挥之下,一面出兵讨赤,一面由杨宇霆、梁士诒、赵欣伯等放出可以和南方妥协的空气,向国民众右派吊膀子,企图软化右派,使右派帮他们讨赤达其对南各个击破之计。

中国目前的状况就是这样,就是中国渐次高涨的革命势力,已经到了和帝国主义军阀决死战的时期。在这决死战的时期中,不独反革命分子急得张牙舞爪地乱跳,如西山会议派及其他老民党帮着帝国主义及军阀大喊反赤;即自称革命而实际上不能始终忠于革命的分子,受了反革命之诱惑,也渐渐暴露他们的真面目,想和反革命妥协。并且将来革命越向前发展,反革命势力越感觉得自身临危,越发要拿出反对急进派的口号勾结国民党右派以及资产阶级知识阶级所有的右倾分子,向革命派进攻,以自救其灭亡。

所以中国革命者目前的奋斗,不但要反抗帝国主义,不但要歼灭军阀,并且要严厉地打击想和帝国主义及军阀妥协的一切右倾势力,必须打击得他们没有力量能够扶起垂危的反革命势力。

"一三"汉口事件,正因为在汉口革命的领袖和革命的民众能够合力坚持,帝国主义勾结妥协分子为己助之阴谋未得着实现的机会,所以得到了相当的胜利。

上海的革命运动将来又是怎样呢?孙传芳的势力,可以说是完了;鲁军自徐州到上海,战线长至一千余里,不但上海不易制胜,并且徐州、南京、苏州、常州,都有受攻的可能,这几处有一处被攻破,鲁军便全体瓦解。最后和中国革命民众作对的,还是帝国主义,尤其是英日两个帝国主义。帝国主义对付中国革命民众,不但用武力直接压迫,并且还要勾结国民党的右派资产阶级知识阶级的妥协分子及一切反动的绅士,向革命民众进攻,逼迫民众向帝国主义屈服,这是很可能的事。

上海的运动要得到胜利,也须和汉口一样,革命的领袖与革命的民众,始终合力坚持,不但不可受右派的离间与恐吓,而且还要合力打击右派,不妥协地和帝国主义决死战!数十万里夫民族尚能力抗法西两帝国主义大军至一年之久,岂有二百余万上海市民反不能力抗英日两帝国主义之理！只有决死战能得着胜利,妥协就是失败。从今天起,反抗鲁军拉夫,拒绝鲁军军用票,停纳一切捐税,总同盟罢工罢市,夺取武装,响应国民革命的北伐军,一直到建立民选的市政府——工商学兵等市民代表会议的政府,撤退各国海陆军,收回租界。这便是我们目前的奋斗！

奋斗胜利的保障,只有革命的领袖和革命的民众合力坚持,而不为右倾分子的妥协政策所动摇所恐吓！

(《向导》1927.03.06 第 190 期)

第 二 篇

时 局 评 论

第一章

国际时事

中德俄三国联盟与国际帝国主义及陈炯明之反动

和　森

请看

国际帝国主义何等妒忌中华民族独立的外交运动

陈炯明业已成为国际帝国主义的侦探

国人应一致拥护中德俄联盟政策，脱离英美法日的羁勒

前本报主张与俄德缔结经济同盟（见本报第一期），希望民党重新诂定外交方针，不数日乃闻陈炯明将孙中山关于联络俄德之密函付与香港英国帝国主义各机关报发表，因此，北京美日英法各公使对于新近来华之俄罗斯代表团及民党行动异常注意侦察，除由领袖葡使捏造越飞私造公债，宣传过激主义，照会北京政府严厉监视其行动外，并闻以后对于民党将加以比较十年以来更压抑的政策，使他在政治上难于活动。今把沪上各报译载香港英报所宣布之函件及议论抄在下面：

孙逸仙博士崇信过激主义，外间早有喧传，但无确实凭证，今吾人始能将确证发表，证明孙氏曾以过激主义为基础，筹画中德俄三国联盟。当叶举等在羊城起兵时，孙氏及其部下被迫离粤，而财政次长廖仲恺，遗下皮夹一只，内有孙氏秘密信函多封，其中三封，与孙氏有关，表明曾磋商中俄德联盟事，兹将各函披露如下：（一）仲恺亚伯两兄同鉴，兹得朱和中来函，所图各事已有头绪，其有需两兄协办者，特将所关之函付来，此函阅后付丙，共阅便知应付矣。一要仲恺兄照所请发给四千二百元，分寄北京柏林，寄柏林者，要买美金或英镑，不可买马克，因恐马克有跌无起，美金英镑则有起无跌故也。并付来支条一纸，交由会计司出账可也。二要亚伯兄在广州等候辛慈到港，则亲往直接带他来大本营。此事要十分秘密，故接此信后，则要着电报处留心欧洲或欧亚沿途各埠所来电报，如有 H 字样来者，即如期往港候船便妥矣。朱和中处于未接他此信以前，已有信着他回国，然无论如何，此三千元当寄去，汇款时可加一函转属他回国之期，由他自定，如尚有重要事件须办者，当可稍留，如无要事，当以早回为佳，最好能与辛慈齐来，则诸事更为融洽也。又亚伯兄在广州等候时，由会计司每月支公费三百元，到大本营时，则由大本营支，广州可以停止，并付支令一纸，辛慈之事，愈密愈佳，如非万不得已，则政府中人，亦不可

使之知也。此致并候大安，孙文，三月八日（此信看完付丙）。（二）又朱和中在德国致孙文函，大总统钧鉴，谨禀者，自十年七月二十六日领得台银六千二百元，内有半年安家费（即薪金）一千二百元，当即汇寄京寓，当支船票费千元，置装费千元，尚存三千元，由德华银行汇兑马克十万二千（当时每元换马克三十四枚）来德，抵德以后，头一月以各处奔走，四处联络，用去一万二千马克，第二月用去七千马克，第三月极力撙节，用去六千马克。以后不能再省，因德国工人，每月亦需用三千马克，至今尚存七万五千马克，惟自得辛慈之助，进行愈速，范围愈广，若设公事房，则用费将三倍于前，需要所迫，体制所关，除本人饮食日用之需以外，不能苟简，即请自三月一日，八月三十一日，饬拨半年安家费（即薪金）一千二百元，但饬秘书汇寄北京社土胡同九十一号朱子英夫人朱陈氏查收，以安家小，饬拨此间用费三千元，换成美金或英镑，由广州长兴街华德银行代办处汇来，千万饬勿再换成马克，以免亏累，此间用费，若蒙惠拨，即可度支至年底矣，此间诸事，方得门径，进行方殷，半年期满，决不能中止回国，因此请款饬拨，以后即请示知，肃此叩请勋安，朱和中叩十一年一月一日。（三）前驻华德使辛慈，熟悉吾国情形。曾充驻俄陆军特使八年，与俄人感情亦洽，精通英俄法语，且思想新颖，手段敏活，其所主张亦合民治潮流，洵德国不可多得之人材。方中未抵柏林以前，辛慈即主张，华德俄三国联合，与钧旨暗合，近自与中接接洽后，拟不问他政，专办此事，是以决定同组一公事所，以资筹备，现总定两月内筹备完竣伊即请命于其国务总理来华，中愚见拟以辛为专理员，其他各科选定主理员，余人员材料办法，由主理酌定，总理专备钧座咨询，主理员筹商何项人员先行来华，何项人员陆续前来，何项材料即日需要，何项材料继续运输，何种办法即日拟定，即日实行，何种办法继续拟定，随后推行，均由钧座与总理员核夺。如此则东西声气互通，纲举目张，进行自速，惟辛慈名望颇重，须用假名，虽一般德人亦不可使知，届时当电报船名，即请于抵港时，派输密迎入幕为礼，至来华以后，是否受聘，另是一事兹不遽赘，来电辛以 H 代，肃请钧裁，中叩东，人人知道中山先生所持的主义，为他自己所发明的——民族，民权，民生——三民主义。他的民族主义就是要使中华民族解脱国际帝国主义的压迫，做到中华民族的独立与自由。所以在他三民主义的演说中曾经说道："今天满虏虽被推翻，光复汉业，但是吾民族尚未能自由独立。这个原因，就是本党只做了消极的功夫，没做积极的功夫。自欧战告终，世界局面一变，潮流所趋，都注重到民族自决。我中国尤为世界民族中的最大问题。在东亚的国家严格讲起来，不过一个暹逻，一个日本可称是完全的独立国；中国……幅员虽大，人口虽众，只可称个半独立国罢了。"这一段话，一点也不错的。中国最近八十年来，与其他一切被压迫民族一样，完全陷于帝国主义四面掠夺宰割的重围中，在一九一四年以前，简直找不到别的出路。经过上次世界大战，帝国主义的俄罗斯变成为根本取消掠夺制度的工农共和国，帝国主义的德意志变成为协约国的被征服者，至此国际情形才起绝大变化，一切被压迫民族才有超脱帝国主义的圈套，而联合一切反帝国主义的大民族以图独立自决之可能。在这种情形之下，一切被压迫民族便要必然的一致的形成其民族独立的新外交，于是已经显著而成了功的，就有土耳其的基玛尔，正在酝酿而被国际帝国主义的侦探——陈炯明——告发的，便是孙中山。

中山先生联德联俄的计划完全建筑在民族独立的基础上面,这是毫无疑义的。孙中山之为中华民族独立运动的革命家,正如基玛尔之为土耳其民族独立运动的革命家而不为共产主义或"过激主义"运动的革命家一样。基玛尔的新外交,为使土耳其民族独立的唯一适当政策,孙中山的新外交也是为使中华民族独立的唯一适当政策。以现在国际情形看来,试问:中国匍匐于帝国主义的英美法日之下为能得到平等地位呢,还是与非帝国主义的德俄联合为能得到平等地位呢?正谋共管中国,监管中国财政,干涉中国内政,破坏中国统一的是谁,而业已取消在华一切特权,无条件退还一切租地与赔款,及废除治外法权的又是谁呢?我们且将今日(九月三十日)大陆报(美国帝国主义在沪的喉舌)所载孙先生答复香港电信报的话(字林西报也有同样记载)译两节在下面,更可证明孙先生中德俄三国联盟的计划,完全建筑在民族独立的基础上面了:

对于德国和俄国,孙博士的意见以为:自德国解除武备和俄国取消在华一切特权之后,在中国看来,这两个国家已成为站在"不侵略"地位的国家了。

孙博士且以为:自苏维埃俄罗斯成立之后,过去对于中国政治独立和领土完全最大危险之一,业已消除。在劳农政府继续和忠于他"非帝国主义"的政策时候,俄罗斯并没有可使"一个民主的中国"生畏惧的地方。

孙博士并说这是他熟虑过的意见:在目下中国"近代化"的当中,中国是很需要能对他平等待遇和承认他有完全统治权的强国的帮助。他信:在现下情形和治埋的俄德是能以平等条件待遇中国的。所以,他赞成有一个倾向中俄德三国亲密接近的政策。他并不以为这个政策会违反了愿望中国强盛和统一的列强之条约上的利益。无论如何,这个政策是要尽力于一个非帝制且非反动的中国的最好利益。

帝国主义的英美法日,要永远关住中国于他们的隶属圈套以内,所以最忌中国与那业已成为站在不侵略地位的俄德和能以平等条件待中国的俄德联合。换过说,就是最忌中华民族脱离他们的羁勒而独立。因而诬中山先生立脚在民族独立上的中德俄联盟政策为以"过激主义"为基础。有人以为这种嫌疑,是关于中山平日标榜民生主义惹来的。其实不然:中山先生的民生主义不过等于各国通行的社会政策和适于工业后进国之经济情形的国家资本主义。现在资本帝国主义的列强,不但适用这种政策以和缓阶级争斗,而且捧戴这种政策的首领于最高统治地位以延长其末运:如米勒尔,白里安之于法;路易乔治,亨登孙之于英;温德凡尔之于比;爱伯尔,夏德迈之于德;以至碧尔绥斯基之于法兰西外藩的波兰,几乎成了一种普遍的现象。所以中山先生的民生主义在英法美日的资本家帝国主义者看来,不过家常便饭,有甚可畏?他们所畏的只有中国政治上和经济上脱离他们的羁勒而独立。所以对于中山先生德俄联盟计划,就不得不格外起来,而诬以"过激主义"为摧抑他的武器了。

中德俄联盟的政策,不是利于一人一党的政策,乃是利于中国全体被压迫民族的政策;中国民族是否永为英美法日帝国主义的奴隶,或摆脱他们的羁勒而独立,全要看这种政策的成功与失败。所以凡属被压迫的中国人民都应起来拥护这种政策,贯彻这种政策。反对这种政策的(不论个人或党系),不是甘心为帝国主义的奴隶,便是甘心为帝国主义的爪牙。所以这次陈炯明对于孙中山的拆台举动,完全证明他是国际帝国主义的侦探。国民党在被压迫的中华民族地位上不独不会因此而受打击,而且反将因此愈益扩大其革命的基础,和群众的势力,因为这就是表明他已经不徘徊于英美法日帝国主义的歧路了,已经跑上殖民地革命运动的正轨了,已经领导四万万被压迫的民众到独立运动的初步了。孙先生说:"俄罗斯并没有可使一个民主的中国生畏惧的地方。"我们更可进一步告诉被英美法日帝国主义压迫无已时的国人:苏维埃俄罗斯更没有可使一个半殖民地的中国生畏惧的地方呵!中国独立与平等的国际地位,是要首先联合他才能做到呀!

(《向导》1922.10.04 第 4 期)

日本帝国主义与张作霖

振 宇

本月二十日,申报和时事新报载日本对俄外交决保海参崴政府存在及东三省独立自主,俾远东多设缓冲小国,使"红色主义"不入黄海。又载张作霖于本月初派张宗昌赴崴,与崴政府为军事上之接洽,其大要为:(一)奉天亟需之各种军用品,望崴政府尽量供给;(二)此后奉天与海参崴实行互助,如有军事上之需要,应互相援助,并可议订协定。二十五日上海各报更载东京来电道:国民新闻载称,海参崴狄特里志斯政府与张作霖订成密约,海参崴所存大批军火已照约运往奉天。东京陆军当道称日兵退出海参崴后,存于该埠之军火不得不入于狄特里志斯将军之手,狄氏大约将与张作霖结合抗拒莫斯科与赤塔政府,陆军当道又谓兹闻狄张已开谈判云。据二十八日上海各报,则海埠大批军火之运抵奉天者,已经共有二十二列车了,惟最后数车被海关扣留。又时事新报载二十九日东京来电道:国民新闻复载海参崴军火事,谓日本军阀已与张作霖及狄特里志斯商定设缓冲国并组织财政团资助张狄之计划,参谋部近加派陆军随员八人至关东,名赴关东,实往助张作霖耳。国民新闻所引之陆军省人员否认设立缓冲国之计划,惟承认没收之军火一部分不知去向,谓现正由外交部省派员调查运往何处。

由以上的消息,我们可看出下列几点:(一)日本帝国主义这种对俄政策,完全是模仿法兰西扶植波兰与罗马尼亚反抗苏维埃俄罗斯的故智;(二)今后国际帝国主义者都将借"防遏过激主义"为口实,把中国分裂为各自的殖民地和"缓冲小国",日本对东三省的计划成功了,英国对于西藏,法国对于云贵……便将取同一步骤;(三)中国封建割据的局势,将因国际帝国主义者这种可怕的政策而愈益严重;(四)张作霖这个红胡子不仅为中国和平独立统一的魔鬼,而且成为国际帝国主义和反革命的凶恶机械。

被两重压迫的中国同胞们,你们看呵:日本帝国主义这种对俄政策的背面,还埋着英法美帝国主义的伏兵呀!日本不过是仅先向东三省下手呀!从此东三省割据的形势,将因日本和英法美帝国主义者的合作愈益巩固,而那二十二列车的军火,不久又将瞄准中国人开呀!

(《向导》1922.10.04 第 4 期)

议员学者跑到美国帝国主义家里讨论宪法问题吗

只眼

九月二十九日中华新报载：日来国会虽在休会期中，而一帮热心制宪之议员，常有私人之讨论。闻今日下午，洋顾问芮恩施宅中即有此种会谈，列席者议员方面有汤斐予丁佛言林宗孟刘建侯等十余人，非议员方面则有胡适之、徐新六、卫深甫诸氏。其议题中最重者闻系职业参政问题云。

我要敬告议员学者们：你们不要上美国帝国主义者的当呵！芮恩施这次来华的使命，一面是为新银团游说，一面是巩固外交系的亲美政府（故鼓吹宪期借款），更欲于外交系以外罗致一些名流学者入其彀中。我请诸君小心一点，并且不要于不知不觉中引导一部分人民或青年学子去亲美国帝国主义才好呀！

还有一层，宰割中国的华盛顿会议是由芮恩施等代替中国代表捉刀，难道制宪也要靠他授意吗？

（《向导》1922.10.04 第 4 期）

请看国际帝国主义怎样宰制中东路

只眼

九月二十七日中华新报载：据日人方面喧传驻华英美两国公使，对于中东路之管理方法：业经议定五项如左：（一）根据一九二〇年之条约，尊重中国之管理权，劝告中国自动的整顿该路，以防日人之干涉；（二）对于沿线之土匪，希望中国组织特别警备队备之；（三）根据华盛顿会议之决议，要求关系各国共同援助；（四）废止海参崴之管理委员会，缩小哈尔滨之该技术部之权限；（五）中俄会议对于中东铁路问题，不宜干涉。

国人试看英美帝国主义怎样"根据华会决议"掠夺中东路的，怎样蔑视中国的主权，他们竟说得出口，不准中俄会议"干涉"中东路；新爱国贼外交系对于他们主人的这项训令，一定奉命唯谨，不敢违背的。所以他们天天抬出外蒙问题以塞国人耳目。而把中东路问题抛在九霄云外。被蒙蔽的国人呵，你们须知在政治和经济关系上，中东路问题之重要十倍于蒙古咧！

（《向导》1922.10.04 第 4 期）

目下局势与国际帝国主义

和森

日本帝国主义助安福系在延平发难

英国帝国主义助陈炯明压灭民党在闽发展的新形势

直皖之战，亲日派安福系虽倒；但日本帝国主义在北京政府中的势力迄未动摇；奉直战争的结果则不然,张作霖的势力既被逐出于山海关以外,日本帝国主义在北京政府中的优势也就同时为英美帝国主义所篡夺,北京政府遂完全成为英美帝国主义的傀儡和机械。英美帝国主义趁着这个千载一时的机会,开首本想助吴佩孚一举统一中国(吴佩孚胜奉之翌日,外交团即集议借款助他统一中国),后因日本政府不赞成,且对于吴佩孚还有疑惧之点(因吴素挂爱国招牌且否认借外债),英美帝国主义者自知这样太鲁莽了,乃一意以援助外交系登台为方针。由这样的方针做到现在:新银行团的龙门阵渐渐成功,吴佩孚武力统一的好梦渐渐接近;于是生存上受胁迫的日本帝国主义就不得不骇汗失措,急图对付了。他对付的第一手是援助东三省独立;第二手就是遣发徐树铮赴延平发难(安福祸首之逃出日营,当然是连带的现象)。

这样一来,于英美帝国主义好梦将成之时当然给一重大打击。他一方面,福建目下发展的新形势兼为民党势力所构成,这种势力之发展乃为国际帝国主义——尤其是英国帝国主义所切忌,英国帝国主义要出一臂大力以对付福建问题,乃是毫无疑义的。所以英国帝国主义者便决定借二百万镑至七百五十万镑的大款于陈炯明,使陈炯明去压灭民党在闽发展的新形势。至于他对于福建问题惊惶恐怖厌恶的态度,我们一看英国帝国主义所有在华的机关报如字林西报等,就完全明白了。

人人知道英国帝国主义是素来反对孙中山的,孙中山的举动无论大细,英国帝国主义都要与他为难,使他不会成就。英国帝国主义何以这样反对孙中山呢?就是因为孙中山是中华民族独立运动的领袖,孙中山势力所及的地方——如广东及长江流域,就是英国帝国主义的势力范围圈,侵略的势力与民族独立的势力不能并容,所以英国帝国主义便老实不客气的与孙中山作对头。新近孙中山在广东的势力被英国帝国主义与陈炯明通力合作打得烟消云散,广东势已成为香港政府驯顺易御的外藩,加以北京政府的羁勒为英美两国并驾齐驱的执着,所以英国帝国主义在中国的势力遂将伸张到极度。假使福建完全落于许军之手,孙中山的旗鼓又可在长江流域重整起来:英国帝国主义便要受很不顺利的影响;而南粤王陈炯明也有迅速被推翻的危险。所以现今的形势把陈炯明和英国帝国主义排在利害更加相同的交点上,故英国帝国主义便以这宗大款来资助陈炯明,陈炯明也不惜允许英国资本家将广九铁路延长与粤汉路相衔接(借款条件之一,见近日各报),使将来广州经济上的重要地位让于九龙,俾英国资本家得在九龙控制中国南部数省的经济生命。

现下的局势既把英美帝国主义和陈(炯明)吴(佩孚)排列在一方;同时又把民党和日本帝国主义及其雇用人安福系奉天系排列在一方。这就是一面显明中国军阀和内乱与国际帝国主义的关系;一面显明民主革命和民族独立运动还在崎岖鸟道的过程之中,一时不得不与利害偶然相同之匪类为缘以抵抗其更迫切的敌人。这种势力交衡的事实虽为还未强壮的革命运动所不能免,但同时民党须知道一切外国帝国主义和封建的旧势力,都是同样不可恃以为援的,都是没有共同基础可以建筑联立战线的:比如以后段祺瑞再来当道,他压迫民党的恶辣手段会减于民国五六年吗?张作霖与民党当了头,他与民党的冲突会减于吴佩孚吗?民党的势力若是发展到了北方,日本帝国主义对于他的压迫会减于英国帝国主义吗？所以无论任何外国帝国主义和封建的军阀都是民党之敌，都是不可以结合的。民党真要达到民主革命和民族独立的目的：非急谋强壮运动本身的势力不可，非急谋与反帝国主义的俄罗斯和丧失侵略能力的德意志联合不可。

（《向导》1922.10.18 第6期）

护路提案与美日

独　秀

日政府素抱传统的侵略中国政策，无人不知；美国自大战以来富有余资，急想垄断中国的工商业，遂不得不改变其从前对华不干涉内政的策略，这件事实，除了美国留学生也都感觉着危险。此次美国日本对于英国护路提案都表示反对，难道他们放弃了侵略中国的野心吗？尊重中国主权吗？不是，不是。他们明明是不愿英国再行独占中国路政机关与海关盐务署鼎足而三罢了。本月二十六日巴黎电，据法外部确讯，美政府提议列强各添兵两万来华，分驻重要口岸，这本是中国之好友大美国侵略中国的特有方式——门户开放机会均等！

（《向导》1923.08.29 第38期）

英国人与梁如浩

泽　东

威海卫交涉现在逼着要签字了。除了山东人，全国国民并没有何等表示，这到底是什么缘故！难道国民忙于收还旅大运动就忘记了收还威海卫运动？还是国民只知恨日本不知恨英国；只知日本帝国主义是侵略中国的，不知英国帝国主义之侵略中国是比日本帝国主义更要厉害的？

办理威海卫交涉的人：一个是督办梁如浩，一个是帮办陈绍唐。据陈绍唐在山东旅京同乡会宣布梁如浩罪状说："梁督办居心媚外，向英人献保留刘公岛之策。威海卫之交还关系军事上甚巨，梁氏甘心卖国，以无条件的交还，变而为继续的租借，且变而为永远的租借，无非另有交换，专谋利己。……梁氏恨余破坏其卖国阴谋，始则托人向余疏通，饵之以利，力言余个人一切开支将来均可代为报销，且结束后之种种利益，亦可分润。经余屡次拒绝，且仍要求其完全公开，梁氏知余不可以利动，乃继以威胁。至激烈不能相下时，梁氏往往拍案厉声向余曰，此事我有全权办理。往往指挥左右将余扶出门外。余愤不可遏，曾屡次拟以身殉。一日余随手取一砚即欲向头自击，某英人观之大惊，向余劝阻，梁氏毫无所动也。……"

梁如浩与英人所订之威海卫草约计甲乙两部二十三条，八月二十三日济南国民大会已经指出其丧权辱国重要的地方出来了：

（一）变接收为续租　草约允许英国续租十年，十年后有展期续租之权。且将历来未经租于英国之威海卫城，一并划为特别区域而续租之。

（二）断送领土领海 草约规定：(1)中国地方长官应换给英国原租人"永租"凭照；(2)按照外人永租华地向来办法，不收任何手续费；(3)英国保留官地，中国不应收用；英国租出之地中国应予承认。其断送领土为如何。草约又规定：(1)刘公岛海面之抛锚所，须俟英国海军不使用时中国方得使用；(2)英国海军得在刘公岛派兵登岸操演打靶；(3)英国海军得在刘公岛抛锚所拖至外海操演。照此规定，英国占领刘公岛及其海面，其陆战水战各队得自由出没于我领土领海。

（三）断送国家主权 草约规定：刘公岛威海卫间一并划为特别区域，既不统属于山东地方，又非真正统属于中央政府。我政府名义上虽得委派政官，然警察须由英国人统带，财政由海关税务司（英国人）管理，市政则由中英合组之中英委员会办理。我国委派之行政官不过徒拥虚名，担负英国债务之偿还及公费之筹备而已。威海卫竟做了香港第二，国家主权完全断送。

迷信华盛顿会议的同胞们：华盛顿会议给了我们的在哪里？相信英国比日本好的同胞们：英国比日本好的地方在哪里？威海卫交还是要把威海卫变为香港第二；汉口英租界天津英租界期满仍要强迫续租；要求广九路与粤汉路接轨欲置长江上游及西南各省于香港政府的经济侵略之下；关税会议则主张以研究厘金问题为限（八月二十六日敦伦电）；最近更撇开一切假面具提出铁路共管案来了。迷信华盛顿会议相信英国比日本好的同胞们：请问华盛顿会议给我们的在哪里？英国比日本好的地方在哪里？

国人应速起反对露骨侵略中国的海盗英国人！

国人应速起反对汉奸梁如浩！

（《向导》1923.08.29 第38期）

日本大灾与中国

独 秀

此次日本的大灾，不但是日本的大变故，并且是全世界的大变故，日本军事上经济上损失之大，不啻在第二次世界大战中日本打了个大败仗，他的伤痕决非十年以内所能恢复，因此日本在国际地位及他传统的对华侵略政策，都必有相当的变动。

华盛顿会议，原来是英美日法四国想合起伙来侵略中国；其实法国自身本非大工业国，又集全力于中欧及东欧之霸权，在中国除云南铁路及一些奢侈品的商场外，本没有多大的奢望，现在日本又被大灾，四国中只剩了英美两国是专门高压中国之死敌。

中国国民不但对于灾难中的日本人民应有充分之援助，而且在外交上在反对国际帝国主义的运动上，也须有个缓急轻重之别。

（《向导》1923.09.08 第39期）

日本大灾在国际上的意义

和 森

此次日本大灾在国际上发生什么意义？第一是日本国际地位的跌落；第二是苏俄在

太平洋地位之增高；第三是此后为中国大患的只有英美。

日本遭了这次大劫，无异天然的解除他与英美抗争远东霸权的武装。此后他不与苏俄联合，便不能消极的保持他和英美的均势。英美在日本这次大变后，对于中国的掠夺，自然更图急进与独占；然而别一方面又要逢着一个根本反对的强敌，——这就是苏维埃俄罗斯。从今以后，苏俄将成为太平洋上唯一保持远东和平与援助中国独立的强国。

前此日本帝国主义过于强盛，不仅是中国的患害，而且也是苏俄在太平洋上伸展其正义与扶助弱小民族之权威的障碍。从这次事变后，这种障碍至少要减去一半。日本军事的势力，今后至多只能自保而不能胁俄；俄于远东问题将渐有优越之发言权，而其红军势力自亦足以与其反帝国主义之正义相伸长；他方面，英美如欲劳师远渡以胁中俄，无论事实为难能，即能亦适足促成中俄日之大联盟。

华盛顿会议，于中国国际地位没有什么变迁；倒是这回大灾，于日中俄皆同时起了变化。国人对于这种大变化要有深切的认识与努力，务期早日完成中俄两大民族的联合；然后再在适当限度内，联合日本以排除盎格鲁萨克逊帝国主义于东亚之外；那时候中华民族才能得到独立与解放。

(《向导》1923.09.08 第39期)

限制天空军备会议——重新宰割弱小民族

章 龙

华盛顿会议的暗云挟着东方弱小民族的哀怨，飘风骤雨般地过去了，一年以还，和平的黄金梦渐为世人所遗忘，渐已明白弱小民族只不过供这类会议的宰割，做大国盟主的牺牲，再不敢痴心妄想了。不料这出屡演不辍的恶戏又将重演于一九二三年政治舞台之上。

阅者想必知道当限制军备的华府会议时，各国专门家在精确计算之中，有意无意地将飞机与潜艇放弃，于是一年来天空军备的竞争，突飞猛进，便远驾于大战以前之上。据柏林国际通讯报告（六月份——二号），就欧陆方面说：法国去年一月至十一月间造成军用飞机及所谓"商用飞机"凡三千三百架，续造的一千二百架，本年计划建造的二千二百架，合计前数共为六千七百架。英国本年度预算，决造五十二大队，支出国库金二十七万万镑。此外还有商用飞机，战时稍一变化，均可变为杀人鏖兵的利器，更是不可胜数。

这样狂烈的竞争，所以表明欧洲大陆第二次混战为期不远，于是美国新任总统柯立志继哈定"九合诸侯，一匡天下"的遗志便拟于本年十二月召集限制天空军备会议（见二十八日大陆报）。

这次会议显然是为"解决欧洲经济"问题而发，首被限制的当为法国。因为自所谓赔偿问题发生后欧陆经济情形的紊乱，英美所受的牵累，在在受天骄法兰西军备扩张的影响。为避免厮杀而能"重兴欧洲经济"计，很有重新估定旧有赃物开始新的竞卖之必要。

被估定被竞卖的不消说第一是临于灭亡的德国，也许要牵动近东问题的公案。所谓重兴欧洲经济的意义不过是在会议席上怎样去详细计算英美法各国所应得到的利益，一方面稍稍抑制法国的贪欲,恢复德人的购买力,使重为英美二国之尾闾。鲁尔的煤,摩索尔的石油。或者有一番更详明的比例,以谋息未来之纷争。

话虽如此,但是这个具有六千七百架飞机的法国是否会从容就范,毫无怨言呢?这是很难断定的。不过这位新贵总统的主张却有他本身的绝对意义,他将力图实现这又是必然的趋向。所谓绝对意义:(1)为增进美国国际地位计,有召集此会之必要,因为他趁着做东道主的便利,当分配利益时,很可能以慷他人之慨,施恩示惠使美国在国际上占点优势。(2)美国际地位倘因是有所增进,然后这位勤劳有功的总统挟此便可以为下届竞争选举的帮助,既以谋个人的总统,又可图本党党势的发展。"殷鉴不远",便在哈定,前此华府会议所造于哈定者甚大,这是人人所公认的。

原来自神圣同盟起到华盛顿会议上所有历史上的重大会议我们均可以这样的去解释。像梅特涅,毕士马克,克列满梭,鲁易乔治,哈定等为一国的霸图和个人的勋名富贵,总是忍心害理拿弱小国和战败国当国际的礼品,而所谓强国更没有不高兴从和平中得到掠夺物的。他们的功业固然达成一时,可是亿万的被宰割的民族却永沦地狱历[万]劫不复了。

同时我们也可以断定:这些被宰割的民族事实上既不能歼灭尽净,强盗们的欲壑是永远填不满的,今后的所谓限制军备也只是强者的口头禅。大家看看华会席上限制海陆军备比例计算是何等精核!年来各国筑港造舰的竞争又是何等放肆!所以会议的结果是徒为帝国主义国家延长侵略,为被蹂躏的民族增加宰割的次数罢了。限制天空军备一会议难道能逃出这个定则支配之外。

(《向导》1923.09.08 第 39 期)

引人入胜的外交案——组织联合舰队

章 龙

本周沪上各报载有下面的一段新闻,内容是:"驻泊长江之英美各国海军舰,曾于本年三月间,联合开会,讨论组织联合舰队特别警备方法,议决后,由驻京英美日法各国公使向外交部提出意见,嗣经外部反对,未曾实行,上月川省军队误击美轮及枪杀日船船主事相继发生,日海军司令乃重提旧议,开会讨论继续进行,昨已议决组日英美法联合长江警备队,其组织方法,将最近驻泊之英舰十一艘,日舰十艘,美舰八艘,法艘(舰)六艘,全数编入联合警备舰队,公举警备司令官一人,统率指挥,遇有不靖事变,外侨发生危险时,由司令官随时下动员令,警备防护,此项组织,大体业已决定,不久即将实行,其第一任联军司令官,大约由日司令充任,以后每年一任,由众公举。"

当铁路共管案尚在明争暗斗分配利益之中,猛然又由列强发动这等惊人的消息,从正面看来似乎人人都该看见他们层出不穷的侵略政策是极暴厉的,并且很直率的,其实暴厉是侵略家的本性,他们决不自讳,我们也不矜为发现,只是任用之间是很有些用意,包含不可名言的妙用。这却是国人应该明晓的。

"川省军队误击美轮"便是本报前所评论的大来案(见三十七期),枪杀日船船主事件是因为宜阳轮私运军火通过战区，为川军干涉的结果。大来案因为没有秉承大美领事的命令办理曾予美国政府以"微憾"，枪杀日本帝国臣民更是滔天的罪恶，拿这两件事实做组织联合舰队的原因，并不算奇异，过去英法联军，八国联军的起衅也并没有比此更大的事实。

这里所要注意的，他们"开会讨论，继续进行"以及"组织方法"，"不久即当实行"等等大有旁若无人之态，这样共管长江的巨大计划，他们只是轻描淡写，夷然不以为意的做去到底是什么一回事？

铁路共管案比起这个也算不了什么天大的事件，但是那些强盗市侩们还能装腔作势：你提一议案，我加一修正，他又附一办法，闹得国人头晕眼花，莫名其妙，难道共管长江案连这一点假斯文都用不着？

我想来想去，正在找不出头绪，忽阅报载顾维钧关于威海卫案之谈话，才恍然大悟！原来顾维钧等人（所谓外交系）所包办的断送威海卫案的有力理由便是说："如欲共管案和缓，须先对威海卫'让步'以和缓英人之情感。"他们这样的外交手段真不愧青年（会）外交家的本色，我可以预祝他们无论遇见什么困难的案件都可以着手成春，纠纷立解，永不会有什么失败。

因为要和缓共管案的形势，威海卫就应该"让步"这是天经地义的了。试再往前一回溯，岂独威海卫案为然，答复临案通牒，自动办理路警，缄口不敢向英收回期满的租界，停止征收英美在国内产销的纸烟税，开放米禁，这其间充满"让步"处处表现无限惊忧恐惧的神情，一言以蔽之：和缓共管案的形势！

各强盗们对于共管案的正当收益还没有计算时，这类的送上门去的额外礼物就已如此豪富，洋大人既不是傻子，自然决不拒收你的孝敬，所以他又提出这一个更引人入胜的新公案。依过去的经验看来，也许共管案又要因此而"让步"，这次很可以猎取一个较大的礼品。

从这新公案的内容看来，俨然是当年联军攻打北京城的气概，不怕北庭不惊惶失措，不怕北庭不输诚纳款，同时更可以藉剧烈的刺激麻醉一般国人的心灵！使对于反对共管案失其所守。

这真是引人入胜的好把戏，恐怕还掺杂有奴隶外交家的手脚，因为如此很可以使他们办理共管案容易成功。

（《向导》1923.09.16 第40期）

华会以后美国对华的德政一斑

章 龙

华会以还国人异口同声赞扬美国对中国的德政，几于罔极之恩，无从报答。仅得哈定死了，举国下旗志哀，竭意周旋尽礼，才算发挥了一点孝敬微意。但是大美国人的恩典，究竟是哪几件与全国国民个个有深切的关系，恐怕还不免有些不甚明晓的人，那就真可谓"辜恩"，非大国民的风度了。因此我现在介绍下面的一段新闻，请阅者自去理会！

"据美国国家商业银行调查报告:美国对中国贸易,一九二二年商业金额共二万四千二百余万元。其中输入占一万三千六百万余元,输出占一万零四百万。美国输入华货亦以生丝占其半数,惟不及日本之多。次之为植物油。惟仅花生油一宗。以不征关税故,仍陆续输入不已。至于美国输入中国之货,常以钢铁制造品为大宗,计占输入总数四分之一。在大战以前,英国输入中国之钢铁品为最多,计占中国钢铁品输入三分之一,而德比香港美国输入者,占其半数。战后美国输入者,反超过三分之一以上。至中国输入之烟草,半数以上,亦由美输入云。"

(《向导》1923.09.16 第40期)

美人私运军火与临城土匪军火之来源

振宇

"美人凯奈,前因私运军火进口案被逮,曾由美公堂预审,经美检察官胡萨提起公诉,控以违犯一八五八年及一九〇三年中美条约之罪,十四日下午在美按察使署开审,胡检官控(凯)氏于一九二二年十一月,与停泊吴淞之俄难民舰队司令施德克上将及梅易、霍维兹等,互相勾结,买卖军火,违背中美条约,并于同时以此项军火售与杜海军司令,在南京交货,嗣后此项军火,闻有为临城土匪等所得者,凯氏至少曾以四万元付给施德克上将,有天津盐业银行支票四张,然此仅系实价之一部分,此外尚有米勒炸弹九百枚,及其他小件军火,由俄难民在吴淞及崇明售与华人云。"(见大晚报)

这类消息与事实,在中国要算是司空见惯毫不稀奇;中国的土匪与军阀本是外国帝国主义一手所造成也不稀奇;只是临案后外国帝国主义提出共管铁路的护路案,国人至今一声不响,倒是稀奇!

(《向导》1923.09.16 第40期)

呜呼!英国侦探的和平运动

和森

新闻报专电:日武官某运动直派反对何东和平会议,并言何东背后有英人,此会成功,英人在华势力将不可制。在外国公使监督下召集和平会议的阴谋经本报揭破后,中英合璧的"何东爵士"居然大胆来沪,来沪之后居然大胆向全国国民发出延请外国公使列席和平会议的主张,又居然大得各大绅商及报纸的趋奉与颂祷。呜呼!这是何等亡国的现象!呜呼!这是何等丧心病狂的现象!

悲哉商报之有同业之间发生言曰:"记者常小小争议,双方见沪上商人,每必互请外国律师……此种不长进之心理,即民族衰亡之预兆,今若以解决国是之会议,亦必有待于外人之插足,则中国先已不国,毋宁并此种可耻之会议而不愿有之!"

前此所谓"万国公民大会"在沪汉间大吹大擂,测验沪汉商人倚仗外人解决国事之心理,那时候上海总商会诸君颇识大义,婉词谢绝之;奈何这一次竟为一英国侦探所愚弄而不自知!

国民听者:你们若为中华民族争人格,你们应怎样愤怒地崛起答复这个英国侦探可耻的号召!

(《向导》1923.09.23 第41期)

试看英人护路的又一论证

章 龙

我上期说过:最聒絮而无赖的莫如英国政府侵略中国的宣传。讨人厌的滥调终日在报纸上晓晓不息。惟其聒絮大足以使国人意识沈醉;惟其无赖,故往往强词夺理积非胜是。如近顷上晓英商会九月份月刊所发表辩护护路案之论文可谓极"聒絮而无赖"之能事。

该论文之论点与最近伦敦泰晤士报"论中国法纪紊乱情形"一文遥遥相对,不过后者主张"无论如何,列强不能再甘受欺侮(!),如中国不自振作,则列强能切实表示其意见之道,不止一端,最后一举即大增驻华军队"。而英商会之意见,则仍系主张"与中国有关系之列强,必须尽力设法,保护铁路之安固,并迫中政府承认使团所送通牒之条件"。这其间立言分际,虽略有差迟,然孰为虚写,孰为实写,皮里阳秋,明眼人自能洞见,此处无须赘述。

综观英商会论文约分三部:首先说英人因提护路案被"不负责任之记者在华报上妄指列强,尤其英国之图设法保卫其国民为怀有恶意的计划",他以为"这种淆乱事实之政策,凡有智识略知中国今日情形之人,必知此种词说之可笑"。其次,说护路案之目的,"在使铁路警务改良,此于中国自己之关系甚大,尤甚于外人之利益"。最后他将"三个月来报纸所载盗匪暴举列一不完全之表(凡二十项)",以证明"大局愈趋险恶,中政府断不能指护路案之要求为不合情理"。归纳起来,不过说"中政府实无统治能力,英人才出来帮助,完全是一番好意,华人不应该反对"。

论到现在的中政府无统治能力,本来就不劳英国商人指点,说明白些,中国现在连政府还没有呢!哪里说得到统治能力?然而形成中国无政府的局面,完全是英国伙同其余各国捣乱政策的结果。三个月所发生二十件匪案适足以证明外人私贩军火,纵容军阀养匪的罪恶,乃英人不自引咎,反置身事外调侃他人,那么,真所谓"淆乱事实之政策,凡有智识略知中国今日情形之人,必知此种词说之可笑"了。

进一步说,英人除暗中按(接)济军阀饷械助长内争外,他们朝朝暮暮在中国租界及内地,所演的海盗行为,真是指不胜屈〔如最近四日内便有两事:(一)十六日英国普里悠华拉尔轮船由宾横(横滨)载难民至神户,该轮船员乘难民疲劳之际,袭击船室,将男子全部投之海中,女子则加以非礼。(见新闻报)(二)十九日英舰普里那得号护送湘潭轮至汉口,行至靖港,开炮轰击中国军队死伤多人。(申报))〕如果好事者也"列一不完全之表",反唇相稽,试问英人将何以自解?更进一步说,威海卫抗不交还,片马偷移界碑,唐山枪杀工人,这均与土匪事件风马牛不相及,狡狯的英人又将凭一种什么巧妙的理论去解释这类强盗的行为？

至于说到用意，更是撒野的话，我国人已领教不少，如果说英人关怀中国"尤甚于外人之利益"，那么自东印度公司并吞印度起至割据香港止，英国一部浓血充满的殖民史上所记载的事项，无一不可说是极仁义道德的行为，我以为英人纵极圣明，华人就未必便蠢呆到这个地步！

所以现在我们如拿消灭中国紊乱之真正原因，劝英人停止其扰乱中国政策，未免陈义过高；我们只当正告英国商人们，像你们这类的宣传，"凡有智识略知中国情形的人，必知此种词说之可笑"，结果不过引起相反的影响。为使华人谅解你们并没有"怀恶意的计划"起见，你们持论应极力减少"愚昧无识者之偏见"，多从"合情理"的方面去找论证，否则"最后一举，即大增驻华军队"，亦系盎格鲁撒克孙民族的英雄本色，正不必乞怜于纸墨，徒为无谓之争辩呵！

(《向导》1923.09.23 第 41 期)

救灾声中日本军阀的暴行

章 龙

日本震灾引起全世界人类的同情，独不能稍减日本军阀对平民的暴行，因此可证明资产阶级伦理观念的所谓"人道"不过是这么一回事。

当灾情剧烈时苏俄自海参崴派遣列宁号俄船，装载医药食物用品抵日救济，日本当道疑其宣传共产主义，不令停泊，于是十数万饥疲病的灾民只得张眼望着他驶去。

在天崩地蹋人人救死不暇的转瞬间，日本官宪一切都无能力，却乘机痛杀朝鲜人及所谓煽动者数百人，拘囚者一万四千人，这样残忍的行为真可谓"亘古未有"！

这还不算，"本月十六日关东戒严司令官福田捕到著名无政府主义者大杉荣，即令宪兵大尉甘柏及其部下森曹长二人，于十七日夜十时，将大杉荣及其夫人伊藤野枝及子二人恶骂，继以毒殴，至十八日午前二时，先将大杉荣刺死，次刺死夫人野枝，及子二人，复用报纸将尸包裹投于后门之弹药库旁古井"。听说场利彦也同样受了这类的惨酷遇待。

这些均是日本军阀在世人所夸许安闲镇定中做出来的罪恶，这些罪恶通常观察固非偶然，但是吾人至此也就不免置疑于"救灾"二字到底作何解释？

这正是资产阶级伦理观念所形成的"人道"，大家不妨见识见识！

(《向导》1923.09.23 第 41 期)

外国帝国主义国家及中国军阀可以救中国么

再 万

我们处于外国帝国主义压迫之下，我们欲发展实业，欲和平，是很困难的，因为外国资本家在历史上已占有很大的势力和很有经验的组织，足置我们于绝地，故我认外国帝国资本主义国家是我们唯一的仇敌。如现在我国的纠纷，分明是外国资本主义国家在其中牵线,而中国军阀不惜牺牲我同胞而向之摇尾献媚,以博外国人之一笑,如陈炯明之反革命吴佩孚之杀工人戮学生封报馆扰广东乱福建,全国烟云,兵戈四起,学生失学,农工失业,流离失所,惨哭号呼,全国真无半片干净土,何一不是做外国帝国主义国家之傀儡有以致之。如临城案,外国人一方变则暗助土匪,一方则鼓动共管中国,以遂其野心。以上种种足证中国的扰乱,是外国帝国资本主义的幸灾乐祸,故意做成掠夺的时机。结果只令我们全无产阶级受其祸害。

近日一些无聊政客欲藉外力之援助以解决中国之纷乱。倡斯说的我敢说他是狂病无知的奴才。我们须知外国帝国主义国家对于中国方扰乱之不暇,何能代你建设?纵一时能代你维持现状,然终非其所愿,而实际又是对于我们没有利益的。所以我说欲藉外国帝国主义国家的力量维持中国是梦想,结果不过致中国变如高丽和安南。

中国军阀是赖外国帝国主义国家做其骨干,故吴佩孚得英美之助,便高唱武力统一,张作霖得日本之助,便力修武备准借入关之实力,安福派不惜卖国而与日本勾结,顾维钧不惜卖国而与英美勾结,此皆军阀官僚祸国殃民之事实。卑鄙恶劣,奴隶成性之铁证。此等军阀官僚野心勃勃,各为其主各私其私目中不知国家为何物,而那无知之辈复望其能调和以致和平,岂不是等于空中楼阁之幻想?

总之我们不欲和平则已,倘欲和平则非激底革命杀尽这些军阀官僚不可,否则洪宪复辟必相继再生。然则凭师数旅的武力便可成功革命么?这是不可能的。即使成功亦不过产出一新军阀耳。故我以为现在我们只有团结起来继续革命以为数十年革命尚未成功之国民党之后盾,合力攻倒军阀而抵抗外国帝国资本主义国家,再造新世界,才有和平之希望。

(《向导》1923.09.23 第41期)

丧权辱国的临案覆牒
重要部分予以承认——万恶的自动处置

章　龙

北庭外交部已于九月二十四日上午十一时半发表临案覆牒,自该覆牒发表后,除一帮奴记者讴歌揄扬为奴隶外交家捧场外,睡昏昏的国人,竟无丝毫异议,看来这一个"主奴结托的骗局"快要水到渠成了,这是一宗何等危险的事!

本来[东]交民巷所提的三项要求,原属趁火打劫的行径,观于"外交团全体署名,其人民幸未波及之诸国亦预其列",可以概见。所以即就资产阶级的国际公法解释,北庭既然纵匪排外之事实(可说并未曾敢有此设想),便无负担赔偿之义务;惩罚与保障两项根本侵及国家主权,更无存在之可能。乃覆牒并此极普通之法理亦不能运用,惟斤斤于词句间修饰,以图掩障世人耳目,这样丧权辱国的伎俩,难道真可以骗尽中国国民么?

现在我们且看覆牒中对于三项要求的答复。

第一、关于赔偿项则云:"本政府鉴于外人被掳之情形,暨所当之艰苦,本国政府自愿(!)本优厚之精神,给予公平之偿恤,并为分类核计起见,愿就来照所开甲乙丙三项办法为根据(!)。"

第二、关于惩罚项目则云："本国政府对于本案负责之人,并非无意惩办,亦非对于应行惩处者,不欲予以应得之处分。在实事上,已将本案负责诸人,或早予惩办,或已交议处,俾知警惕,并戒将来。本年五月九日,本案发生后三日,即遵大总统命令,将山东督军田中玉等,交内务陆军两部议处。其他军官免职听候查班。又六月二十六日,大总统命令,兖州镇守使兼山东第六混成旅旅长何锋钰,免职听候查办,津浦路警务处长张文通,及在被劫车上巡官赵德朝等,均经交通部立予撤差,是外交团现所要求惩办之四员,本国政府业经按照本国法律处分惩治及交通部议处矣。"

第三、关于保障护路项则云：本总长可向贵领衔公使切实声明,本国政府自动改良护路之计划决意极力进行。……决定于必要时,聘用外国专门人才以资襄助。……特于本年八月二十九日重申告诫,令各省长官、于境内外人切实保护,倘有疏虞,决不轻贷。"

至于其余部分,态度之谄佞,措词之卑贱,可谓两臻极致。如牒中所称："即今事隔数月,本政府提及此案,其愤慨犹未少减。""本国政府对于与全国人民之一致痛嫉,因有外人在内,更为严厉!"等等奴婢口吻,活描出青年外交家的丑态,丢尽全国人民的脸面!

由此看来,我们对于该覆牒,可以得到两个判断：(一)覆牒对于通牒重要部分均予以承认,而承认之方式则正如本报前期所言之"避名就实的自动处置"(参看三十七期第二篇,赔偿与偿恤,要求惩办与自动惩办,要求护路与聘请外人护路,这些名词,在我们实在不容易寻出他的实质上的差别,而自手草复牒之顾维钧看来,俨然煞费经营,大显折冲樽俎之妙用,这明明是"朝三暮四"的把戏,欲以骗尽所有的中国国民。(二)顾维钧等人本身备受洋人的奴辱,恬不自差,还自鸣得意利用外交官地位,在复牒中充分表现中华民族愿为奴种的赤忱,意在使全国国民诚惶诚恐屈服于洋人威权之下。

国人们！这样丧权辱国的处置是一宗何等危险的事！英美的侵略正在层出不穷,而外交系的引诱国人加入奴籍又是花样百出,我们对于这个复牒真不能再有片刻的犹豫和隐忍了！我们应亟起反对洋人的侵略并反对此洋奴外交家的处置！

(《向导》1923.09.30 第42期)

临城案与侨日华工被杀案

独 秀

临城案不过因为土匪掳了几十个洋人,便闹得天翻地覆,结果还要撤换地方最高行政长官,赔偿巨款,由外人管理路政,列强的藉口,是非此不能保障在华外人生命之安全。现在日本的军警浪人合起伙来,杀害无辜华人至一百七十四名之多,伤者数十,在日华人生命之安全,将如何赔偿如何保障？

我们既没有陆海军派往日本,日本又没有贿选总统承认问题供我们要求条件之交换,只望媚外求官的外交当局替被难的同胞抗议更不必作此想。我们国民自己所做得到的,只有一面继续剧(猛)烈地排斥日货,一面停止救济日灾之募捐,将已捐而未送去的类项移作抚恤被难华工家属之用。

我们更有一种不可忍的痛苦,是中国媚外无耻的新闻记者们,对于临城案件如丧考妣的号(嚎)叫,助长外人气焰,外人也一半因此才敢于小题大做,提出无理的要求;现在这么多侨日同胞被杀,中国各报竟一声不响,两下比较起来,当真洋大人的生命才是人的生命,华人的生命竟猪狗不如吗?外人贱视我已可痛心,媚外无耻的中国新闻记者们,遂亦尊人贱己到此地步,更是痛心极了!

(《向导》1923.10.17 第43期)

美国侨商公然在沪大开侵略会议

章 龙

受外力主乱中国之痛苦的中国商人应当怎样表示?

"美国驻华各商埠之商会,鉴于我国兵匪肇祸,影响通商,特由上海美商会召集联合会议;讨论对付,已于本月十六日上午十时在大来新屋上海美商会举行会议,列席代表十一人共代表六区:上海大来(大来行),来门(美孚行),开尼帝(茂生行),蓝尼(慎昌行),非阿门(怡昌行),伟黎(美国保险公会),鲍威尔(密勒报)。外埠:福罗士(天津),申门(北京),答尼(小吕宋),汉得生(哈尔滨)。议案凡十四件,其中重要者大都为中国土匪关税种种问题。"——这是本周沪报公表的一段新闻,读者至此,试闭目一想这些,市侩,又在那里玩弄什么"亲善"的新戏法?

现在没有篇幅详细论列该会的十四件议案,且把其中"重要的"抽出来说一说,至少可以明白美国"对付"中国,含有一种怎样的"好意"。

十四议案中应该注意的,第一是否认中国征收卷烟特税,认为于洋商受直接障碍;其次要求美政府将在华会中所承认撤销在中国治外法权案无期(限)延期。这两项提案之是非问题,本报已经批评过(见三十七、三十八期),这里不赘说了。至于其余议案主要着眼之点,却在拥护华会宰割中国的原则(门户开放,机会均等)。其具体的表现约有下列诸项:(一)"对于增加在华海陆军队认为必要;须立即建造浅水兵舰四艘至六艘专为警备之用。"(见第二中国扰乱问题案内)(二)"深愿美政府与各国政府协作得由外人管理路警,并对于中国国有铁路应由外人组织一技师部实行协助。"(第五路警问题案)(三)扬子江巡弋舰队司令,在中国建功甚多,请求美政府准予联(连)任,俾各国组织长江联合舰队得资熟手(第十及十一案)。此外如控制关税问题,干涉中东路问题,均有类似上项"亲善"的决议。

华府会议原则与"铁路共管"。"增加中国驻防军队"、"警备长江"等等名词本来就没有两样的意义,不过这次美人说得更直接痛快罢了。更有甚者,前此美国的侵略总不免扭扭捏捏,带些做作,而今却看破了这大群的华人,是毫无感觉的,所以就不妨在万众瞩目的上海公然开此侵略的会议了。这不单是侮辱我民族的问题,并且赤裸裸的表现他们侵略的贪馋,明白告诉国人中美"亲善"的真正意义。竟是日本人之所不敢为,而美人竟毫无顾忌为之了。

不错,这些"对付",的确是维持华会精神必要的手段,只是震于华会威德的国人们,如痴似醉度了许久混沌的生活,到现在也该明白些罢,也该明白最近所发生的种种外交案是无不有美国主谋在内罢!

华盛顿会议挟着东方弱小民族的哀怨飘风骤雨般地过去了,横行中国的美国侨商又在变幻他们侵略的新戏法,反抗洋人的国民联合真是刻不容缓的事呀!

我们再不要从洋奴口中听受中美亲善这类欺侮的名词了!我们目前的努力只是如何结合民众力量于揭破这类亲善的暗幕后实行与侵略者反抗。

(《向导》1923.10.27 第 44 期)

内地河川将为海关铁道之续
——不仅一吴淞江问题

关于疏浚吴淞江问题,赞成浚浦局代浚办法(官厅方面)及反对者(社会方面),各执一词,争论甚烈,昨有熟悉此问题内容之某君,对某通讯社记者,述其对于代浚办法之意见。其言云:疏浚苏州河,现时所引为争执之点者,即在自浚与濬浦局代浚,赞成代浚者,谓此次濬浦局以包工名义,承揽工程,其地位与普通工人无异,故于主权并无妨碍云云。是说也,交涉员主之而省长和之,鄙见有未敢附和者二:(一)濬浦局之组织,以五国驻京公使选出之五顾问员为其骨干,而即以五国之驻沪领事及驻京公使为其后盾(参观濬浦局章程第十条第三款),最近高桥沙一事,局员辞职,而五国领事为之提起抗议,以相援应,此等实例,昭然在人耳目,尚得以究为国家执行水利工程机关(此许交涉员呈省署文中之语),强颜解嘲乎,故该局以国际之色彩,为特殊之组织,挟有极强固之后援,其对于我国之水利交通,自有其一种特殊之目的,与普通洋商建筑公司,私图得包工之利益,而别无何种目的者,实不可同日而语,此今日研究包工利弊者所亟宜认清,万不宜含糊过去也;(二)濬浦局除工事外不预他事之议(此亦许交涉员呈省署原文中之语),此殆我当局援以自慰之词,而濬浦局则固比附辛丑条约,认为按照该约第十七条附件,苏州河确在该河管辖范围之内(见海工程师计划书第一章甲项),且按照海工程师计划书所述治河计划,凡分四项,一须建筑价廉之坝岸六千尺,二水深务须增至十万方,三往来船只及两岸滩地,均须有以约束之,四养河工程,虽水利局所另拟之计,尚未发表,未知若何,而三、四两项,要为工事上所不可无之设施,未知是否在原呈所谓他事之列,如果一并交由该局承办,则该河全部之事权,已丧失无遗,如谓由水利局自行管理,则试问该河现时之往来船只及占用滩地,是否能尽管理之责,语云,鉴往可以知来,吾人与外人遇,一则事事退让,一则着着争光,往事如林,不胜枚举,该河在未经濬浦局代浚时,已将管理权无形放弃(如垃圾之任意倾倒,两岸居民之侵占河身,迄今并无裁制),而谓一经该局代浚以后,即能划清权限,急起直追,此非吾人常识所敢信,逆料该局现在舆论纷纭,时机尚未成熟时代,故暂守其沉默态度,迨至合同订定,工事开始,因工程而涉及管理之种种难问题逐渐发生,我当局既无法自行处理,则唯有仰仗浚浦局洋员之力,与外人磋商者,而不预他事之成约打破矣,且外交自有其一定之步骤,外人之于该河也,以谋得开浚权为第一步,而以谋得管理权为第二步,海工程师之计划书,本年字林西报之论调,均可参考,即现今浚浦局揽办之升科,为地方人士所疾首痛心者,固亦由渐而来,初非辛丑原约中应有之权限也,若谓合同为可恃,则辛丑以后之浚浦局,与辛丑以前之浚浦局,其权限不应大有所变化矣,故一般迷信于严定合同即无后患之说,是不知外交形势随时可以发生变化,且又未深察我国历来交涉失败之历史也。

自某君发表上列有力之反对意见后,许交涉员有所申辩。某君复分条驳之,其言最为痛快,将官厅卖国的饰词和外国帝国主义囊括中国江河的野心,暴露无遗:

(一)该段工程甚关紧要,非得熟悉河海工程具有学识经验之工程师,不足胜任,而工程师个人断无包办此等工程之能力,必须由官厅委托包办河海工程之外国公司办理,且此项外国公司,沪地一时尚难其选等语,按许交涉员原说明书中,曾拟以下游一段归濬浦局包修,其上游应浚各段工程,亦属重要,仍归吴淞江水利工程委员逐段修治,是该河上游之一段,交涉员认为我们之人才器械,足以胜修理之任矣,而下游一段则除濬浦局外,即其他外国建筑公司之可以胜任者,在沪地一时亦尚难其选,诚不解上游与下游,施工之难易何以如此其悬绝,且堵塞宫家坝之建筑公司,非亦在上海之外国建筑公司欤,所谓尚难其选者,得毋修浚吴淞江下游之工程,较之宫家坝工程,尚十倍其艰巨欤,此百思不得其故者也。

(二)濬浦局行政一切事权,均由局长议决施行,外人从未参与等语,按该局之组织,以五公使选出之五顾问为骨干,而以五国之公使领事为其后盾,前者已言之矣,以已往情形证之,理船厅建议代浚苏州河,而濬浦局为之建议省长矣,而四国领事为之正式提出交涉矣,洋商总商会草拟之濬浦暂行章程第八条,有清理涨滩一条,而濬浦局为之提出管理升科理由五条于外交部矣,而英使为之赴部催询矣,其他如高桥沙事局员辞职,而领团为之提出抗议,尤属昭昭在人耳目,足征濬浦局与外人,确有沆瀣(沆瀣)一气之美,能事事以外人舆论为依归,事事得外人实力之援助,许交涉员所谓外人从未参与者,或指局员会议之时,不加入表决而言,至于事前之暗示,事后之援助,前事昭然,吾民固以饱受其赐矣。

(三)工程计划,由江南水利局核定施行等语,按此次预拟之合同,如地段,如年限,如经费,皆以海工程师计划为蓝本,所谓计划由水利局核定者,特一冠冕之文字,且历来所订借款铁路合同中,亦有须督办大臣核准云云。类此之文字,试问于主权之所裨者有几,盖工程设施,属于专门技术之事,既认为除濬浦局外无适当之人才,而水利局既虞才难,又若财绌矣,以才难之水利局,而核定所谓沪上唯一人选之濬浦局代拟治河计划,度其结果不过依样葫芦,依例画诺而已。

(四)未竣之工,由浚浦局接管机关继续办理,该局不得藉辞延长,凡此皆思患预防之征意等语,按港务局者,系一扩大之浚浦局也。将来改组后,其管理范围扩充及于吴淞商埠,而组织分子,又仍不免挟有国际色彩,盖此举本为浚浦局顾问委员会发起,欲藉是将该局现有之权力,暗中扩张无形延长耳。前年该局初创此议时,反对纷起,吴淞等四商会甚至特派专员,赴部协争,今则舆论渐归消沉矣,非特此也,英人一方派工程师柏满来华,怂恿政府设立所谓长江技术委员会者,欲将扬子江为第二黄浦(此本沪绅前年会有详细电函发表),而一方则欲以港务局为中心,并挟黄浦吴淞江面囊括之,此观于英商会及工部局各西报所发表之言论蛛丝马迹,不无耐人寻味者也,故浚浦局之藉词延长与否,不成问题,所虑者港务局既成为变相之浚浦局,而后乔一苏州河为港务局成立后之赘见品耳,我国通商甫八十年,而海关盐务邮政铁道已尽入外人掌握,至今则内地河川,亦骎骎为海关铁道之续,故鄙人之述此议,特以揭发外人政策之一斑,又非仅仅为苏州河计也!

(《向导》1923.10.27 第44期)

外舰联防之另一用意

和 森

大陆报社论云:"美英日三国政府,现均筹划增加长江上游之防舰,兹一事也,足证与长江商务有关系之各国于警务实有取一致联合政策之必要。但据近来上海各报所载之上游消息,此主要三国,显然未能一致合作。劫掠日船益阳丸及捕禁船员事,中国方面,乃得以该船输送军火为藉辞。按之最近报告,英国军舰当局,准许中国军人登该国长江商船,搜查有无军火,赖佛生提督并声明反对于悬挂英国商旗之商货船只运载水兵,以防兵匪;而美国则与英国各趋一端,凡悬挂美国旗之轮船船主有要求请载水兵者,皆派水兵驻之,而绝对不许中国军人上船检查有无军火。吾人由此可知注意于长江商业之三主要国,各抱不同政策,而此种事实之结果,自必使此后中国中央及地方政府力所不能管辖之长江上游地方,益趋于纷乱。

故在本年春季,美法日长江舰队司令乃集议于上海,意在对于此保护外侨生命及长江上游商业事,得互相谅解。会议结果,至今未曾宣布。但据现状观察,各国海军将领及其本国政府意见,显然未能融洽。为长江上游计,此事实为不幸。第长江商业,甚为重要,吾人焉能轻易放弃,中国既不能加以保护,吾人无论如何当自行保护之。惟既欲保护,则关系各国政府必应取一致之政策,盖如美英日三国能具此一致之政策,长江情形必立见进步而无疑也。"

"凡悬挂美国旗之轮船船主有要求载水兵者,皆派水兵驻之,而绝对不许中国军人上船检查有无军火",这是美国帝国主义长江舰队的政策。这种政策是何用意呢? 不用说是要无阻拦的给杨森赵荣华卢春山袁祖铭赵恒惕等输送军火,并替曹吴巩固长江上下游的势力。英国军舰当局对于中国军人登该国长江商船搜查有无军火的允许,在美国帝国主义者看来,实为长江商务之主要国未能融洽的"不幸"事实。照大陆报的主张,英日二国若能与美国一致采取"绝对不许中国人上船检查有无军火"的政策,长江情形必立见进步而无疑。这是确实不错的,美国舰队向围攻长沙的蔡巨献的军队严厉示威,蔡军便不能不退走宁乡;若英日二国舰队与美国舰队联合以援助杨森袁祖铭,自然四川地盘又不难失而复得。长江流域的人民要在这些处所来领略美国帝国主义的"亲善",而国民党同志也要在这些处所来领略美国帝国主义的"友谊"!

(《向导》1923.11.07 第45期)

恢复华人领港权

独秀

可怜的中国人在张家口做点汽车生意,美国人竟看做眼中钉,横暴的帝国主义者竟喧宾夺主一至于此!

现在又有一件喧宾夺主的事,就是姚方文君向在怡和太古两公司充当领港,此次应聘大来洋行,驾领大来海轮由吴淞到浦口,竟有洋人纠众干涉其行使职务,声言"华人不许领港"。因此全国领港公会于本月二十二日在上海会所开全国各口华人领港会议,到有代表八十余人,主席杨洪麟君报告说:

今日会议,系应津营汉各口领港支会之请而召集者,讨论事件殊为重要,故不得不先行说明吾国领港之历史。查吾国向无所谓中国船用外国人领港者,自前清同治七年,政府与外人订立引水暂行章程后,于是外人领港之风日起。当时之所以雇用外人者,不过因一时人材缺乏,供不应求,暂借外材,以事调剂,故引水章程上有"暂行"二字。讵知吾国当局计不及此,不知随时取缔,遂致外人势力日益扩张,华船领港几被外人侵占殆尽,丧权辱国言之痛心。今日会议之要点,即在于"恢复华人领港权"七字,应请诸君注意。

(《向导》1923.11.27 第 47 期)

蛮狠的美国侨商

章龙

在洋商横行"化外的"上海,每日大伙洋强盗明抢暗骗的勾当真是书不胜书,最驯服的中国商民司空见惯,也就见怪不怪了。然而像最近花旗公司腊司登轮船船主枪杀水手十六人之事我们纵想忘却,毕竟是忘不了的,所以我向国人介绍这一段消息,以为醉心于美人德政者的参考。

美国花旗公司腊司登号轮船于去年十一月在香港招雇中国水手十五名,生火夫二十四名,订立六个月合同,由港来沪后,忽于本月十九日迫令所雇水手火夫等改约,即刻离船,彼等遂要求发给返港川资,船主不允,言语龃龉,船主遂开枪轰击,当场致命者一人,被击落水死者十三名,重伤者若干名。这便是肇事的大概情形,已由上海"公堂"审讯此案,此案又大于乐志华案数倍,但结果是否不仍蹈乐案的覆辙,依过去的经验看来是没有什么把握的。

我们对于此等蛮野的美国侨商举动是不屑再拿什么正义、人道去责备他们的,只就最习见的商行为说,近来美国公使申申咒骂中国人破坏条约(见美公使舒尔曼游滇粤后发表的谈话),不知道像这类违背合同枪杀十数命的强盗行为所根据的是什么条约? 前月汉口一二教士被那洋商供给枪弹的土匪掳去,美国报纸便借题攻击无所不至,我们现在且看美国的宣传家看他们怎样去弥缝,曲解这一回惨杀的冤案!

(《向导》1924.01.20 第 52 期)

洋商船全副武装航行内河

为 人

联合警备外舰自由航驶内河,已为中国特例,今洋商船亦皆化为全副武装,实在嚣张已极。外交团以此事竟于一月二十日函令曹政府外交部,借中国内地不靖和抢劫层出为理由,各国行驶中国内地各埠的商船,今后拟联合警卫。决定一千吨以上的航船,装载炮六尊,四千吨以上的航船,装载炮十尊。从此江海要津,举目皆是洋警森严了!

反对洋商船全副武装航行内地,实为现时一个重要问题。在未脱离国际帝国主义势力的压迫以前,洋大人的侵占,总是如狂风暴雨而来。我们为了要避免这些危险,只有用革命的手段去反抗,用不着"妥协"、"求合(和)"的等等"勾结"。

(《向导》1924.01.20 第 52 期)

洋商反抗我国商标条例

维 英

商界同胞应即起反对洋商此举!

善哉商报之言!

任何国商人在任何国营商,其商标必在所在之国注册,如此才知道所有者为谁?有效的期限如何?目的物底内容如何?不然,则不能保护。洋大人常常责备我们漠视他们底利益,然而我们对于他们底利益欲加以保护,他们又无理反对和不愿受我们底保护。其用意不过万一受我们底保护,他们则不能时常有题可借以来侵略我们。

此次北庭农商部宣布商标条例,本是平常,洋商乃起而无理反对,公使团屡次向我提出抗议,其最后抗议的要点,仍为:(一)大体上可以承认,但须展长犹豫时间;(二)为目前便利计,仍用海关注册办法;(三)商标局必须聘用外人,甚至于借口中国官僚为不可靠,非坚决的用外人不可。善哉商报对此有云:

"外人今所侨居者,何国之土地乎?所与交易者,何国之人民乎?侨居中国而经营商业,不认中国之法令,将认何国之法令?中国之法令,不以中国之官吏执行之,将由何国之官吏执行之?信斯言也,宁独不可曰'吾侨居华而营商,卖买之主客华人也,仲介之商人华人也,有所需,求之于华人之市,有所役,假手于华人之工,外人之地位,不其危乎?'试问如此立论,宁非愚骏可笑之甚乎?抑彼外人之言又曰,华人之贪黩营私,弊风闻于世界,今以代表巨大经济利益之商标,由华人操审理之权,安保无贿赂授受,作不正当之行为。虽然,此亦不健全之逻辑也,机关不能概个人,特殊之贪贿者不能概其他之不贪贿者。且正唯人类不齐,故赖有法耳。既有法矣,亦当问法,不当问人。且外人能保各本国之机关吏员皆纯洁无疵,而一无律外乎?若其不能,则雇用外人,何独不可作弊?日本人能自信其本国人,而未必能信挪威人?丹麦人能自信其本国人,而未必能信荷兰人?充此猜疑之心理,虽每一国籍,皆有雇员,吾不知其危害是否能尽去也?夫以吾人所闻,即税关之外籍吏员,分子亦至不齐,吾人能以一二特殊之例,而断定外人皆蛮横好货,不守职分耶?要而言之,外国人此种褊狭固执之态度,若永不改良,永不进步,则中外商业固不能尽量开展。而中外人士相与周旋之情感,亦断难期其圆满。差别者,阻害之代名词也,特殊地位者,差别的情感所由寄也,吁嗟外商!曷其奈何勿思!"

我们如任洋商反对商标条例,则直接影响于我们商界甚大。英商对此现正开会倡言坚持反对,而我国商界反寂寞无声,难道都已麻木了吗?

(《向导》1924.02.20 第 53 期)

导淮与外患

仁 静

齐协元的导淮督办,几经苦心营谋,终于得到手了。齐协元就任导淮督办以后,可以有两种结果:第一是齐可藉导淮名义,进行一笔大借款(如美众院已通过之一千万大借款)以为副选或平浙的经费。另一结果是,因为在齐背后的是美国人操纵的华洋义赈会,即令导淮成功,亦使中国河道化为铁道共管之续,为外人所监督,或者是河道开浚,可补助美国商务侵入内地以发展。自督办命令发表之后,旅京苏皖豫人同起反对,他们反对军人为督办,而赞成三省人民合组导淮委员会,以办理委员会。但我们以为单单反对军开(阀)为督办是不够的,更要反对藏在华洋义赈会幕后的美国人的操纵与侵略河道。我们不仅要注意外人之包揽导淮,而且我们要注意代浚苏州河,疏浚广州之西江,东三省之辽河,外人均含有管理河道扩张商务之意。我们更要声明中国的河道是必须中国人疏浚,是绝对反对任何列强染指的。

(《向导》1924.04.02 第 60 期)

上海租界三大问题

独 秀

上海租界近来发生三大问题:一是公使团要求推广上海租界,以为交还会审公堂的条件;二是工部局在本届纳税西人会提议取缔印刷品之附律;三是工部局在纳税西人会提议增加码头捐。

会审公堂初只为华洋间相互诉讼而设,按洋泾浜条约,权限范围,本有明白的规定,自辛亥革命时,领事团藉口民国政府尚未得各国承认,攘为己有,遂至完全华人诉讼,也须听领事裁判,视租界为他们的属地,违背约章,侵犯主权又在普通所谓领事裁判权以上;上海领事团所享此种非分之权,本应据约取消,因何理由须以推广租界为交换条件?而且公共租界永不推放,也载在条约;他们向中国索取庚子赔款,不许中国自由增加关税,不许中国禁止棉花出口,都是口口声声责备我们须遵守条约,何以他们对于上海会审公堂之权限及推放公共租界,便不说遵守条约呢?可见帝国主义者责弱小民族遵守条约,也和军阀政府责人民遵守约法及其他法律一样,凡是与他们有利的,他们便抬出来压人,与他们不利的,他们便悍然不顾了。

租界不是英美的属地,住租界内之华人仍应受中国法律之支配,也载在中国与各国所订的条约;所以一八九九年推放租界时,上海道曾以告示一纸附于致葡总领事兼领袖领事之公函中,晓谕公众,该告示中明说:"所有租界内关系华人之一切章程,如未经当地中国官厅认可,不得发生效力。"(此公函曾载一八九九年工部局报告册第二六二页)工部局自己也知道,外人来中国通商,没有代中国政府及国会来制定法律之权;所以他们将要提出的印刷附律,拟附在洋泾浜章程三十五条,名曰第三十五条甲。我们以为不但三十五条原文,乃取缔马车疾驰,与印刷毫无关联;而且此项洋泾浜章程,从来未经中国政府批准过,根本上不成为法律,今所谓印刷"附"律,试问"附"在何种法律上面? 因此,我们可以说:此次印刷附律,即使通过于纳税西人会,并竟得上海领团北京使团之核准,也只对于西人营印刷业者有效,中国人没有服从之义务;因为上海租界还未割让给外国做他们的属地,他们绝对没有自定法律来责中国人服从的权利。工部局对中国印刷业四团体代表说:"如华人对于工部局行政有不满者,尽可移居租界外。"四代表应回道:"上海是中国的领地,中国人当然有居住的权利;如外人对于中国人反对印刷附律之举动不满意,尽可移居中国外,不来中国经商。"

码头捐原定照货价抽捐千分之一,现在要改为照关税抽百分之三(照关税现制,当货价千分之一·五)。当此工商业不振之时,照旧额加捐一半,以后还须随着关税增加,固然是商民负担太重;根本问题还是:在中国领土之内,在中国主权之下,外人可任意收捐并加捐,而中国官厅收点纸烟捐,他们反出头抗议,这是何等喧宾夺主的世界!

上海市民对此三问题的反对运动,甚为热烈,加入运动的有二十五个商业团体,我们的同胞已渐渐的觉醒了!

我们忠告上海市民的是:"此次三问题,都还是枝叶问题;根本问题是要取消租界,取消领事裁判权,无论英法日俄美德等何国人,要想在中国经商,必须以服从中国法律,遵守中国税则,不侵犯中国国家司法与收税的主权为条件。"

(《向导》1924.04.16 第61期)

外力宰制下之华人生命

育 南

南京事件,中国杀日本二人,偿价六十九万元,庙街事件,杀日本三人,偿价一百万元,日本犹以为轻,忿忿不已。此次日本地震,日人于大乱之中,无端劫杀华人至四百二十五人之多,中国要求赔偿三十万元,以之相较,华人四百二十五人不及日本一人之价,而日人犹以为分外之要,迟迟不复。中日两国人之价值,何如是之悬远乎?

然此虽不平,犹有偿也。最横暴无理者,莫如近三个月间,外人在汉口惨杀华人之暴行:(一)去年十二月汉口日商多本洋行日人无端诬厨夫华人田仲香为盗,送至日捕房非刑毙命,经中国官厅及人民团体严重交涉,至今毫无办法;(二)本年正月汉口日商东孚洋行日人逼杀华人西人邦敏,证据确凿,中国官厅与之交涉,至今仍无结果;(三)二月十三日汉口英商怡和洋行英人雷顿之妇,抛球入水,威逼看役余汉平入水取球,致遭溺毙,事后伊竟置之不理,若无事然,虽经当事者与之交涉,亦无效果;(四)二月二十四日日商水谷洋行日人,因女工屠氏稍有错误,竟行凶拳打脚踢汉妇命在垂危,日人亦仍以不理对之;(五)美商大来洋行之美仁轮船船主失检,致[令]汽管炸烈,蒸制华工人二人,伤四人,船主雇小划送死伤者上岸,竟置之不理,驭船而去。其他工人与之争,亦属无效。

三个月间,外人有意或无意杀毙华人五人,伤五人,竟一钱不赔。

日本大阪日日新闻有言:"华人有价,每个约五十元。"

呜呼! 今竟五十元也不值,甚至一文也不值!

呜呼! 外力宰制下之华人生命!

(《向导》1924.04.23 第 63 期)

美国退还赔款的阴谋

章　龙

日本前为和缓排日空气起见,也想忍痛退还庚子赔款一部分为对华文化投资之用,他这样抄袭美国的老文章早给一班稍明事理的国民看破了,所以连续引起国内不少的反响。在这个意义之下,我们一方面看出国人对于日本的侵略方式已有进一步的认识,一方面也就反衬出美国在华的文化事业,渐已为多数有识的人所深恶痛绝了! 这是反帝国主义运动中一种进步的现象,很值得我们注意的。

据本月六日路透电讯,美国下院又有通过继续免付庚子赔款之事,总额为一千五百万美金。此消息传来,正告诉我们,美政府又在摆布什么侵略的疑阵。不消说帝国主义的政府自他的钱囊中掏出大堆洋钱,断然是不怀好意的,如果没有附带的条件,谁也不相信代表资产阶级利益的议会能予以通过,那么,他们这次送中国的厚礼,到底所为何来?

据外报所载,美政府所指定的用途有五六种,除继续文化投资外,尚有一种为外间所知道的便是导淮,这显然是美人侵略政策中的又一戏法了,我们于此只有痛恨,痛恨他们手段的狡狯和狠毒!

大家都知道美国政府近来受银行团的牵制,不能在中国境内放手投资,畅所欲为,满足他的最大欲壑,于是不得不另出花样,借退还赔款的美名来诱惑国人了。他的用意是要藉一种事业,动用赔款,该项事业,便须由他们参与,既得参与,便可乘隙而入,另辟一侵略的新局面。无论导淮也好,筑路也好,建设无线电台也好,只要动用赔款,就给了他扩张势力的好机会。这岂不是变相投资的绝好方法么? 我想这样名利两全的妙计,将来仿而行之,恐怕又不止日本一国了。

这并不是我们的多心,我们试看美人主张设立监督赔款用途的委员会,他的计划是何等精密周到! 便可以窥见其野心的一斑了。所以像这样的美政府的"好意"我们竟是不敢领情,假使不能无条件退还,我国民宁愿忍死熬痛偿清此等冤债,倒还没有引狼入室的危险。

(《向导》1924.05.14 第 65 期)

请看帝国主义底"自供"

楚女

帝国主义者,唯恐中国太平了失了他们底市场。所以他们除了明目张胆地在政治上帮助反革命派,在经济上滥借巨款给捣乱军阀之外,"私运军火"接济军匪,若(差)不多更成了他们底一种有组织的国际贸易。我们对于他们曾经不断地抗议,他们不是置之不理,便是否认。现在,我们且看他们自己底"不打自招"。

字林报对于该报十一日伦敦通讯所述最近捷克斯拉夫希图私运价值二百万镑之军火来华一事,论云:"据吾人所闻,私运军火之团体,既有三四起,均大规模组织良好者。其一在日本,一在北美,一在欧洲。数星期前,上海有少年私藏手枪被控于英警务公堂,据彼供称彼不过一大机器中之极小零件,警察厅再访查其中之大人物云云。目下对华私运军火之多,实远过于私运鸦片——此实中国最大之危机。中国各大埠及香港近来无一星期不发现私运军火,其中有数批为数甚巨,足见其背后财力之雄厚。自有不法之徒努力为之,两年来私运军火之增加,已成为累进率。然则何怪杀人越货之案,亦层见迭出乎?……近来破获之武装盗匪,无不携有新式外国枪械,海盗则往往用新式机关枪,其故可思矣!"

(《向导》1924.05.14 第66期)

肉麻世界

独秀

太戈尔在上海欢送会演说:"余之喜中国人者,因皆以人类待我,并非如他国人民待余若圣若神,反使我拘束不安,今中国之年轻人,对我不甚敬畏,与余谈笑自若,此则余甚喜之。"

江亢虎南游追想记上说:"王(指暹罗王弟)问吾政见如何,余略陈新国家主义新民主主义新社会主义各条,王极口赞许,举杯祝余早得政权,实行政见。妃笑谓曰,俟君组织政府时,余当为不速之客、访长女公子话嘉州风景。"

(《向导》1924.06.04 第68期)

世界第一名帝国主义者——英国
——他的经济与政治状况之研究

赵世炎

(一)中国人所当认识的英格兰

中国人直到现在还没有成为大多数的认识国际帝国主义,直言之即是中国人还不知道真正统治中国社会的政治经济权力到底是什么。不用说以买空卖空专干无耻勾当的政客、议员、官僚、外交家等不懂得什么是政治,便是要在中国干"文艺复兴"事业的一班人,也就一方面还没有充分能力与旧宗法社会思想作战,一方面又还够不上捡拾欧美资产阶级学者的唾余,而能把他说得清楚乃至懂得清楚以努力做成"时代的人物"——世界资产阶级的走卒。华盛顿会议,到现在还有人懂不得,"华会利益"四字由一群流氓政府人员的传播,各报纸也就公然照样的述出来,令不知羞的中国人天天看见。国际帝国主义者在中国所做的宣传真是无微不至,而中国人民所能认识的国际帝国主义恰好成反比例,这就是说,连最大最明显的事都看不清。我们于此有两件急切的工作:第一,指出每日的事变真相所包含的外国帝国主义作用;第二,把每个帝国主义国家的政治经济情形分析出来,告诉于中国的民众。

英国帝国主义是世界帝国主义的头一名,也是最老的一个。所谓日光下到处都有英国国旗这句话就是这样表证的。他拥有世界最广的殖民地,特别在一世纪来不断地发展,达到了最高峰。在所有的海洋中,他的航权势力都达到,且布满了舰队,向海里丢下了铁链子把全世界锁着。我们知道近代欧洲历史是很自然而容易分成三个阶段的——起首是商业资本时代,其次是民族主义时代,最近便是帝国主义时代。英格兰不仅在欧洲近世史中为主要者之一,而且他的历史便是模型,在地位上便是首座。拿欧洲现时政局说,帝国主义的法兰西仿佛为现在反对苏维埃俄罗斯的领袖,然而英格兰却是将来欧洲资本主义临终时的最后刑场。

鲁意乔治曾对克里满梭这样请求:"我把欧洲给你,请你把世界给我。"这是代表英国帝国主义方略很具体很公开的话。伦敦是"世界政治经济之中心",所有世界重要政治经济事件,国际问题,没有不问问"唐林街",汇聚在大不列颠帝国政府。帝国政府之所以能有这个地位不是偶然的,所谓老资格必须老历史,而英帝国却正是这样;所谓有限、司的君主专制,皇族封建的立宪政体,庄严深厚的国度,成为世界最反动最保守的中心局。帝国政府希望统一全世界非只一日,他在小岛,筹划世界的事;他的外交政策,特别是殖民地政策,都是一部近世史的底稿。所谓"帝国商业利益"这句话是中国人常常听到的,这就是帝国主义骨髓之所在,因为商业利益的背面站着的就是帝国主义,而由商业利益所达到的目的便是殖民地。帝国保守党重要首领之一张伯伦是中国人常听说的,他曾有这么一段话:

"我们(指国会)最重的责任便是对于各大农工商企业之发展与维持。……所有的国家各大机关都当注意商业事务,……外交部与殖民局应当为首的负寻找新市场与保护旧市场之责,陆海军部应该为防御这些市场及保护商业而时时预备,……就是教育部也应当把他的目的建筑到使我们的人民能够在商业竞争场中得胜的普通需要上。……商业为各种普通利益中之最大利益,政府必须把力量注重于增加贸易及使贸易有坚固之基础。"(见 Woolf 所著的"Enpire and Commerce in Africa")

这真是青天白日之下强盗打劫的事实,便是帝国主义者自己,他也是毫不抵赖隐讳的,然而中国人却梦着一点也不知道。

四万万的中国人民和三万万一千九百万的印度人民,构成亚洲疆域之伟大数目,将及世界人口之一半。而印度人民有二万万四千七百万(即全人口百分之七十八)已是英皇统治下的正式百姓；其余百分之二十二的少数人口号称自治邦，经一八五七年之暴动后组织，实际亦无多大差异，而且如一九一八年事件，死了六百万人也换不出什么自治出来。中国的人口之多是大家爱以自夸的；中国人又不相信什么帝国主义，"瓜分"之说嚣腾了数十年，而每一次说起就每一次自宽自解。但使中国人自己没有防卫，真的列强就不会瓜分中国吗？谁还有本事说"中国现时之患还不在列强"吗？中国人无论怎样糊涂总应该承认中国是列强的商场，商场就是殖民地先声，认识商场就可以认识帝国主义。近邻印度三万万民众所忍受的不过时间上比四万万的中国民众较早罢了。我们试若分析国际主义在中国之发展，我们从鸦片之战（一八四〇）算起，直到临城案（一九二三）为止，这最初与最近的两桩劫案都是英国帝国主义为其先锋，而这八十余年中更有许多事实，我们得以知道英国帝国主义在中国便是最大、最老、最有资格、最凶猛毒恶的。中国人所当认识的英格兰便是如此。

（二）大战以前的英国帝国主义

大不列颠对外国及殖民地之投资在一八八三年到一八九三年间增加到百分之七十四的比例率。一八九九年对外投资的利息总额是九千万镑至一万万镑；一九〇九年达一万万四千万镑，一九一五年达二万万镑，即等于当时国家岁入总额之十二分之一，亦即等于国家对中下层阶级岁入之四分之一，因为国家岁入总额中之赋税就是九万万镑。大不列颠资本这样可惊的输出，在大战前已是如此。我们为分析大战前的英国帝国主义，除从资本输出观察外，更可一一指出政治的事实。

一八八二年英国之对于埃及，压迫埃及的民族运动（The rising of Arabi Pasha）开始所谓"暂时"的军事占领，卒变埃及为保护国；一八九五年至一八九六年南美洲之边界争端（The Yenezuelan Boundary Dispute）结果取得金矿，攫获农业生产；一八九六年对于波斯之大借款，开始置波斯于半殖民地地位，波斯的军队是须用英国人教练的；由一八九五年到一九〇二年间在南非洲之侵略的屠杀；接着便是一九〇二年的英日联盟，为对付旧俄罗斯帝国而与日本均衡在中国的侵略；再如一八九八年至一九〇四年之所谓英法关系，决定了"尊重两国商业之相互利益"；一九〇五年与一九〇六年马洛哥（Morocca）问题，英国是"为钢与铁"，为助法国而备战的；一九〇六年至一九〇七年之间，与法兰西合对沙皇的俄罗斯由借款财政关系而变为政治关系，密定了关于波斯、西藏、阿富汗斯坦条约，一九〇七年由英俄关系变为英法俄三角同盟，展开数年后英国对马洛哥、波斯、巴尔干之侵略局面，一九一一年中国之所谓五国银行团借款，英国帝国主义便是主人翁，袁世凯得了这二千五百万镑用以压迫二次革命。

最后到大屠杀快要开始就有所谓英德的和平。一九一二年德皇恺撒请了一位大不列颠的阁员到柏林去讨论关于英德关系的一切问题，得出"美满的结果"，所谓"英德关系在大战将爆发前之亲密是两国在本世纪中任何时所未曾有的"（见 Boudin 的 Socialism and war P. 22），然而他们的条约与协定都不过是两个强盗在晚上十一点钟时的忏悔，实际上"习惯的时间"看看快到了，战争之铃已鸣了，他们当然照旧到屠杀场去。仅仅在大战爆发前几天,一九一四年六月十日,葛雷(Etluard Grey)在下议院演说帝国主义的新政策而表示他对于这种政策之祝祷:

"我认此种政策为我们的责任,必如此而大不列颠资本在将来可遍布全球,采用于租借地而无政治的反响。我们将尽我们之所能以援助保障,并图取信于有关系的外国政府,使他们知道他们的利益与我们的一样,肯给与如铁路等之租借。于此,帝国政府必能公正办理,用最善方法处置。"

(三)英格兰与其殖民地

英格兰的殖民地可以分为两种。头一种是盎格尔萨克孙种的移民殖民地,原有的土人是已被驱逐或歼灭的。这种殖民地之重要者有:加拿大,澳大利亚,新西兰,南美洲联邦等;这些地方很久便获得自治,各有其国会与军队等,加拿大且有自己的钱币制。这些地方的人口大都是英国人,所以从社会及经济地位观察起来,与其宗主国是平等的。第二种是本地人种的殖民地,换言之即征服的殖民地,本地人在政治权利上受限制,受英国军队与官吏的管辖,如印度,埃及,非洲中部,亚洲西南之一部。这些殖民地在政治形式上虽有种种不同,然而经济上是一律完全征服的。

英国帝国主义之重心在经济组织,换言之即由各大工业中心所支配的大不列颠全体人民之经济生活形式为其骨髓。他与殖民地的关系,可用下列几项把他简单说明:

1. 从殖民地榨取原料——埃及与印度的棉花,澳大利亚的羊毛、印度的麻(yute),以及所有各殖民地的食料——而供给殖民地以奢侈品,大机器,特别是各种炼成的金属工具。

2. 英格兰是殖民地资本的主人,自大战前所有资本之新组合大半都是用在殖民地上,而所有的利润却全部偿还于宗主国。

3. 英格兰是各殖民地的"船主",同时又是租船者。欧洲与各殖民地之间及各殖民地相互之间的航业,大半操在英国人所组织的大公司手中,英国海军资本用在航业上有特殊势力。

4. 英格兰是各殖民地的银行主人翁,几百年以来英国的钱币适用于世界被认为是最有信用最好的;大不列颠帝国的银行钞票在世界的商场上与金子一样。

5. 帝国的强大舰队为各殖民地之保护者,如神灵一般,特别是在别一位帝国主义者侵入或本殖民地有反抗运动时,尤为出力。

由以上五项的说明在经济观点上看来是如此,下列两个小表把所谓在殖民地"帝国商业之利益"更具体表明:

(一) 输入表(以千镑为单位)

	1913	1920	1921
印度……	48,420	95,721	44,268
澳大利亚……	38,065	112,288	67,858
加拿大……	30,488	92,999	62,287
再加其他各殖民地之总额……	197,576	559,937	333,097

(二) 输出表（以千镑为单位）

	1913	1920	1921
南非洲……	23、24	50、485	30、945
印度……	70、273	781、240	709、022
埃及……	9、806	43、644	78、830
澳大利亚……	37、471	62、574	45、645
加拿大……	23、795	42、693	19、433
再加其他各殖民地之总额……	195、311	501、470	298、771

不过这样输入与输出之差的资本也不尽拿回来在"祖国"使用，他是糯米团子似的就在各殖民地的肥土上打滚：国债，实业债，船业借款，交通借款……都由此而出。而帝国的官员、军队、行政费用还不在其内，这些费用须另由殖民地直接供给，"就地筹办"。事实上，帝国的支配阶级又必须与殖民地的资本阶级连合作共同榨取的行动，特别是在逐日侵略的半殖民地中，他必须勾结半殖民地的统治阶级——军阀官僚与其政府——而在背面作鬼作怪，并且用种种特殊方式，铁路要警察权，关税要会计权，借款要优先权，军队要教练权，政府重大事件要同意权。

我们试一翻阅英帝国关于经济的报纸与杂志，莫不充满了关于商业利益的辩护，而在殖民地经济与美日资本之竞争为其中心问题。有名的经济杂志（The Economist）曾对于加拿大之自由发展抱充分忧虑，曼彻斯特报的星期增刊常常大批登载着日本资本在中国发展迅速的"惊人消息"与详细的统计。

（《向导》1924.07.23 第 75 期）

日本在华侵略之新计划

独　秀

南满铁路会社，不但为日本开发满蒙之总机关，亦即其侵略中国之重镇。加藤内阁成立，首先更换南满铁路总裁，以图扩张南满铁路会社之营业范围，使日本在满洲之经济势力尽量发展，然后再向北满及内外蒙与美国商业竞争。新任南满铁路总裁安广伴一郎氏，对于开发满蒙，素抱急进主义，赴任后，即拟定营业发展之新计划；并以上海为中国商业中心，又与日本满洲均关系密切，亦特别派出多员调查，以为实行新计划之准备。闻所定新计划重要的是：

（一）推广抚顺（即千金寨）煤矿之产量，由现在每年最多额五百五十万吨，将来增至七百五十万吨。

（二）收并大连轮船会社，并以一百八十万元新造五千吨以上之快轮数只，专供大连上海间之直航，以利运输。

（三）调查抚顺煤在上海方面之销路，拟以后每年在上海出售抚顺煤五十万吨至一百万吨。

（四）修改上海满铁会社之码头，增设上海仓库，并在吴淞新筑码头及仓库。

（五）将满铁窑业试验场所制玻璃商品，运供上海市场。

（《向导》1924.08.06 第77期）

再论外人私运军火与中国治安

独 秀

> 伦敦泰晤士报通信员说："在华外人需要尊重条约权利和保护他们的生命财产，此两事均在各督军势力之内；故外国对华政策，应以压迫各督军使合此项需要为目的。只要一个督军被迫而下跪，其余督军皆将俯首听命，如中国式之玩物然。外国干涉虽不能恢复中国之政治统一，却能树外国在华之威信，如庚子联军等事乃其先例。虽欲取此步骤，必须各国一致行动，否则无效。一排督军齐向外人下跪叩头，实是一幅浓厚彩色的奇妙图画！"

意大利售给曹锟的军械价值五百五十万元，现在美国售给吴佩孚的军械价值三百二十八万元，日轮又由汉堡运到天津军火三百五十大箱，此外齐燮元马联甲都在天津购得若干意械，这都是帝国主义者供给北洋军阀杀戮中国人民的。

七月二十四日上海字林西报说："昨日法国邮船盎高尔号进口后，未及半小时，关员即在船中抄出自动手枪五十支，子弹五千粒（发）。近来法邮各轮屡有违禁物品查出，此次已属第六次，前如肯博特号、布尔介号、安德来朋号、安博司号、安干尔号五轮，相继被关员查获军火。"此外上海租界发见日人私藏军火的事，几乎每星期都有。这都是帝国主义者供给盗匪杀戮中国人民的。帝国主义者口口声声责备中国不能自保治安，不能保护在华外人生命财产之安全，他们却忘记了这是他们自己以商业侵略逼得中国人穷无资了和以军火供给军阀盗匪之结果。

我们敢说：帝国主义者对于中国的侵略不停止，中国决无治安之可言，尤其于治安有直接影响的是私运军火。

他们供给军阀盗匪无数军火杀了无数中国人，他们向来不以为异；可是有一班盗匪竟拿这军火来光顾租界，杀人杀到洋大人身边，住在租界的任何人都难免波及，因此洋大人才恐慌起来。中法新汇报说："不幸吾沪秘密贩运军火者，继续不断，外洋来船时有大宗杀人器具运入，虽关员屡有所获，而破案者殆不及十分之一。吾人苟欲杜绝此项不名誉之营业，必须于贩运之人不问国籍之谁何，尽人处以死刑，夹带之船舶，在若干数目以上，不问其主人之为华人为外人，概予没收，以后犯法者庶知所畏惧而不敢为。……匪徒之行劫杀人者，治以死刑，而于彼私运军火以导其为恶者，反释而弗治，吾人自问良心，宁得谓之平允？"工部局总巡强森氏报告董事会说："埠内违法贩运军火之徒日多，所贩数目又不在少数，皆有证据可引，外人营此犯禁事业若是其众者，全因处罚太轻所致，毫无疑虑，如某领事公堂最大罚则不过监禁三月，又如某领事公堂最大罚则谨（仅）能监禁二十九天，日前更有一私售军火与华人案，破获之后，因其为本国人故，即行释放，处罚之轻若此，无怪乎外人贪利犯禁者之众也。外人私贩军火之罚则，非至确可收禁阻之效，恐匪风未必能戢,而街中流弹横飞,危及行人之事,亦未必遂能中止。"

他们只看见盗匪得了军火,在租界中流弹横飞,危及行人事;他们不看见军阀们得了大批军火,在全国中流弹横飞,危及人民之事。

他们只主张处罚在上海贩运军火之外人,他们并未想到如何处罚在天津贩运大批军火之外人,及其政府。如此,"自问良心,宁得谓之平允"?

字林西报说:"不幸目下有关系之各当道,并无一致行动之征象,而捕房所处地位,尤因各领事态度之大异,办理极为棘手,是故目前于防杜军火,真可谓之毫无办法;长此不改,窃恐私运之风永不能稍戢,……"像这样"私运之风永不能稍戢",像这样"毫无办法",外国领事老爷们只有把租界之司法权行政权交还中国人自己治理罢!

(《向导》1924.08.06 第 77 期)

世界战争第十周年

韦　译（D. Petrovsky 原作）

第三国际谨守列宁的"永勿忘记世界大战"的遗训,决定大规模的纪念欧洲大战的第十周年,要在全世界各处揭示帝国主义者和社会民主党的罪恶。

第三国际要举行"欧战星期",并不是来挖尚未全痊的旧创痛;第三国际的眼光是注射在将来,要尽力唤起全世界的劳动群众,武装起来,扑灭世界的帝国主义——这帝国主义就是一切近代战争的祸原。但是我们先得牢记了过去的教训,而后我们这反对帝国主义的战争乃有胜算可操。过去的大战给我们的教训,在今日尤有特殊的重要意义;因为未来的第二次大战而今正一天一天的逼近来。

"此次大战乃最后一次的战争"这句老生常谈,现在已经骗不信人了。第二次大屠杀的危险,今已有目共睹,不容讳饰。银行家和托拉斯就是执行第二次大屠杀的刽子手;工厂和实验室就是第二次大屠杀的筹备处;各国的参谋部陆军部正在努力编练未来的屠户。

第二次大战一天一天的逼近来了。统治者阶级正在集中智慧,要发明更新式更惨酷的杀人工具呵。唯有全世界的劳动者联合起来,运用他们英雄的威力,然后能禁止这迫在眉睫的第二次大战。

当一九一四年十一月一日,列宁曾经说:"拒绝军役,反对战争的罢工,等等,简直是些可笑的笨事;是想仗赤手空拳去制胜武装的资产阶级之一种可怜而又卑怯的梦想;是想不动干戈而坐待资本主义自己灭亡。"

现在呀,这种可怜的卑怯的梦,总算已经醒了。我们再不会用决议、宣言、宣誓这些东西来禁止战潮。

只有劳工们革命的胜利,方能禁止战争;只有劳工们的革命能够颠覆资本主义——先颠覆欧洲的,以次及于全世界。所以我们这攻击帝国主义和社会主义奸细的"欧战星期"的方略,必须是促进全世界劳工武装动员这一件事;我们要号召全世界劳工武装起来,齐集于俄罗斯十月革命的赤帜下,与资本主义决一死战——未来大屠杀的祸根就是他(资本主义)。

对于帝国主义的攻击,当然的就是对于社会主义奸细的攻击。一九一四年,第二国际里面的好汉们用甘言蜜语,诱劝劳工们去替资本家送命。现在看来,他们真是弄巧成拙了。因为而今——一九二四年,再不会有人来听那些愚昧卑怯的梦话,他们的卑怯欺诈,早被人家看穿了。

当大战之前,第二国际没口承认担当护卫那无产阶级一致反对各国间争权夺利战争的大旗。在斯土茹大会(Stuttgait Congress)中,又决议,每一个劳动者的天职是"用尽方法去反对海战或陆战的预备;用尽方法去暴露资产阶级社会的阶级特性,以及他们努力制造民族间利害冲突的动因;并且要坚决地拒绝对于这种政策给予任何经济的援助"。这一条决议还有实施方法来帮助,务必要达到"用一切方法去禁止战争"。同样的意义,又见于一九一〇年的古本哈金(Copenhagen)大会和一九一二年的巴斯耳(Basle)大会。

此外,各国的社会党(其中就有英国的工党,现在正执英国政权的),也都各自宣言,誓不让战祸发生。

但是当一九一四年七月底八月初,那可怖的消息传布之后,世界的大屠杀确已开始了后,第二国际名下的社会党竟翻过脸来,举起他们的赤帜,招呼党人投入敌人的营垒中替争权利的帝国主义者出死力了。并且在大战既了以后,当劳动阶级中又发出从前第二国际历处大会所喊过的呼声的时候,第二国际竟不特自食前言,反尽力帮助资本主义,来反对为自己的自由而战的劳动群众了。

这般帝国主义的和法西斯的走狗们(因为要消灭劳动阶级的革命战争),竟又对群众说,你们要拿罢工来回答战争。他们靠这句话做护符,不但遮掩了他们备战的工作,并且还直接参与在里头。麦克唐纳尔政府很忠心的保守着英国帝国主义的传统的,加强了大英帝国的武力。麦克唐纳尔的法国朋友投票赞成军费案,帮助法国帝国主义实现他的劫掠大计。

所以我们不得不戳破第二国际领袖们所谓"保障和平"的纸面具,他们实在是居心破坏劳动阶级的监察,来麻醉劳动阶级,以便进行第二次大战的预备事项。所以我们的"欧战星期"必须是不但攻击帝国主义,并且要攻击那些宣传"社会调和"的"教士",因为他们替帝国主义者掩饰他们的备战行动。我们要使这个"欧战星期"有效果,必须普及我们的活动,不仅是共产国际下的劳动群众要剧烈地反抗帝国主义与社会主义的奸细,并且要使凡曾身受此次"大战"痛苦的各殖民地和半殖民地的被压迫的工人农民一致反抗。

我们应该立刻组织一个委员会来指挥这件事。这个委员会内不仅要包括已加入"赤色国际职工组合"的各工会的代表,少年共产国际的代表,农民国际和合作国际的代表,并且要包括退伍军人联合会,战争残废者联合会……的代表。总之,我们要以全力活动,务使我们宣言给全体人民留一个极深刻的印象。

我们努力引导广大的群众去反对第二次大战的时候,必须同时用种种方法保证我们的宣言决不能像那些和平主义者的宣言,被帝国主义者认作耳边风,碍不了他们的进行。

我们的一切宣传必须明明白白标出我们的主要意见:只有革命能够阻止战争;如果

战争已经爆发了，亦唯有用军事行动去和他（战争）对抗，——这就是说，要把帝国主义者间争权夺利的战争改变为无产阶级夺取政权的革命的政争。

所以，在我们的一切预备工作里，第一件重要工作就是力卫苏维埃社会主义联邦。苏维埃社会主义联邦的劳工跟了俄国共产党，在列宁指导之下，已经用革命的方法，把自己从帝国主义战争底下解放出来了。他们把国际的战争，改变为内战，立刻就把欧洲（最大国之一）的资本主义势力推翻了。苏维埃联邦的无产阶级是第一个在难行的世界革命路上前进。全世界的劳工就会看出来他们的工作——用革命以反对战争——是要容易得多了，因为他们不但有无产阶级革命胜利的前例做帮助，并且事实上还有一个工人农民拥有大权的国家做帮助，这一个国家有赤卫军拱护，赤卫军就是革命群众的长剑，就是被压迫者的防身盾。

我们这"欧战星期"的呼声是：

扑灭战争；革命军万岁！

力争劳工的政权！

推倒社会主义的奸细，共产国际万岁！

苏维埃联邦万岁！

世界苏维埃联邦万岁！

（《向导》1924.08.13 第 78 期）

美国人又以军火供给北洋军阀

独　秀

一月前上海海关曾在美国夹板船塔尔布脱号（Talbot）搜出机关枪八支，子弹及手枪共计七十二箱，船主鲍勒生（Boressen）并与私运有关系。由美国运到天津供给吴佩孚的军火价值三百二十八万元，也是近来的事。

最近又发现美国人私运大批军火在厦门起岸的事。据本月十二日上海泰晤士报说："美国海军当局得有报告，谓近有大批军火在厦门上岸，现在一中国军官处，计机关枪一千支，大批子弹及手枪若干。……美海军当局对于是否将设法取回在厦门登陆之军火一节，不肯发表意见。"

运军火往厦门，和运军火到天津同样是帮助北洋军阀攻打南方革命军，这是美国既定的政策，此外美国海军当局还有什么意见发表？此种政策，在曹锟贿选美公使首先欢迎时可以看出，在海关事件列强派军舰到广州示威时美国格外热心可以看出，凡中国人尤其是南方革命党人，现在总应该认识美国是不是我们的"好友"了罢！

北洋军阀尤其是吴佩孚，既得了美国的大批军火，若再以铁路借款及庚子赔款筑路的名义攫得大宗军饷，那么，他为统一而战争而屠杀的大惨祸就在目前。人民方面应该起来下全力阻止这残民乱国的军阀向帝国主义者取得一钱一弹；因为帝国主义者给军阀的每个钱每个弹，都是用来杀戮人民的！

（《向导》1924.08.20 第 79 期）

列宁与义和团

太 雷

在一九〇〇年藉口于义和团事件而实行侵掠中国的列强中,要算俄皇的俄国最厉害;俄国得赔款独多,并欲强占东三省全土。待俄皇政府倒后,苏俄政府成立以来,他在一九一九年以后累次单独宣言放弃辛丑条约上俄国所得的特权。这种在俄国方面的剧烈变更,并不是一件偶然的事。因为旧俄皇政府的性质与苏俄政府的完全相反,因之而他们对华的政策亦绝对不相同。

俄皇政府是一个代表俄国贵族、地主、商人、实业家的利益之政府,他的政策是帝国主义的政策,口号是"大俄罗斯",在他压迫之下不知有多少小民族。当俄皇屡次想在欧洲波罗的海或地中海求一出口而终被英国等所阻止,不得逞其志,因此有向东方发展的计划,想设立"黄色俄罗斯"。在辛丑以前虽已占领海参崴,然不能厌其欲,义和团事件因此给俄皇政府建立"黄色俄罗斯"的一个好机会。

苏俄政府的性质则完全不同,他是代表俄国被压迫的无产阶级和各小民族的政府,他的政策是联合世界的无产阶级和被压迫民族,来推倒帝国主义来建设共产主义的社会。自苏俄政府成立以来由短期的历史已证明他解放国内的弱小民族,曾援土耳其建设独立政府,曾放弃他在波斯的权利。宣言放弃辛丑条约,亦是苏俄政府照他的主义上的必然政策。

要知道苏俄所奉的主义就是列宁的主义。列宁主义 Lininism 中最重要成分之一,就是对于民族问题的主张。列宁这种主张并不是到他做了苏俄人民委员会(会议主席)之后,而是在二十多年前即是这样主张。当一九〇〇年义和团事件发生时,列宁在"火星报"第一期上做了一篇论"中国之战",他分析帝国主义和暴露俄皇的阴谋。

各国政府,俄国政府同样,宣传中国义和团的野蛮,说他们是仇视白种和西欧的"文明",想因此可以得到人民,帮助来满足少数人的利益。

列宁回答说:"中国人民并不仇恨欧洲的人民,他们对于他们没有什么反对,然而他们确仇恨欧洲的资本家,和为资本家用□欧洲的政府。他们到中国去只为求利,他们用了他所矜夸的文明去欺骗,去抢掠和压迫,他们同他开战,强迫他承认输入使中国人民愚蠢的鸦片之权(一八五六年英法联军),他们用传教遮掩他们的活动,对于这些人们,除掉仇恨之外还有什么呢"?

(《向导》1924.09.03 第81期)

十月革命与弱小民族

瞿秋白

资本主义的发展,一开始便趋于生产及交易方法之国际化,而消灭各民族的闭关主义,资本主义发达之后,交通进步,资本流通,经济日益成为世界的而非民族的。这种过程表现世界生产力的开展,各民族因之而日益趋于同化,各自消灭他的特殊性;这种过程实足以造成将来世界社会主义经济之物质上的前提,他本身确是社会的一种进步。这是第一种趋势。可是各民族之互相依赖及各地域之经济统一的过程,在资本主义之下,却不是各民族的合作,而是先进民族压迫剥削弱小民族。各先进民族之间如有互争殖民地的必然现象——即所谓帝国主义。因此,各强大民族的资产阶级以强力阻止弱小民族的互助结合,往往用极狠辣残暴的手段封锁已经制服的弱小民族,隔离他们,离间他们,以遂其一民族同化其他小民族之阴谋,以求垄断这些小民族地域里的经济政治势力。这一趋势刚刚和上面说的相反,然而实际上这种帝国主义的侵略行为,使弱小民族的敌气日益增加,民族精神日益准确,互相联合的必要愈益显露;——所以这第二种趋势,也是社会进步的一种动力,他造成将来世界社会主义经济之精神上的前提。

这两种趋势的互斗实是近三十年世界史的线索。一方面,资本主义及生产力日益发达,经济日趋于大同;别方面,经济力强的国家与经济力弱的民族,其利益日益矛盾。所谓"有殖民地的"资产阶级国家内部,必然隐伏分崩的趋势;而且各"有殖民地的"资产阶级国家之间,必然互相争夺,以至于战争,割地,分裂。如是循环不已,直到资本主义的末日:分裂战争之后,旧的强国消灭,新的强国又在造成。弱小民族时属于甲,时属于乙(如旧俄,匈奥,土耳其;又如英国及战前之德国等的历史都是如此)。所以资产阶级的多民族的即有殖民地的国家,决没有稳固而不分裂之可能。资产阶级的国家内,也永久没有解决民族问题的时候。

(《向导》1924.11.07 第90期)

鸦片会议给中国人的教训

天　声

在大战以后帝国主义各国间的冲突日益厉害,因而他们常常召集各帝国主义国的会议以图消灭他们中间剧烈的冲突。但是这些会议如凡尔赛会议、华盛顿会议、日诺瓦会议等,不是会议无结果就是有了结果亦没有执行。就是近来开的无关重要的鸦片会议亦是不能得到结果,英美代表在其中大起冲突,末了美国代表退出会议。这事实完全证明帝国主义各国间的冲突是不能调和的。

这次鸦片会议中的争执,就是关于美国代表提出在十年内,后来展长至十五年内禁绝鸦片的生产之提议;对于这个提议英国代表绝对反对,因为英国殖民地如印度等处是以出产鸦片而著名的,鸦片营业的利息极为丰厚而英政府因鸦片税所获亦属甚巨。英国既然能为销售鸦片于中国而不惜有鸦片之役,用兵力强迫中国人购买,当然现在在鸦片会议上不能赞成美国的提议而在十五年内禁止英国殖民地种植鸦片,因此牺牲英政府及鸦片商的极大利润。这就证明所谓文明国的政府只唯利是图而不惜以鸦片等毒物祸害人类。

帝国主义国在中国常常表示爱护中国人民提倡禁止鸦片,但是事实上一方面在中国提倡一方面尽量的输入。中国军阀为收税强迫种植鸦片是中国人民所应反对的;然而自己在中国贩卖鸦片的帝国主义者对于中国种植鸦片屡次提出抗议,这就等于"只许官家放火不许百姓点灯",要中国不出产鸦片而只买他们输入的鸦片,这是英国帝国主义者的逻辑!由这种逻辑更足以证明他以前强迫中国禁鸦片完全是为自己的利益并借此以作干涉中国的口实。

他方面,美国帝国主义者藉此会议大作其假仁假义的宣传,其目的尤在引起华人对于他的迷信和幻想。其实美国代表十五年内禁绝鸦片的提议,并不能表示美国是主张人道的。因为美国不产鸦片,故不妨慷他人之慨。要证明美国不是人道主义者只要看美国是否在那里积极制造军器预备大屠杀的战争,并输送到中国来帮助军阀作战杀害中国人民。在路透社六日电报告美代表退出鸦片会议时,同时报告英国为人道主义而愿实行禁止英人运军械入华以助成军阀战争;这一个消息一方面表示英美帝国主义互相标榜人道主义而实际都是为自己利益设法屠害并欺骗中国的人民,一方面英美帝国主义者互用手段以相制。

(《向导》1925.02.14 第102期)

请看帝国主义的横暴

超麟

这次上海日商纱厂四万多工人罢工中,呼喊得最响亮的,是"反对东洋人打人",他们提向厂主的要求第一条就写着:"以后不许打人"。在资本主义化的都会——上海,新式产业工人在二十世纪某一年——一九二五年的罢工居然发出这样的呼声,提出这样的要求,这段新闻留给后人或传到先进国去都将要令人想见中国工人享受哪一种的生活。中国一般的人们除了甘心做日本帝国主义走狗说被东洋人打了也不算一回事之外,都会替罢工工人鸣不平,都知道工人罢工不是只为自己的利益。果然!打中国人的不只是东洋人;被打的也不只是社会下层的无产者。我们随便翻开近日的报纸来看,随便可以碰见外国人侮辱中国人的事件。我们看见美轮撞沉了中国军官一人,兵两人,款二万五千元,美使反向外交部提抗议。我们看见京奉路押车的中国宪兵检出日本人私带烟土子弹,反被日警捕押。我们看见汉口英国人豢养的巡捕打死人力车夫。我们看见英国教士拘禁福州英华书院学生张秋仁。这些消息,报纸上几乎日不绝书,但这些还是零碎的片段的不大引起人注意的。我们不必再提起近来重大的外交事件,我们不必告诉读者以美国赶造长江舰队,日本派军舰来华,法国催过解决金佛郎案及其他类此的种种消息;我们只无意地指出这些零碎的片段的不大引起人注意的事件,就够证明帝国主义剥削、压迫、侮辱中国人到何种程度!反抗这种剥削、压迫和侮辱吗?不错,这是必要的。但这全靠国民的行动,现时的政府不足以语此。现时的政府是帝国主义豢养的巡捕,帮着帝国主义剥削、压迫、侮辱我们。

(《向导》1925.03.14 第106期)

帝国主义铁蹄下的中国

超麟

事变的进展是很迅速的。不消一两个星期,上海南京路枪声已震动了全国各重要都会直至最偏僻的城市。由远处的回声打转到上海来,我们看见各都会各城市的一切阶级都已崛立起来参加这一反帝国主义运动。北京、汉口、长沙、九江、南京、济南、福州、青岛、天津、开封、郑州、重庆、镇江、南昌、汕头、杭州、广州等都罢市罢工罢课,打倒帝国主义、取消不平等条约、经济绝交等呼声,到处都可以在示威游行中听见。河南广东的农民,也起来加入运动。俄国工人捐款援助,莫斯科数千学生游行及各国无产阶级同情表示更可证明帝国主义屠杀所引起运动之成为普遍全国,影响全世界的运动已经是确定的事实了。然而在这运动扩大当中帝国主义的行动是怎么样呢?

(一) 帝国主义铁蹄下的中国

帝国主义野蛮残暴的行为只有跟着反帝国主义运动的扩大而加甚。帝国主义的铁路不但践踏了上海,而且走遍全中国。全国各地援助上海工人学生的运动,帝国主义只有报之以屠杀。

上海。上海大学被封后,接着南方大学附中、大夏大学、同德医学也走同样的命运。各国海军陆战队继续登岸,大炮机关枪把守各要区,南京路的戒备日益加严。开枪威吓群众者日必数起,死伤时有所闻,租界内的人民日生活于恐怖世界之中。六月五日晚十一时,万国商团突然下令同时在南京路接连山东路福建路湖北路一带检查行人;所有过路的中国人千余人无论男女老幼乘车或步行登(顿)时失其自由,在枪刺威迫之下列成队伍尽被驱入老闸捕房严行搜索,一千余人鹄立露天细雨之下一二小时,结果西捕查无所得始释放而出。当时并有一汽车夫因行路稍缓,被商团刺伤奄奄一息。八日搜查惠中旅馆舍无所获,同日有河南来沪旅行之学生十五人在梁溪旅馆被捕。

五日为止,英美日法意兵舰已增至二十六艘,其中属于美国的十三艘,属于日本的五艘,属于英国的四艘,属于法国的三艘,属于意国的一艘,各国军队已增至五千至六千名。自三日起,各国陆战队商团及西捕越界肇祸者日必数起。五日西捕在曹家渡越界捕人并枪击保卫团。同日南洋大学学生在华界讲演又被便衣西捕捕去。十二日西捕在北四川路华界拘捕启贤学校学生,调来铁甲炮车两辆,英日水兵一二百人几与保卫团接战。其他外兵武装侵入华界寻衅者极多,不能胜纪,截至十八日为止,公共租界的戒备仍十分严紧,恐怖空气并未减轻。

北京。帝国主义在北京的横暴亦目所共见。三日北京学生五万余人大示威,队伍行至东交民巷时,竟被阻止不许通过。当时日兵及安南兵之严阵以待,使馆界口预备水龙向群众射击以及两美兵骑马向队伍乱冲并擎枪示威恐吓群众。照此情形,上海南京路的屠杀,谁能担保其不能重演于北京东交民巷呢?自那日以来,公使馆无事自扰。使馆界戒备加严自不消说,最近自十四夜以来复在界口布设刺铁线网。这就可见帝国主义在华的总坐办怎样看待中国人民了。

镇江。镇江英人开枪示威先继沪上屠杀而起。五日,镇江各工厂工人及黄包车夫俱罢工参加三万余人之示威游行运动。当队伍经过银山门时,突有英人汽车一辆驰来,撞倒墙壁压伤游行女生八人。当日租界工部局不知如何忽然发火,巡捕遂开枪数响并上刺刀预备冲锋驱放群众,虽未伤人,但帝国主义处处以武力为对待徒手群众之手段已昭然若揭了。

汉口。上海屠杀后的大屠杀不得不算十一日汉口一役。帝国主义的残暴在汉口愈加充分表示出来。尤其可恶的,即帝国主义勾结军阀共同压迫援助沪工人学生的群众。汉口学生自得上海屠杀消息后,于二日起即已罢课,并四出讲演劝导商店罢市,有数业工人亦自动罢工;但因萧耀南的压迫,风潮不能扩大。直至十日下午英租界码头苦力遂与太古职员冲突;十一日晚汉口领事伯达竟调集海军陆战队武装上陆,用机关枪向群众轰击百余响,死八人伤者无数。当日萧耀南即宣布紧急戒严,禁止报馆登载真实消息并制止一切运动。

九江。九江又有机关枪声。十三日日本浪人故意在九江台湾银行废址之内放火,藉以嫁祸"暴动的"中国人。军警救火车驰至时,日本浪人复制止救火,英日战舰陆战队二大队即登岸排设机关枪,并向空连放两响。事后各埠日文报纸都以头号字登载九江"暴民"焚毁台湾银行之消息,日本公使亦因此事向北京政府抗议。

以上所述,上海北京镇江汉口九江之外,其他外国人故意寻衅者,在在多有,近日开封亦有意使署驻兵扰乱游行队伍情事及安东日兵杀死华警七名之传说。这些种种野蛮残暴之行为,目前并未终止,不知将有多少都市要重演以上诸地之惨剧哩!

(二)反帝国主义运动之进度

罢工罢市罢课风潮已弥漫全国。

上海风潮扩大。罢市除公共租界外,法租界亦于五日罢市一天,南京亦罢市。罢工工人更日有增加。现在已罢工的,已增至二十五万人。新近罢工最重要的是海员工人;据十六日统计,已罢工之船共有四十八只,罢工之海员共有二千一百五十余人。公共租界华捕罢岗已过半数,这更可证明帝国主义之横暴,甚至激起其所雇用之巡捕的反抗了。积极指导上海民众做反抗运动而为其代表者是工商学联合委员会。风潮发生不久,工商学联合委员会即组织起来,其所包含的团体是上海总商会,各马路商界总联合会,上海学生联合会,全国学生总会。政府特派员蔡廷干曾宗鉴及交涉员许沅到上海后,工商学联合委员会特于十一日召集市民大会,邀请蔡、曾、许宣布意见,那日到会者各工厂工人,各马路商人,各学校学生,近二十万人,政府特派员及交涉员俱坚邀不到,会场中群众一致对外交官不满。散会后并在华界游行示威,民气热烈异常。七日工商学联合委员会即已提出条件,计先决条件四,正式条件十三,交与特派员嘱其向外交团提出了。

上海之外,各地反帝国主义运动,尤激烈异常。长沙闻讯首先罢工罢市罢课,北京天津汉口学生均即罢课示威。北京学生不数日即举行大群众运动,参加者往往突过二十万人,十日之国民大会到会至五六十万人。北京商会已发表宣言,正式宣布与英日经济绝交,并定六月二十五日为全国大示威运动,各地一律罢市罢工罢课半日。其他各地如南京福州开封杭州汕头等亦积极参加不让京沪汉之专美了。广州因反革命军队武力占据,在战争状态中不能有积极的表示,但反革命军现已败亡,广东工农将有一番大示威,而沙面对外人之罢工终不能避免了。至于占中国经济命脉之交通工人,亦有很热烈的表示。除上海海员罢工不算外,长辛店京汉铁路工人五千余乘车至北京参与游行,香港海员定十五日起开始罢工,京奉路机器厂两千余工人亦是十五日停止工作。河南广东数乡农民,亦开农民大会对帝国主义有所表示。此外各地发起捐款救济罢工工人者尤指不胜屈。反帝国主义的潮流方兴未艾,此后将益蔓延,绝非帝国主义的武力,军阀政府的诡计,上流社会的妥协所能阻止得了。

中国民众这种轰轰烈烈如荼如火的反帝国主义运动,现在已经引起了全世界被压迫者之同情与援助。首先是俄国工人自得上海屠杀消息之后,各报纸俱连篇累牍详记事变之经过,各工会即开始劝捐救济被难者,全俄职工会已汇来救济捐款十万元,莫斯科数千学生特为此事游街示威。第三国际已电令各国共产党积极攻击各该国政府,援助中国民族独立运动;各报喧传欧洲各强国电驻华公使速即解决沪案,藉免国内工人之起骚扰,这并不是没有原因的。英国职工会对保守党政府之抗议,及工党质问政府等消息,已经由各报上登载过了。全世界五百万智识阶级及工人,慰问我们之电文,说得最好:"黄白种的资本家压迫你们的民族,同时也压迫我们的阶级,你们之敌,即我们之敌。"于此可见,中国此次运动之性质,及世界上能帮助中国民族的是哪几种人了。

(三)一套的滑稽戏

不想在上海这紧急戒严期间,帝国主义倒有闲情逸致,演一出"武装滑稽戏"给我们看。

法律只是保护统治阶级利益的工具,裁判官只是统治阶级的傀儡。这个真理在上海表现得尤其显然。所谓会审公堂不过是工部局一附属机关而已,——这是谁都承认的。希望会审公堂裁判出"正义"来,这是可怜的幻想;希望会审公堂裁判工部局的行为,尤其是笑话。帝国主义设立了工部局之外,再霸占一个会审公堂来主持"正义",这原不过是自欺欺人掩耳盗铃的勾当——这个西洋镜已经戳穿了。然而帝国主义还要再献一次宝给我们看。

六月九日晨八时半,有西商团三十余名奉司令官命令,整队出发赴会审公堂。以七八名分布公堂铁栅门内之甬道,四周铁门口亦有七八名守卫,余则在公堂左近前后梭巡,并有七号铁甲炮车一辆停于公堂斜对面之文监师路口。公堂铁门关闭,派华捕二,公堂职员各一守于门口,如有欲入者须查询明白,然后开门放入。公堂附近之一段北浙江路上,并有白帽黑衣之外国水兵巡逻,该处印捕亦较常为多,复有印捕骑巡四名,沿途纠察——这便叫做武装的"正义"!

正会审官关䌹之,美国正陪审领事升座。阶下囚——瞿景白等十八人。首由工部局御用律师梅兰脱陈称:"参加闹事之学生系西摩路'过激学校'内派出,……假使当时不开枪,老闸捕房必被流氓夺去,……大马路各商铺必遭抢劫。"次由工部局御设医院医生华人陈锡卿证明枪弹不是从背入的。继由证人西教士惠斯迷其引申基督教义说:"我若以教士身份言,则不应开枪;我若以警官及法律家之身份言,则必开枪以便保护财产。"后由正凶爱活生供出当时开枪离警告后只十秒钟,而十秒钟实不能使群众退去。

十日续审。"正义"武装如前。这日工部局御用裁判官忽然不去根究枪弹从背后进去呢,抑或从前面进去,因为这位关君一开口就谕谓:"本案应分两个问题,即(一)公堂只审讯捕房所控案情判决其是否有罪;(二)开枪是否正当防御一层,此为外交事件,应由政府特派员交涉。"这日正凶爱活生说过一段很爱护人道的话:"我当时并未命令向地开枪亦未命令向空开枪。"为什么呢?"因为向地开枪,子弹跳起来伤人,向空开枪子弹落下来亦可伤人,所以平放。"

十一日续审。"正义"武装仍如前。工部局御用裁判官重申前一日两条原则,即只问学生犯罪不犯罪,不管捕房犯罪不犯罪。这一日,孔子的学说被帝国主义拿去了做他御用的学说,以补"法律"的不足。我今试摘录各报登载当日审问情形一段于下:

阶下囚瞿景白被传判堂。

美国领事问:"你四书五经曾读过否?"

——已经读过。

——"孔子曰三十而立四十而不惑一章,你服膺其言否?"

——此为二千(多年)以前学说,今不适用矣!

合座大笑。美领事亦莞尔而言曰:"本领事与关正会审官犹服膺孔子之学。"(帝国主义原来是"圣人之徒"!)

继关君亦询以"四书内少之时一章,血气方刚、戒之在斗,你知之乎?"

——我并不来斗。

这一套接演三日的滑稽戏,到此地步不得不收束。这日晚上七点钟,工部局御用的会审公堂判决"肇事"诸人无罪,但重新申明:捕房那一边开枪杀人的行为,本公堂是不过问的。

这便是帝国主义以公判形式履行工商学联合委员会所提先决条件之一:释放被捕。

然而被捕者果真完全释放了吗?我们看六月一日后被捕诸人:王小楼张其海张瑞卿沈定忠各罚洋二十元或押满十四天,李惠谢根生茅四忠袁再清顾英昌朱有喜高孝顺各罚洋三十元或押满二十一天,施文才罚洋四十元或押满一个月。其他因撕破告示散发传单等细故被捕而判罪还有多起。如此我们又怎样能够把这一裁判看成是帝国主义诚心履行"释放被捕"的条件呢?

(四) 帝国主义与军阀

所谓工部局、会审公堂、纳税外人会——都是帝国主义在上海的机关。帝国主义对华侵略以上海为其中心,为其下手处,而且这回肇事地点也在上海,反抗的风潮亦以上海为最紧迫，所以解决此风潮的关键便在上海一埠。对敌两个营垒内部的矛盾点亦以在上海较在他处为显而易见。在压迫者——帝国主义方面，我们去希望其中有几个帝国主义国家出来替我们被压迫者"主持正义"自然是妥协派的幻想，然而在压迫中国人当中，各帝国主义国家间利益互有矛盾亦是我们所不应忘记的。日本美国意国事实上派遣陆战队上岸共同屠杀上海人民，其残暴凶横并不减于英国，但在外交上除英国始终强硬外，日本欲卸责于英人而表示愿单独解决顾正红案；美国则仍不放弃其向来面子上的卖好市恩政策，在会审公堂上说什么"本领事历任七载，中外感情极为融洽"等话；意大利在中国本没有多大经济利益，所以乐得表示"愿为调人"；唯有法国，因他自有租界，不愿替他人受罪，故对商人和学生高谈其"中法亲善"，但法国调舰布防不稍懈，其机关报，"保护法国在远东利益"的中法新汇报则"过激"、"排外"、"赤化"、"暴民"的诬蔑且超英报而过之，甚至拒绝登载法比瑞同学会辟赤化谣言之声明。我们切勿被各帝国主义国家间表面态度的不同所蒙蔽了。

这边的营垒亦然。在全民族各阶级联合一致反抗帝国主义的大运动中，各阶级自己的利益是各自顾及的，阶级分化是不能磨灭的。帝国主义工具的军阀仍然成其为帝国主义的工具。起初我们看见安福政府抗议迅速，随后我们看见张宗昌萧耀南温树德赵恒惕等军阀电北京力争沪案，又电上海慰问被难者并捐款救济。当时一般人以为军阀觉悟了，以为这是武力与民众的结合。可是事实上是这样的吗？不是的，军阀只是军阀。安福政府抗议书中不提及此次屠杀发生原因之纱厂风潮，这是为其主人日本出脱罪名的作用。张宗昌温树德奉日本帝国主义命令戕杀青岛日商纱厂工人，同时又拍电争沪案并捐款救济，这是武力与民众结合吗？这是军阀觉悟吗？萧耀南帮助英兵戕杀汉口工人多名，又枪毙一十七个"过激派"，赵恒惕下令严办"过激派"，这就是军阀觉悟！这就是武力与民众结合！张作霖治下的奉天禁止学生游行，而一面派他的儿子带兵来沪"保护"上海人民，军阀的本相原来如此！

外交官尤其饭桶！蔡廷干曾宗鉴既其迟来，到上海复卖弄其官僚外交身手，一则曰只管调查不问交涉，再则曰交涉移北京办理。十一日工商学联合会召集的市民大会，邀请他们到会，又不敢来。这完全表现其是亲日卖国政府派来的奸细！这几个奸细竟运动总商会少数商人贵族脱离群众，另提出十三条妥协的要求。

（五）两种提出的条件

上海总商会本是少数大商家所组织，代表少数大商家的利益，占上海商埠大多数之中等商人及小商人自有自己的组织——各马路商界联合会及其总组织——各马路商界总联合会。此次代表上海商人加入反帝国主义运动的，只是各马路商界总联合会代表的各团体。总商会的罢市命令是经各团体多方要求催迫才下的。罢市初起时，直至十日，总商会绝不发表任何意见，置身事外，一似没有这一回事一样。

一日市民大会总商会不肯参加，工商学联合委员会组织起来，总商会也拒绝参加。到十日，才经会员的请求召集大会，组织一"五卅委员会"正式出面办理。这一次大会甚至有人拟之为总商会内部的革命。

可是总商会"革命"之后怎样呢？总商会出面办理的第一声便是减低工商学联合委员会提出条件之要求，并勾结上海报纸俾各报同时造谣，说总商会修改条件是经过工商学联合委员会同意的，这些报馆故意延宕，不肯登载工商学联合委员会声明并未参加总商会讨论条件之启事。

工商学联合委员会所提出的本是很妥协很迁就最低限度的要求。

但这些要求在官僚外交家看起来是很"过激"的，所以特派员和交涉员只许电告外交部而不肯向帝国主义提出，到总商会万分妥协的条件出来，外交官才认为可以提出而撇开了工商学联合委员会的要求。

现在我们试拿工商学联合委员会提出的条件和总商会提出的条件比较一下：

工商学联合委员会提出的条件：

先决条件

（一）宣布取消戒严令

（二）撤退海军陆战队并解除商团及巡捕之武装

（三）所有被捕华人一律送回

（四）恢复公共租界被封及占据之各学校原状

正式条件

（一）惩凶　从速交出主使开枪及开枪击死工人学生市民之凶手论抵，并由中国政府派员监视执行。

（二）赔偿　因此次惨案所受直接间接之损失，如（甲）死伤者（乙）罢工（丙）罢市（丁）学校之被损害者等项，须详细查酌明定赔偿额，应由租界当局按数赔偿。

（三）道歉　除上述两项外，应由英日两国公使代表该国政府声明道歉，并担保嗣后不再有此等事情发生。

（四）撤换工部局总书记鲁和。

（五）华人在租界有言论集会出版之绝对自由。

（六）优待工人外人所设各工厂，对于工作之华人，须由工部局会同纳税，华人会订定工人保护法，不得虐待；并承认工人有组织工会及罢工之自由，并不得因此次罢工，开除工人。

（七）分配高级巡捕　捕房应添设华捕头，自捕头以下各级巡捕，应分配华人充任，并须占全额之半。

（八）撤销印刷附律加征码头捐，交易所领照案　该三案历经我国政府否认，嗣后不得再提出纳税人特别会。

（九）制止越界筑路　工部局不得越租界范围外建筑马路，其已筑成者，由中国政府无条件收回管理。

（十）收回会审公廨　（甲）民事案：（子）华人互控案，华法官得独自裁判，领事无陪审或观审权，（丑）洋人控告华人案，领事有陪审权，但不得干涉审判；（乙）刑事案：（子）洋人控告华人者,其有关系之领事,得到堂观审,但不得干涉审判,(丑)华人互控案,华法官得独自裁判,领事无陪审或观审权,(寅)华人犯中华民国刑法,或工部局章程,视"丑"项论,且原告名义,须用中华民国不得用工部局;(丙)检察处一切职权,须完全移交华人治理;(丁)会审公廨法官,均须由华政府委任之;(戊)会审公廨之一切诉讼章程,完全由中国法官自定之;(己)对于会审公廨一切事权,除与上"甲至戊"五项,无所抵触外,均可根据条约执行之。

(十一)工部局投票权案 租界应遵守条约,满期收回,在未收回以前,租界上之市政权,应有下列两项之规定:(甲)工部局董事会,及纳税人代表会,由华人共同组织,其华董及纳税人代表额数,以纳税多寡比例为定额,其纳税人年会出席投票权,与各关系国西人一律平等;(乙)公共租界外人之纳税资格须查明其产业为己有的,或代理的二层,已有的方有投票权,代理的则系华人产业,不得有投票权,其投票权应归产业所有人。

(十二)要求取消领事裁判。

(十三)永远撤退驻沪之英日海陆军。

总商会提出的条件：

第一条 撤销非常戒备。

第二条 所有因此案被捕华人一律释放并恢复公共租界被封及占据之各学校原状。

第三条 惩凶 先行停职听候严办。

第四条 赔偿 赔偿伤亡及工商学因此案所受之损失。

第五条 道歉。

第六条 收回会审公廨 完全恢复条约上之原状:华人犯中华民国刑法或工部局章程,须用中华民国名义为原告,不得用工部局名义。

第七条 洋务职工及海员工厂工人等,因悲愤罢业者,将来仍还原职,并不扣罢业期内薪资。

第八条 优待工人 工人工作与否,随其自愿,不得因此处罚。

第九条 工部局投票权案(甲)工部局董事会及纳税人代表会由华人共同组织之,纳税人代表额数,以纳税多寡比例为定额,其纳税人会出席投票权与各关系国西人一律平等;(乙)关于投票权须查明其产业为己有的或代理的,已有的方有投票权,代理的其投票权应归产业所有人享有之。

第十条 制止越界筑路 工部局不得越租界范围外建筑马路,其已筑成者,由中国政府无条件收回管理。

第十一条 撤销印刷附律、加征码头捐、交易所领照案。

第十二条 华人在租界有言论集会出版之自由。

第十三条 撤换工部局总书记鲁和。

由这两种条件比较起来很明白看出:(一)总商会修改工商学联合委员会"优待工人"的一条,换言之即总商会不许工人有组织工会及罢工之自由;(二)总商会独不提出"永远撤退驻沪之英日海陆军"、"分配高级巡捕"和"要求取消领事裁判权"三条;(三)关于收回会审公堂[廨]一条，总商会只要求恢复不平等条约的原状（因现在的会审公堂[廨]制度不是根据不平等条约的，简直是不顾条约无理霸占），而不想根本收回。这三点是最重要的，其余各条减轻要求的很多。由这比较，我们很明白知道总商会妥协的倾向在：对外只要恢复不平等条约的原状，对内则压迫此次运动的主动力——工人阶级。工商学联合委员会条件是代表革命势力为一般人民谋少许自由，总商会条件则代表妥协势力只顾少数商人贵族的利益。

（六）是革命的问题

总商会的条件是我们所至死不能承认者，比较起来我们赞成工商学联合会的条件，以为可以解决根本问题之一部分。

要根本解决此次屠杀问题，则我们认定不是任何外交道路所能达到。唯一的道路只有革命。现在是革命的问题。

五卅屠杀是帝国主义与中国被压迫民众直接冲突之爆发，而不是这种冲突从五卅那天起才发生。因此总商会所提条件既然不能解决五卅案的本身，尤其不能解决那五卅屠杀所以能发生的根本问题。这根本问题是什么呢？是八十年来帝国主义对华的侵略。怎样解决这根本问题呢？只有打倒帝国主义打倒军阀的民族解放革命。现在一帮妥协分子高谈什么"缩短战线"、"就事论呈"、"法律解决"……都是不明白此次运动是革命的开始。有一帮小资产阶级的学生平日高谈革命，但现在"革命"降临了，他们倒反连"革命"二字都不敢提起，专门去做妥协的宣传；他们不仅不配指导运动的进行而且还是运动的障碍物！

我们既然认定五月三十日即中国民族解放革命之开始，我们便预备实力，组织群众，武装群众为夺取政权之准备。须知这是比较"经济绝交"更有效的方法，更正当的道路。我们所以赞成工商学联合委员会提出的条件，唯一的理由是因为这条件能给民众，特别是工人，以团结起来组织自己势力之自由，准备不久即能从帝国主义的铁蹄下翻过身来。

（《向导》1925.06.06 第118期）

此次运动中之帝国主义与军阀

独　秀

英国是帝国主义之王，此次中国五卅事变起，美法日本帝国主义者，都想乘机挟制英国一下，且因此买弄中国人心。法国在东欧、在小亚细亚和英国的利益简直不能并立，所以首先不在上海的英国人一致行动，并且对中国民族运动表示相当的同情；自英国保守党执政，道威斯计划受了打击，英美间遂现了裂痕，加之在华商业竞争，美国一部分舆论表示对华和缓态度，并主张有条件的取消领事裁判权；即至五卅事变造因之日本，亦以单独调解的声浪恫吓英国——五卅事变后一个月，英国都在此孤立的状态中。

外交手腕最敏捷的英国帝国主义者，一面捏造"报告未到"、"华人排外"、"列强一致"等话搪塞国会之质问，一面力与法美日本谈判，以英日续盟威吓美国，乃成英美日三国联合对华之新局面。英法利害冲突过甚,不易调协;无条件的与英国一致,固法人所不愿;为拉拢法国一致对华,而在东欧或小亚细亚向法人让步,也非英人所乐为。这就是华盛顿会议所产生的四国协同对华政策现在不易实现的缘故。

英美日三国联合对华之局成,在政府外交上或增加多少困难,而在国民运动上却有很好的影响,因为"单独对英"及"美国人是中国好友"这两个口号,都可以使中国国民运动自相分裂。现在英美日本联合在一起,懦弱的资产阶级撇开日美之心理自然仍旧存在着,而事实上日美却不许他们撇开,所谓"单独对英"明明白白成了一种幻想的单相思。在这样情势之下,至少也可以使中国国民运动之分裂不致过分地发展。

此时英国的政策是:(一)联合日美一致对华以免孤立;(二)主张司法调查,延宕时间,以待中国国民急态,再图有利的结果;(三)勾结中国反动的军阀,扑灭中国国民运动;(四)以关税会议诱惑中国军阀政府,准备在此会议,由要求清理外债进而共管财政,向中国进攻。日本仍旧采用他的传统政策,即是追随英国,取一致行动,获得在华和英国不甚冲突的利益。美国虽不全然赞成英国的政策,然而为维持一切帝国主义在华之威严及实施门户洞开政策,他是终须与列强取一致行动的。

(《向导》1925.08.15 第124期)

辛丑条约对于中国的影响

子 毅

中国怎样完完全全陷于国际资本帝国主义的掌握中的呢?辛丑条约可以说是国际资本帝国主义加于中国的一下致命打击,使中国四万万人不但在物质方面成为无抵抗的政治经济上的亡国奴隶,并且在精神方面二十余年不敢对帝国主义国家要求独立平等的权利。

在辛丑条约以前,已经有虎门条约加我以裁判权及关税的约束,已经有天津条约规定外人在内地传教与内河航行的权利,已经有马关条约规定外人在中国设厂制造的权利,此外割地赔款开租界租军港干涉各项税务的事,更不胜指数。但为这一切条约作有力的保证,而且进一步给中国人民以空前的无理负担,剥夺中国的一切自卫权的,还要算辛丑条约。辛丑条约原文十二款,附件十九项,这是帝国主义者的八国联军盘踞着北京城的时候,勒逼满清的孤儿寡妇所缔定的。从辛丑条约签字到现在整整的二十五年,在这二十五年间,我们中国人民所受的祸害,已经言之痛心;然而一天让这个条约存在,我们中国人民还永远没有翻身的日子哩!

(《向导》1925.09.07 第128期)

日本对华屠杀后的中日亲善论

秋 白

自从张吴战胜国民军而英日帝国主义互相争夺对华统治权以来,他们各自都想笼络中国买办式的资产阶级,当做自己的走狗,拿来做抵制中国民众革命化(赤化)的工具。中国的买办,尤其是上海的大资产阶级,从五卅以来屡次卖国卖民,媚侍英国帝国主义,可是,英国帝国主义于假手于他们而镇压民众之后,丝毫真正的让步也不肯给与,于是这些"高等华人"又继续他们屡试而无效的策略——勾结日本帝国主义以恐吓英国的政策。这种政策,从去年五卅戴季陶先生鼓吹劝告"日本回东方来"起(劝告帝国主义者替中国革命和劝告地主资本家替农民工人革命是一样的戴季陶主义),强迫日厂华工先行停止罢工,高唱单独对英……一直到上海总商会等拒绝参加反日示威为止——行了差不多有一年。然而日本的对华侵略仍旧日益厉害;高等华人希望他不和列强一致进攻的思想,早已完全破产。

可是,高等华人在张吴战胜之后,因为不能达到华董要求等的目的却还是想进行这一政策——更进一步的高唱中日亲善。上海的所谓商界领袖虞洽卿等居然在五卅周年纪念时,仿佛是为"避免纠纷起见",组织了大规模的赴日参观团到日本去"观光"。

高等华人要求日本的亲善,自然终要送一份礼给日本帝国主义。这份礼物是什么呢?就是他们帮着压迫日厂罢工的功绩。请看高等华人亲口的供状:

"去年五卅惨案,余(虞洽卿)与矢田领事调解日厂工潮;颇受双方(?)之非议,但余毫不注意,尽志在留中日亲善之余地,不为绝端派所左右……本总商会复不惜牺牲巨资,以补助日厂工人及与纱工有联系之电汽工人三十余万元之代价,专为贵国(日本)侨商解决困难,先予上工……"(虞氏在大阪的演说)

"……去年五卅惨案时,本会长劝日商纱厂工人上工,贵国(日本)纱商得免损失,有海关册可证。凡此种种,均为我人增进亲善之诚意,良以中日两国在历史地理文化种族上种种关系,有亲善之必要也。"(虞氏在神户演说)

(《向导》1926.06.23 第 159 期)

英美在远东的报纸与中国事变

马 恩

北伐军占领汉口以前,英国在远东的报纸仿佛装个对于北伐胜利不甚措意的样子。京津泰晤士报甚至造出整个的理论,说明北伐军必归失败。照这个报纸的见解,中国军阀,在其基础地盘附近行动而与其他独立的军事势力结成同盟时,是时常会得胜利的。战胜的军阀一经开始扩张其势力范围,兼并其他纪律较劣的或半独立的军事势力于自己根本的军事中心内,于是自己根本的军事中心的战斗力反因之削弱,而其军事组织之解体乃是早晚间问题。吴佩孚便时常如此,张作霖也是如此,去年冯玉祥亦是如此。这个报纸及预言,蒋介石一定也是要失败的。说到北伐军几次单个的胜利时,英国这班在远东的新闻记者总是说,这是勇敢的苏俄人员在那里指挥。

但北伐军前队到了武昌城下之后,帝国主义的报纸便改变他的对北伐军轻视的态度了。上面所说的那种"历史的"理论便丢开一边,而字林西报竟恐慌起来,老实不客气地问孙传芳——这个唯一还能够挽回局势的军阀——乞援了。字林西报九月三日的社论说,孙传芳如能善用其优势的地位,侧面攻击北伐军,给北伐军以致命的打击,那他便将受全中国的尊敬。孙传芳,你在吴佩孚下手做了光荣的事业,现在吴佩孚的位置显然空闲着,你应该来代替他!

英国帝国主义在中国的机关报,发出这种失望的呼声,其原因是可想而知的。北伐军威吓了英国对中国内部商业的中心——汉口。

北伐军占领汉口,即无异乎握着英国在长江商业之命脉。广东政府势力影响到长江,即指示排斥英货的运动将实际蔓延于中部各处了。自从北伐出师以至最近,英国在华报纸总把战中两方势力看做是一丘之貉没有什么好坏的分别。英国报纸既然天天叹息中国没有真正的政府,便自然不能把广东政府看做是反叛北京政府的。由此,另一家英国报纸,大陆报,几日前便发问:为什么要停止长江的商业呢?难道因为两方军事的干涉吗?大陆报以为现在不是内战的问题,乃是简单的两派强盗火并的问题。他们并没有"真正的"政府做后援,他们只想割据中国肥美的地方。

然而在中国以外的英国报纸,对于广东政府和军阀政府两方原则上的差异问题,却比较的坦白些说出来。我们可以举在日本出版的有力的英国报纸 Japon Chronicle 之言论以为代表。

"我们应该注意南方。南方有较大的政治天才,在民治方面有较进步的表现,这是很显明的。可是这一事实并不能作我们决定政策的方针。"

我们知道,决定英国对华政策的,自然另是一种方针。在同一论文里,这个报纸又说:

"在中国,投放有许多的英国资本,不仅在外国公司和工厂上,而且在铁路航路及其他社会设施上。广东的理论家能够把这些资本看做是残酷的剥削。他们的见解或者也是对的。但列强对其投放于中国资本的见解,并不是这样。列强以为他们的人民得着了合法的利益,他们是有权利保护这些利益的……像英国一类的国家,那样注重国外投资,那样需要国外投资所得的利息,自然提出这些资本的安全在'民族自决'或其他好听名词上面。如果有人要说明自由的和自尊的国家,比起那充满仇愤和怨望的国家,是更可靠的债务者,那么,便应答复:债权者的利益问题,最好是让债权者本身来解决。"

(《向导》1926.10.12 第 175 期)

国际帝国主义与东方被压迫的国家

马 恩

帝国主义者中间的利益冲突,这在中国是很明显的而且客观上促成中国革命运动的发展;但这种冲突在别的场合在别的处所也是十分明显,我们也不可不知道。资本主义世界的事变天天告诉我们以新冲突的消息。争夺市场的斗争加厉了。弱小的国家更加不能独立了。同时被压迫民族的反帝国主义运动也日加强大起来,尤其在东方——这天然成了中国革命的同盟者。

在印度,最近一年日本资本和英印资本中间的斗争异常剧烈。斗争的对象是棉纱业的市场。棉纱业始终是印度工业资产阶级的根基,战前在棉纱业中与印度资产阶级竞争者,主要的是英国的郎加色(郎加色是英国棉纱业的中心)。英印政府始终是帮助郎加色的。在大战中英印政府因财政恐慌并惧怕别国商品输入印度,遂迫得答应印度资产阶级的要求并施行保护税制限制输入工业品。自此以后,为印度纺织工业之障碍者,只是对于本地工厂使用棉花之百分之五的税捐。政府不愿意取消这种税捐,于是印度厂主去年便将这种税捐加于工人阶级肩上,减少工资百分之一二·五。那时孟买八十三厂十五万纺织工人便一致宣告罢工,靠自己的组织力并得苏联工会援助支持至两个多月。工人战线的强固使孟买厂主发生惊慌而向从前的敌人英国纱厂资本家求援。去年十二月印度厂主和英国厂主中间有个秘密协调,这协调内容大约是英国允许只以头等棉织物输入印度并放任印度工业制造次等棉织物。在这条件底下,郎加色可以同意于取消那印度棉花的百分之五的税项。这税项取消了,工人便照原来的工资复工。

这样似乎是和平解决了的。但从此日本便上了舞台。日本纺织工业也是制造次等棉织物,与印度工业一样。日本虽然自己没有棉花,须在印度购买棉花输入国内然后制成工业品,但因有种种便宜,竟能够复输入其工业品于印度,付给高率的关税,且与印度工业竞争印度的市场。于是印度纺织业资产阶级便与其旧敌人——英国协调,与这新的有力的竞争者——日本对抗。为保障自国市场安全起见,印度纺织业厂主于是要求英印政府提高关税税率以限制工业品之输入;同时从去年年底起,印度资产阶级复作一狂热的运动,反对"不公平的"日本竞争。日本的竞争为什么是"不公平的"呢？因为他们说,日本资本家强迫工人做比印度工人更多的工,而给更少的工资。印度资产阶级曾经痛恨英国主人强迫他们缩短工人的工作时间为英国竞争者的利益,现在自己又来玩这把戏了。印度资产阶级要改善日本工人的状况！日本资本家以同样的话回答他们。日本和印度的工人阶级看见这一国的资本家那样关心别一国的工人阶级,自然要觉得好笑。

然而事情不限于一工人问题为止。英印政府不久之前任命一个委员会来审查印度厂主的要求,这一事实就证明他们的要求,即提高关税税率以限制工业品之输入,是有达到的希望了。日本是很重视印度市场的,这一要求若是达到,便不啻给日本以重大打击。日本明白知道,在这种情形,英国是做印度资产阶级的后盾。日本不久之前在埃及才受英国踢之伤,现在在印度又有受打击的恐吓了。埃及政府定了保护税制限制日本的烟草,这里日本分明看出是英国的手脚。

上述的剧烈的经济斗争,现在尚未变成公开的政治冲突。但英日争夺印度市场的斗争将日益加厉,这是无可置疑的。这种斗争甚至将达到武装的冲突,这我们也可由日本"远东杂志"九月号里的言论看出。远东杂志批评印度纺织业厂主的要求说:"如果报告(即上述委员会的报告)的结果将达到实行保护税制限制日本的工业品,那么别的国家也可以根据同样理由即刻定出税率限制日本其他的商品,这样日本民族必将被屏于销货市场之外,日本人必将破产——不然便须斗争！"

最近二十余年来,帝国主义者中间争夺市场的剧烈斗争、瓜分世界、分配领土等,使弱小不能自卫的国家都失却了独立的可能。这些国家要从经济的政治的压迫底下解放出来，只有走民族民主革命的道路——过去的土耳其是这样，目前的中国也是这样。然而至今有一个小小的例外能够在帝国主义者虎爪之下保存其独立——这就是非洲东岸的一个小小的国家，亚比西尼亚（Abyssinie）。

亚比西尼亚，无论在政治的经济的文化的各方面中，都尚是一个中古时代的国家。行政制度是异常幼稚的，丰富的天产尚未开发，无限的水力尚未使用。这个国家虽然有良好条件可以栽种咖啡棉花糖海枣等，但农业尚在落后状态。森林中值价的树木和橡树是很丰富的。地下又有铁金煤铜等。这样一个包有一千万人民的肥美国家早已引起帝国主义者垂涎了。但自从一八九六年勇敢的亚比西尼亚人把意大利人打得落花流水之后，世界资本的进攻便暂时停止。在最近二十年中，亚比西尼亚逐渐被英法意等殖民地包围着，而且与海相隔离，帝国主义者要取消亚比西尼亚的独立，是没有什么便宜可占的。不幸在亚比西尼亚的近邻就是英属苏丹；在英属苏丹里，可以出产英国需要的棉花。但要运输棉花必需河流，而附近的河流只有尼罗河及其支流；这些河流的上游皆在亚比西尼亚境内。为取得河流，英国人已经强迫了埃及政府在尼罗河中到处设闸，致使埃及农民失却其所必需之水而濒于饿死。这还不够，英国人还时时刻刻向亚比西尼亚政府索取在其境内的设闸权以引水于苏丹。现在英国人决定，要取得这权利，最好的方法是一下扑灭此非洲最后的独立国家。不久之前英国和法西斯特的意大利中间有个协调，其内容就在瓜分亚比西尼亚为两个"势力范围"。这种政策我们是了解的，因为我们是领教过了。不错，亚比西尼亚已经以国际联盟——"平等权利"会员资格在国际联盟中提出抗议；不错，这抗议将得法国帮助，因为法国未曾沾得瓜分利益。不管这些，不管英国帝国主义报纸如何说："国际联盟注意大利资本帮助亚比西尼亚发展，务使其不至于妨害亚比西尼亚的利益。"但我们自信可以预言，这个强盗的国际联盟只会帮助欧洲帝国主义豺狼吞灭这个弱小的国家。

地球上无论如何偏僻的地方，现在都被帝国主义者夷为殖民地以榨取利润了。同时旧的殖民地，从叙利亚的阿拉伯人到荷属印度的居民，都发有自由的渴望，连帝国主义者本身也不能否认被压迫民族的怨望是一天增长一天了。

荷属印度已经起来反抗其压迫者——荷兰帝国主义。荷属印度绝不是一个小国，如果我们记起他有五千万的居民。在欧战时期，这个国家内曾经爆发了民族运动，这一运动强烈地发展，至一九一八年而达到最高度；当时甚至于仿照俄国革命办法有兵士水手代表苏维埃的组织。一九一八年之后，民族运动的潮流逐渐低落。强大的民族的团体Sarecat Islam解体了。其中最急进分子便组成共产党，其他分子则接近于政府——政府用若干的改良政策联了封建贵族余孽和回教士之反动的部分。

荷兰帝国主义者殖民地政策的特点，就在他们在多数岛上利用土人做小官。这样，他们便叫做"自治"。事实上，这些小官后面都有一个政府侦探监督着，一有需要立即可以取消这"自治权"。请看英国资产阶级"泰晤士报"的通信员怎样描写这个"自治制度"：

"在共产党煽动家未来之前，虚名自治的制度，交给自己办，确能得着相当效果。本地官员，自己手里有政府给予的权柄，是满意的。人民信以为他们是受制于同种同教的人,也觉得荣幸。本地官员,只要能够挂上光耀的虚名的政权,他们是不会多所要求的。"

共产党之组织及其宣传帮助了当地人民了解这"自治"的真相。这位通信员接着说:

"可是现在,这些摄政者(本地官员)及其部属,都被红色出版物斥为外国资本家的工具,而其结果是明显可见的,即这班金服官员服从纪律的精神已逐渐失坠了。"

此一时彼一时! 屈服的爪哇农民,不久之前尚卑谦地低头于每个荷兰醉鬼面前,如今得有共产党的帮助组织了自己的团体并认真地与政府军队作战。今年夏天在希达伦加地方(苏门答腊岛上)举行盛大的反政府的示威,是两个大的农民团体(Saret Bayat 和 Saret Tani)召集起来。示威者终于与警察冲突而散,被捕者在五百人以上。爪哇反动部分的回教徒赞助政府的压迫政策,与其荷兰主人结成反赤同盟。然而这种压迫是没有力量足以阻止革命运动之发展的。

我们从"泰唔士报"的一篇论文里便可看出:"一点也不是指明,Saret Bayat 的权力是减少的或其宣传……失却了引诱爪哇人的能力。"

(《向导》1926.10.19 第 176 期)

英国的船又在南京开炮了
——又是一个"南京条约"

代 英

胡汉民在英帝国主义的走狗蓝溥生呈递国书的第二日在南京演说,他说:"昨天英国公使蓝溥生代表英国呈递国书,这一事情可说是今年外交上一件大事。英国公使对人说,一八四二年中英两国曾经订过一个南京条约,现在两国又在南京订条约,可算又是一个'南京条约'了。从前的南京条约是中国不平等条约的恶纪念,现在的南京条约是中英以平等相交的好纪念。"他还说:"一八四二年英国的船曾在南京开炮,现在英国的船又在南京开炮了。从前的炮是打南京城的,现在的炮是贺炮,是礼炮。前后的光景是何等不同! 英国公使这几句话很有趣味,也说得很得体。"

从这几句话,可想见蓝溥生这一回是得意极了! 他这一回到南京来,几天之内便缔订了一个中英关税条约,又在蒋介石等的隆重礼节之下呈递了国书! 他用不着像一八四二年那时的武力,只需在贺炮礼炮中,便为英帝国主义获得了很大的利益,而且老老实实地将中国放在他的殖民地保护国之列。你看"前后的光景是何等不同"呢? 可是,不但蓝溥生非常得意,便是蒋介石胡汉民亦一样是非常得意,难道这一回将中国放在英帝国主义殖民地保护国之列,不但英国得了胜利,蒋介石胡汉民亦一样是得了胜利么?

蓝溥生居然敢提及一八四二年的南京条约,便是中国人世世代代不能忘记的鸦片战争后南京城下之盟所订的条约,这是中国不平等条约的开始,由于这一条约,英帝国主义占据了香港,强迫开辟上海宁波福州厦门广州五口通商,设立租界,并且勒索赔款六百万元。现在又是一个"南京条约"了! 蓝溥生说,现在是中英以平等相交。好一句不要脸的话! 何谓以平等相交! 香港归还了吗? 上海广州的租界放弃了吗? 中英间一切不平等条约废除了吗?

前几天只看见路透社纽约电，说彼间认此次交涉为英国外交胜利的性质，便预料国民党在这一次中英关税条约中间，一定又要出卖多少民族的利益。今天看见公布的此项条约内容，不由得不令人发指。这个条约第一句话说得很好，他说，"兹约定两缔约国现行条约内所有限制中国任意订定关税税则权之各条款，一律取消，适用关税完全自主之原则。"但再看下文呢！他马上限制中国对于英国殖民地保护国出入口货物，不得有何藉口，使"完纳的关税内地税及其他税项，异于或较高于各本国或其他各国人民自同一产地所运货物完纳之税款"。并且附件中还明白限制以国民政府采用之国定海关税则，"为对于英国货物所课最高之税率，且此项税率，从该税则实行之日起，至少于一年内应继续为该项货物之最高税率，该税则实行，须于两个月前通知"。从这些规定看来，中英关税条约不但有以前中德、中美等条约一样的所谓最惠国待遇的束缚，而且这一条约对于中国关税的束缚特别加多，他不但限制入口税，并且亦限制了出口前的出口税内地税通过税或关系上述各税之一切事项，都要给与最惠国之待遇，他并且限制中国在一年内不得对英货再有加税，而新订税率亦须于通知后两个月才能实行。这便是国民党今年外交的一件大事！这便是所谓取消限制任意订定关税税则权之条款，所谓关税完全自主，这自然是英国外交的大胜利了，然而中国的关税自主权，却出卖得干干净净！

这一次中英关税条约，并且显然对于中国的国际地位有一个很大的侮辱。他这一条约说明只适用于加拿大、澳大利亚、纽丝伦、南非洲、爱尔兰自治邦及印度政府，再便是纽芬兰、南罗得西亚及非自治之殖民地暨保护国。诚然，这一条约是中英以平等相交，但并不是英国与中国平等相交，而是以英国殖民地保护国或其他委任统治地方与中国平等相交。国民党这一次算是完全夷中国于英国殖民地之列，却还要自鸣得意，这种卖国的政府不打倒，中国民族还有解放的日子么？

国民党将蓝溥生呈递国书，看成了不知是什么隆重的大典，然而所谓国书是什么呢？说起来真笑得死人！这不过只是蓝溥生一年以前到中国便应呈递的一个委任为公使的证明书与前任公使解职的通知书而已。蓝溥生藉口中国没有统一将这国书不交出来，已经失了国际的礼仪，国民党亦不敢要他先交国书出来，便与他谈判关税条约，亦算是丢尽了中国人的脸。现在，出卖了国家，换得蓝溥生将这两张差不多是过期无效的公文交出来，却还要说这是外交上一件大事，真是不怕丑到极顶了！

胡汉民对此次条约，也许有特别满意的感觉罢！据刘芦隐的讲演，胡汉民在英国与著名帝国主义者张伯伦（英国外交总长）有下面的谈话：

张伯伦说："……只要你们真的和我们英国人好，英国人自然和你们好的。"

胡汉民说："这又要怪你们英国人笨了，我们何常不同你们好呢？最初革命的时候，中山先生自美洲来到英国，向你们汇丰银行行长相商，不要借款给满清政府，致与中国革命的阻力，但是你们不能听，而且现在你们最难解决的问题是欧战后，一百多万失业工人的给养的解决，唯一的办法和希望，只有望着我们中国……一方面可以将棉花等原料供给你们，一方面对于你们的货物可以尽量而且欢喜的购买，这不是你们最难解决的就可立获解决了么？"

张伯伦深以为然，说："从来对贵国人谈话，没有像今天这样的开诚和痛快。"

现在，英帝国主义果然学得不"笨"了，他居然来又讨了一个"南京条约"，大获而归！蓝溥生呈递国书时，蒋介石亦对他说"中英关税新约必能使敝国与贵国间商务愈形发达"，从此以后，英国货物可以来得更多了，中国只有一天天完全做成对英帝国主义供给原料销售商品的殖民地，中国的工人农民只有永远做英帝国主义的奴隶牛马，这便是国民党外交的成绩。

英国的船又在南京开炮了！帝国主义者与国民党卖国贼为庆贺他们双方的成功而开炮。然而，每一炮都打在我们中国工人农民的身上，每一炮都打在我们中国工人农民的心上。

(《红旗周报》1929.07.24)

第二章

国内时事

南京通讯

止　戈

　　卫兵站了道了，国旗挂起来了，督军省长过江亲迎去了，汽车噗噗灰尘飞扬进了城了。民国八年一月二日早九点三十五分议和的北代表，来到南京了。南方的代表，与了许多日儿，才推定了一位总代表，就是那唐少川先生。因为地点同闽陕的问题，出那纠缠，其余的九个代表迟迟尚未推出来。在下在欢迎北代表的喧扰声里，就听见有人说，北京的代表是来啦，南方的代表尚没有音讯，可见西南是没有诚意的了。外国人再来警告，曲直也就分了。回过头来又听见有人说，总说人家西南的不是，说闽陕问题弄不清楚，地点又一个说在宁好，一个说在沪好，乱杂杂的争个不了，叫人家怎么派代表呢。在下细想这两方的话，不是口是心非，就是隔靴搔痒。若是按着在下的良心说法，评论这回的议和，两方是都没有诚意的。说句斯文话，就是以诈逆诈。要有真心议和，为什么拿着闽陕当匪区呢。要说不剿匪民就不得活的，试问人民死了多少了。哪个想一想，到了现在反拿着老百姓充幌子，拍拍自家的心，是实话么。要说这两省匪多，试问哪一省不匪乱如麻呢。算了罢，拿着闽陕当匪内幕的人，在下都晓得，不必说那心劳日拙的话了。再说那地点问题，更不是寻根的话。战了两三年，为的什么，生命死了多少。因为什么要是明白这个缘故，能办到那根本解决。什么租界内地，哪儿不行呢。现在是一方觉着打不下去了，对内对外，都没有了办法，却故意说海话。要和平统一啦，心里的鬼胎是七上八下哪一方也是困难的了不得了。明知道这海话是没有底，因为和平是两个好字，不赞成又不行，于是将计就计，也拿着鬼胎来迎。两个鬼胎，迎来迎去，谁也信不来谁。借着地点凑趣玩，中略不幸两方的外圈，又跑来许多小鬼。自命政客的也有，自命文学家法律家的也有。说起话来也很会说，可是当初军事方起的时候，他却是关上门，停止活动。什么法啦政啦，他都不问。到了锣鼓不响了，他却出来东一个和平会，西一个和平会，热了不得。口口声声说要仲裁，在下请你这些先生先不要说什么仲裁，要称称自家是哪一种国民。想想仲裁二字儿是什么价儿，再去包揽这宗货品，才有点把握。不要立足不稳，倒在厕所里头，臭个自顶至踵，叫那真有仲裁资格的国民来兴问罪之师了。诸公要说在下的话太骂题，这种会议有相当的好希望，这宗牛马经纪的仲裁，有点良代价。在下要问大人先生们有什么决心预算，抱什么忠肝义胆。法律的问题是难的了。就是说到政治问题，废督啦,裁兵啦,怎么包办实行。不至风过耳边,嚷来嚷去。不是在下说丧心病狂的话,这样的恶疮恐怕不经洋先生们下刀子,终究是割不动的。但是这外国刀子并不轻易割的,还须国民觉痛挣拃(扎)。人家知我们有活的希望,才能下手呢。若还不然,即便割了,我们也是鱼肉了。说了大半篇,这都是以后的话。北代表既是来到南京,这杯辛苦酒是不能不恭维的。就是趁忙的流氓们,投机的商人们,一溜烟来了,也要洗洗尘,算是这台戏里头应有的配搭。且等南代表到齐了再讲下文,还须不算迟罢。

(《每周评论》1919.01.20)

联省自治与中国政象

独 秀

我对于联省自治即联邦这个制度的本身,本来不反对;但是我以为任何国家若采用这个制度,最圆满的理由是建设在各部分聚居的人民经济状况不同之上,其次是建设在各部分聚居的人民语言宗教不同之上,至少也必须建设在人民之自治的要求与能力扩大之上,这种合乎民治主义的进步制度,决不是武人割据的退步制度可以冒牌的。

中国政象纷乱的源泉,正是中外人所同恶的"督军政治":大小军阀各霸一方,全国兵马财政大权都操在各省督军总司令手里,中央政府的命令等于废纸,省长是督军的附属品,省议会是他们的留声机器,法律舆论都随着他们的枪柄俯仰转移,因此中央财政枯竭,以内外债及中央政费无法应付之故,国家濒于破产;又以大小军阀在省外省内互争雄长之故,战祸蔓延,教育停顿,金融恐慌,百业凋敝,继此以往,国力民力日益削弱,必然要至灭亡的地步。

我根据以上的理论与事实,我断然不敢承认联省自治,能够解决现在的中国政治问题。

中国本部人民的经济状况,都在由农业及手工业渐进到工厂工业时代,南北大致不甚相远;本部语言发音虽微有不同,而文字及语言构造则完全相同;宗教虽有佛道耶回之分,而无分部聚居之事;至于说人民之自治的要求与能力已经扩大到联省自治的程度,除造谣外别无事实可以证明;在上列的事实基础上而提倡联省自治,简直可以说是无病而呻。

近来的联省自治论,非发生于人民的要求,乃发起于湖南广东云南等省的军阀首领。这个事实,我想无人能够否认。这种无病而呻的联省自治论,在这班军阀首领自然是有病而呻;所以我敢说现时的联省论,隐然以事实上不能不承认已成的势力为最大理由,是完全建设在武人割据的欲望上面,决非建设在人民实际生活的需要上面。武人割据是中国政象纷乱的源泉,建设在武人割据的欲望上面之联省论,不过冒用联省自治的招牌,实行"分省割据""联督割据"罢了。而且国内政论家若以苟且的心理,以为事实上不能不承认这种已成的势力,遂轻假以自治之名,则希望割据的武人得了时论的援助,人奋其私,师旅团长都可以效督军总司令之所为,假自治之名,行割据之实,一省之内又复造成无数小酋长的局面,更陷吾民于水深火热之中,这时诸君又将以他们"不能立时放弃自治"为理由，以为事实上不能不承认他们已成的势力，来主张"联道自治"、"联县自治"吗？

联省制即联邦制的理想，固然是我们所不反对的，自治更是我们所赞成的，但是我以为我们人民的政治能力，才发达到都市自治的程度，若说已能勉强运用省自治制，此则为常识所不许；不能而强欲其能，至不惜以武人割据冒居其名，其结果，上不能集权于政府，下不能分权于人民，徒使军阀横梗其间，统一与民权两受其害，因为人民与能运用自治制度的联邦，未必定有害于统一，而武人割据的联省自治却去统一太远了。

最近的努力周报上，有胡适之先生和陈达材先生两篇赞成联省自治的文章，我现在略写点不同的意见如左：

适之先生说："我们总不懂孙吴二氏怎样能抹杀省的一级，我们至今不解国中研究政治事实的人，何以能希望不先解决省的问题，而能收军权于国，何以能希望不先许省自治而能使县自治！"我请问适之先生：怎见得不赞成联省自治便是抹杀省的一级？不能收军权于国，如何能够解决省的问题（即以安徽为例不能除张马等人军权，有何方法可以解决省内各问题）？据何理由县自治必须建设在省自治的基础上面？

适之先生说："试问国宪制定颁布之后，各省就能拱手把兵权奉给中央了吗？那些已行自治的各省，如湖南，如广东，就可以自行取消他们的自治制度了吗？那些正在经营自治的各省，如云南，如四川，就可以立时放弃自治了吗？"我今正告适之先生：中国此时还正在政治战争时代，不是从容立法时代，我们并不像一帮书呆子迷信宪法本身有扶危定乱的神秘力，我以为此时一部宪法还不及一张龙虎山的天师符可以号召群众。先生称许湖南广东是已行自治的省，云南四川是正在经营自治的省，原来时贤所主张的联省自治即联邦制就是这样，我们知道了。我们诚惶诚恐这种进步的政治组织，关外胡帅也会采用。自治！自治！天下罪恶将假汝名以行！

适之先生说："只是省自治可以作收回各省军权的代价。"我要问：先生所谓已行自治的省和正在经营自治的省，都是军阀用兵力取得的，他们肯以军权换省自治吗？他们果真是为了省自治才拥兵割据吗？他们宁肯抛弃军权不肯抛弃省自治吗？先生这种公平交易的估价，恐怕军阀听了要大笑不已。

适之先生既已称许明明是割据的军阀为已行自治或正在经营自治，为何又说"只有联邦式的统一，可以打破现在的割据局面"？

适之先生力说：只有公开的各省代表会议可以解决时局，胜于武力统一；我们知道前此上海和会，费了许多时间及金钱，各代表各政客闹了无穷的笑话，结果还是吴佩孚两次放了几天炮，才解决了他们不能解决的问题。

陈达材先生主张联邦制的理由有二：一是因为交通不便；二是因为人民组织能力薄弱。我以为交通不便不是个永久不变的现象；他以为交通不便，各省人民不能在政治上表现他们的意志感情，例如任免云南省长，须听命于数千里外之北京政府，他们的意志感情怎么能影响北京政府？我要问：适之先生所谓正在经营自治的云南省长唐继尧，已行自治的广东省长陈席儒，是不是足以表现云南人和广东人的意志感情？人民组织能力薄弱，不能监督政治，诚如陈达材先生所云，正为如此，我们应该觉悟在人民没有运用省自治制这大能力的时期,断然不宜妄行采用联省自治即联邦制,因为采用联省自治制而省民的政治能力不能运用,此时省政府,下无人民监督,上又无中央制裁,即军阀割据暴吏横行的现象其何能免!

陈达材先生又以为在国民无政治能力状态之下,欲求政治进步,必先做到左列三个条件:一是政府权力的分散;二是政治饭碗支配权的分散;三是军人与政争之分离。这三个条件,与联邦制实完全适合。我要请问:照现在的政象,不知道政府权力还要更分散到什么程度,陈达材先生才觉得痛快?此时中国政权是集中在一个中央政府吗?人民分途监督省政府的效力在哪里?中央政府还有政治饭碗的支配权吗?各省在邻省在省内,因为地盘饭碗的自由竞争连年开枪放炮,像陕西四川湖南云南贵州老百姓所受地方分权致启争端的厚赐,陈达材先生全然不知道吗?中国政治饭碗总只有这样大,无论支配权如何分散,同是供不能应求,解决这个问题是在开发实业,不是饭碗支配权的分合问题。此时中国政治的实质,已经是联邦而非单一制,中央政府的权力,比世界上任何联邦政府的权力还小,军人与政争分离了没有?

我常说,中国已经是无政府状态,不必再鼓吹无政府主义了;中国的政象已经是超联邦以上的地方专权,不用再鼓吹什么联省联邦制了;我以为任何好名词好主义好制度,而不为社会实际生活所需要,必不足以救济社会的病痛;拿联省自治来救济中国,简直是药不对症,不但不能减少病痛而且还要增加病痛;因为中国此时的病症,是武人割据不是中央专权,省民政治能力不能接受省自治权而采用联省自治制度,除增加武人割据的扰乱以外,必无其他好的结果。所以我们主张救济中国,首在铲除这种割据的恶势力,断然不可怀苟且的心理,以为他是已成的势力,来承认他助长他。铲除这种恶势力的方法,是集中全国爱国家而不为私利私图的有力分子,统率新兴的大群众,用革命的手段,铲除各方面的恶势力,统一军权政权,建设一个民主政治的全国统一政府;这样政府实现了,才有政治可言,才有从容制宪的余地,中央权与地方权如何分配方为适当,自然是这时候宪法中一个重要的问题;若在现时群雄割据的扰乱中,喜欢联省自治,上有害于国家统一,下无益于民权发展,徒以资横梗中间的武人用为永远巩固割据之武器,使老百姓更陷于水深火热之中,连向中央请愿这条可怜的路都断了,所以我对于这种政治主张,期期以为不可,敢为我敬爱的朋友们垂泣而道之。

(《向导》1922.09.13 第1期)

统一　借债　与国民党

和　森

辛亥革命既已成功了十一年,民主与封建之争——在袁世凯时代为共和与专制之争,袁死后为护法与非法之争——何以至今还不能结束呢?主要原因在旧支配阶级的武装并未解除,北洋派领袖且因其武力而完全承袭新政权,政体虽然是新的,而支配阶级则仍然是旧的。旧支配阶级——即封建的军阀与官僚——要扩张并巩固其地位,第一步就不得不增加其武力以压迫革命阶级并解除革命阶级的武装。二年独立失败,革命阶级完全解除武装而被驱逐于政权与领土之外，北洋派乃更进一步，实行推翻共和恢复封建政治。袁世凯死，段祺瑞承继其地位，自此以至于现在的曹吴，政权总不出北洋派的掌握。

由此我们可得一个重大的教训：旧支配阶级的武装不解除，旧军队不完全解散或彻底改组，新支配阶级——即革命阶级——的统治权是不能保持的，他的革命是要被推翻的。所以法兰西大革命，罗拔士比极力破坏旧军事组织，撤换一切封建阶级的司令长官，最后第三共和之所以巩固，也是因为旧军队解体，共和国新军队完全成立之故。最近俄罗斯革命之所以成功，苏维埃政府之所以不能动摇，也是因为在十月革命前，用宣传手段，完全破坏旧军事组织和纪律——第一步是废除军队中的死刑——，到一九一八年更完全遣散旧军队而改建工农业阶级的红旗军。假使他们在革命中及革命后不完成这种根本工作，他们的新政权也是迟早要落于旧军阀之手，他们的革命也是迟早要被旧势力推翻，如中国辛亥以来的故事一般。

所以从这一点说来，中国现在政治问题，实在去真能解决之时还远，因为全部政权还在北洋军阀手里，北洋派的武力依旧是政治舞台上的主人。在这个时候谋政治上的统一，除彼此把他当作一种暂时的政策之外，真正的统一是不可能的。自孙中山先生由粤来沪，曹吴代表南下，于是孙吴携手之声，甚嚣尘上。此事在形式上看来，吴佩孚之舍陈（炯明）联孙，及孙之弃奉而与一比较好的军阀周旋，不可说不是一种进步的现象。但实质上怎样呢？据曹吴艳电看来，不过是空空荡荡称赞老孙的宣言罢了；至于他们对于江西问题是丝毫不肯让步，不任民党有立锥之地作根据。然则直系之联民党，不是想利用民党为统一借款的招牌吗？不是与杨度近日对国会问题的主张同样用意吗（大要不外消灭护法名义，以便北洋派统一中国）？曹锟不过是北洋系一个死军阀，值不得我们多说，吴佩孚虽然比较进步一点，但他将来能抛弃北洋军阀的地位加入民主主义的战线吗？他对于曹锟言必称大帅，行必称服从，若长此下去，至多不过是一袁世凯或段祺瑞第二罢了，所以现在革命群众对于联吴之视为有意义，不过在剿灭红胡子之一点，因为张作霖一派野蛮势力之急需剿灭，于革命进程上乃属必要的。至张作霖剿灭后的吴佩孚怎样，乃系另一问题，决不要因此而疑虑张作霖灭亡之不利于势力均衡，因为革命党要靠继续革命才能存在的，靠旧的军阀势力之均衡，是不能存在的。

由上看来，政治上的统一，显就不是混合或调和各大军阀的旧势力可以做成的；乃须经过不停的革命奋斗才能真正成功。若舍却革命的宣传与行动，只与军阀谋统一，结果只有上当。

孙中山先生叠次宣言曾说"政治上之统一，自以国会真正恢复为必要条件"，又说"护法问题，当以合法国会自由行使职权，为达到目的；如此则非常之局自当收束"。非常局面虽因陈炯明之变乱而终局了，但政治问题绝不会一下解决，因而革命之局还是不应收束的。比如"国会自由行使职权"一项，看来虽似平常而实际非铲除军阀不能做到，所以孙先生第一次宣言曾说"夫欲约法之效力不坠……在扫除一切不法之武力，否则国会之行使职权，不但徒托空言，抑且供人利用"。又说："故直军诸将为表示诚意服从护法起见，应首先将所部半数由政府改为工兵……其余半数留待与全国军队同时以此改编"。

第二次之对外宣言全局和平之第二项办法,也说"必铲除多年祸根之军队势力,非各省督军统治下之兵队悉照予六月六日改编工兵之计划则和平不得而期"。这都是些探得病原的说法,但是以大义责军阀是无效的,必须此后继续用革命的争斗的手段才能做到。就工兵计划一项而说,民主革命的胜利确定,采工兵制以改编新军,是很有益的;若在现状之下,各军阀各自采用起来,则不但于时局无益,而且反可延长封建政治的命运,增加武人割据的势力。比如就近日吴佩孚发表之兵工计划而说,他说现在每一兵须费国库银五两,他的计划实行,只需银二两便足,这样一来,吴佩孚有事时,可就原有饷额扩充他的军队到两倍以上,并且军队饷源有生产的经济基础,封建的、割据的局势,不愈加严重巩固吗?各省割据的军阀大大效法起来,将来还了得吗?

所以现在无论从何方面说,革命党当大大宣传民众,大大结合民众,轰轰烈烈继续做推倒军阀和国际帝国主义之压迫的民主革命。至于政治上的统一,万不宜苟且将就以上当。

属文至此,偶然检阅本月八日的民国日报,看见"美报记孙总统之谈话"颇觉一惊!今把这个新闻抄在下面:

世界新闻社译英文日本广智报上海通信员索克思氏八月二十五日通信云,孙中山今日对客谈论中国之国际地位,谓中国之内部政潮欲求解决,必须先从解决财政入手,尤以解决北京政府之对外借款义务为特要,中山之态度,赞成外资继续参加于开发中国富源及建筑道路。彼云"在北京前此开始拖欠外债之前,欲先谋统一然后整理财政,其事虽非不可能,然极困难,今已不复如是矣"。中山谓北京若无一有效力之政府,能实施其命令于全国,并收集各省之税款而不遭阻挠者,则统一之举,徒属空谈。而国家之还债,若不恢复,则设立此种政府显然为不可能之事。中山于未觅到若干解决中国财政问题之方法以前,不准加入北京政府,彼以为当小数薪金尚不能付之时,断然无法处理北京大局。关于彼有总统希望之说,彼云:"倘余得有美国及其他中国欠债之国之保证,证明中国提出关于归还过期外债借本之提议,将得优惠之考虑,又保证在依据外人良好顾问不久即将实行之整理时期内,新银团将给与垫款,以供寻常行政用途,则余将往北京。"

据这个新闻看来,似乎孙中山先生注意于北上谋统一,而以解决财政为入手办法,倘若得美国等欠债团之保证及新银行团给与垫款以供寻常行政用途,则可以北上。这个新闻确实与否不可得知,但我对于借款及新银行团颇有点意见,略写于下。

中国在国际地位上早已处于半殖民地位,最近经过华盛顿的宰割会议,更把他活活地放在英美日法帝国主义协同侵略的"门户开放"政策之下,以为实现"国际共管"的地步。然则自动的借外资以开发中国实业,乃为国际帝国主义者所不愿闻,因为他们所要的,是要以他们本身的利益为准标,而使中国的经济生活永久隶属于他们自己的资本主义利益之下,故决不会容许中国自成为大工业生产国,以谋经济上政治上之自由发展与完全独立。所以中山先生之机械借款说,英美法日的资本家,是不欢迎的。然而这种计划,实为中国民族独立自强的要素,不过其达到之方法,在事实上只有下列二途:

(一)与全世界被压迫民族之好友苏维埃俄罗斯,及已完全解除武装再无侵略能力,并且最当机械与技术人才之德意志缔结经济同盟。

（二）努力完成民主革命，推翻军阀及国际帝国主义在中国之特权与压迫，建立完全自主的独立国家，仿照苏维埃俄罗斯之不损主权不受束缚的招致外资及权利让与等等政策，迅速的自主的开发中国大工业。

这两个方法，是最可能最妥当的方法，是经济落后国和半殖民地所应当走的道路，唯有向这样的道路走才有解放的希望，唯有向这样的道路走，才能得到独立与自由而不致永远为国际资本主义帝国主义的奴隶。假使我们不察，只知梦想那些要永远隶属我们于他们经济利益之下的英美法日帝国主义者，来借款超渡我们，这不但不智，而且反要误了我们解放的前程。所以在这样的选择之下，国民党的外交方针，有重新估定之必要。

"美国是中国最好的朋友"，换过说，就是最会使掩眼法最会用宣传术以宰割中国的"好朋友"。他对中国除成功了"门户开放"、"国际共管"的局势之外，更为中国组织一个新式的东印度公司叫新银行团。他口口声声为的是中国好，口口声声非等中国统一后不投资。其实这样不投资的高调，就是要迫使穷极无聊的北京政府早日承认他。现在呢，他的方针变了，想在未统一前借些钱给中国去"统一"了，但是要一切关盐烟酒等税收作"总担保"，并且监督用途，管理财政。因此我们应该觉悟在民主革命未完全成功，军阀未完全消灭以前，中国既无统一之可能，更无借款之必要。多借一笔款，多养几日兵，便多延长封建的军阀几日生命。倒不如饷竭兵变，他们要灭亡得快些。

总之，为中国人民根本祸患的就是国际帝国主义与封建的旧势力，三十年以来的国民革命运动，就是由这两种东西刺激起来的。所以国民党过去的生命在革命，今后的生命还是在革命。为使这种革命运动贯彻成功，便要一面与民众为亲切的结合，一面与苏俄为不二的同盟，大着胆子明白的反抗以上两种恶势力，使革命潮流一天一天涨高，革命行动一天一天丰富，勿以民众力弱而与之疏隔，勿以善邻势微而不与之接近，勿因一时之利害而忘远大，勿让土耳其基玛尔氏所领袖的国民党专美于前！

（《向导》1922.09.13 第 1 期）

武力统一与联省自治　军阀专政与军阀割据

和　森

一、乱源的分析

一个时代的政治变化，有一个时代的经济变化为基础，所以近世政治史上的民主革命，不过是经济史上产业革命的伴侣。中世纪末，封建制度既成为新兴资本主义大企业的桎梏，所以被桎梏的资产阶级便起来推翻封建而建筑近世的民主政治。

因为资本主义的东侵，民主革命的潮流自然也要随着波及东方被侵略民族的弱国和经济落后国。故中国在国际资本帝国主义数十年严重压迫之下，便发生了"改革内政以图自强"的革命运动。

然国内农业手工业的经济基础虽日被压迫，日见崩坏，国际资本帝国主义却不容许其起一种强大普遍的变化，因而经济地位上强有力的革命阶级没有形成，不过少数觉悟的革命党,凭借饱受外国刺戟的外埠华侨势力,奋斗不息,勉强完成辛亥革命罢了。

故中华民国,乃是革命阶级羽毛未丰,将就封建的旧支配阶级势力,与之调和妥协而后苟且成立的。这样一来,更加以国际帝国主义扶植旧势力以图自便的捧袁空气之压迫(当时捧袁外论,英美主之,压力极大,对于民党吹毛求疵的疑惧或诋毁,极力制造中国非袁则亡,则惹干涉,则不被承认等空气),及全国还无革命意识的小资产阶级和平、统一、妥协等倾向之鼓荡,自然新政权不得不完全落于封建的军阀与官僚之手。由此就形成十年以来军阀专政和军阀割据的封建残局。自帝制、复辟,以至今后假名统一与联治之争,哪一役不是根源于未曾解除武装而且反为新统治之主人的封建余孽呢?

所以今日不但<u>直</u>、<u>奉</u>、<u>皖</u>,各系军阀为前清遗下的北洋派之嫡系;就是<u>川</u>、<u>湘</u>、<u>滇</u>、<u>粤</u>等经过民主革命领域的新军阀,也是在这封建政治的残留局面之下孳乳出来的。

由此,我们可正确的肯定中国乱源:在封建的旧势力之继续;而不在<u>胡适之</u>先生那种新发明的"统一"史观(看努力十九号)!我们要高声说:他那种牵强皮相的分析是很谬误的。

二、封建残局下的政治问题

由此我们可以推论:十年以来的内乱与战争,既不是"南""北"地域之争,又不是"护法"与"非法"之争,更不是"统一"与"分离"之争;乃是封建的旧支配阶级与新兴的革命阶级之争。这样的阶级战争,发生于一定的经济情形和国际情形之下,谁也不能否认。假使经济地位上的革命阶级早已成长,假使国际帝国主义不忌革命党统治中国成为一个独立自主的国家,那么,十年之中民主革命总可完成,把旧支配阶级解除武装而退处于无权。这样,则中国现状早已上了民主政治轨道,由新支配阶级来制定宪法,划分中央与地方的权限,都是容易解决的事体,何至酿成内乱与战争?只缘新旧支配阶级同时并立,旧势力反占优势而握得政权,所以元二年间总统制,内阁制,中央集权,地方分权,以及同意权之争,才成为北洋派与国民党爆裂的导火线。所以这些政制上的争执,不过为内乱的导火线而已,新旧势力之不能两立,才是内乱的真实根源。

所以要国体政体确定,非先确定新旧两阶级的胜负不可,要靠妥协、调和来立国定政,乃是绝对不可能的。只有旧势力完全推翻革命,解除革命阶级的武装,封建政治才能完全恢复;也只有新势力完全制胜反革命,解除封建阶级的武装,民主政治才能真正成立,不然宪法制定也是无效的,政制修明也是徒然的。换过说:新旧阶级的地位没确定,死文字的规定,不能发生作用。

国家政权,系建筑在阶级抵抗上面,为这阶级用以统治别阶级的机会,只能属于一个支配阶级而不能有两,若一国有新旧两个胜负未分的支配阶级同时存在,各据政权或武力以相抗,则其现象必为内乱与战争,或妥协苟安之局,而其政治,必为半新半旧非驴非马的东西。所以中国现在这种半封建半民主的局面,就是新旧两阶级的争斗,还没有达到决定时候的反映。

由此可以断定:在这样情形之下,一切政治问题,不是创法改制可以解决的。换过说,就是非继续革命,完全打倒军阀,解除封建阶级的武装不能解决。

三、军阀所要的统一与联治

假使民主革命成功,民主政治有确立之可能时,政治上的单一制与联邦制,不过为宪法上一个容易解决或修订的问题;可是这个问题现在横在我们之前,则完全为另外一回事。力能进取的军阀,便倡武力统一,或主张强有力的中央政府(如曹吴),仅能自保或希图自保的军阀,便倡联省自治或筹备制省宪,举省长(如川滇),同一军阀,进攻时宣布武力统一,退守时宣布联省自治(如奉张),位置动摇时改称省自治(如浙)或打算取消省自治(如湘赵),又如湘赵最初之因首鼠两端而宣布省自治,粤陈之想王广东,反对北伐而主张联省自治……凡此种种,无非是封建的残局之下,军阀专政,军阀割据的必然现象和趋势。所以统一派的军阀最忌联治,联治派的军阀最忌统一。换过说,就是为帝者不愿众建为王,为王者不愿奉人为帝,或则为帝不成而思王,为王不愿而思帝,完全为军阀间一种闹剧。

可是在这样武人主倡的联省自治说之下,却激起一部分政论家和智识者"将就现状""因势利导"的赞同,认为是解决时局的唯一方针。最近胡适之先生在努力十九号发表一篇关于这个问题的文章,他诘定联邦运动的作用为"增加地方的实权,使地方能充分发展他的潜势力,来和军阀作战,来推翻军阀";他更找得与军阀作战和推翻军阀的工具为省议会。这不可不说是联省自治论中的大进步。

但我要明白告诉适之先生:你这种英国式的议会政策用在政治问题解决后——即封建的军阀被推翻后——是有点作用的;若用来解决政治问题乃是绝对不可能的,因为在军阀没有铲除的时代,省议会无法免掉他们的制造,强奸,蹂躏和压迫,如此而可望充分发展地方的潜势力,来和军阀作战,来推翻军阀吗?故适之先生当承认:你这种和平改良的议会政策,原先想借议会来推翻军阀,结果只有军阀推翻议会,这是武人政治下的必然律,证以过去现在的事实,没有人可以否认的。

适之先生一若承认过去为法治而不为武人政治,故将督军总司令权力扩张之原因归于地方之无"权";又若承认今后也为法治而非武人政治,故主张赋地方潜势力以合法的"权",使之到省议会里面去与军阀作战,并"大胆"肯定打倒军阀割据的第一步在联省自治。但我们也可以大胆告诉适之先生:打倒军阀割据的第一步在民主的革命。

四、中国唯一的出路

中国政治的乱源既然在军阀,所以现在根本的问题不在政制而在怎样推翻军阀,换过说就是怎样革命。若忘记现状——封建残局——以为改变一种政制就可以止乱定国,那么,不将乱源嫁于政制,便将政制认为是止乱的方法,胡适之先生便完全犯了这种错误。在今日而讨论未来的政制可以说是无病呻吟,毫无意义;若讨论现实的政制,则决不能置现状于不顾。所以现今的政治问题既非势必成为割据的联省自治所能解决,又非北洋正统的武力统一所能奠定,唯一的出路,只有贯彻民主革命。在现状未完全打破之前,地方政权不能脱离军阀之手,中央政权也不能脱离军阀之手,所以我们现在所需要的不是强有力的中央政府,但是强有力的革命党,不是武力的统一,但是革命的统一。我们既不梦想一个将就现状或超越现状的宪法来统一,更不梦想大批军阀来统一;我们唯望结合伟大的革命群众的势力,尤其是最能革命的工人阶级的势力来统一。统一的目的要建筑在最大多数贫苦群众的幸福和全国被压迫民族的对外独立之上,才能够真正的统一。

自来一帮与群众隔离的政治家或政论家他们简直不知道或者不承认有群众的势力,所以他们不谋勾结或利用旧势力便想求助于外国帝国主义者,不是发表些蔑视群众、谩骂工人兵士的怪议论,便是想出些上不靠军阀下不靠民众的智识者的纸老虎或乌托邦。所以革命数十年,议论三十载:上不能破坏旧军事组织解除军阀的武装而反使封建残局孳乳延长;下不能将革命潮流普及于全国最深最广大的群众唤起浩大不可抵御的革命势力,而坐失了许多可以扩大兴奋的宣传运动之机会;每每失败一次又踏一次的故辙,萦情于现成的势力及不可得到的外力帮助而不能自已,致使可以膨涨的革命潮常常因而收缩;乃反蔑视群众无力,或诬群众麻木,不知真正为群众的利益而奋斗而革命,群众未有不感发兴起的。这些都是真有改革精神之政治家政论家所应急于觉悟而改变的。可是现象不然,或则仍然梦想借外力以废督裁兵,或则仍然梦想联合几派现存的势力来统一,或则梦想改变一些纸上的制度来和平改良。够了! 这些过去都已试验了,现在须得觉悟起来罢! 大家试想想:不要以为除革命外还有别的出路;不要以为革命没有办法,假使能将求助于外国帝国主义者的精神去求助于群众,假使能把一部分工夫去做违法的工作,破坏旧军事组织和纪律,激起兵士们的自觉心,假使能够鼓起人民武装的自卫和抵抗,使各大城市的市民全副武装或工人全副武装,那么,民主革命没有不成功,封建的武人政治没有不崩倒的。

(《向导》1922.09.22 第2期)

孙吴可在一种什么基础上联合呢

和 森

孙吴携手的消息,已经沉寂许多了,近旬各报且载曹吴因孙中山中德俄联盟政策暴露惹起外交团注意,因而申明他们上次给孙中山的电报是他人捏造的! 但九月二十八日申报北京通信又载有孙丹林口中的孙吴联合论,这篇谈话是很重要的,今把他抄在下面,然后发表我们的意见:

此次王内阁之旧店重张,何以必拉一徐谦入阁,吾人即于此点可以窥见洛吴左右之空气,联孙论盖犹盛也。记者昨晤联孙派议员邓天乙氏,彼日前曾访问孙丹林一次(孙丹林旧为同盟会党人,辛亥年孙与邓同在青岛某校运动革命),孙氏以邓为大孙派党徒,遂对邓大唱孙吴携手之论。邓君为记者述孙氏当时之谈话情形云,近来时局纠纷益甚,统一已万不可缓,子玉方面之事予(孙丹林自谓)可以负完全责任,所可虑者,中山先生之态度耳。中山先生为吾党(孙氏自命为老民党,故口吻如此)前辈,其十年来之政治生涯,虽屡起屡仆,而其精神唯一之表现,则在其拥护主义,坚持不屈,百折而益励,此吾人所共见,不胜钦服者也。若夫北方吴子玉氏,亦能为国而不为私,重实行不重理论。自己之主张既经决定,则生死以之,必期贯彻而后已,此种精神实有与中山先生相似之处。中山为民党之领袖,子玉为国家之干城,二人精神之上特征,又相同若此,则吾人欲图孙吴之联合,岂非势顺之事。然事实上却不无难点,盖中山向来不肯舍己以从人,子玉作事,亦把成败利钝关头,看得很清,认得很真,彼虽甚崇拜中山先生之为人,且赞同其主张的(如中山之兵工政策,与反对割据式的联省),然若使彼轻易服从一种之理想,而抛却一己之实力,一旦有事即束手受缚,则彼目前又有万难照办者。以予所见,中山既不得志于南,当然发展于北。时局当前一大问题,在乎全国之统一,苟不能使南北归于一致,中山先生之一切理想,将终为理想,无复见诸实施之可能。统一既属目前一大问题,其程序又须列诸凡百问题之先而亟待解决,则中山先生向北发展之途术可以知所本矣。现在北方及长江流域省份,时有段派奉派阴谋之发见;在北京政局上活动者,则不外益友与政学两派。中山果欲为国家谋统一;则对于以上四方面应有彻底之观察。直言之,中山先生如以为当今之中国,非段派不足以谋统一,则应当光明磊落的与段派联合,如以为非奉派不足以统一中国加则亦应当光明磊落的与奉派联合,推而至于益友社政学会,均宜以明了之考量,决定态度而继之以公开之结合。如中山以为上述之四方面,均为有害国家之政团,不足与言统一大计,则以主张之正当论,态度之光明论,力量之充实论,中山对于"直系中之吴子玉",允有一致提携协定国是之必要矣。君回上海之后,可将此意径达中山先生。总之,予甚希望中山先生对于"欲谋真正之统一,应与益友社政学会段派奉派结合乎,抑应与直系中之吴子玉携手乎"一个疑问,加以公正之考量与解决也云云。邓君述孙丹林谈话至此,续告记者,彼(指邓君言)当时曾答复孙氏,谓中山先生之与任何方面联合,向不管人的问题,而纯粹以主义或政治主张为互相提携之标准,如北方传说之所谓孙段联合孙张联合者,其真相并不如北方报纸记载之诡秘,盖段派或奉张方面,必先有人向中山表示,愿绝对服从其政策,然后始有妥协之商榷,中山又尝对其左右之好谈"利用"者,加以严重之训诫云,吾党无论与何方结合,当先问主义之同否,主义同,即当以诚意相提携,共负救国之责任,若夫利用之阴谋,则万不可尝试以自失信守云云。子玉方面既有阁下(指孙丹林言)负责,则于中山之"以主义相结合"一点,不可不加以注意。邓言未觉,孙丹林以手作式,极言子玉之事,彼可以负完全责任,至于中山之纯重主义,子玉久已了解,而对于兵工政策,尤深表同情,子玉曾谓,将来兵工政策实行着手之时,当以兵工委员会会长一席待中山,而自居于副座云云。

  关于孙吴联合的事,在本报第一期(参看统一,借债与国民党)业已约略发表过我们的意见了。我们认民党与军阀,截然为两个新旧不同的阶级。这两个阶级的争斗现在虽还未决定到你死我活,但民主革命的潮流总是一天高一天,军阀的命运总是一天促一天,除了时间问题,新兴的革命阶级总会要战胜封建的军阀的。所以我们根本上主张民党应极力与民众势力联合以贯彻民主革命,除有意义之单方面的联合外,我们反对混合或调和各大军阀的势力,去谋那不可能的统一。

  以现在情形看来,吴佩孚业已轮到北洋军阀之最后领袖的地位了。就他的阶级地位与利害关系而说,他有与民党联合之可能吗?看孙丹林"子玉作事,亦把成败利钝关头看得很清……若使彼轻易服从一种之理想而抛却一己之实力,一旦有事即束手受缚,则彼目前又有万难照办者"一段话,就知道是不可能的了。然则孙吴可在一种什么基础上联合呢?依我们看来,反对联省自治的同点上面建筑他们的联合不住的,"领袖"与"干城"之精神的同点上面更是建筑他们的联合不住的,唯有在反抗国际帝国主义为中华民族之独立而奋斗的基础上面,可以建立他们的联合。

但是吴佩孚够得上说这个吗?就他的过去看来,如反对日本帝国主义的侵略,攻击安福系新旧交通系的卖国,无论其动机怎样,这些行为总像是一个未为国际帝国主义所收买的军阀了。但是现在呢,他乃大大引用继新旧交通系而起的新卖国党——外交系,连续组织亲附英美帝国主义的北京政府,不但任他们引导美国帝国主义的支配势力侵入中国政治经济的骨髓,并且任他们极力排斥中国人民应与急切联合以图增进国际地位的苏维埃俄罗斯,而使中国愈益陷于国际帝国主义的奴隶地位。这种局面若是长久下去,吴佩孚不会成为卖国贼领袖段祺瑞第二吗?所以现在不独孙中山应于皖奉政益与"直系中之吴子玉"间有所抉择;而吴佩孚尤应显然表示外交态度,斥退新卖国党外交系,才配讲到与孙先生联合。因为国民党是运动中华民族独立的革命党,孙先生近日更公然发表其应结合俄德的政见,吴佩孚对于这个政见赞成呢,反对呢?还是跟着曹锟打那奴隶心肠的否认电报,以避国际帝国主义的嫌疑呢?

孙丹林这篇谈话,算是很胆大的,他胆大的地方就是再三申言"直系中之吴子玉",我们当然认他的话是足以代表吴子玉,认他对于孙吴联合的热度是很高的;但孙丹林须知道:除了为中华民族脱离国际帝国主义的羁勒而独立之外,实实寻不到孙吴联合之正当的基础,虽然勉强成立了,也是没有好结果而为民众所不愿意有的,正为不过徒看见一个具有光荣历史的革命党,离开群众而与一个纵横捭阖的军阀联合罢了!

(《向导》1922.10.04 第 4 期)

外交团劝告裁兵

振 宇

二十八日,上海各报载称日本人方面传出消息,外交团决议,由领袖葡萄牙公使提出两项劝告,昨已递到外部,其要旨如下:(一)希望中国即速实行华府决议案,即行裁兵;(二)如中国再不实行裁兵,将来发生兵变各事,列国损失须由中国担负完全责任;(三)中国之财政亟宜整理,而到期之外债尤宜清偿,以重信义。

这个新闻在久处军阀压迫之下,仿佛本身无法解决的中国人看来,一定以为是个可喜的好消息,一定以为军阀非有外力压迫则不会裁兵,而今外交团的警告来了,裁兵一定有几分希望了。

可怜的同胞们!假使你们这样设想,我要老实告诉你们是想错了!外力除了压迫中国人民和贫苦群众外,决不会压迫军阀的。因为军阀大都是他们的驻华武官,是他们十年以来栽培维持出来的产物;中国的内乱与割据,正是他们永远所需要的掠夺时机与情形。他们只有增加并延长这种时机与情形,决不会使之缩减或停止,而任中国得跑向不利于他们掠夺的经济上和政治上的独立方面走。倘若这样,中国就不会是他们的殖民地或准殖民地了。试问现在决定维持东三省独立,资助张作霖二十二车军火的日本,不也是外交团的一员吗?然则外交团何故劝告裁兵呢?第一,就是所谓"实行华府决定"正式的来干涉中国内政。第二,就是伏此一笔,等到"将来发生兵变各事",如此这般,以达到国际共管。近几月国际共管和干涉中国内政的论调,不独青木诸人倡之;京津泰晤士报(英国帝国主义者在中国的机关报)和顺天时报(日本帝国主义在中国的机关报)等,尤常常制造这种空气来尝试,他们不是旁敲侧击鼓吹请一位外国政治家来统治中国,便再三抬高他们"华府"的无形权威,主张实行干涉中国内政,一步一步来探试无常识而易于欺骗的中国人!

可怜的同胞们!我们真要废督裁兵吗?只有自己起来推翻军阀呵!

(《向导》1922.10.04 第 4 期)

中山先生的兵工政策是为军阀说法的吗?

和　森

现任"兵工政策",居然成为军阀口中的时髦调子了:无论直系军阀奉系军阀或赵恒惕陈炯明派的军阀,莫不满口兵工政策,一面用为欺饰人民、转移人民对于他们厌恶痛恨的策术,一面用为巩固他们武力基础的新式方法(参看本报第一期统一借债与国民党)。

民党要人徐谦牧师,北上"布道",游说吴佩孚实行"兵工主义"。他说:"中山但为倡议者,实行仍在握有兵权者,甚望提倡,即此是救国。"(十九日申报北京通信)吴佩孚亦大言炎炎地说道:"兵工主义,孙先生无兵,不妨纸上谈之,然我有兵,且已着手实行,我之第三师即可作孙先生主义之试验品也。"(见同日申报)谁知孙先生原来的三民主义背时之日(张溥泉先生说"逼中国无人服从先生主义者,独胡匪与卖国贼信之!"见同日申报),正是他新倡的兵工主义行时之时;我们革命群众倒恐怕孙先生这种新主义在军阀中太行时了,而北上布道的徐牧师反"甚望"军阀去"提倡"呢!我们眼见张作霖提倡于关外,曹吴提倡于关内,陈(炯明)赵(恒惕)唐(继尧)刘(成勋)提倡于西南,中国马上会太平,国民党的革命救国用不着了,全国军阀便都是些"救国"者了!难怪汪精卫君在大连青年会说:"我们现在要求改变宗旨",不做那与军阀战争的事了(见十九日民国日报)。

在我们看来,孙先生兵工政策原来的用意,不过是想用这种方法来"铲除多年祸根之军阀势力",使"全国军队同时以此改编"(见孙先生六月六日的宣言及对外宣言)。根本上改编或解除封建阶级的武装,这乃是革命胜利后最重要的工作;但决不是北伐失败后的现下形势可以做到。在现状下来谈兵工政策,于革命党本身为政策破产,而他方面便无异是代替军阀说法。我们真要以兵工政策来改编全国军阀的军队,第一步还是要先做到革命的胜利。故我们可以断定兵工政策唯有胜利的革命党才能实行,望"握有兵权者"去实行,不但是与虎谋皮,而且是助虎作伥。革命党的朋友们,还是要多做些革命的工作呵！至于改良军阀的军队、巩固封建势力的基础,这种工作,你们不应去参与,尤其不应指教他们怎样做罢！

(《向导》1922.10.25 第 7 期)

国人应当共弃的陈炯明

和 森

民国二年二次独立失败后,黄克强一时气馁,曾主张任袁世凯专政十年,因而与孙中山立刻继续革命的主张相龃龉。

自从陈炯明反对孙中山北伐计划之初,我们就断定他不是一个进取的革命党。彼时人多以陈比黄,说他不失为"稳健的革命家",要把广东打好基础才再进取;我们以为这完全是外行话,革命的战略只有以攻为守,自己不进攻,敌人自要进攻的,所谓"打好基础"不是托词掩饰便是革命思虑破产,并且这个时候的形势与二次独立失败后的形势全然两样。

一到今年六月,陈炯明不但不是进取的革命党而且成为民主革命最可怕最反动的叛徒,完全暴露他个人割据自私的野心,不惜将广东革命政府推翻,将民主革命最好的形势扑灭,将孙中山置之于死地。只要他的广东王做得成:谋杀党魁,推翻革命,消灭中华民族一切独立平等自由的根本运动,联结强援,私通英国帝国主义而为其爪牙,都是他所做得出的;并且更进而把孙中山联德联俄计划卖给香港政府,藉以促成卖省借款。他既然把广东人民向英国人卖了二百万镑的代价,一面便大编其边防军,并且准备自己出兵打许崇智,揭破"内抚百粤与民休息"的假面具。此外枪杀劳工,解散国民大会,压抑民权运动,禁止反对卖省借款,摧残报馆,骚扰市民,造成广东之恐怖时代,种种罪恶不胜枚举。这样背叛民主革命和全中华民族利益的叛徒,这样割据自私的险恶军阀,这样无所顾忌的英国帝国主义的爪牙,除了"人人得而诛之"之外,没有一人可与他联络、合作的。民国九年陈炯明在漳州的时候,曾在精神上和实际上赞助社会主义运动,并为民主革命努力,彼时社会主义者与之发生关系,是极应当的并且是光明磊落的行为。故陈炯明和民主革命势力回到广东以后,社会主义者陈独秀曾到广州去办教育,这也是极应当的,也是极光明磊落的行为。可是现在不但一切社会主义者不应与他合作,就是一切民主主义者和全国人民再没有一人可与他联络合作的。

不意广州有几个所谓社会主义者新近出一种珠江评论,其中署名沉机与 G 二君的议论,简直荒谬得很:他们教陈炯明"应当落落老不客气实行割据",不要"割而不据"使"军阀主义自行崩坏";他们"不敢武断陈氏必想藉联省自治以自私",承认联省自治"未尝不可以整理各省目前内部的纷乱";他们教陈炯明怎样制造舆论势力,保持在广东的地位,并望陈炯明政府与人民通力合作。这些议论简直不是社会主义者所说的话,简直离开了革命的立场现出严重的反动色彩,而且是侮辱社会主义的卑污行为。我们社会主义者固应极力反对奴隶全国的军阀武力统一,同时也应极力反对奴隶各省人民的联督自治;若是承认这两种封建的主张之一,便是离开了革命立场,附和封建的现状了。况这个罪不容赦的陈炯明,社会主义者除了与国民党共同引导广东人民,并力反抗之外,决不应该发出这样荒谬的议论。广州青年素富革命精神,现在临头的工作应是激烈地反对借款,不但运动市民一切不与国人共弃的陈炯明合作,还要积极地以革命手段把他推翻才是呵!

(《向导》1922.11.02 第8期)

国家主义者要注意罢工运动

田 诚

在这一周之内,唐山有三万五千的矿工罢工,上海有一万三千的纺织工和烟草工罢工。矿工因为忍不住英国资本家可怕的虐待,只得罢工。罢工后,外国资本家勾通中国军警官吏,一齐压迫:枪杀一大群工人;禁闭千数工人,十几日不准出矿井一步;用大队保安队压迫数千矿工进矿井,还要"立即枪毙"他们!上海纺织工和烟草工是和日英的资本家做奴隶,外国资本家勾通中国官吏,封闭中国苦同胞的工会,中国军阀出告示,要敢拿罢工的苦同胞,以军法从事!这两桩事实都表现同一样的意义:(一)外国资本家在中国境内肆行剥夺中国贫民;(二)中国军阀和警吏不过是外国资本家的刽子手。这样的事情是很值得全国人民的注意,尤其是一班国家主义者要注意,因为这是外国掠夺者侵略中国的现象,也是奴隶中国人民的写真。

我们能够永远看着外国资本家在中国境内虐待中国贫民么?决不,我们要建设在政治上经济上完全独立的中国。我们永远能够看着我们苦同胞的工会被封闭,被军阀蹂躏吗?决不,我们要得到完全的自由。因为我们要得到独立与自由,不能看着那些苦同胞受外国资本家和本国军阀的压迫,一定要出来做一种实际的援助。而且这两桩事实都是证明劳动群众的觉醒,并证明他们的势力,渐渐变成反外国帝国主义反军阀和争独立与自由的势力。外国报纸诳说:这些罢工仅是少数人煽动的结果,这不过是想移开国家主义者的目光的宣传。所以我们为争独立和自由起见,也要扶助他们。真正的国家主义者,如果能了解这些真实的意义,应该出来号召广大的援助,应该出来组织"保障罢工委员会",保护那些带国家主义色彩的罢工。大家快来募集一些经济援助那些饿着奋斗的苦同胞罢!

(《向导》1922.11.02 第9期)

国会对于宰制中国的九国协约取何态度

振 宇

近日"专制宪法"的国会,竟把日本强奸中国的二十一条议决宣布无效,这要算是一件差强人意的事;并闻华盛顿会议宰制中国的九国协约,也由北京政府提到国会来了,然则国会对于这种"吸血同盟"通过呢,否决呢?

从前日本帝国主义单独来强奸中国,惹起全国剧烈的长期的反抗;现在帝国主义协同英日法各国帝国主义用门户开放国际共管的网罗来宰制中国,于英美日法四国协约之外,更设九国协约的骗局,使中国自己入瓮,全国人民却被他眼花意迷,入了醉乡,这真是中国民族的大耻辱呵!我们要问胆敢撤废二十一条的议员先生们,对于这个九国协约取何态度呢?

(《向导》1922.11.02 第9期)

革命与反革命

独　秀

吾人对于指导人类行为一切名词之解释若无一定的概念,则行为者及批评此行为者均易于坠入迷途而不自觉。中国革命者反革命者及批评家往往坠入迷途,正以对于革命与反革命这两个名词无明了的概念故。

综计人类社会兵争之祸有四:(一)外患,这是种族间的侵略战争;(二)内乱,这是野心家抢夺政权的战争;(三)革命,这是社会组织进化的战争;(四)反革命,这是社会组织退化的战争。

遍一切现象界均日在进化的过程中变动不息,人类社会也是现象界之一,在如流不息的渐变中,积诸多复杂的因果关系,往往现出组织上的顿变,革命便是这种顿变之代名词。

革命既是社会组织进化过程中之顿变的现象,则革命必以不违反进化社会组织为条件,反革命必以违反进化为条件,内乱乃以社会组织之进化或退化两无主义为条件。革命者反革命者及批评家必须明白了解这些观念,然后才不致坠入迷途。

人类社会之历史,乃经过无数进化阶段及多次革命战争,乃至有今日之组织及现象;其组织进化之最大而最显著者,乃是由部落酋长进化到封建诸侯王,由封建诸侯王进化到资产阶级,由资产阶级进化到无产阶级。在这些最大而最显著的社会组织进化之中,又各有几多比较小的比较不甚显著的进化阶段;在每个进化阶段新旧顿变时,都免不了革命战争。革命之所以称为神圣事业,所以和内乱及反革命不同,乃因为他是表示人类社会组织进化之最显著的现象,他是推进人类社会组织进化之最有力的方法。

因此,革命者、反革命者及批评家都应该明白了解革命与进化之关系,对于一个革命运动都应该以他的内容及起因或结果是否有进化的意义定功罪,不应该以他的行为者属何阶级何党派定是非。因为一个阶级、一个党派的理想比较是静的,社会现象比较是动的,以静的阶级党派理想应付动的社会变化,便往往因前后对象不同,一个阶级、一个党派在前是革命的,在后是反革命的。动的社会进化日在新陈代谢之中,一个静的阶级党派,对于障碍他进化的旧阶级党派,他是新的革命的,同时对于比他更进化的阶级党派,他便变成旧的反革命的及新的阶级党派进化的障碍物了。

封建诸侯王在打破部落酋长制建设比较的统一政治时代,他是革命的,到了民主革命时代,他便是反革命的了。民主派在资产阶级革命时代,他是革命的,到了无产阶级革命时代,他便是反革命的了。在这些阶级争斗亦即社会组织进化最显著的时代,固然明白显出他们革命的及反革命的性质,在这些时代之每个时代中,又复有几多小的进化阶段现出革命与反革命的争斗；在一些进化阶级短促变化复杂的社会里，一个党派的理想，一个人的行为，同时能建革命的功劳也能造反革命的罪恶。

秦始皇以武力兼并六国，建设统一的政制，建设统一文字，这是革命的，至于焚书坑儒压迫言论，便是反革命的了。段祺瑞在赞成辛亥革命反对洪宪帝制讨伐张勋复辟时，本是革命的人物，后来组织卖国机关（安福俱乐部）讨伐西南护法军，便是反革命的行为了。康梁一派人在戊戌变政时代是属于革命性质的，辛亥革命以后完全取反革命的行动。赵恒惕在参与辛亥革命及讨伐洪宪时，也算是革命分子，到了割据湖南惨杀黄庞时，便是反革命的军阀了。陈炯明在辛亥革命时代在漳州时代，在讨伐陆荣廷、莫荣新时代，都是一个很好的革命党，后来阻挠北伐军，驱逐孙中山，便是反革命的行为了。胡适之先生说陈对孙是革命行动，这实在是一个很大的错误，因为陈炯明，举兵逐孙不但未曾宣告孙中山反叛民主主义之罪恶及他自己有较孙更合乎民主主义之主张，而且逐孙后，做出许多残民媚外的行为，完全证明他是一个反革命的军阀。吴佩孚在奉袁世凯命讨伐护国军时，在奉段祺瑞命讨伐护法军时，本是一个反革命者，但是他讨伐段祺瑞安福部张作霖交通系，都是革命的行动；因为段祺瑞张作霖安福部交通系这班卖国的反动派失去政权，是给资产阶级的民主派能够得着政治上发展的机会。

不但封建式的党派人物在这进化阶段短促变化复杂的社会里同时现出革命的及反革命的两种行动，即民主派社会主义派也往往前后取革命反革命两种不同的态度。例如：法兰西的共和派，在十八世纪打倒帝政时是何等急进的革命先觉，在二十世纪因为要压迫无产阶级的共产运动，不惜与帝制派宗教徒妥协；俄罗斯的社会革命党，在帝政时代是何等革命的英雄，现在因为反对劳农政府不惜和一切反动派合作。

因此，我们对于革命与反革命可以决定两个概念：（一）革命应以社会组织进化为条件，不应以武力暴动为特征，因为革命反革命及内乱都要取武力暴动的手段；所以不但用武力改进社会组织是革命事业，凡是在社会组织进化上阶级争斗的日常工作，都是革命事业，凡是一个革命家万不可误认革命之手段（武力暴动）为革命之目的（社会组织进化）；（二）我们称许一个革命派攻击一个反革命派或自命为一个革命派，都不应该以一个阶级、一个党派或个人之静的名称为标准。应该以那阶级党派个人之动的行为为标准。

我们若是明白了解了革命与反革命的概念，对于任何党派甚至于任何军人每个革命的行动，都可以与之联合；这种联合纯然是革命的联合，为推进革命的过程而联合，为克服反革命而联合，决不是妥协的联合。

因此，我们可以看出国民党在革命与反革命的进化阶段上未认清目前最反动的敌人是谁；我们又可以看出益友社反对一个较开明的军阀取媚一个最反动的军阀之政策的错误。

（《向导》1923.01.18 第 16 期）

我们要何种势力管理中国

独 秀

将来管理中国的不外三种势力:第一,是英美日法等列强势力;第二,是中山先生所分析的直奉皖西南四派军阀势力;第三,是农工商学生人民势力。

第一派势力,现在已经是利用军阀政府间接的管理着中国,做他们的半殖民地;自华盛顿会议英美日法四国协定以来,时刻在那里寻找机会——如临城事件北京政变等——来直接共管中国,做他们公共的殖民地,一旦他们的意见利害一致,至少也要在中国沿江沿海沿铁路的地方实现他们的计划。

第二派势力,中山先生细分为四派,其实只是一派,我们无理由把他们分家;直系军阀固然是罪恶昭著,政学会所号召的"反直系大联合",也只是军阀政蠹的大联合。直系无论其挟宪法或武力窃取政权,或并挟二者统一中国,其蠹国乱政将更甚于今日。反直系之军阀政蠹们即能联合起来,无论其以任何形式——高等行政委员会、总裁制或元老院最高级军官等——窃取政权管理中国,观往察来,其蠹国乱政,亦与直系是一丘之貉。这两派——直系及反直系——军阀政蠹无论哪一派管理中国,都同样是列强的经理人,不但不能改变列强间接管理中国的局面,其蠹国乱政,必且引导列强直接管理中国的局面日近一日。

第三派势力,乃是中国真正主人翁的势力,这派势力目前自然还是混乱、散漫、软弱;但这派势力若终不能集中强固起来管理中国,中国便永远没有救济的希望!

我们究竟要何种势力管理中国?不用说是希望第三派势力,因为第一第二派都是制中国死命的势力。

负有历史上国民革命使命的党派,当然要建设在第三派势力之上,对于其余两派敌方势力,不应稍存妥协或利用的想头。凡社会上有声望的团体或个人,对第一派势力发言,都须万分谨慎,一是恐怕引导国民误走错误,一是恐怕列强据为"中国人希望外国干涉中国内政"的口实。

(《向导》1923.07.18 第33期)

粤局与革命运动

独 秀

陈炯明已无闽南后顾之忧,潮梅军队有南下之可能,若同时洛吴续援沈鸿英,国民党也会再失广州。反对者将或以此轻视国民党,即党人自身也将或以此沮丧,其实大谬不然。革命的空气若不充满了社会,若没有组织强大的革命党,革命的事业决不会利用他人可以侥幸成功的。现在的国民党为了广州这一块土地,为种种环境所拘囚,对内对外不得不降心妥协背着主义而行,日夜忙着为非革命的军队筹饷拉夫,哪有片刻空闲在社会上制造革命的空气,哪有片刻空闲来筹划党的组织,所以真的革命党人,对于广州之得失不但无所喜戚,或者还以失去广州为国民党真的革命运动之开始发展。

(《向导》1923.08.29 第 38 期)

纸 烟 税

泽 东

我们时常说:中国政府是洋大人的账房,或者有人不相信;我们不时常说:外国人(尤其是英美)的假亲善只是想借"亲善"两字好多量压榨中国人的膏血,或者也有人不相信。自禁棉出口令遭洋大人反对而取消,可不能不有些相信了;现在又来了洋大人压迫政府取消浙江等省的纸烟税,可更不能不有些相信了。申报八月二十八日北京电:"阁议,英美公使抗议加征地方纸烟捐,结果电令各该省停止征收。"征收纸烟捐到底是怎么一回事呢?我们看六月三十一日杭州总商会致北京政府电:

"窃维奢侈征税为各国之通例。近年卷烟盛行,以吾浙论,每岁销场竟逾千万,消耗之巨,骇人听闻,流毒之烈不减鸦片。当局有鉴于此,特命设局征收,化无益之消耗,作修路之正用。乃闻外商藉口条约权利叠与政府交涉,殊不知此种特税,完全取诸吸户,与烟商毫不相涉;纯粹浙人所输之捐,外商又劳干预!且系国内行政主权,断不容外人侵犯,自应据理力争,勿任有所藉口,主权幸甚。"

原来英美据了协定关税条约,不许中国对外来奢侈品自由抽税:任凭是"纯粹浙人所输之捐"是"国内行政主权",只因为是对外国货,所以到底不许抽税。

英美烟公司所出的纸烟,一小部分是英美日本国运来的,一大部分是英美烟商用中国的烟叶雇中国的劳力在上海汉口等处中国内地设厂制造的。制造出厂时照"条约"出了一点轻微的税,大批运到各省,以后就再不许中国"自由"抽税了。浙江一省销纸烟价"年逾千万",全国每年销纸烟总额无确数,照浙江一省推算起来,至少在两万万元以上,真是"骇人听闻"!请四万万同胞想一想,外国人向我们"亲善"到底是为什么?

中国政府的"阁议",真是又敏捷又爽快,洋大人打一个屁都是好的"香气",洋大人要拿棉花去,阁议就把禁棉出口令取消;洋大人要送纸烟来,阁议就"电令各该省停止征收纸烟税"。再请四万万同胞想一想,中国政府是洋大人的账房这句话到底对不对?

(《向导》1923.08.29 第 38 期)

江浙和平公约与商界

独 秀

江浙商界赞助和平公约,不用说是产业落后国懦弱的资产阶级懦弱的心理之表现;但是这懦弱的心理之中,也含藏着直系与反直系间军阀战争无益于人民的心理。我们固然希望他们积极的起来反抗军阀,达到真正和平目的,不以他们只是消极的弭兵运动为满足,但觉得总比一般政客以一派军阀打一派军阀的方法好得多。最可恶是这班政客,一向只知道捧军阀、捧老官僚、捧议员,想利用军阀间的战争得到自己的利益,至于人民因战争所受的苦痛,他们向来不曾计及。还有一班有革命愿望的人,也只认识军阀议员的力量,对于初生的人民的民治运动——商界的民治委员会——被政客流氓们加以诬蔑中伤,而不予以辩护,使孤立无援的商界扫兴避嫌,不得已走到消极的弭兵路上去了,这真是可惜的一件事!

(《向导》1923.08.29 第 38 期)

读了"阅中国共产党对于时局之主张"之后

安志成

我们作批评,最要紧的是先要对于我们所要批评的"对象物"有个相当的了解,继之以分析研求,辨其是非,论其当否,才算是尽了我们作批评的职务。若对于我们所要批评的"对象物"还不知道是怎样的一个东西,就合着眼胡说起来,还加上"批评"二字,那就未免贻笑大方了。

河北日报七月二十九号曙光君的"阅中国共产党对于时局之主张之批评"一文,他批评的"对象物"是"中国共产党对于时局之主张"要作批评,先要对于中国共产党对于时局之主张有个相当的了解,然后再辨其是非,论其当否。曙光君并没有这种常识,所以说了些题外无关紧要的话,到了本题,只以"乃不幸又见有标名为中国共产党者出现矣,彼所揭之主张,凡最关重要者,如所谓开国民会议以统一中国等项云云者皆拾吾数年以来迭见论著之唾余……并不能别开一新局面,新理想",几句糊涂话了之。噫!这样的人也要作批评!

中国共产党对于时局之主张,"开一国民会议"固与曙光君偶然相同,但开国民会议的方法及开国民会议后的工作,就和曙光君大不相同了。其实曙光君不过空空洞洞的高唱开国民会议罢了,何曾想到方法?不过藉开国民会议作几篇文章赚几个大钱罢了,何尝冀其实现?既不冀其实现,所以更梦想不到开国民会议后的具体工作了。至于中国共产党呢,他们是有方法的——由负有国民革命使命的国民党,出来号召全国的商会工会农会学生会及其他职业团体,推举多数代表在适当地点,开一国民会议;若是国民党看不见国民的势力在此重大时机不能遂行他的历史的工作,仍旧只召四个实力派的裁兵会议和平统一,其结果只军阀互战或产生各派队军阀大团结的政局,如此我们主人翁的国民断不能更袖手旁观,例如上海总商会所发起的民治委员会即应起来肩此巨任,号召国民会议以图开展此救国救民的新局面。他们有目的,即开国民会议后他们要有紧要而重大的工作——只有国民会议才能代表国民,才能够制造宪法,才能够建设新政府统一中国;也只有他能够否认各方面有假托民意组织政府统治中国之权;由此国民会议所产生之新政府,须以真正国民革命的势力,扫荡全国军阀及外国势力。曙光君,你可明白了?

按曙光君的心理,本来以偶合中国共产党的主张为荣,他心坎上的话是"幸而我之主张偶与贤者相吻合"。不过他老大的坏习气——无识自傲的习气太深,所以就说出什么

"皆拾吾数年以来迭见论著之唾余"等等话头了。但曙光君你要知道：你所主张的是无方法无目的的国民会议，中国共产党所主张的是有方法有目的的国民会议；你所主张的国民会议是毫无意义的不过供你作几篇文章赚几个大钱罢了，中国共产党所主张的国民会议是解决中国时局的不二法门。名同而质异，曙光君别在醉梦之中引以为自豪了。

(《向导》1923.09.08 第 39 期)

国民党应号召国民反对英国的侵略

和 森

铁路共管的危机，威海卫丧失的危机，凡有知觉的国民已莫不感觉，难道代表民族利益而革命的国民党反不感觉？

段祺瑞吴佩孚等军阀尚敢宣言反对铁路共管反对临案要求（无论其动机怎样），难道代表民族利益而革命的国民党反不敢宣言反对？

威海卫的得失并不比广东的得失小，外人统治中国的危险并不比军阀统治中国的危险轻，殖民地的革命运动并不是只问内政不管外交的谬误观念所能收效，我们不知国民党对于如此严重的英国侵略何以要一声不响？

有人说，孙中山先生要打得广东推翻北京政府，自然不能开罪英国。这完全错了，国民党要无情地反抗英国反抗一切外国帝国主义的侵略才能够打倒曹吴陈炯明诸军阀而管理中国。土耳其国民党若不先反抗英国与希腊的侵略，怎能推翻君士坦丁政府（如中国北京政府），怎能管理土耳其？

我们敢断言：国民党不反抗英国，国民党的革命始终不会成功。我们希望国民党本部以招待议员先生同等的时间，在上海号召一个抵制英国侵略的国民会议！

(《向导》1923.09.08 第 39 期)

大元帅赞助何东爵士吗

和 森

九月七日民国日报译电栏载有一条顽意儿的消息，标题为"大元帅赞助何东爵士"，其消息如下：

六日香港电：孙中山电何东爵士，谓爵士所建议之会议，如成事实，彼拟亲晤中国其他诸领袖，何已乘亚后号赴沪。

何东是什么东西？是一个香港的富商。他是中国人还是外国人？看他的姓名是中国人，而他的头衔却是英国的爵士。一说他入了英国籍，一说英国赐他这种头衔，俾他以中国富商和英国贵族的两重资格在中国政治上来出风头。

何东所号召的会议是什么东西？据路透社第一次所宣传的是"在西人监督下的全国领袖会议"。

我们再看这位爵士给顾维钧颜惠庆诸人的一封信：

不佞前与驻港路透电访员谈话,注重于全国领袖人物团聚会议,以期待一彼此相安之方法,想执事披阅报纸,当已鉴及。又北京电称旅京外国人士均以愚见为然,此电想亦经北京报纸揭载矣。此间报纸多赞成愚见,即北京东方时报亦表赞同。不佞欣慰之余,不揣冒昧:敬求鼎力助成此举。执事声望隆重,各界推尊,必能调停于党派之间,故执事之能援助无可疑也。不佞于此举现正努力进行,孙逸仙博士前总统黎元洪君,已先后复审赞成,若会议竟能召集,则不佞之欣慰,有非可以言语形容者矣。北方领袖诸公,素与执事接近,如能因片言九鼎之力,而赞成愚见,赐以函电,允届时躬临会议或派代表出席,则执事之造福于中国诚非浅鲜。如执事对于愚见所拟办法,能先赐电赞成,实为感盼。至进行方法如何能迅达目的,倘蒙指示,尤所欢迎。不佞深信此举唯求中国大局之底定,人民之安乐,他无所图,想必有成效可睹也。如蒙电覆,尤为感幸。何东拜启七月三十日

由此我们可以完全明白了:也不是玩意儿,也不是出风头,原来是英国帝国主义别出心裁的妙计,嗾使一个亡国妖孽来召集中国的亡国会议,轻轻儿把中国置于英国监督保护之下。这种空气的制造倒是不费力:路透(英国机关)访员在香港发一电,旅京外人桴鼓相应,东方时报(英国机关)亦表赞成。外国帝国主义者愚弄中国人的把戏真不少,这要算是其中最饶趣味之一个。

若说这样的把戏会博革命领袖的赞成,有谁相信?所以何东口中"孙逸仙博士复电赞成"的话,我们可不追究;然而民国日报标题的"大元帅赞助何东爵士",则未免太使人骇怪了,我们相信大元帅不会如此失察罢!

(《向导》1923.09.08 第39期)

中国的乱源和挽救中国的各种主张

炳 荣

中国纷乱到这样地步,不待说是国内封建军阀的纷乱:国际资本帝国主义的侵略;形成中国为半殖民地的国家。我们试一分析中国的纷乱原因,便可知道:

一、是满清余孽的北洋军阀,这卖国殃民的军阀,他所怀抱的宗旨,无非是争权夺利,拥兵自雄,视国家为他们万世帝王的基业,张作霖知道媚日本,知道设法扩张奉系势力,吴佩孚曹锟知道媚英美,只知扩充地盘,增加兵力,损害人民财产,争城以战,杀人盈城,争地以战,杀人盈野,惨杀劳工,罪恶昭著,他们全不知道国家人民为何物,所以中国会弄到乱七八糟的田地。

二、欧美日本的资本帝国主义者,无时不欲施其侵略政策于中国,所以耸动中国的军阀,以施其狡计,如奉直战争、英美的帝国主义者站在吴佩孚的后面,打倒日本雇人张作霖在北京的优胜地位,以便他们把持中国的政治中心,夺取中国的经济命脉;日本的帝国主义者,想在中国实施其侵略政策,所以也帮助他的刽子手张作霖在北京的原有势力,去

年英国又暴露了赞助反革命行为的陈炯明,予以金钱军械,划除民主派在广东的势力。此次临城案件和北京政变,欧美日本的帝国主义者,无不到处寻找机会,来共管中国,总之,他们利用军阀造成四分五裂的中国局势,为的都是将中国化为纯粹的殖民地为目的,国内军阀已得到国际帝国主义者的援助,也只得穷兵黩武,兵连祸结,弄得生民涂炭、民穷财尽、形成四分五裂的局势;所以中国有此误国殃民的军阀捣乱。其间,有国际帝国主义者侵略和援助,我中国将永远沉沦下去,而没有希望。

　　现在国内人士感受恶劣政治之痛苦,不忍中国长此沉沦,所以有种种的主张,但主张的人们仍多走入歧途,兹将我们对于各项主张略一评及:一是主张制宪的。试问在军阀统治之下,谁能去制宪,立法机关吗?本身先是争取夺利,哪能代表真正民意,哪能制出好的宪法来;假设可以制宪,试问狼狈为奸的行政机关、立法机关,能执行不能?军阀能够遵守不能?我想在军阀统乱之下,想得到真正适合的宪法,是绝对不可能的。二是主张联省自治的。联省自治,就是独秀先生所说的"联督自治",其结果可与春秋战国七雄相比拟。三是主张裁兵、可以平定中国的。在军阀统治之下讲裁兵是没办法,是梦想,我们希望军阀自己去裁兵,简直是与虎谋皮。其余仍有所谓西南团结、以抗北洋军阀;有主张国会南迁行使职权的;有主张组织行政委员会的……

　　总上各种主张,都是梦想,没办法,是军阀捣乱的变化;将来无论任何主张实现出来,也同样是一样纷乱,所以我们现在首先要解决的根本问题,就是怎样打倒军阀;换句话,也就是怎样革命。现在从中国的国情和国民的需要上看来,能够挽救中国的,算是民主革命,并希望民主派,做民主革命的功夫,要建立在普遍的国民身上,革命的目的,要为全国平民的利益而革命;尽力地向民众宣传,切实的指导国民、跑上革命战线上去,使得国民普遍武装起来,联合民众的势力,来打倒北洋军阀;灭绝国际帝国主义侵略中国的野心;这是我们很希望民主派的领袖,早日见诸实行的。

(《向导》1923.09.08 第39期)

黎元洪南来

独　秀

　　黎元洪居武昌起义之名,倘好自为之,本来可以弄假成真,做一个历史的人物;怎奈他一通款于萨镇冰,再通款于袁世凯,三通款于吴佩孚,他政治上的节操,早不与共和民国有什么关系。即退一步言之,倘他能始终坚持以不署名解散国会令而去职,以不署名扰乱闽粤令而去职,更好是以坚持废督裁兵等重大政治问题而去职,国人对他还能表示同情;怎奈他两次去职,都硬是被动地丢掉了饭碗,并不是什么因为政治上不妥协而去的,倘敌人不硬要赶他滚蛋,他任何样妥协都办得到,但求不丢饭碗。即再退一步言之,黎元洪此次南来,倘诚恳的痛悔前非,以个人的资格,到民间去,做颠覆一切军阀官僚的平民革命运动,国人还可以原谅他;怎奈他一到上海,和中外新闻记者谈话,开口便是什么"本人在国会未曾有正当解释任期之前,总统地位当然存在。余在京因不能自由行使职权而移津,今天津依然为暴力所包围,故不得不转而至沪"。又说"曹吴等果能一反前行,……余亦极愿与彼等合议,不愿复有反直派名词"。原来他是为做总统而南来,原来他还在和曹吴吊膀子,这种人是何等可恶而又可怜!

章行严君见上海舆论不满黎元洪,发愤地说:"窃以为天下群为黄陂之故而反曹。"这句话只是代表政学会诸人的心理,不但不能代表全国商民工人学生的心理,并不能代表军阀间反曹的心理。为黄陂之故而反曹的人,除了政治上投机的政学会诸人外,只有买空卖空的唐少川章炳麟等几个人;章炳麟等又还是唐少川之傀儡。吴大翁做总理梦在北方弄鬼,唐少翁做总理梦在南方弄鬼,这两位新旧官僚的"大""少",拥曹拥黎之行事不同,其心迹卑劣都是一样。

此时中国之大难,是帝国主义的英美和中国的军阀官僚政客同时而又勾结为患,真能救济中国大难的,除了全国商民工人农民学生及其他职业团体之合作,实行平民大革命,没有别的方法。章行严君所谓同事,所谓合作,是指被革命的军阀官僚政客们反曹运动之合作;我们所谓合作,是指革命的平民扫荡一切军阀官僚政客运动之合作。反曹的军阀官僚政客间,为什么由合作而不合作,为什么有所不满,为什么不能了然其所不满者何在,又为什么或即了然而不肯明言,我的手段与表示以反抗白党与各国帝国主义者的干涉。你们的口号应是:

撤销白党把持的地盘处!

反对第三国无理干涉!

承认苏维埃俄罗斯!

(《向导》1923.09.16 第40期)

今年双十节应注意的四大事

和 森

今年双十节第一桩应注意的事,无用说是曹锟的登台。无论他是用贿选的形式或拥戴的形式而登台,其在中国政治上的影响不仅是加强反动而黑暗的军阀政治,而且一定要加强英美帝国主义在中国的统治权力。曹锟上台之后,不仅吴佩孚得着英美大借款的帮助武力统一之祸愈遍全国,而英美挟持曹锟这个软弱贪庸的机械于其手,予取予求将无不如愿以偿,中国国权领土之丧失将加倍迅速莫可究诘。所以双十节这一日不仅应有反对曹锟登台的表示,并应有激烈的革命性质的大示威。

第二桩应注意的事,我可说这是一切爱国群众还未注意的事——即威海卫草约业已签字而英国帝国主义攫夺路权的野心并未打消。国人若不急起抵制,一俟曹锟登台之后,护路案势必重提而步威海卫草约之后尘,那时候英美走狗顾维钧又将说"英国坚持某某案,中国对于护路案不能不让步"。所以双十节这一日,国民对于英国帝国主义的侵略不仅应有严重的反抗表示,并应通过全国抵制英货的决议案,予英国帝国主义以实际的打击。

第三桩应注意的事是近日甚嚣尘上的英国侦探何东爵士发起之外国公使列席的和平会议。英国帝国主义这种奴属中国处理中国内政的阴谋屡经本报及商报时事新报发奸摘伏严厉反对之后,而一帮倚(依)赖外力解决国事的奴隶心理与昏天黑地恬不知耻的附和声浪仍然日不少衰。这样媚外无耻的恶劣空气若任其长此伸张,不仅民族人格扫地堕落,而且给外国帝国主义以"华人实愿共管"的确证。所以双十节这一日,国人应严厉地反对英国侦探亡我奴我的和平会议之尝试;同时并应主张人民自动的召集全国国民大会解决国事,建立真正的人民政府与永久的和平。

第四桩应注意的事是承认新俄罗斯。新俄罗斯现在是亚洲唯一反帝国主义的强国,他在东亚的势力之不可侮视与中俄两民族联盟之重要,即外人辛博森所主撰的东方时报也十分的承认并主张。只有侵略中国的英美帝国主义及其机械北京政府千方百计阻止中国承认新俄罗斯及中俄两民族的联合。现在俄国新代表来华,中俄会议虽有复活的呼声,然而北京政府仍然是替英美行事,而英美之阻止中俄两民族联合的诡计仍然如故(见本期另篇)。所以双十节这一日,全国国民注意于上列三事之外,更应以国民名义承认新俄罗斯。

亲爱的同胞们!今年的双十节不啻是中华民族的生死关头,你们应一致联合起来:

打倒国贼曹锟!

抵制英国帝国主义的侵略!

反对英国侦探在中国发起的和平会议!

以人民自己的力量建立真正的人民政府与和平并承认新俄罗斯!

(《向导》1923.09.30 第42期)

曹锟贿选与中国前途

独 秀

曹锟贿选的事实渐将实现了!拥戴雌伏在直系袴下监印的黎元洪来反抗曹锟,这丑计已是失败;欢迎助曹为恶的国会议员南下来反抗曹锟,这丑计也是失败了;结合直系爪牙陈炯明赵恒惕唐继尧来反抗曹锟,这妙计不但现已失败,而且将来还要出丑。曹锟贿选的事实渐将实现了!

曹贼贿选若真成事实,其结果是英美曹吴外交系主奴结托的北京政府,将以正式政府名义断送国权大借外债,以供其征服异己武力统一之用。其统一不成,战祸固遍全国(曹吴不去而妄想和平,江浙绅商真是做梦),统一即成,反动黑暗的政局必更甚于今日,这是我们观往察来,可以断定的。

或者有人说:中国左右是军阀政治,曹锟做总统不做总统没什么分别。其实不然。曹锟若做总统,其意又是使英美的金力曹吴的兵力结合起来,人民所受的桎梏将格外加紧。

国民若欲打破此种桎梏而得自由,必须于曹锟贿选未实现以前,各阶级同时起来做一严重的表示;尤宜组织一个全国职业代表的国民会议,来努力驱除国贼,建设真正的人民政府,别的方法都是不中用的呵!

(《向导》1923.09.30 第42期)

国民运动

童炳荣

世界进化的道路,国民运动是必经的阶段;为达到我们理想中的世界,也是必历的过程;所以无论何派别,在这时候必定要站在这一条路上。我们国民处此内受军阀压迫,外受国际帝国资本主义的侵略,已创巨痛深,国际帝国资本主义者,欲把持中国经济政治中心,压抑中国工商业的发达,夺取中国为他们东亚的大征销场,以回复他们欧战的损失,所以无时不利用国内军阀,以施其苛酷的侵略政策于中国(自袁世凯专权以至现在北洋军阀统治,就是个很明显的例证),我们国民处此二重压迫侵略之下,这种痛苦已经惨不忍言,渴望统一的声浪,万分澎湃;我们在此时候,应当向着世界进化必经道路上——国民运动——上去,集合全国的农工商学各界,团结起来,跑上国民运动上面,来打倒利用军阀侵略中国的列强,(国际资本帝国主义)勾结列强压迫国民的军阀,(北洋军阀)如此做去,我们所渴望的统一问题,才可以实现呵!国民!国民!!快快团结起来,一同向着世界进程——国民运动——上去努力!前进!!

(《向导》1923.09.30 第 42 期)

贿选后国民所能取的态度

独　秀

一般国民渐知干涉政治,渐知声讨军阀的罪恶,实在是好现象,虽空言也算是进步。

但是只知道军阀的罪恶,而忘了在军阀背后作恶之帝国主义的列强,实在是能察秋毫而不见舆薪了!

袁世凯若没有善后大借款,他能横行吗?安福部若不是勾结寺内内阁大借日债,他能做出如许罪恶吗?曹锟所以得志,岂不全靠外交团外交系和直系之大结合吗?临城案件之要求已公然以使团觐见为交换条件而承认了;直系诸将公然主张由外交系组阁,最主要的理由是借外债;外交系不顾全国唾骂而悍然帮忙曹锟,其目的并不在做官而在经手大借款。直系政权倘真巩固,必然要假手外交系第四次断送国脉(庚子赔款是第一次,袁世凯善后大借款是第二次,安福参战借款是第三次,曹锟要做第四次了),大借美债,以供他武力统一及收买政客之用。直系固然明明知道非借得一笔巨额外债,便无法削平异己;恰好美国也正需在中国输入余资,获得利权;岂不是一个愿打一个愿挨吗?受内外二重压迫的国民,应该同时努力做:

反帝国主义的国际联合

反军阀政府的国民联合

反帝国主义的国际联合,首当扫除一切误会,以承认苏俄为具体的有效的办法,因为现在的苏俄是协助全世界被压迫的民族反抗帝国主义之中心。反军阀政府的国民联合,首当抑制一切感情,以扶助及扩大国民党为具体的有效的办法,因为国民党是在过去现在历史上反抗北洋军阀比较有力的团体。国民联合的运动中,非有一个有力的大党做大本营不可。

这两件事实在是国民目前所能取的态度,不但是所应取的态度。

(《向导》1923.10.17 第 43 期)

研究系与中国政治

独 秀

一国政治的进步,全靠有一班洁白而强硬的政治家提携每个时期的反对派,反抗每个时期的统治者。中国研究系诸人未尝不富有知识,只可惜他们政治生活的态度始终与此相反,他们始终托每个时期的统治者,压迫每个时期的反对派。他们的良心未尝赞成清室袁世凯段祺瑞与曹锟,而他们的政治生活,却明明是拥清拥袁拥段拥曹,其结果每次都使政局益趋反动紊乱。他们的知识战胜不过崇拜胜利者的势力之一念,遂至屡次蒙了政治上的耻辱而不自觉。他们忏悔一次又一次,若不毅然决然抛弃崇拜胜利者的势力之旧观念,亦终于忏悔而已。

或者有人问我们研究系拥曹的证据在哪里?我们的答案是:(一)请检查该系议员出席贿选的有多少人;(二)请看上海申报上张君劢劝人承认宪法的文章;(三)请看上海时事新报关于国民讨贼军的社评。

尤其是时事新报这篇社评,盛称直系两次战功八省地盘,承认马上得天下这句话并不十分错,大骂讨贼戡乱的人太不知天高地厚,他们崇拜胜利者的势力之心理,由这几句话表现得淋漓尽致。若他们终不改易此心理,却也算得中国政治进步一障碍,我们盼望研究系诸人勿看轻自己!

(《向导》1923.10.17 第 43 期)

何东的狐狸尾巴现出来了

和 森

香港政府的侦探何东,秉着英国帝国主义别出心裁的诡计,跑到上海来发起外使列席的和平会议,一面尝试中国"顺民"的空气,一面愚弄或利用南方的国民领袖,企图灭亡中国的事业轻轻巧巧的成功。

他是很有计划很有步骤的,不是随随便便浪漫的尝试一回便会打止。所以当曹锟未上台的时候,他从广东下手,讨得孙中山先生的同意,以为宣传南方人民的先声。然后跑到上海来吹法螺。果然,法螺吹得好响亮,总商会江苏省教育会,银行公会,钱业公会以及其他团体等,莫不逊听下风。

现在呢,英美主助的曹锟既已登了台,不仅津派谋臣的"和平统一"策与这位英国侦探遥遥相应,就是"传位长子"——吴佩孚的"宪法统一"与"武力统一"也与这位英国侦探遥遥的吊膀子,于是这位英国侦探便跟跟跄跄地跑到湖北洛阳去了。他和萧耀南会见的结果,既由略(路)透电宣传"满意",至于和吴佩孚会见后的结果与勾当是更不待说了。

所以这样一出英国侦探的骗剧,不仅上海"体面的"商人银行家教育家新闻记者上了他的当,便是国民革命的领袖也白白受他一回利思。

(《向导》1923.11.16 第46期)

内债与军阀

独 秀

内债这个制度,我们是不反对的;但是中国的内债,大部分是供给袁冯徐段等北洋军阀政府兵费与豢养政客之用,这种内债便是帮助军阀为恶的一项力量,将来如有真正的人民政府出现,应该不承认这种内债,因为人民没有替军阀还债的义务。上海商界三个团体把接济军阀的公债看做神圣不可侵犯的权利,实在是做梦。拿公债基金的理由来替曹政府反对粤政府收取关余,更是梦中之梦。北京政府向来取用关余做水利外交等费,你们为何不出来力争说是摇动公债基金呢?

北京参议院有内债暂停抽签之提案,金融界骂议员捣乱,我们却以为北京国会倘真能提出并通过此案,还算差强人意;因为如此一来,可以妨碍奸商们以公债的形式予军阀政府一种经济的援助。

(《向导》1924.01.09 第51期)

祝上海丝纱女工协会成功

独 秀

上海是全中国工业最发达的地方,所以工人在数量上居全国第一位,此多数工人中,女工占一半以上,即近世产业为丝厂纱厂香烟厂的女工,全体至少也有十五万人。因为种种障碍,上海许多工厂的男工还没有组织,何况女工。现在居然有一个丝纱女工协会出现,这是上海工界一桩可贺的事。我们希望这个协会能有多数真正工人出来办事;我们更希望这个协会不单是发表一篇思想腐败文字腐败的宣言,须为女工们实际的生活所需要而奋斗!

(《向导》1924.01.20 第52期)

上海卷烟商人抗税失败

为 人

这回上海华界卷烟商人向北洋军阀统治下底省署反抗暴敛,竟能联合同业三千余家一致停售卷烟,在商界中总算是有勇气和有奋斗精神的人了!不幸迁延时日,反抗力已渐软化和承认纳捐,使我们又不得不为之一叹!

固然,势在必行的官场暴敛,我们一部分的商界同胞无力去抵抗她,如抵抗她一日和停售卷烟一日,便是我们受损失的一日;然而我们至少也可以知道现有的北洋军阀政府一日不倒,即我们营业的一日不安。

因此我们极诚意的劝告商界同胞,今后更要大大地团结,去一致地反抗现有的北洋军阀政府到底,促成国民革命政府的实现;不然,今后,现有的北洋军阀政府还有不断的暴敛,我们商界同胞还有不断的反抗暴敛的失败呵!

(《向导》1924.02.20 第 53 期)

中国工人运动之转机

独　秀

前年一年中,中国工人运动各处都风起云涌起来,自唐山矿工京汉路工罢工相继失败,各处的工人运动便随着一落千丈,去年一年中,简直没有工人运动可言。在客观的条件上,中国既然有了许多工人,这种压迫的沉寂的状况理应不能长久如此,今年或者是工人运动转机的时期了。最近有几件事已现出转机的征兆:(一)胶济路罢工的胜利;(二)好几条重要的铁路工会(非公开的)已集议组织了一个全国铁路总工会的雏形;(三)上海华界电车工人已设工会筹备处,并开始向公司要求各项条件最紧要的是承认工会;(四)上海祥经厂失火烧死一百多女工,山东坊子煤矿出水淹死工人七十五名,这两件大惨事,都可以激起工人阶级的觉悟及一般社会的同情。

我们希望全国工友们及帮助工人运动的知识阶级勿轻轻放过这个转机的时期!

(《向导》1924.03.26 第 58 期)

南　京　通　信

独　秀

《向导》记者:

我现在又漂泊到南京了。谁敢说明天不又到别的地方去了呢?人生真不可测哟!粤地近况何似?

南京是个奇奇怪怪的场所,人们却多称它是东南文化之中心地,甚至说这边的市政,民治……乃至于军阀都是可作模范的。内地来此读书的可谓肩摩踵接,络绎在道。但它究竟怎样呢?让我来略略谈谈。

一、军阀与政治——当这个奴才武人专政时代,我们简直可以毫不加考量地说,三千三百万方里广大的中国,到处都染遍了洋大人和奴才武人们底膻味,到处都给直接或间接蹂躏得不堪而无一片干净土了。何况洋大人们饮马的长江口,北洋军阀虎踞的重镇南京这个所在呢?哪儿会有政治可谈?实权操诸北洋军阀底掌握,背景里有研究系在捣鬼,实在谈不上什么政治哟!

当着学生会照例奉行故事游行示威的时候,齐军阀表面上向[像]持不干涉主义而暗中实行捕拿。虽则每次学生会开会时总有警察去监视,学生们并不觉得这是干涉。佢们多堕入他底奸计了。佢们觉着在街巷空跑一阵,威一点也示不出来,犹之乎"持刀断水"、"举梃击空"一般,便久也不愿参与了。甚至于还有因此称他底宽仁之政的,虽则捧大令的保安队已同时成群结队实着弹不住地到处眈眈尾随着呀。

他既然乘了曹三收买猪子议员的机会供奉了百万元搏得了所谓巡阅使的头衔,又联络了杜锡圭以图制吴佩孚底死命,弄得吴军阀费尽九龙二虎之力找来了温树德拼命地从中袒护,这是人人知道的。现在他又在讨好于曹傀儡想掠夺长子(吴佩孚)底实缺实行过起他们底副大总统的瘾来。明眼人谁不晓得这个?

这次马联甲蔡成勋所以都甘拜下风拥戴他做他俩底巡阅使的缘故有三:第一,吴军阀野心太大又不能容人,天天唆使孙传芳去霸占江西,弄得蔡成勋坐不安席卧不安枕,马联甲也想不如拥齐的好。第二,齐不联络这几省,他衔在口里的一块肥肉,是易给吴摆布掉的。第三,曹锟也乐得如此,以分在他肘下跋扈的长子底势力,何况齐又随时留心去表示隋杨广式的孝敬于他呢?

寒假中马联甲在安庆排演好几幕改革教育的滑稽剧,大概人人都知道一些了。我也不必细说。我单说几段顶有趣的吧!一、他想把甲工和甲农归并。二、他以为安徽各校中"最好的要算芜湖□□女师"(他说从来不闹风潮同他为难)。但不久发见该校长是南高毕业生,于是乎就根据了他的"北大南高底学生太新不可要"的原则,请这位校长先生也走路——虽则在一般人看起来南高分子是十分沉闷呀!三、他,马联甲恨死了安庆学生专门同他捣乱。他底新仇旧恨都要在此时报复一下。所以他一定要驱逐安庆教育界向占势力的某校校长叫做什么徐皋甫的出境,一直到他央人恳求,画了押,具了保证书担保他底学生从此不闹风潮(就是不反对他底横行)才了事。这是向来有过的奇闻么?四,五,……——凡此种种,也许竟全出自马联甲自己底心裁,但是马联甲这次从蚌埠到安庆时曾经亲身来南京请教过的,这是人人所晓得的。并且他底难弟现在就住在南京便不时请教于齐军阀,转达命令式的消息给乃兄哩。可证这多是齐军阀底指使了。

可是内幕虽然如此,一般人怎样在谈论呢?我亲身听着几位安徽籍的大学生说"都像江苏督军倒还不错!安徽,唉,真倒了马联甲的霉!——安徽竟不曾有过一个好督军!"大有"人皆有兄弟我独无"的悲伤神气。这固然由于书呆子学生们脑筋太简单,也由于齐军阀善自韬藏其狐狸尾巴哟!

一切的军阀都不过是纸老虎,戳破便不值半文钱。而尤以当今的军阀齐燮元为甚。他犹之乎前日的湖北王占元一样,王占元有心腹兵一师而一败涂地了,他呢,亲信的不过一旅。

唉!这些黑幕重重的诡计险谋,怕都是他们所谓的政治行为吧!……

二、教育与文化——武断些说,南京教育界底空气同华盛顿、纽约没有什么两样:

第一,这里所谓鼎鼎大名的教育家都是美国留学生。佢们也许是为了报"师恩",佢们认美国是可亲的,甚至还有以为美国一切行动都是对的(资本帝国主义当然也是可以的)。佢们言必称欧美,尤其是脱离不了美国。佢们讲起书来口口声声称道美国鄙视中国(因有时候佢们也说出不满意中国现状的话)。美国人做教授固然是如此说,中国人做教授也是如此说。佢们口中的欧美或美国算是孟轲口中的尧舜了。唉！华盛顿或纽约的大学教授们蔑视中国的神气也不过如此吧？

第二，所谓鼎鼎大名的教育家们多是基督徒。佢们对于"中华归主运动"都直接或间接尽了不少的力。前年非基督大同盟澎湃一时的时候，佢们男女老少都诚惶诚恐地聚议；或则分途讲演，或则四出张罗……新近风靡一世的平民教育运动（其实连平民识字运动最低的限度都没实际办到）内幕主持的不过是几位有名的基督徒式的教育家。至于南京平民教育底实权，可说要旁落在基督徒们手里。基督徒们利用了这个千载一时的机会实现佢们的议决案：从中小教育上下手，做归主运动。——南京基督徒们宣传的机关——学校——共有四十三所，其他青年会，会堂等等根据地尚不在内。这四十三所学校内有小学二十九，中学十一，大学三。青年男女们受佢们诱误的机会可算多极了。华盛顿或纽约基督徒之盛行也不过如此吧？……

除了一帮基督徒学校以归主为教育目的和少数学者以研究学术为教育目的外，其他的所谓教育家们，可说是毫无目的之可言了。一帮大学教授们天天上堂拍卖"外货"；中学教员，拍卖"新货"，小学教员呢，便只得"新货""陈货"一并推销了。佢们生活是悬空的，所以就忘了社会现状。佢们对国事的态度，犹之乎乡里贫困的懒民一样，一直住到小小的茅棚摇摇欲倒，决不设想努力建造一座新房，却只继续地在墙后增加了无数的撑支的木头，今天向这个顽童作揖请不要摇动这些木头，明天向那个浪子叩头请不要拔去了这些木头。佢们是这等昏愦。所以就弄得多数学生们同声附和着对于齐军阀"歌功颂德"。

在这种教育状况之下，文化运动的情形可想而知了。举个显明的例吧，妇女运动是多么重要的事，但是这边超全体学生三分之一的女学生，却个个都是小姐太太式的妇女。女子剪了发是多么方便的事，但是在南京街巷往来的剪发女子，没一个不是外省人。男女同学是多么经济可行的事，但是佢们底省议会通过了中学禁止男女同学的议案，到如今还没曾有一个人起来说一句话。当着佢们崇拜的美国总统威尔逊出风头的时候，佢们尾随着高谈德谟克拉西，一直到现在还余下续断地爆竹般的声响。再如，佢们对于恋爱的观念，不必说是以美国为极则了。——藉此种种可见一斑了。

大多数对于政治漠不关心，因为佢们知道美国学生除了热心打球跳舞外是绝口不谈什么的。因此文化运动到了将与黑幕下的武人政治接触冲突时，便戛然终止了。所以南京青年界底空气就同隆冬冬眠的龟蛇也似的，死了一般的静止着。

三、平民与劳工——南京思想界虽给美国的拜金主义陶醉了，可是资本主义并不发达。其经济状况同欧洲十八世纪以前的寥落荒凉的都市没有什么两样。谈起平民地位和劳工状况来更是可怜。

也同其他各省一样，有时督署下了一通上谕到省署，省长再拜而受了就转到警署或教厅，人民们底集会结社言论等应享的权利便给剥夺得血肉横飞了。堂堂自负不凡的大学生们也都吓得魄不附体跑到自修室里去抱起书本扮出埋头读书不问外事的用功学生底样子，以巩固其在学校里的地位。叫人看了这种情况，真是又好气又好笑。

警署也和省署一样,很殷勤地拍他们底齐督军底马屁。这在全中国本来是极普遍的现象,没有什么可怪的。近来又将北极阁一带换上了武装警察,做出郑重其事的样子。到处墙垣上涂上了粉壁黑字,有什么"祸福无门唯人自招","有忍乃有得,有容德乃大","豹死留皮,人死留名"……凑出升平之世底景象,务求人民们更是"不识不知,顺帝之则"好做他们底齐督军底驯良百姓,而后才敢安枕而卧。民国是什么,他们决不愿与闻的。

南京劳动界底状况呢?除了合记洋行(在下关)外简直可说没有大规模的工厂。造币厂要算第二。省立第一工厂,电话局,电灯厂规模都很小,用的工人自然也很少。自从欧战终了之后,世界经济情形变更,合记洋行大受打击,以前工人数在千人以上现在则不过三百左右,还天天谣传着要倒闭。去年京汉铁路二七流血后,南京齐军阀把津浦渡轮上的百余工人尽行撤换了北方人——督军底同乡(齐以同乡名义联络工人)。所以失业工人为数至少要在千人以上,弄得进退两难,生活艰辛,自不待言。据说这些工人大多数上有老母下有妻儿。平均以每家三口计算,是南京这所荒凉都市已至少有了三千人以上因失业而受饥受寒的了。

此外尚有机房工人,为数至少当在两万户以上。做工者多女人及儿童。绸缎或布庄上分送各户若干丝,织一尺算一尺工钱。因此佢们除了日夜加工多趁几尺外,什么欲望也没有。汽车夫极少,马车夫稍多其中自然以人力车夫为最多。人力车夫颇不易与接近。因为失业的人太多了,他们绝对不敢在行主方面说一声车租价太高的话。往往有父子二三人只有一乘黄包车拉,其不敢疏忽可想而知了。

照上面情形看起来,南京底对症药是:(一)揭开齐军阀底假面具,(二)促进青年学生觉悟和团结并助长其反抗性,(三)劝勉青年学生担任平民学校教务以助长民气且杀基督徒势力,(四)宣布基督教历史上的罪状并揭穿其黑幕,(五)在下关开设平民群校专教合记及失业工人并酌设法介绍失业工人到上海汉口……各工厂做工。再谈。

园丁三,二六。

(《向导》1924.04.02 第60期)

中国人的言论自由与外国人的政府

巨 缘

中国人的言论自由本来就没有保障,不用说什么暂行刑律上有种种取缔限制的办法,使受压迫的人民敢怒而不敢言。而且在法律之外还有中央地方的大小军阀随意摧残。如今更好了——外国人的政府居然也来侵犯中国人民的言论自由。读者诸君,不要以为我所谓"外国人的政府"是在华盛顿或伦敦,他却在我们中国上海——就是工部局,工部局俨然是上海政府,一切收税警察等权完全归他掌握;——住在租界里的中国人(虽然前清的遗老,革命党的亡命客曾经当租界是世外桃源)——而实际上却完全变成这一外国租界政府之下的臣民,——一切都唯命是听。

这次工部局取缔印刷品的议案根本要想压迫租界内的言论自由。各商界联合会已经抗议,沪西四路商界联合会的决议之中更有"……促进收回治外法权,撤销会审公堂"

的宣言,中国市民公开的反对外国政府,这算是第一次。可是,外国政府对这种抗议的态度是怎样呢?

请看:

书业商会,书报联合会,日报公会,书业公所的代表去和工部局"交换意见",工部局回他们道:

"此案势在必行,……如华人对于工部局行政有不满意者尽可移居租界外……"

工部局的意思是说,租界早已不是你们中国的领土,由不得你们,——我们要怎样便怎样;你们若不愿意,滚出去罢!已经亡国的上海市民呵!你们真正移出租界去呢?还是……

同时,商务中华的代表去,工部局又对他们道:

"工部局不能于此时因代表来说而改订此项议案。唯此后关心于此事之人,如以为因印刷人注册而遭困苦,则工部局随时肯听人诉述苦处……"

是了!中国人居住在中国境内,言论出版而不得自由,要向外国人诉苦!工部局肯听中国人诉苦,便算是深恩厚德了。已经亡国的上海市民呵!你们还是低首下心的去诉苦呢?还是……

(《向导》1924.04.16 第61期)

导淮问题与政治

独 秀

导淮和江苏安徽两省民生问题关系极大,我们应该举起双手来赞成,这是不需讨论的;所要讨论的乃是经费问题。

经费约需两千万元左右,所谓中央政府或地方政府,都不愿担负,遂仍旧提出借款的妙计。

借款导淮之流弊,不但像十三日北京晨报所言(向美国借款三千万元,苏齐张謇及北政府各私得一千万元),十分要不得;即果借美款实行导淮,将置沿淮三省之地于美国势力支配之下,那更是加倍的二十分要不得。华洋义赈会里美国的侦探,想支配导淮事业已经十多年了。他们想垄断导淮的工程,想支配长淮的运输,想利用陇海铁路,想开辟海州商埠,果如此一帆风顺,海州将为第二上海,而中国苏皖豫三省腹地遂入大美国的势力范围,这件事并不是他们的空想,实在有此可能。

所以现在导淮当以不借用美款为第一条件,至于是否苏齐任导淮督办,还不是什么要害问题,因为导淮督办由财阀或巨绅担任和由军阀担任,都是半斤等于八两。

不借美款,又用何款呢?我们主张应以江皖两省每年糟粮拨为偿还本息,向国内银行团借款;不及十年,即可摊还清楚。南糟本是东南数省人民不公平的特别负担,拨归导淮经费并以后开发沿淮事业之用,本是情理之常。若说此项办法必至牵动全省财政预算,牵动全省军费,两省军阀政府如何能赞成;这便归到根本上政治改造问题,不单是导淮问题。因此可以证明若不根本改造政治,别的事怎样能够着手进行?江苏的绅士们未尝不想在地方做点事,但总想避免触接到政治改造问题,无论他们如何努力,将来的成绩都可想见。

(《向导》1924.04.23 第62期)

国耻纪念日檄告全国同胞

独　秀

今日何日？

是国耻纪念日。

我们国耻重重,今日纪念何事？

是纪念九年前之今日,帝国主义的日本以武力迫我承认他二十一条要求。至今旅顺大连湾,过期一年不肯交还,日本便是根据这二十一条说话。

日本压迫我们,只有二十一条要求和不交还旅大两件事吗？

多得很！多得很！别的且不说,但说眼前事：(一)日本地震时,无故打杀华工四百二十五人；(二)汉口的日本商人,两三个月内,一连逼死田仲香贾邦敏二命,打伤屠氏女工一名；(三)十余艘舰队来到长江示威,四月十日在黄石港撞沉民船,溺死十余人；(四)在奉天的抚顺日本守备队包围县署,日本总领事逼迫奉天官厅饬令主张收回南满附属地教育权的奉天东报停刊,总领事向奉天当局要求日本在奉天办教育办实业的权利。

日本以外的各国怎样呢？

自来压迫我们的不只是日本一国,自从华盛顿会议,帝国主义的英美法和日本订了一个四国协定,遂由单独压迫我们变成共同压迫我们的新局面。临城案便是这新局面之开始发展。

临城土匪掳去几个洋人算不得什么大事,各国竟因此共同迫我罢免地方长官,付给巨额赔款,更进而要求由外人管理路警；无耻的帝国主义者,竟以此案要求作觐见曹锟之条件。此外如金佛郎案,如拒绝中国禁止棉花出口,并拒绝增加棉花出口税,如拒绝中国商标法,如组织驻华警备舰队,各国都共同一致向我进攻。他们的共同行动外,还有单独的进攻：若法使干涉中东路及汉口俄租界；若美国添造驻华炮舰；若英使抗议各省纸烟特税；若日本在奉天之行动皆是。他们在华会欺骗我们的增加关税,不但值百抽一二·五不谈起,即既定之二·五加税也藉词拒绝了！他们在华会欺骗我们的取消领事裁判权,不但藉词不实行,而且要将领事裁判权推广到租界以外(若陈国贤案及李义元案),而且要推广上海租界,而且不待租界推广,便要在华界行使租界工部局之职权(若五月一日上海泰利洋行率领武装巡捕拆毁闸北宜乐里房屋驱逐房客事件),他们欺凌我们中国是何等肆无忌惮！

李义元与西人互殴案,和英人威德比抗税殴伤巡士案,前后只隔十天。而情节较轻；英美在华的机关报对威德比案一字不提,对李义元案,大陆报则狂呼"中国拳匪精神未死",字林报则狂呼"列强对华惩罚战争",并以堕落者罪犯等名词加于我爱国学生之身,试问我们同胞在英美有没有如此不法的言论自由？我们同胞竟容忍他们在中国如此言论自由,这是何等的耻辱!

同胞们,帝国主义的英美法日等列强,已合起伙来压迫我们侮辱我们令我们不能再忍了!

"我们抬起头来罢! 或者是死!"

(《向导》1924.05.07 第 64 期)

我们底出路

正 厂

这一次在天后宫开的国耻纪念会,已把五月九日换了一个新意义了。实在说起来,我们底国耻多至不胜纪念;我们只好拿五月九日来作一个例子。所以收回旅大取消二十一条,也不过是个口号;我们该收回的和该取消的多得很呢!这一次的纪念会,已经把浅薄的对日收回旅大和取消二十一条,改为堂堂正正的民族独立运动了。所以目标也改为反抗列强帝国主义。因此,我以为以后的五九,已不是纪念着民国四年的国耻,而是中华民族独立运动对于列强的一种定期警告,同时也是鼓励国人前进的日子。

这一个新意义,把五九纪念改为五九运动,不能不认为我国人底猛醒,和我民族前途的一线曙光。九年来的五九,不过是纪念罢了。纪念当然不是只要不忘,终想雪耻。然而方法呢?九年来所告诉我们的,不过提倡国货。可是我国国货纳税比外货重得多,哪里敌得过?因而经济绝交,抵制日货,虽然洋洋盈耳,而日本货还是充塞市场。这不是国人没有爱国心,实在是国货太不能产出。在列强支配底下,我国实业除商业和银行外,万无发展希望。而同时他们又指挥北京政府,供给武器来压迫我们;北京同胞未曾亡国而已找不到开国耻纪念会的地方。所以我们要雪耻,我们先要推倒军阀政府而建设能够为我们反抗列强压迫的政府。我们要对外有所举动,我们要先对内团结。这是我们底出路。

推倒军阀政府为我们民族独立运动的第一步。列强的政府是一支机关枪,我们底军阀政府是支毛竹枪;所以毛竹枪掉过头来刺我们,本来是被机关枪压服了缘故。所以我们非打倒了毛竹枪,造一支机关枪,便难抵抗。而且现在的军阀政府把国家弄成一个兵匪混乱世界,许多的国民早已投降为亡国奴,靠着洋势力来安身立业。所以我们现在要推倒军阀政府,第一要惩罚不愿为中国人的中国人。第二,我们要注意于组织。如果我们有了几十万有组织的人,我们底目的就可以达到了。因为机关枪就是许多人的组织;一两个人,便只是一支毛竹枪。我们为进行加速起见,我希望国内同情于推倒军阀政府和建设反抗列强侵略的国民政府的人,对于恶势力,大家实行不合作主义。恶势力底下少一个人,便是恶势力力量少一份。可是在同时,又希望革命分子集中。中国人最大的毛病,就是不认清楚仇敌和朋友。往往两个人意见稍有不合,便成仇敌;而对于他俩底共同仇敌,反而让他安坐了看打架。所以我希望赞成中华民族独立的人,都集中在一起,合力去赶。

有许多人以为一个日本还对付不了;何况又加上列强呢?可是压迫我们的,不只是一个日本。而实际上,列强又是结合了来压迫我们的。我们似乎非反抗列强,就不能独立。因此,有些人觉得中国比什么都为难。别的民族如朝鲜印度等只要反抗一国;我们要反抗各国。其实,帮助我们的也正多着;不要说同是被压迫的民族如印度朝鲜;就是俄国以及其他英法日美民族中觉醒分子,也是我们底朋友。

总之,我们底出路,便是我们底找出路。

(《向导》1924.05.14 第65期)

江浙战争

独 秀

我们不是非战论者,当然不绝对的反对一切战争,只注意这战争对于大多数平民有何意义。譬如资本帝国主义的国际战争,在各国资本阶级间相互争雄上固然有意义,而对于各交战国大多数平民,除单纯的牺牲外别无意义。国内军阀间的战争,在他们争夺领土上固然有意义,而对于两方领土内大多数平民,也是除单纯的牺牲外别无意义。唯有大多数平民对于军阀或资本特权阶级的国内战争,则对于大多数平民,无论是如何牺牲,都绝对有意义。

有人以为国际帝国主义的国家或可由相互战争而倾覆,中国军阀间也或可由相互战争而灭亡,这是一个痴人说梦。帝国主义者间或军阀间的战争,其结果仍有一个胜利的方面支配着世界。例如:欧战,仍是帝国主义的英美法日意的世界,直皖奉直战争后,仍是直系军阀的江山,他们哪会因互战而全倒。要他们全倒,只有大多数平民起来对他们的革命战争,俄罗斯就是一个榜样。

正在酝酿的江浙战争,早迟总难免发作,在浙方虽然竖起反直的旗帜,而至少须与广东革命政府协同动作,才有多少意义,不然仍是一个纯粹的军阀间地盘战争。

此次战争如果起来,我们将取何态度呢?第一,我们应该努力使此次战争变为革命战争,不叫他成为两方地盘战争;第二,我们应该努力在此次战争中增加平民的力量与利益。不但帮忙一方面做留声机器(如南京商会)是下流,就是消极的哀求和平也不是办法。

(《向导》1924.08.27 第80期)

我们对于义和团两个错误的观念

独 秀

义和团,在中国现代史上是一重要事件,其重要不减于辛亥革命。然而一般人不但忽略了他的重要,并且对他怀着两个错误的观念:

第一个错误的观念:憎恶义和团是野蛮的排外。他们只看见义和团排外;他们不看见义和团排外所以发生之原因——鸦片战争以来全中国所受外国军队外交官教士之欺压的血腥与怨气!他们只看见义和团杀死德公使及日本书记官;他们不看见英人将广东总督叶名琛捉到印度害死,并装入玻璃器内游行示众!他们只看见义和团损害了一些外人的生命财产;他们不看见帝国主义军事的商业的侵略损害了中国人无数生命财产!他们只看见义和团杀人放火的凶暴;他们不看见帝国主义者强卖鸦片烟焚毁圆明园强占胶州湾等更大的凶暴!他们自夸文明有遵守条约及保护外人生命财产的信义;他们忘了所有条约都是帝国主义者控制中国人之奴券(最明显的是关税协定及领事裁判权),所有在华外人(军警外交官商人教士)都是屠戮中国人之刽子手,所有在华外人财产都是中国人血汗之结晶!他们指责义和团号召扶清灭洋及依托神权是顽旧迷信;他们忘记了今日的中国仍旧是宗法道德封建政治及神权这三样东方的精神文化支配着!义和团诚然不免顽旧迷信而且野蛮;然而全世界(中国当然也在其内)都还在顽旧迷信野蛮的状态中,何能独责义和团,更何能独贵含有民族反抗运动意义的义和团!与其憎恶当年排外的义和团之野蛮,我们宁憎恶现在媚外的军阀官僚奸商大学教授新闻记者之文明!

第二个错误观念:以为义和团事件是少数人之罪恶,列强不应因少数人之故惩罚全中国人民以巨额负担。他们不曾统观列强侵略中国,是对于全民族的,不是对于少数人的;剧烈的列强侵略,激起了剧烈的义和团反抗,这种反抗也是代表全民族的意识与利益,决不是出于少数人之偶然的举动。即或义和团当中及纵容议和团之贵族夹有思想上政治上争执的动机或其他更卑劣的动机,而群众之附和义和团,则由于外力尤其是教会压迫的反应,可以说毫无疑义。义和团事件,无论是功是罪,都是全民族之责任,不当推在义和团少数人身上。全民族都在外人压迫之下,若真只有少数人义和团不甘屈服,那更是全民族无上的耻辱了!若因为参加义和团运动者为全民中之少数,则参加辛亥革命与"五四"运动者,也是全民中之少数,我们决不能只据实际参加者之数量,便否认其质量上代表全民族的意识与利益。文明的绅士学者们,说义和团事件是少数人之罪恶,说列强不应该惩罚到义和团以外的人,不啻是向列强跪着说:我们是文明人,我们不曾反抗汝们惩罚少数的义和团,不应该皂白不分连累到我们大多数安分屈服的良民。

情形如果是这样,还幸亏有野蛮的义和团少数人,保全了中国民族史上一部分荣誉!

义和团的野蛮,义和团的顽旧与迷信,义和团时的恐怖空气,我都亲身经验过;我读八十年来中国的外交史商业史,我终于不能否认义和团事件是中国民族革命史之悲壮的序幕。

(《向导》1924.09.03 第81期)

国民党右派反革命的经济背景

述 之

国民党自黄花岗一役,老同盟会的革命先锋,已失去大半。再经过辛亥革命,党中真正能奋斗而肯牺牲的分子,又多死亡。所遗留下来的,除极少数外,不是懦弱无能之流,即属梦想升官发财之辈。至辛亥后加入的国民党员更不用说了。所以国民党自辛亥以来,除孙中山一二领袖外,百分之九十九是倾向于妥协的。我们试看当南京会议,宋案发生,民六政变之时,中山先生都极力主张彻底革命行动,而那时党中最大多数的右派分子,均反对中山,主张与北洋军阀妥协,结果果然妥协了。因此致万恶的封建北洋军阀能存留到现在,中山先生的革命主张终莫能达,千百万人民至今还被压迫在军阀与外国帝国主义之下。这是何等可痛恨的事!

至那最大多数的国民党员——右派分子,都一个一个地离开了国民党,替北洋军阀当走狗去了。存留在国民党中的也不过干些什么有名无实的"护法"把戏,或简直住在租界里一步不动。这是何等可耻!

(《向导》1924.09.10 第 82 期)

江浙战争与外国帝国主义

君宇

中国军阀的战争,每次莫不有帝国主义在背后操纵利用。

直皖战争的时候,站在直系背后的是美国,站在皖系背后的是日本;直奉的战争,所表现的国际关系,亦系美国与日本的对垒。帝国主义之所以各扶助一派军阀,并不是有深惠特爱于某一派军阀,乃是要藉所扶助的军阀之胜利与发展,造成外国在华优越的地位。果然,两次直系战胜之后,日本在华势力大受打击,美国的势力却如春草着雨的一般猛烈发展起来。这次江浙战争,我们又可看出帝国主义正在玩这样惯用的而且比以前更毒辣的把戏!

这次江浙战争,不仅是江浙两军阀的战争,而且是直系与反直系的战争。帝国主义站在直系军阀背后的,自然仍是老主顾美国;站在反直系军阀背后的亦仍是日本。同时,因列强现下国际利害的关系,对于这次战争,英国一九二三年九月十日是依同美国扶助直系,法国是依同日本扶助奉张浙卢。以价值三百万元的军械供给直系的是美国,与苏齐进行导准借款以助直系战费的亦是美国,在洛阳替直系设飞行机械厂是美国人博治亚,对江浙战争袒护苏齐的又是美国机关大陆报;美国帝国主义是明目张胆的帮助直系战争! 在日法一边,亦有不少帮助反直系的证据泄露于外。最近法国各运一船军械与奉张浙卢,现在奉张又有向法人订购飞机之举,同时奉天方面飞机师大都是法国人,浙江方面的则是与法国有深远关系的俄国白党分子。单举最近的事实,就可以证明帝国主义列强无日不在各扶植一派军阀,供以金钱军械及战事人材,以从事不断的战乱。帝国主义者制造,再加上军阀们的地盘竞争,这军阀的战乱自然就成了不可避免而决接国连断的现象了;这次江浙战争,不过是这样产生的战乱的一种罢了!

(《向导》1924.09.10 第 82 期)

江浙战争之世界政局的背影

述之

江浙战争在表面上虽是一个单纯的中国军阀战争——直系与反直两系战争,而在实际上确是一个世界帝国主义在中国的暗斗。在这个暗斗中,却含着世界政局之变幻离奇的缩影。

我们试看,在直系背后不是英美帝国主义吗?在反直系皖奉军阀的背后,不又是藏着日法帝国主义吗?从外面看来,仿佛这两派帝国主义是专为帮助直与皖奉军阀而结合的,又仿佛是专为侵掠中国而结合的;其实不然,侵掠中国,帮助中国军阀固然是这两派帝国主义结合的原因之一,但关于欧洲问题与近东问题,更有极重要的成分在。

我们知道在中国问题上,日美两帝国主义是死敌。而在欧洲与近东问题上,英法帝国主义也是冤仇。当欧战时,日美两帝国主义都趁火打劫,发了大财。尤其日本在中国夺得种种特权,大有独吞中国之势。而美国又值货品与金子充满了屋脊,而无处可售无处可投,看来只中国还聊可插足。但开头就碰到日本帝国主义,于是日美在中国的冲突就起来了。我们只看数年来,在凡尔赛和会上日美对于山东问题之争执,美国之召集华盛顿会议等,无处不看出日美两帝国主义对于中国问题之明争暗斗。

自欧战结果,凡尔赛和约成立,法国在欧洲大陆,一方面夺取了德国的铁与煤成就为大工业的国家;一方面又使东欧的小协约国变成它的附庸,成就其执全欧牛耳的政治地位。于是英国不但失了欧陆市场(尤其是德国),且新遇了一个世界的劲敌。这只看英人对凡尔赛和约之批评,对法占据鲁尔之警告,在洛桑会议上英法之争论等,就可证明英法帝国主义互相疾视之程度。

(《向导》1924.09.17 第83期)

这是右派的行动吗,还是反革命?

独　秀

一个党的左右派分化,不但是应有的现象,而且或者是进步的现象。不过近来国民党中所谓右派的反动行为,说他是右派实在还是太恭维了,实在只是反革命的帝国主义及军阀之走狗;因为如果是国民党的右派,不过是比左派和平些,大体上仍要抱定国民主义,更不能违背国民党的三民主义,更万万不能做帝国主义及军阀的走狗。依照国民党大会的宣言,对于一切帝国主义及军阀的走狗,不使享有民权,何况认为党员!

现在这班所谓右派的反革命的行为是怎样?在此次上海国民大会的暴行上,更是充分地暴露出来了。

据上海大学学生通电说:"当我们同学洪野鹤、何秉彝、王秋心、王环心、刘一清、黄仁,在会场之下为赞成反帝国主义及军阀之演说而鼓掌之时,台上主席喻育之(国民党党员)便喝令禁止,加以'扰乱会场'之罪名,台下大队流氓,闻声响应,一呼百诺,蜂拥而前,向洪何王刘王黄诸同学施以惨酷之打击,同时,并以'这是齐燮元的奸细'之口号诬害我洪何王诸同学。……当时恰有全国学生联合会总代表郭君寿华登台演说:'我们应当推翻一切军阀一切帝国主义……'话犹未了,该会会计童理璋(国民党党员)即上前将郭君拦阻,扯下演台,……不意童理璋喻育之辈,狼毒豺狼,猛将黄仁郭伯和郭寿华三君一推,竟自高逾七尺之台,跌至台下硬石上面,一时怆痛之声,惨不忍闻。黄仁君跌伤腰部,呕吐交作,一时昏迷不省人事(次日已死于医院);郭君伯和跌伤头胸足三部,血流不止,多时不能行动；郭君寿华挨打之后，又复加以跌伤肩背等处，时台下流氓，又加以殴打。"

安福部雇流氓包围国会吴景濂雇流氓打学生的方法，现在挂名革命党籍的人，也居然效法起来，而且被打死打伤的都是些同党的党员，这情形是何等严重！

他们在卢何势力之下，诬爱国学生为齐燮元的奸细；同样，在吴佩孚齐燮元等势力之下的走狗又何尝不可以卢永祥何丰林的奸细诬爱国学生而加以残杀；这种为一派军阀捧场作伥的卑劣手段，不意挂名革命党籍的人也公然行之，这情形又何等严重！

前此上海执行部坐视右派数十暴徒殴打邵力子而不与以惩罚，纪律废弛，识者早已忧之。我们固然不应该因几个党中下流分子的行动，归罪全党；我们现在只十分注意党中负责任的最高党部，对于此次杀伤十几个青年学生的巨案如何处置；并同时注意各级党部的公正党员，对于党中几个反动分子取如何态度；然后才可以判断党的价值。

(《向导》1924.10.15 第87期)

江苏人民怎样解除军阀的宰割与战祸？

和 森

卢永祥地盘早已不稳，近日看见张宗昌的企图快要成为事实，于是大慷其慨，通电废督请自苏始，其主要目的便在所谓国军调驻国防地点，换过说便是要请张宗昌率领几万奉军离开苏境或专驻徐州而不掠夺他的地盘。这样一面甚投苏人之所好，一面又可做废名不废实的江苏王，如他前此在浙之所为一般，岂不否去泰来，名利双全？

然则江苏人民怎样应付呢？反对张作霖的爪牙张宗昌，反对几万奉军驻扎苏境，这都是很应该很必要的。但若只知做做卢永祥的应声虫，结果只有卢永祥去名不去实的苏王成功，苏人的自治希望决不会成功。

可怜的江苏商绅们，此时一定又是想依草附木，藉着拥护卢永祥的政策，去弄假成真。其实，这又错了。设使卢永祥的政策成功，江苏人有什么好处：——可以免掉战祸么？可以免除军阀的统治么？不会的，绝不会的，从前的浙江便是榜样。

所以江苏人现在应付时局的办法，只有如本报屡次之所主张，迅速团结各阶级的民众驱逐一切安福系奉系直系的军阀官僚，民选省长、县长以至市长。只有这个是解除军阀统治与战祸的出路。

段祺瑞没有实力拿住全国政权，故诿张为幻，揭橥假和平主义以骗人民；卢永祥无实力拿住江苏政权，故诿张为幻，请废督以维持其地位。这都是军阀的弱点与衰颓之表征；人民正可乘瑕抵隙，起来奋斗呵！

(《向导》1925.03.07 第105期)

上海大屠杀与中国民族自由运动

独 秀

前年临城事件，土匪掳去念几个外国商人，外国人对中国政府闹得天翻地覆，惩凶赔款罢免地方长官以谢罪外,还要要求直接管理中国铁路;现在上海公共租界工部局在大马路行凶,五月三十日,六月一日、二日、三日,连日枪杀中国学生工人商人及其他市民数十名,伤者数百,中国人将向外国政府要求什么呢?

被土匪掳去的外国商人即令是无罪的,而要求工作的工人,游行演讲的学生,过路观看的行人,都是没有武装的市民,有何罪状应该枪毙呢?

即令上海是英美领土,行政官厅公然下命令,向无罪状无武装的市民开枪轰击,在法律上道德上都是犯罪行为;况且租界毕竟还是中国领土,外人来此通商,根据何项条约,有何权利,可以任意开枪杀伤中国市民?大约英美日本等帝国主义者的意思是说:中国人是上帝赐给英美法日等国剥削与践踏的,如有不受剥削与践踏者,便违背了神意,便是过激党,便犯了罪,便应该枪毙。或者他们以为此次大马路的屠杀,也和在欧洲屠杀犹太人在美洲屠杀黑人一样,即令在人类的法律观点上说不过去,而在道德上是合神意的;因为除了神意以外,他们找不出可以任意屠杀中国人的理由。

可是不懂得这样扶强抑弱的神意的中国人,我们亲眼看见同胞的热血染遍了大英大马路,我们已经认清了我们的敌人——英美日本帝国主义者!

此次上海大马路的屠杀所给与我们的教训是:

(一)一切帝国主义者对于我们的剥削与践踏是一致的,英国固然是始终压迫中国的死敌,而附和日本人的什么大亚细亚主义,鼓吹什么美国是中国人之好友等等,都是中国民族运动中之奸细。

(二)一切帝国主义者所加于我们的剥削践踏,都一一活现于商人学生工人及一般市民的眼前,决不是什么过激所捏造的海外奇谈;商人学生工人一切市民大群众实因为受不了帝国主义的剥削与践踏:把持海关,在中国遍设工厂,不许禁止棉花出口,不许中国增收纸烟捐,封禁全国学生总会,以军火给军阀战争,动辄拘捕惩罚中国新闻记者、越界筑路、提出印刷律,增加码头捐,枪杀请求工作的工人拘捕爱国演讲的学生,枪杀手无寸铁的中国学生工人及其他市民,一步加紧一步,逼着中国人不得不起来反抗,决不是什么过激派的煽动,那便未免过于诬蔑学生商人,并且过于恭维过激派了。

(三)英美法日等帝国主义者,对于中国人民之剥削践踏和德俄奥等非帝国主义者在中国和平通商,这些事实已证明"反对帝国主义"与"中国民族自由运动"是同一意义的两个名词。此次大屠杀更使我们的确认清了英美日本帝国主义者是中国的敌人。

(四)各帝国主义的国家,因欧战损失过巨,便长期地加紧剥削弱小民族以弥补,中国即是他们所要剥削者重要部分之一,他们向中国剥削日益加甚;年来中国民族自由运动勃兴,帝国主义者张皇失措,一面利用中国军阀政府抑制人民,一面以"过激"、"赤化"等名词恐吓中国人民,使中国人民不敢起来反抗他们,不敢做自由运动。可是他们这种恐吓手段,在此次大屠杀中完全失了效力;因为不管过激不过激,赤化不赤化,帝国主义者枪杀了数十无罪的中国人是真的。我们今后永远不要上帝国主义的当,被"过激"、"赤化"等名词吓散了中国民族自由运动。我们应有决心:如果使我们能达到民族自由的目的,便过激赤化也无妨;如果不能使我们脱离被剥削被践踏的境遇,什么文化秩序博爱亲善和平人道,都是废话。

(五)在此次屠杀中的我们认清了中国的工人与学生,是民族运动中最勇敢的战士。我们并可以知道各国的工人学生必能在对此次中国民族被外国强盗——帝国主义者屠杀表示同情。

因此,我们的运动,是应该立脚在中国民族自由的意义上,反抗剥削践踏我们的外国帝国主义者;不应该立脚在反动的国家主义上,笼统地排斥一切外国及外国人。

我们在此次屠杀中,受了极大的痛苦,而痛苦中所得的教训,很可以使我们的民族自由运动,向正确的路线上发展。

亦应以上海为中心;不过同时我们也知道民族自由运动是一个全国运动,全国的学生工人商人,都应该同时起来向一切帝国主义者进攻,使这个运动的中心——上海的学生工人商人更坚决地前进,尤其要监察大商阶级中途和帝国主义者妥协!

我们最终目的,自然推翻全世界一切帝国主义,目前在此运动中最低限度的要求应该是:

(一)惩办凶手赔偿损失
(二)撤换驻上海英美日本领事
(三)取消各国领事裁判权
(四)收回全国租界
(五)撤退驻在中国境内的外国陆海军禁止外国陆海军在中国境内自由登岸

我们要知道:民族自由运动是一个长期的争斗,我们须有普遍的持续力,不可得了一部分胜利便停止前进,即此次完全失败亦不可因此沮丧。

(《向导》1925.06.06 第117期)

为南京青岛的屠杀告工人学生和兵士

中国共产党中央委员会

工人学生和兵士们!帝国主义者感觉中国民族解放革命怒潮之高涨对于他们万分危险,所以他们此次坚持着,绝不肯让步以求正当的解决。他们的政策:一面使交涉期限无期延长,坐待民众怒潮自趋疲惫;同时仍继续以自己的武力或利用军阀的武力直接制止全国各地运动。

南京英国和记公司的工人,经过了长期罢工奋斗,以有组织的力量,才迫得外国资本家承认罢工之要求。工人以为复工后外国资本家必能履行这些要求条件,殊不知万恶的外国资本家,不仅不履行前所承认之条件,反倒调遣英国水兵上岸,在完全中国主权的领土上任意屠杀徒手工人。要求执行条约之男女老幼工人当场中弹而死者三人,伤者无数。这便是"文明的"帝国主义使用自己武力的例证!

日本帝国主义的工具——张宗昌,受了日本指使,早已不止一次屠杀过罢工工人了。现在他又明目张胆地枪毙工人领袖李慰农和表同情于工人的公民报主笔胡信之,并逮捕工人数十人解往济南,藉此表功于日本帝国主义。这便是帝国主义利用军阀武力的例证！这班当帝国主义鹰犬帮着帝国主义屠杀人民的军阀乃是人民的公敌,人民应该起来像打倒帝国主义一样去打倒他们。

我们知道在此次外国资本家屠杀和记工人当中,南京军队不忍见此惨无人道的凶剧而起来保卫工人抵抗外国资本家的屠杀。兵士们！你们这种行为是很可钦佩的。你们也是被压迫者,正和工人学生一样；你们的爱国热忱是不让人后的。你们的利益与工人学生的利益初无二致；在必要的时候,你们应该起来反抗卖国长官压迫爱国运动的暴行而一齐参加爱国运动争得共同的利益。——至少,你们亦不应该接受卖国长官命令,去压迫摧戕那做爱国运动的民众机关。

工人学生和兵士们！帝国主义及其工具虽然用尽种种延宕的或屠杀的方法镇压中国民族解放的革命运动,然而我们确信今后的中国民族解放革命运动决非帝国主义及其工具的种种方法所能镇压下去。

同志们！最后的胜利属于我们！我们唯有团结自己的势力,联合全世界一切被压迫者向帝国主义及其工具——军阀,进攻！

联合全世界无产阶级和全世界被压迫民族！

打倒帝国主义和卖国军阀！

中国民族解放革命万岁！

无产阶级团结万岁！

中国共产党中央委员会
中国共产主义青年团中央委员会
一九二五年八月十一日
(《向导》1925.08.11 第124期)

怎样才能解决江浙目前的危急问题

述 之

根本铲除孙传芳势力

绝对拒绝奉鲁军南下

现在摆在几千万江浙人民前面的是一个什么样的局面啊！你看！不是孙传芳在九江南昌被打败的屡千屡万的溃兵不断地向江苏浙江移动吗？不是杀人不眨眼的恶强盗张宗昌的军队已在沿津浦路南下吗？江苏浙江的民众们你们想想！将来的江浙究竟要成个什么局面？即令江浙不陷于战争漩涡中,孙传芳那些饿虎似的败兵和以抢劫著名之张宗昌的部队能容你们安稳过活么？像山东一千五百万的讨赤捐不加十倍地向你们摊派么？像山东直隶那种屡千屡万的军用票不马上就要到南京上海等地来强行使用么？你们家里的"花姑娘"（张宗昌部下称呼少女之名）那些"咱老子们"不借用么？何况照现况下去必然还要引起将来江浙的恶战呢?！

孙传芳自九江南昌失败后,已觉其地位根本摇动,江浙地盘将根本不能保存,于是异想天开,想借奉鲁军以救其最后之残喘。现在孙传芳的计划很明显的是：自己退保浙江上海,将南京让与奉鲁军,甚或只保浙江,连上海亦送于奉鲁军之手,而利用奉鲁军以抗北伐军东下。现在孙传芳一面将其部队辎重运往浙江,一面派杨文恺至山东接洽奉鲁军南下。据各方面消息,现在鲁军果已沿津浦路南下了,像这样的情形下去将是怎样呢?我们知道北伐军为了援救江浙的民众起见,为了铲除帝国主义的工具起见,绝对不能容忍这班强盗军阀在江浙横行逆施,在江浙久于存在,必然要行彻底的讨伐。那么,将来的江浙就必然要陷于最可恐怖的战争漩涡了。即或北伐军暂时不东下讨伐,试问江浙人民又能堪孙传芳和张宗昌这两个强盗之重重剥削压迫与屠杀么?让一百步说,即令北伐军永不东下,我们知道孙传芳与张宗昌本系两相敌视的死仇,两仇相对,又能保其将来不起冲突而爆发战争么?无论怎样说,现在的江苏浙江已到了万分危迫的地步了,江浙的人民已到了生死存亡的关头了,江浙的人民再也不能坐视不理得过且过了,换言之,便是江浙的人民再也不能不急速起来谋自救了。

但是江浙的人民究竟怎样谋自救呢?第一应当知道此时置江浙人民于死地者不是别人而是罪大恶极的英国帝国主义的走狗孙传芳,引虎入室——要求奉鲁军南下的孙传芳。因此,江浙人民应急起来根本打倒孙传芳,根本铲除孙传芳在江浙的恶势力。第二应当知道奉鲁军如果南下不但马上要引起北伐军与奉鲁军在江浙间战争,并且奉鲁军在山东直隶对于人民之一切剥削压迫及奸淫掳掠的行为马上将要见之于江浙,江浙文物之邦马上要变成悲惨的地狱,因此,江浙人民应急起来以全力拒绝奉鲁军南下。

但是怎样才能消灭孙传芳,怎样才能拒绝奉鲁军南下呢?这须江浙的民众一致起来奋斗,一致要求苏浙军如周凤岐陈仪白宝山李宝章等的部下起来倒戈驱逐孙传芳出境,抗拒奉鲁军,江浙的民众一致起来宣布江苏浙江人民自治,绝对阻止奉鲁军南下。奉鲁军如硬要南下,江浙将以全力对付,尤其上海的市民应负领导之责,然后或者才可以渡此危机。总言之,江浙人民应一致起来为自救自治而奋斗。可是这种自救自治的运动,绝不是现时假借名义的什么江浙皖联合会所主张之"请苏皖浙三省军事当局停止一切战争行动"所能办到的。

因为像苏皖浙联合会这种主张,完全承认了军事当局即万恶的孙传芳之存在,同时对于奉鲁军南下不置一词,即毋异默认了奉鲁军南下之举动,像这样完全是替孙传芳说话,替孙传芳保存地盘,甚至于替奉鲁军谋地盘,如此只有使江浙人民沦于万劫不复之境,不是断送数千万江浙人民于枪林弹雨之中,便是断送江浙数千万人民于强盗军阀的铁蹄蹂躏之下。

本来英国帝国主义的走狗强盗军阀孙传芳已到了最后的一步快趋于死灭了,较能保护民众利益的北伐军快要来临,江浙人民解放的新时代快要到了,但是孙传芳这个勾引奉鲁军南下的毒辣政策一来,不但江浙人民解放的新希望全被断送,反而更增加了新的危险新的恐怖!江浙的民众们,你们还能容忍这个毒辣的强盗英国帝国主义的走狗孙传芳吗!你们能忍受如狼似虎之奉鲁军将来之蹂躏吗!你们能堪将来之战祸的痛苦吗!你们的生死关头到了,你们此时唯一的自救方法只有一致团结起来用全力:

根本铲除孙传芳的势力,

绝对拒绝奉鲁军南下,

成立江浙人民的真正自治区域。

(《向导》1926.11.15 第178期)

寸铁·中国人都赤化了吗?

实

顾维钧宣告废比约,英国人说顾赤化了。董康对直鲁联军南下表示反对,孙传芳张宗昌电丁文江"从严拿办",说"董康与赤党遥通声气,意在阻挠义师"。那么董康也未免赤化了!连顾维钧董康都赤化了,不赤化的中国人还有几个?　　　　　　　　　　(实)

向直鲁军乞援的是孙传芳还是董康呢?

研究系为孙传芳辩护说:"孙氏赴津之本意,外间不察,以为亲往乞援,殊失真相。"(见二十四日时事新报)然而他要严办反对直鲁联军南下的董康,则又何说?　　(实)

张作霖讨赤不彻底!

前几天传闻张作霖要做讨赤联军总司令,现在又说天津会议决定的是什么安国军总司令。为什么忽然改变了?反赤的朋友们听了,未免要骂张作霖讨赤不彻底罢!　　(实)

国家主义者有了帮助了!

国家主义者对于苏俄帮助国民革命军和国民军,怨愤得发狂。好了!现在张作霖要派舰队截断苏俄接济广东了;在另一方面,"在华英国有力实业家,因为谋维持长江沿岸贸易,于张孙联合讨赤时,愿于确实担保之下,贷款五百万镑。"(见二十二日东方电)国家主义者放心罢,你们也有了帮助了!

怪哉没有资本家不要资本主义的资本制度社会!

国家主义者说:"有许多造谣的人说,国家主义者是想和万恶的资本家妥协的。"又说:"我们无论从事实上或理论上研究起来,总觉得资本制度的社会,到底还胜过共产制度的社会。"又说:"再老实说几句话,资本主义和资本制度的社会,是不同的东西。资本主义我们固誓死反对,然而资本制度的社会,则我们实在仍主保留。"像我们这样无常识的人,真不能够懂得,什么是没有资本家不要资本主义的资本制度社会?所以说这样话的人自己也觉得"这几句话虽然不算得十分有理"(见醒狮一一一期)。

江苏人快要受反赤运动之赐!

日本人的通信社电通社二十三日北京电说:"张作霖所以不从日本之劝告及鉴于杨宇霆之失败,而同意出兵南下者,欲使本省军费止于最小限度,而令江苏尽力负担。"新鲁社(张宗昌的机关)二十五日济南电说:"鲁张备军用票一千万元,分期发行,沿路买卖一律通用。"东方社二十六日北京电说:"昨日阁议,通过张宗昌的建议案,于江苏省内发行军用票一千万元。"江苏人听见了这些消息没有?

你们也快要受反赤运动之赐了!　　　　　　　　　　　　　　　　　　(实)

曾琦将交官运

报载张宗昌因准备南下组织反赤宣传队以何海鸣为宣传队总司令,在山东先招募学生若干名,到上海来再招募若干名。我们为曾琦打算,劝他不如立即到山东去充何海鸣的帮手,醒狮周报即正式定为反赤宣传队的机关报,一切不随中国少年自强会和起舞社觉悟过来的国家主义学生都可以到山东或上海去应募。横竖"反赤的军队都是爱国的军队"(武汉国家主义者在吴佩孚军中宣传的话),管他妈的,这样一来可以补偿大夏大学位置的损失,二来又可以做官。 （连）

革命成功我江亢虎再来

所谓中国新社会民主党的所谓总理江亢虎,最近发表宣言,说新社会民主党暂时停止活动(说老实些——解散了罢!),因为没有宪法国会及责任内阁,这个政党(?)不能够活动,须俟内战敉平革命结果破坏终止建设肇新,那时再来。江亢虎的所谓党,真不愧为一个"太平""建设"的党!

不愧为太平民！

太平导报的"主角"太平民在一九二六年十一月十八日出版的太平导报中说:"我闻英美有劳动党矣,未闻有共产党也。"这样"不知道有汉无论魏晋"的逍遥自在,真不愧为"太平民"! （连）

国家主义者陷害杜锡珪

国家主义者一口咬定青天白日满地红是共产党定的旗帜,纵然国民党员向他们反复说明青天白日满地红是中国共产党未出娘胎以前孙中山先生即已定下的,后来袁世凯,为敷衍中山面子,还是把青天白日满地红挂在海军的屁股后头不敢完全废止,但他们仍然不能领悟,仍然咬定是共产党的旗帜。我不为这帮教不会的蠢材着急,我倒有点替杜锡珪担忧,怕他统率下的军舰屁股上挂的青天白日满地红再不除去,张吴列帅就要办他一个赤化嫌疑犯的罪名。

(《向导》1926.12.05 第180期)

剥削农民以读书呢？解放农民以革命呢？

缪扶植

记者先生：

我是一个爱读革命刊物者,我对于向导尤其十分喜欢看,每期寄来,我必从头至尾细细看完；但我每看完一期,都有疑问发生。我的性格好懒,虽有疑问,从没有请先生解答,今天看完一七八期先生答蒙尔麈君的信,我感想有下面诸问题。现把他写出,请先生费些精神答复：

(一)先生答复蒙尔麈君说："中国共产党主要代表工农利益,……至于国民党,则我们不能看做纯粹代表第三阶级的党,应该看做是中国各被压迫阶级的一种政治联盟,这种政治联盟在目前革命阶段上是必要的,中国共产党正因为这个必要才加入国民党。"先生这段话,实没有什么问题发生。有许多同志对于先生上段话很多怀疑。他们说："中国共产党加入国民党,虽是孙总理联共革命策略,联合革命势力实行国民革命,打倒同样敌人帝国主义者军阀……至若革命方法,应依照孙总理三民主义共同奋斗。今共产党说：

我主要的是代表工农谋利益的党；又共产党同志时常告诉工友们农友们：我们唯一生路，就是阶级斗争，打倒资本家。"其实，现在中国各阶级同处双重压迫之下，没有大资本家，我们唯一出路，还是联合各阶级实行国民革命，今共产党倡阶级斗争，在三民主义立场，会不会分散国民革命势力呢？又国民党代表农工商学各阶级谋利益的党，如共产党代表农工谋利益，共产党在国民党立场，又怎么样向各阶级解答？现在广州各工人团体，因生活困苦，要求东家加薪纷纷封闭各商店，促东家承认加薪条件，有许多商人看这样情形，怀疑本党不为代表各阶级谋利益。前日我考商民协会指导员考试题，问我怎样向商人解释国民党始终为各阶级谋利益的党？现我转问先生对于这个问题，你怎么样解释？

（二）广东自国民政府统治以来，农工各团体十分发展，这是本党扶植农工好现象。今年农会宣布向地主实行减租、许多地方发生斗杀的事件，敝县（五华）也因减租问题发生冲突，至今二（两）方交战，仍未息火。在反革命者当然反对农会，代地主宣传，我对于农民运动，虽然没有实地参加工作，我的言论上已表同情，但是接到家信陈述惨杀情形，不禁毛发悚然。这虽在农民革命进程不能免的，未知先生有何高见，可以避免流血事件么？我的同乡同志出外读书，多赖家庭租谷接济，今农会减租，我切身问题受绝大打击；大地主方面固不在此例，但我是一个贫穷苦学生，可以到大学读书，全靠几担租谷接济，今农友要求减我几担租谷，我即不能继续在学校里读书，先生以为当此地位，应怎样维持读书？又我的同乡某君颇富革命性，对于农会运动尤具热心，今年六月农会减租时，他就给信他的父兄说："现在减租之说，普遍广东、潮流所趋、实不可遏止，父兄大人目睹农人终日辛苦，对于农会减租布告，应照实行。"他的父兄接到信后，怒气冲冲拍案搥胸大骂道："读什么书，革什么命！"马上即拍十二万火急电，给他的儿子，大概说："希儿接电后，着急返家，我不能继续接济你读书费，倘汝再逆命，即断绝接济。"于是乎！这位革命青年接到此电，怏怏不安，不能在校继续读书，即候轮返家。

先生汝看完上段的话，我们青年又怎样革命？

（三）中国人民处在水深火热中，受双重压迫，我们今日要求生存，解除一切痛苦，脱离不平等枷锁，唯一的出路就是国民革命。革命方法，孙总理遗嘱我们，唤起民众及联合世界上以平等待我之民族，共同奋斗；这是总理临终时最后遗教我们国民革命途径。故联俄联共，革命党员应该明白，且应履行；我有几个同志他已经加入国民党，他对我说联俄联共，我实在怀疑。我说："汝怀疑么？什么？汝既是国民党员，对于总理遗嘱应该接受，如果抛弃了总理革命策略，简直配不上国民党员。"他答说："联俄联共我未尝不拥护，不过目前我看共产分子操纵农工机关，又国民党各机关里都有俄人充顾问等等，他们说，以平等待我，不知有什么事实根据？将来我实在怕俄国是赤色帝国主义。"

先生汝听上面的话，又将怎样解答？

以上所问大概是我和同志日常辩论的，也有我个人疑问的，请先生下次分别作极准确的回复！

缪扶植十二月十三日于广州

扶植先生：

来书提出的问题，兹依次回答如下：

第一个问题可分为两点：（一）阶级斗争会不会分散国民革命势力？（二）怎样向商人解释国民党是为各阶级谋利益的党？

关于第一点，我们应该知道：第一，阶级斗争是历史必然的事实，不是人的主观所能提倡的，也不是人的主观所能阻止的，共产党对于阶级斗争与其他政党对于阶级斗争所不同的，即在共产党指出这事实，其他政党则隐蔽这事实。第二，近年来中国国民革命潮流高涨乃是工农运动突起的结果，只看数年前工农运动停滞不进，就可知道。然而工农运动突起，同时工农必致力于发展本阶级的组织（如工会农会和共产党）和改善本阶级的经济地位（如工人要求增加工资减少工时，农民要求减租），这在资本家和地主看来是工农向他们行阶级斗争（其实工农原来所处恶劣的经济地位本就是资本家和地主向工农行阶级斗争的结果），但这是必然与工农运动同时兴起而不可隔开的。从此可以知道，工农运动及阶级斗争，不但不会分散国民革命势力，反能增进国民革命势力。这里在国民革命联合战线中的资本家阶级和地主阶级，如果真正是为国民革命利益要联合工农共同奋斗，就必须减轻对工农的剥削即允许工农的要求。不然，一旦国民革命势力分散，则负其责者不是共产党的"倡"阶级斗争，而是资本家和地主的太自私自利。

关于第二点，则明了第一点之后，是容易解答的。国民党既然不是纯粹代表商人的党，而是"各被压迫阶级的一个政治联盟"，就自然不能不顾及工人的利益。工人的加薪运动，在东家看来是不正当的，但东家的剥削，在工人看来也是不正当的，东家对国民党不禁止工人的加薪运动，不能指为国民党不是为东家谋利益；若如东家所希望，国民党效法北方军阀帮助东家压迫工人的加薪运动，哪国民党才不是为"各"阶级谋利益哩！

第二个问题，可分为两点：（一）农民革命中怎样避免流血事件？（二）不剥削农民怎样读书？关于第一点，我们知道，不流血的革命是古今中外所没有的，这里面问的应该不是怎样避免流血事件，而是怎样减少流血事件。究竟怎样减少流血事件呢？这是有方法的，这方法中的一种即革命青少年献身于农民革命，使农民势力迅猛发展农民革命迅速成功。

关于第三点，渴望读书的革命青年应该仔细想一想：允许农民减租则我个人不能继续在大学读书，若不允许农民减租，则多数农民将因经济地位太恶劣或疲劳而病，或冻饿而死，至于无数农民子弟连初等小学教育尚无力去受尤不算在内。究竟是个人失学重要呢？还是多数农民疲劳冻饿及多数子弟全成没字碑重要呢？我想既然是革命的青年，既然是言论表同情于农民运动的青年，对这两条路应该能有适当的选择。

第三个问题是孙中山先生联俄联共政策的问题。

孙中山的联俄联共政策，国民党员赞成如否，本是分别西山会议的右派和反西山会议的左派之标准。来书中对于孙中山先生这两种政策怀疑诸点，是没有根据的。关于联共的，共产党是工农阶级自己的党，共产党员在工农各机关积极的忠实的服务，是当然的事，更谈不上"操纵"。他们怎能根据这点以怀疑孙中山先生的联共政策呢？关于联俄的，则即许国民党各机关都有俄人充顾问，但这怎样能够证明俄国是"赤色帝国主义"呢？又何能据此以怀疑孙中山先生的联俄政策呢？

记者

（《向导》1927.01.21 第 184 期）

中国共产党为上海总罢工告民众书

中共中央执委

全国工人们及革命的民众们！

全中国工人阶级不避牺牲，率先和黑暗势力奋斗，不止一次了，此次上海工人反抗孙传芳的总罢工，也是这样。

此次上海工人总罢工五日，不但说明了工人阶级的集体势力，并且表现出工人阶级为全民族利益为全上海市民自由而不畏艰难不避牺牲奋勇先进的精神，而且证明了国民革命军是有广大的民众同情与援助，不像军阀只有孤立的横暴武力。所以此次上海的总罢工，在中国革命上是有重大意义的。

帝国主义者尤其是英国，最近聚集兵力于上海，在上海各马路列队游行示威，如入无人之境，并且简直是对于国民政府武装谈判。直系军阀余孽孙传芳，因在浙江兵败，犹拟在上海勾结英国作困兽之斗，摧残工会，大捕工人，压迫舆论，甚至勾结帝国主义者在租界逮捕国民主义的新闻记者与商人。全上海的市民，对于这样残暴的统治者——帝国主义的英国及直系军阀孙传芳，无不切齿愤怒，革命阶级的工人群众，已至忍无可忍地位，怎能不不计成败利钝而起来宣告总罢工，以表示对于内外黑暗势力之反抗！

在总罢工五日中，工人学生及其他市民的热血，点点滴滴的洒遍了上海南北市，横在街路上的烈士血尸，到处都可以看见，许多烈士的头颅都挂在电杆上。全上海市民们！我们永远不能忘记孙传芳的刽子手李宝章之残暴，我们也不能忘记国民党右派（即西山会议派所号召的什么国民本党）教唆李宝章放手屠杀工人及革命民众之狠毒！将来应该再没有人能够拿任何理由反对革命的工人与市民，"以革命的恐怖回答反革命的恐怖"！

全国工人们！全上海的工人们！此次上海的总罢工流血争斗，只是你们全部罢工流血争斗史中之一页，前途正复辽远。即以上海一隅而论，乃各帝国主义者最后根据地，亦即彼等最后奋斗地，同时也是奉直军阀死力争得海关附税和鸦片收入之目的地。这两种内外黑暗势力复相互勾结起来对付革命的民众，以保持彼等在上海之统治地位：李宝章未走，鲁军的毕庶澄又来了；各国海军，也已经公然联合行动，干涉中国海军对于军阀之表示反抗了，各国陆军也侵入华界了；全上海的工人，全上海革命的市民，必须有不断的巨大努力与牺牲，才能够获得最后胜利。

此次总罢工之复工，诚如总工会复工宣言所说："非因退让而复工，乃为准备更大的争斗而复工。"换句话说，即是以宣告复工而开始另一新的形式之争斗，求得最后胜利之争斗。

全上海市民们！工人是革命的市民中最急进的先锋，你们须继续与这最急进的先锋携着手前进。这最急进的先锋,不但为自己的利益奋斗,而且是为全市民的利益而奋斗的。每个革命的市民,都不可因为国民党右派的造谣而摇动自己的革命意志,而离散革命势力之联合,右派们一向是站在帝国主义及军阀那边而企图离散革命势力的。

全上海革命的市民,应该在上海市民公会上海总工会领导之下,立刻全体动员。

反抗孙传芳的刽子手李宝章!

反抗直鲁联军南下!

反抗外国海陆军和军阀联防干涉中国革命。帝国主义者以武力干涉中国革命,则中国的武装市民及将来的北伐军必进入租界,"以武力回答武力"!

(《向导》1927.02.24 第189期)

中国共产党为此次上海巷战告全世界工人阶级书

中国共产党中央执行委员会

全世界工人同志们:

自一九二五年五卅运动以来,中国工人尤其是上海和香港工人起来和内外黑暗势力不断地争斗,经济的和政治的艰苦争斗。

上海是全中国工业的中心,是国际资本帝国主义共同掠夺的市场,是国内军阀必争之地,上海工人阶级为推翻这些黑暗势力之统治,最近有了两次总罢工,三次武装暴动。最后一次总罢工,即三月二十一日八十万工人之罢工,同时,罢工的武装工人及徒手工人群众,和山东军阀的军队实行巷战至两日一夜之久,敌人不断地用大炮机关枪轰击,当时街上死伤满目,更激起革命狂的工人,忍着满腔热泪向炮火处前进,卒之敌军胆寒,大叫一声"工人疯狂了!"退走的退走,缴械的缴械,至有十数工人缴敌军百余人枪械之事。追至国民革命军赶到,更驱逐敌军远离市外,他们已没有反攻的力量,于是全上海市除租界外,都已归武装的革命势力所占领了。

中国工人此次在上海英勇的巷战,不但是中国工人之荣誉,实在是全世界革命的工人阶级之荣誉。他们在勇敢而有秩序的夺斗中,不但得着些武装,而且强固了他们阶级的自信心和受了一般市民的尊敬。

然而正因此愈加使帝国主义者及国内一切反动分子,对着革命的工人阶级怒目而发抖。一切庸懦的游移分子和落后分子,也跟着怀疑与妒忌。他们已开始工作了,对于工人造谣中伤,无所不用其极,尤其集矢于历年为工人阶级利益奋斗之本党和集中八十多万工人的上海总工会。他们很懂得破坏中国共产党和工会是破坏中国革命之最有效的方法。他们不但想破坏共产党和工会,并且还想破坏国民政府和国民党左派,他们有右倾军事势力的后援,用法西斯的方法,捣毁各处的工会和国民党左派党部,他们诬称国民政府及国民党左派领袖都是共产党,他们因为国民政府及国民党左派领袖是扶助工农运动的。

此时中国的革命运动和反革命运动都正在严重地发展,中国的工人阶级和共产党正在艰苦的奋斗中,我们希望全世界工人阶级尤其是先进国的工人阶级,予以指导与援助;

并且希望你们起来阻止你们本国的帝国主义者向中国工人及革命的国民政府武装进攻。英美法意日本等帝国主义者有九十余只兵舰在上海黄浦江中示威。上海租界有二万三千多外国陆军在每条马路上布防,任意断绝交通,铁丝网及沙袋堆塞各交通要道,任意拘捕工人市民及国民革命军的兵士;他们并且正在煽动和逼迫右倾的军事势力,向工人进攻,向国民政府背叛。

全世界的工人同志们!我们的敌人就是你们的敌人,同时你们的敌人也就是我们的敌人,我们都要携手高呼:

全世界工人阶级联合起来!

世界革命万岁!

(《向导》1927.03.28 第 193 期)

上海邮务工人复工以后

登 贤

代表豪绅资产阶级的国民党,为要完成他的反革命大业,巩固他的反革命政权,不惜向帝国主义自称奴才,殷勤献媚,丑态百出,同时对领导中国革命的工人阶级更肆意屠杀和压迫,以图消灭中国的革命运动。

虽然如此,他们内部也有种种冲突和矛盾,就是对工人阶级也有两种不同的主张:一个是彻底的白色恐怖政策;另一个是比较温和的改良主义。可是这两个政策的不同,却并没有丝毫变更其消灭革命运动的企图,不过豪绅地主阶级主张更为反动罢了。显著的事实如地主阶级的代表桂系,在国民党"五中"会议坚持停止民众运动;在北京阎锡山白崇禧等下令解散一切工会(固然一方面是给蒋系势力一个打击);在广东则连素为工贼把持的广东总工会也取消了,强并于广东政治分会所组织的全省工会联合会……凡此种种,都充分证明豪绅地主们的更反动的政策。

资产阶级在"五中"全会后暂时屈服了,然而他还有自己的反革命的道路。为准备将来夺取反革命领导权的斗争,而且他的经济背景也和豪绅地主不一样,因此采取一种改良的欺骗政策。他的目的不光是要达到和缓工人的斗争和消灭工人运动;并且更进一步的企图获得一部分群众,来作争取反革命领导权的力量,以打击现在桂系的政府,于是提出什么"恢复民众运动","劳资仲裁","工会登记","工商法规",组织调解工人所谓纠纷的"政府机关"……许多动听名词;同时还利用他的新式工具如陈公博之流鼓其如簧之舌,吹其无边之牛,来模糊群众的政治意识。他们言下大有现在国民政府虽则不好,但是国民党是好的之慨;而他们自己就以好的国民党自居。使群众满肚的怨恨转向桂系的中央,向他们却表示好感。如此,他们不但欺骗了群众,还利用群众作他们倒桂的工具。一箭双雕,岂不美哉!

此外更有一班卖阶级的工贼,为他们收买了来执行这一任务,如七大工会和九大工会的领袖们。请你看他们的邮务复工后的宣言:"宁可为国民党利益而奋斗,甘愿为青天白日旗帜而牺牲。"这些话可是工友们的意见么?绝对不是的。只是几个卖阶级的领袖进京后表示接受国民党欺骗工人阶级的祖训,或者他们如此宣言正是表现他们才是双料的忠实信徒。但是他们进京的结果,只讨得国民党一个只准谈五分钟的恩典,和带回一个要他们负责叫工友复工的命令。解决办法就是复工!他们一方面被国民党认为欺骗工人的能力太不中用,予以警告;一方面被工友们认识了他们的庐山真面目。在这个进退两难的情况之下,倒难为了这班改良主义的走狗呵。

所以如果认资产阶级现在的宣传口号是左倾的表现,并且相信他们有实行改良主义的可能,是根本错误的。

这数月来,各地工人阶级的斗争日益活跃与发展,尤其在"五三"以后。从"五三"至上海邮务罢工,是工人阶级在一年来所受长期反动统治的屠杀压迫和剥削的一个总答复!邮务罢工的结束,是全国工人运动的前途与趋势再进到一个新阶段的象征。如果有人说邮务罢工既被反动的国民党欺骗了复工而失败,上海工人运动因这个打击而有消沉的状态,是绝对不正确的。我们以邮务问题本身来分析,虽然这次罢工是给国民党及其工具(七大工会的领袖)欺骗去了,但是群众斗争的情绪和对国民党与七大工会的愤激益加锐利。在复工后第一次群众大会时,陆京士说:"共产党现在散发宣言,煽动工友反对国民党。"但是群众却非常高兴地说:"共产党有什么宣言,我们拿来看看,如果说得是对的,我们根据他去做;不好可不管他。"当时将陆京士所拿的共产党宣言抢来看,看完之后,群众怎样说呢?他们说:"共产党的话是对呀!"

到第二次组长会议时,不要脸的七大工会代表报告进京经过,群众大呼问:"主席!这个是什么代表,谁请他来的?滚出去!"跟着就有许多"打倒""打倒"之声。现在陆京士与沈天生要辞职了,是他们愿意的么?不,他们是被群众唾骂滚蛋的。这件事实可证明群众复工后的情绪,并没有被国民党与这些领袖欺骗而灰心失望,只有暴露他们的面目,激动群众继续起来斗争的决心。

我们再进一步看整个上海在邮务复工后的斗争:(一)吴淞铁路车房数百人怠工的斗争;(二)码头工人两次增加工资斗争的胜利;(三)法商电车工人提出要求加薪的条件;(四)绵织工人提出准备罢工!(五)日本第九间纱厂现在积极准备反抗日资本家开除六百余工友,改良女工待遇和加薪的斗争。在这些事实中,表现上海工人阶级的斗争由手工业店员转移到产业工人的发展。这一趋势与前途,必然更激烈地锐进。

现在再说一说全国各地新发展的斗争:(一)最反动统治下的湖北也有宜昌车夫反抗警察的经济政治斗争,并且得了全胜;武汉第一纱厂九千余工友自动组织要求复工运动。(二)厦门的码头工人罢工。(三)天津邮务工人的怠工运动;电车工人提出要求加薪的准备斗争。(四)河南陇海京汉两路工人的要求发奖金示威运动;卫辉纱厂准备反抗厂主开除工人的斗争快要爆发。(五)香港九龙船厂反对包工制运动。在这几省的斗争多是产业工人(当然还有手工业工人和店员)。目前全国工人运动只有更加尖锐化的前途。为什么?因为:

一、现在资产阶级为要准备争取反革命的领导权;而豪绅地主又要力图其政权的巩固,就都必然充分扩张他们的实力尽量搜括,因此苛捐杂税只有日加高升。这是使群众无法过活的。

二、豪绅资产阶级国民党的无耻投降和勾结帝国主义,保卫资本家向工人进攻,都充分显露在群众的眼前,更激动群众反抗的决心。

三、今年农村的旱荒普遍各省,不但造成农村经济的摧毁,就是城市的金融与物价也突然增加,工人阶级的生活必然加倍痛苦。资本家又因为金融动摇与物价提高,只有加重工人阶级的剥削。

这三个是主要的原因。在这个情形之下,工人阶级只有斗争是自己的出路!

(《红旗周报》1928.12.11)

什么时候中国才可以统一太平

代 英

我们说过编遣会议以后国民党自伙子里仍旧不得太平,这句话一下子就证明了。编遣会议后李济琛第一个离开南京,到广东便说了一大篇反对裁兵的话,并且带了冯祝万邓世增等到广西与黄绍雄去开会,他所购买的军械听说亦已经运到广西去,他暂时未必到南京来,所以他主持的国防会议亦已经延期了。第二个离开南京的是阎锡山,他一到天津便匆匆秘密回山西去布置一切,不肯到北京耽搁。第三个离开南京的是冯玉祥,他并且告病躲在百泉,说自己要出洋留学,他又将在南京他的总部人员及将校团调回河南,而且要将南京政府中他的人如薛笃弼鹿钟麟调走。接着蒋介石亦带了他的妖姬宋美龄走到上海浙江,并且还有要到江西去的谣言。李宗仁说是有眼病跑到上海医院,刚回到南京去,现在又跑到上海来了,然而他的军师白崇禧怪蒋介石欠他二十余万元的饷款不肯发给,坚决表示辞职的意思,蒋介石不肯给钱,又不敢准他辞职。没有人要的于右任,忽然被蒋介石约回南京,并且有做什么行政院长或监察院长的话,但蔡元培等否认这一回事,结果报纸又否认于右任已经到过南京。还有人说,汪精卫已经暗中回新加坡或香港,陈公博已经离开上海去会汪精卫,蒋介石在各地的演说亦明说有些人在运动汪精卫回来。

谣言又蠢起了!公债价格已经发生了很大的动摇,国府要人都忙着辟谣,特别是他们对于北方报纸登冯桂军队冲突的消息大为震怒,要罚令大字声明更正继续登报十五天。然而你说是谣言么?湖南夏威叶祺与鲁涤平谭道源已经实行火并起来了,鲁涤平等遁走江西,粤汉路北段因兵车拥挤已经交通断绝!

若因为这一切现象,便以为可以证明大规模的军阀战争很快便要到来,固然是神经过敏!然而至少这总不会是他们之间真有什么长期的统一和平的兆征。蒋冯之间,自然为南京政权会有他们的冲突,这一冲突现在便作成了桂系解决接近蒋的湘系势力的机会。他们之间的裂痕是非常复杂而且显然的。这种裂痕他们终究会用各种方法弥缝,但虽经他们几多次弥缝,这种裂痕终于是日益明显而扩大。

中国只有在驱逐帝国主义,扫除封建势力的革命完成之后,才会有真正的和平。但资产阶级没有能力这样做,工农群众有这样做的能力,资产阶级又生怕工农群众这样做,唯恐工农群众的力量强大了,危害到自己的政权,他们宁愿投降帝国主义,妥协封建势力,以共同联合起来压迫工农的革命运动。资产阶级梦想不打倒帝国主义,不消灭封建势力,仍可以走德国或日本的道路,为他们自己建立一个比较长期的统一和平。

然而因为帝国主义与封建势力的强大,他们每次的努力总是归于失败。国民党中央第四次全体大会是如此,北京军事巨头会议是如此,国民党中央第五次大会是如此,现在证明:编遣会议的结果仍旧是如此。

这证明中国资产阶级之脆薄无能力,这证明资产阶级只能延长中国工农民众的痛苦,不能丝毫解决中国的问题。一切要求统一和平的人们!除非是准备起工农群众自己的力量,直接起来打倒帝国主义与封建势力,同时亦打倒为帝国主义与封建势力延长寿命的资产阶级,建立起工农苏维埃政权,只有在苏维埃政权之下,中国才能够真正的统一,永久的和平。

(《红旗周报》1929.02.21)

论苏维埃经济发展的前途

洛甫

正是因为中国苏维埃政权所统治的区域,是在经济上比较落后的区域,而且在土地革命之后,地主经济的完全消灭,与广大中农贫农雇农等的分得土地,所以苏区经济的主要特点之一是农民的小生产的商品经济占绝对的优势。同样的,在工业方面,小手工业的生产者占着主要的地位,私人的资本主义的经济则比较不重要。小生产者私人的集体的合作经济,正在向前发展中间获得更为重要的意义。苏维埃的国营企业,则还限制于苏维埃政府必要的军事工业,造币厂与印刷厂方面,国家资本主义的企业可以说还没有。

此外,我们一方面是处在敌人经济封锁的情形之下,另一方面,我们处在长期的革命战争的环境中间。这两者不能不影响到苏维埃经济的特点与它的发展,使苏维埃的经济问题不能不变得更加复杂。

我们党的任务是在集中苏区的一切经济力量,帮助革命战争,争取革命战争的胜利,在这中间巩固工农在经济上的联合,在经济上保证无产阶级的领导,造成非资本主义(即社会主义)发展的前提和优势。

要达到这一目的,我们首先必须尽量扩大苏维埃的生产。土地生产力的提高,应该是我们党与苏维埃政府目前的战斗任务。我们不但要使农民分得土地,而且要使农民从他们所分得的土地上得到更多的生产品,在这里,苏维埃政权应该成为千百万农民群众经济生活的组织者。种子、肥料、耕牛、耕具的解决,荒田荒地的开辟,生产队的组织,生产特别有成绩的农民的奖励,都是提高农村生产中不可分离的组成部分。苏维埃政府还应有计划地进行春耕夏耕以及秋收等运动,来达到土地生产力的提高。

在目前工业品特别缺乏的情形之下,小手工业的发展应该引起我们很大的注意。尤其是那些对于军事,对于群众特别需要的生产,如煤铁、石灰、农具、布疋、竹木、油、纸、烟等必须用一切方法来提倡与发展。苏维埃政府在这里应该帮助失业工人、小手工业者与农民组织生产合作社来发展各种重要的生产。苏维埃政府也可把没收来的企业，交给他们自己去管理经营。在可能条件之下，苏维埃政府本身可以计划一些生产的作坊，来适应目前民众的特别需要。苏维埃政府也奖励小手工业者生产的扩大，并容许私人资本主义在这方面的发展。

在敌人经济封锁之下，工业生产品的极端缺乏与昂贵自然会影响到苏区内工农的生活水平，使他们的生活恶化。这对于广大的农民群众，尤为严重。这种情形的继续，对于工农联合的巩固是不利的。苏维埃政府现在还是非常贫困，它没有足够的资本来经营大规模的生产。在目前，它还不能不利用私人资本来发展苏维埃的经济。它甚至应该采取种种的办法，去鼓动私人资本家的投资。

但是随着发展生产而来的，即是关于商品的流通问题。农民所生产的粮食与竹木，如若不能很好地流通，那结果必然发生某种生产品的过剩与生产品的跌价。如像江西产米的赣县、万泰、公略等县，因为生产品的过剩，每担谷子往往跌到一块钱都不到，这样，农民不但赚不到钱，而且每担谷子要赔五六毛钱。这样，农民对于提高土地生产力就失去兴趣，荒田荒地因此有时会增加起来。

在苏区目前尤其严重的问题，是苏区许多生产品，如像竹木、油、纸等，因为敌人的经济封锁不能出口，而另一方面白区的日常必需品如像洋油、盐、布等的输入也发生极大困难。因此生产竹木、油、纸等的农业工人，陷于贫困与失业，而苏区一般民众则因输入的日常必需品的昂贵，影响到他们的生活。同时苏维埃政府因输出入的不平衡，现金的大批出口，而感觉现金的缺少。

因此，苏维埃政府，不但不禁止贸易的自由，而且鼓励商品的流通。在这里，苏维埃政府必须用一切力量组织工人农民的消费合作社，扩大合作社的组织到每个乡村与圩场，成立总的县的、省的以至于中央的合作社组织，加强党与政府对于他们的领导。对于粮食的流通，苏维埃政府必须更有计划地经过国家的粮食调剂局来调节市价，供给红军与苏维埃政府本身的需要。在广大农民群众中组织粮食合作社的网，为国家粮食调剂局的基础。苏维埃政府还应该设立各地的运输站，来便利商品的流通。

苏维埃政府特别鼓励对外贸易的发展，来打破敌人对于我们的经济封锁。这里苏维埃政府要尽量利用苏区内外的商人，给他们以别的好处去输出苏区的生产品，与输入白区的日常必需品。苏维埃政府对外贸易局的建立，完全不是为了垄断赤区与白区的对外贸易，而正是使赤白的贸易更能流通起来，使白区的商品大批的廉价的运入，赤区的商品则大批的高价的卖出。

国家对外贸易局自然应该同合作社与粮食调剂局等发生最密切的关系。合作社与粮食调剂局可经过国家贸易处输出它们的生产品与输入日常用的工业品。但苏维埃政府也赞成每一合作社与粮食调剂局自己到白区去采办商品，把他们的商品出卖到白区去。商人如若不进行反革命活动，也可以自由进行他们的卖买。

只有工商业的发展，才能更有力量地在经济上帮助革命战争的胜利，改善工农群众的生活，并在经济上巩固他们的联合。

但是工商业的发展,苏区内生产力的提高,同时即是资本主义的部分的发展。在苏区占优势的农民的小生产的商品经济,虽不是资本主义的经济,但"小的商品生产仍然有使资本主义与资产阶级自然地不断地重新恢复和产生的可能"(列宁:"左派幼稚病",六十八页),"它可以每日每时不断地自然地大量胎生资本主义与资产阶级的种子"(同书,五页)。而且苏维埃政权在目前并不反对资本主义的发展,并且还容许资本主义的发展,使用许多办法来吸引与鼓励资本家的投资。那么资本主义在苏维埃政权下的发展,当然是不可避免的。

资本主义在苏维埃政权下的部分发展,并不是可怕的。当苏维埃政权没有力量经营国有的大企业,那么利用私人资本来发展苏维埃经济,不能不是目前主要出路之一。这种资本主义的发展,目前不但对于苏维埃政权不是可怕的,而且对于苏维埃政权是有利的。

私人资本主义的经济,将随着苏区内工商业的发展,而增加它的作用与地位,但是苏维埃政权不是资本主义的崇拜者,领导苏维埃政权的中国无产阶级与它的政党,争取中国苏维埃革命的胜利,不是为了中国资本主义的发展,而是为了社会主义的前途,因此,苏维埃政权首先就要经过劳动法来限制资本主义的剥削,改良工人的生活,提高工人阶级的团结力与觉悟程度,吸收工人阶级的大多数,来管理自己的国家。其次,对于资本的企业,必须尽可能的实行工人监督生产,防止资本家利用他的企业进行各种反革命的活动。最后,苏维埃政权对于资本家的企业,还征收累进的工业税与商业税,抽取他们的利润的一部分来巩固苏维埃政权。

随着苏区工商业的发展而发展的,除资本主义的企业而外,还有生产的与消费的合作社与国营的企业。在苏区内生产与消费合作社,不是资本主义的企业,因为资本家与富农的加入合作社是完全禁止的。这是一种小生产者的集体经济。这种小生产者的集体经济目前也不是社会主义的经济。但是它的发展趋向将随着中国工农民主专政的走向社会主义而成为社会主义的经济。在目前,无产阶级在其中的领导作用,集体的生产与消费,社会主义的教育,同资本主义的投机与抬高物价做斗争,已经使我们的合作社,带有了一些社会主义的成分。

至于国营企业之带有社会主义的成分,那当然是更为明显的事。这种企业,目前对于苏维埃经济的发展有重大的意义的,还不是那些比较大的兵工厂、被服厂、印刷厂等生产的机关,而是银行与各种营业的组织。国家银行是苏维埃政权手内最重要的经济组织,它可以帮助国家企业与合作社的发展,使这些企业同私人资本做竞争。粮食调剂局、对外贸易局以及合作社工作的开展,对于团结千百万劳苦群众于苏维埃政权的周围,有最大的作用。最后,苏维埃政权采取最严厉的办法来对付资本家的投机,故意抬高物价,以及一切扰乱苏维埃经济,使千百万群众生活恶化的企图,在这斗争中以社会主义的教育来教育广大的群众。

显然的,在苏维埃经济内部,就是在现在有着两种倾向在斗争着,一种是资本主义发展的倾向,一种是非资本主义的社会主义的发展的倾向,在苏区经济中占最大优势的农民的小生产的经济，现在是站在走向资本主义或社会主义的十字口上。正像斯大林同志所说的：

"农民经济不是资本主义经济。假若我们说的只是大多数的农民，那么农民经济就是供给市场上的小规模生产制度。这是什么意思呢？这就是说，农民经济是站在走向资本主义或社会主义的十字路口上。这就是说，农民经济可以走向资本主义的道路也可以走向社会主义的道路。像在现在资本主义国家似的，它就可以向资本主义发展。又好像在苏联，在无产阶级领导之下，它可以向社会主义发展。"（列宁主义概论，二百十三页）

在苏维埃区域内这两种倾向的斗争，现在还不过在开始。我们的党与苏维埃政权直到最近方才开始有系统的来进行这一斗争。在过去我们的党与苏维埃政权对于商人、老板、富农只限制于武装的威吓、压迫、没收与征发，而对于自己经济力量的组织则毫未注意。现在我们对于这些分子，除了武装的威吓、压迫、没收与征发之外，还应该利用"利诱"与"让步"的办法。我们必须利用他们的"社会关系"、"线索"，经济的力量与经营工商业的经验，来发展苏维埃经济，流通赤白的贸易。我们现在应该学习如何根据不同的环境同时并进的、互相为用的利用这两种对付资本家的不同的方法来达到我们的目的。

在另一方面，我们应该有系统的来组织我们的经济力量，我们应该经过我们自己的苏维埃政权为将来社会主义的前途，在经济上创造一些前提和优势。国民经济人民委员会的设立，就是为得要有系统的做进行苏维埃经济的组织与建设的工作。这用军事上的名词说起来，是在苏维埃经济中的司令部。

当然，正像共产国际所说的"这两个倾向的斗争里，无产阶级的胜利不但要由国内的条件来决定，而且要由国外的条件来决定"。但是同时共产国际告诉我们，目前中国内外的条件对于社会主义的倾向的胜利是非常有利的。国际战后资本主义暂时的稳定的终结，革命与战争的新阶段的日益迫近，苏联社会主义建设的伟大成功，指出目前国际的形势，对于中国社会主义的前途是有利的。

在中国内部，中国革命中无产阶级的领导权的建立与巩固，将是保障中国社会主义胜利的主要条件。同时中国国民经济的总崩溃，使在中国革命向前开展的过程中，社会主义步骤的采取成为必要，而且在反对帝国主义与国民党的长期国内战争中，中国"农民的主要群众，将要受革命进程的推动，而来赞助那些反对外国和中国资本的过渡性质的必要的革命政策"（国际路线二十页）。

这两个倾向的斗争，现在不过还在起步的开始。这种斗争将随着中国革命的向前发展与中心城市的占领，而更加发展起来。无疑的，在我们党与苏维埃政府的正确的经济政策之下，社会主义的倾向必然的将会得到胜利。

四月二十二日
（《红旗周报》1933.10.30）

关于新的领导方式
——再谈学习领导群众的艺术

洛 甫

见"红旗"五十九期上我说到我们领导群众的主要方法是在说服群众,使群众相信我们的主张的正确,使群众执行我们党所提出的每一任务。

从许多党部的文件上以及许多同志的言论上,已经可以看出关于说服群众的问题,已经引起了一般同志的注意,反对强迫命令的声浪,是更加叫喊得响亮!

虽是这样,但是强迫命令的方法,依然到处存在。"反对强迫命令",许多还只是在党的文件上,同志的口头上。在实际工作中的显著的进步,还是没有看到。

请问原因在哪里呢?

第一,是在于我们没有群众的宣传鼓动工作。

没有群众的宣传鼓动,我们就没有法子去说服群众,没有法子说服群众,那结果还是只有强迫命令之一法。

在宣传鼓动方面,我们一直到现在还带有极浓厚的刻板性与一般性。我们不管什么地方,什么时候,什么人,总是那一套我们所说得烂熟的老话,从帝国主义国民党五次"围剿"起到扩大红军,经济动员止。虽是在最近,我们的宣传鼓动工作上,在宣传鼓动的形式与内容方面有了微弱的转变,但是对于怎样进行宣传鼓动工作的一些基本原则,还是没有清楚的了解,因此我们不能依照一定的原则去转变我们的工作。

拿江西"省委通讯"第二十七期上所发表的"八一宣传工作的总结"来说吧,这里我们看到许多关于"木标语"、"竹标语"、"壁标语"、"纸标语"等等赤裸裸的数目字,但是对于群众的宣传鼓动工作的内容,那我们还是没有法子知道。譬如这里说到在"八一纪念宣传比较充分,如宣传队普遍在有系统的建立和训练,宣传品数量上的增加与方式的改善,均有了进步"。然而到底对于这些宣传队的训练是怎样的,他们怎样出去宣传的,群众是否了解或满意他们的宣传,在宣传中有什么经验,以及宣传队应该如何改善工作,那我们是完全不知道,关于宣传品的形式与内容也是如此。对于我们同志重要的,只要有宣传品发出,至于这些宣传品有没有人看,要得要不得,那就可不管了。

下级党部宣传工作的报告上,也是拿这些数目字来表示他们工作的优劣,而上级党部也拿这些数目字来决定下级党部工作的优劣。大家这样习惯了,至于在这些数目字下到底的什么内容,如何改善它们的内容,那是大家所不管的。

这是宣传鼓动工作方面恶劣的传统,要转变我们的宣传鼓动工作,必须同这种传统做坚决的斗争。

要使我们宣传鼓动工作,变成活泼的具体的群众的宣传鼓动工作的问题,实际上即是怎样去接近群众,怎样开始向群众说话,怎样使群众相信我们所说的,而且能够执行我们的任务的问题。

要达到这一目的,我们首先必须具体了解我们宣传鼓动的对象。我们在开始宣传鼓动时，必须知道听我们讲话的是工人、农民、红色战士，或是城市贫民，而且也应该知道他们的文化水平与思想上的准备的程度。同工人讲话我们是一个样子，同农民讲话，我们应该又是一个样子。而且在工人中还有各种各样的工人，在农民中也有不同的阶层，因此对这种工人或农民讲话是这样，对别种工人或农民讲话又是另一个样子。千篇一律的宣传鼓动，是不会发生什么好的效果的。"真理报"的社论曾经这样说过：

"人们按照一定的样本、标准、公式去做鼓动工作，人们不是随地都会应付个别工人、女工、农夫、农妇。在鼓动工作中，难道人们不是往往把某企业中一切工人都看作一个不可分开的整体，即同样接受每句话、每个证据、每个观点的整体吗？然而有用政治鼓动的实质，却在于把这个鼓动传达到每群人中间去，使它能为每个工人所了解，从他的识智程度出发，从他对于社会生活的某方面，对于某些问题的兴趣出发。"

我们现在的宣传鼓动工作，却是把所有的人都看做一个模型里制造出来的东西，我们对于他们说同样的话，要求他们同样接受我们的主张。要"把这种鼓动传达到每群人中间去，使它能为每个工人所了解"，像"真理报"所说的，当然是没有可能的。

其次，我们对于宣传鼓动的对象的了解也不是一般的。比如，我们知道我们宣传鼓动的对象是工人，甚至某处的某一种工人，如赣江的木船工人，这还是不够的。我们必须进一步了解他们的生活、情绪、兴趣与要求。我们的宣传鼓动就应该从他们的切身问题开始，从这些他们有兴趣的、懂得的、要求得到解决的问题说起，把这些问题紧密地同我们所达到政治任务联系起来，那群众不但会了解我们所说的，而且会执行我们所提出的任务。

比如拿我们对于一部分失业的木船工人做扩大红军的宣传鼓动来说吧。如若我们一开始就说：目前帝国主义国民党开始了对于我们苏维埃与红军的五次"围剿"，所以我们每一个工农分子应该加入红军，去回答敌人的五次"围剿"，你们木船工人就应该报名当红军，当红军是最光荣的。这种宣传鼓动，我想一定得不到很好的成绩。木船工人听了这类宣传鼓动，当然不会清楚了解，不会自动的积极的报名当红军。但是如若我们从他们的失业问题讲起，说明他们失业的原因，怎样才能根本解决他们的失业问题，把加入红军与打破帝国主义国民党的"围剿"同根本解决他们的失业问题密切地联系起来，那木船工人就会了解我们所说的，就会自动的积极的报名加入红军。

把群众的切身的问题，同党的基本口号密切地联系起来，这是布尔塞维克动员群众的基本原则之一。我们过去宣传鼓动工作的错误，就在于不知道应用这一原则。我们常常把我们的一些基本政治口号不断地叫喊，而不知道如何使这些口号变成群众自身的，群众所深刻了解的活跃的有血肉的口号。

要达到这一目的，并不是容易的事，这与我们整个领导方式的转变不能分开的。在官僚主义命令主义的领导之下，我们决不会知道这一部分人，或那一部分人，这一地方的人，或那一地方的人的生活、情绪、兴趣与要求。要了解许多问题必须要有最具体的领导，必须我们有非常灵敏的阶级的感觉，感觉到群众每一脉息的跳动。

一千零一次的背诵党的基本口号，是完全不够的。这里需要把这些口号具体化，把这些口号在不同的环境、不同的人群中执行起来。这就要求我们考察、研究、探索、揣摩和熟知各种人群的生活与要求的特点，把我们的总的政治口号与路线同群众这些日常的甚至细小的生活问题密切地联系起来。

我们以后就要拿这一标准去考察我们宣传鼓动工作的优劣，并且以后我们的宣传工作的转变也应该向着这个主要方面去进行。这样，才能使我们的宣传鼓动变为真正群众的宣传鼓动，变为能够说服群众的宣传鼓动。（关于宣传鼓动的其他问题，将专文讨论）

第二，要说服群众，除了群众的宣传鼓动之外，还应该在实际上来解决群众中所发生的许多困难问题。

我们实行了土地法与劳动法，我们大大的改良了工农群众的生活，我们是已经满足了群众最基本的要求，但是帝国主义国民党的新的进攻与新的封锁，在群众中造成了新的痛苦与困难。如像食盐布疋的缺乏，苏区生产品的不能出口，都会使群众的生活恶化。此外，在群众日常的生活中还有许许多多群众需要解决的问题，如像犁牛、工具、肥料、水利、种子等。我们要必须在实际上解决这些问题，使群众相信我们是处处为了他们的利益，为了改善他们的生活而斗争的。这种日常的艰苦工作，最容易取得群众对于我们党的信仰，便利于我们去说服他们来完成我们所提出的任务。

拿扩大红军来说吧。查田运动深入的区域，经济建设比较有成绩的区域，扩大红军也最有成绩；这已经是大家所知道的真理。再譬如优待红军家属工作做得好的地方，同样的，扩大红军工作比较容易，进行归队运动也比较好。一切事实都证明，只有我们真正细心的了解群众的困难，耐心解决他们的困难，为保护他们的利益而斗争时，说服群众，动员群众工作，才能顺利地进行。

但是这一简单的真理，却不是为每一个我们的同志所了解的。有些同志当他们不能动员群众时，常常骂群众不好，甚至把强迫命令捆绑当为对付群众的唯一办法。然而他们始终没有去想一下，不能动员群众的基本原因在哪里，他在大大改善群众的生活上做了什么艰苦的工作。有些地方发生这样的情形，为了要进行扩大红军的突击，我们组织了耕田队给红军家属耕田，但是红色战士出发前方后，我们就把这一工作冷淡下来。至于经常的解决红军家属所发生的一切困难问题，那更是说不上。这种情形，同样是不好的。改善群众的生活，解决他们的困难问题，这是我们的经常的耐心的工作，而不简单是一个临时的突击工作。

只要一看我们各级党部的议事日程，我们就可知道我们每一次会议所讨论的，还大都是扩大红军、推销公债等，对于当地群众的某一具体的切身问题的讨论是很少的。近来在有些地方已经开始有了转变，但这种转变还是异常不够。无疑的，有系统的改善群众的生活与完成党的基本任务中间的一致性，我们还缺乏深刻的了解。

第三，在每一宣传鼓动之后，在说服群众的过程中，我们必须善于组织群众。首先在我们的动员工作中，我们往往把宣传工作与组织工作分离开来。我们在宣传鼓动之后，不知道立刻组织群众，做组织工作的同志也不知道利用宣传鼓动工作来组织群众。比如关于推销公债的问题，我们召集了群众会议做了宣传鼓动工作，我们不知道当场就由群众自动认购公债的数目,并且经过群众,组织某乡的推销公债委员会,经过这个委员会去更广泛地推销公债。或者我们不做任何宣传鼓动工作,而把群众关在会场上强迫他们购买,或者由一个同志拿了花名册挨户摊派。

其次,我们不知道经过不同的组织去组织群众,经过这些不同的组织去动员群众。比如我们的青年团,这是共产主义的青年群众的组织,我们应该经过青年团去组织最广大的劳苦青年群众。然而,事实上青年团员的数量远落后于党,许多青年群众没有被吸收到青年团中去。如像在四方面军中,青年占所有红军数量百分之六十以上,但是青年团却只占全青年群众的百分之二十五强。

显然的,我们是把许多不同的群众团体,也看做了和党一样的东西。我们在那里的工作方式也看做是第二党的工作方式。在青年团中这种第二党的工作方式依然存在。这种方式甚至在儿童团中也是存在着。此外,如像我们的互济会,我们的"反帝拥苏",也往往不能清楚了解到他们特殊的性质与任务,以不同的立场与方法去组织群众。在"反帝拥苏"中讨论的是扩大红军、推销公债,在互济会中讨论的也是这一套。党提出创造工人师,少共国际师,互济会也照样提出创造"反对白色恐怖连","反帝拥苏"则提出创造"反帝拥苏连"。这种千篇一律的工作方式,到处都可以看得到。至于怎样经过互济的反帝的立场去团结广大群众在它们的组织中,怎样应该适当地在他们的组织中去传达党的影响,执行党的任务,那就很少注意。正因为这样,许多群众组织,没有他们自己的生活、自己的工作,他们的会员许多是登门造册式拉来的,这些会员除了知道必须交纳"互济捐"、"反帝捐"外不知道为什么要加入这样的组织。

正因为这样,所以在我们党内曾经发生过这种机会主义的观点,说党应该取消这种群众组织,把我们的力量更能集中于党的工作,而不了解党正需要经过这些群众组织来团结更广大的群众在党的周围。

但是一直到现在,我们党对于群众组织的领导还存在着两种极端的倾向,或者是由我们同志去包办,把群众组织变成第二党,或者是根本不管。在许多县区的党,甚至放弃了对于苏维埃青年团与工会的领导。

我们现在大家认为动员整连整营整师的模范赤少队加入红军是扩大红军的最好办法。然而我们对于赤少队的领导则是极端的忽视,所以在经过五、六、七,三个月的动员之后,整批扩大红军的成绩是非常的微弱。不整理与扩大赤少队,加强党对赤少队的领导,不迅速地恢复模范队的组织,那动员整连整营的模范队去加入红军,岂不是纸上的空谈!

经过党团来领导各种群众组织,在我们同志中间还没有清楚了解,甚至有些同志把苏维埃的党团,当做了党与团的代表,根本不知道党团是什么一回事。或者形式上组织了党团,根本就不起作用。正因为党还不能经过党团来加强党对于群众组织的领导,所以各群众组织的工作的转变,还是没有达到应该有的程度。

最后,寻找出新的组织形式来动员群众,也是特别重要的,比如利用新战士去组织扩大红军的突击队,就是这样的一个例子。兴国的同志曾经创造了许多扩大红军与归队运动的新方法。过去少先队动员整连整营少先队到前方去配合红军作战,这样来争取他们加入红军。这里,我们要极大地发挥同志与群众的创造性,灵敏地抓住每一新的方式来动员群众。一切呆板的固执、迟钝、墨守成规,都是新的动员群众方式的最大敌人。我们不但要知道如何发展群众的积极性,而且要知道如何组织这些群众的积极性。

因此,我们就说到最后的第四点,即是为了要能够很好动员群众,我们必须利用每一个过去的经验,研究这些经验,把这些经验来普遍地应用。

我看到不少我们的党部对于各种工作的检阅的报告。但是这些检阅照例的只是指出"政治动员不够","反机会主义的斗争不深入"。如若是关于红军的,则一定还要加上"对于扩大红军的重要性估计不足","没有充分的群众动员,强迫命令的方式非常严重","没有充分执行优待红军家属条例"等等,这样的一个"检阅",就算了事。过了三个月于是又来了这一套,又来重复一次过去所说的。有些同志甚至把一套话说得烂熟,所以在检阅工作时,他可以不听,他可以睡觉,但是轮到他讲话时,他却可以滔滔不绝,讲他妈的两三点钟,这种"检阅"当然对于工作的具体帮助是很少的。

我们要使同志们知道如何不用强迫命令的方法,而能够动员群众,那简单地告诉他们不要强迫命令群众,而要去说服群众,是不够的,这一真理,就是我们重复它两三千遍,强迫命令的方法依然还是会存在下去。这里,对于我们下层同志的谩骂与责备,并不能改善事情的实质,这是需要我们党的领导机关,不断地以新的具体动员群众的办法,去告诉同志,详细地研究每一新的群众所创造出来的经验,去告诉同志如何来应用这一经验。

比如我们批评八月份扩大红军中犯了寒热病的错误,所以我们以后应该同这种寒热病的现象作斗争,这种批评,对于以后的工作不会有丝毫的帮助。因为这种批评是笼统的抽象的表面的批评,对于八月份实际的扩大红军的情形,没有丝毫的具体的分析与研究,因此不能真正了解扩大红军落后的真正原因,来帮助以后工作的转变。

就拿兴国动员模范师整师加入红军的经验来说吧。这一经验,说来似乎是大家都知道的了,实际上,真正能够知道这一经验的,还是极少数中的少数。我们江西省委始终没有把这一经验写成通俗的小册子,普遍地散布到全苏区去。至于研究这一经验,指出在这一经验中还有什么缺点,还有什么地方应该改良的,使这一经验与教训集合起来,供给各地党部,那更是没有看到。

许许多多我们下层的同志与群众所创造的宝贵的动员群众的经验,我们是白白的放过去了,我们有的一些同志只满足背诵圣经式的千篇一律的自我批评,而对于生活的新鲜的经验,则采取了漠视的态度。这种倾向,是使我们动员群众工作不能迅速前进的极大原因。

布尔塞维克的自我批评应该成为我们党改善我们对于群众的领导方式的有力的武器。这种自我批评应该具体分析我们在领导群众中的经验,指出我们自己工作中的错误与缺点,使我们以后能够更好地领导群众。这种自我批评有它的时间性、特殊性与连续性,它一层深一层地向着取得领导群众的艺术的方向前进。自我批评的价值也就是在这里。

或者是忏悔式的背诵圣经式的自我批评,或者没有自我批评。许多地方的负责同志,把动员红军、推销公债中所发生的严重现象都推在下层同志身上,似乎他自己是丝毫也不负责任的。他从没有想过,他为了纠正这些错误中除了一般的空洞的指示外,到底做了什么具体的工作,到底给下面同志提出了什么具体的办法。这类缺乏自我批评的现象同样是妨害我们改善我们的动员群众工作的。

至于张如心同志在"红校斗争"第七第八期上的"自我批评",那只能说是张如心同志的流水账,同布尔塞维克的自我批评还相差十万八千里。

把每一新的经验、每一具体的动员群众的办法告诉同志,发挥同志们的积极性与创造性,开展布尔塞维克的自我批评,是我们学习领导群众艺术的主要方法之一。

不疲倦的、顽强的、坚持的在上面我们所说的几方面努力,那我们可以断定我们在领导群众的艺术上,必然会有迅速的进步,我们必定能够动员更广大的群众参加战争,争取五次战争的完全胜利!

九月二十四日
(《红旗日报》1933.11.20)

对于我们的阶级敌人,只有仇恨,没有宽恕!

张闻天

敌人愈是向我们基本苏区逼进,前线上的革命战争愈是紧张,在苏区内部的反革命分子的活动也愈是积极。不论是国民党匪徒们所直接派遣来的侦探与法西斯帝的恶鬼,或是苏区内部的地主、富农、商人、资本家、老板、流氓,或是隐藏与埋伏在党与苏维埃以及一切革命团体内的阶级异己分子与反革命分子,现在都乘机活动,向我们进攻,企图配合着外面敌人,来推翻苏维埃政权。

反革命活动的方式,是多方面的。他们或者公开的利用烧杀政策来造成苏区内部特别是战区与边区群众的恐怖与秩序的混乱,或者利用各种威逼利诱的方法,欺骗与领导一部分群众逃跑反水,要他们打着白旗子去迎接白军团匪,反对共产党与苏维埃。他们造谣言,开私会,撕革命文告,写反动标语,威吓积极分子,有意曲解苏维埃的基本政策,来破坏我们扩大红军以及一切战争动员工作,甚至他们有意混入我们的红色部队中间,来领导拖枪投敌。

赤色恐怖应该是我们对于这些反革命分子的回答!特别在战区边区,我们对于任何反革命的活动,必须立刻采取最迅速的处置。凡属推行反革命活动的豪绅地主,富农,商人,资本家,老板,流氓,必须立刻捉起。除个别最重要的分子须严究同党外,其余无须详审,无须解县,一概就地枪决。就是他们中间有反革命嫌疑的分子,也应即刻捉起,重的当地枪决,轻的押解后方监禁。工人农民贫民出身,参加了反革命的,如果是领导分子,同样就地枪决,如果是附和的分子,或者嫌疑的分子,则必须押解后方处置或考查。

一切对于反革命的宽容与放任,一切"讲究手续"与"法律观念",一切犹豫不决与迟缓,在目前同阶级敌人决死战的时候,客观上都是反革命的助手与帮凶。对于这类分子,我们必须开展剧烈的思想斗争,并且采取必要的组织上的结论。至于对于屡犯这种错误而不改的分子,则除给以组织上的结论外,必须以极大的阶级警觉性去考察他,如有可疑之处,即应逮捕审问,有证据者,就地枪决,不稍宽容,无证据者应送后方考查。一切血的经验告诉我们,在这种环境之下,对于这些分子的宽容与放任,同样是不可容许的罪过。

在党与苏维埃机关内,特别在战区与边区,必须立刻开展广泛的检举运动。对于目前党与苏维埃政府所提出战斗任务表示动摇、消极、怠工和贪污腐化,有意曲解与违反苏维埃政策与法律,以及来历不明与阶级异己分子,应立刻开展斗争与大胆的洗刷。如有任何反革命嫌疑者,即应逮捕审问,有证据者依法处治,无证据者亦应送后方考察。在战区党与苏维埃内的思想斗争与教育过程,应该是较为短促的。甚至在紧急时,不必经过这类的过程,即可采取行政上的紧急处置。

最近在雩都、万太、赣县、杨殷等县反对两面派机会主义斗争与检举运动的开展,充分地证明在我们党与苏维埃机关内埋伏着的"坏蛋"不在少数。在检举与洗刷这些坏蛋的过程中间不要一刻放松肃清反革命的斗争,因为这些坏蛋,常常有着无数根的线索,牵连着反革命分子,甚至有时他们自己就是这些家伙。这些分子在革命胜利前进的情形之下,也许曾经表示过积极,也许曾经为党与苏维埃做了相当工作,因为他们知道不如此,他们没有法子取得党的信任,造成群众中的威信,混到党与苏维埃的领导机关内。但在他们得到相当地位之后,他们可以用各种各样的方式来进行破坏工作,特别在革命遇到相当的困难或阻碍的时候,这些家伙的原形愈是表现得清楚。同时,党内斗争的深入,使这些分子的继续存留在党内与苏维埃内感觉到极大的威胁。于是他们不能不更加积极起来,加速他们的破坏工作,从有意曲解苏维埃的政策与法律起,一直到组织群众的逃跑反水。

但是我们的检举、肃反与赤色恐怖,决不是为了造成当地群众的恐慌,而正是为了发动他们更积极地参加革命战争。动员千百万工农群众武装上前线,与帝国主义国民党进行决死的斗争,是我们检举运动与严厉对付反革命的主要目的。事实也已经再一次的证明,当我们对地主富农的反革命采取严厉制裁,彻底改造我们的党与苏维埃政府的组织时,群众立刻积极行动起来了。只有给剥削者、地主、富农、反革命以致命的打击,我们才能把群众的硬气与积极性提到最高限度。必须清楚地重复地告诉每个我们的同志,动员千百万工农群众武装上前线,是我们一切工作的中心!

我们必须坚决反对把赤色恐怖当做乱捉乱杀的办法。过去中央苏区肃反的严重错误,已经给了我们深刻的教训。把附和的与首要的,工农分子与地主富农不去分别清楚的肃反并非阶级路线,应该受到我们最大的打击。对于那些乱捉乱杀、滥用权力的人,应该引起我们极大的注意。我们应该知道阶级敌人也会利用我们的权力,来对付工农群众与我们自己的积极同志的。这种"肃反"或"赤色恐怖"不但不会发扬广大群众的积极性,而且会造成极大的群众的恐怖,使他们消极与逃跑。也许犯这种错误的人本身不是反革命分子,但他的这种行动对于反革命分子,的确做了最好的服务。

我们的肃反与赤色恐怖,需要极高度的阶级警觉性,敏感,审慎,细心,但同时需要迅速、勇敢与大胆。我们的肃反与赤色恐怖必须仍旧依照明确的阶级路线。就是在战区,凡重要的反革命分子必须在广大群众前面举行公审,揭破他们的罪恶与欺骗,然后处决,以教育广大群众自动地同反革命做斗争。但没有公审必要者,则不必公审,即可处决。

除严厉地镇压地主富农的反革命外,在目前革命战争紧张时期,我们应该把更多的负担放到他们的身上。这就是关于地主富农的劳力与财力的使用问题。

在我们苏区内还有不少的地主与富农,尚未编入劳役队,这也是一种浪费。为了节省我们工农群众自己的劳动力使他们能够更多的到前线去,我们应该把地主富农普遍的登记起来,把地主编入永久的劳役队,富农编入临时的劳役队。为了集中每一粒谷子、每一个铜片帮助战争,我们应该更深入地没收地主的全部财产,并且对于富农实行征发与捐款。对于商人资本家,这种捐款的收集也是必要的(具体规定,见人民委员会中字第三号训令)。一切服从于革命战争,一切为了前线上的胜利的口号,对于地主富农大概也是适用的罢!

特别在战区内,我们的粮食与资材的供给,应该尽量地取给于当地的地主富农,在这一方面,我们战区的党与苏维埃政府以及军事机关的负责同志还没有引起充分的注意。他们甚至"忘记"了剥削剥削者的办法,也可以相当解决我们前线上的某些需要!

我们决不要为过去对于富农捐款与义务劳动的某些条文所限制。如在中央政府去年颁布的"关于土地斗争中一些问题的决定"上,曾经以不妨碍富农生产为富农捐款与义务劳动的标准。这个决定在当时是正确的。但在战争紧张的时期,这种决定我们应该给以相当的变动。对于我们,如果因为义务劳动的增加,而妨碍到中农贫农的生产,那还不如叫富农多担任些义务劳动为更好。对于还是妨碍中农贫农的生产,还是妨碍富农的生产的问题的回答,是很清楚的。妨碍些富农的生产,让中农贫农的生产大大提高起来罢。同样征发富农的粮食,可以使富农的粮食发生困难,但是与其使前方红军因为没有足够粮食而饿肚子,或是后方红军家属因缺乏粮食而受到痛苦,还不如让这些地主富农饿肚子较为有益。我们只能这样想,我们不能另一个样子去想!

但是消灭地主阶级与反对富农的我们的基本路线还是不变的。我们不仅在编制劳役队上,在没收征发上,都必须分别清楚地主与富农,坚决执行我们的基本路线。就是对于他们的家属也应如此。在所有战区我们对于地主的家属一律驱逐出境,在必要时则移往别处。对于富农的家属则一般的仍可留在原地。但这并不是说我们在任何时候都不必驱逐他们出境,或把他们移往别处。这些方法的采用,在军事上必要时,也是为我们所容许的。

对于富农的处置,我们必须有更多的谨慎,因为不正确地处置富农,会影响到中农,使中农发生动摇。而中农是我们的巩固的同盟者!一切我们对于富农所采取的紧急办法,必须为中农群众所了解与拥护。军事行动,决不能作为消灭富农阶级的"左"的办法的口实!

把更多的负担放到地主富农身上,强迫他们为革命战争服务,这并不能混乱我们的明确的阶级路线。正像严厉地同地主富农的反革命做斗争,并不能使我们乱捉乱杀的盲动。在战争紧张的关头,我们必须在这些问题上,有最大的坚定性,我们拿我们的一切力量给与战争,但我们决不急躁慌张、昏乱、糊涂,以至失去了我们的立场与我们的前途!

(《红色中华》1934.05.25)

第三篇

武装斗争

第一章

黑云压城

蒋介石屠杀上海工人纪实

作 新

四月十二日蒋介石军队围缴上海总工会纠察队及十三日屠杀示威游行工人之事件，可算中国近年革命运动的一个最重要的关键。以前戴革命假面具的蒋介石及其所代表的资产阶级，经过这一事件之后，完全表现出他们已经退出革命的战线，而投降于帝国主义了。所以我们应该十分仔细认识这一事件。

上海工人三月暴动之经过已略见上期本报。暴动成功后，上海总工会纠察队武装起来，编成二千七百多人，共有枪支一千七百余，机关枪连手机关枪数十架，子弹二百余枪，炸弹无数。这些武器都是上海工人以血和肉经过三十小时战斗向直鲁军换来的。工人有这种武装力量做基础，所以帝国主义异常恐慌，租界宣布最严重的戒严，铁丝网沙袋满布交界各街道，总工会升旗那一日，而租界甚至完全断绝交通。这是当然的，因为这种工人武装之存在根本威吓帝国主义在远东的根据地——上海。因此，帝国主义一面戒严，一面就纠全力来想解决工人的武装。

(《向导》1927.05.01 第 194 期)

酝酿战争革命暴动的反动统治

立 三

已经走上他的崩溃的途程的帝国主义，为要延长他的末运，不惜揭露他的凶恶的面孔，最残忍的，最野蛮的，最奸猾的，向世界劳苦群众，和弱小民族加倍地压榨。这样广大劳苦群众，在他的铁蹄之下，已是无可忍受，要争得生存与幸福，自然要以最坚决的、最无情的阶级斗争——西方工人阶级与东方被压迫民族的联合反帝国主义的阶级斗争，来剿灭这一人类的恶魔，无产阶级，社会主义国家的苏联，便是这一战线的指挥者，先锋队。帝国主义为要争取他的胜利，当然要首先扑灭苏联。因此革命，暴动，是广大劳苦群众消灭帝国主义斗争，必然爆发的最高形式；同时反苏联战争，也将成为帝国主义进攻的最毒辣的手段。另一方面帝国主义内部的不可调和的矛盾——抢夺市场和殖民地的矛盾已到了最激烈的阶段，虽然极力用互障、非战争等条约来缓和内部的战争，但是各个帝国主义相互的冲突,尤其是英美的冲突,日美的冲突,……都到了短兵相接的时候,军备的竞争,杀人利器的竞相发明,工业的军事化,已经是不可掩盖的事实,决不是一些条约空言可以调协的。现在炮火,空军,化学毒气,杀人的效力,较之第一次世界大战要大二十倍以上,这一大战的爆发,将造成人类空前的浩劫。

中国是帝国主义尚未分割妥当的一块肥田,是帝国主义冲突最厉害的地方。各个帝国主义,尤其是英、日、美帝国主义,正在用其全力来争夺这一肥肉。日本帝国主义,用最凶暴、野蛮的手段,霸住满蒙、侵占山东,企图实现独占北方的局面。美国则以最奸猾的手段,甜言蜜语地以承认关税自主,承认修约的美名,来欺骗中国民众,一面给日本帝国主义以莫大的打击,一面帮助他的新工具,中国资产阶级,取得反革命的领导权,以便藉他的中介来实现他的经济侵略。英帝国主义固然根本反对美国的政策,但是对日本的独占也是极端不满,因此他用两面开刀的办法,帮助他的工具桂系军阀,在南京则打击美帝国主义的工具蒋介石,在北方则扑灭日本的工具张宗昌。

这一冲突,将要日趋激烈,成为爆发世界大战导火线之一。尤其是各个帝国主义,都找到了他的工具,都要利用他的工具来抢夺地盘,必然要造成中国的空前的混战局面。

现在南京政府,很明显的是豪绅地主资产阶级的联合政权,——豪绅地主阶级站在领导的地位。虽然他们正在高唱统一、建设、裁兵、修约的高调,这不过是用来欺骗民众、压榨民众的假面具,实际上他们争夺政权、争夺领导权的斗争,并未一时停止而且正在日益加紧。中国资产阶级多半是地主买办蜕化出来,尚未完全脱离母体,当然不愿意根本推翻地主阶级,但是在他的发展的前途上,仍然是与地主阶级不相容的。地主阶级始终要巩固中国封建的残余,中国资产阶级,则企图以改良主义的方法,渐次走上资本主义的道路——当然这一道路是极少可能,并且是延长群众痛苦的反革命的道路,这是两个阶级根本的冲突。尤其是在济南惨案以后,群众革命运动,重新生长起来,地主阶级要以更反动的政策来消灭这一运动,资产阶级则认为这一政策不单是不能消灭革命,只有助长革命,而主张以改良政策的方法来软化群众,这是两个阶级目前政策不同的冲突。当国民党五中全体会议时,两派的冲突,已经到了很激烈的程度。最后,因为代表资产阶级蒋系的力量尚未准备充分,代表豪绅地主阶级桂系的力量,也还不能并吞蒋系,所以蒋系暂时屈服,桂系亦藉此收篷,而造成"暂时相持"的局面。现在两派正在加紧准备自己的实力,各自勾结一个帝国主义,各自操纵各小军队的冲突,各自宣传自己的政策,来团结自己的群众。桂系极力帮助西山会议派,极力提倡封建式的政策,是要更加团聚巩固中国的封建势力。蒋系利用革命评论派和第三党,极力宣传改良政策,那就不单是要团聚、巩固自己阶级——资产阶级的势力,并且企图欺骗一般劳苦群众,不走上革命的道路,而拥护他进行反桂系的战争。这两派准备的时间愈长久,准备的力量愈充分,那么将来战争的爆发,也就要愈广大、愈暴烈,给与民众的痛苦也就要更加残酷。这一残酷的战争快要到我们的头上了。

中国劳苦群众因为忍受不住帝国主义的侵略,军阀的压榨,豪绅地主资本家的剥削,爆发了从五卅到广州暴动的伟大的革命。这一革命因为资产阶级的叛变,暂时失败了,群众的痛苦,并未得到丝毫的改善,尤其是革命失败的过程中,受到反动势力更大的摧残,压迫,剥削,比较以前更加十倍的痛苦了。现在反革命的统治阶级,为要准备自己的实力更加紧对群众的剥削,苛捐杂税层出不穷。江西竟抽收墙壁捐、桌子捐,广东又公开烟赌,四川捐税在城市有二十五种,乡村有二十八种之多,两湖民众受了空前的白色恐怖,又继之以地主豪绅无穷的榨取,尤其是北方山东、河南等省,广大的饥荒,这决不是"天灾",而是"人祸";这决不是大兵之后的"凶年",而是军阀历年压榨,尤其是最近为准备战争,加紧对民众的压榨,使广大群众流离失业、土地荒芜的结果。这样广大群众,到了无法生存,还能安宁下去吗?反动统治,虽然极力用肉体消灭的方法来镇压革命,屠杀革命的先进分子,尤其是共产党员,虽然想以包围剿灭、杀绝、焚乡的方法,来消灭现存的革命势力;但是群众的斗争——城市工人的斗争,乡村农民的斗争,还是日益发展,这样广大群众不能生存的问题,岂是屠杀镇压的政策,或空言欺骗的政策能够消灭的吗?现在很明显的,广大的群众又活泼的开始新的斗争了,上海的工人,天津、香港的工人,全国各铁路的工人,都在继续不断爆发新的争斗;湖南,湖北,河南,江西,广东,……全国各地,都有农民的扰动,兵士群众因忍不住生活的痛苦,和工农斗争的影响而普遍的革命化,城市小商人反苛捐杂税,请愿罢市运动,也是日益高涨。这样广大群众的斗争,必然要走上正确革命的道路,必然要会合成为革命的高潮,必然要成为广大群众的武装暴动来推翻现在反动的统治,这是民众解放的最后的出路,这是不可避免的前途。

　　狡猾的资产阶级,看出这一前途的危险,将要加倍的努力来宣传他的改良的口号来争取群众,企图改变群众的革命斗争,来在他的欺骗之下,专一去反对桂系,造成他的夺取反革命领导权的胜利,使中国离开革命的道路,走上改良的道路。固然这一企图,在客观上有很少实现的可能,但是在目前这种欺骗的改良主义的确是革命最厉害的敌人,较豪绅地主还要厉害的敌人。如果资产阶级的企图有部分的实现,都要使群众遭受更残酷的压榨,更长久的痛苦。一切真正觉悟的革命者,都应当不断地揭破资产阶级的欺骗,要坚决地领导群众的斗争,在斗争中去暴露资产阶级的欺骗,然后才能使广大的群众走上积极革命的道路。

　　战争,革命,暴动,都在酝酿着;战争,革命,暴动的火光,都照耀在我们的前面。要避免战争的危险和痛苦,只有广大群众的革命,暴动的胜利。现在群众主观的力量,尤其是组织的力量,的确还很薄弱,还没有胜利的保障,现在一切革命先进分子的任务是:深入群众中去,去扩大群众的组织,去恢复群众的战斗情绪,去揭破资产阶级的改良主义的假面具,要帮助并扩大一切经常的经济的斗争,特别注意反帝国主义的斗争。只有加紧这些工作,才能促进革命高潮,在将来新的革命高涨中才有胜利的保障。一切革命的战士们!准备着呵!准备着广大群众的新的革命,暴动,来消灭军阀战争,消灭国民党的统治!

(《红旗周报》1928.11.20)

再论军阀战争的形势

立三

国民党内部地主买办及资产阶级的斗争,一天一天地更加紧张起来。在五院成立以后,地主买办想排斥资产阶级而造成自己清一色的政权,所以早已极力整顿自己的军队,在湘鄂等省都解散了许多杂色队伍。另一方面又准备财政,在各省增加捐税,十月份在广东发行九百万元的公债。其他还有所谓五省军事会议,第三次代表大会由中央指派代表的决议等等,这都表示地主买办向资产阶级的进攻。

资产阶级也同样企图削弱买办地主的势力,也想巩固他在反革命中的领导。因此,第一,他在群众中提高改良主义的宣传,特别是反封建的宣传,以骗取广大的群众。这一方面可以阻止革命势力的发展,另一方面又可以打击桂系和西山会议派。第二,在外交上与美帝国主义结成更密切的关系,同时与其他各国订定许多更无耻的卖国的外交条约,以取得帝国主义对他的信任。第三,在政治上,进行统一,裁兵,裁厘,来反对桂系"分治合作"的政策。第四,在军事上勾结湘系(鲁涤平)鄂系(胡宗铎陶钧等)以包围桂系的武汉。拉拢冯玉祥及阎锡山,以孤立白崇禧在北方的势力。嗾使李燊进攻贵州,以破坏桂系的五省联盟。

资产阶级的这种企图,的确得到了相当的成功。因之使资产阶级的力量,一天一天的比较扩大。当桂系及西山会议派通过了指派第三次全国大会代表的决议案以后,资产阶级更公开实行进攻的策略。第一,资产阶级指挥各省党部提出对中央的抗议,首先是南京市指委的总辞职。第二,蒋介石亲自对各处军队的检阅,并与冯玉祥联合而武装消灭了与桂系勾结的樊钟秀,消灭了后方的敌人。第三,开五省民政会议,裁厘会议,一方面使五省的联合更加巩固,另一方面可以进一步的骗取群众。第四,极力进行编遣会议,企图实现他所梦想的统一——首先是军政的统一,企图裁减桂系的军队。

桂系和西山会议派在资产阶级这样进攻之下,在政治上渐次孤立,在军事上更处处受着资产阶级的逼迫。因此,地主买办不得不对于资产阶级作许多大的或小的让步。

第三次代表大会的选举法不得不修改,允许湘系增编军队,释放程潜。承认陈铭枢的粤省政府主席。地主买办在南京政府中之整个的政治影响,现在已经逐渐削弱。地主买办知道这种趋势与自己绝对不利,因此他准备着将来之更积极的进攻。现在的形势是更明显的两派斗争紧张的局面。

这两派斗争的中心问题是什么呢?地主阶级的利益,主要的是在于榨取农民的血汗,所以要更严厉地镇压农民的反抗。镇压农民的工具就是军队,因此,裁编军队是地主买办阶级所最不愿意的。军队既不能裁编,供给军队之主要的财政来源是厘金,厘金当然是同样不能裁减的。既然有了这些广大军阀的存在,自然要保存着分区割据的局面;所谓分治合作,就是真正代表地主利益的主张。资产阶级的利益是需要国内的和平统一,来发展工商业以走到资本主义化。资产阶级极力要求统一与裁厘。妨碍统一与裁厘的主要原因,自然是大量的兵。因此使资产阶级不得不提议裁兵。裁兵以后,恐怕无力镇压农民暴动,则又不得不做一点改良政策(如二五减租),以缓和农民,这种改良政策自然是地主阶级所极不愿意接受的。所以现在资产阶级与地主买办争斗的中心问题,便是裁兵裁厘与统一。资产阶级并不是比地主买办革命些,乃是比地主买办更聪明的反革命些。因为资产阶级绝没有能力——并且也不愿意——根本消灭地主阶级,实际上更要延长地主阶级对农民的剥削;并不能根本消灭帝国主义的特权,实际上更要延长帝国主义的特权;并不能解除广大劳苦群众的痛苦,而是要延长广大劳苦群众的痛苦。不能彻底消灭地主阶级,不能肃清一切帝国主义的特权,这就绝不能建设真正的统一。所以资产阶级是一样的反革命,并且是革命中之最危险的敌人。

但是资产阶级及地主买办在目前的冲突,终是日趋紧张,不得不爆发武装的军阀战争。现在则两方的形势,已经走到一个很严重的地步。假使编遣会议中不有某一方面之有力的让步,不能得着一个妥协方法,则残酷的军阀战争便要更快的爆发。不过就现在的形势看,两方面都还有不能急战的原因:第一,外交卖国的勾当,还没有完全办妥。若是现在立刻爆发了军阀战争,则资产阶级一切修约的企图,将完全成为泡影。第二,欺骗群众的工作,并没有得着胜利。尤其是革命势力并没有完全消灭,这是两方面莫大的畏惧。第三,在军事上蒋系觉得还没有消灭桂系的把握,在桂系更感觉得自己的弱点,因此两方面都还需要更进一步的准备。因为这些原因,所以这个军阀战争不一定马上爆发。但是时间延长得愈久,两方面的准备愈充分,则将来战争所给与广大群众的痛苦也要愈残酷。战争的爆发终于是不可免的。

一切革命的民众们!战争终于是必然爆发的,战争的惨祸将是非常残酷的。我们若想避免这种惨祸,只有大家团结起来,打倒这一帮制造战争的罪魁——地主买办及资产阶级。我们的旗帜,只有:

工农兵联合的革命暴动消灭军阀战争!

(《红旗周报》1932.06.08)

更加紧迫的军阀战争

立 三

国民党五中会议以后,代表买办地主阶级的桂系和代表资产阶级的蒋系,极力争夺反革命的领导权,无论在政治上,财政上,都极力准备,争个最后的你死我活。就最近的形势,这一空前惨酷的军阀战争,已是更加紧迫了,只要看他们各自忙着整理军队(蒋介石亲自检阅,两李回汉回粤以后的军事会议),忙着预备军需(南京政府向国内银团盐税借款五百万,粤李在十一月发行公债九百万),尤其是取消政治分会,取消集团军两问题冲突的紧迫,将有成为爆发战争的导火线的可能。并且蒋冯联合的剿灭樊钟秀,李燊的进攻贵州,四川战事的爆发,是两派前卫的冲突。固然在蒋系方面,因与各国订约未得妥协,政治军事财政的准备也尚未充分,尤其对群众的欺骗,更少效果,还没有战胜桂系的自信;在桂系方面,军事政治方面比蒋有更多的弱点,也不敢急于爆发,尤其是革命势力的生长,更是两派所引为莫大的威吓,或许因这些原因,还要互谋妥协,延迟一时。但是这一战争的不可避免,已是更加证明了。并且两派准备的时间愈长久愈充分,那么将来战争的残酷,也就要加倍的凶恶呵!现在科学家估量,将要来的新的世界大战,较之第一次世界大战杀人的力量,要大一千五百倍;中国将来的新军阀战争,他的杀人的惨酷,比以前旧军阀的战争,至少也要大几十倍呵!只要看现在战争的利器,飞机毒气(桂系已在广东制造)的应用,和双方军力的伟大,以前旧军阀战争曾有过的吗?

两派战争既然是这样的紧迫了,但是他们到底为什么要战争?代表资产阶级的蒋系正在高喊:"要统一(军政统一,财政统一,民政统一),要裁兵,要裁厘,要建设,阻碍这些工作的就是封建势力,桂系是封建势力的代表,所以要打倒他。所以打倒桂系的战争就是为革命而战争。"反革命的资产阶级不用说,就是落后的小资产阶级群众也相当的受了他的欺骗,于是蒋系在政治上渐渐的占着优势了。于是桂系感觉到他的尊孔打拳的政策,是得不到一般人的信服,马上也"左倾"起来,"革命"起来了。所谓反对卖国外交的"南京暴动",不是桂系干的把戏吗?果然这样一来,也就有许多人反对蒋系的卖国外交了,于是桂系打倒蒋系的战争,也就师出有名,也是为"革命"而战争了。桂系反对蒋系的外交,完全是欺骗群众的把戏,这是大家都知道的;蒋系的"反对封建势力"不是桂系一样的欺骗政策吗?如果真要反对封建势力,那么,封建势力的基础就是地主阶级,就应该让农民起来彻底消灭地主阶级,为什么又在各省极力屠杀农民,镇压农民的暴动呢?地主阶级不消灭,封建势力的压迫仍然存在,军阀仍要继续不断地生长,全国还是不能"统一"。可见蒋系的这种做作,也完全是欺骗群众的宣传作用。那么很明显的蒋系与桂系的战争,不过是各自为着自己阶级的利益,争压榨工农劳苦群众的权利罢了!在战争的过程中固然是广大的工农群众受痛苦,国民党军阀可以藉口更厉害地剥削工农,豪绅买办资产阶级也以用借款利息办军差等等分得一些从工农身上剥下来的"血肉"的余润;尤其是战争结束以后,无论是哪一派得到了胜利,我们广大劳苦群众还要更受压榨,没有一丝一毫的利益。所以很明显地快要爆发的新军阀战争,完全是反革命的战争。

战争的惨酷痛苦,已经饱尝过了,在战线的区域不用说,房屋被焚烧,财产被没收,妻子遭奸淫,还要被没有眼睛的子弹误杀,就是在非战线的区域,也要受拉夫派差、筹饷、金融停滞、交通断绝、货物昂贵、生活艰难、失业流亡的痛苦。"战争真是剿灭人类的恶魔"呵!现在新军阀战争尚未起来,我们已经痛苦万分了,他们要准备战争的军需更加加重苛捐杂税的剥削,什么人头捐(广东),桌子捐,墙壁捐(江西),不种鸦片的懒惰捐(四川),特别捐,特别快上加快捐(河南),种种千奇百怪的捐都来了。因此民穷财尽,市场凋疲,工业衰落,百物破产,失业工人,尤其是冯阎两大军阀统治下几省的农民,因这样剥削的结果毫无剩余的资本来修整水利,买种子,治河道,以至闹成空前的灾荒。现在据赈济会的报告,已有二千五百万人没有饭吃快要饿死了。假如军阀战争再一爆发,以他们准备的充分和各个帝国主义的援助力看来,决不是短时可了;那么更惨酷更厉害的痛苦还在后面呵!

新军阀的大战已是不可免的要到来,惨酷的灾祸快临到我们头上,我们怎样办呢?

怎样才能避免这样的痛苦？这就只有我们广大劳苦群众团结的力量，大家站在"反对军阀战争口号"之下，一致斗争，推翻军阀政权，消灭豪绅资产阶级的统治，建立工农兵士贫民自己的政府，才能根本消灭军阀，消灭军阀战争。现在各派军阀正在加紧他们战争的准备，全国工农劳苦群众也只有加紧自己的团结，加紧自己的斗争，积极准备起来，以广大群众的武装暴动来消灭军阀战争，以阶级战争来消灭军阀战争，以革命的力量来消灭军阀，统一全国，驱逐帝国主义，消灭反动的豪绅资产阶级的统治，然后才能永远避免战争的痛苦！

(《红旗周报》1933.10.30)

纪念五一每个工人和农人武装上前线去！武装上前线

张闻天

敌人现在已经不是三路向我们进攻，而是六路向我们进攻了（四路是蒋介石的，两路是陈济棠的），我们是正处在同进攻敌人进行残酷的决战关头！每一个工人和农民都应该武装上前线去！

除了扩大与巩固我们英勇的工农红军，以正规红军的积极行动去打击与消灭敌人的主力部队外，我们必须最大限度地去发扬我们苏区的群众武装的威力，来保卫我们苏区，来配合我们主力红军的决战！

在西线，永丰、龙冈、杨殷、万泰、兴国各县，在北线，宜黄、南丰、广昌、赤水各县，在东北，黎川、建宁、泰宁、归化各县，在东线，上杭、代英、新泉、永定各县，在南线，寻安、武平、门岭、会昌、登贤各县，我们已经看到成千成万的群众在党与苏维埃政府的号召之下，热烈地参加了游击战争，建筑堡垒，运输粮食，与坚壁清野等战争动员工作。中心苏区的各县也正在到处动员赤少队与模范赤少队到各地战区，参加战争动员并配合主力红军作战！广大群众参战的潮流正在汹涌澎湃地泛滥出去！每一个苏维埃的公民知道保卫苏维埃每一寸领土是他们的神圣的义务！

党与苏维埃政府的任务，是在更好地领导与组织这一广大群众的参战潮流，真正把最好的干部派到战区中去，去领导与组织那里的参战动员。把每一个参加建筑工事、运输粮食的广大工农群众，组织在赤少队与模范赤少队中去，鼓动他们到红军中去，到游击队中去。已有的每一连每一营赤少队与模范赤少队应该成为参加战斗动员中有组织的领导力量，把参加战争当做赤少队突击运动中最中心的任务！

在敌人直接进攻的区域与被占领的区域中，我们党与苏维埃政府不是把我们的机关向后搬运到中心区域来，而是使我们每一个同志成为当地战争的组织者与领导者。在这里，每个领导同志的任务，就是发动当地的群众，武装他们，组织他们，来同进攻的敌人进行顽强的持久的战争。我们要利用我们在当地优良的群众条件与熟悉的地形，以我们的游击活动来随时随地从敌人的侧背与后方截击敌人，捕杀敌人的侦探、采买员、便衣队、交通、运输队，围困敌人的堡垒，扰乱敌人与疲劳敌人，以至最后消灭他们！

每一个党员，团员，工会会员，苏维埃的工作人员，在敌人进攻前面必须成为当地广大群众的坚决的领导者，也只有这样才能更大的发扬广大群众战争的热忱，为苏维埃政权流他们最后一滴血。不要一刻脱离我们的群众，不要一刻停止领导他们的斗争，是每一个共产党员、青年团员、工会会员、苏维埃工作人员的基本信条。在我们不能公开活动的时候，我们应该在秘密的条件下继续我们的活动！对于一切在敌人进攻前面，惊惶失措、退却逃跑的机会主义者，必须受到我们最严厉的打击！

坚壁清野是动员群众参战的一个重要方式。坚壁清野的结果，敌人可以在他所占领的区域，找不到一粒谷子、一根禾草、一个群众，这可以造成敌人在当地驻扎的极大困难。但我们决不能把坚壁清野看做向后退却的消极办法。我们应该在坚壁清野的群众动员中，组织群众与领导群众使广大群众加入赤少队，模范赤少队，与红军游击队中去，积极同进攻敌人作顽强的斗争。同时必须指出，坚壁清野的动员群众参战的方式，不能取消与代替动员群众参战的其他方式。而且一切帮助革命，帮助红军，打击敌人与损害敌人的动员群众参战的方式，都是我们所需要的。但一切这些动员的方式，坚壁清野也在内，向着一个总的目标，即武装他们，组织他们到赤少队、模范赤少队、游击队与红军中去，同进攻敌人直接作战。"每一个工人每一个农民武装起来，参加前线的革命战争，来粉碎敌人的五次'围剿'是我们在战争动员中的中心口号！一切其他的口号可以是非常重要的口号，但关于这一中心口号，都是辅助的！"

在中心区域的党与苏维埃政府除派遣最好的干部，特别是有游击战争经验的坚定的干部到战区之外，应该有计划地有组织地动员广大群众，特别是赤少队与模范赤少队，到主要方向的战争区域中去，参加战争动员，配合红军与游击队直接作战。各个军分区武装，如独立团独立营等必须成为这些群众武装中的基干力量，领导与教育初次参加战争的群众武装同敌人作战。像江西四分区以及粤赣三分区那样，将自己的武装按着不动，以旁观者的态度去观看敌人部队与我们群众武装的战斗的现象，应该受到最严厉的批评与打击。对于这些配合红军作战的地方武装，我们应该发动沿途各地群众的热烈的欢迎欢送与慰劳等运动，争取他们自动地加入游击队与红军中去！

在动员群众热烈参战中，不要一刻忘记扩大红军的工作！三月份扩大红军是没有完成我们的预定计划，特别在边区与战区表现落后。这是不能容忍的现象。在四月份，我们应该将动员群众参战、赤少队的突击运动与扩大红军密切地联系起来，并且准备红五一模范赤少队全县的武装检阅，以造成红五月扩大红军的新的纪录！

我们是正处在同敌人进行残酷决战的关头！

每一个工人，每一个农民武装起来，参加前线的革命战争来粉碎帝国主义国民党的五次"围剿"！

四月十一日
(《红色中华》1934.04.14)

死亡或者胜利

张闻天

敌人的炮火正在我们所有苏区的边境上雷鸣着,蒋介石正集中了他的十个主力师向着我们的赤色广昌推进。蒋介石西路军的五个师,正由沙溪向着龙冈。东北方面有三个师将从太宁进犯建宁。在闽西方面,蒋介石的三个师,自占领白沙之后,正在准备新的进攻。在赣南方面陈济棠动员了他的主要力量向着我们赣南的苏区推进。

在各个战线上,我们英勇的红军在"不让敌人占领我们的一寸苏区""粉碎帝国主义国民党的五次'围剿'"的口号之下,正在同帝国主义国民党进攻部队进行着残酷的血战。广大的工农群众在党与苏维埃政府"武装上前线"的号召之下,大批的加入红军、独立团、游击队与赤少队等,积极地参加革命战争与一切的参战动员的工作,愿意为"保卫土地革命的胜利与苏维埃政权"而流他们的最后一滴血!

革命与反革命的残酷的决战,正在空前的范围内开展着!我们过去在许多战役中已经得到了许多大大小小的光荣的胜利,但是这样的胜利还没有能够给国民党白军以致命的打击,最后的停止他们的进攻,彻底粉碎他们的"围剿"来取得我们的决定的胜利。

在这种紧急的决战关头,所有觉悟的共产主义者都应该到前线去领导我们的红军,独立团,游击队,武装千百万工农群众同敌人进行顽强的战斗,在一切我们力量薄弱的区域,在一切工作最困难危险的地方,就应该是我们勇敢的坚决的工人与农民为最好的代表。在每一个战争紧张的区域,我们应该看到成千成万的觉悟的共产主义者担任着一切艰巨的领导的组织的工作。在千百万群众的前面,他们应该显示出坚定与英勇的模范。只有这样,我们才能团结更广大的群众为苏维埃政权而奋斗到底!

"当着那些对于政治问题还不很深刻了解的非党群众,看见了我们工人农民最好的代表出发到前方去工作,要在那里担负着最困难最负责的极重要的责任,在那里会首先遭受牺牲或在血战中死亡,那么在这种情形之下,落后的非党员与农民中间,同情于我们的群众将有十倍的增加,从这些动摇的落后的军队中间,也将涌现出新的惊人的力量。"(列宁:"在司伟德洛夫大学的演说",见"斗争"五十一期)

在敌人进攻的战区内,在群众中间有时可以发生一种恐怖,慌张,以及退却逃跑的情绪,我们工人与农民的最好的代表在那里首先应该去帮助他们,克服他们中间的动摇,以自己的坚决勇敢的模范,给他们以胜利的信念与斗争的决心。我们要在广大的群众中间,用最通俗的言语,最具体的例子,来引起他们对于国民党匪军的忿恨,鼓动他们一致团结起来,武装起来,到红军、独立团、游击队、模范赤少队以及赤少队中去,告诉他们只有武装斗争的胜利,我们才能最后保卫我们土地革命的胜利与我们自己的苏维埃政权!

在列宁所说的"这些动摇的落后的军队",在我们各个战线上也还是存在着的。在一些我们的独立团游击队中间,我们可以看到许多极端严重的现象,对于自己的战斗任务表示动摇,不自信,消极怠工,逃亡,甚至叛变。这就是在我们比较进步最慢的主力红军内,也不是完全没有的。在那里,要求着最好的同志去工作,去"帮助他们,在困难的时候,克服一切动摇,帮助他们学会同各种不良的现象,如怠工消极、欺骗或者叛变做无情的斗争"(列宁)。这样,我们"从这些动摇的落后的军队中间,也将涌现出新的惊人的力量"。

"最好的干部到前线上去!"是我们对于全苏区所有觉悟的共产主义者的战斗号召。每一个最好的工人与农民的代表应该是革命战争的直接领导者与组织者!

"同志们!这便是你们肩头上所担负的伟大的与困难的任务!到战线上去的工人农民的代表,他们的口号应该是——死亡或者胜利!"这是列宁同志当时在俄国国内战争紧张时期赠送给到前线上去的史伟德洛夫大学同志们的最精警的口号!

"死亡或者胜利",我们要把列宁的口号赠送给我们每一个到前线上去的我们工人农民的最好的代表。每一个到前线上去的我们的干部,应该抱定牺牲一切的决心,来争取决战的最后的胜利。

让一切在敌人炮火前面张皇失措退却逃跑的机会主义者,滚出我们的队伍去吧。千百万工人与农民的苏维埃的伟大事业,将在他们最好的代表的坚强的铁的布尔什维克的领导之下,得到最后的胜利!

四月二十五日
(《红色中华》1934.04.28)

一切为了保卫苏维埃!

张闻天

一年多保卫苏区,反对帝国主义国民党五次"围剿"的血战,在全世界全中国民众前面,证明了一个真理,就是工农的苏维埃政权,是不能战胜的无敌的力量。一切飞机大炮与新式武器,一切碉楼堡垒与封锁线,都不能阻止苏维埃运动在全中国的发展。苏维埃的种子,现在正随着抗日先遣队与六军团的行动,广泛地散布到浙西皖南与辽远的湘西黔北。中央苏区,半桥高虎脑的堡垒战,给了敌人以五六千的杀伤。温坊的夜战,消灭了敌人五个团,给了北线与东线的敌人以有力的打击。在四川,红四方面军以英勇无敌的反攻,恢复了过去所有退出的苏区,给了刘湘部队以致命的打击。

一年多保卫苏区,反对帝国主义国民党五次"围剿"的战争,大大的兴奋了与革命化了全东方民族与全中国的民众,使他们相信自己力量的伟大,更勇敢的更大胆的为了打倒帝国主义,为了推翻地主资产阶级的统治,为了他们自己的解放而斗争。在帝国主义直接瓜分中国,在日本并吞半个中国,在全中国经济毁灭与水旱灾荒普遍发展的情形之下,全中国的工农群众与一切革命民众,都加速度的离开国民党,而走向苏维埃!

一年多保卫苏区,反对帝国主义国民党五次"围剿"的斗争,大大的锻炼了与坚强了我们苏维埃与红军,给了我们的党以最丰富的革命战争的经验。这特别表现在,我们学会了并且正在学习如何灵活地运用各种斗争的方法,来达到我们保卫苏区与粉碎五次"围剿"的目的。为了保卫苏区,粉碎五次"围剿",我们的主力红军尽量求得在运动战中消灭敌人的有生力量。然而为了同样的目的,我们也采取了堡垒战,尽量在我们自己堡垒的前面给敌人以很大的杀伤。半桥高虎脑的战斗,是这种堡垒战的最好的模范。为了保卫苏区,粉碎五次"围剿",我们在苏区内部求得同敌人的主力决战。然而为了同样的目的,我们分出我们主力的一部分深入到敌人的远后方,在那里发动广大的群众斗争,开展游击战争,解除敌人的武装,创造新的红军主力与新的苏区,以吸引敌人的力量到自己方面而歼灭之。抗日先遣队与六军团的派出,就是为了这一积极的任务,而不单是为了瓦解敌人在他们的背后。为了保卫苏区,粉碎五次"围剿",我们有时在敌人优势兵力的压迫之下,不能不暂时的放弃某些苏区与城市,缩短战线,集结力量,求得战术上的优势,以争取决战的胜利。四川红四方面军就是这样取得了空前胜利。而在有些地方,由于敌人堡垒的层层封锁线,使突破封锁线转移地区,保持红军主力的有生力量,以便在新的有利条件之下,继续粉碎五次"围剿",成为当时必要的任务,如鄂豫皖苏区就是由于这种转移,保持了实力,并取得了部分胜利。至于到处发展群众的游击战争,以配合主力红军的突击,也同样的为了保卫苏区,粉碎五次"围剿"。

在保卫苏区,反对帝国主义国民党五次"围剿"的斗争中,我们没有放松利用敌人内部的矛盾,造成有利于我们基本任务的完成的每一机会。同福建十九路军反日反蒋的作战协定的订立,是我们在这方面的极大的成功。虽是由于"人民革命政府"可怜的迅速的失败,使我们没有得到应有的成绩。但这种利用敌人内部矛盾,在某些条件上同敌人妥协的斗争方式,我们并不放弃。近来国民党内部的某些军阀,愿意同我们在反蒋方面进行某些条件的妥协,我们显然是不会拒绝去利用这种机会的。

至于在白色区域,我们的党怎样开展着反日反帝的群众运动,领导了群众的,有着明确的斗争纲领的"中国民众武装自卫委员会",满洲的人民革命军,与游击战争,怎样领导着工人的罢工示威,农民的抢粮分粮,抗捐抗税,夺取土地的斗争与暴动以及兵士的哗变等等来响应我们苏维埃与红军的行动,帮助我们保卫苏区,粉碎敌人的"围剿",那是谁都明了的。白色区域的一切群众的斗争,是同苏维埃与红军的一切行动最紧密的联系着的。

正因为我们的党学会了并正在学习,如何采取一切同敌人斗争的方式,来保卫苏区,粉碎"围剿",所以我们在这一方面得到了伟大的成绩。列宁的党是忠实于列宁的如下指示的:

"马克思主义和一切原始社会主义不同就在于他不用一种固定的斗争方式去束缚运动。他承认各种各样的斗争方式,而且并不在'空想'出什么方式,而不过在综合,组织,使得运动过程之中自然发生的革命阶级的斗争方式能够得到自觉性。马克思主义无条件的敌视一切种种抽象的公式,一切种种教条式的药方,他要求对于正在进行着的群众斗争要有注意的态度,这种斗争跟着运动的发展,跟着群众自觉性的生长,跟着经济政治危机的剧烈化,尽量产生新的越来越复杂的防卫和进攻的方法。所以马克思主义无条件的不抛弃任何一种斗争的方式。无论怎样,马克思主义决不限于只在当时是可能存在的那些斗争方式,他承认跟着社会形势的变化,新的当前时期里的行动者所不知道的斗争方式是不可免的。马克思主义在这方面学习着,他不会用"系统家"在公事房里,所空想

出来的斗争方式去教训群众,他离得这种野心很远。"(见"斗争报"四十期)

忠实于列宁主义的我们的党,承认保卫苏区,粉碎五次"围剿"的一切斗争方式。他不是抽象的去背诵口号或政治决议,而是根据于每一具体环境的分析与了解,决定在当时何种斗争方式最为有利,并且跟随着环境的变化而变化我们的斗争方式。当然,在这一方面,我们的党还在战斗中学习,学习马克思列宁斯大林那样艺术地辩证地去运用与驾驭各种斗争方式。列宁说:

"一个军队倘若不准备好应用敌人所有的或可能的一切武器,一切斗争手段和一切斗争方法,那么谁也要承认这个军队的态度不仅是愚蠢,而且简直是罪恶。这在政治上比在军事上更甚。在政治上,在各种不同的条件下对于我们何种斗争手段可用,何种斗争手段有效,更少能够预料得出。倘若我们不能应用一切斗争的工具,那么在个别阶级的阵地上,一旦会发生超出于我们意外的变更,而提出我们特别见绌的活动形式时,我们就会受到极大的失败(有时甚至是致命的打击)。"("左派幼稚病",一〇〇页)

国内战争的战线是延长在全中国,由于各个战线上的环境与敌我力量分配的不相同,而免不了要采取各种斗争的方式,来争取战争的最后胜利,在革命战争与干涉的中国目前政治形势之下,我们党的总的进攻路线,决不能解释成为只要采取进攻的斗争方式,就可使我们得到胜利。这种见解,实际上是把革命当做只是一种向上的、直线式的、不断胜利的行动,或是一次的、短时间的、在一个战线上的英勇的决斗与突击。这种对于革命的抽象的了解,必然会想出种种"抽象的公式"或"教条式的药方"来限制自己的活动,其结果是很明显的:或者是我们拿一种固定的斗争方式去束缚运动,或者是由于我们的成见与固执,放弃了其他斗争的领导。

列宁曾经这样说过:

"社会主义革命(在中国是工农的民主革命——洛甫注)不仅是一种行动,不仅是一个战线上的死战,而是猛烈的阶级冲突,整个时期中在一切战线上的长期的死战,即是关于政治和经济问题的死战,这些死战只有夺取资产阶级的财产,才能完成。"(见"民族革命问题"十八页)

国内战争的战线是延长在全中国。在各个战线上,我们依照当时的具体环境而决定采取进攻、反攻、防御以至退却的斗争方式,一切这些斗争方式的运用,都是为了实现党的总的进攻路线,争取苏维埃革命的全部的胜利。这种国内战争是整个时期的长期的死战,而不是几天几月甚至几年完成的。在这种决战中,我们可以在某些区域得到空前的伟大的胜利,在有些区域内则可以遭受部分的挫折。但这种部分的挫折不能使我们内部崩溃解体,不能动摇我们的整个战线,而且也不能阻止整个中国苏维埃运动的向前发展。

对于中国革命这一基本问题的不了解,会在我们队伍内产生各种各样机会主义的动摇。那些机械论者企图把一切复杂的实生活放到他们的公式中去。他们要求我们的党采取他们的一种抽象的公式与万应良药。或者是保卫苏区,在苏区内部同敌人拼命,直到一兵一卒,同苏区的每寸领土共存亡。或者是放弃苏区,放弃苏维埃的革命,而退却逃跑。运用一切方式来保卫苏区,像我们前面所说的,是这些机械论者所不了解的。个人的英雄主义拼命主义,或者失败主义、逃跑主义,是这些机械论者所找到的仅有的出路。然而这同布尔什维克的路线,显然没有丝毫相同的地方。我们要集中一切力量,来保卫我们的苏区,粉碎敌人的"围剿"。但是我们所采取的每一斗争方式,必定要是对于敌人最有损害,对于我们最有利益的。我们敌视一切抽象的公式,与万应的药方。

一切机会主义者,由于对于中国革命这一基本问题的不了解,常常拿整个国内战争的某一方面来断定整个苏维埃革命运动的前途,拿一个战线上的胜败来断定整个战线上的运命。他们看到某些战线上几次军事的胜利,就会发狂,就会使胜利冲昏头脑,以为革命在明天就要胜利,明天我们就会占领南昌上海,而放弃了继续不断的,坚持的,残酷的斗争,来争取更大的胜利。但是一旦革命遇到阻碍或停滞,而不能在明天就得到胜利,那这些"革命家"就会悲观失望,失去了革命的信心与前途。这里左倾机会主义者同右倾机会主义者完全表示了他们相反的一致。那些右倾机会主义者,在他们看到敌我两方相持的局面,或为了取得军事上政治上更有利的条件,而转移地区或缩短战线时,他们立刻就会叫喊苏维埃革命的失败与反革命的胜利,而走到灰心绝望中去。这些机会主义者追随着某些斗争的结果而兴高采烈,而悲观失望,他们看不到斗争的各个方面,看不到整个国内战争的实质。他们完全不了解如何灵活地运用一切斗争方式,去制胜万恶的敌人。

布尔什维克的党必须同各种各样这类机会主义做斗争,来教育我们全党同志与广大群众,如何依照马克思列宁斯大林的指示,来完成保卫苏区、粉碎五次"围剿"的历史任务。列宁说:

"共产党在阶级斗争剧烈到了国内战争的时代,应当认定自己的任务不单在于参加,而且能够在这个国内战争中发生领导的作用。共产党应当教育与准备自己的组织,使他们能够真正成为作战的一方面,不要放过可以打击敌人力量的任何一个机会。"

"这是困难的任务,没有话说。这是不能够一下子解决的。整个民众要在国内战争的过程之中去改造自己,去学习,同样我们的组织也应当教育,应当根据当前的经验去改造,为的满足这个任务。"(见"斗争"四十一期)

中国共产党在过去几年来的国内战争中已经大大的锻炼了自己,教育了自己,改造了自己,使自己成为不能战胜、不能动摇的,苏维埃革命的唯一坚强的领导者。但是它并不满足于自己的成就与获得。中国苏维埃革命伟大的历史任务的解决,要求中国共产党在马克思列宁主义的指示之下,以最大的坚决与勇敢,在各个战线上去同敌人作战,反对一切机会主义的动摇,继续在斗争中去学习活泼自如地运用一切斗争方式去打击敌人,去制敌人于死命。

高举苏维埃的旗帜,以我们一三军团顽强守备、坚决进攻、猛烈追击、活泼机动的精神,为保卫苏区,粉碎敌人的五次"围剿"而血战!在这一血战中,我们会胜利,我们能够胜利,我们无论如何要胜利!

一九三四年九月二十六日
(《红色中华》1934.09.29)

第二章

风卷残云

中国工农红军在进攻中的胜利

洛甫

　　自从日本帝国主义占领满洲，占领上海之后，国民党对于中国革命，尤其是对于中国苏维埃与红军的进攻，是更其加紧了。因为急速崩溃着的国民党，只有这样，才能保持它自己的统治，也只有这样，才能表示它是帝国主义的忠实走狗，才能给帝国主义充当清道夫。同时各帝国主义国家为得要积极地瓜分中国，也非更残酷地镇压中国革命，去消灭中国苏维埃与红军不可。它们在中国沿海岸，尤其是长江一带密布着它们的军舰，它们把大批的它们的军队集中在上海、汉口等各重要通商口岸，并且提议组织国际警察，实行这些重要城市的共管。它们现在是更公开、更直接地帮助与组织国民党对于中国革命的进攻，对于中国苏维埃与红军的"围剿"了。

　　然而这一次帝国主义与国民党对于苏区与红军的"围剿"，显然同对于江西中央苏区的第三次"围剿"，有着非常不同的形势，这主要的一方面表现在参加这一次"围剿"的国民党军队，是更其扩大与增加了，帝国主义对于国民党的帮助，帝国主义在"围剿"中的作用也扩张了，"围剿"的范围，是愈形辽阔与延长了，"围剿"的困难比较从前大大地增加了。而在另一方面的红军的行动，比较从前更加积极化了，红军参加作战的数量也大大的增多了，红军活动的范围也愈形扩大，而且相互中间也更能呼应了。最后，红军能够向白区进行胜利的进攻，在新的苏区与敌人作战了。

　　在去年年底，正当日帝国主义占领满洲，各帝国主义积极进攻苏联与瓜分中国时，国民党即开始了向鄂豫皖苏区的进攻，动员了十二师兵力，向鄂豫皖苏区实行"包剿"。同时对于赣东北，湘鄂西，湘鄂赣，以及湘赣苏区，也调动了数十师兵力，采取了各个击破的策略。当时只是对于闽赣苏区因三次"围剿"的失败，采取了暂时的守势。然而闽赣苏区，红军的许多胜利与苏区的扩大，使反动统治不能不更加团结起来，在"剿共即抗日"的口号之下，使蒋介石与陈济棠分工合作的，开始了对于闽赣苏区的新的进攻。依据现在的统计，广东军队向江西进攻的有三师二旅（约二十团），向福建武平上杭进攻的，有二师以上。合计原有部队在江西一省的国民党军队，现在就有二十五师以上。

　　但是帝国主义与国民党对于苏区与红军的新的进攻的结果呢？首先它在"围剿"鄂豫皖苏区中受到了惨重的失败。英勇的中国工农红军第四方面军，在鄂豫皖中央分局正确的领导之下,对敌人的"围剿"采取了积极进攻的策略,占领了黄安城,消灭了六十九师赵冠英全部,击溃了李鸣钟、萧之楚、夏斗寅各师,使红军的力量逼近黄陂城下与京汉路旁边。红四军巩固这一胜利之后,即向豫南白军进攻,占领了商城、潢川、固始等县,消灭白军第二师,并活捉了师长汤恩伯,击崩了敌人五六师之众。现在已经东下六安,霍山,消灭了皖西陈调元岳盛宣的主要部队。现在准备南下长江,与帝国主义国民党进行更大规模的战争。

英勇的中国工农红军第三军团在天门、京山、应城一带,也同样的取得了伟大的胜利。他们在三月中间在京山、天门交界处消灭了徐源泉的一旅,萧之楚的一部,缴得了敌人机关枪二十余架,步枪千余支。并且在汉阳附近侏儒山与黄陵矶也取得了胜利。重新占领了潜江县城。最近帝国主义的报纸,更登载白军四十一师、四十四师与四十八师在孝感、应城、云梦一带与红三军作战,均溃不成军,使徐源泉、夏斗寅、何成濬之流,不能不惊惶失措,请求帝国主义、国民党政府以及武汉商人资本家的援助了。

英勇的红军第十军不但恢复了许多旧苏区(如万年、乐平),而且大大地扩大了闽北的苏区,占领了崇安县城,击溃了崇安援军钱玉光及甘复等旅。最近红十军又向浙省边境进攻,占领了华埠。

至于闽赣中央苏区的中国工农红军一三五军团自去年以来所得到的胜利,更是人所共知的事。在赣南曾经占领上犹,南康,信丰,崇义,福建的宁化,清流,上杭,武平等县。赣江上游的两岸,现在差不多已经完全赤化。最近一三军团的一部分,更为筹款问题,东下龙岩,漳州,击溃了张贞的六团,陈国辉的三团。现正准备集中力量,给入闽入赣粤军以迎头痛击。三军团一部现正配合湘赣红军积极在湘赣活动。湘鄂赣的工农红军第十六军,现在也正在鄂南鄂东赣北积极行动,给湘鄂敌军以打击,威胁漳树与南昌。

而且在这一时期在北方的陕甘边创造了新的苏区与红军第二十六军!

从所有具体的材料看来,帝国主义与国民党在对于苏区与红军的新的进攻中,已经遭到了部分的严重的失败。在几个决定的苏维埃区域内,苏维埃区域是扩大了,巩固了。红军的数量是大大地增加了。在残酷的国内战争中,红军的确坚强了自己,锻炼了自己,夺取了敌人的武装,武装了自己,大踏步地向着红军的铁军的道路上前进。

中国苏维埃与红军的这一胜利,当然不是偶然的。这一胜利很明显地指出了中央"关于争取革命在一省与数省首先胜利的决议"的完全正确。在这一决议上,很清楚地指出,全中国国民经济总崩溃,十八省的空前的水灾,反帝运动的高涨,工人斗争的反攻与进攻,以及灾民农民与兵士的发展,尤其是工农红军三次战争中的伟大胜利,苏维埃中央政府的建立,使国民党的统治更其加速地崩溃,使全国的革命时机更加成熟。所以中央在这一决议上曾经写着:

"估计目前的形势,必须指出:国内阶级力量的对比已经变动了;这个变动是有利于工农的,有利于红军与苏维埃运动的。国民党各派的力量都削弱了,相反地,工农与苏维埃运动的力量是增长了,强固了。红军成了极大的巩固的力量,苏维埃政权统治了几千万人口的区域,红军与游击队的发展,造成了包围南昌、吉安、武汉等重要与次要的大城市的形势。过去正确的不占取大城市的策略现在是不同了,扩大苏区,将零星的苏区联系成整个的苏区,利用目前顺利的政治与军事的条件,占取一二个重要的中心城市,以开始革命在一省与数省的首先胜利,是放在党的全部工作与苏维埃运动的议事日程上了。"

几个主要苏区的我们党部,正因为他们能够很清楚地了解到目前的形势,能够很坚决地执行中央所指示的向敌人坚决进攻的策略,所以我们能够取得伟大的胜利。这些胜利,更鼓动了全苏维埃的同志与工农群众,鼓动了非苏区的千百万在帝国主义国民党铁蹄之下呻吟着的劳苦群众,使他们围绕在苏维埃政府的周围,更能努力地去为了巩固与扩大苏区,为了将零星的苏区联系成整个的苏区,为了占取一二个重要的中心城市,以开始革命在一省与数省的首先胜利而斗争。

只有右倾机会主义者,才会把中央这一正确的指示,看做立三主义的盲动冒险,才会在敌人进攻的条件之下,张皇失措,主张解散红军与全线的退却(如湘鄂西的潘家宸,万涛同志,鄂豫边的沈宗源),才会对于红军发展的前途表示悲观失望。这种右倾机会主义的动摇,是我们党在争取中国革命在一省与数省的首先胜利中的最大危险。要顺利地完成这一战斗的任务,必须最坚决地同这种右倾机会主义作斗争!

然而,这些胜利,绝不能使我们看轻敌人对于我们进攻的力量。我们的胜利必然使敌人更其团结一致地、更疯狂地动员一切力量向我们进攻,而且我们必须看到在国民党的背后,站着有世界帝国主义的武装力量。所以如若有人以为国民党在三次战争失败之后,不会再向苏区与红军进攻,只会等待我们的进攻(如像中央区的同志),或如像鄂豫皖同志所说的,国民党在进攻苏区与红军已经成了偏师的理论,当然都是忽视敌人力量的左倾的空谈。

正确地估计到敌人的力量,正确地了解敌人内部的崩溃与动摇的情形,坚决地扩大红军,加强红军中的政治工作,执行一切苏维埃的法令,使苏维埃真正成为群众的政权机关,深入土地革命,开展反帝国主义的斗争,领导工人反对雇主,雇农反对富农的日常斗争,加紧对于工会工作的领导,肃清苏区内部的反革命,最大限度地发展群众的积极性与创造性,最坚决地在广大群众热烈的拥护之下,向敌人进攻,消灭敌人的主力,互相呼应地有计划地占领几个中心城市,争取革命在一省与数省的首先胜利;这仍是我们党目前的中心任务!

红军的这些伟大胜利,自然使国民党更其无耻的投降帝国主义,出卖民族利益,使国民党更其要依靠帝国主义的力量向苏区与红军进攻,使帝国主义更其要加速度的来瓜分中国,共管中国。所以中国工农红军的伟大胜利,更促进了中国工农红军直接同帝国主义进行民族革命战争的时期的到来,使中国工农红军更能为了"以民族的革命战争打倒日本帝国主义与一切帝国主义","以民族的革命战争争取中国民族的独立解放"的党的这些中心口号而斗争。

中华苏维埃共和国临时中央政府,已经负担起了组织与领导民族革命战争的任务。它在"对日宣战"的通电上公开告诉全中国以至全世界的民众:

"中华苏维埃共和国临时中央政府对此已正式宣布对日战争,领导全中国工农红军和广大被压迫民众以民族革命战争,驱逐日帝国主义出中国,反对一切帝国主义实行瓜分中国,以求得中华民族彻底的解放与独立。"

中国苏维埃共和国临时中央政府的这一宣言,与中国工农红军在反帝国主义与反国民党斗争中的许多胜利,使中国的工农劳苦民众更能了解中国苏维埃与红军是反帝国主义的唯一的民众的政府与民众的武装,使他们了解中国苏维埃与红军是民族革命战争的唯一领导者与组织者,使全中国千百万民众更能团结在他们的周围,为中国民族的独立解放而斗争。

但是像在中华苏维埃共和国宣言上所说的:"要真正实行民族革命战争,真正与日本帝国主义作战,必须首先推翻帮助帝国主义,压迫民族革命运动,阻止民族革命战争的国民党反动统治。只有这样,才能直接的毫无障碍的与日本帝国主义作战,才能使得民族革命战争在全国大大的发展起来。"所以在目前,虽是我们同帝国主义直接作战的时候,更形迫近,然而如若以为同帝国主义军队直接战争,已是目前的任务,因而忽视推翻帝国主义在华的工具与代理人的国民党的统治,消灭为帝国主义所组织与帮助的国民党的军队的任务,如像在湘鄂西的青年团同志那样,决定在长江沿岸设置炮垒,轰击日本军舰,与日本"作战",而忽视动员青年团的一切力量去消灭在湘鄂西苏区周围的十数万国民党军队,去扩大为苏区与红军,这当然是对于民族革命战争的儿戏行动。然而忽视这一与帝国主义直接作战的前途,不去积极的动员广大群众扩大与巩固苏区与红军去推翻帝国主义在华的工具,地主资产阶级的国民党统治,来准备这一残酷的战争,这无疑的是目前主要危险的右倾机会主义!

在非苏区的我们的党,必须利用红军这许多伟大的胜利,去发展拥护苏维埃与红军的工作,更广泛地宣传苏维埃中央政府的一切法令,告诉一切工农劳苦民众,只有苏维埃政权,才是工农民众自己的政权,只有苏维埃政府,才能对日宣战,反对一切帝国主义,争取中国民族的独立解放,把这许多事实同国民党的投降帝国主义出卖民族利益一切行动对照起来。利用一切机会组织"红军之友"、"苏维埃之友"等的组织,为红军募捐,动员大批的工人到红军中去。同时千百倍的加强对于工人斗争的领导,坚决打击工会工作中的机会主义,彻底转变工会工作,扩大反帝斗争,领导正在急速开展着的灾民斗争、兵士斗争与农民运动,使这些斗争转变为游击战争,一直到推翻国民党统治,建立苏维埃政权。只有对于这些日常斗争的领导,使这些斗争转变为反帝国主义与反国民党的斗争,我们才是真正的拥护了苏维埃与红军!

中国工农红军是在胜利的进攻中。扩大与巩固这些胜利,去争取中国革命在一省与数省的首先胜利呵!

四月二十九日

(《红旗周报》1932.05.14)

我们应该怎样拥护红军的胜利
——评我们对于拥护红军的宣传鼓动工作

博 古

"在目前的形势之下,必须千百倍的加紧宣传苏维埃与红军。……最普遍的告诉全中国的工农兵以及一切劳苦群众,正在中国内地同地主资产阶级的国民党血战着的中国苏维埃与红军,同时是反帝国主义的组织者与领导者,是目前反帝国主义最强有力与伟大的先锋力量。也正因为这一原因,所以一切帝国主义国家与一切国民党派别,这样一致地把苏维埃和红军看做他们在中国统治的最大的危险,这样一致地向着苏维埃和红军进攻。"——中央为反帝运动致各级党部的信。

一

在中国无产阶级及其先锋队中国共产党领导之下的中国工农红军,在坚决的英勇的战斗之中,又获得了新的伟大的胜利。不管帝国主义者与其清道夫——反革命的国民党怎样用尽一切力量来向着中国苏维埃与红军作全线之进攻,英勇的中国工农红军在千百万劳苦群众的拥护之下,在所有的战线上,都得到空前的伟大的胜利。在鄂豫皖线上,中国工农红军第四军在去年年底消灭了白军第六十九师全部,活捉师长赵冠英,占领了黄安县城,逼近武汉门户的黄陂,击溃了李鸣钟、萧之楚、夏斗寅各部,在今年三月中四军积极向着豫皖边进攻,在商城潢川固始击溃了白军第二、第十二、第七十六、第三十三旅,共二十四个团,继又打溃七十六师,占领商城,围潢川,固始,在三月二十二日红四军移师六霍,击溃陈调元部队,并于四月初红四军缴获敌人步枪八九千支,机关枪迫击炮无数。

在湘鄂西线上,红军第三军团,在汉水流域的积极行动,击溃了敌人第四师一旅,萧之楚一部,活捉了旅长,给敌人四十一师、四十八师与四十四师以重大的打击,缴获步枪数千支,机关枪几十架,占领了距汉口五十里的黄陵矶、皂市与潜江县城。

在赣东北线上不但恢复了旧的苏区(万年乐平),而且扩大了许多新的苏区与闽北苏区联系一起,击溃了敌人五十师及刘和鼎部,曾一度占领婺源,现在还占领着崇安县城及浙江的华埠。

在湘赣及湘鄂赣线红十六军及独立三师,击溃了浏阳白军十五师之一旅,积极在平修铜鄂南行动,与恢复了莲花县城,占领了安福,向着吉安樟树推进。

在中央苏区线上,中国红军第一三五集团军,在积极的行动之中,扩大赣南闽西苏区(上犹,崇义,信丰,南康,三南,宁化,清流,上杭,武平各县)给马崑旅与范德星重大打击,将范旅一团全部缴械。最近又占领了龙岩、漳州,消灭张贞、陈国辉部九团,苏维埃的红旗荡漾在中国南海的边岸上。

新的游击区域在长江以北怒长起来,江苏海州游击队发动,与陕甘边工农红军第二十六军的成立,打破了"北方落后"论的胡说,成为黄河流域苏维埃运动烈焰的最初的先火!

这是中国工农红军在一九三二年春季的伟大胜利的简单的不完全的叙述！这已经明白证明了最近红军的空前的伟大的胜利！这些伟大的胜利是全国劳苦群众的胜利，是中国工农革命的胜利，亦是反帝国主义斗争的胜利。战胜国民党的进攻，消灭国民党的武力是给帝国主义的直接的打击，是民族革命战争胜利的先决条件。因为国民党统治是国际帝国主义瓜分中国的内奸，是国际帝国主义奴役中国的清道夫，而指挥与组织国民党进攻苏区与红军的是国际帝国主义。中国工农红军的战胜国民党的军队是中国民众对于国际帝国主义的伟大的胜利。

正因为这样，所以红军的光荣胜利，引起了帝国主义的恐怖、憎恨咒诅与新的进攻的组织！字林西报在四月十八日的社论上说到红四军在六安的胜利时说：

"有这样善于作战的十九路军，使我们不能不发生这样的意见，即在中国能够有效的进攻红军的军队是有的。过去的失败是由于政府方面还没有能够利用最好的力量去对付红军。不能消灭危害中国的和平秩序的这一咬着心脏的毒虫，中国在世界舆论面前要得到好评当然是完全不可能的。"

这说明了帝国主义的医生，在"咬着心脏的毒虫"面前惊慌失措，帝国主义甚至要把"赤化士兵"的十九路军去进攻红军，因为没有别的更好的力量！帝国主义的老爷们还是安静些吧，十九路军的士兵群众将会与二十六路军一样全部到红军中去，而倒转枪来向着你们与你们的走狗——国民党的呢！

二

但是红军的光荣的历史意义的胜利，不仅引起了帝国主义与其走狗们的恐怖、惊惶、憎恨与新的进攻的组织，而且他最大限度地兴奋、激励、推进了中国工人、农民、兵士与一切劳苦群众的革命争斗，苏维埃与工农红军成了全国劳苦群众革命争斗的柱石，他们以自己的光荣的胜利给全国劳苦群众指出了民族解放与社会解放的革命的道路。因之非苏区党的组织的任务，应该是千百倍的加紧苏维埃与红军的宣传，最广泛地解释中国工农红军及他们的最近的胜利的作用与意义，用一切力量来开展工人、农民的争斗组织响应红军行动的革命争斗的浪潮，与动员工人群众到红军中去及组织他们对于红军的切实的精神上物质上的帮助。这个任务已经不止一次地最清楚地最具体地提出全国党的组织面前。

我们来看我们的各种出版品——报纸、传单等，怎样来进行这一个拥护红军的运动！

首先，我们的群众报纸，对于红军的光荣与伟大的胜利没有充分的加以宣传和散播。个别的报纸，甚至于没有一个字提到最近的工农红军的空前的伟大胜利！这里最不可允许的例子是青年团出版的《劳动青年》在第一第二两期上（四月七日与九日出版的，可惜我们所看到的亦只有这两期）没有一个字说到中国工农红军的消息，而这时正是青年团的反对进攻苏联与中国苏维埃拥护红军周（四月七日—十二日）积极进行的时候。也许这便是运动周完全没有任何成绩的原因之一。其他的报纸如法南的工报（三日刊）在二十二期到三十一这十期中，仅仅有两次的红军消息一束，简单的几十个字的"消息"！沪东的前线报及东方新报在登载红军的胜利消息,是比较别的报纸来得经常些,多些,充分些,虽然,《前线报》在十一期上,曾经把许多红军的胜利的消息,放在轻描淡写、毫不令人注意的题目:"零讯一束"之下。

在这些消息的内容与质量上,常常仅仅是"消息",而且仅仅是简单的转载中央斗争的红军消息一束而没有加任何的编辑的工作(士兵之语,工报等)。有时,这些消息,会变成莫明其妙的消息:譬如省委宣传部在"鄂闽红军大胜利"一小传单上写道:"在湖北、孝感、盐城、鱼门一带红军与徐源泉军队进行过激烈的战争之后,消灭敌人的四十师与四十一师,并与四十八师以重大的损失,武汉动摇。"读者读了这段之后,将会到地图上去找盐城与鱼门在哪里,但是这是枉然的,盐城在江苏地图上或许可以找到,而鱼门则在中国地图上是不会有的!实际上所谓盐城和鱼门是应城和云梦。像这样的大意和疏忽,只有妨碍工人群众了解红军的实际的胜利的情形。只有个别的情形之下,我们的报纸将红军的胜利和号召工农群众拥护红军的行动联系起来,如前线第十二期写道:

"湘鄂西红军的活跃:

中国工农红军第三军最近在汉水北岸一带活动,占领潜江、京山等县城,吓得国民党屁滚尿流,说要封锁汉水并派飞机七架去轰炸,但是这是枉然的,红军正在配合当地群众着着向武汉逼近发展。我们要大家起来拥护红军,组织'红军之友'社,派人到红军中打炮去,派代表团到苏区参观去。"

这样的例子我们还很少看到,而这样的例子是应该广泛地采用的,我们的报纸不仅要经常的广泛地传播红军胜利的消息,而且要成为拥护红军运动的组织者。每一个红军的胜利消息应该与号召群众拥护红军联系在一起。每一个群众报应该在读者中间进行收集"一个铜板的拥护红军募捐","动员工人加入红军",及"组织'红军之友'"等等的活动!报纸不仅是宣传者,他同时应该是组织者。

三

对于工农红军的作用及最近的光荣胜利的历史的意义的解释与宣传是非常不够的,而且有时是完全不了解这种意义的。在有些传单上曾正确的明白的说明,红军是反帝国主义的先锋,红军的战胜白军是给帝国主义的直接打击。如:

"苏维埃已经是脱离了帝国主义的压迫,得到了解放的民众,在苏维埃区域,没有丝毫帝国主义的势力;红军是反帝国主义的先锋队;但是卖国的国民党,不开兵去打日本帝国主义,却派二十七个师以上的兵,去围剿苏维埃红军,兄弟们!若不是国民党竭力围剿红军,红军早已在武汉、上海来打日本帝国主义了!国民党他还竭力压迫、屠杀反日民众,封闭反日团体,替帝国主义当清道夫,使他好来瓜分中国!"(见告华捕兄弟书)

但是在许多甚至极大多数的宣传品上对于这点是没有明白确切的向群众解释的,如上面提到过的江苏省宣传部的"鄂闽红军大胜"的传单上仅仅这样说:

"这是红军战胜白军,值得我们注意并庆祝的胜利!现在苏区工农红军劳苦群众正和敌人苦战苦斗的时候,我们在白区的工农劳苦群众也要团结武装起来,向国民党军阀豪绅地主资产阶级斗争！"

好的，红军的胜利是"值得我们注意庆祝的胜利！"但是难道只要告诉群众这句话就够了么？为什么在整个传单上对于红军是反帝国主义的先锋，红军的胜利是全国劳苦群众对于帝国主义及国民党的胜利，不说一个字？！

极端的机会主义的轻视红军的反帝国主义民族革命的先锋作用曾经表现在前线报的社论上：

"当国民党退兵，出卖上海的紧急关头，红军的出动是有极大的意义的。红军将是民族革命战争的唯一的领导者，它将取国民党白军而代之，站在反日反帝国主义反国民党的最前线，扩大这一战争，取得最后的胜利。"（见前线第九十期合刊：拥护红军动员）

照前线编辑看来，那么红军以前及现在还不是民族革命战争的唯一的领导者，以前及现在还没有站在反日反帝反国民党的最前线，这不过是将来的事，而到今天为止，站在反日反帝反国民党的最前线的还是国民党白军，红军要到将来去"取而代之"！很明显的这是对于反革命的国民党完全的投降，这是绝不容许的轻视和抹杀工农红军的英勇的"站在最前线的"反日反帝反国民党的争斗！中国苏维埃和工农红军以前是、现在是、将来永远是民众的民族革命战争的武力与先锋，他以前是，现在是，将来永远是站在反日反帝反国民党的最前线的！正因这样，所以全国的劳苦群众看他的胜利是自己的对于帝国主义国民党的胜利，而无限的快慰，兴奋与加强着自己争斗的决心与胜利的信念。也正因为这样，所以他的胜利引起了帝国主义及国民党各派的惊惶、愤怒和仇恨，与他们一致地把红军和苏维埃看做他们在中国的最大危险——所谓"咬着心脏的毒虫"，而进行疯狂般地进攻红军与苏区。最广泛的解释这点是我们的报纸传单及口头宣传的不能延缓的任务。

四

一般地说来，正像我们上面所指的，我们的宣传品上，没有很好地来号召广大的工人群众来拥护和援助苏维埃运动和红军，常常仅仅限制在空洞的拥护苏维埃和红军的口号中，而没有告诉工人群众怎样来拥护和援助红军的行动，特别是青年团的组织，说尽了一切最空洞与抽象的大的政治口号，而没有一个提到工人的经济斗争和怎样真正地去援助红军，拥护红军。譬如：团闸北区委反帝国主义国民党进攻苏联进攻苏区宣言这样的写道：

"劳苦青年群众们！我们要想解除自己的痛苦就应当起来反对进攻苏联瓜分中国，进攻苏维埃红军。高呼我们的口号：

总同盟罢工反对帝国主义瓜分中国，进攻苏联！反对帝国主义国民党进攻中国苏维埃和红军！武装保护苏联！拥护苏维埃和红军！打倒出卖上海的国民党！

青年自动武装起来成立青年自卫军，收回闸北！加入共产青年团！

全世界无产阶级和被压迫民族联合起来……"

这里除了李立三式的空喊总同盟罢工之外，一点具体的东西都没有！这是黄莺的歌唱,不是真正的组织青年工人去反对进攻苏联和苏区!团省委的宣言甚至劳动青年的社论都是同样的空洞,与一般的空喊!

其他的报纸比较的在这方面稍为好些(如工报、穷人小报等等)。譬如穷人小报写:

"可是,反对进攻苏区红军,拥护苏维埃红军,不应只是口头上的,我们应在行动上表现我们反对进攻苏维埃红军和拥护苏维埃的任务。

工人加紧一切斗争,用工人团结斗争,震撼国民党资本家豪绅地主的统治,夺取国民党帝国主义的武装,组织工人武装纠察队,以打倒国民党,驱逐帝国主义。

农民武装起来抗租抗税,实行分田分粮,组织农民自卫队,与国民党军队作游击战争,联合城市工人,革命士兵,创造新的苏维埃区域。

灾民贫民起来扩大分粮占屋运动。

一切革命学生民众起来,加紧反日反帝和争取自由的斗争。联合工人、农民灾民、贫民的斗争,反对国民党投降帝国主义,出卖民族利益,进攻苏区红军。

工农兵学生一切革命民众,用自己的力量加紧民众的各种斗争,在行动上反对进攻苏区红军,援助苏区红军。"(见该报第三期:"争斗起来,加紧反对进攻苏区和红军")

但是这里还都是一般的叫喊争斗起来拥护红军,而没有具体地估计到区、地方和个别工厂的特点,而提出特别地适合这些地方的工厂的特性的紧要明了的鼓动的口号,譬如对于兵工厂、海员、铁路工人的口号,"不替反革命军队造枪械去进攻红军!""不替帝国主义运输一个兵一支枪去进攻红军!"以及"拒付一切用来进攻红军的捐税!""每人捐一个铜板来帮助红军!""工人们,到红军中去!""女工们!替红军士兵制草鞋来帮助他们!""女工们!到红军中去当看护妇,帮助受伤的战士!""炮手与机关枪兄弟们!到红军中去,帮助红军打弹开机关枪去打帝国主义国民党!"……应该提出一些最具体的口号来动员和组织工农劳苦群众而不是最一般的口号,譬如"拖枪到红军去"这个口号,在上海就变成抽象的无实际意义的口号,应该注意口号的适合当地情形。而同时在我们报纸上应该经常告诉群众,他们自己的反对帝国主义国民党地主资本家的争斗同样是对于苏区及红军的直接帮助!

因为红军的伟大的胜利在群众间到红军中去参加革命战争的情绪是很快的增长起来,在群众间增长着极大的到红军中去的愿望,我们的报纸与宣传品应该最大限度宣传"工人们到红军中去"的口号,应该坚决地反对把这个口号改为"派专门技术工人到红军中去"(江苏省委宣传部)的关门主义的办法。

我们报纸上一般的都没有反映上海的工人群众的拥护红军的争斗与热忱。没有一个字讲到在许多工厂与工人群众间存在着的红军之友之类组织的生活与争斗。没有一报登载过工人群众所通过的致苏维埃和红军的贺电,而这些贺电是很多的(如上海反日工人代表会、女工代表会、沪西罢委等所通过的)。没有一个字讲到募捐的具体的情形和成绩,而这些成绩是有的,没有一字讲到那些工厂有多少工人愿意到红军去,或者已经去了。这是我们最大的弱点,在我们的报纸上看不到在上海工人群众增长着的拥护红军苏维埃的情绪,更说不上,我们的报纸对于这种运动的组织作用。应该即刻地消灭这种情形,应该在我们的报纸上反映一切工人群众间援助红军的热忱,并且组织他们的热忱。这里最主要的是使各厂的工人及劳苦群众了解其他工人群众的拥护红军苏区的活动,他们的方法,组织方式等等,给他们以好的先例和模范,使他们能够采用别人的经验来进行这个重要的有决定意义的运动。

工农红军的英勇的斗争和光荣的胜利责成我们的一切报纸和宣传品,要进行一个广大的拥护红军的运动与在这方面的彻底的转变!我们的一切群众报纸应该即刻地来完成红军的胜利所给他们的光荣的任务!

(《红旗周报》1932.05.14)

红军的胜利与敌人的新进攻

洛甫

各苏区红军的伟大胜利,给了南京政府与广东政府进攻苏区与红军的计划以致命的打击。这些伟大的胜利,一方面使反革命统治更形崩溃动摇,另一方面,更使他们疯狂般地团结起来,动员他们的一切力量向苏区与红军为新的进攻。

南京政府在鄂豫皖三省所遭受到的严重惨败,这已经是人所共知的事。这不能不使蒋介石把他所有的最好的力量向着汉口与蚌埠移动。胡宗南的第一师、徐庭瑶的第四师现在都已经开到蚌埠向鄂豫皖红军第四方面军进攻了。开往汉口的,现在有俞济时的八十八师、上官云相的四十七师与郝梦龄的五十四师。同时川军开入湘鄂西的已有三十六团。这样,总计敌人在进攻鄂豫皖苏区与湘鄂西苏区的军队,就有三十个师左右。南京政府已决定在汉口设立"鄂豫皖剿共总指挥部",副部则设蚌埠,任蒋介石为总指挥,李济琛为副总指挥,集中"围剿"鄂豫皖苏区与湘鄂西苏区的白军的领导。

在长江以南,在闽粤赣三省内,南京政府则用尽种种方法与粤方谋得妥协,集中力量,向闽赣与湘赣苏区进攻。为了达到这一目的,南京政府曾任何应钦为"闽粤赣剿匪总司令",陈济棠为副总司令。在湘鄂赣三省边,何应钦已指定刘建绪为湘军总指挥,余汉谋为粤军总指挥,陈诚为赣军总指挥,协力进攻在那里积极活动的彭德怀同志所领导的第三军团。在闽粤方面,亦正在布置"三路剿匪计划",四十九师师长张贞已准备由云霄进攻漳浦。省防军第一旅旅长陈国辉负责由同安进攻龙溪,新任陆战队"剿赤指挥"林寿国,则预备由厦门进攻海澄。而入闽粤军则由上杭武平推进。同时南京政府方面还正在调动十九路军赴闽,担任进攻闽西红军的中心部队的任务。总计在目前敌人方面进攻闽粤赣湘的红军的军队在三十个师以上。

国民党军阀们,现在为了要动员他们的军队去进攻苏区与红军,为了维持他们的最后统治,正在用尽一切方法筹集款项,苛捐杂税的增加,达到了空前的程度("见国民党的财政危机与对于民众的加紧剥削"红旗周报四十三期)。同时帝国主义对于国民党在财政上与军事上的帮助也愈形出力了。上海和平会议之后,各帝国主义国家已允许国民党政府停付外债与赔款一年,以二万万元作为进攻苏维埃与红军的用途。被扣留的一万五千万元的日货,国民党已向上海银行界接洽,抵押巨款,也作为进攻苏区与红军之用。全中国的地主，资本家，银行家，现在都在集中财力，帮助国民党军阀，去购置飞机与军械，来进攻苏区与红军。一切这些地主资本家的集团要求国民党总动员去消灭苏区与红军的函电，像雪片般地飞来。各帝国主义的军舰正在中国各重要口岸集中起来，准备任何时候，实行对于苏区与红军的联合的进攻！

显然的，这一次帝国主义与国民党的总动员，比第三次"围剿"的规模要宏大多了。战争的区域也更为辽阔，参加作战的军队，比第三次增加了一倍以上。然而正因为这一原因，军事的指挥不能像过去那样统一，力量也不能像从前那样集中。尤其重要的是：这次动员是在全国革命形势更加发展，红军在进攻中取得了伟大的胜利，苏维埃政权日益扩大与巩固，而国民党的统治却在急速崩溃的条件之下。无疑的，在中国共产党领导之下的中国工农红军，将配合全中国千万万民众的反帝国主义与反国民党的斗争，去给进攻的敌人以更大的打击，在新的胜利中取得中国革命在一省与数省的胜利！

同志们！革命与反革命的决定胜负的斗争，是更加接近了。我们应该动员一切革命的力量拥护中国苏维埃与红军，配合红军的胜利的进攻，给一切反革命的力量以致命的打击！

(《红旗周报》1932.06.08)

新四军"八一"大检阅
——准备更艰苦的战斗下全军政治动员令

华中十五日电　自国民党内的反动派进攻陕甘宁边区的消息传至华中后，此间新四军全体指战员极为愤慨，为了动员全军的力量来制止内战挽救危亡，新四军军部即于七月十五日，对新四军全军下了政治动员令，军首长颁布了告全军将士书，命令全体指战员在思想上和行动上准备好一切，以便随时进入更艰苦困难的战斗。又颁布了告华中根据地同胞书，号召人民起来为坚持团结、坚持抗战而奋斗。八月一日，新四军陈军长毅复在华中某地举行大检阅，参加检阅的有炮兵队、重机枪队和全副武装的步兵队××××人。陈军长首先检阅步兵队，检阅步兵队的队形，演习劈刺和大刀，然后检阅炮兵。在整个检阅中，弥漫着浓厚的战斗气氛，全体指战员的英勇姿态显示他们是一支不可战胜的钢军。陈军长对于这次检阅，表示十分满意，他说今天的演习，正式证明我们力量的强大，任何人胆敢向我们进攻，我们一定可以粉碎它。在提到八月一日这一革命纪念日时，陈军长指出八月一日是我党创造军队的纪念日，我党革命武装从创造那一天起，十六年来的历史，都是和毛泽东同志分不开的，我们大家在毛泽东同志领导之下，任何人向我们挑衅都会自食其果的。陈军长进而向大会报告六年来新四军委曲求全的苦衷，他很沉痛地指出，抗战六年来新四军的历史，也就是国民党内反动派特务分子捣乱的历史，他们向新四军进攻，称新四军为"叛军"，为了国家民族的缘故，我们都忍受下去，但是不料他们竟堕落到这步田地，和敌人勾结起来，命令李长江、杨仲华和徐继泰等投降敌人夹击我们，这是我们难以忍受的；我们所以一让再让，都是为使国民党内的反动派认清民族危机走上抗日大道，但反动派还不知悔改，今天又要进攻陕甘宁边区，这真是极痛心的事。我们是坚持团结的,但如果一定要破坏团结破坏抗战,向我们进攻,那我们也是早有准备的。(全场人员声震云霄地高呼:"我们已经准备好了!拥护军首长!绝对服从命令!")果真那种不幸局面到来,你们既然保证服从命令听指挥,我也帮你们保证很好地领导你们,打垮反动派的进攻,我们的一切努力都是为了新中国的胜利而奋斗,是不容置疑的。至是全体指战员高呼:"绝对服从领导!""反对国民党内反动派进攻边区!""援助边区保卫边区!""我们已经准备好了,我们一定会胜利!""中国共产党万岁!中华民族解放万岁!"等口号,大会在极端热烈与紧张情绪中散会。是日晚间又开全体军人大会,由潘汉年同志主持陈军长出席讲演:我党在历史上对大地主大资产阶级反人民的斗争经验,警告全军要提高警惕性,号召全军在毛泽东同志的旗帜下,为坚持团结坚持抗战而奋斗。张副军长云逸同志继续号召全体同志,要服从党的领导,保持和发扬我军的优良传统,提高警惕,加强自己,以击退任何方面的进攻。接着几位战士代表登台向军首长及大会保证,他们绝对服从命令听从指挥,万一反动派要进攻,我们将不惜牺牲一切战斗到底。印刷厂工人代表说他们愿从今天起增加工作时间,提高工作效能,提早完成工作任务,在必要时他们还愿意拿起枪来为保卫他们自己的政党——中国共产党而战斗。妇女代表戈扬同志,代表全体妇女同志,保证她们愿站在自己的岗位上加强工作,完成任务,更加锻炼自己,提高自己以回答国民党内反动派的阴谋。军供给部、卫生部代表,当场把他的生产和节约中所集积下来的一万元作为献金,由军部转呈党中央以慰劳保卫陕甘宁边区的将士。最后大会全体一致通过致中共中央电,即于热烈的口号声中闭幕。

(《盐阜报》1943.08.19)

新四军军首长下全军政治动员令

本报讯 自国内形势逆转,国民党反动派准备发动内战,撤河防大军包围边区之消息传至华中以后,新四军全军指战员,对国民党反动派胆敢声言取消领导抗战之共产党,并进攻八路军新四军之总后方陕甘宁边区,热血沸腾,义愤填胸,为迎接可能到来之更艰苦局面,军首长签署命令,号召全军作紧急动员,兹采录该命令全文如下:

本军全体指挥员战斗员全体同志们!

几个月来国内外时局的发展,一面是法西斯的祖宗墨索里尼的垮台;希特勒又大吃败仗;日寇进退维谷,惊惶失措;英美苏的大军,由东西两面联合打击,继续前进,配合得非常之好,这些现象可以说明胜利(将)提前,令人兴奋!可是另一面是五月以来,国民党藉口共产国际解散,即积极部署,准备进攻陕甘宁边区,六月七月,是项准备愈来愈凶,七月四日以后,国民党已开始炮击边区!国民党撤退河防二十万大军,摆在边区周围,公开提出取消共产党,并要共产党交出边区,交出八路军,反动气焰万丈,内战一触即发!朱总司令致电蒋委员长,要求制止内战,至今未覆,这说明国民党已下了反共内战决心,目前陈兵边区,专等进攻机会。局势危急,空前严重。

同志们，世界法西斯的开始崩溃，使我们过去的预断，得到了证实。而国民党的突然进攻边区，则颇为离奇反常。时局的严重，促使我们立即准备考虑行动。本军将士，应站在抗日岗位上，坚持抗战，以自己抗日的反法西斯的行动，配合伟大盟国的行动，来根本消灭人类蟊贼的法西斯，绝不让其在中国、在世界任何角落有存在的余地，此其一。另外本军将士，应站在保卫国家民族和保护我党我军的抗战利益上，以自己英勇坚毅的气概，制止国民党进攻边区爆发内战的行动，如制止无效，则立即进入行动，不管他是日本法西斯的反共进攻，或者是汪精卫汉奸走狗的反共进攻，或者是国民党的反共进攻，我们均毫无分别，予以反击予以粉碎。没有这伟大的坚决行动，抗战大业必致功败垂成，使我中华民族沦于万劫不复的境地！任何软弱和怀疑，均足以助长反动派的气焰，断送抗战的光明前途。此其二。

同志们，事态迫使我们立即准备一切，根绝国际的法西斯及其中国的徒子徒孙和应声虫，以坚持团结、坚持抗战，是我党我军与抗日人民不容推诿的神圣义务。

同志们，回想一下，皖南事变迄今已经两年另六个月了，叶军长丢于禁所里，音问莫达，本军在皖南干部与战士七八千人，囚的被囚，杀的被杀，沉冤莫白，本军番号被一纸乱命所取消至今未恢复！不特此也，两年来，国民党以"奸党、叛军、土匪"等恶名加诸本军头上、肆意宣传污蔑！不特此也，两年来国民党顾祝同、王仲廉、李品仙继续不断派兵东进攻击本军阵地，屠戮敌后抗日人民，对居住在我区的进步国民党员公正人士等，亦以勾结新四军罪名予以屠杀镇压，其暴戾专制，绝灭人道，诚旷古未有！不特此也，国民党反动派还有计划，派遣使降日寇，以实施其推动日寇扫荡新四军之反共计划。李长江、杨仲华、徐继泰等率部投日，国民党不仅不予讨伐，且信使往还，共商合力剿共，自诩其以毒攻毒之反共计划为得计，国民党反动派此种做法，不仅公言不讳，且为其上峰所奖励！不特此也，两年来日寇不断对国民党发动进攻，如去秋浙赣路战争，今春大别山战役，今夏长江上游之新进攻，本军均不念旧恶，主动赴援，此种以德报怨之精神，与国民党一再进攻咄咄逼人之反动态度相较，实令人达到再难容忍的境地！

同志们，几年来我们均秉承毛泽东同志及党中央的团结抗战的精神，从事顾全大局的不断努力，对皖变奇耻大辱则忍受之；对国民党反动派之政治污蔑则宽恕之；对国民党反动派的摩擦进攻则退避之，退避不及，则限于严正之自卫，自卫战每次宣告胜利，则退还人枪，释放俘虏。凡此种种退让之表现，并不是表示软弱，而是为了挽救国民党，为了感化反共顽固派，为了顾全大局。过去的退让乃是必要的，乃是正确的。但时局发展到今天，国民党反动派不但不觉悟，不但不痛改前非，反而认贼作父，化友为敌，恼羞成怒，嫉善如仇，竟变本加厉，敢冒天下之大不韪，公开尽撤河防，以大军进攻边区我党中央所在之地。国民党反动派之目的已不仅限于反共，实欲根本消灭我党；已不仅限于袭击我军，实欲根本消灭中国之抗战革命武装；已不仅限于贯彻其家天下、朕即国家之一党专政的反动政治，实实在在是与日寇汪伪相配合，以根本破坏抗战，消灭抗战，以陷国家民族于万劫不复之境地！国民党反动派如此肆无忌惮，其心目中毫无四万万五千万同胞之存在，敢于向全国人民挑战，已毫无疑问。因此，我党我军之忍耐让步，已达最高限度。过去之一切忍耐,移至今日,将会铸成大错。本军全体同志应该认识时局,拿出自己革命勇气,为制止国民党内反动派的进攻罪行而战,为保卫共产党及其领导下之八路军新四军而战,为保卫陕甘宁边区及敌后抗日民主根据地而战,为坚持抗战反对投降而战,为坚持民主进步,撤废一党专政实行革命的三民主义而战!国民党愿意立即撤退进攻边区大军,实国民党之福利,实国家民族之福利,我党我军善与人间,绝不吝啬再度赞助其转变。如仍不当机立断幡然改悔,敢于冒险进攻,则我党我军应断然予以粉碎!同志们,临此紧急关头,我全军将士,还应以极大同情,呼吁国民党内部进步领袖,及在野在军的国民党员,主持正义,必与本军携手,以保护抗战,坚持国共合作,保护孙中山的革命学说,及其伟大的联共政策;应阻止国民党之法西斯化。要提倡民主、废除专政、集中力量、战胜日寇!

全体战斗员同志们,根据上述理由,为了执行反对国民党进攻,制止内战,援助陕甘宁边区的神圣任务,我们签署下列命令:

(一)全军将士,一致团结在毛泽东同志及党中央领导之下,为制止内战,坚持团结,坚持抗战,战斗到底,一息尚存,此志不懈!

(二)军事指挥员参谋工作人员,切实检查你们的部队部署,切实掌握自己的部队,加紧部队整训,提高你们抗战的谋略,你们应在行动命令下达之时,即保证能完成其击退反动派进攻之任务。

(三)政治工作人员,你们应是全军的头脑,应以自己模范作用,鼓励全军将士的胜利信心;应以自己的伟大的政治工作、宣传,加强绅民与本军的协作,号召反共军中有觉悟的将士,不参加反共内战;你们更应随时保护本军的政治健康,不断地提高和巩固本军的战斗力;命令一下,你们应以政治工作保证战斗任务之顺利完成。

(四)行政管理工作人员,供给工作人员,卫生医务工作人员和一切有关军用的科学技术工作人员,你们的工作,是本军工作不能够缺少的工作部门,是重要的部门,它与军事政治工作处于同等重要地位。你们应保证本军的补给充足,体力健壮,伤病员得到即时治疗,应更好地掌握你们的技术,运用你们的知识,一切与战斗有关之事务工作,应处理得很顺手。命令一下,你们应站在自己的岗位,以自己的努力,去配合一切工作,保证战斗的胜利。

(五)广大的战斗员同志们,你们拿着机枪、步枪、手榴弹等武器,你们好好地擦洗它、保护它,再加倍学习善于使用它,你们要做到武艺高、心胆壮。命令一下,你们即向反动派开枪,敌人不投降,你们就消灭他!如国民党反动派进攻边区配合日寇,日寇必将"扫荡"我军响应国民党反动派,这是战斗逻辑之必然演变。因此,全军将士,应加强自己的反扫荡部署,严整纪律,提高士气,敌人从哪里来进攻,本军即从哪里打出去,不顾此失彼,不放松任何方面的敌人,执行此照顾全局的战略,乃是胜利之基础。

全军将士们,你们是身经百战锻炼过的勇士,我们相信你们能完成执行我们的命令,和给予你们的一切任务,我们更向你们保证:我们站在我们的职责上一定能胜利的执行自己的指挥任务,前进者奖励,后退者惩罚,敢有投敌破坏本军者,人人都有击杀他的权利！全体同志们，动员起来，等待命令！胜利是我们的！

中华民国三十二年七月十五日
国民革命军新编第四军
军　长　陈　毅
副军长　张云逸
政治委员　饶漱石

（《盐阜报》1943.08.27）

统一领导推动扩军工作　全边区扩军委员会成立
——内设组织动员宣传优抗总务五部

【本报讯】为统一领导与推动边区扩军工作，保证扩军任务之完成，边区扩军委员会于本月九日正式成立，并举行第一次常会。以彭雪枫、刘瑞龙、任通甫、吴静宜、田丰、吴芝圃、赵敏、谢邦治、孟东波、张辑五和张维成等十一人为委员，并公推刘瑞龙为主任委员。内设组织、动员、宣传、优抗、总务五部，互推刘瑞龙、赵敏、谢邦治为正副组织部长，彭雪枫和张维成为正副动员部长，吴芝圃为宣传部长，任通甫、孟东波、吴静宜为正副优抗部长，张辑五为总务部长。决议十一月二十日、十二月一日、十二月十五日为常会召开日期，由组织部聘定若干巡视员定期分发出巡各县；各县扩委会每十日向边区扩委会回报一次。最后，由赵敏同志报告泗南半城区扩军经验，并提出宣传、动员、优抗、新战士入伍后待遇，及动员请假逾期战士归队等问题，讨论结果交由各部拟具补充指示及写专文登载《拂晓报》，以便各县扩委会之执行与参考。

（《拂晓报》1943.11.14）

新四军的胜利出击与中国的救国事业

三年半前被蒋介石以所谓"破坏军令军纪"名义宣布为"叛军"的新四军，不仅一直坚持着华中的抗战，而且最近半年来屡次出击，取得了辉煌的胜利。新四军的节节胜利，对于半年来正面战场国民党军队的节节溃败，是一个鲜明的对照。对于蒋介石和国民党政府所口口声声强调的失败主义的有利于日寇不利于民族的"军令军纪"，则是一个严正的揭露、事实的讽刺。对于中国人民，则足以提高胜利信心。对于盟国击败日寇的战略，则提供了极其重要的启示。对于新四军的胜利表示痛恨的，只有两种人，就是日本侵略者与中国蒋介石。日本人的痛恨我们，不必说了。至于蒋介石，他有两件事最受日本侵略者欢迎：一件是反共活动，一件是"中国之命运"。蒋介石的千万件反共活动中，尤以阴谋袭击新四军，逮捕叶挺将军与宣布新四军为"叛军"，最受日本人欢迎。当一九四一年春，蒋介石干出此种破坏抗战危害国家、背叛民族的罪恶勾当时，日本同盟通讯社曾嘉奖说："蒋介石几年来未作出什么好事，但解散新四军一事算是作得好。"

不管日蒋如何合谋危害新四军，但是新四军依然在发展壮大，依然在打胜仗。

新四军军部公布今年一月至六月的战绩，作战一千余次，俘敌伪一万余人，缴枪一万一千余支，伪军反正四十二次，六千余人，粉碎敌伪"扫荡"三千人以上者十二次，五千人以上者四次，七千人以上者二十次，攻克敌伪据点四二〇座，华中敌伪据点去年冬总数为二九七二座，今年六月底连新增者在内只有二六九三座。

我们再看今年华中新四军所进行的大战役。三月四日苏中的车桥战役，攻破五十三座碉堡，歼灭敌军一个大队约八百人，生俘敌官兵四十余人。三月下旬至五月间，淮北我军在三百里战线上进攻伪军，攻克归仁集、新集、魏集等据点五十一处，俘伪军一千三百人。四月十九日淮海区攻克高沟、杨口据点。四月二十七日我军进袭巢县无为城郊。五月三日滨海我军攻克灌河下游敌人用以控制淮盐的主要港口陈家港，生俘敌伪四百余名。五月十三日我军进袭芜湖近郊。六月中旬，湖北我军南渡长江，攻克横堤。七月十二日至十七日，苏中我军攻克长江北岸之天生港、张黄港等五个港口。七月以来，浙东我军连续粉碎敌伪对四明山的三次"扫荡"。七月二十六日，苏南我军袭击南京外围地区，攻克薛镇、桑围等据点，打开秣陵关至横山一带的游击局面。八月二十三日起，我军在京杭国道上展开攻势，攻占长兴城，捣毁合溪煤矿，并攻入溧水、溧阳。以上共计，三月来我新四军进行的大战役凡十三次。

在政治攻势的成绩方面，我淮北区于六月间，继军事攻势之后，发动了政治攻势，驻泗阳之伪第二十八师，原有千余人，逃亡得只剩三百多人。不少据点经过喊话，不费一弹，即为我收复。

在破袭方面，六月二十五日至七月十日，南通、海门、启东、如皋地区举行大破袭运动，参加者五万人，破路七百里，毁桥梁五十座。

以上总计起来，今年新四军的胜利出击，解放国土十余万平方公里，人口五百万以上。苏中敌人所占领的地区，被我军挤缩得只剩百分之十六。斗争最残酷的苏中，我军也开辟了新的地区。夏初麦收前后反"扫荡"的胜利，使敌伪原定的抢粮计划，完全失败。敌华中派遣军编制的调整，乃企图加强控制各部伪军，都表现出敌寇在我军的进攻下，不得不讲求新的对策。

新四军胜利出击的意义，还不止于此。我们还应该指出下列的几点：

第一，今年新四军的出击中，许多是攻坚的战斗。这些攻坚战斗的胜利，证明新四军在整训之后，军事技术更加加强了。新四军现已拥有主力十八万，以五十万民兵游击队为其后备。它是坚持华中敌后战场的唯一力量。过去人们有一种想法，以为新四军只是游击队，这种想法是错误的，是把新四军的力量过低估计了的。新四军今年出击的胜利，是以事实批驳了这种错误的想法。

第二，新四军和八路军一样，不仅军队本身有坚强的战斗力，而且还有最大的长处，这就是它的政治工作。它与人民打成一片，而且敌伪军工作做得很好。新四军的作战和行动，经常得到人民的拥护与协助。车桥战斗生俘敌官兵四十名，这在抗战中是新的纪录。华中的伪军士兵，呼新四军为"四老爷"，比之为赵子龙，他们常常对着自己的枪说："枪呀，这是替四老爷保存的。"半年来，伪军反正四十二次，六千余人，足见新四军影响之大。

第三，新四军所居的地理地位，更是异常重要。它控制整个华中海岸线，和最富饶的长江流域。这个地区，如果给日寇完全统治了，则不论在政治上、经济上、军事上，对于我国与盟国，都将是最大的不利。

国民党在敌人进攻华中的面前，弃甲曳兵，大好河山，沦于敌手。只有新四军，一直坚持着这个地区的神圣抗战，为将来盟国的反攻准备了前进基地。国民党的投降派、失败主义者和法西斯分子，把新四军看作眼中钉，借着所谓"军令军纪"，必然要把新四军消灭以为快。皖南事变，千古奇冤，蒋介石及国民党反动派的居心，已经暴露无遗。时至今日，蒋介石及国民党反动派还在师其故智，天天在强调其所谓"军令政令之统一"，而这所谓"统一"者，不是别的，就是要把八路军新四军"限期取消"五分之四，和"限期集中使用"。谁也明白，这样的"统一"，也并非"统一"到蒋介石手里，而是实实在在的"统一"到日本人手里。因为五分之四的八路军新四军"限期取消"了，其余五分之一又"集中使用"起来了，五分之四以上已解放的中国国土，不就"统一"到了日本人手里吗？真是替日本人帮忙的好计策！天皇陛下之传令嘉奖是毫无疑义的了。

但是中国人民是决不准许这样的叛卖阴谋的，八路军新四军也决不准许这样的阴谋。单拿新四军来说罢，它现在已经成了华中人民的长城，成了华中人民血肉不可分离的一部分。要把它消灭，要把它赶走，日本人办不到，任何什么反动派也是办不到的。

我们庆祝新四军的胜利。我们怀念身在囹圄的叶挺军长与许多勇将士。我们还要勉励新四军的将士，加强自己，扩大自己的队伍，密切部队内部的联系，密切部队与人民的联系，准备在与盟国联合对日反攻的事业中，大显你们英雄的身手罢！

（《解放日报》1944.10.01）

上海、杭州、南京三角洲上苏浙军区成立
——粟裕同志任军区司令

【新华社华中十二日电】上海——杭州——南京三角洲已成立苏浙军区。二月五日盛大的苏浙军区成立大会于苏浙边某地举行，与会者有军区司令粟裕、参谋长刘先胜、一纵队司令王必成、政委江渭清、三纵队司令陶勇、政委阮英平、苏南区行政公署主任吴仲超、各分区专员及全体指战员。在军乐声中，军区首长先绕场检阅一周，继在礼炮军歌声中开会，首由吴主任代表江南人民向粟司令献旗，并致词庆祝军区成立，谓：苏浙解放区在军区统一指挥下，将更加发展，而三纵队与坚持江南斗争的一纵队两支铁流汇合，将给敌伪以致命打击，他最后欢迎粟师长就职军区司令，领导江南广大人民准备反攻。粟司令则在训话中指出江南部队七年来坚持斗争，对华中敌后与全国抗战起了重大作用。他在指出江南三角地带斗争的重要性与反攻中的地位后，又特别指出军区成立后敌伪一定会阻止我们发展，我们要格外提高警觉，准备粉碎敌伪的进攻和"扫荡"。最后粟司令说："今天军区成立大会的意义不仅在检阅我们自己的力量，而且要向苏浙人民宣誓我们将竭尽一切力量，完成这重大任务。"

（《拂晓报》1945.03.17）

雪大第一期毕业典礼
邓政委亲莅训话
鼓励同学们要有高度的群众观念

【淮北分社讯】雪枫军政大学第一期一、二大队于四月十二日举行毕业典礼,邓政委亲莅训话,他首先恳切奖励全体毕业同学要做到:"有高度的群众观念,要走群众路线,学会新的领导方法方式,要有正确的组织观念,服从分配"。邓政委详细阐明群众观念,是每个革命同志要懂得的基本道理时略谓:"我们部队打仗,流血干革命,是为了求工农劳苦大众解放,因此要时时刻刻为人民兴利除弊,只要对人民有利,我们都要做,部队同志也要做群众工作的道理就在这里。"关于群众观念,邓政委指出还具体表现于要有爱兵思想,和优待俘虏上,他解释说:"革命战士是我们革命的兄弟,自然要爱护他,而在反革命队伍里的士兵,他们出身大都是工农,因此也是我们阶级弟兄。他们硬给反革命强迫抽去当兵,没有办法,这是最可怜的弟兄,我们要拯救他们过来,所以当他们放下武器已经被我们俘虏的时候,已经不是我们的敌人,绝不能打骂他,要好好教育和优待他。"对有些群众观念不强的同志,邓政委批评他们说:"没有弄清楚我们革命是为了谁?这叫做糊里糊涂,吃冤枉饭。"第一期毕业的雪大同学,在校学习时间有的三四个月,有的一年多,同时经过了整风和业务教育,大家的意识和工作能力都有了显著的进步。这批生力军将奔赴前线,或走上新的工作岗位,临别时大家纷纷互相勉励,"做一个光荣的名副其实的雪大毕业生"。

(《拂晓报》1945.04.23)

(备注:邓政委系指邓子恢,时任新四军第四师政委兼淮北区党委书记。)

新四军军部的命令(苏北行政委员会通令)

为了收复城市以后,保护各界人民的利益,新四军军部在八月十日下了一个命令。命令中间说:第一,鬼子和汉奸的部队,必须立刻缴械,缴械以后保全他的生命,不肯缴械的就消灭他。第二,自动反正的就收编,而且受优待。第三,没收一切鬼子和大汉奸的财产,用来救济失业工人和贫民。第四,逮捕大汉奸大卖国贼,依法办罪。第五,和一切反对敌伪、赞成民主的各界人士团结起来,成立民主政府,复兴工商业。第六,保护各阶层人民的人权,财权。第七,如有破坏和违抗我军政设施的一律当汉奸办罪。

八月十三日,苏北行政委员会下了一个通令。规定城市收复以后,淮海区:灌云县政府搬到板浦,东海县政府搬到海州,泗沭县政府搬到众兴,沭阳县政府搬到沭阳城,淮阴县政府搬到淮阴城。盐阜区:涟东县政府搬到涟水城,盐城县政府搬进盐城,淮安县政府搬到淮安城。并且命令各县部队区队民兵要配合主力收复这些市城。

(《盐阜大众》1945.08.18)

陆军新编第四军军部通令
——八月二十九日于淮南本部

日本已投降,和平即将实现,我党领袖毛泽东同志,本着民主团结和平建国的精神,接受蒋委员长之邀请,已于八月二十八日飞抵重庆谈判。我前线各部队,亦应本此精神,对当面各友军进行联络,以建立友谊关系。

近查各地友军藉口受降而企图向我进犯,并有集中全力向我解放区挺进者。对此,我前线各部队,均应晓以团结大义,劝其停止内战行动,以免糜烂地方,损害人民,造成民族浩劫,使双方遭受不幸牺牲。但对那些执迷不悟,经过劝解无效,仍胆敢向我进犯之顽固军队,我所有前方部队各级首长与各级军政机关,应动员全军同志,以坚决自卫的精神,给以干脆歼灭的打击,以保卫我解放区各界人民和争取全面和平民主团结之实现。切切此令

军 长 陈 毅
副军长 张云逸
政治委员 饶漱石

(《拂晓报》1945.08.30)

陆军新编第四军军部布告

日寇无条件投降,本军现进占各城乡市镇,愿与各界同胞在和平民主团结方针下,协力安定社会秩序,保护城乡各界人民,并从事政治、经济、文化等项建设。兹特公布下列各条,盼各界与本军协同施行。

(一)伪军、伪组织人员必须立即向我反正或接受改编,在反正或收编敌伪军当保障其生命财产安全,如有拒绝者则予以坚决消灭。藏匿奸宄不报者,依法严惩;自动向政府检举而得以逮捕罪犯者得受赏。

(二)对一切反正自新真心改过向善的伪军、伪警、伪组织人员及特务分子,准予向各地政府登记自新,并一律宽大;但对怙恶不悛继续对现行军政设施肆行反抗破坏或暗害者,一律应按照其犯罪实据与危害程度,依法严惩决不宽贷。

(三)依照"接收敌伪汉奸财产暂行办法"登记没收与处理一切敌产及大汉奸大卖国贼之财产,如有隐匿不报或私自转让者,经查出即依法严惩,如有确知上项情形而据实向政府报告者得受赏。

(四)城乡军民必须严守纪律,恪遵秩序,不得随意没收或损坏公产及公物,应切实保障私有财产,保护私人企业,安定市场,繁荣工商业。

(五)立即解散一切伪政权伪组织,停止其一切活动,逮捕和审判大汉奸、大卖国贼,保障各界爱国人民言论、出版、集会、结社之自由;普遍发动与组织工、农、商、学、妇女、青

年各界同胞自己团体,以发扬民主保证和平。

（六）本军愿与一切反对敌伪、赞成民主的人士亲密合作,一俟秩序安定,即举行人民民主选举,建立民主政权,在和平民主团结的基础上,切实进行各项建设工作。

此　布

军　　长　陈　毅

副军长　张云逸

政治委员　饶漱石

（《苏北报》1945.09.03）

曹政委号召
——提高战斗技术,学会夺取大城市本领!

同志们：今天我全纵指战员在这儿热烈地开这个祝捷庆功大会,这说明我们的力量愈战愈强了；而蒋伪军的力量则愈益薄弱,愈益空虚了。

回忆自我苏北区沦陷敌后之初,蒋伪据点林立,连续进行疯狂的扫荡清剿分割与缩小了我地区,而当时我是积小胜为大胜,打了些小仗,后转变为打大仗,攻小据点；现在不仅能攻小据点,而且能拿下大城市——叶挺城。这是我们力量愈益强大的说明,也是敌人愈见衰弱的证据。今天敌人对我胆怯了,那种疯狂的气焰消逝了,目前摆在我们面前的问题已不是如何坚持的问题而是如何扩大地区收复失地的问题。我们为什么能打下这样的局面？

一、全体指战员的英勇战斗与不断胜利,涌现了无数的人民功臣；

二、土地改革使广大农民翻了身,大量参加我军；

三、党政民的艰苦奋斗。

在这些原因中,我们要提出的是那一群人民功臣为人民作了特殊贡献,为全纵铸立了一些好的榜样,今天这个会就要论功行赏,给我们功臣们应得之荣誉与奖励。但我希望我们有功的人不骄不傲,功上加功坚持为人民服务的精神；无功的应该立功,向我们的功臣们看齐。

同志们：立功并不难,完全靠我们同志们自己去努力争取。按目前形势的发展,大反攻更加迫切了！

在此,我除了号召我全体指战员立功！立功！再立功外！还应该提高我们战斗技术。学习夺取大城市本领！并同心同德,团结一致,迎接大反攻,争取自卫战争的最后胜利,争取中国民主革命的彻底实现,在中央与毛泽东同志的领导下,彻底消灭蒋家匪帮！

（《苏北日报》1947.09.14）

苏中军区第一军分区政治部训令
九月十五日于曹昌镇本部　训（新）字第一号

令各机关、各部队：

查我军为人民武装即工农武装，土改是我党我军在新民主主义阶段上的基本任务之一。而目前所进行的爱国自卫战争正是为了保卫广大劳苦农民获得足够的土地与生产家具彻底摧毁万恶的封建势力，使广大劳苦农民在政治上、经济上得到彻底翻身解放而奋斗。我各级机关部队干杂人员理应积极支持土改协助复查，但根据反映实属寥寥；而对土改不满，间接直接地阻碍与影响复查殊属不少，由于存在着不正确的地主富农思想及人道怜悯地主等观念，甚至有个别地主富农隐藏在我军中，因此在行动上具体表现出来，如当群众热火朝天挖掘地主残酷非法剥削所得来的藏物及其家具合理进行分配时，"非组织"的议论"群众斗争过火"、"太左"、"地主太可怜"，更严重者如××村长不顾政策影响不明情况，擅自捆绑领导复查工作的××同志，致使复查大受阻碍，群众对我咸表不满，影响军民团结至巨。此种倾向有丧革命军人立场。如让其发展，后果实为严重。为了克服上列倾向求得党政军民团结一致，争取爱国自卫战争的全面胜利，本部决定以全力支持农民正义的翻身运动，特规定下列各点：

甲、我各级机关部队任何人员一律不准直接的或间接的违反土改政策阻碍复查，如不遵守者将受军纪党纪的严厉处分。

一、我各级机关部队所居房屋皆喜宽敞，但多为地主富农原住，目下正在进行彻底清算平分房屋家具，可能住屋系广大农民所要分配的，如群众迫切需要拆除者，我各部应无条件的搬出，不得影响合理分配之进行。如系特殊情况需暂住者，需报告本部与群众商量，获得群众批准后方可临时居住；

二、群众运动轰轰烈烈的进行时，我各级机关部队所有人员皆不得非组织的议长论短，以给地主有隙可乘，并应完全赞助拥护农民的正义行动；

三、上列诸倾向实系地主富农思想作怪所致。希各部进行土地改革的阶级教育结合复查加强阶级意识的锻炼，并开展反地主富农思想斗争，开展雇贫农各部战士诉苦翻身教育，提高全军阶级觉悟与政治认识。

乙、我各级机关部队所有人员在土改复查中积极参加直接或间接给群众支援鼓舞有其成绩者，根据功劳大小分别记入功劳簿，论功行赏。

以上各项规定希各接此训令后在部队进行动员教育讨论，深入广泛、坚决执行为要！此令

政治委员　钟　民
政治主任　陈直齐

（《江海前线》1947.09.19）

运河线战役政治命令

十一月七日于史桥

北线大战,马上打响了,我们分区部队,也即将进入运河线作战,这一仗:第一是配合整个战役,牵制两淮敌人北援,使华野主力顺利完成歼敌任务。第二是华中地武全线出击,打击敌人,收复失地,第一次大规模的兵团作战。第三是分区部队首次打像样子的攻坚战、正规战,是全面考验与锻炼我们的战斗任务和工作。

因此,我们命令:

一、坚决顽强完成任务,攻坚部队必须尽一切努力,勇敢与技术结合,坚决完成攻克据点全歼守敌的任务。打援部队必须排除困难,坚守阵地,打退援敌,保障攻坚安全。一切机关及医务后勤人员,必须不辞劳苦,发扬无畏的工作精神,配合前线完成任务;

二、服从命令,加强团结,反对一切不服从命令、不服从指挥、讲价钱打折扣、不照顾友邻、不照顾全局、打滑头仗、闹本位主义等游击习气,必须上下一致,彼此团结,共同完成任务;

三、遵守政策,严格纪律,严禁一切违反政策与纪律现象,必须提高政策观念,自觉遵守,互相监督,打一个军事政治双胜仗。

最后,我们宣布:战后将进行评斗志、评战术、评政策的三评运动,我们号召全体同志为争取个人及单位的英雄模范的光荣称号而斗争。

此令

政治委员　郑　平
副政治委员　冯国柱
副　主　任　江大愚

(《战旗报》1949.01.26)

渡江作战指挥上的几个问题

一五一师司令部

1. 为了能够独立自主的作战,干部应分到各船掌握部队,但又必须有重点,不要分散,主要干部(如连长,政指)应集中在一个船上,以便在船只行进与登陆时能保持指挥中心,用一切方法取得联系,分散人员,求得在短时间内恢复统一指挥。

2. 同样,为了便于独立自主的作战,旧的重火器应配备到各船上,以便配合步兵作战,但突击部队的船只一般都很小,许多船只只能载一加强班,或重机枪不用脚架,只用一个射手肩着枪身再加上两个弹药手背着子弹,这才能与步兵同坐一起。

3. 上百只的麻袋,竹筏子,棉花袋,原来准备在船上作业用的,现根据部队实际研究,觉得突击部队的船小,竹筏麻袋,装上沙土后加重船的载重量,而且江面太宽,船在行进中敌人射击不易命中,可将船上作业材料应用在登陆后的沙滩作业,棉花絮则留在突破敌人铁丝网时用它铺在铁丝网上,以便通过。

4. 许多同志,误认为敌人紧靠江边沙滩的堡垒(滩头阵地)而主要力量对付这些滩头堡垒,不能迅速地向纵深推进,不能大胆地进行迂回,以分割敌人,并歼灭敌人,其实真正的滩头阵地是对岸的堤坝高地与村庄,只有夺取这些地方才能站稳脚,才能抗击敌人,才能有掩护的继续向前落脚点,至于敌沙滩上的几个前沿堡垒,能解决则解决,如不能解决则只要下小的兵力作战,其余大部兵力从空隙的地方插进去,待占领了真正的滩头阵地以后,再来收拾也不迟。

5. 为了使后续部队能及时跟上,必须保证船只到对岸后,能如数迅速地返回,继续载运上部队,要做到这一点,就必须热烈的组织专门的押船部队并在事先进行押船教育,否则先头部队渡过去以后有的船可能逃跑了,如不注意这点,就会使后续部队不能很快跟上,以致先头部队形成孤军作战,影响渡江作战的胜利。

(《前进》1949.06.12)

第三章

同舟共济

春季参军运动宣传大纲

一、今年是苏、英、美在欧洲最后消灭法西斯头子希特勒的一年,也是我们同盟国在战略上准备反攻日本的一年。日本法西斯为了垂死挣扎,今后对敌后的扫荡劫掠,必更频繁与残酷,所以又是我们敌后军民最后的最艰苦的一年。

（一）苏、英、美海陆空军东西夹攻德寇,彻底消灭希特勒的日期,已经很近：

1. 苏联红军南北反攻德寇,所向无敌,并已跨过旧国界六七十公里,红军现以完全压倒的优势,驱逐敌人出国土。德寇则已到了崩溃的前夕。

2. 英美在西方已积极部署反攻,委定艾森豪威尔为攻欧盟军总司令及其他重要将领多人,并已大举轰炸德寇,预料不久欧洲第二战场,即将建立。

3. 德寇在英勇红军严重打击之下,节节败退,损失惨重,人力物力无法补充,第二战场又即将建立,致使法西斯罪魁自己也没有胜利信心了。而最近德国十个师团在基辅以南被苏军包围,行将就歼。我们将见第二战场一建立,德寇在东西夹攻下,将很快被消灭。

（二）欧洲问题一解决,同盟国将以绝对优势的兵力来解决日本。现在盟国已经在战略上作反攻日寇的积极准备：

1. 中英美的开罗会议,重申击败日本直至无条件投降的决心,并作了必要的准备与军事部署。

2. 盟军在西南太平洋的积极反攻,占领在战略上极重要的岛屿多处,并已越过所罗门群岛,在新不列岛登陆,及马绍尔群岛大部占领,已严重地威胁到日本土。盟国空军则开始轰炸日本本土及其占领区。在印缅边境上的盟军,也发动攻势。这都是在总反攻日寇以前的一种先声。

（三）日寇见国际局势对他不利,恐惶万状,他已预料盟国在太平洋上总反攻的时期已经不远,将作穷凶极恶的临死挣扎：

1. 加强对本国人力物力的统制榨取,例如减低应征兵役年龄,要求一亿国民实行饥饿奉公,倾出所有,增产飞机、船舶等。

2. 加强对被侵略国人力物力的剥削压迫,例如日寇对汪逆提出三大要求,增加生产,治安肃正，整顿伪军。意图增强战力。

3. 日寇一面积极榨取人力物力准备应付即将到来的盟国反攻，一面则随时准备破坏中国的反攻力量和反攻的部署。

（四）对我根据地，日寇则将加紧残酷而又频繁的扫荡、清乡、蚕食、治安肃正，企图按照他所设兵站基地，摧毁我抗战的有生力量，弥补他的人力物力的不足，最艰苦的一年。我们一面要坚持根据地，一面又要准备反攻力量：

1. 日寇近来加紧整编伪军，抓紧伪军，希望利用伪军来配合进行军事扫荡。

2. 汪逆在日伪驱使之下，已将江苏省，划成三个省，加强伪组织，妄想进行清乡，加紧剥夺我敌后人力物力，供敌使用。

3. 敌伪特工、奸细，到处活动，对抗日地区抗日人民积极进行阴谋破坏。

4. 今后的反扫荡、反蚕食、反伪化、反抢粮等斗争，将是最艰苦的一年。根据地军民一面要坚持根据地，与敌伪进行残酷的最艰苦的军事斗争，一面又要准备力量，迎接即将到来的总反攻。

二、今年的参军运动是在国际反法西斯胜利之年，日寇临死挣扎，我们准备总反攻的情势之下提出来的，它的意义是：

（一）要准备反攻，就要保卫敌后抗日民主根据地，坚持对敌斗争，但这主要靠武装。

1. 创造根据地，保卫根据地和民主政府的，主要的是武装；因为我们周围都是敌人，没有武装，敌人随时可以来消灭我们。

2. 保卫根据地各抗日阶层利益的，也主要靠武装，如果没有抗日的武装，敌人随时可以来蹂躏我们，我们也就得不到粗衣粗食的安乐日子。

3. 三年来之所以得过粗安的日子，主要是由于有自己的武装打击敌伪，取得反扫荡、反伪化、反蚕食、反抢粮、保卫收获及反治安肃正等无数次的武装斗争胜利。

（二）我们要保卫自己的身家性命，保卫财产、保卫家乡、保卫生产，求得丰收和太平，就要扩大自己的部队，自己的部队越壮大，就越有保证。

1. 敌伪举行春季扫荡的可能性很大，我们要准备反扫荡，保卫春耕，就要扩大部队。

2. 今后敌伪对根据地人力物力的劫掠一定更厉害，我们要保卫夏收、秋收，求得丰收的快乐日子，就要扩大部队。

（三）我们要在坚持根据地和敌伪进行残酷的斗争中，壮大自己的部队，准备力量，以俾明年配合全国总反攻，把日寇驱逐出盐阜区，驱逐出中国，争取抗战的最后胜利。

三、春季参军运动，是为了我们全盐阜区人民的利益，所以参军任务是全区各抗日阶层的全民运动，是我们大家的春季中心工作：

1. 新四军是保卫我们各阶层人民利益的，他保卫我们的生命财产、家乡、收获等。他是自己的队伍，所以参军运动是自己的事，我们自己要参军，还要劝别人或率领别人参军。

2. 参军运动既是为保护大家的利益，是各人自己的事，是大家的工作，所以就要各方面来动员，党、政、民、学、士绅、参议会、参议员、农救、工救、青救、妇救、教救、学救和儿童团等群众团体的会员,一切公民,不论男女老少,都要进行这个运动,都要组织到这个运动里来。并以自己参军的模范影响和率领别人参军,劝说别人参军。

3. 如果我们的春季参军运动做得好,不但对我们根据地各阶层人民的利益得到保障,而且在总反攻时,我们也就有力量可以驱逐日寇,争取抗战最后胜利。所以要一致努力,完成这个任务。

四、标语口号:

1. 参军是为了我们大家的利益!
2. 各抗日阶层要全体动员来扩大自己的部队!
3. 坚持根据地保卫家乡,大家要参军。
4. 保卫自己的生命财产要参军要劝别人参军。
5. 保卫春耕夏收秋收就要参军。
6. 为了准备总反攻驱逐日寇就要参军。
7. 要过太平日子就要参军。
8. 争取抗战最后胜利要参军。
9. 参加新四军今年打胜仗,明年打走日寇大家享太平。
10. 参加新四军明年驱逐日寇出中国。
11. 好男要当兵,当兵要当新四军。
12. 参加新四军是光荣的抗日英雄。
13. 你去当新四军家里的事大家帮忙。
14. 优抗会特别优待参军同志的家小。
15. 政府人民都优待抗日军人家小。
16. 我们要努力优抗。
17. 我们要解决抗属的一切困难。
18. 爱国同胞要自愿参军劝别人参军。
19. 爱国青年要做抗日英雄就要参军。
20. 耆绅名流要参加参军运动。
21. 参议员要进行参军动员。
22. 农救、工救、青救要开展参军运动争当模范。
23. 妇救儿童团要动员大家去参军。
24. 一切抗日公民要自愿参军劝别人参军。
25. 中小学师生要动员人民参军。
26. 大家举行革命竞赛争取参军优胜。
27. 我们要做参军英雄。
28. 大家都去参加自己的部队。
29. 参军任务一定胜利完成。

(《盐阜报》1944.02.12)

盐阜区行政公署关于拥护军队的决定

本报讯:行署近颁发关于拥军的决定,兹采录如下:盐阜孤悬敌后,敌伪虽谋奴役伪化我地区,而人民仍得享受民主权利,生命财产仍获保障者,均系军民团结及我新四军忠诚为公,爱民卫民,浴血奋斗,捍卫国家之功。自敌大举"扫荡"以来,我军坚持抗战,与民同艰共难,舍身为民,八滩、陈集、单港、黄营、双沟、湖垛、钦工诸战斗,均获伟大战果,而盐阜各阶层人民亦能深体时艰,信赖我军,同仇敌忾,积极援助,敌寇摧毁我抗日部队抗日地区之意图因之失败。穷途日寇,疲惫寒心。但敌寇谋我之心尚切,伪化我地区,奴役我人民之念头,终未放弃,今后斗争任务尚极艰巨,全区已处胜利前夜及最后困难之关头,坚持今后的胜利与生存,更有赖于军民团结巩固,同艰苦,共患难。为此本署特郑重颁发决定,号召全区民众及各级行政人员、群众团体热烈拥军参战,造成自觉自愿的拥军运动,并以如下要求,作为拥军公约:

(一)进行全区民众的战争训练,提倡自觉的参军参战动员,加强人民对我军的认识和参军的热情;

(二)积极进行战时工作:打坝、打狗、藏粮、拆毁碉堡、工事及敌人曾经驻扎或可能驻扎的坚固房舍,破坏敌人修筑之汽车路,拆毁电线;

(三)封锁消息,我军驻地对外保守秘密,掩护爱护公物公粮及伤病人员,为伤员义务服役、煮饭洗衣,情况紧急时则分散掩护、转移、让房、借草、借衣,帮助我军住宿警戒;

(四)配合作战,抬运伤兵,烧茶煮饭自觉慰劳,盘查放哨,捉拿敌伪汉奸,报告敌情,严防土匪,一闻我军与敌作战,应即自动侧击敌人;

(五)切实优待抗属,组织代耕队,帮助粮草,随时随地予抗属以鼓励尊重。

以上五大拥军公约,各级政府须坚决执行,经常检查,并号召和教育人民自觉遵守,热烈赞成。拥军参军运动的胜利收获,将使军民结合日益巩固,军民关系日益融洽。军民关系的巩固结合,将是不可战胜的坚持今后敌后日益艰难斗争的关键。

(《盐阜报》1943.05.13)

拥护拥军决定开展拥军参军运动

最近盐阜区行政公署为加强军队与人民的团结,共同致力于抗战事业,特颁发关于拥护军队的决定,这是我盐阜地区的一件大事,同时也是坚持盐阜抗战,粉碎敌寇"扫荡"、"清剿"阴谋伪化的一个重要步骤。

新四军是盐阜区抗日民主根据地的建立者巩固者,是盐阜区三百万人民的生命财产的保护者,他是人民的武装,品质上最好,有高度政治认识、战斗能力、优良传统的军队,新四军是值得政府与人民拥护的,各级政府与全体人民都有拥护新四军的责任和义务。

但我们过去的拥军工作还非常差,不仅在人民中存在有许多不正确的认识,就是在各级政府的干部中间,忽视拥军工作的现象也严重的存在着,虽然近几个月来,由于部队英勇反扫荡而使这种现象有了改正,但这种改正还很不够,在今后斗争任务更艰巨,形势更困难的条件下,我们必须把这一工作打下巩固的基础。政府与人民热烈的拥护军队,进行拥军工作,军队才能更英勇的对敌作战,军队击退敌人,粉碎敌人的任何阴谋,人民才能得到生命与财产的安全。因此,我们的各级政府与全体人民应该拥护行政公署的拥军决定,应该了解这个决定是有极伟大的意义的,不仅了解就算了事,必须在全区人民、各级行政人员及群众团体中,热烈拥军参战,开展拥军运动,把行政公署所规定的拥军公约,成为人民的行动和政府群众团体的工作,这样,才算是拥护了拥军的决定。

开展拥军运动是我们目前的重要任务,这一个运动的开展与任务完成,须通过宣传教育工作和组织动员工作两个步骤,首先必须召集各种会议,利用各种形式,在人民及群众团体中则应该宣传解释拥军参军之重要,以提高拥军之热忱;在政府工作人员中则组织讨论与研究拥军决定及政府颁布的与拥军有关的法令,检查过去的拥军工作,以使其了解拥军的具体工作与应尽的职责。这一工作完成之后,即进行组织动员工作,如进行民众的战争训练,参战动员,进行战时工作,配合作战,优待抗属等,在这些具体工作中实践拥军公约,达到公约的五大要求。至于运动期间,全地区中因情况环境不一,可以根据各县的具体情况定出一定时期,作为开展拥军运动的期间,而有组织有计划有步骤地推动更是这一运动的决定条件。

拥军参战运动,对于人民是一种实际教育、实际动员,对于政府人员是一种实际的工作,能够在这一运动中,使人民了解人民与革命军队的相互关系的道理,热烈拥军,踊跃参军,使政府对于拥军工作打下了基础,这对于盐阜区根据地的建设将是一个大的进步!

(《盐阜报》1943.05.13)

新四军告华中根据地同胞书

华中父老兄弟姊妹各界同胞们:

国际法西斯强盗德意日内部正在分崩离析,日趋灭亡。苏联红军的英勇反攻节节胜利。英美联军在西西里展开有利的大规模攻势,德国军队在东线整千整万的溃退。苏联红军缴获德国的飞机大炮坦克数以千百计。意大利军队在西西里纷纷投降。法西斯巨魁墨索里尼不得不下台逃亡,他的法西斯党被宣告解散。日本强盗在西南太平洋也正在节节败退,最近一连被打死了好几个大将,海军元帅山本阵亡不久,现在又阵亡了一个陆军领袖加岛。我们中国六年的抗战,全国军民万众一心,流血牺牲,奋不顾身,忍饥挨饿,流离失所,毫无怨言;莫不渴望抗战到底,争取最后胜利。

谁知正当国际国内有利于我完成抗战大业的今天,少数丧心病狂之流,第五纵队的托派汉奸,伪造民意,提出取消陕甘宁边区,解散共产党的口号。第一着就是胡宗南撤退了防御敌寇的河防军,纷纷向边区周围调动,共计集中了十六个师的大军,公开部署进攻边区计划及进攻。此举有如晴天霹雳,令人震惊不已,际此抗战大业胜利在望之际,为什么要发动内战,放弃河防,引狼入室,帮助敌寇灭亡祖国？八路军朱总司令、边区人民,全体纷纷要请蒋委员长制止发动内战,撤退大军,恢复河防,迄无回音。包围边区之大军未退,秣马厉兵,并且开始一度炮击边区,内战有一触即发之势。

亲爱的同胞们！反共是敌寇侵略中国的藉口,是汪逆精卫背叛祖国投降敌寇的宣言,而今国民党反共分子居然也调动了三十万大军包围边区,企图消灭边区,解散共产党,正是大敌当前,做出这种仇者所快、亲者所痛的悖理行动。难道中共主张团结抗战是不对吗？六年来国共重新合作,实行了全民抗战,挽救了亡国的危机。中共领导了八路军新四军深入敌后,坚持了广大祖国领土,阻止与打击了敌寇灭华野心,所以敌伪整天的高嚷反共。中共在敌后创造了孙中山先生理想中的三民主义新中国的模型,建设了三三制的民主政权,以期群策群力,一致对敌斗争;实行减租减息、交租交息,以减轻阶级对立,加强各阶层团结;发展生产运动,做到丰衣足食,克服经济困难,提高军民抗战信心;执行精兵简政,组织民兵,以减轻人民负担,同时增强抗战力量;这些都是中共为国为民,以期抗战彻底胜利的英明政策。只有敌伪才不满意这种救国救民的实际办法,所以才努力反共。为什么国民党也要进攻边区？还有历史经验证明了国共合作才能顺利的反抗帝国主义与推翻封建政治,如第一次大革命的北伐初期胜利是国共合作的结果;相反的如要固执反共就会亡国灭种。抗战以前十年的反共内战,结果是断送了东北四省,让日本帝国主义实际上统治了整个华北。西安事变发生时,中共力主停止内战,恢复国共合作,恢复蒋委员长自由,主持抗战大计,所以卢沟桥事变发生,敌寇想以速战速决,三个月灭亡中国,终因国共合作,发动全民抗战,坚持了六年。当此国际有利情势之下,胜利在望,忽然又要反共,发动内战,难道不愿意抗战达到最后胜利吗？现国民党有人强调一个主义、一个领袖,不容许其他党派存在,要绝灭一切自由思想、政治、经济政策,要取法希特勒、墨索里尼的法西斯蒂独裁,难道还不相信法西斯国家必然要溃灭吗？国统区大后方,贪官污吏,层出不穷,贪赃枉法,荒淫无耻,豪绅巨贾,则投机操纵,囤积居奇,因此造成天灾人祸,灾民遍地,土匪肆起。公务人员及自由职业者食不饱,衣不暖,苛捐杂税之重,有如敲骨吸髓,灾民不得不大批逃亡。兵役制度之恶劣,难以笔墨形容,动员壮丁则强捉绑捆受训,或担任劳役期间,如对待犯人,以麻绳扣紧手臂,每天只有一顿稀饭。这些现象,令人发指;如果再要实行什么法西斯手段,进行反共内战,岂非自遭灭亡？

亲爱的同胞们！中共领导的八路军新四军坚持敌后抗战已经六年,我英勇将士前仆后继,不惜任何牺牲,终于保持了敌后广大祖国的领土,在华北、华中几千万的黄帝子孙,依然团结在祖国旗帜之下,过着自由光荣的生活。八路军新四军牵制了敌寇二分之一的军队,几年不仅得不着国民党当局一饷一弹之接济;且有皖南事变之惨剧,诬蔑违反军纪,袭击我军部并囚我叶军长,迄未释放,但我新四军并未因此改变抗日初衷,忍饥耐寒,转辗大江南北,与我爱国同胞一心一德,不断流血抗战,创造了华中根据地,建立民主政权,实行减租减息,发展生产,改善民生,坚持向三民主义的理想前进。何来民族败类,企图发动内战,造成国内分裂,断送抗战前途,陷中华民族于万劫不复。我军全体将士闻讯之下,莫不热血沸腾,坚决接受中共领袖毛泽东同志之指导,准备我们一切力量制止内战,坚决继续抗战,反对分裂,国内团结之主张。万一少数民族敌人不顾大局,违反全国人民主张,向我八路军新四军总后方陕甘宁边区进攻时,我军将士已有一切准备,作实际之声援。希我根据地同胞勿忘我华中民主政权自由幸福之可贵,必须反对内战,反对分裂,要求继续团结抗战,坚持民主根据地而斗争。我们相信有绝对胜利的把握,企图出卖中华民族,断送抗战前途的汉奸,一定要失败。

但必须为我根据地同胞明白宣言,如果不幸内战无法制止,我党我军平日之一切主张和行动,决不因此放弃或有所改变。我们依然坚持抗战到底,反对中途妥协投降,建立抗日民主政权,实现民治民有民享之三民主义根据地固有之施政方针,不但不加改变,且进一步求得日趋完善起来。

根据地的同胞们!

反对内战!

反对进攻边区!

反对破坏团结!

坚持抗战到底!

保卫抗日民主根据地!

保卫抗日民众的一切权利!

拥护共产党和新四军!

为三民主义新中国奋斗到底!

国民革命军陆军新编第四军　军　　长　陈　毅

副军长　张云逸

政治委员　饶漱石

(《盐阜报》1943.08.25)

苏南人民心目中的新四军

戈　扬

扬子江南岸京沪线,及其以南各县的人民,是见多识广的。在最近六年中,他们看见过不少军队。可是只有新四军是一种特别的军队,一提起它,人们的感情也就特别浓厚。

苏南人民常常回忆着第一次看见新四军的情景。他们以前不知道什么新四军,(民国)二十七年冬天,半夜下雨,忽然有人喊门:"老板呀,对不起,请你开门!……"人们在家里发抖,死也不敢开。"不要怕,我们是新四军,是打鬼子保护老百姓的军队。"一听到军队,更不敢开门了。第二天清早一看,一个个灰色兵士,抱住枪,坐在打湿的草堆旁边。唉!这就怪了,这是什么军队呀?连胡子挂到心口的老公公也没有见过。

有的人是这样回忆的:从前军队走的时候,兵器都丢了,步枪块把钱一支,机枪六块钱一挺,手榴弹常有人挑到村子上卖两毛钱一个,那时,汉奸趁火打劫,土匪如毛,鬼子到处烧杀,没人敢打。嗨!"一物有一降,胡蜂怕螳螂",四月里来了新四军,五月初一就在赤山(注一)开火打死百十个真鬼子,还得到一门"神炮"(注二)。新四军不是天兵吗?个个奇怪！

苏南人民一道在谈着新四军，日子越久，故事越多，一些日常小事，已经成为人民生活中的格言。他们说："新四军吃得苦中苦，真是人上人，人家吃鱼吃肉，看都不看，天天吃点没有油的老韭菜，有时就吃盐汤，从来没有说一个苦字！"

"新四军打起仗来如猛虎，坐在屋里像姑娘，平常整天写字、洗衣服、缝针线，弄得干干净净，穿得服服帖帖，枪也擦得雪亮！"

新四军规规矩矩说一是一，说二是二。新四军买草，照市价付钱，自己来挑。

新四军买菜，你不要钱，他不要菜，别的军队牙齿朝外长，专门吃人。镇（江）句（容）公路上的民谣说得好："亲老子（指新四军）要菜，野老子（指伪军）也要菜，亲老子给钱我不要，野老子要钱要不到。"

新四军对老百姓好，对俘虏也好。有两个新四军士兵送俘虏到旅部去，路上吃饭时，炒鸡蛋给俘虏吃，自己坐在一边吃咸菜。

新四军不但兵好，伙夫也不揩油。一个上士到别村去买肉，九十块钱还价给八十五，老板卖给了他，付钱后，接过发票一看，摇头说："你写错了，我给你八十五，你写九十，请你重写一张。"

苏南人民更喜欢谈新四军战斗和英勇牺牲的故事。他们说这些故事时，常常加进些自己的幻想，把它变成神话。如说："新四军的眼睛和普通人的不同，有夜眼，在漆黑的夜里，看见走路，看见打仗……"

"新四军死不投降，就是一个人陷入敌人重围，也要打到底，子弹打完拼枪杆，拼指甲，拼牙齿，拼血，最后一道红光上天！"

关于这些神话，有一位老先生解释说："神就是人，岳飞曾经都是人。"

新四军在苏南人民的心目中是伟人，是英雄，是神，同时又是家人、亲戚和朋友。人们在谈话时，总要省去"新字"而亲切地称呼"四军"。孩子们听到母亲说乖乖长大了到新四军学本事去，便笑开嘴巴。年轻人更愿和新四军一道生活。

五年来，新四军和苏南抗日人民紧密地结合着。各地有威望的士绅以至会门领袖，都愿意和他们共生死，打日本，都说"有新四军在，就有我在"。南京城外六十三岁的清帮头子谢开广被敌人抓进城去严刑拷打，始终不屈，敌人问他："城外有多少新四军？"他说："多起来几万几十万，少起来一个也看不见。"

今年五月，南京宪兵队把秦淮区的区长抓去，要他说出哪些人是新四军。他说："全苏南人民都是新四军。"人民听到这个消息，都说好，因为这就是他们的光荣和骄傲！

新四军在苏南人民的心目中，是一种光明和希望。龙潭（注三）附近一个被糟蹋过的年轻寡妇，生活苦得不成样子，常想寻死，看到新四军后，她说："我不想死了，熬下去罢！"

每次部队经过村庄，人们就涌出来看嚷着："我们的队伍来了！"他们看见这整齐英俊的灰色行列，便眼笑眉开，彼此安慰着："天快亮了。"明明是一个连队，要说千把人，明天就是几千人。他们最喜欢夸张新四军的人数，而善意地流露出人民心里的渴望。像这种特别军队，谁不希望它多？多了日子就好过了！

（注一）赤山在南京城外。二十九年旧历五月初一,新四军二支队四团一部,和敌激战,毙敌一百一十人,我伤亡七人。

（注二）赤山战斗中缴到的大炮,是敌人自"八一三"以来经常使用的大炮,敌人称其为"神炮"。

（注三）龙潭是京沪线上的车站。

（新华社华中二日电）

（《解放日报》1943.10.11）

行政公署关于发动冬季扩军贯彻拥军运动的指示

为贯彻行署前颁拥军办法中关于扩大新四军的决定,充实新四军的兵员,使我们有足够的主力武装,作为粉碎敌人扫荡的依托,坚持敌后抗日斗争,渡过难关,迎接胜利,特定自十一月一日开始,全边区的扩军运动,发动广大群众的参军热潮,要求该县动员××名群众,踊跃参加新四军,以示我全边区人民拥护新四军的至高无上的热诚,为保证此项任务的完成,特作如下指示：

一、立即在各级政府、参议会、学校,特别是群众团体中,联系着时事宣传,进行深入的动员,把一切有关扩军的思想上、政治上、组织上及物质上的准备工作于本月份内做好,以迎接扩军工作的大规模的顺利地展开；

二、组织边区、县及区三级的扩军委员会和拥参军委员会,吸取当地的政军民负责同志、群众领袖、抗属及地方热心抗战的士绅参加,统一领导各个地区的扩军与参军工作,政府人员要成为参加扩军工作的模范,除亲自进行扩军外,用奖励扩军英雄、模范参军者及模范抗属等办法,动员一切力量保证扩军参军任务的完成；

三、今冬扩军的方式主要依靠扩委会、参委会及群众团体对参军者的政治动员与说服工作,保证三不四要政策的执行（不欺骗、不收买、不强迫,要来历清楚、要成分好、要年纪轻——十八至三十岁,要身体强——不要有疾病疟疾者）,切忌强迫命令、欺骗收买,并预防和克服那些不是为了巩固新战士而解决其家属的生活问题,而是为了应付差事（指花钱买兵充数的）的摊派钱粮雇买等现象；

四、贯彻本署一再申令的优抗工作是各级政府在扩军前及扩军中的中心工作。要求各级政府把本署拥军办法上的优抗工作加以切实的执行（重心是放在帮助抗属解决耕地困难,固定代耕及冬耕中种子等问题,至优待抗属之口粮如没有现部队团以上军政首长之书面证明,不得发给）,并对于正在进行的拥军工作加以检查；

五、日寇汉奸和反动派必然会利用造谣离间等方式进行破坏扩军参军的工作,因此,各级政府必须提高政治警惕性,并责成公共部门主动严密地布置工作,严防破坏分子的捣乱,揭露和取缔敌伪反对派的阴谋活动；

六、各地动员逃亡或逾假不归的战士归队,也是今冬动员参军工作的一个组成部分,望遵照本署颁发之"动员潜逃及逾假不归战士归队暂行办法"去进行,并作为经常工作之一；

七、通过扩军参军工作,继续进行健全基层政权中各种委员会的工作,通过区乡代表大会,去讨论本区本乡的参军工作,行政委员会去指导扩军工作,通过优抗委员会,去进行对抗属的优待工作,通过教育委员会去进行拥军参军的宣传工作,通过锄奸委员会去进行取缔一切破坏扩军参军的反动阴谋活动等以活跃各种委员会,培养基层政府的民主作风,对于个别进行扩军工作不力的行动人员必须给予必要的纪律制裁和适当的调整,对于扩军有功的行动人员可由各地区呈报本署加以奖励和表扬,使我们的政府能做扩军参军的工作报告,而又能通过扩军参军把我们政权的民主建设工作向前推进一步；

八、扩军所需的费用(如办公、招待、路费等)由各级扩委会参委会造出预算,各县县长核准签字后送本署核发。

主　任　刘瑞龙
副主任　陈荫南
(《拂晓报》1943.10.26)

参军运动宣传大纲

一、参加新四军保卫淮北,保卫家乡

(一)我们中国现拥有两条道路:一条是共产党毛泽东同志领导着我们的这条路走向民族独立、民权自由、民生幸福。反对帝国主义,肃清封建势力。实行抗日民族统一战线,建立三三制的民主政权。坚持抗战,反对投降。坚持团结,反对分裂。坚持进步,反对倒退。一直到驱逐日本帝国主义出中国。全国各阶层、各民族都要有人权、政权、财权,都要有说话的机会。都要有饭吃、有衣穿、有事做、有书读。这是新民主主义的新中国道路。一条是蒋介石和国民党反动派领导着的。这条路实行对外民族屈服,对内专制压迫,苛捐杂税,贪污浪费,保存封建势力。"宁赠友邦,勿与家奴。""一个党、一个主义、一个领袖。"建立大地主大资产阶级清一色的一党专政。个人独裁。准备投降,制造摩擦,反对进步。只为少数人享乐,使绝大多数的人民都处于人权、政权、财权毫无保障的惨状。都没有说话的自由。都要受饥寒、失业、愚昧、虐待等痛苦。民不聊生,流离失所。使中国变成朝鲜、泰国第二。

我们老百姓为了国家民族和自己的利益,定要走共产党毛泽东同志的道路,同时更要用群众的力量,特别是坚强的武装力量,为保护和完全实现这条道路而奋斗。因此也就要坚决拥护共产党领导的新四军,加强和充实人民的武装新四军,并且要大家去参军,大家拿起武器来！

(二)苏联红军已渡过聂伯河,意大利已经投降,希特勒眼看也就要垮台,最后剩下一个日本法西斯,也快存在不住了,但是要坚持根据地,坚持敌后今后更艰苦的斗争,准备迎接反攻和争取抗战胜利的局面,就需要人人踊跃参加新四军,充实主力,加强作战力量。

（三）谁都明白，没有新四军就没有抗日民主根据地，没有抗日民主根据地，也就没有今天的好日子过。单就淮北边区来说，五年前，老百姓受尽了日本汉奸土匪的烧杀奸淫，幸亏新四军来了，才建立了抗日政权，老百姓能开会讲理了，也能选出自己人当乡长了，实行了减租减息，低利借贷，生产救荒，挖河、筑堤，保护了大家的生命财产，这一切完全都是由于新四军的功劳。

新四军是老百姓的队伍，是大众自己的革命武装。我们为了保卫边区，保卫自己的祖产家业，保卫自己的已得利益，就应当参加和掌握自己的队伍，革命队伍越是壮大，革命的胜利也就越有把握。

二、参加新四军是最光荣的

（一）新四军是抗日最坚决最有功劳的队伍，是全中国最好的队伍，他不但受到了全中国人民的爱戴，在全世界也是顶有名的，国民党反动派永远取消不了，日寇汉奸也永远消灭不了。单说新四军第四师，五年来作战三千一百九十七次，毙伤敌伪一万四千九百七十六人，俘虏敌伪一万四千五百八十八人，其他的马匹弹药枪支是数不清的，像这样一个英勇善战的军队，可说是中国最好的国军，也是最有光明前途的军队，所以参加新四军是最光荣的，也是最有前途的。

（二）在我们抗日根据地里，人人都这样说："好铁要打钉，好男要当兵。""吃菜要吃白菜心，当兵要当新四军。"连路西人民和敌伪区人民都称赞"新四军是天下文明第一军"。大家看看，这么一个到处受人尊敬的新四军谁能参加进去，谁也就受人尊敬！

（三）新四军是人民抗日武装，也是工农革命武装，只有工农中最优秀的青年，最有政治觉悟的人，才能自动的参加新四军，才是中华民族的好男儿。我们这次参军运动，不要那些不好的人，要的是年纪轻，体格好，生活勤苦，来历清白的人，要大家自动参加，不强迫，不许欺骗，不许收买。

三、参加新四军有很多好处

（一）参加新四军就是抗日民族英雄——中国抗战已有六七年了，眼看日本就要失败，中国就要胜利，新四军是英勇抗战的模范，凡参加新四军的人也就是一位抗日民族英雄。

（二）新四军是一个革命家庭——新四军与伪军反共军不同，新四军里官兵平等，老战士爱护新战士，吃穿都一样，一年四季，春天发两套单衣，夏天发一套衬衣，冬天发棉军衣、棉背心，站岗出差大家轮流，三个月发一双鞋子，按月发零用钱、学习费，早上出操，上午上军事课、政治课，下午学认字、读报纸、学唱歌、做游戏，在一周或一月中还开同乐会一次，大家在一块说笑话，讲故事，唱歌，演戏，你要办好了一件工作，就把你的名字登报，大家都尊敬你，无论战士和战士，干部和战士，都团结亲爱像亲兄弟，有话大家讲，有点错误，也不准打人骂人，一个人在家过好日子亦不定有这样快乐，所以新四军是一个革命家庭。

（三）参加新四军可以读书识字——新四军是大众自己的武装，因此参加了新四军不但会使我们做一位抗日民族英雄，还要使我们大家学得文武双全，要是一个大老粗，过去因生活艰苦无法上学，参加新四军不上两年，就学得能写会算，要是一个受压迫、受剥削、受穷苦的人，参加了新四军就是光荣的新四军同志，懂得的道理多起来，本事也强起来，邻里亲友哪有不尊敬的。

（四）政府优待抗日军人家属——在我们边区各区乡都成立了优抗委员会，专门负责优抗工作，并规定了"解决抗属缺乏或没有耕田的困难"、"调查公地学田"、"好的公荒"、"本族祠堂地"及"优抗委员会向地主或富裕的佃户说服让租一部土地佃给贫苦抗属"等办法，实行固定代耕制度，帮助贫苦抗属借麦种，谁要参加了主力部队，家属生活贫苦的，主力部队每年每户发给公粮一石，此外合作社卖的货物，抗属有优先权，过年过节军队政府还请抗属去吃饭，这一些措施，都是因为他家有了光荣的抗日军人，家属也就成为光荣的抗日军人家属了。

（五）参加新四军是工农最好的出路——我们工农劳苦大众，一年苦到头，受尽了穷苦艰难，日晒，霜打，风里来，雨里去，辛辛苦苦地做工种田，而所收到的东西，还不够吃穿的，这日子能一辈子就过下去吗？不行，大家要生活好起来，只有武装起来干革命。可是我们大众不能盲目地去当兵，要是干上了维持会，就会几辈子都被众人骂你是个汉奸，要是参加了反共军，那就是丢下了大众和自己的利益，变成了大地主大资产阶级的走狗，来压迫全国最大多数的自己人了。因此我们大众，要认清了新四军是真正的大众革命武装，只有参加了新四军，才是我们大众最好的出路！

四、动员一切力量掀起人民参军热潮

（一）工救会员农救会员，青救会员，要做参军模范——最近几天，路西来了一位张凤歧先生，送他的两个儿子来参加新四军，因为路西反共军在那边横征暴敛，每保每月要抽八个壮丁，保长就拿两万块钱，要买他的两个儿子去当壮丁，他不愿意，保长就派人抓，于是他就带着儿子，连夜过路东来了，他说："我是受穷的人，我的儿子不能去当反共军，儿子送到自己的队伍我放心，不受气，又能学习，打走了日本，我也是光荣的！"像这位深明大义的张凤歧先生，在我淮北边区，也一定大有人在，值此全边区动员一切力量，掀起参军热潮的时候，我们最优秀最进步的工农青救会员要争当参军模范，好的妇救会员要劝夫从军、劝夫归队，好的儿童团员要欢送父亲去当兵，以便造成很多光荣的"妻子送郎上战场，母亲叫儿打东洋"的参军模范。

（二）凡是应当归队的战士，无论现在做什么工作，我们也要好好地去说服，欢送他归还主力去，这就是壮大主力巩固主力最好的拥军模范。

（三）各驻军各群众团体，要协同政府，把动员参军的热潮，广泛深入地推动起来，到处组织宣传队，开大会，写标语，唱歌，演戏等发动起人人宣传家家动员的参军热潮。

（四）无论参军与归队者，政府与群众团体都要打锣敲鼓欢送，军队里也要召开很热烈的欢迎会，战士进入主力后，对家属当地各方要派员慰问，并代写信给战士，告知家庭

情形,使新战士安心抗日,军队里也要帮助新战士写家信,讲述参军后之愉快生活,使家属安心过日子,这样不但能巩固新战士,更能继续广泛地开展参军运动。

（五）随时随地防止反动分子造谣破坏——在这次参军运动中,可能有个别反动分子造谣破坏,说什么"新四军要开走的"等,这完全是胡说八道,新四军四师是淮北人民的子弟兵,有淮北在就有新四军在,新四军是永远保卫淮北人民的武装。凡是淮北人民,凡是要打日本保家乡的人,必须人人负责捉拿奸细敌探,反对造谣欺骗破坏抗战的罪恶行为,勇敢地去参加新四军。

五、标语口号

一、新四军是工农自己的武装。
二、新四军是人民利益的保卫者。
三、新四军是抗战有功中外有名的国军,参加国军打日本。
四、没有新四军就没有抗日民主根据地。
五、参加新四军做一个抗日民族英雄。
六、参加主力是最光荣的革命军人。
七、优待抗日军人家属,认真实行代耕制度。
八、抗属是光荣的大家要尊敬他帮助他。
九、农救会员青救会员要做参军的模范。
十、母亲叫儿打东洋,妻子送郎上战场。
十一、实行人人宣传家家动员,欢送老战士归家。
十二、防止汉奸反动派的造谣欺骗破坏参军运动。
十三、壮大新四军的力量,保卫我们的家乡。
十四、进步的工人农民要参加新四军去。
十五、参加新四军是工农最好的出路。
十六、参加新四军打退反共派的进攻。
十七、参加新四军,粉碎敌人的扫荡。
十八、参加新四军保卫抗日民主根据地。
十九、团结在毛泽东旗帜下,实现新民主主义。
二十、毛泽东同志是中国人民的救星,我们要跟着毛泽东同志前进。
二十一、拥护中国共产党。
二十二、拥护保国爱民的新四军。

（《拂晓报》1943.11.01）

共产党员到军队中来

边区党及行政公署所号召的扩军运动,不过半月即造成热潮,各县区乡对于扩军、参军、动员和社会舆论，显然已达蓬勃景象，给予吾人以必然胜利的坚强信念。这首先证明着是党数年来领导边区斗争之成绩的表现，证明着全党党员在此次扩军中的先锋模范作用。如半城区原计划扩军六十名，而本月一日至六日的六天之中即动员三十四名之多，超过了半数，其中工会会员十九名，农会会员九名，学生两名，干部四名，合计共产党员八名，做到党员占百分之二十的规定，这是扩军胜利的征兆，这是党员领导扩军胜利的征兆！

然而，胜利不是"坐待"所能得到的，不是抽象的乐观所能得到的，它必须有待于主观上努力去"争取"，去克服困难，去实事求是，去严重估计扩军中之各种阻碍以打破阻碍，而始能获得最后胜利，"谁笑在最后，谁才是最会笑的人"，那笑在最先的，继之而来的将是"哭"，将是悲观失望。这就警惕了我们——首先是共产党人，不为初步的些微的胜利而沾沾自喜，而应怀着戒慎恐惧之心，以狮子搏兔之力，推动、领导并以身作则来完成扩军计划，这是每一个共产党员的责任和义务！

如何来以身作则呢？

以身作则，首先是而且最重要的是共产党员亲自参加军队，勇敢地参加军队，做新战士和新四军的骨干。党领导抗战领导革命，是要靠千百万个党员去进行的，否则，党只是一个空洞的名词，毫无具体内容。毛泽东同志说："中国革命的特点是武装的人民反对武装的反革命"，没有武装，没有武装斗争，革命是决不会成功的。苏皖边区如没有武装，没有武装斗争，边区也决不会生长、存在和壮大的，没有武装，没有武装斗争，共产党员和广大人民的身家性命财产是决不会有保障的。因此，党领导边区，领导边区斗争，则武装斗争是第一等重大任务，党中央最近所号召的十大政策，即将"对敌斗争"——即武装斗争列为第一位，这是边区军民、边区共产党人生死存亡有关的大任务，是每一共产党员所首先坚决执行的大任务。"人往大处看，鸟往高处飞"，最好的共产党员到军队中来！最坚强的共产党员到新四军来！掌握武装，领导武装，进行武装斗争，做一个光荣的民族的最前线的布尔塞维克英雄！

以身作则是自己参军而又带领别人参军，拿自己的模范行动勇敢精神，去影响，去推动，去劝解，去说服，去鼓吹，去带领你的邻舍，你的亲戚，你的朋友，你的兄弟，你的哥哥，你的同学，你的同事，你的同行，你的同志。大家去参军，成群结队，成千成百，纷纷扬扬，轰轰烈烈，狂风暴雨般地涌进军营中去！每一个共产党员都是群众的领袖，你自己先进，也要带领你的群众先进，你自己勇敢，也要鼓动你的群众勇敢！"舍不得孩子捉不到狼"、"万事莫如亲下手"，新四军为国为民，大忠大孝。身为新四军一名战士，顶天立地，光荣尊贵，"家贫出孝子，国乱显忠臣"，共产党员，仁人义士，对新四军——共产党的武装！这一个尊贵的称号，大家必须抱定"百闻不如一见，百见不如一干"的实践精神，到军队中来！

以身作则是共产党员在自己参军并领导别人参军中，及时地恰当地去对那些疑神疑鬼以致缩头缩脑的人，解释他们的疑虑，揭破反动派的谣言。告诉他们：新四军是在华中生长起来的，是不会开远的，第四师是淮北人民的子弟，是不会远离淮北的。当了新四军,家中有政府优待,邻居照管,可以放一百个心。军队数量加多,则收复失地亦广,人民负担亦会减轻,而且部队多了,使淮北边区更加巩固,使淮北人民日子过得更好。军队中是有纪律的,但共产党领导的军队,是官兵一致、兵民一致,经济上政治上是一律平等的,没有压迫,没有打骂,没有剥削,是一个亲爱团结的大家庭。至于以身许国,流血可以流芳千古,名垂青史,何况新四军八路军实行的是毛泽东战略战术思想,以小的牺牲获得大的胜利,这是一种"软索套猛虎"战术,人生一世,草木一春,民族英雄,抗敌好汉,应该站在最前线!

同志们,亲爱的共产党员同志们,边区扩军之胜利与否,决定于你们,决定于你们自己参加与不参加,决定于你们自己参加是否还带领更多的人参加,决定于你们是否善于解释疑虑揭破谣言,并以自己的实际行动去证明它,总之,决定于你是否能够以身作则为人榜样。

同志们,亲爱的同志们,以自己的实际行动,响应党的号召!以自己的模范,响应政府的号召!完成扩军任务!我们的岗位在军队中,我们的岗位在最前线!

最好的共产党员到军队中来!

(《拂晓报》1943.11.16)

边区党政军民六千人欢庆苏联十月革命节
——学习苏联革命精神保卫边区努力生产

(本社讯)淮北各界十月革命节纪念大会,因雨延期至十一日下午在某地举行。共到新四军第四师直属队、淮北行署、区党委、边参会、总联救等机关团体及驻地民众六千余人。会场上彩旗飞扬,锣鼓喧天,欢声洋溢!大会首先全体起立向革命导师列宁、斯大林、毛泽东暨苏联红军鼓掌致敬,当即通过斯大林、莫洛托夫、加里宁、伏罗希洛夫、罗斯福、丘吉尔、毛泽东、朱德、陈毅、饶漱石为大会名誉主席团,继通过彭雪枫、刘瑞龙、吴芝圃、任通甫、田丰、赵敏、王修祥为大会主席团。次由师政治部吴主任报告开会意义,谓:"苏联在十月革命成功后,经过二十多年的建设,在全世界上建立了一个没有人压迫人,人剥削人的平等、自由、幸福的国家。"吴主任接着从分析苏联在反法西斯战争中的地位和功绩,说明:"苏联是全人类的救星,未来世界的前途须依靠苏联来决定。"苏联制胜的原因是什么呢?吴主任说:"苏联之所以胜利:第一,是由于苏联共产党和斯大林的领导。第二,是依靠红军的英勇战斗。第三,是因为有广大工农群众精诚团结的力量作为政府和红军的后盾。"因此,主任号召:"在今天为苏联国家祝寿之时,淮北边区军民应坚决拥护共产党的路线与毛泽东同志的领导,军队要积极作战像红军一样英勇地保卫边区,人民要积极生产,踊跃参军,像苏联人民一样的帮助军队和政府。如是,则日寇必败,中国定可建立像苏联一样强大幸福的国家。"彭师长在讲话时,流露了十分喜悦,他说:"希特勒德国率领欧洲十四个国家的兵力和武器进攻苏联,仅在二十七个月中间便被苏联打垮,不久,将要被赶出苏联国境以外去。"彭师长在报告苏德作战经过及红军伟大战果以后,说明:"红军力量已无比强大,仅在今夏七月五号以来,南线红军于追击敌人中,便前进了两千六百里;现在红军距离国界亦不过八九百里。今后作战地带对于日益溃灭的德军更为不利,而红军日益强大,加上第二战场之即将开辟,则在今年年底把德军打出苏联是有很大可能的。"继之,彭师长讲述了莫斯科三国会议的重要意义,谓"该会议的成功有三点:解决了提早击败希特勒、缩短战争时间的问题——即将开辟第二战场的问题,使希特勒过去双手打苏联,即不免于打败仗,如今又要分出一只手去打英美,则将更要打败仗;解决了战后世界和平建设的问题,在世界上建立民族独立、民主自由、民生幸福的国家,有反法西斯各党派参加,有人民大众代表参加的国家政府,不要战争要和平,不要独裁要民主,不要一人享福万人受罪,要有福大家享,有饭大家吃,有衣大家穿,有学大家上,有书大家读,有工大家做的国家;解决了对战败国——法西斯国家的处理问题。总之三国会议的精神,在于彻底打倒法西斯,建立民主自由的新世界。"最后,彭师长指出纪念十月革命节应完成的任务:在军队方面,应该学习苏联红军不怕劳苦、不怕危险、不怕流血、不怕敌人的精神,爱护老百姓,坚决服从命令,在战争当中来加紧学习军事政治和技术;在老百姓方面,应该学习苏联人民的精神,帮助军队打仗、踊跃参军、努力生产、进行锄奸反特务运动、实行共产党的办法与接受共产党的领导。行署刘主任讲话谓:"苏联十月革命给了中国老百姓以很好的榜样,我们应该学习苏联革命的经验,学习苏联建国的经验,学习苏联抗战的经验,打败日寇建立新民主主义新中国。目前并应以完成扩军与提高生产来纪念十月革命。"四师参议七十老人田丰先生则以其切身经历详述革命战争之重要,鼓励到会群众大家动员子弟参加新四军抗日保家乡。当夜并由四师文艺工作团举行游艺云。

(《拂晓报》1943.11.16)

边区扩军委员会关于目前扩军工作的指示

一、在二十天来的扩军运动中,边区各县由于深入的政治动员,与细密的组织工作及党员干部的模范参军行动,已经普遍的造成扩军参军热潮,尤以泗南为最蓬勃,目前已经完成了任务,而其他各县,有的完成了任务三分之二(泗宿),有的完成了任务的二分之一(泗五灵凤),有的完成了任务三分之一(泗阳),其他各县也都有完成任务的胜利信心。然而根据各县的报告当中,在动员的方法上,仍然有许多值得改进的地方:首先是个人突击与组织推动,有些地方仍不能有机地配合,以致互相牵制,分散力量,不能收相辅而行、互相推动之效,各地应根据泗南的经验,密切注意这一问题,迅速使组织动员与个人突击协同一致,以便收到工作之实效。第二,有些地方,只动员干部,而没有通过干部在群众中进行深入的动员,结果只是少数干部孤军深入,广大群众则没有造成参军热潮,东碰西钻,甚少成就,最后则被困难压头,情绪低落,参军热潮也不容易掀起来。因此,我们不仅要在干部中进行深入的动员,而且还要在各乡各村各庄的群众中特别是群众团体中进行深入的政治动员,提高群众对参军的认识,在各村中有计划地找对象,有计划地去说服,运用各方面的力量与关系,来说服与动员对象及其家属,才能得到良好的成绩。第三,有些地方仍然还有收买与强迫动员的现象,如说你只要去当兵,要多少粮给多少粮;如难民不去当兵,则不让住房子,强逼难民去当兵等;这种违反政策的严重现象,收买欺骗强迫的动员方法,应当立即彻底纠正,不然对深入的政治动员与掀起参军热潮及将来巩固新战士,要受到很大障碍。还有把主要扩军对象放在逃亡战士身上或外来难民身上,而没有放在广大工农群众及党与群众团体的干部、党员、会员身上,这样将会遇到更大更多的困难,而不会完成任务,因此,也应当迅速将扩军对象的方向扭转过来。第四,有些地方,则只动员群众参军,而不、或不敢在干部中动员,或党员干部,只动员群众参军,而自己却畏首畏尾,裹足不前,大大地影响了群众的参军情绪。泗南的经验告诉我们,党员干部参军的先锋模范作用,对于完成扩军任务是起着决定作用,因此,各地必须在党员干部中首先进行深入的政治动员,只有党员干部挺身而出,群众才能接踵而来,而我们新的干部也会应运而生,那种害怕干部当兵去了,影响地方工作的顾虑,是不正确的。

只要我们在扩军动员的方法上,及时加以改进,掀起热潮,巩固热潮,掌握热潮,注意政策,干部推动,完成任务是并不困难的,按泗南的情形看来,不仅可以完成,而且有充分的把握可以超过,后来者居上,其他各县自然也会充满胜利与超过的希望。因此,我们提出全边区一般的都要超过百分之二十的任务,最低限度也得超过百分之十,我们说无论客观上与主观上,我们都有这样的条件,只要我们再接再厉,继续深入动员,是不难达到这样的程度的。同时我们还要抓紧时间,至迟要在十二月十五日前,整个的胜利的完成任务,两个月的任务一个半月完成,以期顺利地转入另一个工作中心。

二、关于动员逾假不归战士问题,在扩军参军的热潮中,首先运用党与群众团体的组织,进行深入的说服教育,帮助其解决各种困难,动员其归队,如果不成,然后才用行政力量,动员其归队,如有用行政力量而仍逃避不归队者,则以社会舆论制裁,号召大家对他批评,使他感到个人孤立,无脸在家蹲,最后还是重归部队中去。逾假不归战士,只要归到部队中去,不一定完全要归他原来的部队,到哪一部队都可,原来部队即不必再事追究,以免他重回老部队感到不好意思。

三、关于接受新兵问题,各新兵招待所,不应过分挑剔,以致影响群众参军情绪,只要年龄在十八岁以上,三十五岁以下,来历明,无恶疾,身体健康者,皆应接收,即便是有些真不合格的,需要洗刷者,亦要经过团首长来决定,各招待所不得任意洗刷不收,但各地在扩军当中,选择对象时,则应严格注意"三不四要"原则,不要在不合原则的映象上枉费心机,徒劳无功。

四、切实优待抗属,反对把扩军与优抗分开的阶段论,也反对扩军时只是口头上的优抗,或不彻底的应付式的优抗,完成任务后,便又把优抗工作放到脑后,不再过问抗属的问题,也不再去解决他们的困难,这样就大大影响了新战士的巩固与整个部队的巩固,须知,党、政府及群众团体,应对抗属负完全的责任,不但在扩军时解决抗属的困难,而且应经常的对抗属负责,按照政府优抗条例,切实予以优待,不但要帮助抗属固定代耕,还要尽可能地帮助没有土地的抗属代租耕地,以便一劳永逸的把抗属的问题彻底的解决。而各乡之优抗委员会,应具体分工,每一个委员固定负责几个抗属,经常的帮助这几个抗属解决问题。党政军民各级干部,走到哪里,首先要找抗属谈话,慰问抗属,了解他们的困难,以便有效地帮助他们解决,并教育抗属努力生产,奉公守法,在抗日民主政府下作一个模范的公民。

要使扩军工作与生产运动及群众生活联系起来,如纺纱织布,减租退租(某些地方尚有山芋对半分者应随粮照减、已交者应退回),调剂粮价(某些地区粮价太低布价太高)等,应同时发动群众起来解决之。在解决这些问题的过程中去发动群众的积极性,更便于组织群众的参军热潮,不要因为扩军把这些工作都搁在一边,把中心工作孤立起来,这是不能完成扩军任务的。

五、各级扩军委员会,接此指示后,加紧督促检查,切实帮助下面工作,迅速纠正工作中的偏向,掌握正在发展中的扩军参军热潮,巩固这一热潮,以期能于十二月十五日以前,完成超过原订计划百分之二十之任务,并随时将工作中的经验报告上来。

(《拂晓报》1943.11.26)

爱护民兵

没有主力,不能坚持根据地,没有民兵,坚持根据地也非常困难。目前我们要加强对敌斗争观念。我们不能忘掉:民兵观念不强,也是对敌斗争观念不强的一种表现。

过去我们看到晋西北八专署普遍发动爱护民兵运动的消息(九月二十五日本报),现在又看到射一区爱护民兵运动的消息,我们想这些消息会引起广泛的注意,特别是靠近敌据点的地区和边缘地区人民的注意。有很多地方,人民和政府对民兵的照顾还很不够;农忙时期代耕问题,家庭生活救济问题,伤亡时的抚恤问题等,往往都不是很有计划地进行。这种现象应该改善。这方面不下工夫,整理民兵,教育民兵就难有大的成效。

爱护民兵是当地全体人民的义不容辞的责任。在拥军运动中,爱护民兵的运动也有它应有的地位。

(《盐阜报》1943.11.27)

加强民兵破坏敌人"扫荡"

四师及军区司令部政治部和行政公署所出之"战斗动员准备反扫荡"的布告,明确提示目前全边区人民首先是民兵之站岗放哨,破路挖沟,实行藏粮,整顿民兵,普遍演习,进行战斗的六大任务,是今冬我党政军民学各界以冬防为中心并将其摆在首位的冬防冬学冬耕的"三冬运动"的最重要工作,是本月中旬扩军运动结束之后的第二步工作任务,是党、政府、主力、学校、民众团体所共同参加共同领导的工作任务。

根据往年的经验,敌寇多半是首先"扫荡"晋察冀、太行山,再及于鲁西南、鲁中、鲁南,而后即波及于华中之淮海及淮北,前年如此,去年如此,今年虽不敢判断其必如此,但十一月间在鲁中之清河区确在继晋察冀及太行山之后而"扫荡",而近日则已转入于鲁南之沂蒙区了。我淮北边区周围之敌实行其所谓"治安肃正"计划已两个月,宿迁且置重兵,敌酋村上旅团长即常川驻宿,徐州城又时闻增兵情报,则敌之将于今冬向我大举"扫荡",似将不可避免。

淮北边区今年得以粗安十一个月之久,客观环境造成了我们主观上的太平观念,本报于八月三十一日"准备战斗"的社论中,曾对患有"太平观念癖"的人们加以警告,并提出各种具体的战斗准备,但迄未闻有若何讨论与具体布置,其太平观念则依然根深蒂固!

去冬三十三天反扫荡的艰苦经验,应警醒我们必须事先做充分准备,不要临时而手忙脚乱,一年来主力部队精兵简政之后的两期有计划整训,普遍的反军阀主义斗争,整风运动中之时事教育,的确在部队的巩固、士气、军事技术、政治认识上大大前进了一步,加以此次扩军运动的完满成功,部队更为充实,可以得到经常满员的程度,地方武装亦有同性质的进步。倘敌人即有如去冬三十三天"扫荡"之同样规模,我军亦必能击破之,且将较去冬的反扫荡胜利更大,但敌人越是作最后地挣扎,则其毁灭性地"扫荡"亦必越为残酷,越为花样百出,故吾人势必满怀"戒慎"之心,妥为应付,而今日之关键,则为民兵自卫队之整顿与加强。

(《拂晓报》1943.12.06)

拥军优抗宣传大纲

一、没有共产党领导的新四军,就没有盐阜抗日民主根据地。

(一)新四军三年来,击退敌伪,肃清土匪,实行民主,才创造了盐阜根据地,才使我们人民过着安乐的生活。

(二)如果没有新四军,则敌伪横行,沦为兽域,不但土匪如毛,而且在敌伪种种蹂躏下,人民生活悲惨不堪,拿我们根据地人民的生活和伪化区人民生活一比较,便可明了。

(三)如果顽固派仍旧在此,他们既不积极抗日,更不实行民主,种种苛捐杂税,强租勒索,命令压迫,也把老百姓弄得民不聊生,我们拿过去韩德勤地区的人民生活一比较,也不难明了。

二、没有新四军三师部队,就没有反扫荡反蚕食的胜利,就没有盐阜根据地的坚持。

(一)新四军三师过去一年的战绩:

1. 反扫荡胜利中的反击,如单港、陈集、八滩、钦工、刘老庄和高作等著名战斗。

2. 在保卫丰收中,在淮海区发动了夏季攻势,收复了三十多个据点。

3. 在反蚕食反治安肃正战斗中,打垮了敌人的阴谋,拿下了陈师庵、浅上集、老张集、大新庄、大程集、李圩等据点,保卫了涟东和淮涟。

4. 在讨逆战斗中,击溃了祸国殃民自称中央正统派的伪军徐逆继泰部五个支队,收复了三套,六套,七套,八套,小尖子,百禄沟,王集,并一度攻入响水口,最近又收复了东坎,东夏庄,楼夏庄,划船港,解放了十余万人民,使他们重见天日。

(二)新四军三师一年来的战果总计:作战二千九百六十次,平均每天打八次仗。杀伤和杀死敌伪军一万一千三百四十四名。俘虏敌伪军七千四百二十八名,克复据点一百二十七处,缴获步枪七千八百十六支,轻机枪一百零四挺,重机枪十六挺,迫击炮四门,还有很多子弹。

（三）没有新四军三师反扫荡,反蚕食,反伪化,反治安肃正,反抢粮,及保卫收获和耕种的胜利,就没有今天的根据地和今年的丰收,人民也就没有安稳的生活。

三、新四军是人民的武装,不仅抗战期内保卫我们人民的利益,抗战胜利后,将是保卫中国战后和平建设,保卫人民利益,保卫新民主主义新中国的一支铁军。

（一）新四军在抗战期内,他要做两件事:第一是抗日,第二是保卫民主政权。他是代表各抗日阶级人民的利益,为多数人谋利益的,不是代表少数人或一党一己私利的,这和别的军队不同。所以他在目前是坚决抗日、坚决保护我们老百姓利益的。

（二）新四军在驱逐日本强盗出境,完成抗日胜利,祖国独立解放之后,则保卫国内的和平建设,卫护人民利益,要使劳苦人民都得到幸福。所以他始终是站在我们老百姓这一面,是我们自己的一支铁军。有他在,不仅抗日胜利有保证,将来过幸福的日子也有保证。

（三）新四军里的生活,官兵自由平等,大家学习,大家生产,大家快快活活,个个都是自愿为革命而来的革命战士。

（四）拿只为一党一己之私或为个人升官发财,军队里官兵生活不平等,纪律败坏,专门欺负人民的国民党中央军及其他军队来比较一下看,究竟哪个军队,才是真正为国为民,真正为我们老百姓自己的军队。

四、现在是胜利在望的时候,我们要坚持今天的斗争,迎接未来的反攻胜利,必须使我们的武装力量更壮大起来。

（一）经过苏联红军夏季攻势的伟大胜利和最近发动的第三度冬季攻势以来,法西斯头子的德国,已节节败退,红军已打过旧国界。

（二）在红军伟大胜利的基础上,召开了莫斯科三国会议,接着斯、罗、丘又在德黑兰举行会议,苏美英三国家团结了,欧洲第二条战线快建立了。德国将遭受东南西三面围攻,覆亡在即。法西斯头子一打倒,日寇就不长久。

（三）我们不仅在军事上战胜法西斯,在政治上也战胜法西斯,苏英美三国两次会议,共同为彻底消灭法西斯主义,保卫民主共和国的宣言,各种条约,协定,以及南斯拉夫临时政府的成立,意大利门多格别奥政府的局部改组,法国民族解放委员会吸收共产党员参加,排斥反动分子。所有这些,都证明今后世界上的领导方向,不属于任何反动派,而属于社会主义和新民主主义。

（四）现在的法西斯国家和法西斯政治,将要垮台,我们抗日和实行新民主主义政治,越接近胜利的时候:

1. 狗急要跳墙,日本强盗眼看失败在即,自要垂死挣扎。因此,今后扫荡与蚕食必更频繁,我们对敌斗争必更剧烈,要坚持敌后的斗争胜利,渡过黎明前的黑暗,才能争取抗日的最后胜利。

2. 我们要准备力量,积极反攻。

3. 要坚持对敌斗争,要准备反攻,要使民主政治更普遍,就要使自己的军队,更壮大起来,自己的军队越牢固,越壮大,我们人民就越有希望,越有依靠。

五、春节拥军优抗:

(一)春节拥军优抗工作,就是巩固与壮大自己军队的重要工作。

(二)在旧历过年的时候,我们要举行拥军,如尊重军人,发动慰劳,举行军民联欢大会,劝每个人民爱护帮助自己的军队,坚决执行政府规定的拥军公约等。

(三)优待抗日军人家属,在旧历新年前发动救济贫苦抗属,慰劳抗属,元旦向抗属拜年,请抗属吃饭,尊敬抗属,并坚定执行政府所规定的优待抗属条例,如组织代耕、代割、代种队等等,来巩固自己的军队。

(四)动员逃兵归队,劝大家参加新四军,来壮大自家的部队。

六、我们的口号标语是:

(一)法西斯政治一定消灭!

(二)新民主主义政治一定胜利!

(三)三国会议后英美苏更团结了!

(四)战后的世界是民主自由的新世界!

(五)拥护我们的新四军!

(六)帮助新四军就是帮助自己!

(七)坚决执行拥军公约!

(八)新四军是老百姓的救星!

(九)新四军是自家人!

(十)新四军为国为人民我们要尊敬他!

(十一)让房子借东西给自家军队!

(十二)对自己军队买卖要公平!

(十三)帮助新四军杀敌!

(十四)保护伤病员!

(十五)为自己的军队带路送信守秘密!

(十六)代耕代割优待抗属!

(十七)配合部队作战救护伤兵!

(十八)大家参加新四军!

(十九)新四军是民族的救星!

(二十)参加新四军是光荣的!

(二十一)我们要尊敬抗属!

(二十二)抗战快要胜利大家加紧努力!

(二十三)军民团结起来,争取最后胜利!

(二十四)努力生产增强力量!

(二十五) 庆祝丰收要感谢新四军!
(二十六) 我们的自由和安宁是新四军保障的!
(二十七) 新四军越壮大,胜利越有保证!
(二十八) 新四军壮大,我们才有依靠!
(二十九) 新年要军民同乐!
(三十) 新四军万岁!

(《盐阜报》1944.01.19)

行政公署关于优抗工作指示

优抗工作是拥军工作里面顶要紧的工作。优抗工作搞好,战士就能够安心打仗。就是动员归队和扩军也都容易做了。所以在拥爱运动月,要把优抗工作,做好一个基础。优抗工作不是突击工作,是长期工作。也不能把优抗当做做好事救济,应该积极解决抗属困难,帮他能够生产自立。

要优抗工作搞好,最要有计划有组织。县区乡都成立优抗委员会。献田捐款和各种罚款,没收汉奸的财产,都交县优抗会通盘分配。最好能募优抗基金,经常帮助抗属。乡优抗会要办得好。

要向群众宣传,战士打仗是为大家的,优抗工作也该大家热心来做。学校里和各村各舍都要讲优抗道理。

要切实审查抗属资格,发优抗证。要组织抗属会。要特别注意救济贫苦抗属。要优待休养军人。行署规定每一抗属发大米六十斤,凭优抗证和乡级干部介绍信发。

(《盐阜大众》1944.01.25)

军民一家人

大家快快乐乐过了阳历年,现在又太太平平过着阴历年。大家心里要想想,这样的太平年,是哪个给我们过的?还不是老部队新四军么?我们从古没有看过新四军这样好的军队。许多地方,就因为没得这种好军队,吃苦。我们有了这种好军队,应当怎样爱护他啊!过去我们爱护是爱护的,总是不够。我们没有把优抗工作做好,这是顶不该的。战士拼生命保护我们,我们倒让他家里生活不得来,使他不能安心打仗,我们良心过得去么?军队不能顶着房子走,很多人让房子借东西总不大心愿。部队里人多,免不了有几个坏的,有的人就专讲坏的,不说好的,这都是不对的,应该改转来。

我们部队里的同志呢?我们该明白,我们当兵保卫老百姓,也是保卫自己,因为自己也是老百姓呀。我们新四军打仗好,全靠老百姓帮忙。老百姓欢喜我们新四军,就因为我们纪律好。不过有些同志,总还不脱军阀思想,老兵油子的脾气。老子有枪杆子在手,还怕什么呢?同志,你错了。我们的枪杆子是用来打敌人的,不是用来吓老百姓的。我们是老百姓的队伍。我们决不能动不动就说老百姓顽固,骂老百姓。有的骂了人、打了人,老百姓说新四军不准骂人打人,他还调皮地说:"新四军不骂人、不打人,是不骂好人、不打好人呀!"这是革命军人说的话么?我们有些同志,对地方政府人员也太看不起。要房要草,一点不如心,就发脾气。这也太不该呀!

总之,各方都有不对的地方。要严厉批评自己,不要两眼只看见人家的错处。人都有几分硬气的:你找我错处,我也会找你的错处;你待我好,我就待你更好。各方多责备自己,使军民真正成为一家人,好在今年更顺利地打鬼子和开展生产运动!

(《盐阜大众》1944.01.25)

新四军第三师苏北军区政治部 春节告苏北同胞书

亲爱的苏北父老兄弟姊妹们!

爆竹一声,春节又来到了。我们恭喜大家新年大发,万事如意!

我们新四军第三师到苏北已经三年多了,三年多的日子里,敌人从来对我们没有松过手,他用了上万的兵力向我们拼命地"扫荡","扫荡"硬来不行,又来慢的伪化、蚕食,然而不管他硬的、软的、快的、慢的,在我们军民团结之下总是一次一次的打破了。去年一年里我们打了两千九百六十一次仗(平均每天八次),敌人伪军被打死打伤的有一万一千三百四十四名,俘虏七千四百六十八名,克复据点一百二十七处。我们坚持了苏北抗战,保卫了苏北父老的身家安全。

我们所以报告这些战绩,并不是要来夸功自大,我们所以能得到这些胜利,首先要感谢苏北父老和抗日民主政府对我们的爱护和帮助!苏北父老兄弟姊妹们!八路军新四军是老百姓的队伍,老百姓是我们的母亲。你们把我们看成自己的亲子弟,是自己一家人,你们供给我们食粮柴草,你们替我们带路、送信、运输,你们组织民兵配合我们打仗,当敌人打到头上的时候,你们帮助我们侦察、掩护,你们保护我们的休养员和公家物资,好像自己的一样。你们是这样的爱护我们,我们才能得到这些胜利。我们永远忘不掉你们!我们一定不辜负你们的爱护!我们誓以自己的头颅鲜血为你们奋斗到底!

苏北父老兄弟姊妹们!我们是老百姓的队伍,爱护老百姓,拥护抗日民主政府,是我们的本色,我们一向是这样做。可是近来在许多地方,我们做得还很差,还有许多缺点,我们有些同志在脑筋里还有不对的想法,不爱护人民利益,滥请民伕,浪费粮、草、公物,对老百姓态度不好,对政府人员尊重不够,对政府法令没有很好地执行……这些缺点我们许多同志都是犯了的。现在,我们已经下决心要改正这许多缺点,我们今后要加倍拥护政府,爱护老百姓。我们现在正开展这个运动——拥政爱民运动。我们要坚决做到新四军军部定的拥政爱民公约:

一、彻底执行政府法令。

二、保护政府、帮助政府、尊重政府。

三、爱护根据地,不浪费一粒公粮一根公草。

四、借物送还,失物赔偿,态度要和睦。

五、帮助群众团体,保护群众团体。

六、帮助人民耕作和收割。

七、帮助人民进行清洁卫生和文化教育运动。

八、帮助民兵自卫队。

九、尊重民情风俗。

十、进行宣传调查,倾听人民意见。

我们要坚决做到我们的传统——三大纪律十项注意。

三大纪律:

一、服从抗日救国十大纲领。

二、服从命令听指挥。

三、不侵犯群众一针一线。

十项注意:

一、上门板、捆禾草。

二、房子扫干净。

三、进出要宣传。

四、说话要和气。

五、买卖要公平。

六、借物要送还。

七、损失要赔钱。

八、大便找厕所。

九、洗澡避女人。

十、不杀俘虏,不搜俘虏腰包。

我们已经定下许多规则:三十里路以内自己运粮草,以便少请民伕,节省民力。自己种地种菜,供给部分菜金,减轻老百姓的负担等等办法,这些我们都已经着手做了,同时我们还要请你们帮助监督我们执行。一个人常常见不到自己的缺点,因此,我们队伍里有哪些没有做到的,有哪些缺点,请你们不客气的告诉我们,督促我们。好把缺点治好,使军政民更好地团结起来。

亲爱的父老兄弟姊妹们!抗战胜利的日子已经不远了,但是在总反攻之前,敌人必然要更加千方百计来破坏我们,让我们更紧地团结起来吧!八路军新四军的命和老百姓的命是连在一起的。有了你们就有我们,有了我们就有你们!团结得好,我们就能胜利!分散下来,我们就要失败!让我们手握着手,心合着心奋斗下去吧!胜利一定是我们的。

祝你们

新年健康!快乐!

(《盐阜报》1944.01.31)

党政军民协力一致努力完成春季参军任务

向 明

我们是处在伟大的抗日民族解放战争的时代里,我们的抗日民主根据地是处在敌后斗争的环境中,我们敌后的军民是站在保卫祖国的最前线上。在这样的时代里,在这样的环境中,什么事情是我们生活中最重要的事情呢?什么事情是决定我们国家民族的存亡的呢?什么事情是决定我们抗日民主根据地的坚持的呢?是战争,是武装斗争。在这战争与武装斗争决定一切的条件下,什么东西是最重要的?什么东西应当摆在我们的最前面呢?"第一是武装;第二也是武装;第三也还是武装。"(引斯大林同志语)

我们之所以提出"武装第一"、"武装斗争决定一切"的口号,并不是只相信枪杆子的"唯武器论"或"唯武力主义"(亦即军阀主义),并不是说可以取消根据地的建设工作,可以忽视根据地党政民的工作。并不是说,武装斗争可以不服从于政治斗争的任务,武装可以脱离群众,武装可以与政权对立,武装可以离开党的领导。我们的革命武装——八路军新四军,是共产党领导的武装;是在群众中生长壮大起来,而与群众密切联系着的武装;是从敌人的铁蹄下收复了国土帮助建立了抗日民主政权,而又拥护抗日民主政权的武装。我们党所领导的八路军新四军,是历史上从未有过的拥政爱民的革命武装;是保卫根据地建设,保卫根据地人民利益的武装;是为了保卫根据地与保卫人民的利益,而与敌伪进行英勇搏斗流血牺牲的武装!

没有我们党领导的八路军新四军,就不会有敌后的抗日民主根据地,就不会有六七年来抗日战争的坚持与将来抗战的最后胜利。同样,没有敌后广大人民对我军的拥护,没有人民抗日斗争的配合,没有敌后抗日民主政权的支持,八路军新四军亦不能发展壮大,亦不能坚持艰苦卓绝的长期敌后斗争,亦不能千百次的粉碎敌人的"扫荡"、"清剿"、"蚕食"、"清乡",而坚持住根据地与保卫住人民的利益。所以革命的政党——共产党,革命的武装——八路军新四军,各阶层合作的抗日民主政权,抗日的群众运动,这四种组织,是抗日民主根据地中四者不可缺一的组织。这四种组织是结合成统一的力量,坚持根据地对敌斗争的整体战斗机构。斗争愈艰苦,愈需要根据地内党政军民进一步的团结,愈需要在党的统一领导之下,将党政军民各种组织的力量,更高度地结合起来!所以我们党中央指示我们,部队要进行拥政爱民运动,地方党政民组织,要进行拥军参军运动。拥政爱民运动与拥军参军运动,便是为了使根据地内党政军民更加团结与进一步的密切结合为对敌斗争的整体机构。

根据地内党政军民各项工作,虽然不可偏废,建设工作与武装斗争虽然互相为用,但是由于我们是面临着全副武装的凶恶敌人,我们是处在敌人随时可以对我根据地进行军事进攻,与天天可以发生战争的环境,所以对敌的武装斗争是决定一切的;所以我们不能不把武装工作摆在最前面;所以我们不能不把党政民各项建设工作,服从于武装斗争,把后方工作服从于争取前线的胜利。

我们盐阜区抗日民主根据地的创造与坚持的经验,完全告诉了我们,武装是第一重要的东西,对敌武装斗争的胜利,是决定我们根据地坚持的保证。没有盐阜区我党领导的革命武装,是没有盐阜区的抗日民主根据地的。没有我们盐阜区的新四军与地方武装的发展壮大,是不可能几次的粉碎敌人的大扫荡,不可能无数次的粉碎敌人的出扰蚕食与伪化企图的。

我们盐阜区之所以有抗日民主根据地的建立与坚持,所以有根据地各种事业的建设,我们广大人民之所以能够进行生产与收获,得以过今日粗安的生活,是全赖于我盐阜区新四军和地方武装的发展壮大与英勇战斗!而这些武装之所以发展壮大与获得战斗胜利,亦正由于广大人民的积极拥护与协助。人民的参军拥军,主力部队与地方武装的发展壮大,是争取武装斗争胜利,粉碎敌人的军事进攻,保卫根据地与保卫人民利益的先决条件。

目前国际的新形势,决定了一九四四年是苏英美动员海陆空军,从东西南总攻希特勒与最后消灭希特勒的一年!同时一九四四年也是中英美积极打击削弱日寇,并准备大举反攻日寇的一年!在这样新的国际形势下,一九四四年是我们中国抗日战争接近战略反攻的年头;也应当是全国积极准备反攻的年头!

在这样曙光在前,胜利在望的时候,我们敌后军民的斗争任务,是坚持现在依然严重的斗争,同时准备将来反攻的力量。无论为了现在粉碎敌人的"扫荡"蚕食,无论为了积蓄反攻力量,迎接将来反攻的胜利,都必须一倍双倍的发展与壮大我们的主力军与地方武装。

适应着目前的形势与任务,我们决定今年春季发动一次参军运动。把我们盐阜区的新四军主力与地方武装,更充实壮大起来!以便今年争取更大的反"扫荡"反蚕食的胜利,更有保护的粉碎敌人的任何军事进攻,更有力地保卫春耕生产,保卫夏收秋收,以便积蓄更强大的反攻力量,明年配合全国反攻日寇,把日寇完全驱逐出盐阜区,驱逐出中国,争取抗日战争的最后胜利!

春季的参军运动,是为了我们根据地的全民利益,所以也应当是抗日各阶层的全民运动。春季参军的任务,是我们春季的中心任务之一,所以必须是党政军民全力动员全力突击的任务!

我们希望各县区乡的党政军民,成立统一领导参军运动的各级参军动员委员会,作为领导参军运动的"司令部"。

我们希望各县区乡的参议会参议员与士绅名流,奋勇争先,起而倡导这一运动!

我们希望县区乡各级政府各级群众团体,广泛地进行参军宣传,深入地进行参军动员,热烈地欢迎入伍新战士,切实地优待新旧抗属,解决抗属家庭一切困难。

我们责成各级党委依照地委关于参军运动的指示,与各阶层抗日人士亲密携手,努力争取与保证春季参军任务的胜利完成!

我们号召我们的共产党员,做参军工作的模范,做率领群众参军的先驱!

我们号召工人农民青年知识分子中的一切爱国志士,自动踊跃参军,做光荣的卫国英豪!

我们号召一切抗日公民，不分贫富，不分男女，不分老少，父劝其子，妇劝其夫，兄劝其弟，雇主劝其雇工，农主劝其佃户，邻居劝其邻里，亲朋劝其亲朋，一致宣传参军，动员参军！

我们号召各中小学校的先生学生及各文化团体，起而配合宣传动员，务使造成参军热潮！

我们号召各县区乡发动参军的竞赛运动，以革命的竞赛精神，采取参军优胜，争取参军英雄！看看哪个县、哪个区、哪个乡、哪个参军动员委员会，获得参军优胜的荣誉！看看哪位士绅父老，哪位参议员，哪位爱国志士，哪个工作人员，哪个干部，哪个共产党员，获得参军英雄的称号！

各界抗日爱国的同胞们！我们为了要做抗日豪杰，爱国英雄，要自愿参军，率领别人参军！我们为了保卫身家生命财产，要自愿参军，劝人参军！我们为了粉碎敌人的"扫荡"蚕食，保卫生产、保卫粮食，要自愿参军，劝人参军！我们为了保卫盐阜区抗日民主根据地，为了保卫国家民族利益，要自愿参军，劝人参军！

我们为了坚持今年根据地的对敌斗争，为了迎接明年配合全国反攻日寇，为了把日本军阀强盗赶出盐阜区，赶出中国的领土去，争取抗战的最后胜利与民族解放，都需要把我们人民自己的武装，发展得十倍百倍的强大起来！为我们人民利益而战斗牺牲流血的革命武装的发展壮大，就是保卫我们人民利益的屏障，发展壮大革命武装，就是我们人民自己的事情！我们一定要完成春季参军的光荣任务！我们今年要打更多的胜仗，更好地保卫生产，保卫夏收，保卫秋收，要更好地保卫我们盐阜区抗日民主根据地，我们明年要配合全国反攻，最后战胜日本帝国主义！

（《盐阜报》1944.02.12）

实行拥政爱民的办法
新四军张副军长在干部会上的讲话

延安八日电　新四军副军长张云逸同志日前在军直属队干部会上讲话，题为"实行拥政爱民的办法"，总结新四军过去拥政爱民的成绩，并指示今后如何进一步加强军民团结。讲话全文如次：

自从去年十月一日党中央号召拥政爱民之后，华中局和军政治部于十二月十五日发出实行拥政爱民的指示，这一号召与指示，对我军坚持敌后抗战与将来完成建立革命三民主义，即新民主主义的新中国，均有极其伟大的意义。我华中全党全军同志，必须尊重上述号召和指示，认真执行，要使每个指战员都能深刻了解拥政爱民政策是每个革命军人的光荣责任，并能身体力行。

回溯本军成立之际，国民政府每月发给我们的军饷先为九万元，后为十三万元，全军平均每人不足一元，吃饭、穿衣、药费、运输费在内。皖南事变后，这点微薄的军饷也跟着本军番号之被取消而取消了。几年以来，我们就在军饷弹药两缺、极端艰苦和敌伪频繁"扫荡"、"清乡"的条件下，坚持了敌后的抗日战争，不断地积极打击敌人，配合正面作战，并建立了敌后抗日根据地,实行民主,改善民生,保护敌后广大人民的生命财产,把中华民国的旗帜遍树在华中敌后各地。这一事实是谁都不能否认的。即就去年我各师进行的战斗所获的战绩来说,如一师在苏中与敌伪作战1 724次,二师在淮南作战210次,三师在苏北作战1 403次,四师在淮北作战1 571次,五师在鄂豫皖边区作战624次,六师在江南作战406次,七师在皖中皖南作战269次,浙东游击纵队作战140次,总共有6 327次之多,共毙伤敌伪14 070名,俘虏敌伪132 357名,缴获步马枪31 317支,轻机枪1 237挺,其他军用品无数。我们所以能够得到这样大的成绩,除由于以毛主席为首的党中央和华中局正确领导,以及全军指战员不顾一切牺牲奋斗以外,我们更不能忘记华中敌后广大人民对我们的支持和爱护,他们虽然经历着敌伪残酷的"扫荡"、"清乡"、残杀、劫掠和破坏,有些地区还要受反共军的凶狠摧残,但是他们依然节衣缩食缴纳公粮,保证我军队的供给。各地党政机关,亦发动许多人民参加我军,并组织和领导广大民兵,勇敢地配合我军作战,共同坚持敌后的长期抗战。这种热心救国艰苦奋斗的精神,是值得我们感谢与钦佩的。没有敌后广大人民与政府这样热忱帮助,坚持六年敌后艰苦抗战是不可能的。因此,我们全军各军政机关与部队,都应诚恳地向广大人民和各地政府人员进行热烈的慰劳,以示我们拥护爱戴之忱。如果没有真正认识人民与政府对我帮助之大,爱护之深,就不能自觉地把拥政爱民工作做好,也就不能积极地团结人民,协助政府,使军政民的关系更加融洽起来。

返顾本军历史,我新四军自成长以来,就是在党中央领导与教育之下,忠诚为革命服务,一贯为人民利益奋斗的。过去大革命时,参加革命斗争,内战时参加土地革命、坚持三年游击战争。现为民族与人民进行抗日战斗。艰苦奋斗,英勇牺牲,这种为人民斗争而与群众呼吸相通、休戚相关的精神,十余年如一日,现在我们更要发扬这一光荣传统。联系群众,团结群众,认真执行拥政爱民政策,做到军政民同心同德,融洽无间。这样,我们将成为攻无不克、战无不胜的部队。

现在来检查一下本军在这方面的实际状况,一年以来,本军作战6 327次,粉碎敌伪的"扫荡"、"清乡",保卫了根据地,粉碎了敌伪的牵牛、抢粮企图,保卫了人民的耕作收获,协助了正面国军的作战。去年全军开展生产运动,仅二师一个师,全年生产总额数达二千万元,大大减轻了人民的负担。各部队在农忙时节还帮助农民收割栽秧,有的地方实行和人民自愿的换工,如前年我三师黄师长亲身领导部队协同群众筑公堤防备水灾。去年淮北大水,我四师部队由彭师长邓政委亲自督促抢筑堰塘,奋不顾身,几遭水淹,人民莫不爱戴。一师曾发动人民协助政府兴修水利,以工代赈,发放谷子二万石。苏中、淮北、淮南部队,协助人民捕杀蝗虫。去年春荒,各部队实行节衣缩食,救济灾民,淮南路东部队捐款捐粮即达一百六十万元,军直属队也捐款四十万元。其他五、六、七师与浙东游击纵队,亦同样进行生产救灾等工作。部队的爱惜根据地观念有进步了,军民关系也普遍地改善了,如二师去年军政民间纠纷已较过去减少百分之八十,违犯群众利益不顾政府法令的现象减少了,这些都是我们的成绩,应加以发扬。

但是我们部队里还有少数同志没有认识本军的优良传统,没有体会群众力量的伟大，而在言论行动中还或多或少地存在着轻视劳动的剥削思想的残余和脱离群众的军阀思想的习气，因而对群众利益漠不关心，甚至个别对群众态度很坏，对政府法令轻视敷衍，把政府看作办差机关，间或有不尊重地方党的现象，这些毛病如果不迅速克服，是不能取得党政军民团结一致，克服困难，而最后战胜敌人的。为了克服、纠正这些毛病，本军各师、旅各部队，在这拥政爱民运动月中，必须进行以下工作：

一、在部队中加强拥政爱民的思想教育。为着深入这一教育，首先要教育干部，在这次运动月中，每个干部都要深刻研究、讨论华中局和军政治部十二月十五日发出的拥政爱民指示，和毛主席"组织起来"的文件，任弼时同志在陕甘宁边区高干会上的演讲。将这几个文件在干部小组里进行讨论、漫谈，并将文件的内容与精神，和自己部队及个人在驻地对人民政府有关的言论行动来作深刻反省检讨，哪些是好的，关心和尊重人民与政府的，哪些是不好的，是轻视群众、轻视劳动和违背法令的，同时追究其根源，并定出具体办法，迅速纠正这些错误行动，并邀请群众和地方干部开会，在会议上勇敢地、坦白地进行自我批评，赔偿群众损失。

其次，是对战斗员和杂务人员的教育。各级干部应将拥政爱民的意义，军政治部规定的拥政爱民公约，本军的三大纪律和十项注意，联系到当地政府关于人民服役、征粮、税收、优抗等项法令，在战士杂务人员中进行普遍深刻地教育。领导班排讨论，并深刻反省检讨自己的行动，好的予以奖励，坏的予以批评处罚，以严肃群众纪律，使每个同志懂得军队与政府人民的关系，就如同人和空气的关系一样，军队假若脱离了人民和政府，也就不能生存和发展，我们要爱护群众如爱护我们的父母兄弟一样，尊重政府如同尊重部队的首长一样，服从政府法令如同服从部队命令一样。这一教育对杂务人员、伤病员、工厂人员、事务工作人员和外出或进行生产的战士应该特别注意，这种思想教育应经常认真切实进行。

二、定期进行军政民联欢。为了增强军政民的密切关系，即乘此次旧历年节，邀请驻地民众领袖和政府工作干部、抗属、荣誉退伍军人等举行联欢会，和会餐、座谈会、民众晚会等，要热忱接待，倾听并采纳他们的意见，虚心地进行自我批评，以求相互谅解，消除隔膜。检查遗失或损坏群众的东西，按价赔偿，以求更好地团结合作。以后应该建立军政民的联席会议制度，征求地方对部队的意见，应该建立和加强部队的民运工作制度。

三、努力生产节约，以改善部队生活，减轻人民的负担。由于敌寇空前的野蛮残暴、频繁地"清乡"、"扫荡"，某些地区的屡夺屡失，使群众遭受损失，致经济困难，因而我们不应加重群众的负担，要争取时间进行生产工作，加强经济制度，消除一切不必要的耗费，尽力节约，与人民共甘苦。只有关心群众的困难，才能取得人民内心爱戴，同时生产工作亦可改善部队本身的生活，和加强我们的劳动观念。这里我们特别要加强生产中的群众纪律，在生产中进一步紧密军民关系，切勿与民争利，损害人民生产。借用农具应用借物证，要随时归还，要爱护人民的农具牲畜。

四、节约民力，帮助人民耕种。根据地人民对军队很多帮助，如果我们滥用民力，使群众负担后勤工作太多（如路东旧区，某区每人每月服役八天以上）则影响、削弱群众生产力。所以以后各部除作战时动员使用民力外，平时运输买菜及其他私人问题等，应执行行政机关对于使用民力的规定，不得无事动员或轻易用伕。各部队在不妨碍战斗受训原则下，应帮助人民订定生产计划，帮助人民耕种收割，发动和帮助群众挖塘筑堤，以蓄水防旱。过去在农忙季节，虽然已做到帮助收割播种，但尚嫌不够，以后更应由各级政治机关订定具体计划，号召竞赛，尤其多多帮助抗属和贫苦的农民生产，使这工作做得更好。

五、加紧备战，保护人民生产。敌寇为摧毁我敌后军民生存条件及解决其本身经济困难，常在收割时节发动劫掠或摧毁、损坏群众生产工具，频繁的战争环境，影响群众不能安心从事生产，因此我们部队应该经常派出少数部队向敌人游击、侦察、警戒，随时准备打击敌人，保卫政府与人民。如果敌人进攻政权机关与人民时，我们各部队应出动，努力援助。凡是人民或政府的合理请求，各部队应视为上级命令一样，不得借故推诿，以便人民安心生产，不受损害，同时我们还应积极负起责任，加强各根据地、尤其边境的自卫力量，与人民一起打击敌伪和破坏分子的袭击。

以上所提五点工作，各部队机关可按实情予以补充充实。不仅在这次拥政爱民运动中执行，而且应视为经常的教育与工作，检查和督促各级部队实行之。一般的情况，凡是军政民关系松懈，主要的应该责备军队，但同时我们也不应过分夸大过去军政民关系中的弱点，或者强调我们的成绩，而要正确估计我们军政民关系的优缺点，切切实实地实行拥政爱民政策，则我们将是不可战胜的力量。

（《盐阜报》1944.02.15）

好男要当兵

这些天，大家都在那里讲参军扩军。诸位可晓得，现在为什么又要大家参军了呢？我来说把大家听哪。

大家不问哪个都相信，鬼子总是不久长的。鬼子顶迟明年总要打出去。不过，你不打他，他是不会走的。所以我们要准备力量反攻。我们力量越大，鬼子越好早点打出去，大家越好早点过太平日子。大家说对不对？笃对！那么，大家年轻力壮的汉子，就要去参军哪！年轻汉不要恋着家，年轻的好嫂子，也不能拖后腿。鬼子来扫荡，也要把你们鸳鸯夫妻拆得两离分。只有劝丈夫去打鬼子，一年半载回来，才能真团圆。做父母的，也不要舍不得儿子去当兵。当兵不一定死。新四军打仗神出鬼没，总是敌人死的多，自己死的少。就有个把死吧，也是名字刻在烈士塔上，千古美名扬，你父母家属都有荣光！再说战士去当兵，家里有点困难，也有政府和大家优抗帮忙。今年的优抗工作就做得不差，以后大家能不能做得更好呢？一定能做得更好。人家拼性命保护我们，我们怎能不好好照顾抗属，尊重抗属呢！

还有，今年参军，坏人不收，都要动员好男去当兵，干部，共产党员，要参军做模范。

新四军因为多是好人当,又有共产党领导,所以有那样好。进了新四军,不但官兵平等,不打不骂,吃得好,穿得好,而且天天上课学字学道理。参加新四军就是进学校。有的人当过几年新四军,人都换过一个了。只有这样好的军队,才能打跑鬼子。只有这样好的军队,在鬼子打出去之后,才能好好保护大众,永远不让坏人来捣蛋,永远让大家过好的日子。新四军才是我们自己的军队,好男要当新四军啊!

(《盐阜大众》1944.02.19)

从敌人"扫荡"中检查我们的备战
工作意见

泰县·周泽

十七日晨,海安敌伪三百余,如皋鬼子二百余,分四路合击海南区署未逞;下午至祖师庙会合,一部分驻张家庄。当夜我×部扰袭一小时之久,敌异常恐慌。十八日晨,三百余敌伪遭强袭后窜回海安,另二百余鬼子经万家舍、营溪向南至连家庄东空,我主力一部追上,激战两小时,敌伤亡十余人,我部亦伤四人。敌狼狈窜至加力。在这次敌人武装侦察性的短促"扫荡"中,检查了我们的战备工作。由于数月来反"清乡"的准备,泰县一年半中工作顺利的发展,四分区反"清乡"胜利的影响,群众和干部杀敌的壮气是大大地提高了,反"扫荡"反"清乡"的胜利信心更加坚定了,恐日病是减少了;当敌人到达营溪附近时,××乡有百余民兵基干队各执干戈,奔向敌阵,放哨的民兵抓住了敌人化装的奸细四名,战斗开始后,有数乡爆炸组埋好了地雷,有几乡射击组经常袭击敌人,有的上前线抬伤兵等。战后,群众自觉自愿的发动慰劳军队,纷纷反映道:"我来新四军真好,平时帮助我来割麦、车水,这下子又把鬼子打走了,不然要驻下来抢粮捉人。"这次的战斗不但说明了军民的血肉关系,而且说明了党政军民已团结一致,共同负起保卫根据地的任务,保卫着自己每一寸的土地,这是一方面。另一方面发现了我们战略工作还有很多毛病,在某种程度上来说,毛病很严重,如不迅速从思想上、组织上、行动上来纠正,在今后的敌人"扫荡""清乡"中,必然遭受到许多不应有的损失。

第一,对敌情的了解很差,对敌人行动的特点了解更差。敌人这次下来将近半数是便衣,行动轻便迅速,当要合击一个庄子时,一里路外分几路奔跑合击;行军时分几股,不走大路,专走小道小沟,逢大桥或绕道前进,或走河里走,以防地雷爆炸,及对付我之分散游击;行军休息时不住大村庄,这次在连家庄住的是东空,三四十人一堆。敌人的战斗力不如以前,在与我军激战中数次反冲锋未逞,即向南撤退,在撤退时一直走湾路,走田里,走岸旁,大村庄不走,大路不走,二百多人分成五六路,一会儿又变成三路,时分时合,有二十余人在最后距前面部队半里路,行动很不规则,使人难以捉摸。以上的特点,我们了解得还不完全,没有及时地了解,及时地创造新的对策。

第二,干部和群众的太平观念还相当严重。敌人"清乡"迟至今日未开始,又滋长了新的太平观念。当敌人到了营溪,附近十里左右的干部和群众还不作紧急战斗准备,认为敌人不会到这块来,敌人占领的庄上,老百姓还回去四个,结果都被杀掉了,沿路被杀掉四个人。有个小庄子被抢掉三十余户,海安敌伪在窜回的归途中,放哨民兵又被捉去几个,这都是严重的太平观念所遭受的损失。

第三,备战工作还不充分,当敌人到达区境内时,区级全部力量,没有集中对敌斗争。区队还不够积极的打击敌人,党政干部不够主动的帮助乡级积极去领导群众对敌斗争,藏粮保粮还没有引起群众的注意,打狗还不彻底。乡级干部中当敌人来时,有的慌忙束手无策,有的个人突出地跑到前面去,有的跟了群众溜。没有做到或没有全部做到:哪几个干部领导爆炸组、射击组前去杀敌,哪几个领导特别戒严,发挥五号盒子枪的威力,哪几个领导群众撤退,哪个负责全乡统一指挥,所谓科学的分工和集中领导,没有做到像演习的那样有步调,上下行动的一致。

第四,对敌斗争战法没有在基本上的灵活改善。干部和群众对分散的群众性的游击战争的认识及具体的办法懂得还少,还是采取过去当主力击垮伪军后,大规模集体的群众性的迂回战包围战(这次前锋的数十民兵,要接收鬼子,被敌人的掷弹筒吓回了,所以包围不起来),这种战法已经不但打不到敌人,且容易损伤自己,是目前对敌斗争错误的战法,应坚决纠正改善。

综上各点,说明了我们的战备工作,有许多地方是形式主义的,敌人迟迟不来,思想上、组织上的战备松懈了,当战斗情况发生时,不能很机动很主动地领导群众性的分散游击战争,还只希望主力来一鼓而歼灭敌人,或击退敌人的这种依赖心理,以求痛快的观念,某些干部中还相当浓厚。对敌后游击战争的长期性(一定时间的长期)、群众性、坚忍性、艰苦性,是认识不够的,对敌斗争的独立自主的方针也认识不够,敌人"扫荡"的花样变多了(今后一定会变得更多),我们没有针锋相对地灵活运用与创造新战术,和主动地估计敌人的花样,作为创造新的斗争办法的根据。

这次反"扫荡"中所考验出来的缺点,如不从思想上、组织上、行动上针对着这些严重毛病迅速纠正改善,将会在今后遭受到很多困难和不应有的损失,希望各地同志多发现这类新的问题,创造新的经验来粉碎即将到来的敌汪"扫荡""清乡"而加紧地充分准备起来。

(《江潮时报》1944.06.25)

淮北苏皖边区行政公署布告
——为告沦陷区同胞来根据地避难谋生及号召伪军反正事

照得盟国空军	近来反功加紧	对准日本鬼子
天天轰炸不停	既炸徐州蚌埠	又炸上海南京
虽炸军事目标	炸弹哪有眼睛	城市同胞受累
日夜不得安全	若不早作打算	将来更无保证
同胞受此苦难	本署时刻关心	特此昭告大家
赶快脱离火坑	来我根据地内	以免灾难频仍

此间民主自由　　照顾各个阶层　　大小商店搬来
可以自由经营　　工厂移此开设　　工资成本更轻
银号贷款帮助　　前途发展无限　　工人来此谋生
要找职业现成　　如有熟练技术　　薪资照例加增
倘是搬来住家　　生活愉快安宁　　学生来此就学
抗大淮中都行　　如其生活困难　　学校免费收容
此地如无亲友　　居住不要保人　　只要不通敌伪
遵守政府法令　　同享公民权利　　不受任何欺凌
人权财产产权　　一切均有保证　　前有少数同胞
因事怕被斗争　　以致畏罪出走　　在外受尽欺凌
此种心虚误会　　望各看透认清　　政府既定政策
决不轻易变更　　务望早日归来　　免得受怕担惊
即有少数分子　　偶受敌伪勾引　　总要改过回头
往事概免应惩　　伪军反正来归　　吾人更表欢迎
拥有枪支器械　　分别奖赏公平　　如能带队来投
更有莫大功勋　　部队组织不变　　官兵分别提升
从此合作抗日　　共同救国救民　　世界大势已定
日寇败局已成　　特此剀切布告　　盼望及早执行
此布

主　任　刘瑞龙
副主任　陈荫南
（《拂晓报》1944.12.10）

淮北苏皖边区行政公署紧急命令

秘字第四一四七号
民国三十四年二月十八日

令各 专员公署
　　　县区政府

本月十四日五河敌伪一部进占浮山双沟，企图对我进行"扫荡"，军队已有部署，并开始反"扫荡"。行政公署特作如下布置：

一，各级政府立即进行精简，将一切不必要及不合编制的老弱冗员，作适当安置，所有机关人员除必须留下工作者外，其余分配下去帮助工作，并给以适当任务，严防单纯逃难现象。

二，要认真领导群众，进行空舍工作，并创造新的办法，应付敌人搜寻根据地物资，对于公粮公物，尤须妥为分散埋藏，力避损失。

三，各级政府要领导所属全体行政人员及地方民兵，就地坚持就地游击，不得无故脱离防地放弃职责。

四，动员民兵独立或配合主力作战，积极扰乱打击敌人，破坏交通，加强情报通讯，组织担架运输，盘查行人，捉拿敌探奸细，保护伤病员及人民。

五，清理案犯及战时锄奸，既要认真进行，维持战时秩序，又要遵守宽大政策，妥善处理，不得借口紧急情况，擅自杀人，或挟嫌报复，所有案犯，一定要根据事实，经过集体讨论，共同负责，然后处理（只有现行犯才可紧急处理）。

六，战时各级政府要随时随地向本署反映情况报告工作，不得因战时环境，失掉联系。

七，在扫荡尚未开始时，各级政府要以备战姿态，进行生产，不得停止，既经开始后，要通过各种方式继续领导生产，以武装保护生产，使生产与战斗相结合。

八，在反扫荡期间应维持抗币边币信用，若有破坏其信用者，各级政府得给以必要之制裁，以达战时经济之稳定。

以上各节希即研究执行，具体布置为要！

此令

主　任　刘瑞龙

副主任　陈荫南

（《拂晓报》1945.02.26）

召四群众为什么热爱召四民兵

召四民兵组织起来到今天和敌人斗争了五六年，深刻地检讨起来，每次和敌人打仗都赢得了胜利，主要的原因是由于召四的群众支持和热爱之故，召四的群众为什么能这样热爱民兵呢？原因是：（一）民兵几次的抢救了群众的生命及财物牲畜。比如在去年三月间张凤滩据点敌人出来百余，企图把召四群众杀个鸡犬不留，敌人在拂晓前向召四进攻了，这天夜里下雨，民兵警戒未加注意，敌人一下攻到了召四的中心村（杂姓庄），召四的群众这时连一个小孩也未跑出，在这样的情况下，召四的几十个民兵很沉着分散开，用麻雀战向敌人开枪射击，阻敌再向别村前进，等情况稍为稳定，后备队集合起来了，到处打枪和敌人纠缠了大半天，敌人看无法就只好抬了六七个死尸跑回张凤滩去，这一次召四的群众连一根毫毛也未损失。又如前年六月间，小秋稻还未收的时候，敌人从张凤滩据点来了百余人，企图由小秋株里爬进召四烧杀召四群众，但是召四民兵警戒很严格，敌人在小秋棵里一伸头，就被民兵岗哨发觉了，打了一枪信号，召四的民兵一个个跟着毛玉立队长都布置在小秋地里伏下，向敌人射击，敌人想前进，打了几次冲锋，民兵们三五成群在秋地中在敌人前后左右到处打枪，敌人找不着民兵阵地方向，民兵正在和敌人纠缠中，召四的老弱妇女小孩都退到后方了，牲畜财物也统统搬走了，这一次敌人小炮打坏了，两挺轻机枪也打毁了，敌人被民兵缠得无法只好退回张凤滩去。召四民兵仗打得很多,这里不一一列举了。正由于民兵打了胜仗,抢救了群众性命及财物,使召四的群众同民兵才热爱如自己的手足,召四的群众常和后方中心乡群众说:"我们召四要没有基干队,早已不成召四了。"(二)召四每个民兵都积极地参加了家庭各种生产。没有一个民兵脱离家庭生产而装民兵中的二流子现象,所以召四的群众都说:"我们召四民兵对后方乡有些民兵不一样,我们召四民兵敌人一来就拿枪打敌人,敌人一走就在家里忙活,不耽误生产。"召四的民兵家属也说:"还是这样好,像后方有些年幼人当基干队就不问家事了,作上人的,作妻子儿女的还能就该死吗?"这里面充分说明只有民兵参加家庭生产,才不会脱离群众,也才能够为群众所拥护所热爱。(三)召四民兵经常保护群众安心生产,使得群众不受惊慌,不受损失。比如今年麦收时前张凤滩据点东面马岗咀伪据点伪军想趁麦收时到召四抢麦子抢牛驴绑肉票,召四的群众听到了这个消息马上告诉了民兵,叫民兵想法子对待敌人,民兵们听到群众这样的呼声就马上讨论打马岗咀据点,使得群众安心收麦,结果马岗咀据点被召四民兵拔除了,召四群众也更安心收麦了。但是召四群众最大的心患是张凤滩的鬼子,召四民兵为了防止与打击张凤滩敌人下来抢掠麦子,和群众开会商讨了收麦的办法,后来群众一致提出:"民兵注意张凤滩敌人去警戒,民兵家里麦子由我们群众包收。"结果群众麦子都收完了,敌人也未敢来抢,而民兵家里麦子也同样由群众帮助收掉了。召四的群众在与民兵商议收麦时,群众提出保证:"我们收完替你们基干队先收完。"民兵提出:"我们民兵保证打敌人不敢下来抢麦子。"(四)肯和群众讲民主说道理,不论什么大小事情要是让群众拿钱,民兵总是再三说服动员,使群众心悦口服,没有说过一个"坏"字。比如他们有十余个民兵经常脱离生产由群众供给口粮,每次粮食都经过村民会研究讨论决不是指派或硬起的,他们平常和群众处事都是很和平的。毛玉立队长说:"我们民兵就是老百姓家的儿子,对待老百姓不好,那不是对待我们上人不好吗?"(五)不断地调解群众中间所发生的纠纷,比如杂姓庄孙××与毛××因土地纠纷两下争执得天天吵,要打架,被民兵知道了,出来从双方解说,后来民兵又亲自拿弓子到湖里去丈量土地,很公平地处理妥当了,双方都很欢喜,都感谢民兵。民兵在召四碰到群众纠纷就调解,不等群众找来。(六)召四民兵还有一个最受群众热爱的就是肯节省弹药,注意群众负担,他们的子弹都是由群众中出的,每次打仗都要打很多子弹,后来民兵在一起商议研究这个问题,怎样才能节省弹药,减轻群众负担,得出几个办法:①敌人在半里路以外决不打枪。②平常决不乱打枪,敌人来时,打不到敌人或打偏远敌人的不打。③打过了要有子弹壳子报账。④要不断地公布子弹账目。从这个办法讨论过之后,他们很认真地执行,的确比过去节省不少,群众看到民兵这样情形非常欢喜。(卢在坤、毛连生、钱明道)

(《拂晓报》1945.07.07)

李一氓、曹荻秋同志代表苏北全党及人民

向解放淮阴全体指战员慰问

黄师长
洪参谋长
吴主任：

师、十旅及盐淮两区地方兵团合力攻占清江，其功绩之影响，不仅完成苏北之巩固，对于整个华中东部实奠定一最坚实之基础，我们代表苏北全党及苏北人民，慰劳肥猪一百口，请为分发给连队，并向全体指战员致崇高的慰问，团以上干部同志，俟城内秩序稍定，拟另行举行庆功宴会，顺此附闻，即致
敬礼！

李一氓
曹荻秋
九月七日
（《苏北报》1945.09.10）

感谢新四军拿盐城
——人民奋勇为前线服务

鲁 竹

【盐城讯】我主力军已抵达盐城，沿途受群众热烈欢迎。当分区主力抵达盐城西南之新解放龙岗镇时，市民放鞭炮欢迎，街头巷口店堂里和小摊子旁都挤满了看老部队的人群，立在后面的垫起了脚伸长着颈子，吱吱喳喳，好像做大喜事。一会儿两边店边店门口插起了国旗，墙上写了"水有源，树有根，感谢新四军拿盐城！"的红绿标语。晚上满街红灯笼，一眼看不尽。主力军的到达，使各项后勤工作更为活跃，一区二十多位中西医生，听到主力已来打盐城，即于二十六日召开医友座谈会，并立即决定成立后勤医院，下分内科、外科、兽科，随时准备为前线服务。六区时桥镇生产小组长王如香，盐阜区三等劳动模范，当后勤分部通知该镇出伕时，即自告奋勇报名，并说："不等主力拿下盐城，决不回家。"其他伕子也很愉快地跟他一齐出发上前线。（葛德尧等）。

【盐阜支社讯】此间各文化团体已随第二梯队继续驰赴盐城前线。盐阜文工团全体与苏北报、盐阜大众暨本社随军记者，已于上月二十六日首先出发。新旅苏北分团、美术工厂、剧联等亦于上月底先后启程。另据建阳讯，海南中学师生亦组织三十四人的战地工作队，由唐校长领导，于二十七日赶赴盐城，协助后勤与宣传工作。

（《苏北报》1945.11.02）

军民一致奋起　坚决保卫华中解放区

苏皖边区政府和华中军区都已正式宣告成立,华中各解放区(苏中、苏北、淮南、淮北)已由过去被敌寇分割、切断的状态,变成互相联系,完全打成一片。今后将在边府和军区的统一领导统一指挥之下进行和平、民主建设工作。这是华中军民八年奋斗的辉煌胜利,也是华中解放区将要走入一个新的建设时期的标志。我们不禁发出由衷地祝贺,并引为愉快和光荣。

然而,目前时局正处在由抗战结束转入和平建设的过渡阶段,国内外情况正处在急剧变化之中,当前的斗争是更加紧张、更加复杂、更加艰苦,内战的威胁正摆在中国人民的面前。国民党反动集团始终为其一己的私欲私利所蒙蔽,不愿中华民族和中国人民能够从此大翻身,不愿有一个独立、自由、和平、富强的新中国的出现;他们不惜自绝于国人,不顾失信于天下,也不怕玩火自焚的危险;他们一定要干干净净地消灭异己,他们一定要绝对保持其奴役人民操生杀予夺之大权,他们一定要在中国建立一个专制独裁野蛮垄断的法西斯体制。数十年征战天灾人祸、民穷财尽的惨痛情景,毫不足以打动他们的心肝;五万万人民,嗷嗷望治,渴望和平、民主的焦虑悃诚,毫不足以招致他们的一念。他们现在正得意洋洋,气焰万丈,和未解除武装的日寇做朋友,以美国帝国主义分子做靠山,北起热辽,南起闽粤,正在发动一次空前规模的大屠杀,出动兵力达一百七十万之多,似乎必欲陷中国人民于万劫不复而后快。我华中解放区周围,也已陷入战云密布剑拔弩张的状态,迄今为止,国民党军队仍不断向我淮南、淮北、苏中各解放区进攻骚扰,奸淫掠杀,国民党反动派虎视眈眈,杀气腾腾,随时有向我举行军事进攻的危险。这是我华中军民必须加以严重注视的事实。

因此华中军民当前最紧急的任务,就是要动员起来,集中力量,万众一心来保卫华中解放区。我们要向国民党反动派发出严正的声明,我们并不怕你们的恫吓和威胁,我们也不能俯首帖耳,忍受你们的宰割。我们一定要反抗,我们一定要自卫。我们要向华中军民大声疾呼,我们要一致奋起保卫华中解放区。我们也必须保卫华中解放区,因为:

一、华中解放区是华中军民用无数头颅和鲜血从日寇手中解放出来的。在过去八年抗战的艰苦过程中,华中人民为了自己的解放和生存,曾经和日寇作了异常残酷的斗争,曾经支付了惨重的代价,每一寸土地上都流遍了我们英勇军民的鲜血,四万次以上的战斗,二十万以上抗日战士的伤亡,数十百万人民财产的损失和生命的牺牲,是多么惨痛多么深重的一笔血债。我们用生命换来的自由,我们在炮火轰鸣瓦砾废墟上重新建筑起来的自由幸福的生活,决不能再任人破坏和摧残。我们从自己无数痛苦的经验中,完全懂得,一旦把生命和自由交到杀人凶犯的手里,我们就将得不到丝毫的保障,就将成为他们屠刀下的牺牲品。所以我们必须保卫我们胜利的果实,必须保卫我们用血肉换来艰难缔造的华中解放区。

二、华中地处江淮平原,是中国的政治、经济、文化中心,而且接近京沪,濒临大海,我们在这里埋头建设,把它建设为全国和平、民主、繁荣的先进地区之一,就可以影响四方,振奋人心,推动全国范围的和平民主运动,甚至还可以促进国际间的和平合作。所以我们一定要在这里高高树起和平、民主、团结的大旗,不能让任何反动派在这里摆设打家劫舍杀人放火的擂台。

三、我们已经遵照我党中央指示,自动实践国共谈判诺言,忍痛退出浙东、浙西、皖中、皖南和苏南。我们为了和平团结大局,已经作了最大限度的忍让。但是国民党反动派并没有丝毫改弦易辙的决心,反而变本加厉,在我军北撤途中到处截击围追,在我军撤退以后,更在撤退区内大肆劫掠和屠杀,并正在积极布置向江北大举进攻,假如我们再加退让,华中解放区又将立即坠入黑暗地狱,反动派对华北对东北人民的进攻规模将会更加扩大,进攻手段将会更加疯狂和野蛮,这样,反动派气焰将更加嚣张,内战危机将更加深重,和平、民主局面亦将无法实现了。

所以我们华中军民必须立下保卫华中的不可动摇的决心,要打破那种认为江南退了还会再退的疑虑,要反对认为枪打响了便不会和平的观点,更要反对那种骄傲轻敌太平享乐的麻痹现象。我们要严格认清,当我们仁至义尽争取和平,而反动派犹欲到处放火杀人以逞时,我们就只有奋起自救,去扑灭这把火。当我们用尽一切方法避免内战,而反动派仍要发动内战扩大内战时,我们就只有坚决自卫,给进攻者以歼灭的打击。我们需要和平,愿意和平,但我们知道和平是不会自动来到的;我们厌恶内战,反对内战,但我们知道内战是不会自己停止的。我们知道只有一致奋起,坚决武装自卫,只有自卫战的胜利,才能制止内战,只有歼灭进攻者,才能保卫和平。我们也要知道:我们为制止内战争取和平的自卫斗争,将是一种极其艰苦复杂的斗争,这要依靠我们华中党政军民全体动员,一齐动手,才能取得胜利。

问题已是很明显的了,国民党反动派想以无休止的内战,来镇压和屠杀中国人民,我们就要用自卫战争的彻底胜利,来保卫中国人民。国民党反动派想摧毁我们一手创造辛苦建设的华中解放区,我们就要用无比的英勇来保卫我们已经得到的和平、民主、自由、幸福的生活。我们奋起保卫华中,就是保卫和平,保卫中国人民不可侵犯的利益。人民的力量是无穷尽的,人民的愤怒是不可抗拒的,在反内战运动到处汹涌澎湃,中国人民已经觉醒起来和团结起来的今天,反人民反民主的逆流终究会被堵塞,人民的愿望一定会实现,人民的事业一定会胜利,和平、民主的旗子一定能永远地插在华中解放区。

(《新华日报》(华中版)1945.12.13)

专员公署发下指示:今年怎样拥军抗优

阴历年马上到了,我们第五分区专员公署,特地发下一个指示,规定今年拥军优抗工作怎么做。大致说:

今年过阴历年,是抗战胜利之后,头一个胜利年,也是挣到和平之后,头一个太平年,我们要把拥优工作做得比往年更好,边区政府规定从本月二十一号到二月二十号是拥军

月,我们五分区在这个拥军月当中,要做下面几件事:

一、优抗

(一)优抗粮食问题。目下经济困难,五分区优抗粮,边区政府只拨下一百六十万斤,比往年少许多,这事要向抗属、群众好好解释。另外,规定几点:

甲、等级:

甲等(已出发的边区部队、野战军、边区政府警卫部队)当中,赤贫、贫农是甲等一级,发五十斤小麦;中农是甲等二级,发四十斤小麦。

乙等(分区独立旅、团、税警、专署警卫部队)当中,赤贫、贫农是乙等三级,发四十斤小麦;中农是乙等四级,发三十斤小麦。

丙等(县团、营、县警卫连)当中,赤贫、贫农是丙等五级,发三十斤小麦;中农是丙等六级,发二十五斤小麦。

丁等(区乡队)当中,赤贫、贫农是丁等七级,发二十五斤小麦;中农是丁等八级,发十五斤小麦。

富农、地主、比较有钱的商人等,大体上不给物质慰劳,着重精神慰劳。

烈属,一律发七十五斤小麦。

乙、募捐问题。1.灾荒凶的地区,一律不募捐。盐城、建阳未闹灾荒,每个抗属,少发十斤小麦,分给盐东、涟东、淮海受灾荒的抗属。盐城、建阳扣的抗属粮食,由两县自己募捐补足。3.募捐要通过优抗反省、打通时事思想与群众各种民主斗争来进行。募捐对象,要是富裕中农以上人家。募捐账目要公布清楚,募来东西,尽可能与优抗粮同时发,募得多,就留一部分救济春荒。

丙、发放手续与时间。1.各县要代抗属印优抗粮收据,将来好报账。2.发放时间,在本月二十六号(送灶)之前。

丁、发放方式。要热闹、要隆重。比方请抗属吃饭,干部自己送上门。吃饭钱,在募来款子里开销。

(二)群众与抗属教育问题。

甲、对干部群众教育内容:1.告诉他们目下我们有太平日子过,全靠解放军流血牺牲,向后和平民主日子,也靠解放军。2.干部群众自己反省、改进。3.从反汉奸斗争、庆祝和平运动、春节文娱活动当中,联系优抗工作。4.健全优抗组织,帮抗属组织生产、订安家计划。5.清查优抗账目。

乙、对抗属教育内容:1.抗属自己反省特权思想与依赖性。2.叫他认清是非,莫给特工利用。3.打通他生产思想。4.告诉他,他家子弟为的保卫和平、争取全国民主,一时不能回家。5.健全抗属组织。6.告诉他们今年优抗粮食什么原因少些。

丙、精神慰劳。过年演戏,要请抗属看。大家要代抗属拜年,干部要带头。

丁、老抗属证一律收回,换发新的。

二、拥军

（一）未驻部队地方，要更用心对群众教育，使群众对部队有正确认识，真心真意来拥军。驻部队地方，就按边区政府指示做。

（二）为了顾到老百姓负担，决定不发动物质慰劳（自愿的也不阻挡）。着重精神慰劳。

（三）大家要写慰问信，信里要谈到，今年优抗粮什么原因比往年少，好让部队巩固。慰问信也要写给解放第四军。

（四）开小差归队问题。1.鬼子投降之前开小差的，由各县发"退伍证"把他。2.鬼子投降之后开小差的，要动员归队。

（五）残废金问题，边区政府有新规定。

（六）拥优工作要联系到查粮工作，查粮是保证部队不缺粮饷，也是拥军工作，大家也要反省、坦白、检举。

（《盐阜大众》1946.01.22）

在军直庆祝和平大会上
——张司令鼎丞讲话 号召永远为人民尽忠尽孝

【新华社华中分社讯】本月二十二日，军区政治部召开军直全体军人大会，庆祝和平在全国范围内的实现。军区宣传部陈部长，分局曾部长、冯部长及军区参谋处长等先后讲和平意义，并号召同志们提高拥爱观念，在和平环境里更好地为人民服务。接着张司令员训话说：

同志们：

今天的会议，主要内容有两个，首先是庆祝和平团结的局面在全国范围内到来了，其次是展望和迎接将来，规划新的任务，现在要做的事情很多，而当务之急是拥政爱民工作，故此，我就在这两方面，发表我的意见。

同志们：我们是中华民族的子孙，我们是中国四万万五千万人民的子弟，我们是工农兵的儿女，这就是说：中华民族是我们的家庭。四万万五千万人民是我们的家属，工农兵是我们的父母兄弟。同志们！最近百年以来，我们的家庭、父母兄弟和家属是活在什么样的一种情况呢？

我想：我们的家庭——中华民族，是多灾多难的，我们的家属受灾受难，我们的父母兄弟历尽辛酸，我们的父母兄弟受尽了污辱受尽了反革命的糟蹋，饥寒交迫，艰苦备尝。同志们！我们的家庭——广大而古老的中华民族，就是处在这样一种不幸的情况中的。

正因为是这样一个家庭，所以我们的父母，对儿女的希望，是一种如何殷切的期望啊！他希望自己的儿女光大门楣，远振家声，他希望自己的儿女能排除万难，兴家立业。同志们！这些，就是我们的父母、家庭和家属希望于我们的事情。而如果我们要做一个好儿女，做一个孝子，做一个忠臣，那么我们就要把自己的父母和家属，从饥寒交迫中解救出来，把他们渡到光明温暖的乐土，把灾难深重的家庭情况加以改变，使之欣欣向荣，能这样做好的就是孝子贤孙，反之就是大逆不道。

同志们！今天我们可以向我们的父母、家属、家庭，响亮而豪爽地回答，我们已经做了你们的孝子，我们完成了你们的希望，我们已经壮大成人，我们已经表现了少年老成，我们曾经以自己青春豪壮的热情，和骁勇顽强的精神，为我们多灾多难的家庭，水深火热中的父母和亲属们去努力办事，而且已经办成功了。这就是说：我们把那些制造灾难的、污辱和蹂躏我们家庭的、杀人放火的、奸淫掳掠的恶人、坏蛋、帝国主义及其走狗，无情地推下了历史的舞台，坚决而干脆地打倒了它！

同志们！我们已经整整的打了八个年头，我们血汗交流，我们白手起家，我们在前有狼后有虎的险恶环境中，我们在上无粮饷，外无救济的艰难情况中，肉搏奋战，受尽了无可比拟的折磨困苦。但是，同志们！我们克服了困难，排除了艰险，我们学会了用父母给我们的牙齿去作战。我们终于获得了胜利——把帝国主义打倒了，给家庭报了仇，今天我们做了孝子，做了忠臣，我们真是中华民族优秀的儿女，我们是民族英雄，我们的光荣，是不怕牺牲，不怕吃苦，善于披荆斩棘，敢于英勇斗争换来的。我们胜利地完成了第一步的任务——给灾难深重的家庭，奠定了自由幸福的基础！

同志们！今天我们的家庭已经呈现了欣欣向荣的气象，一切的恶人、坏蛋，不敢大胆随便的来欺侮我们了，我们可以向安居乐业的方向发展了，我们可以向家庭、家属、父母告慰，他们也一定会称心满意的，因为他们生了这样一个少年老成、多才多艺的儿女。我们光荣，我们宝贵，因为我们完成了父母的期望。

同志们！我们做了这样光荣的事业，打倒了坏蛋，赶走了恶人，我们之所以能够兴家立业，做上忠臣孝子，是如何得来的？饮水思源，这就是由于共产党的领导，共产党用毛泽东思想，抚育了我们，他循循善诱，苦口婆心地告诉我们，如何做忠臣孝子，如何做民族英雄，如何学习多才多艺，因之，我们才懂得，如何去斗争，如何去打仗，如何去报仇，如何去兴家。当然，我们自己也是好学生，我们良善好汉，我们少年老成，我们自己有恒心、有信心，我们清楚地知道自己家庭的饥寒交迫的日子，及前狼后虎的险恶境地，古云："独孤臣孽子，其操心也危，其虑患也深。"我们恰恰就是以这种心情，去接受师父的教育，去锻炼复仇的决心、兴家的意志，因之，我们就获得了这样辉煌的成就。

同志们！今天我们回答了父母、家庭、家属的希望，中国几百年来，灾难深重的情况改变了，三十五年从未停止的内战停止了，这是我们下了苦工，用了力量，流血受难，向困难斗争，所以才创出今天这样的局面，单就华中地区来说，我们新四军就有二十万武装，在中共华中局领导下有二十多万共产党员，领导着二千三百万人口的大家庭，我们的家庭有权力有组织有计划，有一个民主的模范政府来管理家务，有二十万坚强的武装，来保护家庭。

同志们！现在我们刚刚走上人丁兴旺、买田置地的情况，也就是说，我们华中解放区，今天正像毛主席所说的：我们是一个"和平、民主、团结、自由、幸福的家庭"。我们今后一定要按着我们父母所期望于我们的，更加努力地去发扬光大，我们一定要继续艰苦地缔造下去。我们要做一个彻头彻尾的孝子,我们要做一个彻头彻尾的忠臣,新四军是真正人民的军队,民族的军队,我们要为人民服务,为家庭服务,为父母服务,全心全意而不是三心二意地来保证我们的家庭不再受欺侮,因为恶人、坏蛋,还只是被打翻了,但并未消灭,将来说不定他还要来捣乱的,所以我们还不能放下枪杆,松懈精神,认为和平实现,万事大吉,这就错了。相反,我们今天要更加紧张。

同志们!我们必须知道,我们家庭的财产还很薄弱,我们的许多父母和家属,还在另一些地方啼饥号寒,如果我们没有"贫贱不能移,富贵不能淫,威武不能屈"的严格的立场和气节,如果我们禁不住胜利,自以为辛苦了,成功了,应该休息了,如果我们以民族英雄、优秀儿女自居,而骄傲起来,那就是绝大的危险,那将招致失败。太平天国,在定都南京以后,偏安逸乐,不思进取,以致断送了革命,功亏一篑,是应该作为历史的教训的。所以,同志们!我们丝毫不能松懈,现在已经得到了光明的代价,我们应该更有力量、信心和勇气地去前进了。我们必须兢兢业业的去总结经验,继往开来,提高再提高,所以我们要对着新情况、新任务,做新的布置,以便更好地来巩固胜利,和平是力量争取来的,同样也要靠力量来巩固。

今天就来谈谈我们如何更有计划、有组织地去发挥力量,巩固和平呢?这就首先要看看我们拥政爱民工作做得如何——因为这就是我们力量的源泉。

我们虽然已是忠臣孝子、优秀儿女,但我们会不会一点缺点没有呢?我想不会的,今天我们就来检查检查,看我们对人民、对政府有哪些错处,有则改之,无则加勉。不过如果有错事,那就必须要向我们的父母、家属赔礼,一定要赔礼。我们说我们的整个部队,完全是好的,但是其中是否也有个别坏的呢?他还存在坏的思想,他还乱拿我们家属的东西,他还忤逆我们父母,这是很难免的,因为我们做一个多灾多难的中国人,谁能无错呢?只要自己知错,"过而能改,善莫大焉"。所以我们说错了要赔礼,损坏了要赔偿,没有做错或损坏的,也有督促、监视、教育、指导之责任;甚至督促做错的同志去尽赔偿道歉的责任,这就是我们要做拥护政府爱护人民的工作。

其次在我们兄弟之间,还要进行拥干爱兵。今天我在这里宣布,今后我要尽我做老大哥的责任,同志们的穿衣、吃饭、工作、学习我都有关心照顾的责任,你们的疾苦,就是我的疾苦,同时我希望同志们之间,发扬阶级的手足之情,战士拥干,干部爱兵,同心同德,把大家庭搞好。

再次,我们要学习,在军事、政治、文化上,都要提高一步,使得我们的才艺更佳,更有本领,能担当起一切的任务。

再次,要想尽一切办法,把生活搞好,尽量地提高改善。毛主席说:"自己动手,丰衣足食。"这就是我们努力的方向!

最后,在这八年抗战中间,我们有许多兄弟,在打敌人中间牺牲了,他们的热血,凝成了胜利的鲜花,他们的生命换来了和平的果实,我们应该纪念他们,完成他们的遗志,走尽他们没有走完的路;还有些兄弟在战斗中,身体残废了,生病了,我们一定要服侍他,照顾他,始终如一地关心他们。同样在这八年抗战中间,有许多同志家属受到帝国主义、坏蛋反革命的摧残蹂躏,我们也正在想一切办法解决救济,除掉生产中公私兼顾之外,今年政府决定以十万石粮食来救济家属。

同志们!千言万语,只是要我们大家认清,我们要做永远的忠臣、孝子、优秀儿女、民族英雄,我们要一心一德如钢如铁地干下去,只有不断地努力,才能流芳千古,才能永远的保持我们至高无上的光荣!

(《新华日报》(华中版)1946.01.24)

解决拥爱思想中三个基本问题
——邓政委在军直属队拥政爱民会议上的报告

今天我们军区直属队开这样的大会议来讨论拥政爱民工作,这是一个极端重要的会议,是要把毛主席建军思想,贯彻到我们军队每一个干部、每一个同志中去。只有把毛泽东建军思想——人民军队与人民战争真正实现而且贯彻到底,我们的军队才是模范的人民军队,我们才能无战不胜,无攻不克。今天这个会议目的就在于此。我们要把拥爱工作搞好目的也就在此。分局常委会下了最大决心,用了最大力量,要把这个工作搞好,特派张司令来直接领导这个会议。今天上午张司令所提方针与办法,我完全同意,望同志们照此做去。现在为帮助同志思想检讨,我来说明下列三个问题:

第一,为什么要有军队?

当兵是一个苦事,天天把枪杆子背在身上,下操上课,打起仗来还要打伤人打死人。我们为什么要干这个苦事情?是不是为了光宗耀祖挺威风?不是的。是不是为了升官发财?也不是的。许多同志都说是为了抗日打鬼子,对不对?对的。但为什么要打鬼子,打鬼子为了谁?这个问题,如果不弄清楚,那是危险的。有些同志说我们当兵是为了革命,对不对?对的。但革命为着谁呢?为什么革命要有武装?这个基本思想如果不弄清楚,也是糊涂的。我今天就要说明这个道理:

我们应该知道,世界上有两种人,两种生活,两种政权,两种军队。一种人是以大地主大资本家为中心的压迫阶级,另一种人是以工农劳动者为中心的被压迫阶级——人民大众。这两种人的生活完全不同,大地主大资本家整天不劳动不做好事情,但他却吃得好、穿得好、住得好、用不完;而我们工农劳苦大众一天苦到晚,一年忙到头,整个世界是我们创造的,但我们却是过着饥寒交迫、被人欺负、被人看不起的痛苦生活;这是世间最不公道、最不平等、最没有天理良心的事情。

资本家地主为什么不劳而获,而工农劳苦大众却劳而无功呢?大家都知道,这是因为地主资本家有土地、有资本、有机器、有工厂,一切生产资料和工具,都控制在他们手里;而工农劳苦人民就没有这些东西,无法自己生产,所以不得不以自己的劳动力替他们种地,替他们做工,借他们的钱,替他们做买卖,而受着他们重租高利、贱买贵卖、垄断居奇、劳多酬少的剥削,因而苦一辈子不能出头,连子子孙孙都无法翻身,这是旧社会一个最普遍的秘密,这个秘密直到百年以前才被马克思所完全揭穿。

但是为什么地主资本家能够维持这种剥削制度呢？他这种剥削制度靠什么力量来支持呢？同志们！这就是政权与军队的问题。大地主大资本家懂得掌握他们的政权，懂得组织他们的军队，他们就依靠这个政权与军队来压迫工农劳苦人民，镇压我们的反抗，使我们不得不承认他们的无理制度，不得不忍受其剥削，一切秘密就在于此。大地主大资本家利用政权来统治人民，是有各种办法的：他有文一套又有武一套，有硬一套又有软一套，有明一套又有暗一套。他首先颁布了他们的法律与各种规章，要你遵守（这就是文一套）；如果你不遵守，他就有警察、宪兵、衙门来强迫你执行；你不执行，他就要办你；你反抗，他就说你造反，说你是土匪，派保安团、中央军来剿你（这就是武一套）；把你抓去吃官司、坐牢、打屁股以至杀头（这就是硬一套）；但是每个人民都需要用这一套来对付，就太麻烦了，因此他们就利用欺骗手段，来办学校、办报纸、办宗教、演封建戏、大鼓、说书、编书本、编小说，以至算命、卜卦，宣传他们的欺骗理论，读经、复古、尊孔、提倡旧礼教等等，总之利用一切旧封建文化，实行愚民政策，来麻痹人民思想（这就是软一套），使人民自己乖乖地服从他的支配，受了人家剥削，还认为人家大恩典，这样地主资本家就可以安享荣华富贵，而一点也不必麻烦了，这是最聪明的办法。但是劳苦人民中终究还有进步分子，终究还有领袖，暗中领导人民反抗这种剥削压迫与欺骗的，因此这些老爷们知道，光是以上这"明一套"的办法不中用，而需要另有"暗一套"的办法，这就是特务，暗中侦查人民中的进步分子与人民领袖，用各种罪名与藉口（如说你通匪等）加以逮捕或暗杀，并用造谣挑拨离间收买等办法，达到其破坏人民反抗的目的，以维持其反动统治。同志们！这就是大地主大资本家对工农人民大众所用的手段，就是大地主大资本家的专政，也就是今天国民党反动派所玩的把戏。大家想想，在这种政权压迫下，工农劳苦人民有什么办法抵抗人家剥削，又有什么办法来求得自己丰衣足食自由解放呢？根本不可能。

因此，我们共产党，告诉工农劳苦人民，要求得自己有饭吃有衣穿有好日子过，就要自己起来掌握自己的政权，组织自己的军队，这就是人民民主政权与人民军队，使人民能够自己管理自己（自治），自己保卫自己（自卫），而不受人家压迫，不受人家欺负，只要人民一旦掌握了自己的政权，自己的军队，人民就可以依靠自己的劳动生产，逐渐达到丰衣足食，自由解放的境地。为了保卫自己，抵抗大地主大资本家的压迫进攻与破坏，这个人民民主政权，自然也要有文一套（新民主主义的法律法令规章条例），武一套（人民的军队，民警，民兵，自卫队），硬一套（民主政府的法庭监狱），软一套（新民主主义的文化教育），明一套，暗一套（我们的公安保卫部门）。同志们，这些办法，都是为了保护人民利益，缺一不可的。八年来解放区的事实告诉我们，如果没有人民政权与人民军队，那么解放区人民要减租减息，加资减时，废除苛杂，改善生活，不受压迫，简直是做梦。我们的人民政权——民主政府与人民军队——八路军新四军就是在这种需要下产生的，我们是为人民服务为着人民解放的需要而存在，我们与国民党军队（中央军）的区别，就在于此，他们是为大地主大资本家少数人自私自利而服务的私兵，我们是为广大劳动人民服务的公兵，他是军阀军队，我们是人民军队，因之他们是反动武装，我们是革命军队。同志们！我们的责任在此，我们的光荣也在于此，我们是光荣的革命的人民军队，我们每个同志要有明确的为人民服务的立场，为工农劳苦群众服务的立场，一切从人民利益出发，从人民利害权衡轻重出发，这就是毛主席所谓全心全意为人民服务的人民军队的立场，我们对一切军队的评价，都要从此出发，军队要不要存在与发展，也要从此出发。如果这个军队是为人民服务，那他越强越大就越好，那么我们就要支持他，发展他。如果这个军队不是为人民服务，反而危害人民，那他越强越大就越坏，那么我们就要教育他，改造他，改造不了的就要解散他，消灭他。对国民党军队如此，对我们个别坏部队也是如此，这是我们对军队的基本观点。同志们！明了这个观点，那我们军队的拥政爱民工作，不仅是我们革命军队的责任，而且是革命军队的光荣，我们不仅为人民除害，为人民利益而作战，而且要随时随地尽一切可能为人民兴利除弊，尽心尽力全心全意为人民做事，这才是我们人民军队的本色。同志们！拿这个观点来检查我们华中的部队，那么我们说我们的部队已不愧为人民军队，因为我们在八年中抗击了敌寇，击退了反动派的进攻，消灭了土匪，解放了数千万人民，创造了广大的华中解放区，发动了千百万群众，建立了六十余县人民民主政权，帮助人民实现了减租减息，加资减时，废除苛杂，改善了民生，繁荣了市场，安定了地方。我们为了人民解放事业，不仅打了无数仗，流了无数血，而且帮助群众扑灭蝗虫，修堤筑坝，耕地割麦，以至宣传教育，组训民兵等等，因此我们是华中人民自己的队伍，这是我们可以夸耀的，可以自豪的。但是同志们，是不是我们每个部队都是如此呢？是不是样样都做好了呢？是不是没有缺点呢？那我们应该说我们缺点还很多，还很严重，我们的群众纪律还是很糟糕，特别从反攻以来，我们部队的纪律太坏了，打人骂人，封船拉夫，打老百姓，打政府人员，打地方党的负责人，甚至个别部队打死人，……这些严重现象，虽有其客观原因，如俘虏成分多，作战频繁，给养困难，后勤工作准备不充分等，但应该认识，主要原因还是干部思想模糊。我们有些干部，主观上是革命的，抗战是坚决的，打仗是勇敢的，工作是积极的，上级命令是服从的，但究竟为什么要抗战，为什么要革命，革命为着谁，为谁人打仗，这些基本思想也却未弄清楚。有些同志也知道拥政爱民，而且在做，但为什么要拥政爱民，爱的是哪一种民，拥的是哪一种政，这些观点也未弄明白，因之在上级号召督促的时候，他可以做得好，但过一会儿他就放松了，忘记了，看着违背群众利益的现象也漠不关心，甚至同情他，原谅他，包庇他，袒护他。这就是我们部队纪律之所以时好时坏时松时紧及最近纪律不好的主要原因。譬如这次住天主堂伙夫打伤了领导反汉奸斗争的群众领袖，我们听到了这消息时，心里就冒了火，但我们那个单位的指导员支部书记以及其他负责人，当场看见这种事情为什么不冒火？为什么不制止？为什么不纠正？司令部派人把那个伙夫抓来了，我们的支部书记，还认为未经过他的组织系统去抓人而表示不满意，这是一种什么观点？我们有些部队封车、封船、拉夫，甚至把人打死把船打沉，我们那些部队的首长亲眼看到，或者亲耳听到这些事情，为什么心里不冒火？不制止？不追究？不进行教育？不开展斗争？不执行纪律？也不报告上级政治机关，这又是什么原因呢？很明显的，这就忘记了自己是人民军队，忘记了我们一切是为着人民，忘记了军队是为着人民需要而组织，不是人民为着军队需要而存在，明显的，这就是群众观念不强，阶级观念糊涂，这就是军队利益高于一切，而不是人民利益高于一切,为了军队利益,把人民利益牺牲,甚至把自己贫苦兄弟的生命牺牲,也在所不惜。为了军队利益,人民应无条件服从我,如稍有反抗,就要显显军队的威风,而加以压服和教训。同志们!这是一种什么观点呢?不是别的,就是大地主对农奴的观点,就是国民党的观点,就是军阀主义观点。这种观点如不纠正,让它发展下去,让它拿这种观点去教育部队,而不受到改正,那么久而久之,我们的军队就会要变质,这是多么危险的呀!因之,今年拥爱工作必须把这种军阀思想、地主思想,彻底克服,而以毛泽东的建军思想——人民军队来教育干部,教育部队,使我们全体指战员大家确立全心全意为人民服务的思想,这是今年拥爱工作的中心一环,也是我们革命军人的基本要素。

第二,军队怎样才能生存发展与胜利?

上面说过,军队之所以需要,是为着人民解放而服务,但军队怎样才能完成这个神圣的任务呢?我们有些同志以为有了军队就可解放人民,过分夸大了军队的力量,而不了解人民的解放是依靠自己的力量来解放自己,军队只是人民力量的一部分,军队不依靠人民,不仅不能战胜敌人,解放人民,而且军队本身也无法生存与发展,尤其是我们革命的人民军队的生存与发展,更是完全依靠人民大众的支持与帮助,才有可能。否则,我们不仅不能胜利,而且一定要失败与消灭。

这个道理很简单,首先要问我们的兵员从哪里来?我们不是天兵天将,也不是纸糊人马,更不是妖魔鬼怪,我们的兵员就是工人、农民与革命的知识分子,加上其他赞成反帝反封建的人民的结合体,离开了工农人民大众的支持与参加,我们队伍就不能保持与发展。其次是我们的给养,吃的穿的用的治疗的,哪一样不是取之于人民,特别是取之于农民,没有人民的拥护与支援,我们就将要缺衣乏食,而自行瓦解。第三是我们的装备,虽然是夺取敌人的武装来武装自己,但炮弹、手榴弹、子弹、刺刀、工作器具,以及其他军工电讯、交通器材等,哪一样不是群众给我们的,没有群众支援,我们就不能有现在的装备。第四,说到作战,我们是怎样胜利的,固然依靠我们指战员的英勇顽强,依靠于我们指挥员的指挥才能与战士的军事技术,依靠于部队开展的协同动作,尤其依靠于群众直接间接的配合,因为有广大群众的侦察配合,与封锁消息,我们才能了解敌情,隐蔽自己,使我们知己知彼,而敌人则成为瞎子聋子,由于有群众指导配合,我们才能人地熟悉,而敌人则人地两疏。由于有民兵游击配合,我们才能以逸待劳,而敌人则精疲力倦。由于有群众的战场配合(如运输担架送茶送饭及民兵作战配合等),我们才能越打越多越打越勇,而敌人则越打越少、越打越怕。这是每次胜利战斗的经验所证实了的。此次平汉路之歼灭战,我们部队才六十万人,而民兵自卫队及参战群众竟达二十万人之多。华中高邮之战,我主力不过万余人,而地方军民兵及群众参战者达二百余人。没有广大群众的配合,想单靠部队来解决战斗取得胜利,是不可能的。如果我们更进一步来研究,则部队之英勇顽强,团结巩固,实际上依靠了广大群众之支持与鼓舞。正因为我们是人民军队,是为着千百万人民解放的神圣事业而战,而这个神圣事业为千百万人民所支持是一定要胜利的,我们的指战员正为这个神圣事业光明前途及得到千百万人民拥护而感到无上光荣与无限信心,因此才使贪夫及懦夫怯,勇敢者更加勇敢,不勇敢者也勇敢起来,动摇者坚定下来。如果我们部队不是随时随地为人民利益服务,或者纪律不好,因而得不到广大人民的支持与鼓舞,相反地人民对我们是冷淡与怀疑,以至畏而远之,那么不仅我们给养作战得不到人民配合,而遭受困难,即部队士气亦必大受影响,使勇敢者减低勇气,积极者逐渐消极,不动摇者走向动摇逃跑,这是可以断言的。因此我们应该知道我们的军队不仅一切为着人民,而且也是一切依靠人民,离开了人民,我们的军队不仅不能胜利,而且不能生存。这是事实,也是一个真理。我们应该老老实实承认这个事实,领会这个真理。我们有些同志常常夸大个人的作用,夸大军队自己的力量,而抹杀群众的功劳,眼睛只看到枪杆子的威力,而看不到群众力量的伟大,这就是个人英雄主义、单纯军事观点与枪杆子第一主义的思想来源。有这种观点的人,以为枪杆子万能,有了枪杆子便可以为所欲为,以为天下是老子打开来的,因此便忘记了自己的母亲——群众,看不起地方党政人员与民运工作同志,甚至以胜利者自居,以功臣自居,向群众要慰劳品,以为慰劳是应该的,向政府与群众团体发号施令,盛气凌人,偶不快意,便大发脾气,甚至打人骂人,武装示威。群众纪律在这些同志脑子里更是满不在乎,以为我为你们打了胜仗,即使队伍纪律坏一些,你们也应该原谅。大家想想,这一切表现不就是军阀主义思想吗?而形成这种思想的主要根源,就是个人英雄主义、单纯军事观点,就是枪杆子第一主义,就是看不到群众力量,忘记了一切依靠群众的机会主义观点,这种观点不改变,要把拥爱工作做好是不可能的,要把军队真正成为无往不胜的人民军队也是不可能的。因此今天我们检讨拥爱工作必须克服这种个人英雄主义,克服单纯军事观点与枪杆子第一主义,必须正确认识群众力量,认识群众是一切力量的源泉,群众是我们的母亲,我们不仅应该一切为着群众,而且也是一切依靠群众,离开了群众你就一事无成,这就要以毛泽东建军思想——人民战争来教育我们的干部,教育我们的部队,这就是我们所进行的是人民战争,而不是单纯军事抗战,是军民配合作战,而不是军民对立分开,是主力军地方军与民兵自卫队三者相结合的战争,而不是主力军、地方军、民兵各自为战的战争。确立了这个思想,我们的拥爱工作就可以做得好,我们的干部与部队也就要大进一步。

第三,如何才能建设成为人民军队?

这个问题,昨天解放日报论军队国家化的社论上说得很清楚,它指出"军队国家化就是军队民主化,而这种军队民主化,不但在军队与人民之间的关系是民主的,而且在军官与士兵之间的关系也是民主的";它指出"以八路军新四军为标志的各解放区军队是人民的民主的军队",因此我们应该说人民军队的基本特质是民主化,而这种民主化是表现于军民平等与官兵平等,而不是像希特勒和国民党的军队一样,强调军队对人民的特别权威与官长对士兵的特别权威。把军队压在人民头上,官长压在士兵头上,以致造成军民对立与官兵对立。正由于我们是军民平等与官兵平等,所以我们是军民一家与官兵一致,这就是人民军队的基本特质,也是人民军队所能以少胜众以弱敌强而取得最后胜利的基本条件。今天我们开展拥政爱民运动,及将来在部队内部的尊干爱兵运动,正是为了建立军民之间与官兵之间真正的平等关系,正是为了加强人民军队本质之修养,一方面使军队依靠人民,人民依靠军队(即孙中山所说的"武力与国民相结合")。另一方面,使我们的军队真正成为全心全意为人民服务的人民军队(就是武力为国民之武力),这是保障和平加速革命胜利的最重要环节。

因此今年应把我们的拥爱工作,做得比以往任何一年更好。要做到这一点,就需要:

一、弄通思想,首先是干部思想上,必须弄通上面所提这三个问题,以此来检讨自己的群众观念、阶级观念、爱民思想,检讨自己有无违反毛泽东思想的军阀主义、单纯军事观点与功臣思想等等,只有克服这些思想,确立毛泽东建军思想——人民军队与人民战争,我们的拥爱工作才能做得好。

二、进行三大任务十项注意及其他纪律教育,表扬模范,批评缺点,处分犯罪者,使大家自觉遵守,真正做到秋毫无犯。

三、要实事求是地解决问题,心里这样想,口里这样说,事就这样做。要说了就做,言行一致,不要口是心非,阳奉阴违,过去做错的,现在就改正,对人不住的就赔礼,损坏人家的东西就赔钱,下面实际有困难的问题就解决,应处分的就处分,必须这样才能使拥爱工作贯彻到底。

四、确立部队做群众工作的优良传统,这不仅可以协助地方工作,使群众更快发动,不仅可以保证部队纪律优良,加强军民关系,而且是使我们指战员工作人员确立群众观念与阶级观念,加强爱民思想与爱兵思想的基本办法,是知识分子自己改造自己的必经过程。在做群众工作,在与贫苦群众接近的过程中,你就可以直接知道我们的阶级弟兄是如何的受压迫受痛苦,也就可以从此看到群众力量的伟大,这样你的群众观点、阶级立场、人生观,就可以逐渐确定下来,使你变成一个真正的马列主义者。

(《新华日报》1946.01.30)

县立功委员会颁布参军立功办法标准

(这条例是经县立功委员会最后修正的,上期本报发表的是立委会讨论草案,希各区、乡,按照这条例进行评功)

兹订定参军立功办法,与立功标准如下,希各区依照此原则,参作评功为要。

第一,立功办法

一、评功——凡评功时,须依照立功标准,参酌实际情形伸缩评定之。其次序如下:

(一)军属二、群众三、干部四、集体。

(二)奖功——各区经民主评定之乡村或民兵各联会团体以及个人之功臣,凡大功以上者,除区级奖励外,再由县民主评定模范或英雄,经县立功委员会批准后分别给奖。

二、积功

(一)五个好——一小功

(二)三个小功——一个中功

（三）三个中功——一个大功
（四）三个大功以上者由民主评定为模范或英雄
第二，立功标准
一、军属功
（一）拥护民主评定者——好
（二）拖尾巴经劝导而转变者——好
（三）不拖尾巴者——小功
（四）积极帮助割尾巴者——小功
（五）积极动员有成绩者——中功
（六）欢天喜地送郎送子参军者——中功
（七）大会带郎带子报名者——大功
（八）积极劝郎劝子参军者——大功
（九）一家有两人以上参军与独子参军者——大功
（十）丈夫儿子参军后，自己有劳动力，不要群众帮助，能积极生产者——大功
二、群众功
（一）发现对象者——好
（二）积极参加动员者——好
（三）自愿慰劳参军者——好
（四）抓紧对象教育有成绩者——小功
（五）动员一人参军者——中功
（六）自愿献工优抗者——中功
（七）自动报名或团结与扩大参军者——大功
（八）自愿长期代耕代种优抗者——大功
三、干部功
（一）积极动员者——好
（二）民主评定或由旁人动员参军者——小功
（三）自己无条件，动员亲属参军者——小功
（四）切实走群众路线，而完成任务者——中功
（五）执行三不四要而完成任务者——中功
（六）自动报名参军或带头参军者——大功
（七）创造经验，起先导作用者——大功
（八）克服困难能转变局面者——大功
（九）领导一个部门一个组织有显著成绩者——大功
四、集体功，凡本录之评定，应区与区、乡与乡、村与村互相比较民主评定之
（一）任务
完成任务者——大功　超过任务五分之一者加一小功，超过任务五分之二者加一中

功,超过任务五分之三者加一大功

（二）质量

退回及开小差九折以上者大功,八折以上者中功,七折以上者小功

（三）政策与路线,能执行三不四要,民主评定,雇贫路线者大功

兴化县参军立功委员会

(《兴化人民》1947.09.10)

参军立功　迎接反攻

全国大反攻开始了,南线我反攻大军分四路出动,开到蒋营区作战,蒋贼弄得手忙脚乱,垮台的日子格外来得快了。在这局势好转的时辰,上级号召人民参军,坚持斗争,迎接反攻,保卫翻身。我宝应全体党政军民齐大伙正在热烈地响应这一号召。

脚下搞参军,我们是有很多的有利条件：第一,干部和群众听到开始大反攻的消息之后,情绪高涨。最近各地翻身农民纷纷要求武装起来打敌人。第二,这次我军打下的射阳望直港,干部和群众都真正认识到新四军是有力量的,因此"参军立功,迎接反攻"的号召,群众是会很快的接受。第三,好多落头的群众运动已蓬勃开展,组织机构大部恢复,并且在运动中涌现出不少深塘户的新积极分子。

在参军运动中我们齐大伙要注意做好下面几个工作：(一)大家要下决心来完成上级交代的任务,充分动员,使农民真正认识到今天的参军,是武装起来保卫翻身的运动,只有把蒋贼彻底打垮,大家伙才能翻透身。(二)干部个个要认清,掌握武装是党的头一等重要任务,带头参军是顶顶光荣的,我们号召各地干部带头参军,积极扩军来正确领导参军运动。(三)走阶级路线和群众路线,严格执行三不四要的政策,防止封建势力和特工坏蛋混进来进行破坏。(四)在参军运动中贯彻立功"人人立功个个争好",各区各乡各村发动竞赛,争取做个人民功臣。(五)做好优抗工作,帮助抗属解决冬耕,适当的救济穷苦的抗属。

最后我们号召：大家踊跃参军,抢立大功,争取做个头等人民功臣,来迎接反攻的彻底胜利。

(《宝应大众》1947.10.06)

怎样巩固新兵

海　燕

唐港区参军运动发展很快,在五天中迅速完成了七百人的光荣任务,原因是掌握了民主公评与诉苦报仇参军立功结合,干部带头滚雪球的新经验。除此之外,巩固新兵工作做得较好,也是原因之一！

一、漫谈比苦反复深入教育,提高阶级仇恨

因这次参运走了阶级路线,绝大部分为贫雇农,通过诉苦比苦,启发了报仇思想巩固

参军情绪。如中北乡沈家河沈传兰自己八十多亩田,被封建剥削得卖田卖屋,还讨了十四年饭,做六年雇工还挨打,其他人听了说:"我的苦要说得三天哩!一谈眼泪就掉下来了。"从诉苦比苦中,将他们思想提高到要为祖宗报仇。

二、贯彻立功,评功,号召功上加功把功劳带到部队里去,使其参军的青年立功思想提高一步

中北乡沈河村动员到十七名参军时有些人动摇了,当发现这问题就提出参军报名显功劳,沈老四说我动员四个,大队长说我动员八个,进一步提出评功,他们很高兴下去活动,成立评功小组,开始评功,大队长评了两个大功一个模范,其他人都评到功,有一个新兵裴田余冒功被检举后没得功,这样对功重视,动摇的新兵也不动摇了,大队长还说:"再动员三名,就拿到银牌英雄奖章与金星钢笔挂挂多光荣呀!"

三、组织骨干,团结好的,开展反咬癞子,反破坏斗争

因为经过民主公评后,思想不成熟的新兵,就咬癞子大家去不成。成其甫中队长魏从德被评参军,进行破坏,挤矮子要庄上青年都去,后来通过骨干评议委员会,发动新兵斗争他,一致不要他去,交群众处理,提出"好人去参军,坏蛋不要"的口号,结果他孤立了,其他新兵都心愿,高高兴兴地到招待所去。

四、教育军属,关心军属,解决困难,使新兵安心

在军属提出实际困难时要适当设法帮助解决。主要还是通过各种方式来教育军属,如介绍实际的模范故事给他听。陈河村在军属会议上说明儿子丈夫参军是光荣的,我们要欢天喜地,提出"老虎下山要讨个出语"、"要个吉兆"这样不使军属有离别不舍而难过。在优抗方面饱和点乡村应很快转入组织军属农联代耕是必要的。

五、组织热潮,组织光荣

我们动员时开口光荣,闭口光荣,当参军报名时,一定要组织热潮鼓舞情绪,郑家庄新兵有我负责人与警卫人员欢送,一路吹弹歌舞,新兵很开心,对巩固新兵有很大帮助。

(《兴化人民》1947.10.15)

县立功委员会订定评功庆功办法

本县参军立功委员会在本月十七日召开会议,讨论评功、庆功的具体办法,并定于十一月内召开普遍热烈的庆功大会。具体办法如下:

一、奖功、庆功办法

(一)各区由民主评定功臣(集体的或个人的),凡甲等功以上者,除区级奖励外,再由县民主评定。

(二)订于十一月内召开全县庆功大会,并民主评定给奖。

二、评功积功办法

(一)五个好,一个小功

(二)三个小功,一个中功

(三) 三个中功,一个大功
(四) 三个大功以上的,由民主评定为模范或英雄

三、军属功

(一) 拖尾巴经劝导而转变的(好)
(二) 拥护民主评定的(好)
(三) 不拖尾巴的(小功)
(四) 积极动员有成绩的(中功)
(五) 欢天喜地送郎送子参军的(中功)
(六) 积极帮助割尾巴的(中功)
(七) 大会代郎代子报名的(大功)
(八) 积极劝郎劝子参军的(大功)
(九) 全家参军或独子参军的(大功)
(十) 丈夫儿子参军后,自己有劳动力,不要群众帮助,自动积极生产的(大功)

四、个人功

(一) 积极参加动员的(好)
(二) 发现对象的(好)
(三) 自愿慰劳拥军的(好)
(四) 抓紧对象教育有成绩的(小功)
(五) 自己动员不好能找钥匙开锁的(小功)
(六) 动员一个人去参军的(中功)
(七) 自愿献工优抗的(中功)
(八) 自动报名,并团结与扩大参军者(大功)
(九) 自愿长期替军属代耕的(大功)

五、干部功

(一) 积极动员的(好)
(二) 民主评定或由旁人动员去参军的(小功)
(三) 中途动摇又转变自愿去参军的(小功)
(四) 自动报名参军去(中功)
(五) 自己无条件动员亲属参军去的(大功)
(六) 带头参军的(大功)
(七) 切实走群众路线而完成任务的(大功)
(八) 执行三不四要而完成任务的(大功)
(九) 领导一部门和一个组织有显著成绩的(大功)
(十) 超过原定任务的(大功)
(十一) 创造经验起指导和推动作用的(大功)
(十二) 克服困难能转变局面的(大功)

六、集体功

（一）任务（各种数字地方与主力）占百分之四十

（二）政策（执行三不四要）与路线[1. 群众路线，民主评定。2. 阶级路线（雇贫农路线）占百分之三十五。]

（三）质量（包括党员及干部数字，退回和开小差数字）占百分之二十五。

（《兴化人民》1947.10.20）

打通时局思想，加强战争观念！

蒋匪对我们五分区的大规模"扫荡"，在我华中和五分区军民的英勇奋斗下面，在我其他各战场积极发动攻势，给我们以有力的支援下面，已经迅速地加以粉碎了。

在我们这一次反"扫荡"过程中，我五分区的党政军民，固然是高度地发挥了顽强坚持的精神和敌人进行纠缠，尽一切力量，来保卫我们的土地，保卫人民的利益。但另一方面，也暴露了我们的弱点。这就是在我们某些干部中，对战争存在着厌倦疲沓的情绪；我们某些领导机关和某些干部，对华中紧张的新形势，对我们正确的坚持方针，缺乏足够地认识，因而事先太平麻木，情况发生，就张皇失措，甚至发生某些抛弃阵地、退却逃跑的现象。这样就必然会影响我们有力地进行坚持。

目前，敌人的这一次"扫荡"，虽然已经初步结束，但是敌人对华中的"总体战"阴谋，没有加以最后粉碎以前，基本上是一个时紧时松的局面。因此，在今天"扫荡"已经结束，全区环境转趋稳定的时候，我们绝不应该重新滋长麻木太平的情绪，以为我们的环境，又会长期的稳定，而不作敌人卷土重来的打算。相反的，我们应该善于掌握和利用这一个战争空隙，整顿我们的思想和组织，使我们全党和群众的思想，能得到澄清和统一，我们的各种组织和工作，能适应今天的战争需要。只有这样，才能打下支持长期战争的思想基础和组织基础，才能有力地迎接新的紧张局面的到来。

为了这一个目的，地委决定，抓住这一个战争空隙，抓住自卫战争两周年的七月，在全党和群众中间，展开一个广泛深入的时局和战争的教育运动。

这一个决定和号召，是十分恰当的，适应了当前的形势和客观的需要。我五分区全体党政军民学，必须立即紧急地动员起来，大力地开展这一个运动。通过这一个运动来打通全党和群众的时局思想，加强胜利的信心；来加强全党和群众的战争观念，克服对战争的厌倦疲沓情绪；来检查我们前一时期的反"扫荡"斗争和备战工作，并且联系完成一切紧急的战勤任务和备战工作。

关于开展这一运动的具体步骤和方法，这里提出了下列的意见，供大家在部署这一运动时参考：

第一，我们应该自上而下召开各级干部会议。在敌人"扫荡"地区，从总结这一次"扫荡"斗争着手，在敌情没有波及地区，从检查备战运动着手，来检查我们对形势的认识，检查我们的战争观念，检查我们对坚持方针的掌握，和备战的具体部署。在这一检查中，联系进行评功检过，表扬斗争中勇敢坚决、批评斗争中畏缩退却的干部，并抚恤伤亡。

在打通时局和战争思想的时候，应该反对搬教条和填鸭式的教育方法，应该掌握从实际的思想情况出发，对症下药的群众思想教育方法，让同志们充分地提出疑问，提出困难，然后根据这一些疑问和顾虑，具体地打通思想，有些问题，应该从组织上加以解决的（如适当的解决工作与生产的矛盾等），亦应该讨论具体办法，从组织上加以解决。

我们必须通过这一次党内的教育，使全党能一扫过去厌倦松懈的情绪，大家生气蓬勃，斗志高涨。这种情绪的转变，亦必定会影响群众的情绪。

第二，我们对群众的教育，亦必须掌握住群众路线的教育方法，根据不同的对象，根据不同地区，不同的思想情况，利用各种可能利用的方法，进行有效的教育。在经过敌人严重抢掠破坏的地区，应该从诉苦着手，来提高群众对敌人的仇恨；对受到敌人麻痹欺骗的群众，应该用活生生的事实，揭破敌人欺骗麻痹的阴谋，让群众看到敌人残暴恶毒的本质；在某些中心地区，群众太平麻木的情绪，依然存在，应该及时地进行备战教育，提高群众应有的警惕；某些地区，群众因各种战勤任务的繁重，对我们感到某些不满，我们也应该进行适当的解释，解除群众和我们中间存在的某些疙瘩。我们更应该大力宣传我党的土改政策，替今后的纠偏，打下了思想基础。

在进行群众教育中，应该结合进行评功检过，在敌人"扫荡"地区，表扬掩护我伤员物资、斗争坚决的群众，树立群众中的斗争模范，作为群众斗争的表率，并个别惩办为敌服务的首要分子。在一般地区，亦应表扬在各种战勤任务中积极勇敢的模范，并适当批评有意识逃避战勤的群众。

进行群众教育的方法，应该动员一切动力，并且创造和利用一切适合于农民情调的方式，进行宣传。进行宣传教育时，应尽可能利用农民生产的空隙（如举办乘凉讲座等），不要因宣传教育而严重妨碍了群众的生产。

第三，在进行这一运动中，结合完成各种战勤和备战工作，如整顿后勤、夏征、动员常备民工、整顿民兵等。使这些工作，在群众自觉的思想基础上，顺利地加以完成。

这一运动的能够顺利展开，能否达到预期的效果，将是今后能否贯彻一切工作的主要关键，我们必须重视这一运动，党政军民，集中全力，来推开这一个运动。

（《盐阜大众》1948.06.27）

地委布置当前任务继续贯彻生产联系准备支前

为继续贯彻抢耕抢种，联系进行支前准备工作，地委举行各县县书联席会议。会议从十月十八日开始，首先检查了各县的生产工作，具体讨论了今后的生产和支前任务，最后由地委高副书记进行总结布置。

贯彻抢种任务，水田抢耕二交，旱田组织冬抄，开展积肥运动。

关于生产工作，总结中检查了过去的抢耕抢种，并且确定了今后的生产工作方针是："尽一切努力，继续贯彻抢耕抢种，组织冬耕，发展副业生产，开展积肥运动，为明年大生产运动,打下巩固的基础。"在这一方针下面,具体要求是:在没有完成种麦地区,要继续集中力量完成抢种任务,水田地区更要继续抢耕二交,旱田地区组织冬耕,保证寒抄田抄一遍到两遍。水灾地区要开展副业生产,组织群众烧盐、纺纱、运销,一般地区必须大力领导群众积肥、亚麦,组织群众养猪、翻黑土、罱泥、绞水草等。

大后勤没到来时,仍应以生产工作为中心;大后勤到来后,仍应以生产和支前并重。

我们在生产领导思想上,要注意解决生产和支前的矛盾。不能因为将来大后勤的到来,而放松了生产领导,必须懂得:生产工作,是长期的支前工作,是支前工作中的一个重要部分。大后勤没来的时候,生产工作是我们的中心任务;大后勤任务到来时,领导上亦必须有计划地分工,县区委、乡村支部都要有专人负责领导生产。把生产和支前放在并重的地位。同时更要注意组织群众中的妇女半劳动力,参加农业生产。一般地区要防止因生产已有成绩而盲目乐观,水灾地区更要防止向困难低头的消极等待情绪。

肃清各种错误思想,加强战争观念,加强纪律教育,完成支前准备工作。

总结中提出的第二个任务,就是支前工作。根据我秋季攻势的发展,我们这里的支前任务也就必然日趋繁重。为了顺利完成将来的大后勤任务,必须在目前生产运动中,联系支前工作的准备。其中第一工作是要深入进行战争动员。干部中要在思想上肃清和平观念、厌倦疲沓、消极应差等错误思想,加强战争观念,纠正党员、民兵不出后勤的特权思想。干部要认识到带头支前是光荣的任务,要赶到前线上去立功,要不怕困难,要克服困难,不还价、不叫苦,克服忘本思想、个人主义,自觉地遵守纪律,加强战争支前的观念。

向群众进行形势教育、支前教育,使群众认识到后勤是每个国民应尽的义务!

这种思想动员,要一直贯彻到群众中去。各乡各村都要在群众中利用生产空隙时间,宣传胜利形势和进行阶级教育,动员群众热烈支前。要向群众指出:解放军打胜仗,就是保护群众翻身的果实,使我们永远不再受到蒋匪的蹂躏。并打破群众怕影响生产、怕负担繁重的顾虑,对个别群众存在的无政府无纪律的现象,也必须加以克服。要告诉群众:后勤支前是每个国民应尽的义务。动员中要联系表扬群众热烈支前的模范,和适当批评屡次逃避支前的落后群众,实行评功检过。用这些方法,使群众在思想上明白支前的重大意义,提高支前的热情。

贯彻负担的公平合理,细密地组织好支前小组!

总结中指出:不但要进行战争动员,更要在群众中进行细密的组织。除了自上而下的建立支前工作的领导机构外,在行政小组中,要把民兵、民工、代耕代工统一地组织成小组。常备民工和短工,也混合编组。小组选出组长和副组长(或由行政小组长,兼任组长),使能有计划有组织地前后分工担任各种支前工作。在组织支前中,必须贯彻公平合理的负担。除规定一定的免役人员以外,其他任何人应该参加后勤的都要负担。在整顿后勤组织中,必须同时结算过去后勤工,一般从去年七月算起,把过去账目整理后,今后每日记工,按日公布,月终按级报告一次,并建立支前的奖惩制度。

(《盐阜大众》1948.11.03)

紧急行动起来，迎接胜利，加强支前！

紧接着济南大捷，和东北九省的全部解放，全华中的大反攻，已经开始了！

在我华野大军的强大攻势下面，已经先后解放了海州、灌云、连云港、郯城、砀山、临城等城市，控制了陇海路东段二百余里，并争取了国民党军冯治安部的起义，徐州周围的战局，正在顺利地发展着，更加伟大的胜利，将会连接不断的到来！

全华中解放的时机，已经到来了！我们五分区全体的党政军民同志，立即紧张起来！行动起来！热烈地支援前线，为着争取华中的全面解放而斗争！

我们五分区三百万人民，已经在共产党的正确领导下，进行了土地改革，消灭了封建剥削制度，从经济上、政治上，得到了翻身。但国民党反动派，却不让我们过着翻身幸福的生活，发动内战，梦想占领我解放区，把我们重新推到黑暗的泥坑里去。经过我们两年来的艰苦斗争，我们已经胜利的保卫了自己的土地，保卫了自己的翻身果实。现在，我华野大军，已经南下反攻了。我们要在这一个强大的攻势下面，歼灭华中的蒋匪，解放全华中，永远不让那些反动的匪徒再来践踏我们的土地，夺回我们的胜利果实，使我们的子子孙孙，能永远过着自由幸福的日子。因此，支援前线，争取胜利，就是我们五分区三百万人民自己的事情，我们应该把支前工作当做自己的事情，切切实实地把它做好。

我们的主力，为了更加大量的歼灭敌人，为了更快的争取胜利，今后要更加大规模的集中作战。这样就需要更多的民力，来运输粮草弹药，转运伤员。只有及时的做好了支前工作，保证了部队的供应，才能使前线的将士们全心全意的进行战斗，消灭敌人。

支援前线和我们的切身利害关系是这样的密切，支援前线对争取战争的胜利，其作用又是这样的重大，我们必须要坚决的、勇敢的克服一切困难，完成这一次光荣的支前任务。

我们号召各级党委，各级政府，各群众团体，和各级支前组织的同志：应该深刻认识这一次战争的重大意义，不分昼夜地行动起来，向全体党员群众，进行紧急动员，坚决完成第一批民工的动员。并且配备坚强的干部来带领民工，巩固民工组织，和训练教育这一批群众队伍。在第一批民工动员完毕以后，我们更要抓住空隙，再度的进行战争动员和整顿组织，准备迎接更大的支前任务。我们要做到有备无患，动员令一到，就能马上集中的高度效率，只有这样，我们才能适应千变万化的战争形势。

在进行动员中，我们一面要无条件地服从战争需要、坚决全部地完成应该担负的支前任务；同时也要反对强迫命令，造成脱离群众的恶劣后果。我们必须采取深入动员、耐心说服、干部带头、合理负担的正确方法，掀起群众热烈支前的高潮。

我们号召全体党员、干部同志：我们是人民的勤务员，是光荣的共产党，在这一次伟大的支前运动中，你们一定要走在群众的前面，在群众中起着模范和带头作用。参加后勤、领导后勤，是无上光荣的任务，只有逃避后勤，包庇亲族，才是最可耻的行为。我们一定要克服不愿意参加和领导民工的特权思想，一定要发扬共产党"吃苦在前"的优良传统。热烈地响应党的号召,自动的报名,争先参加,以我们的模范行动,来影响广大的群众。我们一定要在战争中考验自己,表现出自己全心全意为人民服务的高尚品质。

我们也号召全分区的群众:你们在过去几年里,已经支付了极大的力量,来支援战争。也正因为这样,使我们的解放战争,已经迫近最后胜利的阶段。现在我们是为了华中的全部解放而战!为了确保我们的胜利果实而战!战争的意义是这样的伟大,战争的规模也是空前的巨大,前线上无数的支前任务,等待着我们去进行。大家的麦子,已经种下去了,秋耕秋种,已经大部结束了,现在已经是比较农闲的时候,我们在战争支前,也不至于过分妨碍我们的生产。大家勇敢的参加民工,踊跃支前,争取后勤英雄、后勤模范的光荣称号!

大批的干部党员和群众,要涌上前线,去运粮运草,转运伤员,接收俘虏。我们留在家里的党员干部和群众,一定要把生产搞好。生产工作,本身也是一个重要的支前工作。我们做好了生产工作,不但使我们能够丰衣足食,克服灾荒,而且也是加强了战争的物质基础。我们一定要实行前后方的分工,男子与妇女的分工,全劳动力和半劳动力的分工。能够上前线的,应该在党的号召下,走到前线去,支援战争;留在后方的,就要努力生产,彻底完成秋耕秋种,发展副业,进行冬抄。经过这样严密的分工以后,使生产和支前,不致偏废,既能适应前线的需要,又能搞好后方的生产。

胜利的曙光,已经是光芒万丈,大家再加一把劲,来打烂摇摇欲坠的国民党反动政权,争取华中和中国的全部解放!

(《盐阜大众》1948.11.15)

华中支前总动员令

华东人民解放军强大的淮海战役攻势已经开始了,这一空前伟大的战役,也是解放全华中的开始!我华中全体党政军民必须紧张地动员起来,争取这个伟大战役的胜利,为解放全华中而奋战!

我常胜的人民解放军,自秋季攻势以来,即以排山倒海之势,先后收复济南、锦州、长春、郑州、开封、包头、沈阳、南阳,歼灭蒋匪军六十余万,现在东北九省已完全解放。华北的蒋匪也只剩了平、津、保等几个摇摇欲坠的孤立据点,在这伟大的胜利的攻势下,我前方的指战员士气更旺,后方的各级机关人员工作更紧张,在解放区的广大的人民群众则掀起了支前生产的热潮。反观蒋匪,则士气低落,一触即溃,上下沮丧,充满了失败情绪;在其统治下的人民,到处爆发了反压迫、反饥饿的求生斗争,日夜盼望我军去解放他们!

现在蒋匪为了挽救他垂死的命运,还妄图在华中作最后的挣扎,正在收缩兵力集结徐州以冀保卫匪都南京。然而当我华东人民解放军以疾风迅雷的姿态向徐州外围进攻的时候,蒋匪望风披靡,至目前为止,起义和被歼俘者已有一万余人,先后收复东海、新浦、连云港,河南的商丘、砀山,山东的临城、郯城等城镇。三十几万的匪军缩在一团,恐慌万状。蒋贼虽仓皇地亲飞徐州布置,但由于以上的各种因素,就决定了这一个战役,我们一定要取得伟大的胜利,而蒋匪则一定要遭到惨重的失败。蒋匪的一切努力,都将被人民解放军的铁拳所粉碎。

我华中地区,自前年全面转入敌后,在蒋匪蹂躏下,人民饱受奸淫掳掠、烧杀摧残的痛苦;由于我党中央及上级正确的领导和全体党政军民的艰苦的奋斗,顽强坚持,终于取得了伟大的胜利,并进行了土地改革,粉碎了敌人千百次的"扫荡"、"清剿"、"驻剿",收复了叶城、阜宁、涟水、沭阳、宿迁、东台等城市,解放广大土地,大量歼灭蒋匪正规军和地方团队,这说明了只要我解放区的军民,团结一致,我们的力量就"无敌于天下",任何强大的敌人,最后终必失败。现在,解放华中战役已经开始了,胜利在期待着我们,它要求我华中全体党政军民都紧张地投入这一伟大的战役,在各自的工作岗位上,拿出所有的力量,坚决地全部完成自己在这次战役中所担负的光荣任务。因此我们号召:

一切参战的地方兵团,人民武装及后方地方部队同志们!你们过去打了无数次胜仗,你们有丰富的战斗经验,在这次战役中,你们必须更加积极的配合主力作战!在战区的地方武装,则应协同主力,坚决执行阻击、钳制、袭扰、爆破、侦察、警戒等任务,加强战区后方的治安工作,严防特务阴谋捣乱!在蒋匪溃散时,捕捉逃兵散兵,在非战区的地方武装,则加强发动攻势,勇猛地出击,不失时机地追击以至拔除敌人的据点,在战争胜利的进展到你们的所在地时,则应以英勇的姿态,来直接配合主力作战,打击与杀伤敌人,并且要认真地执行各种政策,这是人民解放军的光荣传统;希望你们在这次战役中,能涌现出无数的模范与功臣!

各支前机关、支前组织,各人民团体及工农青妇全体同胞们!华中过去所获得的胜利,都是由于你们在共产党领导下,万众一心而达到的。你们热烈地支前,紧张地生产,保证了前方的运输与供给。现在,到了全华中解放的时候了,你们要更加紧张起来,一切为了战争,一切为了胜利!凡是可以动员的人力、车力、牲口、船只,都要为前线服务,保证在服务期间不开小差,勇敢地抢救伤员,迅速地转运伤员,及时地供应粮草,满足前线的一切需要。另外,凡是留在乡里的,不管是全劳动力半劳动力,不管是妇女儿童,都应该解决出发民工的家庭困难,加紧副业生产,全部完成秋耕秋种。而且还要磨面舂米,转送前方。妇女们要为伤员洗衣煮饭,儿童们要做到站岗放哨。军队过境时,要热烈地欢迎慰问。总之,你们可以做的工作,就要不分前方后方,不分男女老幼,大家一起动手,彻底做好!各级群众团体要有组织有计划地来领导支前,要做到公平合理、干部带领,要把后方的革命秩序维持好,把生产工作搞好,保证战争的连续与持久,以争取最后胜利。

一切后方机关的全体同志们!在以往,我后方机关人员,大都能积极工作,现在更要一个人做几个人的事,坚决克服怕苦畏难的落后思想,勇于到前方去,完成支前任务!医工部门要提高技术,做到伤员一到,立即治疗,并保证伤员能迅速出院归队!军工部门,更要加紧生产军火,多造炮弹,提高质量,源源不断地运送前线,好使前方部队更有效地杀敌!财经部门,在采购与调剂物资,运送与保护粮草方面,要更有计划,提高效率,源源不断地供应,满足前线的需要!文教宣传部门,要做好宣传工作,使广大群众都了解这次战争的意义,鼓舞群众踊跃支前!供给、运输、联络、通讯部门,必须不畏艰苦,不避困难,迅速准确,保证在落后的农村中能进行现代化的战争!俘管工作人员,则应以模范守纪的精神,加强对战俘的管理教育,深入细致地进行思想改造,以争取大批俘虏,掉转枪口,与解放军并肩作战,打倒蒋介石!

各级党委、各级政府全体同志们!目前你们的工作中心,就是支前工作,你们要把主要的力量,用到支前工作方面来,你们要精密计划,科学分工,深入群众,具体解决群众困难,反对官僚主义、本位主义!一切其他工作应环绕这一中心工作来做。必须抽调出大批干部,来完成这一连续的伟大的支前工作任务!

解放全华中的战争序幕揭开了,我们必须认识,在前进的道路上,不是没有困难的;但我们坚决相信在全华中党政军民的巨大力量前面,任何困难都是可以克服的,因之,这一次的支前工作一定能做好,这是全华中党政军民的伟大任务,也是全华中党政军民的无上光荣!

全体党政军民总动员起来,争取解放全华中的伟大胜利!

一切为了前线!一切为了战争的胜利!

无敌的中国人民解放军万岁!

华中人民解放万岁!

中国共产党万岁!

毛主席朱总司令万岁!

中共华中工委
苏 北 军 区
华中行政办事处
十一月十三日

(《盐阜大众》1948.11.17)

地委再发指示
继续动员支前,迎接新的任务
——动员要掌握四个关键,同时做好生产工作

地委近又发出关于"继续贯彻支前动员"的指示,除了指出前一阶段支前运动中的成绩、优点、缺点外,并号召我们抓紧空隙,继续进行支前动员工作。在贯彻支前动员中,要我们紧紧掌握四个关键:第一,必须深入贯彻时事教育,鼓舞干群的胜利信心,使他们能认识淮海战役的重大意义,全力投入支前运动,争取胜利。第二,必须深入打通部分群众的落后思想,揭发少数党员干部的厌倦疲沓、消极应付、特权自私等不正确思想,确定一切为前线、一切为战争的战争观念,以身作则,踊跃带头,克服包庇自私的行为,保证胜利完成支前任务。第三,按照华中和地委的规定,重新整顿后勤组织,通过民主讨论,确立记工算工制度,再评定服役次序,达到公平合理。第四,县区力量,除留一部分干部照顾经常工作,并准备迎接新任务外,应全部有计划的有重点的深入乡村,进行检查动员,尽

快解决必须解决的问题,随时准备迎接新任务。

指示最后又指出:在贯彻支前动员中,要同时抓紧目前的农业生产和救灾以及副业生产。领导上进行分工,要分配干部专门领导和推动生产工作。

(《盐阜大众》1948.11.25)

继续贯彻动员,全力支援前线!

伟大的秋季攻势开始以后,我们全分区的党政军民,就一面突击抢耕抢种,一面抽出力量,做好了筑路、运粮等艰巨的支前任务,并且在党员群众中,进行了支前的动员,整理了后勤组织。陇海前线的战役开始以后,我们是更加紧张起来,把支援前线作为我们全体党政军民的中心任务。有些同志,日夜不停地奔走动员;有些同志,更自动报名,带领民工,开赴前线。大家是高度地发扬了忘我的工作精神,排除困难,克服疲劳,全心全意地为战争服务。

正因为大家紧张努力的结果,我们已经胜利的完成了首期的支前任务,动员了四万多的民工,支援前线,第二期的常备民工,也已经集中起来。这是我们许多同志积极奋斗的成果,我们应该向这些同志,致以热烈的慰问!

我们绝大部分的同志,是在坚决负责的完成他应尽的职责;但也有个别少数的同志,还没有高度的紧张起来,还残存着一些松懈疲沓的作风,完成任务还不够坚决,不够彻底。部分的乡村干部和党员,对动员群众,参加支前这样一个紧迫的任务,还存在着消极畏缩的情绪;紧急的支前任务下来了,个别的乡村干部,还在忙着打黄皮,起房子;有些同志还是特权思想,不想上后勤;有些同志还是宗派自私,包庇自己的亲族,不上后勤。群众的顾虑,还没有完全消除,而我们却不耐心去进行反复动员;后勤的负担还没有公平合理,支前组织还没有很好地健全,而我们不去切实地进行调整。

这些现象,在每个县里区里,都或多或少地存在着。因此,我们就不能满足于过去的成绩,不能盲目自满,而必须进一步动员全党,号召全体党员干部,都能毫无例外地振奋起来,全心全意地支援前线,来争取战争的更快胜利。

我们必须告诉全体同志:党中央已经明确地指示我们,革命的胜利,已经是十分迫近了。国民党反动政权,已经到了穷途末路的时候了,我们只要一年左右的时间,就能够根本打倒国民党反动政府。而陇海战役,就是争取革命胜利的一个重要关键。陇海战役的胜利,不仅是加速了全华东、全中原的解放,而且将会使国民党更加迅速地崩溃,革命更加速地胜利。而革命的胜利,国民党反动政府的全面崩溃,也就是最后确保了我们的翻身果实。

在这样一个胜利的形势下面,我们全体同志,就应该坚决地克服厌倦疲沓、松懈马虎、特权自私等恶劣的思想,坚决地纠正不愿参加后勤,包庇自私等可耻的行为,而应该积极的对革命负责,为人民立功,一切为着前线,一切为着胜利,以身作则,带领群众,不还价,不叫苦,做好支前工作。只有这样,才能当得起"人民勤务员"的光荣称号。

我们不但要具备高度的信心和勇气,而且要认识这一次任务的艰巨。由于敌人在徐州战场上集结的兵力较多,这就决定了这一战役的规模巨大,时间持久,而我们的支前任务,也将会更加繁重。我们固然已经胜利的完成第一批的任务,但我们还要准备迎接新的支前任务。因此,我们绝不能因为过去的成绩,而自满而放松了我们的准备。我们必须抓住紧急动员中的空隙时间,不断动员,不断整顿,使群众的思想逐步提高,组织逐步巩固,支前任务,也能够更加顺利地完成。

为了达到这一个目的,我们就应该:第一,再来一次全面的、全民的支前动员。我们要运用党政军民学一切力量,用各种不同的方式,在群众中进行支前动员。要把战争的胜利形势,告诉群众;要说明战争的胜利,也就是人民的胜利;要耐心地打通群众怕离家太远,怕上火线,怕时间太久,怕家庭生产无人照顾等各种顾虑;要表扬积极支前的模范,批评不肯出后勤,甚至逃避后勤的落后群众;群众对干部包庇自私的行为,异常不满,我们一定要虚心检讨,克服这些不良行为,做个样子给群众看。我们不但要在民工中进行动员,而且也要在老弱、妇女、儿童中进行动员。使全体群众,都能够认识支前的伟大意义,把支前看作自己应尽的义务,争先恐后地参加后勤,支援前线。

第二,在全民动员的基础上,我们还要做好各种组织准备。支前小组不健全的,我们要经过群众民主评定,整顿和扩大支前小组。并且建立记工、算工、出工先后等各种制度。除了应该免役的干部以外,十八岁到五十五岁的男子,都有服役后勤的义务,任何人不能特殊,任何人也不能加以包庇。这样来扩大负担面,做到支前的公平合理,来减轻大家的负担,减少支前和生产的矛盾。各乡各村的支前工具(如担架、小车、船只等),要切实地检查登记,破坏的应该立即修理。民工出征以后,家庭的生产,应该由支前小组的全体组员,进行互助,使生产不至于荒废,也减少出征民工的顾虑。

只有做好了思想动员,又做好了组织准备,我们才能够有备无患,应付裕如,不至于临时抱佛脚,用强迫、欺骗等方法,来完成任务。

时间是紧迫的,不容许我们犹豫等待。我们必须用出抢险的精神,继续努力,战胜困难,贯彻支前动员,做好组织准备,来迎接新的支前任务的到来!

(《盐阜大众》1948.11.25)

分区政治部关于旧历年关拥爱工作指示

一九四九年的旧历年关将届,我们回忆过去一年,分区部队在政治质量上是确实提高了一步,如军政军民关系比以前协调;政策纪律观念比以前增强,极大部分同志均能普遍遵守。但在另一方面,也有部分与个别同志,群众观念与政策观念不强,染有军阀残余的思想和作风:如强调战争需要,打骂地方干部与群众;强拉与滥用民工;并有借物不还、损物不赔、腐化妇女等坏现象发生。值此革命战争,即将取得全国胜利,形势需要我们更加严肃革命纪律的今天,应对这些有碍军民团结、损失(害)我党威信的坏现象,进行批判和清算,以求密切军政民关系。为此,分区特规定旧历年关各部队应很好进行拥爱工作,并作如下指示：

一、拥爱教育阶段：

1. 分区统一编印拥爱教材（随本指示发下），希各单位在本月二十三、四号前，将该教材学习与教育完毕。

2. 进行学习与教育时，必须联系各该单位的实际事例，进行反省与检查；并须联系教育与学习在目前胜利形势下严肃革命纪律的重要性。其方法可采取集体上课，分组讨论（指战杂同志），漫谈钻研，逐步深入。反对认为是老一套，因而放松学习与教育的做法。

二、新年实践阶段：

1. 年关前后，各单位均应保证做到遵守当地的民情风俗，因为这并不是迁就群众落后，而是适应群众的现实水平，只有逐步教育提高，才是正确的做法，否则会引起群众反感。

2. 要动员大家同志帮助群众做事，在乡间可担水、春碓、磨面；在城市可打扫驻地周围及街道卫生。

3. 新年期间，各伙食单位可与驻地党政民代表及群众，举行联欢会或进行团拜（如有条件可宴请党政民代表及驻地房东）；同时还可派出一些代表向驻地军、干、烈属及民工家属拜年，但最好不吃群众东西，在举行联欢会时，应检讨部队对群纪的执行情形，如有违犯或损坏物品，应赔偿道歉，并可联系时事及政策宣传。

4. 拥爱应与新年文娱与宣传工作结合进行，可采用通过文娱或宣传方式，说明拥爱故事，达到军民进一步团结目的。

5. 我们号召与要求：通过拥爱教育及新年拥爱行动，达到提高部队的群众观念政策纪律观念，以奠下今后把拥爱工作成为经常工作的思想基础。

希望各单位接此指示后，立即研究执行，并希将执行情形及时报告本部为盼！

上指示

苏北第五军分区政治部
（《战旗报》1949.01.18）

为迎接大批知识分子到部队工作做准备

张光华

甲、目前部队中已反映出来的几种思想偏向：

人民解放战争的胜利鼓舞着进步的以至中间的知识青年踊跃参加人民解放军，他们经过一定时间的训练之后，到部队工作，使我们部队增加一批新的血液，这是对今后建军工作及实现新民主主义各种新的建设事业上，不可缺少的力量之一。因此我们今后如何团结、巩固、培养、改造、提高他们，使他们参加革命的热情很快变成为人民服务的力量，这又成为我们今后党的工作上一个重要的政治任务之一。但目前部队中有一部分同志，由于对中央关于大量吸收知识分子的政策缺乏学习研究，已经发现的就有以下几种不正确的思想：

第一种：全国胜利以后，没仗打了，大批知识分子参加部队，工农老粗就要失业了，革命多少年，艰苦困难是我受的，现在一无地位，二无享受，革命一辈子，还是一个光棍汉，个人的前途实感悲观。

第二种：大量吸收知识分子无意见，但他们才参加部队，没有功劳亦无劳苦，只能给他战士待遇，主张先从地位上压他一下。

第三种：有些工农干部说：他们（因工作需要抽调到城市工作的干部中，有不少知识分子干部）参加革命前系学生，家庭较富，过着城市的生活，革命快胜利快享福的时候，上级又调他们到城市工作，他们两头沾光，并责备自己从娘肚子里生下来，就注定了该受苦，该过乡村生活。

第四种：今天我的地位和享受，系经过了千难万苦所获得的。现在革命快胜利牺牲受苦的阶段快过去了，知识分子参加革命就当干部，实在有点太便宜了。

前三种思想的基本上属于一部分工农出身的排连干部及老战士，后一种人多数属于抗战后参加革命的一部分连营知识分子出身的干部。

乙、我认为以上四种类型的思想，其基本根源，由于对党中央大量吸收团结知识分子的政策，缺乏认真的学习研究，因而产生了狭隘、保守、功臣思想。根据以上四种思想不同类型的思想反映，关于今后我们如何团结、巩固、改造、提高、正确使用这批知识分子的工作，特指出以下几点不成熟的意见和同志们共同研究。

一、目前组织上需做的准备工作：

在学习中的知识青年在未到部队前，我建议各级党委和政治机关，对他们到部队工作之后，我们如何去团结、巩固、改造、使用、提高看法和正确认识这批知识分子等诸问题，目前应开始着手进行专门研究，首先领导上对这些问题，须有明确的方针，并有步骤有计划地做准备。

二、部队中应做的思想准备工作：

部队中对吸收知识分子缺乏正确的认识，这对团结改造使用他们发挥他们的长处是不利的，我提议除各级党委将许多有关这一方面的问题，统一认识明确方针之后，更重要的系利用战斗工作的空隙，首先收集部队中的反映材料，结合中央关于团结改造知识分子的政策，由师或团的首长做专门报告，并组织干部学习，研究展开讨论，最后做出总结，求得全军正确统一的认识，战士中进行上课，重点应放在干部方面。

三、分配和使用：

现在来参加革命的知识分子，对他们的改造使用，最好经过以下步骤：必须经过一定时间的训练学习之后，再分配到部队工作，以使他们对共产党、人民解放军有基本的认识，初步确立革命的人生观，军队生活打下一个初步的基础，对他的历史、思想、特长有初步了解，毕业之后，到达部队时最好先不确定正式的工作、职务，有组织地分配到部队中，经过一定时间的实习阶段，实习时间约三个月，暂在实习期中，使他对部队生活、工作方法等问题求得初步的熟悉，并责成所在实习的支部注意对他们的帮助和了解，到实习期结束之后，要该单位对该员的思想意识、工作表现、吃苦耐劳等方面做出鉴定，并提出对该员工作分配的意见,实习期满后,师或军为单位,集中(利用一二天时间)将实习的一般情况作一总结,首长去做些报告,鼓励他们继续进步,注意表扬好的,较严重的缺点亦应指出。

经过实习之后,根据实习期中的情况,分配工作,确定等级,根据实习中的情形,我们干部对他们应注意些什么,另在干部和部队中进行传达,以便更有计划地帮助改造他们。

四、同时领导上应有计划的有组织的培养提高部队中的工作干部和老战士,求得进步和发展,并充分认识自己的骨干作用和远大前途,只强调工农分子思想上打通亦是不能解决问题的。

(《军政往来》1949.08.10)

十军渡江前后民工担架工作
——野政民运科整理

渡江前十军有六安、霍山、桐城、舒城一带新区农民民工三千三百五十八名,这批没有工作基础的新区农民,都是依靠旧保甲人员带领的。其中大部分是用粮食雇来,很不稳固,思想上存在着怕受骗去当兵,顾虑家中生活(被雇的怕地方政府不给粮),怕飞机,怕伤亡,怕吃苦,同时对旧保甲人员带队不满。根据以上情形,除了由司、政、供、卫各机关共同组成统一领导机构来解决宿营、行军、卫生的问题外,就把他们分到军直和师、团去,并进行教育:——

(一)民工的巩固与教育。

巩固这批民工的方针是团结我党的地方干部,依靠贫苦农民为基础教育和培养积极分子。

(1)稳定情绪,调整干部:一开始,针对民工的种种思想顾虑,进行上课、讲解,后又请桐城县长召集全体民工讲话,提出保证不叫民工家中挨饿、荒田,将来有功者赏,有过者罚。接着便进行调整干部,主要就是处理带队的旧保甲人员问题,这批旧保甲人员,都是站在群众头上的,耀武扬威,不断发生欺骗、贪污、打骂的现象,经过研究,决定由桐城县长带回处理,然后就以民主选举方式从民工中选出新的连排干部(在选举时应很好注意掌握,尽量使积极分子,及忠实的贫苦农民当选,并防止破坏分子钻空子——野政民运科),进行生活管理,并组织了"民代会"和"经济委员会"依靠自己管理自己,民工的情绪很高。随后又从部队中抽调了一批干部去参加工作,以这些干部的艰苦作风和模范作用,来影响他们,并逐步提高他们的组织性。最后对可能发生的情况如空袭、特务捣乱等,事先应充分估计到并使民工有充分的思想准备和组织上的准备,事后还要很好解释。某单位因空袭吓死一人,逃亡二百多人是值得警惕的。

(2)教育重点放在阶级教育上,启发其阶级觉悟,采用方式是上课后,结合本身情形进行讨论,酝酿诉苦。二十八师在进行七八天教育后即进行诉苦,做得较普遍,所以收效也比较大。二十九师有任务,只进行了五天的教育,所以不够彻底。进行较好的单位,阶级觉悟普遍提高一步。有的民工说:"这次回去,推倒旧保甲长,由我们自己来干,叫穷兄弟们也当当家!"情绪很高,根据这种情况领导上又提出"在渡江作战中克服困难,互相团结,坚决完成战勤任务争取立功"等口号,民工中即鼓舞起争取立功的热潮,在完成任务中涌现了不少模范事迹,如某连民工担架员吴汝道同志,沿途给伤员搞水饭,抱着伤员解手,并亲自给伤员擦屁股,自己毫无怨言,并向别人说"他是为咱们翻身打伤的,应当爱护他"。

其次就是随时进行动员工作,特别是遇到困难时。二十九师南下追击敌人时,做到经常传达胜利消息,进行奖评工作,介绍其他单位和过去民工的模范事迹,这对民工积极性的启发起的作用很大。此外政策纪律教育必须反复进行并普遍地进行登记检查,表扬和批评,一般执行得较好,在住下时,有些单位自动去帮群众割麦及其他劳作。

(二)复员工作。

(1)复员前休息三天,进行剃头、洗衣服等工作。接着就进行评功选模,先酝酿后提名,大家评论决定,分一、二、三等,选出单位立功六个,个人立功的二百十三人,团体立功的依立功等级发给"支前功臣"、"支前模范"、"支前荣誉纪念"三种奖旗。个人立功的发给毛巾、斗笠,其他每人发一"完功证"。

(2)临走前,进行了会餐,召开民工座谈会,征求他们对部队的意见,并宣布伙食账目,有的民工要求今后与我们通讯联络,有的要求回去做地方工作,我们都把他们的工作表现与具体情况分别写信介绍地方政府,这样不但完成了战勤任务,而且给地方上教育出一批积极分子。

编者按:本文对今后新区民工工作,提供了新的经验,特别如何处理旧保甲人员,及与当地政府密切协同,从思想上、行政上解决实际问题,应引起大家重视。

(《军政往来》1949.08.15)

第四章

逐鹿江淮

大江南北

胡金魁

一、血腥的统治

在敌人进入大江南北之后,立即带来"血腥统治"。虽然他们对外宣传"大江南北已恢复旧观,人民都安居乐业",虽然他们报纸上时常登载着人民欢迎皇军的照片(其实是强迫人民欢迎拍来的),但仍不能掩饰每天发生的悲惨事实。青年人更是皇军最痛恨与恐惧的,成千成万的壮丁被他们捉去做苦工、受毒刑和成批地在他们机关枪下倒毙。妇女被他们捉去组织"慰安团"去安慰皇军,把她们关在密室,每人一丝不挂地在背上用烧红的铁印烙印着显明的号码,有时一队兵士围着一个裸体的妇女叫她跳舞。这是如何悲惨和耻辱的事呵!儿童在这里也不能避免厄运,许多儿童被他们抛到高空,跌下来的时候用刺刀刺上去,或者是爽快点一刀劈开脑袋。

为了防备游击队的侵袭,所以无日不在戒严、警备和严密的调查中,光头穿草鞋和白衬衣都被认为游击队员,格杀勿论,身边带火柴的也被认为放火的匪徒。在松江有六个渔人就是因为这样被枪毙了。

此外,包庇游击队嫌疑的村庄一律有烧毁的必要。在松江城外有几名日本军官被游击队击毙后,从松江到上海一百几十里的民房稻田和树林就付之一炬了。

二、顺民的悲痛

在大江南北做顺民并不是一件十分容易的事,他们要向皇军领取"良民证",可是领良民证的很多,所以常领不到,因此私下买卖良民证的事就发生了。大概每张总要费数十元不等。鞠躬的动作在大江南北的人民是非常熟习的。在皇军面前走过要鞠躬,军队在前面操过时,也要鞠躬,见日本旗子更要鞠躬,总之,鞠躬的机会是多的。也许就是他们口口声声所宣传的"新秩序"吧?!皇军所抢劫所到的地方一定带来大批日鲜浪人。他们占领了人民的园地和店铺,带来他们的商品,遍地都充满了"妓院""酒保"等供皇军取乐。人民买日用品都向浪人们买,价钱非常昂贵。中国法币在市场上不能通用,人民必得到"两替"机关去更换日元、军用票或是"华兴银行"的钞票。但日本人和商人却欢迎法币,因他们可以将法币调换外汇。日语学校在大江南北非常普遍,但免费和送书籍仍没有人愿意进学，只好强迫公务人员和儿童去就学。他们所教的都是"日支亲善"、"日本军队保护扬子江"、"日本军队为中国人民打仗"等等。

三、日本兵的厌战

由于游击队在大江南北给予日寇的困难太多，且战事的结束遥遥无期，厌战的思想普遍地存在每个"出征者"的脑海中。他们心目中永远结着一个难以解答的疑问："什么时候能回到家乡？"因此造成了日本军队军纪荡然的局面，荒淫掳掠无所不为，因为他们感到"战争结束无期，我们既然不能回到本国就应该去享乐了！"每到他们派到站岗的时候，他们往往对自己的同伴说："我去站岗不知能否回到营里来呢？"由此可见他们对于游击队如何恐惧，对于战争是如何的厌恶啊！在南京、在苏州、在浦东、在江南许多市镇和村庄，常常发现日本军队"集团自杀"，也有许多日军向人民买中国衣服扮作中国平民逃出军队，因为他们是"不需要战争的"。在某军里常常可以看见日本俘虏努力地工作着，在上月曾经有五个日军自动走到××处。人们问他："你们为什么到这里来呢？"他们回答是："因为我们现在知道我们的政府是不对的，所以我们愿意跑过来和你们一起工作，打倒日本法西斯。"现在大江南北的日兵，从消极的厌战，走上积极的反战道路了。

其次，战斗意志的消失是敌军脆弱的另一原因。敌军士兵每次与我们民众谈话时，表示他们来中国并不是出于自愿的而是被迫来参加的。他们希望早点回家去，但看见中国军队仍然强大，感觉到"征服"无期，回国无望，就是连自己的前途也陷于渺茫不可知的命运里。现在敌军的士兵拼命搜集法币，很珍贵的保存着。据说他们搜集法币的用意是在将来失败时如果在中国军队或在民众手里，希望用法币贷其一死。

畏战差不多是大江南北敌军最普遍的现象，现在大江南北的敌军只能防守，几乎没有攻击的力量，几次的攻击十有八九均归失败，因此使敌军士兵认识离开工事作战等于送死。因畏战而自缢身死的事情，在敌军驻在地的周围每日必有一两件发现。敌军虽然尽量设法减少这类事件的流传，但是武士道式的自杀在敌军成为由来已有的风气。现在自杀的范围扩大到军官身上来了，看来这风气是方兴未艾而无法遏止的。

四、大江南北游击战的意义

大江南北的游击战争，无疑地在整个战争中占着一个重要的地位。但我们的人民还在水深火热中生活，敌人还能够押壮丁、开工厂、畅销他们的货物，掠夺我们的经济资源，所以目前大江南北的任务不仅是单纯的发展游击队，同时要使所有人力、物力、财力丝毫不为敌人所利用，使他们陷在四面都是前线的困境中。在"政治重于军事"的今日，沦陷区有许多事正等着我们去做。我们希望救亡干部组织服务团及各种救亡团体，发动"到敌人后方去"的运动，和敌人争取人力、物力、财力，使我们迅速进入真正相持阶段，使各战场胜利地准备我反攻力量的到来。

（《新中华报》1940.02.24）

抗议无法无天之罪行

前期本报刊载，元日朱彭叶项抗议包围皖南新四军通电称："我江南新四军军部及部队万人遵令北移，由叶挺等率领行至泾县以南之茂林地区，突被国军七万余人，重重包围，自鱼至文，血战七昼夜，死伤惨重，弹尽粮绝。"电讯传来，闻者心惊，读者发指。此等自毁军令，自坏国法，自相鱼肉，自损国力之举，实可谓无法无天之至！

溯自新四军奉令成立以来，以新组之师，武器服装极其残缺；即奉令开赴前线，抗御劲敌，屡建战功。论功行赏，对此抗战有功之部队，理应予以补给扩充，使成抗日卫国之精锐部队，保卫东南半壁。不意补充既不可得，当时竟一再下令，强使北移，朱总司令等前为顾全大局挽救危亡起见，苦心说服新四军皖南部队遵令北移，并遵守第三战区司令长官顾祝同指定路线，向苏南转移北上。不意所谓命令移防者，竟是诱我聚歼之计。据朱彭等元电所称："在战斗中据所获包围军消息，此项聚歼计划，蓄谋已久，全为乘我不备，诱我入围，其所奉上峰命令有一网打尽生擒叶项等语。"同时，全国正准备大批逮捕，大批杀人，与袭击八路军各办事处，在西北则筑万里长城之封锁线，在华中则派遣二十余师正规军实行大举进攻。由此可见：亲日派阴谋家和反共顽固派分子，正实行制造内战破坏抗战、制造分裂破坏团结之滔天罪行！

何应钦白崇禧等曾以军委会正副参谋总长之资格，发出皓齐两电，要求皖南新四军军部及部队北撤，不料遵令北移之日，即阴谋进袭之时！即下命令强人以撤退，又下命令进攻遵令撤退之国军，出尔反尔，命令之尊严何在？总长之人格何存？

军委及第三战区顾祝同等，既再三下令新四军军部及皖南部队北撤，又指定苏南为移防路线，乃遵令向苏南移动之日，即七万大军乘机包围之时！手段毒辣如此，何白所称中央之仁义道德何在？

当新四军军部及江南部队被诱被围之时，军事当局一方面下"一网打尽，生擒叶项"之命令，另一方面又作沿途驻军绝不留难之诺言，口是心非，惨无人道，国家之法纪何在？当局之信用何存？

呜呼！命令！命令！军纪！军纪！天下无穷罪恶，均假汝之名以行！

由此可见：违令者即下令者，毁法者即造法者，而今而后，全国军民当更能洞悉此辈平日高唱军令森严国法神圣之论调，无非借作损人利己祸国殃民之遁词！

当德意日批评罗斯福援英为违反国际法时，罗斯福在其致七十七届国会咨文中公开宣称："独裁者们所说的国际法，只是片面的东西，它缺乏互相遵守该法之精神，而仅仅成为压迫之工具。"罗斯福的这种说法，我们也可借用来赠给我国平日最敬佩罗斯福的那些独裁者和阴谋家们，也就是说："这些口是心非之徒所说的军令国法，只是片面的任意杜撰的东西，它们缺乏互相遵守该等法令之精神，而仅仅成为压迫摧残异己之工具。"

言行不符，损人利己，本来此等人所代表的阶级之天性，对根本没有仁义道德之人，本不应责备他们不仁不义不道德。中国古谚所说的"说的是仁义道德，做的是男盗女娼",恰可作为此辈人的写照。此等人之所言所行,正如鲁迅所说"有背于中国人为人的道德!"

但是,此等人今日之所为,非仅关他们个人的道德信誉问题,而实关整个国家民族命运问题。他们以分裂代团结之阴谋,以内战代抗战之罪行,实为帮助敌伪和危害民国之大不韪!对此辈此等无法无天之罪行,不仅我们共产党八路军及新四军绝不能容忍,即全国爱真理论公道之大多数军民同胞亦绝不能坐视。我们呼吁和号召全国军民同胞和全世界公正人士与我们团结一致:

为惩办阴谋祸首而奋斗!

为解救皖南新四军部队而奋斗!

为撤退华中剿共军而奋斗!

为平毁西北反共封锁线而奋斗!

为停止全国大屠杀惨变而奋斗!

为挽救中华民族危亡而奋斗!

我们深信:正义一定战胜罪恶!光明一定战胜黑暗!

(《新中华报》1941.01.19)

拥护新四军将领　声讨亲日派

前期本报刊载,新四军将领陈毅等通电就职,并声讨亲日派袭击友军发动内战破坏抗日之滔天罪行。竭诚呼吁:"全国袍泽,共矢抗日之忠诚,勿为奸邪所蒙蔽,拒绝内战,一致对敌。"尤望"全国同胞,努力奋斗,坚持勿懈,勿使无法无天之秦桧得行其志,则国事犹有可为"。词严义正,语重心长,国人闻之莫不交相称慰,感奋万状,坚决拥护忠勇抗日之新四军为国为民,坚持抗战;同声讨伐亲日派内战外和投降卖国之诡计阴谋,以挽危亡。

抗战四年以来,我党及其领导下之八路军新四军,为抗御敌寇历尽无数牺牲,卓著功绩,为团结抗战大局,维护抗日民族统一战线,耗尽心机。对亲日派之危害国家、破坏抗日曾不断予以揭发忠告,对阴谋者之袭击我军,阴谋暗算,则予以容忍退让,必要时抵抗自卫。此所以委曲求全,隐忍退让者,期其天良不灭,幡然改图,乃此辈奸徒甘心卖国,豺狼性残,对我抗战有功之新四军,突施袭击,配合敌人,前后夹攻,使我不满万人之孤军,顿遭惨痛之消灭。近更密谋集议,纷纷调动大军,东进北上,进攻新四军八路军,破坏团结,足证此辈奸徒仍无悔过自新悬崖勒马之诚意,复积极扩大内战,以期造成全面分裂投降敌寇之局面,果如此,则忠奸不两立,对此丑类,唯有站在自卫立场,将其彻底清除,始能抗日御侮,求民族之解放。

亲日派之违背全国人民意志,袭击友军,发动内战,叛变民族利益,叛变三民主义,叛变孙中山,叛变大多数,破坏抗日,阴谋卖国之罪行,昭昭在人耳目,实属罪大恶极,是故新四军声讨亲日派之壮举,必能得全国人民之竭诚拥护,薄海钦从。

目前全国人民的紧急任务，是动员一切力量，团结一致，坚持抗战，是协助新四军声讨亲日派，打破亲日派内战、外和投降卖国之阴谋诡计，粉碎亲日派以分裂代团结，以内战代抗战之阴谋计划。

为达此目的，全国爱国同胞必须坚决抗议亲日派在皖南聚歼新四军之滔天罪行，必须坚决拥护中共中央军委会发言人所提出的十二项解决皖南事变的要求，首先要做到使政府立即取消一月十七日的反动命令，承认自己错误；恢复新四军军长叶挺之自由，继续充当军长；交还皖南新四军全部人枪，抚恤该军伤亡将士。

为达此目的，全国爱国同胞必须团结一致，声讨亲日国贼。使政府立即消灭暗藏之汪派汉奸，逮捕各亲日派首领，交付国法审判，惩办皖南事变祸首何应钦顾祝同上官云相三人，以伸国法，以警凶顽。

为达此目的，全国爱国同胞必须使政府停止全国之黑暗反动，停止杀人越货之特务罪行，撤退华中之"剿共"军，平毁西北之封锁线。

为达此目的，全国爱国同胞必须努力达到废止一党专政，实行民主政治。释放马寅初先生等及全国一切被捕的爱国政治犯。

要达到团结抗战，救亡图存，上述各项是当务之急，也是起码的条件。只有肃清亲日派，只有停止反共内战，才能使抗战大业不致中道而废。

我们深信：光明一定战胜黑暗，中华民族之神圣抗战，无论经历何等艰难困苦，必获最后胜利。

(《新中华报》1941.01.31)

苏南反"清乡"斗争
一九四一年七月——现在

杨 迪

在苏南一万七千余平方公里的面积内，敌人据有公路干线二十条支线六十多条，据点近四百个。然而，广大的乡村与地区仍在抗日人民与新四军底手中。几年来敌寇对该区的"扫荡"，利用公路、铁路、据点、河川等底封锁，及对我根据地内烧杀抢掠，都不可能达到消灭新四军底目的。相反的，新四军的足迹反遍及于大海之滨与京沪城郊，更加严重地威胁着敌寇底安全。

敌寇企图将苏南地区由梅花式的点线占据，展开到面的占领，企图强化伪政府，以伪军代替日军底守备以期达到能够运用自如的在中国战场上抽调军队。为了达到这目的，日寇遂不惜一切代价采取其最后的最毒辣的手段，向我苏南地区实行"清乡"。

"清乡"底工作主要以伪逆伪军来进行。在去年五月汪逆去东京亲见天皇，有五万万元底大借款的签订，归来即在南京伪政府成立了"清乡委员会"，汪逆亲任委员长，周逆佛海、陈逆公博副之，李逆士群为秘书长。——"清乡"工作底实施是经过长期的准备与周密的计划的。在未"清乡"以前，首先即严格的训练了三四千"清乡"的人员（特务、警察等），并大量利用地痞、流氓、烟鬼、赌鬼等落后群众，在政治上对群众进行各种欺骗宣传，扩大其"清乡"底政治影响,动摇"清乡"区底民心。同时特别强调政治,提出"三分军事,七分政治"底口号,并接受了数十年来统治朝鲜、台湾的办法,及充分接受了华北几次"强化治安运动"的经验。其办法可以说是无微不至无孔不入的,除开政治与军事"清乡"外,还配合着以"行政清乡"、"经济清乡"、"特务清乡"、"文化清乡",以及"心境清乡"与精神"清乡"等,以期达到其彻底统治该区底目的。

"清乡"开始于一九四一年七月。敌寇调集了两个师团兵力配合伪军六个正规师,总计兵力在七万人以上,配合以飞机汽艇企图用绝对优势的兵力,置我新四军苏南部队于死地。

第一期(七月至九月)敌伪以主力向苏(州)常(熟)太(仓)地区,以暴风雨式的军事"清乡",实行对我主力大包围,企图突然给我根据地以完全的摧毁。然而敌人底估计错了,数年转战敌后,富有战斗经验底新四军是不会上当的。初因敌我力量悬殊,我即采取变内线为外线作战底方针,实行飞速底转移,跳出敌人底合击圈,向敌伪薄弱的地区突击。敌虽有强大兵力,亦无法求得歼灭我之主力军。在这短短底三个月中,敌"清乡"费用已超过了三千万元。这种情况迫得敌寇不得不改变方针:从以主力作暴风雨式的军事"清乡",转变为以小股从事长期的机动的"清乡"。但这种方法的实施,最终仍被我各个击破了。敌乃转向新地区进行第二期之"清乡"。

第二期(从十月至十二月)转向我澄(江阴)锡(无锡)虞(常熟)地区。由于第一期苏、常、太区军事"清乡"之失败,即改以政治"清乡"为主,缩小"清乡"的范围,从小规模的分区着手,对我中心根据地以屠杀镇压抢掠为主。在我较弱地区以伪化手段,"特务清乡"为主,对群众实行欺骗麻痹威胁利诱。在敌伪据点附近(与其所谓"和平区"),则以"文化清乡"、"行政清乡"为主,实行顺民训练。因此敌伪兵力分散,其弱点更加暴露,造成我军灵活集中与分散进行各个击破的最有利条件。敌人在我分散与集中打击下,最终亦依然失败了。

敌人第三期"清乡"转向江阴地区,原拟定今年一月开始至四月为该区"清乡"时间,但由于我军在各地区反"清乡"斗争更形活跃,使敌伪"清乡"斗争迟延了三月。第三期主要仍是依照第二期底步骤来进行,并大肆捕捉我地方工作干部,残杀与欺骗我抗日军人家属,逼其诱回抗日人员;并派大批特务小组企图混入我部队活动。同时由于兵力底不够,遂在各地组织伪自卫团、纠查队、特务队等,以辅助其"清乡"工作之实行。并改编保甲强迫人民挖沟修路,加紧对我根据地的封锁分割,以及便利统制物资,征收苛捐杂税和对我无居民证或"清乡"证之根据地内之居民限制其转移与活动。但敌人的活动还是徒劳无功。目前该区敌伪"清乡"与我反"清乡"斗争,仍在白热化的进程中。

第四期"清乡"原定为镇江丹阳地区,拟于本年三月开始,亦由于我军打击,该计划至今犹未能实施。

敌伪底"清乡"与一般"扫荡"不同:

第一,它是采用长时间的和密篦梳式的集中力量,软硬兼施。其目的不仅在于打击与驱逐我之主力,而且要使其占领地区之广大人民彻底伪化,使人民与我军脱离关系,在我军返回活动时,失去了广大群众的掩护援助与屏障。

第二,敌伪对"清乡"区底封锁分割是极严密的。首先依靠主要的交通线及据点,实行大范围底封锁;其次是依靠河流市镇据点与桥梁,实行小范围底分区封锁;同时在各市镇开的交通大道,均用竹篱电网实行阻隔(苏南每一较大市镇均有电灯工厂。周围十余市镇,除固定据点外,更有所谓活动据点,深入我根据地内监视我军行动。

第三,进行篦梳式的巡逻搜索,水上由汽艇担任,陆上由摩托车和徒步便衣队(每队三五十人)负责,在大小山头山谷河流两岸担任搜索游击;如发觉我军目标即行层层包围严密监视,待后续部队来到即实行正式进攻。

第四,敌伪向我军进剿时,以伪军担任封锁守备巡查,敌军亲自担任向我军进攻,初则企图威胁驱逐我军,若我处于不利情况之时,继则集中兵力求得歼灭我军。

最后,还采用所谓"先撒网后捉鱼"的战法,以绝对优势的兵力,突然进行全区域的包围,然后下乡搜索。将村庄在拂晓前包围之,待天明时进村,将所有男女老少均集合起来,查问区别口音,看手掌和肩膀,或伪装我军,夜间混入群众家中,威胁其供出我军线索与潜伏之区域;或利用无线电响音,听取我指挥机关之所在地,即实行奔袭;或用埋伏伏击我军转移部队等方法。企图使我军无法活动,最后达到歼灭我军和驱逐我军之目的。

尽管敌寇底阴谋如何毒辣,计划如何周密,然而事实证明敌伪底这一最后手段,是遭到了我新四军坚决有力的回击,并未达到其预期之目的。

我们反"清乡"斗争的办法是:

第一,由于敌我力量悬殊,且苏南又是平原水网公路据点稠密之区,因此,我们底作战方针不是与敌伪进行主力决战,而是以分散游击争取主动为原则。在一定条件下灵活地集中适当主力,给敌寇薄弱部分及小股部队以坚决的打击与歼灭,不仅是必要的而且是可能的,我在集中与分散的灵活运用兵力上,有效地打击了"清乡"的敌人,获得了伟大的战果。

第二,灵活地利用敌人兵力的不足,用麻雀战疲劳敌人,扰乱敌人;用地雷战使敌人寸步不敢移动,在外线友邻地区实行积极密切的配合策应,使敌伪军应接不暇而疲于奔命,此已为达到粉碎敌伪军之"清乡"有效的有力的手段。

第三,敌与伪及伪与伪之间的矛盾依然严重存在。敌寇在"清乡"过程中采取扶助多头的政策,并企图建立合己的嫡系伪军,而汪逆周逆陈逆等亦图扩充自己私人的势力,四方面实行争夺,大批收买拉拢地痞、流氓、土匪以为己有。李逆士群则图扩充私人武装而与伪十师师长谢逆文远发生火并等等,诸如此类不可胜数的事实,使敌寇在"清乡"工作中,不仅失了有力的助手,相反地变为其"清乡"工作中之重大障碍。因此,及时利用敌伪矛盾及扩大其间之矛盾乃为我打破敌人"清乡"阴谋之重要一环。在这一方面我已获得了很大的成绩,使敌伪彼此间相互火并,而便利了我反"清乡"斗争的进行。

第四,敌伪为实现其"清乡"阴谋之重要环节,便是广泛地进行特务活动,以数千底特务人员预先潜伏我根据地内及部队中,作为"清乡"之先导,在"清乡"区各村庄普遍的建立情报网,以便遂行其"清乡"企图。然而,由于我在军队与人民中广泛的开展了反奸细斗争,并给予敌伪的奸细和特工以坚决的彻底的打击与消灭;同时揭破敌伪底阴谋毒计与欺骗宣传。

第五,我们以抗日全民武装的方针,普遍的开展了群众运动,与广泛的发展了群众武装斗争,组织了无数万地方民兵,配合着主力部队与敌伪进行不屈不挠的斗争,袭击与扰乱敌人后方,破坏敌人底交通,捣毁敌人底据点,使敌人顾此而失彼,忙于奔命。从此经验告诉我们,普遍发动组织民兵,广泛的开展群众性的游击战争,已成为我争取反"清乡"斗争胜利的先决条件,正因为我苏南新四军把握了这一基本原则,故使敌寇历次的"清乡"计划化为泡影。

因此,虽然敌伪底"清乡"迄今已有一年了,而结果则完全出乎敌伪意料之外。我新四军不但相机恢复了被敌伪"清乡"的地区,而且开辟了广大新的地区如太湖以东以北等地区,苏南部队不但未被敌伪消灭与驱逐,相反地更加锻炼和壮大了自己,党政群众团体依然继续的存在与活动着,群众武装斗争更蓬勃地发展起来,使敌伪的"清乡"工作日益陷于无法进行的地步。

(《解放日报》1942.06.07)

高流镇的争夺

罗 列

下弦月已落向西方,大地笼罩着黑暗,这是黎明以前的黑暗。在这暗幕遮掩下,战斗马上就要开始。

高流镇上死样的寂静,除了破墙头下秋虫,还偶尔听到岗哨换班的脚步声。大街上,坚固的建筑拆残得七零八落,只有街南天主堂的钟楼仍然耸立在天空。其他的断垣残壁,也就分外显得凄凉。

西北方忽然传来急骤的枪声,可以判定情况是十分严重的。负责指挥的教导员,急披起那淡灰色的军衣,凭着他对地形的熟悉——他是在这里生长的——他立即下着这样的命令:

"一分队去西门,三分队往北门,坚决抵抗,没有命令不准退。"

"二分队去东门警戒,余下的跟我来!"

这年轻的指挥员,是有胆量和见识的,顷刻间完成了全盘部署。

西北两门的攻击由猛烈变为缓慢,敌人的进攻是没有半点进展。一、三分队的战士已守稳阵地。这无异给匪徒们想伪化高流的美梦一盆冷水。

战斗暂时的沉寂,北路的敌人已越过干涸的小沙河,绕向东门进袭了。他们蜂拥地进了市街,警戒东门的一个班,显着力量不支,一面战一面退,敌人步步迫近。这情形直到教导员带领着两个班来增援,才给堵住。

凭着拆残的墙根,二分队排好了屏障,守候着敌人接近,好使子弹不致虚发。

黑影子迫近了,他们简直是来送死。

"小舅子!"教导员喊出这一句,随着他的快机咯咯放出后,以后是一阵排枪。

前头的倒下地,后面的抽脚向后转,敌人的前进受到阻止了。

西北两门的枪声又响起,这显然是敌人配合进攻的,这枪声加壮了东门敌人的勇气,他们又扑了过来。这是一阵排枪,敌人的前进并不像想象的那样容易。

现在我们是处在三面包围中,敌人的人数超过我们三倍。我们不能处在这样被动和不利地位,但我们要坚守高流,这潼阳西北的重镇。

教导员下令通知守西门、北门的一、三分队退却至南门,就在天主堂附近,二分队也撤至同一点集合。街上四分之三已被占领了,我们就只占街南一隅,这情形或许有人以为不可设想了。

仅留一个分队扼守街南,两个分队绕南门去抄袭东门,实行侧击。

冲锋号响起,两个分队猛虎似的向东门扑去,枪声好似密珠连发,敌人料想不到后面有队伍袭击,这样的迅速和神奇。他们不敢坚持这不明情况的战术,撤走了。

东方微白,冲破了黑暗,高流仍在我们手里,这潼阳西北的重镇,巍然地屹立着。

(《淮海报》1942.07.11)

新四军第四师司令部
淮北苏皖边军区政治部
淮北苏皖边区行政公署布告
——战斗动员准备反扫荡

去冬三十三天反扫荡的季节到了,敌寇、伪军、特务们,对我边区的大举"扫荡"随时随地都可能突然爆发。今春今夏今秋敌伪在我边缘各区短期的小规模的"扫荡",可能是今冬明春将要长期的大规模的"扫荡"的准备,这种"扫荡"的深仇血恨,我们是不会忘记的! 自然,我们主力与民兵的协同动作,曾经多次的打退了敌伪的"扫荡",我们给了敌人以应得的打击,为我们死难军民报仇雪恨。然而敌寇一日不打出国境,"扫荡"即一日不能停止,我们的战斗和战斗准备即一日不应松懈!

今后敌寇的"扫荡",可能更大规模,更残忍毒辣,更花样翻新,而我们——边区党政军民学全体同胞们,就应下定决心,更深入的动员,更周密的准备,更妥善的布置,更顽强的战斗,以便获得更伟大的胜利!

全边区的同胞们,立即作战斗准备,立即准备着战斗! 我们必须首先在思想上清楚认识敌寇"扫荡"的突然性和严重性!

我们的战斗准备是为了准备战斗。我主力各兵团,及我各县区民兵自卫队,应立即进行各自的准备和动员,相互援助,首先打破敌伪的"扫荡"计划和意图。因此,各县区民兵自卫队,在主力的协助之下,在各级政府的指导之下,于十二月中旬,即开始进行下列的战斗工作:

(一)站岗放哨——检查大小道路上的来往行人,认真办事,严密警戒,查出的奸细特务分子立即扣留押解政府公安局法办,查出形迹可疑的分子立即送交政府审查,尤其是一入夜间,更是一切反动派活动的机会,所以打更放哨巡查就更加要紧,查店查户口,捉拿汉奸,逮捕特务,家家有责人人有份,一点也不能够疏忽。

（二）破路挖沟——先把已经挖过的沟,重新挖宽挖深,挖得更合乎打仗的需要,再把没有破过的路,继续破坏,一定要把大路小路变成大沟小沟,一定要沟沟相通,村村相连。在那些敌人可能安设据点的村镇,更要努力挖掘地道,四面相通,在村镇之外半里或一里出口,以便应付敌人的突袭包围,而收由地道脱围,以行反包围之效。

（三）实行藏粮——粮食是边区军民的命脉,公粮私粮都要藏好,一粒也不能让敌人抢去。藏粮的办法:一要分散,二要秘密,三要不致霉烂。藏粮的地方要严守秘密,谁把他告诉敌人,谁便是犯罪,无论私粮公粮都是一样。

（四）整顿民兵——把县区乡各级武装自卫委员会成立并健全起来。把不脱离生产和脱离生产的民兵自卫队加以调整编制,开办各种短期训练班并利用冬学,进行政治的战术的技术的教育,这是最中心的工作,从党政军到各团体都要帮助领导,从边区到每一村,都应有健全的组织和辉煌的战绩。

（五）普遍演习——在各地区主力指导并配合下,所有民兵都应先以乡为单位再以区为单位,如有可能可以县或联防区为单位实行战斗演习,假设情况,指定总监,一到时间即分头动作,一般老弱则藏物牵牛实行空舍清野,一般民兵自卫队则刀矛枪炮火带干粮进入战斗,有掩护,有侦察,有警戒,有扰乱,有袭击,有声东击西,有避实击虚,有周旋打圈,有尾敌追击,有打土枪土炮鞭炮,有埋伏地雷,有摇旗呐喊迷惑敌人,造成紧张的战斗空气。

（六）进行战斗——上述五项,都是进行战斗的准备,要想真正打破敌人的"扫荡计划"就必须进行不断的顽强的战斗,在边缘地区,在接敌地区,应当每日每夜都有我们民兵的枪炮声地雷声。在战术上灵活地实行埋伏战,破击战,地雷战,骚扰战,围困战。总之,区不离区,县不离县,就地坚持,就地纠缠,要使敌人日日不安,夜夜不宁,才能打破敌人的"扫荡"、"蚕食"和奔袭我们的根据地。

全边区的同胞们,立即动员起来,立即战斗起来,为彻底实现上述六大任务而斗争!创造我们淮北的民兵英雄,创造我们淮北的光荣战绩,巩固并发展我们的抗日民生根据地!

师长兼司令　彭雪枫
兼政治委员　邓子恢
兼政治部主任　吴芝圃
主　　　任　刘瑞龙
副　主　任　陈荫南

（《拂晓报》1943.12.06）

新四军一师和三师合打了个大胜仗
夺回车桥朱圩等据点

四号那天,新四军一师和三师部队,合起来打淮安的朱圩子、车桥镇。这落头是苏中到苏北的交通要道。朱圩子当天就打下。车桥里面有五十五个炮楼,到六号全部打下来了。还解决了伪军一个团,团副、营长都打死,活捉了伪军二百五十多个。这时候,新四军另外一部分又在周庄地方,打了一个伏击战。五日午后,车桥打得正吃紧,淮安、淮阴、宿迁敌人四次派救兵来,都被打退,淮阴来救的敌人有七个中队(由敌山泽大佐亲自带来),进到被我军预先埋好地雷的阵地里面,立时三刻炸声四起,七个中队的敌人全部炸死打死。这次,敌人死大队长以下六百多,活捉少尉队长以下三十六个真鬼子。缴到大炮两门,重机枪两挺,轻机枪十多挺。光在战场上拾到的鬼子钢盔,就够我们两三个连的战士带。宿迁方面敌人派十八辆汽车来增援,当时就被我们打退。在这次战斗中,我们也伤亡百把人。这一仗打了之后,新浦、宿迁各据点的敌人都恐慌起来了。七号上午,有四架鬼子飞机到打仗的地方乱炸,丢了四十多个炸弹来报复。泾口的敌人,七号晚上就逃走了,这样一来,附近各小据点的敌伪更加恐慌起来,到九号早上,曹甸、周庄、受河、张桥、杨桥等据点里的敌人,也全部逃走了。这是今年元旦以来的第一次大胜仗。淮安、淮阴、涟水敌人,这几天连连增兵两千多,看样子或者想来"扫荡"报复,我们应该立即准备好,敌人来了就打。

(《盐阜大众》1944.03.22)

敌寇"清乡"屡败后承认:
新四军是华中唯一抗日力量

延安二十九日电:自去年四月一日起,敌寇曾调集大量兵力对我苏中四分区(包括启东、海门、南通三县及如皋东面之一部,面积约六百平方公里)实行"清乡",迄今已进行了三四次,但结果均遭我军民的粉碎打击,驻徐州的十三军团(六字电码不明)曾派员往该地视察后,写成"清乡视察报告书",该报告书检讨"清乡"屡次失败的经过,敌寇痛定思痛,不得不承认我抗日军民的英勇战绩,和不可(漏八字)新四军为"××××在华中实行侵略的唯一力量"。"新四军带来的共产党思想,为一种对民众极有力量之影响,新四军进入苏北历史虽短,但其影响民众不可忽视。""新四军之存在,使中国(按指汪逆伪组织),自卫力不能发挥至最高度,不能维持一定程度之治安,不能于农村大众协助下达成中国参战必要物资之增产工作。"

敌寇的唯一对策是:"非'清乡'不可"。日寇"清乡"的办法除实行烧杀镇压,逐步"清剿"及实行"特工"保甲制度外,并企图破坏我根据地各阶层人民的团结。在其报告书中说:"长老(指当地士绅)对农民的操纵指挥意外的坚强,应以长老为中心,团结农民信赖长老。""新四军若与农民分离,即一日不能存在,故如何吸收组织大批农民实为'民主'工作之中心问题。"

但是敌人检讨后,证明这种企图又失败了:"'清乡'开始后,新四军××利用其对农民之方法,利用所谓动员农民从事反清乡工作,加紧农民运动之斗争性,组织自卫队和民兵。""其具有坚强之组织,具有避免我方扫荡之特长,布遍各地区,为新四军之耳目,其所生效果也不容忽视。""此种民众自卫组织,为民兵及自卫队,此两种组织内,包含新四军区域内全部男女老幼之农民,十八岁以上四十五岁以下之男女,全部参加自卫团,十二岁以上之少年,全部加入少年先锋队。""新四军藉巧妙之组织力,深入农村,完全土著化,工作人员到达时,看来都系善良农民,但一瞬间即化为民兵。以手榴弹袭击区公所(编者按:指伪区公所),烧毁竹篱。"

又去年十二月底,敌上海大陆新报特著宣言一篇,警告敌伪当局称:"苏北新四军行动群众化,加强民兵组织,形成其变化出没之伎俩,使扫荡军顾此失彼,新四军之新战术,殊堪注意。"在敌占领的心脏里,我新四军和抗日根据地日益壮长,使日寇坐卧不安的状况,于此可见。

(《江潮报》1944.07.22)

在扩军中备战

近日来边区周围敌伪调动频繁,淮阴方面伪二十八师,伪保安队,准备两三千人,有待命出犯"扫荡"之说。本月八、九两日由新安镇增至宿迁敌千余人,现宿迁共有敌一千七百余人,十二日谍报称:宿迁伪拟集中十个中队约四百余人扬言向宿迁正南东南方向"扫荡"。又息:新安、堰头、埠子、睢宁等地伪军均集中宿迁共约千余人。伪淮海省指示伪泗县府,乘我主力一部西进,欲相机恢复今年为我拔除之据点。宿县敌增至千余人,九日召开少校以上军官会议,声言向灵北"扫荡"等等。根据以上各方征候之研究与判断,敌兵增加,伪军集结,敌伪有很大可能向我边区(亦或友邻区)突袭"扫荡"。为防备于万一,我们应该迅速进行一切战斗之准备;这不仅是为着应付现时情况,而且也是为着防患于未来,这都是万分必要的。

今春以来,我军曾主动的东起运河,西抵津浦,发动了广泛的战役攻势,攻下并吓退敌伪八十余据点,解放数十万群众,予敌伪以极大杀伤。特别入秋以后我军一部西进,更予敌伪以惨痛的打击。这一方面是路东更加巩固扩大,与奠定了路西抗日局面;另一方面也由之而产生了好多干部甚至于根据地的部分人民一种极有害的太平观念。以为敌人不敢也不会再发动什么大的"扫荡"了。这种想法是极危险的,他们忘记了我们仍在敌后,敌人仍环伺在我们的周围,在敌我力量的对比上来说,目前敌人仍然是强大的。一天不把敌人完全驱逐出去,一天我们对敌斗争不该忽视或轻视。我们要充分估计到,敌人为着垂死的挣扎及为着报复我们的春季攻势,集结一部分兵力向我们根据地内部"扫荡"或蚕食还是完全有可能的。因之,我们必须首先在思想上打破这种对敌斗争的放松心理与侥幸心理,及由之而产生的太平观念。解除我们思想上的麻痹,大家清醒过来从上到下,从部队到地方,从干部到人民,正视我们今天的环境,做思想上的备战。

当然,我们也无须夸大敌人的力量,而自己惊慌失措,现时敌人正用兵于正面的西南战场,在太平洋上敌人正遭受着惨痛的打击,这就使敌人的兵力大大分散,而一年来整个敌后战场,予敌人以极大的杀伤,这也就大大地削弱了敌人的战斗力,敌人士气的本身也天天在降低着,这些都是今天的敌后军民对敌斗争中与以前所不同的新特点和有利条件。就以近日来边区敌情变化本身判断,敌人的"扫荡"企图,也不一定是全面的,也可能是局部的。然而目前正是敌人的"扫荡"季节,我们必须作充分的反扫荡准备。第一,各机关部队立即轻装化,将一切笨重物资作适当处理,使不牵累战斗行动;第二,后方机关及不便于军事行动的人员作必要的疏散准备,候命转移,然正常工作仍应照常进行;第三,加紧侦查,监视敌人行动,边缘区地方武装及民兵积极活动,中心区民兵也要加强后方治安工作,随时集结待命;第四,注意情报联络,发生敌情,即迅速报告军事机关。

然而,当前的备战工作,不该与正在开展着的扩军运动脱节,不能因备战而停止或放松扩军,反之,应通过扩军来进行备战。扩军的本身,就是战争的准备,在扩军中解释当前的环境,加强战争观念,号召参战参军,把备战动员与参军动员结合起来。

(《拂晓报》1944.11.20)

师兼军区建军会议胜利闭幕
——历时三十三天审慎研究确定今后淮北建军方针

师兼军区建军会议已于六月二十五日胜利闭幕,大会在听了邓政委形势现状与任务的报告、行署刘主任地方工作状况报告及各旅分区负责同志关于部队状况的补充报告以后,即根据这些实际情况分组研究:①今后建军方针任务;②组织与制度;③军政教育与工作生活作风;④生产供给等问题。各组研究结束,即进行大会讨论,复将大会讨论的各项问题提交各个专门研究小组(由对各个问题比较有经验的同志组成的),分别审慎研究,最后根据研究结果,进行大会总结,确定了今后师及淮北军区总的建军方针是培养足够数量能够机动作战的正规主力军及培养能够在任何环境下就地坚持的地方军,大量发展与训练民兵,从思想上政治上组织制度上巩固与加强部队团结,加强练兵,提高政治质量与军事技术,肃清游击习气,确立正规制度,改善部队装备与给养。

大会前后共三十三天,一切报告讨论中都贯穿着用整风精神检讨过去,根据现状实事求是解决问题的态度,在会议过程中有些同志彼此在认识上的偏差,也都由于警惕了盲目的山头主义本位主义思想和更了解全面情况,提高了照顾大局的观念,就渐渐地打通了思想,最后达到认识上的一致,因此,这次建军会议也就是整风会议。

(《拂晓报》1945.07.25)

师兼军区建军会议

致中央电

毛泽东同志及第七次中央委员会：

当我们衷心庆祝象征党及中国人民团结与胜利的七代大会闭幕，及以毛泽东同志为首的新中央委员会产生的时候，我们更慎重地依据毛泽东同志与朱德同志的政治及军事报告与指示的方针与路线，讨论与规划了我师及淮北军区部队今后建军方针任务与步骤。并决心在你们的领导之下，在军部指挥之下，为执行七大及中央全部决议建设正规党军，打败日本，建立独立自由民主富强的新中国而奋斗。

新四军四师兼淮北军区建军会议全体代表

致伤病员书

亲爱的伤病员同志们：

师兼军区建军会议，在师首长领导之下，已胜利的结束了。

我们总结了我们几年来的成就——几年来在党的领导之下，在军部指挥下，在人民帮助下，我们已经建设了×万党军×十万民兵，收复了十一万六千余平方里（东西七百余里，南北三百余里）的国土，解放了六百万人民，建设了三个行政区，二十四个县，一百八十二个区，一千四百七十二个乡的抗日民主政权。粉碎了敌寇的扫荡蚕食，打破了反共军的多次进攻，改善了人民的生活。但是这些成就都是经过千百次的艰苦战斗，无数同志的英勇牺牲，和党政军民全体同志的努力所换取得来的，这些成就更是和你们顽强作战、埋头工作、流血流汗的英雄事业分不开的，因此建军会议全体代表谨向你们致以亲切的慰问和敬意。

我们也严肃认真地检讨了我们过去工作上的成绩与缺点，在我们的领导作风与工作方法上，在组织制度与作战教育上，在军政工作与供给卫生工作上，都还存在着不少缺点，亟须纠正；同样的，对于你们的战场救护，生活保健及医疗与休养等方面，除了我们医务工作同志奋不顾身，处心积虑的作出不少成绩之外，由于战斗频繁，干部后备不足等原因，也还存在着缺点，不能更好地减少你们的痛苦与迅速的恢复健康，因此我们感到对你们的歉意，但会议对今后如何改进火线救护与医院工作，保护你们身体，迅速恢复健康的事，已作了充分讨论与规定。希望你们积极地和卫生工作同志共同努力改进医院工作，并认真切实地听从医生的指导，服从院规，不仅是战斗英雄，而且要作休养的模范。事实上已有很多同志，即使在休养中，也仍能以过去对党负责对工作负责的精神，来帮助院方工作，这些模范行为值得我们发扬，使我们感到欣慰！

会议根据我师的具体情况，及目前形势与党给我们的今后任务，充分讨论，慎重地订出今后的建军方针及具体步骤——建设足够数量能够机动作战的正规主力，建设一定数量足以就地坚持的地方军，并建设更大规模的民兵，加强军政供卫各部门工作，从政治上思想上组织上更加团结巩固起来向正规化党军迈进。这一个伟大任务，是十分繁重的，是更要靠我们全体同志群策群力上下一心，更加百折不回的努力才能完成。因此我们代表全师全军区全体同志，热诚地盼望你们静心休养，早日恢复健康，准备足够的精神与力量重上前线，重上工作岗位，参加这个伟大的建设工作。同志们！我们全体同志在盼望着你们！

由于建军会议连日进行，会后又急于赶回工作，不可能抽出时间亲往慰问，深感不安，还请你们原谅，今谨代表师和军区全体同志送上每一同志洋二百元，略表慰问之意。

最后祝

你们静心休养早日恢复健康

第四师兼淮北军区建军会议全体代表
六月二十九日

致荣誉军人书

敬爱的荣誉军人同志们：

当我师和军区建军会议上通过了对荣誉军人妥善安置问题后，大家一齐愿向你们致以亲切的慰问与敬意。

的确，由于我们荣誉军人同志们，忠实于人民解放事业，在党的领导下，不避艰险，不怕牺牲，以至于光荣负伤变成残疾，这不但应受到全国人民的尊敬，就在我们每每想起四师和军区的辉煌战绩，淮北解放区的日益扩大，人民生活改善，部队猛烈壮大的时候，就想起了光荣的你们。是的，你们的功劳和四师和军区部队及淮北解放区发展壮大是分不开的。

因之，我们对荣誉军人应尊敬，应热爱，应予以妥善的安置，同时为了我们荣誉军人要光荣到底，也希望能学习石集区沈相荣同志那样宝贵〔珍惜〕他自己的荣誉，在拥军拥政爱民及各种工作上，成为人民的好榜样。每一位荣誉军人都会想到，淮北解放区是我们的流血牺牲所建立起来的，军队是我们自己的军队，政府是我们自己的政府，群众团体也是我们自己的，应遵守我们自己的政府的法令，成为人民的模范，对其工作的缺点，我们应当善意的批评他们，更应该热忱地帮助他们，我们不应该骄傲自负，和地方对立吵闹，我们要爱护我们的历史，永远保持我们的荣誉。

我们相信你们一定能保持荣誉军人这个光荣的称号，党和我们大家在时刻关心着你们，并希望你们能经常的对军队建设和各种工作提出批评和意见，使我们的部队能够迅速地向正规化党军迈进！最后祝你们身体健康。

第四师兼淮北军区建军会议全体代表敬上
六月二十七日

致抗烈属书

亲爱的抗日军人家属和烈士家属们：

在反攻快要来的时候，我们在这里开了一个月的大会，讨论、计划把我们淮北边区的主力和地方部队建设得更好些，好早些把鬼子打出中国去！

一提起我们四师和淮北队伍的生长壮大，就忘记不了你们的功劳，你们把你们最亲爱的儿子、丈夫、兄弟送到队伍里来，教导他们打日本保家乡，解放中国人民，你们自己代替了他们的劳动，碰到了很多困难，受尽了许多辛苦，因此，你们是最值得我们和全边区人民尊敬的。过去，由于许多原因，我们有些地方的确对你们照顾不够，但是我们应该感谢政府与人民对你们的许多帮助与优待。

现在行署对于今后的优抗工作，又确定了这样几条办法：一、根据人口和家庭穷富的情形，想一切办法，替你们解决土地和包耕问题，建立家务。这个办法最可靠。二、政府里健全优抗委员会组织与工作，专门负责解决抗烈属的问题。三、筹设优抗基金，专门解决一些特别的临时困难。春荒年关进行救济，抗烈属享有优先权。四、提高抗烈属在社会上的地位，替抗烈属门前挂光荣牌，党政军民等都要随时尊敬你们。

同时，另一方面，我们也希望你们继续保持你们的光荣，学习淮泗的席大嫂，打破依赖心理，自己动手积极生产，参加劳动互助，遵守政府法令，帮助地方工作，做一个模范的公民和模范的抗属！这不但是你们的光荣，也是我们四师和淮北部队全体同志的光荣。

第四师兼淮北军区建军会议
六月二十五日

（《拂晓报》1945.07.25）

淮海部队机动动员的经验

今年三月，苏北淮南军分区有两支地方军队南下扩大解放区，由于采用了新的动员方法，经过数百里的长行军，只减员百分之二（其中杂务人员占多数），胜利完成了机动任务。

这两支军队的历史很短，是四○年到四二年间发展的。成分复杂，很多当过土匪伪军，参加过会门，个别官兵中还存在师徒和拜兄弟关系。更由于长期分散的游击战争，没有机会整训，部队怕正规化，怕打大仗。因此地方性游击性封建性成为这两支军队的特色。

四二年主力地方化时，有一小部主力投入后，队伍开始转变。经过四三年胜利的夏季攻势，接着是创造模范兵团运动，整风运动，练兵运动，逐渐的克服旧习气，输入了新生命。但是要使他们不顾虑个人利益，全心全意为人民服务，还是这次机动动员中艰苦的政治工作。

动员的时间达两个月，从思想教育着手，配合军队和地方各种组织力量。其过程可分为两个阶段：第一，思想认识阶段。为了提高指战员对扩大解放区的认识，首先在各连军人大会上传达毛主席的"一九四五年任务",强调扩大解放区的重要,然后以班排为单位,进行讨论,人人发言,个别战士提出"到新地区去!"上级叫我去,我一定去,在淮南区十年还是土包子。于是便通过积极分子造成舆论,由本地干部进行谈话,通过一个月酝酿,整个部队,划分为愿意机动的、不愿意机动的和无所谓的三种人。第二,思想教育阶段。使战士有正确认识,必先使干部有正确认识,因此举办干部整风队,有的单位举行党的活动分子(动员模范也参加大会)教育,内容是:(一)国际形势与中国前途;(二)分析国共两党力量的变化,说明建设新中国的任务落在我们肩上;(三)党的发展与个人发展一致;(四)克服家庭观念、保守观念等。教育的方式是:教育,反省,提出问题,解决问题。经过这样反复教育后,提出如下困难。(一)家中无人照顾,政府是否照顾,政府是否经常优待;(二)行军中生活怕丢掉;(三)负伤残废怕不能回家;(四)离家远,用品困难;(五)生地方,水土不服,语言不通;(六)身体不好,不能长行军,怕打大仗。总起来所提的是思想问题与家庭困难两种。除继续思想教育外,帮助解决家庭困难。其办法:(一)登记各人困难,交政府解决,然后由政府来信答复;(二)严重的问题,派干部陪同到政府解决;(三)家庭在沦陷区,政府不能优待的,放款救济。这阶段最大的问题,是家属听到机动消息,纷纷来探望。为避免影响战士情绪,成立优待抗属委员会,由会说话的战士去招待谈话,了解了抗属中的积极分子、中间分子和落后分子,进行教育,举行抗属会。有的抗属在大会上说:"政府这样优待我们,再拖后腿真是没有良心。"有的说:"机动出去前途大,我们也光荣。"会场呼口号,然后开会欢送抗属回家,大家情绪都很好。第三,全面地弄清楚思想的阶段。首先是宣誓挑战,发动个人与个人、班与班、排与排、连与连间的宣誓挑战。某团二连战士说:"光嘴说没用,谁真有决心干,签名盖章向上级请愿去。"于是由两个战士发展到几个班,集体到连部请愿。连长说:"我们也不能批准,一齐到团部请愿吧!"全体喊着口号去了。接着其他兵团也展开了签名请愿运动。经过这样的热潮后,百分之九十的人思想弄清楚了,有人提出开评论会,评评看究竟说是真的,说是假的:便以连为单位开会,一个个评论,积极分子又提出联保。少数死不愿机动的,经过耐心的教育,也转变了。第四,誓师出征。出发前一天,举行誓师出征大会,首长提出要为三师争光。地方干部士绅保证优待抗属,希望他们"为淮南区争光"。大家呼口号"不做孬种"。出发时,沿途群众欢送,献花、献酒、慰劳、扭秧歌,直送至四十里外。

此次机动动员,有如下经验:(一)要土生土长的部队转移地区,思想教育是唯一的好办法。因为今天国际国内形势于我们有利;同时,经过整风后,指战员水平提高了,如用骗一步走一步的方法是会失败的,而且会降低政治工作威信。(二)进行思想教育,同时要解决实际困难。如改善给养、补充日用品、解决家庭困难等。但思想教育是主要的;否则个人的欲望无止境,困难终难完全解决。(三)要善于运用各种组织力量,集中在一个中心上。如这次机动动员部队中的军、政、供、行,地方上的党政军民都配合行动,连队的俱乐部也围绕这个中心工作。(四)要善于掌握时间,任务几乎都要适合群众的需要提出,不能过早过迟。他们在各阶段中所提的口号,多半是群众提出来的,所以为群众欢迎。总之任何连队都能随时注意三个问题,便可以完成机动任务。第一是进行以时事、前途与现实教育为主的思想教育,不断地提高指战员的前进心。第二是发扬民主,改善官兵关系,发挥指战员的积极性创造性,发扬阶级友爱。第三是解决家庭困难,使战士无后顾之虑。这次机动动员工作的成功,也由此解决了以上问题。

(新华社华中五日电)
(《解放日报》1945.08.12)

张鼎丞司令说:

永生永世——为人民尽忠尽孝

本月二十二号,华中军区直属队开庆祝和平大会,张鼎丞司令说:"我们是中华民族的子孙,是中国四万万五千万人民的子弟,是工农兵的儿女。百十年来,我们家里(就是中华民族)同我们父母(就是中国人民)受够了罪,我们要把父母亲人从挨冷挨饿日子里救出来,才能算是一个孝子贤孙。现时,我们在共产党毛泽东领导下,整整打了八年,吃尽千辛万苦,得到了胜利,把鬼子打垮,代家里报了仇,代家里打下了自由幸福根基。我们做了孝子,做了忠臣,我们多光荣!不过,我们要晓得,现时我们才走上人丁兴旺,买田卖地的情况,家私还不大,有许多父母亲人,还在旁地方受罪,恶人坏蛋只不过打跌倒,还没有消灭,说不定还能来捣乱。所以,我们还不能放下枪杆子,松下气来,我们要格外提起精神干事。和平是靠力量挣来的,也要靠力量来巩固它!"他又说:"我们要更有计划、有组织地去发展力量,巩固和平。头一要把拥政爱民工作做好。我们第一要检查检查,看我们对人民、对政府有哪些错处?错的要赔礼,坏的要赔钱,没钱的也要负督促、教育责任。我们同志自己,还要拥干爱兵,要学习军事、政治、文化,要想法子把生活搞好。还要纪念牺牲的同志,照顾在战斗里残废的同志,救济抗属。"最后他说:"我们要认识清楚,要永生永世做忠臣孝子、民族英雄,一定要一心一意如钢如铁干下去,才能美名传千古,才能永远保持我们的光荣!"

(《盐阜大众》1946.01.28)

半月作战百余次　淮海形势改观
——前拉锯式地区大部为我控制

【六支社五日电】武装保卫秋收,淮海地武民兵主动突袭蒋区战无不胜攻无不克,综合八月下半月战绩,据不完全统计,大小战斗一百十余次,毙伤敌营连长以下二百九十三人,俘敌一百五十六人,缴小炮一门、机枪三挺、盒枪两支、步枪一百九十七支、子弹一千六百余发,大小船三只,其他军用品无算,夺回群众被抢耕牛小驴六头,粮食二百余斤,收复华严寺(前报华云寺系华严寺之误)、陈庄、青墩庄、张庄等据点四处,消灭敌乡公所一个。八月十八日夜,我潼宿地武向盘踞陈庄之土顽孙大头部奔袭,次日拂晓包围王庄、孙圩、陈庄、马岭等地紧缩清剿,经六小时激战,该地土顽大部被歼,消灭蒋记马岭乡公所,平毁陈庄据点，歼敌二十七名。二十五日我"斗字"部队更以两小时神奇动作，攻克华严寺据点，歼敌一百二十余。泗沭史集区武工队，众八区游击队，屡渡六塘河奇袭蒋区。八月十六日晚，众八游击队十六英雄，突过河南打死土顽岗哨两名，活捉一名，使敌昼夜躲入水边柴地堤坡树根底放哨。守卫沭淮线边区之余文学小联防及大楼乡小联防，先后于二十一日、二十二、二十八日三战三捷，以少数兵力粉碎百余蒋伪抢粮企图，击毙敌联防副主任赵守建，伤敌两名，泗沭县委、县府、县大队颁布联合嘉奖令，凡属参加战斗人员，皆记功一次，并奖子弹五十发。蒋军主要供应线沭淮路，经常遭受游击队袭击。二十八日当蒋军七五师六十旅由北向南调动时，我淮海武工队四名神兵，首于苏庄活捉"还乡团"两名，后至公路射击行进蒋军，毙两名，伤四名，冲散车夫百余名。二十九日我沭阳民兵四联防十余人，至公路西侧吴庄袭击由钱集北去之五十余蒋军，激战一刻钟，毙伤敌各一，余向胡集鼠窜。灌云民兵继续扩展胜利，伸入敌心脏活动。八月十九日夜季集区民兵英雄袁法成、陆灌昭分头挺入曹窪及盐河岸王宅（与蒋伪武障河据点仅一河之隔），俘敌三人，在武障河敌人机枪狂射下，打死敌"突击队长"魏东吾。二十六日陡沟区二联防涉水向深沟、范庄、秸岭庄、草墩四据点中间之胡河庄（离上述四据点一里至半里地）进行"钻心"突击，活捉蒋伪七名。二十九日董集区队、民兵涉水十余里，深入大伊山西丁庄、焦庄、范庄一带伏击获胜。综观八月份全月战斗，淮海对敌斗争形势已有新变化：（一）各地边区今春以来反复纠缠，拉锯式斗争之地区，已逐渐缩小，大部转为我完全控制。东海安峰山区（曾失而复得三次）、灌云盐河沿线陡沟边区及淮阴大兴庄一线，现皆已日渐巩固。而八月全月地武民兵伸入蒋区活动之次数，更超过半年坚持中之任何一月。以灌云为例，八月上半月四十一次战斗中，深入蒋区埋伏袭击占二十一次，这说明我地武民兵已操斗争之主动权。（二）我精干武装突入蒋区，群众皆迎若亲人，自动警戒侦察送情报，为我地武民兵连战皆捷的重要依靠。淮阴武工队能深入顽化已达十月之蒋区五十里埋伏一昼夜，胜利歼敌五名，不仅证明蒋区群众向我，且更以英勇的范例鼓舞全区武装，更勇敢大胆地到敌人心脏里去歼灭敌人，今后蒋区游击战将更如火如荼。（三）八月下半月中蒋伪较大兵力奔袭"扫荡"两次，一为二十一日拂晓钱集蒋伪千余人奔袭我"英字"部队，被我毙伤百二十余，惨败而回；二为二十七日沭城五百余蒋伪，三路"扫荡"宿迁悦来区龙埝、小葛庄一线，我联防队麻雀战与敌纠缠，使其从龙埝至耿圩十余里间爬了六个钟头，最后仍被击伤两名窜回，这说明敌小股出扰遭痛击而胆怯，欲大股进犯获胜也属泡影。

（《苏北日报》1947.09.11）

粟裕将军

全国闻名的粟司令

粟裕将军就是苏中人民口中的"粟师长"，他是华东野战军的副司令员，中国人民解放军的一位最年轻有为的军事天才指挥家，今年才三十八岁，自卫战争才开始，就在苏中获得了七战七捷的伟大胜利,歼敌六万人,打响自卫战的第一炮。接着在陈军长和他的英明指挥下,鲁南会战胜利,歼蒋第一快速纵队,在鲁中莱芜战役完成了三天三夜歼蒋五万人,空前伟大歼灭战,在泰安攻坚战,一举歼灭蒋七十二师,在孟良崮大山中,干脆歼灭了蒋御林军的七十四师,腰斩了三十万敌人的长蛇阵,粉碎了蒋军在山东的重点攻势。一直到现在,在粟司令的直接指挥下,单华东战场就歼灭蒋匪近五十七万人的有生力量,使华东战场迅速进入反攻阶段。粟裕将军已经不单是苏中闻名、江南闻名、华东闻名,而且是全国闻名。

转战大江南北

新四军东进,粟司令到了苏中,那时他是挺进纵队司令。黄桥一战,彻底击溃了韩德勤的进攻以后,就开辟和建立了苏中大块根据地。抗日时期,敌人加强控制苏中,安下了五百多个据点,一万敌军,五万伪军,反复扫荡清剿,粟师长始终坚持了阵地,粉碎了敌人清乡扫荡,同时还扩大解放区。那时他是新四军一师师长兼苏中解放区的司令员。一九四四年夏天,他又率领两万健儿,挺向江南敌后,创立了浙东解放区,反动派顾祝同屡次摩擦进攻,后来在天目山战斗中终于粉碎了顾祝同三十个团的进攻,缴获大批的新式武器,胜利坚持在浙东、南京、上海、浙江、杭州的周围一带。

苦斗的二十二年

粟裕将军身材不高,诚恳谦虚,温文尔雅,初识者常以为是一个有素养的学者,而不是一个百战百胜的将军。但他那隆长的鼻子,那炯炯发光的眼睛,都说明了粟裕将军的气魄浩大,果断坚决,胆大心细,机警灵活的特性。他是湖南省人,在常德师范读书时,已经是个共产主义者了。民国十四年参加了叶挺将军的第四军独立团的学员队,参加过南昌暴动,经历过五次反围剿和南方三年游击战争。他由红军士兵开始,当过班长、连长、指导员、营团师长及政委等,是个身经百战的革命的战士,曾负伤过十余次,对下级指战员的甘苦,部下实际情况,具有深切的体验。因此在作战的实际指挥中,能以行、止来照顾战士。

我们有这样实际经验杰出的指挥员,我们一定有信心坚持在敌后到反攻胜利!

我军副司令粟裕将军的战役指导一贯保持其常胜纪录,愈出愈奇,愈打愈妙。

——陈毅

(《江海前线》1947.10.12)

紧急进行备战,粉碎蒋匪"扫荡"

由于我华中主力,在不断的战斗中,取得了伟大的胜利,大量的歼灭了蒋匪,我华中军民,又顽强地坚持了敌后的斗争,使华中局面,有了更大的开展,给华中蒋匪,以极严重的威胁。因此,蒋匪在残死之前,还企图作绝望的挣扎,妄想组织机动兵力,不断地向我华中进行"扫荡",来迫歼我主力,并掠我物资,解除我军民对蒋匪的严重威胁。

这次我华中人民解放军,在运河线开展攻势,取得了胜利以后,蒋匪又开始向我五分区,进行报复"扫荡",匪整四师从刘庄北犯,越过叶挺城,占领我建阳湖垛,匪四十四师不足两个团的兵力,从淮海南犯,重占益林。蒋匪在侵占湖垛、建阳、益林以后,在周围乡村,大肆抢掠奸淫,刚才翻身的农民,又遭受到严重的灾难。

我五分区的全体党政军民,在一年半的斗争中,高度发扬了顽强不屈的斗争精神,和敌人进行了持久坚决的斗争,使我盐阜区,依然屹立在敌后,高高的竖起了毛泽东的旗帜。今天,我们为了粉碎敌人的"扫荡",为了保卫翻身农民的既得利益;必须坚持和发扬旺盛的斗争精神,具备高度的信心和决心,向"扫荡"我五分区的蒋匪,开展坚决的搏斗。

首先,我全体党政军民干部,应该正确地认识当前的斗争形势。今天华中蒋匪的主要企图,不是分散兵力,把守点线,而是集中可能抽调的机动兵力,东溜西窜,进行"扫荡",使我主力无喘息休整的机会。同时,并阴谋大规模地抢劫我解放区军民的粮食物资,来弥补其军粮供给的不足。因此,在环境稳定,敌情没有波及的地区,应该反对太平观念,麻痹思想;在蒋匪进行"扫荡"的地区,则应该反对悲观情绪,恐慌动摇。我们必须认识:正因为蒋匪进行机动"扫荡",我们任何地区,都应该随时随地,准备环境的变化,有备无患,迎击敌人。同时,蒋匪这一种"扫荡",不是说明了敌人的强大,而恰恰是说明了敌人的衰弱。所以,任何盲目乐观、恐慌动摇的情绪,都会大大的妨碍我们的斗争。

其次,在蒋匪开始"扫荡"地区,应该以领导与开展反"扫荡"斗争,作为当前的主要任务。每一个干部,应该坚决地掌握武装,领导群众,坚持原地,开展斗争,应该坚决反对可耻的退却逃跑思想,绝不允许发生退缩斗争,放弃阵地的行为。我们应该大力发动雇贫中农,告诉他们正确的斗争形势,号召他们掌握枪杆,参加民兵,在党的领导下,开展群众性的游击战争,和蒋匪相纠缠,来保卫斗争果实,掩护跑反,甚至进一步杀伤敌人。另一方面,我们应该有计划地疏散物资,空室清野。改造地形,组织跑反,不给蒋匪抢走一粒粮食,不让蒋匪抓去一个壮丁,哪一个地区的群众,发动地充分,哪一个共产党员,真正确立了为人民服务的精神,都会在斗争中受到考验。

第三,在敌情没有波及地区,应该在土改救灾的中心任务中,结合进行备战。适当地疏散物资。整理民兵,掌握情况,加紧盘查,务求做到敌情一到,就能拿起枪杆,开展斗争,而不致造成面临敌情,措手不及。在敌人"扫荡"区的外线,更应该组织武装力量,主动出击,大力向边区挺进,有效地打击敌人,以外线的积极斗争,来支援内线,达到内外结合,相互支援的目的。

敌人对我五分区的"扫荡"抢掠,已经开始,而且正在持续中,我五分区党政军民,立即紧急地动员起来,和敌人开展英勇顽强的斗争!大家应该加倍努力,用最大的力量,来粉碎敌人的"扫荡"阴谋,打垮敌人的临死挣扎,争取五分区的全部解放!

(《盐阜大众》1948.03.07)

追记强渡淮河时的刘伯承将军

某旅政委谈、卢耀武作

当去年秋天，刘邓反攻大军，南渡淮河，千里跃进，深入蒋区心脏作战的时候，大别山的老百姓传说了许多神话，有的说五黄六月，下着棉花疙瘩那样大的雪，解放军是踏着冰通过淮河的；有的说是每人背了一个葫芦浮过来的；又有的说是起了一阵大黄风，把刘伯承将军的六十万人马满山遍野一飘就飘到大别山来的。实际上是怎样呢？某旅政委某某同志谈到一个动人的故事。

"打到大别山去建立新的根据地"——当敌人发觉我军这一伟大的战略企图时，就拼凑了十九个旅，死追我军，在我打断了敌人的封锁，强渡汝河后，敌人就企图在汝河与淮河之间来阻止我大军前进。

八月二十六日晚，我军到达淮河北岸某地渡口，这里集结约有四个旅的人马要过河，根据旅长和我的调查，河水本来可以在涨水之前徒涉。但淮河上游突然涨水，我军所要赖以渡河的只是靠敌人破坏和劫走后所剩下来的十来只小木船。司令部李达参谋长告诉我说：敌人的四十八师、七师、五十八师、五十二师、三师、骑一旅等十九个旅紧跟着我军；敌人八十五师的先头部队，距我们只有三十多里，已经和我后卫部队接触了，我军必须在今、明两天渡过淮河。因此他叫我旅必须在十二点以前渡过去。

我急忙跑去监督，渡河部队拥挤在渡口，秩序不够好，我费劲整顿了一下，十一点以前渡过是不可能的。我又去找李参谋长，他一直紧闭着嘴沉思着。最后说："那么，一定要在下午两点渡完。"我又跑到渡口去。渡河的秩序已经大大改善，一分钟都没有浪费，算起来勉强可以按时过完。但是忽然起了一阵大风，每一船来往时间，要增加一倍以上，显然所规定的时间，是完全不够分配的了。我焦虑的再去报告李参谋长，他无可奈何地把时间推到拂晓以前，其实，这仍然是很困难的。我想，我旅只是这个渡口渡河部队的四分之一，如果我旅就占去一个整夜，还余的时间那么其余的人怎么办呢？我没有信心的又走向码头去指挥部队过河，一会，我走到旅指挥所。

旅指挥所设在河北岸一间小屋子里，刘邓等首长们都在这里，大家很久不说一句话，都在用脑筋，非战胜淮河不可。一直在沉思着的刘司令员，忽然问我："河水真的不能徒涉吗"？"河水很深不能徒涉。"我肯定地回答。"到处都一样深吗？到处都不能徒涉吗？"刘司令员又问。我说：河上的老百姓都这样说："淮河忽涨忽落，从来没有人敢在水涨得正深的时候徒涉。""你们实在亲自侦查或试过没有？"我说："先锋团和我们自己都侦查过试过。"刘司令员还是细心的反复追问淮河各方面的情形，最后半怀疑地问道："你们是不是找老乡调查了？有没有多找几个老乡问一问？"刘司令员走到河岸上静默的望了望汹涌澎湃的淮河的浊浪，立即决定先把他的指挥人员渡过一部分去。

我回到渡口去布置，不一会，刘司令员走来了，他拿了一根很长的竹竿，不知是谁给他找来这样一根不合适的手杖。刘司令员登上船等，天快要黎明，月亮已经落下去了。迷茫中，我看见他的黑影子在船边一上一下的活动着，我很奇怪他到底在做什么。忽然我听见他在船上大声喊我:"某某能架桥呀,我试了好多地方,河水都不大深呵!"并且用力地喊:"告诉李参谋长,叫他坚决架桥。"这时,我才恍然大悟,原来刘司令员是在船边亲自用竹竿测量水的深度。我执行了他的命令。临上船时又接到一封信上写:"河水不深流速(原文如斯),欲紧速告李参谋长架桥。"我到了南岸,刘司令员正站在河边看我们渡河,见了我又叫我用他的名义写信给李参谋长,要想尽一切办法坚决迅速架桥,他并且吩咐我要在字的旁边加上圈圈。我写完信读给他听了一遍,他说:"在那圈圈的外边再套一层圈圈。"信发出去了,他用严肃的口吻对我说:"粗枝大叶就要害死人",并且用那根竹竿,在地上郑重地点着又重复了一句"要害死人"。我静静地站在他魁梧的身影前,他那永远挂着慈祥的和蔼面孔,一直沉在严肃里。他的话一字一句像千斤重锤打在我的心上。在他走来走去时,看见上游有人牵马渡河,可以徒涉。叫我立即转告李参谋长,不要架桥了,叫部队迅速徒涉。于是,部队很快地就开始徒涉。我带着无限的欣慰的心情,走到刘司令员那里,这时太阳已露出地平线,那位不知疲倦的老人,微笑着站在山头上,望着淮河的浊流,望着他那无敌的常胜军,千军万马沿着用竹竿标志着的水上路标中分成四路五路六路浩浩荡荡踏过淮河,战胜了千里南征的最后一个险关。

(中原前线电)

(《盐阜大众》1948.06.21)

渡江后一三九团五连支部工作检查

渡江后从四月二十一日至五月十日,五连逃亡二十三名,掉队七名,非战斗减员的数目字是严重的。原因:一方面是部队战斗负伤班排干部两名,病班长一名,连长也负了伤,而在干部数量上受到削弱。另一方面支部工作不够坚强,而经不起考验。

一、支部委员会的情况

1. 支部委员会的组成:共六人,计连干三个,排干两个,班干一个。多系连队领导干部,在比重上缺乏下层人员,没有战士参加,不能深刻体会战士群众中存在的困难问题。

2. 领导干部思想问题:支部书记李炎文,渡江后为胜利所麻痹,认为已经过江了,江北的不会跑,江南的地方还乱,也不会跑。行军下雨太艰苦,不能讲话,而忙于干事务工作,处理战利品,调配武器等。连长亓同思(支委),作战负伤,认为应该休息一下,只要打仗不莠种就行。所以对行政与党的工作完全放弃,行军骑牲口掉队,经常发脾气骂人,七班跑了人,大骂"要你们这些班长干熊,一个一个撤职你鬼孙",结果两天后七班长带老战士两名有组织逃亡。

3. 缺乏以党为核心的思想斗争,致使不能有力地克服军阀主义倾向,连长骂人,影响六班长康士学说:"你骂我,我也会找个人骂。"机三班长田树林(支委)管理方式简单生硬，这些问题支委会从未进行过检讨与批评。

二、支部缺乏经常工作活动

1. 会议：十九天进军中，布置了三次小组会，一次是动员继续追击敌人，一次是动员交东西，一次是评功，其中三排小组会只开了一次，余二次未开。
2. 汇报：支部书记不收集汇报，小组长也不收集汇报，八班长十九天行军中只汇报一次，也无内容，他说："汇啥报，这样累"，也得不到批评。
3. 指导员（支委）表扬解释少，逢下雨进入驻地就解散，自己不讲，也不布置排里讲，在艰苦环境下，战士思想变化，得不到解决而逃亡。

三、没有支部工作的保证，行政工作也形成松懈，纪律废弛

1. 支部工作，党员教育，党内生活差，党员缺乏为党积极工作观念，而影响行政工作也差。十九天行军中，连长只和三排长谈过一次话，副连长只给班长布置过两天工作，互助组没开过会，也没进行过教育。
2. 领导干部缺乏检查督促：三排逃亡严重，没有专门组织会议检讨原因，规定下去的东西没有检查，没有督促，就没有坚持。
3. 纪律松懈，规定东西，下面不执行，如规定放半班哨，五班七班就只放一个人。

四、几个逃亡的具体情况

1. 七班战士袁成，公开说："南方这个地方，我是吃不了，大米饭我是吃够了。"行动上公开表现要逃亡。排长后来说：我和他谈话，没有谈，夜间就跑了。

机三班战士姚洪兴，积极分子，行军中腿碰破，脚也出了毛病，班长田树林（支委）不但不互助，反而熊了一顿，结果逃亡。

机三班战士丁子清，积极分子，行军一贯爱互助别人，扛机枪能吃苦，因没鞋穿脚打了大泡，跟不上队，班长骂他"啥家伙，装洋蒜！""跟不上不行！"到驻地排长又没谈话，第二天跑了。

八班战士杜福卿，积极分子，有病后，班长不但不爱护，而且非常讨厌他，"扔掉他算啦！管他干啥！"行军中坐担架，见到连长要求调班，连长也未很好解释。

八班战士徐宝君，积极行军不断扛双枪，但因他听不懂班长说话，班长就常谆他，出力不落好，最后逃亡。

按：这个支部主要问题是工作不及时，与管理简单生硬，不关心战士群众的困难问题，以致使工作受到损失，应该从党的思想领导，党的经常工作与党委对支部工作的领导之上来检讨，也可以作为各支部继续进军参考，像这样类型的支部在我们部队中虽是个别的亦应引起各级党委的深切注意。

（《军政往来》1949.08.10）

刘伯承同志在野直党代会议上的讲话

党代表会议，是代表共产党员的会议，每一个共产党员，都必须知道我们的路是很长的，经过新民主主义还要走向社会主义共产主义。我们要时时刻刻检查我们自己是否合乎毛泽东思想。揭发和纠正现存的各种错误思想行动，对于进军西南是一个关键。

我们二野现在最重要的错误倾向是骄傲，不是我们的战士和下级同志骄傲，而是大干部骄傲，所以危险性也更大。毛主席再三指示我们要不骄不躁，我们的胜利只是万里长征走完了第一步，应该把骄傲的包袱放下，它可以使我们犯错误的。二野有些同志背着一个功臣的大包袱，自以为有功劳，该得大赏。而在物资上、气焰上、执行政策上、对三野团结上，所表现的各种不健康现象，大都是由于自以为功劳大而未得大赏出发的。如不把这个思想弄清楚，无法接受工作与进军西南的任务。

我们在毛主席朱总司令领导之下，在各中央局领导之下，曾经得到过褒奖。在战争开始时，在敌人重点进攻时，渡河反攻，渡江进军都得到奖励。可是对于这种奖励有两方面的看法，一是更应该兢兢业业更好去执行和完成今后的任务，这是正确的看法；另一种以为功劳大得不得了，特别是负责干部把许多功劳归于自己，于是骄傲起来，政策学不进，团结不好，骄横放肆。我们的胜利是由于毛主席和中央的正确领导，以及党的群众工作如农村的土改工作，国民党统治区的地下斗争等的配合而得来的，更不可以为枪杆子打出来的了不起，个人了不起，特别这是军人非常可怕的现象，要经常警惕。否则，小则犯错误，大则不可设想，更甚可看到张国焘（铁托）之流的榜样。应该明白我们还很不够，缺点还很多，工作还做得不很好，包袱不放下是不行的。羊山集战斗如不是官僚主义的话，战士可以少伤亡四五千，现在说来还是非常痛心的。再如对战士不关心，军阀主义，因而有自杀事件的发生，这不是说明我们的军队建设与工作还差得很远吗？我们可以看到典型的官僚主义，这样的例子，如像安庆到南京的轮船遇险，找到后勤部来求救，而后勤部批了"安庆军管会处理"即了事，这不是典型的官僚主义吗？

这些问题领导上固然要负责，但是大家同志都有责任来展开斗争。

（《军政往来》1949.09.09）

张际春同志在野直党代表会议上
传达前委指示的报告

最近前委开会根据党内思想情况，进行了一些具体分析。目前部队正准备向西南进军，一部分已经开始行动，其余也陆续准备行动中。关于进军西南的教育和准备，曾经进行了很久。前委认为目前除了继续深入进军教育与组织进军的各种工作以外，还需要加强人民的国家观念，爱护人民祖国财产的教育。这不仅是一个教育，而且也是当前的实际工作,首先必须要从直属队做起。今天召开党代表会议,就是希望大家来讨论这个问题,以便于在部队中深入贯彻下去。

一

为什么要提出这个问题?因为进军江南以后,各部队在实际工作中,都产生了一种严重的反整体、反人民国家观念的本位主义无政府无纪律的倾向,对爱护国家财产做得很不够,野直在参加南京的接管工作中,四个月来很多同志做了不少工作,从国民党反动政府机构手中,接收了很多重要部门和物资,但是接管工作中存在着很大的一个缺点甚至错误,这就是好些同志忘记了南京是国民党反动政府的首都,我们是代表中国人民解放军,代表国家政府,代表华东局来参加接管,一切接管过来的物资完全是属于人民国家的,必须要完全交由上级来处理或请示上级才能处理。这些同志在心目中没有这个思想,或者这个思想很薄弱,他们从本位主义思想出发,认为一切接收过来的物资财产,都是属于自己的,应由自己自由处理,并不需要报告和请示上级,因此就产生了把原国民党六十兵工厂不经请示报告自由改名为"二野修械所"的事实,产生了把原国民党中央实验医院的科学电影放映机及某些器材搬出来,企图据为己有的事实。这是很不对的。中央及华东局确实有过二野需要的东西,可以从南京接收中补充的原则指示,但不是说可以不做接收物资的报告,不请示,可以自由乱拿。接收来的物资,不向上作报告交由上级处理,而自由处理,这不但是无政府无纪律缺乏整体观念,使上级无法按整个计划实行物资的调配,而且损害自己与上级之间及自己与友邻之间的相互信赖!

其次产生横蛮不遵守铁路规章的事实:如最近到山东接收新战士的补训师负责人中,接连发生好几个师级干部在开封强坐火车,不执行铁路局的规定,不听支配,额外要求增加客车,以及向西进军的部队中存在虚糜火车运输力,虚报人数物资,多要车皮的现象。

再次在一般驻地中产生严重的不爱惜公物的破坏现象,例如破坏房子,浪费水电,破坏设备,随便搬动东西,这表现了农业社会主义的反动思想的严重存在。此外部队中贪污假报账目现象亦存在着。

以上这些事实,都说明树立爱护国家财产观念非常必要。说明我们过去这种教育做得很差,迫切要求我们从这一方面来加强它。

二

支持上述行为的思想根源何在?首先是本位主义思想。本位主义藉口"我不是为个人,是为革命","搞好我这部分",似乎很有理由的样子,它很容易迷惑人。本位主义者自然拼命地搞东西,很努力,但从整体上说则是拼命损害整体,他这种损害整体也是努力的。因此对于本位主义无论如何是错误的,不能表扬的!

还有就是右倾享乐思想,要求过高的物质待遇,认为胜利了应该享受,这是没有任何理由的,这是没有看到从战争的最后胜利到新民主主义的建设还须经过一段艰难过程,经过新的社会秩序的安定,恢复与发展生产,整个人民生活的水准才能逐步提高,此刻还必须艰苦奋斗,节衣缩食,才能达到那个地步。

至于农业社会主义思想,它是根本就没有建设人民国家观念的,它是以破坏为目的的,把东西搞烂分掉了事,所以这叫做反动思想。这种思想在部队中也是存在的。

除了上述思想根源之外,在二野最近还背上了一种新的思想包袱,这就是居"功"与叫"穷"叫"苦",这也成为支持这种思想的一个力量。这是过去没有发生的。由于这个思想就产生认为对我们应该"特别照顾",和原谅自己。这种说法也很容易迷惑人。例如"大别山"差不多已变成一个包袱,这种观念从今天起,我们应当改变。是不是二野特别有"功",特别"苦"呢?我认为中国人民解放军,哪一个部队都是一样的,经过了艰苦奋斗牺牲流血的斗争。就以解放战争来说,敌人的重点在东北、在华东、在西北,四、三、一野的负担都比我们重,自然我们在三年战争中出了很多力,但所有的战场都是经过了艰难困苦才奋斗成功的。如果要说成绩和工作的话,我认为各兄弟野战军都比我们好,我们应当虚心向他们学习。我们必须这样认识。否则就会妨碍我们的进步,我们就要落后。

三

这些思想如不克服有何损害?这些思想,对二野本身的进步有很大障碍。本位主义、右倾享乐与农业社会主义,本来就是一种落后的思想,任何时候都是反整体反进步的。在游击战争时代,这些思想一样不利于革命,毛主席早就提出过反对本位主义的思想。在今天这样已经形成一个统一的人民国家的情况下,本位主义山头主义对我们整个事业就有更大的损害了。它妨碍进军也妨碍新民主主义国家的建设。

功臣思想和叫"穷"叫"苦"的思想,如不纠正,必然就会产生骄傲,埋怨上级,对兄弟部队不信任,妨害团结的思想和行为。就必然把自己工作上的缺点和困难常常推到客观原因上去,而不会从主观上去虚心作检讨。例如部队逃亡大,病号多,纪律不好,就会推到物质生活太苦上面,而不会去检查主观的责任和工作。党对"大别山"斗争,已经有了正确适当的估价,它有很大的战略意义,这确是光荣的历史事实,但不能把它当成包袱来背上,应当知道:其他野战军兄弟部队的功绩,虽然不叫"大别山",但他们都有别的许多伟大的功绩,绝不要认为只有我们苦。

在江南追歼敌人行动中没有菜吃,喝盐水,打赤脚,不要以为只是二野的奇闻,根据我们知道的确实材料,三野一样喝盐水赤脚走路,我想一野四野也会是一个样的。有少数的人常常喜欢捕风捉影,时而说三野供给待遇怎样,时而又说四野供给待遇如何,这其中有的是道听途说,有的是可能另有动机的。今天全国军队的供给标准是统一的了,这些话完全可以不听。据我们所知,四野进军生活很苦,但他们进武汉、长沙的纪律却很好,这是值得我们深刻反省和好好去学习的!

上述这种思想存在的结果,对于进军任务的执行也要受到影响,它必然就会要去夸大困难,就会提出这样的疑问:"西南特别苦,山多路远,地瘠民贫,为什么叫我们到那里去?"就不会从政治任务去考虑问题,和积极想办法克服困难。节衣缩食,提倡节约也就不可能,对建设人民国家的任务就会不去努力,就会乱抓一把,认为"苦了应该甜一甜","现在不抓,胜利以后,就抓不上了!抓到就是自己的"。渡江以后对群众的政治纪律三大纪律和俘虏政策不好,破坏约法八章等,就是这个缘故。如果是搞到那里据为己有,不去保护人民国家的财产,对于恢复与发展生产必然增加很多困难,在客观上也就等于是帮助了帝国主义对我的经济封锁。

四

怎样办?现在向大会提议,在全党全军中,伴随着进军任务,展开一个爱护人民祖国财产的教育和工作的运动,首先深入学习三篇文章,并与毛主席"论人民民主专政"结合一起来学习,作为武器,提高我们的思想。但不是当做教条来学习,要结合整编节约指示,检查我们的思想、生活和行动。把我们过去独立的小根据地的观念改变为今天的人民国家的整体观念。克服农业社会主义,本位主义,自私的思想。这必须要发动党内外群众大家参加,少数人是没有力量的。要使整编节约,爱护人民祖国财产的精神真正深入传达下去,成为群众的行动才有力量。并且还要不断地深入检查,随时介绍经验,进行奖励与批评,发扬成绩,克服缺点,才能收到工作的成效。这也是一个思想革命的工作,革除一种坏倾向,树立一种正确思想,没有充分的教育工作和坚持力是不可能的。

广大指战员艰苦作战,流血牺牲是为了要换取全国的胜利和新中国的建设,如果由于我们缺乏人民国家的观念,和无政府无纪律而损害了这个建设,那我们的艰苦工作、流血牺牲都变成无意义的了。必须在党内外深入教育。这些意见,特提出供大家讨论的参考,希望大家热烈讨论来共同解决这一个问题。

(《军政往来》1949.09.14)

野政召开野直党代表会议
——检查与动员爱护人民祖国财产,树立人民国家观念

野政于本月三、四两日召开全直属部队党的代表会议,检查与动员爱护人民祖国财产,树立人民国家观念、整体观念,完成新进军的任务。到直属各机关部队正式及列席代表五百六十六人。并吸收非党员中模范工作者功臣等五十三人参加。会议历时两个半天,共计七个半钟头。会议首由张际春同志报告,传达前委指示。报告首先指出:我们正在开始向西南进军与即将向西南进军中,除了继续深入进军教育与组织进军的各种工作以外,在教育中和实际工作中还须加强人民的国家观念,爱护人民祖国财产的教育。这对于继续进军和建设新国家都是需要的。因为最近根据我们的工作检查,我们进入南京参加接管任务以来,存在着某些反整体反国家观念的事实,如接管工作中,并不打算请示和报告即企图据为己有与自由处理的本位主义,横蛮不遵守铁路规章,对驻地房产公物

的破坏贪污浪费等现象。若不立即加以克服，将会大大的障碍我们进入新地区任务的执行，和建设新民主主义国家的事业。

报告接着分析了产生破坏国家财产、浪费物资的思想根源，他接连指出这是由于游击主义倾向、本位主义思想、右倾享乐思想、农业社会主义的反动思想作怪。而在二野则和所谓"居功"、"穷"与"苦"的思想包袱，亦成为支持这种思想的一个力量。认为对我们应该"原谅"和"特别"，结果产生骄傲埋怨，无政府无纪律状态时起时伏。报告号召全党，深入开展爱护人民祖国财产和加强人民国家观念的学习与思想教育，在部队中明确的树立人民国家的观念，来克服本位主义、自私自利的倾向。

根据报告，会议进行了热烈的讨论。五小时中先后共有十七位同志发言，深刻反省与揭发了在参加接管与驻防南京四个多月中某些破坏、浪费与本位主义现象。例如浪费水电，损坏房屋家具；浪费粮食，有的单位以粮食喂猪，甚至私卖粮食，勤杂人员过多，不合精简原则；后勤供给部门遗失物资，保管和运输物资缺乏精密计划。在接收中某些单位企图将资材据为己有，如军械处将六十兵工厂擅自改为"二野修械所"，卫生部曾经将中央医院的科学电影机搬回部队，警卫团在浦镇驻防时用坏枕木烧火，后勤部及特纵汽车接连发生压伤行人的事件，部队师级干部，不遵守铁路运输规章及虚糜现象，浪费运费。发言中普遍检讨了对国家观念极不明确，有的把代表国家参加接收变成直接处理，思想上还存在着认为二野特别需要，可以自由补充。

在讨论中同时也说明了有些单位已在转变并获有若干成绩：如司令部制订节约水电的具体办法后，已收到显著效果，节约达六分之五；政治部对房产公物的保管已做到停止破坏并进行修复整理；运输司令部在执行军运中，自八月十五日至九月二日，由于检查督促较周密，节省三列车共八十七个车皮，加上其他项目办法的改进，半月来共节省下七千六百七十多万元。

(《军政往来》1949.09.09)

通　　报
——关于野政组织工作会议的传达的情况

野政组织工作会议后，各代表返部后，传达布置情形，到本日止收到了部分报告兹通报如下：

（一）三兵团：在七月下旬全兵团团级以上干部大会上，由十一军李部长做了传达，兵团直属队召开了组织工作会议，司政机关，部、处长，政治部科长干事与各政治处政委主任参加，由兵团刘部长传达了野政组织工作会议精神，时间一天。（各军尚无报告来）

（二）四兵团：兵团胡副主任八月初在该兵团四个军（包括十八军）干部大会上传达了组织工作会议的内容。十三军八月底召集了全军组工干部二十三人，传达讨论了野政组织工作会议的主要内容。

（三）五兵团：十七军，首先在军党委会上传达了组织工作会议的基本精神，并决定在八月十日开全军组织工作会议传达讨论。

（四）野直：甲、特纵，七月下旬召开了政工会议，历时三天，其中以一天时间由纵队彭部长传达了野政组织工作会议精神。

乙、后勤部：八月下旬召开了组宣工作会议，主要是贯彻野政组织工作会议与宣传工作会议精神，白副部长作了关于组织工作的传达，并在会议上进行了研究讨论。大会后各组织工作干部，又以半天时间研究了组织部门的业务工作。

丙、军大：野政组织工作会议后，召开了该校组织工作会议，各级组织部门干部全体参加，总队大队，政委或主任以一人参加，共三天，由曾副部长作了传达之后，进行了讨论与研究。

丁、直工科：召集了所属政治处主任与组织股长的会议，由唐科长作了传达，并进行了讨论，作出了具体规定。

其他各部队传达和执行情况以后再陆续通报。

——野政 九月十日

（《军政往来》1949.09.27）

第五章

东方欲晓

为保卫南京而战

在太原上海相继失陷以后，日本帝国主义目前进攻的主要目标，自然是南京了。南京政府之迁都重庆，已在他的宣言中声明，解释并不是准备放弃南京，相反的，而是为着统筹全国长期的持久抗战。政府这样的决心，是值得全国人民欢迎的。保卫南京是目前政府和人民不可逃避的责任。

检阅三四个月以来抗战的教训告诉我们，中国许多的古城重镇何尝不可以变成中国的马德里呢？但是平津、大同、太原、上海，终于是失陷了，如果中国国土不大的话，恐怕我们早已没有自由呼吸的地方了！

马德里的坚守巩固和发展，他的奥妙究竟在什么地方呢？现在来答复这个问题，早已为人人皆知的事。我们记得当弗朗哥开始组织暴乱的时候，叛军掌握了绝大多数的正规军，他们势如破竹的向政府军进攻，在这样危急的情况下，西班牙人民阵线的政府决定了发动民众来保卫马德里和民主的方针，经过了一年多的苦斗之后，政府方面现在已经有五十万的正规军，他们正在胜利的前进着。

我们的政府当局，应该从自己的失败和国际事变发展的过程中求得教训，如果仍然是像过去一样，统制民众运动，仅仅是政府和军队单面的抗战，那么，空头支票再多也是无用，只有真正的开放民众运动，武装民众，给民众以充分的民主，才能最高度的发扬民众抗战的热情，实行全面的抗战，是争取战争胜利的基本条件，我们再不能容忍日寇继续的长驱直入了，为着中国民族的生存，我们一定要化除过去一切的成见，实现全国更进一步的精诚团结，实行全国的总动员，实行全面的抗战，这样来保卫南京，保卫中国，一直到将日本帝国主义完全从中国赶出去。

(《新中华报》1937.11.29)

尸山血海的南京
敌在南京之空前暴行

据由南京逃出之某人谈及敌军在京暴行及南京现状，与敌军屠杀焚烧，奸淫掠掳，禁绝粮食，伪组织丑状，敌军政治军事布置以及市面各情形如下：上年十二月二十三日深夜中火光冲天,杀声振(震)地,我军于炮声隆隆之下,悲愤撤退,全城即陷入极端恐怖紧张之中。留城市民,幸早已安全移入难民区内,唯未能及时撤退之一部兵士,前进既难,后退亦无路,军人爱国杀敌心切,于是在十三日晨,城内各处枪声大作,敌我巷战遂开始,冲锋肉搏,我孤军作壮烈卫国牺牲。当日下午枪声渐稀,敌军大队入城,占据各机关,布置守卫。同时分派大批军队,至各处挨户严密搜索我武装军队,无论抵抗与否,一律遭受屠杀。自是日起,杀戮恐怖蔓延全城,敌方声称难民区内藏有军队七人,不顾国际信仰,公然违反国际救济委员会行政,冲入难民区内,按户搜查,凡貌似军人者,辄捆缚而去。十余日内,每日均有十余卡车满载武装人民,向城外驶去,总计不下万人,惨遭屠杀。以后偶有市民在街中行走,或在房屋内发现,敌兵认为形迹可疑者,立即捕送新街口广场上,一律以机枪扫射。倘被拘市民地近池河,则敌兵必推溺河内。曾忆一次有数人在河内起伏挣扎,敌认彼状游水图逃,乃一一以枪击毙,事后,并枪挑人头嬉笑街心,遇有野犬,则戏并诱食,倘该犬勇猛追逐,即以刺刀刺死,敌兵如此凶残无道,实令人发指。将近一月中旬,敌兵屠杀暴行益见猖獗,用种种阴险之诡计,谋害一般无辜百姓。分别布告市民,举行良民登记,倘有违反,即不得生存。每日均有万余市民分别集合于金陵大学操场及新街口广场与山西路广场争求登记,拥挤不堪,日人于此时伪作善意,向民众演说称:凡前充兵工者请即退到两旁,以便分配职务,免与市民杂处,如有违犯,决予枪决。因之每四五千人中至少有四五百人自认超出民众之群。本人等亦一度前往参加登记,目睹当时敌人之自然神情,似非诡计。故一般民众亦并不恐慌。乃离开登记地点,约二十余分钟后,忽闻枪响声连作,可怜此成千成万无辜市民,竟惨遭毒手,敌人灭绝理性之残暴,于此可以想见。敌兵此种蛮横狂妄,国际救济委员会曾一再提出交涉,但敌仍故意杀戮,每在一家搜索不出少年妇女时,遂恼羞成怒,痛屠全家。哀号哭泣之声,不绝于深巷。是以两个月间,我市民前后被屠杀者约有八万之多。迄至今日,其摧残毁灭暴行,尚无休止。留居南京市民之前途,实不堪设想。首都沦陷,敌军于十三日进城,乘炮火未熄之火焰,又大施纵火,到处狂烧,猛烈之巨火浓烟,日夜笼罩于全城。此空前大火,使城内居民,无时不在惊骇恐怖中。其延烧区域,计有中华路,夫子庙,朱雀路桥,太平路,中正路,国府路,珠江路及陵园新村等地带,所有高大建筑及商店房屋尽付一炬,断垣颓壁,焦土无限,悽惨之状,不忍目睹!回忆政府十数年来辛苦经营,艰难筑造,今不幸遭此浩劫,其损失诚不可胜计。尤以陵园新村之焚毁,真令人苦心疾首,及至近日敌人纵火情形较缓,唯因彼等联合房内焚烧取暖,漫不注意,致失慎波及,范围极大。总之此次南京大火,实为洪杨之后最大之火灾,其损失惨重,亦为我国史上空前之痛心记录!敌人对吾如此摧残蹂躏吾中华民族对此血债深仇,誓死必报。难民区成立后,妇女移往避难者极多,国际救济委员会,并辟金陵女子大学为妇女收容所,当时已满七千余人,内部生活情形较难民区安全。敌军进城后,即按户搜查妇女,掠去奸淫,嗣复扩大暴行,每在收容所用大卡车将大批妇女载走,哭号震天,惨不忍闻。有时至深夜将一部分送回,但已遍体鳞伤,如是者数日,被其奸淫之妇女几占半。

嗣经国际救济委员会竭力交涉结果,敌兵明目张胆之兽行略见减少。但其毁绝人性之残暴程度,并未降低。于是不分昼夜,纷纷攀墙而入收容所,每见妇女,不暇占地,即强行奸淫,因之求救呼喊之声,常达院外,盖在收容所无法抗拒,只有听诸野兽惨行也。同时另有一部敌人在收容所外遍觅妇女,彼之残酷手段与万恶行为,更不能想象。国际委员会鉴此,又开金陵大学为妇女收容所,前往争避之妇女,极为拥挤,然而暴敌丑行愈加凶猛,按其奸淫对象为十二岁少女至七十岁老妇,如果有谁抗拒,即行枪毙。其次在西路一院内当一妇女被其奸淫时,其丈夫前往哀求释放,敌军见而震怒,以刺刀将其刺死。此外敌兵虐待难民之恶举,迭出层见。某日一被奸淫之裸妇尸体,僵卧血中突为一日兵亲见,乃强迫我难民与之性交,该市民竟在抗拒之下,死于非命。而该尸体亦遭刺数刀,如是惨绝人世之奇辱,日多一日,迄至本人离京日止,已有一万妇女被日兵奸污。

敌在南京暴行非但屠杀纵火奸淫,且复纵兵为盗,任意抢劫,当难民移避难民区时曾将家门闭锁,嗣据目击者称各街巷门户业已开启,而室内物件已空,此显然为敌军抢掠,按自敌军进城后一个月内每日有大批卡车满载器物,向下关驶去自系以车船运走。并闻所有红木家具亦均搬运罄尽,较珍贵物品,则更早为敌席卷一空。

敌兵入据南京后,即进行组织伪组织,用种种卑劣手段,将自治维持会组成,任陶锡三为会长。陶系南京人系一浴池经理,并置有相当地产,陶逆与齐逆燮元为知交,故此次得敌人之信任,为伪组织会长,副会长为孙某,亦系南京人,以略通日语,被敌任命。该会现分总务,交际交通,财政调查,人事,公科,会计等设于首都警厅内,该伪组织唯一工作在为敌人做奴隶的服务:如征工运输购办以及代觅妇女等丑恶工作,偶有不利,及遭敌兵严厉指责,陶孙等逆乃不知耻辱,甘之如密,且更以卑鄙行为谄敌,固可谓毫无人心,伪组织虽欲进行关于维持秩序与安定社会工作,但所统治区域焦土一片,渺无人烟,实无何工作可谈,至秩序问题,敌兵之猛暴,亦决非彼所可制止,该逆为博敌之欢,于本年元旦挂五色旗。敌兵在京一切暴行,大致已如上述,但至天羽所部敌军开入南京后,即在京市布置各种工事,同时在政治方面亦强命难民赶回原驻所天羽张贴布告,难民区念五六万难民一律迁出难民区,否则即用武力驱逐,虽经国际委员会交涉,仍无结果,于是难民群众先请以老年迁出,以待后情,然敌兵仍严厉令壮年同时迁出,有多数被迫迁回,但于晚间竟有大批妇女哭啼而返,因之仅使一般人惶恐万分,不敢。至近数情形略见好转,然亦毫无恢复秩序之可能,又敌因鉴于我军进迫南京,于最近强迫大批壮丁在城内外建筑工事,同时在国府海军部外交部铁道部军委会及各大建筑,均驻有敌军把守,各该地带均不准一般人近前。自敌军进城后之一月,全部南京沦入黑暗时代,难民区外火焰蔓延,焦土一片,抢劫横行,渺无人烟,难民区内屠杀奸淫,任意摧残,内外杀气重重,了无半分市景,近虽略有恢复,但电话电报及邮政则仍毫无办法。至各种商业皆被摧毁,现在敌于难民区内新设立商店多处,物品大部咸由难民外区抢掠而来,往购买者甚少。前上海新申报为敌宣传机关报,传南京市业已恢复旧观,实不值一笑。此外在难民区内挑担理发者甚多,略有生意,然此决非所谓商业也。再关于京沪通车事,亦极属滑稽,表面上敌当局布安告民通知京沪于某日通车,实际上前往乘车者,均不获达到目的,则所谓通车实为敌军侵略之工具耳,在京数十万难民急欲闻抗战消息,不得已由新申报探悉。大半消息又多荒谬无稽,现在多设法于外人家中,领听中央社广播,遇有抗战捷报,虽在水深火热之中,亦无不欣欢鼓舞云。

(《新中华报》1938.02.25、1938.03.01)

徐州失守以后

保卫徐州,阻止敌人打通津浦线计划的浴血抗战,进行达四个多月之久,粉碎了敌人速战速决的战略计划。

在我们持久抗战的方针下,节节阻止敌人前进,使我国有充分的时间,准备新的力量,以造成游击战略反攻的有力基础。这一任务获得相当成功后,因战略关系,我军有计划地退出徐州,准备在长期抗战中,来消耗敌人的有生力量。

徐州失守,虽然给我们抗战增加一些新的困难,使抗战形势转入更严重的阶段。但决不能认为我们抗战完全失败,而无抵抗能力了。某一个城池的得失,决不能决定战争的最后胜败。同样的徐州失守,决不会减弱我们抗战能力。相反的,在敌人无止境的进攻前面,会愈促进我们国内的团结,增加全民族对敌人的愤恨,更加强我们抵抗到底的决心。

敌人占领徐州后,必然继续沿陇海线前进,截断平汉线,以直接威胁我们的武汉,同时在晋南之敌或将乘机活动,破坏黄河河防,截击陇海西段,以配合西进之敌的行动。另一方面威胁西安,对边区采取包围形势,一方面夹击平汉路,以进出中原。因之我们必须迅速完成中原会战的准备,取得更有力地打击敌人的进攻。

徐州失守后,可能发生的严重危机就是某些对抗战胜利缺少信心的分子,会又动摇起来,同时敌人及汉奸也必然要乘机活动,制造和平空气,散布和平毒素,来动摇我国政府抗战到底的决心,迫使我国屈服,签订城下之盟。我们要谨记着蒋委员长的名言,"屈服即是死亡"!我们坚信:在我国内更加团结的基础上,抗战定能获得最后胜利。

(《新中华报》1938.05.25)

庆祝江南反扫荡的伟大胜利

正当华北八路军决死队胜利地扩大百团大战的战果的时候,江南方面又传来新四军反扫荡的伟大胜利的捷报,这是特别注意的消息。

最近敌军为了要放手南进,正急求用种种方法来结束中日战争,除政治上的阴谋毒计与切断我国际交通外,更积极布置对我正面之进攻,并加紧对敌后的"扫荡",本月初日寇为报复我百团大战起见,调动部队二万余增到平西、五台区及晋东南等地,准备着进行大规模的"扫荡",同时在山东,敌寇亦曾于最近时间把山东东南部划分三个"扫荡"区,并于九月间进行过对泰山区第二次的"扫荡"战。在江北,敌寇亦曾划分两个"扫荡"区,并进行过对江北(淮南路东)我新四军部队的"扫荡"。所有这些"扫荡"都曾被我英勇的八路军新四军所打退,敌寇之"扫荡"既不获逞于华北与江北,乃想求逞于江南,这是敌人一个坏企图。

在这种要求下,敌寇开始了对江南新四军部队大规模的"扫荡"。

本月初,敌寇即由金坛(江苏省)调集第十五师团及第一一六师团各一部,开到皖南,先向铜陵繁昌地区之新四军某部进行"扫荡",继即转向我云岭地区进攻,四号敌军约两个联队(五千余人)在飞机群掩护下,从戴家会(南陵县西方)南进至三里店,五号更进陷汀潭(泾县西方)。我新四军在吕山东山一带阵地侧击敌军,给以相当杀伤。六日敌与我战于云山地区,又被我严重打击。七号晚,敌向东转攻大岭小岭,我尾追敌军战于小岭、枫坎、下场等地。敌不支向东转移,乃渡青弋江窜袭泾县。当地友军被迫撤退,敌遂陷泾县县城。我军渡江急追,与敌大战于泾县南关,毙敌极众,缴获甚多,敌不获逞,乃焚南门以阻我军,绕北门向南陵退去。我军当于九日晨克复泾县,一面向南陵三里店追击,一面召集军民大会庆祝双十节国庆与此次胜利。当该军军长叶挺同志入城在军民大会出现时,民众表示了狂热的欢迎。

这次胜利又一次在全国人民面前证明了不但八路军而且新四军都是敌后抗战的主力部队,他们积极地坚决地在与敌苦战并且取得了伟大的显著的战绩。那些企图驱逐以至消灭大江南北的新四军之少数别具用心之徒,他们的行动,对国家对民族都只是罪行。如果说"军事第一,胜利第一",那么对八路军新四军,都不但不应采取驱逐与消灭的方针,也不应采取削弱与限制的政策,而应该使之扩大与加强。如果说"国家至上民族至上",那么当此敌寇加紧对敌后的"扫荡"之际,更何忍对大江南北新四军部队,采取煮豆燃萁,相煎太急之举!?况且日寇正准备对我正面进行新的战略进攻,则加强敌后游击战的力量以钳制敌军,更是刻不容缓的措施。因此在庆祝江南反扫荡胜利的时候,我们要求立即改善对八路军新四军的关系,停止对新四军进攻与压迫的军事行动。

这次胜利又一次在全国人民面前证明了军队的胜利,主要的是依靠于军队中人员战斗情绪的提高,军队行动的积极,指挥的正确与灵活等等,这次新四军以相对劣势的兵力战胜了敌人的大兵,因此改善军队的指挥,改正与加强军队中的政治工作,提高士兵的民族政治觉悟与战斗情绪,是争取胜利的先决条件,否则兵虽多,亦奚益于战哉!?

这次胜利又一次在全国人民面前证明了军队能取得民众得力的帮助,必然能取得胜利的;而军队对民众关系之改善,则是取得民众帮助的主要条件。此次新四军在反扫荡中,得到人民极大的帮助。战地民众动员送饭,大有"箪食壶浆以迎"的样子,这不但给予军队的物质帮助,并且对军队的士气亦有极大的影响。因此改善军队与民众的关系,是抗日军队不可一时忘却的工作。

(《新中华报》1940.10.24)

苏北事件何以善后

十月四日,江苏省主席韩德勤氏,亲率数万大军,向坚持江北抗战之新四军陈毅支队大举围攻,陈毅支队以大敌当前,彼此应以国家民族为先,团结抗敌为重,自己内部不应再事相残,重演萁豆相煎之惨祸,以免动摇国基,贻笑万邦,乃饬令所部节节退让,而韩氏竟谓"陈毅贼胆已寒,切急击勿失",而大举包围进攻。陈部为自卫计,乃被迫应战,忍痛还击,黄桥战斗即此发生。至今双方军事行动虽已停止,但据闻豫皖一带今又调集大军,准备对苏北新四军进行更大规模之新进攻,令人闻之动魄惊心,因而苏北事件究竟何以善后,实为我全国各党各派各界各军关心民族命运之人士所严重注意。

苏北事件之所以发生,乃由于韩德勤氏之一贯反共政策所致,韩氏身为政府之官员,而不执行政府抗战之国策,不以抗战为重,挟自身反共之成见,以共产党为其唯一劲敌(!)认新四军八路军为苏北心腹大患!终日密令所部,严行防止"异党"之活动,到处散发文件进行反共内战之宣传。其军队政治工作,以煽动军民反共为宗旨,部队战时训练,以反共剿共之蓝本为教材,因而反共内战之空气空前弥漫,"攘外必先安内"之邪说高唱入云,致苏北民众,抗战情绪顿挫,士兵战斗意志锐减。更甚于此者,韩氏竟于敌寇采用同一口吻。污蔑抗战最力之新四军八路军为匪军,煽动军民谓:"'剿匪'与杀敌同样重要同样有功。"其居心若何?实令人莫解!彼身负前线抗战将领地方行政长官之荣誉,而竟在大敌当前之时挑拨反共内战,我全国各党各派各界各军关心民族存亡之人士,对韩氏此种分裂团结挑拨内战之行为应予以公正之抗议。

苏北事件发生之另一原因,系出于亲日派阴谋家之从中挑拨,"直接对日投降乃当前时局之严重危险;而发动反共内战,是造成投降形势的直接手段"。因此,我党曾一再指出,抗战以来,共产党及其所领导下之新四军八路军,始终一本消弭国内纷争之心愿,取互助互让之态度,与各友党友军开诚商谈,藉以根绝摩擦,杜绝纠纷,加强团结,以利抗战。而隐匿于抗日营垒中之亲日派分子,则魑魅魍魉,暗中挑动国共两党之摩擦,造成各友军与八路军新四军之火并,因亲日派阴谋家深知,欲求得对日投降,必先分裂中国内部之团结,而发动反共之内战,则会使抗战力量分崩离析,欲抗不能,势必走上对日投降之道途,当今敌寇多方诱降,而亲日派分子从中秘密内应之时,国内反共新高潮之再起,各地对共产党、八路军、新四军及广大进步人士之围攻残杀,实乃出于亲日派阴谋家之从中策动,以便使国共两党军队之局部冲突,扩大为全面反共之内战,其居心之毒辣,阴谋之险恶,亦能为我全国各党各派各界各军关心民族命运之人士所深深警惕。因此,我们希望韩德勤氏,能悬崖勒马,捐弃前嫌,莫固执成见,一误再误,免中亲日派挑拨内战引到投降之毒计。

为了求得苏北事件能得到迅速合理之解决,我们希望我最高当局,应立即下令停止豫皖一带各种对苏北新四军进行围攻之军事部署,并应以公正无私之态度,团结抗战之立场,明察兼听,俯顺舆情,使此不幸事件,不至再行扩大,以达国人团结抗战之衷愿。

至于苏北问题具体解决之办法,则应以苏北耆绅韩国钧老先生及各县民众代表发起之"苏北抗敌和平会议"(因省方代表未到改为谈话会),决定之新法为基本方针:

(一)临时办法四项:一,双方军队,就原地停止,不得再有互相冲突。二,省韩立即表示:对八路军新四军的抗战团结与友好立场。三,不得将内战范围扩大,以利全国抗敌。

四，照所拟基本改造苏局办法实施。

（二）基本改造苏局办法：一，实行三民主义改造苏局。二，国共两党用联席会议方式解决一切问题。三，召开省参议会以民选为原则。四，整军。五，×政（电码不明）。六，改善民生，清匪除毒。七，统一指挥，分区抗敌。八，保障抗敌民权。

虽然此次会议因省韩翻然变计拒派代表出席，但所有到会代表均慷慨激昂共同表示，热望平息内争，团结抗敌，陈毅司令在大会上亦一再声称，为顾全大局，力求和平，在各方承认新四军八路军在苏北的政治地位之条件下，愿与各方合作。我们希望韩德勤氏亦应采取如此光明磊落顾全大局之态度，勿再作鹬蚌之争，勿重演萁豆相煎之祸，与各方代表开诚谈判，协思共议，以求得不幸之苏北事件，迅速和平解决。今后与新四军八路军携手合作，并肩共撑苏北之危局，以保卫祖国土地，免沦敌手，拯救苏北千百万同胞，使免遭敌寇铁蹄之践踏。

总之，苏北事件之按情解决，非仅苏北军民之幸，实乃全民族抗战形势转机所系，望我最高政府与苏省当局，能一本团结抗战之意旨，求得苏北事件之公正解决，同时，我全国各党各派各界各军关心民族命运之人士，亦应对苏北事件之善后问题，予以严重注意。

（《新中华报》1940.11.28）

苏北事件真相

简短的前言

去年十月四日，江苏省主席韩德勤领导数万大军向苏北新四军陈毅支队作武装进攻，陈毅部被迫自卫，遂发生黄桥战斗，亦即最近引人注意的所谓苏北事件。

事件发生前后，韩德勤氏，利用种种便利条件，大发各种宣言通电，不谓新四军"擅自渡江"，即谓陈支队"属意摩擦"，颠倒是非，隐蔽真相。而亲日投降派分子及反共专家之流，更推波助澜，企图利用所谓苏北事件，作为向苏北新四军和华中八路军新四军新的大规模进攻之藉口。但事实胜于雄辩，人证物证胜于一切造谣，愿将我们已得到的有关苏北事件的各方重要函电一部分披露于此。是非曲直，一目了然。

当此敌寇武力进攻与政治诱降空前紧张之际，正全国同胞应更加协力御侮之时，我们衷心地希望韩主席悬崖勒马，勿再作鹬蚌之争，尤望中央政府当局明令皖南各友军撤去对新四军军部之包围，停止十五万大军向皖东皖北开拨，对新四军进攻之行动，双方捐弃前嫌，一致抗敌，同心救国，此不仅为我辈所企求，实亦为全民族所切望也。

一、新四军陈支队被迫渡江

新四军陈毅支队为什么北渡长江呢？

请看新四军项副军长按（二十三日）午电对这一问题的说明："（衔略）新四军陈管部北渡经过：（甲），南京失陷后，镇江，大桥，高桥，扬中等地，成立各地方自卫的武装，共领导者为管文蔚。本军陈（毅）支队奉命挺进江南，即将管部以整编，编成管聂纵队，坚持敌后作战。(乙),去年(一九三九)三月,伪军方钧地(?)部在镇江第七区抽收捐税,收缴民枪。当奉顾司令长官(祝同)及冷代总指挥(欣)命令,于五月初派队将方部驻扬中、江都两地之武装解决,其残部为张少华(韩德勤部保安第九旅旅长)所收容。(丙),本年一月间,日寇进袭扬中,管部驻镇江之一部,即渡江增援,十一日扬中失陷,交通被日寇阻隔,该部即留驻北岸。(丁),二月间,泰兴敌总攻泰州,贺日(二十日)大桥失陷,管部即西进增援协同友军作战,将敌击溃,战斗延至三月。不意,苏省主席韩德勤命调苏鲁皖游击总指挥李明扬部及江苏保安旅,集合兵力约十四个团,向驻大桥江都地区之管部进攻,经八日七夜之苦战,始得突围自保。(戊),六月间,六十三师开高邮、东汇,挺进纵队第五六团开溧水,上兴一带,新四师开溧阳、竹簧、南渡,对我江南指挥部取包围形势,围攻医院,截断兵站,陈毅不得已率部退移溧水武进公路以北。(己),此时正值驻大桥之管部被围攻告急,陈毅支队渡江欲谋调解,以期和平谈判,奈以韩李毫无诚意,未获效果。陈(毅)不得已始以一部增援管部。"(下略)

由此可见,管文蔚部原是镇、扬、泰一带的地方武装,散驻大江南北,其全部北渡,则是由于奉命解决伪军方钧地(?)部,并由于日寇向北岸进攻,管部北渡增援,及至扬中沦陷,归路已断,于是管部不得不留江北与日寇周旋矣。

其次在六十三师等包围进逼之下,陈毅支队为避免萁豆之煎,不得不忍痛放弃江南,向江北转进。同时由于管部被围,调解既未如愿,不得已而以一部增援。

由此可见,陈管两部之北渡长江,纯系出于奉命抗日求生存,避免消耗实力于内部摩擦之中;即最后不得已的自卫,也不过是为国家民族保存抗日之实力而已!

二、韩德勤领导反共

陈管两部之渡江,进入苏北,既如上述。然而有些人不以国家民族为念;他们认为:"目前苏北之危,敌伪反不足虑(!)其祸患实在共产党领导下之甲乙两军(编者按:甲军指八路军,乙军指新四军)……例如城市为敌伪所据,我方可退守乡村,照常推行政令,若某县为共产党所据,则附近各地皆无我方官兵容身之地。明乎此,当知异党为我方唯一(!)劲敌,甲乙两军为苏北心腹大患。"【见江苏省政府印发之敌军(按指新四军八路军)内容与我方对策】

他们从这种自私自利的观点出发,根据"敌伪反不足虑","共产党是唯一劲敌"的分析,于是乎大举反共,其领导者就是江苏省政府主席韩德勤氏,下列文件就是铁证:

(A)江苏省政府于今年三月二十一日发出之秘字第一一七四号密令,严饬所属执行苏鲁战区副总司令部(副总司令即系韩德勤兼任)制定之各机关部队学校团体工作人员连保连坐法。此办法内容是:"(一)为防止异党活动,特制定各机关部队学校团体工作人员连保连坐办法。

(二)连保连坐办法计有两种:一、保证式——各军事政训机关各部队之军官军佐文官,凡少将以下者,各行政机关工作人员,除各级党部特务机关工作人员,省党部委员书记长外;各学校各训练机关民众团体社会法团之负责人,皆出较高级长官或高级人员二人保证。二、连保式——各军官佐,军用文官,政训工作人员,凡校官以下同官阶者;公务人员,凡荐任职级以下职级相等者,各级党部及民众机关之职员;大中学校,训练机关之学生学员;各民众团体,社会法团之工作人员,皆由三人互相连保。

(三)使用办法:一,单独使用一种。二,混合使用两种并同时使用两种。即保证人对被保证人或相互保证人,有违反三民主义之言论及行动者,有××(电码不明)中国国民党以外各党派之行动者,负保证之责任。……"

(B)江苏省政府于本年四月二十九日发出与朋字第二八二八号密令,其内容要点为:

"(一)防止异党活动,以县为单位,由县长负责任。

(二)(从略)

(三)各县长发现异党活动各情事,应紧急呈报省府专署,并随时与驻在附近之国军地方团队,取得密切联络,尽力防止其活动。

(四)各县长每旬填具防止异党活动之工作报告表,分呈省府及专署。

(五)各县长密定宣传方法督促区乡镇保甲长为积极有效之防范为要。"

(C)本年六月九日发出的,由特派员韩德勤、书记长蓝伯远联署的,中国国民党江苏省保安司令部特别党部之组字第四○二号密令称:

"(上略)遵照军事委员会政治部暨中央执行委员会组织部颁发之防止异党兵运方案,拟定防止异党兵运实施办法一种,仰即切实执行。附防止异党兵运实施办法(密)(一)本办法依据军事委员会政治部暨中央执行委员会组织部颁发之防止异党兵运方案为宗旨。(二)本办法之目的在使地方原有及日生(?)之武力细胞信仰坚定,意志集中,行动统一,并运用广大民众之努力与异党投生(?)之觉醒,粉碎异党之阴谋毒计。(三)本办法之实施,以理论克服理论,以组织对付组织,以行动制裁行动,以工作领导工作为原则。(四)实施办法:一,对所属士兵党员举行直接或间接之心理政治常识行为等项之考验,以明瞭其对领袖之信仰,抗战常识,党义了解;二,考验结果对可疑之士兵,应即严加侦察以明底细;三,建立报告网;四,查禁或切实检查官佐士兵之来往函电,倘发现可疑之语句,即暗中灭毁,并多方侦询,以明究竟;五,以营为单位实行连保连坐;六,考验调查属实之异党分子,应指派官员多方说服,纠正错误,使其坦白自首,如顽冥不服,应即看管。……"

(D)八月二十日发出的,江苏省政府密代电与民字第三五八三号内称:

"(上略)防止异党非法活动,连经中央及本省先后决定办法,通令遵办有案。近据查报,各地方仍有异党潜滋,足见此重要明令尚未认真奉行,言之至为痛心。特再规定办法六项:(一)各县市镇保甲长,以清除奸伪,防止异党非法活动两项为唯一中心;(二)保甲长应随时检查保甲内居户及要道,遇有奸伪或异党潜入,立刻密报;(三)如确系异党分子,应负责监视;(四)如有疏忽谬误情事,一律究办;(五)如有知情不报或废纵勾结情事,应依法惩办,并予以连坐处分。……"

(E)苏省府韩主席认为这种密令之下达,犹不足以竟全功,竟更进一步于本年九月三日,对所属保安第九旅张少华部训话,公然反共。训话要点由张征法吴玉书记录下来,兹摘录如次:"训话要点第三项为匪军罪恶与剿匪决心。(一)违反国家法令,不服从三民主义的就是匪军;(二)匪军是违反中央命令,破坏国家法纪的;(三)匪军是最阴险最虚伪最无人道的;(四)匪军是没有信义,没有道德,最残酷的;(五)目前破坏抗战,危害民国的最大叛逆就是匪军;(六)剿匪与杀敌同样重要,同样有功;(七)要抗战胜利,安宁地方,必先剿匪;(八)我们不消灭匪军,匪军将消灭我们;(九)我们必须人人下最大决心消灭匪军。

训话要点第四项为剿匪必胜的信心。(一)我们奉中央命令剿办匪军,名正言顺,理直气壮,师直为壮曲为老,此所以必胜;(二)我军是正规部队,兵力超过匪军数倍,匪军是乌合之众,真能作战的甚少;(三)人民是拥护我们,听我们领导的;(四)我们必须英勇××(电码不明)一举荡平匪犯;(五)我们必须抱定剿匪必胜的自信心,完成任务;(六)此次全力进剿,必定可以剿除匪患。"

无疑的,这是"黄桥战役"开始以前,韩主席的剿共誓师了。

(F)当然,"上有好者,下必尤甚焉"。在韩主席的领导之下,那些希图富贵的人,自更借此迎合上意,雷厉风行,哪里还管什么民族国家,团结抗战呢!且看江苏省邳县县长王化云所作的小册子"敌军内容与我方对策"(编者按:这里"敌军"即指八路军、新四军,"我方"即指省方)其主要内容摘录如次:

"(一)我方部队,若有弱点,即怯于内战,临阵时怨言四出,或谓弹药不足,或称武器不良,或托词在国难期间,枪口不能对内,中国人不打中国人,意在避战,不愿牺牲,故有种种自私自利的懦弱表示。须知攘外必先安内,凡土匪汉奸维持会皆中国人,若本枪口不对内,中国人不打中国人之原则,听匪伪烧杀抢掠而不问,试问成何国家?古人有言,杀人目的,在于除暴始能安良。目前苏北之危,敌伪反不足虑,其视患实在共产党领导下之甲乙两军(编者按:甲军指八路军,乙军指新四军)。因该两军,发展神速,实有突飞猛进之势;若不迅即制止,如野火之燎原,无法挽救矣。例如,城市为敌伪所据,我方可退守乡村,照常推行政令;若某县为共产党所掳,则附近各地皆无我方官兵容身之地。明乎此,当知异党为我方唯一劲敌,甲乙两军为苏北心腹大患。

(二)甲乙两军初到苏北,相距尚远,联络不便。我方应派员与到达扬口汤沟之甲军联络,表示缓和,并派一部分兵力,相机监视之。再于暗中抽调各部队:进剿秦靖通如一带之乙军。如此项军事行动,为甲军所悉,我方则派员或托当地士绅向甲军解释,谓泰兴方面之冲突,系属误会,乃地方事件,我方军政当局已下令制止矣;或购买适于军用之礼物,分送甲军,施以小惠,作为缓兵之计。并将扬口、阜宁、益林等处之交通完全封锁,不准客商通过,以免甲军派人乘轮前往泰兴,与乙军联络,得悉真相。泰靖通如之交通,亦宜封锁,以免乙军派员与甲军联络。甲乙两军纵利用无线电台,传达消息,但电文简略不详,我方探知匪军电台所在地,围攻时首先将其破坏,则无线电亦失其作用。俟泰兴军事结束,即飞调各部队收复淮水,围攻甲军。"(下略)

这一小册子,得韩主席之赞赏,已由省政府翻印,发给所属及各部队,当做教育材料。

(G) 再看韩德勤的机关报"情报"上的反共言论。

(甲) 九月四日的社论,"论肃匪"一文内称:

"……其实借抗战的美名,曲解主义,阻碍抗战,劫夺民财,实行赤化,共产党主义之虚伪,犹能回忆往年赣省民众××××(电码不明)之惨祸,而惊心动魄,应立即大张挞伐,毋使滋蔓,……此辈心目中实无祖国,人兽之分,亦几希矣"。

(乙) 九月十三日的社论,"告苏北同胞"一文内称:"……汪逆藉和平之美名,断送国家主权,匪伪则以抗战之美名,出卖民族利益,两者同样是国家罪人,民族叛徒……"

(丙) 九月十四、十五两日的社论"正名"一文内称:"……不遵国府命令,中共要实行民族失败主义,实行反爱国主义,其形成与存在和新民会大民会之形成与存在一样,为异族侵略中国的工具,所以,斧头牌的国徽主义等于太阳牌的东亚主义,中国共产党等于中国新民党,抗命叛国的军队等于皇协军和平救国军,毛精卫等于汪精卫,……中共不是中国人的集团,不拿中国当祖国,更希望中国早日灭亡,因为中国共产党是'伪中国共产党',中国共产党等于奸党,……西安事变后,奸党军队所以愿意改编者是保留作用,是骗钱作用。目前他们祸国扰民,所以新四军是匪军加匪军。……"这成什么话?这难道是对友党友军之常态!?(未完)

(《新中华报》1940.11.28)

苏北事件真相(续一)

(H) 再有在韩德勤氏这种一贯的反共政策领导之下的军队政治工作。下面就是国立第六旅第十六团政治指导员刘志强之本年三月二十一日的工作日记,由此可见其努力反共之一斑。

(一) 布告江北苏皖地区逆匪五大罪状,日期三月二十一日,地点东王庙。

(甲) 研究事项:一,摧残人民,二,违背命令,三,欺诈虚伪。

(乙) 实施经过:将逆匪罪状列举布告。(详稿簿)

(丙) 实施结果:民众洞悉逆匪罪状一致对付。

(二) 告诫江北苏皖地区逆匪及被威胁的民众,日期三月二十一日,地点东王庙。

(甲) 研究事项:一,准予自新,二,入匪非法组织仍不觉悟者则加以讨伐。

(乙) 实施经过:将对自新者之优待及对不悟者之讨伐等各项办法列举布告。(详稿簿)

(丙) 实施结果:民众深知被利诱之险,被威胁之危纷纷自新。

(三) 张贴标语,日期三月二十一日,地点东王庙。

(甲) 研究事项:一,逆匪五大罪状,二,告诫逆匪及被威胁民众,三,我们的主张,四,请大众研究"毛泽东先生"!

(乙) 实施经过:张贴东王庙,马家集竹镇集及附近各村庄。

(丙) 实施结果:民众深深明知剿匪意义,努力协助军队讨伐逆匪。

（四）举行剿匪宣传大会,日期三月二十一日,地点马家集。

（甲）研究事项：一,演讲,二,讨论,三,歌词,四,呼口号。

（乙）实施经过：一,指导员讲演,二,知识民众发言讨论,三,政工队歌咏,四,宣传队员领导民众呼口号。

（丙）实施结果：民众深切认识逆匪真相与讨伐的必要,并奋勇协助军队,切实实行剿匪工作。

（五）对东团官佐宣讲逆匪罪恶,日期三月二十一日,地点东王庙王庄。

（甲）研究事项：一,集合谈话,二,个别谈话问答。

（乙）实施经过：集合并经宣讲逆匪罪状讨伐理由及办法。

（丙）实施结果：官兵认识清楚,目标明确,愿意牺牲个人完成使命。

（I）韩德勤氏令颁之反共标语,兹择要录下：

"欲抗战建国胜利,必先肃清万恶匪军。

欲安居乐业,必先肃清万恶匪军。

要肃清匪军,必先使军民密切合作起来。

要肃清匪军,必先使军民动作一致。

匪军是危害国家民族的罪人。

匪军是阻碍抗战,破坏统一的国民公敌。

匪军一日不消灭,国家一日不得太平。

匪军一日不消灭,抗战一日不能进到胜利之早临。"

（J）韩德勤氏的反共政策,自不免要踏上勾结日寇的前途；至少是已成为汉奸的通逃蔽,下面就是韩氏所属保安第九旅张少华部通敌之铁证。通敌彭彭中尉致函并綦少尉,着掩护张英部过江,张英为张少华之弟,即在张旅任团长,原信为日文,兹特译出如下：

（衔略）连日的奋斗甚劳苦,特此慰问。本日特从庞村派出张英之妻,为江北联络员……为掩护在江北之张英部队渡江起见,可命徐文郁部队在圩堡镇方面采取必要行动。该部队人员约有一百名（按系仅指渡江者而言）并携有联络旗,现先使该部队与贵队联络,恳请多方指示及帮助为盼！（下略）

（K）六月九日易冰心写给江苏省第七区专员王殿华的报告,原文云：

"（上略）日方决定消灭苏北共党及游击队,其办法如下：甲,建立和平建国军,乙,收容游击队,丙,每乡组织反共良民自卫团,丁,预备在三个月内实现完成后,日军即撤回,每县仅留日军一中队或一分队而已,其余一部分割交与××助（电码不明）司令；戊,我到汪处接头,现准备明日动身。（中略）不重要时,无大紧报,候南京回时再说,具体情形及计划由刘流芳代报。（下略）易冰心报于百忙中。"

（L）韩德勤氏之一贯的反共政策,必然要发展到军事反共,下面就是八十九军军长李守维传达韩氏的"剿办异军"的电令：

"（衔略）奉剿匪总司令韩省申策宣电开,奉总司令于佳申电转委座令一元川电开,对该战区异党部队之活动,亟应遵照二十八年十二月阳酉令一元电令办理。如发现非战斗序列中所规定隶属于该战区者,应视同敌伪,准予剿办。自应严密制裁,相机铲除祸根为要。(下略)"

(M) 再看顾(祝同)韩(德勤)连署的剿共密令。

"(衔略)奉军委会办此条三电开,据报中共企图在本年完成苏北抗日民主根据地,我方部队多数缺乏消灭中共之诚意,士兵训练,亦感不足,一经临阵,往往被共麻醉,失却战斗情绪;而指挥不统一,意志不集中,尤为促成中共扩大之主因,若不及早制谋对策,则苏北武装部队十万人,不消灭于敌寇之手,转为中共各个击破无余矣。(下略)"

(N) 五月十五日江苏省第七区专员王殿华进攻皖东北之张爱萍部之命令,原文摘录如下:

"(衔略)(一)共军张爱萍部主力现仍盘荡朱湖,我军有歼灭该匪之任务。(二)第四纵队两个营攻击朱湖右翼,×××团(电码不明)附机炮连(炮一门)攻朱湖正面,淮阴常备团攻朱湖左翼。(三)五十四团二营解决永安河东岸之匪后,可重新布置攻击,策应朱湖主攻。(四)如敌退天长,应尽量截击以期歼灭。(五)六十二团两个营随余位于马宅一带,为总预备队。(六)各部队统限于命令到达后,即时移动,务于午后一时,到达攻击准备地点,三时开始攻击。(下略)"

(O) 五月敬日(二十四日)淮阴县保安团第三大队长姜培厚的作战报告,原文云:

"(衔略)职奉命攻击盘踞森元集之新四军,当即率全队向森元集挺进,下午四时到达壶庄,即开始攻击,激战数小时,第七中队占领该集之东面。同时由北面攻击之第七旅部队亦已到达,协同向集内之敌攻击(中略)我各部队与七旅部队确实占领该集,并分途追击,是役毙敌十余名。(下略)"

(P) 再看韩德勤氏所下的作战命令——六月有(二十五日)酉电内称:

"(衔略)鸿密,(一)据报新四军一千余人,现在七圩港与常九旅接战中。(二)为合力歼灭该敌起见,仰各该部各派精锐部队一大队,迅即前往,包围而歼灭之。(三)以上各部队,归何指挥官克谦统一指挥为要。(下略)"

(Q) 苏鲁战区副总司令韩德勤氏给所属各军的感酉电令内称:(发电日期本年六月二十七日)

"(衔略)(一)据各方面确报,匪军现在江都泰县泰兴各县境内,集结兵力五六团,有夺取两泰,进攻兴化造根据地,而以匪化苏北之企图。(二)我军以安定地方,坚持抗战(?)为目的,决将该匪军,就江都及两泰各县内,及运河东西,并洪泽湖南北地区,分进包围而歼灭之。(三)着李总指挥(明扬),指挥所部及张星柄,何克谦张少华各团部队及泰兴常备旅,迅速将江都泰县泰兴地区所有匪军包围,一举而歼灭之。(四)着李军长(守维)指挥所部第八九军及王殿华张能忍秦云鹏各旅队及地方团队,迅以主力进击洪泽湖以北地区,攻击泗县境内各匪军而歼灭之,并以有力部队向盱眙天长压迫,联系李总指挥所部,肃清洪泽湖之共军。(五)以上各部队,统限电令到达后,即便实施。(下略)"

(R) 苏鲁皖游击总指挥李明扬根据韩氏的感酉电令,于本年六月二十八日下午十二时发出如下之作战命令:

"(一)约有异军千余人,现在焦家荡,焦家堡,袁孙庄,虾蟆圩姚家×(电码不明)大小元仙一带扰乱中。

(二)我各旅团队奉令有分进合力围击歼灭该敌之任务。

(三)右翼部队(第九旅全旅与泰兴县常备旅之一团)归孙副旅暨丁团长统一指挥,限于六月二十九日下午十二时占领豚土桥,张家桥昆卢寺,十里店,姚岳一带,将攻击准备布置。"(未完)

(《新中华报》1940.12.01)

苏北事件真相(续二)

"(四)左翼部队(第四旅七八两团暨第十纵队第二团八支队)统归范司令指挥,限于六月二十九日下午二时前占领大蚱家庄,印庄,肖家柞虾蟆圩附近,将攻击准备布置,并相机占领虾蟆圩。

(五)各部队占领攻击准备布置后,即向焦家荡焦家庄,阎家庄及虾蟆圩一带之敌攻击前进。

(六)各部队应互相切守联络。

(七)旗号及口令另表订定之。

(八)各部队就攻击准备布置后,将各项情况随时具报为要。

(九)敌我情势如略图(附略图一份)。

(十)余在黄桥指挥。"

以上为七月间"黄桥战斗"以前,韩部进攻新四军的布置配备与作战命令。

(S)宿迁县政府七月篠日(十七日)通报。原文云:

"(第一二三项从略)(四)津浦南进支队第一团孙向贤部刻在全椒一带,被南劲九(?)军独立团痛击,匪部损失甚大,刻已逃窜吴周口一带。(五)江苏省第七区保安司令部代电苏保参字第三〇三号内闻,案奉苏鲁战区副总司令韩敬午转彭电闻,顷据张旅长能忍养亥电,据泗县马县长报告,本县与方城,新行圩,孙团等处,连日来有匪部数千名,为苏鲁豫皖部队,匪首长彭明治,联络皖东北之张爱萍钟征等匪部数近万名,其企图现尚未查明。本部兵力单薄,恐不足御,请即电苏皖两省府迅派大军协剿,免致伸延,等情。除电复外,希即严防。(下略)"

(T)再看八月下旬韩德勤氏进攻黄桥的作战命令。原文如下:

"命令 八月二十一日发于东台副总部 第三三九号

(一)盘踞分界黄桥一带之匪军,其司令部在分界镇,其前进部队约有一团,古溪、营溪,孙家庄各有八百人,运粮河,陈家桥,花园桥及北新街,苑高庄等处,时有散匪及便探出没。

(二)我军以歼灭该匪为目的,拟向分界黄桥附近地区攻击前进。

(三)兹规定兵团区分及攻击部署如左:

(1) 特派李总指挥明扬为进剿军总指挥,李军长守维,李副总指挥长江为进剿军副总指挥,并派李副总指挥长江兼右翼进剿军指挥官,陈指挥官太远为副指挥官;郭参谋长心冬为左翼进剿军指挥官,刘师长漫天为副指挥官。

(2) 右翼进剿军李兼指挥官长江率所属精锐部队三个支队及苏北游击指挥陈太远全部,于八月三十日就姜堰附近集结完毕后,于九月二日起,经蒋垛及其以东地区向黄桥镇附近地区攻击前进。

(3) 左翼进剿军郭指挥官心冬率领一一七师(欠一旅)附独立第六旅(欠一营)保安第一旅(欠二营)于八月三十日就曲塘,胡家集,海安附近集结完毕后,于九月一日起至古溪及其以东地区向黄桥镇附近地区攻击前进。

(4) 左右两翼军作战地境为瞿田镜,大小虎庄,鸭儿湾连线上属右(李)翼军。(缺)

(四) 各守备地区部署如左:

(1) 泰州城及泰州至刘家港以南并泰州至姜堰(不含)一带,由鲁苏皖边区部队担任之。

(2) 姜堰(含)至白米(不含)间由保安第九旅(欠江南两营)担任之,白米(含)至曲塘(含)间由保六旅陈旅长率兵团两营担任之,均归陈指挥官董其指挥。

(3) 曲塘(不含)至海安及用发桥栅湾(含)一带防务由保四旅担任之。

(4) 以上全线守备任务,均限于三十日晚接替完毕。

各守备部队须大量运用已设之碉堡工事,节约蓄力,并在守备线南北地区搜索警戒,肃清散窜之匪。

(五) 作战指挥事项:

1. 各军前进时(行动待后指定之路线),对于沿途及两侧之散匪派队驱逐或监视之;万不可以大队与其肉搏,致迟滞前进。

2. 各军前进路线及其每日到达地区,逐日由本部规定于先一日中午前后告知。每日到达驻地,随时应助修筑防御工事,在扼隘地点派必要兵力,以每营一连为工事(一律务于中午前后完成),夜间警戒应注意匪军四面接近,并多派埋伏战斗侦探,尽力向远方严密搜索;如发现敌人时,按其兵力兵种行进方向,以预定之记号(手电电灯光或打枪)向后方报告,非在与匪十分接近之际(尤其夜间)不得任意打枪无谓消耗弹药。

3. 各军应互相通报及向后方报告,并携带电话为要。此外应各指定专用无线电台,不分昼夜,以简明文字(到达出发地点及日期并与匪军接触情形)联络,各部队务携带夜用之被覆电话线,随指挥官前进敷设之。

4. 逆匪如放弃分界黄桥,我军应即跟随进军而歼灭之。

5. 派本部李参谋正道随左翼军,张参谋随右翼军前进,担任联络。

(六) 以上各项除分别电达外,仰即遵照办理具报。

(七) 余在东台副总部。

保九旅旅长张少华(下略)"

三、陈毅支队被迫自卫
——黄桥之役——

在韩德勤氏的步步进逼，大举围攻之下，陈管两部的态度如何呢？请看本年十月间各方的函电，便知端倪。

（A）陈毅电称：

"（衔略）我们一贯的坚持团结，不愿分裂，屡次派代表与韩主席进行和平谈判，奈迄未获允。及至我军进驻姜堰后，韩主席表示新四军须立即退出姜堰，始能提及谈判；同时，各界民众犹信韩之诺言，以为新四军如能退出姜堰，则苏北和平即可实现。我方为坚持团结，立即服从省方意见尊重人民公意，乃于九月三十日退出姜堰。但是韩主席以剿灭我军为一贯政策，乃违反诺言，于我军退出姜堰之际，复派大军南下征剿……"

（B）不信，请看韩德勤氏三十（九月三十日）亥电令：

"（衔略）（一）姜堰之匪，确已向黄桥方向撤退，由此足证我战略上已获先制之利。（二）现匪胆已寒，必求与我决战，我务集中力量，求主动，切勿为匪阻止，致成对峙状态。（三）欲求全胜，舍攻击而外，无他法门，攻击之时，必求匪之一翼或两翼包围而歼灭之。（四）此次决战，关系苏北及我团体整个政治军事问题至大。事已至此，应不惜牺牲，达到最后目的。希将此意通达各级将领各自努力，切勿企图苟安为要。（下略）"（未完）。

更正：十一月二十八日本报第四版所载本文第一段第一行"去年"系"本年"之误。

（《新中华报》1940.12.05）

苏北事件真相（续三）

（C）在陈部退让，韩部进逼两相对照之下，是非曲直自见，公道自在人心。因此韩氏指挥下的苏鲁皖游击总指挥李明扬将军也以国事为重，而不直韩之所为，特于十月二日致电韩氏，请其停止进攻新四军，原电如次：

"东台主席韩钧鉴：顷据新四军特派代表朱团长克靖来泰面称，奉陈总指挥毅意旨，以苏北情势日益严重，敌人正大举进攻，肆意扫荡，此时正宜团结内部，一致抗敌。新四军即已退出姜堰，并逐渐后退，表示真诚；现更进一步请求在韩主席领导之下，在沿江一带，担任重要抗敌任务。恳希主席迅饬所部，停止进攻，退至海安，好家集一带。至其他问题，在整个抗敌合作条件之下，极愿洽商遵照。如何？盼示，以便转达。李明扬印"

（D）苏北绅耆在此情形下，也不直韩氏，电请中央制止韩部的军事行动。原电云：

"重庆军事委员会委员长蒋，军令部长徐，军政部长何，战地党政委员会主任委员程，并转西南办公室主任李钧鉴，最近苏北因省方各旅及八十九军全军东调，集中海安东南各地，以致敌寇乘虚而入，于上月贺日（九月二十日）袭占樊川，老阁，烧杀甚惨，兴泰两邑，恐怖非常。恳急电韩主席，顾全苏北全局，迅将所属军旅西调对敌，勿任丧失领土，涂炭生灵。苏北民众绅耆各界李履初胡××（电码不明）吴云山虞正安等二百四十五人同叩冬（十月二日）"

(E) 陈毅致朱彭叶项等电

"(衔略)上月(九月)中旬,江北绅耆韩国钧,黄逸峰等分电苏北各军,一致停止内争,共同抗敌。江苏省政府主席韩德勤氏复电谓,新四军如有合作诚意,宜退出姜堰,再言其他等语。是时,泰州如皋,泰县等八县代表,先后持韩复电到姜堰接洽,职即负责答复,新四军为顾全大局,促进合作,展开抗敌工作,决定自动撤退,限九月三十日以前撤完,请转知友军接防,但同时要求即在姜堰开军民代表会议,分配抗敌任务发动苏北战役反攻。八县代表闻之甚为感动,大喜过望,乃通知省方派队接防,并派代表来姜堰集议。不料电话往复筹商,毫无结果。三十日晨省方来电谓:新四军应立即退出姜堰,经黄桥开江南,否则无话可说。查是时,省韩已令八十九军及独立旅共一万五千余人,由海安进攻职部,已接触于海安之南。各代表闻讯大诶[哗],咸认受韩愚弄,知韩所提退出姜堰之条件,乃欺骗之词,不顾抗战大局,以根本消灭新四军为既定的不可动摇的政策。职部处此危局,为自卫计,非不能以姜堰为根据,乘省韩向我进攻之际,猛扑兴化东台,直捣其后方,以作报复;然念及日寇正大举西犯,敌后国军应以攻敌伪为神圣职责,一切内争,皆属对消国力,动摇国基。省韩措施,固属昧于大义,不顾大局;但我军奉命抗战,'言必信,行必果'窃自厚而薄责于人,善于人交尽其在我,乃决心再事退让,忍痛退出姜堰,以使省韩觉悟。八县代表对职部此种光明磊落,委曲求全、尊重诺言的行为,肃然起敬。姜堰民众代表数百人一致挽留职部长驻姜堰,请勿南撤,经再三抚慰,终于九月三十日全部撤完,冀有以感动省方,获得谅解。不料省韩更下令作大规模之进攻,于九月三十日进占我军营溪,加力等阵地,十月一日复进逼至卢家庄之线,距黄桥仅三十里。职部一心坚持抗战,尊重抗战国策,仍不愿作无意义之战斗,乃再事退让,将全军集结黄桥,静待省方觉悟,并派代表赴泰州曲塘友军处请李总指挥明扬陈指挥官太远出来调停,并劝导省方停止进攻。查黄桥处大江北为敌伪势力环抱之中,省方不进攻敌寇,专与职寻衅,着着进逼,势非歼灭职部不止。若省方进而猛扑黄桥,职部背临大江,一时退避不及,势必不得已起而自卫,成败固不足计,奈贻笑万邦,称快敌寇,损失国军荣誉破坏国共合作,咎将安归?!应请钧座转呈上峰,制止省方行动,顾全大局拯援职部,为祷,不胜迫切待命之至。职陈毅叩江(十月三日)"

(F) 陈毅等呈叶(挺)项(英)军长转呈顾司令长官(祝同)并转呈蒋委员长之呼吁停止摩擦电:

"(衔略)八十九军、税警团,独立六旅,保安一四五九四个旅,全部计二十六个团,于支(四日)晨由姜堰曲塘海安出动,分三路向驻蒋垛,黄桥野周庄之职军进攻来势凶猛,残害人民。职部为顾全大局,不肯内战,决心退让未作抵抗,已于支(四日)午放弃黄桥及其以北各阵地,敬希设法转呈上峰,飞令进攻军以抗敌为重,不得节节进逼,一切是非曲直,静待上峰处理,不胜迫切待命之至。职陈毅管文蔚叶飞叩支(十月四日)"

(G) 陈毅呈叶项转呈蒋委员长之呼吁电:

"(衔略)职于七月初进抵黄桥,调解管(文蔚)部与苏鲁皖李部纠纷,并向韩主席及李总指挥请示,蒙派一一七师仇主任沛生及许参谋长少顿来黄桥,面商一切,当下决定调整苏鲁皖军与新四军管部之方针：各守原防，努力抗敌，一切纠纷，静待上峰处理；并约定省军担任海安曲塘、姚堰之线不南下，管部往黄桥、蒋垛、营溪、花园桥之线，不北进，庶可避免武装冲突，以珍惜国力，而安民心。仇许两代表则令我管部在泰兴、靖江，南通地区行剿，于八月中旬，先后攻下靖江南通间之老庄，头挈山，西来镇各据点，管部伤亡百余人，内中毒气者四十余人，事实俱在，可供鉴察。迄八月下旬，省方在北面封锁食粮，禁止运至黄桥，公开宣称，大兵南下剿共，并印发传单。职屡电韩主席呼吁和平，迄未回复。职处此危局，于省方态度，不敢妄自揣测，唯力求息事宁人，疏解误会，乃派朱团长克靖赴泰州李总指挥处解释一切，并与省方数要人面谈，力求各方忍耐，不应以武力解决苏北纠纷。耆绅韩国钧老先生亦出面呼吁，并同情职部主张。不意朱团长返部后，至九月初，以省方用兵之众，势不可挽回，职不得已又派朱克靖约集黄桥绅耆代表数人，首途赴东台泰州力挽危局。万万不料省军于支(本月四日)晨出动，支午已南下猛攻管部驻地。职为顾全大局，力令该部放弃蒋垛野周庄营溪，花园桥之线。省方八十九军，保安旅，独立旅税警团，计二十余团，于占领野营溪周庄花园桥后，支晚即派队南袭，职不得已忍痛再令管部向加力，卢家庄(电码不明)经之残后撤，仅留一部在古溪押送后方行李齐。不意省军复于微(五日)午再以并列纵队，各期并进，未南下之职部遗留于古溪的医院，修械所，辎重队，撤退不及，被迫应战，自微(五日)晚至鱼(六日)辰发电时止，正友军放势猛攻两方损失奇重，现尚在对峙中。职部孤军被围，危殆万分，恳钧座立电韩主席，制止友军行动，主张公道，拯救职部于万难之中，不胜祈祷之至，临电迫切，涕泣陈词，伏乞钧裁，职陈毅鱼(十月六日)午参叩。"

(H) 最后请看十八集团军朱彭总副司令复蒋委员长电，原文如次：

"委座钧鉴：文(十二日)电奉悉。当以苏省情形不明，电令一一五师陈代师长查覆，同时电询新四军叶军长希夷去后。兹据陈代师长覆称：职属彭明治部原在苏北徐海一带，抗击日寇已经两年。本月东日，该部忽接新四军陈司令毅万急电报，略谓：敝部被韩主席大军围攻甚急，请求救援，等语。该部当以新四军抗战有功，忽被围击，事出非常，未敢坐视不救，故派一部南下嘱其相机调解。迭据报告，沿途仅与保安队稍有解触，并无俘获友军官长之事，准韩主席大军撤向新四军围攻属实等语。除令该部继续采取调解态度外谨覆。职陈光叩篠(十七日)等情据此。复接叶军长希夷电称：据陈司令毅巧(十八日)电报称：职属管文蔚部在江都泰县一带抗敌已历年余，屡被韩主席德勤攻击；职在苏南复被冷军长压迫，进退维谷，万不得已，率两个团渡江与管部会合，以求生存。迭请韩主席划分防区，消弭纷争，以利抗日，职部及管部均愿受其指挥。韩氏不惟不理，且压迫更甚。九月中旬苏绅韩国钧黄逸峰诸先生通电苏北各军：主张停止纷争，共同抗敌，词严义正，职即深表赞同。乃韩德勤氏电覆，略谓新四军如有合作诚意，应先退出姜堰再言其他等语。此时泰县如皋等八县代表，先后接到韩电，到姜堰职部接洽，职为顾全大局委曲求全起见，表示可以退出姜堰，八县代表闻之感动，不料职部退出姜堰之日，即韩氏开始大举进攻之时。盖韩氏对职部之退让，认为示弱，乃以所谓"陈毅贼胆已寒急击勿失"之理由，令其主力八十九军一一七师，三三师及独立旅，共一万五千人之众，从东台海安南下，向职部七千饥军包围前进。三十日占我营溪及加力市。东日(一日)进至卢家庄,距职部后方黄桥镇仅三十里。职以内部相残,虽胜不武,为再三忍让计,迭令所部南撤。乃我节节退让,彼节进攻,微日(五日)直至黄桥城外。职部伤亡累累,军心愤激,不得遏止。职亦以南滨大江,无地可退,为自卫计,始忍痛还击,截至鱼(六日)辰将韩军击退。该军纪律极坏,逃散甚众,仅一部被俘,均加优待。绝未损害一人,一俟和解,即可释回。惟韩氏及某方全部反击文电,均被缴获,朱符信仰,标志灿然,虽欲抵赖,亦不可得。庚日以来,韩氏所派代表及各县绅商代表,纷集职部,要求和平,职以求仁得仁,立即答允。当事急时曾请八路军彭明治部南下救援,现令所有职部及八路军部队一律停止,以待和解。所有韩氏恃众进攻职部被迫自卫情形,苏皖游击军李总司令明扬,税警团陈司令泰运,及各县绅商民众代表,或距战场密迩或在职部目睹,可为证明。所有处于苏北一切抗敌友军及绅商人民,一律不直韩氏之所为,此非职一人私意,乃苏人之公言也。职部但求生存抗日毫无他望,对于韩氏出此亲痛仇快行为,实深遗憾,唯有恳请转呈上峰,速令韩氏停止进攻,和平解决,以利抗日,不胜盼祷之至,等皆据此。前奉电询,理合据情奉复。叶挺号(二十日)等由准此。查敌后抗战,日益处于艰难境地,唯有团结一致,相让为国,乃能图存。职等近以百团大战第二阶段,军务匆忙,日不暇给,兹奉钧示,始知苏省出此令人不快之事,除商讨和军长分令各部职守抗日防地,并就地与韩主席和平解决外,谨此奉覆,敬祈鉴察。职朱德彭德怀叩马午"(复电日期十一月二十日)

由此可见,陈毅支队一再隐忍退让,各方呼吁,力求息争,一致对外。可惜这些呼吁函电,均未能获得实际的效果。韩德勤氏仍不顾李总指挥(明扬)的劝告,与各县士绅民众代表的陈请,却一意孤行,大举进攻。于是陈部不得已在黄桥附近地区展开自卫的苦战。

这就是所谓的苏北事件经过情形的真相(未完)。

(《新中华报》1940.12.08)

苏北事件真相(续完)

四、苏北事件何以善后?

黄桥战斗现已结束,但苏北事件将何以善其后呢?

陈部已停止军事行动并派人到泰谈判,据陈毅有(十月二十五日)亥电说明其详情如下:

"(衔略)(甲)我军已停止军事行动。

(乙)职已派人到泰州提议谈判,托李总指挥(明扬)向省府韩主席(德勤)提出五项意见:

1. 我军不进攻兴化;2. 请韩主席向蒋委员长顾司令长官要求停止苏皖南北的新四军包围;3. 请韩主席放弃反共方针,划分地区,一致抗日;4. 改善政治;5. 召开各方合作会议,商决一切。

(丙)李明扬总指挥携五项意见赴兴化与省韩面商,韩回答原则同意,由李带回三项意见:1.原则上,赞成所提五项意见,团结抗日,开会决定办法;2.要求新四军八路军立即停止军事行动,双方派人划定缓冲线;3.开会由民众代表韩国钧召集,地点在泰州。其中对冷代总指挥(欣)顾司令长官(祝同)进攻皖南北问题。要我指出地点,何种部队,以便请蒋委员长制止。

(丁)李总指挥于二十四日亲来海安,经一日协商,决定即由李总指挥及韩国钧老先生发起召集"苏北抗敌和平会议",地点在曲塘,定于本月三十日开会,到会者包括省政府,新四军,各保安旅团及游击军,八县代表。"(下略)

不意至曲塘和会之日,韩德勤氏又幡然变计,拒不派代表出席,据所得消息经过情形如下:

"李总指挥明扬及韩国钧老先生等地方民众代表均到,但因省方代表始终未到,乃改开谈话会,一致决定临时办法四项及基本改造苏局办法八项。内容如下:

一、临时办法

(一)双方军队就原地停止,不得再有互相冲突。

(二)省韩立即表示对八路军新四军的抗战团结与友好立场。

(三)不得将内战范围扩大,以利全国抗敌。

(四)照所拟基本改造苏局办法实施。

二、基本改造苏局办法

(一)实行三民主义改造苏局。

(二)国共两党,用联席会议方式解决一切问题。

(三)召开省参议会,以民选为原则。

(四)整军。

(五)×政(电码不明)

(六)改善民生,清匪除毒。

(七)统一指挥,分区抗敌。

(八)保障抗敌民权。

在此次谈话会上,各方面代表均有诚恳发言,韩国钧老先生在会议上有诚恳动人的演讲。

李总指挥明扬在会议上也有主张公道的演说。

陈毅司令在会议上说:'我们完全为了顾全大局,绝不乘机对韩主席采取报复手段,只要各方能承认新四军八路军在苏北的政治地位,则八路军新四军愿与各方合作。目前,第一,应制止阴谋家扩大反共范围;第二,各军就原防立即着手各种合乎抗战需要的改革;第三,立即计划出动抗敌;第四,省方代表逗留兴化,迟迟不前,殊欠诚意;如有诚意,应立即派出正式负责代表在各方代表参加之下,开会谈判;第五,泰州成为造谣挑拨的特务工作大本营,应请李总指挥加以制止;第六,秘闻省方迟不到会,意在拖延时日,等待援兵,请到会的诸位加以注意。我们新四军为顾全大局,力求和平,已竭尽智能,此后

内战责任,应由对方担负。新四军对友邦友军的一贯态度是只应战不求战,只要不进攻新四军,新四军愿与国民党及一切友军合作.'

会后将以上所述的谈话会拟定的临时及基本办法均由李总指挥及韩老先生携与韩德勤氏面谈,再定期开会,地点经谈话会公决在海安韩国钧老先生家中。

同时最近得各方电息,有谓汤恩伯将军奉命率四个军九个师,约十万大兵,向豫皖边集中;有谓李品仙主席奉令率三个师向皖东皖北集结,将以大规模兵力重新展开进攻苏北及安徽之新四军。如此,则韩氏拖延和议,等待援兵,以便再扩大反共内战之说,信有徵矣!果当此民族命运千钧一发之际,再见大规模反共内战之惨剧发生,则抚掌称快者,唯有日寇汪逆,而全国同胞则无不痛心疾首者也,究竟苏北事件发展前途如何?现尚无预测,我们切盼停止内争一致抗敌之全民呼声,能为政府当局所采择,此不仅苏北军民之幸,亦全民族之幸也。"

更正:

上期所载本文中第四段十四行"经黄桥开江南"应为经黄桥开回江南,第一栏最末四字应为委曲求全,第二栏第十二行"专与职寻衅"应为专与职部寻衅,第三栏倒数第七行"各期并进"应为齐头并进,第五栏倒数第五行"韩德勤氏仍不理……"应为韩德勤氏仍不顾,同栏倒数第十及十一两行最末一字应互换位置。以上均系排错,希读者注意。

(《新中华报》1940.12.12)

中共中央发言人对皖南事变发表谈话

江南新四军遵令北移,突被当局下令袭击,发生消灭抗日军队之钜变。消息传来,中外震骇,本报记者特为此事走访中共中央发言人,承他发表谈话如次:

此次惨变,并非偶然,实系亲日派阴谋家及反共顽固派有计划之作品。查自抗战军兴,南方各省红军游击队不久即合编为国民革命军新编第四军。三年余以来,该军转战大江南北,抗御强敌,屡建奇功,不但国人所尽知,亦为环球所共见。此等抗日有功之部队,理应加以爱护;乃当局人员,于大敌当前国难益深之际,未能凛然于民族第一抗战第一之义,挟其十年反共之成见,对中国共产党所领导之军队,始终视为异己部队,侮辱虐待包围袭击之事,层出不穷,对新四军当无例外。该军在鄂中之李先念支队被程汝怀等攻击多次,在苏南之陈毅支队迭受冷欣压迫,在苏北之管文蔚部则受韩德勤压迫,在皖东之罗炳辉、淮北之彭雪枫部,则受李品仙压迫。该军在平江在豫西之后方留守人员及受伤官兵,则迭被惨杀,曾发生有名之平江惨案与确山惨案。即该军参谋长张云逸之老妻幼子,亦被拘捕。此皆过去数年之事实,昭昭在人耳目者。近数月来更变本加厉。苏北皖东鄂中各地,大举进攻,名曰剿匪,江淮一带早已闹得乌烟瘴气。不宁唯是,去年十月十九日何应钦白崇禧以正副总参谋长之名义,致电十八集团军朱彭总副司令及新四军叶项军长,不顾事实,强调所谓军政军令,勒令新四军八路军各部限期集中黄河以北。朱彭叶项为顾全大局起见,允将新四军江南部队北移,是以有佳电答复。至十二月底,新四军叶军长等业将移动部队准备就绪。正欲开动之际，不意国民党各地言论机关，公开宣布该部北移消息，实际上不啻向敌人告密；同时即闻当局已对顾祝同上官云相下达袭击命令，有"一网打尽生擒叶项"之语。然外表则说已令各部协助通过，决无留难云云。叶军长等以言出负责当局，料可置信。乃于本月四日毅然开动，计新四军军部及部队共约万人。不意甫经开动，即遭袭击。行至泾县太平间之茂林村地区，即突被五十二师唐云山，一〇八师戎纪五，七十九师段茂林，一四四师范子英，四十师詹忠言，第七师田钟毅，第十师王劲修等七万余人，统受顾祝同上官云相指挥，分进合击，大举围攻。军长等一面仓促应战，且战且走；一面电告当局，质问理由。乃当局在该部被围血战七昼夜中，始终佯称已电顾祝同询问真相，并诡称已令顾氏撤围放行，实则密令各部实行其聚歼计划。至十三日，激战已八昼夜，我遵令北移遭遇袭击之新四军，果已弹尽粮绝，全部牺牲，已达当局聚歼之目的矣！至昨十七日国民政府军事委员会已正式发出通令，宣布新四军为叛逆，并直认将皖南新四军部队歼灭，又谓该军军长叶挺负伤被俘，副军长项英在逃，正缉获中，并宣布取消新四军番号，将叶挺交军法审判等语。一篇堂皇文告，已将其阴谋消灭抗日部队之真面目，赤裸裸的表白于全国人民面前。事有凑巧，正是十七这一天，日本同盟社亦从南京发出了一个惊人电讯。该电略谓"重庆政府严令长江下游江南地区之共产军，于十二月二十六日以前移往江北，第三战区司令长官为使共产军早日移往江北，遂开始在东流附近围攻新四军及共产军各军队，共产军一部已于十日由荻港附近溃退江北，自十四日以来，日军各部亦攻击宣城金坛附近之新四军，'国民政府'绥靖部队亦协助日军作战"。至此，一幕消灭抗日武装摧残异己力量之大阴谋惨案之真实内容，乃益大白于天下。所谓限期北移者，不过诱我军入围配合聚歼之诡计。所谓军纪国法者，不过于聚歼之后，尚有宣布叛逆交付审判之一套而已。过去高唱军纪森严国法神圣之滥调，不过是摧残异己阴谋杀人之骗词。新四军为抗日部队，北移乃遵令行动，却竟遭围击聚歼之惨变，军纪何在？国法何在？盖违令者即下令者，毁法者即造法者，实已无置辩之余地。

当江南新四军惨被袭击歼灭之际，当局复令汤恩伯李品仙李仙洲王仲廉韩德勤等共二十余万军队，大举进攻江北之新四军，所谓"一网打尽"之计划，固不仅限于江南一隅而已。同时在西北方面，包围陕甘宁边区者亦有军队二十余万。西安特务机关对八路军办事处除实行封锁压迫外，竟于前数日将办事处挑水夫绑去，逼其回去在水内施放毒药；桂林军警机关则强迫八路军新四军驻桂林办事处立即撤退。至对全国各地共产党员及进步分子则早已事先调查名单，又要来一个"一网打尽"，大概快要下手了罢！从这种种事实看来，过去内战之悲惨局面，又有重演之势，三年半全民抗战之英勇业绩，有中道而废之可能。歼灭皖南新四军之无耻罪行，不过是整个阴谋计划公开暴露之一部分，仅仅是亲日派阴谋家和反共顽固派以内战代抗战、以分裂代团结全部阴谋公开实行之开（肇）端。此等为敌张目无法无天之罪行，不仅我们共产党几十万党员，我们八路军新四军数十万将士绝对不能容忍，即全国军民爱国同胞和全世界主张正义人士亦绝对不能坐视。我们呼吁全国一切爱国军民同胞，我们号召全世界同情中华民族解放事业的公正人士，与我们团结一致共同奋斗，以达到下述各项目的：

一、严惩阴谋消灭新四军皖南部队之罪魁祸首！

二、释放所有被俘之新四军将士，保障叶军长等军政干部之生命安全！

三、抚恤新四军皖南部队死伤将士及其家属！

四、停止华中数十万大军之剿共战争！

五、平毁西北之反共封锁线！

六、停止全国各地残杀逮捕共产党员及爱国人士之犯罪举动，释放一切爱国的政治犯！

七、肃清何应钦等一切亲日分子！

八、反对一切破坏抗战破坏团结之阴谋计划！

九、严整抗日阵容，坚持抗日到底！

我们深信：全国各党派及无党派的大多数军民同胞，一定以民族国家命运为重，与我们站在一条战线上，反对少数亲日分子及民族败类，打破他们的内战外和投降卖国的无耻阴谋。中华民族正处在抗战以来的最严重的危机前面。我们共产党人和全国大多数军民同胞，深知在此艰危时局中，我们应该担负的责任和应该采取的措置。

附：军事委员会通令全文

渝十七日电：国民革命军新编第四军抗命叛变，袭击友军，已由顾司令长官紧急处置，绳以军法，将该军全部解散编遣竣事，该军军长叶挺就擒，交军法审判，副军长项英在逃，正缉获中。兹录军事委员会通令：据第三战区司令长官顾祝同删（十五日）亥电称：国民革命军新编第四军违抗命令，不遵调遣，自上月以来，在江南地区集中全军，扰乱战局，破坏抗日阵线，阴谋不轨，已非一日。本月初自泾县潜向南移，竟于四日胆敢明白进攻我前方抗日军队阵地，危害民族，为敌作伥，丧心病狂，莫此为甚。我前方被袭各部队，对此不测之叛变，若不忍痛反击，不仅前线各军之将士，无以自卫，而且整个抗战之国策，亦必被其破坏无余。瞻念前途，痛愤无已。职为应付并伸张纲纪，不得不为紧急处置。关于该军叛变全部阴谋，业于昨日将拿获该军参谋处长之供词电陈钧詧（察），兹已将该新编第四军全部解散编遣完毕。该军军长叶挺于当日就地擒获，该军副军长项英潜逃未获，正在严缉归案。将处置新编第四军叛变经过，理合先行呈报，敬候钧核示遵等语。据此，新编第四军抗命叛变，逆迹昭彰，若不严行惩处，何以完成国民革命军抗战之使命。着将国民革命军新编第四军番号即行撤销，该军军长叶挺即行撤职交军法审判，依法惩治，副军长项英着即通令各军严缉归案讯办，藉伸军纪，而利抗战，特此通令。

（《新中华报》1941.01.23）

庆祝陈道口大捷

王光夏据以蹂躏淮海人民，实行反共祸国的陈道口，虽是王光夏接受了曹甸的教训修筑起来的坚强的堡垒，但在新四军展开了自卫战以后，顷刻之间，就粉碎在我们英勇善战的指战员手里了。

陈道口的大捷,首先说明了共产党领导的武装——新四军,是具有无坚不摧无攻不克的性格。陈道口是经过王光夏自认为铜墙铁壁的建设,动员了数千民夫,费时数月,周围数里,有着近两丈高的圩墙,一丈余宽深的圩沟,四层铁丝网,圩墙的周围,布满了堡垒,并以千余人附机枪大炮固守。这确是淮海区反共据点的最坚强的一个,然而,在新四军的英明指挥与优良战术下,仅仅攻击两次,总计费时不过三个钟头,就被全部摧毁了。

其次,陈道口的大捷,说明了淮海新四军并不是孤立无援的,而是有华中各处的密切配合。尽管苏皖的反共头子韩德勤,还在策动大军,准备由东西两路配合王光夏向我进攻,但韩部其结果却是三一三师副师长姜运清的两个团,被我×师阻击于顺河集附近,余世梅增援部队,亦在长兴庄、大兴集一带被我击溃,目前全部在我监视中。这些事实,说明了反共派的增援企图,亦宣告了失败。在新四军当局统一指挥与全体指战员英勇的战斗下,任何的反共进攻,都有把握击碎它。

复次,陈道口的胜利,说明了淮海人民已清楚地认识了反共就是灭亡,就是断送民族前途。要消灭祸国殃民的败类王光夏,已成为全淮海抗日人民一致的要求,因而,在这次战斗中,不仅新四军全体指战员表现了英勇无比的战斗精神,而全淮海抗日人民更积极地配合了作战,如数千民众,担任了构筑工事、担架、运输等重要工作,三天内募集粮食二万余斤,每天不断地有大批慰劳品与慰劳信送往前线等等,都表现了淮海人民对此次新四军消灭王光夏的自卫战争的竭诚拥护与最大的热情,说明了淮海人民对淮海抗日民主根据地的巩固与扩大坚定了胜利的信心。由于党政军民密切的配合及民众的热情与信心,才获得这样伟大的胜利。因而,这次的胜利就更加扩大了新四军的影响,粉碎了反共派用以进攻新四军所造的无耻的谣言。同时这次胜利更教训了反共派,以事实揭穿了王光夏的罪恶行为,并以英勇的还击,摧毁了王光夏安置的反共据点,说明了任何反共活动,都是徒劳的梦想而已。

于此,我们知道陈道口反共据点的拔除,无疑更加强了新四军的联系,并且控制了运河,为坚持华中抗战增强了有利条件,从而,也巩固与扩大了淮海抗日民主根据地。

(《人民报》1941.10.25)

粟裕将军谈述大江南北反清乡的胜利

【新华社华中二十一日电】 苏中军区司令粟裕将军,对苏中通(南通)如(皋)海(门)启(东)及苏南的镇(江)丹(阳)武(进)地区反"清乡"胜利事,昨日向记者发表如下谈话:敌寇自去冬开始实行其"对华新政策"后,今年一月初即同时加紧在我江北通如海启及江南镇丹武两根据地的"清乡"部署,敌酋华中派遣军司令畑俊六及小林师团长李逆士群等为部署江北"清乡",曾先后亲临南通指挥一切。敌汪重视苏中"清乡",于此可见。镇丹武地区的"清乡"于二月二十日开始,通如海启的"清乡"则一再被我阻迟,直延至四月一日才开始进行。敌汪"清乡"兵力,江南北共增调敌精锐数千,敌军近两万人,特务数百人,气势汹汹,企图以优势兵力一举消灭我转战大江南北的新四军之一师主力,肃清我抗日人民力量,摧毁我抗日民主根据地,达成其伪化奴化我苏南苏北,搜括我全苏人力物力,准备其在远东与英美决战的实力。镇丹武地区"清乡"经过三个多月的时间,通如海启第一期"清乡"则经六月之久,"清乡"区内敌伪铁蹄所至,残暴蛮行,随之掳掠,不论贫富,十室九空,奸淫竟及女孩老妇,极尽兽性之能事。如南通中区被奸淫妇女为数即达千人,奸淫掳掠之外,还采取乱烧乱杀政策。"清乡"区内被烧毁的民房触目皆是,人民横遭颠沛流离痛苦,而南通十总店一次即屠杀我老弱妇女六七十人,更是惨绝人性。但敌人如此庞大兵力,如此残暴手段,终难摧毁我抗日军民钢铁般的战斗意志。大江南北抗日军民,经数月英勇牺牲流血苦斗后,五月底便胜利地粉碎了敌汪在江南镇丹武地区的"清乡",到九月底敌汪在通如海启的第一期"清乡"计划亦随之而被我完全粉碎无遗,大江南北互相呼应的抗日根据地在敌人血洗中,至今依然屹立如故,为中华民族解放运动写下了鲜红灿烂的史页。此次敌人"清乡"先以绝对优势兵力,一面对我根据地采取"军事清剿",企图消灭我主力兵团地方武装,捕杀我抗日军民,摧毁我抗日政权,一面在"清乡"区内构成封锁竹篱,镇丹武封锁竹篱长二百七十三里,通如启三百五十里。增筑临时据点,通如海启新筑据点约五十处,将我根据地分割成若干小块地区,将我全体人民封锁与控制在"清乡"网内。军事"清剿"之后,继以高度的政治"清乡",展开特务活动,建立伪政权,查户口、编保甲、贴门牌、抽壮丁组训等。我反"清乡"斗争的胜利,对于敌汪固然是一大打击,而对于一听到"清乡"二字便心惊胆战的懦夫,同样也是一大教训。我们今后还要从不断的斗争中发展我们反攻的力量,我们只要能够熬过今后的困难,便能迅速走向胜利,走向自由走向光明。

(《拂晓报》1943.11.26)

车桥战役斩获奇钜 军首长传令嘉奖

本报讯:车桥战役,一师部队获致空前伟大战果,我新四军陈代军长、张副军长、饶政委、赖参谋长特传令嘉奖,原文如下:

粟师长叶副师长暨全体指战员:

车桥之役,连战皆捷,斩获奇钜,发挥了我第一师部队历来英勇果敢的作战精神,首创了华中生俘日寇之新纪录,除通报外,我们代表全军,庆祝你们的胜利!

陈　毅
张云逸
饶漱石
赖传珠

(《苏中报》1944.03.16)

加强力量准备反攻
——纪念国庆和新四军成立七周年

陈时夫

我军从一九三七年十月十二日，由南方八省的红军游击队改编成立，到今天已经是整整的七年。七年之中，我们从改编集中，到开赴皖南、皖北和苏南作战，到展开在华中华南两大战场，驰骋于长江两岸，直到钱塘江畔，黄海之滨，广大的敌后地区、山岳和平原，都踏遍了我们的足迹，高竖着抗战的旗帜。过去的七年，我们已在中国抗战的历史上，创造了光辉的成绩。

我们吃了千辛万苦，我们涉了万水千山，我们手持破旧的武器，得不到任何弹药的援助与接济，同占绝对优势的敌人大军，交兵对战，我们不但要和日本帝国主义军队作战，还要和汉奸傀儡军队作战，甚至还要被国民党反动派的进攻所逼迫，而不得不进行自卫战。因此，战斗是频繁的，又是残酷的，我们无日无夜不在与敌人周旋，经常地为了消灭敌人，保卫国土，保卫人民利益，要与敌人拼刺刀，打肉搏战，以血肉的身躯，以赢得胜利。七年以来，我们新四军就是在战斗中度过的，也是在战斗中生长与壮大起来的。

我们依靠着中国共产党的领导，依靠着广大人民的爱护与合作，依靠着我军的优良传统，依靠着为民族为人民的无限忠诚和坚毅不拔的决心，奋勇牺牲的精神，指战人员政工人员的努力，终于克服了一切艰难困苦，战胜了敌伪和国民党反动派的进攻，锻炼成为一支常胜不败的铁军，成了中国抗战中重要而不可缺少的伟大力量。

我苏中二分区的新四军，在军区首长的直接领导指挥之下，与人民团结，血肉相连；数年以来，也在战斗中坚强与壮大起来，创造了与保卫了抗日民主根据地，执行了党的十大政策，在党政军民一心一德之下，也创造了不可磨灭的成绩，积累了丰富的经验，在战斗、生产、学习各方面都涌现了众多的模范与英雄。

我们的斗争历史是光荣的，是胜利的，但我们的抗战任务还没有最后完成，摆在我们面前的工作与战斗，比过去的期间还更重大。由于国民党正面战场的失败，使敌人更加深入了中国国土，更多的同胞，又相继处在敌人的铁蹄之下，过着悲惨的生活，因而更形加重了我们的责任，要担负起更重的担子，这就需要更多的更强的有生力量。我们二分区新四军部队和整个根据地的党政军民，就需要更加努力，才能负担起今后的重大任务，这个重大任务就是对日本帝国主义的总反攻。

德国法西斯的失败，就是几个月以后的事了，接着失败的将是日本法西斯！反攻的时期已经迫在眼前，与敌人最后决战的时机快到了！为了迅速地打败敌人，我们的力量就要加强，就要加强人力和物力财力；我们的军队数量，还不够多，还需要大大的增加新干部新战士，就还需要动员广大的抗日人民来参加军队，我们的战斗力是比过去提高了，但在军事技术上还远不及敌人，我们的指战人员在政治上、思想上，都需要改造与教育，从质量上提高起来。我们今后的任务加重了，就需要军火、弹药、医药、服装、给养的充分供给与支援，那就是要广大人民踊跃地缴纳公粮田赋，和增加生产，以供军需之用。

在今冬和明春,我们要把这几个具体工作做好,大规模的参军,以补充兵力,加强练兵整训,以提高部队的军事技术与质量、战斗力,加强生产和积蓄米粮财富,以供军需。这也就是我们根据地党政军民当前的共同任务。

新四军是共产党的党军,也是人民的军队,也是民族的军队,在党的领导之下,为民族与人民服务、牺牲、奋斗,是一个神圣的义务,为着彻底完成这个任务,为了继承七年来的光荣战绩,为了战胜敌人,争取民族的解放,我们的全体指战员,应当更加奋勉,努力学习,力求进步,把自己的手与脑,真正武装起来,在一切战斗、生产、工作、学习各方面都要奋勇当先,我们的党政军民,就要更加脚步一致,步伐整齐,团结得像一个人一样,共同甘苦,共同战斗。

国庆日的三十三周年又来到了,但是辛亥革命的革命任务并未完成,全国的民主政治并未实现,国内人民与国际战友对我们的期望是加重了,因此我们要用实际行动来纪念国庆日和新四军成立七周年,用大家的努力与团结,来增强我们的力量,准备着迎接即将到来的大反攻,最后战胜敌人,把敌人驱逐到我们的国土之外。

(《群众报》1944.10.11)

新四军转战江海河汉八年来辉煌建树

——抗击敌军十三个师团,伪军二十七万人,大小战斗近三万次,建立八个抗日民主根据地,解放了华中四千万同胞。

(华中十五日电)新四军军部于成立八周年纪念日,发表八年来新四军的辉煌建树称:新四军转战大江南北,已届八年,在背陇海路,南达钱塘江,西自湖北,东至大海的广大富饶的地区,痛歼敌伪,收复国土。先后解放了四千万同胞,帮助各阶层人民建立了民主政府,计有行政公署七个,一个浙东军政民联合办事处,二十个以上的专署及一百五十多个县政府。八年来新四军指战员在江海河汉之间八大战略地区(苏中、淮南、苏北、淮北、鄂豫皖、苏浙、皖中、浙东)抗击敌军十三个师团及伪军二十七万人,总计大小战斗近三万次,毙伤俘敌伪四十二万九千六百三十六名,缴获长短枪二十四万二千一百七十六支,轻重机枪四千七百余挺,各种炮四百四十八门。敌伪在这八年中虽使用各种凶残的办法:"扫荡"、"清剿"、"清乡"、"烧杀",但华中解放区军民却愈战愈强,敌伪伤亡与我伤亡的比例,已由一九四一年的一点四比一,增至一九四二年的七点一比一,一九四三年的七点四比一,一九四四年的七点九比一,一九四五年,尤其是本年八月以来,新四军奉朱总司令命令向华中敌伪展开全面进攻,迄今已解放县城三十四座,拔除大小敌伪据点四百四十个,毙伤俘敌伪四三·八四五万人,缴获步枪三万七千四百一十六支,轻重机枪六百三十四挺,炮类三百四十五门,掷弹筒四百三十二个,战无不胜,攻无不克,拒降敌伪受到应有的惩罚。现值华中人民兴奋庆祝新四军建军八周年之际,深感新四军带来自由幸福生活之可贵,他们(坚)决与新四军一道为华中人民的幸福与胜利奋斗到底,继续歼灭尚未放下武器的敌人。

(《前进报》1945.10.18)

华中军区成立　张司令发表谈话

【本报专讯】 在国民党反动派已在全国各地发动内战之际，在华中国民党军队着着威胁华中和平之际，华中军区于十二月一日成立，记者特往该华中军区司令张鼎丞将军于某地军次，询其华中军区成立的意义和对军区成立后的希望，张将军在热烈和兴奋的情绪中，发表如下的谈话：

新四军在中国共产党的政治领导下，坚持了华中敌后抗战，八年来转战于江淮河汉地区，解放了四千万人民，收复了一百二十余万平方华里国土，胜利地、英勇地抗击敌伪，建立了抗日民主根据地。由于我们实施了新民主主义政治，使各阶层人民都能享受民主权利，过着民主自由的生活；由于我们实行了减租减息和交租交息的政策，实行了增加工资，同时保证劳动纪律，增加生产，使广大群众生活得以改善了，各阶层人民得以安居乐业，生活上欣欣向荣。这样就使解放区人民生产和抗日的积极性大大提高，就使解放区军民能够团结一致，克服困难，渡过了八年抗战最艰苦的时期。

坚决保卫华中　粉碎内战阴谋

日寇投降以后，我们即向解放区内拒绝投降的敌伪全面出击，敌伪武装，纷纷解除，沦陷城镇，次第光复，使苏中、苏北、淮南、淮北几个基本解放区连成一片。为了争取和平、民主、团结局面的实现，目前我军首长更依照我党中央及毛主席的昭示，自动实践国共和平谈判诺言，迅速将浙西、苏南、皖中、皖南、浙东等地区部队撤退，这种顾全大局，相忍为国的精神，当为全国人民所共鉴。但是国民党反动集团违反了双十协定，甘心与敌伪合流，不但在我们撤退途中沿途袭击，企图消灭我们，不但在撤退之后，在撤退区中压迫人民，实行抢掠屠杀的政策；而且目前正在津浦线两侧、长江沿岸，在淮南、淮北、苏中等地区进攻我们，意图毁灭我们江北的解放区。同时在全国各地，反动派一再调兵遣将，发布反动的"剿匪"命令、"剿匪"手册，向全国解放区大举进攻，发动内战，屠杀人民。美国帝国主义分子正在以军舰、飞机、武器、人员积极支援国民党反动派，直接干涉中国内政。全国和平民主团结之局势正处在千钧一发的危急状态，如不有效制止内战，我华中人民及全国人民，均将遭受空前的浩劫。我们相信国民党反动派发动内战的阴谋将遭受到全国爱国军民的反对。反内战运动，正在全国各地蓬勃开展；独立、自由、繁荣的新中国，一定能够实现。新四军在八年的抗战过程中，胜利地坚持了敌后抗战，保卫了华中人民的利益。今后我们更将坚决为坚持华中地区，保卫和平保卫民主建设而加倍努力。因此，华中军区的成立，就有极重大的意义。华中解放区新四军的主力部队、地方兵团、民兵，今后将在华中军区统一指挥之下，和全华中人民在一起，在中国共产党与新四军军部的指挥下，来完成这个伟大的任务。我们决不允许国民党反动派来摧毁这个已经从敌人手中解放出来的、已经获得了民主自由，获得了民生改善的解放区。我们是主张和平的，但是假如国民党反动派要来进攻我们，企图消灭我们的地区，屠杀我们的人民，我们将和全华中人民站在一起,坚决奋起自卫,为保卫和平民主建设的伟大事业而斗争!

我们是人民军队　永远为人民服务

新四军过去所以能够在敌后最艰苦的环境中百战百胜,获得发展和胜利,能够不断地壮大自己的力量,正是因为它真正能为人民服务,效忠于国家和民族。新四军和国民党反动派专制独裁、横行不法、鱼肉人民的军队是有本质上的区别的。它是一支人民的军队,一切依靠人民,又一切为了人民,能够保卫人民的利益。在八年抗战的过程中,新四军和华中人民血肉相连,同患难、共甘苦,它已经成为了华中人民自己的军队,是华中人民的子弟兵。它和八路军一样,成为中国史无前例的,为人民、为国家、为民族的一支最好的军队。我们的军队,不但有英勇作战艰苦奋斗的优良传统,良好的纪律;而且能够自己动手生产,减轻人民的负担。同时我们又在军队中进行了尊干爱兵运动,使得官兵团结,上下一致。我们的军队与人民之间,由于进行了拥政爱民运动,所以也做到军民一家。我们今后要继续不断地进行这两个运动,使官兵之间军民之间更加团结一致。但我们对尊干爱兵拥政爱民等工作,还做得不够,尚有缺点,今后还要不断地改进。我们希望各界人士,不断地给予我们批评和监督,使我们能更好地为人民服务,更好地成为不可战胜的人民军队。

华中地处中国政治、经济、文化的腹心地区,又为国际观瞻所系,我们更加希望华中军民能够一本过去团结抗战的伟大精神,为和平为民主建设,作出更大更多的贡献,使华中解放区能够追随其他解放区之后,成为全国和平民主繁荣的先进地区之一。这样来推动全国范围内的和平民主事业,促进国际间的友好合作。我们相信人民的事业,一定会胜利,任何反动派的内战阴谋,将在人民的面前,在我们全体军民铁的团结之下被打得粉碎。

华中军区司令部颁布华中停战命令

(一)我们已接获毛主席关于停止国内军事冲突之命令,因此我们命令,凡我华中军区领导下之一切野战军、地方军、政府机关的警卫部队、民兵与人民解放军,均须切实严格遵行毛主席的通告,停止军事行动。

(二)国民党领导的一切部队,亦已由蒋委员长下令,停止军事行动,因此,我们命令,任何部队如有不遵行蒋委员长命令而仍向我华解放区进攻者,我们全体指战员必须严正自卫坚守阵地完成保卫解放区之神圣任务。

司　令　张鼎丞
政　委　邓子恢
副司令　粟　裕
　　　　张爱萍
副政委　谭震林
(《解放日报》1946.03.08)

南通惨案

三月下旬,南通各校学生各团体及市民群众,为了欢迎执行小组的到来,为了表示人民要求实现三个协定及四项诺言的愿望,数十人遭受当局逮捕或惨杀,其中一个新闻记者孙平天的尸体在江面发现,钢丝捆绑,挖眼割鼻。这一惨绝人寰的事件,不能不令一切有血气的人为之毛发悚然,为之义愤填膺!溯自政协会开会以来,国民党的特务暴行层出不穷,从沧白堂、校场口事件,捣乱北平执行部事件,捣毁新华日报及民主报营业部事件,搜捕北平解放报人员事件,拘捕济南共产党员事件,直到最近北平国大代表选举协进会的讲演会被捣乱的事件,都是在光天化日之下,在国民党宪警的袖手旁观和庇护之下,法西斯特务分子公然向和平人民举行暴力的进攻。每一次暴行都把许多和平民主人士以及无辜群众打得头破血流,甚至于打到了盟国友人头上(在北平国大选举协进会讲演会上,美新闻处北平分处处长福斯特也挨了打)。南通惨案和这一连串的事件,肯定地证明在国民党统治区内,人民的言论、集会、人身的自由依然毫无保障,政协会的庄严决议横遭蹂躏,蒋介石的四项诺言完全没有履行。特别应当指出的,这一次的南通惨案,情形最为严重,国民党内反动派竟不惜以屠杀的手段来对付要求三个协定实现、要求和平民主实现的人民,这不仅是一二一昆明惨案的重演,而且比昆明惨案更为残酷,持续了更长的时间。南通惨案发生已一个多月,并已引起了各方面的正义抗议,但据最近的消息,南通的恐怖情势还在增加,特务仍在大肆捕人,爱国青年不断失踪,江面上时时出现被害者尸体,据现有不完全的材料,继孙平天之后被活埋惨杀者,还有南通中学教师钱熹凡,还有青年多名。

中国人民要求实现自己的和平民主事业,还需要用更大的力量出来斗争,打破国民党内反动派所设置的严重阻碍,这是南通惨案及政协会以来国民党内反动派的一连串暴行所给予的深刻教训。南通的学生和各团体及市民群众,欢迎执行组游行请愿何罪?他们"要求实践四项诺言"何罪?"反对半夜三更查户口"何罪?"反对一党专政,要求取消特务机关"何罪?为什么国民党当局一定要用血腥的手段来对付他们?国民党内反动派之所以一定要这样做,是有着他们自己的一套"理由"的,这就叫做"家丑不可外扬"(南通国民党当局接见群众代表时语)。什么是家丑?中国人民不避石子、棍棒、刀枪的威胁,到街头上去游行请愿,表示自己要求和平民主的真诚愿望,为这个愿望英勇奋斗,这完全是光明正大的行为,是中国民族的光荣,是值得大大地向全世界宣扬的。这当然决不是什么"家丑"。中国的家丑决不是在中国人民身上,而是在国民党内反动派一群之中。这种"家丑"不是别的,就是这一群败类反对和平、坚持内战,反对民主、坚持独裁的阴谋行为,就是他们破坏停战协定、政协决议、整军方案的阴谋行为。这些"家丑"的确丑得难以见人,连他们自己也害怕暴露在阳光下面。中国人民也感觉到这些丑类丑行的存在,是我们民族的耻辱。但正因为这样,中国人民在进行争取和平民主的斗争的时候,对于这些丑类丑行就决不能把它们隐蔽起来,相反地却要大大地把它揭露出来,使其无藏身之地。不仅如此,还要大声疾呼地宣传这些丑类丑行必须彻底铲除的道理,要大家团结起来努力进行铲除这些丑类丑行的工作,并号召全世界人士帮助中国人民这一工作。这对于中国人民中国民族的利益说来,是完全必要的。但是,在国民党内反动派看来,这却是非常可怕而又可恨。因此,这些反动派不能不拼命起来反对。因此,他们就要在"家丑不可外扬"的封建说教之下对人民的言论集会人身自由施行残酷的迫害。

三大协定是中国人民经过了长期的艰苦斗争和英勇牺牲所得到的成果,它们是举国公认的和平民主的法律。中国人民今天的斗争,就是为着要使这神圣的法律不被反动派的阴谋所破坏,就是为着要争取它们的贯彻实现。我们要认清楚,国民党内反动派今天破坏三大协定的一切活动都是违犯国家法纪的,他们所采用的一种重要手段,就是非法的特务暴行的手段。从校场口事件到南通惨案,国民党内反动派已做了无数次的犯法行为。为着保护国家民族的法纪,建立和平民主的秩序,全中国人民应当一致奋起,以更大的努力制止国民党内反动派的这一切非法行为,坚决要求立即严厉惩处制造南通惨案及一切特务暴行的罪犯,解散一切特务组织,保障人身自由,实现四项诺言,实现政协决议!

中国人民的和平民主事业是不可抗拒的,是必然胜利的。南通惨案及其他一连串的法西斯暴行,不仅吓不倒中国人民的斗志,打不散中国人民的队伍,而且将使中国人民更加警惕、团结和紧张起来,为击败法西斯反动派的阴谋活动,废除一党专政,实现国家民主化而奋斗!

(《解放日报》1946.04.26)

苏中一分区人民六个月英勇反"清剿"
"助战""破拆"开展群众性自卫运动
农村兵营化创造惊人斗争新方法

【新华社华中二十一日电】 苏中记者综述如皋、泰兴、泰州、靖江四县人民六个月来的反"清剿"自卫运动称:每当蒋军出动,各乡哨位村村相传,顷刻数十里一片锣声,人民群起"跑反",可带的带走,不能带的藏起,不给蒋军粒米根柴;当人民解放军出击时,千万人民又潮水般涌来助战。靖江四墩子之战,一小时内五千人涌上战场,帮助搜索敌人;泰兴口岸、丁家庄之战,火线附近二十余庄群众助战;如皋收复周家庄之役,万余群众破拆碉堡;蒋军溃逃,人民即展开缴枪捉俘虏运动。记者继称:在蒋军可能立据点的地方,如靖江之生禄堂,与之老业庄等地,均被人民拆为平地;在地形有利的地方,则又星罗棋布的重建起来。这些房子,蒋军无法驻足,俱是人民监视蒋军的哨位。各交通线上的破拆运动,蓬勃开展;靖江西(丰镇)斜(桥)公路仅长十二里,蒋军花费数十担铅线,千余根木头,上万根竹子,三个多月,电线未架起,车子无法通行;各条大路,亦均被破坏。这一群运,日有创造与提高,以"跑反"为例,开始是乱跑,现在各村都有跑反小组,情报灵敏,行动方便;各乡一村又设有招待所,使跑反的人不致饿肚;农村兵营化后,群众更有组织的集体睡觉,有情报时即机动分散转移。蒋军用"三角合击"、"四面包围"等方法兜捕人民,往往落空。一次蒋军集中两千兵力,层层包围泰兴某区六个乡,该地人民有计划地进退,与敌周旋,使敌搜索四天,毫无所获。群众更创造了"土电话"、"听电报"、"泥菩萨站岗"、"稻草人放哨"等办法,使敌如入迷魂阵图。在此残酷斗争中,军民之间,民与民之间,倍加团结,人民舍己掩护干部,已有一千余人;受灾区人民互赈互济,泰兴开展一把米运动,安置了千余灾民,没有一个人饿死,没有一个乞丐。人民坚信胜利是自己的。

(《苏北日报》1947.04.25)

祝响水口大捷

我苏北人民解放军一部,于本月五日,向我盐阜淮海边境为徐逆继泰所盘踞的响水口重镇,进行反击,经一夜战争,歼敌六百余人。这是通榆路反击大捷后又一次伟大的胜利。

这一胜利的重大意义,不但说明了我苏北敌后人民武装力量的日益壮大,能够连续不断地歼灭敌人,不但给潮河两岸人民的灾星——徐逆继泰以沉重的打击;更重要的,这一战役,是在"扫荡"我五分区敌人的侧背,给敌人以应有的还击,它是通榆路反击战的继续,它的效果,也和通榆路反击战一样,打击了敌人集中兵力进行侵扰的阴谋,争取了主动,牵制了敌人。

正当敌四十四师,配合徐逆继泰商巡总队,向我滨海进行全面"清剿",敌四十四师师长王澹清,亲自赶到响水口,指挥"清剿"的时候,我军区主力,挥戈南下,一举攻克了沟墩、上岗等五据点,在敌人主要交通线之一的通榆路上,打开了一大缺口,严重地孤立和威胁了阜宁城。

"清剿"滨海之敌,就手忙脚乱,放弃了"清剿"滨海的阴谋,让徐逆继泰孤零零的死守响水口、陈家港,敌四十四师,就仓忙南下增援;盘踞两淮的敌整四师一部,也匆匆东进,他们会合于苏咀、板湖一线,企图找我主力决战。但我主力在歼灭苏咀敌一部以后,主动撤离战斗,让他们扑一次空。他们找不到我们的主力,正在计划"扫荡"我五分区中心地区,企图大肆抢夺我军民物资,我主力又挥师北上,取得了响水口大捷。这样,"扫荡"我五分区的敌人,再度手忙脚乱起来,不得不从建阳、公兴庄一线,仓皇回窜。

这一连串的事实,完全足够说明敌人的兵力不足,战术笨拙。他们集中兵力,企图控制我某些地区,或者消灭我主力,但却到处扑空,到处挨我地武民兵的打击。而我主力则运动自如,主动地痛击敌人薄弱的环节,调动敌人的兵力,让他们东奔西窜,毫无所获。

这些事实,也同样说明了敌人虽千方百计,包围控制我苏北地区,但在我强大军民的反击下面,不断地遭受打击,甚至宣告破产。

因此,我们庆祝响水口大捷,必须首先认清目前苏北敌我的斗争形势。认识到敌人对我苏北地区,是每时每刻都在幻想着进行控制,他们集中了一部分机动兵力,轮番地在我各个地区,进行局部的"扫荡"甚至"清剿"。特别在目前夏收季节,敌人更张着血口,阴谋抢夺我苏北人民的生产果实。他们企图在反攻到来以前,在我们还没有扼住敌人的咽喉以前,进行疯狂的挣扎。因此,任何太平观念,麻木不仁,对敌人的阴谋和我们所处的敌后环境,认识不足,不在思想上组织上积极作备战的准备,都会使我们的工作,遭受不应有的损失。

同时,我们还需认识到我们紧张斗争的有利形势。敌人的兵力不足,无法对我苏北地区,全面控制,虽能集中一部兵力,狼奔豕夺,但七孔八疮,到处留下空隙;而我们则有强大的主力,有广大翻了身的农民组织起来的地武和民兵,有坚持斗争的经验和群众的衷心拥护,完全有可能坚持我们的斗争,并且粉碎敌人的一切"扫荡"、"清剿"抢粮的阴谋。因此,对敌人的力量估计过高,对自己的主观力量估计过低,因而仓皇失措,恐慌动摇,甚至退缩畏惧,只想保存自己,不去积极组织斗争,或者把环境估计得过分严重,以对待"清剿"的对策,用来对待敌人的"扫荡",敌人未到,自己就想转移,亦同样会使我们的工作,遭致不应有的损失。

其次,我们必须以实际的行动,来庆祝响水口大捷。在边区和敌人侵扰地区,我们必须坚决反对退却逃跑的倾向,掌握住积极斗争的方针,以身作则,发动群众,开展游击战争和敌人进行顽强的纠缠,不放松一个可以打击敌人、可以取得胜利的机会,不让敌人疯狂猖獗;同时应发动群众紧急藏粮保粮,埋藏物资,以避免损失。在中心地区,则应立即贯彻党员干部群众的备战动员,克服太平观念,加紧完成夏收夏种,随时准备应付敌人的侵扰。在收复地区,则应发动群众诉苦,启发群众对蒋顽的仇恨,检讨斗争的经验教训,进一步克服缺点,吸取经验,以便更好地开展今后的斗争。

响水口大捷给敌人以严重的打击,收到了应有的效果。但我们不应该认为满足,我们应该发扬和学习响水口大捷顽强歼敌的精神,全面动员起来,和敌人进行不屈的持久的斗争,粉碎敌人一切"扫荡""清剿"抢粮的阴谋,迎接全面反攻的到来。

(《苏北日报》1947.06.15)

说盐南大捷

"追剿"和"追缴"

去年十二月初,华中主力和各地方武装,一齐动手,打下了李堡、栟茶等大小据点,歼灭九千敌人,蒋匪国防部吓慌了,马上抽东补西、挖肉补疮,从陇海铁路上、运河线上,抽了整四师的九十旅三个团,和五十一师的两个团,共计一万三千多人,组织了一个"追剿纵队",由五十一师师长王严带领,向南面救急,并且吹了个大牛皮,说的要"追剿"我华中解放军。从北向南"追",十二月中旬在东台和如东地区,像乌龟样的爬了几天,找不到我解放军,马上回到东台城。到二十六日早晨,又沿着公路向北"追剿"。哪晓得解放军在这个公路上,布置了几十里的大包围圈,等他先头部队到盐城南面伍佑的时候,他还冒冒失失的只顾"追",我解放军全面地出击,除九十旅的二七〇团和一六八团溜得快溜掉了,其余被我们切成数段,紧紧包围,打了四天四夜,"缴"下了九十旅副旅长张晓柳以下官兵七千多人,"缴"给我们的汤姆卡品就有一百五十多挺,其他的东西当然很多,所以新华日报社论上说:蒋匪头子顾祝同这下子完成他"追缴"任务了。

蒋匪的致命伤

蒋匪在华中作了一年的孽,也就生了三个无药可救的重病。第一个是老百姓反对,第二个是兵力不足,第三个是后方空虚。相反的我华中人民解放军,经过了坚持原地斗争,八月以后的全面出击,和最近期间在华中南线的反攻,人民解放军会打伏击战和漂亮的攻坚战,现在又打起机动灵活的大规模运动战,所以今后蒋匪的这种"追缴"或是"守缴",就会越来越少了,我们今后要提高战斗力,做好部队的政治工作,做好三大纪律八项注意,与广大翻身群众密切联系,更勇敢大胆地完成我们的消灭所有进犯华中的蒋匪,收复华中的全部失地。

我们得到主动权

经过了这次胜利后,蒋匪今后就不行了,至多他再从别的地方"挖"点兵来"补"。但别的地方也要兵,他就咬住牙齿从别的地方"挖"几个团来吧,又有什么用处呢?那么就放在小据点,集中兵力再来"扫荡"一下子,至多再来游行一下子,还能"扫"到什么呢?可能还会再"缴"点给我们,今后我们华中解放军,高兴怎样打就怎样打,我们可以向南打到长江边,向北打到陇海铁路,向西可以控制运河,我们要休息就休息,要打仗就打仗,现在全华中蒋匪总共剩了四十四个团,要防守那么多的城镇,和交通线,今后蒋匪的"扫荡"就越来越少,"清剿"的地区也就越来越小,主动权完全操在我们手里。因此今后我们就不光要坚持原地斗争,粉碎敌人"清剿——扫荡"的任务:我们重要的任务是壮大解放军,学会打攻坚战、阵地战和运动战,积极斗争,艰苦奋斗,依照毛主席的指示,不因胜利冲昏头脑,不麻木自满,我们的胜利就要到来了。

(《江海前线》1948.01.07)

华东战场一来年的变化经过

谈起来大家都晓得,我们华东战场是自卫战争中顶大的一个战场,蒋秃驴在这个战场上用的劲头子顶足,花的本钱也顶大,后来被我们在这一个战场上把他"栽倒"了,因此别的战场也就瘫得了。

若问蒋介石在华东战场上,怎样被我们一步一步揪倒的,细谈要谈三天三夜也谈不完,粗谈也要大半天。现在我们不粗不细,照陈粟大军司令部,一年来华东打仗的经过材料,和大家谈谈。

一、打垮敌人全面进攻

大家还记得,在前年七月自卫战争才打的时候,你看蒋介石狂到什么样子,命令几百万军队向我们解放区全面进攻,特别是对我们华东战场,更是大下辣手,大吹牛皮,说他只要三个月就全部解决苏北问题。哪晓得马上就现相,我们粟司令在苏中打七仗胜七仗,消灭他五万多人,打得李默菴、王铁汉屁滚尿流。跟手到十二月底,我们大军又在淮海区宿迁县北边,把蒋匪第六十九师全部消灭,第十一师也被打得头破血流。三个月解决苏北问题,到此成一场大梦。

接着到了去年一月二号,我们陈粟大军,在鲁南(即山东省南部)从项城到兰陵镇的路上,只用四十个钟点,就把蒋匪第二十六师同第一快速纵队全部消灭。并乘胜在一月十号至十九号,打下峄县、枣庄,活捉马励武,消灭五十一师一个师。同时在其他解放区战场上,我们也不断接二连三的打胜仗。因此,蒋介石见苗头不顺,知道全面进攻的办法不是我们运动战的对手,再打下去就兵单力薄,不得收场。于是他就改变方针,把"全面进攻"改变为"重点进攻",这个办法着实厉害,因为他把许多战场上的兵力集中起来,好比打拳一样,把全身劲头子,用到一只膀子上来,拣最主要的战场来打我们,因此华东战场就是他认为最主要的战场,陈粟大军就是他认为首先要打倒的敌手了。

二、打垮敌人重点进攻

蒋介石对华东战场"重点进攻",第一个回合,是在去年二月初开始的,当时他在山东南部集中了二十八个旅,叫他们从东到西排成一条南线向北打,中心目标是奔临沂捉拿我们的主力。同时北边顺胶济铁路,在济南集中了十一个旅,排成一条北线,叫他们从北望南打,打算南北夹攻我们。老狗蒋介石在这样布置了以后,蒋匪大小狗官直行狂吹大叫,说这一次"山东大会战",一定要揪住我们。特别是郝鹏举也在这个当儿叛变,你看蒋秃驴直行快活得拍屁股叫好,他满以为这一下子一定要打一个非常大的漂亮仗。哪晓得就在这个时候,我们陈粟大军就用"迅雷不及掩耳"的手段用一部分主力奔到鲁南沙河,只一夜工夫就把郝鹏举活捉过来,并消灭他两个师。这一仗打了以后,蒋介石以为我们的主力部队是在临沂以南,于是不敢向前猛进,我们就趁这个当儿,只留一少部分主力在临沂同他打一打,其余把全部主力开上北去打他的北线,正巧在莱芜、新泰一带,碰到了蒋匪李仙洲的部队,于是马上把他包起来,只花了两天多工夫(二月二十号至二十三号),就活捉李仙洲,一下就消灭他两个师七个旅共五万多人。同时我们胶东部队,在罗县也把蒋匪第八师打垮,消灭他四千多人。这个时候,蒋匪南线部队虽然打进临沂,但只落得一座空城。不独没有捉到我们的主力,反而在北线,被我们消灭三路,打垮一路,把他整个北线打烂。结果南北夹攻变成南线落空,北线送终了。这就是蒋秃驴"重点进攻"第一回合的吃瘪。

在第一回合失败之后,蒋秃驴满头冒火,于是在五月初又开始第二次"重点进攻"。集合了六、七十万兵力,分成好几路。例如叫汤恩伯领一路,顺临蒙公路向北打,叫欧震领一路从泗水、费县望东打,叫王敬久领一路从山东西边与济南互相联系,猛攻沂蒙山区。结果也没多久,在四月二十六号,我们就打下泰安,全部消灭蒋匪第七十二师,打得王敬久惊魂丧胆,不敢去救泰安。同时我们左翼部队在青驼寺消灭蒋匪"天下第一团",在蒙山脚下又打垮第十一师,揪得蒋匪各路军队不敢单独前进。于是急得老狗蒋介石下命令,叫各路蒋匪一拼排"齐头并进"并把五大主力之中最有本领的七十四师排在当中最前头做开路先锋,其余各路抽三个师跟在他两边做左右翼膀臂,保护七十四师大胆前进。

哪晓得当七十四师前进到坦阜以南,我们的主力部队就插入敌人左右两翼部队当中,就在敌人夹夹裆内把七十四师一下子包围起来,只化三天工夫(五月十三号至十六号)在孟良崮就把蒋介石第七十四师全部消灭,并把南北赶来的援兵全部打垮。这样蒋介石重点进攻的最高潮到此被打垮了。当七十四师凶信传到南京,蒋介石吓得浑身直颤,忍不住哭将起来。也就在这一仗以后,我们在华东战场上开始掌握了主动权,好比两个人"掼跤",在此以前是蒋匪主动掼我,在此以后,就是我开始主动掼他了。

(《盐阜大众》1948.01.22)

淮海战役大事记

去年十一月

七日 华东、中原两大解放军发动规模空前的淮海战役。六日我军已收复商丘,东逃敌一八一师全师被歼。我收复临城、海州、新浦等地,敌人望风逃窜。

八日 淮海前线我收复郯城,歼王洪九匪部七千余人。第三绥靖区由副司令长官张克侠、何基沣两将军率所属五十九军及七十七军三个半师在前线台儿庄贾汪等地起义。收复砀山,我大军直逼徐州。

九日 我军解放连云港。北线我军攻占津浦要镇茅村车站。西线击溃敌第五军。

十日 徐东运河地区敌第七兵团黄百韬所部分别被围歼。徐浦段铁路为我军切断。匪部仓皇宣布紧急戒严。

十一日 围歼黄匪兵团,首次大捷,在曹八集全歼一百军四十四师全部。在大耿庄全歼敌第九军第三师第八团全部。由宿县北援徐州之敌孙元良部之一二二师全部就歼于夹沟、符集等地区。

十二日 我于嚣沟全歼第七兵团之六十三军全部。

十三日 我续歼敌黄百韬兵团四十四军大部,六十三师一部及二十五军六十四军各一部。徐西南解放萧县城。

十四日 匪孙良诚部一〇七军在睢县房村地区全部被歼。南线我军占领三堡车站。

十五日 我军攻占碾庄西之彭庄,歼敌一百军军部及所属六十三师一部。

十六日 我攻克宿县歼敌二十五军一四八师全部。徐东俘敌一百军军长周志道等军官。

十八日 碾庄西敌四十四军全部被歼,俘敌军长王泽滨等。

十九日 敌邱、李东援兵团,被我于大许家西予敌军重大杀伤。

二十日 淮海前线攻占碾庄圩,全歼蒋匪黄百韬司令部及二十五军军部。

二十二日 黄百韬匪部五个军十个师全部歼灭。淮海战役第一阶段胜利结束。

二十四日 敌由豫两增援徐州之蒋匪黄维兵团,已为中原解放军包围于宿县西南地区。

二十五日 中共中央电贺淮海大捷。南线我军收复灵璧歼敌二三八师全部。

二十七日　蚌埠前线我军追击南逃之李延年、杜聿明兵团。

二十九日　被围之敌黄维兵团嫡系八十五军一一〇师在师长廖运周将军率领下在战场起义。

三十日　蒋匪李延年兵团三十九军独立团及步兵团在蚌埠前线向我投降。

十二月

一日　我解放大军在本日下午二时解放徐州市。匪邱、李、孙三兵团向西南狼狈逃窜。

二日　徐州军管会成立。中共中央电贺徐州解放。华东局、华东军区电贺，歼敌黄百韬部及解放徐州。

三日　华东我军克复淮阴。

六日　徐州逃敌三个兵团二十二个师全部正坠入解放军在萧永宿地区预布的罗网中，二日至六日已歼敌三万以上，敌四十军副军长陈元湘突围被俘，四十一军军长胡临聪被我捕获。

七日　杜聿明匪部军心瓦解；整营整连投降我军。

八日　七、八两日萧永间我军继又攻克王庄、翼寨、刘寨、苗庄、蒋庄、阎庄等据点，并消灭七十军及七十四军主力九个团以上。

九日　华东我军克复苏北重镇淮安及宝应两城。

十二日　刘伯承、陈毅两将军命令黄维立即投降。匪李弥兵匪被歼大半。

十三日　我收复兴化城。敌孙元良两个军四个师全部就歼于永城东北地区，黄维兵团亦大部被歼。我军继续紧缩对邱李兵团包围圈。

十四日　我军收复皖东盱眙县（今属江苏）。

十五日　淮海前线全歼蒋匪黄维兵团十个师一个快速纵队，活捉十二兵团正副司令黄维、吴绍周及十八军军长杨伯涛、十一师师长王元直等高级长官多人。

十六日　我克复苏北兴化及运河线上的高邮。

十七日　中原华东野战军两司令部向杜邱李匪部发出劝降书。永城东北被围之敌饥饿死亡愈益严重。

十八日　中共中央电贺淮海战役第二阶段大捷。

二十四日　解放军淮海前线司令部警告杜匪阴谋放毒。

三十一日　被围之杜匪残部半月余投降者已达一个多师兵力。

三十八年一月

六日　本日下午三时我军向杜匪残部发起新的强大攻势，一举攻克十余据点，歼敌近万。

七日　歼敌邱清泉兵团一师余，并继续克复敌李弥兵团司令部所在地青龙集。

十日　伟大的淮海战役，于本日上午十时全部胜利结束。杜匪残部全军覆没，至此南线最主要战场的敌军完全肃清。

(《新华电讯》1949.02.12)

用正确的政策团结改造解放战士

大批的解放战士已加入了我们的主力部队,因此,用正确的态度来团结解放战士,改造解放战士,便成为我们目前的重要任务之一。

什么是团结改造解放战士的正确的政策?就是信任、尊重、感化、教育的政策。什么是团结改造解放战士的正确的态度?便是耐心诱导、大胆使用、关心爱护和不分界线,以革命同志对待他们的态度。

事实证明,过去我们的部队一般的贯彻了这一正确的政策和正确的态度,因此在团结改造解放战士这一工作上,有显著的成绩,许多解放战士为人民立下了战功,经过战斗的锻炼和考验,还加入了中国共产党,提升为干部。但是因为一部分同志对这一政策还不大了解,或者了解得不充分,曾经对解放战士采取过排斥、歧视的态度和消极防范、强制管理的方法,因而造成某些解放战士的不满和怀疑,甚至逃亡。

必须明确认识,解放战士绝大部分是劳苦人民出身,其家庭及其本人,都是在国民党黑暗统治下被压迫被剥削的,其本人是被蒋介石匪帮强征硬抓,或为生活所迫受骗来的。只是因为他们长期的处在蒋介石匪帮的统治之下,因而阶级观念模糊。受蒋介石匪帮的欺骗麻醉,不自觉地站在反革命方面。这是他们的一种不幸、一种灾难,我们应当给予充分的原谅。站在革命的立场,改造社会的观点,我们只有帮助他们去掉愚昧,揭发欺骗,提高觉悟,真正地使他们走上解放的道路的义务,而不应有任何轻视和排斥他们的现象,这是个阶级立场问题,必须明确起来。

团结改造解放战士的首要关节,就是提高他们的阶级觉悟。一个由反动黑暗的蒋匪军中解放过来的士兵,要变成一个自觉的革命战士,是需要经过一番思想教育的,因为他们受过蒋介石匪帮的长期统治和欺骗,参加我军之后,或多或少会带来一些错误思想、模糊认识,如正统思想、唯心思想、升官发财享受思想,对我党政策存在着错误认识,对蒋介石反动派抱着幻想等,以致轻视我党我军,轻视解放区,遇事论命不愿吃苦。对于这些如不引起重视而熟视无睹,不但他们本身进步受到限制,而且还会对我们一部分老战士起腐蚀作用。不过我们不能单从他们落后一面着眼,而应看到他们另一面,就是他们长期受蒋介石匪帮残酷的压榨,而对蒋匪及其下层爪牙地主恶霸,抱有深厚的仇恨心理,因此只要我们善于揭发,讲明批判其错误认识,启发诱导提高其阶级仇恨心理,我们就会从政治上改造他们。这里对他们改造教育的具体工作,提出以下几点意见:

第一,随时随地动员组织老同志对他们进行教育:翻身战士要向他们介绍翻身分地的事情,老解放战士要以现身说法,把自己受蒋介石匪帮欺骗不觉悟,和解放区来以后的情形告诉他们;请翻身农民讲翻身生活;请敌占区农民控诉蒋匪的暴行,耐心地解答他们的疑问,热心地帮助他们解答生活和战斗上的困难,与他们谈话要联系他们自己的亲身经验和连队的实际情况,少讲原则大道理;表现积极的吸收他们参加军人委员会,管理伙食,实行三大民主,使他们享受民主生活,组织他们讨论回忆比较,认清人民解放军的本质。只有如此,才能使其知道解放区人民的幸福与人民军队的温暖。

第二,解放战士明白了为谁而战以后,还应当经常进行时事教育,提高他们的胜利信心和斗志。

第三,充分发挥他们技术上的优长,虚心地学习他们的技术。有了进步就鼓励表扬,有了功就记功,够入党条件就吸收入党,该提拔的就提拔。也只有这样才能算彻底的改造了解放战士。

第四,对于解放战士中隐藏的个别奸细分子,应当在教育中考察,启发大家的觉悟,发动他们揭发暗藏的奸细。事实早已证明,只要解放战士觉悟了,他们就一定会爱护自己的军队,自动检举他们所知道的奸特分子。

(《战旗报》1949.01.18)

华东军区政治部关于新旧年节政工指示

旧历年节做些什么政治工作?我们华东军区政治部指示上说:

新旧年节将到,我们应在两年节中,通过战士群众所喜闻乐见的文娱活动方式,扩大胜利宣传和深入彻底消灭国民党反动派力量的时事思想教育,巩固部队,检查政策与纪律,加强军民团结,进一步发扬革命英雄主义,积极支援前线,配合地方完成参军、归队等繁重而紧迫任务,以争取全华东、全中国早日解放。除前线部队另按野战军政治部各项指示进行工作外,军区部队、机关、学校、工厂等各单位,应根据具体情况进行下列各项工作:

(一)加强内部时事教育,广泛开展驻地群众性的时事宣传,根据中共中央负责人评中国军事形势,新华社,大众日报历次社论,反复宣传人民解放战争的伟大胜利,反复说明这一伟大胜利应归功毛主席与党中央正确领导,应归功于前方指战员英勇战斗,应归功于全体军民努力奋斗,反复说明目前时局特点及争取淮海战役彻底胜利对于全华东、全中国的严重(重要)意义,及淮海战役所加于华东党政军民的伟大历史任务,和完成这一任务的应有的努力,说明华东党政军民过去的努力,已经获得光荣成绩。目前更应积极协同兄弟部队和友邻地区组织尽可能的人力物力,为争取淮海战役全胜而努力。因此就必须积极参军、出工、生产、加紧工作、全力支援前线、壮大主力、壮大地方武装、克服地域观念、家乡观念及盲目享乐等个人主义思想。运动各种形式,如回忆晚会、军民联欢会、座谈会、祝捷会、讲演会、首长报告、编刊街头报及其他各种各样的方式进行。在新解放的城市里,可配合地方党委统一布置宣传周,宣传胜利及城市政策,加强城市支前观念。

(二)慰问驻地附近的伤病员、荣军,有计划、有组织地推动他们,发动写信、组织慰问团,普遍慰问伤员和荣军,鼓励早日治疗好、早日上前线立功,或到后方革命工作岗位上继续为人民服务,普遍发动人民爱护伤员、照顾伤员、爱护荣军、尊敬荣军的运动。

(三)有计划地组织评功庆功,已评过功的单位可召开庆功大会,表扬工作模范,革命光荣的事迹,尚未评功者,可结合当地中心工作,进行评功选模,并分别召开尊荣敬老会,模范、功臣会等,强调发展革命英雄主义,但须防止形式铺张的做法。

(四)慰问鼓励军烈属,配合地方政府,召开军烈属座谈会,帮助他们解决生活问题及各种困难,提高军烈属社会政治地位,严格检查批评对军烈属爱护不够的现象,发动军属写信给参军战士,鼓励他在前方杀敌立功及执行民主政府法令,争取成为支前模范。

(五)旧历年前后,应配合党政部门,开展拥爱工作,普遍检查群众纪律与城市政策执行情形,进一步密切军民关系,对各升级、参军、解放来的新成分,应进行人民军队优良传统的教育,根据其情绪,提高阶级觉悟,对原有老的基干武装,在人民军队优良传统教育下,着重检讨一年来执行政策纪律,以加强政策观念,群众观念。

(《战旗报》1949.01.12)

重视渡江作战学习中的思想领导

泽 光

部队在紧张的渡江学习中,据初步了解有如下的几个问题,值得我们在领导上引起重视:

一、几种情绪的分析

1. 南方籍战士绝大部分是情绪高涨,分析其原因,主要是:

① 部分同志有水网地作战经验,懂得一些过长江的知识,渡江无顾虑,又加在渡江作战准备中,上级与同志经常向他们请教,不断地组织他们研究,使其无形中感到自己的长处,得到发扬,威信提高,因此情绪高涨,我们应特别掌握这一点,继续发挥。

② 另一部分同志,虽无以上特长,但总觉得此次渡江作战,是来解放自己的家庭,因此积极起来,我们应注意诱导他们,将个人利益与阶级利益联系起来,把单为解放自己家庭的认识,提高到解放全部江南人民及全国人民的整体利益之上,不然,将会产生偏向。

③ 少数甚至个别政治上落后的同志,自以为过了江就到了家门口,可以回家了,甚至开小差便利了,因此情绪亦高,领导上对这些同志,应深入了解其具体问题,结合形势前途与整体利益进行耐心的个别教育,打通思想,必要时可以予以不指名的公开揭发。

2. 北方籍无水网地作战经验的同志,大部顾虑多,情绪不高,分析其主要原因是:为不会水而苦恼,他们错误地把渡江作战消灭敌人的主要手段,寄托在会水上面,因此认为坐船渡江危险,自己又不会水,就钻到牛角尖里出不来了。甚至少数个别落后的同志,更在自己旧"包袱"上面,堆上了新"包袱",觉得"这一关过不去了",内心斗争得厉害。如若领导上不能及时帮助解决,将必影响作战信心。受此错误认识的支配,在另一部分同志中,产生了听天由命、漠不关心的态度,说什么"人家能过咱也能过,不会水的岂止我一个",思想麻痹,不急不慌,也不积极学习,因此这个问题,特别值得我们在领导上重视。

二、解决以上偏向的几个重点

1. 要向部队充分说明,我们抢渡长江主要是依靠我们强大的炮火,坚强的意志,神勇的动作,抢夺船只,乘船强渡,并不是要求大家游泳而过,只要我们真正懂得乘船渡江应注意的事项,熟练了上船下船,夺取敌人桥头阵地等主要本领,我们就有把握的胜利渡过,因此我们现在应集中精力学会渡江作战的知识和本领。至于学习游泳,那是次要的事。当然会游泳是有助于渡江作战的,且对今后在水网地带作战,便利很多,但不是今天整个部队的主要科目。

2. 要使大家充分地认识到今天的胜利形势和我们已具备的胜利条件,加之我们有为人民战斗的顽强决心,什么困难都能克服,什么危险都不怕。

3. 领导上要很好地组织领导学习,根据任务,掌握重点,开展军事民主,发挥群众的创造性,从实际学习中提高信心,打破顾虑。

(《前进》1949.06.12)

厉行整编节约　反对贪污浪费
——野政传达前委指示

张副政委强调指出:开展整编节约运动要与基本政治教育相结合,使党员干部战士在整编节约斗争中,政治认识提高一步。

第二野战军前委发出关于实行整编节约,反对贪污浪费的指示后,野政于八月二十五日召集二野驻宁部队的主要负责干部进行传达,并讨论研究实施办法。首由张副政委际春同志传达前委指示精神,着重指出:华东局六月二十九日会议,反对敌人封锁指示的精神及八月十七日公布的整编节约五大方案,对于二野全军及地方工作人员完全是适用的,必须坚决执行和遵守,不能因为我们要继续进军,其中有些部分需要有所准备及进入新的地区后才能执行,而就放松了对华东局指示执行的努力。必须作充分的思想准备,我们在京沪杭所遇到的困难,在西南必然同样还要遇到的,应使全军全党内从思想上认识;由于帝国主义国民党的封锁破坏,由于蒋匪灾害及长期战争的影响,在已接近全国范围内胜利的紧要关头和变旧中国为新中国的过渡期中,面临着恢复和发展生产等紧要任务,困难仍然是很多的。为了克服困难,稳步的争取全国胜利和建设新中国的胜利,我二野在进军西南及解放西南的光荣艰巨任务过程中,除了坚决前进消灭残余力量以外,必须同时无例外的提倡艰苦朴素、克服困难的精神,在全军中深入展开节衣缩食和反贪污浪费的教育和运动,使全军认识当前困难的来源和性质,并藉此扫除某些人员中不从全面出发,认为战争胜利了,生活应该优裕的错误的想法;而应兢兢业业的根据具体计划进行节约、反浪费的工作,并实行认真的检查。张副政委接着指出:对战士干部在供给制度规定范围内的生活水准,应尽最大可能来保证,首长人员与领导机关必须亲自深入检查关心战士的生活,而其他各项开支则应尽可能实行节约,这就是说把节约的重点应放在各级领导机关,因为机关愈高开支愈大,浪费的可能性亦愈大,节约也就特别重要。此外,对整编机关部队,进军准备工作,及公共物资及房屋用具的全盘原封移交问题,皆联系整编节约精神有所指示。最后,前委着重号召全军全党必须认识从战争彻底胜利到新民主主义的建设成功,还有一段困难时期,这是胜利前进中必然要遭遇到的困难,必须加强政治学习和思想教育,保持谦虚谨慎,艰苦朴素的风气,反对资产阶级意识享乐观念与蜕化思想。

根据前委指示精神,各部队负责同志相继发言皆以具体事例揭发部队中严重的存在着的浪费铺张现象而不爱惜公物。浪费水电的现象是普遍的,桌椅、家具、玻璃、茅厕的损坏亦很多。有些茅厕已修理四次以上,汽车的白金丝本来是两个月用一副,而有的单位预算两月就得用三副,有些单位过去电灯全部通夜"辉煌",水电超过规定两倍以上。

后勤系统的浪费现象较为严重,例如给某兵团运鞋,由于领导上无计划不计算,由上海运江西进贤的鞋又运到南京,又由南京返运到南昌,浪费运费达数百万元之巨;由于运输管理的混乱,在进军江南时,曾遗失大量的夏衣;由于管理的疏忽,曾发生汽油因高温而爆炸的严重事件;由于"重财轻物"的观点,因而造成物资的浪费;由于运输部门对路线的划定,车辆的调度计算等技术问题缺乏精确计算,故在装卸方面浪费很大。此外,携款潜逃与打假条子贪污的事件已在几个单位发生。

在这些检讨之中,各单位同时也指出:节约救灾,反贪污浪费生产的工作,在刘司令员七月九日传达华东局指示之后已引起各级领导同志注意。在各部队中均先后有些开展。各单位对捐款、节米、救灾运动都在"八一"庆功会后已开始展开,现除各单位的二两米节约救灾运动外,已捐款二百多万,有的单位并开荒种菜,如军大现在利用晚饭后开展了生产运动,而动手较早的供给部等单位已能吃到自己种植的西红柿和辣椒,在水电的节约上已引起了普遍的注意,好些单位都打了水井,警卫团部队则全部用井水,有些单位规定自来水只能吃用,一般没有特别工作的部门按时作息,按时关电门,有的把总电门严格控制,非办公室一律装五支光的灯泡,提倡集体办公,如司令部秘书处集体办公只开一盏电灯。各单位虽然都或多或少的进行了一些节约工作,但急需更进一步的计划和领导。

参谋长李达同志指出:执行整编节约,要按编制整好才行,不要空唱高调。因此,整编还是重要的,把部队整好就是真正的节约。而要整应从高级机关整起,即先从野直一级整起,人多了并不能把工作做好。机关越大反而出的问题也大,要求师级以上统率部门在政治觉悟基础上提高一步。此外有些部门由于技术落后,不知浪费了多少,李参谋长着重地说:"技术不进步,就是政治落后的表现。不重视技术,不会驾驭技术,不会精确计算。"

要用一些具体办法来纠正"重财轻物"的观点,各机关都要作出具体计划、具体方案,少搞空洞的决议,要有检查有结果,教育并配合纪律的执行。李参谋长指出某机关的贪污浪费现象,主要不是管理科长的问题,而是政治委员没有负起计划督促检查的责任。

张副政委最后作总结:会议之后各单位就要集中力量有领导有计划地去做,首先要进行充分的思想动员及群众性的普遍教育,并与基本的政治教育结合起来,使党员干部战士在整编节约斗争中政治认识上提高一步,这是一种思想斗争,必须根据"保护人民祖国的财产"、"消灭麻痹倾向,扑灭特务匪徒"、"庞家堡矿场被毁事件的教训"三篇文章,再进一步结合具体情况深刻进行教育。反对本位主义与提倡整体观念,也要联系起来,还要有组织领导各部队,要根据每个部队单位具体的情况订出具体的计划和要求,要有专门机构进行督促检查,要有奖励和处分,没有奖励和批评就不能扶持正气,克服坏倾向。对经济工作人员要注意政治教育,单纯技术观点与不学习技术的两种偏向都不对。以后各单位除各级党委会加强节约的领导以外还可以组织整编节约委员会,根据既订计划进行督促检查工作。这不是一个临时突来工作,而是一个在一定时期内的政治任务,必须坚持地进行。前委和野司野政也要经常检查。

(《军政往来》1949.09.09)

第 四 篇

红色政权

第一章

土地革命

江苏群众斗争的形势与反动统治的进攻

江苏资本家豪绅地主国民党帝国主义最近更加猛烈的向工农进攻的形势

最近两个月来,江苏工人阶级斗争的发展,而且每次斗争都带有反帝反国民党的政治性质。中东路事件发生后,民众公开反对进攻苏联,并提出"武装保护苏联"的口号,更是引起国民党与帝国主义的发抖,他们在准备进攻苏联,各方面加紧对于民众的压迫与剥削,因此资本进攻与政治压迫比以前更为残酷,资本家为要与帝国主义商品竞争,乃用种种方式更加紧对工人阶级的剥削。最近上海减少工资(丝厂),增加工作时间(电汽纱厂),加重工作(电汽纱厂),以廉价而驯服的女工童工代替成年熟练工人,大批开除积极工人等,资本进攻的现象无穷的发现,这一资本进攻与加重政治压迫,是极密切联系着的。

除开这些直接进攻形式外,最近上海一般物价增高,尤其是米价突涨,这是间接使工人生活更加恶劣化,上海闸北自来水强迫改装水表,显然是要加重一般市民的负担,而苛捐杂税在全省各地都是有加无减,最近南京政府决发之七千万元裁兵公债,主要的又加重江苏农民的负担。

政治进攻是更加残酷,资本家国民党和帝国主义相互勾结,企图消灭工人争斗与一切革命组织力量,实行以武力来镇压和破坏工人的一切反抗运动,枪毙领袖(估衣纱厂),逮捕活动分子(邮务,估衣,煤炭,纱厂……),武装监视工人行动(估衣,药业,自来水,麻袋,恒丰,电车),封闭工会(绸缎,纸业……),利用工贼流氓破坏工人组织与斗争(估衣,药业,邮务……),以领导和强迫仲裁方式消灭斗争(自来水,华成,估衣……),所有这些方式,表现敌人在政治上是非常积极地向工人进攻,在经济上加紧对于工人的剥削。

地主豪绅对于农民进攻的形势,同样表现是非常残酷。江苏过去两年内,江南有许多农民,曾实行抗租,地主乘白色恐怖强烈的时候,逮捕农民领袖,强迫农民追缴田租或辞退佃户,造成广大失业恐慌,为消灭农民反抗斗争,增加公安队保卫团,是各县极普遍的现象,最近江苏省政府公布的施政的主要内容,也就是加强农村武装力量以图镇压土地革命的斗争。

在全国革命斗争开始恢复形势下江苏工农斗争是愈加向前发展的形势

二中全会指出中国工农群众的斗争自去年五三以来是逐渐复兴的形势，这一估量由江苏最近几月来的斗争证明是非常正确，上海自从邮务水电大罢工后，确是推动了上海无锡南通等处的工人斗争和反帝运动，最近几月以来上海工人经过五一五卅和八一的政治示威后，党的政治影响的扩大，只有CP是能够勇敢坚决地反对帝国主义和国民党，这一班群众的认识，对于党所提出的中心政治口号，也确实是相当的达到群众中去。工人争斗是继续向前发展的形势，而且是由经济斗争进到反帝反国民党争自由的政治斗争（估衣，药业，邮务），小的争斗发展到大的争斗（麻袋，估衣，自来水），由轻工业，店员争斗转到重工业交通市政工人争斗（电气，自来水，电车，海员）的形势，无锡几次丝厂及面粉厂的罢工，就是在上海工人争斗推动影响下的行动。这一工人争斗在资本残酷的进攻之下是更有扩大深入的前途。

农民争斗同样是发展的形势。这在客观上因为苛捐杂税的繁重和豪绅地主的进攻加紧对农民压迫与剥削，尤其今年农村的现状，许多县份遭受虫荒，稻谷收成必然大减，普遍现象就是旱灾，稻苗枯萎不结实。许多种棉区域，因收花遭受大雨，致花黄而减少收获，这使农民更不能不走入斗争的道路，来求减轻自己的负担。江北徐海蚌时常发现农民反对苛捐杂税的运动，带自卫性质的大刀会近月来有突飞的发展，证明农民反抗要求的增加。江南有许多县份的农民（常州，奉贤，金山……）实行自动抗缴春租，并且准备秋收抗租的斗争。这些农民的斗争虽缺少党强有力的领导与推动，甚至是在中小地主领导之下的行动（江北的抗税运动）。但在客观上可能看出江苏农民斗争发展的趋势，尤其是今年秋收时，必然会爆发广大农民群众的斗争。

不独工农的争斗是向前发展的形势，兵士斗争也是开展的状况，尤其是城市学生群众在工人争斗影响与推动之下，日益左倾而形成反帝与反国民党一种不可忽视的力量。最近几个月上海学生群众在国民党压迫（封闭与检查学校）政策之下，曾经公开反抗国民党的压迫，并且很勇敢的参加党所号召的各种示威运动，这表现学生群众在争民主自由的反帝反国民党斗争中还是可以起革命的作用。各地商人反抗苛捐杂税的斗争和罢市，江苏时常表现，这些斗争，虽然是自发性多，或者是被另一种政治势力所利用的，但在客观上也是小资产阶级的商人群众日益不满现在统治阶级压榨，需要加强我们党对于这部分群众的领导。

（《红旗周报》1929.09.16）

江苏省互济会代表大会致中国共产党信

中国共产党中央执行委员会及各级党部：

目前国际帝国主义与中国国民党积极进攻全世界革命大本营——苏联，这确是与国际帝国主义瓜分中国的企图不能分离的。在这种情境之下，帝国主义一天一天地加紧压迫无产阶级的劳苦群众，造成凶残酷烈的白色恐怖。贵党是唯一能够领导被压迫的无产阶级及一般劳苦群众向反动的统治阶级进攻的党,是唯一能够领导全世界被压迫的弱小民族用自己的力量来争取自己的幸福和自由的党,这是如何的光明磊落,敝会谨以十二分的诚意向贵党致革命的敬礼。敝会素以打倒白色恐怖,援助革命斗争,救济被难的革命战士为职志。在目前军阀混战遍于中国,工农兵及一般被压迫群众的痛苦与日俱深的当中,敝会深知欲达到上述的目的,必须在贵党领导之下。现在革命斗争日益普遍而深入,贵党的责任就日形伟大,贵党的领导工作就日形紧张。同时帝国主义及国民党的白色恐怖也就因革命运动的扩大而日益残暴。敝会誓以斗争的方法来援助革命的斗争,以牺牲的精神来救济牺牲的革命战士。打倒白色恐怖及其组织者帝国主义国民党。打倒伪慈善事业与欺骗的人道主义的宣传。尚望为被压迫劳苦群众谋解放的贵党,与敝会以深切的领导。敝会谨以全体一致的议决,对贵党献其竭诚的拥护。

我们的口号是:

打倒白色恐怖,打倒白色恐怖的组织者——帝国主义国民党!

反对军阀混战!

反对第二次世界大战!

反对进攻苏联!

武装拥护苏联!

拥护共产党!

中国共产党万岁!

中国革命成功万岁!

世界革命万岁!

中国革命互济会江苏省第一次代表大会
二月二十二日

(《红旗周报》1930.03.08)

红色震荡中的徐海蚌

石 恪

不久以前有些人认为江浙皖是蒋介石统治的中心,是帝国主义进攻中国的咽喉,农民游击战争是很难打得出手,至若建立红军,组织苏维埃,更是无稽之谈。列名取消派政治意见书中的江常师先生,他在徐州时对人说,国民党在徐海蚌的合作社之建立,是证明国民党统治的稳定,中国资本主义发展的前途。我现在先来解答江先生在徐州的新发现,我曾向一个人问个明白,徐州的确有国民党江苏第六合作指导所之设立,所中日常驻着几个党官,他们所为何事?既饱且醉,逛其窑子,抱着爱人看性史。这就是取消派先生所指出的国民党稳定与资本主义发展的真理!

我现在再来举几件简单的事实,说明在蒋冯阎军阀混战焦点的徐海蚌,蒋介石几十万雄兵重镇的陇海与津浦两线,帝国主义出死力来争取其工具(军阀)胜利的枢纽,竟有工农大打出手,向豪绅地主资产阶级国民党实行游击暴动。

事实真奇怪,它给予右倾的人们之回答确是残酷。徐海蚌不特有了游击战争之发动,它快要引展到地方暴动。武装暴动,消灭军阀战争,实行全国苏维埃区域代表大会决议,建立中国红军第十五军,建立徐海蚌苏维埃政权,正在震荡着徐海蚌二十余县区域成千成万的工农兵群众。工农兵的红旗到北方来了,我们不但是高举红旗来欢迎朱毛红军,我们此地也有了自己的红军了!这是徐海蚌工农兵群众的呼声。

在南宿州车站附近树林底下,天天有人在听说书,说书的先生说:共产党和红军真厉害,他们七月十六日要暴动,要夺取徐州府城,蒋总司令恐怕要滚蛋。随说随拿着共产党号召反军阀战争宣言和士兵委员会告兵友书在读。听的人们,引长着头,望着红军早日来临,尤其横卧在地上的伤兵,忍痛起来,含着忿怒的苦笑。

铁的事实摆在面前:

贾汪矿工纠察队四千余人,起来打公司,袭击驻军在数月前已经开始了,现在仍演着失业的斗争,向公司要饭吃,要工钱,反对国民党劳资仲裁,反对黄色走狗出卖工人利益,是在继续支持对抗中。烈山矿工也酝酿着罢工的斗争。

陇海路工人反对军阀战争,延长工作时间,加开夜工,实行怠工,罢工半天的事实时有所闻。津浦路工友组织赤色俱乐部由三十人发起扩大到三百余人。他们公开提出:反对国民党!不缴黄色工会会费!不准工头加入。徐州工联会派出代表和两路工友接洽组织两路联合代表会。他们一致地说:我们老早看见工联会的传单就想派人找你们去,现在来了正好。现在两路工会可以马上组织起来,发动总同盟罢工反对军阀战争是十分可能的。

七月五日—七日是徐海蚌地方暴动的信号;铜山县东境黄集,太湖,贺村的农民已暴动起来了。他们将与邳县的暴动取得联系共同向铜山县进攻,这里是红军第十五军第二师的旗帜。

萧县于六日也暴动起来了,首先暴动队伍占据了该县陇海路重要站黄口,解除了反动武装,分散了该站银物给贫民伤兵使用,随即联合王寨暴动队伍攻进豪绅地主的山寨收缴其枪械,焚烧田契,宣布没收地主土地给农民兵士使用,同时永固区也暴动起来了,黄口、王寨与永固三中心区域的暴动队伍将迅速进攻萧县城,建立萧县苏维埃政权,这里是红军第十五军第一师的旗帜。

南宿州于七日也暴动起来了,暴动的中心区域,一是离城西北七十里的百善,暴动一开始,便截缴了白军运往混战前线的子弹几汽车,并缴得护车盒子炮十余支,随即解决了百善公所反动领袖与缴其枪械,焚烧田契,分发粮食给贫民,实行没收分配土地,建立苏维埃。一是离城三十里之东三铺与水池铺,暴动开始后,驻城白军派马队一队驰赴镇压,当马队到达目的地发现了红旗时,马队兵友一致地说,他妈的!说是土匪,原来是共产党红军!便一溜烟拨马回城去了。古饶与夹沟也将即刻发动,一致共同动作进攻宿县城建立苏维埃政权。这里是红军第十五军第三师的旗帜。

其余宿迁、泗州邳县等亦酝酿着地方暴动,这是各县地方暴动与两路两矿及各县城工人罢工斗争汇合起来,举行反军阀战争,建立徐海蚌苏维埃政权的前夜。

士兵的情形怎样呢,这里也要说一说:光是徐州城一地方,就有伤兵医院百余处,伤兵万余人,破头,折足血肉模糊举目皆是,伤兵们因未有饭吃,没有药医,没有地方住,随时在街上遇着长官便打,并会夺取过巡城队的枪,因而枪杀伤兵的事日有数起,兵士哗变之事,屈指难数。有一日我看见一张徐州警备司令宋润田宣布枪毙抢匪的布告,下面写着一张很劣的铅笔小字:"他妈的!兄弟们不愿意当炮灰就是了,说什么抢劫,放你的屁!"后来调查出来,原是有一兵士拐枪逃跑,被班长发觉制止,该兵士和班长闹起来,开枪杀死班长,所以被警备司令拿去作抢匪枪毙。你如果跑在街上,可以随时看见,当兵士向长官行礼时举手立正,长官远去时,该兵士便朝着长官背后以手作势,说一声:"抄你娘!!"每个县城四门都日常有三个兵士一个警察把守,检查行人。遇着行李进出,如有长官在前后跑,则依例用手摩一摩,否则赶着行李快跑不要他停留,表示极不耐烦的样子。过去夹沟农民暴动时,收缴了公安队的枪,该队兵士还跑来对农民说那里仍有盒子炮四支,这里仍有子弹多少箱,你们为什么不通通拿去?中共某县委有一交通[员]到某处去,被巡查队看见,长官站得远远,喝令兵士去搜身,被兵士前去一搜,便发现共产党的文件,他拿着向自己口袋一拐,低声说:"老乡!好险呀!!"便低声一面对长官说:"这是侉老,没有什么。"一面回头来说:"好险呀!你快跑你的路罢!"

至于贫民呢?徐海蚌是军阀混战的中心,贫民受军阀战争的灾难,还要说吗?南宿州东关,曾发生过几千人的反对国民党官狗拆毁贫民茅屋的斗争,打得国民党官狗落花流水,这一胜利,影响非常之大,各地贫民斗争都起来了。

徐海蚌学生群众也一般左倾革命化了,记得徐州中学国民党举行学生政治测验,到时齐集,学生低呼打倒国民党!一哄而散,这些党狗莫奈之何!徐州五卅纪念,共产党举行飞行集会散传单。有一位女战士,散传单到国民党纪念会场去,学生们向她招手说:"到我们中间来!"待散完了,又一招手,"到我们这里站起来!"国民狗党发觉了,这一位女战士在群众拥护之下,使党狗们一无所获。狗会开起来了,党狗宣布开会理由"……国民党成功了,国民政府统一了,帝国主义屈服了(与陈秀们说国民党统治稳定了,帝国主义对资产阶级让步了,如同一个狗嘴说出来的话),美国帮助我们办航空,英国帮助我们练海军,德国帮助我们练陆军……"学生们高呼着:"不要脸!老先生你累了,请歇一歇罢!"便掌声四起,如击鼓骂曹一样,这样老党狗便在群众高叫与指戬(谴)之下,不得不歇下来了。

现在还得补述一下工农斗争的情绪,因为有些右倾的人们,与富农分子们,说徐海蚌工农落后,怕斗争不敢起来。事实同样的残酷给右倾派以打击。

工友们说:"现在不仅是散传单贴标语的时候了,我们讨厌纸条上的革命,要就大干特干,要干叫我们来好了。"与南方工友们说:"暴动时通知我们,我们一起来。"不是一个样子吗,革命要干,是不分南北东西,已经一致了。

泗县有一富农分子勾结这里豪绅地主反对那里豪绅地主,农民便说:这一定不是共产党干的,共产党绝对不勾结豪绅地主的,这不知是什么耍子?别要上他的当,要就我们自己干起来!

萧县农民只看见了反对蒋介石的标语,他们说这不是共产党的东西,恐怕冯玉祥阎锡山的玩意儿,等到同时也看见了反对冯阎的标语,就跳起来说:真正共党来了,大家起来干吧!

我有一次和一个农友谈话,我向他说句俗语打比方:"人怕三分虎,虎怕七分人。"你觉得现在我们怕国民党军阀,国民党军阀怕我们是怎样呢?他毫不犹豫地回答说:我们有七分不怕国民党,国民党却有七分怕我们,呵呀!!干呀!他妈的!现在还怕什么?

工农落后吗?怕斗争吗?

落后,怕斗争,这完全是右倾的人们,富农路线的自己现身说法,自己描写自己的落后意识——反动意识呀!与怕惧心理。

看吧!红色的徐海蚌就要实现了!

一九三〇年七月十日于蚌埠

(《红旗周报》1930.07.19)

中国工农兵会议(苏维埃)第一次全国代表大会中央准备委员会第一办事处致江苏准备委员会并转江苏各革命团体的信

江苏准备委员会并转江苏各革命团体:

中准全体会议议决准备工作新的方针,在组织方面,反动统治区域内准备工作应以各群众组织——职业团体或革命团体——为基础,各团体应积极担负起准备的工作,进行普遍而深入的宣传和鼓动工作,发动群众的一切斗争和苏维埃政权的宣传联系起来,这样深入在群众中的准备工作,才能切实地动员广大群众起来为苏维埃政权而奋斗,才能引起群众参加选举运动,建立苏维埃在广大群众中的真实基础!

同时,全体会议决定,中央准委常委设立在巩固的苏维埃区域的中心地点,以公开的号召群众,在反动统治区域内设立中央办事处,指导和帮助就近区域内之准备工作。

根据上述的决议,中央准备委员会决定撤销江苏准备委员会这一机关,训令江苏特别是上海的群众团体,加紧努力于群众中做准备工作。关于上海各团体准备工作的进行方针和政治上的统一行动,由本办事处直接指导。

贵会接到此训令,望将各项工作作一结束,并将工作经过情形作一书面报告送交本处,同时将此训令转告江苏各团体全体知悉,是为至要!

中国工农兵会议(苏维埃)第一次全国代表大会中央准备委员会第一办事处

九月十五日

(《红旗日报》1930.09.18)

为发行工作致江苏省委信

江苏省委：

　　最近检查你们的发行工作，我们认为在某些地方有不少的进步，如(A)省委发行部送东西比较迅速，(B)省发行部与区发行部的关系比较以前密切，(C)多数区发行部没有堆集或焚毁刊物的现象，(D)一部分刊物能带到工厂和学校中间去。然而在整个工作范围中依然有不少的缺点与弱点，这些缺点与弱点表现在：(一)同志中忽视发行工作的倾向，还没有完全转变过来，特别是在区委中表显得更为明显，例如区委没有切实注意与指示区发行部的工作，有些没有发行部之区，区委也没有积极的把它建立起来，同时又没有去督促与推动支部来执行发行工作。(二)在组织上多数是不健全的(沪东比较好些)甚至有些区还没有发行部的组织(如浦东，沪中，吴淞)。(三)发行工作基础，只能建筑在少数发行负责同志身上，而不能动员整个支部同志来执行这一工作。(四)上级发行部大体上只能做到简章传达的任务，对于领导与督促的任务执行得非常不够，更不能针对着许多实际的或困难的情形而确定具体的工作方法，这种情形，特别是表现于区发行部。(五)支部对于刊物的数量，不顾客观的需要，总以愈少愈妙；并且还有少数支部对发行刊物表示右倾机会主义者的恐惧状态。(六)忽视群众组织的发行工作之领导与帮助。(七)忽视了外县的发行工作。

　　以上这些情形，我们认为是发行工作进程中最大的障碍，如果不立刻执行彻底的转变，必然要妨害我们扩大政治影响与争取群众的重要任务，因此特提出以下的意见：

　　一、省委必须切实纠正各区与外县的忽视发行工作的倾向，应切实地说明发行工作决不是简单的技术工作，而是党的一个很重要的工作部门，它不仅是宣传工作的先锋，而且是争取群众的桥梁，尤其是在目前革命危机日益成熟的时候，更加重了发行工作在组织上政治上的意义。因此，省委必须经常的注意于发行工作的指示与督促，省委出席各区会议或派人任外县巡视时，一定要注意到发行工作的检查与督促，最好立刻能召集一次上海各区发行工作的联席会议，如认为不可能时，则发一次关于发行工作的通告。

　　二、健全发行的组织系统是加强发行工作的主要前提，因此尚未建立发行部之区(如沪中、浦东、吴淞)应立即建立起来，已经建立的应更使之健全。区发行部的人数以二人至三人为适宜，过少必影响工作(如法南只一人，实际上是不够的)。区发行部之下，应建立发行分站，这分站应由健全而积极的支部来担任，分站的大小，应按区域之大小与工作之需要来决定各区，如能把分站建立好，那么省委或中央的刊物一到区委很迅速地就可以分送到各支部中去。

　　三、发行部(尤其是上级发行部)决不是简单的传达机关，它一定要建立起本身的日常工作，要坚决地肃清只送东西不顾其他的旧习惯。这就是说整个发行部的任务，除了发行刊物外还注意于怎样去建立与巩固发行系统的组织，怎样去扩大新的发行线索，怎样去改良发行的技术……尤其重要的是加紧领导与督促下级的工作。

四、支部是党在群众中的核心,它时刻与群众接近的,只有动员整个的支部同志来执行发行工作,才能真实地使党的政治主张传达到群众中去,才能争取广大群众到党的周围。可是向来支部忽视发行工作的倾向,到现在还没有彻底地转变,即以工作较好的沪东来说,还不是整个支部同志在执行发行工作,仅仅只由发行干事来独担这一任务,这是一个非常严重的现象。因此各区委应立即在支部中说明发行工作的重要,说明发行工作是支部中心工作之一,支部会议时应将这一工作列入议事日程来讨论,并且应经常地加以督促与检查,同时区发行部在送东西时就应执行上述的任务。

五、要扩大我们发行的范围,专从狭隘的党的路线去发行是非常不够的,所以加紧领导与帮助群众组织执行发行工作,江苏发行部对于群众组织除了送几份刊物给他们负责同志外,对于如何领导与帮助他们自动去建立发行工作问题,简直没有注意,这是很错误的。因此,江苏发行部应立刻找到群众组织中的党团负责同志谈话,要向他们说明发行工作的重要,告诉他们怎样去建立发行系统,怎样去进行工作,并应和他们建立一正确的、经常的工作关系。

六、至于外县的工作,我们认为首先应把几个重要城市如南京、徐州、海门、南通等处的发行站建立起来,然后再由这些基本发行站分送到各县去(各县应成立发行部)。建立的办法,应由省委通知当地党部来执行,同时省委巡视员无论到某一处应督促他们执行这一工作。至于运输的线索,我们可以介绍一批给你们,各县亦须积极寻找运输线索(轮船,铁路工人)交给省委和中央,在各县尚未建立发行部之先,应责成各县委交邮寄地址来以便邮寄东西给他们。

七、发行工作能否做好,党的政治影响能否扩大,首先就要看支部发行工作做到怎样程度来决定的,特别是刊物宣言张贴在什么场所,散发到什么地方、什么人手里。群众是否看了!看后的反应怎样。这在做发行工作以及督促和检查发行工作的应予以特别地注意。做发行工作的以及督促发行工作的应想出种种办法根据实际情形,将宣言刊物带送工厂中去兵营中去学校中去,张贴发散在看报室图书室揭示处壁报处走廊上厕所里以及其他公共场所和群众必经的道路与通衢大道的墙壁上,利用种种机会和群众讨论,观察对党的政治主张的态度怎样和接受的程度怎样。

八、在发行上注意刊物的性质和发行的对象,如告兵士书散发在学校中,告农民书散发到工厂中,这在发行上一定要失却实际的效力。各区委各支部分发某种性质刊物宣言数量之多少,应根据某区委和支部学校店员工厂兵营的多少来决定,有计划地很实际地散发到各种不同的群众中去,过去的只规定数量不论刊物性质的散发方式,应很迅速更改。

为了实施上述的办法,必须与忽视发行工作的错误观念作坚决的斗争,要切实地说明发行工作现组织上宣传上的重要意义,只有使同志认识了这一重要性后,才能使发行工作在实际上顺利地进展。

中央发行科(十一月二十七日)
(《红旗周报》1931.12.17)

江苏省委关于党报的决议

省委讨论了中央政治局关于党报的决议以后,完全同意这一决议,并规定转变党报工作的具体办法如下:

(1) 为充实中央机关报的内容,使中央机关报真能反映全党的意识,成为全党思想上工作上的领导者,省委必须发动全省同志尤其是负工作责任的同志,多注意党报的工作,积极向党报投稿(尤其是关于各种争论问题的意见),竭力纠正立三路线时代理论与实际分开,负工作责任的同志不写文章的恶倾向,各级党部必须将写文章一事列入会议的议事日程,各区委每礼拜至少要有一篇文章交省委。

(2) 在另一方面,省委必须竭力纠正立三路线时代一般同志尤其是区委工作同志,不阅读党报的坏习惯,规定阅读党报是每个同志对党起码应负的责任,并应在支部中,群众中,发展读报小组的组织,以扩大党的政治影响,发展党的组织工作,各支部应经常的检阅这一工作的进行。

(3) 群众日报为中共中央与江苏省委的机关报,江苏省委对于群众日报无论在政治上或工作上更应多负责任,群众日报的社论和本埠的斗争消息,更应该努力改善,使之真能成为下级党部实际工作的指示。

(4) 群众日报的内容,还应该力求改善,尤其是关于下列数项:

A 苏联社会主义建设的发展和苏联工农群众的生活状况。

B 应利用苏区的一切材料,多登载各地的苏维埃运动和苏区的政治经济状况,工农生活等等,发展广大工农群众起来进行拥护苏维埃政权,拥护红军的运动。

C 文字应该更通俗化。

D 在印刷的技术上亦注意改善,篇幅扩大后,每日须有一篇社论和一篇简短的论文,尤其要注意批评国民党以及一切反动派的文章。

(5) 红旗日报的采访员是群众日报本埠消息最主要的来源,上海各级党部必须努力发展工农通信员的运动,这不但能使采访部的工作能够很好的建立起来,充实本埠新闻的内容,而且是使党报深入群众在群众中树立党报领导作用的重要工具。

A 群众日报的采访员在各区,各区委应视为各区工作人员之一,应竭力纠正过去立三路线时代视采访员为简单的新闻记者的错误观念。

B 区委与采访员必须发生密切的工作关系,区委应尽量设法使之了解全区的工作状况和区委在每个工人斗争中的策略,经过采访员反映到党报去。

C 上海的工农通信员在最近三个月内至少须发展到二百人,各区人数分配如下:

一 沪东——四十五人
二 沪西——四十五人
三 沪中——二十人
四 闸北——三十人

五　法南——二十五人
六　吴淞——五人
七　浦东——五人

（各区具体执行的办法，由各区区委与采访员共同计划进行。）

D 外县县委必须指定同志经常向群众日报作通信。

（6）发行工作在目前必须很快的整理起来，在这里必须坚决纠正过去立三路线时代轻视发行工作的错误。规定发行党报与党内其他刊物是每个同志应负的责任，在支部内必须经常的检查这一工作，建立全江苏特别是全上海的发行网是目前江苏发行工作第一等重要的任务。发行部必须在最短期间，使每个党员都执行阅读党报，发行党报的工作。关于群众订户的发展，各级党部更须有计划的进行（详细计划由发行部另定）。

（7）各级党部得到这一决议后，应立即讨论和规定对党报工作具体转变的办法。

我们很热烈的欢迎江苏省委对于中央关于党报决议的决议。我们并完全同意江苏省委所定出的许多具体办法。但是江苏省委必须时时考察各下级党部是否执行了这一决议，或执行到了何种程度。不然决议尽管是好的决议，然而这决议终究不过是纸头上的。同时，各下级党部必须详细讨论这一决议，使全体同志充分了解帮助中央党报，使党报工作的转变，不刚（原文如此）是几篇文章上的转变，而是真正的转变，实是加强党的领导作用上的一致主要工作之一！没有这种了解，这决议的执行，也是不可能的。

编者（八日）

（《红旗周报》1931.03.30 创刊号）

论苏维埃政权与民众政权

洛　甫

自从民众政权这一口号提出之后，在我们同志之间引起了很多的不了解、曲解以至怀疑。有人以为民众政权同苏维埃政权不同，或甚至相反，提出了民众政权的口号是为得要拿它来代替苏维埃政权的口号。更有人以为民众政权的口号用于白色区域，苏维埃政权的口号用于赤色区域，或民众政权的口号是用于普通群众，苏维埃政权则用于赤色群众。最后，甚至有人以为党提出民众政权的口号，是对于小资产阶级的投降，是放弃了党目前建立苏维埃政权的基本任务。

对于苏维埃政权与民众政权的这些见解，当然都是不对的。实际上，苏维埃政权就是民众政权。工农兵以及一切劳苦民众的苏维埃政权，必然是大多数民众的政权。反之民众政权只有经过工农兵代表会议即苏维埃的形式，方能够得到充分的实现。巴黎公社，俄国革命，以及中国苏维埃革命的经验，已经完全证实了这一点。平等不记名的普选所产生的国民会议，只能是地主资产阶级少数剥削者的政权，而决不能是民众的政权。

那么，我们为什么要在苏维埃这一口号之外，还要提出民众政权的口号呢？

理由是很简单的。当日本帝国主义如此凶暴地向中国民众进攻，国民党的政权如此无耻的出卖民众利益，投降帝国主义，使国民党的政权如此急速崩溃破产，使广大的工农兵士,革命学生,小商人,贫民群众更进一步地感觉到非"民群自己武装起来,打倒国民党,建立民众自己的政权",没有法子得到解放的时候,我们党提出这一口号,正是喊出了广大工农兵以及一切革命民众心坎中的迫切要求,使这一民众的政权同地主资产阶级的少数剥削者的反对民众的,造成全中国民族奇耻大辱的国民党政权,十分明显的在全中国千万万民众的前面对立起来,使他们团结在这一口号的周围,为打倒国民党政权而斗争。

很明显的这一口号能够吸收比较落后的一部分工人群众与更广大千万万下层小资产阶级群众参加这一斗争。而我们的党就要经过这一口号,向广大的群众解释,要实现这一民众自己的政权,只有采取苏维埃的形式,像湘、赣等苏维埃区域内的千百万工农群众那样的去做,一同走向创造着社会主义社会的苏联的兄弟姊妹们所走的道路。

所以民众政权的口号将帮助广大的群众更容易了解苏维埃政权的意义,将使广大的群众因为为了民众政权的斗争,而直接参加为了苏维埃政权的斗争。因此民众政权这一口号的提出,不但不取消苏维埃政权的口号,而正是为了要帮助苏维埃政权这一口号为更广大的群众所接受。我们党提出民众政权这一口号之后,必须毫不疲倦地向群众解释,只有苏维埃政权,才是真正的民众政权!

由此可见苏维埃政权的口号是我们党目前的中心口号,而民众政权的口号,却是一个辅助的口号。同时我们毫不迟疑地承认,我们提出这一口号是为了要吸收更广大的工人与下层的小资产阶级群众参加革命使苏维埃革命能够更快的在全中国得到胜利。这绝对不是投降小资产阶级,而是要领导小资产阶级走到革命的道路上。

此外,民众政权的口号不但不会同有些反革命派别如像托陈取消派所提出的口号相混淆,而且我们更可利用这一口号揭破取消派等一切欺骗与武断宣传,把被这些派别蒙蔽的革命群众夺取到我们的领导之下。因为只有我们的党,才能真正去打倒国民党的统治,去为了民众自己的政权而斗争。而其他反革命派别,如像取消派是拿这一口号当做反对民众的地主资产阶级的国民党政权的附属物或装饰品,去拥护与维持国民党的统治。企图把民众政权与苏维埃政权对立起来的,正是这些反革命的派别!

"民众自动武装起来,建立民众自己的政权!拥护民众自己的苏维埃政权!"

难道我们这样提出我们的口号,同任何反革命派别,有丝毫共同的地方吗?

最后,民众政权的口号是苏维埃政权的辅助者口号,所以不能是过渡的口号,只有对于那些目前拿民众政权去代替苏维埃政权的口号的人,才以为这一口号是过渡的口号。如像取消派提出了它的国民会议的过渡口号(所谓"过渡时期的过渡口号"),自然反对我们在现在提出建立苏维埃政权的口号了。这难道不是十分明显的事吗?

当然,如若我们的同志要在每一个民众政权口号的底下,加以苏维埃的注解(如像工联的同志),或是在任何地方任何时候硬要把民众政权就是苏维埃政权喊出来,那不免是愚笨的。因为在有些地方,民众政权的口号可以得到大多数群众的拥护,而苏维埃政权的口号就不一定能如此,虽是他们有同一的内容。正像"反对国民党枪杀反日群众"的口号,可以得到最广泛的民众的拥护,但"反对国民党的白色恐怖"的口号,也不一定能如此，虽是他们在实际上没有什么不同。

把一切我们的口号在任何时候一起喊出来或写出来，这是过去立三时代英雄们所干的事的话，大概不用在这里解释了吧！

一九三二年一月十九日
（《红旗周报》1932.02.15）

论民众革命与民众政权的口号

博 古

中国革命目前阶段的特点，是在两个伟大的革命潮流的汇合，反对帝国主义的民族解放运动与推翻地主资产阶级统治的土地革命。因之反对帝国主义的土地革命是中国革命现阶段的主要内容。这一个反帝国主义的土地革命正在苏维埃的旗帜之下开展着。苏维埃的道路不仅是工农群众求得自己解放的唯一道路，而且是中国民族解放的唯一道路。因为，假如不推翻地主资产阶级的国民党政府，出卖中国民族利益，污辱中国民族的政府，投降帝国主义，屠杀、镇压民族解放运动的政府，假如不建立极大多数被压迫被剥削的中国民众自己的政权，民众的苏维埃政府，那民族解放的目的，是达不到的。中国民族资产阶级早已背叛了革命，背叛了中国人民，他们与帝国主义的关系是过分密切了，他们足上私有财产的铁链是过分沉重了，他们不得不在一九二五—二七年，伟大的革命中背叛了革命，而投到帝国主义的怀抱中去。他们早已不是民族革命的战士，相反地，他们早已是民族革命的敌人，早已是帝国主义统治中国的代理人。只有广大的工人农民群众才是中国反帝国主义运动与民族革命的主力，骨干。只有中国的无产阶级才是反帝运动与民族革命的先锋与领导者。只有千百万的中国劳苦群众觉醒，组织，武装起来，推翻地主资产阶级的"卖国"、"辱国"的政府，建立了自己的民众的苏维埃政府，才能够战胜帝国主义的侵略与奴役，获得民族的与劳动群众自己的解放。

日本占领满洲的迅雷，惊醒，激发，吸引，锻炼，教训，推动了广大的新的成千成万的群众到反帝国主义的民族解放运动中来。三月来的事变像强光的探海灯一样，照透了一切帝国主义强盗们的瓜分中国的阴谋诡计，揭破了国际联盟是瓜分宰割殖民地的强盗组合，揭破了国民党统治的卑鄙，无耻，"辱国"与"卖国"的面目。三月来的事变教训了广大的群众，在自己的经验上尝受着一切帝国主义与国民党政策的滋味。三月来辛酸的痛苦的，然而必要的丰富的经验，告诉了广大的群众：不但国际联盟与英美法各帝国主义者是与日本帝国主义者同伙打劫的强盗，而且反革命的国民党统治就是帝国主义强盗瓜分中国的内线。使他们了解：要救中国民族，要把中国民族从帝国主义的铁蹄下解放出来，没有别的希望和道路，只有人民自己的团结，自己的组织，武装自己，推翻国民党政治，建立自己的民众政权，在自己的政权领导之下，进行民族解放的革命战争。推翻国民党，建立人民自己的政权，群众在自己的宝贵的政治经验上，认识了他的重要。反对帝国主义的争斗在逐渐走向袭击国民党的堡垒上去。民众已经清楚地觉悟，建立民众自己的政权的必要，并且开始了建立民众政权的初步的尝试。

国民党民族的武断宣传的破产,广大的工农群众及一部分小资产阶级对"卖国""辱国"的国民党统治的愤怒与不满,群众建立自己的民众政权的企图的开始,使着反革命的各政治派别,特别是在野的妥协派别,企图以一些"左"的把戏来缓和群众,来阻挡群众的革命化,来维持破产着的反革命统治。从蒋介石汪精卫到罗隆基陈独秀之流,都用着各色各样的名目,来卖自己的药方,"国难会议","取消党治组织国防政府","召集国民会议实现民众政权",这类花色繁多的药方,其目的是同一的——挽救垂死的反革命统治。

在这种的情形之下,党必须尽力拥护、启发、领导群众的建立民众政权的运动,在一切宣传煽动之中,向广大的群众经常地不断地指出:只有以推翻帝国主义与国民党为目的的民众革命取得人民的苏维埃政权,才能求得中国民族的独立与解放。我们必须以民众革命与民众政权,与国民党的"卖国"(出卖中国民族利益)与"辱国"(污辱中国民族)来对立。我们必须以民众的苏维埃革命与人民的苏维埃政权来揭破一切在野的各个反革命的妥协的政治派别(他们在革命运动急剧高涨中是最危险的敌人)的欺骗的武断的宣传。

有些同志对于民众革命与民众政权的口号表示着动摇和怀疑,他们以为中国革命现在已经处在苏维埃的阶段之上了,我们为什么还要提出民众革命与民众政权的口号呢?这难道不是把革命拉向后跑吗?他们以为民族革命的阶段是过去了,现在是苏维埃的阶段。他们以为苏维埃的口号与民众革命,民众政权的口号,是对立的不能并容的。这些同志的错误就在:第一,他们忘了中国革命是反帝国主义的民族与土地革命两巨潮的汇合,反帝国主义的民族革命是目前中国革命的主要内容;求得中国民族的独立与解放及统一中国是中国革命的主要任务之一。第二,他们硬生生地将民众政权与苏维埃政权割裂,对立。实际上,只有苏维埃政权,才是真正的民众政权,中国极大多数的被剥削被压迫的民众的政权。更确切些说:苏维埃是民众政权的唯一的形式。为民众的苏维埃政权而争斗,不是拉革命向后跑,而是推动革命向前走到胜利的唯一的道路。由于中国革命的民族的特点,由于反动统治的无耻的出卖民族利益与污辱民族,着重地指出:只有民众革命与民众自己的政权,才能达到中国的独立解放与统一;着重地指出:只有苏维埃才是真正的民众政权;是十分必要的。这样,我们能够吸收更广大的劳苦群众及城乡小资产阶级,组织与领导在已经开始的群众中建立民众政权的企图。

复次,关于民众的苏维埃政权的阶级的实质,自然,马克思主义者不会忘记:他是革命的工农民主专政。因为他是极大多数被压迫者被剥削者的政权,这极大多数的被压迫者被剥削者便是城市与乡村中的,无产阶级,贫农,中农。放在这政权面前的任务:是彻底进行许多急切的民主的改革,以便走到社会主义的无产阶级专政上去。这政权是专政的,因为没有专政,便不能与国际帝国主义者及国内的剥削者的反革命的企图争斗,没有专政,便不能够保证与巩固民众革命,反帝国主义的土地革命的胜利。

自然,我们对于陈独秀主义者的"召集国民会议实现民众政权"的反革命口号,必须加以集中火力的猛击。因为他们是妥协的反革命派别中对于中国革命运动最危险的敌人。他们假借马克思主义列宁主义来淫污与羞辱马克思主义列宁主义,替垂死的反动统治服务。现在更假借民众政权的口号来淫污与羞辱民众政权的口号,来替国民党统治寻活路。陈独秀——中国孟塞维克派的首领,在火花上写:

"要对日宣战,要实现民族革命战争,要获得反帝国主义战争的胜利,只有中国第三次革命复兴,以革命的民众政权(这一政权或经过抗日救国会,或经过国民会议,或经过苏维埃而实现……)代替反革命政权……"

刘尔士(即刘仁静其人者)在火花同期上写道:

"历史上不止一次,当资产阶级对外丧城失地以后,民众起来推翻它……中国现在需要的是民众政权……只有这样的民众政权,才说得上对日经济绝交……"

文章结尾时更加上"召集国民会议,实现民众政权"的口号。

读了这两段引语之后,就可以知道:第一,陈独秀的"或经过苏维埃"几个字,只不过是魔术师的手法,来遮掩他的"召集国民会议,实现民众政权"的反革命口号的把戏。第二,孟塞维克的"召集国民会议,实现民众政权"的反革命口号,与布尔塞维克的"民众革命与民众的苏维埃政权"的口号是没有丝毫的相同之处。每一个深思的读者,每一个觉悟的工人,看了"召集国民会议,实现民众政权"的口号,便不能不问谁来召集国民会议?国民会议是哪一个阶级的机关?自然,陈独秀主义者的回答是要求国民党来召集。而且也不会有别的回答。因工农革命胜利与武装暴动胜利,推翻了国民党之后,自然用不着什么鸟的国民会议,而是要召集工农兵的代表会议。这是第一。第二,不推翻国民党的统治,由国民党来召集的国民会议,只能成为地主资产阶级统治的机关,压迫工农劳苦民众的机关,尽管它是"普选的,平等的,不记名投票",选举出来的国民会议,而且就是"普选的平等的不记名投票"的国民会议,在资本与金钱统治的社会里,在成分上亦不会不是剥削者占绝对多数的机关。所以孟塞维克的"召集国民会议,实现革命的民众政权",实际上是召集国民会议来实现反革命的压迫民众的政权。

在另一方面,对于中国的托洛茨基主义者的否认目前的革命形势,使无产阶级及劳苦群众离开政治的夺取政权的争斗,而自限于灰色的所谓"民主"运动之中的企图,亦应该无情地粉碎它。托洛茨基主义者明杰其人在"统一的"反对派的内部的争论之中,在驳斥陈独秀与刘仁静时说:

"目前是个反革命的阶段,这是反对派对于现有阶段之具体的认识,亦即是目前政治争斗策略之出发点,在没有革命形势之下,提出建立……政权为行动的口号,这是模范的斯大林主义者现在所干的勾当"。(校内生活第一期)

很明显的,对于托洛茨基主义者,现在是反革命时代,建立政权是"模范的斯大林主义者所干的冒险盲动的勾当"。自然,这种立场只是为了吸收劳动群众使他们不去注意政权的问题,只是帮助国民党的反革命统治来巩固起来。在"统一的"取消派之中,虽然,因为个性嗜好和臭味不同而似乎热烈地在争论着,但是其服务于反革命统治的苦心则一。

让陈独秀主义者去喊召集国民会议来实现反革命的压迫民众的政权吧,让托洛茨基主义者去胡说反革命时期与咒骂"斯大林主义"的盲动吧,让各派资产阶级准备组织梯尔主义(注一)的国防政府吧,中国的无产阶级只有艰苦地努力地去惊醒,团集,组织,领导广大的城市与乡村的劳苦民众,去实现推翻帝国主义者地主资产阶级统治的民众革命,确立民众的苏维埃政权在全中国的胜利,这个政权在南部各省的广大的几千万人口的地域内已经胜利了,而且在发展着。中国的无产阶级已经不止一次地表现了自己的英勇与伟大,表现了自己是民族革命与土地革命的领导者,在它的领导之下土地革命已经在广大的区域获得了胜利,蓬勃的反帝国主义的民众革命的浪潮已推倒了"六年来有声有色敢作敢为"(注二)(实际上是无恶不作的)的工农革命运动的刽子手——蒋介石;让广大的千百万的工农群众更一次的表现自己的英勇与力量的伟大吧!这将葬送整个反动的国民党统治到坟墓中,将推翻帝国主义在中国的殖民地奴役制度,将扫清一切乡村中的中世纪的封建的残余而确立着独立、自由与统一的苏维埃中国。

"注一"梯尔是一八七〇年德法战争时的法国的将军名,他在德兵逼近巴黎时利用"爱国的膏药"组织国防政府,这政府后来便是勾结德国军队镇压英勇的巴黎公社的刽子手!谢谢!新月派的博士们替中国资产阶级找着这样的好例子!"博士们真不愧其博"?

"注二"见时事新报十二月十七日(?)社论。

十二月二十五日
(《红旗周报》1932.01.25)

论中国革命的工农民主专政

洛甫

一、中国工农民主专政的过去与将来

在中国苏维埃运动急速发展的过程中间,对于中国苏维埃政权的阶级性的了解与苏维埃政权发展的前途,对于中国苏维埃革命,实有最严重的意义。

关于中国苏维埃政权的阶级性,与发展的前途在"中华苏维埃共和国宪法大纲"上最明确地写着:

"中华苏维埃共和国根本法(宪法)的任务,在于保证苏维埃区域工农民主专政的政权,和达到它在全中国的胜利。这个专政的目的,是在消灭一切封建残余,赶走帝国主义列强在华的势力,统一中国,有系统的限制资本主义的发展,进行国家的经济建设;提高无产阶级的团结力与觉悟程度,团结广大贫农群众在它的周围,以转变到无产阶级的专政。"(第一条)

可见中国苏维埃政权,是工农民主专政,是工人与农民的政权。它在目前所要解决的是民主资产阶级革命的任务,它的前途是转变到无产阶级的专政。

共产国际在一九三〇年在"中国问题决议"上也分明地写着:

"一九一一年的革命阶级和一九二五——一九二七年革命都没有完成,民主资产阶级革命阶段的任务没有解决,所以新的革命高涨的时候,革命仍然保存着以前的任务:消灭帝国主义统治,取消地主私有土地的制度,打倒地主资产阶级的联盟,建立无产阶级和农民的革命民主专政。所有这些任务,就规定中国革命的当前阶级,是民主资产阶级革

命的性质。"

"然而中国革命和普通民主资产阶级革命动力的成分,不但因为工人和农民,已经不是同资产阶级,更还是在资产阶级领导之下,都要直接反对资产阶级,而去执行民主资产阶级革命阶段的任务。中国民主资产阶级革命的特殊性还在于:他的胜利就要开辟社会主义发展的前途。"

所以当反革命资产阶级的先锋队,托洛茨基陈独秀主义者的取消派说中国的苏维埃政权,是农民的苏维埃,这当然无非为的要污蔑苏维埃为的要反对苏维埃(要证明这种苏维埃的不能存在)。然而事实上,如若在中国各省的苏维埃政权,在它统治下有五千万人口的苏维埃政权,没有工人阶级的坚强的领导,它决不能那样在同帝国主义与国民党的决战中间,得到不断的胜利与巩固,它决不能有那样坚固的团结力量与觉悟程度,领导全中国民众去为了推翻帝国主义与国民党的统治而战争。

共产国际杂志在一九三一年十一月的社论上,曾经这样地说:

"中国现在所存的苏维埃(虽然它们还没有把自己的政权普及于国内的各个工业中心),无论如何不能视为只是农民的苏维埃。如果这样看法,那么这无异于只看到现象的表面而已。还在一九二七年中国无产阶级经过共产党在政治上已经形成了农民的要求,规定了土地革命与反帝国主义革命的纲领,同时又提出了根本重要的口号,如要求没收地主的土地,分配土地给农业工人,贫农和中农,然后进而(在苏维埃政权在中国决定一切的领土内巩固起来的时候)国有土地。无产阶级经过了自己的先锋队以及直接的派了自己的最好的队伍为红军中英勇奋斗的部队,而集中了农民散漫的游击队,造成了和造成着红军中自己的工人的共产主义指挥的骨干,造成了和巩固着无产阶级的铁的纪律。如果没有这种纪律,那么红军也许不会有最伟大的胜利了。中国无产阶级经过自己的党而指导工农红军的战斗,指导苏维埃,而且在中国苏维埃中央政府无条件的占有了大多数。"无疑的,在全国各省发展巩固着的苏维埃政权,是在无产阶级领导下的工农民主专政。这一政权,是保障中国民主资产阶级革命得到彻底的政权,这一政权也就是真正的民众的政权。

列宁一九〇五年这样回答"何谓革命对专制的彻底胜利?"这一问题:

"对于'对专制彻底胜利'的力量,只有民众,如果拿根本的最大的力量来看,就是无产阶级和农民'革命对专制的彻底胜利',即革命的工农民主专政。"(见两个策略第六章)

列宁这样说了后,更详细地解释了这一专政的意义:"且这样的胜利,定将成为一个专政,就是说这样的胜利,必然应当依靠群众的武装和暴动,而不是依靠什么别的机关——用'合法的','和平方法'而造成的机关。这只能是一个专政,因为工农所需要的一些急不容缓的改革要实现,必然引起地主资产阶级和专制政府的拼命反抗。要打破这个抵抗,压倒反革命的企图,没有专政,是不可能的,但这自然将是一个民主主义的专政,而不是社会主义的专政。这个民主主义的专政是不能动摇(没有革命发展的许多的过渡的阶段)资本主义的基础的。"(同上)

中国苏维埃政权,就是这样的一个工农民主专政,它的巩固与发展,完全不依靠任何用"合法的""和平方法"而造成的机关,而依靠工农的武装,工农的红军。它在它所统治的区域内,彻底地消灭了地主资产阶级的国民党的政权机关,没收了一切地主阶级的土地,把这些土地平均分配给了雇农、贫农与中农。它也没收了富农的肥田,在他们不反革命的条件之下,给以"劳动分地"。它消灭了苏区内帝国主义的势力,没收了一切帝国主义者的财产,与进行着反苏维埃政府斗争的中国资本家的企业。它施行了彻底的民主主义,根本铲除了乡村中与城市中一切亚洲式的与奴隶式的剥削,认真开始了工人地位的改良及其生活程度的提高。

中国苏维埃的这一工农民主专政,在目前正像列宁所说的,是民主主义的专政,而不是社会主义的专政。却正相反,尤其在农业方面,在消灭地主私有土地制度之后,消灭军阀制度高利贷剥削之后,资本主义一定要表现向前发展的趋势。在帝国主义资本家与中国资本家不进行反革命活动,遵守苏维埃政府的一切法令时,苏维埃是允许他们的经济活动的。苏维埃政府对于没收来的企业,在目前应该尽可能地避免自己去管理,有时亦可将小企业与中等企业出租,甚至可以将没收来的小企业出卖。苏维埃对于商业上的自由是不禁止的。只有在商人投机怠工,实行经济封锁,危害供给人民群众以重要生产品的时候和地方,只有为着红军需要供给有必要的时候和地方,苏维埃才可以对那些首先最必需的主要物品,规定最高价格。苏维埃在目前也不禁止土地卖买,如若这种卖买并不用来恢复过去封建式的剥削的时候。

很明显的,中国苏维埃政府目前所执行的,是民主资产阶级革命的任务。它的胜利,也就是中国民主资产阶级革命的彻底胜利。

但是正因为这一工农民主专政,是在中国无产阶级直接领导之下,"无产阶级不但对于农民能够实现思想上的领导,而且能够实现国家组织上的领导"(国际中国问题决议)。同时在它和帝国主义资本家与中国资本家,以及乡村富农实行残酷的斗争中,它将要有彻底没收外国资本家以及中国资本家企业的必要,以至不能不去进行主要的社会主义步骤,使这一工农民主专政很快的转变到无产阶级的专政。

列宁同志在论工农民主专政时,很明显也说到了工农民主专政的过去与将来。他说:

"革命的工农的民主专政,像世界一切存在的物件一样,是有其过去与将来两方面的。其过去方面为专制,农奴制度,君主,特权等。在反对过去这些成分时,与反革命斗争时,无产阶级与农民有'共同意志'之可能,因为他们有共同的利益。"

"其将来的方面——是反对私有财产制,雇佣工人为反对主人而斗争。这里的'统一意志'是不可能的。因这里的道路,不是由专制达到共和的道路,而是由小资产阶级共和的制度,到达社会主义的道路。"(两个策略,第十章)

当然,正像列宁同志所说的,在"历史上具体的事件中,过去的成分与将来的成分自然没有这样分明"(同上)。尤其在中国,当工农民主专政在同帝国主义资本家与中国资本家与乡村富农,实行残酷的斗争的过程中,苏维埃政府已经要采取重要的社会主义步骤了。在工农民主专政发展的过程中间,将要包含有社会主义的成分。然而这两个阶级

[段]的分别是绝对必要的。领导全中国几万万劳苦的农民群众,同他们在一起,彻底消灭帝国主义与封建制度,推翻地主资产阶级的统治,完成中国民主资产阶级的革命,是中国共产党目前的战斗任务,这一任务对于共产主义者是临时的与过渡的。

列宁同志关于这一点最明显的在两个策略上写着:

"不理或轻视目前临时过渡的紧急责任,那便是笑话,是反革命。与专制奋斗——是社会主义者的一个临时过渡责任,但若不理或轻视这个责任,便无异对于社会主义变节,为反革命的工具。革命的工农民主专政,自然只是社会主义者的一个临时过渡责任,但若在民主革命时期,置这责任于不理,那简直是反动。"(同上)

这样反革命的,对于社会主义变节的,为反革命工具的,反动的,在中国,就是托洛茨基与陈独秀的取消派。这些反革命资产阶级的先锋队,把反革命的托洛茨基主义贩卖到中国来,而同时在这货物上面还贴上了"列宁主义"的封条,想偷偷地推销到中国的工人阶级中间来。然而列宁的这些斩钉截铁的话,正是针对着这些资产阶级的走狗们说的!

中国的托洛茨基主义者,为得要反对中国的苏维埃革命,反对工农民主专政,所以说中国民主资产阶级的革命已经完成,而同时因为中国的工业还没有发展,中国无产阶级还非常幼稚,非常落后,所以社会主义革命还是遥遥无期,所以现在只能同"向左盘旋的自由资产阶级的党派"(见二月十日取消派"目前的时局与我们的任务")做做合法的国民会议运动,很合法的,很公开的在"反共团"、"社会民主党"国难会议议员王礼锡等所办的杂志上做做公开的合法的反对苏联,反对共产国际,反对中国共产党,反对苏维埃与红军的文字上的活动,很合法,也很公开地同国民党公安局,黄色工会领袖与工贼走狗在一起,破坏工人阶级的斗争与破坏我们党的组织!

反革命资产阶级先锋队的托洛茨基主义者,为了要反对中国革命,为了要拥护地主资产阶级的国民党统治,自然不能不疯狂般的反对苏维埃,反对工农民主专政说:

"工农民主专政实际上仍旧是资产阶级的专政,他将来在第三次革命中,只能替资产阶级开放门户,让其绞杀无产阶级,一九二七年十二月广州的无产阶级已经在实际上给了这个口号以反驳。我们坚决反对这种反动的'工农民主专政'的口号。我们认为将来的中国革命及东方革命,只有领导城乡贫民的无产阶级专政,才能保障其胜利。"(见取消派统一大会决议:"过渡时期中共产党的任务")看呵!原来在中国苏维埃区域所实行的反对资产阶级富农的工农民主专政,是资产阶级的专政!原来在无产阶级领导之下的工农民主专政,是绞杀无产阶级政权!所以取消派拼命要中国千百万革命的民众,暂时停止革命运动,拥护国民党,要求国民党召集国民会议,好让国民党来绞杀民众!

现在是"反革命时期",大家还是安安稳稳地让帝国主义与国民党来剥削与屠杀吧!到将来,等到取消派认为可以起来实现无产阶级专政时,再起来推翻国民党吧!

请问,取消派的反革命,取消派之为地主资产阶级的忠实走狗,还有比这个更明显的吗?!

取消派反对中国目前革命阶段中,数万万农民劳苦农民群众的革命作用是看不到的,取消派对于中国无产阶级在这一革命的领导作用也是完全没有信心的,所以他们的反对工农民主专政,投降地主资产阶级国民党,充当他们反革命的工具,对于我们实是毫不足怪的。然而取消派的一切反革命的企图,为正在全中国各地发展巩固着的工农民主专政的苏维埃政权,所打得粉碎了。

然而在我们队伍内也居然有些"马克思主义"者,认为"工农民主专政在本质上是小资产阶级的,它不能具有实行社会主义的任务,他的目标只是在完成资产阶级民主革命。"(见布报第四期犹新同志的"论中国革命的转变")这当然是偷运托洛茨基主义私货的最好的例子!

(本节完,本文未完)

(《红旗周报》1932.05.15)

论中国革命的工农民主专政(续二)

洛甫

二、中国工农民主专政的特点

然而如若简单地说,中国工农民主专政有它的过去与将来,这对于中国工农民主专政的了解还是不够的。根据中国工农民主专政现在所有的与将来会有的情形看来,中国工农民主专政显然同列宁一九○五年所说的,以及他在一九一七年二月革命之后所说的工农民主专政不完全相同,而有它特殊的地方。

最明显不过的,中国的工农民主专政,一开始就采取了苏维埃政权的形式,在民主资产阶级革命的阶段,实现了无产阶级的德谟克拉西,真正保障了最大多数的民众参加了这一政权。

在"中华苏维埃共和国宪法大纲"上分明地写着:

"中华苏维埃政权所建设的,是工人和农民的民主专政的国家。苏维埃全政权是属于工人、农民、红军兵士及一切劳苦民众的。在苏维埃政权下,所有工人、农民、红军兵士及一切劳苦民众都有权选派代表掌握政权的管理;只有军阀、官僚、地主、豪绅、资本家、富农、僧侣及一切剥削人的人和反革命分子是没有选派代表参加政权和政治上自由权利的。"(第二条)

而且:

"为着只有无产阶级方能领导广大的工农与劳苦群众走向社会主义,中国苏维埃政权在选举时给与无产阶级以特别的权利,增多无产阶级代表的比例名额。"(第三条)

中国苏维埃政权的形式,真正使工农民主专政变成了"民众的政权",保证最大多数的劳苦民众工人和农民,参加政权机关,而且在这一机关中还保证了无产阶级的领导,这一领导在目前苏维埃还没有占领产业的中心城市时,以共产党在苏维埃政府中的绝对多数表示了出来。

正因为中国的工农民主专政由苏维埃政权而实现,所以中国无产阶级能够利用这一政权的形式,来团结最大多数的农民群众在它的周围,教育这些群众自己管理自己的国家,便利于中国无产阶级,在反对中外资本家,与乡村富农的残酷的斗争中,领导他们到社会主义革命的道路上去。

列宁同志说：

"苏维埃政权是世界上第一个（严格说来是第二个，因为巴黎公社已开始这样做）吸引群众，即被剥削群众，来参加统治，……苏维埃是劳苦群众与被剥削群众自己的直接的组织，是使他们有自己组织国家，自己管理国家的可能的机关。为劳苦群众与被剥削者的先锋队的城市无产阶级，因为，它为大企业组织得最好的缘故，在这一方面享有特别的优越地位；它最容易选举与管理选举。苏维埃组织自然地能够使一切劳苦的与被剥削的群众联合起来围绕在它们的先锋队——无产阶级——的四周。"（"无产阶级革命与叛徒考茨基"中文译本三○——三一页）

当然，中国工农民主专政的这一特点，又是遭到反革命的取消派所嘲骂、所讥笑的。他们在"评所谓'中华苏维埃共和国宪法大纲'"一文内拼命反对我们剥削了富农的选举权，愤然地说，难道'富农'就不是'农民'了吗？他们说："其实，俄国布尔塞维克在一九○五年所提出的'工农民主专政'的公式，当时是认为城市工业家'土地化'了，不能履行土地革命，因此假定有个'乡村的激进资产阶级'，即'全体农民'能够担负这个历史使命，在农村进行'平民式'的土地革命，同时要建立一个'革命的工农民主专政'！这个专政是代表'激进的资产阶级'的统治，但是斯大林主义者在中国却有一个没有'全体农民'和'一切剥削人的人没有……参加政权'的'工农民主专政'！"（见火花第八期十页）取消派的下流无耻，曲解与修改列宁主义，从这一段话中，也可以看到非常明显。第一，他说："列宁认为俄国城市的工业家'土地化'了，所以不能履行土地革命；第二，因此列宁'假定有个乡村的激进资产阶级'即'全体农民'能够担负这个历史使命；第三，'同时要建立一个工农民主专政'。而且，第四，这个专政，就是'激进的资产阶级'的统治。这位造谣污蔑列宁的专门家，在这里没有一句话敢讲到俄国那时革命的性质，也没有一句话敢讲到俄国那时革命的动力与俄国无产阶级的领导作用，因为问题的这样提出立刻会打到那取消派的嘴巴，指出取消派的如何反对列宁主义。他的目的，只是要胡说八道一顿之后，证明他们的公式'工农民主专政——即是资产阶级的专政'，以反对中国的苏维埃政权！"

然而从这一段话中，却可以看出取消派反对工农民主专政的又一原因。"斯大林主义者"居然不准中国的资产阶级与富农参加苏维埃政权，这当然使取消派非常忿恨，不能不大骂"斯大林主义者的堕落"了。"斯大林主义者"竟"堕落到"敢于取消资产阶级分子在苏维埃区域内的选举权与被选举权！

取消派是主张全民参加选举的国民会议的，是主张地主资本家，军阀官僚以及一切剥削分子，同工人农民以及一切被剥削分子在一起选举出这一所谓国民会议的。现在斯大林主义者竟"堕落到"敢于反对取消派这种主张，使地主资本家、军阀官僚以及一切剥削分子没有法子同工人农民以及一切被剥削者坐在一起！！

然而取消派的先生们！工农民主专政，原来不是你们的国民会议，它不是在地主资产阶级的统治之下召集的。它是依靠工农武装，推翻了这一统治，粉碎了他们的统治机关而创造出来的。它是被剥削的工农大多数民众对于地主资产阶级以及一切反革命者的专政，不容许反革命的富农参加政权，这是万分应当的事！

中国共产党对于工农民主专政中的农民的了解，是占农民中最大多数的，革命的，不剥削雇农的，富农与中农、反革命的、剥削雇农的富农自然是除外。列宁也从没有说过，在"全体农民"中必须要把富农包括到里面去。却正相反，列宁不止一次的这样说：

"不能有任何怀疑。富农是苏维埃政权的疯狂的敌人。或者是富农不断的屠杀许多工人，或者是无情的压倒富农的，掠夺的，民众的少数者反对劳苦民众政权的暴动，这里不能有中间。和平是不会有的：富农可以，而且很容易同地主、沙皇、牧师去调和，就是他们中间有什么争论的时候，但是同工人阶级的和平是永远不会的。"

列宁又说：

"富农——最兽性的，最粗暴的，最野蛮的剥削者，在别国历史上不止一次恢复了地主沙皇、牧师、资本家的政权。富农人数比了地主资本家要多，但无论如何富农是民众中的少数。"（见一九一八年八月列宁的论文："工人们，走向最后的决定胜负的斗争！"）

现在取消派却想要我们容许富农，因为说富农也是全体农民中的一分子！我们看取消派是如何的主张"平等"呵！然而我们不妨告诉取消派，在"全体农民"中不会有富农，正像在"中国共产党"中不会有你们的"中国共产党左派反对派"一样。你们这些尊贵的取消派先生们，你们在苏区内的一切活动，也是同富农一样绝对禁止的。苏维埃政府对于工农劳苦民众是德谟克拉西，然而对于一切剥削者与反革命分子，却是武力的镇压！

"中华苏维埃共和国宪法大纲"第十条上分明写着：

"中国苏维埃政权以保证工农劳苦民众有言论出版集会结社的自由为目的，反对地主资产阶级的民主（德谟克拉西），主张工人农民的民主。打破地主资产阶级经济的和政治的权力，以除去反动社会束缚劳动者和农民自由的一切障碍，并用群众政权的力量，取得印刷机关（报馆、印刷所等）开会场所以及一切必要的设备，给与工农劳苦民众，以保障他们取得这些自由的物质基础。同时，反革命的一切宣传和活动，一切剥削者的政治自由，在苏维埃政权下，都绝对禁止。"取消派嘴上主张他们将来的"无产阶级专政"，然而他们对于现在的"工农民主专政"是坚决反对的。他们现在不主张专政，他们现在主张资产阶级的德谟克拉西，主张全民的普选的国民会议的召集，他们现在更进一步主张在苏维埃区域内召集国民会议，以国民会议去代替苏维埃政权，即以资产阶级的德谟克拉西，去代替无产阶级的德谟克拉西，以地主资产阶级的专政去代替工农民主专政。他们近来甚至主张要在国民会议中去实现无产阶级专政，以地主资产阶级的专政，当做是无产阶级的专政！！

世界社会法西斯主义者，现在正在拿着资产阶级的"纯粹的德谟克拉西"（考茨基话）的旗帜，反对苏联无产阶级专政，大骂斯大林同志为专制魔王，号召世界无产阶级为了这一资产阶级的"纯粹的德谟克拉西"起来推翻苏联，而我们贵国的社会法西斯主义者（即取消派）现在都拿这一旗帜来反对中国的工农民主专政！实际上他们都是在这一旗帜之下拥护欧美资产阶级的专政，与中国地主资产阶级的专政！

正因为这一原因，所以取消派在苏维埃区域内和AB团改组派，社会民主党等一切反革命派别联合在一起,企图推翻工农民主专政,而恢复地主资产阶级的国民党的专政!

在这里,我们就可说到中国工农民主专政的第二个特点,就是这一专政,是在无产阶级政党的共产党领导之下,创造出来的。中国共产党在苏维埃区域内,是唯一合法的统治的党,它不同任何政党实行联合,一切政党,不论是国民党,改组派,取消派,AC团,社会民主党,新共党,以及各种各样名称的党,只能是反苏维埃政权的反革命的党,他们的一切宣传与一切活动是绝对禁止的。

一九二五——一九二七年中国大革命一开始,中国共产党即开始了农民运动,提出了农民的要求,规定了土地革命的纲领,领导了农民群众的斗争。所以中国农民群众早已把共产党当做了代表他们自己利益的党。一切其他的党,实际都是地主资产阶级的走狗,帮助地主资产阶级的国民党,欺骗农民的与屠杀农民的。别的政党不说,就是那个想以农民群众为他的阶级基础的第三党,实际上不但不去帮助农民的解放,而且处处利用国民党官僚军阀的力量欺骗农民,压迫农民与屠杀农民。第三党在福建张贞部下的活动,可以说是最好的例子。

自从一九二七年国民党叛变革命之后,在中国只有共产党,是中国反帝国主义革命与土地革命的领导者。一切其他的政党,不论他们所说的是什么鬼话,他们都是地主资产阶级统治的拥护者。他们在苏维埃区域内的反革命活动,已经最清楚地告诉工农群众:这些政党所代表的到底是哪一阶级的利益了。中国的农民群众在实际斗争中了解到,只有中国共产党能够最彻底地实现了他们的要求,没收了一切地主阶级的土地,废除了一切苛捐杂税,把他们从亚洲式的奴隶式的压迫与剥削之下解放了出来,给与了他们一切政治上的自由,使他们真正尝到了人的生活的味道。

这一情形,显然同俄国的情形,很不相同的。在俄国革命中,农民有了它自己的政党,社会革命党。就是在十月革命之后,这一政党的左派的代表,还参加苏维埃政府的工作。只是在一九一八年春天,这一政党的代表开始了公开的反革命活动,从苏维埃政府中滚了出去。中国就是在现在,也不能有这样的情形。布哈林说,在中国苏维埃政府内可以有一个农民政党存在的机会主义的话,现在是被铁的事实所打得粉碎了。

也就因为这一原因,取消派大骂我们的党为农民的党,而不是无产阶级的党。然而历史告诉我们,只有无产阶级的政党,才能真正代表农民的利益,把农民从贫穷与奴役中间解放出来。无产阶级政党的任务不是在消灭农民(富农不在内),而是在领导农民,教育农民,改造农民的经济,使他们同无产阶级一起走上社会主义的道路。中国共产党现在正是尽着这一责任。只有托洛茨基主义者,才会抛弃农民,把农民当做无产阶级的敌人。实际上这正是要把农民交给地主资产阶级,交给富农,好使中国革命走上失败的道路!

中国工农民主专政的这一特点,使中国无产阶级能够经过它自己的政党,实现它对于农民群众的领导作用。也就因为这一原因,使从乡村推进到城市的中国苏维埃运动,还是能够得到了中国无产阶级的铁的领导。这一特点,使中国共产党能够经过苏维埃,经过工农红军,经过一切群众的组织,以共产主义的教育去教育千百万劳苦群众,从实际的经验中证明给他们看,只有共产党所指出的道路是唯一正确的道路,这一特点也就是使中国革命能够顺利地从民主资产阶级的阶段转变到社会主义阶段去的重要原因之一。

当然,这一特点,也就说明了为什么一切反革命派别,这样疯狂般的一致向着中国共产党进攻!

中国工农民主专政的第三特点,是在残酷的与长期的国内战争中间,逐渐巩固起来,并且逐渐扩大着它的统治区域,它的革命根据地。在广东暴动之后所开始的中国苏维埃运动,只是在反国民党反帝国主义的进攻与"围剿"的国内战争的胜利中,成立了并巩固了去年十月革命节所成立的中华苏维埃共和国临时政府,取得了现在所有的广大的革命的根据地,同时正因为这一工农民主专政是在反帝国主义与反国民党的国内战争中扩大与巩固起来的,所以在中国不能发生像俄国二月革命时"两个政权"的特殊情形(即那时的"临时政府"与"工兵苏维埃"的关系)。中国的工农民主专政不但不会是地主资产阶级的国民党政权的不自觉的拥护者(如像俄国二月革命后的苏维埃那样),而且是推翻这一地主资产阶级统治的自觉的宣传者与组织者。

这一在残酷的与长期的国内战争的火焰中锻炼出来的工农民主专政,是同地主资产阶级的专政,完全对立的。这一工农民主专政,正在不断地反帝国主义与反国民党的革命战争中,扩大着他的政治影响与他的组织力量。这一政权不但是苏维埃区域内数千万工农劳苦民众的政权,而且也是全中国非苏区的广大工农劳苦群众反帝国主义与反国民党的斗争的领导者。

两个政权的尖锐的对立,使中国地主资产阶级统治区域内的工农民众的革命斗争,得到工农民众自己的政权的领导。中国共产党能够经过苏维埃政权机关,在苏维埃区域内利用它的唯一领导者的地位,去组织与教育苏区内成千成万的工人、雇农与贫农群众。同样苏维埃政权更能够从这些中心城市中间吸收大批的工人积极分子到苏区内,来教育他们。这些成千成万的觉悟的工人与雇农将不但是苏维埃政权的领导者,而且他们将分散到各个苏维埃区域周围的白色区域内散布苏维埃革命的种子,发动与组织那里的革命斗争,创造新的苏维埃区域,新的革命根据地。

苏维埃政权的存在,苏维埃区域内的,工农民众得到解放的一切事实,以最明晰的言语告诉全中国的劳苦民众,只有推翻地主资产阶级的统治,他们才有出路,苏维埃政权的存在,是使全中国工农民众革命化的最主要的宣传鼓动的力量。苏维埃政权的存在,照透了全中国反动统治内一切所有的矛盾。

同时正因为中国苏维埃政权是在残酷的长期的国内战争中发展与巩固起来的,所以中国工农红军在国内战争中的扩大与巩固,也是当然的事。没有工农红军,我们就不能有苏维埃区域的存在。没有这一个工农红军,苏维埃政权就不能更有力量的去帮助白区的工农民众去推翻地主资产阶级的统治,去建立新的苏维埃政权。也正因为这一原因,中国工农红军在苏维埃政权内占着特别显著的地位,也正因为这一原因,中国工农红军在全中国革命群众中间有着这样大的影响与这样高的权威,苏维埃政权对于白区革命运动的领导与组织的作用在红军的向外发展上也特别表现得明显。这一红军,无疑的将帮助中心城市的无产阶级为推翻帝国主义国民党统治,建立苏维埃政权而斗争。

我们在这里必须特别指出的,就是中国工农红军是中国工农联合的另一种形式。中国无产阶级对于广大劳苦农民群众的领导,也就在红军中很明显地表示了出来。中国无产阶级不但给了这些广大的农民群众以铁的纪律与严密的组织,而且也给了他们以阶级的觉悟。这种阶级觉悟固然由于我们党在红军中的政治教育工作,但是这种阶级觉悟更在残酷的国内战争中更加提高了。在中国无产阶级领导之下的,落后的没有受过任何教育的,数千年来被压迫的,过着奴隶生活的中国广大的农民群众,在残酷的与长期的国内战争中逐渐了解到他们怎样在反对地主资产阶级的斗争中得到了解放,了解到只有在无产阶级及其政党的领导之下,才能得到这一解放,才能保证他们所已经得到的胜利。

从上面一切所说的看来,这一工农民主专政的发展与巩固,更促进着地主资产阶级统治的急速崩溃,并且造成了全中国的革命危机。也正因为这一原因,帝国主义与国民党对于苏区与红军的"围剿"与进攻也更形加紧,战争的范围也更形扩大,一直到地主资产阶级政权的完全消灭与工农民主专政的彻底胜利。中国无产阶级与它的政党也就在这一残酷的与长期的国内战争中间,巩固着它们在政权中的领导,并且也巩固着他们对于全中国革命斗争的领导。

同时正因为中国工农民主专政是在残酷的与长期的国内战争中间逐渐扩大与巩固,所以一切它的政策的中心,不能不从准备与进行这一战争出发。一切为了革命战争的胜利,是现在与将来,中国工农民主专政的中心任务。列宁同志在十月革命后,俄国国内战争中曾经说过这样的话:

"这个原则就是在,假使一定要战争,那一切应该服从于战争的利益,一切国内的生活,应该服从战争。在这一点上,任何的犹豫是绝对不容许的。不论对于最大多数的同志,把他们从和平建设的有益的与必要的工作上调开,是如何的难受,然而必须记到,任何细微的忽视与不注意,常常会等于成千成万在前线上的我们的最好的同志,我们工农的后辈,我们的共产党员的死亡。所以重复地说:一切为了战争!任何一个会议,不论讨论的是什么,第一必须是这样的问题:我们帮助战争是否尽力,我们是否用了一切我们的力量,我们拿到前线上去的是否足够?只有不能在前线上有帮助的,才留在后方。一切牺牲,一切帮助给与战争。抛开一切的动摇,集中一切力量,准备一切牺牲,当然这一次我们是要胜利的。"(一九二〇年五月五日在苏大会上的报告)

正因为一切是为了要取得国内战争的胜利,所以苏维埃政府除了扩大红军,加强对于红军的领导之外,利用一切方法保障红军的给养,免除被敌人封锁的苏维埃区域内的饥荒。苏维埃政府为了达到这些目的,必然要征收累进税,集中粮食,创办合作社,禁止投机卖买,对于一切破坏生产与扰乱金融的反革命行为施以最无情的镇压。

所以中国工农民主专政,在反对帝国主义,反对中国地主资产阶级的国内战争的过程中,必然要采取许多重要的社会主义步骤,以保障这一革命的彻底胜利。这是中国工农民主专政的第四个特点。

反对帝国主义的中国工农民主专政,在与帝国主义决死战的中间,必然要没收外国资本家工厂企业,银行,铁路,交通工具等等,把他们收归国有,这是完全不成问题的。就是对于反对工农苏维埃政权而组织反革命斗争的中国资产阶级,不但要政治上解除他们的武装,而且也要在经济上解除他们的武装,没收他们的资本与企业,把他们归为国有。对于其他比较小的企图,则实行监督生产。

同帝国主义、地主资本家的残酷的战争,不但单在政治上,军事上,而且也在经济上。只有我们以铁的手腕没收他们的一切资本与财产,我们才能更彻底的解除他们的武装,取得革命战争彻底的胜利。为了工农革命的彻底胜利,我们不但要摧残地主、帝国主义者的私有财产,而且也要根本动摇中国大资产阶级的私有财产。这不但在工人阶级看来是应当的与合理的,而且在广大的劳苦农民群众看来,也是如此。无疑的,这些步骤将得到千千万万工农群众的热烈拥护!

所以共产国际在同一决议上说,"社会主义革命成分的存在,就是中国革命的工农民主专政的特点。"(洛甫加圈)

同时共产国际又解释说,"中国革命经济上的非资本主义性(即社会主义性——洛甫注),并不在于立刻便会排斥一切社会关系里的资本主义,而在于革命的民主专政的机关,利用争得的经济地位,将要造成那种前提和优势,去彻底发展非资本主义的(社会主义)形式的生产。"(同上决议)

正因为这一原因,所以"中华苏维埃共和国宪法大纲"上不但在第一条上写着"有系统地限制资本主义的发展",而且在第七条上也说道:

"中国苏维埃政权以保障工农利益,限制资本主义的发展,更使劳苦群众脱离资本主义的剥削,走向社会主义制度去为目的,宣布取消一切反革命统治时代的苛捐杂税,征收统一累进税,严厉地镇压一切中外资本家的怠工和破坏的阴谋,采取一切有利于工农群众并为工农群众了解的走向社会主义去的经济政策。"然而中国工农民主专政的这一特点,又不免使取消派的先生们发怒了。他们说:

"在工农民主专政"之下,要想来实行"限制资本主义的发展",这无异于"痴人说梦",自相矛盾;因为,在布尔塞维克主义者(?!)的立场上看来,"工农民主专政"无论如何只是,并且也不能不是资本主义的统治(?!)或资产阶级专政之另一形式(?!)!想在资本主义统治的前提之下,来进行什么"有系统地限制资本主义的发展",这简直是十足的鬼话!十足的表现斯大林派对于"工农民主专政"的本质之渺无所知!实际上,如果要能够达到"有系统地限制资本主义的发展",只有在革命已经"转变到无产阶级专政"的时候,才可思议的。不然不但"限制"成为"幻想",同时,"转变"亦将无望,最后恐怕只剩下极冷酷的对"工农民主"实行完全剥夺的资产阶级的"专政"!听罢!看呵!历史的发展如果是走不幸的道途,那么,它将会证实我们预言的正确性和暴露斯大林主义的反动性!(火花,第八期,九页)

"听吧!看呵!"取消派是怎样预言着中国革命的失败,希望中国革命走上"不幸的道途"去证实他们的预言呵！然而可惜托洛茨基对于俄国革命,对于中国革命预言了几十次以至几百次,却没有一次证实了他们的预言,而只是每一次暴露了托洛茨基主义的反动性！

取消派像疯狗一样咬定"工农民主专政就是资产阶级专政",而且也就是"国民党的专政"(因为国民党只是资产阶级的政党!),所以他们认为在"工农民主专政"之下,要实行"限止资本主义的发展",这无异于"痴人说梦"。然而事实上像我们在前面说过的,这是在无产阶级直接领导之下的工农民主专政,而不是资产阶级的专政,所以在资产阶级专政之下,"限制资本主义的发展"为不可能,在工农民主专政之下,"限制资本主义的发展",不但可能,而且必要了。

取消派对于工农民主专政的这些社会主义步骤的采取,当然要反对的。他们告诉中国的工农民众,全中国最大多数的民众说,你们现在是"工农民主专政",是"资产阶级的专政",你们还没有"无产阶级的专政",所以你们现在不能没收帝国主义与中国大资本家的资本与企业,你们现在不能实行这些社会主义的步骤。你们要实行这些步骤,你们必须推翻这一"斯大林主义"的工农民主专政的资产阶级专政,实现"无产阶级专政"！

谁都看得非常明显,取消派这种观点的主要目的,是在反对目前在全中国开展着的工农革命,是要使这一革命不能得到彻底的胜利,而走向"不幸的道途",是在号召民众起来推翻中国的苏维埃政权,然后来实现他们的"无产阶级专政"。

取消派的"无产阶级专政"是非常便宜的东西,他可以整千整万的拿来奉送给中国工人群众,使中国工人阶级陶醉在这一"无产阶级专政"的迷魂汤中,而放弃争取中国目前革命的彻底胜利,甚至不但不去争取革命的胜利,而跟着取消派去反对革命。

"看吧！听啊!"取消派的预言,原来是如此！这对于中国地主资产阶级,当然是有百利而无一害的！

所可惜者,中国工人群众不是亭子间内的"预言家";而是中国革命的领导者,他们相信自己的力量,相信自己能领导中国数万万广大的农民群众取得中国革命的胜利,经过工农民主专政,能顺利地走向无产阶级专政,在苏联社会主义国家直接帮助之下,走向社会主义的建设！

对于中国工农民主专政的这一特点,取消派还说:这就是国民党的孙中山主义,这就是国民党的"节制资本"！

原来取消派不但是"大预言家",而且是"大发明家",因为他们居然在工农民主专政下的"有系统地限制资本主义的发展",与地主资本家统治下的"节制资本"中间,发现了相等的东西。这些先生们,对于"斯大林主义者"的造谣污蔑,真是达到了登峰造极的地步。

因为政权在工农的手里,因为这一政权不怕动摇地主、帝国主义与大资本家的私有财产,所以它能够"有系统地限制资本主义的发展"。至于在地主资产阶级的国民党统治之下,一切什么"平均地权"、"节制资本"都不过是滑稽的把戏,与令人作呕的欺诈,然而这对于取消派有什么关系呢！在他们看来,工农民主专政,原来就是国民党的专政,所以苏维埃共和国宪法上所写的"有系统地限制资本主义的发展",也就等于三民主义上的"节制资本"!这些发明家当然同样地会发现,马克思主义与列宁主义原来就是三民主义!可不是吗!在孙中山的三民主义上不是明明写着"民生主义即共产主义"吗?!

需要加以说明的,就是中国苏维埃政权许多社会主义步骤的采取,并不就等于"立刻实行社会主义",但是这许多步骤的采取,无疑的将使中国革命在苏联无产阶级的帮助之下走向社会主义。

列宁在十月革命前"我们革命中无产阶级的任务"一文中说:

"这种办法,如国有土地,国有一切资本家的银行和新迪加,至少由工人代表苏维埃加以监督等等,都绝对不是'实施'社会主义,但他们是无条件地必须采用的,并且应当尽可能力量,来加以实现。这些办法是走向社会主义的步骤,且在经济上已完全可以实行。"

而且这许多步骤的采取,正像在"苏维埃宪法"上所说的,必须是有利于工农,而且为广大的工农群众所了解的。共产国际在"中国问题决议案"上也写道:

"进到社会主义的各个步骤,应当从群众的需要出发,应当要使大多数人民认识这些步骤的必要。这些步骤,应当是经济实际情形里面,已经成熟的,应当是经济上完全可以实行的。中国是小经济占优势的国家,这些过渡办法应当和农民主要群众的利益联系起来。应当估计到各区域社会情形的区别,估计到农民群众的组织力量与觉悟程度的不同,估计到氏族祠堂制度及其他制度的影响的力量;应当记得,我们的任务不是取消,而是改造小农经济。所以规定过渡办法的时候,无产阶级无论如何不应当脱离自己的农民后备军。"

而且在目前,当中国的苏维埃政权,大部分还在乡村的时候,在中国苏维埃政权下面,还没有政治的经济的中心城市,还没有广大的产业工人群众的时候,在中国苏维埃还没有在几个决定的省份开始取得胜利的时候,这些重要步骤的采取,在现在不但过早,而且是不可能的。可是在目前,当中国苏维埃政权日益向着中心城市发展,一省与数省苏维埃政权胜利的任务,已经放到我们的议事日程上时,这些重要步骤的采取,将不是辽远的前途了。

最后,正因为中国工农民主专政的彻底胜利,只有在无产阶级与它的政党的领导之下,必然是残酷的与长期的反帝国主义与反国民党的国内战争的胜利,必然要采取许多必须采取的重要的社会主义的步骤,所以中国工农民主专政,可以和平的转变到无产阶级专政,而不会经过武装暴动。

关于中国工农民主专政的这一特点,是很容易了解的。在无产阶级领导之下的,在一个政党,中国共产党领导之下的这一工农民主专政,当然再也用不到经过武装暴动来转变到无产阶级专政。只有反革命的取消派才会说:

"斯大林主义者根本不懂得,由'工农民主专政'即资产阶级专政之另一形式'转变到无产阶级专政',只有经过暴力革命,并且中国革命的一切根本问题不能够由'工农民主专政'来解决的!"(火花同上)

可是取消派先生们自己在这里"根本不懂得"，从工农民主专政，转变到无产阶级专政，一般的可以不经过暴力革命，中国的工农民主专政的转变，就是这样的一个例子。

俄国革命从民主资产阶级的阶段转变到社会主义阶段的所以经过了"暴力革命"的主要原因，并不是因为二月革命实现了"工农民主专政"，而正是因为二月革命没有彻底的实现工农民主专政。当时在某种形式下，在某种程度上实现了工农民主专政的苏维埃，因为无产阶级组织力薄弱与觉悟程度的不足，不但没有能够把一切政权拿到自己的手里，而且把自己的地位逐渐让给资产阶级。但是就是在这种情形之下，列宁还认为可以在"一切政权归苏维埃"的口号之下去实现和平的转变。列宁关于这一问题曾经这样写道：

"一切政权归苏维埃这个口号乃是革命往前和平发展的口号。和平的意义，不仅在于没有一个人，没有一个阶级，没有一种强大的力量会在那时（从二月二十七号至七月四号）反抗和阻碍政权之转入苏维埃手中。不仅如此，和平的发展在那时之所以成为可能，还因为各个阶级及政党在苏维埃内部的斗争（在全部政权及时转入苏维埃手下的条件之下），可以最和平地最健全地解决。"（"论口号"）

当时列宁认为，只要苏维埃能够把全部政权拿在自己的手里，它必然能够采取许多具体的社会主义的步骤，使革命转变到社会主义。所以当时布尔塞维克的策略，即是为了这一前途的实现而斗争。但是在革命发展的过程中苏维埃不但没有能够把一切政权拿在自己的手里，而且完全变成了临时政府的尾巴，帮助临时政府镇压与屠杀革命的工人与兵士群众。这不能不使布尔塞维克于七月四日以后，取消了"一切政权归苏维埃"的口号，而提出了以武装暴动"打倒临时政府"的口号。所以在七月四日之后，列宁大声地说：

"实质即是，现在已经不能和平地获取政权。只有在坚决的斗争中，战胜现时当权者以后，方能得到政权。"（"论口号"）

但是中国的工农民主专政的彻底胜利，像我们在前面所讲的，必须要打倒帝国主义，推翻地主资产阶级的统治，而且必然要采取许多重要的社会主义的步骤，这就使这一革命的转变，不必经过"暴力"，而可以和平地得到实现，这是最明显不过的事。

只要中国无产阶级能够一刻也不放松同农民群众联合在一起，只要它一刻也不忘记在同农民群众的密切的联合上实现它的领导作用，那在苏区内以至在苏区外没有一个阶级能够有力量阻止这一工农民主专政的和平转变，虽是这一和平转变的本身是在反对帝国主义，反对中国地主资产阶级与富农的最残酷的国内战争中逐渐实现的！

中国共产党就在目前，就应该把中国工农民主专政这一转变的前途最清楚地告诉千百万广大的工农群众，使他们了解只有无产阶级的专政，只有社会主义的实现，才能使他们从饥饿与贫困中间得到最后的解放。在目前为了工农民主专政的彻底胜利，就是为了无产阶级专政的胜利与社会主义胜利的先决条件！（本节完，本篇未完）

（《红旗周报》1932.05.20）

论革命的工农民主专政(三续)

洛甫

三、中国工农民主专政与工农的联合

列宁同志在一九○五年以前关于俄国民主资产阶级革命中工农的关系问题,曾经这样写着:

"无产阶级应实行民主革命到底,联络农民群众,以便实行压倒专制政府的抵抗,用实力来停止资产阶级的不固定性。无产阶级应完成社会主义的革命,联络民众中半无产阶级的分子,以便用实力来压倒资产阶级的抵抗,用实力来停止农民与小资产阶级的不固定性。这就是无产阶级的责任。"(两个策略,中译本,一四九页)

在十月革命之后,列宁同志在另一地方写道:

"革命的经过,证实了我们的判断的正确。起初我们同全体的农民反对君主政权,反对地主,反对中世纪制,所以革命是资产阶级性的,民主资产阶级性的。然后,我们同贫农,同半无产阶级,同一切被剥削者反对资本主义,也反对乡村的有钱人,富农与投机家,所以革命是社会主义的。"(无产阶级革命与叛徒考茨基,中译本,一二三页)。

在另一地方,列宁同志又说:

"十月革命后在我们革命发展中的第一阶段,第一时期,主要的是在取得对于全体农民的共同敌人,地主的胜利。……在反地主的斗争中不能不引起,而且实际上引起了全体农民。这一斗争团结了最贫穷的,不剥削他人劳动的劳苦农民。这一斗争同样团结了最富裕的,脱离不了雇佣劳动的,甚至最富的一部分农民。"(一九一六年十二月十一日演说)

从列宁这许多话中,已经很明显的告诉我们,在俄国的民主资产阶级革命中,富农是参加革命的,全体农民共同的为了推翻沙皇地主的统治而斗争着。全体农民的"分裂",是在十月革命之后。所以在第一时期,俄国多数党对于农民的革命策略,是同全体农民在一起,反对沙皇与封建地主。在十月革命无产阶级夺取政权时,党对农民的革命策略是联合贫农,中立中农,反对富农。在富农的暴动失败,无产阶级的政权得到初步巩固时党对农民群众的基本策略,是在依靠贫农,联合中农,反对富农。

列宁主义对于农民各阶层的策略,显然在各个时期内是完全正确的。但是在中国的具体形势下,这一策略不能不有些改变。

在中国大革命失败之后,中国乡村中的富农,显然都已经走到了反革命的道路上。所以在中国共产党第六次大会上,我们分析了中国农村的阶级关系之后,规定无产阶级在目前民主资产阶级革命的阶段中对于农民的策略是联合所有的农民群众,而富农不在内,并且六次大会决定无产阶级在农村中的巩固基础是贫农,中农是可靠的同盟者。这一决定也是完全列宁主义的正确的决定。

共产国际在一九二九年八月为富农问题给中共中央的信上,很明显地指出了中国富农的反革命性,解释了这一反革命性的由来,坚决地打击了当时党联合富农的机会主义

的路线。在那一信上,共产国际指出:

"俄国富农在一九〇五年革命失败以前,代表着农村的资本主义关系,与地主阶级处于完全对立的地位,因为地主的经济势力,完全建筑在封建剥削上。中国富农,在大多数情形之下,都是些小地主,他们时常用更野蛮更残酷的条件以剥削农村中之大多数的基本群众。……一部分中国同志,对于列宁之联合整个农民的策略加以机会主义的解释,没有认识中国富农的特性,这是一个很严重的错误,可以使党对于这个非常重要的农民问题采取不正确的路线。这种错误尤其在现在有更大的意义,因为现在当革命失败之后,农村中的富农分子时常公开地站在反动势力方面,反对农民群众的革命斗争。"

在目前,在一九三二年,在中国革命危机已经存在的时候,对于这一问题的不了解与任何机会主义的动摇都会葬送一切农民的斗争。许多事实证明乡村中党的富农路线是开展目前蓬勃发展的农民斗争的最主要的障碍物!不与这一路线做最坚决无情的斗争,我们的工作决不能有一步的前进。

至于在苏维埃区域内,在工农民主专政已经存在的地方,那乡村中最主要矛盾,已经不是地主与农民,而是贫农中农与富农了。反富农的斗争在中国苏维埃区域内已经采取了更进一步的形式。这种形式同俄国无产阶级在第三时期中的对于农民所采取的策略,形式上可以说是完全相同,即是依靠贫农,联合中农,反对富农。

当然这一策略的内容,同俄国布尔塞维克十月革命之后的,不相同。这一策略的目的,在目前是在将民主资产阶级的革命干到一个彻底,是在保障苏维埃革命的彻底胜利,而俄国布尔塞维克的目的,是在将城市中的社会主义革命深入到乡村中去。列宁同志说:

"在都市内的无产阶级革命发生了一年之后,在穷乡僻壤的无产阶级的革命,才在前者的帮助之下,并由于前者的帮助开始了。"(叛徒与考茨基,中译本,一二六页)

在中国工农民主专政的区域内,中国共产党必须采取这样同样是列宁主义的策略,方才能够发展与保障这一革命的胜利。这正像列宁同志在十月革命之后所说的:

"土地的获得,正像劳苦民众的一切其他获得一样,只有当它依靠劳苦民众自己的独立,依靠他们自己的组织,依靠他们的坚定性与顽强性,才能巩固。……他们——富农与吸血虫——并不比资本家地主少可怕些。如若我们不能动摇他们,不战胜他们,那沙皇与资本家必然还会来的。……一切欧洲革命的经验已经证明:如若不战胜富农的抵抗,那这一革命必然会失败。"(一九一八年十一月八日演说)

在中国民主资产阶级革命已经开始胜利的区域,我们"如若不战胜富农的抵抗,那这一革命必然会失败"。这一经验,已经是为中国苏维埃革命运动史所完全证明的了。同时这一策略的执行,当然会保障无产阶级对于农民群众的领导权,不但使贫农而且也可使中农在无产阶级领导之下走到社会主义的道路上去,使中国革命转变时不必采取中立中农的策略。

在苏维埃区域内,一切问题的中心,是在如何正确的去执行这一策略:依靠贫农,联合中农,反对富农的策略,在这一策略的执行中保障无产阶级对于农民群众的领导中国

第一章 土地革命

苏维埃革命的胜负是决定于中国无产阶级能否同农民群众巩固的联合起来,并且实现它的领导作用。自从中国共产党四中全会之后,中国苏维埃运动,所以得到这样伟大的胜利,就是因为我们党能够坚决地去执行了这一正确的马克思主义与列宁主义的路线。

然而在我们的同志中间,不是每一个同志对于这一马克思主义列宁主义的国际路线都是完全了解的。而且却正相反,对于这一路线的不了解或曲解,还是比较普遍的现象。

列宁同志在一九一九年总结俄国革命的经验时,曾经告诉我们,无产阶级应该怎样争取大多数民众到它的领导之下:

"要争取大多数民众到自己这一方面来,无产阶级应该,第一,推倒资产阶级,把政权拿在自己的手里。第二,它应该,完全破坏旧的国家机关,立刻在非无产阶级的劳苦民众中动摇资产阶级与小资产阶级妥协者的统治、权威与影响。它应该,第三,用革命的方法牺牲剥削者来满足非无产阶级的劳苦民众的大多数的经济要求,以根本消灭资产阶级与小资产阶级妥协者的影响。"("立宪会议的选举与无产阶级的专政")

列宁这段话不但在无产阶级革命时完全正确,就是在民主资产阶级革命时也是完全正确的。在中国民主资产阶级革命的阶段,中国无产阶级经过它的政党,中国共产党,领导了广大的工农群众,推翻了地主资产阶级的统治,破坏了旧的国家机关,建立了工农民主专政的苏维埃政权,并且用革命的方法没收了地主阶级的土地分配给了广大的农民群众,满足了他们的经济要求,使他们脱离了地主资产阶级的统治、权威与影响,而拥护工农民主专政的苏维埃政权。

然而无产阶级要巩固它对于广大农民群众的领导权,以至"根本消灭资产阶级与小资产阶级妥协者的影响",那还需要我们的党,最坚决地执行下列的三大任务。

第一,最坚决地压倒资本家与富农(在目前特别是富农)的抵抗。在苏维埃区域内,我们对于富农(以及一切剥削者)不但应该取消一切他们政治上的权利,而且在经济上也应该给他们以极大的打击。他们在苏维埃区域内,没有言论集会结社的自由,没有选举权与被选举权。他们的土地被没收后,只能分些较坏的土地,而且没收他们剩余的生产工具。如若他们有反革命的活动,即立刻没收他们的一切土地与财产。

苏维埃政权,对于一切反革命派别,如像取消派、AB团、社会民主党与改组派等必须给以最严厉的无情的镇压。只有这种镇压才能根本动摇他们对于广大农民群众的影响。对于这一镇压手段的任何动摇,必然会走到投降反革命的道路上去。

中国目前的苏维埃政权,是工农民主专政,而"专政是直接根基于权力,而不受任何法律限制的政权。无产阶级的革命的专政,是无产阶级用武力获得并维持的,不受任何法律限制的,压迫资产阶级的政权"("叛徒考茨基",十页)。

无产阶级专政是这样,工农民主专政,当然也是如此。也正因为如此,所以一切反革命派别,在苏维埃区域内要求"自由"与"平等",取消派要求在苏区内召集平等的无记名的"国民会议"!

当然,在这一方面各个苏维埃区域都做了很大的努力,而且一般的获得了很大的成绩。中央苏区的AB团,闽西的社会民主党,鄂豫皖的取消派,都依次地遭到了极大的打击。然而很多我们的同志,一直到现在还没有懂得,苏维埃政权对于反革命派别与富农剥削者的无情镇压是为得要争取广大的群众到苏维埃政权的下面,因此,他们不知道使肃清反革命的工作,经过群众,并依靠在群众身上,坚决地执行依靠贫农,联合中农的路线,结果,如像中央区与闽西那样,对于反革命分子,采取单纯的"打AB团","打社党"或"杀尽富农"的恐怖主义的策略。这种策略应用的结果,不但不能引起广大群众反对反革命分子的积极性,而且会造成群众对于党、苏维埃或红军的恐怖与动摇。

在苏区所以要建立"革命的程序",即对于反革命者必须要经过一定的法定手续,并不是因为这是一个法律问题,而是因为只有经过详细的审问考察,才能证明给群众看,苏维埃政府处罚某一个反革命分子,是因为他是企图推翻苏维埃政权,恢复地主资产阶级的统治的分子。只有这种证明,才能教育群众使群众了解苏维埃政府是真正工农群众利益的拥护者,而一切反革命派别是地主资产阶级利益的拥护者,使广大工农群众自动的积极的来参加肃反的工作。

最坚决地消灭凶恶的反革命分子,最广泛地在群众前面审判他们。宣布他们的罪恶,这样来教育全苏区的工农群众,以提高他们的积极性,并且这样来争取一时被他们蒙蔽的群众到苏维埃政权的下面来拥护苏维埃政权:只有这样的肃反工作,苏维埃政权才能扩大它对于广大民众的影响,保障工农的联合与苏维埃政权的巩固。

对于积极反革命的地主资产阶级的分子,我们必须采取最严厉的镇压手段,但主要是在这种手段的采取不但不应该动摇其他群众,而且应该提高他们的积极性。对于受反革命派别影响的群众,我们必须采取教育与说服的方法。这里主要的当然是关于中农群众的问题。对于这些群众,我们应该采取教育与说服的方法。强迫,不但不会征服他们,而且会引起他们的反抗,一直到武装暴动。过去闽西社党领袖傅伯翠所以能够影响一部分农民群众反水,就是因为我们在肃反工作中犯了严重的错误。

列宁说:

"对于地主资本家——完全的夺取。但是对于中农任何暴力,我们都是不允许的……"(一九一九年在联共八次大会演说)

在另一地方列宁又说:

"革命的无产阶级应该知道,镇压谁,何时与如何同他妥协。放弃恐怖手段与对于地主资本家,以及把俄国出卖给'协约国'的走狗的镇压,这是可笑与愚蠢的。企图'说服'或一般的要在'心理上影响'他们,那简直是滑稽。但是对于事变使他们倾向我们的小资产阶级的民主,企图单靠恐怖的策略,那同样的是愚蠢与滑稽。"("梭罗金的可贵的自白")

列宁这段话是在无产阶级已经压倒了资产阶级的抵抗,"小资产阶级的民主"开始倾向到无产阶级方面来的时候讲的。在中国,中农群众现在是同无产阶级与贫农群众在一起的。但是苏维埃政府的不正确的策略,可以使他们不满与动摇,可以使他们受富农以至其他反革命派别的煽动而反对苏维埃政府。对于这些群众,企图单靠恐怖的政策,那自然是"此路不通"。这里所需要的是教育与说服。所谓教育与说服当然不是口头上的或传单上的,而是实际行动上的。党与苏维埃政府在肃反工作中间应该最广泛地开展自下而上的自我批评,揭发一切自己在工作中所犯的错误,改正这些错误,使这些群众亲眼看到苏维埃政府是为他们谋利益的政府,宣布那些官僚、地主、富农分子在苏维埃机关中所做的罪恶,以争取因为他们的罪恶而离开了苏维埃政府或不满于苏维埃政府的群众,尤其是中农。

第二,我们必须使苏维埃成为民众的政权的机关,无产阶级就经过这一机关来领导与教育广大的农民群众。

列宁同志说:

"苏维埃的,即无产阶级德谟克拉西的社会主义的性质,是在:①选举者是劳苦群众与被剥削者,资产阶级除外;②一切官僚主义的形式与选举的限制是没有的,群众自己决定选举的程序与时期,可以自由的召回被选举者;③这是劳苦群众的先锋队,大产业无产阶级的最好的群众组织,这组织使无产阶级能够领导最广大的民众,吸引他们到独立的政治生活,依据于他们自己的经验,政治上教育他们,这样来开始去真正使全体民众去学习管理,并且科学地管理。"(一九一八年"苏维埃政权目前的任务")

在中国工农民主专政下的苏维埃政权,已经变成了千百万工农民众政权的机关,变成了无产阶级的先锋队领导与教育群众的政权机关。然而苏维埃政权的这一作用,并不是为苏区的每一同志所了解的。而且在很多地方,苏维埃还不过是一个空洞的没有群众的,甚至是官僚的机关。或者苏维埃通过许多决定,但是这些决定并没有能够见诸实行,而变成纸上的空谈。这里最主要的原因,是由于苏维埃还没有真正同广大的劳苦民众密切地联系起来。

在列宁同志的同一演说词中说:

"必须毫不放松的为了苏维埃组织与苏维埃政权的发展而工作。有一种小资产阶级的倾向企图把苏维埃的委员会变为'国会议员',还有一种,变为官僚。同这种倾向做斗争必须把一切苏维埃的委员吸引到实际的参加管理。……同苏维埃的官僚主义的腐化做斗争,只有当苏维埃与'民众',即劳苦群众与被剥削者,有了巩固的,灵活的联系之后,才有保证。"

中国很多地方的苏维埃政府,虽是名义上有各种部门,或人民委员会,然而考其实,能够经常在苏维埃政府中做工作的,只有一个苏维埃政府的主席与秘书,其他各部只有名与无其实,甚至一切工作,由秘书长包办,形成秘书长的专政。其他由民众选举出来的苏维埃委员,实际上也不过是挂挂名而已。这样的苏维埃当然完全说不上对于广大工农群众的领导与教育。

我们的同志往往把苏维埃的工作,看做是次要的工作。一个同志犯了机会主义的错误就派他到苏维埃里去做官。最好的或比较好的同志,则都集中在党内。也正因为这一原因,所以许多苏维埃的工作为党所包办。群众知道有党,而不知道有苏维埃,因此苏维埃常常为腐化的官僚分子或富农地主分子所盘踞,以至广大的工农群众对于一切苏维埃的工作表示消极,或甚至仇视苏维埃。

一切这些都是充分地表示出，我们的同志还不知道如何经过苏维埃来团结与教育群众，来建立无产阶级的领导作用。因此转变苏维埃的一切工作，成了苏区党目前最中心的任务。要达到这一目的，苏区的党首先就应该发动苏区内部的阶级斗争，首先是工人反对雇主，雇农贫农反对富农的斗争。应该把所有的工人组织在工会，雇农组织在雇农工会中间，大胆地提拔斗争中的，工会中的积极分子来担任苏维埃的领导工作，把一切官僚主义者与地主富农分子逐出苏维埃区的机关，进行群众的改选苏维埃运动，使苏维埃真正变为工农民主专政的机关。

工会工作，在苏维埃区域内，可以说是最弱的一环。我们的同志还没有明晰地了解到只有无产阶级才能领导中国革命走到彻底的胜利。甚至有人以民粹派的思想，代替了马克思主义，说在苏区只有"一般的劳苦群众"，而没有工人与雇农的存在。所以一直到现在，苏区工会工作，表示出特别的薄弱，甚至有些苏区，对于这一工作完全忽视。

职工国际关于中国职工会在苏区的任务，分明地写着：

"在苏维埃区域中，职工会要成为工农民主专政之最重要的群众支柱。工会要利用发展着的工人为自己直接经济利益而斗争的基础上引导工人群众参加苏维埃国家和红军的建设，要造成直接执行无产阶级领导权的无产阶级先锋队与广大的劳动群众之间的联系。"

"团结并组织千百万的无产阶级和半无产阶级在斗争中教育群众去彻底完成资产阶级民主革命的阶段并使革命往前发展为社会主义的任务，苏维埃区域的工会，必须成为'团结的学校，学习管理的学校，同情的学校，保护自己利益的学校，学做主人的学校，共产主义的学校'。"（第八次全会决议）

对于工会工作的忽视，显然是苏区党忽视在苏维埃内实现无产阶级领导权的具体表现。

同样的，对于乡村半无产阶级的贫农团的组织，也是非常不普遍。在湘鄂西反富农的斗争中，贫农的确起了不少的作用，然而在中央苏区只是到现在才开始贫农团的组织。有些地方，即使有了贫农团还不过是形式上的。我们的同志还没有懂得苏维埃政府的一切政策应该依靠贫农团的帮助来执行。现在苏维埃政府很好的许多决定的所以不能执行，也就是如此。

显然的，苏维埃的一切工作，如若不依靠在雇农贫农的积极性上，那这些工作的彻底转变是不可能的。而且在另一方面，也只有雇农与贫农的积极行动，才能真正把中农群众吸收到苏维埃中间来，团结在苏维埃政府的周围。

要使一切苏维埃的委员，担任具体的工作，教育他们如何自己来管理自己。同一切腐化的，官僚与地主富农分子做斗争，在群众选民大会上宣布他们的罪状，撤销他们的工作。经常的要代表们在选举他的选民前面做报告，使每一选民了解苏维埃所做的工作，使他们帮助苏维埃的工作，使每个工人或农民在工作的余暇，担任国家的一部分事情。

当列宁讲到"对于民众的专政"（在中国即地主资产阶级的专政）同"革命民众的专政"根本不同时，说：

第一章 土地革命

"少数人专政的旧的政权只能依靠警察的横暴,极端的压迫,依靠于民众不得参加政权,不得监督政权。旧的政权一贯的不信任民众,惧怕光明,用欺骗来维持自己。大多数专政的新的政权是依靠在,而且完全依靠在大多数群众的信任,最自由的,最广泛的,最有力量的吸引一切民众参加政权。没有任何的隐藏,没有任何的秘密,没有广告,也没有形式。"(一九二〇年十月二十日,"关于专政问题的历史")

无产阶级只有这样,才能取得农民群众的信任,共同一致的为了苏维埃革命的胜利而斗争。

但是,最后,无产阶级要巩固他的领导,那它必须能够像列宁所说的利用革命的手腕牺牲剥削者,去满足非无产阶级劳苦民众的大多数的经济要求。

首先就是没收一切地主阶级的土地,把这些土地分配给雇农、贫农与中农,富农的土地也应该没收,但在他不反革命条件之下可以分得坏的土地,使这一土地革命的利益真正变为雇农、贫农与中农的。

虽是在各苏维埃区域内,到目前一般的已经正确的分配了土地。但是一直到现在这一工作中富农路线的抵抗,还是很严重的现象,很多地方的土地还没有重新分配,富农还利用种种方法不肯交出他的土地与他的剩余的生产工具。要彻底分配土地,苏维埃政府必须依靠在雇农与贫农的身上,发展反富农的斗争。

但是在反富农斗争中过"左"的方式,如像没收富农的一切土地与财产,杀尽富农或吊打富农要他们交出钱来的办法,同样是有害的。因为在中国革命目前的这一阶段,还没有集体农庄,而且还谈不上集体农庄的建立,消灭富农这一阶级,还不是当前的任务。这种"左"的过早的办法,必然会动摇同中农的联合,结果不但不能反对富农,消灭富农对于中农的影响,而且反会帮助富农,将中农群众交给富农。

谁企图在中国革命目前这一阶段破坏我们同中农的联合,谁就是革命的敌人,不论他所说的是怎样"左"的话,这是富农路线的另一种表现。

我们的党为得要真正反对富农,我们必须用一切方法,同中农取得联盟,以孤立富农。我们对于中农应该知道同他们妥协,向他们让步。比如关于"平分一切土地"的问题。虽是平分一切土地是雇农贫农的要求,但是中农是不赞成这一办法的,而且有些地方因为平分一切土地以致侵犯了中农的利益。在这种情形之下,我们必须向中农让步。所以党中央关于这一问题,特别成立决议,指出:

"苏区的各级党部必须向广大的雇农贫农群众解释,他们要保持他们所分得的土地,要扩大与巩固苏维埃政权,要坚决地去战胜反革命与富农,他们必须同中农结成最密切的同盟,必须不但不损害到中农的利益,而且要给中农以土地革命的实际利益。就是中农所有的土地比雇农贫农所分得的较多些,我们也不能以平均分配一切土地的口号去分配他们的土地。妨害中农的利益,强迫平均分配他们的土地,必须会使他们动摇到敌人方面,来反对苏维埃政权。这种'左'的反中农的路线,是富农路线的另一表现,实际上同拥护富农利益的机会主义,根本没有丝毫的不同。"(一九三一年十二月二十四日)

列宁在十月革命之后,曾经再三再四提出应该同中农联合,同中农妥协,来反对富农的问题。他曾经这样清楚地说：

"对于这些民主主义者（指中农——洛甫），无产阶级是到处欢迎的。在乡村中间，我们的任务是消灭地主，粉碎剥削者，与投机的富农的抵抗。为了要达到这一目的，我们只能依靠在半无产阶级者，'贫农'身上。但是中农不是我们的敌人。他过去是动摇的，现在也是动摇的，将来还是要动摇的。影响动摇者的任务是同样推翻剥削者，战胜积极的敌人的任务不相同的。善于同中农妥协，一分钟不放弃同富农斗争，巩固的依靠于贫农——这就是现在的任务。"（一九一八年十一月二十一日，列宁："梭罗金的可贵的自白"）

中国无产阶级在苏维埃区域内，完全不是压迫中农，而是经过苏维埃，经过红军，经过不断的国内战争，用具体的例子教育这些农民，帮助这些农民，使这些农民在自己的切身经验中了解到只有推翻帝国主义地主资产阶级的统治，建立苏维埃政权，才是他们的出路，只有在无产阶级与它的政党的领导之下，走向社会主义，他们才能得到最后的解放。

但这决不是一下可以做到的，这是一个长期的过程，这需要无产阶级的政党正确的策略与不断的努力。列宁同志说得好：

"对于中农，我们的政策是永远同他们联合。他们不是苏维埃的敌人，不是无产阶级的敌人，不是社会主义的敌人。当然他们将要摇摆，并且只有当他们在实际的例子上看到这一转变的不可避免，他们才会答应走向社会主义。用理论的判断与煽动的演说不能使中农相信，但贫苦农民与无产阶级的联合可以使他们相信。我们在这里计算到长期的逐渐的说服，许多过渡的办法，以实现人民中无产阶级的社会主义部分同中农的妥协，以实现在一切形式中坚决反对资本的共产党员同中农的妥协。"（一九一八年十二月十一日，演说）

在土地已经适当的平均分配的苏区，苏维埃政府目前的主要任务，是在采取一切具体的办法来帮助农民，使他们提高土地的生产力，使他们的生活得以改善。只有这样，农民群众才会相信我们的领导，积极地来参加苏维埃的一切工作，拿着自己的生命来拥护苏维埃。

在土地问题上是如此，在其他一切问题上也是如此。当苏维埃政府在实际上证明它真是能牺牲一切剥削者的利益，而为大多数工农民众谋利益时，将是世界上不可战胜的力量。

列宁同志说：

"当最后的一个苦工，任何的失业工人，每个女佣，每个穷落的农民，都看到（不是从报纸上看到，而是亲眼看到）无产阶级的政权（在中国是工农民主专政——洛甫注）不是为富人效劳，而是来帮助贫民；看到这个政权，不怕采取任何革命的办法去夺取寄生分子所余的物品，而把它分给饿殍，看到他用强迫手段，使无处可归的穷人，迁入富者的华厦中，看到他强迫富人偿付牛乳的价钱，且当全体贫家的子女尚未得到充分牛乳的时候，就连一滴也不给富人，看到土地转给劳苦群众，而工厂及银行受工人的监督，看到富翁要是藏匿财富,就立刻要受严酷的惩罚——当贫民看到这些情形而深刻地感觉到的时候,那么任何资本家和富农的力量,任何剽窃数千万万财富的全世界财政资本的力量都不能战胜民众的革命,反过来,民众的革命,将战胜全世界,因为全世界上社会主义的革命,已经成熟了。"(二月革命至十月革命,二百七十九页)

中国无产阶级与它的政党,如若能够坚定执行上面所说的基本任务,那中国苏维埃革命的完全胜利,是有充分保障的。广大的中国农民群众在中国无产阶级与它的政党的领导之下,将最后的了解到只有社会主义社会的建设,才能把他们从贫困与落后中最后的解放出来。

当然谁也不能梦想在中国苏区主要的还在乡村中的时候,我们能够使农民群众走向社会主义的道路上,而且谁也不会梦想在我们没有大城市的机器生产的物质基础时,我们能够使广大农民群众走向社会主义。然而我们现在所执行的正确策略将使我们在占领全中国主要的产业中心时,顺利地采取重要的社会主义步骤,走向社会主义。这种社会主义步骤的采取,必须能够得到最大多数农民群众的拥护。

列宁同志曾经说过这样的话:

"如若在农村中能够唤起劳苦农民中的觉悟,如若这一部分农民因为资本主义者的暴动的浪潮,同资本家阶级的利益最后分离,如若这些农民在贫农委员会,在改造的苏维埃中更密切地同城市的工人结合起来——那从这里我们看到唯一的,同时最可靠的,并且无疑的最坚固的社会主义建设在俄国变成更其可靠的保证。这保证现在已经在乡村人民中广大群众身上得到了基础!"(一九一八年十二月十一日演说)

中国工农民主专政首先在乡村中开始胜利,这一特殊的条件使中国无产阶级经过它的政党,中国共产党,在坚决地反对富农以及一切其他反革命分子的斗争中,使广大的农民群众,同"资本家阶级的利益"逐渐分离。如若这些农民群众更能够得到大城市无产阶级物质上与精神上的帮助,更密切地同城市工人结合起来,那我们从这里已经看到了中国革命转变的最好的基础!中国革命的转变,完全不像许多人所想的,是什么一个突然的行动,而是在无产阶级在领导反帝国主义与反国民党的不断的革命斗争中所获得的最后的结果。

在无产阶级与它的政党的前面,有着极大的困难,如像世界帝国主义与中国整个地主资产阶级对于苏维埃革命凶暴的进攻与对于苏维埃区域的封锁,全中国经济的浩劫与灾荒,以及千千万万工农民众的失业与饥饿死亡,都造成中国革命成功的困难条件,然而只要我们能够执行正确的列宁主义的关于工农联合的策略,那一切这些困难,都是不难征服的。中国苏维埃运动十年来的不断胜利与发展,完全证实了这一点。

列宁同志曾经讲过:

"我们知道,从资本主义到社会主义的转变是极度的困难的斗争。但是我们准备忍受千百种困难,完成千百种尝试,并且在千百种尝试之后,再开始一千零一次,我们现在吸引一切苏维埃的组织到新的创造中去,到新的力量的兴奋。我们准备吸引新的阶级,组织乡村贫农来征服困难。"(一九一八年十二月,"关于同饥荒做斗争的报告")

我们依照列宁的话,我们可以说:完全中国工农民主专政是极度困难的事。但是我们准备忍受千百种困难,完成千百种尝试,并且在千百种尝试之后,再开始一千零一次。我们现在吸引一切苏维埃的组织到新的创造中去,到新的力量的兴奋。我们准备在依靠贫农,联合中农,反对富农的基础上来征服困难。

许多反革命派别,对于中国工农民主专政的苏维埃政权是一致进攻的。他们或者是造出种种"共产公妻","杀人放火"的谣言,或者是利用苏维埃政府的错误缺点来咒骂苏维埃政权,说这不是工农民主专政,而是地主、商人、资本家、富农的专政,同国民党的地主资产阶级的专政是没有任何区别的。(见取消派领袖刘镜园最近在读书杂志社会史论战第二辑上的文章!)

让取消派以及一切反革命派别去咒骂中国工农民主专政吧。中国工农民主专政是在同帝国主义与中国地主资产阶级的血战中走向全中国的胜利。他不怕一切困难,他不怕一切错误。因为他相信自己有征服一切困难与改正一切错误的力量!

(《红旗周报》1932.09.01)

查田运动的初步总结

毛泽东

一 伟大的胜利

查田运动在党与中央政府的号召之下,已经广泛的开展起来了。如果说,查田运动过去还仅仅在开始的阶段上,那末在六月的八县查田大会后七月一个月的工作,便已超过了去冬以来大半年中所做的成绩。一般说,在开会的八个县中,查田运动已经进入了一个新形势,查田运动已经成了一个广大的群众运动。瑞金与博生成绩最大,两县共查出了二千几百家地主富农,胜利,零都,会昌,汀东,长汀,石城,宁化各县,亦都有了初步的成绩。在一切查田有成绩的区乡,广大的群众斗争发动了。苏维埃工作中,党的工作中,许多过去停滞着的状态,现在都活泼起来了。苏维埃中的坏份子许多被洗刷出去了,暗藏在农村中的反革命份子,受到了严厉的镇压。一句话,封建残余势力,在广大群众面前遭受了惨败。在这个基础上,各种工作更加开展了。在查田有成绩的区域,扩大红军与扩大地方武装,推销经济建设公债与发展合作社,秋收秋耕与发展劳动互助社,以及俱乐部夜学小学等文化建设事业,都得到极大的成绩。一切工作进行更加顺利了。在群众活跃的基础上,大批积极份子自己创造成为各种工作的干部,许多工农积极份子加进了党。被吸引到苏维埃工作中来。最好的例子是瑞金的壬田区。壬田区的查田运动在中央政府工作团帮助之下,五十五天中发动了全区的群众,彻底消灭了封建残余,查出了地主富农三百余家,枪决了群众所谓"大老虎"的十二个反革命份子,镇压了反革命活动。在群众面前检举了苏维埃工作人员中犯了严重错误的一些份子,清洗了一些混进苏维埃来的阶级异己份子出去。全区查出土地二万七千担,全区二万余劳苦群众差不多平均每人重新得了一担二斗谷土地,分配了豪绅地主的无数财物给予群众。依靠于群众积极性的空前提高,五十五天中扩大红军七百余人进瑞金模范师去,没有一个开小差,节省谷子卖给红军,达到了一千九百余担,全县没有任何区比得上他。在各乡的要求下,全区担任推销经济建设公债四万元,地主罚款富农捐款已收得七千五百元,承认继续去筹的一万元。合作社迅速的发展了,文化教育建设如俱乐部识字班夜学也增加了。党员数量扩大,党的领导加强了,工会工作也进步了。全区另换了一种新气象,由瑞金的一个落后区,五十五天中变换了地位,成了与武阳区相等的一等区了。我们现在要问:壬田区为什么得到这样大的成绩呢？那我们应该指出:由于他们认识了查田任务的重要,由于他们的动员方式,阶级路线与群众工作,都是坚决执行了中央局与中央政府的正确指示他们做了真正布尔塞维克的工作。在任务的认识上他们懂得查田运动与革命战争的密切联系,因此他们认真的做这个工作,抓紧了查田运动的领导,有计划的去布置当地的工作,在动员方式上,他们在全区十一个乡中,抓紧了最落后的与比较落后的七个乡的工作,在这七个乡中动员了党,动员了团,动员了乡苏,动员了工会与贫农团及其他群众团体,经过他们去动员广大的群众。在阶级路线上,坚决执行了依靠雇农贫农与联合中农的策略,广大的发展了贫农团。他们说明了查田不是分田,查阶级不是查中农贫农雇农阶级,他们"讲阶级"的工作做得很充分。当着鹅凤乡的地主富农恐吓中农,使部分的中农发生恐慌的时候,我们的同志找了几个中农来作个别的谈话,经过他们去传达其他的中农,鹅凤乡的中农立即稳定起来,接着积极的拥护苏维埃的查田政策,从受地主富农欺骗转变到与贫农工人一致联合进攻地主富农。壬田区的同志亦曾错误的处置了几家成份,但他们迅速的改正了错误。关于领导群众斗争的工作首先他们做了广泛的宣传,不是开全区全乡会,他们开的是村子屋子会,这样去接近更广大群众,向他们作了多次的宣传鼓动,所以全区群众都明了查田查阶级是自己的责任,自己的利益。其次调查阶级成份,发动了多数人去查,详细搜集了各个成份的材料证明给群众看,所以没有发生群众不满意的事。其次通过阶级成份,是首先经过了查田委员会的分析决定,提交贫农团讨论通过,送达区苏批准,再到被没收人的村子里召集本村群众大会,解释明白,举手赞成,然后进行没收。在分配财物与土地上,工作人员都能了解自己应做模范不拿东西,而把东西完全分给群众,没收的村子多分,其他的村子少分,得到了群众的完全满意。土地也迅速分配了,别地拖延很久才分的现象,壬田区是没有的,所以迅速发动了群众。他们打进落后大村子的办法也是正确的,他们不畏惧这些大村子,他们也不用蛮干的办法去对付,他们对大村子是集中了火力,做了更多的宣传,从争取当地积极份子着手,团结他们,教育他们,经过他们去发动其他的群众。他们很耐心的去做这种村子里的工作,表面上看是迟慢的,但实际上是迅速的,他们在五十五天中把壬田区所有落后大村子一概发动了,很短时间消灭了这些村子的落后。柏坑乡的一个村子打不进去,原来那里有两个著名"大老虎"一向在作怪,他们就采取了不同的办法,首先捉到这两个坏东西在当地开巡回法庭审判他,经过群众的热烈拥护枪决他,那里的群众斗争就像烈火一般燃烧起来了。他们开了十次群众审判大会,三次巡回法庭,都是经过了极广泛的群众路线,本乡的人多到,别乡的人每村派代表,小乡十几人,大乡四五十人。所以每一次公审与裁判的结果,都立即传播到了全区各乡各村中去,不但使各个乡村的群众都觉得今天审判的这个人该罚该杀,而且使他们立即想到自己地方的那些同样作恶份子也该处治他。壬田区的查田运动真算得全苏区的模范！瑞金九堡区的工作也有极大成绩，他们是首先抓紧三个乡去做，召集各乡的查田委员会委员到区苏开了三天训练班，证明了动员方式阶级路线与争取群众的方法。他们在没收分配问题上创造了一个好办法。他们的办法是：要去没收一家地主了，就号召本村本屋的群众一同去，在群众大会上举出没收分配委员会，在群众的监视下进行没收，没收的东西堆在一个大坪上，再经过群众的同意立即分配给应得东西的群众。吃得的东西又是一个处置，就是杀猪煮饭让群众大家吃一顿。这个办法在九堡区收了极大的成效。他们的没收分配委员会不是经常组织的，而是临时组织的，更加密切联系了群众（关于土地的没收分配，仍由经常的土地委员会负责）。一切东西不挑到乡苏去，不待集中了若干家然后分配，免去了拖延时日与被别人偷了去的毛病。九堡区在其他的路线上方法上一般也是正确的，所以能够发动广大群众自己动手查阶级。他们办到了没有一个地主富农到乡苏区苏来闹成份，与过去查田时的情形完全相反，过去总有许多被查的地主富农到苏维埃来横闹，说把他们查错了。不但本人，甚至乡代表贫农团负责人也有来替他们求情讨保的。这次当然不是地主富农不闹了，而是要闹也闹不起来了，他们的同宗，他们的亲戚，没有一个人赞助他们，地主富农软了劲，没有闹的可能了。这件事证明九堡区发动群众的工作做得极充分，不然是办不到这个地步的。

所有这些光荣模范的例子（这种例子别地还不少），给了党与中央政府的号召以布尔塞维克的回答，证明了中央局与中央政府的指示的绝对正确性。那一处完全执行了这些指示，那里就立刻取得伟大胜利。但是谁违背了这些指示，忽视了这些指示，那里的工作就犯了错误，没有成绩或者成绩很微弱。让我再拿事实来证明。

二 有些地方放弃查田运动的领导

查田运动的战斗任务，在中央局查田决议发出之后，在中央政府查田训令及召集八县查田大会之后，查田运动在各县的开展，并没有普及到一切地方，这如福建全省查田的成绩还只当得博生一县的成绩，胜利、零都、会昌、石城每县的成绩，还只当得瑞金最好的一个区至两个区的成绩，各地有许多区的查田委员会没有开过一次会，甚至县查田委员会，亦还有几个县没有去抓紧全县的查田工作（会昌，零都，石城，宁化）。许多区与乡的查田委员会，区乡主席不做主任，藉口别事忙，放弃查田不管。党对查田的领导，在一切查田有成绩的地方，都明显的表示出党的坚强领导作用，党员群众的大多数在支部与区委的领导下做了很多布尔塞维克的勇敢战斗工作。但在一切查田没有成绩及成绩微弱地方，就表现出党部忽视查田运动，这如会昌县委在中央局查田决议发出后差不多两个月没有讨论过一次查田工作，直到七月底才开了一次会讨论查田。瑞金的下肖区委在一个时期中，对查田运动完全放弃不管。瑞金城市区委虽为查田开过一次会，却没有推动四郊支部去注意查田的领导，各个支部没有为了查田运动开过会的。在别的地方如零都，胜利，石城，宁化，县委与许多区委，同样没有用火力去注意查田工作。党与中央政府说："查田运动成为发动群众深入农村中的阶级斗争，彻底解决土地问题与肃清封建半封建的有力方法"（中央局决议），"查田运动是各地苏维埃一刻不容再缓的任务"（中央政府训令），"查田运动是目前工作中心最主要的一环"（八县大会总结）。我们的许多同志却在说："忙得很，没有工夫照顾查田运动"。党的决议说："一切以官僚主义与形式主义的敷衍态度来对查田运动，是最有害的"，这些同志却还是以官僚主义形式来对待查田运动。

三 有些地方竟对地主富农投降

在查田运动开展了的地方，也还表现许多个别的仍是严重的错误，那就是这些地方党部中苏维埃中还常常遇见到个别的同志，在查田运动这个激烈的阶级斗争面前，表现了他们的机会主义动摇，这主要在当着查田运动激烈发展的时候，他们丢弃不了姓族与地方的关系，包庇同姓同村的地主富农成份。或者错误的分析阶级成份，把地主当富农，富农当中农。有些裁判部的工作同志，在他们的极端疏忽中接受了地主富农假冒群众名义对于查田积极份子的诬告。另一方面我们有些保卫局与裁判部的同志，又没有能够跟着群众查阶级斗争的开展，去积极镇压反革命，甚至当着群众请求捉拿与枪决抵抗查田的地主富农份子时，还有不接受群众请求的，瑞金的裁判部就是做了许多这样错误的例子。

四 侵略中农的倾向是最严重的危险

"左"的机会主义倾向，在七月查田中，又在很多地方发生了。这里应该着重指出的就是侵犯中农的倾向。虽然在中央局的决议上早已明白的写着："必须特别注意与中农群众的联盟，中农是革命后苏维埃农村中最广大的基本群众，一切我们的处置与策略，必须获得他们的赞助与拥护。每一个贫农团与苏维埃的决定，必须是在一村或一屋的群众会议上得到中农群众的拥护，一切中农群众的呼声，必须注意听。并须严厉的打击任何侵犯中农利益的企图。"在八县大会的结论上指出："查田的目标是查阶级，而不是再分田"，"联合中农应从不侵犯中农的利益做起"，"在查田的开始，应普遍宣传苏维埃联合中农不侵犯中农的政策。在查田进行中，应审慎决定那些介在中农与富农之间的疑似成份，不使弄错"。但是这样的指示，并没有为许多地方的同志们所注意。瑞金城区的查田，一起始就接家按亩去查，查得中农恐慌，竟有中农跑到苏维埃来请求改变自己成份，他们请求改为贫农，他们说："中农危险得很，捱上去就是富农，改为贫农咧，隔富农就远了一点"。这样沈痛的呼声，还不值得我们倾听吗？黄柏区洋古乡的同志向群众说："查阶级不查别的，只查中农富农地主阶级"。踏迳区的同志，插起牌遍查，查得一部份中农恐慌逃跑躲到山上。博生县的某些乡中，同样是插牌子遍查，同样发生了中农恐慌的事。八县大会的结论早已说了："那种说到查田就以为应插牌子的意见，是不对的"，但全未为这些同志所注意，这种插牌子遍查的方法每县都有发生，这是异常严重的情形。他们把查田与分田混同了。不错，分田是应插牌子的，是要一丘一丘查清数目后拿了去分的，但若把这个办法应用到查田运动上来，那就混乱了农村中的斗争目标。过去我们曾经指出:"查田与分田必须严格的分别,这种分别,不但为了巩固农民的土地所有权,使他们不起分田不定的恐慌,而且是为了查阶级斗争的胜利。必须集中全力,特别是联合中农,去对付地主富农的反抗,这种时候,决不应在农民自己的队伍中发生任何的纷扰"(八县大会结论)。这样的策略,是我们领导查田斗争中整个策略最重要的一部份,可是还为许多的同志忽视了。这种忽视,一刻也不能再忍耐下去,那些经过指导还故意在做这些错误的,当地的上级苏维埃须给他以严厉的处罚。要在党内团内开展思想斗争,反对任何党员团员侵犯中农利益违犯联合中农策略的思想与行为。已经做了错误,如已经没收了中农的土地财产的地方,苏维埃人员要向当地中农群众公开承认自己的错误,把土地财产赔还他。去年兴国会赔还许多中农的土地,取得了中农群众的满意,是一个宝贵的教训。

五 贫农团的关门主义与忽视雇农的领导作用是错误的

"贫农群众是党和无产阶级在农村中的支柱,彻底进行土地革命的坚决拥护者","依靠贫农"是我们查田运动及一切土地斗争的重要策略之一,而贫农团则是查田运动中有极伟大作用的团体。八县贫农团代表大会已经指出过去贫农团的关门主义倾向是错误的,应该废除介绍制,向贫农工人打开大门,一切男女老少的贫农工人均可报名加入。但是许多地方仍然沿着旧办法不改,仍然非有介绍不能进贫农团,甚至在瑞金踏迳区当着尚未入会的贫农群众跑来参加贫农团会议的时候,贫农团负责人居然拒绝他们参加。博生的竹崢岣区,七月一个月中贫农团没有发展一人。在一切查田有成绩的区乡,贫农团是广大的发展了,而在没有成绩或成绩微弱的区乡,那里的一个表征,就是贫农团的关门主义状态。雇农在查田运动中的伟大的领导作用,同样为许多同志所不认识。党的决议说:"雇农群众是城市无产阶级在农村中的弟兄,是土地革命中的先锋队,因此苏维埃的工作人员必须与工会取得密切联系,经过工会来发展与组织工人群众的积极性,使他们成为查田运动的先锋"。我们的同志,依照这个指示去做的,不是多数。这里主要的方法,是使农村工人加入贫农团,而在其中成立单独的工人小组,经过这些工人小组,去团结贫农积极份子,发展贫农团,推动查田运动前进。黄柏区山河乡的经验是可宝贵的,当我们的同志两次召集贫农团开会不成的时候,就去开了一个农业工会与手艺工会的会员群众联合会,发动了几十个工人积极起来,每人带领一个贫农份子加入贫农团,第二天贫农团再开会果然一齐到了,开展了山河乡的查田运动。山河乡这个经验应该把他运用到一切农村中去。这里工会的上级领导机关,应该给下级工会以积极的指导,要把查田任务看成为工会的重要任务之一。

六 关于富农问题的不正确观念

农村斗争中整个我们的策略,是依靠着贫农,坚决的联合中农,并使雇农起先锋队作用,团结所有一切力量,去消灭地主阶级与反对富农。关于富农问题,党已经正确的说了:"必须把地主和富农分别清楚,在无情的消灭地主残余斗争中,决不容许任何消灭富农的企图"。七月查田中,虽然还没有发现公开主张消灭富农的理论,但是把富农份子当做地主全部没没了他的家产的就已经在许多地方发现了。这一错误的来源,是由于抹煞富农的劳动力。当着我们说"没有劳动或只有附带劳动而有地租等等剥削的是地主"的时候,有些地方就把在生产中用了有相当多的劳动的份子,认为是"附带劳动"一类。把他当地主看待。有些地方,则把富农兼有高利贷剥削的认为是"高利贷者"而照着"消灭高利贷者"的办法去对付这种富农。有些则算陈账,算到革命前若干年上去,一人在革命前五六年甚至十几年前请过长工的,也把他当作富农,或者仅仅只请过一年两年长工前后没有请过的富裕中农份子,也放在富农一类。更加严厉的是过去兴国某地方的例子,那里的办法,拿剥削的种数去分别地主与富农的成份,三种剥削的叫地主,两种剥削的叫富农,比如请了长工,收了租,又放了债,则不管他家里有几多人劳动,总之他就是地主了。还有"反对富农"这个问题,在许多地方弄得颇糊涂。武阳区一家富农兼商人,七个人吃饭,因过去他家有一人加入 AB 团,在两年前被杀了,两年之后那里的同志一定要全家没收地。在别的许多地方,同样发生许多这类的事情,把富农在暴动前不十分严重的反革命行为如参加"收三成租谷"之类(瑞金),暴动后几年他也没有做过反革命的活动,群众的多数对他不要求惩办,而我们有些同志,则一定要没收他。正确的说,我们对待这类份子的办法,在巩固了的区域与尚未巩固的边区,应该有策略上的不同,在边区,无疑要采用严厉办法,镇压一切包括富农在内的反革命份子。在中心区,则要分别情形决定,暴动前有过严重的反革命行为,或暴动后还在做反革命活动的,自然应该坚决的没收他,否则不应该没收。有些一家中只没收他本人以及同他反革命行为有直接关系的份子,其他的人则不没收。这样处置才是正确的处置。

七　工农检察部没有负起自己应有的责任有些并且做出了错误

我们的工农检察部的同志,许多不认识查田运动开展中正是开展思想斗争,反对官僚主义,反对贪污腐化与消极怠工,驱逐阶级异己份子出苏维埃去的最好时机,对于这些工作做得异常不够。许多我们工农检查部同志,在这个激烈的阶级斗争面前,表现了自己的消极动摇,自己的官僚主义与形式主义。甚至如瑞金市苏工农检察科长,包庇市苏裁判科长的极大贪污行为(私用公款千余元)。渡头区的工农检察科长对于区苏主席放弃查田运动不管,也不去批评他与检举他,工农检查部的检举运动,有些地方又走到了别的错误方向,把恋爱问题当作腐化,把拿了地主的东西当作贪污,对于这样的份子进行检举甚至公审,有些地方把犯了轻微错误的开除职务。不去有系统的发动自我批评,开展思想斗争,把这种艰苦的工作省去,而代之以简单的惩办主义。不消说,苏维埃工作人员中那些犯了长期与严重错误的份子是应该坚决洗刷出去的,但是错误不到这种程度的也给予撤职处分,则是过分了。关于阶级异己份子的问题,普遍的只讲成分,不讲工作,只要是出身坏,不管他有怎样长久的斗争历史,过去与现在怎样正确执行党与苏维埃的路线政策,一律叫做阶级异己份子,开除出去了事。完全不错,我们要坚决洗刷那些阶级异己份子,那些成份坏又加工作坏的(包括地主富农,消极怠工,贪污腐化等等)无疑应该洗刷干净,但如果不是这样也把他洗刷出去,那就是过分的了。

八　关于查田斗争的领导艺术

了解了任务与路线,但没有领导群众斗争的布尔塞维克的艺术,查田运动是仍然不能开展的。本文的开头已经说了壬田区等处许多很好领导斗争的例子,但在另外许多地方却在这个问题上犯了不少的错误。有些地方对于地主富农集中的落后大村子不知道用各种方法去发动斗争,即如有种大村子只有首先捉拿著名凶恶即群众所谓"大老虎"的那些豪绅地主份子,才能开展当地的斗争,我们的同志却没有这样去做。关于用分配没收来的财物去发动群众斗争这个最好的方法,还有许多地方不知道采用。在瑞金踏迳区的瓦子乡,甚至把东西只发给查田干部与贫农团会员,其他不发,理由是自己不积极的不应分东西。有些地方没收的东西分配得很慢,甚至没收了一个多月还未发给群众。没收的土地分配得更慢,不少地方的同志不知道去动员苏维埃的各部,动员各个群众团体,不知道动员所有的党员团员,在各个群众团体中,各个村屋中,去起核心领导作用。工作推不动,就说这里本来没有办法的。有些地方当着群众查阶级的斗争已经发动起来了,许多群众都来报告地主富农请求去查去没收时,我们的同志不能立即抓紧群众这个热潮去领导群众开展斗争,把查阶级的工作开展到各个村子里去。有些地方,则在查了一番之后,群众的斗争热情不能继续向上高涨,表现了停顿状态的时候,我们的同志不能用各种方法去激励群众,使斗争继续高涨,一直领导到消灭一切封建残余的地步。许多地方当着经过了查田运动,群众斗争热情蓬勃发展起来了的时候,不知道把这种热情组织到别的战线上去,比如不当着群众得了东西得了土地的时候,即在那时的群众大会上,或在其他一切有利时机,鼓动群众去当红军,去买公债票,去进合作社,鼓动群众去加紧秋收秋耕的工作,去建立俱乐部识字班,发展夜学与小学。把这种最好的时机放过去,另等上级对于这些工作的督促来了,才又重新开头去做宣传鼓动,这种落在群众斗争热情之后的尾巴主义的领导,乃是最有害于革命工作的。

另一方面在许多别的地方又发生了少数人蛮干的恶劣现象。我们曾经着重的指出:要反对对于争取大多数群众的忽视与命令主义的工作方式,只有耐心的艰苦的去做发动群众争取群众的工作,才能取得大多数群众的拥护,达到消灭封建残余的目的。这样的群众工作,是执行阶级路线的唯一保障。查田运动的开始,必须在一切村屋中做广大的宣传,向群众说明查田运动的必要,说明查田不是分田,查阶级不是查中农贫雇农阶级,特别重要的是把什么叫做地主富农中农向群众分析清楚。村屋的群众大会应该不只开一次,特别是那些落后的村屋应该多去开一次,应该不让一个革命群众不听到我们的宣传。为了达到这个目的,应该首先在乡苏代表会,工会,贫农团,女工农妇代表会,及其他群众团体中,向一切积极分子解释明白,经过他们去向广大群众作宣传。查阶级应该不是少数人去查,要发动多数人去查。通过阶级成份不但在贫农团乡苏与区苏通过,而且要在被没收人的村屋中开群众大会,取得群众的同意,才能进行没收。分发财物,要发给本村本屋群众,取得本村本屋群众的满意。所有这些,都是为了争取群众的大多数。党与苏维埃工作人员,每个时候,每件工作,都不要忘记群众的大多数。我们要面向群众,是在要面向群众的大多数,我们的工作要深入群众,是在要深入一切大的小的村庄一切大的小的市镇里的群众。要严厉反对少数人干的关门主义命令主义错误办法,可是我们的同志许多地方并不是这样去做的,在瑞金,许多乡中没有向群众讲过一次阶级(没有分析过什么是地主富农中农)。在瑞金及别县的许多地方都发现不经过宣传就动手去查,以至地主富农跑出来造谣欺骗中农,说什么本乡地主富农多得很,或者说本乡有几百家地主富农要查(瑞金),而我们的同志,还不知用明白的"讲阶级"办法,去打破这种造谣。广昌的地主说:"查田运动是中央政府要过去欠债的人把债还与中央",我们同志没有立即去擢[戳]穿这种鬼话。在踏迳区的几个乡中,除了不做宣传之外,查阶级只是查田委员会的几个人去查,通过阶级不但不经过群众大会,连贫农团也不经过。他们说:"群众靠不住,群众不会分析阶级,阶级成份提到群众大会去通过是要发生纠纷的,还是只由委查田员会通过靠得住",这个踏迳区同志的理论,真算得天下奇闻! 好几个地方没收地主时,不在白天而在晚上,唯一的理由是怕地主跑掉了。有一处地方开群众大会,用了"全区大会"的办法,可是到的不上两百人,三个人输流从上午演说到下午,不让群众休息,也不让群众喝水吃饭,说是怕群众跑掉了,这样蠢干的办法,又算奇闻的一种。

九 开展两条战线斗争克服自己错误争取查田运动的彻底胜利

无疑的,查田运动是在广大地域内开展了。但当着这个运动前进的时候,当着我们正确估计了已得成绩奠定了运动发展的基础的时候,我们还要警觉地注视运动中途的障碍物,只有发动两条战线斗争的火力去清除这些障碍,才能推进查田运动更加迅速的前进。开展反右倾的思想斗争,反对对查田运动严重意义的估计不足,反对对地主富农的妥协降降,反对群众斗争的尾巴主义领导,是每个共产党员的责任。同时要把侵犯中农的危险唤起全体党员的注意,"要严厉打击任何侵犯中农利益的企图",因为这是目前查田工作中已经明显表现出来了的十分严重的危险。对富农的不正确观念,也无疑要影响到中农上去,一切命令主义的蛮干,对于联合中农是最大的危害。两条战线斗争的火力扫荡了查田运动道路上的一切障碍物,查田运动就可以大踏步前进,他的彻底胜利就有了充分保障了。

(《红旗周报》1933.10.30 第 61 期)

国民党的统治下无锡庆丰纱厂全体罢工

资本家的新进攻

上海通讯:国民党造成了全国经济的总崩溃,把千千万万失业的工农大众陷于饥寒交迫的境况之中,就利用这大批的失业工农,加紧了对于工人阶级的进攻。

无锡庆丰纱厂的资本家,抓着了这种机会,一方面用"大批失业工人在抢工做"的话来威胁在业工人的经济斗争,一方面在"生产救国"、"劳资合作"等欺骗的口号下,想尽了各种方法,榨取工人的血汗。最近,他们又全部开除了钢丝部六十多个男工,以极低廉的价格雇用失业的女工代替工作。这样,在资本家的如意算盘上,又增加了大批的进款。

罢工的爆发

工人们眼看着资本家的进攻,日益残酷;眼看着整个工人阶级,随时随地都有饿死的危险;于是他们便一致地团结起来,反对资本家的进攻,要求立即恢复开除工友的工作。资本家为着保持他的利益,数次拒绝了工人的正当要求。

资本家的一分利益,就是工人的一分损失;工人的利益增加一分,资本家就减少一分利润。在不可调和的阶级利益的冲突中,工人们只有采取最尖锐的斗争方式,和资本家进行顽强地斗争,才能获得最后的胜利。庆丰纱厂的工人认清了这一点,就在二月二十日全厂二千余人一致宣布罢工,来回答资本家的进攻。

最低限度的要求

这次的大罢工,全体工人不仅要求立即恢复开除工友的工作,并提出下面几条最低限度的要求:在资本家没有圆满的答复之前,誓不复工!

一、恢复原有的工资。

二、恢复夜饭工钱。

三、延长吃饭时间。

四、反对不许坐凳的苛刻条例。

五、不许任意打骂工人。

从这几条要求里面,我们可以看出,资本家的压榨工人,达到怎样残酷的程度!

(《红色中华》1934.05.01)

第二章

党政建设

淮海区专员公署
为开展冬学运动告民众书

淮海区父老兄弟姐妹们：

我们淮海区自从建立抗日民主根据地以来，虽然才一年多，但是粉碎了敌寇的"扫荡"和土匪的骚扰，保卫了淮海区，得以呼吸着自由幸福的空气，并且不只如此，还扩大了根据地，巩固了民主政权，就连敌寇也不得不害怕。这是因为什么呢？就是因为淮海区的不愿做亡国奴的广大老百姓能团结抗战。只要我们能这样干下去，不但根据地更巩固，生活更能改善，就是打跑日寇也是有把握的。

但是由于淮海区过去在黑暗的统治下时期很久，不但没有政治上的自由，就是受教育的权利都得不到满足，以致多数同胞字都不识，造成整个淮海区的教育落后。这种文化落后的现象是很阻碍根据地建设进步的，试想不识字是多苦恼，不能看书看报，不知道国家大事，连自己的事有许多都不会办。所以要想明白国家大事，懂得抗战的道理，参加抗战，以至改善自己的生活，必须识字读书，这是不用多说的了。

现在正是冬季，农事清闲，正好趁机读书识字。所以现在开展冬学运动，帮助老百姓学习，提高老百姓的文化水平和政治认识。从前我们花多少钱都学不到有用的知识，而现在是不用花一个钱就能学到大道理。

上冬学都做些什么呢？第一，当然是识字了。第二，还要学习作战理论，譬如说：抗日能不能胜利呢？怎样打鬼子保家乡呢？根据地对于老百姓有什么好处？怎样爱护根据地使根据地更加巩固呢？第三，除了念书还要做些实际的工作，例如组织起来防匪自卫，准备反扫荡破路藏粮食，组织农救会等等，都是老百姓应当了解的问题。

参加冬学有很多好处，识字懂理还不说，要紧的是大家团结起来能发挥伟大的力量。俗语说得好："独木不成林，单丝不成线。"又说："三个臭皮匠，气死诸葛亮。"这是说人多了，办法多，没有办不成的事。我们老百姓一向有个弱点，就是"各人自扫门前雪，哪管他人瓦上霜"。这种狭小的观念使敌人土匪一步一步地侵害到我们自己身上来。克服这种弱点，就要学习怎样组织，参加冬学正是学习的机会。再说我们老百姓中，也有不少能干的人，这些可以在工作中发现和培养，要加强组织，发挥我们的力量。冬学运动虽然只是一个冬季,但是明年并不就停止了,我们要把冬学运动扩大成为民众教育或小学教育,使淮海区的教育有了发展的基础。这些都是冬学运动的好处。

现在各地的冬学运动已在本署号召之下热烈地展开了,希望各地的民众把这当做是和自己的事来参加,不但是提高了自己的能力,也提高了全淮海区的文化水平,也就是使根据地的工作有了更深固的基础和更广大的前途。不但是不识字的民众要参加,又使知识分子小学教员以至士绅名耆也要尽领导号召或教授援助的责任。

这样,在我们全淮海人民热烈参加与团结努力之下,到明年春天淮海的工作必然展开一个光明灿烂的前途。

(《淮海报》1941.12.19)

监阜区二届行政会议决本年施政十大任务
会议经旬日圆满闭幕

本报专讯:监阜区行政公署,为贯彻抗日民主政治,决定进一步巩固根据地之本年度施政方计,特于本月十日起,召开第二届行政会议,到宋、贺主任,阜宁、盐城、阜东、淮安、涟东、建阳、盐东、涟灌阜边各县长,暨行署各处长科长等三十余人,均准时出席,大会经十日之详尽讨论圆满闭幕。兹录志大会议事日程如下:第一日上午举行开幕式,下午李一氓同志报告目前国际形势,第二日宋主任报告一九四一年之总结及今年之施政方针,第三日讨论政权民主化之彻底施行步骤,第四日讨论本年度减租减息法令之贯彻执行及取消乡村摊派及废除苛杂,第五日讨论公粮、田赋之合理负担及整理田亩问题,第六日检讨经济建设工作并讨论全面纺织运动之展开,第七日讨论地方武装工作及教育问题,第八日讨论领导方法方式与工作作风,第九日讨论调查研究工作,第十日为大会总结。会议中讨论至为热烈,大会一致通过本年度之行政工作十大任务:一、改造下级行政机构;二、彻底实行减租减息法令;三、夏季公粮累进征收及农村合理负担;四、整理田赋;五、整理土地;六、发展纺织业,建立合作社,调剂农村金融;七、改良司法制度;八、开展群众教育,加强宣传工作;九、整理私塾;十、培植地方干部加强战时动员工作云。

(《盐阜报》1942.01.21(3))

为实现十大任务而奋斗

第二次盐阜区行政会议,进行了十天,经过了热烈地讨论,通过了许多重要的议案,胜利地闭幕了。

这次行政会的举行,是在已进行五年战争,筋疲力尽的日本法西斯掀起了太平洋战争以后,是在一九四一年的开始——中国抗战仍处在艰苦阶段而转入接近胜利的时候,在这个时候,日本法西斯为了挽救其垂危的命运与支持其残酷的侵略战争,将会对中国沦陷区的中国人民与敌后抗日根据地加紧其榨取、掠夺与封锁,即对沦陷区与敌后抗日根据地的依赖性愈大。因此,加强行政工作以进一步巩固盐阜区抗日根据地,更多地牵制敌人是非常重要的。同时是一九四二年的开始，新的年头给予我们新的任务，一年之始，政府总结一九四一年的工作并提出今年的建设方针，提出目前的新任务，作为全根据地人民在这一年中奋斗的目标，是有其特别意义与必要的。

这次行政会有了非常圆满的收获，除了总结一九四一年度的行政工作外，并热烈讨论通过今年度行政工作的十大任务，十大任务是：一、改造下级行政机构；二、彻底实行减租减息法令；三、夏季公粮累进缴收及农村合理负担；四、整理田赋；五、整理土地；六、发展纺织业，建立合作社，调剂农村金融；七、改良司法制度；八、开展群众教育，加强宣传工作；九、整理私塾；十、培养地方干部加强战时动员工作。这十大任务的提出是针对着目前的政治形势与盐阜区人民的需要。

在这十大任务中间，特别应该注意的三个任务是改造下级行政机构，彻底实行减租减息法令及发展纺织业，建立合作社，调剂农村金融，这三个任务的主要内容，就是实行民主，改善人民生活，加强生产经济建设。这三个任务是动员全体人民参加抗战，巩固盐阜区抗日民主根据地的三个法宝，只有实行民主改造乡保行政机构，才能真正动员根据地的人力物力，下级政府才能真正代表人民的利益，才能正确彻底地执行政府所颁布的一切法令；只有彻底实行减租减息法令，广大的劳苦人民才能得到生活改善，参加抗战；只有加强根据地的生产建设，才能使根据地自足自给，不依赖于外地的供给，以对付敌寇对根据地的封锁。因此，这三件法宝对于目前盐阜区根据地的建设是缺一不可的，也是这十大任务中的主要任务。在过去一年中政府也曾在这方面尽了极大的努力，但由于三者还未曾有计划互相配合地进行，群众尚未动员起来，加之许多不明大义之人仍从中作梗，如政府虽颁布减租减息法令仍未见彻底实行。这是今日当政府重新提出彻底实行的时候，我们应该认识的。

今年度行政工作的十大任务的完成，不仅是政府的任务，而且是全盐阜区人民的任务，政府自应本着贯彻始终的精神来进行，而全盐阜区的人民亦应协同政府为完成十大任务而努力。

盐阜区行政工作的十大任务是在目前国内外政治形势下盐阜区一切抗日人民的具体任务，我们应该为实现十大任务而奋斗。（西）

(《盐阜报》1942.01.21(3))

共同建设新盐阜
——欢迎上海归来同胞

日寇发动太平洋战争以后，上海——这淞沪撤退后的孤岛，已被日寇所践踏蹂躏，繁华的都市已变成了鬼蜮，许多苏北旅沪同胞和在沪工作的同胞，为反对敌寇的残暴行为，不受敌寇的压迫剥削，最近纷纷逃出了虎口到苏北来，近日为止，到达盐阜地区的已有数十人，他们中有医生、教员、化学家、青年学生及工人，他们沿途经过了敌伪的重重封锁，受了千辛万苦，到达抗日根据地，这种精神是非常值得敬佩的！

自淞沪撤退以后，许多同胞仍留在上海租界内工作，他们虽饱受日寇特务浪人汉奸的恫吓威胁与侮辱,但他们仍忍辱负重地在工作着,他们还用尽一切可能的办法继续作抗战活动,与敌寇汉奸作斗争。虽上海已处在敌伪的重重包围中,但他们仍为国家民族呼号,打击那丧心病狂的民族败类。今天,他们从上海撤退出来到了盐阜地区,这无疑义的是增加了盐阜区的抗战力量,对盐阜区的抗战事业将会有极大的贡献。

目前的盐阜地区一切建设,无论在行政工作方面,无论在生产建设方面,无论在文化教育方面,都有待于新开展,抗日民主的建设尚急待人力的加强,无论开工场,办学校,都是今日盐阜地区所急需,特别是今年度的行政工作十大任务,尤其欢迎上海归来的同胞参加,共同完成抗日民主建设的伟大任务!

今日盐阜区的政府是代表盐阜地方抗日人民的政权,一切均以盐阜区人民的利益为重,凡有利于盐阜区抗日人民的事业,政府当绝对欢迎并予以合法的保障。凡有志于盐阜区建设工作者,政府当所欢迎。上海归来的同胞,大都是盐阜区人,从事于盐阜区的建设工作的责任更加重大,因人地均熟,其工作效果必更加大。

盐阜地区在抗战中的重要性,太平洋战争爆发后,愈加重要,已成接近敌伪心脏,连接苏南淮北的枢纽,盐阜地区的巩固与抗战的坚持,对于牵制敌寇兵力和最后的胜利是有极重要的意义的,因此,建设巩固的盐阜区抗日根据地是我们目前迫切的任务,我们盐阜区的人民,特别是上海归来的同胞们,我们应该紧紧地携起手来,为建设抗日的新盐阜而努力!

(《盐阜报》1942.01.26)

为保证实行民主政治 边府讨论"三三"制
——响应"精兵简政"号召 召开干部动员大会

边府为保证民主政治之实行,于×日上午八时开第三次边参例会时,讨论"三三"制的理论与实践问题。到常委及边府各厅处长二十余人。谢参议长主席,行礼如仪后,即讨论参议会会刊内容。随即由谢副议长宣读并解释"三三制"政权的理论与实际一文,对于三三制理论,根据边区三三制实行的检讨,及怎样彻底实行三三制等问题,均详细论及后,即展开讨论。常委崔田夫首谓:此次延安征粮工作,能很快的完成任务,并超过计划,即由于参议会发挥了三三制的民主。徐老按中国国情,阐述三三制问题。柳湜厅长提出在理论根据部分,补充中间阶层的民主运动幻想中的三三制主张,并提出发挥民主,边区应办报纸杂志问题。周秘书长指出保证三三制彻底实施,须强调建立正规工作制度问题。余如高自立厅长,雷经天院长等,均有中肯言论。又十八集团军总部直属队及后勤各部长,为响应中共中央"精兵简政"之号召,决定立即实行整编,以提高部队质量,克服经济困难。故于本月×日在太北某地召开连以上干部动员大会。左参谋长亲临报告"精兵简政"之意义及目前财政问题令,后各单位即应成立缩编委员会,造具名单,再实行点验,以期达到"精兵简政"之目的。边区政府为切实深入民主建设工作,决定今年全区完成村选,太行区于春耕前,继续完成。未选各村,冀南争取于今年全部完成,至少完成根据地村庄三分之二。太岳于今年全部完成。

(《盐阜报》1942.02.01)

为改变作风，确定新工作制度，贯彻精兵简政给各级政府的指示信

曹荻秋　贺希明

一、为着积蓄力量，准备胜利的反攻，迎接行将到来的更严重更困难的斗争形势，渡过黎明前这一段黑暗的路程，行署自八月一日起即号召我盐阜区各级政府进行简政，紧缩机构，裁减冗员，确立编制。但今天检查起来这个工作是做得不够彻底的。最大的缺点是把简政单纯的局限于组织机构的紧缩方面，未能与改变作风建立着制度密切联系起来。今天政府某些机构的仍然庞大，工作效能之不能提高，其原因即在于未能从政府的作风上、工作方法方式上、制度上求得彻底的转变，旧的作风制度、方式方法还继续使用着，因而阻碍了简政的彻底实现。

二、目前政府的工作方式一般承袭了旧政府的一套，不管对内与对外的都是通过几种公文形式以实现自己的领导工作。而这些形式又有他各自的样式与必经的手续。因而就使得许多工作反复的在这极其烦琐的文牍形式内打圈子，成为很少血肉的东西。其结果不仅消耗人力物力财力与时间，而且使问题的解决表现迂回周折缓慢，工作效能减低。这说明政府工作方式与领导方式上是存在着与简政原则相违背的文牍主义与形式主义。由于有此文牍主义与形式主义则造成政府工作人员大部坐机关，不深入，只知发号施令，缺乏检查督促，致工作上放任自流和停滞现象。今天政府政策之所以不能贯彻，某些行政人员的贪污腐化，目无法纪，不民主，官僚架子，这是与文牍主义、形式主义相伴而来的东西。若长此下去则抗日民主政府将被引导向官僚主义的道路发展，有被官僚主义腐蚀的可能。

三、现在正实行进一步简政的时候，一方面要继续紧缩机构；另一方面必须把政府以往的工作方式方法、制度、作风来一个彻底的改革，创造适合于简政，适合于新民主主义政府要求的一套工作方式方法，制度，作风。保留旧的能适用而好的一部分，废除不适用的拉杂而累赘的一部分。要这样才能彻底实行简政，不致因简政而减低工作效能，反而把政府工作从本质上向前提高一步。

针对政府工作方式方法、制度、作风的症结，根据简政原则来创立新的工作方式方法、制度、作风的时候，必须从下列几方面去进行：1. 要克服文牍主义与形式主义，废除不必要的公文格式。新的工作方式作风应以简单、明快、迅速、敏捷为原则，烦琐的手续，无须要的周折须立即停止。在处理适当问题，表达上级意旨，密切上下联系，一般可采用较为单一通知、通信、报告、指示及命令五种形式去代替那种复杂多样的通令、训令、指示、呈文、呈报、咨文等形式。把这些形式所具备的内容部分装入以上五种形式之内，并改变其格式。但此仅指各级政府对内的工作方式而言，并未包含政府对外的一切行文手续。政府对外的来往行文，如民刑诉讼、布告、法令、规程、表册等仍照旧使用。2. 反机关主义，克服专办公事的现象。必须面向下层，深入下层，不停滞于上层，不束缚于形式，以实事求是的精神，脚踏实地，深入实际，树立雷厉风行，贯彻到底的精神与作风，保证上下一

致,言行一致,言必信,行必果,有检查,有督促,有总结,不使工作走入自流。要发扬民主精神,树立真正的集体领导,正确执行民主集中的工作制度,克服极端民主与不民主,过分集中与不集中的恶劣倾向。

四、确立极端制度、作风、工作方式方法是彻底实行简政的一个环节,各级政府应进行热烈的讨论。我们估计在开始执行新的工作制度时可能遇到些困难,尤其某些惯于旧制度的人可能起来抵抗,必须很好地向他们说服解释。同时在新工作制度执行的过程中有可能出些毛病,但我们相信只要继续改进新制度是可以完全实行无疑的(新工作的具体办法见行署第一号通知)。

五、要保证作风的真正转变,新工作制度之正确的建立,简政之贯彻执行,已不是一个理论问题而是一个实践问题。因此,各级政府在改变作风实行简政中,必须很好地反省与检查自己的实际工作、作风、制度,透析以往作风、制度、实际工作的症结,才能求得作风、制度切实的改进与转变。尤其重要的应把改变作风,贯彻简政与反政府人员中的不良倾向联系起来,对那些蔑视政令,违背法纪,贪污,枉法,官僚,不民主,任意摊派,惩办强迫,脱离人民的行政人员作毫不姑息的斗争,必须严申行政纪律,才能将正在某些政府人员中滋生着的不良倾向克服下去。否则我们所要实行的简政、改变作风就会变为空谈。同时应充分发扬民权,提倡民主,号召我盐阜区全体人民共同起来反此不良倾向并检举有此不良倾向的行政人员,用人民的力量来监督那些不良倾向的行政人员,这样才能在实际工作中求得我们的行政工作的全盘大转变。

(《盐阜报》1942.10.11)

刘彬同志报告简政要义与方针

全区精兵简政实施纲领

【本报讯】中共中央为适应敌后更困难的环境起见,提出精兵简政的号召,华北各根据地均已热烈响应,彻底实行。本区党政军各机关,亦正开始着手缩小编制,裁汰冗员,加强组织机构,提高工作效率,以度过抗战最艰苦的两年。刘彬同志为使全体干部深切了解精兵简政之要义,并自觉的促进此项工作,保证其迅速彻底完成,特于本月六日在××召集直属各机关全体干部二百余人作报告,对于精兵简政要义,及盐阜区所处环境阐述甚详,于本区简政方针,亦有所说明。其要点如下:

(一)精兵简政是目前抗战最基本方针,如不彻底实施精兵简政则无法坚持今后两年最艰苦的敌后抗战;(二)精兵简政乃所以适应今后敌后斗争环境的一种新的组织形式与斗争手段;(三)盐阜根据地建立不久,组织机构要紧缩亦要加强,重质不重量;(四)简政以裁减杂务人员与吃饭不做事之冗员为主,裁后必很好安插,使各得其所;(五)于简政中转变工作作风,健全制度及加强领导;(六)了解民困,解决民困,体念时艰,号召生产节约及与目前某些干部的贪污、官僚诸倾向作斗争。检查政策的贯彻执行。进行巩固与人民的血肉联系。其具体实施步骤,由本区编简委员会详加研究,并分赴各乡区实地调查后,制成一精确的精兵简政实施大纲,颁布施行。

区党委厉行生产与节约

又讯:中共盐阜区党委为实行精兵简政,已于直属机关开始实施,日前举行会议,已决定依照中央精兵简政方针,减裁人员三十余,积极号召全体人员加紧生产(如种菜、养猪羊、磨麦等),厉行节约(如节省办公用品、灯油等),并为爱护民力计,规定不许滥用民伕,如有必须使用,须经最高负责同志批准云。

淮县参设简政小组

淮安讯:县府于本月一日上午九时,召开县行政会议,出席县长、秘书、各科科长及各区区长等。首先总结九月份工作,秋季公粮秋季减租等工作都能保证如期完成。布置十月份工作中,以民兵工作为中心,十月十日前成立各级队部,十一月底前完成各级武委会。而精兵简政!亦为本月份重要工作,由参议会成立简政检查小组,分头至各区检查简政工作。一般工作是划区乡,征收第二期土地税,其次执行县参议会交办工作,如开办民众学校,组织纺织合作社,提高女权,加强妇女教育,重新组织封锁乡以对敌作残酷的经济斗争等。

(《盐阜报》1942.10.11)

盐阜区临参会宣言

【新华社华中三日电】江苏省盐阜临时参议会闭幕后,发表宣言如下:我们盐阜区临时参议会第一次大会,已圆满地闭幕了。这次大会使我们监阜区三百万人民的政治生活,进入了崭新的历史时代。我们第一次从几千年传统的封建政治中得到了解放。我们已获得了可资的政权。本区一切重要法律,已经边大会的修改通过。大会组织了行政公议,选出了本区最高行政机构之行政委员会,通过了本区三十一年度预算。大会已不仅是政府咨询机关,而且是人民的最高权力的代表。我们是处在敌后,处在敌伪包围、封锁、"扫荡"、"蚕食"之中。盐阜根据地之开辟不过两年。中国共产党及新四军,在艰苦困难中建立此根据地,即以政权公诸我盐阜区人民。此次大会所选举之驻会委员,系根据三三制进行,当选之共产党人超过三分之一者均自动退出,使我们对于中共领导民主之诚意有进一步之认识,而且其赤心为国之精神,益增其信仰。大会提案计一百四十六件,其重要决议之一,为坚持本区抗战,准备反攻。大会毅然通过必要之军事预算,以保证抗战军队之军需,同时决定普遍发动民众,武装全体人民,以与敌伪周旋。对抗战军人家属,决定切实予以优待。大会参议员一百五十二人中,包括本区各党各派各地区各团体代表。在会议中,共产党与其他党派代表,地主与农民的代表,都能互相批评,互相原谅,互相照顾。大会着重指出,工农为坚持抗战从事建国之基本力量,已通过一定预算,补助群众团体经费,而对于少数群众之过左行为,亦决定加以纠正,保障地主与资方之合法利益,以促进各阶层进一步的团结。关于改善民生繁荣根据地,大会除决定贯彻减租减息、增加工资等法令外,特别再重视今后之生产建设运动,从积极方面鼓励生产,增加物资,提高人民生活,以达根据地自给自足之目的。妇女与儿童地区之改善,亦入大会决议之要案。大会已废除民法婚姻法中对妇女不平等之规定,打骂妇女与儿童的行为将为政府所不容。大会同时决定开展大规模的文化教育运动,以迅速提高全区人民文化水平。继此次大会之后,即将进行广泛之民主教育。

这十天的会议,太使我们兴奋了。我们眼看着向来落后的这片江苏北部的土地,如何在新民主主义的旗帜下改造了过来。我们已经站在新的土地上,开始过着新的生活。我们深信这个新的政治,也就是真正的三民主义政治,这样才能推行到全中国。但是这只是战区新时代的开端,我们只能说有了基础,有了雏形,要能坚持本区抗战,争取抗战在全中国的最后胜利,这需要更大的努力。谨以下列数事致电于全国同胞,并号召我全区军民:第一,抗战胜利指日可期,全国各党派各阶层各抗日军队更应坚持团结,克服困难,准备反攻,对于大小摩擦现象,应立即停止。第二,共同抗战与共同建国,为全国人民一致之希望,我们盼望中国国民党中国共产党及其他党政,开诚协议,改善现有各党派关系,共筹完成抗战从事建国之大计。国民政府应早日采纳民意,实行民主。对新四军之处置,尤甚望速谋补救。第三,敌后抗战,已进入敌后一个困难阶段,目前正是军民交困的时期,我们希望全区军政人员,厉行精兵简政政策,以减轻人民负担,培养民力,同时提高军队战斗力与政府工作效能,以坚持敌后最后一阶段艰苦的斗争。我全区人民,亦应各尽其力,踊跃出钱出粮,出枪出力,帮助军队,支持政府,共度难关。第四,团结是我们坚持根据地扩大的力量,团结最有效方法,为彻底实行民主。今后本区各县区乡政权,愿迅速普遍进行民主,迅速建立真正有权力的县区乡级民意机关,民选县区乡长,使各阶层在政治上均有平等地位,以发挥人民抗日救国力量。第五,生产建设,为充实今后根据地抗战资源,改善人民生活之大事。民主政府已决心积极进行,望全区各阶层人民积极参加,有钱者投资,有力者出力,有技能者贡献所能。以上五事,仅为荦荦大端,本会谨以坚定的胜利信心,沉着勇毅之态度,团结我全军区,随全国同胞之后,为盐阜区与中国之明天而奋斗。

(《解放日报》1942.11.08)

出生也没见过这种大会
——阜宁七区南境"七七"大会纪实

"旧军队的费多,新四军的会多!"这是阜宁七区老百姓的一句口头禅。当太阳正放着凶焰的时候,几十几百的男人、女人、大人、小孩,有人穿着纺绸大褂,背着文明棍,也有人拖了破鞋,袒着光溜溜的胸脯,像"赶庙会"一样的,四面八方集拢来。小学生举着花花绿绿的旗子,一队一队行进。群众中不断传出管、弦、笙、笛、锣鼓声音。会场上最早到的是敌人据点附近的流均沟民众,到会的人多数遭过敌人祸害,人没到齐时,他们中有个老头子在对一个戴桥的老百姓说:"龟妈!不能提!穷人被和平军抬去,哀求这些狗卤的说:'放掉我吧！我家里没得一个钱给你。'你猜他怎么回答？狗禽的和平军说:'你不值个大肥猪钱,还值个大公鸡钱吗？'"

大会场布置得像一个高大的堡垒,最上面是一面高高飘扬的青天白日旗,下面有"中华民国"四个大字红匾,墙上贴着民族誓词,开会程序和各样的标语。另外桌子上还绑着一条黑狗,狗身上写着"汪精卫"三个字,和一把雪亮的大刀。

"喂！开会了。"主席是一个当地的知识分子,他用人们熟悉的口音解释今天大会意义:"……几千年来在我们这块乡土上,从未有过这样大会,过去有的是苛捐杂税,是维持费,可是今年呢？……"地方士绅代表上台演讲说:"我们已经几个月逃亡在外,不敢归籍,新四军到这里来了,我们才……""去年一亩田公粮要缴八十斤,费项要缴二三百块,今年公粮只有几斤一亩,费项都没有了。"

种×家大地主家田的一个佃户,也站上台讲话了,他说:"我出生也没见过这种大会,也从来没上台讲过话。我劝大家从此要和新四军一起打鬼子,不要再维持。……"大会从下午二时开到傍晚,上台发言的有各个阶层的人。当区长站上台时,群众以敬畏的眼光,互相喃喃地说:"区长也来了。乖乖！以前哪个捞到见区长！"区长说:"打鬼子打了六年了,再有两年鬼子就打退了,你们涧河堆上的老百姓,过去受尽了种种痛苦,土匪劫,和平抢,多数的人没有田,所谓：'有女不嫁涧河口,不是拉虾就是掏藕。'……从今天后我们宣誓要做一个中华民族好儿女,不维持鬼子,坚持抗战到底,今天的政府是真正老百姓的政府,我就是你们的大伙计。"群众听了末后一句,立刻喧哗起来："不好说！""不好说！"

最后是"汪精卫"砍头的一个节目。主席先说明了"杀狗宣誓"的意义："今年七七杀了汪精卫的替身,明年我们要消灭真正出卖祖国的汪精卫。……我们要宣誓做一个中华民族的好儿女。做了坏人的应该赶快自新,政府抱宽大政策,既往不咎。现在有两个流均镇的汉奸,他们送粮食、送钱、送子弹、送消息给敌人,按政府法令,他们应该派枪毙。可是今天政府对他们宽大,叫他们在大家面前自新,好不好？"群众响应了如雷似的"好"声。"杀狗宣誓"开始了,两个自新的汉奸将自己的种种罪恶一一向群众供出后,用他们平日害人民的双手,发恨的将捆在桌子上的"汪精卫"用雪亮的大刀铡去了狗头。

狗血喷了满地,人们在锣鼓声中,爆竹声中,叫好声中,面向着飘扬的国旗与"中华民国"四个大字跪了下来。全场静得一根针掉下地都能听见,几百张嘴以同一声调、一致词句宣誓"我是中华民族的好男儿……如果我违背了词誓,愿受大众制裁"。

"反对维持鬼子！""不送粮食给敌人！"狂热的吼声,足够传到不远的敌人的据点——泾口围内。

这时,天气陡然起了变化,暴风雨向大会场袭来,驱散了窒息的闷热,东南北草荡里的芦苇像海潮样的汹涌,象征着新的地区,新的人民,在暴风雨中诞生！

(《盐阜报》1943.07.25)

行署九届行政会议闭幕
决定秋季三大任务

  本报特讯　盐阜区行政公署第九次行政会议已于八月一日结束。该会内容系总结夏季工作与迎接秋季任务。关于总结夏季工作方面,曹主任作报告时,指出在拥军参军任务上,政府是起了号召的作用,许多乡长在政府的号召下,积极的自动的参加了军队,这是值得表扬的;在夏季财粮工作上,一般的都按照规定的日期进行,现在平均的粮已征收了百分之八十,土地税征收了百分之五十,征粮和征税不是单纯的进行的,而是与其他政治任务密切地结合起来。很多乡在一天内就能把公粮征收完毕,这也是今后应该发扬的;在反伪化工作上,这是整个夏季工作最好的一环,现在地区上我们是比过去扩大了,这对于坚持盐阜区斗争是有很大意义的。一般的行政工作也在大会上作了总结,成绩也都不坏。但是,盐阜区的行政工作已做得完美无瑕了吗?曹主任在尖锐的发问了以后说:虽然从行政效率看,我们的行政工作是不坏的,可是,在机构上,还未获得彻底改造,在作风上,依靠行政命令去推行政令的现象尚属严重,规范不完备,制度不彻底,人民对政府的监督与批评亦未能发扬,这些都是盐阜区政府工作急需改正的弱点。为使盐阜区行政工作更向前推进一步,实现三三制,密切政府与广大人民的结合,将广大的人民组织到新的政治经济军事文化的生活中去,在大会中提出了秋季的三大任务,并且进行了深刻的讨论。三大任务,第一是响应中共盐阜区地委整风的号召,从整风中整顿政风;第二是健全区政权,整理乡政权,部分实行乡选;第三是武装保卫秋收,完成田赋公粮征收,保证减租法令全部实现。在这三大任务中,以整风为主要工作,从整风中完成其余任务。在整风方面,区以上干部都要参加,整风的目标主要是反对官僚主义,发扬民主精神,加强行政人员对民主的认识,改进工作作风与领导方式。在整理与健全区乡政权方面,主要以整理乡政权为主,统一区乡的组织形式,在乡的下面以自然村庄划为行政区,由乡行政委员担任村长,小的乡要合并成大的乡,确定乡的工作任务及工作制度,在基础好的乡,可以实行乡选,使乡成为团结群众的核心与政府联系的纽带。区政权要充实人员,成为领导乡的中心机关,区长及区里干部,要经常下乡工作,养成平民的民主作风,与人民打成一片。在保卫秋收中,政府与人民要密切的配合,协同动作,不使敌人抢走一粒粮及一根草,减租法令必须很好的传达,达到全部实行。该会历时三日,虽在闷热天气之下进行,但精神极集中,毫无倦意。现各县县长及行政委员已纷纷返回各地,从事布置。

(《盐阜报》1943.08.13)

淮北苏皖边区行政公署训令
关于土地复查问题

  土地复查是民主政府今年夏季工作的中心一环,他关系全边区几百万人民的地权产

权粮赋负担与生产前途。是一件重大复杂繁杂的大事,我们必须集中力量,才能完成此重大任务。为此,本署特详细指示如下:

一、为什么要实行土地复查?

我边区自实行减租减息,取消苛杂,增加工资等政策以后,人民生活已逐渐改善,生产情绪日益提高,社会生产因之也逐渐发展,但目前还有三件事情阻碍着生产力更进一步的向前发展,这三件事情是什么呢?

第一,是土地纠纷,有许多土地尤其是湖地与滩地,由于过去旧政权的黑暗专制与乡间豪强相勾结,致有许多公地私地公滩私滩被豪强霸占,产权被人剥夺,甚至农民自己垦出之荒地,被当时有势力者向官厅冒领圈为己有,而无可奈何(如半城刘洼农民与泗城姚某之土地诉讼),其承领荒地之约契,往往四至不明,任意扩大,有说湖心为界者,有说一望之地者,更有所谓水影地者,这种种荒谬名称,就是过去豪强勾结官府兼并土地的铁证,因此就造成了今天湖地河地及滩地所有权之极端紊乱与民间土地之重重纠纷,同时因为产权未定,纠纷未清,有地者不愿垦荒,无地者无法经营,对熟地更不愿加以施肥,这对目前农业生产之发展阻碍殊大。此其一。

第二,是产权未定,除因上述纠纷影响产权外,还有不少地区过去土匪为患,契约被毁,亦有年代久远契约遗失,地界混淆,因而彼此争执,产权不清,更有歹人乘机侵犯,敲诈勒索,此种结果,更妨碍私人生产影响生产之发展前途。此其二。

第三,是负担不均,在旧政权时代,人民有粮无田,有田无粮,粮多田少,田多粮少,以及牛头捐、户口捐、壮丁捐等等捐税负担,极不公平,因捐税繁重而倾家荡产者不知凡几,同时因人民破产更影响生产力之日益衰落。自从民主政权建立以来,废除苛捐杂税,实行合理负担,旧时积弊早已清除,人民负担大为减轻,经过土地复查区域,田赋负担尤属公平合理,但公粮征收办法,则尚不尽妥善。检查淮北公粮征收,标准系按每季每人实际收获量计算,此种办法本属合理,但却产生三种弊端:

(一)每季征收时估计收获量,未能尽符实际,有的估计过多,有的估计过少,有的因贪图小利瞒报舞弊,而有的又因人事关系被人多报诬害;

(二)每季征粮时政府须动员几千人参加征收工作,时间延长数月之久,于人力财力耗费殊属浩大;

(三)因为生产发展,人民公粮负担,年年随收获量之增加而加大;此三种弊端,对人民生产积极性与边区生产发展,是有很大妨碍的。此其三。

上述三点就是目前边区农业生产发展过程中的新障碍。如何克服这三个障碍,主要办法是要进行土地复查,完成了土地复查,一、可以解决纠纷清查土地积弊;二、可以确定人民产权,鼓励人民安心生产;三、可以固定粮赋负担,避免无谓顾虑,这样边区农业生产便可以大大发展。同时有了精确的土地调查与户口统计,对将来政府财政收支与社会经济建设计划,也有了实际根据,而不致犯主观主义。这就是行署以下决心实行土地复查的主要原因。

二、土地复查的任务与方针

根据上述理由就决定土地复查的基本任务。

第一，是解决土地纠纷清除土地积弊。一切过去被豪强霸占的公地、私地、公滩、私滩，应在土地复查中发动群众彻底清除，私滩、私地归还原主，公滩、公地由公家统一筹划，廉价放领给无地及地少之人民承领（其自动报告退出者亦得承领一部分隐瞒，报者查出除收回赃地外，应受一定处分）。其契约四至不明者，应重新规定四至，进行清丈，保证其应得产权，一切假公济私，词句含糊，藉词侵占之土地，须一律清查退出，民主政府没有任何理由承认豪强兼并土地之所有权。在此次土地复查中务使各人土地界限清楚，头绪明白，各安主业再无纠纷。

第二，清查所有土地，确定人民产权。把全边区所有土地，逐户逐丘，重新清丈审查，验明契约证照，局收油单，有无讹错，是否管用，查清弓口四至，土地来历是否合法正当，一切来历清楚，产权合法者，发给营业执照，契约确系丧失经一定手续证明者，准予重立新契，以确定各人产权，其来历不明非法取得之土地，则抽出其非法不明部分，其合法部分仍予保证其产权，使各能安心经营，发展生产。

第三，是改进粮赋征收，固定人民负担。在此次土地复查中，查清全边区人口，户数，地亩，土质等级，确定其收获量，编造串册，自此以后，各人每年公粮田赋，即根据此确定之收获量，按照税率缴纳粮赋，每年如此，丰年不加，荒年不减（十分荒年按一定成分照减），如此人民负担固定，无被人挟嫌加税之虑，政府财粮收入也有一定依据，无瞒报短收之弊，更无须每年动员几千人突击征收，劳民伤财，这是一举两得的事情。

三、怎样进行土地复查？

（一）宣传动员

1. 召开县区乡村各级组织的以及群众的动员会议，传达布置工作，详细具体地说明土地复查的意义和目的，任务和方针，方式和方法，从事一般动员，然后分别召开小的座谈会讨论会深入研究。

2. 在动员宣传时要详细具体通俗明了，根据不同对象，采取不同的方法，务使听者能懂，最好以本乡本村的事实说明，通过民间艺人，民间的谚语小调歌谣扩大宣传。反复动员，反复宣传，一直到完成任务为止。

3. 宣传动员时要紧紧掌握土地复查的方针，不能偏废（不因强调一方面，而忽略另一方面），要预防谣言的发生，及时解释，不要陷于被动。

（二）组织领导

1. 组织各级查委会，要慎重选择，不要让一个坏人参加，尤其乡村两级更加重要，在组织查报队时，要注意到各个工作人员的政治质量，起码条件要能够为群众服务。

2. 要动员广大群众参加复查（包括工农与知识分子公正人士在内），把土地复查工作变为一个巨大的群众运动，没有成千成万的群众参加，要想消除各色各样的土地积弊，解决曲折复杂的土地纠纷，查丈几百万亩的土地，是不可能的，因此各级领导干部的主要责任,在于组织领导群众进行复查,并在各种实际斗争中发现积极分子,教育与培养积极分子,通过积极分子来领导群众,使领导与群众相结合,并在此次复查中,创造一批新的力量,作为今后改造政权的基础。

3. 在领导进行复查时要防止两种偏向:一种是单纯强调了解土质收获量,查登地亩等单纯技术观点而放松发动群众清理土地积弊,解决土地纠纷的工作,结果使群众情绪低落,甚至与政府对立;另一种是单纯看重清理土地积弊,解决土地纠纷,而放松了解土质收获量查登地亩,以及各项固定产权之正式法律手续,结果影响确定产权固定负担的进行。这两种偏向都是有害的,必须防止和纠正。一般来说,在沙岗地,土地纠纷少的地方应该强调审查和确定产权,推动群众的自量呈报运动,在湖滩地土地纠纷多的地方,应该强调清除土地积弊,解决土地纠纷,开展反贪污反霸占的群众运动。总之应当在解决群众土地产权的运动中去了解地亩户数,了解土质收获量固定负担。

(三)解决土地纠纷

1. 发动群众检举一切徇私舞弊,非法取得土地的不良分子,并给检举者以适当奖励,以使彻底揭发各种积弊。

2. 解决各种土地纠纷,首先由群众团体和各级查委会调解,不服调解者,可依法起诉由司法机关处理。

3. 一般农民间的琐碎的细小的土地纠纷,应加以调解(如地边、场边、沟沿、坟地宅基等),采取大事化小,小事化无的方针解决。

4. 豪强霸占倚势欺人,侵略他人土地者,允许群众说理,政府并得主张公道予以协助。

5. 处理土地纠纷之时限,滩地从原领时起,一般土地自民国元年起,时间太长,无从证明的不必过于深究。

(四)查登工作

1. 说服动员群众,各人丈量各人的土地,进行呈报;开展自量呈报运动。其中遭遇的困难,可由群众自行解决,或由政府在技术上协助。一般在丈量中会碰到几种困难,第一是大家一齐量,弓子不够用,这可以绳子、芦柴代用(和弓子比好),而绳子天晴天阴长短不一,还是用芦柴好;第二是技术人员少,会算会写的少,老百姓解决的办法,是用绳结疙瘩,记回来找人算;第三是不会写证明书,找四邻困难,这可以找附近小学教师,或查报队代写。

2. 反对瞒报,克服群众中的"三怕":"一怕报实了出粮多,二怕报不实受处罚,三怕补契出钱多",要用事实反复说明,使他放心。对不同情形的瞒报者,应采取不同方法处理,一般应采取启发,动员劝说方式,使他们自动实报,对那些顽强恶霸固执隐瞒,可采取舆论制裁,一直到群众的说理,最后不行时由政府依法处理,并实行抽查丈量,好的给以奖励,坏的给以处罚,但要防止挟嫌报复行为,使大家不敢瞒,不愿瞒,不能瞒。

3. 了解土质收获量,划分等级,各级负责同志,要亲自下手,召集乡村干部,分别研究各种土质。经过初步了解,要选择各种不同的土质,亲自检验一遍,然后在乡村干部会上统一意见,划分等级,交村民大会通过,在确定等级时,一乡要统一,与其他乡,他区他县相邻的土地要保持等级的一致。

4. 查报登记完竣后,召开村民大会,实行公告,使所有群众,了解本乡本村的土地查报情形,并当场举行讨论。更正错误,随时检举呈报不实和一切瞒报人员,在公告时,除书写张贴外,要由查报队向群众详细讲一遍。

5. 登记统计办法从略,参看土地复查办法实施细则。

(《拂晓报》1944.06.03)

淮北苏皖边区行政公署训令

夏收工作行将开始,为着有计划的保卫夏收,组织夏收,大量发动群众和组织群众,减租减息,反对贪污,实行土地复查,清理和举办积谷及银号贷款,改进和举行本季征收,继续发展合作社,更进一步的发动群众和改善民主,特作如下指示,希各级政府讨论执行为要。

一、保卫夏收

(一)号召群众武装保卫夏收,活跃民兵,整理和发展民兵,配合主力和地方部队反对敌人袭扰抢粮。

(二)有计划地部署武装力量,整理情报通讯组织,加强边缘区侦察,警戒,打击出扰和抢粮之敌伪。

二、组织夏收

(一)维持夏收秩序,禁止偷麦,抢麦,有计划地组织拾麦群众,防止奸细混入,乘机捣乱。

(二)大量组织收割拉打互助,检查已有劳动互助组织,把它运用到收割拉打上来,发挥其力量。

(三)优待抗烈工属,帮助他们进行收割,将代耕队变为代收队。

(四)设立劳动介绍所,组织短工队,有计划地进行收割,短工工资,由各地工救会协助主雇双方自行商定。

(五)各级政府人员,要帮助群众进行收割,组织代收队,凡有劳动力者,一律参加,毫无例外,自带用具、伙食,不要报酬,主要帮助烈抗工属,其次为贫苦群众,时间最少三天,收割完毕后,须将帮助夏收经过成绩、优缺点经验教训等汇报本署。

三、减租减息,查租查息

(一)继续发动群众,改善民生,彻底进行减租减息、退租退息工作,凡过去减过租的地区,要做到没有一户不减租的,新地区要大量的猛烈的开展减租减息运动。

(二)所有公务人员都要参加减租减息工作,脚踏实地,贯彻法令,但不要包办代替群众团体。

(三)今年减租减息、查租查息要根据以下办法执行:

甲、要严格认真地执行减租减息法令,在中心区每年秋季仍然不减租者,不论其持任何理由,均以诈欺取财论,除依民法债务处理外,仍受刑事处分,如系公务人员,加倍处罚。

乙、退租自民国三十年开始,一般未减租者,以债务论,除退还原租外,加年利二成,以单利算,如系以威胁利诱办法过去未减租者,以诈欺取财论(不论新旧地区,凡属已经减租者均适用)。

丙、一切历租按照借贷关系,借钱折粮算加年利二成归还。

丁、佃户必须依法交租,无故不交租者,业主可依法向政府控告。

戊、减草对粪问题,一般照旧例,根据当地实际情形,由各地农救会协同东佃双方自行解决。

四、土地复查

(一)根据土地复查原订计划,保证如期完成(已有训令此处不再录)。

(二)在土地复查中保证完成午季征收的准备工作(在八月十五日前)。

五、征收午季公粮

(一)通过本年午季征收,清查过去公粮积弊,整理公粮账目与清算旧账,务使几年来的征粮工作有个头绪,逐渐条理化。

(二)本年午季征粮,在不实行土地复查地区,七月底完成,实行复查地区,八月底完成。

六、继续开展反贪污运动

通过减租减息,土地复查,清理公粮,贷款积谷等工作来检举贪污分子,开展反贪污运动,新老贪污,一并清理(办法见布告,社论,县长联席会议决议,此处不另录)。

七、举办贷款,收回贷款,清理积谷,续办积谷

调剂粮价,续办抵押贷款,清查过去贷款积弊,并即纠正铲除,收回应行归还之各种贷款,清理积谷账目,收回已成积谷,凡系贷出之赈粮,亦须清理,征收午季积谷,保证和公粮同时完成(办法另订)。

八、继续发展合作社运动

(一)整理和扩大旧有合作社,调整人员扩大股金,来成立合作社。新地区帮助每区建立一个合作社。

（二）各地银号和贸易局，尽一切可能帮助合作社发展，以便夏收后，大规模开展合作社运动，调整农村经济组织。

以上各项工作，以土地复查为中心，以全面发展群众为基本任务，在夏收开始和收割期间，应该集中力量进行保护夏收，组织夏收，减租减息，并在这些工作中，准备土地复查。在夏收工作告一段落时，应该迅速地及时地转入复查，并在复查中准备午季征收，一般说进行程序是：自六月一日至二十五日进行保卫夏收，组织夏收，减租减息，六月二十六日至八月十五日完成土地复查，及征收粮赋准备工作，八月十五日至三十一日完成午季公粮田赋征收，全部时间约为三个月，在这一期间各部门工作，应该围绕和通过这些工作来进行。

希望各级政府，接得指示后，详细讨论，认真执行，并将进行状况及经验教训随时报告本署为要！

此令

主　任　刘瑞龙
副主任　陈荫南
（《拂晓报》1944.06.03）

淮北苏皖边区行政委员会、参议会驻委会联合通知

自毛主席在中共七次代表大会上向全国各解放区人民提议迅速召开解放区人民代表会议之后，立即获得各解放区人民的拥护和响应，陕甘宁边区政府筹备工作，本边区亦委托张百川同志代表淮北人民参加准备事宜，现在会期迫近，为使本边区代表能准时出席起见，特决定于八月十五日召开全边区人民代表会议，选举赴延代表。

此次不直接召开边区第二届全体参议员进行选举，原因在于今天我淮北边区各种情况已与二届参议会时不同；二届参议会时，我淮北才十四个县，一百九十多万人口，现淮北已经二十四个县，六百万人口；二届参议会到现在，由于解放区的扩大，民主运动的开展，各阶层关系的进步，旧的参议员的流动，和新的群众领袖的产生；加之二届参议员绝大多数是一分区人、三分区人很少，二分区尚没有选送自己的代表到边区参议会来。因此，不能单纯召集二届参议员大会，而必须在更宽广基础上召开全边区人民代表大会，方足以适应广泛发挥民主的要求及淮北民主运动发展的新局势。

一、代表名额产生程序及方法

淮北赴延代表根据边区的人口、地区、战争等条件约为八名至十一名，经初选复选双重程序产生，先经初选，产生初选代表，然后由边区召集全部初选代表，进行复选，互选出席延安之代表，至初选代表系根据边区实际状况分别采取区域选举、职业选举和特种选举后来产生。

（一）边区人民代表大会暂定出席代表，其产生方法及分配比例如下：

甲、区域选举代表一百二十五名(大致四万人口选一名,个别县除外)。

1. 一分区五十名——淮宝县七名,洪泽县两名(渔民及士绅代表各一),淮泗县五名,泗阳县五名,泗宿县七名,泗灵睢县六名,泗五灵凤县八名,盱凤嘉县三名,泗南县七名。

2. 二分区四十名。

3. 三分区三十五名。

乙、职业选举代表六十七名。

1. 军队选举代表二十名,各个主力团一名,每个旅兼军分区一名。每一个兼分区的独立活动旅一名,各县独立团及地方武装参加区域选举(由师兼军区政治部通知选举)。

2. 工人代表十名,青年代表十名,妇女代表十名(由边区总联救负责选举,各区域初选单位不另选举)。

3. 文化界代表:一、二、三分区,各推代表一名。拂晓社推选一名,淮北中学一名。

4. 边区各领导机关,选举代表十二名,区党委三名,边区行政委员会三名,边参驻委会三名,师兼军区司令部政治部共三名,边区总联救会代表在群众团体代表名额之内不另选举。

丙、特种选举二十五名。

1. 少数民族代表约五名,凡各县有一部分回民居住者即可选代表一名,若散居各处全不集中者,可参加普遍区域选举。

2. 沦陷区代表约定十名(由边区参议会驻委会及边区行政委员会通过城市部商讨聘请)。

3. 另外边区参议会征得边区各领导机关同意后,可加聘十名,其效力与正式代表同。

(二)二、三行政区及一行政区各县应根据代表分配数额进行初选。

甲、一分区因无专置组织由各县直接主持初选,二、三分区由专署主持初选。

乙、各参加初选代表之产生。

1. 凡有参议会的分区(分区或县),应以所属境内之县分区和边区参议员为基础,再推选若干在群众中有信仰,在社会中有声望的士绅群众领袖模范人物和其他党派人士等;另外主持初选的分区或县一级的党政军民领导机关均得推选若干代表参加初选,但其名额不得超过代表总数的二分之一。

2. 凡未成立参议会的地区由主持初选之分区(或县)选举委员会或筹备会根据统一战线原则及当地实际情形,确定各县(或各区)各部门推选若干代表参加初选,其数额可自行规定,但不宜过多(初选之县以八千人选代表一人连同其他代表不超过八十人,至分区不超过一百五十人)。初选代表之产生应以复选代表之产生方法,根据当地实际状况,进行职业或特区选举,分别由独立团、地方武装、群众团体、回民、沦陷区等均可推选自己的代表参加初选。

丙、一分区及各县及二、三分区初选人民代表会议之选举委员会或筹备会应由主持初选之党政军民各机关联合组成,其数额及人员推定:由各县及分区自行规定,其任务为指导各地区各团体选举事宜,筹办大会会场及所需物资,收集各方提案及意见,进行大会宣传,大会一经开幕,其工作即移交大会之主席团。

(三)军队选举办法由师兼军区政治部自定施行之。

二、初选与复选大会之内容

各地必须抓住此次选举运动进行成立联合政府与召开解放区人民代表大会的宣传与教育,反对国民党的反民主的猪仔国民大会,反对国内的专制独裁主义与国际绥靖主义,反对内战阴谋,指出抗战胜利建国成功的困难与道路。在各级会议上,除选举出席代表外,应同时充实或建立各地的参议会及行政委员会,为三届边区大选准备基础,因此,各级人民代表会议应进行下列基本事项:

(一)负责同志报告"论联合政府"及召开解放区人民代表大会的意义。

(二)讨论报告的基本内容。

(三)分区或县选举出席边区复选大会的代表,边区大会选举出席延安的代表。

(四)没有参议会的地区成立临时参议会,有参议会的地区,可扩选人员充实现有参议会驻会委员会和行政委员会。

(五)讨论提案(包括有关本边区或本分区本县建议的以及带往延安去的)。

三、选举应注意事项

各级代表大会在选举过程中应注意下列事项:

(一)严格执行统一战线原则保证贯彻三三制政策,代表中应包括工、农、兵、学、绅、商各界男女老少都有,战斗英雄、劳动英雄及模范工作者要注意选举。

(二)要真正做到民主,不论初选复选均实行不记名投票,允许各党派各团体提出自己的候选名单,实行竞选。正式候选人的确定可经过下列过程:各方面提出竞选名单,竞选活动及各小组预选候选人大会通过候选名单,然后再由各代表投票选举。

(三)选举时要郑重其事,不能马虎潦草,要每个代表严格注意考虑所选举的对象,是否真能代表民意。

(四)要遵守时间:一分区各县的代表大会最迟于八月六号前结束,三分区于四号前结束。二分区要于三号前结束。边区大会于八月十五号召开,各分区各县及各部队代表必须于八月十号前到大会秘书处报到。

(五)各分区各县代表来时要组织代表团或代表组有专人负责并将各代表的履历带来,以便选举时介绍。

(六)各地区充分准备提案,以便解决问题。

(七)开大会时要注意清洁卫生保证各代表的健康。同时应注意节约,防止浪费(经费标准另有通知)。

四、边区人民代表大会筹备会

边区人民代表大会筹备会已推定吴静宜、田老、李云鹤、陈节庵、张辑五、刘抡才、葛萌、孙象涵、吴彦球、刘星、彭笑千、冯定、任泊生、张维城、张哲明等十五人为筹备委员，其主任委员及副主任委员由筹备会互推之。各分区各县在选举期间请与边区筹备会接洽，筹备会所有具体指示各县各分区必须随时研究执行。

七月十二日
(《拂晓报》1945.07.19)

华东四解放区统一行政机构　苏皖边区政府正式成立
统辖五十三个旧县治　各部门负责人亦选出
四区合组边区临时参议会

【新华社华中一日电】由于新四军英勇作战，转战江淮不断胜利之结果，华中东部四解放区（苏中、苏北、淮南、淮北）已连成一片。该四解放区行政当局，以工作亟须统一，乃能加强和平建设力量：特于十月初，由淮北行署主任刘瑞龙、淮南行署主任方毅、苏中行政委员会副主任季方、苏北临时行政委员会主任李一氓等，联名邀请各行政区参议会主要负责人，各地行政长官、地方士绅、名流、各界人士，于十月二十九日于淮阴城内，举行联席会议。到会者：淮北参议会副议长吴静宜，行署主任刘瑞龙，副主任陈荫南；淮南参议会副议长朱雨江，行署主任方毅，副主任汪道涵；苏中行委会主任管文蔚（贺希明代），副主任季方、刘季平；苏北行政委员会主席李一氓，副主席曹荻秋、计雨亭；淮海参议会代议长吴月波等十三人，会议首先讨论决定：统一四解放区行政机构，成立苏皖边区政府，并采取委员制，组织苏皖边区临时行政委员会，为领导机关。当场推定方毅、白桃、江上峰、任崇高、汪道涵、李一氓、季方、吴仲超、吴觉、计雨亭、连柏生、韦悫、曹荻秋、陈荫南、章蕴、粟裕、张鼎丞、张凯帆、彭笑千、贺希明、刘瑞龙、刘季平、邓子恢、郑抱真、郑伯川、樊玉琳、谭震林等二十七人（以姓氏笔画为序）为委员。并推举主席团五人，即主席李一氓，第一副主席刘瑞龙，第二副主席季方，第三副主席韦悫，第四副主席方毅，会上并确定边区政府机构，设秘书处、民政厅、财政厅、教育厅、建设厅、高等法院、公安总局、审计处、卫生处、交通总局、法制室、参议室等厅处局。财政厅下并设两淮盐务管理局、边区贸易管理局、粮赋局、华中银行等机构。

苏皖边区政府成立后，苏皖解放区新民主主义建设，将在统一领导下，有更光辉之建树，苏皖人民闻讯，异常庆欣！闻边区政府，将辖有江苏之三十二县，即崇明、启东、南通、如皋、海门、江都、扬中、泰州、泰兴、靖江、高邮、东台、兴化、宝应、盐城、阜宁、淮安、淮阴、涟水、泗阳、东海、灌云、沭阳、宿迁、邳县、睢宁、萧县、铜山、锡山、六合、仪征、江浦等县。安徽之十八县，即亳县、宿县、涡阳、蒙城、五河、泗县、灵璧、来安、全椒、嘉山、盱眙、天长、定远、阜阳、怀远、滁县、合肥、寿县等县。河南之三县，即永城、夏邑、商丘等县。共计五十三个旧县治。

【新华社华中一日电】苏皖边区行政委员会，于日前成立后，十月三十日即举行首次会议，到会委员十七人，计有陈荫南、计雨亭、白桃、吴觉、江上峰、邓子恢、刘季平、张鼎丞、章蕴、张凯帆、汪道涵、贺希明、曹荻秋、方毅、刘瑞龙、季方、李一氓，并有吴静宣、朱雨亭、吴月波等列席会议。由主席李一氓主持,淮南、淮北、苏中、苏北四区正副参议长、行政公署正副主任参加联席会议,即提交联席会议关于政府机构之决定,由主席团议出关于各处厅院等负责人名单,讨论通过如下:(一)秘书长张凯帆兼;(二)民政厅长陈荫南兼、副孟东波、刘丹;(三)财政厅长方毅兼,副汪道涵兼;(四)教育厅长刘季平兼,副白桃兼;(五)建设厅长计雨亭兼,副刘宠光;(六)高等法院院长季方兼,副徐凤啸;(七)公安总局局长龙潜,副黄赤波;(八)审计处(暂缺);(九)卫生处处长江上峰兼;(十)交通总局长朱月三,副荣健生;(十一)法制室(暂缺);(十二)参议室(暂缺);(十三)两淮盐务管理局局长陈易,副卢钝根;(十四)边区贸易管理局局长李人俊;(十五)粮赋局(暂缺);(十六)华中银行董事会董事长方毅兼,行长陈穆、副徐雪寒。

会后由中共华中局及新四军负责同志,欢宴新行政委员,庆祝边区政府之成立。

【新华社华中一日电】苏皖边区行政统一领导机构——苏皖边区政府成立后,原淮北参议会副参议长吴静宣、淮南参议会代参议长朱雨、江苏中行政委员会主任委员管文蔚(贺希明代)、盐阜参议会长黄克诚(曹荻秋代)、淮海参议会代议长吴月波特于十一月一日、假座淮阴,举行联席会议。决议如下:(一)为适应目前政治形势,求苏皖解放区行政工作之统一,并促进全国民主政治之实现,于上列四行政区合并之后,以原有各区参议会驻会委员会,全体合组苏皖边区临时参议会。(二)临时参议会,为容纳新解放城市之各界领袖人士,得由各行政区参议长,与原行署主任及各分区专署会同选聘一人至五人,为边区临时参议会参议员。(三)苏皖边区临时参议会之任务为:甲、临时执行苏皖边区参议会之职权,协助政府团结各界,推进民主政治。乙、筹备召开正式之苏皖边区人民代表会议。(四)苏皖边区临时参议会,由上列五地区参议长会同召集之,尽速于十二月中旬以前开会。(五)苏皖边区政府成立之后,原各行政区已自然取消,其各区参议会如何终止职权,或转变为与专署相并行之分区参议会,由各区参议会或参议会驻会委员会自行民主决定之。(六)本决议所指参议会驻委会,在苏中,即等于行政委员会。(七)上列决议除分送各分区报纸公布外,不另抄寄。

(《苏北报》1945.11.05)

庆祝苏皖边区政府成立

苏皖边区政府已于本月一日正式成立,这是苏皖两省边区三千余万人民长期艰苦奋斗的光辉胜利成果。八年多来,国民党军队和政府早已在敌伪侵入之际,遗弃人民而不顾,向遥远的川贵一带逃走,我江左人民日处于水深火热之中,乃在共产党和新四军领导下,高举抗日旗帜,到处发动人民英勇奋斗。几年来,抵抗了数十万精锐的日伪武装,其间虽经无数次的"扫荡"、"清乡"、"治安肃正"等,但再接再厉,屡战屡胜,始终屹立不动,而且由人民自己动手,创造了淮南、淮北、苏中、苏北、皖中、皖南、苏南、浙东、浙西、鄂豫皖等根据地,树立了民主政权,改善了人民生活,终于达到日寇宣布无条件投降,取得抗日最后胜利。现在东抵东海,南至四明山、会稽山,北达陇海路,西迄湖北、宜昌、沙市的广大土地。虽因国民党政府处理受降问题不公平,敌伪仍占有某些城市,我为顾全大局,自动撤退江南、浙东、皖中、皖南,但淮南、淮北、苏中、苏北则已连成一片。在这广大的被解放的国土上,人民又建立了最高的行政机关,成立苏皖边区政府,统一领导两千多万人民从事和平、民主的建设工作,这是我华中地区有史以来的一件大事,是值得全边区人民欢欣鼓舞的。

边区政府成立后,首在统一各地区的政令政制,使全区各专员区,在统一领导之下,齐一步骤,从事和平、民主的伟大建设工作。过去,在敌伪封锁之下,为适应环境,不得不分成几个地区,各自独立地和敌伪进行各种各样的复杂斗争,以致一河之隔、一乡之遥,政令政制、办法名称,互相歧异,形成许多不便。目前地区连接,情况改变,统一政区,统一行政组织、法令制度、金融币制乃至税率等等,使我各地方政府不仅在政策原则上一致,而且在组织和制度上也完全一致。这在华中地区的政治建设上,实在是首要之务。因此,边区政府之成立,是华中解放区划时代的事件。新政府成立后,将领导全边区人民进入和平、民主建设的新阶段,将使三千万人民在同一目标、同一步调、同一组织下,进行开发生产,树立民主,发展文化,创造一战后繁荣的、和平、民主、团结的崭新的社会。将随陕甘宁边区等民主的先进地区之后,急起直追,以创造一华中的民主政治模范区。

不仅如此,苏皖地处长江上游,距全国政治中心的首都南京,不过一江之隔,和握中国经济命脉的上海,已近在咫尺。因此苏皖边区的各项民主设施,将在全国范围内,起着巨大的模范作用和推动作用。它将用铁的事实证明只有实行民主政治,真正"还政于民",才能澄清混乱局面,迅速恢复国力,解除战后人民经济生活的困难。而边区民主政府的存在和发展,使一切反对民主政治,压迫人民的反动派的丑行,日益昭著,无所藉口;对全国人民的民主运动将是一个莫大的鼓舞和有力的支柱。

这个新成立的边区政府,完全是地方性的联合政府,政府委员包括各党各派、各阶层以及全国知名的进步人士,在政府正副主席中,即有老国民党党员曾任孙中山先生秘书韦悫先生和第三党领袖季方先生,而负责各厅各部工作的同志,也均是有才有德、忠心耿耿为国家为人民服务、素为人民所器重的人士,这和国民党一党包办的政府,是迥异其趣的。因此,这个政府是团结一致的,是深得各党各派各阶层人民依赖的。它不仅具有三千万人民直接的拥护和爱戴,而全国渴望民主和平团结的四万万五千万人民,除少数反动派外,将一致拥爱这个政府,这是一个有力量的政府,一定能完成人民所众(忠)于她的重大使命。一切反动派,如果企图将它的猪鼻子伸进这个乐园,一定会碰掉脑袋。

边区政府的成立,具有这样伟大的意义及作用,它能带给边区人民以幸福,而给全国人民带来了民主的福音,在它成立之日,我们特致热忱的庆祝。

(《苏北报》1945.11.11)

边府决定边区划八行政区

定期召开临参会 计划筑公路九条

【新华社华中分社讯】苏皖边区政府为求各行政区名称统一与组织之建立,业经边府联席会议决定,将原有各行政区名称加以更改,并重新委任或加委专员。原苏中三四分区改称苏皖边区第一行政区,专员贺希明,下辖泰兴、泰县、如皋、靖江、紫石、东台、如东、南通等八县及一东南行署。苏中一分区改称第二行政区,专员陈阳,副专员杜干全,下辖宝应、高邮、兴化、江都、樊川、兴南、溱潼等七个县及扬中办事处与沙沟独立市。淮南路东改称第三行政区,专员陈舜仪,副专员周文斌,下辖天长、盱眙、嘉山、六合、甘泉、来安、仪征、高宝、江浦等九县。淮南路西改称第四行政区,专员郑抱真,下辖定远、定合、滁全、凤阳、寿县等五县及一个英剑直属区。苏北盐阜区改称第五行政区,专员万金倍,下辖盐城、盐东、建阳、阜宁、阜东、滨海、涟东、淮安等八县。苏北淮海区改称第六行政区,专员吴觉,下辖淮阴、涟水、沭阳、灌云、泗沭、宿迁、宿北、潼阳、东海等九县。淮北路东改称苏皖边区第七行政区,专员张辑五,副专员王烽舞、苌宗商,下辖淮宝、泗阳、泗宿、泗南、泗县、五河、盱凤嘉、灵璧、淮宁、邳睢、铜睢、萧宿铜、宿县等十三县及一洪泽湖管理局。淮北路西改称第八行政区,专员彭笑千,副专员从汉民,下辖萧县、雪枫、宿西、雪涡、宿蒙、宿怀、夏邑、雪商亳等八县。除八个行政区外,边府尚有一直属市:清江市。在此项决定之后,原有各行政公署均已撤销,各专员公署,直接受边区政府领导。

【新华社华中分社讯】苏皖边区政府自十月底正式成立以来,其内部各厅、处、院、局人事已大致确定。本月三日举行第二次府务会议,到李主席、各副主席、各厅、院、处、局长,由李主席亲自主持,除通过苏皖边区施政纲领草案、边区参议会组织条例、边府组织条例、边府一九四六年施政方针草案暨边府各种会议制度等外,并通过如下决议:(一)定于本月二十日召开苏皖边区第一届临时参议会,主要内容为正式通过二次边府会议所拟定之各种草案。(二)决定于十二月底完成五条公路干线,即淮(阴)睢(宁)路、淮(阴)沭(阳)路、淮(阴)张(芝山)路、淮(阴)盐(城)路、盐(城)东(坎)路。明年一月底完成四条支线,即淮(阴)蒋(坝)线、睢宁至大李集线、泗(阳)青(阳)线、东(沟)阜(宁)线。最后并讨论边府机关如何进行生产等问题。

(《新华日报》(华中版)1945.12.10)

保卫华中万众一心 各地军民庆祝边府成立

【新华社华中分社讯】苏皖边区政府成立后,华中各地群众莫不欢腾鼓舞同声称贺。淮阴全县士绅于上月二十三日举行座谈会,庆贺边府成立,并一致通过:通电全国,呼吁和平,反对国民党发动内战,进攻解放区的悖谬行为。泰县如城区十五个乡民兵、妇女、各抗儿童等团体群众二千余人,在上月二十三日从数十里路外,带着花生、山芋等慰劳品结队进行到分区专员公署,向苏皖边区政府献旗。高邮县二届二次参政会代表全县六十万人民,通电致贺苏皖边府成立,并愿以一切力量粉碎国民党反动派的任何进攻。淮宝全县四十八万人民致电边府李主席及各厅、处、院长,表示热烈拥护。此外盐城、阜宁、泗(阳)沭(阳)等地都举行数千人以至万余人的庆祝大会,热烈祝贺。各阶层人士在兴奋的情绪下,均纷纷发表意见:年近七旬的六分区参议员钱轶良老先生发表谈话说:"这是全边区三千六百万人民有史以来天大的喜事,在为人民身经百战的李主席领导下,有把握粉碎反动派的进攻,保护人民八年来血战所得的果实。"淮安县参议长汪育才先生经常向人宣传边府成立的好处,他说:"过去只看到小块根据地,以为新四军地区不大,力量不足。边府成立,对华中解放区前途发展将信将疑的人今天都稳定了。"宝应冬学教师范组谋老先生说:"我们有无限幸福寄托在苏皖边区政府身上,我希望苏皖边区政府的工作和陕甘宁边区政府工作一样开展。我们人民一定坚决自卫,保护我们幸福的生活。"泰县第一中学全体师生在上月十九日举行庆祝大会时,一致决议要把庆祝边府成立的热忱贯彻到研究时事、开展英模运动等实际行动中去。宿北沂河区卢圩村群众自动集资唱戏三天,以示庆祝。宝应城区全体行政干部则一致表示决心在边区政府的领导下做一个好干部。仲家镇镇长刘文恂说:"苏皖边区政府是个塔尖,我们乡镇基层政权好比塔底,我们要做好自己的工作来巩固塔尖。"华中军区机关部队工作人员一致深信边区政府与军区的成立,是华中人民的和平支柱和民主福音。特务团一营一连排长耿连根同志说:"我们有足够的胜利信心,保卫苏皖边区。"

(《新华日报》(华中版)1945.12.10)

中共华中五地委指示　寒天要做几件事

　　国共停战协定公布之后,时势有大变化,向后我们要加紧和平建设了。中共华中五地委为这事,又发下一个冬季工作补充指示,说是在先布置的自卫运动,不要搞了,冬学内容,也要改变。后勤工作也要重新布置。今年寒天工作,主要是:一、大大开展群众的庆祝和平运动,来提高积极分子工作情绪。二、从目下到二月十五号,工作中心是拥优拥爱、春节文娱大活动、庆祝和平实现。二月十五日到二月底,各县按自己情形布置工作。不过,这规定也不是呆板的。搞各种工作时候,要互相联系宣传,还要照顾以后要做的工作。

　　关于冬学内容,主要是:①和平实现的原因。②和平对我们有多少好处。③怎样巩固和平与争取全国民主实现。④打通拥军优抗、拥政爱民的思想。

　　关于拥优拥爱,第一,各县要照华中分局与专署指示做,要着重思想检查,群众、抗属都要反省,干部要带头。第二,要加强抗属协会的组织与领导,抗属协会要经常拿生产教育当中心工作。第三,在文娱活动里代抗属募到的东西,各机关一点不准私扣。不然,要受处分。

　　关于生产救荒,地委要各级党委下大劲做好下面几件事:(一)纺织生产。这是开展救荒运动的根基。各县第一要把纱布交易所办起来,不健全的也要健全起来,县区委同志必定要亲自动手,通过纱布交易所组织群众弹纺织。(二)运盐。华中分局已经决定拿大批公盐借出来,不要利,先借后还,还了再借。运盐办法,地委提出几点:1.阜宁、淮安、涟东与滨海一部到响水口运。阜东与滨海一部分到海安集运。政府在那边设个盐站,负责起运事情。运是运到东沟、钦工、小关、东坎,政府在那边设个盐粮合作社,介绍盐客买盐或者拿粮收盐。运盐的路,暂时规定:一条是从响水口过百禄沟、大兴集、涟水到钦工。一条是从响水口过百禄沟、佃湖、周门、板湖到东沟。一条是从海安集过七套到东坎。2.运盐组织。十挂小车子算一组,五组算一队,队是基本单位。每队要有队长、指导员、事务长、文娱委员。党政民干部都要亲自组织与参加。3.运盐赚到钱,拿一部分组织群众搞旁的生产。(三)开河。(四)适当地组织贫富互助,要当社会工作来做,不准搞借粮斗争。借了粮要写借据,有借有还。

(《盐阜大众》1946.01.25)

华中解放区第一次农民代表大会决议案

华中解放区第一次农民代表大会,历时有十四天,在大会上关于农会工作纲领,当前的紧急工作,和发展巩固与健全农会组织,以及为广大农民群众兴利除弊诸问题,均经过了到会代表详细而热烈的讨论,并以对广大农民认真负责的态度,作出了如下的决议:

一、紧急救济灾荒,切实组织灾民生产,厉行节约,开展广泛的义赈运动,想尽一切办法,领导农民与灾荒作斗争,以克服目前普遍存在着的严重灾荒。

(一)由于过去国民党长期的苛捐杂税,抗战中敌伪与反动派之烧杀劫掠,加上去年水旱蝗雹风卤等灾,造成今年普遍而严重的灾荒,目前灾民已达四万之多,许多地方整个村庄找不到粮食,很多灾民没有饭吃,甚至发生饿死人的现象,如不急救,不仅影响生产建设,而且可能破坏社会秩序。过去各级农会领导农民与灾荒进行斗争,已获得了不少成绩与宝贵的经验,并解决了不少灾民的生活问题;今后更应有效地领导农民再接再厉的与灾荒作斗争。为此,必须打破依靠政府救济的观点,须知政府救灾款项,不能解决整个问题,因此,我们的救灾方针主要是自力更生,自救救人互助互济,生产救荒,使救灾工作成为一种普遍的社会运动和群众运动,才能将灾荒克服,渡过难关。

(二)根据过去救灾经验,和目前严重的灾情,提出以下紧急救灾办法:

(甲)为了进行广泛的社会救济,避免灾民强借粮食与抢粮,造成社会不安,应协助政府发放救灾公债,在公债发行时各级农会应尽全力协助政府进行动员宣传,务求迅速推销,不失救灾时机。此项公债发出进行赈济之时,各级农会协助政府认真审查,合理发放组织生产,并说服农民群众,不必再行借粮。

(乙)协助政府与生产救荒委员会,迅速举办平粮局,在有决定意义的城镇中进行平价,平抑粮价,并负责审查购户,规定购粮限度,保证平价粮全部为灾民购得,避免落于奸商之手。

(丙)积极进行劝募,开展义赈运动、一斤粮运动,动员与号召各阶层人士,有钱出钱,有粮出粮,发扬同胞友爱,贫富互助精神,节衣缩食救济灾荒。

(丁)各级农会亲自带头领导农民组织生产,运盐与经营各种副业生产,并兴修农田水利，以工代赈，提倡种早熟之瓜菜粮食，将所有灾民均组织到生产运动中去，这是克服灾荒最有效，也是最基本的办法。

（戊）协助政府与军队，将节约粮食全部就地救济灾民。

（己）切实领导农民进行惩办汉奸，贯彻惩奸运动，发动农民向汉奸清算旧账，协助政府将没收汉奸之财产粮食与罚款救济灾民。

（庚）在老地区认真领导农民进行查租，在新解放区放手领导农民进行减租减息，恢复农民生产力，改善农民生活，以此来救济灾荒。

（辛）积极协助政府清查过去存粮，并请求政府将查出粮食之一部作救灾与组织群众生产之用。

（三）为了迅速而有效地进行救灾工作，各级农会均应派人参加生产救灾委员会，并与党政军机关密切结合，深入进行动员，切实进行组织，特别是在灾情严重的地区，更应与群众紧紧在一起，带头领导群众以进行救灾工作。

二、切实实行减租减息，认真贯彻查减，进一步改善农民生活，保证交租交息，加强各阶层的团结，以巩固国内和平，彻底实现全国民生改革。

华中各地，由于过去敌伪分割，法令未能一致，今已连成一片，且有边区政府来统一领导，对于减租减息改善民生法令，急需统一订定，以便各地统一遵循。为此，我们根据和平建国纲领与边区施政纲领，及参照各地已颁布之法令，和当前的实际情况，对于减租减息，提出统一办法，建议边区政府提交边区临参会研究讨论，制订统一法令，交由政府公布实行。

（一）减租办法

（甲）分租（亦称活租，即按土地正产物收获量，由双方按成分配）

1. 按未减租前原租额对半分者，改为三九、六五分（如收一石，主分三斗五升，佃分六斗五升）；四六分者，改为三七分；三七分者，改为二五、七五分；原租额不到三七分者，根据二五减租原则酌减。

2. 已实行三七分租之地区（如淮南淮宝）不再变更。

3. 土地副产物，牛草全部归佃户，烧草三七分，如烧草原来归佃户者，照旧。

4. 种子肥料仍照旧例，如出租人应出之种子，因减租故意不出时，得于分场后预先扣除，由佃户保管。

5. 出租人应出之农具，不得因减租而抽回、少出或不出。

（乙）包租（亦称死租，即按照土地面积所定之租额）

1. 按照民国二十六年实交租额，实行二五减租，减租后出租人所得，不得超过土地正产物收获量百分之三十五，不到百分之三十五者，亦不得再行增加。

2. 抗战时由钱租改为粮租，不超过土地正产物收获量百分之二十者，不得再行变更。

3. 收成不足三成者，全部免交，三成以上八成以下者，按成议交，八成以上者照交。

（丙）实行减租后，新成立之租佃关系，其租额一般不得超过以上所规定之减租标准。

（丁）公田、学田一律依照以上办法减租。

（二）退租办法

（甲）自民主政府建立后，政令能推行之地区，出租人不遵守政府法令减租，或明减暗不减者，一律自该地区民主政府成立法令公布之日起退租，如屡次顽抗不减，或减后又威逼佃户退回者，除如数退租外，政府应加以严惩，并以诈欺取财论罪。

（乙）原有押租金（亦称押板，上庄钱等），一律退还，押租时之币价，以当时之地价折算为标准，遇有特殊情形，而有争议时，可由当地政府协同农会调处之。

（丙）解放而又沦陷之地区，沦陷在一年之内未减租者，一律退租，沦陷在一年以上未减租，沦陷期间，地主因遭受重大损失，生活实在困难者，可以少退或不退，但应对地主负责交纳而转加在佃户身上之各种负担，要酌情照数退还。

（三）交租办法

（甲）地租一律在收获季节终了后交纳，禁止预收地租之一部或全部与收取预租。

（乙）减租后，佃户保证要交租，如因收获减少，或因遭受意外无力交租时，得与出租人协商缓期交纳（但不能作价行息），或酌量减免。

（丙）地租应交之粮物，依双方约定，其佃细粮折算法，依照当地习惯，使用当地通用之斗称，禁止大斗大称收，小斗小称交。

（丁）废除一切陋规，除正租外，出租人不得索取任何额外报酬和无代价之劳动。

（戊）核田查实，实地交租，租地内凡不属于生产的土地承租人不负交租责任，但屋基地可依习惯。

（己）民主政府成立未实行减租以前所欠地租，一律免交。地主之土地虽在解放区，而其本人身处敌区，地主无法收租，佃户亦无法交租，所欠之租，可酌情减免，但业主附敌者，全部减免。

（庚）贫苦之抗烈属，与贫苦的鳏寡孤独，因丧失劳动力出租少量之土地为生活者，可以酌业佃双方实际情形少减或不减。

（四）租佃契约及保障佃权办法

（甲）租佃双方要依此减租办法订立契约，原订契约与此办法不符者无效，应退回旧约，重订新约，期限至少五年，但有永佃权者，仍保留永佃权。

（乙）出租人不得任意收回土地，但有下列情形之一者，可以收回其一部或全部：

1. 契约期满，出租人收回土地确系自耕者；
2. 承租人无故地荒租地在一年以上而不交地租者；
3. 减租后佃户力能交租，而故意不交租者；
4. 承租人死亡无继承人者。

（丙）契约期满，出租人收回土地时，须于一年前通知佃户，不通知时，原契约继续有效，如承租人确系贫困，因出租人收回土地便无法生活者，由农会协同地方政府召集双方加以调转得延长租期或退佃一部分。

（丁）禁止藉口自耕收回土地暗行出租，或任其荒芜以及假典假卖之行为；用非法手段抽回之土地,得依法复田,佃户因抽地所受损失,应由出租人赔偿。

(戊)契约期满,出租人仍将土地出租时,原佃户有依原约继续承租权,如出租人典卖其土地于他人时,原佃户依同一价格有承典承买之优先权。

(己)契约未满,出租人典卖其租地于他人时,原承租人有依约继续承租权,但该承典承买人生活困难,必须自耕者,原佃户放弃佃权,亦无法生活者,得由农会协同地方政府加以调剂,可以退佃一部分。出租人典卖其土地时,须于秋收后春耕之前时期为之,并须至迟于立春前一个月通知佃户。

(庚)无论公荒私荒,生荒开垦之后三年不交租,三年期满,再按具体情形议定租额,熟荒根据实际情况酌量减交或免交。

(辛)承租人在租地上进行耕地改良,出租人不得加以反对,在耕地改良有效期间,出租人不得收回其土地。出租人投资进行土地改良致使土地产量提高时,包租地得按土地增产情形经双方协议农会通过,酌量增加地租。

(壬)承租人不得将承租之土地转租给他人,从中图利。

(五)建议边区政府下令各专署,采纳以上办法,目前即颁布减租补充办法,所有新解放区一律按此办法进行减租,已按各地原有法令减过租者,不再追究,在老解放区已经根据各地原有减租法令彻底实行减租者,不再按此办法退租,但至今仍违抗政府法令未减或明减暗不减者,一律依此办法退租。

(六)减息办法

(甲)放债利息,不得超过月利二分为原则,自愿订定的,听其自便,但最高不能高于月利五分,并严禁高利盘剥,和预先扣除利息,与利息滚入本内再生利息。不超过以上规定者,保证交息。

(乙)过去贫民所借之债以借钱还钱,借物还物,借粮还粮为原则,拿物品成立的借债,在约定上是拿货币来还的,就依约还钱。

(丙)各地在民主政府成立以前,贫民所借之债,利过本停利还本,利倍本停利减半本,利两倍于本,则本利停付,借债人确系贫困而又因天灾人祸实在无力偿还时,得延期偿还。

(丁)放债人用高利盘剥利滚利的方法拆去借债人的房屋田产,根据具体情形,可以无条件收回一部或全部。

(戊)放债人自愿放弃债权,或不愿接受减息办法所还之债,经农会证明,算是借贷关系取消,所有借据抽回经销毁作废。

(己)各种借贷关系,在过去因币值涨落物价高低引起讨债还债纠纷时,应根据实际情况,由农会协同地方政府随时进行适当的讲解。

三、切实领导群众组织生产,整理巩固和发展劳动互助组织,整理和巩固合作社,发展农业生产。

(一)整理巩固和发展劳动互助组织

（甲）整理和巩固劳动互助的方针是在原有基础上恢复和改造，培养有成绩的互助组，使之成为模范推动与影响其他互助组，并继续开展。

（乙）整理互助组要走群众路线，由群众主动地起来整理，发动组员揭发坏处，并正确的解决阶层之间矛盾（即贫农中农与富农之间的矛盾）；正确的使用剩余劳动力；解决生产过程中时好不好与地头远近的矛盾，解决干部抗属与一般组员之间的矛盾，建立公平合理计工办法，并耐心培养劳动英雄与劳动模范，使之无骄无傲，不脱离群众，这是巩固与开展劳动互助最基本的办法。

（丙）各级农会干部，亲自领导互助组织，吸收经验，推动全盘，在新解放区，经过减租减息，及时转入组织群众生产，大量发展劳动互助组织。

（二）整理和巩固合作社

（甲）对原有合作社，应加强对其业务的指导，认真调整干部，及时清算账目，使合作社能为群众的生产服务。

（乙）对于办得不好，而又为社员所不满的合作社应立即算账，发动社员监督，账目算清后，由社员讨论决定，或者分股或者整理调整后，继续开办，均由社员自愿。

（丙）发展小型的几户、一村自愿结合的合作社。

四、整理巩固和发展健全农会组织，建立农会的经常工作。

（一）在新解放区的广大农村，开展惩奸减租减息运动中，迅速建立农会组织，并可将青年妇女雇工儿童，源源吸收到农会中来，从上到下再从下到上的建立农会系统，加强农会对农民运动的领导，使广大受压迫的农民真正得到翻身。

（二）在老解放区，从下到上的整理农会组织，在各种运动中，认真培养农会骨干，健全基层组织，进行民主选举，选拔在群众中有威信的领袖到各级农会中来，使之成农会的中坚，来领导农民进行各种斗争，加强农民中各阶层的团结。

（三）建立农会的经常工作。

（甲）切实领导农民改善生活，保护农民的利益，彻底进行惩奸减租减息，组织农民生产，引导农民走向丰衣足食。

（乙）领导农民进行民主活动，协助政府改造政权，并选拔优秀农民领袖参加政权，积极组织农民自卫武装，帮助军队维持地方治安防匪防盗，使农民安居乐业。

（丙）教育农民，开展农民的文化教育工作，提高农民的政治觉悟，与提高农民的文化水平。

（丁）发展会员，组织农民大多数，团结大多数农民。

（戊）研究农村中过去各种旧有的农民组织与各种活动，在农会领导下，加以改造，使之真正为农民群众服务，替农民排难解纷，提高农会在农村中的威信。

（《新华日报》（华中版）1946.03.19）

华中解放区第一次工人代表大会决议

工代大会已于日前胜利闭幕,决定重要议案多件,特择要发表于次。此文共分四次刊完。

——编者

甲 关于公营工厂职工会工作决议

一、关于工资问题决议

过去各地公营工厂,都实行供给制度,现在要和行政与工厂方面商量,改变为工资制度,实行工资制,不但工人生活安定,提高劳动情绪,厂方也减少不必要的开支,节省人力物力,发展生产,这是工厂走上企业化必要的步骤。

(一)评定工资应根据不同性质之职工订出各部门(如军工、印刷、纺织)统一技术标准,确定统一的技术等级并根据以下不同种类之职工,订定不同之工资标准:

第一类 重工业技术工人(包括军工、机器等已过学习期间之技术工人)

第二类 轻工业技术工人(包括印刷、造纸、纺织、油米、被服、化学、皮革等已过学习期间之技术工人)

第三类 轻便简易技术工人(如印刷之检票检号,军工之装配的一部分,纺织之摇纱等类工作比较轻便,技术比较简单之工人)

第四类 粗工(不会掌握机器而出力较大之工人)

第五类 学习工(即学徒或练习生)

第一类技工的最高工资连自己在内以维持四个人生活为原则,最低工资则至少须能连自己维持两个人之生活。

第二类技工的最高工资应较第一类最高工资至少减一个人之生活费,最低工资则同样最少能连自己维持两个人之生活。

第三类第四类工人之最低工资至少能连自己维持一个半人之生活。

第五类学习工学习期限不规定,到技术完全如工人时即以工人待遇,在学习期间以能维持个人生活为原则,厂方并须视其技术之进步而适当增加其津贴,但其最高津贴不能超过同性质技工最低工资之三分之二。

职工本人伙食由厂方供给者应在工资中扣除伙食费。

(二)女工与男工做同样工作而效率相同的应给同样工资,女工工资拿最低工资时应另加卫生费每月大米五斤。

(三)以上工资订定后应订定一定之生产任务,超过任务之数量质量以及原料节约都应订定提成分红,累进奖励或按质分等之办法以鼓励职工生产热忱,使工资趋于合理化。

(四)在工厂企业化以后,成本与生产品能定出详细确实价格者,可根据公私两利的原则提出部分利润实行全面分红制,其数额不得低于全部纯盈利之百分之十。

(五)评定工资高低应根据如下原则:

甲、主要为技术之高低及熟练程度以及劳动强弱为主要标准。

乙、其次为任务大小,工龄长短,生产积极性,公私兼顾之精神及技术进步之快慢为标准。

(六)各部门之专门技术,稀有技术如工程师化学师,雕刻师等以及各种职员之待遇其工资标准可另订,但须得公营工厂总工会之同意。

本决议是根据今天公营工厂从机关化转入企业化的过渡时期实际情况订定的,待工厂企业化以后当另行订定。

二、关于加强职工政治文化教育提高技术能力培养工人干部的决议

(一)改变过去部队教育方法,采取职工自愿原则,由工会宣教委员领导组织各种政治文化,技术等研究组织,如识字班,时事座谈会,技术研究组等,根据不同兴趣、不同水准、不同工作时间进行学习,并防止散漫自流与无计划现象。

(二)健全各级工会宣教部门,与各宣教机关取得密切的联系,各级工会宣教部门应有一定时间之教育计划并定期向上级工会作报告。

(三)请总工会筹办对工人有专门指导性的综合定期刊物并经常供给各地工会的时事、政治、文化各种教材。

(四)各工厂应举办最低限度之职工文娱体育设备,各工会应健全文娱体育组织,吸收广大职工群众参加。

(五)学习文娱经费,由厂方根据工资津贴总额,辅助百分之一给工会。

(六)各地工联会应尽可能举办工人政治文化技术之训练班轮训班以培养工人干部,各厂如条件许可并在不妨碍生产任务的原则下,也可举办小型轮训班,上级工会须给以适当帮助。

三、关于创办职工合作社的决议

为保证在实行工资制以后,职工对衣服用品不致发生恐慌,防止有钱时随便浪费,以及积聚职工劳动报酬,进行生产,保障不时之需,与进一步改善职工生活,我们特作以下决议:

(一)各工会福利部根据具体条件,吸收职工资金,组织消费运输或生产合作社,以保障职工生活上必需品之供给,合作社得成立储蓄部与信用借贷部,以周转职工资金,并随时解决职工困难。

(二)边区分区之总工联或公营工厂联合会,得组织合作联社,作为调节指导各工厂合作社之机关,并统一举办大规模的贸易或生产事业。

(三)号召并鼓励各厂工人,在每月工资中除去生活上必需用费外,尽量将资金投入合作社内,各工会可民主讨论具体办法实行,至于各工会合作社之组织办法,亦由各工会民主拟定报告总工会。

(四)合作社的干部必须民主选举,以群众中有威望之职工负重要责任。

(五)厂方应尽可能地给各工会合作社以财力物力以至人力上的帮助。

四、关于健全公营工厂职工会组织之决议

（一）明确职工会的工作方针：

甲、应明确认识职工会是职工自己的独立的群众团体，职工会干部要站在职工立场上为工人服务，保护职工的经济利益、政治权利、社会地位，为工人阶级目前与永久的利益奋斗，以工人的要求、情绪、生活、呼声为职工会工作的根据，纠正过去职工会成为行政的附属组织俱乐部组织，以及任何不民主站在工人头上单纯行政路线，忽视工人具体利益，脱离群众的现象。

乙、职工会应认识我们的工厂是为人民大众工人阶级服务的工厂，工厂的发展也就是我们职工力量的发展，工厂的利益与我们职工的利益基本上是一致的，因此职工会又须教育工人确立公私两利，公私兼顾，反对雇佣观念与单纯经济观点，职工会在保护职工利益的立场上来保证完成革命生产任务，爱护革命工厂。

（二）转变职工会的工作作风：

甲、职工会应培养与锻炼独立自主，依靠群众解决问题的工作作风，纠正过去事事依赖行政成为行政上附属品，还要与行政上求得互学互谅互助，克服与行政对立的现象。

乙、职工会应与全体职工在一起，时时刻刻主动地为职工同志兴利除弊，纠正过去漠视职工利益的官僚主义，了解我们是为职工服务，而不是个人风头，少数人威权，更不是利用群众造成自己地位，应该坚决反对并坚决与职工会内个人主义、英雄主义这种思想斗争。

丙、职工会工作做好，只有依靠群众的自觉自愿自动，反对过去站在群众头上发号施令、不民主、野蛮、强迫命令的不良现象，同时要了解只有一切走群众路线，一切通过群众，一切相信群众，一切依靠群众，职工会才能成为职工自己的，并且是最有威信的组织，任何恩赐、包办，其结果只会"吃力不讨好"。

丁、把对厂方负责与对群众负责统一起来，如厂方任务与群众要求矛盾时，职工会应站在职工利益的立场上向上级提意见，或向职工群众耐心启发说服教育，取得思想认识的一致，纠正过去性急暴躁唯行政之命是从的现象。

戊、职工会干部应深入群众，与群众生活打成一片，了解他们的生活、情绪要求等，加强与培养我们的群众观念，时时刻刻了解自己是群众中一员，以群众面目出现，反对任何自满傲慢等脱离群众现象。

（三）健全工会领导机构：

甲、各不同性质之工厂应建立自上而下独立系统的职工会组织，如印刷业工会、军工业工会、纺织业工会等。

乙、为了更进一步的团结工人力量，各工厂职工会应参加各地区的工会联合会。

丙、各级职工会的领导机构应完全民主选举产生，并应尽量吸收各种群众领袖参加领导机构。行政对职工会内部生活不得干涉。

丁、各级工会执委会如因工厂会员人数过多，职工会工作繁忙，或被选为上级工会负重要工作时，可依工作繁忙情形，与厂方协商推定适当人员，专门进行职工会工作，其工

资由厂方照旧付给并保留其职务。

戊、职工会之福利宣教部门人员,应特别加强。

己、加强职工会小组生活:职工会员应以部门、工作时间编为小组,至少每半月举行会议一次,执委应亲自参加,会员提出要求,小组应提出具体意见,以使职工小组成为工人解决日常生活,保证工会工作,反映意见,沟通上下关系最有效的组织。

(四)加强职工会经常工作:

甲、首先是谋工人生活之改善,根据公私两利原则,讨论生产任务,组织职工保证,订生产计划发动竞赛,总结生产工作,另一方面代表工人与厂方协议更好地照顾工人,并帮助工厂管理工厂生产各方面之改进,调解工人与厂方及工人与工人之间的纠纷。

乙、定期订定工作计划,确定中心工作,并须定期向会员作工作报告,向上级作书面汇报。

丙、加强福利工作,办理合作社,储蓄借资所,随时解决群众生活上困难,改善伙食,照顾病号,办托儿所,职工子弟教育,帮助职工解决家庭困难,及其他一切劳动保险与社会保险工作。

丁、有计划领导职工进行各种政治、文化、技术学习,组织各种研究组、训练班,组织职工通讯、出墙报、快报及各种民主活动,培养干部,筹办各种文娱体育设备,组织各种职工文娱、体育、卫生组织,以活跃职工生活,调剂职工生产情绪。

戊、组织职工,参加地方各种政治活动与社会活动。

己、健全职工各种生活制度与会议制度。

五、关于今后工会工作步骤之决议

(一)凡未成立职工会之工厂,边区、分区总工会方面应派员着手帮助建立工会,然后逐步成立各地区之工厂职工联合会,与本部门自上而下的独立工会系统,目前应即成立军工业职工总会,纺纱业职工总会等组织,边区并成立公营工厂职工会联合总会筹备会。

(二)评资工作应作为今天各公营工厂工会重要工作中心之一,在评资中整理工会,健全各部门组织。

(三)在已订定工资之工厂,工会应与厂方订定集体合同,并组织工人进行对合同之讨论。

(四)在以上工作大体已完成之工厂,应进行工会整理工作,根据大会报告、检讨和决议,进行深入检讨与工作检查,对工会干部进行教育,然后依实际情况进行改造或整顿。

(五)在完成以上工作过程中,应同时配合生产工作,在完成以上工作后,工会应集中全力开展生产运动,培养创造劳模,加紧职工福利工作与教育工作,使工会成为工人中最有威信之组织,我们的工厂成为和平建设中的堡垒。

乙 关于作坊手艺工人工作决议

一、评定工资改善待遇

新解放城镇的作坊手艺工人,都要合理评定工资,改善待遇,才能改善工人生活,提高工人劳动热忱,增加生产,劳资双方,都有利益。

（一）有固定雇主的作坊手艺工人,在评定工资和改善待遇时,一方面要照顾到职工生活的改善,一方面还要照顾资方有一定利益,抗战前解放前的工资要研究,各行各业原来的工资要比较研究调查确实,再根据工人技术高低劳动的强弱,和担任工作的轻重适当评定。

（二）各式各样工资的评定按时给资的(年工、月工、季工)最好改成粮食工资;按件给资的,用水涨船高办法,也可以用粮食付工资;原来工资用分成付给的(如做一个活劳资四六分)适当的加成;按粮给钱的,要按一个月平均粮食价格支付,免致双方争论。

（三）原来待遇一般的仍照旧规,封建压迫与额外的剥削一概取消。

（四）评定工资,采取劳资协议方式,协议后提倡订立合同(书面或口头),以后劳资双方,依据合同执行。

（五）评定工资后,为了更好的增加工人生产情绪,提倡累进工资制(即超过平常工作任务累进加资),利息提红,及其他奖励等,劳资两利的增产办法。

（六）无固定雇主的手艺工人,主要是取消中间剥削,组织他们剩余的劳动力进行生产,在同一地区同一行业同一技术,工价可以统一评定,最好也改为实物工资,评定时要照顾工人生活,也要照顾一般雇主的生活和需要情形,工资不宜过高,不然会影响到生产的清淡,反而对工人不利,做零活的工人工资(如补锅补碗),或论件给资的(如上鞋皮匠),工资不必由工会统一规定。

二、救济失业合作生产

华中解放区各地工业,几年来遭受敌伪和国民党的破坏,因战争的影响,如原料缺乏,又受季节性的关系,有将作坊关闭向商业发展,特别在新解放城市失业工人很多,救济失业合作生产是今后很重要的工作。

（一）在评资后,要号召工人储蓄,防止浪费,集资开办合作社,既使工人储蓄生利,又可安插失业工人,无固定雇主的工人,集资开办合作社,解决剩余劳动力,但工人开办的合作社,要注意与工人原有技术工具联系起来,由小而大,由一行到数行,并须在合作社中,切实执行公私两利的生产政策,要使出资本的工人,与出劳力的工人,双方都有利益。这是最重要的原则。

（二）有些不适合社会需要的工业工人(如香业工人),要帮助转变其他行业,有些一时不需要的工业工人(如矿工)一方面转业,一方面进行登记,需要时介绍做工。

（三）互相介绍工作,互助互济,各工会要与作坊工厂联系密切,经常负责介绍工人工作,工人互相介绍工作,并在工人中提倡互助互济,发扬工人阶级友爱的精神,一人失业,大家帮忙。

（四）有些东家因评资无故辞退工人,工会应协助复工。

（五）请政府给予工人贷款生产,并给新解放区贫苦受灾工人给予适当救济。

三、改善学徒待遇组织学徒

各行各业的学徒,多是青年职工,要提高他们的学习情绪,和生产热忱,要切实改善生活待遇，同时还要顾到东家和师傅的利益。

（一）学徒学习时间，由各地各行业按地方习惯和实际需要规定，要使学徒真能学到一定的本领，但不能额外拖延时间（如送师谢师等），在规定的时间内，学徒学到一定技术，生产积极的，可由工会与东家或师傅商量提早满师，但要顾到东家和师傅利益。

（二）废除打骂和额外剥削，废除打骂制度，不要给学徒做额外的劳役，取消陋规如请师谢师等。

（三）改善学徒待遇，适当改善其生活，并按季按月发给一定的零用费，并按学习时间增加，其他一切待遇遵照旧规。

（四）组织学徒，学徒是青年职工，除参加各地各行业工会外，并单独组织小组。

四、加强工人教育

（一）新解放区工人，过去在敌伪重重压迫下，及忙于生活没有受教育的机会，以致政治认识及觉悟很差，我们在发动工人参加反奸及增资斗争中，用会议方式，总结经验教育工人，启发工人政治觉悟。

（二）对已进入巩固阶段的工会，工人生活已初步改善，对学习要求很高，我们应抓紧这种要求，有组织地进行时事及文化教育，发扬团结互助精神，克服行会观念及经济观点，提高其觉悟程度，在方式上对工会干部办短期训练班，或会议形式为主，对工人以市镇为单位，开办工人学校进行教育。

（三）工人学校校长由工会会长兼任，根据各行业性质及空间时间，进行轮流上课，并可在工人学校中讨论与解决工人问题，教材可按各地具体情况自编，教员可由工会干部担任，必要时可请当地党政负责同志上课，学校中的文娱活动，应根据工人要求进行（如排演地方戏，擩石锁、石担、练武等），工人入学，应以自愿为原则，学校中各种制度，由学生民主讨论订定与执行，定期考试奖励成绩优良的，经费由工会津贴及在学生中劝募解决。

五、组织工人武装

（一）建立工会而未建立武装的地区，要赶快动员工人自愿自觉参加工人武装，按行业建立工人纠察队或自卫队，已建立工人武装的工会，应加强领导。如在干部中有流氓成分或违法行为，引起工人不满的，应在队员中民主讨论改选。

（二）工人纠察队主要任务是维持地方治安及巩固民主秩序，但在执行任务时，应不妨碍工人生产。

（三）武装领导除由工会武装部领导外，并受当地武委会统一指挥，工人纠察队的枪支弹药等经费也由武委会统筹，如武委会未成立，可由政府及工会商会三方代表共同筹划。

丙 关于农村雇工工会工作决议

各地区农村雇工，几年来由于生活的改善，政治认识的提高，许多雇工买田置地，有些进行商业生产，生活上升，有些自动参军，加之农村各阶层普遍的参加生产，减少雇工，因此形成目前农村中雇工减少和雇工的流动性,另一方面由于雇主借故解雇,反抗增资,及部分地区未能很好执行自由契约的原则,也影响雇主少雇雇工,现正是春耕农忙工人上工之时,原来雇工应帮助评资立约,并应积极组织雇工上工,评定工资实行自由契约,以发展农村生产。

一、组织工人上工,实行契约自由

不论新老解放区,各工会均应配合农会在春耕生产中,积极组织工人上工,宣布自由契约,双方自愿议订工资,经过工会订立合同,以后依合同实行,如要改变,也须要经双方同意,以打破雇主顾虑,打破雇工鸡蛋敲锣一声响的想法,对无理解雇的雇主,予以纠正帮助复工,合同以口头的或书面的均可。

二、评定工资与待遇

原来雇工要将工资评定,新工人上工,亦须在上工时将工资评定,使雇工雇主均能安心生产,在评定工资时一方面要照顾工人生活,一方面又要照顾雇主雇人耕种比出租土地有利原则,并根据雇工技术的高低做活的轻重,来评定,一般的大领除自己外,最少要养活一个半人,二领能养活一个人,三领能养活半个人,童工(如小放牛)视能力高低付给津贴或工资,并以各地区土地收获量大小,及抗战前解放前工资标准做参考,评定工资主要是主雇双方协议。工资订立不要一般化,照顾当地及主雇双方具体情况,工资支付,分上工、夏收、秋收三季付清。

雇工之衣服零用东西及其他待遇,按照过去各地老例执行,雇工因病或因事不能干活的,也照各地情况,由工会与劳资双方协商,上下工时间按各地方农村季节情况和各地原有规定办理。

三、加强劳资团结努力生产

评资后双方切实执行契约,雇主不得虐待雇工,加重额外劳力负担(有特殊情形在外),不得少付工资,雇工亦应遵守劳动纪律爱护农具及其他影响生产情形。

为了鼓励雇工生产情绪,各地工会在订定合同时鼓励双方采用土地收成超过一般年成时实行提成等奖励办法,使主雇双方均有利益。

四、储蓄生产救济失业

按自愿原则鼓励雇工储蓄,到下工时可付出进行生产或与作坊手艺工人合作开办合作社生产,工会并应经常调剂各地劳动力,实在雇不出去的工人应帮助他转业。

五、发展组织整理组织

农村工人因本身有特殊要求,也有与农民共同要求,因此农村雇工,除单独成立雇工会外,并可参加农会组织,以加强工农团结,在老解放区各地工会在上工评资中整理组织,并发展组织,在新解放区发动雇工参加各种减租反奸斗争,进行发展组织,在初期,可编为雇工小组参加农会,到一定时候则分开组织雇工会,长工与短工应分开组织便于领导,为恢复雇工的活动性,雇工会干部最好选本地方的雇工担任。

(《新华日报》(华中版)1946.03.24)

华中解放区第一次工人代表大会决议
（续完）

丁　关于码头运输工会工作决议

码头运输工人在我华中各解放区数目是很大的，码头运输工作，关系到整个工商业的发展，过去码头运输工人多有行会组织。少数人把持码头，剥削大多数工人，造成工人与工人之间拉拢客商争夺码头阻碍了工商业的发展，因此进行码头工作取消中间剥削，统一组织与加强工人团结，调剂劳动力，克服工人中行会思想与经济主义，是各码头工会很重要的任务。

一、统一组织加强团结

（一）在一个城市或集镇或一个交通要道地方各码头应该统一组织一个码头工会，在统一的码头工会下，每一个码头设立分会，分会按工人生产情形划编小组。

（二）为加强各码头工人的团结，在一个集镇上的各码头工人，由城市或集镇码头工会按照各码头生意的好坏，经常调剂劳动力，各分区各县也尽量了解各地码头生意好坏，给各地码头工人以适当的调剂。

（三）码头工会对外来工人农民参加做活的，不能歧视，应该尽量容纳他们参加，特别照顾贫苦工人农民，但还要注意到码头上一定的容量，不然变为粥少僧多。

二、评定工资

（一）码头工会的工资评定，要照顾工人生活，又要照顾整个工商业的发展，并按照码头各种性质不同工人的劳动情形，来规定各种工人总的工资标准。

（二）码头工资议订后，可按当时粮价付钱资，并实行水涨船高办法。

（三）评定工资要经各种工人讨论商订，并经过工人和运商代表及贸易机关代表协议，在每一次因物价影响要改变工资时，都要经过这一手续。

（四）评定工资后，雇主照价付工资（自己搬运的不得收费），码头工会应宣布劳动纪律，如不多收价，爱护物件，便利商旅。

三、取消额外剥削

（一）所有码头工人要一律参加生产劳动。

（二）取消吃双份子、吃空名字、抽头子等剥削。

码头上如需一定脱离生产或半脱离生产人员，应经工人讨论其生活费，由工会统筹，或实行提份子，按照他过去工作规定付给。

四、调剂劳动力组织生产

（一）各码头工会要号召工人节约储蓄，但以工人自愿为原则，如工人同意，可在工资中提成储蓄。

（二）工会将积蓄资金办理合作社，视地方生产及季节情形，组织剩余劳动力进行生产。其具体实行办法，由各工会与工人讨论自订。并组织工人学习其他生产技术，以防止失业现象。

五、加强码头工人教育

（与作坊手艺工会同，从略）

（《新华日报》（华中版）1946.03.25）

华中解放区 工联总会 青联总会 农联总会 妇联总会 总武委会 **联合告全体会员书**

亲爱的会员们：

我们华中工农青妇民兵大会已经开过了，这回大会把以前六年的工作检讨了一番，各地方的工作，做得都不错，做得很有成绩。因为做了减租减息增加工资，许多穷人也高兴生产了，生产兴家也有了指望了，日子都过得好些了，有的买田置地，有的买了牲口，有的开了店，有的还带了媳妇。各地方都成立了工会、农会、青年会、妇女会，组织了民兵，大家都齐心团结在一起，坏人不敢欺侮我们，我们少受多少苦，少受多少气。我们这几年来，推翻了旧的封建甲长，实行民主选举，成立新的民主政府，往年是少数大地主及家神恶霸当家，现在是大家翻身做主人。这几年，办冬学，办民校，办剧团，识字明理，懂得国家大事，往年是糊糊涂涂，现在是清清楚楚。这几年，我们各地会员，有的参加新四军，有的优待抗属，组织民兵，打更放哨，帮助政府，保存公物，捉汉奸，缴公粮，大家齐心，和新四军在一起，打走了鬼子，消灭了伪军，扩大了我们的解放区。这些事情，都做得很对，很有成绩。不过有些地方，怕这个，怕那个，不敢放手去做；有些地方，做做停停，松松紧紧，做得不长久；有些地方组织不结实，有会员没头子，选出来又调跑了；有些地方，不讲民主，少数人包办，这些就是我们的毛病。我们过去这几年工作有成绩有毛病，有的地方成绩多，有的地方成绩少。现在华中工联总会，农联总会，妇联总会，青联总会，总武委会，一齐成立起来了，这次大会各代表互相学得了许多好法子，一定要去掉毛病，把各地方工作大大的干起来。

亲爱的会员们，我们马上要做些什么事情呢？

在灾荒地区的会员们，赶快来救灾，最好靠自己想法子自救，种菜种瓜种早熟的庄稼，做小生意，运盐，借粮还工，商议借粮麦后交还，办平粜，一村救一村，一乡救一乡，一区救一区，再实行互相调剂，互相帮助，加上政府借农贷，发公债，各种法子一齐行，把今年春荒渡过。

在新解放地区的会员们，立刻惩办汉奸，申冤诉苦，这些丧尽天良出卖祖国的汉奸不惩办，大家小户不服气，是非要公道，赏罚要分明，作恶过多的大汉奸要求政府公审严办，作恶不多的汉奸，要在人民面前悔过自新，这些汉奸敲诈人民的钱财，要将他清算。清算出来，小部分赔私人损失，大部分救济贫民，大家商量，公平处理。要实行减租减息，新解放地区，减租办法，这回农联总会已经商量定规，以前欠租一律不交，一切没有减过租的地方,原来对半分的改三五六五分,四六分的改成三七分,三七分的改成二五七五分,牛草全部给佃户,烧草三七分,种子肥料照老规,还要退押板金,要取消不合理的老规矩。减息办法也有定规,实行二分减息,利过本的停利还本,利倍本的停利减半还本,利超过两倍本的,本利一齐停付,高利盘剥去田产房屋,果真不合理的就可以清算。农村工人,已雇在人家的,集体加钱,工资不要加的过高,要算算账,要照顾工人可以过日子,还要照顾老板比地租给人家还有好处。没有上工的工人,介绍他们上工,工会介绍讲好工价,订一个合同,以后双方照合同做事。新解放城镇,工厂作坊工人手艺工人码头工人也要加工钱,评工钱,但都要照顾工人可以过日子,又照顾老板有利可赚,实行劳资两利办法,发展生产,发展工人自己办的合作社。

老解放区会员,要实行查租,麦收以前,还照老办法做,过去不减租的要退租,照民主政府成立后公布减租办法的日期退起,过去订了退租办法,已经实行了就算了,押板金也要退,至今还没有减租的恶霸,就要照新办法退租,到麦收后一齐实行新办法。老解放区城市工人、农村工人,也实行评工钱,介绍工人上工,实行劳资两利办法,发展生产,原来有的工人合作社,要大大发展,没有工人合作社的,集合股本开办合作社,在合作社里头,要实行公私两利。公营工厂职工会员们!要和厂方商量,实行工资制度,加紧搞职工会工作,和厂方订一个合同,切实实行公私两利的发展生产方针。老解放区,在今天要大大开展生产运动,家家户户、一村一乡、订生产计划,组织互助组,发展互助组,整理合作社,发展合作社。有的地方要精耕,有的地方要开荒,有的兴修水利,发展农业纺纱织布,打油拐粉,发展小手工业,养鸡养鸭,喂猪喂羊,发展副业,各地看各地情形,各行看各行情形去做。

亲爱的会员们!同胞们!我们要做上面这些事,困难是免不了的,有困难不要怕,不要灰心,也不要存心依赖别人,这都不是好法子,还是依靠自己救自己,自己跌倒自己爬,有三个法子可以去除困难:第一要紧紧团结在一起,不听坏人挑拨离间,不受坏人收买欺骗;第二要大家出主意,大家民主好商量;第三对那些实在不讲理的,就一齐向他说理作斗争。

亲爱的会员们!同胞们!我们要更加紧团结,把我们的工联会、农联会、青联会、妇联会、民兵扩大起来。老解放区会员们!要在本村本乡本区发展会员,还要派人到新解放区通过亲戚朋友关系,去帮助新解放区同胞们翻身抬头,把他们组织起来,参加团体。新解放区的同胞们,你们过去没有组织,受敌人伪军欺侮,日子过得不好,现在快快组织起来,参加工联会,参加农联会,参加妇联会,参加青联会,要晓得"三人一条心,黄土变成金",要晓得"天下无难事,只怕齐心人",组织起来就有力量,要做到家家在会,全家在会,男女老少都在会,人越多力量就越大。组织起来以后,还要选举好会员做主任,做委员,要选一块儿的,一条心的,公平热心能真情替大家办事的出来做事,选好人做好事,选坏人做坏事,选自己的人做自己的事,这条最要紧。会里的事,是大家的事,也不是几个人能做得好的,还要大家常常开会来商量,大家来做。会址要有一定的地方,要挂个牌子,大家也好找,发个会员证,有个分别,还要弄些基金,好替大家办事。亲爱的会员们!我们希望各分区、各县、各区乡村,不问新解放区、老解放区,都一齐成立工联会、农联会、青联会、妇联会,来领导我们会员办事。

亲爱的会员们! 我们要晓得,中国虽然大,向来不民主,只有解放区,才能过太平,才能讲民主,才能讲自由,才能得翻身,这是谁的功? 都靠共产党的好领导;还亏了新四军的帮助,因此,我们要拥护共产党,要跟共产党一道走;我们要拥护新四军,帮助他解决困难,要优待抗属,帮助复员军人,使他有事可做,有家可归。我们还亏了民主政府的帮助,我们要拥护民主政府,遵守政府法令,参加政府工作。

亲爱的会员们! 现在和平已经实现了,全国的民主也在一步一步地开始做起来了,但困难还很多,我们解放区会员要在全国做模范,要把解放区工作先搞好,把上面讲的事情都做起来,再团结全国同胞一齐来做,把这些事情,在全国都做起来,把我们的团体发展到全国去,民主自由快乐的新中国就快要实现了。

亲爱的会员们! 我们工联总会,农联总会,妇联总会,青联总会,总武委会,都已经成立了,又做了决议案,现在一定和全体会员,全体民兵,全体同胞,一齐努力,一齐来做,希望各地的会员,多多的提意见,多多监督我们,让我们的工作更加搞好,让我们的会员,更能过好日子,让我们的决议案能彻底实现!

妇联总会
农联总会
华中工联总会　启
青联总会
总武委会
三月十五日

(《新华日报》(华中版)1946.03.24)

苏皖边区第一行政区专员公署布告

南字第四号

为照顾各地斗争实际情况,以及各地秋季生产收获量与人民负担能力,本年度秋征在两台滨海紫石与如泰泰靖均分别制订标准,以求合理负担;除两台滨海紫石各县秋征条例已分别指令施行外,兹将如皋、泰县、泰兴、靖江四县秋季征收粮赋公草条例公布于后。

仰各踊跃缴纳,妥为保管,为保证坚持给养,积蓄反攻粮草,争取民族独立与人民解放战争的彻底胜利而努力。

此布

中华民国三十六年九月二十五日
专　员　汪海粟
副专员　董希白

苏皖边区第一行政区如泰泰靖四县三十六年度秋季粮赋公草征收条例

第一章 总则

第一条 为实现和平民主,结束蒋匪独裁统治,迎接全国大反攻,争取爱国自卫战争完全胜利,保证解放区军政经费给养,特订定本年度秋季粮赋公草征收条例。

第二条 本条例适用于如皋、泰县、泰兴、靖江四县。

第二章 征收标准

第三条 为照顾如泰泰靖四县斗争实际情况,经呈请苏皖边区政府驻苏中办事处批准,按统一标准选民兵附加粮在内减二成五征收(等级依照去年秋征确定者为准,并局部修正),其标准如下等则甲等乙等丙等丁等戊等稻20市斤 17市斤 14市斤 10市斤 6市斤。

粮赋征收折合率规定如下:

稻与小麦同,黄豆减一成征收(即十斤稻折九斤黄豆),粟子按稻与小麦标准加一征收(即稻十斤折粟子十一斤),高粱玉米按稻与小麦标准加三征收(即稻十斤折高粱玉米十三斤)。

第四条 公草征收标准与粮赋标准同,铡粮齐草以征什么粮缴什么草为原则(即征粮一斤缴公草一斤)。

第五条 光沙白田每亩征收本季田赋一市斤。

第六条 土地未经改革地区,自耕田粮赋全由业主负担,佃种田依照分租成数双方分担缴纳。

第三章 减免

第七条 凡受蒋灾以致收成荒歉,或无法维持生活者,经调查属实由区级以上机关批准,分别酌予减征或免征。

第八条 为照顾敌占区及边沿区人民受蒋灾经常蹂躏之痛苦,经县以上机关批准得减征或免征公草。

第九条 凡现役军人之家属,及烈属在乡荣誉军人得按下列优待办法优待之。

一、服务主力之军属,贫苦烈属及不能生产之荣誉军人,一律对折征收。

二、坚持在地方之武装人员(区队以上)家属及一般烈属荣军一律七折征收。

以上军烈属及在乡荣军如受灾重大者,另按第七条规定办理之。

第四章 附则

第十条 粮赋公草之征收凭据一律由各县县政府统一印制。

第十一条 根据实际情形得由各县府规定改征代金。

第十二条 本条例如有未尽事宜得训令各县府以命令修正。

苏皖边区第一行政区专员公署
九月二十五日

(《前线报》1947.09.29)

分区举行行政会议
布置秋季三大任务

为了更广泛动员广大人力物力,支援长期的人民解放战争和及时组织秋耕秋种,恢复生产,提高生产,组织群众生产备荒,分区于八月二十日于某地召开行政会议。计到会的有各县县长、财粮科长、粮库主任、货管科长、银行办事处主任,及专署各部门负责同志,共五十余人。此次会议,是在反对过去开会之前毫无准备,开会期间,松懈疲沓,讨论问题没有中心,致使会议期限拉长,开会人员的精神涣散等作风下进行的。事先专署对各项工作准备总结材料,提供具体的工作方案,交大会讨论,使大会的进行较为紧凑,故能于短短的八天的时间中,解决了支前工作中,极端复杂的各项问题,确定了今后三个月的中心任务,按照预定时间,结束会议。会议决定各项工作的具体方案,将继续颁布。

会议确定今后三个月的中心工作为三大任务:(一)加强干群战争观念,整顿后勤组织,贯彻人力负担公平合理,更广泛动员广大的人力物力支援前线,切实拥军尊荣,提高前方士气。争取战争胜利。(二)领导群众进行生产,及时完成秋耕秋种,消灭熟荒,恢复生产,组织群众生产备荒、战胜明年可能到来的春荒。(三)调整负担、完成秋征,加强粮食控制和保护、肃清过去混乱现象,确保前线供应。

加强战争观念　全力支援前线

关于人力动员支援前线方面,骆专员于总结中指出,过去后勤工作的两个基本问题:(一)一切为了战争,一切服从前线,战争决定一切的思想,没有完全贯彻到每个干部、每个群众的思想行动中去;没有完全贯彻到每一时期、每一部门的日常工作部署和计划中去。因此,骆专员提出要明确确立战争决定一切的思想,把这思想贯彻到每一时期工作部署中去,贯彻到每一部门工作中去,贯彻到每个干部和群众的日常实际中去。并号召一切好的干部,应该踊跃地亲自直接领导和参加支前工作,领导群众服务前线,向目前干群中生长着、存在着的对长期战争的厌倦疲沓的思想作斗争,以加强战争观念,贯彻以支前工作为中心,来处理布置我们的日常工作。(二)在人力负担上,群众的负担繁重,但还没有达到不能负担的程度,今天人力负担的主要问题的不公平合理,各村都还有负担很少或没有负担过后勤的人,今天必须解决这个问题。公平合理是今天动员组织广大人力物力,支持长期战争的基本问题。骆专员指出,要达到公平合理,首先要打通干部的思想,因为不少乡村干部,不但不出后勤,而且还包庇自己的亲戚朋友,因此要开展群众的民主检查,并在此基础上整顿组织,确实掌握人力物力,工具的具体数字,动员情况,以便调度调剂,做有计划的动员使用。其次是制度的混乱,动员手续的简单,以致人力的浪费。今后应该贯彻华中整顿后勤指示的精神,继续彻底地整顿后勤,健全组织,确立轮流服务、记工算工、结报等制度。(三)支前工作的另一方面,是拥军尊荣,过去某些干部对此是忽视的,没有认识到这工作做好了,可以帮助巩固部队,提高前方士气,必须同样重视,切实解决军烈属生产中困难,妥善安置荣军。某些干部对荣军同志厌恶态度,这是非阶级的落后观点，也是缺乏阶级立场的表现，必须深自检讨，切实转变。而且也决不能因为少数荣军同志违犯政府法令，而动摇我们对待荣军同志的基本观点。

完成秋耕秋种　组织生产备荒

生产和备荒方面，在总结中指出，发展生产不仅是完善和提高人民生活水平的基本方法，而且还是支持长期战争的重要的物质基础。对领导群众生产不力，是群众观念不强，也是战争观念不强，就是对战争怠工的犯罪行为。目前生产的最大问题，就是大力恢复生产，克服农村中由于蒋灾天灾所造成的减产现象。当前的生产任务是：抓紧秋耕秋种时机，完成秋耕秋种，要求不荒一亩熟荒，麦子全部种下去，水田至少要在秋天一遍上水沤，要求按照今年产量提高两成，为此必须广泛宣传发财致富，奖励生产政策。打破群众生产顾虑。实行县区之间劳动力调剂，按自愿出价交换原则，组织劳动互助，把全劳动力半劳动力以至妇女儿童都组织起来，争取劳动力回归，以解决劳动力之不足，发动积肥运动，提倡养猪、拾粪、垦泥、弄水草，每亩田施肥加肥，兴修水利，干河由分区负责计划，小河小沟发动群众解决，保护耕牛，严禁宰杀耕牛，严禁耕牛出口，号召买牛，货管局要争取木料进口，以便修理农具。在灾区，则除秋耕秋种外，要大力组织群众生产备荒，抢种晚秋，大量种菜，组织各种副业生产，必须反对主观主义的空想大计划，只要是能使群众得到很少的生活资料的生产，也必须耐心地去领导和组织，不要脱离实际。贷款主要用于水利和解决灾区麦种，但必须贯彻用于生产和收回来两原则，有些同志听到收回贷款就反对，说还是没有群众观念，这种看法正是没有群众观念，必须反对。

调整群众负担　完成秋征供应

在秋征供应问题上，过去群众感到负担过重，主要的由于老荒、熟荒歉收、灾区以及确实贫苦，无法缴纳的减免办法，未能贯彻执行，乡村干部怕麻烦，一般化、简单化征收，致使少数群众的负担，超过他们应缴的数量，形成过重的负担；今年秋征，必须把减免办法切实贯彻下去，秋征既要完成任务，又要照顾群众负担，粗枝大叶就不能两者同时照顾，因此，要求县区领导，不仅布置任务时详尽具体，而且要加强对干部质量较低地区的领导。其次是建立各级粮食局，强化粮食控制和保管，扫清过去粮食工作混乱现象，确保前方供应，生粮制熟粮要耐心教育群众做好粮食，公营机米厂必须纠正通去贯彻营业观点，要保证做好米。

最后骆专员着重指出，完成三大任务的基本问题是大力的解决干部中厌倦疲沓思想，这一问题不解决，不仅任务不能完成，今后一切政策法令和一切工作均将无法贯彻，因此，各级领导应当把领导干部加强学习，加强思想领导，放在领导工作第一位，有计划地领导干部进行学习，特别要学习政策，在这一基础之上，来保证政策、制度、纪律的统一。

（《盐阜大众》1948.09.08）

确立新城市观念
——城市是人民的，是我们的！

本文是三十三旅许副政委对旅直排以上干部与入城党政干部的报告中一节，虽目前形势已又有新的发展，但仍有很大参考价值。

编　者

什么是城市观念呢？就是我们对城市的看法、对待城市的态度。譬如认为城市是敌的还是己的？要爱护还是要破坏？要有秩序还是要混乱？要去享受还是要去建设？要满足人民利益还是满足自己个人或单位的狭隘利益？要争取城市群众还是放弃城市群众？新城市观念就是不同于旧的（十年内战时期、抗日战争时期、和平时期以至解放战争初期）对城市的新的看法、态度和要求。

在我党历史上谈，大革命时期我党与国民党合作，有合法地位，同国民党合管一些城市，我党这种拥有城市的机会，对当时进行的大革命曾发生过很大的影响（如组织群众）。大革命失败以后，合法地位被反动派剥夺，我党退入农村，基本上没有城市，只有城市秘密党工作，这时已发生了没有城市的困难，斗争被限制，发展被限制。抗日战争中有少数城市，但地区长期被分割隔绝，而且都是落后城市，无大作用。同时当时的战争是农村的游击战争，任何城市都是不稳固的，不能有长期计划的。有时对少数城市，只能搬运敌人现成的一些物资，并对敌人作一定的破坏，并不能有更大的打算。和平时期有大批城市，但和平时期很短，我们管理城市经验不够，所以没有充分发挥城市的作用。解放战争开始后失了大批城市，其中有一大部分现已永远为人民所有，还有一部分再经过一定争夺以后也将永远为人民所有了。

要确立新的城市观念，首先要确立城市是人民的、是我们的认识；由于敌占城市我处乡村，长期对立斗争，城市受敌人影响，农村受我们的影响等原因，所以产生了对城市的敌对观念。抗日战争时期打下一个据点，大家都赶去发洋财，如××处孔瑞五伪军撤走时，四乡农民到街上每家店前放一把草，说要放火，区长去阻止，群众要打区长。尤其是不能巩固的城市受破坏最大。和平中有的机关单位把城市当做发财的地方，有的同志把城市当做享乐的地方、当做拿取个人革命"报酬"的地方，有移动一次把办公桌椅、玻璃窗、太师椅、沙发都搬走的，表现出城市观念异常薄弱，毫不知加以爱护。解放战争后，部队新成分大批增加，更不知什么城市政策，特别因为战争和土改你死我活的斗争残酷，城市里有大批还乡团、逃亡分子，因此，在部队党政同志及群众中产生了一种比抗战中更厉害的敌对观念，表现在：

① 部队首先入城，往往老一套办法，把县区政府等大肆搜索，常搅得稀烂，据说打下宿迁，西药仓库可供兵团应用半年，结果贵重的爱克司光镜被打破，看到药瓶好玩，把药倒得满地，每人带走几个药瓶，我旅经过响水时，城里秩序已经安定，但九九团战士把篮球架拿来烧火，还有同志把学校里桌椅烧火。

② 后勤工作同志（供、卫、通讯、辎重军工等单位）藉口军用、没收物资。军工机关搅废铁、机器、零件、皮带，卫生部门搞药器、医药器材，通讯部门收电线，结果医院不像医院，工厂不像工厂，一时恢复困难。

③ 地方的金融贸易生产工作同志进城乱搅，据说打石家庄时，附近机关都有经过教育，但附近几个解放区内的机关、部队、各部单位，不远千里仍准备了大批的钱来，进城抢购物资。打下后哄进来的有一万多人，一时物价高涨，金融混乱。如打下××，某部特务长有几块银洋，他就东街卖出西街买进，搅了一天，结果白洋早上二百元一片，晚上就涨到六百元。又如某同志强买便宜货，付了一千元华中币，拿了三条红三星烟就走。

④ 城市贫民、四郊农民、民兵等趁乱时捞一把，或公报私仇，大发洋财，抗战时名为抓汉奸，现在名为抓还乡团，还有流氓坏蛋也许趁机活动。所以往往在敌人的手中尚好的城市，被我们几下子就搅得不可收拾，令人不胜痛心。因此，要确立新城市观念，就首先要确立城市是我们的这一个思想，对城市加以爱护珍惜，任何破坏损失都是人民的、自己的。

（《战旗报》1948.12.08）

地委召开干部扩大会
布置冬季三大任务

【本报讯】十二月九日，地委召开干部扩大会，总结检查秋季生产支前工作，贯彻冬季三大任务。到会代表有各县区书县委以上干部一百多人。会议的第一阶段，首先由郑政委报告目前形势，地委高副书记总结秋季生产及支前工作，传达工委地委书记会议关于冬季支前、生产、培养提拔干部三大任务的要求，和地委的初步方案，然后分组进行详细讨论；每一问题讨论后均提交主席团作全面的研究，求得一致。最后由高副书记根据讨论决议进行总结布置。确定冬季工作方针以支前为中心，继续贯彻动员，整理组织，完成预借公粮任务，解决工属困难，巩固前方民工，号召生产节约备荒，进行冬耕积肥，为明年大生产打下基础。具体任务为：

一、**以支前为冬季工作中心。继续贯彻思想动员和有计划地组织整理，保证前线供应；解决民工家属困难，巩固前线民工。**

关于支前工作，地委根据各县报告，对前一时期支前工作，概括指出：支前方面经一个多月的努力，已获得很大成绩，动员了一万多干部八九万民工共约十万人涌上前线支援战争，一般区以上干部对完成支前任务，都做到了不还价、不叫苦，按时完成任务，战争观念比较以前加强了，做到全党动手；乡以下干部大部分都克服了特权思想，群众在胜利情绪及干部带头影响下，支前积极性大大提高；在支前组织方面，乡以上已健全，乡村一般也经过整理，初步贯彻了公平合理，负担面一般都扩大三分之一到二分之一。但动员中还有缺点：领导上对情况估计不足，思想上组织上的准备比较不够，部分地区乡村干部特权包庇思想与强迫命令作风还是严重存在，或是动员口号过低，影响到民工的巩固；目前不少干部群众由于民工动员任务初步完成和徐州解放，思想上产生盲目自满情绪，另一方面也有部分干部思想上存在消极悲观害怕困难的倾向。因此地委对今后支前工作，提出以下要求：①继续贯彻思想动员，从上到下进行检查战争观念与群众观念，加强干部对支前任务的艰巨性和较长期性的认识，联系进行表扬批评，号召干部党员立功，发扬干部群众的支前积极性；②有计划地进行组织整理；③动员开小差民工归队，解决民工家属困难，组织宣慰团，慰问前方民工，达到巩固前线民工的目的；④继续进行动员民工，满足前方需要。进行全党全民动员坚决赶快完成预备公粮任务，保证前线供应。

二、展开冬耕积肥，节约防荒，组织副业，发动灭荒；大力组织妇女生产；分别地区进行开河、运盐、修理农具和繁殖耕牛。

关于生产工作，地委总结了秋耕秋种，对冬季生产工作，要求在支前任务下，贯彻生产、节约、备荒，组织副业生产，具体解决民工家属困难，进行冬耕积肥，发动灭荒，并指出在贯彻这一任务中，除了要各地进一步搅通干部"生产不要领导"的错误思想，并要采取有效办法，解决生产与支前矛盾；统一生产支前组织，健全各级生产委员会；各级组织在支前中一定要留专人领导生产，大力发动妇女参加生产，解决缺乏劳动力的困难。经过讨论后又具体决定：①滨海、涟东进行开河，盐东修理海堤，以工代账，结合救灾；②组织群众性垦盐；③发放风车贷款三万万元，帮助群众解决修理农具困难，以串场河两岸受敌灾严重地方为重点，由生建处购回木料贷给群众；④发耕牛贷款一万万元，以五千万元贷给阜东、滨海、盐东沿海边的需牛户，以五千万元由专署试办牧场，吸取经验，扶植和推进繁殖耕牛事业。

三、大量提拔和培养干部，加强对妇女干部的培养和支部教育；一面组织冬防，巩固后方治安，确立革命的社会秩序。

提拔与培养干部问题，地委指出这在目前形势下是中心任务之一，思想上必须打破各种束缚，特别要注意对妇女干部的培养，扫除干部中对妇女某些传统的封建的看法，以及认为妇女散漫不好组织等思想，应大批提拔妇女干部。对于整党以来落后干部，亦必须在争取、教育、改造方针下，分别对象分别处理。对培养与教育干部方面，决定地委办区干以上党训班及干校，县办乡以下干部训练班，并加强在职干部教育，乡支部设立支部教员，进行党内教育，区委建立巡回教育组，加强对一般干部党员的基本政治教育，地委要求各地在最近一个月内健全与配齐各级组织的正副职干部。

四、巩固后方治安，组织冬防工作。

地委根据各地报告目前由于大批干部党员上前线，后方维持治安动力减少，各地发生不少扰乱治安事件。各地不应忽视，必须提高警惕。在支前生产中，必须加强巩固后方治安工作，肃清暗藏的残余匪特，确立革命的社会秩序，以保证支前生产任务的完成。要各地做到：（一）健全治安组织，规定乡治安主任不上前方，留在家维持治安和整理教育民兵；（二）在边区收复区要有步骤地肃清敌方散兵；（三）各地对回归分子进行教育审查、登记、改造；（四）加强群众性的侦察工作。

（《盐阜大众》1948.12.27）

专署发布临时人民法庭组织办法

第一条：为贯彻平分土地，放手让农民做主，审判与严办罪大恶极，群众痛恨的封建恶霸、反动地主，以及所有违抗或破坏土改的罪犯，特制定本办法。

第二条：人民法庭，系土改期中一种临时组织，根据贫农团及农民大会的决议，主持审判封建恶霸，反动地主及一切违抗破坏土改的罪犯。对土改以外单纯司法性质的一般民刑案件，人民法庭不受理。

第三条：各级人民法庭由委员七人至九人，组织人民法庭委员会，委员中贫雇农代表应占三分之二，一般农联会代表占三分之一，以各该农联会长为主任委员，负责召开农民大会，或农民代表大会，主持审判。

第四条：各级人民法庭委员之产生，由各级农民大会或代表大会选举，并须由上级农联会的审查与批准。在进行审判时，同级政府得指派代表参加，并请上级农联会及上级政府派代表参加。

第五条：各级人民法庭委员会或个别委员，在工作进行中，发现其不能称职者，得依据本法第四条规定程序另行选举新委员，将不称职者加以撤换，或改组整个委员会。

第六条：各级人民法庭得根据贫农团及农民大会，农民代表大会的决议，进行审判，作出判决，并执行之。其判决与执行情形，须呈报上级农联会备案。

第七条：凡受人民法庭审判处理之罪犯，一律不许上诉。

第八条：各级人民法庭判决罪犯之死刑，须呈请区农联会批准后，方得执行，如上级农联会认为判决不当，得召开农民大会或农民代表大会，重新讨论。

第九条：各级人民法庭如处理雇贫中农有关土改案件，必须通过区以上农联会的审查与批准。如处理干部有关土改案件，必须通过区至县以上农联会的审查与批准，如处理重大战争罪犯与特务案件，必须通过县以上农联会的审查与批准；政府及公安部门，并应负责指导与协助。

第十条：人民法庭以乡为基层组织，村不设立。受人民法庭审判之被告，如其罪恶关连到几个乡的，须由区农联组织人民法庭，进行审判处理，倘关连到几个区的，在各县新农联未正式成立之前，可由县农联筹委会通过有关各区新农联推派代表，共同组织人民法庭进行审判处理。

第十一条：本办法自公布日起施行，如有未尽事宜，本署得随时斟酌实情予以修改。

（《盐阜大众》1948.01.25）

淮安县委发出告新农会党员书
——号召审查干部、组织、领导

【淮安讯】县委为贯彻整党运动和平分土地新方针，特发出告全县各乡贫农团、新农会会员和党员书。告全体会员书里首先指出：封建势力没有彻底消灭，雇贫农翻身要求没有满足的主要原因,是淮安党内存在严重的地富思想,很多干部的作风官僚、工作不深入、贪污腐化,和有些奸细、投机分子的混入,造成组织上不纯的缘故。因此,县委除向全体会员认错外,并决定全党开展四查,纠正错误,整顿党的组织,并要求农会会员来审查任何一个党员、干部,任何一个机关、一级组织,无论党员、支委、区委、县委,只要他有对不起雇贫农的地方,大家要怎样处理就怎样处理,共产党绝不姑息和庇护,并把全党同志永远交给大家审查,做雇贫农的一个好伙计。要他办什么事就办好什么事。告党员书里特别说明虽然在我们党内大部分党员是好的,是积极为公的,但是由于混进一些奸细、阶级异己分子和一些不愿放弃本阶级利益的地富出身的人,不能全心全意为雇贫农翻身事业服务,使封建势力不能彻底消灭。因此,必须整顿我们的党,才能集中火力打垮阶级敌人。接着又提出三点意见:第一,要团结组织力量,领导雇贫农再向封建势力最后大进军,把它彻底消灭。第二,开展四查,每个党员都可以大胆向组织上以至县区委提意见和批评,不论哪一个党员或哪一个领导干部不好,大家要怎样处分就怎样处分。第三,整理支部,清洗一切地主富农出身的出党,选举贫雇农中的党员做支委领导工作,并大量发展贫雇农积极分子入党,以后一切工作要经过支部讨论执行。

(《盐阜大众》1948.01.07)

大力重建淮北党
——第一次组工会议结束 陈元良同志作总结报告

(本报消息)淮北重建以来,第一次组织工作会议,已于本月十五日胜利结束。大会开了七天,先是各县代表报告一年来各县党的建设情况,后又进入讨论,以发展党员、整顿组织、培养和提拔干部、建设援村支部等四个问题为主要研究中心,最后陈部长元良同志作总结,首先说明今天淮北党是由我们敌后光荣坚持的同志在十六个月艰苦搏斗英勇流血中所重建起来的,它经过三个时期——去冬青阳战役以前艰苦游击的荫蔽发展活动时期,平分土地以来的大量发展与初步整顿时期,今春第二次地委扩大会后的明确建党方针的提高时期,现已空前壮大,在数量上我淮北党在一年中已增加四倍,在质量上我们已确立了农村无产阶级和半无产阶级的雇贫农成分在党内占绝对优势。特别是我们党已进行了初步三查整顿运动;在思想上我们克服了党内严重存在的右倾地富思想,在组织上我们清洗出一批阶级异己分子,投机分子,使党获得了纯洁,在作风上我们反对了官僚主义和纠正了或正在纠正着左倾的错误行动。虽然在今天实际工作中还存在着许多问题影响工作的前进,一年来的努力是有很大成绩和收获的,他说:"它完成了或继续在完成着坚持和恢复地区,土改与支前等伟大的革命任务。"建党的发展中虽然有很多成绩,但还有以下的缺点:(一)建党思想不明确,对建党工作重视不够,没有把建党工作与中心运动密切联系,有些地方把建党放置一边,不去建设党在农村中起领导骨干作用,特别有些地区因为忽略了建党,使许多地方至今还没有党的组织。(二)过去各级领导机关和负责同志对建党的亲自动手做得不够,发展工作没有动员全党去动手,只是把任务交到乡里或不能称职的"工作队"身上去办理,再加之事后没有很好的具体指导和及时检查,因而使建党工作形成放任自流,大大影响了党的纯洁和健康。(三)建党原则不明确,上面没很好研究,下面则单纯地接受了数字任务,发展后不教育,不编入过组织生活,把党的组织与雇贫农团含糊混淆,情况变了,而组织形式仍然不变,还是不敢大量发展,不能积极活动。阻碍着土改的贯彻,但未能很好全面克服纠正。针对着过去所存在的缺点,陈部长指出今后的建党方针和克服的办法应该:继续大量发展发挥支部在农村的核心作用,目前具体选择对象标准是:①成分好。②历史清白。③积极参加斗争不包庇地主的先进优秀分子。④积极参加劳动生产的。⑤能替人民做事大公无私的。(四)干部应该大量提拔和加强培养,迎合新的形势发展所需要,反对干部中的陈旧保守观念。干部党员的培养主要是在实际工作和实际斗争中去锻炼。

关于今后建党的任务,陈部长提出在秋收前:(一)已经建立有党有支部的基本区应立即整顿党的队伍,在整顿中发展,在发展中巩固,(二)党的基础仍薄弱的地方,应以建设支部和大量发展为主,培养建党骨干,扩大党的组织。(三)新区、边缘区、空白区应该在党的各种运动中、对敌斗争中大量发展,建立党的组织,在组织形式上力求短小精干,使它同样成为一切力量的中坚骨干和一切工作领导的核心。(四)要建立经常的回报、会议、统计等制度。

最后陈部长号召:"在建党中要首长负责亲自动手。要和每个时期的中心运动密切结合,把建党成为经常工作的基本任务。各级党委要定期计划,督促检查和总结建党工作,反对自流。"

(《拂晓报》)1948.05.24)

在紧张的反"扫荡"中政工大会胜利结束
——陈主任在总结中号召:继续贯彻三查三整运动

分区消息:分政第一次盛大的政工会议,开了二十天,已经在四月十五日胜利的闭幕。此次会议主要内容,是检查过去的三查与进一步布置今后的三查运动。大会共计经过三个阶段:第一阶段的目的,是反映情况与交流经验,由各个单位作了一般的汇报和典型经验的汇报,其中有四〇四部队汇报了诉苦运动,前进支队汇报了民主检查,及分直各部的审干,使到会代表得到不少的体验。第二阶段是根据各部所汇报的问题,归纳起来,先交给各小组讨论,经过各代表认真研究后,在大会上报告,主席团再根据各小组不同的意见,交给大会讨论。第三阶段是到会代表进行三查与大会总结,大会在三查中各代表向分区领导上提了不少的意见,其次是各代表采取了自报互评方式互相检查。四月十四日上午,陈主任开始作大会总结报告。第一部分除传达了目前形势的特点和本分区目前的情况外,着重检查过去,指出部队自土改学习以来,虽有某些收获,但由于领导上认识不足,没有认真地采取自上而下自下而上的自我批评与互相批评。所以形成了整下不整上的现象,没有充分地发扬民主,没有充分地进行思想动员和深入地进行组织领导,以致使运动难于发展而停滞。第二部分陈主任把三查三整的具体意义加以充分说明,指出三查三整是目前分区部队党的基本政治任务,要自上而下地全面动手,不问哪个干部和党员,都要参加与共同领导这个运动。在要求上,陈主任号召把三查三整组织成为当前改造思想改造作风的全面运动,而达到纯洁思想纯洁组织的目的。第三部分关于怎样查(查思想、作风、成分)怎样整(整思想、作风、组织)作了具体布置;在查的方面指出首先从领导上、从干部、从首脑机关先查起,进一步达到普遍查的目的;在查的时候,要充分发扬民主,充分启发群众自觉,开展思想斗争;在整的方面,着重改造组织,建立各种制度,如民主评干、民主检查、干部评功等,并进行深入细腻的教育,开展比进步运动;在查和整的认识上,陈主任详细说明具体运用三管齐下的方针。第四部分陈主任表示诚恳地接受各单位各代表对领导上所提的意见,并保证今后有所改进。同时陈主任严格地批判了到会代表在三查中揭发的问题,像过去南线反清剿时部分领导同志存在了有决心无信心,在思想斗争中的调和现象。工作上不切实际、不深入、形式主义等坏的作风。

这次会议系在南线蒋匪以两个旅以上的兵力实施疯狂救(垂)死"扫荡"中举行的,到会代表不顾疲劳,认真研究,所以大会得到圆满的收获。(何人)

(《江海前线》1948.04.24)

发扬民主联系群众　盐城召开党代表会

代表条件和会议的意义

盐城县委于一日至五日召开首次全县党代表会议。到会代表共二百十三人,均是根据如下条件,经过各支部民主选举的。①两年以上党龄(新区年半)。②一贯工作积极(军队党代表要作战勇敢),学习努力;坚决执行党的决议,与群众有密切联系者。③能向上反映党内外意见,又能向下传达代表会的决议精神。④整党以来,确能严守党的政策与纪律,思想纯洁者。会议开幕后,由大会秘书李学广,提出全县县委、各区与机关的代表团团长,为主席团领导大会,得到全场热烈的通过。随后,由主席钱万新报告,他说:"召开这会的意义,首先是为了扩大党内的民主生活,转变工作作风,使党员能有机会向上级党提意见和批评,使党内今后团结得像一个人;改善领导,更好地联系群众。其次,在会上要讨论决定出冬季工作方针与任务。"

地委刘副书记提出三点希望

由出席该会的地委副书记刘阳生同志致词,他对大会提出三点希望:(一)这次盐城县委召开党的代表会议,是盐城党内扩大正常民主生活的开始,这种党的代表会议,不但县委要召开,党的区、乡、镇委员会也要召开,还要定期召开,以此达到普遍扩大党内正常民主生活。(二)在这次党的代表会议上,每个代表都有按照党章规定的权利,对领导机关的工作总结与工作计划方针政策等,有完全的发言权,和完全的表决权,对任何工作人员有批评的权利;每个代表都有选举权和被选举权,以便能够发挥党员的积极性创造性,并自觉地坚决地执行党的一切决议,但同时必须严格地实行少数服从多数,下级服从上级的规定,以保持党内的统一和纪律。(三)必须把党内正常民主生活,扩大到党外去,认真地召开与定期召开各级人民代表大会或人民代表会议,公开党的支部,切实克服官僚主义和关门倾向,以便加强党与群众的密切联系坚决走群众路线,更好地胜利完成今后各项伟大任务。下午由县书钱万新同志,提出冬季工作方案,交大会讨论。第二天上午,代表分头讨论方案。

吴山同志报告转变工作作风贯彻群众路线

下午,县委副书记吴山同志,作转变作风贯彻群众路线的动员报告。首先他对县委某些领导的缺点作了检查,其官僚主义作风表现在布置工作时,往往不从实际情况出发;工作布置后,深入检查贯彻情形,及结合典型吸收经验推动全盘不够,照顾全面工作又不够;以致出现县人民医院院长李明、振兴米厂厂长杨小波的贪污腐化行为。其次党内的正常民主生活未建立,布置工作,大部是召开干部会议,或活动分子大会,不能完全把群众意见反映出来。党外的民主生活,也未能很好建立。接着他指出,区乡党的组织中亦存在部分缺点,主要是工作中存在官僚主义、事务主义作风,进行工作缺乏足够的民主作风,及部分存在自私自利为自己享受即不顾群众利益。如一个区长在做母亲"六七"时,即办了四十桌酒。

克服官僚主义作风的几个办法

最后,他提出贯彻群众路线,克服官僚主义作风的办法:①每个党员干部,要建立一切为人民服务,一切向人民负责,相信群众,向群众学习的群众观点。②扩大建立党的民主生活,定期召开党代表会议。他说:党代表会议,对县委提出的工作方案,可以尽情讨论修改决定,可向县委一级组织及个人、工作、作风提出意见,有权撤换和推选四分之一的县委(但要经过县委同意和上级党的批准)。今后,县委准备每年召开两次党代表会议;支部中支书,支委要民主选举。③公开党的支部,以解除干部和群众的隔阂。④在党外扩大与建立各级政府中民主生活,定期召开各界代表会议。接着,会议即进入向县委组织及个人,在工作作风、领导方法、政策掌握上提出意见。会上对县委郭如成同志,在渡江战役支前中畏缩不前,不能服从组织上的分配,认为自己是农民干部,要回到后方去工作的个人主义错误,作详尽的批判和分析,郭如成同志亦进行检讨。最后,由副县书吴山同志,代表县委作再次检查,表示坚决克服以前的官僚主义作风,更好地联系群众,并不断地开展思想斗争,以改进工作与领导方法。

确定今冬全县工作方针要求

会议又经一天详细讨论县委工作草案后,确定以"一切以生产为中心,发动群众,大力修治水利,全部结束土改,尽力取肥施肥增垄,冬抄减荒,全面开展生产救灾,节约备荒,准备力量,迎接明春大生产运动,打下明年增产一成的基础"为今冬全县工作方针。其具体要求是:生产备荒救灾;农业生产方面,取垄施肥是今冬生产工作重要内容之一,要求今冬垦田占总田亩百分之四十至五十,养猪户要占全县百分之五十至六十,开垦荒地,准备扩大棉田五千亩。并要修理农具及保护耕牛,保证水田不受干不冻沙。治水方面,除全面动员全力以赴,完成分区所交待全面修淮治水任务外,本县境内也要有条件地开小河小沟。副业生产方面,特别灾区要根据各地不同的条件与群众习惯,领导上应加以发动计划与组织。这是冬季生产救灾重要任务。同时,要开展群众性的节约备荒运动,反对浪费大吃大喝。结束土改工作,要求全县今冬全部结束土改工作,以更安定群众生产情绪。在进行以上工作时,要联系进行巩固社会治安,肃清匪特,及拥优、支前、建党建政工作。会议在五日下午闭幕时,很多代表表示坚决执行大会决议,并克服工作中不走群众路线的官僚主义作风。(冯超、葛石)

(《盐阜大众》1949.12.04)

第三章

党风整顿

军区召开整风大会
——刘司令员作整风动员报告

军区讯：十五日军区召开整风学习动员大会，到会有军区直属机关，二十九团，淮海干校等连级以上干部一百余人，会议于上午八时开始，首由张科长报告开会意义后，继由刘司令员作整风动员报告，略谓："党中央自提出整风号召以后，各部队各政府机关，均一致热烈响应，而我军区部队，对于整风运动，尚未有系统有步骤的进行，整风组织尚未建立，有些同志对整风的认识还不够，还不知道整风是什么东西"，并说明军队干部整风之重要性，最后更指出在整风学习中要严格防止一切坏的现象，闻各种具体布置及整风组织，正在计划中，并使军区整风学习经此动员走到胜利进行。

（本报讯）整风学习总会第一分会改为直属第一支会后，已于十七日下午在××召开第一次会，由总会指定之正副书记萧松甫、汤化愚两同志负责召集，到会有行政公署、区党委、总农会、税务总局、保安处及直属区各机关之支会委员，由萧松甫同志主持。各部先将原有组织、学习情形及各种问题作一简单报告，然后讨论如何建立合理制度。决定各部即速将中心甲及乙组丙组重新调整，并推举通讯员，并为"整风学习"旬刊写稿。最后提出粗读阶段因有个别机关进度较慢及一般同志未能了解文件本质，是否应加延长问题，交总会讨论。

（《淮海报》1942.10.19）

淮北苏皖边区三十二年　冬学运动实施办法

为实施冬学教育，特订定本办法。

一、今年冬学运动的任务

今年的冬学运动，不应看作是一种单纯的识字运动，而应当看作是一个大规模的群众中的政治动员运动，通过它来进一步提高全边区人民的政治认识，确定人民正确的政治方向，动员人民为坚持对敌斗争进行反扫荡、反蚕食，坚持根据地提高生产贯彻民主以配合全国制止内战准备反攻而斗争。并从中提高人民的文化水平。根据这个总的目的，今年的冬学运动，应当完成下列任务：

（一）进行广泛深入的时事教育。使群众真正懂得中华民族中国人民解放的道路并决心为这一道路的胜利而奋斗。懂得国民党反动派一切破坏抗战破坏团结反共反人民危害国家民族的罪恶以及他们一定会失败的道理,打破对反动派的任何幻想。懂得共产党新四军八路军为国为民坚持抗战团结的主张与功绩及其光明前途,提高人民对革命胜利的信心。

（二）进行对敌斗争的教育。使人民懂得全世界反法西斯国家节节胜利,法西斯国家灭亡在即,而日寇愈接近死亡,敌后斗争也必然愈加艰苦。要根据过去反扫荡的经验说明我们坚持斗争的可能性,提高人民对抗战胜利的信心,动员人民积极进行战斗准备,积极参军拥军,积极参加民兵进行保乡防匪除奸等活动。

（三）进行民主教育,懂得国民党反动派专制独裁法西斯主义特务政治对人民的危害,懂得抗日民主政府三三制代表制的好处,发动人民检讨和批评各级政府的工作,提出改进意见（但不要为少数反动分子所利用）,动员人民积极参加改造基层政权,参加政府工作。

（四）加紧生产教育。使人民认识发展生产对抗战对人民的好处,广泛宣传今冬明春的生产计划,宣传提高生产组织劳动的各种办法,要号召人民一致努力实行,提倡勤俭,反对二流子思想,以唤起人民高度的生产热忱。

（五）以上任务联系起来进行文化识字教育,提高人民文化水准,提倡正当娱乐,活跃群众的精神生活。

二、今年冬学运动的具体要求

（一）主要对象为民兵及有组织的群众,使其百分之八十经常入学,乡级干部,代表主任,代表,群众团体小组长等文化水准低者须一律入学并作模范,一般群众入学者必须纠正以老弱幼童应付充数的现象。

（二）基本区内尽量做到每个行政村设立冬学一所,每一机关团体学校必须在其驻地至少举办一所,部队停留三天以上者同。各级干部必须亲至附近冬学讲话。

（三）时间两个半月,每天进行两小时,做到会写会用两百字。

（四）教材除教完编印的冬学课本外,必须多多采用补充教材（如报纸、大众、政府指令等）,特别要利用活教材,如英勇杀敌故事,反特务的具体例子,生产劳动及参军拥军的实例等。

（五）冬学工作应与当时中心工作密切联系起来进行,使冬学成为推动中心工作的场所。

（六）有组织地进行春节娱乐工作,成为冬学运动的一部分。

（七）发生敌情时,要做到不是战争区域不停课,情况过去就复课。

（八）在基本区内,以区为单位选择若干基点,把冬学转变为民众学校、民众俱乐部或民众识字班等经常的社教组织,打下今后大量开展社教的基础。

（九）在冬学运动中培养社教干部,并以乡冬学运动委员会为基础,建立与健全乡级教育委员会的组织。

（十）冬学结束时应举行测验。

三、组织办法

（一）集合党政军民学各方面的力量，组织边区及县、区、乡各级冬学运动委员会，统一领导冬学工作。纠正将冬学单纯作为文教部门的任务的现象。

（二）冬学运动委员会，政府文教负责人为主任委员，并要聘工农青妇救负责人、部队、参议会及地方热心人士组成之，边区九人至十三人，县级七人至十一人，区级七人至九人，乡级五人至七人。

（三）每年冬学设立校董会，选择基干队长、农救会主任、学校教员、代表主任及地方知识青年等三人至五人组成之，负责各该冬学之开办检查监督之责。

（四）冬学运动委员会之组织分工如下：

甲、组织股——负责动员群众参加冬学，并保证经常到校，学员每十人编冬学小组。

乙、总务股——负责校址，筹备校具灯油，领发课本。

丙、教导股——负责教学事宜及其他社会活动，春节娱乐等。

丁、检查股——负责考查冬学之成绩与缺点，传播经验，纠正缺点。

（五）冬学之组织形式可采用夜校，半日学校，可利用更房教学，或通过生产进行教学，如纺织小组等。

（六）冬学教师以中小学教师及机关团体干部为主，并尽量吸收小先生知识青年地方热心人士学于冬学开办前，举办每期的冬学教师训练班分区集训，研究冬学之组织动员及教学内容教学方式方法等。

（七）平时领导在县级，战时领导在区级，工作重心在乡冬学运动委员会。为加强督促检查计，各县可成立冬学巡视流动教育团。

（八）会议汇报：

甲、会议——县每月一次，区一月两次，乡十天一次，校董会五天一次。

乙、汇报——校董会到乡五天一次，乡到区一天一次，区到县半月一次，县到边区书面报告每月一次。

四、期限与步骤

（一）期限：自十二月中旬至明年二月底总结，共两个半月。

（二）步骤：

甲、十二月中旬以前完成编印教材动员组织训练干部等准备工作。

乙、两个半月内分成三个阶段：

春节前——大量建立与发展冬学；

春节中——领导春节娱乐，注意基点的建立；

春节后——转变冬学为固定的社教组织，总结冬学工作。

五、春节工作

（一）寓娱乐于教育，利用春节民间娱乐形式进行社教，发动拥政拥军优抗工作。

（二）印发通俗歌曲民谣小调唱词及改良民间图书。

（三）开办民间艺人训练班，组织民间艺人演唱。

（四）印发抗日春联，冬学教师为群众写春联每人至少三副。

六、教学方式方法

（一）教学前教员必须要有充分的准备，可以乡为单位定期举行集体准备会议。

（二）教学要联系实际，例如讲民主与检讨及批评本乡本村工作联系起来。

（三）要组织学生参加教学活动，多用启发式。例如进行生产教育时应约请有经验的老农讲述其经验，以提高教学效率。

（四）发扬民主，发动学生提出改进教学意见，创造新的方法。

（五）通过民主讨论方式，集体规定冬学校规。

（六）根据性别、对象及要求之不同，可斟酌情形分班上课。

七、经费

（一）教师一律为无给职，办公费灯油以自筹为原则。

（二）模范教师、模范冬学、模范学生给以物质及精神之奖励。

八、动员口号

（一）做到老，学到老，一辈子事情学不了！

（二）上冬学，学道理，抗日救国真方便！

（三）上冬学，去识字，会写会看会办事！

（四）上冬学，学生产，学会生产不愁吃穿。

（五）又识字，又明理，一辈子不受人欺！

（六）基干队员农救会员，参加冬学做模范！

（七）不迟到，不早退，遵守时间守学规！

（八）又勤学，又耐心，才是模范好学生！

行政公署教育处订

十一月二十日

（《拂晓报》1943.11.26）

区党委·四师政治部关于"三冬"运动宣传大纲

一、"三冬"运动的意义

甲、现在是冬天了，徐州敌人增兵，宿迁经常住着一个敌人旅长、敌寇、伪军、特务，对我们边区大举"扫荡"随时随地都有爆发的可能，因此，从现在起，我们时刻都要准备和敌人打仗，准备粉碎敌人的"扫荡"，要是懈怠那就要吃大亏。今年的冬防、冬学、冬耕就特别重要，主力部队和地方武装在战斗准备方面已经有了相当把握，眼前顶重要的是各地民兵和普遍自卫队的战斗准备，特别是民兵工作办好，这就是今年"冬防"工作的中心，有了冬防，冬学冬耕都有办法。冬学也是以民兵为中心，以民兵为主要教学对象，冬耕生产也只有在民兵积极活动掩护之下与积极参加之下才能更好地进行，所以今年以民兵为中心的冬防、冬学、冬耕的"三冬运动"就成为边区党政军民共同的战斗任务。

乙、"三冬"运动就是继续巩固根据地；巩固群众团体，深入群众工作的运动，这次我们扩军工作已告胜利完成，地方上已有很多优秀的干部和很多的群众积极分子工农青救会员参加了军队，在这次"三冬"运动中，就要继续培养地方干部和积极分子，使群众团体和群众运动更进一步巩固与开展，使广大群众的政治认识和对敌斗争的胜利信心更加提高，同时号召群众努力生产，使我们克服今后物质困难与明春灾荒均能有所准备。这样就使根据地得到更进一步的巩固。

丙、苏联红军即将把国土完全收复，同盟国的合作比以前更好，希特勒已面临着死亡和崩溃的末日，日本法西斯的死亡也为期不远，一九四四年就是我们争取胜利的一年了。争取胜利就要花本钱，今年的"三冬"运动就是争取胜利的准备。办冬学就是在政治上的准备，就是广大群众的政治动员，使大家有信心有认识，同时也就是一种战斗动员和生产动员，冬耕生产就是经济上的准备，是我边区扩大生产运动的开始；冬防就是军事上的准备，把民兵工作普遍活跃和开展起来，这三方面准备好，我们就有把握在明年一年中度过困难，争取胜利。

二、"三冬"运动的要求

甲、冬防，必须完成六大任务：

（一）站岗放哨——做到盘查大小道路上的来往行人，查出汉奸特务送到政府，夜间打更放哨，防止反动派捣乱，查店查户口。造成天罗地网，什么坏家伙都跑不掉。

（二）破路挖沟——将旧沟加宽挖深，没挖的路继续挖，使村村相连沟沟相通，到处变成敌人的绊脚石，到处都便利我们打敌人，便利老百姓跑反隐蔽。

（三）实行藏粮——不问公粮私粮都要藏好，不让敌人抢去一粒，藏粮要分散要秘密，谁告诉敌人谁就犯罪。

（四）整顿民兵——村村有自卫队和民兵，平常编制好，并且要入冬学受训，研究打鬼子的办法，学好本事准备随时打击敌人，保卫家乡。

（五）普遍演习——平时有准备战时不慌张，大家时常演习空舍清野，演习跑反，民兵演习配合主力和地方武装作战。

（六）进行战斗——敌人一来，民兵就地纠缠，配合主力打仗，在边缘区更要不断地打击敌人，使敌人不得安宁，粉碎他的"扫荡"和"蚕食"阴谋。

乙、冬耕，必须说明下列三点：

（一）趁湖水大退时，赶早种冬麦，明年还是好收成。

（二）纺纱织布，当地人和外来难民学，并且多种棉花，外来的难民和抗属要努力纺织，以后可以不买洋布。

（三）生产是替自己干的，生产好了可以防止明年灾荒，并且可以有衣有食。提倡劳动勤俭，反对好吃懒做。

（四）要想生产做得好，必须家家有生产计划（可叫兴家计划），改良种田的办法，实行劳动互助。

丙、冬学，必须说明下列三点：

（一）冬学是为群众自己办的，入冬学可以学会对付敌人，会管理和认识自己的民主政权，懂得如何进行生产。

（二）民兵和自卫队及乡村干部应当人人上冬学，干部（代表主任、代表、小组长等）起模范作用。不充数，不敷衍。

（三）各地方都设冬学，人人有上学的权利，人人都明理识字，人人有正当娱乐。

三、进行宣传的方法

（一）一切按照政府与党的指示训令，我们首先进行工作，在实际的"三冬"运动工作中，特别是冬防民兵工作中进行宣传工作，部队做执行政府法令和军区指示的模范。

（二）各机关部队团体驻地举行村民大会与当地工作同志协同主持，说明"三冬"运动之意义，并说明我们部队，在三冬运动中更积极活动，除在教育上帮助外，还要随时准备打仗，在冬防中保证冬学冬耕之完成。

（三）进行街头宣传，逢集讲话，家庭访问，普遍深入地说明上列各项问题，作深入普遍的政治动员。

（四）在新年中所进行的文娱活动亦应以此为中心内容。

（五）收集群众在宣传动员中的反映，随时报告上级，并随时根据反映作继续宣传。并根据拂晓报上所登的关于"三冬"运动各项文件文章，对内教育，对外宣传。

四、"三冬"运动的口号

（一）参加民兵，保卫家乡。

（二）站岗放哨，检查行人，捉拿汉奸，逮捕特务！

（三）夜夜放哨打更，人人应尽责任。

（四）基干队自卫队，配合主力打敌人，不让敌人得安身。

（五）到处埋地雷，到处打埋伏，到处打击敌人！

（六）平时多准备，战时不受罪。

（七）准备刀矛枪炮，火药地雷干粮，随时准备粉碎敌人的"扫荡"！

（八）快快参加自卫队，侦察送信抬伤兵，送子弹来送茶饭。

（九）破路挖沟让敌人汽车来不得，自己好跑反。

（十）我们破路挖沟就是替敌人造天罗地网。

（十一）公粮私粮都收藏，不让敌人抢走一粒粮。

（十二）实行空舍清野，民兵掩护跑反，搬光跑光藏光，粉碎敌人"扫荡"。

（十三）要得生活更加好，努力生产最重要。

（十四）要得庄稼好，深耕上粪多锄草。

（十五）劳动互助好，换工帮牛腿，合制打青工。

（十六）多种菜，多种树，多养鸡鸭多喂猪。

（十七）要想穿得暖，纺纱织布多种棉。

（十八）家家户户订生产计划，男女老少一齐来干。

(十九) 上冬学,学道理,抗日救国真方便。
(二十) 上冬学,学识字,会写会看会办事。
(二十一) 上冬学,学生产,学会生产不愁吃穿。
(二十二) 基干队员工农会员,参加冬学做模范。

(《拂晓报》1943.12.14)

加强冬学运动领导　边区冬学委员会成立
——刘主任说要做到"自觉自办自学"三原则

【本报讯】继拥军参军澎湃的群众运动后,代之而起的为"三冬运动",为保证三冬任务之胜利完成,在思想准备及政治动员上,边区冬学运动委员会业于本月十日正式成立,并召开第一次会议。以刘瑞龙、陈荫南、吴静宣、任通甫、贺醴泉、陈其五、赵敏、曾谋、庄重、刘抢才、潘琪、任崇高、陈建平等十三人为委员,并公推行署主任刘瑞龙为主任委员,刘抢才、潘琪为副主任委员,陈建平为秘书。决议边区冬学运动委员会任务为统一领导与推动全边区冬学运动,检查各县冬学工作,适时反映冬学运动中之经验教训,并督促边区各直属机关就驻地先行举办,以资示范。会中曾讨论如何办好一所冬学,并检讨过去冬学工作中之偏向及新近泗南半城区冬学教师训练班之经验甚详,复由刘主任指出:今年的冬学运动是要给群众解决一个思想上的问题,是一个群众中的思想改造运动,目前我们要进行战斗动员和生产动员,冬学就应该为今冬的反扫荡和明年的生产运动进行思想上的准备;并为完成乡选运动迎接明年边区普选运动,必须进行民主教育。因此,冬学就不是单纯的识字运动,而是今后工作的动员中心,刘主任继于说明今年进行冬学的有利条件后,又着重指出:进行冬学工作,应基于"自觉、自办、自学"的三原则,在教学上要"说群众的话,运用群众的经验,来说明道理,抓住群众的要求,适当予以解决,实行边教边做,边做边教的教学法,最好做到谁领导什么工作,谁就教什么,这样就能培养大批群众中间的宣传鼓动员";冬学的组织可分为固定的和流动的两种形式,灵活运用,如"挖路到哪里,纺纱到哪里,冬学就在哪里",使三冬工作密切联系起来,冬学周围必须要有几个老百姓当中的"人头"——积极分子和支持者,至于冬学中各种规则,要通过民主方式决定才好。闻该会近将颁布补充指示并决定充分利用拂晓报和大众半月刊云。

(《拂晓报》1943.12.16)

冬 学 讲 话

一、什么是冬学?

庄稼人一年忙到头,到冬天收仓已毕,事情才算慢慢少一些,往年冬季的清闲日子,是很闷得慌的,有的溜门子,有的没事也赶集胡混,有的就去赌博码牌,先前国民党政府,只要问老百姓要钱,不出好章程,把很好的光阴都白混过去了。现在抗日民主政府,在冬季里提倡办冬学,这个章程好得很。提起来上学大家都觉得一定是高桌子矮板凳,"周吴郑王"的念"子曰学而",要不就是"小猫小狗",唱"刀来米法",其实这都不是庄稼玩意,我们的冬学决不搞这一套。也有说冬学是专门识字的,那些年纪大的老大哥就问:"八十岁还学吹鼓手呢?"到底什么是冬学?说开了不稀奇,我们庄稼人在冬天无事的时候,不是常喜欢聚在一块堆谈闲吗?前三皇后五帝,张家长李家短,也常找个看闲书的,唱小唱的玩玩,高起兴来,半夜不睡觉,或是牛屋,或是更房,那一晚不挤满了人!冬学也就是在这大家聚会的时候,大家聚会的地方办。平常聚会没有组织,早晚不齐,也没有专门管事的人,闲谈起来,乱得没有头绪,听闲书也无非是"秦琼卖马"、"刘备过江"那些老一套。冬学是把大家组织起来,按时候到一块蹬,大家举出管事的人做校长,再举一位先生,这样就整齐了。庄子上有什么事情都可以在冬学里商量;谁有困难也可以去冬学里研究个解决的办法;该做什么工作,也能在冬学里讲明白,办妥当;所以冬学就成了左邻右舍开会议事的地方。在冬学里讲一些新鲜的故事,念念报纸上的新闻,谈谈生产过日子,看家打鬼子的办法,有用又有趣的,所以只要上冬学,玩耍又办事,天天学本事,便知天下事。

二、为什么办冬学?

从前老百姓无权无势,只听那些少数坏人摆布,所以受穷受气,还不晓得是什么道理,也不晓得应该怎样起来干。现在我们的日子好过了,我们有了印把子——抗日民主政权,我们自己可以当家做主了;我们有了枪杆子——新四军、地方军和民兵,可以打碎日本鬼子和汉奸的捣乱,保护我们的身家性命了;我们有了饭碗子——减租减息增加了生产,大家都有饭吃,没有挨饿的了。到底还有什么事情没有弄好呢?就是还有很多道理没有弄明白,年头虽然变了,还有很多人用旧脑筋看新事情,还有许多新事情我们不会做或是做不好,比方我们什么时候可以反攻日本?怎样反攻?从前都以为国民党蒋介石了不起,为什么现在不管啦?比方为什么拿起了印把子枪杆子还用得不顺手?比方怎样才能做到丰衣足食、吃用不尽?许许多多的事情,都要我们来研究明白。

现在正是世界大变动,中国大变动的时代,如果我们还是旧脑筋,不能跟着时代走,我们的事情就不易办得更好,也就不易得到彻底解放。所以办冬学第一是为了大家"换脑筋"学本事。

我们不识字,也真吃亏不小,办事不便当,常常上人当,这个苦处,谁都晓得,上了冬学,也可以认得眼目前几个字了,学习算盘,记个小账,认个票子路单,有要写写弄弄的事情,也可以请冬学先生帮忙,学得好的,自己也能动手,就免得再求人了。所以办冬学第二是为了大家能写会算,拿起笔杆子来。大家看这个章程好不好?

现在有些地方,已经把民校识字班办起来,认了许多字,懂得许多道理,乡里办公事也方便得多啦,现在到了冬季,可以把民校更扩大,还可以商量,只要大家情愿,趁闲时候多上点课。

三、怎样办冬学?

冬学就是我们老百姓学习、开会、玩耍的地方,这要我们老百姓自己经手来办;专依靠政府是不对的,政府自然可以帮助我们解决大问题,但是主要还是依靠大家公议办法,分工来做,这叫做民办公助。

每个大的村庄办一个,几个靠近的小村庄合起来办一个也好。先开村民大会,把办冬学的意义讲透彻,上冬学的人都报上名,举出校长、教员,看看哪一家有宽敞的地方,学就放在哪一家,什么时候上冬学,一早还是一晚,上半天还是下半天,天天上还是隔天上,学规怎样订,灯油怎样出,都由大家民主讨论。怎样好就怎样办。

谁同谁在一块学习,怎样分班分小组,那要看情形办,有的男女分班,有的工农青妇儿童分班,基干队单独成一班,识字的同不识字的也可以分为甲组乙组学,也有一个劳动互助小组算一个冬学小组的,也可以左邻右舍几家人合成一组,只要学习便当就好。

冬学里也可以组织玩耍,成立个俱乐部或是剧团,唱唱闹闹都看大家情愿。等来年春天,还可以把冬学变成经常的群众学校,抽闲空上学认字,一辈子方便受用。

四、什么人上冬学?

什么人派上冬学呢?前年去年有很多当乡干部村干部的不晓得冬学的重要,他们不肯上冬学,还有自高自大地说冬学没有上头,也有说工作忙不开,不能上冬学的,这些都不对,要换脑筋,当干部的必须先换,冬学是群众集合的地方,也正是向群众学习的地方,在冬学里就可以讨论工作,布置工作,有了困难,大家一研究,办法就出来啦,比你一个人挨家跑好得多。所以今年的冬学,不论是行政上的、群众团体的、基干队的,乡以下的干部一直到小组长都要带头上。

有些人先把小孩子送到冬学里,大人倒蹲在家里,这也是不对的,冬学原是商量大人的事情,所以大人必须先上冬学,那些平常做事积极,大家信仰的人,和基干队员,更要做模范,领带着别人上。

所以今年的冬学,要以乡以下的干部,基干队员,农村里的积极分子,青年工农和一般成年人为主。

五、怎样教冬学?

教冬学的教员识字最好,识字不很多的也可以,只要他懂得道理多,办事公平有办法,对政府有认识,大家信仰,能领头学的都管。工、农、青、妇救会的干部,行政上的干部,学校里的校长、教员、学生,劳动模范,积极分子,劳动互助组长,都可以当教员,当冬学校董。

现在冬学课本已经发出来了,以后还要出。冬学里讲的故事也编了好几本子,这都可以在冬学里教,拂晓报、淮北大众也是冬学里的重要教材,更要不断地在冬学里讲解。本地发生的事情,也可以拿到冬学里讨论讨论。

教冬学的方法不能像教小学生一样,一定要同已经做过的、正在做着的、将来要做的各种工作连在一起教,教过的一定能做,要做的立刻就教,学的就是做的,做的一定要学,这就是"边教边做,边做边教";"边学边做,边做边学"。那种像念经一样专讲空道理,与老百姓的生活和工作没有关系。既没有用处,听的人也不欢迎。还要多引起大家讨论,道理才能弄得更明白。

乡里教书先生不多,一时请不到好先生,我们也有办法想。譬如:我们可以派一个认字比较多的,到教书先生那里去学,回来再教,这个办法叫做"现贩现卖";又譬如一个冬学里,总有识字多的和识字少的,我们就可以叫认字多的教认字少的,哪怕是小学生来教也管,这个办法叫做"小先生制";劳动生产有互助,我们教的学的也可以互助,小学生认字不能讲道理,乡里干部懂道理不识字,就可以叫小学生教字,干部当学生学认字;再叫干部讲道理,小学生又当了学生,这个办法叫做"教学互助"。这些好办法,都是解决教书先生不多的困难,大家还可以出点子,生办法解决困难。

(《淮北大众》1944.11.15)

反对复查中的形式主义官僚主义

欧阳惠林

复查已经好几个月了,"放手发动群众"的口号,一再被领导上强调的提出来,而且为每个干部每个同志所公认。但是如何放手,放什么手,怎样把手放起来,这些具体问题并未获得解决,依然是雷声大雨点小,口号还是口号,而在实际工作中则存在严重束缚群众发动的形式主义。

形式主义表现在哪里呢?

第一,不是从思想上解决复查问题,有些干部(包括某些区委负责同志在内)避难就易,不去与群众商量,从群众中(主要先从赤贫与得田不足的贫雇农)进行深入的启发教育,酝酿斗争要田思想,培养与发现斗争骨干,切实对群众负责。而只是任务观点,因为上级提出复查不能不进行,于是在一切会议只是一般的转播"复查"、"复查",对于当面情况熟视无睹,对于实际的困难不想也不准备去解决。如某区区委副书记遇到一个落后村,对人说:"我也没有办法了。"

第二,一切会议老一套,不是准备解决问题。譬如各乡各村都开了不少的群众大会,但是这些会议,究竟解决了些什么问题呢,真正只有天晓得,照例还是干部包办讲话,群众不发一言:"今天是上级叫我查复查,大家田得不足,就出来讲,当面不讲,背后就不许说。"不是启发群众斗争思想,反而是给群众一个"紧箍咒",阻碍限制了群众的发动。

第三,与群众切身利益脱节,不照顾群众情绪,主观主义,有些乡村打锣打鼓,热闹喧天,好像复查很起劲,实际上是几个小孩子在闹,广大群众依然冷漠而视,有些地区群众要生产锄草,怕开会,我们干部则强迫开会,脱离群众,开会什么问题也不解决。

第四,斗争就是拣一两个人在大会斗一下,不管群众的接受性与认识如何。斗争以后好像万事大吉,因此,有些斗争,并未得到群众拥护。如××镇大会斗一个还乡团的老婆与一个老百姓轧姘头(这与复查有什么关系呢?)反而群众不同情。有些地主则让你在会上斗一下,他知道不过如此,装着坦白,而在会后则进行反攻。我们有些同志认为这是斗争"成功",其实彻底摧毁封建残余势力,不是只在会议上形式的斗一下,而是要在群众中暴露其一切阴谋罪恶,使他完全孤立起来,永不翻身,成为真正群众的斗争行动。

第五,铲墩子补塘子完全由干部决定。

形式主义实际上就是官僚主义,是反群众路线阻碍群众发动的,他的最大特点,就是缺乏阶级观点与阶级立场,只看形式不看实质,只对上级负责(假负责)不对群众负责(也就是不对上级负责),单纯任务观点,为了表功(汇报会上可以说得好听些),不是从群众利益出发,不是认真地为了解决贫雇农土地问题。因此,他虽然开了许多会,斗争了一些地主,结果赤贫还是赤贫,得田不足的贫雇农还是得田不足的贫雇农,一切仍然照旧,天未变地未变人也未变。

如果我们不坚决反对这种复查中的形式主义、官僚主义,就无法把群众发动起来,更不能实现"放手发动群众"口号,贯彻群众路线。因此,放手发动群众,是与反对复查中形式主义官僚主义分不开的,只有克服了后者,才能发挥到前者。群众路线是与非群众路线绝对不能并存的。

放手发动群众,首先对于贫雇农,——尤其得田不足贫雇农与赤贫,要有高度的责任心,要把他们的切身利益,当做自己的切身利益,才能真正领导帮助解决赤贫贫雇农的土地问题。其次,就是处处和贫雇农基本群众商量,听取他们的意见,相信他们的正确与智慧。对于落后群众耐心教育,提高其政治觉悟,反对对落后群众的不关心,甚至侮辱其人格,骂他为"穷顽固"、"死脑筋"。这都是地主富农思想的另一种表现。第三,善于耐心深入地收集材料,组织典型的诉苦。许多地区复查经验证明,只有组织典型的诉苦才能启发群众的斗争情绪,打破干部的麻痹自满与自私自利的现象。第四,依靠贫雇农基本群众,——特别是赤贫与得田不足的贫雇农,作为运动的基本骨干,放手让他们去搅,让群众民主讨论,反复比较,比田,比大小,比好坏,比生活,只有让其反复比较,才能把运动推广,转为真正群众性的斗争。第五,要替赤贫贫雇农基本群众撑腰,不能作封建势力的挡箭牌、防空洞,因此一切领导干部和负责同志复查期间坚决地不要到地主富农家去,不要与地主富农来往接近,否则地主富农就会利用机会,暗中威胁农民。如周墩村,仅仅是县政府向地主租借一下油坊工具,而地主就利用这个机会,作为防空洞,向群众进行威胁。

(《江海导报》1947.08.09)

四查中的几点经验

社会部　吕万吉、沈德辉　盐东大会报导组　王也六

四查运动开始以来,对地富思想的清算,有了不少收获和创造了不少的经验。现将盐东与五地委社会部的四查经验介绍于后,供各地参考。

一、事先必须进行深入动员弄清整党的意义和方针,取消部分同志的误解,使大家愉快地自觉地进行四查,说明怎样才是正确的检查态度与被检查态度,站在党的立场上,为纯洁党的思想与组织打算,对问题不夸大,不缩小,要有知无不言,言无不尽,对己严对人也严的精神。

二、反对调和思想:在开始讨论时,有些地主富农出身的同志,往往由于顾虑自己的问题,对别的同志要求亦不严格,不敢把问题提高到原则高度,不敢以共产党员应有的标准衡量与批评别的同志,当两种思想发生分歧争论时,便表现出模棱两可的态度。领导

上发现这一情况,要立即指出调和态度,对整党的危害,很快扭转了这个偏向。

三、放手运用民主:四查本身实质上就是个民主问题,放手民主亦是进行四查的路线与方法,要启发每个同志对纯洁党的责任心。号召每个同志能够对己对人都展开严肃的斗争。同时凡事必须与群众商量,特别是对于重要问题的讨论与处理,应经分会研究,积极分子中酝酿,然后会议上讨论决定,任何主观包办,都是不能圆满解决问题的。

四、鼓励忠诚反省,打击对抗四查的不坦白的态度,就是小的问题不坦白,都不应对他让步,如社会部×同志,虽没有大的地富思想,但对腐化问题,死不承认,同志们检举出许多带证据性的材料,他都无法解释,最后诡辩说:"你们再去调查,若当场捉到我腐化,我就承认。"对这种顽强抵赖的态度,大家通过给以党内撤职支委,党外限期反省的严格处理(当然不仅腐化一个问题),这样对四查是起了很大的推动作用。

五、掌握重点,深入检查:一般化的检查方法,是不能收到预期效果的,例如开始时有的同志检查到党报观念,妇女观念或其他生活上的细小问题上去,结果对四查的主要内容——地富思想的检查放松了,因此必须掌握以查地富思想为主,抓住这一重点,进行深刻的检查,引导大家进行无情的揭发,但事先亦必须对各个具体人来分析研究,如是地富思想严重,就清算其他地富思想,如包办代替严重,就着重清算其官僚主义的作风。

六、运用有勇气清算自己批评别人的积极分子作为四查动力:开始时的积极分子,都是问题不大,反省又比较彻底的同志,他思想上没有顾虑有勇气清算批评别人,领导上要使他成为检查中的骨干,并且还通过他,再去团结别人,形成四查的动力。

(《盐阜大众》1948.01.07)

曲阳晓林村
——整顿队伍的三个会

迪 仁

晓林村是比较大的村庄,有三百五十多户,村里支部给地主富农霸占了。这些混进党内的地主富农坏蛋仗势欺人,无恶不作,村里群众特别是雇贫农还没有翻身,县委为了吸取经验,帮助村里开了三个会。

(一)召开支部党员大会

十一月二十九号晚上,该村开支部党员大会,县委、区委都派人参加,到会党员五十多人,其中成分有雇贫农十一人,地主富农十二人,其余是中农;区委苏发奎同志讲话,他说:"我们党内有很多人不是共产党员,他们穿的共产党的衣裳,戴的共产党帽子,有的人还挂着枪,骑在穷人头上,像个大碾盘压住穷人翻不过身来,这些人就是地主富农,他们混进党里来,把党闹了一团糟:共产党不要地主富农,现在要停止他们的党籍,有些要清洗出去,村里的武器要交给贫农了。"末尾他说:"整不了党,革命就不能成功。"

接着查成分,贫雇农出身的党员非常积极,有的指着地主富农分子的党员说:"你是什么成分?快说吧!瞒了上级瞒不了村里,不说就给你们提出来。"清查结果,查出地主十多个(系下降地主),封建富农两个。查成分完结后,县委负责同志讲话,主要内容是:(一)平分土地和整党的办法。(二)宣读联合布告。(三)宣布开除王英儿(混进党内的地主恶霸)的党籍,并告诉大家王已被县政府扣押。(四)正式宣布停止地主富农分子的党籍,并叫他们听候农民处理。(五)地主富农出身的村干部与坏的村干部,要一律由贫农团大会和群众大会撤职交农民处理。(六)宣布取消治安员、中队部、游击小队、工、农、青、妇各团体,并让他们把图章、账目、保存的一切物资,一并交给将要成立的贫农团。(七)村中一切武器,马上交给区委,准备再由区委交还贫农团。并说明如果隐瞒少交,以私藏军火论罪。(八)干部贪污的胜利果实退出来,将来交给贫农团。雇贫农出身的党员要坚决搞土地改革,中农出身的党员要拥护土地改革,帮助贫雇农翻身,一切共产党员要听贫农团的指挥,谁反抗贫农团,就是反对革命,要交人民法庭处理。讲完后,贫农出身的党员说:"这回可翻过来了!"最后当场把所有武器,交给区委,大会给贫雇农出身的党员大大的撑了腰,使他们抬起头来了。

(二)召开雇贫农会议与贫农团的成立

十一月三十日晚,召开了全村的雇贫农会议,到会共一百三十多人,召集的方法:由贫妇崔凤儿等人(她们是今秋征收公粮的由贫农选举出来的代表),在雇贫农中经过串通后召集起来的,因召集时混进一些地主、富农、坏干部、狗腿子,所以在正式开会前,先驱逐了三十多个地主富农坏蛋等出会场,并当场扣押了地主狗腿子、大流氓钟臭旦,但当时曾有一个区干部站在高桌上,大声喊叫:"穷人们站在一起,不要和他们(指地主富农等)挤在一块儿,你们听见了没有?""地主富农你们出走呀!不走就往出撵你们呀!"根本不让贫雇农发表意见,只管自己哇啦哇啦的讲完,全是站在上司的地位命令群众,对中农的态度,也是大声训人,但到会的雇贫农对中农的态度,并不像区干部那样,那个区干部根本不懂得什么是群众路线。另外还表现了急于求功,总想一个晚上,就把所有的雇贫农的阶级觉悟都提高到像他所想的那样。正式开会后,县区干部讲话,除解释土地法和告农书、宣读联合布告外,并宣布成立贫农团,今后村中一切大事,由贫农团领导,宣布地主富农出身的村干部和坏干部一律撤职,听候农民处理,县区地主富农出身的干部,一律调到外省、外县工作,雇贫农特务帽子,一律搅掉,说明谁要反抗贫农团,谁就是反抗土地改革,就要打倒谁。

十一月十日上午,继续开雇贫农会议,到会一百零二人,男六十七人,女三十五人,经过大家讨论,正式成立贫农团,决定选举贫农团代表,会后即自由结组,不分男女,不分你是村东的,我是村西的,组成了九个小组,各选出组长一人,自由结组后,进行酝酿选举,什么人到代表会?选举几个代表?用什么办法选举?大家对小组酝酿都相当重视。有个贫农说:"我们把眼睛睁开,非找个珍珠好材料不行。"小组酝酿后,便进行大会选举,首先通过要选举十五人组成贫农团代表会,设正副主席各一人,其他为委员,并且通过选举方式提出候选人二十八个,选举结果十五个代表中,十一个男的,三个女的,党员两人,非党员十二人。自贫农团一日成立到五日开群众大会中间,共开贫农团代表会(即贫农团委员会)四次(每晚上开一次),贫农团大会两次。开始贫农团对自己的力量认识不足,工作缺乏信心,对坏干部表示十分害怕,这时候领导上给他们坚决撑腰,坚决镇压坏分子,帮助他们分析情况,研究办法。这是十分重要的。经过代表会的讨论,决定四日搬掉石头,扣押王洛乍、王国照、农会主任王东生、游击小队队员隐藏子弹。四日上午,召开贫农团大会,讨论王洛乍破坏贫农团,王东生少交子弹和王国照压迫穷人的问题,经过小组讨论和大会给他们三人提意见后大家一致同意扣押他三个人,并叫王洛乍滚出,贫农团代表会主席根据大家意见,把他三个人扣起来了,从此大家的情绪有了转变,顾虑就减少了。贫农团知道武器如不收怕出乱子,所以很快把武器收起来。有个贫农说:武器收不了可不行,十枪也得收。贫农团里成立了一个贫农小队,共十四人,这里边有个经验,就是武器一定要全部迅速收起来,如贫农团愿意马上要枪,就马上发给,如马上不愿要,就由区里保存起来,等贫农团自己感到有成立小队必要时,再发给枪;贫农队刚成立后,如果他们不愿意,不要把村中的一切事务工作,都交给它来做,但必须要受贫农团的指挥。

(三) 召开村民大会

十二月五日上午,晓林村贫农团召开全村村民大会,到会共三百多人,有雇贫农、中农、富农和地主,首先由贫农团代表会主席王瑞生同志讲话:"现在世道变了,是我们穷人的天下了,要平分土地,叫我们穷人翻身,要翻身就要把石头搬掉,什么是石头? 就是坏干部,我们把坏干部搬掉,才能打倒地主。"并把贫农团成立的经过和贫农团代表会的名单和贫农小队的名单,都告诉大家,县区干部在讲话中,除宣布支部大会与贫农团会议上的重要决定,并指出:(一)贫农团是村里的领导机关,一切要通过贫农团,谁要是反对贫农团,谁就是反对平分土地,就是反革命,就要交人民法庭处理。(二)地主富农要老老实实地听贫农团的指挥,如有破坏土地改革的行为,就要严厉处罪和镇压。(三)正式宣布取消地主富农的选举权、被选举权,禁止他们一切政治活动。在会上发动群众控诉,首先由贫农团代表会宣布扣押钟臭旦、王国照、王洛乍、王东生的原因,以后群众当场控诉:(一)王国照(前农会主任)今年七月上级发来四百斤贷粮,他没给穷人发一粒,反给汉奸家属发了一部分粮。(二)阎洛法富裕中农的孩子,把贫农王艮孩的女儿(六岁)推在井里淹死,阎洛法请王英儿等村干部吃喝后,王英儿到县政府司法科活动了一下就没事了,这样的司法科,简直是杀人的帮凶。(三)冀晋纺织工厂,就该村拉了两大车桌椅板凳(胜利果实)。(四)王忠臣原(富农)当过村长,诬害贫农王同彦的妈说她偷了他的包袱,结果扣了两个多月,花了二百元钱。(五)钟臭旦强奸寡妇胡氏等。发言的大部分是贫农,大家在控诉时,非常愤恨,最后贫农团代表会报告贫农团大会通过的决议:(一)取消村合作社,并让他们把团章、账目所存的物资等都交给贫农团代表会。(二)改组村公所,留下村付(中农)和民教委员(下中农)二人,其余都撤了职,由贫农团提出五个人到村公所工作。(三)原来的大车队长、自卫队长、班长、闾长不撤职仍归办公,受贫农团指挥。(四)成立贫农小队,现已有了十四人,受贫农团领导。以上四项决定,大会都赞成通过。

(《盐阜大众》1948.01.07)

两种作风两条道路
——评荡东区三乡的党内整党运动

地委工作队在建阳荡东区结合平分土地,经过了十二天的进程,初步完成了三个乡党内整党的任务。

在这一阶段中,它表现出如下几个特点:

第一,在整顿党的队伍中,沙村、颜单、大济三乡,都采取了从党内整党到群众审党的道路。为什么要采取这一道路呢?这是因为:①在这三个乡的支部中,有一批成分不纯的分子,同时也有一批从运动中发展入党的雇贫农党员,这批雇贫农党员,可以作为整党的动力。②这三个乡的群众,还没有得到充分的发动,农会和贫农团的组织,还很混乱,如果马上要群众起来审党审干,结果一定是形式主义。在这一个具体情况下,就采取了从党内整党,到发动群众审党的道路。先在支部内部,依靠贫雇农党员作为动力,进行整党。把压在党员群众头上的石头搬下来,严格整顿包庇地主富农的错误,并进行反自私自利、反包办代替的教育,改选支委,把党的支部,成为能够有力的领导土地革命的组织。然后通过党的支部,去发动群众!在群众发动以后,再来推行审党审干,平分土地。

第二,工作队同志一到乡村,不是立即召开支部大会,进行整党,而是先进行调查研究,和党员群众进行酝酿,从个别漫谈,发展到小组漫谈,了解土地改革,有没有贯彻,还存在着哪些缺点,了解谁是好干部,谁是坏干部。在这一些酝酿漫谈中间,用阶级分析的眼光,来发现成分好、品质好的党员。发现了成分品质好的党员以后,又根据他们的思想情况,具体的加以教育,打破他的思想顾虑,使他们有胆量来揭发自己和别人的错误。经过这样反复的酝酿,把党员的话,和群众的话,相互引证,了解了该乡该村土改的真实情况,又掌握了一批动力,才召开支部大会,进行整党。

第三,在进行整党过程中,掌握了整党的阶级性和原则性。把地主富农党员包庇家庭、统治群众的行为,和雇贫农党员多得果实的行为,严格分别轻重;把阶级异己分子,和立场不稳的党员,严格分别开来,并采取了不同的处理方针。掌握了以雇贫农党员,作为整党的动力,而不是无立场的利用矛盾,或做了宗派斗争的尾巴。正因为这样,整党的效果,是清洗了阶级异己分子,教育改造了有错误有倾向的党员,提高了雇贫农党员在支部中的地位,启发了全党的阶级仇恨,和领导平分土地的积极性。

这一些特点的总的精神是,坚决丢弃过去的粗枝大叶、草率了事的作风,用比较深入细腻的作风来了解情况,掌握症结,组织骨干,解决问题。在其他地区,整顿党的队伍是采取了不同的道路。或者是不经过党内整党,而直接发动群众,进行审党;或者召开区的党员大会,"大刀阔斧"地进行整党;或者不经过了解情况,酝酿动员,组织骨干的阶段,而马上召开支部大会,进行整党。

这两条不同的道路,正是代表着两种不同的作风。今天每个支部的情况,各有其不同的症结,要真正解决支部的问题,必须根据每个支部的情况,对症下药,有的放矢。同时,要把抗日时期建设起来的党,转变为能够领导土地革命的党,必须经过艰巨的过程,而决不是简单的清洗几个党员,调整几个干部,就能解决问题的。因此,我们就必须坚决反对粗枝大叶,"大刀阔斧"(?)的作风,必须积极的提倡深入细致作风。而大济、沙村、颜单三乡的发动整党过程,正是转变到深入细致作风的一个尝试。

当然,这三乡的整党,还有它的缺点:第一,领导上还存在着某种程度的急性病,特别是照顾旧历年关的到来,运动还不是瓜熟蒂落。第二,对每个党员的检查内容上,虽然掌握了重点,但在查运动中,还没有使全体党员深刻认识土地改革的症结,因此,和实际运动的结合,还有某些不够的地方。第三,在掌握整党的阶级性,贯彻运动的阶级路线上,还存在着缺点。但不管怎样,颜单、沙村、大济三乡的基本经验,还是值得大家参考和研究的。

(《盐阜大众》1948.02.09)

改造思想,统一政策,提高工作,迎接七一!

我们党从一九二一年诞生到今天,已经是整整的二十七周年了。

在这二十七年中间,我党是勇敢地负起了领导中国革命,领导中国人民解放的光荣任务,从我党成立的第一天起,就开始为了反对封建主义,反对帝国主义,反对官僚资本主义,而展开了持久不屈的斗争。在党中央和党的领袖毛泽东同志的正确领导下,坚持了正确的路线,领导全党英勇奋斗,克服了前进道路上的严重困难,终于打倒了北洋军阀,战胜了日本帝国主义,今天,又正在和封建买办独裁的蒋介石匪帮,进行坚决的斗争。并且快要取得最后胜利,争取新民主主义,在全中国范围内全部实现。我们党的力量,经过了二十七年的斗争,是空前地发展和壮大了;我们党在全国人民中的威信,也是空前地提高了。今天,我们党已经拥有二百万的主力,已经在拥有一万万七千万人口的地区上当权,并随着革命的继续胜利,我们党在不久的将来,就会成为全国人民民主政权的领导政党。

这是我们党经过二十七年斗争后获得的伟大胜利。我五分区全党,必须在我党诞生二十七周年的今天,热烈地庆祝我党的伟大胜利,并且深刻地学习和领会我党二十七年来的斗争经验,改造自己的思想,提高自己的工作,在自己的岗位上,积极奋斗,高度地发挥自己的积极性和创造力,迎接人民解放战争的最后胜利,迎接全国人民民主革命的胜利!

首先,我五分区全党,必须深刻地认识:根据我党二十七年的斗争经验,特别是根据人民解放战争两年来的经验,证明了我们党是无攻不克,无坚不摧;证明了我们党是在斗争中逐步的发展胜利,并且是向新民主主义革命的最后胜利。二十七年来党的奋斗历史,就是我们走向胜利的光明前景。在斗争中,我们也遇到不少的困难,也经过不少迂回曲折的道路,但在党的正确路线政策下,在党中央和毛主席的英明领导下,在全党的英勇奋斗下,我们是克服了困难,取得了胜利。

我五分区全党,必须认识当前这一伟大的胜利形势,必须认清我党光明的胜利前途,充溢着胜利的信心,继续斗争。在今天敌人实行争夺华中的战略下,我五分区固然还有一段艰苦困难的路程,敌人还有可能向我们进行"扫荡""清剿",但这些困难,只要我五分区全党,坚决执行正确的斗争方针,不怕困难,顽强奋斗,是完全可以胜利地渡过的。任何悲观失望,恐惧动摇,被敌人的残酷挣扎所吓倒,都不是我们共产党员应有的气概!

加强胜利信心,反对悲观动摇,是我们纪念"七一"的第一个内容。

其次,我五分区全党,必须深刻地认识:根据中国历史现阶段的基本特点,决定了中国的民主革命,只能由无产阶级及其政治代表中国共产党来领导,同时,根据中国革命,是以"武装的人民,反对武装的反人民"的特点,决定了中国的民主革命,必须主要地依靠战争,用战争的方式,来消灭人民敌人的武装和政权,取得中国民主革命的胜利。我们今天,正就是进行着这样的战争,这个战争的最后胜利,就是中国人民的最后解放,我们已经初步的取得了这个战争的胜利,而且快要取得战争的最后胜利。蒋介石的反动统治,已经是摇摇欲坠,人民的胜利前途,已经是光芒万丈。在这个时候,我们必须加倍努力,继续奋进,下最后一把劲,争取战争的最后胜利。

恰恰在这个时候,我们某些党员干部中,却滋长了不应有的厌倦战争,疲沓敷衍的情绪,把个人的得失,把个人的生活和地位,看得比党的事业还要重要。对个人的得失和地位,斤斤计较,把党的事业,却看得无足轻重。这种思想情绪,绝不应该发生在我们共产党员的头脑中间。我们必须坚决的克服这些情绪,重新鼓起自己的斗志,积极地负起党和人民给予我们的光荣任务,全心全力,争取战争的胜利!

反对厌倦疲沓,积极斗争,争取胜利,是我们纪念"七一"的第二个内容。

最后,我们必须认识:我们所以能够克服困难,走向胜利,是坚持了党的正确路线和政策,实现了全党的统一意志、统一行动和统一纪律的直接结果。如果全党不能坚决贯彻党的正确路线和政策,全党不能在思想上、组织上、行动上统一起来,全党分崩离析,我们就无法战胜强大的敌人,无法把全国团结成为统一的国家。

而今天,我们某些地区,却恰恰存在着严重的地方主义和无政府状态,在执行政策上标新立异,各自为政,擅自修改党的政策,事前不请示,事后不报告。这些现象,已经给革命造成了不少严重损失。因此,我五分区全党,在纪念党的诞生二十七周年的时候,必须细心研究"左派幼稚病"第二章,和中宣部的前言,深刻检查我们过去执行政策上的无政府状态和地方主义,并且下决心加以克服,这样来保证党的政策的完整性和统一性,以便有力地团结全国的反蒋力量,争取战争的胜利。

反对地方主义和无政府状态,保证党的政策的统一性,是我们纪念"七一"的第三个内容。

在"七一"二十七周年的今天,我们谨提出上列意见,愿与全党同志共勉之。

(《盐阜大众》1948.07.01)

反 对 空 喊

我们的生产工作,虽然已经布置下去,并且已经在群众中开始贯彻了。但根据各地的反映,我们不少的乡村干部,在贯彻这一个任务的时候,不懂得怎样去领导生产。你说,生产工作不重要吧,从中央到县委区委,都在那里强调组织生产。你说,生产工作重要吧,各地农民都在耕田的耕田,种麦的种麦,似乎又没有什么事情可以做的。生产工作不能不做,但又不晓得从哪里做起,所以只好开几个动员会,说明生产的重要性,宣传党的政策,把上级的布置,照搬一通。这样,就好像组织生产的任务,已经完成了。

其实,停止在这种做法上,不能叫"组织生产",只能叫"空喊"。空喊是只做些一般的宣传,而不去进行细密的组织。进行一般的宣传,当然是需要的,同时也能起一定的效果;让群众晓得政府要群众加紧生产了,让群众晓得党的政策,他们的生产情绪,就会慢慢地稳定,他们的生产积极性,也会慢慢地提高。但是,把工作停留在一般的宣传上,而没有抓住群众在生产中的实际困难和实际问题,细密地进行组织工作,生产工作就不能像毛主席要求我们的一样,能够"提高一步"的。这种做法,就叫做空喊。

各地在领导生产中,空喊的现象,是相当普遍的。例如阜宁停东村的干部,接受了上级党布置的生产任务以后,就开了好几个会,动员了生产,解释了政策,几个会开过以后,就不晓得接下去做什么事情了。其实,这个村在生产问题上,还有许多问题,迫切需要解决的:许多雇贫农群众,还怕田要变动,不愿意把粪推到得的田里去;不少雇贫农没有牛,所以陪头早豆早就收起来了,至今还一遍没有抄过;还有些耕牛没有分配,还有些大车让它搁着,没有分配和使用;有二十几亩熟荒,没有解决。这些问题,就是这个村当前的主要问题,必须把这些问题解决,生产运动才能顺利地推开。但我们的乡村干部,却没有把这些问题,看做是很重要的事情,很好地去进行解决。这就是只做了一般的宣传,而没有进行细密的组织,这也就叫做空喊。

单靠一般的宣传,单靠空喊,是不能解决问题的。我们要动员和领导生产,除了宣传党的政策,动员群众生产以外,必须要进行以下的工作:

第一,毛主席说:"按照实际情况,决定工作方针,这是一切共产党员所必须牢牢记住的最基本的工作方法。"按照毛主席这句话,我们领导一个乡一个村的生产,首先就要进行调查研究。这个乡这个村的群众,在生产中存在着什么顾虑(如怕土地再平分等),有什么困难(如缺乏种子,缺乏耕牛耕田等),有什么问题(如熟荒没有消灭,逃亡人民回来没得田种,牛工工资太高或太低等),哪些是眼前必须解决的,哪些是可以缓一步再解决的,经过这些个调查研究,掌握了乡村的实际情况,然后按照这些问题的轻、重、缓、急,来确定这个乡这个村的工作方针。像停东村的情况,我们就应该从宣传党的土改政策(说明只要该村大多数群众,都认为土地的分配,已经公平合理,政府就决不再来重分,而且很快会派人来发土地证,保证大家永远为业),搭配荒地,分配和调剂耕牛,保证秋耕秋种,作为这个村的工作方针。

所以,一个任务布置下来,应该越到下面越具体,任务到了区里乡里,区乡的干部,就应该把任务具体化起来,根据实际情况,分别轻重缓急,按部就班地做下去。但我们许多地方,却不是这样,县委布置了三大任务,村干到群众里去动员,还是一个三大任务。这种做法,就不是执行毛主席的工作方法。

第二，把上级布置的任务，按照我们乡村里的实际情况，把它具体化起来，确定具体的工作方针，这是克服空喊的第一步。接着，我们就要根据这一个具体方针，根据群众中存在着的主要顾虑、主要困难、主要问题和群众好好商量，从实际的可能出发，想出具体的解决的办法。怎样解决牛力、人力缺乏的困难？怎样消灭熟荒？怎样加工施肥？在水灾严重地区，怎样排水种麦，使土地不致荒芜？在秋耕秋种完成以后，又组织什么副业生产？解决的办法找出来了，还要看这样解决，合不合大多数群众的心意，合不合政策的要求。群众同意这样做，上级党也同意这样做，我们就应该亲自带头，以身作则，领导群众，具体地、耐心地解决一切必须解决的问题。哪怕是个别农民的困难，个别农民的要求，我们也一定要耐心地帮他解决，不要犯官僚主义，不闻不问。这种细密的具体工作，就叫做组织工作。任何一个工作任务，不经过细密具体的组织工作，是不会胜利完成的，只有我们这样做了，才能真正打破生产运动中的一切障碍，才能使生产运动顺利地推开。

反对空喊，眼睛向下，认真切实地解决问题，是我们领导生产的第二个环节。

（《盐阜大众》1948.10.04）

改变作风，加强政府建设

成克坚

一九四九年的政权工作，应该首先贯彻支前与生产的伟大任务，动员全分区三百万人民，大量的以人力物力，来支援战争，并且加强农业和工业的生产建设，把我们的生产，从现有的基础上提高一步。

其次，我们要进一步贯彻请示与报告制度，克服无政府无组织无纪律状态。无政府无组织状态主要的表现，是自作主张，自以为是，特别是某些基层政权干部缺乏守法观念，不能贯彻的执行上级的命令和指示，今后在政权部门中进行深入的教育严格请示报告制度。

第三，要提高干部的水平，主要的要提高我政权部门的政策水平，学会从政策上来观察、分析、处理问题，部门干部的文化水平也不高，今后应当有计划、有步骤地提高干部的文化水平。各级政权部门的领导干部，帮助提高干部工作为工作重心。

第四，要健全部门工作，过去我们在游击环境中，分工是不明确，政权部门的干部对自己担负的部门工作，不够熟练，或者不十分熟悉。今后，每个部门的负责同志，都应精进自己的工作，熟悉自己工作。

最后，要改变作风，把过去的官僚主义作风彻底的加以转变，树立新的民主作风。同时要有计划、有步骤地召开各级人民代表会议，实行民主选举，自下而上地完成建设任务。

为什么要这样的改变呢？一句话，今后全国统一，我们首先要了解，我们是在建国，不是老打游击，建国就不简单，我们的工作人员，要掌握管理国家的技术，有当国家主人翁的气派。我们是建设四万万五千万人口的大国，把她从古老的、半封建、半殖民地的情况，从头到底地新起来，新成新民主主义的国家，这个担子要我们挑。

革命战争已经接近最后胜利，以中国共产党领导的各民主党派，及人民团体组织的民主联合政府，将会在今年组织成立，我们五分区全体政权干部同志，必须百倍努力，转变作风，加强政权工作的建设，为了迎接民主的联合政府的成立而斗争。

(《盐阜大众》1949.01.01)

放下包袱，虚心学习

九月九日二野前委对全军发出如下的指示：

指示中首先指出二野目前所存在的不正确的思想倾向，它严重地妨害了我们的进步，和损害了我们的工作。最后提出了克服的办法。指示说：

"根据陈锡联、段君毅两同志及五兵团首长报告，此次华中局及四野对于二野的支援和招待，非常热诚，准备亦甚周到，华中局除发出专门决定和指示外并以林彪同志为首组织了支援二野的专门委员会，开了专门的干部会进行动员，这是对二野全体指战员一个极大的教育和鼓励。"

指示说："我们二野过去的风气，确实是艰苦的朴素的，在完成中央军委所给予的任务上，是尽了力的，因此中央军委及兄弟部队都曾给我们以不少的表扬和鼓励，但是自从进军中原及大别山后，我们有些干部，其中包括个别的高级负责干部，不是把这种表扬和鼓励看做是对我们的教育要求我们自己更加虚心和谨慎，更加注意保持艰苦朴素的良好风气，不是把我们的战斗胜利和工作成绩，看做是我们执行中央军委正确指示的结果，看做是我们对于革命任务和中央军委指示应有的责任和努力，看做是全国各兄弟部队及全体人民共同努力互相配合的结果，而且我们的兄弟兵团比我们所获得的胜利更大，工作做得更好；不是把长期艰难岁月里的艰苦奋斗，看做是我们党和毛主席朱总司令建立和一直亲身领导的全国人民军队一切部队所共同具有的优良传统，而把它看做是我们二野的专有品，正由于我们干部特别是某些高级干部，存有这些极端错误的思想，于是背上了大别山的包袱、豫陕鄂的包袱，刘邓大军或陈谢大军以至于淮海战役渡过长江等胜利的包袱，于是骄傲起来，从而大大地损害了我们的工作。"指示又说："必须指出在渡江前后，特别是在渡江以后，二野从整体说来不健康的思想是在萌芽增长着，工作是不够结实的。有的人因为没有进驻京、沪、杭各大城市，认为是二野吃不开，有的人认为二野去西南为不公道，有的人只愿到四川不愿到贵州，更不愿到西康，部队中的享乐思想正在发展。违反政策，破坏纪律，不遵守制度等等无政府无纪律状态并未克服。我们不少党委和干部对此采取了放任、原谅的纵容态度。在官兵关系上的军阀主义又在生长，不少的部队都因有军阀残余的存在，致发生战士自杀的现象。"指示还说："特别要指出的是二野各部都存在着或多或少的本位主义，普遍缺乏爱护国家财产，遵守国家法纪的人民民主政权的整体观念，二野直属队某些单位在接管南京中的本位思想，几个师级干部破坏铁路军规和军阀主义的横蛮态度，就是其中的主要例子，不少单位在请补充和开预算的时候，往往超过实际的需要和财政的可能，甚至有些领导同志，对于当前的困难熟视无睹，事实上无论中央军委中原局华东局对二野都做了一切可能的照顾,而我们有些同志就不以为满足,反而时常表露出埋怨的情绪,时常听到三野、四野条件如何好的道听途说(事实上三野、四野这一时期比我们还艰苦或者至少是同样艰苦的),'二野穷'、'二野苦'的舆论,掩护着我们的本位思想和不老实的态度。"指示中还指出:"此外,还须指出某些干部包括个别高级干部在内的骄横态度,自以为是,拒绝批评和自我批评,自以为功劳很大,本领高强,以至于发展到看不起上级这种现象,虽然只是在个别同志中发生,但因为是在高级干部中发生,所以是很危险的。"最后,指示中指出:"总合上述各点,前委特警告各级党委和负责同志,现在是放下包袱的时候了,现在是我们二野的干部(不是战士和下级干部——他们始终是艰苦朴素的,而是上级和高级干部)向三野、四野学习艰苦朴素,遵守政策纪律的模范行为、顾全大局和友爱团结的时候了。如果不这样我们就不能克服上述各种不良的倾向,我们就将不能很好地执行解放西南和建设西南的光荣任务。我们要再三提醒同志们注意,我们的包袱是很重的,不是一下就能放下的,这需要经过一个时期的教育和斗争过程。最近一个时期各部队虽然进行了不少工作,若干错误倾向已经受到批评,也获得了部分的克服,但是我们还没有进行系统的教育和有力的批评,还没有使我们对于自己的缺点大吃一惊,还没有把克服这些倾向的责任,放在全体党员的身上,因而就不能说已经解决了问题,因此前委要求各兵团各军党委在收到这个指示后召集一次专门的党委会议,予以讨论,并计划以军或师为单位召开党的代表会议,展开批评和自我批评作出正式的决议以便于号召全党和全军指战员,起来为克服这些倾向而努力!"

(《军政往来》1949.09.27)

第四章

群 众 工 作

加紧领导灾民的斗争

华　岗

中国灾荒历年不断地扩大,已经使得成千上万的工农劳苦贫民群众,陷于水深火热之中,尤其是今年水灾的扩大,更造成了异乎寻常的惨状,现在据大概估计,灾区已扩张至十八省之广,灾民已增至一万万人以上,尤以武汉三镇与高邮邵伯等地的灾情最为严重,灾民死亡已多至不可数计,还有数千百万的灾民正在等着饿死与冻死。

这样全国空前罕有之大水灾,自然不是什么上天的降祸,而完全是帝国主义与国内豪绅地主军阀资产阶级国民党统治所赐予,这已经是无可否认的确凿事实,因为外国帝国主义与国内地主资本家国民党军阀官僚的统治,只有使全国广大农民群众加速度的破产与农村经济空前的崩溃,只会残酷无比的压榨工农劳苦群众,绝对不肯修理什么水利,对于地方资本家国民党军阀,只有围剿赤匪,压迫革命运动,进行军阀战争,才是他们的"党国大计",所有一些水利堤款,还不够军阀官僚拿去移充军费和贩卖鸦片,根本谈不到什么修理水利,这不仅仅何成濬在湖北与叶楚伧在江苏是如此,而且全国一切国民党军阀官僚都是如此,所以责备国民党政府对水灾不加预防,事先不加抢获,根本是与虎谋皮,只有短见的取消派陈独秀才会这样斤斤议论。

帝国主义者地主资本家国民党军阀官僚的统治既然造成这种全国空前罕有的灾荒,事后自然更不会有实际的救济,不仅如此,他们还利用这种空前罕有的大水灾,到处施行戒严及白色恐怖,更残酷的屠杀灾民,更残酷的进攻苏区与红军——为工农解放而战的苏区与红军。有人说,国民党地主资本家士绅官僚也很努力进行赈灾呢！是的,国民党政府也在进行所谓赈灾,但是他们赈灾的目的却不是真正为了赈灾,不过一方面是为了防止广大灾民的革命化,不过是恐怕广大饥寒交迫的灾民群众积极起来与帝国主义国民党统治算账,积极起来参加苏维埃运动,所以不得不做些赈灾的欺骗,另一方面帝国主义借着赈灾的名义,更加紧的侵略中国,例如美国对华借麦助赈等不过是借此来扩大他的市场,企图暂时缓和一下他们本国的经济恐慌,而在积极方面,帝国主义的所谓华洋义赈会却正藉此扩大他们的高利贷剥削与兼并农民的土地,在国民党政府方面则更无耻借赈灾的名义发行公债滥借外债以饱官僚军阀的私囊,并且借此筹措军费去围剿屠杀红军与苏区及进行军阀自己内部的混战。谁幻想国民党军阀放下屠刀来赈济灾民,谁便是革命民众的仇敌。事实上连资产阶级报纸也否认这种国民党赈灾的内幕,例如九月八日上海时报灾民调查报告中即公开说:国民党各种赈灾机关完全是自欺欺人,灾民在收容所中和在灾区一样灾苦,一样如在十八层地狱之下。

水灾扩大的结果,不但使农村经济更剧烈地破产,不但使广大农民群众受着直接的痛苦,而且要影响到工人的生活,首先就是灾荒扩大,粮食昂贵,将使工人阶级生活更加恶化,同时因为灾荒的扩大,军阀混战继续蔓延,市场缩小,工业恐慌,资本家更残酷地进攻。再者,因为农村经济更剧烈破产的结果,农民更向大城市如上海等地涌来,使失业军更加扩大,资本家也就利用这种条件,更无顾忌地压榨在业工人,所以水灾及一切灾荒问题不是简单的农民问题,而且是工人阶级的切身问题。

我们的党是代表工农利益而奋斗的政党,所以当灾荒开始扩大的时候,就已发布告民众书及指示领导灾民斗争的决议。决议中指出:中国只有推翻帝国主义国民党的统治而建立苏维尔政权,这一灾荒问题才能得到根本的解决。我们的党除宣传我们党土地革命的基本口号外,还应提出更具体的行动的口号,如不还租,不纳税,不还债,坚决减低粮食价格等等,并且指出:必须在上述等等具体的口号之下动员广大的农民群众,在斗争中把这些口号提高一直到没收地主土地平均分配土地,打倒帝国主义国民党军阀统治,建立苏维埃政权等基本口号之实行。这一指示毫无疑问是完全正确的,全党同志都应该在上述精神指示之下切实执行这一工作。

但是因为根据我们前面的分析,灾荒的问题不仅是农民切身问题,而且也是工人阶级的切身问题,所以对于中央的决议,就必须加以补充而且更广泛地运用。这就是说,党的任务,不仅是要组织灾民斗争——这是首要的任务,而且还要锐利地去抓住灾荒对于工人阶级及一般劳苦群众的影响,去提出他们的切身要求。事实上,现在灾荒的影响已经影响到工人阶级的生活。武汉三镇因为水灾的缘故,许多工厂关门,工人更大批失业,资本家更藉口工厂沉没,完全不顾工人的生活。在上海亦是如此,一切日用品首先是粮食价格暴涨,工资没有丝毫增加,而且资本家更任意开除工人,如公共汽车工人就是显明的例子,所以我们的党不但要直接组织灾民斗争,加强农民革命运动,而且更加估计灾荒对于工人生活的影响,积极并且要加紧组织和领导工人斗争。

在苏维埃区域中,我们的任务,不是消极的抢护水荒,而且要积极去组织灾民,领导灾民向地主豪绅国民党统治进攻,更加团结革命力量打破帝国主义国民党围剿,扩大苏维埃区域与土地革命。

在灾民斗争中,我们更要注意灾民中包含着各种阶级与成分,其中占最大数的自然是雇农贫农及中农群众,但是也有许多受着灾荒打击的地主豪绅富农分子混在灾民里面,因此我们对于灾民就不能一视同仁地看待,我们的任务是要组织雇农贫农及中农群众,积极争取斗争的领导,否则如果斗争的领导被地主豪绅富农夺去,必然要被他们出卖或破坏。

最后,我们要能有力地组织灾民斗争,开展革命运动,就不可一刻放松对党外一切改良欺骗(改组派,人权派,第三派,取消派等)作无情的斗争,对党内执行更严厉的两条战线的斗争,反对"左"右机会主义,尤其是要集中火力打击主要危险的右倾,这是我们领导灾民斗争胜利的保证。

(《红旗周报》1931.09.10)

怎样加强党的动员群众工作

华 岗

在目前革命形势中我们主要缺点之一,就是党的动员群众工作的落后,这在"五一"、"五卅"、"八一"等大运动节中是如此,在万案韩案与水灾等事件中也是如此,这种现象在白色区域表现得尤其严重,尤其是对于动员群众反对军阀战争,反对帝国主义国民党第三次围剿苏区与红军的工作执行得极不充分。

自然客观困难,例如白色恐怖的凶残,敌人压迫摧残的严重,可以妨害我们党的工作,但是我们党的动员群众工作落后的主要原因,乃是党内"左"右机会主义的阻碍以及一般同志不了解动员群众的方法,或是在口头上决议案上高喊"动员",实际上却不会估计某一事件某一环境的特殊情况,不会运用适当的具体斗争方法,例如关于万案韩案的事件,我们的党实在表现出不能允许的消极状态,尤其是工作比较有些基础的上海党部与逼近事件发生地点的满洲党部,都没有能够充分利用群众的反帝情绪,没有能够运用争取公开的路线和及时地提出我们党的口号,以发动一个有系统的援助被杀群众反对帝国主义,反对国民党的运动,而只是站在群众外边空喊两声,或者忽视对于广大群众的真正的政治动员,而依然自觉的或不自觉的沿用过去立三路线时代的命令主义的办法,结果就会像上海七月二十二日在日本领事馆门口的示威运动一样,使一个群众的示威运动,在客观上变成少数人的"阴谋行动"。又如关于水灾的事情,各地党部,也都没有从政治上组织上去进行动员群众的工作,就是说我们的党没有能够站在保护及争取群众利益的基础上,利用这一事件积极的动员广大群众起来作革命斗争,例如湘鄂西的党部一样,只从消极方法去做些抢险的事情,这样,自然不能加强我们党动员群众争取群众的工作了。

怎样才能加强我们动员群众的工作呢?首先必须厉行两条战线的斗争,肃清立三路线与一切"左"右机会主义及其工作方式,必须打破一切消极与关门主义的态度。同时必须使我们党的口号迎合广大群众的要求,正确估计某一时期与某一具体环境的特殊情况,运用适当的具体的斗争形式及方法(例如对于水灾事件,我们可以组织灾民团,领导吃大户,没收豪绅地主富农粮食救济灾民等方式)。再则我们要能够战胜这种落后现象,就必须打破一切消极及宗派主义倾向,应该尽量争取公开活动与运用自下而上的宽泛的统一战线策略,要会估计具体的形势,利用群众对于剥削者的一切不满,利用工农群众的每个反抗,"不管它是如何的微弱",来发动并扩大群众革命运动,只有这样,才能真正执行党的紧急任务。

八月十四日

(《红旗周报》1931.09.10)

对农救会的希望

近两月来,救济冬荒春荒的合理要求下,群众运动的向前发展和群众团体的再度活跃,造成了根据地内充满新的生气。这种现象,显然是可喜的,在今后,随着运动的继续前进和不断深入,经过夏收再经过一个秋收,组织根据地内人民大多数的政治任务是完全可能胜利完成的。盐阜抗日根据地至今还是脆弱和不巩固的,其基本根源就是人民的大多数还未真正的普遍发动和确切组织起来,因此"为发展和巩固抗日根据地,争取时间,迅速大量的开展和深入群众运动已成为党政军民学及一切抗日人民共同担负的光荣任务。只有当广大群众抗日积极性的普遍提高和确切组织起来时,抗日民主的各种建设才有保障实现,根据地才有可能成为不可战胜的抗日阵地",否则敌后斗争的坚持将是不可想象的。

就目前的群众工作说,就我们所知:现在运动的本身主要还只是农民运动的发动(也还不够普遍的深入),还谈不上农救组织的巩固,更谈不上全面群众运动伟大阵容的展开。因此摆在我们当前的紧急任务:是继续畅快地发展农民运动,扩大农救会员,深入组织工作;在以农运为中心的基础上,开展群众武装自卫运动和有步骤有中心的开展雇工、青年、妇女、儿童工作。我们希望,在夏收前,工人、农民运动能得到完满的全部的发展,并且自下而上地建立起工救农救的独立组织和统一领导的机构,因此,在群众生活已部分改善群众情绪已逐渐高涨的基本地区,目前需要自乡至县经过选举的召开各级农救代表大会,改选与改造各级农救,确切地按民主集中制的原则与制度建设群众团体并坚决培养与提拔与群众有密切联系的地方领袖。

目前运动还未全部发动的区乡需要继续发动,而在已经发动了的地区,则及时的从思想上、组织上与日常生活工作上,巩固与扩大群众团体与群众情绪,已经成为当前工作的中心环节。也必须把握这一环节,才可能组织运动的继续前进。因此,目前群众团体内部需要加强教育工作与教育内容,各县应有计划的训练群众中的积极分子,以便使群众及其干部的认识从生活改善上提高到抗战的政治的水平。而按民主集中制组织起来的群众团体,必须建立和尊重其独立系统和工作制度,特别重要的是各级群众团体在今后应当成为解决千百件群众日常生活问题的机关,它应当从人民的具体经常的生活上着想,无止境的提出各种新问题,这些问题从细小的日常生活,人事纠纷的解决到国家大事;它不仅能成为人民切身利益的关切者与解决者,而且成为千百件农村建设事业的宣传者与组织者;它不仅善于保护自己的利益,而且忠于保卫国家利益;它不仅热忱响应与执行政府的号召和法令,而且热忱于协助政府与监督政府。只有这样具有生命,人格和独立组织无上威信的群众团体,才能团结和组织千百万群众到抗日战争中来,为巩固和建设根据地而贡献他们伟大的力量。

我们希望,盐阜地区的广大人民都能热烈地参加到他们自己的团体中来,为抗日民主事业贡献伟大的力量,我们希望,一切热心公益,热心于民族解放事业的各阶层正义人士都能赞助这种事业,显然的,只有当广大工农青年、妇女被组织起来和获得最低限度的生活改善时,他们才能以积极姿态参加到抗日防匪、卫国保家的斗争中来;也只有这样,根据地才能走向巩固,人民才能获得和平与安宁,抗日才能争取到最后的胜利,否则是不可能的。(彬)

(《盐阜报》1942.03.26)

广泛开展盐阜区的青年工作

维 平

青年运动在中国抗日民主革命中发挥着先锋的和桥梁的作用,这在中国革命运动史上已经有了显著的证明。因此,没有青年大众广泛地积极地参加,中国革命的胜利是不可能的。

盐阜区青年两年来一直显着沉默的状态,他们没有成为建设根据地的积极的活跃的力量,因而使根据地无法进一步巩固起来。

为此,组织和发动盐阜区广大青年群众,使他们为坚持敌后抗战,建立敌后抗日民主根据地而奋斗,成了当前的迫切任务。同时在根据地武装斗争力量不断加强,抗日民主政府威信日益提高,农民运动已成为伟大力量的今天,青年运动的广泛开展是完全可能的。

但是,怎样组织盐阜区的青年大众呢?

第一,盐阜区是广大农村的环境,因此农村青年,特别是农民青年是我们主要的组织对象。但是由于监阜区教育文化的发达,知识青年(学生,小学教师,失学失业的知识青年)有着一个很大的数量,因此首先组织青年知识分子,然后进一步利用他们去推动广大农民青年,是监阜青运正确的方向。

第二,由于盐阜青年的复杂性,必须采取多种多样形式如青年俱乐部,青年剧团,青年读书会,青年合作社等,才能达到组织广大青年的目的。而这些多种多样的组织又必须统一于青年救国联合会的领导之下,这样才能结成一条盐阜青年的统一战线,才能在抗日民主革命中发挥坚强的斗争力量。

第三,盐阜青年必须在不断改善青年大众政治的经济的文化的生活过程中才能发动起来。为此必须反对封建的家长制,给予青年以参加民主政治的权利,必须普遍实行减租减息增加工资的法令,广泛展开合作运动,并普及国民教育,解决青年失学失业问题,提倡合理的婚姻制度。只有这样,青年大众的积极性才会充分发挥出来。

第四,盐阜是一块斗争激烈的地区。为了建立抗日民主根据地,必须坚持斗争。因此青年大众不仅要组织自己,而且要武装自己。我们必须普遍组织十六岁至二十三岁的青年到青年队里面来,我们要建立脱离生产的青年小队青年游击队等,同时,我们要准备建立青年武装独立的领导系统。

最后,青年运动在组织上固然是独立的,但它同时又是整个群众运动的一环。因此必须在工作上行动上和其他民众运动取得密切的联系。过分强调青年运动的独立性,因而使它成为一支突出的力量,是不正确的。

盐阜区青年救国联合会的筹备会已经建立起来了,我们希望在它的领导下,全体盐阜青年能继承着五四运动的光荣传统,为巩固和扩大盐阜根据地,打倒日本法西斯,建立独立自由平等的新中国而奋斗!

(《盐阜报》1942.05.01)

华中根据地的妇女
——记徐克同志的谈话

曾　健

徐克同志新由华中来延,她曾在该处担负妇女工作,记者特将其谈话要点,节录在本报发表。

一、生产线上

华中根据地的妇女生产,有的养蚕和织布,有的种地,视地区不同,有所区别。

养蚕一般是一年两次,但靠近淮北的地区,有许多家庭妇女,一年竟多至三次。养蚕时期,妇女们都去采桑,十余岁的小姑娘,也和成年的妇女一样勤勉。蚕吐出丝来,又把它织成绸子,除供给自己穿着需要外,还可外销一部分,以此当做一项主要的经济收入。江北的妇女,种地、挑担、纺织都很能干,并且从工厂中领回纸烟材料,在家里卷烟。该地纺织一般均用机器,手工织布机,构造也比较完善。纺线业一项,在抗战前就已相当发达,新四军在此地建立根据地后,更积极提倡种棉和纺织,平均每家每年除自用外,尚可剩余三百多斤,卖给公家。多产土布,解决军队及当地人民衣着,为当地政府的生产中心任务。在苏北比较富裕的家庭,盛行刺绣,但这项刺绣业还不是当做一项正式的经济收入。华中根据地,还有一项在妇女中是很普通的手工业,这便是编草席和编蒲扇,在一九四一年的时候,能干的人,每月可拿到一百多元(该地土布,当时每尺约值六毛),这一笔款是可维持两个人一个月的生活。此外,还有些妇女参加到被服厂做缝纫工作。

华中妇女干部,在去年尚没有像延市妇女干部那样,参加业余生产,但她们为了工作的便利,到下层去做工作时,也同样和当地妇女们一样生产。如衣服方面,除外衣由公家发给外,内衣鞋子等,都是自己动手做。

二、帮助军队

华中妇女都是大脚,抬伤兵、破路、拾子弹壳、做鞋子,全都参加,帮助军队很大,军民关系,非常亲密。

在敌后华中根据地,机关、部队的驻地,是军民大家在一起的。老百姓忙的时候,军队帮助他,男同志衣服烂了妇女给补,脏了给洗,一个钱也不收。小勤务员同志更和妇女搞得好,许多老婆婆把小勤务员的名字,个个牢记着,就如对儿子一般爱他们。年节和打胜仗后,就有居民来慰劳军队,而妇女参加慰劳队,总要比男人多。

去年九月底在安徽盱眙县午塔集,敌人集兵两万,七路向我新四军进攻,战斗一直坚持到两星期之久。我们提出："不给敌人一点吃的、喝的。"当时此地妇女,便积极帮助进行了"空室清野"工作,使敌寇四处找不到食品,最后敌人用飞机掷下粮食,但敌寇有了粮食,又找不到锅灶煮,徒唤奈何。经过两星期时间,把敌人打退后,许多妇女便都回家了,慰劳新四军的妇女队伍,送物、送食品,不可计数,群众中更发展相互帮助,许多老太太,都把藏在地下的鸡蛋拿出来。一位姓郑的老太太,更为热烈,把所有的鸡蛋都拿去劳军,不仅这样,她早先还把她三个儿子送到新四军参加工作,一个儿子留在家里,还担负地方工作,郑老太太的像,被当地人士刻成木刻,举她为新四军的母亲。

在华中农村里,过去打老婆的事,富裕人家纳妾的事,成为家常便饭。新四军去后,经过教育,这些事情,便逐渐减少了,当地人民夫妇吵架,常听到这样的话:"假如不是因农救会的劝告,那真是要揍你一顿。"

三、组织形式

在敌后一切服从战争,妇女的组织,也是照这个原则。

敌后所割分的中心区,那是按照战略单位的。此种中心地区,一般离前线五十至一百里,在这个中心区域内,我们有各界救国联合会——简称为各救,妇女在各救内便设有一妇女主任,县及区,同样在各救内设一主任,到乡设农救会,内成立妇女小组。小组又按年龄分组,地方家庭妇女则视实际情形或单独成立一组,以便利领导。接近敌区的边境区域,下层活动,采取半公开形式。参加的会员,必须是自愿的,入会手续经过一人介绍,并按期交纳会费。由会员自己选举小组长,以保为单位,从数个小组中,选举若干人参加政权等活动。

(《解放日报》1943.03.07)

开展城市工作

希特勒就要塌台,盟军行将移其主力东来,我们必须"加油"准备以便配合盟军来实行反攻的今天,开展城市工作已和继续扩大与巩固根据地的工作同样重要。

城市,是人口密集的地方,是经济与文化的中心,是历史传统上反革命势力的支撑点,是今天日本法西斯强盗整个侵略网的大小纽结。因此,我们要反攻胜利,完全驱逐日本法西斯强盗出中国,就非夺取城市与其交通要道不可!

由于中国的特点,反革命势力在城市过大,在农村较小,同时,中国农村经济带着相当大的独立性,所以中国革命力量,首先在广大的农村生长发展,建立根据地,建设主力,建设地方武装,建设成千成万的民兵,进行公开的武装斗争,造成乡村包围城市的形势,然后与城市的武装起义里应外合,夺取城市与交通要道,才能获得最后的胜利。中国人民在共产党领导下抗战力量的生长与发展,正是遵循这个途径的。

过去,我们聚精会神于敌后抗日民主根据地的建设,这正是要造成乡村包围城市的形势;现在我们又并驾齐驱的提出开展城市工作,也正是为着适应行将到来的反攻形势。

城市工作的开展为迎接反攻所必需,但我们不能将这工作期待于国民党,正像担负反攻的艰巨任务不能期待于国民党一样。国民党由于政治上的不长进，今天抗击一半以下的敌人尚且焦头烂额，试问将来有什么力量能够担任反攻，至于要国民党去组织城市人民武装起义，实行里应外合，那更是缘木求鱼了。而我们就比国民党有优越的条件，必须而且可能担负起这个艰巨工作。这是因为：

（一）中国的大城市除桂林危在旦夕、成都贵阳昆明重庆等僻处西南山区外，还有许许多多的重要城市，重要港埠，重要的铁路线和航路线，都散处和密布在华北、华中、华南，可是一切这些大城市与交通要道，绝大多数为八路军新四军所包围，国民党事实上已把这些城市与交通要道放弃了。

（二）被敌寇蹂躏下的城市人民，耳闻目睹我之战绩政绩与国民党之至今尚在倒行逆施，丧师失地，对我的期望自比对国民党更为殷切。许多大城市里面的资本家与名流学者等，因被敌寇压榨得透不过气来，多想研究我们的政策，希望我们快些进去，并要求我们能预先规定收复城市后安定社会秩序的办法，就是证明。至于为生活所迫而当伪军伪警的，及广大的工人苦力，更是不断在称道共产党八路军新四军的"管劲"，在时机成熟时只要我们号召起义，定会一唱百和。

（三）我党向来是受压迫的，在城市里一贯进行地下工作，抗战七八年来，把我们锻炼得更坚强了。唯一的诀窍，就是我们能和广大的人民大众相结合，真正能和群众同生死共患难，所以我们在城市里有群众基础，能够应付日特和国特手搀着手的向我夹击，能够在艰苦的条件下保持革命的"酵母"，这种酵母在时机成熟时，势必加速度地发展起来，变成排山倒海的力量，与包围城市的农村力量实行配合。不像国民党在城市里根本没有群众工作，而只能做特务工作，何况这种特务工作有时对我重于对敌，而最后已大批叛变公开与汪伪日寇的特务合流了。

（四）城市武装起义是一种高度的艺术，这种艺术，在马列主义的理论里占有重要地位，而中国共产党对于这种艺术不但有理论可供研究，而且还有丰富的实际经验。特别是一九二六年大革命时上海的第三次武装起义，与北伐军适当配合而取得胜利，正是共产党领导的。我们现在如能再吸收法国人民最近在各大城市的起义经验，胜利一定更有把握。而国民党则是脱离群众逃避战争的上山主义，不要说它今天已没有可能去领导城市武装起义，就是让它去领导，也只能是军事投机，像波兰法西斯一样，使人民徒遭牺牲罢了。

我们共产党与根据地的广大人民，是必须而且可能担负起夺取城市完成反攻胜利的任务的，因此我们的担子是更重了。我们一方面要继续巩固与扩大根据地，另一方面又要经过种种的关系与各式各样的线索去开展城市工作，以迎接反攻时期的到来，这两方面的工作今天正需要我们齐头并进。

"时不我待"，我们大家应该警惕这句古训，开展城市工作，为准备反攻时里应外合夺取大城市与交通要道而努力。我们并不轻举妄动，我们应该埋头苦干，以便时机成熟能收水到渠成之效。

（《拂晓报》1944.09.28）

胜利在望困难尚多

边区各界热烈座谈时事
共同要求是从速成立民主的联合政府

【淮北分社讯】 行署鉴于东西盟军即将会师柏林,美军已在琉球登陆,苏联废除日苏中立条约,国际形势对我抗战空前有利,而我国内国民党军队继续在豫鄂挫败,专制独裁至今仍无意取消,显出了胜利在望而困难尚多的形势,故特于月初召开边区各界时事座谈会。会议于七日下午开始,十一日上午结束,先后共进行四天。

各地区各方面代表齐集并来

这次会议,出席者共一百一十九人:边区行政委员与边区参议会驻会委员大多数出席外,尚有边区党政军民学各机关的代表,路东一分区三分区与路西二分区三个行政区的代表,峄滕铜邳区的代表,名流学者的代表,绅商代表,学生代表,回教代表,佛教代表,基督教代表,沦陷区代表,公营工厂工人代表,抗属代表等。从各地区各方面代表齐集并来的范围来说,实为边区空前盛举。尤其是各种英雄与模范人物,如劳动英雄耿道元万宝生,战斗英雄陈金富马治安武苍密戴照友,爆炸英雄刘保义,民兵英雄宋殿良吴子美,模范工作者夏陶然等,也都纷纷莅临,更使此会生色。

张师长讲边区形势全民任务

这次会议在会议开幕通过主席团之后,正式讨论国内政治问题之前,首先代表们请张师长讲讲边区的形势与全民的任务问题。张师长先分析了盟国与敌国的形势,说明了盟国打垮日本的斗争将在最近开始。次指出了淮北在胜利前的特点,这就是敌人临死挣扎,要控制沿海与水陆交通,从战略意义来说,淮北为敌我必争之地,敌人不仅要控制津浦陇海这样主要的铁路交通,而且也要控制运河淮河那样次要的内河交通,这就是最近蒋坝双沟被占领的原因。淮北又是开阔的平原地带,敌人运输较易。此外顽军至今还不忘情于淮北,如韩德勤独六旅在凌城,设海洲在高楼,通敌扰民,我们得经常防其扯腿。一切这些,说明了我们全体军民任务的艰巨,与黎明前黑暗中有些困难的不可避免。次解说了我们今天的困难,已和三年前完全不同。由于我们在军事上疏于防范,被敌人占了蒋坝双沟,这点我是很抱歉的。而敌人进入双沟蒋坝后,立遭我们封锁,只能是点,不能是面。同时我们在半年一年来,在二三分区都有空前的扩大,人口几增一倍,一面立下了我们继续发展的巩固基础,一面也临时的在兵力上人力上特别是财政上产生了困难。我们今天仍处在敌后,军事上虽在某些地区某些时机已能取得主动,但整个说来敌人还占极大优势,所以游击运动战的军事方针今天仍未变更。敌人往往得不偿失,可是我们也必须辨别轻重缓急,选择恰当的时机和地点,予敌打击,凭主观想象光去硬拼乱冲,对我们整个解放区与全体人民都是没有好处的。最后张师长提醒大家,在胜利前夕,我们还要时时刻刻准备进行反扫荡,要动员全体军民和敌人作较长时间的纠缠,那么敌人虽在我解放区制造了许多癞疙场,不论老的新的,迟早要被我们磨平的。为此,我们必须:

(一)思想上作准备,破除一切太平观念。同时也不必悲观失望。我们必须而且能够熬过一段比过去要短得多的艰苦日子,要准备那边可能解放一大片,而这边又可能丢掉一小块,要准备大多数人生活愈益向上,而少数人又不得不挨苦牺牲,今天蒋坝双沟的老百姓就是这样子,半城青阳被拆去于我军事上不利的,砖瓦房人家也就是这样子。所以我们一面要告诉吃了亏的老百姓暂时忍受,一面就应该发动未吃亏的老百姓大家援助并救济他们。(二)工作上大家要尽心努力,因为这是全面性的斗争,老百姓没有主力和地方兵团不行,但单靠军队也同样不行。这就要:第一,工农商学兵随时准备应付扫荡,在战备姿态中练兵,做工,种田,读书,做生意,必要时就能有组织地跑反或作战。第二,自卫队民兵要普遍搞好,捕捉汉奸,挖封锁沟,埋地雷,敌人出来就打,打不了就走,敌人走时又追。中心区民兵要帮助边区,到处站岗放哨查路条。第三,全体民众做伪军工作,城市工作,通过一切线索去争取他们,时机成熟时便可里应外合。第四,巩固和扩大主力,以便应付更大的局面。

国民党的腐败无能罪恶滔天

张师长讲话后,由刘主任讲明召集这次会议的原因和目的,希望大家踊跃发言,正面反面都好,不必有任何顾虑,接着大家便发言了。在发言中,一致对国民党的腐败无能罪恶滔天表示愤慨,特别是路西和边缘区来的代表,因为今天和昨天这边和那边容易比较,说得更为沉痛。例如二分区萧县王可风先生说路西现已拔除四十余据点,解放一百余万人,共有八个县,四十二个区,三百零二个乡,将近两千个保,这里除领导正确与战斗胜利外,主要是由民心向背来决定的。路西老百姓现在对国民党和中央军已无任何幻想。二三年来,朱大同刘子仁刘瑞歧等的统治,大同小异。刘瑞歧放的区乡长都是"烧过香磕过头"的,内部争权夺利,如萧四区有"赵家天下屈家党"之谣,指的就是区长赵永顺和区党部书记屈凤之的独断横行,则对敌从未主动出击,而活埋和枪杀青年动以数十计。搜括勒索的办法,更是层出不穷,要粮要鞋要布要钱买机枪,随便借钱,甚至讨小老婆也要借,借自不还,而军队至连、行政至区,都是有小老婆的。雪枫县李名鼎先生首述此来路上感想,说新四军独立团派咱班武装相送,用肩抬了三十里车子,临别决不肯接受慰劳,国民党军队不但不会送,而且非被垮了车再揍一顿不可。接着讲永城被刘子仁糟蹋的情形,人祸天灾,弄得现在老百姓没有吃的。盐东三县过去蒋派有重兵,蓝衣社特务到处横行,枉死了不少青年学生。学生代表李定国,讲他前在太和国立二十一中读书时,书本都是抗战前老一套,打骂是常事,校长汤恩伯,副校长王仲廉,王用贪污与克扣的办法来修筑其小花园和私养两个小老婆。强迫成立三青团,王有一次说:"否则不然,我就要杀人了。"峄滕铜邳胡大猷支队长说,顽军既不抗敌,而摩擦失败后又常向我们这小地区出气。但我们在中共与其军队帮助下,终于在受了六年闷气后,现已由几个庄子的山套里出来,护得二十万民众的拥护了。但我们至今还是遭受顽军的不断明攻和袭击。我们捉到顽军送盘费放回,而他们捉了我们的人,或被砍碎或偶一放回来而整个右手已没有一些肉了。淮泗吴子美说民兵英勇艰苦斗争的情形,而和民兵长久纠缠的二十八师正是国民党的军队呢。老百姓很知道国民党军队与伪军的关系,也愤恨其天天来打我们和扰害我们。那里有句话："潘三尺，吴一丈，孙良诚来没指望。"意谓伪军来搜括发掘财物，钻壁挖坑，潘干臣深至三尺，吴漱泉深至一丈，而孙来便更是什么都完了。回教代表胡彦博力陈国民党对回民的残酷、方权痛斥国民党反动的民族政策，说民国二十九年在怀远因杨开多军队强扎清真寺，还有意宰了两口猪激成回民骚动，竟至立一"永不留回"的石碑，将回民完全驱逐。基督教代表杨家密、李文标，佛教代表戒尘等，也都力言国民党的不民主，而今天民主政府真能照顾各方，使我们也得来开会发言。总而言之，国民党无资格领导抗战和建国，已为大家公认。有人也许还以为国民党尚有数百万军队，我们定迫其放弃一党专政，会造成内战，而我们吃不消，或者会恼羞成怒投降敌寇反更不利。但淮中李完白先生列举具体事实，首认为蒋军号称三百万（其实只有一百五十万）已不获民众支持。而三百万中嫡系的只一半，非嫡系也一半。嫡系里面同样派别分歧，你争我夺。所以蒋并没有力量，既谈不上反攻，反共也无希望。只有民主势力越强，越能迫其顾忌民意，不敢妄作妄为，只有这样才能消弭内战，不会促进内战。至于投降，他是经常打算的。但今天也得打算打算国际国内情势，看看汪精卫的下场，否则众叛亲离，甚至财富全在美国的宋美龄都会提出"离婚"的。因此，我们尽可不要顾虑他要这一套流氓手腕，而放松了民主力量的增长和扩大。淮宝盛振声先生拿古话"武王有臣三千，唯一心，纣有臣亿万，唯亿万心"来阐明这意见。此外还有许多人从历史上来说明蒋的卑劣险狠种种行为，与特务政策的种种罪恶。

伪宪法假民主再也不能骗人

发言中对于蒋氏想用假国民大会来使其专制独裁政府合法化，驳斥异常透彻。这里首先由李完白先生将过去亲见亲闻所谓选举国民大会代表的秽污情形，说得异常淋漓痛快（见另文）。次有不少的代表或补充材料，或坚决表示反对这种国民大会的意见。

联合政府是唯一的正确主张

座谈会以反对国民党不民主与拥护成立民主的联合政府的基本精神，通过了三个电文。其一云："新华社即转董必武先生：请转致中国出席旧金山会议代表团的其他代表，希望他们顾全大局，将敌后人民的要求与对抗战民主事业贡献的真实情形，宣达出去，并多发表对抗战民主事业有利的主张。"其二云："新华社即转董必武先生：报载先生被推出席旧金山会议，使我解放区人民的意见，定得经过先生之口向全世界各国的代表宣达，甚为欣慰。我们希望先生宣达意见时，能特别注意下面数点：（一）这回出席的代表，能正式代表我中国解放区一万万以上人民的，只有先生一人，殊为不公平。（二）敌后人民的英勇斗争，艰苦工作，对抗战与民主事业，已有不少成就，且起着不可磨灭的巨大作用，现在我们正在努力加强反攻的准备，以便配合盟国，最后驱逐日寇出中国，消灭日本法西斯。（三）出席会议代表的发言或会议的决定中，如有妨害中国抗战与民主事业者，特别如有损及我敌后解放区人民利益者，万望先生力争。"（其三另登明日本报）电末都是淮北解放区各界时事座谈会代表苏皖豫边区六百万人民同叩。

座谈会胜利结束

会上发言除讨论外共有五六十人，边区邓政委陈副主任吴副参议长田老及各县士绅等都有精辟发挥。最后由刘主任致闭幕词,认为追求真理有实事求是精神与民主的作风,是本会的两大特色。刘主任特别提出战斗英雄劳动英雄和模范工作者的发言,认为他们的苦修精神正是边区的实际建设者,他们虽没有什么惊人之高见,但其朴素的言语,诚恳的意思,给予我们不少启示。此外刘主任又提出植棉防疫救济难民与检查前次各界人士联席会议决议的执行问题,号召大家注意,并请各县各界出席代表尽量留下来列席会后召开的行政委员与边参驻会委员联席会议。十一日早饭后,经吴副参议长提议,由田老主祭,全体出席代表齐去彭故师长墓前祭扫。礼毕宣告散会。

(《拂晓报》1945.04.23)

淮北路西 第三次群众工作会议的决议
——一九四五年五月二十日群众工作会议通过

一、夏收群众工作的任务与要求

第一,根据路西群众工作的发展和目前季节,是发动群众空前有利的时机,而且今年夏收群众工作的总任务,是普遍的发动群众,争取群众的初步优势以便在秋收中完成充分发动群众,确保群众优势的阶段,进一步巩固路西根据地。

第二,根据上述任务,夏收群众工作的具体要求是:

① 普遍实行减租增资改善民生。

② 组织群众大多数。

③ 建立与健全四大组织(即群众团体,民兵,政权,党的组织)。

④ 坚持边缘区,开展敌占区。

二、夏收群众工作斗争纲领

第一,普遍实行减租

① 包租:

一,包租一律实行二五减租法令(即百斤减去二十五斤)。

二,凡经二五减租后,其租额仍过重,可由东佃双方协议降低租额,重订新契约,但其租额不得超过全收获量千分之三百七十五。

三,普遍收成在六成以上者不除旱涝,因天灾人祸减收或不收者(即收成在六成以下者)可由东佃双方协议少缴或不缴。

四,一季租(纯麦)或大头小尾巴租(麦多秋少)一律改为两季租,麦秋各半,秋粮缴豆子各半,其他特殊情形者,由东佃双方自定。

五,过去地亩不实,或因扒路挖河耕地面积减少者,皆按实地面积交租,但交过的租不再追回。

六,麦前减租未还者,如系地主有粮蓄意拖延未退者,麦后依去年减租率除旱涝,从午季租中扣除,如地主确有困难,可由双方议定少退或分季退给佃户。

七,佃户接租地时,种早秋(秫秫壳子)者缴满季租,种晚秋者缴半季租。

八,其他特殊地租(如瓜地、园地等)一律按二五减租法令实行。

② 分租：

一，过去对半分者改为三五、六五分（即收粮百斤，地主分三十五斤，佃户分六十五斤），过去四六分者改为三七分。

二，锄二八者改三七分，锄三七者改四六分。

三，草随租减，粪种照旧。

③ 游击区或敌占区（即二面或三面地区）可实行一成五到二成减租。

④ 举田，庙地及其他公产，按二五减租后，重订租约，其租额不超过全收获量百分之二十到二十五，其地主富农耕种者，可酌情抽回转租给贫苦抗烈属或贫农耕种。

⑤ 减租办法：

一，中心区普遍宣传动员，造成减租热潮，实行集体订合同集体交租。分租随场分，由农救会及佃户代表检查之。

二，边区组织工作队进行突击，并召开佃户会，组织佃户小组，实行集体减租。

三，贫苦抗烈属，及贫苦无劳动力之鳏、寡、孤、独者，由双方协议少减或不减，订新约时，租额亦由双方议定。

第二，普遍增加工资

① 长工工资：

一，钱资一律改粮食。

二，最低工资（略）。

三，最高工资（略）。

四，工资麦秋各半，分春夏秋三季给资。

五，东家代雇工种地，依牛力折粮抵工资数目，给雇工地种者，收粮折工价。

六，待遇照旧。

② 短工工资：

一，割麦砍秫秫（方：高粱）时每人每日工资十斤到十五斤麦。

二，锄地每人每日工资三斤到十斤麦。

三，平常零工由东家管饭，工资由双方自议。

③ 增资办法：

一，先召开雇工会，组织雇工小组，商讨每人工资标准及要求数目，和增资办法。

二，召集主雇双方协议评定工资。

三，由工会主任或小组长率领集体量资。

第三，普遍进行减息

① 过去旧债，利过本者停利还本，利倍本者，本利停付。

② 赎当地三周年为限，当青赎青，当白赎白，地价皆折法币计算，硬币或物资可酌情处理。

③ 合子地（即摇当地）付两次利以上，本利停付，付一次利者，停利还本，数年而未付一次利者，可付一次利还本，但还不起者可分期还，或少还、不还。

④ 新债一律按粮计算，借钱可折粮。利息二成到五成，由双方协议自定。

第四，武装保卫麦收（略）

第五，实行公平负担（由专署另订）

第六，积谷

① 随公粮征收，其数目征公粮百分之一。

② 由行政群众团体地方热心人士组织积谷委员会管理之。

三、建立与健全四大组织

第一，发展农救会建立工救会

① 大量发展农救会，完成组织基本群众大多数的任务。

一，各县发展的数目、萧县、雪枫县各十万，宿西、宿怀各八万，宿蒙六万，夏邑、雪商亳各五万。

二，在干部及会员中进行组织基本群众大多数，教育号召"农民都在会，在会必全家"。

三，发展方向：除普遍组织雇工、贫农、佃户外，应发展中农青年妇女（十六岁以上者均可参加）。

四，发展方法：中心区广泛号召积极分子及会员大量发展新会员。边区组织突击力量去建立和发展农救会组织。

五，培养积极分子和群众领袖，建立农救会的经常工作，洗刷坏的干部及会员。

六，建立县区乡农救会的机关，并筹办一部分基金。

② 普遍发展雇工组织，建立各级雇工会。

一，对象以组织长工为主同时亦可组织短工参加工会，并可参加乡农救会。

二，工救会组织分县、区、乡、保四级。各级委员会设正副主任各一人，乡委员会三人至五人，区县五人到十一人。

三，各级工救会主任，以本地人为适宜，克服其工救会的流动性，各级工救会主任并为各级农救会雇工委员。

③ 脱离生产干部。

一，县区农救干部可脱离生产五人到七人，乡一人。

二，工救会区可脱离生产一人，县可一人到两人。

三，其脱离生产干部之家庭困难者，主要由生产互助解决。

第二，组织民兵

① 中心区普遍组织民兵，并建立民兵基点，边区建立基点和民兵防线。组织民兵的数目应占农救会员的百分之五到百分之十。

② 中心区号召党员会员等掌握武装，保护既得利益。边区主要是号召群众反对敌伪抢粮、派款等。

③ 各级民兵组织，设正副队长各一人，并为农救会武装委员，边区乡可组织武委会，三人到五人。

④ 民兵队员的待遇，每人免五亩地的劳役。

⑤ 武装来源，主要是收集原始武器，如刀矛、土枪、土炮等，其次是动员暗藏的民枪，再次号召群众自愿购买枪和手榴弹。

第三，建立和发展党的组织（略）

四、坚持边沿区，开展敌占区（略）

五、怎样进行夏收工作

第一，工作的步骤

夏收工作可分三个阶段进行：

第一阶段（五月二十五日——六月十日）是宣传动员，打通思想，组织力量的阶段。

第二阶段（六月十一日——七月十五日）是普遍减租增资，大量发展组织的阶段。

第三阶段（七月十六日——八月十五日）是普遍查减租，开展斗争整理组织培养干部的阶段。

第二，宣传动员

① 县区乡各级干部（包括党政军民）动员会主要是打通思想和解决工作方法问题。

② 县区可召开各界时事座谈会，进行时事教育，和讲解政府法令。

③ 支部及农救会普遍召开会议进行动员。

④ 一般群众中的动员（利用集市宣传、贴布告、写墙壁标语、干部到街上讲话，在广大农村中采用化装宣传，或据点式召开群众大会）。

第三，组织力量和使用力量

① 运用数千个新提拔的积极分子和推动农救会各级组织，这是完成夏收的主要力量。

② 集中党政军民学一切力量来进行群众工作，纠正这不是我的事的观点。

③ 各县区组织工作队到边区突击。

④ 各县区的直属机关组织夏收群众工作委员会，通过支部布置夏收群众工作。

第四，工作方式

① 夏收群众工作方式主要是走群众路线，深入地耐心地教育群众，团结积极分子，推动组织，来迅速开展夏收工作。一切包办代替，个人突出"单推独巩"的方式，都是不能完成任务。

② 集中适当力量突破一点，创造典型，取得经验，教育干部和积极分子，以便推动全盘。

③ 为传播各地经验，地委出版拂晓报路西版和路西通讯，并决定萧县四区、雪枫县薛湖区两区为典型报道。各县为推动群众运动，均可出快报。

六、宣传口号

（一）减租减息

一，彻底执行政府的减租减息法令。

二，退旧租减新租，废旧约订新约。

三，二五减租真公平，东佃双方快执行。

四，包租二五减，旱涝再商量。

五，佃户有佃粮，不准×抽田。

六，三分利钱吃饱饭，加一利钱饿死人。

七，一分二分有子有孙，三分四分有利有本，七分八分断子绝孙。

八，借粮还粮二成利，最多不超过五成。

九，一季租两季还，夏一半秋一半。

十，一季租两季缴，公平合理不能少。

十一，种早秋缴全年，种晚秋缴一半。

十二，东佃订立新合同，限期最少五年整。

十三，积谷防贱年。

② 增加工资

一，大领帮工不用提，手巾帽子一条席。

二，实行钱资改粮资。

三，增加工资努力生产。

③ 武装保卫夏收

一，快收快打快快藏，防止鬼子来抢粮。

二，大家武装起来保卫夏收。

三，要想不出伪军粮，大家必须扛起枪。

四，活捉捣乱队，反对维持会。

五，秋苗青麦穗黄，防止鬼子来抢粮，大家快把民兵当。

六，当民兵保家乡，坏人不敢来抢粮。

七，白天放哨，晚上打更，防止坏人偷麦。

八，不出伪军款，不拿伪军粮。

九，开展边区，保卫中心区。

④ 农救会

一，农民都在会，不受坏人罪。

二，参加农救会，减租又减息。

三，老冤翻身精神爽，农会成立分外明。

四，一人在会十人享福，全家在会人财两旺。

五，农救会是老冤的申冤堂。

六，在了农救会，老冤能说理。

七，农民都在会，在会必全家。

(《拂晓报》1945.07.07)

华中分局关于进一步开展妇女运动的指示

(不另行文)

一、在进一步发动群众的方针下,普遍而切实的进一步开展妇女运动,是有其重要作用和迫切需要的。

1. 华中各地老解放区,经过六年来减租、减息、民主、文化以及武装等等群众运动,对开展妇女工作,创造了许多有利条件。因此近两年来某些地区,虽并未放手和有计划地进行妇女工作,而妇女工作却都有些点滴规模。今天如何以大力开展妇女工作,以充分实现进一步发动群众的任务,实是一大问题;因为妇女工作的开展,固有赖于广泛开展农民运动作为主干,工运作为先导,但到农民与工人运动开展到了一定程度,我们更要进一步巩固解放区,如果占华中人口半数——一千二百万妇女,她们的政治生活、文化生活和经济生活没有基本改善,那是很困难的。我们群众工作进度,也将长期停顿在一定水平上,而不得前进。根据地前期的广泛的农民运动,虽是开展妇女工作之前提,而今后的妇女运动的开展,又将是进一步深入发动群众工作的基本条件之一。放手发动妇女群众,是老解放区进一步发动群众的重要一项。

2. 华中明年要开展大生产运动,这一运动如果没有广大妇女群众参加,就"大"不起来。以推动纺织而言,妇女即其主力。华中各地广大农村妇女,绝大多数参加农业劳动,因此大生产运动中,要组织劳动,提高生产,首先她们就是要组织要提高的主要对象。没有普遍而切实的妇女工作就不可能有大生产运动。同时大生产运动又恰恰是发动与组织妇女最好的方法和内容。

3. 当今天我们反对国民党进攻解放区,当我们壮大武装,充实自卫前线的时候,解放区的后方工作,生产建设,与行政管理等等责任,必然要更大更重地落到广大妇女身上。如果中国和平建设时期很快到来,在民主斗争中,妇女亦将占极重要地位。妇女工作做好了,无论对今天的自卫斗争或是将来的民主斗争,都有极重大意义。

总之,从更进一步发动群众,从解放妇女本身这一革命任务,从今天的斗争需要等等方面来看,今天郑重提出普遍而切实的开展妇女运动是完全必要的。

二、今后妇女工作的方针,是进一步普遍而切实的发动妇女、组织妇女,改善她们的生活,提高她们的觉悟和政治地位,并动员她们保卫解放区的斗争服务,以生产(开展纺纱、提高农业生产)教育(识字明理)拥军(协助军队和优抗)民主为其具体内容。而四个之中,又以生产为其中心环节,联系着识字明理,以提高政治认识和文化水平;提高她们对军队的拥护与抗属的优待,联系着争取民主向一切压迫和束缚妇女的封建势力的旧思想、旧恶习作斗争,团结自己参加政府工作和社会活动,以提高妇女政治觉悟和地位。只有这样,才能达到真正发动妇女的目的。

一切有群众基础的老解放区,一般可根据这一方针,同时按照各地具体情形来布置妇女工作。至于新解放区,则应从配合反汉奸叛国罪犯运动与普遍的减租减息增资运动着手。暂时可将发动起来的妇女,组织在农会中或工会中。因为新解放区群众工作还无基础，一开始就独立搞妇女工作，是比较困难的。且从整个发动群众需要出发，亦不宜分散力量；待群众发动已有规模，则应有一定的机构一定的力量来专门进行妇女工作，单独建立妇女组织。

三、为了顺利的开展妇女工作，必须注意以下各点：

1. 过去华中各地党委，除极少数地区外，均严重的存在不关心不重视妇女工作的现象：如有的不布置不检查妇女工作；有的口头上谈，而不实际的帮助妇女工作；有的把妇女工作看成女同志的私事；有的对妇女工作部门的干部配备敷衍塞责；有的对妇女工作态度极端不严肃；有的对妇女干部的培养、教育与提拔不够负责；有的对广大农村妇女的痛苦，熟视无睹。某些妇女干部本身，也存在错误的个人英雄思想，因此在一般女干部中，普遍的产生两种偏向：一种是做过妇女工作的女干部，因为在工作上得不到组织的领导与支持，困难不能解决，做不出显著成绩，因而苦闷灰心，不愿做妇女工作，害怕或甚至拒绝做妇女工作。一种是不认识妇女工作的重要和必要，主观上轻视妇女工作，以为做妇女工作降低了自己身份；如果组织上指定她做妇女工作，她就以为党看不起她，因而坚决拒绝做妇女工作。今后在各级党委以及党内男女干部中，如果不首先抓住这些问题打通思想，克服错误，做到认识一致，行动一致，对今后普遍开展妇女运动，实是莫大的障碍。各地党委直到支部必须利用一切会议或者召集专门会议，根据这一指示进行检讨、打通思想，正确的认识妇女工作的重要和必要；具体地有计划地布置妇女工作，克服轻视妇女工作的思想。

2. 各级党委（支部内妇女党员有三人以上可编妇女小组）均须立即建立妇女工作领导机构。在配备干部时，应配以足够的而且是胜任称职的干部，以后不是工作上特殊需要而党内工作的妇女干部均须做妇女工作。现在要将一般负责县区党务工作的妇女干部抽出来做妇女工作。

3. 过去妇女工作较有基础的老解放区，首先从事恢复与整理妇女组织，没有妇女组织的建立组织。但必须实行选择中心，集中力量，突破一点，取得经验，迅速推动全盘的工作方法。

四、各地接到这一指示后，一面向下传达讨论布置工作，一面了解过去已有工作情况，收集材料迅速报告我们。

华中分局
一九四五年十二月九日

（《新华日报》（华中版）1945.12.26）

再谈参运中的发动群众与民主评议

一、民主评议有什么好处？

民主评议是这次参运动员的新方式，它的特点是把确定对象、动员对象一切交给群众做，干部与支部则是领导与掌握，这种方式比起过去"由干部与支部确定对象，再动员群众加以个别说服",有如下几个好处:第一,它是一切交给群众做主的,群众性的动员说服,效力很强,而且可以造成舆论,扶植正气,将某些落后分子自私自利的想法、说法,有力地压下去。第二,在普遍强调民主评议的基础上,即不会造成带头干部与积极分子的孤立或强迫包办,而会变成群众性的参运热潮。第三,"千个馒头一笼汤"比过去个别的动员迅速。第四,一切大家的意见,公平合理。第五,对象由群众确定,政策由群众掌握,在三不四要的要求上,比过去更准确。因此某些同志只留恋过去的老经验,而不想运用这新的方法是不对的。

二、群众来评论可能吗?

这个问题,现在一般干部思想上还未弄通,有的对民主评议无信心,认为群众落后不会有好的评,评时不是闹成僵局,就是闹得一塌糊涂,有的认为民主评定会变成挤丁、抽丁,或者是强迫。但问题究竟怎样呢?群众评议究竟是否可能呢?根据各地经验,我们认为可能的,在滨海一个来福村的实验中,即发现群众有如下两种思想:第一种是参军的公平合理思想,参军工作经动员之后,一般的群众觉悟到参军是与自己有利的,但要自己的人去又舍不得,思想就存在着这样的矛盾。在来福村的积极分子会议上讨论参军时,有人发言说:"参军是好的,不参军我们怎保住翻身。"但叫哪个去动员却很困难,后来村长说:"西北上参军用大家民主评定的办法,我俫这里果能用?"冷静的会场马上转变活跃起来。这会议仅两兄弟多的没有开口,其他都同意评,后来又到公民小组中反复的讨论,群众都同意民主评定,认为这是公平合理的办法。第二种是对妨碍参军分子有不满的思想,吴志藩代儿子报名参军了,老婆不肯,将儿子掩避起来,后经一天动员,老婆仍不肯放手让儿子出来,后来群众商议,认为吴志藩是老实人,就是老婆太坏,并提议将老婆捆起来,结果吴老婆在群众压力下将儿子送来。有一烈属过去没有分到棉花条,因而对村长不满,在这次参军中进行阻碍,群众也不满意她,个个说:"这老娘太坏。"

从以上两种思想中,可以看出认为群众落后,不可能好好评是错的,其他在滨海之来东乡来北村的实验中以及来东村的实验中,更发现群众要求"评",该村领导上原不想评(因顾虑弄不好),但在群众讨论之下,却发现群众一致要求评,他们说:"索性大家做主才公平。"

三、怎样才评得好呢?

的确这个问题倒是值得我们讨论的,根据各地经验,我们认为民主评议之前必须首先做到这样几件事:第一,对群众充分的思想动员,使群众在认识时事及诉苦复仇的基础上,真正认识到参军的意义,把参军当做自己的事情,并贯串立功运动,提高其积极性。第二,讨论参军条件及民主评议的办法,造成舆论与由大家表示决心,"评到哪个去哪个就去,没话讲"。第三,把动员力量组织好,如成立评议委员会、动员小组等。第四,事先动员干部或积极分子带头,提高群众热情,并以此作为骨干,去推动一般参军对象(但在没有带头条件的地方,也不必机械,以免拖延时间,或因自动报名者勉强了反会妨碍群众信心与热情,在这种情形下,可以坚决充分发动群众来民主评议),对一般对象,在评议前对他本身及家庭也给他一定的思想准备,做到民主评定与个别动员相结合。第五,有计划地防止偏向与克服阻力。如事先提出"反对互相挤癞子",如估计某些对象的家庭可能有阻碍,事先则讨论对策,一般的可动员对象的家属也在场,以便随时以群众力量克服其落后思想免得再生变化,以便在公评时,很快即克服阻碍。

以上几点,如能在公评之先即准备成熟,也即是参军口号及民主评定,实已为群众所乐意所接受后,再进行公评,则评时自然不会闹僵了与闹翻了,或变成抽丁与强迫(当然,如这些方面不成熟,而烧急火饭,随便就评,自然很容易会弄不好,这是值得大家注意的)。

关于民主评议的几个问题:

第一,组织问题:

民主评议的组织可成立"评议委员会",由群众自己选举,评议委员会最好是家里无对象的办事公正的人与抗属充任,由贫雇农掌握领导权。动员小组一般的可以公民小组划分组成,便于亲临说服动员,为了原钥匙开原锁,可以个别调整或临时调动,各联会保持领导作用,以便于工作的配合。

第二,评议方法:

先由群众评议与通过一般的参军对象的标准及条件,再评议具体的对象,由"评议委员会"小组或大会先拟出名单,逐一由大会评议、修正与通过。

第三,干部带头问题:

参运中某些干部可能产生"怕评到自己头上"的思想,因而不积极工作,这是领导上必须注意与克服的。但另一方面在运动开始,我们可强调"民主评议",发动群众完成任务,不必过分强调干部带头,尤其不要勉强干部带头,以免增加运动的困难。但是"民主评议"中,群众通过要干部带头的,应尽量说服他接受群众意见,带头参军。此外,干部带头,亦应以公评方式产生,产生后,接着开展民主评议运动,以求二者相结合。

第四,公评了对象不愿意怎么办:

一般经验,公评了大部是可以说服去的,但如有个别不愿的,亦当以群众力量督促,尊重大多数人意见参军,因为只需百分之九十以上的群众同意,即不算少数人强迫或不民主(反之不去才是不民主),领导上可不必多顾虑这一些,但在工作方针上,应尽量贯彻与求得自觉自愿。

第五,领导思想问题:

在未搅开的地方,应反对急躁,不要看到别处搅开,就沉不住气,以致手忙脚乱,心急慌忙,反而把事情搅坏,必须沉着按部就班,积极想办法搅开局面,搅开的地方应防止自满、骄傲、松懈,必须抓紧时机,推动运动,加紧掌握运动。

(本报综合经验供作参考)

(《前线报》1947.09.01)

沈朗乡发动群众的经过及经验

王遐松 黎洪

一般情况

该乡位于如新路侧,地主高度集中,政治情况极复杂,全乡最大的地主为沙石郭三姓,田最多者有一千四百多亩,地主土地占全乡十分之七,地主绰号有三种,沙阎王、破小车儿等,全乡逃亡在外的地主有九十余家,约二百二十一人。早在去年十一月,敌人为扩展面的控制,先后在该乡南部的许家庄、角谢庄西北的虾儿桥,西南的大顾庄及朱家庄等地安下据点,当时该乡即全部沦陷,逃亡在外的地主封建恶霸纷纷还乡,建立顽政权及特务等组织,血腥的屠杀掠夺也就从此开始了。据统计全乡被杀害的乡村干部有十七名,关在集中营的三十一个,也有不少自首,夺去农民土地九百七十一亩,食粮十二万二千五百斤(仅指去年秋熟及今年麦熟),汉奸地主并向农民夺回惩奸时发给农民的春荒救济及土改时农民集体收割分配作为农本的食粮约十万斤,单伪团长沙仁川(现任顽副乡长)即倒去一百二十九担,农民连所有的猪、牛都为之强夺一空,贫农乌明理连房屋家产都全部被拆充掉,农民处于生死不能的境地。

七月份在我武装挺进边区打开局面后,该乡恢复工作才渐渐开始。

恢复经过

开头因为干部缺乏,随利用自首干部,三人编成一工作组在该乡工作。但由于敌之特务组织较强(据一破获之三青团员供称全乡有三青五十人以上,国民党员二十余名,情报组织有五种),工作组的一举一动,敌人总会晓得,工作无法展开,且常遭敌袭击,再加上工作组均为自首干部,政治上很动摇害怕,不敢深入乡里,有时如鬼火似的,一插即出,甚至起初群众看到工作组一到,马上逃之一光。后来工作组想通过顽甲长开顽属会议,顽属们在会上表面说好话,但背后仍向敌人报告,于是特务放出谣言威胁群众说:"一反一正,一个不剩","朱家庄还要筑据点",因此,群众还是不敢动,干部还是无法生根立足。工作组又召开甲长会议,由甲长中选出正副大甲长,想通过他们来动员群众。大甲长表面上也很出劲,会后却去顽方回报与请示办法,事实上乡里政权还是为敌人所掌握。

后来工作组通过行政机构召开了几次出田户会议,在会上宣传人员说明夺农民的粮食是违法的,应该退回,结果还是没得用。一散会,不但不退,而且到处威胁农民。领导上研究认为要打开僵局必须从锄奸着手,但工作组都无勇气锄奸。后将在区队工作之未自首的乡队长郝照群同志调回任正乡长兼指导员,他到乡后,首先找一些受害干属和一些未自首的党员,初步了解了情况,即将储家庄和朱家庄六个做敌情报的坏蛋抓起来,同时在该乡活动的我某部队也抓到三个送敌情报的。于是就在此时期内,酝酿了一个锄奸大会。大会上将顽农会长及一坐探枪决,其余二十多附蒋分子(如顽甲长等),都当场进行了坦白,从此敌情报组织基本上已被摧毁。接着又召开了一次六十余人的贫雇农会议,会上进行了阶级教育,并表明了政府态度。有些干属和贫苦农民倾诉了被地主夺田、夺粮的痛苦,激起了阶级仇恨,发动了反倒粮斗争,他们得到了麦后,即在张家岱等庄子上普遍开会报告胜利经过,扩大影响。张家岱的受害农民也开始秘密检举了三个帮助地主夺田的情报,逮捕后即召开了一次以张家岱群众为主的全乡贫雇农大会,在"有苦诉苦"的口号下,张家岱有十几个人上台控诉,当时根据群众意见,随将两个最坏的敌情报枪决了。会后群众纷纷反映说:"枪毙了两个坏蛋,像开了两条壩。"大部群众敢于向地主斗争了!

七月底又召开了一个全乡得田户会议,会上又有几个人有了翻身典型告报,尤其是贫农王四被破小车儿倒粮,逼得全家没得吃,自己想自杀的事情,更激起了人家的同情与愤恨,群众从此动起来了!全乡开始组织与健全了农联会,各村普遍召开了贫农会议,选出了村长,并将原有的大甲长宣布取消。在全乡选出的九个村长中,有一个是中农,余皆为贫农。由于贫雇农掌握了政权、组织了强的大农会,在八月份十五天中,农民共倒回粮食十万二千七百余斤。先进村的倒粮差不多都很彻底,但只有沈家庄仍是僵局,领导上为求得运动的平衡发展,乡长与×同志就亲自深入该村领导。他们一到该村,群众就检举了好几个敌情报和破坏工作的分子。随即逮捕起来,召开了一个六七百人的贫雇农与中农联合斗争大会,会上公审枪决了两个最坏的,这个村的工作也随着打开,全乡已掀起了追粮运动的热潮。在保卫追粮、算账、保丁的口号下,发展了民兵二百十八个,农联会员三百二十一个,涌现出了一百七十八个组以上各种干部,现该乡农联委员会已改为清算斗争委员会,进一步清算被恶霸地主掠夺之壮猪、救济粮和农本粮,保卫秋收的武装斗争亦蓬勃展开。

几点经验

一、从锄奸着手是发动群众来恢复工作的主要关键,奸不锄等于"心上的塞子未拔"、"河上的坝未开"(沈朗乡群众语),但锄奸又须与争取瓦解土顽政治政势相结合。因边区附蒋分子很多,要能使其了解我政府宽大的态度,不能因镇压而成恐怖现象,同时锄奸必须通过群众,而且要锄中要害。如沈家庄起先群众反映:"杀的人还没有通到我徕心管儿上。"

二、阶级路线要明确,该乡运动前时期无发展是领导上不但没有明确强调阶级路线,而且想以顽甲长为主,通过他们去联系群众打开局面,结果却起了反作用。后郝乡长来乡后才以贫雇农为主的发动了完全为贫雇农利益的反夺田、反夺粮斗争,因此,局面才逐渐打开,运动获得了蓬勃发展。

三、反复开展诉苦运动,是启发群众的阶级仇恨与打破群众种种顾虑的最有效的办法。沈朗乡在运动的二十天中计开贫雇农会议三次,农联委员会三次,全乡联合开贫雇农会议一次,农联委员会两次,以村为单位的贫雇农会议三次,贫雇中农联合会一次,小组为单位的九次,这些会上除每次都能解决一些问题外,而且都进行了诉苦运动,影响极大。

四、联合斗争会作用很大,但联合斗争要以贫雇农为主,在发动贫雇农的基础上来配合中农,只有贫雇农提出的内容才是正确的,才不会马虎妥协,同时如果贫雇农没有起来,中农也不会向贫雇农身上靠的。

五、运动的迅速展开靠:1.即时的使贫雇农得到利益,并吸收他们到贫雇农的组织里去,组织与推动运动。2.先进村通过联合会、合朋会等形式影响落后村,能迅速推动全盘,使运动求得平衡的发展。

(《前线》1947.09.09)

民主评定就是参运中的群众路线

华海

为了加强坚持,迎接反攻,打倒蒋贼头,保卫翻身,在全县已发动了一个广泛的参军运动。我们深信必定会造成一个轰轰烈烈的运动,胜利完成这一伟大任务的。我们要组织:我们一定要胜利地来完成这一任务,怎么样来完成任务呢?必须要掀起一个广泛的参军运动。怎么样来掀起运动呢?必须进行广泛的宣传动员,使全兴化的老百姓都晓得,这是件大事,这是件好事,是兴化老百姓自己的事情,必须走群众路线与兴化老百姓自己起来动手,一起来动员,所谓"人人出把劲,大事就完成",所以任何个人自己想称雄,干部包办代替,是不能完成大事的。

参军动员要走群众路线,才能完成任务,这一点是没有人怀疑的了。同时我们又应认识,参军运动走群众路线的特点,他就是民主评定的方式,所以真正做到民主评定就是参运中的群众路线。但民主评定,一到下面,有些是名字上弄不得清楚,有些是害怕发动群众来进行参军工作。在老圩区的代表大会上,发出两种歪曲的论调,一种说:"民主评定将来要评到干部头上来",另一种说法,"民主评定还了得,群众一定要打起架来",还有些认识不清楚说,"我们下去时仍用拿钥匙开锁的办法进行,如用不通时再用民主评定的方法",这些都是对"民主评定"走群众路线的参军方法歪曲的认识和模糊的认识!

我们意见,要完成这次伟大的参军任务,必须造成一个场面很大的轰轰烈烈的运动,要这样,必须坚决走群众路线,一下去即要走群众路线,坚决采用民主评定的方法,不应怀疑,不容我们犹豫,应抓紧时机,迅速完成任务。

(《兴化人民》1947.10.09)

急火打不出好烧饼 一切应根据群众要求

阜宁县委发指示纠正偏向

陈海楼

阜宁县平分土地运动,在短短的一个月中,确实已有很大成绩,但是也有不少地方,产生急性病,单纯完成上级任务观点,和干部积极分子包办代替强迫命令等偏向。如马集区明吴乡,没有经过刨穷根,倒苦水,查阶级,割尾巴,群众还没有真正觉悟起来,就开始向封建势力进军,结果阶级内部起了争执,斗争对象反满不在乎,负责这地方的区委同志说:"县委决定年前分完浮财,这个原则不能违犯,我们不跳一步搅是不行的。"根本领导上就没有从发动群众出发,只是单纯地为了完成上级任务。又如公兴区裴桥乡刘舍村,贫雇农开会讨论哪些人可以参加贫农团,一个参加县区会议的贫雇农代表老袁,左一个右一个提出四个人不够条件,其他贫雇农个个不讲话,就这样也算通过了。再如三庄乡在整支时,检查乡长徐立璜(是支委),主席叫大家提处理意见,大家不作声,急得一个区里同志马上提出:"把他支委撤职,大家看好不好?"结果徐乡长把铃记掏出来朝桌子上一掼说:"你们上级要撤我职就撤掉好了,哪块是什么群众意见。"另外在评成分上,也有些地方,发生追三代等偏向,但已经过县委桑部长指出:地主富农成分,以民主政权初建立时的剥削关系作为标准,一般成分以土改以前作为标准。县委发现以上的毛病,对各区作了指示,个别关于年前分掉浮财问题,强调提出:"群众有这样迫切要求的,领导上应该领导群众实现这个要求,但在群众没有发动的地方,不应该犯急性病,采取非群众路线的'跳步走硬摘瓜'办法,这样就会使斗争皮毛和分果实不公平,因此在群众没有充分发动的地方,县委意见可以让贫农团讨论和评定,暂借一部分粮食给生活比较困难的贫雇农过年。"

(《盐阜大众》1948.02.09)

学习工人阶级的长处
——纪念"五一"节而作

小 林

五月一日是全世界工人阶级的节日,称为"五一"国际劳动节。

六十二年前——一八八六年,美国芝加哥地方的工人,为了向资本家要求实行"三八制"(八小时工作,八小时学习,八小时休息),举行了大罢工示威斗争,以后全世界工人就起来响应规定"五一"为国际劳动节。

每年"五一"是全世界工人阶级欢庆自己胜利解放的日子,是工人检阅自己的力量,检查与提高自求解放的斗争经验、方法、目标的日子。

共产党是工人阶级的先锋队,最能代表工人阶级利益的党,党对这一工人自己的节日自然很重视的。共产党领导下解放区的邮政工作,是中国新的邮政事业,参加这一工作的我们,交通员同志就是革命的邮务工人,干部就是邮政事业的行政管理者和职员。不过由于我们是处在一种战争和农村的环境里,大家做这个工作又是参加革命后作为革命工作来看的,疏忽了自己是地道的革命邮政职工。不错,我们是革命同志,但是从社会的广泛意义上来看,则又是邮务职工,讲得完整一点,则可称为革命的邮务职工。因此"五一"这一工人阶级的节日,不论是以一个无产阶级战士的革命同志或革命的邮务职工,都是要很好重视与纪念这一节日的。今年我们来过这一节日,我认为我们全体邮交同志总要来学习工人阶级的长处。

第一，我们要确定做主人的思想，和敢于当家做主。我们是革命的邮工，在我们工人阶级的政党——中国共产党领导下，我们是主人，我们应该以主人的资格来对待我们自己的邮政工作。可是，过去我们还有不少同志，只知道听从上面吩咐送信，对于整个邮政工作的好坏认为与自己没有关系，不加过问，甚至有的对于某些人严重的危害工作的行为，也不加以批评和检举，这都是没有懂得做主人的缘故。从今天起我们就应该转变了，我们要以主人的资格做好自己所应负的具体工作，也要以主人的资格来参加邮政工作的管理，督促领导上把我们整个的邮政工作做得更好。

第二，我们要大大的发挥工人阶级的特长，工人阶级的特点是革命坚决、团结、进步性强、大公无私的精神好。自卫战争一年多来，我们是有很多同志发挥了这些特长，表现了工人阶级无尚的优良品质。但是，总的来说还是不够的。由于我们有很多同志是从旧社会来的，或是农民出身的，把旧社会中落后意识带上了，表现出怕情况、怕困难、闹意见、不团结、自私自利等，所以在今天纪念五一，我们必须要检查克服这些落后的东西，并积极学习发扬工人阶级的进步的革命精神。

第三，工人阶级是世界上最进步的阶级。我们是革命的邮政工人，因此更应该做一个积极的模范革命工人者，对于整个的革命事业，对于每一个时期的中心任务，对于目前的整编、四大方案、三查三整，我们每一个同志都应该是忠诚地拥护，积极地响应，坚决地执行。

最后，大家要着手准备组织全华中的邮务职工会，以便于我们每个邮务工作同志发挥出更大的力量，通过我们邮务职工自己的组织来提高自己的政治文化水平，来求得自己更大的进步！

（《华中邮报》1948.05.01）

工人运动的新时期

自陕甘宁边区总工会发出号召，主张成立解放区职工联合会后，各解放区职工团体已纷纷响应，我淮北解放区总工会也于日前发出赞成通电，并宣言为建立民主的联合政府与联合统帅部而奋斗。这说明工人运动的新时期已经开始，全国如此，淮北也是如此。

中国革命依靠三个基本力量，这就是革命的知识分子、农民与工人。革命的知识分子在革命浪潮中当起思想上的启蒙作用与运动上的先锋作用；农民占中国人口的最大多数，成为武装斗争中与反封建斗争中的最广泛的基础；至于中国工人阶级，因有较高的政治觉悟，较强的组织纪律，与坚决而持久的斗争精神，所以数量虽少，质量却高，在革命中成为主要的领导力量。工人阶级的优点和长处，在共产党正确的政策与严密的纪律里面反映出来。正因中共是代表工人阶级的，所以中共始终是站在反帝反封建的最前线，是坚持抗日与力行民主的中坚，是统一战线政策的倡导者和贯彻者，成为解放中华民族的决定因素，这是历史已经证明了的。

中国工人阶级的发展和觉悟,诞生了中国共产党,中共的诞生,又增强了工人运动的领导,并代表工人阶级去改进与提高知识分子和农民在革命中的作用和地位,自二七运动至大革命时期,中国工人运动是轰轰烈烈的。大革命失败后,革命深入而转向土地革命与民众自己掌握武装斗争,所以除在白区用秘密与公开结合的方式维持工人运动外,党的领导主要的是面对农村和农民。抗日战争爆发以来,工人阶级的个人或集团直接参加抗日斗争的,如不少工人出身的党政军民各种干部,如矿工铁路工人自己组织的游击队等,曾有许多辉煌的例子。但由于在广大的农村建立抗日民主根据地是决定战争最后胜利的主要环节,所以直至今天为止,我们虽并不放弃沦陷区的工人工作与解放区的雇工手工工人的工作,但主要力量是用在农民运动方面,这是完全必要的。

现在情形已开始变了。第一,解放区的农民运动已有了基础,这表现在我们已可由减租减息而转向查租与开展大规模的生产,所以已有条件使我们可分出更多的力量来开展工人运动。第二,新民主主义的经济在农村中发展起来,农民内部的阶级关系就起了变化,所以必须加强与扩大农业工人的组织,提高其政治觉悟,以便在农村中起领导作用,这对于一般中农富农是必要的,对那些怀有共产主义思想而过着资本主义生活的新式富农也同样是必要的。第三,在接近配合盟军实行反攻的现在,开展城市工作与准备里应外合已刻不容缓,这里有丰富斗争经验的城市工人将起重要作用是毫无疑问的。因此,我们必须抓紧集镇工人的工作,使我们既可增强解放区的力量,又可经过农村工人去开展城市工作,并积累经验以便将来更大规模的去开展城市工人运动。第四,中国不成立民主的联合政府与联合统帅部,要想缩短抗日战争最后胜利的时日与顺利地建设新民主主义中国是不可能的。但要这个目的实现,决不能将希望寄托于蒋介石一伙国民党反动集团的自动放手,而是倚靠于大后方的民主力量与特别重要的解放区的日益扩大与增强的力量。但解放区是工人阶级政党——共产党领导的,所以这里必须将工人运动热烈地搞起来,而成为解放区人民巩固团结与推动成立联合政府的核心。

淮北工人运动是和农民运动同时开始的,现在我们已有五万人的工会会员,而且很久就建立起来了自己由上而下的组织系统。但我们虽有不少成绩,也还有不少缺点,还主要表现在:①我们还有不少地方工人还没有发动,因此也就不能和减租减息的运动配合,不能在大生产运动中求得和农民的协调,如互助组和合作社的相互推动,如农产品与手工业生产品的相互调剂等;不能使集镇与乡村能结合得很好来进行反扫荡反蚕食与封锁敌人袭扰敌人的斗争。②我们的组织还不健全,有的尚未建立,有的有名无实,有的还不能进行由工人运动来说是专门的而又是全面的工作。至于培养干部与提拔干部尤其做得不够,有时从群众中出现了若干积极分子,又往往移作别用,这不仅是各级党政领导机关不够注意与关心,而工会系统的领导干部也还缺乏足够的认识与切实的办法。③我们在思想教育上是比较差的,特别是行会思想与行会习惯在这里还相当强固。此外如由于只看到今天细小的利益而没有顾到明天远大的利益,所以常常不了解统一战线政策的重要,提出要求有时过高,或者订了约又随时改变,提高了工资又不积极生产。这些虽是个别的现象,或者是运动初起时不可避免的现象,但在我们政权建立已久的中心地区也还存在是不对的。

今后我们应该怎样呢?那么在党的领导下,我们工会本身必须:

第一,彻底地检查工会工作,发现上述许多缺点的真实原因,由此而提出今后改进的办法来。

第二,健全并扩展工会的组织,没有发动工人的地方应该从解决工人的合理要求上发动起来,特别是新开辟地区不得放松。那么估计路东路西在最近可组织起十万的工人。各县如准备来得及,最好能于今年五一节分别开各县的工人代表大会。

第三,各级各县的公营工厂,过去由于游击环境没有工会的组织,现在必须从速组织起来,公营工厂的工人同志,一般文化水准较高,平常受政治教育的机会也多,理应站在工人运动的前列。

第四,注意从大城市失业回来之产业工人,吸引他们参加工会,参加解放区工业建设,解决他们的困难问题,这是一个很大的力量。

第五,在检查工作,整理组织与发起运动的同时,进行深刻的时事政治教育,使每个工人了解自己的地位和责任,知道成立解放区职工联合会的情势和意义,懂得独夫蒋介石所包办的国民政府和统帅部只会使抗日走向失败的道理。

第六,现在正值雇工上工的时候了,一方正是我们整理组织进行教育的良好机会,一方就要按照增资法令与习惯使工人自愿自觉地与东方订立新的契约,要能照顾地方实际情况,使工人生活改善而又提高生产率,因此东家也乐于雇用。契约规定后就得遵守,务使我党政策能够在群众中正确地贯彻下去。

第七,在运动的开展中辨别干部,培养干部,以便大量地提拔干部,这是今后继续开展工人运动的必要条件。

工人运动已进入了新的时期,这就是说,时代推动了我们,我们也必须推动时代使其更向前进。我们相信,在工人运动的扩大与工人组织的加强下,必将使广大群众的抗战热忱与民主精神更加提高,专制独裁的统治方式必将死灭,而民主的真正能够领导抗战与建国的联合政府必将出现。

(《拂晓报》1949.03.17)

中共苏北区党委郑平部长在苏北少年儿童工作会议上的讲话

同志们:

苏北第一次的少年儿童工作会议今天开始了。这是苏北的一个重大事件,是苏北以新型的方法来培养革命后一代的划阶段事件,我们区党委是很重视这个会议的。由于革命的胜利,我们已有可能以新民主主义的文化教育来组织和培养整个的少年儿童一代,今后苏北长期年代中日加重要的少年儿童工作,就以这次的会议为起点。

我们苏北今天的在学儿童约有七十万,若将不在学的算在内,两千万人口的苏北,少年儿童是不下四百万的,这是一个巨大的数字,占五分之一左右的人口,仅仅从这个数字来看,也就可以看出少年儿童问题的重要性。这四百万左右的人口,今天是少年儿童,但十年二十年后,他们就是新社会中的骨干,社会主义、共产主义就要靠他们来建设,现在的壮年、老年,由于自然的法则,会逐渐衰老死亡,目前壮年、老年的工作将要由他们来继续。我们今天要把少年儿童培养成优秀的新一代,就是要使他们把新社会更美满地建设起来,和很好地持续下去,所以培养少年儿童,也是为了完成今天革命的最终目的。少年儿童工作的巨大意义就在于此。就苏北来讲,苏北的新民主主义,社会主义,共产主义的美妙无穷的将来,当然也要靠着他们来建设。苏北少年儿童工作的巨大意义也就在此。

新社会的少年儿童,新民主主义中国的少年儿童应当是怎样的呢?他们应当是以新民主主义——毛泽东思想陶冶出来的新人物,身心健康的完美的一代,成为爱祖国、爱人民、爱劳动、爱科学、爱护公共财物的新中国的优秀儿女。他们在思想上,懂得自己是新社会的主人翁,有无限忠实于新民主主义革命事业与忠诚为人民服务的思想,有丰富的政治常识;他们在技术上,要有最近代化的科学技术知识;他们在身体上,要有强健的体魄,作为贯彻事业的保证。这样三方面统一起来,就成了理想的、完美的一代。

要培养出这样身心健康的一代,这是一个艰巨而极光荣的伟大任务。要完成这个任务,就是从今日开始,积极地改造旧型的少年儿童教育,要改革它的内容、制度与方法,要反对单纯的技术观点,要肃清封建的、法西斯的反动思想影响,建立中国少年儿童队,正是实现此一目的的一个重要步骤。根据中国共产党二十余年对少年儿童的教育经验,以及苏联三十二年来培养少年儿童的经验,证明了在广大的儿童中组织少年儿童队,是团结教育少年儿童一代的最好方法。

少年儿童工作的意义,我们必须认识清楚,搅通自己思想,下决心来为培养一批批的千百万的革命后代成为新社会的建设者而努力。

有些人轻视少年儿童工作,他以为这是小孩子的事情,跳跳唱唱有什么意思,这是错误的,说得严重些,这就是轻视培养下一代的工作,是幼稚的;有些同志不愿做少年儿童的工作,以为短期中看不出成绩,成绩要在十年二十年后才能看出,因之对此工作不耐心,而只喜欢做一时轰轰的喜出风头的工作,不愿意做打基础工作,这也是不对的,错误的;有些同志则以为这种儿童教育工作,是坐"冷板凳"的事,是"不吃香",他不知道香不香不是看时间时髦,香不香决定于他对革命是否有作用,有作用的都是"香"的,何况在即将到来的建设与文化高潮中,教育工作占着极重要的地位,像苏联教师之特别受到尊重,即可说明。测量一个国家的文明、进步程度,就要看它对教育的重视如何,对教育工作者、儿童工作者的态度如何,苏联是最重视教育工作,最尊重和最优待教育工作者的,所以苏联是世界上最文明最进步的国家,我们中国也从今开始走着苏联的路,走苏联的方向,所以少年儿童工作的发展是无限量的,任何轻视的态度都是眼光短小和错误的。

同志们,我们苏北目前是处在空前所未有的灾荒年成中,所以经济方面是很困难的,但苏北的建设也已自今天开始,一切基本的建设工作也要逐渐开始做起来,少年儿童工作,是最基本的建设工作之一,我们也要从今天开始,我们今天若不重视这个工作,不开始这个工作就会犯错误。中国共产党是很重视这个工作的,团中央也有了决定盼大家好好来讨论研究,使它逐渐地开展起来,奠下国家建设的百年树人大计。这是一项极光荣的任务,希望大家团结广大的少年儿童工作者为培养与教育苏北少年儿童的新一代而奋斗到底!

(《苏北日报》1949.12.31)

第五章

生产建设

淮北行政公署关于开展生产建设的决定

一、边区生产建设的基本方针

1. 在现有生产基础上发展生产，以农业为主，以工业为辅，发展私人农家经济和家庭手工业，组织机关部队学校进行生产。

2. 对不同阶层采取不同方针，生产主力军是直接生产者，要扶助贫农中农向富农方向发展，及鼓励富农生产，扶助原有工商业者，赞助地主经营工商业，或向富农方向发展。

3. 农业方面提高农业生产与兴修水利并重，不能偏废某一方面。在不同地区各有其主要方向，在岗地以提高原有耕地生产为主，以兴修水利为辅；湖地以兴修水利为主，以提高耕地生产为辅。

4. 今冬明春以精耕熟地，兴修水利，开展纺织为中心工作，旧年以前，彻底完成冬耕，猛力开展纺织；旧年后以兴修水利春耕运动为主要工作。

根据以上方针特作以下决定：

二、关于提高农业生产的决定

1. 彻底完成水灾区冬耕，使明年收获不致锐减。

甲、各级政府认真执行行政公署关于彻底完成冬耕运动的指示，切实帮助群众解决种子、人力、牛力问题，保证在立春节前水落地区，一律播种二麦，不使有一亩可种之地空起来。政府干部若不积极负责解决这一严重的任务，应受到严厉的批评。

乙、各级政府及群众团体召集有经验农民，详细研究播种晚麦办法，并迅速传播其经验。

2. 切实领导春耕，未受水区生产保证明年增加生产一成，我们口号是"要想收成好，精耕上粪多锄草"，克服广种薄收习惯。

甲、帮助贫苦农民解决劳力问题，发动农民集体买官牛，县与县买卖由县政府介绍，对水灾区农民放牛草贷款，可以酌量允许个别困难农民卖老牛，并有人保证买小牛，政府贷款二千万元给农民合伙买牛，采用人力换牛力、合犋、帮牛腿办法解决之，由各县出布告，严禁耕牛出口，禁宰耕牛实行耕牛登记，角上烙号码，经常抽查。

乙、多抄春田多上粪，多锄草。

（1）各户农民春田年前抄两三交，年后抄两三交（抄的交数多，收得粮食多）。

（2）春田每亩要上五担至十担粪，各户要积极聚粪。聚粪办法：各户要有厕所、砌粪池、草灰、扫地垃圾、扫枝落叶、烂草，放池子里沤，勤出猪圈牛栏，挖沟底泥，大家拾粪，各村组织拾粪小组，以便领导督促，使农民知道"种地不上粪，等于瞎胡混"。

（3）大小秋稻要锄四交到六交，"多锄草粒子饱"。

丙、发动各户群众种百分之三的地的棉花，各地研究种棉方法，年前收集种子。

丁、各户利用宅基打麦场等一切空地种苜蓿、蔓菁菜及菜，并大量收山芋叶、萝卜缨等干菜备荒。

3. 彻底查租提高农民生产的积极性。

甲、各乡各村在发动群众生产，订安家计划时，要认真检查减租情形，如未减或未彻底减者，要照数退租。

乙、检查中遇佃户有租，无故不交者，亦得保证按数交租。

丙、午租秋租或红芋分租情形，均在彻查之列，并依法令规定分租。

4. 发展农村副业。

甲、提倡多养猪、喂鸡、鸭、鹅，各村池塘集体放鱼栽苇子、高苗或蒲草。

乙、年前提倡多种树，各县明年办小型苗圃培养树秧。

丙、各户副业发展的数目，由各县以村为单位，召各户开生产会议，规定具体数字，切实执行。

5. 提倡节约，节约公约四条：①不吃纸烟；②不喝酒；③不赌钱；④婚丧喜事一概从俭。

三、关于兴修水利工作的决定

1. 边区水利工作目前以防水为主，但要兼顾排水蓄水问题，各县明春要做哪些具体水利工作，应立即找有水利经验的人员，负责切实调查研究，不要贪多，抓住有重要意义的主要工程，进行测量水位，计算受益地亩，计算土方，及需要动员人数，工作时间及人民负担的程度，有何困难及解决办法，作出计划，于十二月十日前各县推选水利委员一人，参加边区水利委员会，作为讨论的基础。

2. 执行政策方面：

甲、解决纠纷：地方水利工作常包括有派别纠纷，地区纠纷，上下游纠纷，我们处理时不要偏听一面之词，要经过详细的调查研究，站在全面观点，照顾局部利益，有任何偏私都是不对的。

乙、受益地亩的划分：受益地亩划分的标准，根据近十年来受灾的程度轻重及次数的多少，区别直接受益间接受益地亩，受灾程度深而次数多者即为直接受益地亩，受灾程度较浅，而次数较少者为间接受益地亩，直接受益地亩与间接受益地亩负担为七与三之比。

丙、按受益地亩负担。

（1）受益地亩对水利工程负担不能超全年收入三分之一。

（2）私有土地：地主负担八成，佃户可少负担，但不能超过两成，佃户所出负担，一年内地抽回者,地主还三分之二,两年内抽回者,地主还三分之一,三年后抽回者地主不还,但贫苦佃户不出。

(3) 荒地负担:公荒不出,私人荒滩按其受益多少,地质好坏,确定负担。

(4) 公地负担:一般是公八佃二,但佃户获有永佃权者各出一本(半),个别县份公地负担办法根据具体情况另行规定。

(5) 当地负担:由双方共同出,一年内赎回者,承当人出三分之一,两年内赎回者各出一半,三年赎回者承当人出三分之二,在必要时可按双方经济能力酌为变动。

(6) 抗烈属负担:富裕者酌减,贫苦者豁免,残废荣誉军人家属与抗烈属同。

(7) 工资标准:每人每日除自己吃外能以养活一个人为最低限度工资,而以中等劳动力,及当地供求关系为规定的基础。

(8) 人力动员:以说服教育为原则,对摊工而无劳动力者政府及群众团体可代雇,但工资由主雇双方自己交涉,有特殊情形者不在此列。

3. 组织领导问题:

甲、各县立即组织水利委员会,进行调查研究及一切准备工作,在开工时重要工程得设工程处,由重要干部负责领导。

乙、组织边区水利委员会,各县推委员一人,将该县水利工作计划,及有关水利提案,于十二月二十日提交会议通过,经行政公署批准执行。

丙、县区乡各级负责人,要切实负责领导,采用按级负责制,在各该级领导范围内之工作,一定要做好,作政绩考核主要标准之一。

丁、军政民学全面动员,一齐参加工作,为克服灾荒而斗争。

四、关于开展纺织事业的决定

1. 开展边区纺织工作:自本年十一月到明年三八节发展纺纱车一万辆,织布机三百五十架,由行政公署经妇救会系统贷放纺车二千九百架,生产救荒委员会贷放纺车两千架,共贷放棉花一万一千五百斤(每架车子随两斤棉花),通限于十二月贷齐,以推动群众纺织的热潮。

2. 各县于十二月训练妇女纺纱干部二百零四人,期间十日,内容三分政治七分业务,为开展工作的骨干,使纺织工作在本地妇女群众中打下基础。

3. 今年纺织基础除干部家属做骨干外,要很好地组织路西的难民,把他们分配各乡各村去住,贷给他们纺车棉花,帮助交纱换布,使他们一面生产一面教本地群众。

4. 保证棉花的供给。①由银号贷给一部分资本给小贩,发动他们贩运棉花;②发动商人贩棉或屯棉,棉花入口准予免税,内地流通也不征税;③由政府用抵押贷款方法,贷棉花给纺纱户保存;④各乡合作社买棉卖给群众;⑤发动群众明年植棉,今年准备好。

5. 纱的解决办法:①基本办法是提倡用土经土纬织布,打破对洋纱的依赖,研究土经织布办法,开拓土纱光明前途;②由银号贷款给合作社,按纱品质优劣,以不同价格收买,卖给织布户,以刺激纺纱技术的提高,并调剂各地纺与织发展的不平衡;③发动群众把所纺的纱找织布机代织布(论纱轻重分布外给工资),或大家对纱织布,按对纱轻重分布;④发动有资本的人家开织布作坊或官商合办小型织布厂。

6. 土布市场问题:①土布销不完者,由供给部县供给科大批收买本地所织之土布,做军服及地方干部衣服;②本地土布在本区内自由流通;③提供穿布。

7. 建立县区乡各级纺织推广委员会,由建设、文教、银号、县区工厂农救妇救、参议会及地方热心人士等,以妇救部门为主体组织之。县推广委员会在十二月建立起来,区乡推广委员会先由开展工作的地区开始建立负购置与发放车棉,并计划督促检查之责,以便有组织有计划地推广纺织工作。

五、关于开垦荒地的决定

1. 在巩固今年已开熟荒的基础之上,酌开新荒。

甲、整理放领荒地秩序,将放领荒地划界编号,限期开起,克服过去零乱现象。

乙、今年已开荒地由行署贷粮帮助农民,采用里沟外圩法巩固起来保证午收的安全。

丙、奖励外来难民开荒,帮助他们安家落户。

2. 清丈洪泽湖草滩,年前草滩委员会开会讨论清丈办法,并训练清丈人员,年后实行清丈。

六、关于机关、部队、学校生产的决定

1. 机关部队的生产:

甲、机关部队生产以粮食、种菜为主。我们口号:"提高生产,改善生活,实行积蓄。"

乙、部队每人种一亩地粮一分地菜,机关每人种一分地菜,上半年每人种半亩地粮,下半年种一亩地粮,另外养猪收集野菜,明年上半年菜金自给一半,下半年菜金完全自给。

丙、规定生产时间,生产纪律,到生产时一律到生产地方去生产,不得有例外。

丁、奖励业余生产,收获可改善其本人生活之用,但部队不必提倡。

2. 学校生产:

甲、中等学校生产方针:由学校全体人员动手劳动,政府贷给资本,自己寻找公地进行生产,逐渐走上自给自足的道路,以种粮为主种菜为辅,明年每人种一亩粮一分菜。

普通科,明年上半年菜金办公费自给一半,下半年菜金办公费完全自给,粮食自给一部。

职业科,第一年下半年粮食自给一半,第二年下半年粮食完全自给。

乙、各小学应进行生产,明年上半年办公费自给一半,下半年完全自给。

3. 生产应注意的问题:

甲、各部队机关学校应即作出自己的生产计划。并进行生产筹备工作,年前要准备好。

乙、生产时要注意:

① 不要与群众争地,尽可能开荒或找公地。

② 机关尽可能不买牛,用人力换牛力,或挖来解决,不准征发群众人力牛力。

③ 要耕好种好,长得好,真正能在群众中起示模推动作用,不要单纯贪多。

七、关于生产组织工作的决定

上面的生产任务必须通过以下的三个基本组织工作才能完成。

1. 劳动互助组织是解决生产工作的最重要环节,没有劳动互助的普遍组织想推动生产是不可能的,各乡各村要广泛地采用群众日常通用的方式,如合伙、换工、人力换牛力、合犋、买官牛、帮牛腿等,使人力牛力得到合理的解决。进行这一工作时要注意:

甲、利用该地原有的劳动互助组织,把它扩大巩固起来,以积极分子为队长或组长进行领导。

乙、必须根据群众的经验习惯与自愿原则,而不能硬搬外地方式强迫群众。

丙、先从该乡该村中觉悟积极分子找出愿意互助的人,由他自愿发起,先从他兄弟姊妹亲友邻人中来着手,做有成效,逐渐扩大。

丁、要具体讨论互助中各种公允合理的办法,如劳动力的强弱或劳动的质量不同,工作时间忙闲不同,吃饭问题,人牛换工的比例问题,都要详细研究,适当解决,使双方都不吃亏。

2. 订安家生产计划是贯彻边区生产计划的基础,要在中心区普遍安家订计划,先选择基点,抓住基点进行计划,由点到面地发展,以达到普遍计划,各级政府工作干部要参加一个家的计划全部过程,安家计划要注意。

甲、深入详细地调查研究,对该户的人口、牛力、地亩、工具耕种方法、经济支出收入的情形,要深刻地了解。

乙、计划内容要简单、明确,用什么方法增加生产,有什么困难,研究出具体克服困难的办法,使内容切实具体(参看拂晓报四四二号第四版,李大娘全家生产会议)。

丙、先从乡村各部门干部及有觉悟的积极分子,自身来着手,订自己生产计划,然后推动与他接近的人来订。

丁、订计划时采用家庭会方式,使全家成员一齐讨论,各人负起自己应负的责任,提高全家生产热情。

戊、订计划时要根据各户自己的意志,并使之比去年增加生产,防止勉强、强迫、代替或听其自流的偏向。

3. 组织群众的生产竞赛,掀起群众的生产热潮,发动人与人、户与户、村与村的竞赛,培养模范生产者(自己做得好),劳动英雄(自己做得好又能帮助人家做得好),模范村(全村生产好)。组织竞赛时要注意:

甲、先从本乡本村中找出模范生产者和积极分子,由他们发起竞赛,向全乡全村挑战,并发动群众应战,找出评判人,经常检查与督促。

乙、要注意双方具体情况,根据自愿原则,规定可能实现的目标与条件,不宜要求过高,避免不能实现致使群众情绪低落。

丙、发动群众向该村模范者看齐,并鼓动他们,向模范生产者竞赛。

丁、奖励劳动英雄及模范生产者,给以物质(如牛、犁等)或荣誉的鼓励。如由行署下令赠予劳动英雄光荣的称号,造成群众生产的热潮,对于甩大袖子的用群众力量予以批评或斗争,政府不贷他们任何款项,必待他们纠正而后已。

4. 各级政府群众团体及学校,应详细讨论本决定的生产任务,及组织生产工作三个基本问题,每旧历年前,在该机关学校附近进行安家计划工作,以便从点向面地普遍发展,从年前安户计划中推动明年生产运动,并注意创造与总结经验。

(《拂晓报》1943.11.30)

淮北苏皖边区行政公署关于冬季工作的指示

敌人的治安肃正计划,仍按预定计划进行,据报宿迁经常屯兵千余人,此后对我扫荡之突然性将更增加,对我威胁也就较前更大了! 现各县扩军工作,业已渐次完成,对目前应开展的冬季工作,特决定以冬防整顿民兵准备反扫荡为中心。并以民兵及已组织的群众为主要对象,对广大群众进行冬学教育,提高他们的政治认识,加强对敌伪对国民党反动派斗争的胜利信心,同时应趁湖水大退,号召完成冬耕,提倡精耕加肥,增加生产,切实推广纺织,组织广大群众的生产运动热潮,并部分进行乡选及已实行民选之区乡进行到期改选,这就是从十二月份开始到明年一月底应进行的"三冬"工作(冬防冬学冬耕)。

"三冬"工作的具体内容和基本要求——

(一)"冬防"为冬季工作的中心,应以整顿民兵准备反扫荡为主要内容,各区县应定民兵整训计划,定期完成。

1. 切实整顿民兵,完成各级民选武委会,限十二月二十号以前选完报来。关于调整民兵干部、民兵组织、建立各种制度,由武委会讨论统一规定,完成民枪登记,筹设小型制弹厂,制造手榴弹地雷解决民兵供给问题,并通过冬学来教育民兵,提高其政治质量。

2. 有计划地配置民兵站岗放哨,对敌警戒严查奸探,时刻防敌突袭,重要地点,应有盘查哨烽火台设备及其他联络办法,敌袭时举火(夜间)鸣枪,村村抵抗,掩护民众跑反和主力部队之备战。

3. 空舍清野,演习跑反游击,区乡均须进行一次,全县实施,酌量情形举行,在演习时配合主力部队,由军分区县总队部计划实施。

4. 动员破路破圩砦,将旧有路沟从重修理,增设踏足孔交通路,以便游击时在沟中之进出。对敌可能设立据点之处,予以彻底破坏,并在附近道路须按战术之要求挖设路沟,以便对敌袭击时之运动和掩护。

5. 开展群众性的锄奸运动,先从重要集镇做起,用群众反对地方坏人心理,自愿的来进行五家连保切结,使锄奸工作与群众利益具体结合,并布置少数人的示范作用来开展群众坦白运动。泗宿朱湖镇已进行得很有效果,各县应采择其经验参考进行。

(二)号召冬耕种早麦,趁湖水大退之际提早把麦子种下,帮助贫苦群众解决种子问题,组织劳动互助,提倡深耕加肥。为了提高人民生产热忱必须贯彻查租。纺织要切实推广,一方面组织外来抗属难民纺织,同时组织本地居民学习,认真建立我边区纺织运动的基础。为此必须配合群众团体进行按户计划，提高生产。为了深入切实具体领导，规定正副县长，各区长要自己帮助一户订立生产计划，又计划必须是群众所需要而又可能实现的生产计划，要用切实有效的办法来改变群众靠天吃饭生产自流或者"这是替八路干的"等错误观点！按户计划提高生产，地方干部要先从自己家属亲戚朋友做起，用以示范推动倡导！

在号召与组织群众生产时，政府本身要从机关生产做起，从负责同志亲自动手做起，纠正空喊不做的官僚主义作风，规定每个工作人员冬季种麦半亩，春天种秋秋半亩，作我们努力目标。做到明年机关部分自给。耕地问题，应多从垦荒方面想办法，不得与民众争地，反对"占了茅厕不拉屎"，占了土地不生产的坏毛病。

（三）冬学以民兵和已组织的群众为主要对象，提高他们的政治认识，用边区和本县的现实材料来说明"两条道路两个前途"、"只有共产党才能救中国"与抗战革命的胜利前途等，应当坚定地向着抗日民主大路走，用特务活动材料来教育群众更清楚地认识敌人暗中破坏和准备反扫荡，并进行生产教育，介绍生产经验方法植棉纺织办法等，要做到每个代表组（村）有一所冬学，各县除了选择政治水平较好的青年训练作为冬学教师外，区以上机关，尽可能地在自己住地自办一所冬学，以资示范推动。

（四）部分的进行民主运动，已发动群众地区应进行乡选，已到期的则酌量进行改选，通过查租冬学在开展反对官僚主义反对贪污的斗争来进行，已计划进行土地查报之县，仍按原定计划进行土地查报。

以上各项工作，应当有中心的联系进行，要把冬学成为冬防冬耕民选的动员，而冬防中的备战锄奸等工作，又通过冬学教育来进行；以冬防来掩护群众进行冬耕生产和冬学教育；同时还要认识冬防冬学是在不妨碍群众冬耕生产中来进行的，否则得不到什么好效果。

各县应即抓紧时间完成扩军任务，并将扩军中心，逐渐地转移到"三冬"工作上来，将上列所示各种工作，具体讨论布置进行，及时将工作中主要经验报来，以便介绍各地参考。除各项工作另有详细指示外，仰各按期完成总结报署为要！

十一月二十八日

（《拂晓报》1943.12.06）

在紧急备战声中卫北乡派伕办法及挖沟调查

阜东调研工作组

一、挖沟派伕办法

卫北乡需挖新路十三里，计二千三百四十丈，需修旧路七里，计一千二百六十丈。分两期破，现为第一期，先破新的要路一千五百丈。全乡户口三百七十八家，免伕的三十家，全乡以三百家分配，每家计五丈，依庄的劳力多少及贫富加以增减，计条堆减十一家，堆根减八，西头加九，东头路东路西孙庄各减六，颜圩减十三，堆南合兴各减三，堆北加五。各庄再依劳力多少及贫富分为八级，第一级最少半段，每级加半段，最多四段，每段四丈左右(各庄长短不同),全乡计挖四段的五家,挖三段的六家,谁多谁少,都在庄民大会上讨论民主决定。

二、今后派伕办法

派伕标准以劳力为主,地亩财产为副,一面减轻业主负担,同时也纠正了一般全照壮丁派伕,或仅由业主供饭若干的不公平办法(注)。男子十八岁至五十岁的,除了惯病残废之外,一律一人算一人,地亩全折成人计算,累进愈上则愈轻,计三亩至十亩折为一人,二十五亩至四十五亩折为三人,四十五亩至七十亩折为四人,七十亩至一百亩折为五人。一百亩之下,为了更精密公平计,将五级改为十级,每级缩为半人,中加下列五级:六亩折为半人,十七亩折为一人半,三十四亩折为两人半,五十七亩折为三人半,八十四亩折为四人半。一百亩之上,则一百亩至两百亩折为六人,两百亩至五百亩折为七人,五百亩至一千亩折为八人,一千亩至两千亩折为十人。租户租进地与地主出租地一律两亩算一亩,洼地暂定一律三亩算一亩,夹堆与头庄大马路后沙地一律一亩算两亩,财产一律估价折地算,各类工人与各类商人亦照每年收入估折地亩收入折地算,抗属(在部队中者)一律不出伕,脱离生产干部及民兵两个半人不算,两个半人以上仍照算,但脱离生产干部本人不算,民兵则本人要算。派伕办法为一律除去一人算一工,如计算为一人则不出工,两人则出一工,两人半则出一工半等等。如该家只壮丁一人,地三亩之下者,不出伕。如该家无壮丁,地十亩之下者亦不出。如民兵之家有壮丁两人(民兵本人在内)地十七亩者为三人半,除去两人半出一工。如该家折实地一顷,壮丁两人者,为七人,出六工。

这样各庄调查准备好,在庄民大会上,提出说明讨论规定,各庄就可把伕工多少登记好,乡长就可把全乡伕工多少计算好,以后就照此轮流,除了公民有特殊变故者外,一般只要半年酌量修正一次,可以长此通行,不必再有操心了。——实行时可先试验一庄,然后推行各地。

但此办法有两个例外,一是在战时紧急情况下,如担架、输送、抢救等,一是较次之紧急任务,如备战中之挖沟、打坝、拆圩等。前者一概可依壮丁派,否则将耽误时间,妨碍紧急任务,但事后除免伕的已出者外,仍须把出过之家的派工以两工折一工除去。而上述二者对于脱离生产之干部及不脱离生产之民兵,则应与人民一律派伕,但脱离生产干部本人仍可不算(脱离生产之民兵待遇与脱离生产干部同)。——(这段为初稿,必要时当修正、补充之)。

三、挖抗日沟调查

该乡在接到上级任务后,即成立十六人的破路委员会,分五组丈量应挖之路,回报计算后即开庄级干部大会动员讨论分配,回庄再开庄民大会动员讨论丈量合理分配,完毕后每庄编成数班,庄长、庄会长、分队长各人带一班至两班,领导挖沟,三庄成立一中队,中队长由破路委员担任。二号晚上动员,早的三号开挖。第一期一千五百丈,平均一家四丈半,一丈需一工二,计四工八。二期新路八百四十丈,旧路一千二百六十丈,旧路五丈折一丈,共为一千〇九十二丈,平均每家三丈一,计三工七,总计平均一家挖八工。

困难一是大锹少，共路一千五百丈，锹只一百〇五把。各庄买了五把，各乡因挖路，只借到十把，过去锹多些，八滩打圩损失二十多把，现在每把需洋一百四十元。解决办法是两家合用一锹，其余用草抓子帮，木橄榄，晚上也挖，日夜换班。二是叫工叫不到，业主家难挖，解决办法是先挖好的免伕的组织挖沟小组，每庄一个，由破路委员会估路难易依丈算给工资，西头庄业主多，派各庄挖沟小组代挖。

第一期三号起，规定五天至七天挖完，最好为合兴庄，五号即已全部挖完，该庄委员二号夜半回庄，把全庄公民从床上叫起来开会，三号拂晓就挖，又快又合乎标准。他们说："旗子这回一定要给我们！"抗属王桂生，也分到一段路，他说："我的儿子在二十四团当兵，我也要挖沟。"委员说："你挖好，给你儿子打仗。"他笑笑，拼命挖，挖得最宽最深第一个在四天挖好。委员向大家说："大家快学王大爹啊，毛巾要他得了。"所以大家就赶上了。孙庄也很好，戴连富第一，把干部拖去要毛币，还说旗子不能给堆南庄啊，他们很多圩沟路。此外堆沟、条堆等苦庄子都挖得好，只有西头庄业主多，劳力少，差，但欠努力总是原因，堆北庄也差，负责人田多事多，还欠努力。不过一看全乡公民的热情、努力与笑容，就知道不努力的是很少的，西头庄的徐凡祥就不错，挖得顶呱呱。

注：过去派伕弊病约有下列数种：

一、全照户口派，贫富一律看待，如开准时每家四方土，又高又深又远，贫农和大业主全一样，需挖一月，不公平太甚。

二、全照壮丁派，则许多贫农一天不做，一天没吃，和地主富农相差太甚，亦甚不公平。

三、地主供饭若干，给最贫之户吃，亦不易公平，有的出多，有的出少，有的吃到，有的没吃，贫农总有多数难吃到，这样把富农中农及多数贫农一律看待亦不公平。

四、以地亩为主照公粮累进亦不公平，业主公粮土地税负担较多，财产在派伕时只能作为次要标准，累进应极轻。

五、最坏的是派伕无公平办法，乱拉、拉派的负担极大，拉不到的逍遥在战时负担之外。

（《盐阜报》1943.12.05）

淮北苏皖边区三十四年午季救国公粮公草征收办法

姚 洛

第一条 为积极准备反攻，争取抗战胜利，保证抗日部队及抗日工作人员之供给，征收救国公粮公草，特制定本办法。

第二条 凡属本边区已经实行土地复查之地区，征收救国公粮公草，均依本办法办理之。

第三条 本季救国公粮公草，系依据秋午季比例固定午季收获量征收之。

第四条 凡业户佃入佃出之地亩，其固定收获量应依东佃双方分租或包租比例归东佃双方分扣,当地由现执业人负担。

第五条　凡宅基、场、荒地及池塘不生产之土地等,免征公粮公草。

第六条　为奖励棉业生产,凡纯粹植棉之地亩,不征公粮公草,但若依植棉为主,其中带种其他庄稼者,仍依固定之收获量减半征收。

第七条　本季救国公粮一律征收小麦,不收其他杂粮。

第八条　本季救国公粮之征收,系依据各县县政府,核准午季固定之收获量按每户每人平均之数目,以累进办法,订定标准征收之,其标准如下:

一、每人收获量不满八十斤者免征。

二、每人收获量在八十斤以上不满一百斤者为第一级,征收百分之二。

三、每人收获量在一百斤以上不满二百斤者为第二级,征收百分之三。

四、每人收获量在二百斤以上不满三百斤者为第三级,征收百分之四。

五、每人收获量在三百斤以上不满三百五十斤者为第四级,征收百分之五。

六、每人收获量在三百五十斤以上不满四百斤者为第五级,征收百分之六。

七、每人收获量在四百斤以上不满四百五十斤者为第六级,征收百分之七。

八、每人收获量在四百五十斤以上不满五百斤者为第七级,征收百分之八。

九、每人收获量在五百斤以上不满五百五十斤者为第八级,征收百分之九。

十、每人收获量在五百五十斤以上不满六百斤者为第九级,征收百分之十。

十一、每人收获量在六百斤以上不满六百五十斤者为第十级,征收百分之十一。

十二、每人收获量在六百五十斤以上不满七百斤者为第十一级,征收百分之十二。

十三、每人收获量在七百斤以上不满七百五十斤者为第十二级,征收百分之十三。

十四、每人收获量在七百五十斤以上不满八百斤者为第十三级,征收百分之十四。

十五、每人收获量在八百斤以上不满九百斤者为第十四级,征收百分之十五。

十六、每人收获量在九百斤以上不满一千斤者为第十五级,征收百分之十六。

十七、每人收获量在一千斤以上不满一千二百斤者为第十六级,征收百分之十七。

十八、每人收获量在一千二百斤以上不满一千五百斤者为第十七级,征收百分之十八。

十九、每人收获量在一千五百斤以上为第十八级,征收百分之二十。

以上征收等级计算时,以每人平均收获量计算,征收时以每户为单位征收。

第九条　本季救国公草,每征公粮一斤,征收公草一斤,凡地主不分草与商业折合者,免征公草。

第十条　草地征收公草,由各县按照实际情形,提出具体方案,呈报行署核准征收。

第十一条　凡业户雇用参加农业生产之雇工,约定期限为六个月者,于午季计算征粮时,得将该雇工加入该业户人口内计算,但非主要参加农业劳动生产的佣人,不列入人口计算(如专为服侍人,奶妈、当事的等)。

第十二条　凡业户之人口,长年在外,有固定生产职业,及学生就学,完全实用公粮者,不得列入征粮人口以内,但从军及脱离生产之抗日工作人员仍得列入人口以内。

第十三条　根据各户固定收获量详定等级后,如鳏寡孤独生活困难,无力缴纳公粮者,得由村民大会讨论减低其标准,但不得低过两级,须呈区政府批准后执行,转报县府备案。

第十四条　凡业户被敌烧杀,或因战争而受灾害,情形严重,午收后尚无法维持生活者,得由村民大会评议,据实呈报县府核准,降级征收,但不得低过三级。

第十五条　凡地亩因受天灾(风、旱、水、虫、雹),而致收获减少者,得由乡政府调查,据实列名呈区转县,由县派员复查属实后,照下列情形减免之:

一、凡粮食收获量因灾减收,不满固定收获量额数者,少一成减一成。

二、受灾七成以上,收获量不满三成者免征。

第十六条　凡商店门坊及其他商业系独资经营者,按照半年营利之半数,参照其营业状况,按市价折成粮食,与地亩固定之收获量合并计算,照第八条规定征收之。

第十七条　凡商店行坊及其他商业系合股经营者,不以人口计算,应照其半年营利之半数,酌量其营业情形,依市价折成粮食,照百分之三至百分之十五由区政府讨论决定之。

第十八条　凡系自力劳动之小手工业者(如磨面、挂面、拐粉、磨豆腐、卷洋烟等),应依半年营利之四分之一按市价折成粮食与地亩固定之收获量合并计算,照第八条之规定征收之。

第十九条　凡系纺纱织布以及经县政府登记许可之合作社,一律免征公粮。

第二十条　凡本边区土地之所有业主,原住居在本边区以外者一律按照第八条征收,人口不清时由区政府依照实际情形,讨论决定,由其佃租户或其代管人负责缴纳。

第二十一条　凡一切公有共有及寺庙等田产,其征收标准如下:

一、寺庙田产照第八条之规定办理。

二、祠堂、礼堂、教堂及其他共有田产不满一顷者按照固定收获量征百分之十,一顷以上不满三顷者,征百分之十五,三顷以上征百分之二十。

三、公有田产,公家部分免征公粮公草,佃户部分应按照分担比例订定之午季收获量征收之。

第二十二条　凡私房之地亩,其应征公粮公草应属一人计算。

第二十三条　凡系边境游击地区未经土地复查者,征收公粮公草,各县根据当地具体情形,可根据以下诸原则,拟定征收办法办理,并呈报行署备案。

一、敌占区,没有我们政权,或有尚未能公开者可采取自愿献粮办法,不拘多少,并免征田赋。

二、游击区,或二面三面的地区,我们征收公粮时,应比伪顽减轻为原则,其征收办法,由各县根据当地具体情况拟定。

三、原属根据地,而新被敌伪占据之地区,根据去年午季负担,酌量收成,较伪顽负担减轻三分之二,或三分之一,田赋免征。

四、新解放之地区,采取合理摊派或献粮办法,但须比基本区轻,征收率最高不得超过百分之十五,已成根据地者,应按第八条规定征收。

五、边区即政权未经改造或无群众基础之地区,应根据调查之收获量分散累进征收,每人平均不合收获量八十斤者免征,累进标准,照第八条规定办理,田赋照征。

第二十四条　凡边境地区交送公粮困难者,可动员来内地购买缴纳,实在无法者得呈准县政府,按当地市价定期缴纳代金。

第二十五条　凡抗日军人及烈士直系家属其优待办法如下:

一、抗日烈士之直系家属一律免征。

二、主力部队及各县独立团指战员之直系家属,其应纳公粮为第一、二、三、四级者免征,为第五、六、七、八级者各降二级征收,八级以上者各降一级征收。

三、各级地方武装指战员(如区大队、机关通讯员伙马伕公家工厂领津贴及不领薪水的工人以及调出县工作之干部等)直系家属各降一级征收。

第二十六条　公草征收暂不集中,仍由出草各户保存,但须由出草各户出具存条,交由乡公所转报区署财务分局保存。

第二十七条　业户缴纳公粮应晒干扬尘,不得乱杂尘土,违者不收。

第二十八条　收缴公粮公草,应以漕法称十六两为准。

第二十九条　征收人员将公粮收清时,应当发给收据,以资考证。

第三十条　本办法经行政委员会及边区参议会通过,由行政公署公布执行,其修正手续亦同。

(《拂晓报》1945.06.19)

新四军政治部颁布

华中敌产管理委员会接管敌伪汉奸财产暂行办法

第一条:凡属敌伪汉奸应没收之所有公私财产,均按本办法接收管理与处理之。

第二条:所有敌伪汉奸应没收之财产,概由敌产管理委员会接收管理与处理之。

第三条:应接管与处理之敌伪汉奸财产项目如次

(一)一切军事机关,建筑设备及军用器材与军用物品。

(二)一切财政、行政、税务机关建筑设备及其动产与不动产。

(三)一切敌伪的交通运输机关的工具如各公司、码头、电报、电话、电气、电车、火车、轮船、汽车、卡车、摩托车、自行车及航空飞机等。

(四)一切敌伪的金融机关如银行、银号、钱庄、信托公司、保险公司、储蓄会等之动产与不动产。

(五)凡敌伪汉奸所举办各种工厂机器原料成品、坊屋及一切用具。

(六)凡敌伪汉奸所开设之各行各业商店、公司、行号、房屋、地基、货物、银钱、账簿及一切生财器具。

（七）敌伪汉奸之一切仓库堆栈建筑设备及存储之公私财物。

（八）一切官办之文化教育机关如学校、学会、学社、书店、图书馆及其他娱乐运动场所及其动产与不动产。

（九）一切公共卫生机关、医院、药房及其动产与不动产。

（十）不属上列各项之敌伪汉奸的动产与不动产。

第四条：敌产管理委员会调查上列各项财产，一概加以查封、登记，分别没收或管理之。

第五条：敌伪以前接管本国及同盟国之财产，由敌产管理委员会暂行管理，俟后清理发还。

第六条：凡属自动投诚之敌伪汉奸，其私人财产不予没收。

第七条：伪公务人员及供职敌伪机关之华人，在职期间秘密帮助抗日工作确有证据者，其私人财产不予没收。

第八条：公私合营之敌伪企业，其私人股金仅足以维持一家一般生活者，应发还其全部股金，其股金如超过此标准者，另行按实情没收一部或大部。

第九条：公私合营之敌伪企业未经察觉，而私人自动向敌产管理委员会申报者，其私人部分股金不论多寡准予发还。

第十条：敌产管理委员会对没收敌伪汉奸经营之企业，和债权债务另订办法处理之。

第十一条：敌产管理委员会没收之敌产，应随即编造清册，分别性质按下列办法处理之。

（一）凡属第三条第（一）项之财产，交由该地最高供给机关或军供给部处理。

（二）凡属第三条第（三）项至第（七）项之财产，交由专署以上之财政机关接收处理或华中财经委员会处理。

（三）凡属第三条第（八）项之财产，交由该地最高政治机关或华中宣教机关处理。

（四）凡属第三条第（九）项之财产，交由该地最高卫生部门或军卫生部处理。

（五）上述各项之处理均须经师或行署以上之机关批准并按级呈报军政治部。

第十二条：敌伪汉奸财产之经理人员，不得私行破坏或掩窃任何财物，否则应受赔偿处分。若管理人员能将财产保护安全，自动前来申报者，从优奖励之。

第十三条：无论中外居民及任何人士，如确知有敌伪汉奸财产，均应向敌产管理委员会申报，经清查属实，从优奖励；倘有隐匿不报者或企图吞没者，当视情节轻重分别惩办之。

第十四条：中国人民及同盟国中立国人士不得接收转移敌伪汉奸财产所有权，或为其庇护，否则依法处理之。

第十五条：本办法由军政治部颁布施行。

（《苏北报》1945.09.02）

苏北行委会关心新解放区民困

拨粮百六十万斤救济难胞
成立救济会并订难民救济办法

【本报讯】 苏北行政委员会，为救济光复城镇历年受敌伪蹂躏之受难同胞，特成立苏北新解放区救济委员会，并令各县组织救济委员会，及拨救济小麦一百六十万斤。行委会已通令各县，聘请公正人士，迅速组织救济委员会，进行救济工作；已拨出的救济小麦一百六十万斤，按各县情形分配数量如下：建阳、盐东、盐城、涟东各十万斤，滨海五万斤，淮阴二十万斤，淮安十五万斤，淮海专区各县五十万斤，另灌云、东海等地三十万斤。在此军政开支浩大，财政收入极度困难的情形下，能拨出如此巨额食粮救济新解放区难胞，足见政府体恤民瘼之至意。为使救济粮食不致浪费，达到公平合理救济难胞之目的，特制定苏北新解放地区难民救济办法如下：

一、为救济新解放地区受敌伪蹂躏之难民起见，特订定本办法。

二、凡新解放之城市乡镇受灾居民，均适用本办法。

三、遭受下列损害之人民，为适用本办法之难民：

1. 直系亲属遭受敌伪之杀害或绑架，因而无法维持生活者。

2. 家庭之主要劳动者，遭受敌伪伤害以致残废不能继续劳动者。

3. 居室或生产工具被毁，以致无力重建者。

4. 生产资本或所有田地被敌伪诈取没收或占有，在查明发还前暂时不能维持生活者。

5. 因敌伪占领以致长期失业，目前无力维持生活者。

四、第三条规定灾民申请救济时，须取得下列证明：

1. 邻右两家以上之证明。

2. 群众团体之证明。

3. 镇街乡村保长之证明。

4. 其他可靠之证明。

五、凡属确认之难民，分下列数种办法救济之：

1. 鳏寡孤独无劳动力者，一次赈济粮食每人小麦七十五斤。

2. 房屋被毁因而失所者，一次赈济粮食每人五十斤。

3. 生产工具被毁，因而不能从事生产者，酌量补助之。

4. 缺乏资金，因而不能从事生产者，酌量为一定期间之无偿贷款或补助之。

5. 失业者除设法分配就业外，其有家庭负担者，酌量补助之。

六、具有下列情事之一者，不在救济之列：

1. 曾为敌伪军政机关服务，为人民所痛恨，未经自新者。

2. 在根据地违反法令，逃入敌伪区，未经自新者。

七、本办法如有未尽事宜得随时修正之。

八、本办法自公布日起施行。

(《苏北报》1945.09.02)

贯彻土复满足贫雇农要求
——十一专署颁五项决定

淮阴县委宣布九项决定　严防干部自私包庇倾向

【十一分区讯】 十一专署为贯彻土地复查，满足雇贫农要求，彻底消灭赤贫，真正达到耕者有其田，彻底消灭封建剥削制度，发展生产，特颁布如下五项重要决定：

一、在此次复查运动中，农民要求清算地主之土地、财产、牲畜、农具等，地主应一律交由农民彻底清算、处理，不得违抗、破坏，违者决以违法行为论罪。

二、凡机关、学校、群众团体所用之汉奸、封建恶霸之房屋及其他财产，以及所留之复员田、学田、公田，应一律退出，交由农民处理、分配。

三、土改复查未结束前，严禁土地房屋买卖转移，在复查期间，凡农民之土地财产纠纷案件，均由农会处理。

四、凡农民清算出地主之土地、房屋、财产，应力求公平合理分配，凡军属、烈属、工属、荣军、复员军人均同等待遇，任何人无多得之权，过去土改复查中，不合理多得或贪污群众斗争果实者，应退出交由农会重新分配、处理，违者决依法惩处。

五、土改复查，应一切由农民做主，任何人不得包办代替，各级政府对各级农民代表大会决议，应视作政府法令，坚决执行，工作人员应本着全心全意为群众服务之精神，坚决支持土复，支持农民翻身要求，如有包庇、隐瞒、帮助转移地主财产，阻挠、违抗复查行为者，一经查明或经农会控诉者，决依法严惩。

(季龙)

【六支社十九日电】 淮阴县委为彻底支持农民翻身严防干部自私包庇阻碍农民翻身宣布九项决定。

(一)所有干部都应经群众批准参加农会，本人不在家者，由其家属代为请求，凡参加土复领导者(组织领导包括工作队乡村干部)都须经群众同意或选举，谁获得群众拥护谁就是好干部。(二)所有干部凡居住本地者，必须由群众评定其阶级成分，不得由自己决定。(三)存在严重的富农路线与封建尾巴不为群众所拥护的干部，不得参加土复领导。(四)凡本地干部都需向群众表明土复制度，并积极支持土复运动，帮助农民彻底翻身。(五)严禁任何机关干部卖买群众胜利果实，如有购买一律退出，违者以纪律制裁。(六)严禁任何干部私自动支与受贿赂或任意浪费群众胜利果实，违者以贪污论罪交群众处理，除赔偿果实外并按情节轻重给予处分。(七)此次土复中尚有包庇地主干部(替地主说人情，不支持群众而为地主打掩护，或想为地主多留地、物资者)，除交群众处理外亦按情节轻重予以处分。(八)地主富农成分干部对土复工作阳奉阴违，当面说漂亮话背地说怪话，表面积极暗地支持家庭，或藉口家庭思想不通，造成直接或间接地阻碍土复，一律交群众处理外,并予以严重处分。(九)各级政府、部队、机关干部人员要无条件支持农民土地回家,不得置之不理或间接阻碍。县委并为土复结合立功,拟订五项立功条例,分立场、作风、发动群众、执行政策、调整组织,记功评功,以彻底消灭封建势力。

(《苏北日报》1947.09.25)

平分土地中的几个问题

胡 淮

分土地办法

一、以全村为单位:①把预算造好;计算出每人平均须得多少好田孬田。②计算出要拿哪家田,哪块田,一共要拿多少田。③计算出哪家应得多少田,得谁田,得哪块田。方式上,第一步,经复查委员研究,把预算造好。第二步,小组通过。第三步,全村农民会通过。第四步,分头开始清丈。

二、以村为单位分段进行:①计算出每人平均应得多少地,全村能够拿出多少好坏田,需要补足多少好坏田。②按得田户分布及现有土地分布状况,分段研究进行。

方式上:先由复查委员把预算造好,再开村民会,在村民会上通过,拿哪家田,共拿多少田,哪家还应得多少田,分段研究,哪家应得哪块为宜,然后再清丈。

新解放区分土地中应注意两个问题:

一、因新解放区去年土改不彻底,地主隐瞒很多黑田,同时贫农得的孬田、远田,不愿要剩余下的公田等等,必须事先清丈,否则分配再查,一定要走弯路,或分得不合理。

二、土复中的典卖田问题:原则典卖无效,仍照土改时的原则。关于典价卖价问题,由买主向卖主由典主向出典主自己索回,或向大会控诉与一般农民同样得果实,如果原得田者同意下,不要此田,买田户亦可得此田。

对当还乡团的地主富农及贫农的土地分配问题:

一、对地主还乡团:①坚决反动或拿枪残害农民为群众痛恨,可经群众研究,可以不给田,对其家庭亦与群众研究,给多少即多少(这是指罪大恶极而言)。②对一般地主逃亡在外在做事或被迫干顽事不凶者,由群众研究分给他一份土地,但无产权(可暂代管),家属可由群众研究照分土地。

二、贫雇农干还乡团的:①反动狗腿子坚决干的,同时危害较大,由群众研究,由农会代管,但家属仍应分得土地。②一般胁从干还乡团者,照样分得土地。

彻底平分与抽肥补瘦问题:

这两个问题有些同志还未弄清,把彻底平分,误认为是绝对平均,不分阶级成分,连一个贫农,因家庭人口死亡,致使土地超出水平,也都须彻底拿出平分。在抽肥补瘦这个问题上,也同样的不分阶级成分,将中贫农超出水平的好田抽出来,又叫中贫农得其他孬田,结果弄得中贫农不满。这两问题,我认为彻底平分土地与抽肥补瘦,都是指地主富农、富裕中农的土地拿出来彻底平分与调剂,而不是不分阶级成分的绝对拉平。

(《盐阜大众》1948.01.10)

为提高产量而斗争！

大规模的春耕季节，已经到来了。

由于上级党华东局、工委、地委，屡次强调春耕生产的重要性，我五分区各地，已开始把春耕生产，当做当前的中心任务。我各级干部，都开始在各个乡村中，打通群众生产顾虑，解决群众生产困难，消灭熟荒，组织生产。

现在，在旱田地区，稻头的布种已快结束，山芋亦已下种。在水田稻麦田地区，农民正进行耕田拉犁（同犁），浸种下秧。那些地区的荒地已经消灭，那些群众的生产困难和生产顾虑，已经解决，那些地区的领导生产，获得显著的成绩，都有了铁的事实，来取得证明。

摆在我们面前的任务，一方面应该迅速普遍地进行一次生产检查，把没有消灭的荒地，迅速设法，找人耕种；把群众没有解决的生产困难，立即采取各种办法，予以解决；把群众还存在着的思想顾虑，继续进行打通。另一方面，我们还应该用更大的力量，来领导群众，加工施肥，为增加我们五分区的农业生产量而斗争！

很明显的，从土地改革以来，我们的土地生产量，是普遍的下降了。根据叶挺的调查，水田抗战以前每年每亩产稻三百斤至四百斤，一九四六年减至二百斤至三百斤，去年又减至八十斤至二百斤，去年比一九四六年，减收了三成至四成。根据盐东的调查，旱田区以前每亩夏收一石，秋收石半，现在则夏收三斛，秋收减半。土地生产量的大量下降，不但直接影响到群众的生活，而且也影响到我们的财政收入，影响到当前的革命战争。

造成这种普遍减收的原因，是多方面的：首先是由于蒋匪的摧残破坏，耕牛被杀，农具被毁，粮食被抢，敌后情况多变，群众无法安心生产。其次是土改不彻底，屡次复查，产权没有最后确定，群众存在着等待观望心理；执行土改政策上有偏向，群众怕富了就被斗，多请工就算剥削，不敢加工施肥。最后是由于战争时间，后勤任务繁重，劳动力部分外流，土改土复开会太多，造成劳动力缺乏，无法及时地耕种积肥，更谈不上加工加肥。

根据这一现象，我们组织春耕生产的要求，不但要达到"不荒掉一亩土地"，而且要在"不荒一亩土地"的基础上，引导群众加工施肥，增加产量。我们应该尽一切努力，使今秋收的生产量，起码能恢复土改以前的水平，甚至超过土改以前的水平。

这是一个严重的任务，也是一个复杂细腻的组织工作。

但根据我们零星了解的材料，某些地区在这次组织生产运动中，只是抓住了"不荒掉一亩土地"，看到熟荒已经解决，群众已经开始耕田下种，就认为春耕生产的任务已经完成，不必再去进行什么工作。这样做法，明显地说明我们在领导上，还存在着官僚主义的作风，没有深入地去了解问题，提出任务，还或多或少的存在着任务观点，眼睛还是向上，而不是向着群众。

因此，我们号召：我们组织生产的要求，不应该单纯的满足于"不荒一亩土地"，而应该进一步为提高今年秋收的产量而斗争！我们不应该把组织生产运动，作为临时的突击任务,而应在整个群众的生产季节中,动员群众,组织群众,实行加工施肥,换工互助,达到增加产量的目的!

要实行加工加肥,增加产量,固然还存在着不少的困难。如:群众生产顾虑,还没有完全打消;群众正处在严重的灾荒下面,没有足够的生产资本,来增加工施肥;某些地区,积肥取肥的季节,已经过去;某些地区的劳动力缺乏等。但我们相信,这些困难,只要全党努力,还是可以克服的。群众的生产顾虑,只要我们耐心说服,是可以消除的;群众缺乏生产资本,我们可以领导群众,把生产和救灾结合起来,在群众可能的条件下,继续积肥取肥,多耗草,多耕田。某些地区的劳动力缺乏,可以在群众自愿自觉的基础上,组织各种形式的劳动互助,同时根据淮安的研究,在下种以后,还可以用泼粪、挖黑泥、扛土等办法,来增加肥料。问题的症结,不在于困难的严重,而在于我们有没有决心和勇气,去克服这一些困难。只要我们具备着克服困难的勇气和决心,这一些困难,还是可以克服的。

时间急迫,全党必须拿出布尔塞维克的精神,在完成"不荒一亩田"的基础上,把生产运动提高一步,普遍开展增产运动,为提高土地的产量而努力!

(《盐阜大众》1948.04.21)

生产一定要领导

秋分已过,秋种已经开始。"三春不如一秋忙",这个时候,正是我们农民积极生产的季节。秋耕秋种的工作做得好不好,能不能把熟荒消灭,能不能及时地耕田、上粪、种麦,能不能大量地罱泥罱渣、养猪积肥,就决定了明年收成的好坏。

正因为目前是生产的决定关键,我们全体党政军民干部,就应该抓紧这个时机,好好的领导群众生产,打下明年大生产的基础。

但是,根据各地的反映,在我们不少乡村干部中间,却存在着生产不要领导的"自发论"思想。他们说:"哪一个农民不会生产,还要我们去领导?""领导生产,是多管闲事!"在他们的头脑里,认为群众自己就会好好生产,该种麦的时候,就会去种麦,该耕田的时候,就会去耕田,不必我们共产党去领导他们生产。因此,上级虽然把生产工作,当做眼前的中心任务,他们却认为上级这样提法,是主观主义。一听到上级布置生产,就会说:"你多发些续贷,解决群众困难,群众就会好好生产了!"或者把它当做例行公事,开一个村民会,号召一下,就算完成任务。有些同志,听到布置生产,就百事不问,回家去埋头生产。上级来检查,他就会说:"我们已经动员过了,你看,不是家家都在忙生产么?"

这些同志,根本不懂得生产一定要领导的道理。不错,群众自己会生产,不生产他就会没饭吃。但是,还有许多问题,使群众不敢、不能或者不愿意好好的生产。

第一,在群众思想里,还存在着不少疙瘩;他们害怕再来一次"彻底平分"(实际上决不会再这样做的),害怕自己的土地还变动,要求赶快确定产权;他们害怕"共产党不许发财"(实际上共产党领导土地改革,就是要帮助全体农民,得到土地,劳动发财);因此,只要把日子能混过去就算了,不必再下苦;他们看到有些二流子不生产,生怕自己劳动得来的粮食,将来还会被"铲墩子"(实际上政府一定保障劳动起家的财产)。这样,他们就不敢积极生产,也不愿意积极生产。

第二,农民在生产上,还存在着不少困难:灾荒地区的农民,没得种子;劳动力、牛力不够,没法及时地耕种,或者只种好地,把孬地丢下不种;农具不够,资本不够等。这些困难不能解决,农民就无法好好生产。

第三,农民中的生产积极性还是参差不齐。有些二流子只想靠斗争吃饭,一天到晚吃赌逍遥,不想生产,有些懒汉只求广种薄收,不愿意加工施肥。如果我们不能在每一个生产季节里,提出可能和必须做到的要求,干部带头,积极生产,表扬生产模范,批评和改造生产中的落后分子,那么我们要求普遍做到深耕细作,加工施肥,提高产量,还是不容易的。

要解开疙瘩,解决困难,养成生产风气,就必须要有共产党的积极领导。如果我们不去领导,不去打通群众思想,解决群众困难,掀起生产热潮,让群众自流自发地进行生产,生产运动是提高不起来的。我们千万不要粗枝大叶,看到有些群众在推粪耕田,就认为生产运动,已经没有问题,而自满起来。我们必须好好的深入群众,了解哪些东西,障碍了群众的生产热情,然后"什么钥匙投什么锁",切实地加以组织和领导,才能推开生产运动。

反对"自发论",确立生产一定要领导的思想,是我们组织生产运动中第一个环节。

(《盐阜大众》1948.09.26)

中共华中工委
关于抢耕抢种突击完成冬麦下种的紧急任务

中秋以来,阴雨连续半个多月,所有晚秋,如山芋花生等,群众所赖以为生的主要食粮,不仅洼地全部毁损,而且生在高地者也烂掉很多,许多地方已下种之麦子,又被水湮没。我华中不仅处于紧张的战争环境,而且又遭此严重的灾情,目前天已放晴,霜降将至,种麦的时间,仅有半个多月,转眼就会过去,如果错过时机,不能把麦子种下去,不仅加重灾荒,造成明年夏荒,而且会严重地影响到对战争的支持,因此不失时机的抢耕抢种,想尽一切办法,克服一切困难,在二十天内突击完成冬麦下种,把所有能耕种的土地,全部耕好种好,并尽量把耕种面积扩大,乃是当前我华中全党头等重要的任务,为此工委特作如下紧急指示:

一、各级党委必须紧急的动员与组织全体党政军民学进行抢耕抢种,无论如何困难都必须加以克服,一定要在霜降以前(二十天内)把可能耕种的土地全部种下去,同时把秋收按时完成。麦地较少之稻田与垦区及地势较高没有水灾地区,应即通过原有各种组织,迅速领导与组织群众进行耕地施肥,很快把麦子播种下去;地势较低洼地区受灾较重,必须把抢耕抢种与救灾备荒密切结合,而抢耕抢种又应成为救灾备荒的中心内容,各级领导机关帮助工作的重点,应放在选种群众困难较多的地区,尽一切可能组织群众挖沟排水,多救出一些土地,早一些耕种下去;地势特别低洼目前积水尚深的地方,也应该想尽一切办法克服一切困难,尽最大努力排水下种。确实在尽了最大努力后,而在霜降以前仍无法下种,则应领导群众进行各种副业生产,并准备好种子,一旦积水退去,便迅速抢耕抢种,即使是少数个别地区,今年实在无法耕种者,亦应设法准备春种,争取明春种下,以免夏荒。

二、必须切实有效地帮助群众解决各种困难。首先是麦种的困难,政府决定发放的麦种贷款,重点应放到受灾较重的地区,发放手续,力求简便,且要迅速及时,并能把实在缺乏麦种之群众的困难切实加以解决,使之不违农时的耕种下去,在受灾较轻或无水灾的地区,虽亦有缺少麦种者,但为数不多,主要采取社会互助互济办法,加以解决。其次是人力牛力缺乏的困难,一般地区主要是军工烈属,以及鳏寡孤独困难较多,必须认真组织代耕代种,与自愿等价交换的劳动互助人牛换工来加以解决。有些受灾地区普遍缺乏人力牛力,如果没有外力支援,困难难以解决,因此必须有计划地调剂耕牛,尽可能动员与组织人多牛多地区之人牛到奇缺地区去帮助。一切后方机关及警卫部队牲口马匹,在不妨碍战斗任务及经常工作原则下,以最大力量帮助驻地群众特别是军工烈属及无劳动力者进行耕种,帮助群众生产,解决一切人力牛力困难,领导群众完成抢耕抢种的紧急任务。

三、为了保证在二十天内突击完成冬麦下种的任务,在这一期间,除了支前与生产任务外,一切次要的工作都必须停止,一切会议,除组织生产与推动抢耕抢种者外,一律停止召开,即使是组织推动生产种麦的会议,也不能开长、开大,多用小会解决问题,不能耽误群众抢耕抢种的时间。各级党委看到此指示后,不必等待按级传达布置,区乡干部即可深入到各乡村根据当地实际情况,很好地与群众商量,想办法。干部党员带头,推动各种组织积极行动起来,具体帮助群众解决困难,打破灾区群众悲观失望、消极等待的情绪,严格纠正与克服强迫命令、形式主义与浮夸空喊的作风,掀起抢耕抢种的热潮。而各地委及县委除少数留在机关,照顾日常工作外,亦应组织一切可能组织的力量,由各部门负责同志率领分发到各地,检查督促。特别是对于困难较多,水灾较重的地区,更应增加力量切实而具体的加以帮助,才能不失时机的完成任务。

任务艰巨,时间急迫,切盼各级党委、各级组织立即动员起来,组织起来,为保证二十天内完成冬麦下种任务而努力,并盼将抢耕抢种的情形随时报告给我们。

中共华中工委
十月六日

(《盐阜大众》1948.10.12)

华中工委关于深入检查和继续贯彻抢耕抢种的指示

一、工委本月六日发出关于抢耕抢种突击完成冬麦下种的指示后,由于各级党委一般都拿出雷厉风行的作风,自上而下地组织力量,深入地进行动员,打通干群思想,宣传我党各项生产政策,并切实有效地帮助群众解决生产中种子、劳力、耕牛、农具等困难,因而很快就展开了群众性的抢耕抢种运动;半月以来,获得了很大的成绩,把可能下种的麦田,极大部分都已经种好了;并且消灭了很多熟荒,扩大了耕种面积;这是由于今春停止土改,以生产救灾为中心,结合纠偏以来,广大群众对我党发展生产政策,有了进一步的了解,在生产顾虑逐渐消除,生产热忱日见提高的基础上,加上全党一致努力的结果。

二、但是我们决不能因此盲目自满,以为我们抢耕抢种的任务已经全部完成了,以为我们工作上就不存在缺点了。事实上不是这样,现在还有一些地方冬麦还没有种下去,在这些地方,虽然有其客观困难,或者因秋收较迟,或者因为积水过多,或者因为接近敌区,或者因为耕牛劳力特别缺乏,以致麦子一时种不下去,但是因为主观上努力不够,本来可以完成下种而没有彻底完成的地方,也不是没有的。有些地区在领导上掌握不紧,分散力量,忙于其他次要工作;或是满足于一般号召,而缺乏具体检查领导;或是遇到客观困难,信心不高,也就不去更多设法;还有些同志认为"不要领导,群众也晓得生产",因而采取自流放任的态度;也有在组织劳动互助上,不是按照群众觉悟程度与自愿原则,而强迫结合或过低的规定人工牛工工资的;也有在麦贷发放上,不是从群众实际需要出发而采取平均主义的;也有在解决生产与后勤矛盾上,不是因生产而忽视后勤,就是等待大后勤而放松对生产领导的;以及个别乡村干部在泄水排水方面有本位与宗派观念等等。如果不是主观上有这些缺点,此次收获成绩还要更大。

三、现在霜降已经到了,很可能有些地方因为霜降一到,以为抢耕抢种的期限已过,因而松懈了情绪,忽视和放松了对生产的领导。必须提起全党注意,正由于霜降到了,而我们还有些地区冬麦还没有种下去,应该更加重视,更加加紧来深入检查抢耕抢种的实际情形,继续贯彻抢耕抢种的任务。虽然现在已经交霜降,但霜降气节还没有过去,仍不失为种麦的良机,应该迅速地把所有应该种麦的地方,真正彻底地把麦子全部种下去!因此我们要求:

第一,在一切麦子没有种下去的地方,特别是牛力人力缺乏的地方,积水较多的地方,以及对敌斗争频繁的地方,这些地方一般都是播种较迟、困难最多、阻力最大的,只有把这些地区的困难克服了,麦子全部种下去了,才能算是真正完成了抢耕抢种的任务。各级党委应把领导的重心,把主要的力量,放到这些困难最多、阻力最大的地方去,接受已有的抢耕抢种经验,集中更大更多的力量,继续突击,坚决克服各种困难,打破一切阻碍,采取一切有效办法。在牛力人力缺乏的地方迅速组织互助调剂;在积水的地方迅速设法排水;在荒地较多的地方迅速采取各种奖励的办法,号召和组织农民去耕种;在边沿区斗争紧张的地方迅速加强武装活动,保卫群众下种;在秋收较迟的地方快收快种、边收边种。总之,要尽一切努力,不失时机,争取下种,做到不荒一亩麦地。反对任何畏惧困难、逃避困难的行为! 只有那些确实面向困难,克服困难,尽了一切努力而实在无法下种的地区,才可以例外;而在领导上仍需注意设法指导群众作其他副业生产,准备明春早种。

第二，凡冬麦已经下种的地方仍应切实组织检查，总结经验，深入到乡村去了解。按坵(同丘)视察，挨户调查，是否真正全部种好了，决不可单凭汇报，盲目乐观。如果还有个别未种，就要立即找出原因，帮助督促全部种好。真正全部种下的，要将生产工作继续向前推进一步，提倡多养猪，多积肥，多沤粪，添置农具，增殖耕牛，利用农闲，发展副业，兴修水利，以及进一步宣传有关农业生产的各种政策，巩固群众的生产情绪，加强生产组织的领导，做好明春开展大生产运动的一切准备工作，给来年增产打下更有利的基础，以达到毛主席"生产提高"的号召。同时提倡节约，救灾备荒，通过生产运动，联系时事宣传和支前教育，整理后勤组织，准备大后勤的到来。防止麦子种了万事大吉的自满情绪，这种情绪其结果正同认为生产不需要领导的错误自发论一样，将极大地妨碍生产工作的继续推进和提高。

四、战争胜利形势发展很快，支前任务必然日趋繁重，因此无论在抢耕抢种任务中，或在平时，都必须正确解决生产与支前的矛盾。首先要树立一切为了前线的强烈的战争观念，认识战争的利益与群众的利益的一致，一切后方人力、物力、财力必须积极支援前线，因为战争的胜利，就是代表最大多数群众的最大利益。同时又要认识到生产本身就是长期的支前工作，生产的好坏关系于来年的军粮民食，与战争有极其重要的影响。在生产中固然不能放松支前任务，而支前任务也不能妨碍生产工作。我们应该在大后勤未到来之前，集中全力领导生产，并做好各种支前的准备。即使大后勤到来后也不应放松对生产的领导，而应该是支前与生产同时并重，既要生产，又要支前，支前不能妨碍生产，生产也不能妨碍支前。在分配支前任务时，应照顾劳力多少，灾情轻重，抢种任务完成程度的大小等，提出不同的要求，以适当照顾生产，防止无分别、一般化的偏向，有组织、有计划、有步骤地使用支前力量，做到公平合理，既能保证支前任务，又能不耽误生产。

五、以上指示希各级党委接到后，立即讨论执行，并将执行情形及发现的问题，随时报告我们。

十月二十六日
(《盐阜大众》1948.10.30)

不荒掉一亩地，不饿死一个人！
——华东局号召快快生产救灾

中共华东中央局，确定以生产救灾为当前紧急重大任务，号召党政军民在"不荒一亩地，不饿死一个人"的口号下，紧急动员起来。

关于救灾工作，主要规定调剂粮款，并酌量情形举办工赈，提倡互相救济，调剂早熟庄稼和瓜菜的种子，整理各地公家存粮，严格禁止粮食出口等。

关于生产，指出：(一)严防敌人抢粮，武装保卫春耕。(二)必须初步解决未确定的地权问题，未分配的土地立即分配耕种，新收复区原已实行土地改革，但现在被蒋匪侵占，地主倒算霸占的土地，宣布其为非法地权，仍归原分得田户。所有开垦生荒者，三年不缴公粮。(三)为提高生产热情，减轻人民负担，提议政府研究改良公粮田赋的征收和办法：

为减轻人民劳役负担,除军烈属外,工属土地一律停止代耕。(四)帮助外地逃来的难民安家,土地多的地区可分给他们土地,荒地多的地区,组织难胞垦荒。(五)组织生产互助人牛换工中,照顾牛主利益以鼓励养牛,机关部队应普遍帮助群众生产,并组织畜力代耕,农忙时将牲口交贫雇农集体使用。(六)一有荒地或多余土地,在群众自愿借给的原则下,机关部队可利用工作以外时间种瓜菜,改善生活,但禁止任何非法侵占人民的土地的行为与劳动。

(《盐阜大众》1948.03.13)

救灾工作中要坚决反对官僚主义作风

　　蒋匪到处疯狂地抢劫烧杀,破坏群众生产,继续扩大灾区,造成我五分区灾情愈来愈严重了。滨海已陆续发现饿死人,淮安苏咀区,有三家卖掉四个儿女,吃树叶子,吃皮(秕)糠,用山芋藤磨面吃,挖芙秧子吃的,在滨海涟东已成了普遍现象。

　　灾情这样的严重,地委专署也一再地强调,动员分区全力,抢救目前灾荒,我部队和机关及各县区干部,大部分同志,都大力进行救灾工作,展开生产自救运动,得到很大成绩。但仍有某些地区的领导同志,对这样严重灾荒,还采取了无所谓态度。如苏咀区干部,听到灾民卖儿女了,但他们好像没有听到样的,仍只顾做旁的工作,把这刻不容缓的救灾工作,反丢得远远的。阜东八巨区,全区有三分之一的人没粮吃,有一个乡的四百二十户中,就有一百七十多户盖锅,灾民天天吃山芋叶子树叶子,吃得都头脸发肿,但领导上硬是搞土地平分,对救灾事情一点未动。也有些领导同志,看到了灾情的严重,对救灾工作,丧失信心,采取了逃避的办法。阜宁东沟镇的干部,不敢直接深入灾户,了解灾民痛苦,或公开和群众讨论,害怕一提起救灾,群众就缠住他,因此只是把救灾豆饼,夜里偷偷摸摸的送到他们认为困难的灾民家中去。还有些同志,自己不想办法,专门眼睛向上,等上边拨钱拨粮去救济,认为灾情这样严重,太困难,种菜、挑野菜、发动副业,不要动员,群众自己会搞的。

　　看见了群众遇到严重灾荒,万分危急的时候,我们不是积极地行动起来,想出一切办法,抢救灾荒,不是很好地深入群众,耐心说服群众,把群众组织起来抢救灾荒,战胜灾荒,相反的采取了不闻不问,退却逃跑,或是光在会上空喊的办法,这是一种严重的官僚主义,这是国民党作风的表现。

　　现在这些地方,都已检讨了这样错误的作风,我们希望他们能真正的转变,发扬共产党员为人民服务对人民负责的精神,真正深入群众,耐心说服群众,和群众商量、研究,替群众订出具体计划、办法,不问纺织、拾草、种菜、做席子、捕鱼、烧盐等,只要可以做到的,不管能弄到多少粮食,只要能把嘴糊过去,能真正做到不再饿死一个人,不再有一家卖儿女。同样,我们各级领导同志,也必须警惕,必须认识,要真正的战胜灾荒,真正的不再饿死一个人,那么必须坚决反对和及时纠正救灾工作中的官僚主义作风。

(《盐阜大众》1948.04.18)

关于帮助群众抢收抢耕抢种的决定

霜降将到,目前正是群众抢收抢耕抢种的紧要时期,今年的秋收秋种,对增产防荒军需民食及有力地支援解放战争,关系特别重大,根据军区指示,我分区各级武装部队,必须立即紧急动员起来,深刻认识当前抢耕抢种的重大意义,以高度的政治自觉与强烈的群众观念劳动观念,来响应这一政治号召,充分发扬人民军队的优良传统。为此,我们决定一切机关部队,不论前方后方,在群众抢收抢耕期间,必须一律参加驻地生产,并作具体规定如下:

(一)帮工要求以人数计算,采取包工制,前方活动部队(二、三团,淮涟团,边区区队,联防队,分直前方机关)每人帮助群众二~三个工,后方部队机关(新兵团、县大队、县警卫连、中心区队、分直后方)每人帮助群众四~五个工,这是原则规定,各单位可按具体情况拟订计划,计划事前应按级报告,事后须进行总结,总结时必须有地方组织帮工收据作证。

(二)帮工内容,因时、因地、因人而定,可按当地有什么营生,这个同志能做什么而定(如割豆、推粪、收山芋、筛花生、耕田、种麦等)。

(三)帮工时期,分区不作一般规定,在整个农忙期间完成之,各单位可按帮工内容及不影响战争与经常工作情况下,自行规定计划,或抽出几天工夫,全天帮工突击完成,或每天帮工半天,分段完成之。

保卫夏收宣传提纲

一、今年保卫夏收的重大意义

现在,各地麦子已经熟了,很多地方的早麦,已开始收割了,今年我们盐阜区的麦子,一般都是丰收的。如果能好好收下来,老百姓吃的不愁,军队粮食充足,大反攻的胜利,就更有保证。

但是,正在走向死亡的蒋匪,他看见我们有了粮食就眼红,他定下了很阴毒的计划,来破坏我们的夏收,准备大规模的到我们解放区来进行"扫荡"抢粮。一方面破坏我们的经济,加重我们军粮民食的困难。另方面解决他本身的粮食困难,在蒋占区和边区,怕我军队民兵帮助群众抢收,他就准备以部队来掩护土顽抢粮。对我们中心区,则以匪军主力配合土顽,进行"扫荡"抢粮,运不走的就烧毁掉。同时欺骗群众,将粮食运到他据点里去出卖,并且计划哪里丰收,就往哪里先抢。我们要不让敌人抢去一粒麦子,一定要坚决地和敌人展开斗争,很好地保卫夏收!

今年的保卫夏收,比往年更有着特别重大的意义:第一,今年我们有些地方的灾荒是很严重的,麦子能好好地收下来,很多灾民就不再过灾荒的生活,生产也有本钱了。第二,在一般地区,农民平分土地之后,麦子又得到好的收成,在经济上就可以得到进一步的翻身,生活更加好了。第三,华中人民解放军的粮食供给,有了保证,配合全国大反攻,更有力量,使蒋介石快些死亡,全国人民可以快些享受太平日子。

二、保卫夏收的胜利条件

我们一定要很好地保卫夏收,要党政军民全体紧急动员起来,不使蒋匪抢去我们的麦子,使我们军队老百姓都饿肚子。我们应该有信心,我们保卫夏收,是会得到胜利的,因为有下面几个取得胜利的条件:

1. 我们华中有了强大的主力,而且比以前更加壮大了。过去在叶挺城、叶挺南边、益林等地方,一个师一个旅的揪掉了敌人;阜宁城的敌人,连枪都不敢放,就吓得跑掉了。在夏收的时候,我们的主力定会积极地歼灭敌人,保卫群众进行夏收。

2. 农民群众得到了土地,又得到了丰收,辛辛苦苦的劳动,得到好收成,因此,保卫夏收,就是群众的切身要求,群众眼看着敌人要来抢粮,他们一定会有很大决心来保卫夏收的。

3. 过去打鬼子打了好几年,自卫战争又打了两年,全区的干部、群众和民兵,对于对敌斗争,保卫夏收,都得到了很多经验,保卫夏收是有办法得到胜利的。

三、怎样保卫夏收

1. 首先要在我们干部和群众中,进行普遍的动员和宣传,要认识到这是目前党政军民顶紧急的任务,指出敌人的毒辣阴谋,认识今年保卫夏收的重要和特殊意义,了解我们胜利的条件,加强胜利信心,号召大家紧急动员起来,进行抢收、抢晒、抢藏,不给敌人抢去一粒麦子,特别是中心地区,千万不要麻木不仁、太平观念。

2. 我们的武装民兵,必须立即积极地向边区推进,以武装掩护边区群众,进行抢割抢收,并且找寻一切好的机会,消灭和打击敌人,以积极的主动的战斗行动,把敌人向我抢粮的步骤打得粉碎。

3. 在边区和敌情可能波及的地区,在收割中,要劳动和武装结合,有枪的扛枪收割,敌人来了就打。在麦子收割以后,应该快打,并通过自己的亲戚朋友关系,把粮食搬到中心地区,进行分散收藏。

4. 各地的全劳动力和半劳动力,在可能和自愿原则下,进行劳动互助,尽力做到快割、快打、快耕快栽,争取缩短夏收夏种的时间,免得中途情况变化了,影响生产。在劳动力、牛力缺乏的地区,可以由别的地区调剂帮助,特别是中心区群众,要很好地组织劳动力和牛力,到边区去帮助抢耕抢栽(工资要支付一定的代价)。

5. 为了使群众保卫夏收热情加强,生产情绪更加提高,各级干部就要很好地执行党的政策。过去工作中,有"左""右"倾的偏向的,要很好地纠正,群众有向外逃亡的,要很好地说服和争取,在家安心生产;侵犯中农利益的,要很好地补偿,这样就会更加强了解放区群众的团结,提高保卫夏收的信心和生产情绪。

总之,只要全体人民紧急动员起来了,用各式各样的办法来保卫夏收,敌人的抢粮阴谋,一定被我们粉碎,保卫夏收一定得到伟大的胜利。

保卫夏收标语口号

一、全民紧急动员起来,保卫夏收!

二、粉碎敌人抢粮阴谋,武装保卫夏收!

三、不让蒋匪抢去一粒麦子!

四、保卫劳动果实,粉碎蒋匪抢粮阴谋!

五、实行劳力互助,快收、快打、快晒、快藏。

六、保证民食军粮,坚决保卫夏收!

七、夏收保卫好,生活得温饱!

八、大家动员起来,保卫夏收一定胜利!

九、积极保卫夏收,反对麻木不仁、太平观念!

十、实行劳武结合,保卫夏收!

十一、加紧站岗放哨,捉拿特工敌探!

十二、保卫夏收,保卫粮食,争取华中反攻全面胜利!

(《盐阜大众》1948.05.27)

紧急备战,保卫夏收,粉碎蒋匪"总体战"阴谋

全国的军事政治形势,正在胜利的发展着:我们不但在军事上,取得了连续不断的胜利,攻克了不少的重要城市,歼灭了敌人的有生力量,切断了敌人的交通动脉,收复和开辟了广大地区;在政治上,我党中央伟大的五一号召,也获得了解放区军民,和全国广大人民,各民主党派的热烈拥护。全国范围内的反帝、反封建、反官僚资本的统一战线,是日益走向扩大和巩固。一切都证明了毛主席伟大的昭示的正确性:全国的形势,正处在历史的转折点。

在这一形势的胜利发展下面,蒋匪一方面是深深地感到了毁灭的悲哀,另一方面,还想临死蹬三脚,企图在残死以前,进行绝望的挣扎。

由于我华中地区,是蒋匪的老窝——上海南京的外围,是我们南进的基地,华中形势的胜利发展,严重地威胁了蒋匪,因此,他不得不采取重点防御的战略。在华北地区,他仅准备固守几个主要城市,而连续的从山东、江南,增兵华中,实行军事、政治、经济相结合的"总体战",这样来达到固守华中、保卫江南的目的。

蒋匪这一"总体战"的内容,是在军事上,不断地向我进行反复"扫荡"和重点"清剿";在政治上,则企图搞垮我基层组织,利用土匪"还乡团",实行匪化,达到面的占领;在经济上,实行三光政策,大肆抢掠和破坏。特别在目前的夏收季节,蒋匪曾阴谋有计划地破坏我夏收,实行"扫荡"与抢粮相结合。

我五分区是华中的心脏,今年夏收,又得到了丰收,这样就成为蒋匪对我华中,实行"总体战"的主要目标之一。在两个月以前,蒋匪就开始对我淮安地区,实行全面"清剿"。目前,他正集中了八十三、七十二、整四师等兵力,向我五分区进行"扫荡"。我五分区各

地，正面临着尖锐的紧张局面。

在这一个紧张的斗争前面，需要我们全区党政军民，提高斗争的信心和决心，紧密地依靠雇贫农，团结中农和一切反蒋力量，积极地展开斗争，为坚持原地斗争，保卫夏收，粉碎蒋匪"总体战"阴谋而努力！

为了贯彻这一个紧急的斗争任务，首先要求全体同志，能认清当前形势的特点，提高斗争的信心。

我们必须认识：当前形势的紧张，不是说明了敌人的胜利，而恰恰是说明了敌人的失败；敌人的疯狂，不是说明敌人力量的旺盛，而恰恰是说明敌人在遭受了严重的失败以后，绝望地进行挣扎，窘态毕露。正因为这样，我们的紧张局面，将不可能是长期的，而只能是暂时的。在各战场的配合作战，给我们以有力的支援下面，在我华中主力的有力打击下面，在我五分区党政军民，全力斗争下面，敌人这一"总体战"的阴谋，必然会被打得稀烂。

我们必须认识这一紧张局面的暂时性，反对任何悲观失望的情绪，提高我们积极斗争的信心。

其次，我们还必须提高斗争的决心。这一形势的紧张，固然有它的暂时性，但也不可否认，我们的斗争，将会是异常尖锐而残酷的。敌人是肆无忌惮、兽性毕露地进行烧杀破坏，我们如果不积极斗争，敌人是不会自己倒下去的。只有我们不怕困难，不怕牺牲，发扬布尔希维克光荣的斗争传统，顽强地进行不屈的斗争，才能粉碎敌人的阴谋，争取形势的更快好转，最后胜利的更快到来。

但在前一时期，我们个别地区的斗争中，恰恰表现了我们某些同志，在斗争面前，害怕困难，畏缩退却。不是原地坚持，而是实行大跑反，大搬家；不是积极斗争，而是消极妥协。这是丧失了我们共产党人应有的斗争精神，没有负起我们对党对群众应有的职责。

为了接受前一时期的教训，我们全体同志，应该坚决地反对退却逃跑的可耻行为，应该继续和发扬抗战和自卫战争中，顽强坚持的精神，坚决地依靠群众，和群众站在一起，具备高度的决心，英勇地进行斗争！

我们具备了坚持斗争的决心以后，第三，我们就应该根据当地的不同情况，确定斗争的方针，动员广大群众，开展群众性的自卫斗争。在敌人"清剿"地区，我们应该组织精干武装，深入"清剿"区，和群众取得联系，打击组织匪化的首要分子，根据群众的具体要求，和环境的可能性，组织各种非法和合法的斗争，这样来达到坚持内线，粉碎"清剿"的目的。在敌人"扫荡"地区，应该立即动员和组织群众武装起来，和敌人就地纠缠，开展各种形式的游击战争，这样来保卫群众粮食，粉碎"扫荡"阴谋。在敌人"扫荡"没有开始的地区，应该立即进行备战，开展群众性的齐心自卫运动，克服群众中的麻木侥幸心理，克服各阶级中的某些分裂现象，大家团结起来，紧急进行备战，实行快割快打快藏，整理民兵，建立群众性的情报组织，准备情况一到，就能立即投入战斗。

大家立即紧张地动员起来，为保卫夏收，粉碎蒋匪的"总体战"阴谋，而展开坚决的斗争！

（《盐阜大众》1948.06.06）

关于领导和参加群众抢耕抢种的联合通令

霜降即至，目前正是群众抢耕抢种的紧要关头，而华中又是处在蒋后战争环境及全面解放的前夜，敌情变化与支前任务的繁重，青壮服务前方，农村劳力相当缺乏，为了保证完成华中工委关于抢耕抢种、突击完成冬麦下种的紧急任务的号召，对各级政府，各级武装部队，各后方机关，特发出如下命令：

（一）一切机关和警卫部队，必须在不妨碍战争和经常工作的原则下，以最大的力量，领导和参加驻地群众秋耕秋种，由各个单位根据自己的情况规定在秋耕秋种时间，订出人工劳力和畜力参加群众生产的计划，并立即切实执行。

（二）一切中心区的机关部队（从分区武装到脱离生产的小游击队，从专署到区政府），必须有计划地开到劳力较缺乏、灾情较严重、播种最迫切的地区，协助群众突击抢耕抢种。

（三）一切边缘区地方武装部队，必须积极活动，打击蒋匪的扫荡骚扰破坏抢劫等行为，掩护群众抢耕抢种，实行劳武结合。

（四）在缺乏种子、耕牛或农具地方，各级政府必须大力组织调剂互助，有计划地发给农贷，必须增发麦贷者，迅速领发。

（五）在农忙时期，一切机关部队，必须更加注意爱惜民力和节约民力，停止一切向群众不必要的支差，严禁随便动用民工，如必要动用者，亦须严格遵守制度按照规定，经过县以上政府后勤机关批准拨给。

（六）参加群众生产，应有重点，首先应帮助军工烈属和出勤民工家属（特别是无劳动力和劳动力不强的），其次是帮助鳏寡孤独及其他一般缺乏劳动力的乡村干部和群众，同时必须尊重当地风俗民情，加强群众纪律教育，爱护耕牛农具，不得接受群众报酬。

（七）在领导和参加群众生产中，必须联系对群众的宣传教育，解释各项生产政策（参阅新华社社论：把解放区的农业生产提高一步），进行劳动发家、生产致富的教育，消除群众生产顾虑，鼓励群众自己积极劳动，提高生产热情，同时联系时势宣传，加强群众战争观念，整顿后勤，支援前线，使生产与支前任务紧密联系，以便动员全解放区的人力财力为解放全华中而战。

（八）各机关单位、各连队见到此通令后，立即讨论，具体做出计划，一面在驻地党政军机关内取得一致，立即行动起来，一面将自己的计划，报告上级领导机关。为要！

此令

苏北军区 司令部
　　　　 政治部
华中行政办事处
十月七日

（《盐阜大众》1948.10.12）

中共中央华东局　华东军区政治部号召
机关部队学校积极帮助农民春耕

【新华社华东九日电】中共中央华东局、人民解放军华东军区政治部发出指示，号召所有机关、部队、学校立即动员组织起来，积极帮助农民春耕及发展机关部队的业余劳动生产。在灾区或邻近灾区的机关部队，更应帮助农民生产救灾，前方战斗部队在不妨碍作战、学习与行动准备的情形下，尽可能帮助驻地农民进行生产。该指示继又指出在帮耕帮种与救灾中必须切实注意六项事情：（一）进行驻地周围的调查研究，协同地方党制定帮助农民春耕与生产救灾的具体计划。首先帮助革命烈士家属、革命军人家属、革命工作人员家属、到新区工作的干部的家属及支援前线的民工家属，其次帮助没有劳动力或缺乏劳动力的鳏寡孤独，村干部及其他一般缺乏劳力的农民。（二）协助地方党进行驻村的宣传动员工作，提高农民对于今年春耕热情和生产救灾信念及订出切合实际的生产计划。（三）组织本单位的人力、畜力、车辆，在地方党统一领导之下，直接帮助农民送粪、锄草、翻地，必要时得以人代畜。（四）灾区和邻近灾区的机关、部队，还须进行节约救灾，帮助灾民解决口粮种子困难，在必需与可能情况下，组织专门的远征队，帮助解决灾荒严重地区的春耕、春种的困难。（五）在春耕期间，严禁任意支差，滥用民力、畜力及损坏农具，发扬过去自磨与自运军粮的精神。所有帮助农民春耕生产人员，不得索取或接受任何报酬。

在接敌区或边缘区，即应组织武装掩护人民抢耕、抢种。

（《新华电讯》1949.02.11）

苏北行政公署通令

民政字第一五九号
一九四九年九月一日

令各级政府（不另行文）
兹制定"苏北区奖励节约惩治贪污暂行条例"随令公布施行，仰各遵照为要！
此令

主任　贺希明

苏北区奖励节约　惩治贪污暂行条例
第一章　总则
第一条　为厉行生产节约，养成各级公务人员之廉洁朴素作风，杜绝贪污，整饬纪律，特订定本条例。
第二条　苏北地区节约之奖励，贪污之惩治，概依本条例办理。

第二章　奖励节约

第三条　奖励节约，按下列规定予以奖励：

（1）军工、西药、电料、被服、交通、印刷等部门使用材料，注意节约，并有显著成绩者，除予表扬外，并给予相当之物质奖励。

（2）各部门仓库保管物资，不受损失不致霉烂，有显著成绩者，除予表扬外，并给予相当之物质奖励。

（3）注意一般公物节约，且有显著成绩为群众公认者，得通报或登报表扬；如能起带头作用推动全体节约者，得给予个人节约模范称号，并给予相当物质奖励。

（4）整个机关能节约粮食缴公，并尽量节省各项开支有显著成绩者，予以通报或登报表扬；如能起带头作用推动其他机关节约者，得给予集体节约模范之称号，并酌给予相当物质奖励。

（5）公营企业节约原料减少消耗有利生产者，得予开会、登报表扬；成绩优异者，得给予模范之称号。

第四条　凡节约物品不愿领取奖金者，应予表扬。

第五条　以上规定之物质奖励及精神表扬，均应经民主评议呈报上级机关审查公布。

第三章　惩治贪污

第六条　凡利用职权，贪污受贿、盗卖吞没、浮报冒领、克扣截留，或挪用公粮公款物资，或盗用战争缴获物资等一律以舞弊行为，概以贪污论罪。

第七条　贪污行为经检查属实者，除勒令赔偿外，依下列各款治罪：

1. 贪污杂粮一百斤以下或同等价值之物资及现金者，予以批评、警告、记过等处分。

2. 贪污杂粮一百斤以上五百斤以下或同等价值之物资及现金者，予以降级使用或撤职处分。

3. 贪污杂粮五百斤以上两千斤以下或同等价值之物资及现金者，处一年以上三年以下有期徒刑。

4. 贪污杂粮两千斤以上四千斤以下或同等价值之物资及现金者，处三年以上五年以下有期徒刑。

5. 贪污杂粮四千斤以上五千斤以下或同等价值之物资及现金者，处五年以上七年以下有期徒刑。

6. 贪污杂粮五千斤以上或同等价值之物资及现金者，处死刑。

第八条　严重破坏经济制度，或任意浪费公款公物，或因职务上疏忽致使公款公物遭受损失者，得按情节之轻重，分别予以批评、警告、撤职处分。

第九条　教唆贪污者，以主犯治罪；帮助贪污者，以从犯治罪；集体贪污者，以其行政负责人为主犯，其余得按情节轻重分别治罪。

第十条　贪污行为除依上开规定治罪外，须追缴其贪污所得补偿群众或政府损失。

第四章 执行

第十一条 本条例第三章执行权属于各级司法机关。被告不服,得上诉于原审判机关之上级司法机关。二审判决后,即为确定,不得再行上诉。

第十二条 判处徒刑,得易服强制劳役。其办法另订之。

第十三条 依本条例判处死刑者,须经苏北行政公署核准后始得执行。

第十四条 批评、警告、记过、撤职,均系行政处分;须呈报上一级之领导机关核准后始得执行。

第十五条 本条例公布后三个月内坦白反省并决心改正者,除酌情追缴贪污财物外,得减免其处分。坦白后又重犯者,应从重处刑。

第十六条 依本条例治罪之贪污人犯,在徒刑执行期间,得视其觉悟程度,进步表现,经专署以上政府之批准减免其刑。

第五章 附则

第十七条 本条例由苏北行政公署公布施行。如有未尽事宜,得随时修正之。

(《盐阜大众》1949.09.07)

中共苏北区党委、苏北行政公署
关于烈军工属代耕代工的指示

为缺乏劳动力或劳动力不足的烈军工属切实实行代耕代工做好优属工作,解决烈军工属家庭劳动力的困难,使能维持和改善其生活,这是当前支援前线与恢复农业生产的重要工作。因为做好这一工作,可以巩固部队,鼓舞其作战情绪,同时也解决了占苏北人口百分之十左右的烈军工属生活与生产问题。

过去苏北地方党政民,对代耕互助工作是有相当成绩的,如组织群众为烈军工属按时代耕代种代收代割,并解决其生产中的具体困难。据不完全统计,如盐城区为烈军工属全部代耕的即占其总数34.17%户,部分代耕的占30%户,这对部队的巩固,稳定烈军工属的情绪,加强群众拥军尊属的观念,是起了极大的作用。但由于战争频繁,民力负担较大,加之我苏北地区烈军工属户数较多,特别是新解放区优属工作组织还不健全,因此也存在顾此失彼,不够负责,不够经常,敷衍了事,不能及时,不够公平合理等缺点;特别在干群思想上,大多把代耕代工工作看做是突击性的运动,一过就丢在一旁。苏北全面解放之后,有些干部认为战争已过去,这一工作可以不重视了。由于这一错误认识,对烈军工属的代耕工作,从而放松,以致烈军工属生产中的困难无法解决,因而生活上发生了极大困难。造成烈军工属的不满和埋怨,也造成部队不安心现象,而且妨碍了生产的推进。这一现象,必须全党警惕起来,注意纠正和克服。

为保证发扬过去成绩,克服以上缺点,切实做好优属工作,区党委及行署特决定苏北全党加强代耕代工工作作为目前支前与生产的重要任务之一,并提出今后拥优方针,是组织教育群众,推动健全拥优组织,重视烈军工属生产,挨户切实了解其困难,按照实际情况,有计划有分别,实事求是的加以合理帮助和解决。对其中有劳动力的应鼓励其自耕自种,缺乏部分劳动力或完全无劳动力的,则实行部分或全部代耕代种。尤其要掌握先烈军属、后工属,先主力、后地方之代耕原则。达到群众合理负担,切实负责,表扬其中积极分子,批评教育落后分子。其次在代耕工作中,不但要求公平,而且要提高效率。务使应该受代耕的烈军工属,能切实解决实际困难,并保证其田地不荒芜,生活不低于一般群众生活水平。今后要明确代耕任务,并有专人负责,与生产互助组织相结合。

关于代耕具体办法,有以下四种可供各地参考:

一、包干制

所谓包干制,就是固定的代耕户向固定的受代耕户承包一定的代耕土地,代耕人每年按评定的常年应产量,交给受代耕的烈军工属。除因灾荒或其他不可抗拒的事故外,收获不够应产量时,代耕人须负责补足;超过应产量之数,则归代耕人所得。它的好处是能鼓励代耕人深耕细作,多收粮食,耕种较能有计划,不浪费时间,使烈军工属生活有保障,干部只需检查督促,不要忙于拨工,可以节省人力和时间。此办法是先由优委会根据农村种庄稼的一般情况,评定每亩代耕地每年需要人畜工,再根据土地远近,划分为不同等级,远地加工,近地减工(牲口代耕则加一倍),除种子、肥料由受代耕户负责外,其余全由代耕户负责。如因疾病死亡或其他原因,而使人畜力减少者,优委会可以指定别人负责代耕;如人力畜力增加者,则在结账时,评议处理。每亩代耕地的应产量,按土地好坏,施肥多少,所种庄稼种类等条件,于下种前由优委会评定。

二、固定代耕制

固定代耕制,就是按田亩劳力分配代耕土地予以固定代耕。在组织上以村为单位,组织代耕组由生产小组长兼代耕组长,实行代耕与生产互相结合的办法,即按烈军工属所要代耕的田亩与劳力多寡及全村生产小组的劳动力与牲畜力的强弱,实行按亩按劳力按畜力分配固定代耕。这就做到了代耕组织更健全,能及时为烈军工属计划生产与督促检查组员代耕,征集烈军工属对代耕意见,以求逐步改进。它的好处是把代耕组织与生产组织相结合,能经常交流生产经验,提高劳动效率与改进生产计划,并由代耕队长、组长督促,烈军工属生产就有保证。同时按田亩劳力畜力分配固定代耕,使劳力负担平衡与合理化,彼此无意见,因此为烈军工属代耕的积极性,也能更加提高。另外还可以照顾到使代耕能与伴工结合,有副业生产的可依等价交换,调剂劳力的原则得到组内剩余劳力的互助伴工,至固定代耕制实施后,可能有些具体问题发生,如在代耕时间上的矛盾及如何计工结工等,就要从实际体验中通过群众讨论予以解决。如解决时间上的矛盾问题,一方面可先在代耕户中约定挨次由下一户负责,而另一方面在烈军工属要做工时,应三天前就向组长通知;如同一时间内许多户要求代耕,可按照"先烈军属、后工属,先主力、后地方"之代耕原则。但为抓紧农时,也可在组内机动拨工。在算工方面则应分大工小工,大工是踏车、耕田、栽秧、挑粪、割草等;小工为薰草、拔水草等(半劳动可做的)。在记工方面可由烈军工属所在地组长记,或由组长发工票给应负担代耕户,总结账时代耕户凭工票抵算,但记工组长要负责检查督促,并听取受代耕人的意见。

三、工票制

除确定应代耕的工数外,再发工票,用时凭票到村(乡)政府支领工米(一般按照当地工资每工是五斤至六斤大米)。其米来源,可按全村劳动力于秋收后,经群众计议筹齐,投入合作社充作基金,以整存零付为原则,今后如有积极生产,省工票代耕者,也可到合作社领米或转账充作他股本。这种办法基本上是以粮代耕,在华北有些地区实行颇受欢迎。

四、派工制

是一个无组织无计划,临时乱凑一喊就到,对烈军工属代耕采取不负责的代耕制度,在工作没有基础的地区暂时可实行,但其成绩不大,流弊亦多,不能解决问题,今后应逐渐转变和废除。

这些办法其他友邻解放区,均行之已久,特别是包干制与固定代耕制收效极大,今后我苏北各行政区的代耕工作,应以此为方向,根据不同的地区及不同的情况,予以适当的布置。要求在冬耕前,把烈军工属代耕工作依此精神与办法,通过群众民主评定,在老区以包干制为原则,在新区以固定代耕制为原则,把他逐一组织起来,对一般毫无劳力的烈军工属,则可采用包干制办法。其他如工票制,恐实行起来容易发生流弊,要看各区具体情况,予以灵活执行,不能作为主要办法。至于派工制既不能解决问题,今后应即逐渐改变。

上面的四种代耕办法,特别是包干制和固定代耕制,各地可选择群众条件较好的地区,进行实验,渐次普遍。其在具体执行方面,应注意政治动员,由党内到党外,进行深入的政治动员。可先经过检讨去代耕之后,提出今后怎样代耕,怎样公平合理的问题,大家讨论,逐步提高,再进一步反复教育,说明代耕工作的重要性,和这次公平合理的代耕办法,使党内外在思想上认识上求得一致。同时在烈军工属中,也应检讨过去有哪些依赖思想,不愿参加积极劳动的思想;加强对烈军工属"自力更生"、"加紧生产"等教育,使他们提高觉悟。再说明今后代耕办法,然后在群众中实行自报公议,决定烈军工属应该代耕多少,谁负责代耕多少,受代耕者与代耕者双方议定采用哪种方法,双方订立合同。各级领导必须注意在组织群众代耕工作中团结和运用群众中的积极分子,推动他们去进行,并经常进行检查督促,切勿以为组织好了,办法确定好了,便万事大吉。要把代耕工作认真地贯彻下去,不致变成形式空架子,每一生产季节,代耕代工完成后及时总结。

以上指示,仰各级党委、政府切实讨论,订出具体计划,贯彻执行为要!

中共苏北区党委
苏北行政公署
一九四九年九月二十四日
(《盐阜大众》1949.10.03)

第 五 篇

红色文化

第一章

文 宣 策 论

规定口号的艺术

华 冈

口号是什么？口号就是某种职任或目的之简明的标语。

一切群众斗争之中，尤其是政治斗争，口号占着极重要的地位。"战争或个别的作战之时，如果能很正确的标明战争的目的，便在军队之中，这种标语人人都知道——那么，往往仅只这一标明战争目的的命令足以决定这次战争的成败，因为这种命令是振作兵士的精神，统率全军战士等的方法。政治斗争之中，口号的作用尤其大，因为政治关及于几万万几千万各有各的要求和需要的人民。"(斯大林)既然如此，可见一种口号的提出与规定，对于群众斗争的胜败，显然是极大的关键。口号一有错误或不及时转变，往往会使群众失去斗争目标或混淆斗争的内容，使斗争发生危险，或竟因此成为致命之伤。因此，规定口号的艺术，实可说是我们领导群众艺术之主要前提。最近我们在宣传鼓动工作的检阅中，发现我们在这一方面实在还有不少的缺陷。根据我们最近的一些实际经验，对于规定口号的问题，加以必要的研究，综合出重要的教训以教育我们自己及群众，这对于转变我们的宣传鼓动工作，加强我们对于群众斗争的领导，一定有很重要的帮助。底下我们即按照问题的主旨脉络，分为几个要点来说明：

第一，口号对于群众斗争既然有如此重大的作用，所以我们要定出口号来，必定要很谨慎的研究总的形势，很明确的估计当时的职任及目的。否则，如果只凭我们主观的想象或根据一些不尽不实之报告，便冒冒失失来规定各种口号，结果往往闹成笑话，犹其余事，有时甚至因此造成种种恶果，不但不能动员群众，而且脱离群众，断送群众斗争。对此最明显最残酷之教训，莫如四川党部对于反日运动之错误领导。他们最初对于反日运动是采取"左"倾关门政策，甚至武断地说"反日运动是落后群众意识之表现"。因此对于民众自发的各种反日斗争，完全旁观漠视。当双十节成都举行虽还在国民党控制御用之下而确有群众参加的反日市民大会时，我们四川党部却决定同时同地另外举行所谓反帝飞行集会与之对抗，而不积极动员广大群众去参加反日市民大会，去转变反日市民大会到我们领导之下来。结果自己的飞行集会流产，而派去参加市民大会的少数几个同志，因为只在大会上单纯地高喊一些打倒一切帝国主义、苏维埃万岁的根本政治口号，反被他们当做"亡国奴"赶出来，这是标本式的以"左"倾关门主义掩盖着对反日运动的机会主义的消极！后来四川党部觉察到自己这种消极态度的错误，但是一转却又转到极右。而且反革命地去号召"援马反日"运动，把我们自己的革命主张完全放弃。这种可悲的事实居然在共产党中发见，不能不使我们严重警惕的了！又如不久以前，上海沪西申新第一纱厂的一次工人斗争中，在开始决定斗争口号时，区委同志中竟有人提出二十二条要求，结果被工人一致反对。于是这位"同志"一时"心血来潮"，立刻改变策略，主张先只提三个口号（在工厂中组织反日会，要求厂方发给办公费及反日会职员请假不扣工资）去"试试"工人，看工人是否跟着我们走。结果因为没有抓住工人切身要求去发动群众，自然无从取得胜利。这种稀奇古怪的所谓口号"试试"论，很明显的也是根本不了解从"谨慎地研究客观形势，明确地估计当时的职任及目的"来正确规定口号的重大意义。从上面所举两个可悲的事实中，可以给予我们许多重大的教训，我们应该坚决克服这种错误，细心地去体会群众的迫切要求，去感觉"国内全部政治生命脉搏的跳动，尤其是广大无产阶级的运动与情绪"（列宁），从这种体会上与感觉上提出能够动员群众的要求与口号。

第二，我们的党是无产阶级的政党，因此，我们提出与规定各种口号，不仅要谨慎地研究客观形势，而且处处要从无产阶级的观点出发。无论在何种条件之下，我们共产党都应该保持自己工人阶级先锋的独立的政治面目，就和那最激进的小资产阶级的政治面目也须划分清楚，当我们审定口号的时候，无论这个口号关及全国或部分群众，我们都必须严格地鉴别它的阶级性，切不可以再像阿乔同志那样，居然把资产阶级的"抵制日货"的口号看为我们共产党的基本口号。又如过去在江苏省委宣传部做工作的张高生夏之西同志，竟在省委宣传品上提出"反对蒋介石包办国民会议"、"反对巩固一党专政的约法"、"反对南京政府的卖国外交"等口号，与最近上反同志提出"反对国民党设立政治分会"的口号，很明显都是离开无产阶级观点的口号，结果都必然要做改组派第三党取消派等资产阶级的俘虏。此外，前面所举四川党部在反日运动中提出"援马反日"的实例与最近上海民反报纸把我们的"召集工农兵及一切革命民众代表会议"的口号修改成为"召集工农商学兵代表会议"的口号，也无疑的是根本错误的。

第三，具体的口号必须在具体的环境中提出来，而不应死死守着一些空洞的原则。例如去年"九一八"满洲事变发生时，满洲省委就犯了这样的错误，满洲是满洲事变的发生地，而满洲省委的决议和宣言中竟没有一个反日的单独口号，以指示出群众愤激反日的出路。他们仅仅提了这样两个口号：一个是"反对帝国主义占据满洲"（决议案与宣言都如此写，不能是笔误），另一个是"驱逐日本与一切帝国主义的海陆军"。前一个简直将有实际内容的"反对日本帝国主义占据满洲"的口号抽象化了，后一个在满洲也不比"驱逐日本帝国主义海陆空军出境"更容易动员群众。我们在反日运动中固然不容许对其他帝国主义发生幻想，或忽略了反对其他帝国主义，但满洲事件的中心，总应以反日为第一位，哪有因恐惧群众忽略其他帝国主义，就连一个反日的单独口号都没有的道理!？这一经验特别是在工厂、兵营、农村与学校中决定具体的斗争纲领时，应当严重注意，当我们提出与规定这种具体斗争口号时，必须切实细心考察，体会并抓紧自己环境的具体条件，只有依据这种具体条件才能提出能够动员群众的要求和口号，去争取斗争的胜利，要极力避免现在有些地方党部提些空空洞洞到处通用的口号来空谈斗争的毛病。

第四，口号不但应当明显，应当是指示职任的集中的整个儿的标语，而且应当要在适当的时机发出。不可过早，过早了群众不能接受或惊疑甚至将群众吓退（左派幼稚病）。不可过迟，过迟则时机一过群众的气势即不免低落溃散或群众自动乱干每易遭失败（尾巴主义）。例如现在上海反日斗争中，我们有些同志不愿意执行艰苦的宣传群众、组织群众、武装群众的工作，而立刻提出"准备上海第四次暴动"与"建立无产阶级的政权"（前一个口号在沪西区委有同志这样主张，后一个口号是在江苏省委二月三日所发宣言上发见的）的口号作为党行动口号，就很明显犯了过早的错误。但如果当此日本帝国主义横暴占领上海，野蛮屠杀中国民众，国民党投降帝国主义，出卖民族利益更加无耻露骨，国民党与帝国主义协同压迫革命更加残暴，民众反日反帝反国民党情绪十分高涨之时，我们还不勇敢及时地提出"民众自动武装起来驱逐日本帝国主义"、"革命兵士与民众联合起来打倒帝国主义与国民党"等中心口号去动员群众，则无疑的就要成为广大群众之尾巴。斯大林同志在一篇著名的论文"因胜利冲昏了头脑"中曾说："领导的艺术，这是一件严重的事情，不能落在运动的后面，因为落后就成为尾巴。但也不能跑前，因为跑前，就要脱离群众。谁要领导运动而同时又要同千百万群众保持联系，那他就应该做两条战线的斗争，反对落后的与反对跑前的。"这在口号的艺术上，也就应当反对过早或过迟，而锐敏地抓住适当的时机发出，因为只有这样才能领导群众而同时又和千百万群众保持联系。

第五，口号的性质有宣传的口号，吹动的口号，行动的口号，最后就变成指令。如果党所定出来的口号，是关及整个儿的时代的，换言之，这种口号是为实现战术职任的，那么，这种口号便带着宣传口号的性质。例如现在时期我党所提"土地国有"、"八小时工作制"、"推翻帝国主义与国民党统治"、"建立全国苏维埃政权"、"反对第二次世界大战"、"武装拥护苏联"等口号，都是这种性质。到了实现这些口号的时机已经成熟，争取广大的群众到这些口号之下并组织他们预备去实现这些口号时，那么，这些口号就变成鼓动口号的性质。再进到运用实力，推动群众直接行动实现上述职任时，于是这些口号也就进到"行动口号"的性质。最后调集群众，分配职务，配布各种力量，直接动员于某月某日某部分人干某几件事，实际并且具体执行上述任务时，这些口号，就变成当时的实际指令了！有很多人不懂得这种口号性质的区别，所以往往将各种口号相混，或者将口号与指令相混，所以常常发生强迫群众斗争与落后，做尾巴的现象。再则，口号的作用并不是一成不变的，它可以随着斗争的发展，从这一口号转变到那个口号。有时，往往某一个口号在昨天还是正确的，而到今天因为政治环境与历史条件已经变更，而"突然"失去其意义，这样的事实在历史上也屡见不鲜的，例如在俄国二月革命之后"一切政权归苏维埃"的口号（请参看中央"十月革命十四周年纪念提纲"）。

在斗争的过程之中，有的时候还会造成这样的形势，即："逼得党非在二十四小时内取消或变更已经决定的及已经成熟的口号（或指令）不可，以求避免敌人的陷阱；或者呢，暂时延宕指令的执行，以待较适宜的时机。"（斯大林）例如当一九一七年七月示威运动失败后，俄国共产党就曾暂时的取消"一切政权归苏维埃"的口号，因为苏维埃已经投降了反革命之故。又譬如一九二七年二月间上海第二次暴动虽然已经发动,但卒因北伐军队暂停进攻上海,使总罢工与革命军事行动缺乏衔接,亦曾暂时延宕暴动指令的执行。

　　党又应联系政治的与经济的口号,使群众日常经济要求的斗争联系着党的政治口号。但是这种联系却不是机械式的,一方面我们应该使经济斗争转变为政治斗争,另一方面在政治罢工中,我们仍应提出接近一般工人群众生活的,一直到最落后的工人阶层的经济要求。但是我们坚决反对过去立三路线时代那种规定口号,联系口号的死板公式,以为一切经济斗争都可以转变到政治斗争,任何一个斗争都应把党的政治口号一股脑儿提出去,使得群众莫明其妙,不知道究竟为着什么口号而斗争。例如前面所举最近上海沪西申新第一纱厂一次经济斗争中,有人主张提出二十二条要求口号的实例,就是最显明的错误,这种苦的经验值得全党同志深切注意和学习。

　　上列五点只是根据最近党内所已发见的一些现象和经验,对于规定口号问题加以简切之说明,其中还有很多教训没有说到,我准备作更进一步和更实际的研究,希望全体同志尤其是担任宣传鼓动工作的同志都能够随时注意研究,不管整个的与部分的经验都可写出交"宣传者"发表。

(《红旗周报》1932.02.21)

论苏维埃政权的文化教育政策

洛　甫

　　我们苏区的党在最近时期内,不论在军事战线上,经济战线上,或是在查田运动的战线上,都得到了极伟大的胜利。但是在文化教育的战线上,则特别表现了我们的落后。

　　在我们党内存在着一种机会主义的思想,以为现在是革命战争的时期,现在是一切应该服从战争的时期,所以苏维埃区域内的文化教育的工作应该取消,学校应该停办,一切苏维埃政府的文化教育经费都应该拿来放到战争上去。这种机会主义思想的结果,造成了苏区内文化教育工作的特别的落后,甚至使苏维埃中央政府的教育都变成了无人顾问的机关。

　　犯有这种机会主义思想的同志,显然根本不了解苏维埃的文化教育政策同国民党的完全不相同,根本不了解文化教育工作同革命战争有何密切的关系。

　　国民党政府的文化教育政策主要的是把全中国最大多数的被压迫民众,放在文盲、闭塞与愚昧中间,这样使中国的豪绅地主与军阀官僚更容易欺骗与剥削他们,使他们变为统治阶级的工具。在国民党全部财政的支出方面,用在文化教育上的不到百分之一。如南京政府今年岁出预算照国民党自己所说的为一万六千一百五十万元(其实不止此数)。其中用于教育经费者不到一百零六万余元。但这还不过是在纸头上。拿用教育经费充作其他用途的事,在国民党方面,是不算稀奇的。没有一个国民党学校的经费,不是拖延到好几个月的。近年以来,就是仅有的一些学校,也大半关门停办了。

　　就是那些少数的文化教育机关,在国民党统治之下,同样是欺骗民众的工具。正像列宁所说的:

"旧式学校时常表白自己是造就人才的,培养科学知识的机关,然而我们知道这是一种骗人的话,因为旧式社会是建筑在有阶级——被压迫阶级与压迫阶级——的基础上的。所以一切旧式学校当然是根据于阶级利益和精神的,所给的智识仅有利于资产阶级和他的子孙,因为每种教材都是依着他的利益而编定的。"

"在这些学校受教育的工农子弟,也不过是为了资产阶级的利益,资本家要教育他们无非是培养一班驯服的奴隶,使他们能善于工作出多的利润,同时不敢于反抗自己。"

但是由于中国国民党经济的总崩溃,就是在国民党教育机关中所培养出来的少数科学的与技术的知识分子,也找不到应用他们知识技术的所在,以致发生了"知识分子"的生产过剩。

同国民党政权的文化教育政策完全相反,苏维埃政权的文化教育政策,是在使每个苏维埃公民受到苏维埃的教育。这种教育不是在愚弄民众为剥削阶级服务,而是在启发民众,使民众为自身的解放而斗争。这种教育决不是封建时代的教育,不是资产阶级的教育,而只能是无产阶级的教育,即是马克思与列宁主义的教育,即共产主义的教育。因为只有马克思列宁主义,才能武装我们的头脑,使我们为中国工农民众的最后解放而斗争,并且使我们的斗争能够得到胜利。

正像一些机会主义者,认为中国革命目前是民主资产阶级性的革命,所以我们苏维埃的德谟克拉西,只能是资产阶级的德谟克拉西一样,有些机会主义者也认为在中国革命目前的阶段之上,我们的文化教育只能是资产阶级的教育,企图把我们的教育限制在反封建反迷信等资产阶级的教育之上。关于这一基本问题,就是我们一些领导同志中也是没有明确了解的。在中央政府教育人民委员会第一号训令上,关于苏区文化教育的任务曾说:

"苏区当前文化教育的任务是要用教育与学习的方法启发群众的阶级觉悟,提高群众的文化水平与政治水平,打破旧社会思想习惯的传说,以深入思想斗争,使能更有力地动员起来,加入战争,深入阶级斗争,和参加苏维埃各方面的建设。"(一九三三年四月十五日)

这里关于苏维埃文化教育的任务的解释是模糊不清的,这里没有明显的指出以马克思列宁主义的教育,来教育广大的工农群众。因此在我们现在微弱的文化教育工作中,已经在不少的地方表现出这种资产阶级教育的倾向,把苏维埃的教育做了资产阶级的启蒙运动。并且正是这种倾向,给"为了战争应该取消教育"的机会主义思想以理由与根据。

以马克思列宁主义的教育,来教育全苏区广大的劳苦群众,这种巩固无产阶级在思想上的领导作用的教育不但不妨害革命战争,而且也是革命战争伟大胜利的必要条件。

毫无问题的,苏维埃革命运动,本身就是一个极大的学校,它吸收千百万过去在黑暗中生活着的劳苦群众,走向光明,它教育他们互相团结起来为了推翻剥削者的统治,为了自身的解放而斗争,他们在经济的政治的斗争中了解到共产党领导的正确,从实际经验上相信马克思列宁主义的正确,并且他们在斗争中抛弃了他们旧社会的思想、习惯与传统。这对于苏区内千百万工农劳苦群众是最好的教育。

不但在苏区内的工人中间,即使在苏区内广大的农民中间,马克思列宁主义有着极大的权威。在每一个苏维埃的工会的以及其他群众的机关内,差不多没有一个地方没有马克思与列宁的遗像或是写着他们名字的红纸条,这里虽是有不少滑稽可笑的现象,如把马克思列宁当做菩萨一样供奉,然而对于马克思列宁的尊敬与崇拜是到处一样的。

在斗争中来教育苏区内千百万的工农劳苦群众,自然是我们最主要的教育方法。正像在共产国际纲领中所说的:

"要大批培养共产主义的认识,要推进社会主义事业,就应该大批改造人,这种改造只在实际运动中、革命中方才可能。所以工人阶级之需要革命,不但因为除革命以外没有别的方法可以推翻统治阶级,并且还因为推翻旧制度的阶级只在革命中方能清除本身所带的旧社会的全部污秽,而能创造新的社会。"(中译本,二十二页)。

在苏维埃运动中,我们正在"大批改造人",培养成千成万的管理家、组织家以及技术家与思想家。但是这一任务的完成,是同我们的文化教育工作不能分离的。单单从革命的实际中,使群众相信或崇拜马克思列宁主义自然还是不够的。对于马克思列宁主义的信仰,就是在工人阶级中,也还不能消灭封建的,资产阶级以及小资产阶级思想的残余,对于农民那更不用说了。他们现在相信马克思列宁主义,只是因为他们从共产党所领导的苏维埃政权手里,取得了土地的自由。这就是说,我们"除了用革命实际所给与的鲜明的训练之外,又应该经过有系统的宣传,把马克思主义列宁主义的基本原则与方法深入于广大群众的意识中"(共产国际关于宣传工作的提纲,见"斗争"十三期)。文化教育工作的重要,也就是在此。

斗争与教育,对于我们是不能分开的。在苏区党内过去存在着所谓"狭义经济论",实际上是想把斗争与教育分开的机会主义的思想。没有思想上的教育,我们的斗争就会失去方针,我们就会走向错误的道路。我们是要在斗争中加紧我们的文化教育工作。譬如在进行查田运动中,我们开辟了短期的查田运动训练班,召集了查田运动大会,同时经常不断地把查田工作团召集回来,再给他们进一步的教育工作。这里,我们看到了斗争与教育的一致,正因为这样,所以在苏维埃政权底下,涌现出了成千成万工农的干部。

不站在马克思列宁主义的立场上来提高工农群众的文化程度与政治水平,使他们能够运用各种科学、技术及管理的工具,苏维埃社会的建设是不可能的。就是拿苏维埃机关中的官僚主义来说吧,官僚主义的产生,不但是由于一部分阶级异己分子或机会主义者,把持苏维埃的政权机关,而且也是由于我们自己文化教育程度的落后,所以反对官僚主义不但应该洗刷苏维埃机关中的阶级异己分子,而且也应该提高群众的文化教育的水平。资产阶级国家内所施行的"普及教育",是为了要使工人知道更好地利用工厂中的机器,更多地为资本家生产剩余价值。在我们苏维埃国家内,文化教育的发展是为了工农群众更好地管理自己的国家,建立苏维埃的新社会。

但是有系统地进行马克思列宁主义的文化教育工作,我们还没有开始。甚至我们教育人民委员会第一号训令内没有提出进行十七岁以下的男女的义务教育,是我们苏维埃教育的中心任务。因此，一直到现在我们的教育部还没有定出一个苏维埃教育的学制出来，依照这个学制来有系统地进行我们的教育工作。同时在训令上也没有以消灭文盲看做苏维埃社会教育的中心目标。

工农的民众革命不但推翻了地主资产阶级的统治，而且也消灭了他们对于文化教育的垄断。我们没收了国民党的学校、图书馆，我们建立了我们自己的印刷厂与我们自己的书局。自地主资产阶级对于文化教育的垄断消灭以后，我们已经有着极大的可能，来大规模地发展苏维埃的文化教育工作。这将给全中国民众看到：只有在苏维埃政权下面，工农群众才能每一个受到新的教育，消灭他们在文化上的落后。这种铁的事实将证明出：苏维埃政权不但能破坏旧的文化教育，而且能够建设新的！

经过义务教育与社会教育，使每一个苏维埃的公民受到苏维埃的必要的教育，这是我们苏维埃政权的基本政纲之一。虽是由于战争的环境，敌人的封锁，以及各种物质上的困难，我们不能立刻完成这一任务，然而我们应该以完成这一任务，作为我们的战斗的目标。可是一直到现在，由于我们没有明确的了解以及机会主义的了解，使我们没有向着这一目标坚决地不动摇地做去。所以我们现在有的许多物质上的可能，并没有拿来使用，甚至我们的教育部有了极少数的教育经费，也不知道去尽量地利用。

以共产主义的教育去广泛地教育苏区内成千成万的工农劳苦群众，是革命战争的胜利，是苏维埃政权的发展与巩固的必要的保障。同时必须在这种普通教育的基础之上，创造工农，尤其是工农阶级自己的政治上的、军事上的、经济上的以及文化教育上的较高的专门人才，以供给革命战争以及苏维埃的各方面建设的需要。我们必须毫不迟疑地说：革命战争的开展，以及苏维埃各方面的建设，要求我们造成我们自己的知识分子，尤其是工人知识分子。正像共产国际纲领上所说的：

"人类新社会组织者的作用，需要无产阶级本身在文化上的成熟，无产阶级对于自己本身的改造以及新的工作人才的造成，使之能够运用各种科学、技术及管理的工具，以推进社会主义建设与新的社会主义文化。"（二十二页）

一直到现在，在我们一小部分同志中间还存在着一种错误的倾向，认为我们只要工农出身的干部，至于工农出身的知识分子的养成，那简直没有必要。所以比较高的师范学校与高等学校的设立，还没有开始。过去中央教育部所设立，后来又因为"战争的需要"（？）而自动取消的那个列宁师范，实际上是成人的初等小学校。这种师范学校在目前我们极端缺乏教员的情形之下也有它存在的理由，然而要经过这种学校来提高苏维埃的文化教育的程度，显然是不可能的。这种现象已经在兴国等社会教育比较发达的县份内存在着。要消灭这种现象，创办较高级的师范学校或高等学校，实为必要的条件。

这种高等学校的建立，在苏维埃目前的条件之下，不是不可能的。马克思共产主义学校已经有了半年的历史，苏维埃大学已经有了它的雏形。这种学校在各省苏维埃政府所在地，当然还有继续创办的可能。这种学校的招收学生，虽是一般的经过各地选择，但必须经过入学试验的手续，使每一学校保持它的文化教育的水平。

但是为了发展苏维埃的文化教育工作，为了养成工农自己的知识分子，旧的知识分子（不论他的出身是地主或是富农）的利用是绝对必要的。对于这一必要，我们一直到现在还没有清楚了解。就拿教育人民委员会第一号训令，关于这一问题来说吧。

"不要那些地主富农资本家出身而思想不正确工作不积极的分子做教育部的工作。思想正确，工作积极，有革命斗争历史，而非工农分子出身的，自然不拒绝他们做文化工作，但须开明履历，报告上级文化部以至本部，经过审查与批准。"

这里可以看出我们文化教育的领导机关，对于利用旧的知识分子的问题是不完全了解的。他们要求每一个旧的知识分子都是老布尔塞维克（因为"思想正确，工作积极，有革命斗争历史"的知识分子自然应该是老布尔塞维克）。甚至就是那样的分子，也只是"不拒绝他们做文化工作"，而且还要"开明履历"，还要"报告上级"，还要"经过审查与批准"。经过这样的限制之后，当然不会有一个过去的知识分子到文化教育界上来做工作了。

列宁同志关于这个问题，曾经说过这样的话：

"我们不仅要恐吓资本家，使他们感觉到无产阶级国家的强大力量，使他们不敢妄想积极反对无产阶级国家，我们还要打倒消极的反抗（无疑地，他是更加危险，更加有害），我们不但要压服任何的反抗，我们应该强迫他们在新的国家组织的范围内工作。'赶跑'资本家还是不够的，应该（在赶跑一钱不值的毫无希望的反抗者以后）叫他们作新的国家的工作，对于资本家资产阶级智识分子及职员等等一部分上层分子，都应该如是做去。"（"二月到十月革命"，二百八十四页）

此外列宁还常常说："我们需要从资产阶级那里去学习许多东西。"联邦共产党曾经按照列宁的指示，很有成效地利用了旧的知识分子"叫他们作新的国家的工作"。我们的同志中以"左"的空谈拒绝旧的知识分子的利用的路线，当然同列宁的指示没有丝毫相同的地方。

我们苏区在革命以前是一个文化落后的区域，然而旧的知识分子一直到现在还有不少。这些知识分子现在大都隐藏不出，或者做些体力劳动，或者摆小摊头过生活。对于这些知识分子，我们从没有想拿来利用。我们惧怕他们，怕他们闹反革命，我们不相信我们自己有控制他们的力量。

甚至在我们的党内，这种党员知识分子不论他们工作是否积极，因为他们成分不好，也有不少遭到开除的。关于这一问题虽是中央局曾经有过专门的指示，但是下级党部依然重复着这一错误。"吃知识分子"的现象，依旧存在。

这种"左"的倾向必须立即纠正。我们不但应该尽量利用这些知识分子，而且为了吸收这些知识分子参加苏维埃的文化教育工作（其他工作也是如此），我们还可给他们以优待，使他们能够安心的为苏维埃政府工作。我们的师范学校或高等学校还可招收一些旧的知识分子，给他们以新的训练，使他们为我们工作。对于特别努力工作的分子，苏维埃政府还可以给他们以特别的奖励。一些过去犯过错误或参加过反革命活动（不是主要人物），现在编在苦工队中的知识分子，也应该利用他们的所长。如他们工作努力，可缩短他们的处罚时间，以至恢复他们的公民权。我们决不希望他们变成布尔塞维克，但是我们要利用他们的所长来教育我们,造成我们自己的知识分子。当然,为我们所利用的知识分子中的反革命活动,是不会消灭的,但是我们决不因此就不去利用他们。我们相信我们有着一切力量去防止他们的反革命活动,而且我们的新的策略对于这些知识分子可以发生比较良好的影响,使他们的一部分甘心为苏维埃政权工作。

我们苏维埃政权正确的文化教育政策的实施,更可以从国民党区域中吸收更多的高级的知识分子来为苏维埃工作。这些所谓"廉洁的"、"清高的"知识分子将看到只有在苏维埃政权下,他们才能发挥他们的特长与天才。

最后,文化教育的发展,尤其是社会教育,如消灭文盲(就是使不识字的工农分子,能看普通的书报与文件,能写普通的信件,单单识一二百字或能够识自己的名字不算消灭了文盲),俱乐部,夜学等工作,必须尽量经过社会团体与群众的协助与努力。如青年团,工会,少先队,工农剧社,赤色体育会,消灭文盲协会,赤色教师联合会,赤色学生联合会(后面三个组织还没有成立),在这一方面都应该用极大的力量,完成一定的文化教育上的任务。少共中央局关于各级少共对于各级苏维埃政府教育部的协助运动,可以说是这一动员的开始。

在文化教育的战线上,我们同样需要布尔塞维克的有力的动员。我们要以思想的武装,武装全苏区的工农劳苦群众,去战胜帝国主义与国民党。

九月九日

(《红旗周报》1933.10.30)

洛甫同志讲演略词
——以文艺的方法具体的表现去影响推动全国人民促成巩固的统一战线

白区中一些作家他们都是过小房子里孤独的生活,他们看不到群众更不易知道群众的斗争和力量,所以他们只能描写一些个人的生活,不能创作出群众真实的生活,特别是群众斗争的伟大作品,因为他们没有这种生活经验。我们苏区里就不同,我们成天融合在广大工农群众的生活中,能看到或参加广大群众的斗争,在群众的武装斗争中,我们能认许群众的伟大力量,这些材料都是取之不尽用之不竭的,这种伟大的现实斗争的宝贵材料,白区的作家们是得不到的,所以他们不能有伟大的群众的作品。苏联的铁流和毁灭为什么那样能吸引人,那样伟大,就是因为那是伟大的现实群众的斗争,群众武装斗争的力量。今天这个会的成立是苏维埃运动中的创举,任务是伟大的,你们有这样的决心和毅力,又有这样丰富的宝贵材料,你们将来一定能够创作出很多伟大的作品来,在目前停止内战,一致抗日的抗日统一战线运动中,你们以文艺的方法具体的表现去影响推动全国的作家,文艺工作者及一切有文艺兴趣的人们,促成巩固统一战线,表现苏维埃为抗日的核心,这是你们艰难伟大的任务。

(《红色中华》1936.11.30)

中共盐阜地委关于加强盐阜报及盐阜大众的决定
（一九四四年元旦）

盐阜报是盐阜地区党的机关报，也是全区二百万人民的喉舌。这两年来，它在思想战线文化战线和工作指导上曾执行了战斗任务，传播了党的政策和主张，反映了群众的斗争生活，正确报道了国内外时事，在根据地的建设过程中也起了不少指导作用。但严格检查起来，我们的党报显然还有许多缺点，还不能更完满地完成党所赋予的任务，还不能满足群众所寄给的热望，还不能更正确和有力地组织每一时期政治任务的推进。

我们曾广泛宣传解释，贯彻党的政策，正确执行党的政策了么？我们对本地区每一时期党的工作曾作了多方面的深刻的报道了么？我们对本地区各种政策法令，曾宣传解释发挥了应有的指导作用了么？我们对敌斗争，对反共反人民的反动派斗争，对人民抗日民主的可泣可歌斗争，都作了详尽的报道了么？我们对群众的生活和要求，曾作了正确的反映和指导了么？我们对敌汪的奴化宣传和反动派的欺骗麻醉宣传，曾作了严正的驳斥了么？我们曾很好地运用党报去教育群众组织群众了么？我们曾很好地运用党报来提高每一个党员的政治水平和改正自己的工作了么？

可以说，我们做到的还太少。这是由于全党同志对于党报的认识不足，爱护不足，运用不足。还没有把爱护党报、帮助党报、运用党报提到每一个党员的经常任务上来。总之，我们还没有做到全党来办报。许多错误观念仍占住同志们的头脑，有些人以为党报是报社里几个人的事或编辑部同志的事，与他无关。有些人把党报当普通书报看待，认为与他的工作指导无关。有些人看报则粗枝大叶，甚至只看标题不看内容，谈不上详细研究与讨论。有些人把党报一看就任意抛弃，并不发给群众，甚至有人把党报堆积很厚，满布尘埃，自己不去一读，也不发给人家阅读，形成现在党报不少躺在机关的办公桌上，并没有散发到干部和群众手里去，使得基层干部和群众望眼欲穿，看不到党的报纸。

在帮助党报撰稿写通讯方面也是非常不够的，许多光辉的战绩，壮烈的战斗，许多群众斗争的事实与要求，许多工作的经验与教训，我们的同志懒得去写，认为这是记者的事，与他无关；甚至有人反对别人写通讯，说他是爱时髦，出风头。

显然的，所有这些不关心党报，不爱护帮助党报的现象，都是党性不纯的表现。

为了加强盐阜报的党性、群众性、组织性、战斗性、指导性，把党报办得更好，地委特郑重提出"动员全党办报"，并作如下的具体决定：

（一）各个党政军民机关团体，各个部门的工作同志，每一个党员，必须在思想上贯彻"爱护党报、帮助党报、运用党报"是我们经常的任务，不是额外负担，或临时突击工作。不但党的上级机关需要供给党报指导、文章、意见；就是党的各级机关、各级组织以至党员，都要对党报负责，把党报和全党在思想上政治上组织上密切结合起来。

（二）地委加强党报的领导，按各个时期不同的政治情况及中心任务，及时确定工作方针，供给各项材料，检查报社工作，并审查稿件的正确性、现实性、斗争性和群众性。

（三）各县区委应将帮助和运用盐阜报，作为经常任务之一，按时检查报纸的发行、阅读和稿件供给与审查,并随时向地委或报社提供意见。

(四)县委宣传部长均为通讯员,无宣传部长时应指定专人负责,他的任务是:

(甲)负责和报社直接联系,经常供给新闻通讯、文章等。(乙)负责帮助报社组织与整理通讯网。淘汰不负责的通讯员,建立健全的通讯小组,每区至少有一小组,县委负责同志应亲自领导这一工作。县委宣传部应有计划地检查督促这一工作,并负责发动县区乡内的工农干部为党报为盐阜大众写稿,使党报通讯与阅读,逐渐发展为群众运动。报社并派员在各县区,帮助这一工作。(丙)负责组织与推动同级党政军民负责同志及党外人士为党报写新闻、通讯等稿,并反映党内外人士对党报的意见。(丁)认真帮助检查与组织报纸的迅速、普遍的发行工作。

(五)各部队机关学校负责同志,应经常为盐阜报写稿,并具体帮助本机关学校建立和健全通讯发行工作。凡本部队机关学校人员所投稿件,均应负责审查,并在稿上签字。兹为使党报稿件保持一定的数量,地委特规定各县县委每月至少供给一篇至两篇文章外,并具体规定:阜宁、阜东、建阳、盐城每月至少供给新闻通讯等三十篇,射阳、盐东、淮安、涟东每月至少二十五篇,滨海至少十五篇。并以上面的规定,作为今后检查各县对党报工作的主要标准。

(六)要认真发动工农兵群众写稿,才能把党报真正变成群众性的报纸。因此,各级党委应帮助鼓励工农兵群众写新闻、通讯等稿,文体不拘,长短不拘,字句不通可加以修改。如果不能写,可由他口述,请旁人代写,只要不失原意;或集体商议后,由一人执笔。对这些经常为盐阜报写稿的工农兵群众各级干部及一般群众,应予以奖励。

(七)各级党委应细心阅读研究报纸,来改进自己的工作。凡区级以上干部应研究社论、专论、指示、决定、重要时事及本区材料,并应在本单位展开讨论。各级党委宣传部应推动组织读报小组,凡不能阅读报纸的党员与群众,应参加读报小组,采取集体阅读或择要讲述。农村支部应尽量在农村俱乐部内和群众集体读报并进行研究讨论。各级组织或各单位,最好能有计划地检查与测验,藉以了解干部对党报阅读与了解程度。优良者予以鼓励;茫然不知所答者,予以教育批评。凡机关或个人接得党报之后,阅毕即赠送他人或张贴街头。一份报纸至少传阅五人至十人,不得任意抛弃或糟蹋。

(八)凡盐阜报上所刊载的决定、指示、社论专论的负责同志所发表的谈话,均须视为党内文件,各级党委每一党员,均应详细讨论研究执行办法,不得因未接得正式通知,而采取忽视态度。

同时,盐阜报上的批评与意见,与党的指示有同等重要意义,各级干部如受到盐阜报的批评,均应在最短期内负责答复或说明。

(《盐阜报》1944.01.01)

教导伪军反"清乡"

泰县 华夫

在敌人"清乡"前,加强对敌伪之政治攻势,是瓦解伪军,动摇敌人"清乡"信心有效的办法。敌人为了要使伪军在"清乡"中供其任意驱使,为了要清除他认为靠不住的伪军,所以在"清乡"前必须要先向伪军开刀,苏中自李逆长江被押走,伪军整个整编后,敌人认为还不够信任,最近又逐步进行彻底的缩编调防。

泰县伪军在四分区"清乡"的教训与数项再度改编调防下,天天在恐慌动摇着,是我们进行政治攻势的好机会。

为了要响应上级的号召,我们以实际的行动来纪念"五卅"。我们配合了各区的武装,进行了泰县全面对敌伪政治攻势。单"五卅"一天,武装宣传了十二个据点。我们不但在碉堡下张贴了很多红绿标语,在街道中散发了大批的宣传品,并且大部分对伪军上了抗日课。其中除了加以民族教育外,特别指出了"清乡"是鬼子借刀杀人的阴谋,改编调防是消灭伪军的毒计等等。并且告诉他们怎样做一个中国好国民,怎样不帮鬼子"清乡",不打抗日军队,不破坏抗日团体,不残杀抗日人民……

据第二天从据点里收到的反应,如××据点伪连长骂士兵说:"新四军不真心打我们。他们不打枪,并喊着中国人不打中国人,妈的屁,你们为什么要打枪?"又如××据点伪军说:"昨晚新四军短枪队上街二三百呢!他们真沉着,不打枪,他们才真是来宣传告诉我们消息的呢!不像民兵骂了两声就走……"。

我们的标语、传单,多数是到了伪军的手里,街上贴着大标语,有的撕回去看,大都仍留着给老百姓看。伪军士兵纷纷向拾到的老百姓要小册子、时新歌曲等,甚至有几人发现了一张"十大誓约"、"通行证"互相争夺打架。

我们的政治攻势是收到很大的效果,"五卅"后的一两天,伪军即陆续的开小差。单单曲塘,胡家集逃回的伪军就有十余人,从他们中,了解据点伪军士兵大多知道当伪军将来是没有出路的,很多想开小差。伪官非常恐慌,警戒士兵比以往更严了。回来的伪军说:"在据点内看到了你们的宣传品,就好像见到了自己的亲人,听到了你们的喊话,每句都在讲到我们的心里的苦处,有时,不知是兴奋还是难受,眼泪都滴下来了。"有的伪军想尽了一切的办法,把我们的通行证在官长的杀头的威吓下,秘密地保存起来,开小差途遇民兵,他们便泰然地说:"这里有司令部的通行证,我们是×部和平军开小差回家的。"

在不断武装宣传中,我们有如下几点经验:

(一)事先要具体分工、分组,如警戒组、宣传组、喊话组等,并指定其负责人。

(二)详细了解该据点伪军的情况与地形,以便喊话更具体更针对对象,与作警戒等具体布置。

(三)宣传组先要作散发张贴传单的训练(张贴得要高、要分散、要牢,从最靠近敌人的碉堡处向外贴,贴时还要分工,三人一组,一人刷面糊,一人张贴,一人把贴的抹好,散发的也要从里面朝外散,不要集中一起)。另外,不要集中在街心,要靠墙壁,以防碉堡内敌人打枪。

(四)事先规定口令、信号、集合地点等,并对敌人作出击的最高估计,不要有太平观念。

(五)喊话者事先要作充分准备,要沉着,要耐性,要找好隐蔽地形与撤退道路。

（六）喊话时可以几个人在不同的地方喊，时起时伏，以模糊对方的目标。

（七）喊话不要过于刺激对方，更要避免对骂，从政治上去说服（如伪军骂有种的过来拼刺刀，我们说子弹不忍心打自己人，要留着打鬼子）。

（八）在可能条件下，添一歌咏组，准备好几只歌或伪军喜听的小调儿，携带锣鼓等乐器，在碉堡下与伪军联欢，使对方失去敌情观念，更易于接受我们的宣传。

（九）喊话中不必要时，绝对不打枪，才能使我们的喊话起更大的作用。

（十）平时要教育民兵同志，不要常用"狗入的"等去漫骂伪军，或用"你下来杀掉你，窖掉你"等恐吓。俘虏政策也要正确执行，不使形成根本对立，以切断争取他们的道路。

（《江潮报》1944.06.13）

我们怎样对敌伪进行政治攻势

【四师兼军区政治部为策应中原作战，配合边区我军的春季攻势，特发动了全边区性的对敌伪政治进攻，采用散发宣传品，据点喊话，群众大会，及一般的口头宣传等方式，动摇了敌伪军心，获得重大之效果，兹特报道概况如后】

在我主力进攻敌伪时，在我地方武装和民兵袭扰敌伪时，骑兵、侦察员、步兵以及我们深入敌伪区的宣传员，他们经常的用各种有效的方法把宣传品送到敌伪的面前，我们的宣传品好像无形子弹射中了敌人的胸膛，使敌人感觉到惶恐不安。老韩圩的敌军小队长和归仁集的敌军伍长接得我们的宣传品后，摇头叹气说："我的不愿干的，太君的命令，没法没法的！"同时埠子敌军队长接到我们的宣传品后，立即召开小队长以上官佐会议，检查"坏人"。并说埠子的老百姓"坏啦坏啦的！"据投诚到我边区的敌军兵士池田博说："见到新四军的通行证和宣传品，大家都想逃跑，不再忍受长官的压迫了。"我们缴获敌宪兵队的"反逃亡"的文件上说："逃亡的最大原因，是受新四军之宣传所致。"因此许多伪军都说："干二皇是武大郎穿袍子——不长了。"一个张楼伪军拍着自己的枪说："枪呀枪呀！我是替四老爷保存的，快要不跟我了。"伪军因受我宣传攻势的影响，士兵大批逃亡。张逆海生为防止逃亡，命令士兵不许穿便衣，并把门日夜封锁，没有条子不许外出，并吓唬部下若逃跑抓回来就枪毙！但士兵中互相传说："吓唬什么？没良心的王八蛋才给你拼命（指汉奸头子）。"

天刚黑的时候，我们常隐蔽在敌人据点附近，对伪军士兵喊话，各县普遍的进行了，仅邳睢铜在一月之内就进行了十九次喊话，我们有一次对××据点喊话，结果跑过来一个向我们倾诉被敌人压迫的痛苦，要求我们暂时原谅他们。

泗灵睢地方部队及民兵，对伪据点进行了四次喊话。一次是对禅堂据点伪军进行政治攻势，他们先侦察了情况和地形，分好了组，到目的地把警戒布置好后，就开始大声地喊话："我们是新四军，来和你们讲道理的，你们不要打枪，也不要害怕。"伪军没有打枪，他们继续喊："禅堂周围都是新四军，只要你们不出来扰乱，不听坏人的话，不坑害老百姓,鬼子'扫荡'你们不打头阵,到鬼子要垮台的时候,把枪口对准鬼子打,咱们都是好弟兄……"接着伪军答道:"你们辛苦了,俺知道日本人不好,俺们也是中国人。"约一个钟头,他们把队伍集合到一个隐蔽地点,唱了一个"王家庄"的小调。歌子刚一唱完,一阵热烈的掌声从圩墙里传出来,伪军并高声喊道:"好呀! 再唱一个!"

经过这次喊话后,不久这个据点被我军没费一弹克服了,俘获了伪军的全部人枪。

敌伪区的群众在我们的政治攻势下,对我们共产党新四军已有了认识,同时我们又常常配合地方部队到敌伪区召开了许多次群众大会,仅邱睢铜就开了八十一次,到会听众达六千三百四十七人。开会地点都是离据点很近的地方,许多老百姓都沉痛地说:"贵军能常来,维持会要款也要松些了。"有的说:"真的八路来,日子就好过了。"如邱集附近的老百姓怨我们不打邱集,张楼附近的老百姓怨我们不打张楼,大李集的老百姓怨我们不打大李集,这些善意而诚恳的埋怨,说明了敌伪区同胞是怎样热烈地伸出手来期望我们把他们从火坑里救出来。

我们说到敌人的罪恶情形,许多老百姓都咬牙切齿的恼恨,说到鬼子不久要跟随着希特勒的后头垮台,老百姓都异常高兴。

(《拂晓报》1944.06.25)

对新解放区群宣工作意见

叶 炎

我们收复了很多新地区,在这些地区内,都已有了各种工作的建立,但在这些初步工作中,比较重要的还是群众的宣传教育工作,这里我提出自己在这方面得出的几点经验,愿和同志们研究,把这工作做得更好一些。

第一,我认为对新解放区的群宣工作,应从具体实际情况出发和联系具体本地事实进行。我的经验是:在时事教育上,我们谈国内国外大事时,要求简单明了,分析清楚,不要啰啰嗦嗦讲一大套名词,否则会把群众搞得莫明其妙;在民主教育时,要多谈民主政府的政策和报道根据地人民的生活,谈时应该联系敌伪顽的政策和敌伪顽残害人民的情形,互相对照,最易收到效果,但必须收集一些典型的例子才行。不管进行时事教育与民主教育,谈白话、吹牛皮都是行不通的。

第二,我认为对新解放区群宣工作,一般的应以开小会、漫谈和个别访问等方式为主。我们的经验是:新解放区的群众对开大会不习惯,情绪不易掌握,但我不是反对开大会,应该开的还是要开,问题是不要开得太多。我提议开小会、漫谈和个别访问,不但可以避免开大会的一切毛病,而且最易进行,更重要的是,能够深入群众,使群众和我们更加接近、更加熟悉,使我们以后的工作会取得很大的方便。不管采取什么方式,都必须有最大的耐心,否则也很难收到成绩的。

第三,我认为对新解放区的群宣工作,应该大胆地运用一切所能够运用得动的动力去进行。我的经验是:光靠我们一些工作同志是不够的,事实上也不可能做好,我们到新地区后,应该很快地把进步人士,特别是进步士绅和进步知识分子动员出来,因为他们对本地情况比我们要清楚，和群众也最易接近，特别是他们开始热情是很高的，只要我们领导得正确，也会收到很大的效果的。不敢放手地去运用动力，其工作一定做不出一些大的成绩来的。

第四，我认为对新解放区的群宣工作，不论在什么时间、地点，都要有一定的重心才行。我的经验是：因为各地有其不同的情况与特点，我们要针对这些情况和特点进行工作，必须找出重心，这就要我们研究这地区是敌伪势力统治的时间长呢还是封建势力统治的时间长呢等问题，只有这样，才能找出群众的思想症结，予其以解释和教育。否则，所答非所问的乱来一通，也是收不到什么效果的。

以上不成熟的几点意见，还望大家予以指正。

(《苏北报》1945.09.30)

华中宣教大会部队组　总结战士教育工作
政治教育要靠发扬民主和自由思想
大家认为今后应大力进行文化教育

【分社讯】宣教大会部队宣教部门，连日来继结讨论、总结五大工作：战士教育（干部教育问题前已报道）初步总结了过去政治、文化教育工作。政治教育（包括思想教育）的讨论，开始为教育方法的综合报道，于展开补充、讨论后，总结出基本经验是：思想问题的解决，主要的是依靠发扬民主，发挥自由思想，针对着战士的思想状况和变化，通过思想暴露、分析、辩论达到思想一致。这一经验的获得，曾经过曲折道路：开始政治教育只是讲解条文，以条文材料为中心；以后发展到以多举例子为中心；最后才走到兵教兵、民教兵，启发战士自觉思想，通过思想矛盾来解决战士的思想问题的教育方法。在这一基本经验的讨论中，首先提出，进行思想教育时典型示范要不要的问题。一种意见认为：以一个有成熟思想者作为示范，可以推动别人反省，是一种兵教兵的方法；另一种意见则认为典型示范有时并不能起推动作用，并常会引起相反结果，闹得部队不团结。最后的结论是：典型示范要与不要，决定于什么样的典型和部队具体情况。假如战士弄通了思想，普遍有反省要求，同时又有了积极性较高坦白彻底的典型，进行典型示范是必要的；但以干部的主观愿望出发，找一两个自认为可以成为"典型"的人物谈谈话，突击强迫弄成典型，就会弄成相反的结果。而这种现象在部队里还存在。关于今后应着重政治教育或文化教育的问题，亦有争论。有的认为今天部队里思想毛病还很严重，应该继续着重政治教育。最后大家基本同意今后应该大力突击文化教育，因为文化是一切教育的基础。但这也不是放弃或轻视政治教育工作。文化教育的讨论，着重开展识字运动的三条道路的总结：一种是有一定的计划、步骤的造成识字运动；其次是政治、文化、娱乐同时由一个教师一个课堂进行，这虽有些效果，但限于仅为政治教育服务，在实施时干部也有困难（政、文、娱三面兼能的干部很少），三种水平统一进度也很困难；最后是张友池的道路，把战士的写稿读报和文化教育结合起来，但难于有计划地提高，因此就要吸取三者所长，按具体情况灵活实施。宣传鼓励工作的讨论,由卓海子战斗的宣传鼓励工作的典型报告开始。这一问题的讨论,首先在使战士了解情况与保守秘密的问题上得到基本经验:认为尽量地要照顾到前者,亦不忽略后者。而过去大都是照顾后者忽略前者;同样,一般战斗情况亦应该在适当时机告诉当地政府及群众,以取得密切配合,多方向战士鼓动。另外一个重要经验是:宣传鼓励口号应让战士自己提出,多用快板形式。卓海子战斗战士提的口号,不仅限于一般的鼓励,而且联系到架梯、爆炸、各战斗组织的战斗动作,对战斗胜利有极大影响。部队报纸工作及文艺工作亦已讨论完毕。

(《新华日报》(华中版)1946.04.20)

华中分局指示:今年怎样纪念五月节

华中分局发下一个指示,说今年五月几个纪念节,对中国人民有特殊意义。上一年当中,法西斯头子德、意、日已经揪垮,全世界民主力量得了胜,国际上反动派想破坏和平,总不得称心。这个局势对中国大大有利,中国人民揪垮了日本鬼子,又压得反动派承认和平民主,开政协会,订下三大协定,这么大喜事,今年五月真派大大庆祝,来提高人民斗争的信心与勇气。所以在纪念时辰,各级党委要掌握这个有利形势,加紧做各种和平民主团结建设工作。在各纪念日,要做下面这些事:

一、纪念"五一",要检查总工会成立之后,华中工人运动的成绩与缺点,特别着重检查改善工人生活、壮大工人组织与繁荣解放区工商业这三方面。纪念的基本口号,是"改善工人生活"与"繁荣解放区"同样重要。还要援助全国工人增资,要民主。加紧全世界工人团结民主运动。以市镇为单位,开工人会,共产党员要积极参加,加紧对工人教育。

二、纪念"五四",要检查华中青年运动,要指出"五四"以来青年对中国革命起的作用,还要指出知识青年只有同工农劳动阶级结合,才能更有力量。纪念的基本口号:①反对封建与奴化思想,取消特务,要求保证实行人民真正自由,坚决打击法西斯残余势力。②华中解放区各种和平民主建设,青年要踊跃参加。③注意青年生活,改善青年生活。④援助国民党统制区青年运动。

三、"五五"是马克思生日。所有共产党员要纪念,要进行马克思主义、毛泽东思想的宣传教育,研究、熟悉与掌握党纲党章,根据党纲党章检查与提高自己党性,各级组织要根据党纲党章检查本组织领导工作,加强正确领导,使华中党更坚强有力来领导华中人民搞和平民主建设。

另外,原定五五开国民大会,各级党委要领导大家用心研究政协会各种决议,动员人民坚持在国民大会上通过这些决议,反对反动派破坏政协决议。我们要使国民大会真正成为全国人民民主立宪会议。

四、"五九"国耻已经扫除,今年还可纪念,胜利地纪念它,总结我们扫除国耻的斗争经验,要保证今后永不再有国耻,要加强民族气节教育,总结惩奸运动。

五、"五卅"不纪念。

最后,各级党委在五月初要领导当地人民搞宣传教育运动周。

(《盐阜大众》1946.04.26)

注意发现和培养出色的民间诗人

在本报上已经发表过好几次民间诗人的作品,但是还没有引起大家的注意,因此,这方面的来稿还是很少。我们希望这种不关心民间诗人的情形能够转变,因此特地选了几位民间诗人的作品在这里发表。

吴四乱子的作品,以前已经发表过。他是一个不识字的农民,但是他的快板是非常出色的(快板是大众诗歌的一种形式)。他的作品自然地脱去了一般"知识分子"所写的"诗"的八股的臭气。只要有人好好帮助他、培养他,吴四乱子是可以成为出色的民间诗人的。

单是发现还不够,还要耐心虚心的好好培养。一般民间诗人,大都是穷苦的被压迫的工农,在旧社会里,没有钱求得读书的机会,因此文化程度都很低,政治了解也不够。所以很需要没有"知识分子架子"的知识分子去帮助,同时知识分子本身,在接近这些民间诗人的过程中,自己也可学到很多东西。

只要我们"眼睛向下",这种民间诗人是会发现的。假如在今后一两年中间能够在盐阜区培养出一二十个像"李有才"这样的出色民间诗人,那就是我们盐阜区文化运动中的无上光荣。

(《盐阜大众》1946.12.09)

漫谈"翻身文化"

禾 斗

"翻身文化"这个副刊,我们工农同志一看,就会晓得它是专门帮助我们工农文化翻身的。

在盐阜区来说,从这次土地复查以后,我们工农在经济上已经得到足够的土地,分到房子、牛和粮食,日月过得丰丰裕裕的,在政治上"吃人"的封建地主已经彻底斩草除根,泥腿子真正做了农村的主人。但从文化翻身方面来说,我们至今还做得不够,还要我们工农最后下一把劲。

如果工农在文化上翻不过身来,我们就不能见多识广,就会常限在狭隘的圈子里团团转,不论政治上、工作上的进步,都会受到一定的阻碍,同时残留在我们头脑里的封建思想和迷信观点,也得不到清除。这也是说,我们工农还不能在各方面都做起主来。

今后"翻身文化"这个副刊,坚决为我们工农服务,为彻底铲除地主阶级的"封建文化"而斗争,使它真正成为我们工农新文化的地盘。

"翻身文化"的内容,包括诗歌、木刻、快板、小调、故事、歌谣、趣话、墙头诗、大鼓词、文艺通讯、科学知识、工作日记、社会问题的解答等等,使我们工农尽量发挥写作天才,同时也成为我们工农文化的供给部和法宝囊。

"翻身文化"副刊今天创刊了,光靠几个编辑同志是不行的,今后要使它真正成为工农自己的副刊,就要求我们工农共同来办,就要靠我们工农不断地来稿,时时刻刻的关心它与爱护它。

(《盐阜大众》1947.12.07)

地委关于当前宣传教育工作的指示

中国人民的革命战争,已经到了新的转折点。人民解放军,已经打退了蒋介石匪帮的进攻,而转入到反攻;我华中地区,在刘邓、陈粟大军南下以后,也已成为全面反攻的一个侧翼;而我盐阜地区,正在全面开展整党和平分土地运动。根据这一情况,我们当前宣传教育工作的任务,应该在整党和平分土地运动中,整顿我宣传部门的队伍,在党员干部群众中,大力开展形势、整党和平分土地的宣传和教育,坚决克服我过去宣教工作中缺乏阶级观念,脱离实际,和"克里空"教条主义等作风,使我们的宣教工作,真正能服务于雇贫农和当前的中心任务。为了贯彻这一任务,特作指示如下:

一、我宣教部门组织成员的成分不纯,较其他部门更加严重。因此,在整党过程中,必须同时整顿我宣教部门的队伍,一切地主富农流氓分子,和坚决站在地主富农立场的干部,必须从党的宣教部门中,清除出去;并立即提拔和补充立场坚定、成分纯洁、工作积极的干部,来掌握各级党委支部的宣教部门。在选拔宣教工作干部时,固然应适当注意其文化水平,但不应把文化水平,能说能写,认为选拔宣教干部唯一标准,而放松了对他的成分、立场、品质的考验,滥竽充数;或认为宣教部门,可有可无,而不去配备和补充。经过调整以后的区委宣传科和支部宣传委员的名单,望各县宣传部报告地宣。

二、在整党和平分土地运动中,我各级宣传部门,应有计划地结合运动,利用各种会议和各种方式,大力向党员群众,进行形势、整党和平分土地的教育。

在进行形势教育上,应该:(一)根据毛主席的报告,用一年半来的具体事实,说明目前的革命战争形势,已到了从自卫抗击到大举反攻的转折点,蒋介石的反动统治,从发展到消灭的转折点,帝国主义在中国的统治,从发展到消灭的转折点,中国人民的反蒋力量,完全有把握打倒蒋介石,蒋介石匪帮的最后灭亡,中国人民的最后胜利,已经确定不移。这样来加强党员群众的胜利信心和斗争决心,坚定我们的阶级立场。(二)教育全党和群众,我们必须坚决打下去,一直到消灭蒋介石集团,和他的全部武装。党员群众中还存在着对美蒋的幻想,和希望停战和平的幻想,必须坚决加以打破。必须指出:如果我们让蒋介石匪帮,有停战和喘息的机会,让他保存实力,卷土重来,一定会延长中国革命的最后胜利。因此,我们警惕和揭穿一切停战和平阴谋,具备充分的信心,打到蒋介石最后垮台为止。(三)说明华中形势,虽已处在全面反攻的侧翼,但敌强我弱的形势,还未转变,我们必须具备独立自主长期坚持的决心,随时准备敌人的"扫荡",反对盲目乐观和麻木不仁。

在整党教育上,一方面教育全体党内干部,坚决克服地主富农思想,站稳阶级立场,诚心诚意替贫雇农当长工,做勤务,同时号召全党警惕起来,清查混进党内的异己分子、内奸分子、投机分子,坚决把他清洗出去。另一方面,应该大力教育雇贫农群众,起来当家做主,审查干部,审查党员。

在平分土地的宣传上,我们应该:(一)用具体实例,暴露和揭发地主阶级统治农民的罪恶,更进一步的提高农民阶级仇恨。(二)说明平分土地是为了更加彻底的消灭地主阶级,刨清封建根,更加满足贫雇农的要求,使广大贫雇农能得到彻底翻身。(三)解释我党巩固团结中农的政策。(四)号召广大贫雇农群众,自己做主,领导和进行土地革命。

关于上述教育内容,地宣即陆续编印教材,望各地根据实际情况,展开广泛的宣传和教育。

三、旧历年关即届,我各级宣传部门,应立即进行准备,组织力量,开展年关的文娱活动,通过这一活动,来进一步贯彻形势、整党和平分土地的宣传。在进行方式上,一面应在年关中,在农民领导下,组织翻身农民,进行各种文娱活动(如玩麒麟、玩龙船、打花鼓等),并尽可能由农会召集会议,回忆过去痛苦,检查翻身,和订出今后翻身生产等计划,另一方面,并应组织各地农村剧团,演出各种杂耍和歌剧,进行宣传。

在整顿队伍和组织年关文娱活动中,必须同时整顿农村剧团。各地农村剧团成分不纯的现象,异常严重,不少剧团,成为地主富农的防空洞,阜宁并发现农村剧团,成为特务藏身之处。因此,一切农村剧团必须由农民加以审查,混进农村剧团的地主富农和流氓分子,必须坚决加以清洗。如果全部或绝大部分的团员,都是地主富农和流氓分子,应干脆给予解散。农村剧团侵占群众果实的,应坚决退回。必须使农村剧团,成为翻身农民和城市集镇工人市民的集体娱乐组织。农村剧团演出的方向,不应该专演大戏,而应大量提倡广场剧。

年关以前,各地应将不适时宜的(如中间不动两头平)和不适合老解放区的标语(如人民解放军总部颁布标语中"取消苛捐杂税"、"开仓济贫"等)加以洗刷,根据地宣规定的标语口号,普遍加以书写。年关文娱活动的剧本和小调,除由地宣编印一部外,各地自己编写的剧本,必须经县宣审查后,始能出演。

四、关于党报通讯工作,地委已另有决定。根据目前县区组织情况,必须大力开展以工农干部为主的通讯运动,来传播经验,指导运动,并通过这一运动,来提高县区工农干部的读报、总结和写作能力,提高他们的文化水平。各级宣传部门,必须以大力领导这一运动。在开展通讯运动中,必须实事求是,站在贫雇农的立场上,来报道运动,传播正确的经验,必须坚决反对夸大事实,以坏报好的"克里空"作风。

五、我各级宣传干部,应该深入运动,从运动中锻炼自己,特别是各县宣传干部,应与县委共同进行典型结合,并且以实际运动的经验,有计划地进行报道。各县委在开展土复运动中,应尽量出版交流经验的期刊和报纸,以推动运动。但稿件必须经县委审查,必须坚决反对无批判的报道。

各级党委宣传部门,接到本指示后,望立即讨论布置,并将执行情况,随时回报地宣为要。

附目前宣传标语口号
一、全力支援大反攻,收复全华中!
二、彻底平分土地,消灭地主阶级!
三、整顿革命队伍,彻底铲除封建势力!
四、雇贫农翻身做主人!
五、农民一定要永久坐天下!
六、雇贫中农团结起来,刨掉封建根!
七、雇贫农当家做主,民主审查一切干部!
八、把一切阶级异己分子,从各级机关团体中清除出去!
九、开展春耕生产,不荒一分土地!
十、整理扩大农卫军,武装保卫土地!

(《盐阜大众》1947.12.18)

纪念"七一"、"七七"、"七一三"

地委指示广泛展开宣传教育

"七一"是我党诞生的二十七周年,"七七"是抗日战争爆发的十一周年,"七一三"是自卫战争的两周年,这些都是我党在发展过程中有很大历史意义的节日。地委特指示全党,要抓紧这些节日,广泛地进行党内教育与党外宣传。同时根据当前全国与华中形势的特点,以及当前分区党员群众的思想情绪,也必须进行广泛深入的教育,克服和扭转目前党员和群众中存在着某些不良情绪。上一次地委已提出开展时事与战争教育运动,此次更要求把这一运动与纪念"七一"、"七七"、"七一三"结合起来。来明确全党和群众对形势的认识,加强战争观念,和进一步提高我全分区的战勤工作和对敌斗争,地委并作出补充指示。一、这一次宣传教育的内容,主要应着重:①党史和形势教育,根据毛主席"目前形势和我们的任务"的报告,和新华社"旧中国在灭亡,新中国在前进"的社论,"左派幼稚病"第二章及中宣部重要前言,号召全党正确认识当前形势,加强党性,克服不良倾向(如厌倦疲沓,地位观念,不安心工作,破坏纪律等),坚决执行党中央的政策,保证党在政策上、组织上的统一性,反对目前党内存在的地方主义和无纪律状态。②加强全党和群众的战争观念、武装观念,克服对战争厌倦情绪。③加强政策教育,号召全党坚决的、无条件的执行党的政策,解除群众对我党政策的怀疑和顾虑,提高生产情绪。二、为了贯彻这一宣传教育内容,各机关部队、各支部,应在七一,召开干部会,支部大会,军人大会,或军民大会,由负责首长,报告党史和目前形势,号召全体干部党员,英勇斗争,克服困难,掌握政策,遵守纪律。并组织区以上干部,在七月份内,学习"目前形势与我们的任务"、"旧中国在灭亡,新中国在前进"、"左派幼稚病"第二章和中宣部前言四个文件,展开讨论,同时进行自我检查。地委并决定七月七日到七月十三日,为形势和战争的宣传周。在这一宣传周内,动员各种动力,利用各种方法,大力向群众进行宣传,并通过这一宣传,联系完成动员常备民工、动员区队、整理民工等工作。三、各区以上的机关支部,应在七一到七七间,召开支部大会,吸收机关内非党群众参加,对支部工作和党员个人,进行批评与自我批评,密切党员与群众的联系,改造支部工作。四、边沿地区,应结合加强对敌斗争,大力进行恢复工作中,有力地进行形势与政策宣传解释,利用民兵掩护深入边区,召开小型会议散发各种宣传品等方法达到这目的,并通过这运动有计划地进行争取工作。另外,这次宣传运动过程、方式、效果、反映,地委也要求各县县委在七月底以前,召开会议,进行总结,做成书面向地委报告。

纪念"七七"做好荣军工作

"七七"是荣誉军人的光荣节日,专署指示各县应在这一天,根据荣军的分布情形,分成几处进行召开三四天时间的荣军大会,由各县负责同志负责领导主持。在这个会上打通荣军同志时局思想,发扬他们的光荣传统,开展立功运动,此外再通过民主评定残废等级,建立与健全荣军组织。

(《盐阜大众》1948.07.01)

办好我们的党报
——祝战旗报一周年

郑 平

战旗报在过去的一年中,是起了它应有的作用。我们通过了党报,教育了我们的武装,指导了工作和战斗,鼓励了我们的士气。

在战旗报第二年开始的时候,我们希望:我们的党报,能够在原有的基础上,更加向前迈进一步,更进一步地发挥党报所应尽的作用。

首先,我们的党报,应该正确地宣传党的政策。我们的武装,是党的武装,是人民的武装。我们必须诚心诚意的为人民服务,必须坚决地执行三大纪律、八项注意,必须坚决地执行党中央的城市政策、新区政策和俘虏政策。为了达到这一目的,战旗报必须反复地宣传党的政策,使我们五分区的全体指战员,都能领会党的政策的精神和实质,克服目前工作中存在的某些无政府无纪律状态,不折不扣地把党的政策,贯彻到实际行动中去。

其次,我们的党报,应该成为推动工作,和鼓励士气的有力武器。我们应该大大地发扬革命的英雄主义,通过党报,来表扬我们战斗、学习和生产中的英雄和模范,同时,我们也应该正确地掌握批评和自我批评的精神,加强党报的战斗性,以与人为善的精神,对目前五分区武装中,存在着的某些倾向和缺点,展开应有的批评。

最后,我们的党报,必须贯彻毛主席的为工农兵服务方向。必须使我们的党报,和广大战士同志的感情,打成一片,必须从群众的语言,来改造我们的文风。为了达到这一目的,一方面要我们党报的编辑同志,深入群众,联系群众,去领会我们广大战士同志的感情和语言;另一方面,我们还要发动"全军办报",开展工农兵的通讯运动,要使我们的指战员同志,不仅成为战旗报的读者,而且更要成为战旗报的通讯员。

把我们的战旗报提高一步,充分地发挥党报所应起的教育作用和组织作用,这就是战旗报第二年努力的方向。

(《战旗报》1948.10.07)

华中五地委关于加强通讯报道工作的指示

一、在党中央、华东局和工委的正确指示下,我五分区全党,正在努力地克服我们工作中的无政府无组织状态,贯彻全党的统一意志、统一行动和统一纪律,来适应当前革命形势的需要。我们工作中的无政府无组织状态,不但表现在执行政策上的自立政策,自作主张,事先不请示,事后不报告的倾向;而且也表现在我们政策宣传上的乱提口号,乱发议论和通讯报道上的随便传播不正确的经验,报道歪曲政策的新闻,以及片面夸大地报道实际情况上面。因此,我们不但要克服执行政策上的无政府无组织状态;同样的,我们亦应该克服政策宣传和通讯报道上的无政府无组织状态。

二、五分区的通讯报道工作,在五六年中,已形成了全党性的群众性的运动,这是我们的成绩。但不可否认,我们通讯报道上的无政府无组织状态,是相当严重的。在去年平分土地运动中,我们的党报上,曾不断地发表了违反党的政策的言论和报道,传播了"大呼隆"的恶劣作风,对当时的"左"倾错误,起了推波助澜的作用。在今春以后,特别是华中宣教会议以后,地宣和报社的编辑部门,经过了政策宣传的检查,地委建立了审稿制度,党报党刊上违反政策的宣传,是相当的克服了。但是,通讯报道中其他方面的无政府无组织状态,还没有得到应有的克服。这就是:我们的通讯报道是陷于相当的自流状态,缺乏党委的集中的有系统的领导。因而在通讯报道上表现出零乱、琐碎和片面;不能正确的反映出运动发展的全面情况;不能及时的介绍经验,指出偏向;报道成绩多,报道缺点少;只是现象罗列,缺乏系统的分析和提高;对某一个地区和个人的表扬和批评,也不能恰如其分;有些好的经验,好的典型,因为没有报道,而被埋没了;有些则因为报道了出来,而得到了不恰当的过分的表扬。这些缺点,不但削弱了党报的指导作用,而且某些现象,也影响了党报和党的威信。

造成这一现象的原因,主要是:甲、我们对党报和新闻报道,还缺乏严肃和实事求是的态度,还只是停留在旧的"宣传"观点上。因此,某些同志,就通过报道,来发挥其不老实的夸张的作风,而某些党委,也对这些现象,采取自由主义的态度,熟视无睹,不闻不问。乙、我们工作中的经验主义的倾向,反映到党报和通讯报道上来。丙、全党的工作方法和领导方法,还是停留在分散的手工业的方法上面,还不懂得利用党报这个发行广泛、传播迅速、影响巨大的宣传武器,来发扬正确的思想和作风,批判和纠正工作中的错误。

三、为此，各地在检查和克服工作中的地方主义和经验主义倾向，消灭工作中的无政府无组织状态，改善领导方法，严格执行请示与报告制度中，必须同时加强对通讯工作的组织和领导。关于加强通讯工作的具体办法，地委特作如下决定：

甲、各级党委、各级军政民领导机关的负责同志，必须以严肃的态度，来检查和加强对通讯报道的领导，在各级党委、各部门检查请示与报告制度的执行程度，检查工作中的无政府无组织状态时，必须同时检查通讯报道中不符合政策、不符合实际情况的无政府无组织状态。在讨论克服手工业的领导方法，建立科学的领导方法时，也必须讨论如何运用党报，来推动和指导工作。今后，各级党委，应该把有计划地报道本地区工作的全面情况，有计划地报道经验、指出缺点，有计划地通过党报来表扬模范、批评落后，作为其本身的义务，作为每个党委的经常业务之一，应该把总结报告工作和报道工作密切地结合起来；应该执行一面报告、一面组织报道的制度，并应该推动和督促其所属的各部门，亦同样实行这一个制度。

乙、为了从组织上加强通讯报道工作，地委将根据工委规定，将各县通讯总组，改为专职的新华社县站，由各县县委宣传部长兼站长，另设专职的副站长、内勤、记者各一人。各县应立即配备有一定的政治水平、实际工作经验和文化水平的干部充任，不得滥竽充数。各区仍设中心组，由区委宣传科长兼组长，区委宣传干事兼副组长。县站为专职的通讯报道组织，在政治上、组织上、工作上，均归县委宣传部领导，并在业务上受新华五支社的指导。各县区委应该加强对县站和中心组的领导，根据支社的提示，根据本县区运动的发展情况，负责组织和计划，全面地、典型地报道，使大家从这些报道中，能看出工作的全貌，要从这些报道中可以吸取经验和教训，有关全县（区）性的总结性的报道和典型经验的介绍，县站和中心组同志力不胜任的，各县区委应指定专人负责。

丙、为了更好地完成报道任务，各县委应在各直属单位中，指定掌握和能独立整理各项材料、有相当写作能力且政治上较强的同志一人，为县站的特约通讯员，并将这些通讯员组织为县直报道委员会，有计划地报道各部门的工作。这些被指定为特约通讯员的同志，应该认为这是党交待的光荣任务，切实地报道本部门工作的全貌。地委直属机关，也成立报道委员会，其名单由地委指定。

丁、今后县区委、各部门、各县站、区中心组的来稿，应重质不重量，只要把本县本区本部门的工作，不论是全面情况和典型经验，毫无遗漏地报道出来，就是完成了报道的任务。因此，地委要求，各县应每月组织能反映中心任务的全面情况、反映各部门工作情况和组织典型经验的报道二十篇以上，各区组织五篇以上的报道。

此外，全体通讯员同志，仍应发扬过去积极写稿的精神，以正确的立场观点方法，积极为党报写稿。今后地宣将按月总结各县通讯报道的成绩，并给积极报道的单位和个人，以物质上精神上的奖励。

今后凡有关政策性的稿件，必须经过县委的审查，县委必须对报道的真实性和政策性负责，特别是经验的介绍，对地区和个人批评和表扬，更应慎重。

戊、今后凡各县寄给新华日报、盐阜大众、盐阜党刊、支部工作的来稿，均统一寄至县站,由县站转发。

以上各点,望各县区委立即讨论执行为要!

十一月四日
(《盐阜大众》1948.11.07)

中共华中五地委关于
盐阜大众复刊重建五支社的决定

一、为了更好地指导五分区的全党工作,地委特决定盐阜大众复刊,并重建新华五支社,加强对外报道。

盐阜大众在我们五分区是有着很久的历史,特别是"大众化"、"工农化",因此它是我们五分区区乡工农干部中最适宜的读物,是他们工作中最好与最经常的指导者。在今天土复运动中,大量优秀的贫雇农干部涌现到各级领导机构中来的时候,盐阜大众的复刊,是更有着特殊的意义和作用。

二、盐阜大众,是以区乡干部为主要对象,它的任务是宣传党的主张、政策,及时反映我五分区的各种工作情况,交流经验,指出偏向,以达到推动和提高全党工作的目的,它是地委的机关报,是地委领导上的得力帮手。

三、我五分区自开展"四八通讯竞赛"、"办报用报运动"以来,全党同志,对"通过党报指导工作"的认识上,虽然进了一步,但看报只看一下标题,看一看有没有打胜仗的消息,而对于报上登载的"社论"、"专论"、"新闻"、"经验"、"批评建议",不研究阅读,不组织讨论,不把党报上提出的问题运用到实际工作中去的现象仍是很普遍,同时对通讯写稿工作,也是不够经常,因此好的经验,得不到发扬传播,产生的偏向,亦无法及时纠正克服,这也就大大地减少了党报的指导作用。地委认为这些现象,不光是党报观念问题,而是和着他自己思想上的"自满自足"、"自以为是"及作风上的"官僚主义"、"事务主义",不随时检查总结工作,是分不开的,因此地委号召大家要从自己思想上、作风上来检查过去不及时总结经验不写稿的原因,要求大家转变作风,转变对党报认识,进一步把写稿、汇报工作、看报、用报密切结合起来。

四、根据今后区乡干部的情况,工农成分将占着绝对的优势,因此我们编辑党报的同志,不但要熟悉党的政策,熟悉区乡工作的进程,而且要熟悉工农语汇、工农感情,不但把文字词句大众化,使工农干部看得懂、听得懂,而且要从工农干部的政治水平、实际需要出发,帮助工农干部解决问题,提出办法,从而提高工农干部的认识和工作能力,进一步把全党工作搞好。

同时也要求各县县委重视大众报,转变轻视大众报的观点,进一步为大众报写稿,通过大众报来指导与培养区乡工农干部的工作能力,提高区乡工农干部的政治水平,并从大众报上学习与体会工农朴素感情和朴素的工作作风。

采通科及各县总组,必须大力开展以区乡工农干部为主的通讯运动,号召知识分子干部帮助工农干部写稿,尊重与爱惜工农干部的稿件,有计划有系统地培养工农干部的写稿能力。报纸地方版保证以一定篇幅发表工农稿,逐步向以工农稿件为主的方向努力。同时,在写稿中亦必须号召大家反对"克里空",不无中生有,不夸大分寸,有一说一,老老实实。

五、为统一盐阜大众和五支社工作起见,特建立总编辑部。今后支社对外报道,除选择一般稿件外,对工农稿件亦应采用。

六、党报发行传递工作的好坏,对于党报能否深入群众、是否起作用,是有着决定的作用,因此各级交通组织,必须把党报发行工作,作为自己的主要任务,并大量推销,而各级党委亦必须予以重视和检查。

七、各级党委看到本决定后,必须进行切实讨论,检查并布置执行。

十二月七日

(《盐阜大众》1948.12.07)

知识分子教育工作的几点经验

王 勉

去年秋季攻势以后,我们在开封、郑州招收了一批知识分子成立青年政治大队,根据一队三个多月的教育工作,有如下几点经验。当时,由于种种条件的限制,招收的学生无论在政治上、文化上,水平均较低,逃亡地主成分不少,这和今天的情况已有不同,但争取改造这批知识分子的经验,还是可以提出来供大家参考的。

第一部分 对知识分子的认识问题

(一)"这些人太落后!"

学员到校后,由于政治水平、作风、文化程度都较差,表现得非常混乱:大部分学生不能吃苦,怕吃小米,自己编歌子:"解放军,真可干,一天两顿小米饭;吃不饱,穿不暖,老同志还说咱不习惯。"有的则拜老百姓为干娘,贪图吃些红薯、面条。有的因为滑钱花,想回家,学习情绪不高,整天打打闹闹,写情书,谈恋爱之事亦屡屡发生。有些人则觉得青年政治大队的牌子不够大,要求转学到军大或中大去……我们面对着这样一批学员,感到十分头疼。作出来的结论就是:"这些人太落后!""打到家门口'请'来革命的就是比自动跑来参加革命的差劲!"上级虽曾一再指示我们这一认识有偏差,但我们心里总不服气。经过两个多月的教育,特别是经过阶级学习、展开对旧社会的控诉以后,我们的认识才开始转变。从控诉大会的总结中看出:在全队九十五个学员中直接受过国民党统治机构欺侮的三十五人,受过失业的痛苦的七人,失学的二十七人,在地主家庭内受压迫的十二人,婚姻不自由的四十人,家里被抓过壮丁的十二人,揭露地主阶级罪恶的三十三人。

通过这些统计数字,我们看出了这些人在旧社会是处于被压迫的地位,对国民党统治、对地主家庭是不满的,我们开始从政治地位上去认识这些人,而放弃了过去单纯从他们的生活作风上去认识他们的方法。这些学生由于长期处在国民党的统治、教育下,很少接受过进步的书籍与事物,再加学校初建,很多未步入正轨,生活、学习未能紧张地开展起来,因此这些落后的表现是很自然的。当然,闹到队部来的就是这些乱七八糟的事,我们又片面地把这些现象看成为全面,因而做出上述结论,这不仅影响我们的工作信心,即在行政管理上、教育计划上都发生了偏差,我们花费了不少力量去处理这些问题,放松了政治学习,结果并不能消灭这种现象。相反,当我们纠正了这个思想,把学员的政治认识提高了,这些现象倒基本上得到了解决。这充分地说明由于他们在旧社会所处的政治、经济地位和蓬勃发展的革命形势,这些人是完全可以改造的。我们不应光看到他们的落后面就失望起来。

(二)"非打击不可!"

知识分子到校后,带着浓厚的小资产阶级自由主义的作风,在部队生长起来的干部非常看不惯这一套,而学员们也感到我们规定得太严格,太不自由,经常引起情绪上的不满与波动,例如编组问题、汇报制度、请假会客制度等等。对这些问题有三种不同的态度。第一种,认为小资产阶级的作风与部队作风是根本不相容的,对这些不良作风要进行有效地打击,打击得越痛,改造得越快。第二种,认为引起这些思想波动是不可避免的,闹一个时期就会好的。这和第一种态度基本上是一致的。第三种,思想斗争是必要的,但那应该是群众的事,进步的与落后的斗争,而不是领导上亲自出马去斗的。因此在群众的觉悟没有提高到一定程度的时候,领导不应轻易地、冒险地进行"打击"。我个人就是经历过这三种不同的态度的。去年在中原大学二队工作时,上级要调十几个同学去一队,屡经说服无效,最后拿出:"我命令你们去一队!"学员的回答是:"你为什么命令我?"结果引起很多人的不满,俱乐部主任也来"调解"说:"希望双方'让步',不要把'事态'闹大!"一般讲来,学员到校编队编组问题经常引起波动。我们是否一定要把感情较好的编散呢? 我认为这不是原则问题。我们要把一切次要问题甩开,集中力量搞政治学习。政治觉悟提高了,很多人反省"当时,那么闹真不应该!"当然,这不是说一切都听学员们想怎样办就怎样办。为了便利学习、管理,把一些积极分子和落后分子适当调配编开还是必要的。

其次在汇报问题上,由于我队无党、团组织,下面情况很少反映上来,及至有个别积极分子汇报以后,我们又觉得这回可发现问题了,也不去分析这些问题是一般的还是个别的,对全队的影响来说是严重的还是轻微的,就在点名时来个队前批评。结果被批评的人恼羞成怒,不但没有心思去改过,反而迁怒到汇报的人,"哪个混账给我报告了!"这样使积极分子脱离了群众,有的甚至向落后现象低头,领导也就越发陷于孤立。后来,我们把重点放在表扬,队前广播,饭场广播,组织"讲好事晚会",对缺点采取个别谈话,这时学员们认识到小组长汇报坏的,也汇报好的,明白了汇报是为了帮助自己,对汇报也就没有异议了。

由此可知:在政治觉悟未提高以前,我们应根据当时当地的具体情况布置工作,不能生硬地把部队里的管理方式运用到学生中去,不是采取领导上亲自出马的"打击"方式,而是循循善诱地逐步提高群众的阶级觉悟,启发他们中间进步的与落后的进行斗争。这样领导与群众的关系就会是很和谐的而不是对立的了。

第二部分　教育工作

（三）怎样从旧的学习方法转变到新的学习方法——初到校时，学员的失望情绪是否可避免？

根据一般经验，知识分子初到革命的学校总要有一个阶段的失望。产生这种失望情绪的原因，除去我们的设备不好等物质条件以外，更主要的是对新的学习方法不熟悉，感到学不到东西。

在我队，学员入学动机是各种各样的，但他们的上进心和对学习的要求是强烈的，这一点必须予以承认和尊重。我们曾在开始时期由于不承认这一点而走了弯路。另一方面，他们主观上又存在着"正统"的学习方法，认为只有先生讲、学生听、抄抄笔记、背背条文才是学习，对我们的读文件、作报告、讨论会感到平淡。同时，由于他们既缺乏实际生活的体验，又缺乏理论知识，开起讨论会来是非常枯燥的，会上只能听到些条文的背诵，重复和使一些人打瞌睡，因此他们感到开讨论会不如多讲点课，不如自修看点参考书。如果我们轻易的认为这种想法是"好高骛远"，是"不务实际"，是"学习方法上的正统思想"，而生硬地强迫他们纠正，非要整天开会不可，结果就使学员们的失望情绪日益增长。我队就是在这种情况下逃亡两人，事后据旁人反映逃亡原因是"在这儿学不到东西"。

从一个旧的学习方法转变到新的学习方法，不是一下子就能成功的。新的学习方法集中地表现在理论与实际的联系上，而学员的水平则是既缺乏理论，又缺乏实际，更不会把理论与实际联系起来的方法，这就是我们工作的出发点。我们应当：

第一，给学员灌输一些新的常识。在学校未正式开学以前，我们进行了一个星期的社会发展史的辅助教育。除去说明社会发展的一般规律外，着重地讲解私有财产制、剥削、阶级、国家的起源与实质，和研究事物的立场问题，后来的事实证明这段学习对他们帮助不小。当时在教学方法上，以讲课、抄笔记、阅读参考书为主，在他们的旧的学习方法未能转变前，起初适当的采用他们旧的学习方法来学习新的内容，是必要的，因为这一段学习的目的是为了更顺利的推翻他们的旧的学习方法。这期间我们也曾试图组织讨论会，联系过去的认识展开批判，但得到反应是"过去我们根本就不知道这些东西"，讨论会只起了复习的作用。

第二，讨论会的题目，不要生硬地从课本里去找，而应充分地照顾到学员们的切身体验，越是由于他们生活体验的不丰富，就越应该引起我们细密的注意。在学习中国社会性质时，开始讨论半殖民地半封建的特点，结果只是来回的搬弄条文，争论的问题只是几个名词。以后改成讨论一九四二年的河南灾情，由于学员绝大多数是河南人，对当时的灾情是很熟悉的，做到了每个人都发言，然后再把讨论的结果总结到半殖民地、半封建社会的特点里去，给学员的印象就非常具体深刻了。同时，这个学习也使学员进一步认识到国民党反动派的本质，提高了他们的政治觉悟。

第三，"把理论与实际联系起来"。对我们来说，或是对学员来说都是一个摸索过程，除上述第二项以外，我们还应及时地介绍典型，培养骨干。在讨论学习动机时，六组联系到过去住学是为当县长、是为发财、是为保家（地方之家）……我们就把这一讨论会搬到队前表演一次,对别人启发作用很大。再者,在开讨论会之前,把学习小组长集合起来,先讨论一次,学习掌握会场,以加强小组长的领导,也有收效。

总之,从一个旧的学习方法转变到一个新的学习方法,不是一下子就能成功的,需要一系列的有计划、有步骤的工作,基本的环节在于调查研究,从学员的实际情况出发,任何轻视、性急、生硬的方法,都会增加领导与学员的苦恼。

(四)改造知识分子的基本环节在于提高阶级觉悟

野政明确地规定了我队的教育方针与具体要求是:以思想改造为主,学习一般的革命理论,初步树立为人民服务的人生观。这个决定是十分正确的。但是具体执行这一方针,有两种不同的方法:一种是从领导的主观愿望出发,认为要把学员培养成革命干部,应该具备哪几方面的知识,从而确定教育内容;另一种是从学员的思想实际出发,为达到改造思想,树立为人民服务的人生观,应当首先解决哪些问题,如何下手,才能击中要害。在学习动员之后,我们曾进行了两天的"人民解放军介绍",对我军的本质,特点,优良作风,光荣传统,以及在中国革命中武装斗争的重要性等等做了详细的说明,企图通过这个教育,使学员对我军有一般的了解,并进一步加强其参军思想,但学员的反应是"这能学什么?整天的解放军、解放军!"

当时学员的思想状况是怎样的呢?首先从政治上看,这批学员长期处在国民党统治下,接受着国民党的党化教育和旧社会的熏染,部分人对国民党仍存在着幻想,如说"国民党好,就是办事人太坏!""蒋介石好,下边人坏!"部分人口头上说国民党不好,但说不出国民党究竟坏在什么地方,或只能说些抽象的词句如贪污、腐化、蒋介石搞小老婆等等。而对我党的认识呢?部分逃亡地主成分由于土地被分配,家庭被斗争,对我党严重的不满,经常地向学员"诉苦",大部分人是过去相信国民党宣传的"共产党杀人放火,共产共妻",及至看到我军的纪律严明而开始产生怀疑。在国际问题上害怕美国出兵,害怕原子弹,对苏联不满,如外蒙独立,租借旅大,共管中长路搬机器等,有的甚至说我党是苏联的走狗等等。

从学员的入学动机上看,大体可分为三类:第一类是为吃饭穿衣而来,我们解放郑、汴后,很多流亡学校无法维持,如个别学生看到我们吃着缴获来的大米白面,因而决定"就在这里吃吧",这种人是少数。第二类是听说这里有"官费",单纯为住学而来,占大多数。第三类是在蒋管区受到进步势力的影响,而"逃"进解放区来,这是最少数。另外还有几个为"当县委书记"而来的,还有几个是逃避斗争而来的。

总起来看,学员的政治觉悟很低,对革命的认识很差,他们虽然参加了革命的学校,但思想上革命不革命的问题还没有解决,所以要把这些人的思想改造过来,树立为人民服务的人生观,首先应使他们认清是非,分清敌我,然后才能启发他们对反动统治阶级的仇恨和对人民的热爱,才有可能愿意为人民服务。为此,我们确定学习中国革命基本问题,其中尤以中国社会性质与中国社会各阶级为主,在思想教育的具体要求上就是"划清敌我界线",使学员认清自己应该站到哪一边。

关于中国社会性质的学习,是这一计划的准备阶段。在学员思想中帝国主义对侵略中国有初步的认识，但主要的是对地主阶级、官僚资产阶级的认识模糊，如说"地主与农民是互相帮助"，还有的说"农民剥削地主"。根据学员中农村出来的人占绝大多数，比较熟悉地主与农民之间的事情，我们就确定工作重点放在这方面。教员讲课之前，我们把这些思想情况汇报了，作为他们联系思想的根据。经过教员讲课与研究文件之后，在教员的领导下，我们组织了一九四二年河南灾情的讨论会。很多人谈出来自己家庭或自己看到的灾荒时的悲惨情形，有些地主出身的人也报告了自己家庭如何在灾荒年廉价地兼并土地，很多"救济"、"慈善"的假面具被揭穿了。学员们开始认识到中国社会不是大贫小贫而是一个阶级社会，开始对国民党的反动统治，对自己的地主家庭感到怀疑。

跟着，展开"中国社会各阶级"的学习。首先是教员讲课和文件的阅读、讨论。但是这些概念还必须用具体的生动的事物丰富起来，和他们的思想结合起来，才能达到预期的目的。为此，我们兜了个大圈子，第一步提出"分析每个人的家庭成分"，作为实地练习，使学员们认识自己到底是从哪个阶级来的。第二步研究每个人的家庭生活情形，在漫谈中发现了典型材料组织了一个大会报告。胡春报告了自己叔父如何在一年多的乡保长任上搜刮了一百多亩土地。刘同阳报告了自己是庶出，私生子，在地主家庭如何受迫害、受鄙视。再生报告自己因屡次失业如何痛苦，整天和家里人吵闹，最后跳井自杀。从此，我们有意识地把这个会议转成为对旧社会的控诉大会（控诉统计表见前）。经过这样三天的大会小会之后，很多学员的思想变了样。薛丽（女）原先说家里是个善良地主，有三十多亩坏地，土改冤枉了她，为逃避斗争和为了"看看你共产党到底有多厉害"而来学习，到校后经常散布对我党的不满情绪。学习后，自己说出家里是有一百四十多亩好地的恶霸地主，认为叔父死得并不冤。另外，有不少人坦白地讲出了入学动机的不纯，说："从前只知道住学，现在才知道要革命了。"在学习总结中，我们得出下列一个数字。

一、过去看不起穷人的……………………………二十八人（全队总人数九十五人）。
二、认为劳动是可耻的 …………………………………………………… 四十人
三、认为剥削是合理的 …………………………………………………… 七十二人
四、认为贫富是命定的 …………………………………………………… 四十四人
五、认为农民、地主是互相依靠的…………………………………………… 五十八人
六、认为农民是剥削地主的 ………………………………………………… 两人
七、羡慕地主阶级生活的 ………………………………………………… 四十二人
八、想升官发财的 ………………………………………………………… 三十二人

经过这个控诉，学员在思想上开始向我们靠拢了，在划分阶级成分时，部分人曾两次、三次的改正自己从前填写的成分，在回忆旧社会给自己的创伤时，三个人坦白了过去杀过人，另有十多个人（详数遗失）坦白了参加过国民党或三青团。

阶级教育收到了预期的效果，但这还只是最粗浅的、最初步的划清了敌我界线，还有待于以后从理论上作进一步的提高。可惜因时间不允许，我们没有执行。

我们认为：改造思想是一个思想斗争的过程，教育工作者就在于了解、掌握、领导这一斗争走向正确的结论。因此讲课不应受课本的限制，根据目前短时期的政治学习，对

某一种课目做学术性的报告或研究是不可能的,即使教员讲得详细,学员也接受不了,课程应该作为解决思想问题的武器,只有这样,我们的教育工作才不是教条主义的。

(《军政往来》1949.08.10)

坚持人民民主专政,团结国际友人!
——庆祝中央人民政府成立

中国人民政协第一届全体会议已经胜利闭幕,中华人民共和国中央人民政府宣告成立了!这是标志着中国历史的新纪元,从此中国人民将走上一个光辉灿烂的新时代!它绝不同于过去任何一次的改朝换代,而是中国人民有史以来空前的大翻身!三千年来封建势力的压迫,百余年来帝国主义的奴役,二十多年来官僚资本主义的掠榨,一切加在中国人民身上的枷锁都被粉碎了!中国人民即将在全国范围内从被压迫的地位而变成国家的主人,旧中国永远死亡了,新中国强茁地诞生了!中国人民站起来了!全国人民将在中央人民政府坚强的领导之下,用加速的步伐,消灭一切国民党残余匪帮,统一全中国,驱除帝国主义在华侵略势力。在祖国的大地上,建设起新民主主义的政治、经济和文化,以一个永远繁荣而昌盛的新中国,设立在东方,这是中国人民最伟大的胜利,也是本世纪继苏联十月革命和消灭希特勒法西斯以后全人类最伟大的胜利!我们谨以无比的热情和忠诚,向毛主席及中央人民政府欢呼、致敬!向象征着无限光明和胜利的五星红旗欢呼、致敬!

当我们庆祝新中国诞生的时候,我们丝毫也不能忽视内外敌人捣乱破坏的复辟阴谋,必须执行毛主席的英明指示,牢牢掌握人民民主专政的有力武器,在世界上必须团结国际友人,特别要和社会主义国家苏联及新民主主义国家亲密合作,才能保障人民革命胜利的成果,粉碎内外敌人复辟的阴谋!"只要我们坚持人民民主专政和团结国际友人,我们就会永远胜利的。"

中国人民在几十年中积累起来的一切经验都叫我们实行人民民主专政,这就是要剥夺反动派的发言权,只让人民有发言权,就是要对帝国主义的走狗大地主、官僚资产阶级及其代表国民党反动派和他的帮凶们实行专政、独裁、压迫这些人,只让他规规矩矩,不许他乱说乱动,否则就要立即加以取缔和制裁;而对人民(在现阶段是指工人阶级、农民阶级、小资产阶级和民族资产阶级)则实行民主制度,给以选举、言论、集会、结社等项自由权。这就是对人民实行民主,对反动阶级实行独裁!不然,革命就会失败!

而人民民主专政又必须在工人阶级及其先锋队共产党的领导之下,以工农联盟为基础,这也是历史经验证明了的。中国历史上无数次的农民战争,由于缺乏先进政党的领导而失败了,"五四"以前的旧民主革命没有共产党的领导也都失败了。只有掌握了马列主义的中国共产党诞生之后,中国革命,才面目为之一新。它领导了中国的农民、小资产阶级和民族资产阶级,结成广泛而巩固的民族民主统一战线,向中国人民的内外敌人作了二十八年的顽强苦斗,终于获得了今天的伟大胜利,没有中国共产党的领导,就不可能有中国革命的胜利,更用不着说巩固胜利和建设新中国。而共产党的领导也正是工人阶级领导的集中表现：工人农民是国家的主体，他们不但在数量上占绝大多数，而且在帝国主义、封建势力和官僚资本主义三重压迫之下，也是受苦最深最重。因此他们在革命中表现了无比的坚决勇猛和顽强，其觉悟、组织、团结的程度，也远超过其他的阶级。特别是劳动创造世界的真理，从中国革命得到最雄厚的证明，中国的工农大众在中国共产党领导之下，从赤手空拳，白手成家，创造了百战百胜的中国人民解放军，和作为新中国楷模的广大地区，并建立了人民自己的政权，也创造了巨量的国家财富。他们在多年的残酷斗争中出力最多，贡献最大，牺牲最重，所以，应该说工人农民是新中国的创造者！今后镇压反革命建设新中国的人民民主专政，也必须以工农联盟为其基础！摆在我们面前的严重任务首先是要恢复和发展生产，变农业国为工业国，打下新中国坚实的经济基础，才能得到最后的独立与解放。这就必须以最先进、最觉悟、最英勇的工人阶级为领导，团结教育占中国人口百分之八十以上的农民生产大军，发展农业，振兴工业。也就是说要有巩固的工农联盟作为中坚力量，来团结各民主阶级和国内各民族，巩固广泛的人民民主统一战线，共同向帝国主义、封建势力及官僚资产阶级的残余势力作斗争，协力从事建设新中国的大业。

毛主席在"论人民民主专政"中，郑重地告诉我们，"不要国际援助革命也可以胜利"这是错误的想法。在帝国主义存在的时代，任何国家的真正人民革命，如果没有国际革命力量在各种不同方式上的援助，要取得自己的胜利是不可能的！胜利了，要巩固也是不可能的！俄国革命的经验，反法西斯战争和建立东欧新民主主义国家的经验，以及中国革命的经验，都证明了这一铁的事实。任何一国的革命取得胜利，必须有国际和国内两方面的条件。自十月革命以后，苏联存在这个国际条件，对各国革命有着决定性的作用。刘少奇同志在"论国际主义与民族主义"中说："一切民族要从帝国主义压迫下寻求解放和保卫民族独立，取得苏联及世界无产阶级和共产党人的帮助，乃是胜利的最主要条件。"可以说，如果没有十月革命的胜利，没有苏联战胜德、日法西斯，没有苏联与新民主主义国家，对以美帝为首的世界反动阵营侵略政策抗击和牵制，没有资本主义国家内部人民大众与反动的统治阶级之间的斗争，特别是没有苏联对世界人民反帝运动在思想上、理论上、政治上以至实际行动上的帮助，那么，中国共产党和人民革命运动就不可能有今天的发展和胜利，过去是如此，将来也还是如此。中国人民对这一点必须有深刻的认识！

在庆祝中央人民政府成立声中，全党必须特别加强人民民主专政和国际主义的宣传教育，坚决执行毛主席坚持人民民主专政和团结国际友人的建国总方针，从胜利走向胜利，为完成独立、民主、和平、统一和富强的新中国底建设而奋斗不懈！

（《盐阜大众》1949.10.07增刊）

中共苏北区党委宣传部关于干部新年学习时政问题的通知

兹为提高时事政治认识，打下执行一九五〇年党的任务的思想基础，根据华东局宣传部指示及我们苏北当前具体情况，对我苏北地区各级干部新年学习时政问题，特作如下通知：

（一）关于新年学习的文件，根据华东指示，与我苏北情况暂先决定以新华社十二月三日"战胜财政困难，争取物价稳定"与十二月四日"一九五〇年全国各级领导同志必须重视各界人民代表会议，必须开好各界人民代表会议"的社论，"中央人民政府政务院十二月十九日关于生产救灾的指示"，华东局十二月二十日"关于紧急开展生产救灾工作的指示"，及区党委十二月五日"关于贯彻生产救灾的补充指示"四个文件为主要内容。

（二）学习这四个文件的主要目的，是在于通过学习，使我苏北全体干部，了解我全国目前的主要困难是财政困难，而这困难是暂时的可以克服的，与克服这一财政困难的办法；了解我华东，特别是我苏北目前的严重灾荒，我们生产救灾工作的方针、要求、具体方法，反对一些存在的不正确的思想观点；了解召开各界人民代表会议的意义与贯彻我们当前各项具体任务中的作用，在于通过学习，明确我们全党当前的各种具体任务、具体政策，打下执行一九五〇年党的各项任务的思想基础。

（三）我们决定全苏北各级机关各级干部，于一月三日起至十日止，毫无例外的，进行这一以时政为中心的学习。一切其他学习暂时停止，待十日后再继续贯彻。各级党委宣传部门，各级学习组织，必须十分重视这一学习的意义，及认真地去领导。各县、区，各学习组织，可即按照本通知分头布置（不必等待地委、县委、总学委、学分委的按级指示）。但学习结束，则必须按级作出报告，总结经验，必须克服我们在贯彻干部学习中仅有布置、指示，而不去检查、督促、总结的现象（各地宣于一月底关于这一学习应向我们作专门报告）。

（四）为使学习的时间抓紧而收效大，各地或统一，或以分支会为单位，于开始学习时，先行传达这四个文件的中心意义，作为学习之启发与动员，然后分组阅读文件，进行讨论。而讨论中应密切联系本人思想、本部门的工作，纠正我们过去学习中，光学文件，不结合实际，不联系本部门工作，提高本部门工作的教条主义偏向。

（五）部队系统的新年干部教育工作，由军区政治部另作规定。

（六）上述各项文件报纸均有刊载，不另印发文件。

区党委宣传部
十二月二十六日

附录：干部新年时政学习研究提纲

一、关于"战胜财政困难，争取物价稳定"问题

1. 目前物价上涨的原因？我们财政上的困难，为什么是暂时的，可以克服的？

2. 为什么在战胜财政困难，争取物价稳定斗争中，一九五〇年是一个关键？

3. 战胜财政困难，争取物价稳定的具体办法是什么？这些办法能不能实现？我们如何具体的执行这些办法？

4. 我们过去对物价上涨、财政困难的认识；对这一问题的宣传上、政策执行上的检查与今后的部署。

二、关于贯彻生产救灾问题

1. 目前华东、苏北各区的灾荒情况及其严重性？
2. 我们救灾工作的方针、方法、要求，注意些什么问题？
3. 检查本人过去对灾荒的认识，检查我们的群众观点，检查我们一些尚存在的贪污浪费、不爱护国家财富现象，并订出个人、部门、机关的节约救灾计划、生产计划。
4. 我们过去的工作是否围绕了生产救灾的中心？过去工作中的缺点？今后如何改正？如何围绕生产救灾的中心任务来计划我们的工作？

三、关于开好各界代表会议问题

1. 为什么要重视各界代表会议，开好各界代表会议？代表会议的作用怎样？
2. 市、县、省的各级代表会议的开法？什么人可做代表？代表如何产生？其职权怎样？协商委员会的职权怎样？
3. 我们过去对各界代表会议召开的认识？这种不正确的认识产生的根源？
4. 对举行过代表会议的县、市、区，进行过去召开代表会议工作的检查，有些什么主要经验？

四、参考文件的规定

除通知上规定之文件为主要文件外，可以参考的文件为："陈云副总理对于物价问题与发行公债的报告"、薄一波部长"关于一九五〇年度全国财政收支概算草案编成的报告"、李富春同志"关于明年东北财经计划的报告"、饶漱石同志"关于华东工作情况报告"、区党委十月十日的"开展生产救灾工作指示"、"市、县、省各界人民代表会议组织通则"等。

（《苏北日报》1949.12.28）

关于新年、春节的宣传要点

一、宣传人民解放战争与人民革命的伟大胜利

（一）从军事上说明，自从解放战争开始以来，歼灭了绝大部分蒋匪军，现蒋匪仅剩残余，现已解放整个大陆的绝大部分，而一九四九年则更是中国人民获得空前伟大胜利的一年。一年中人民解放军从陇海路以北，一直打到云南的边疆。这种伟大的军事胜利，使得蒋匪政权很快的根本解体，蒋军官兵纷纷起义、投降，目前仅剩下一些残兵败卒，偏处台湾孤岛等地，企图苟延残喘，最后挣扎而已。但在人民解放军的英勇善战，和广大人民的支援下，一九五〇年取得解放全华东，解放全中国的完全胜利，是肯定的了。

（二）在伟大的军事胜利和全国人民的拥护中，一九四九年十月一日成立中央人民政府，宣告中华人民共和国成立。中华人民共和国的诞生绝不同于过去的改朝换代，而是中国人民空前的大翻身、大团结，是中国人民第一次真正当家做主。国民党反动统治已一去不复返了。

（三）中国革命的胜利,改变了中国在世界上的地位,大大地增强了世界保卫和平的力量,有力地打击了战争贩子的发动新战争的阴谋。

二、说明当前的困难与克服困难的条件

（一）说明目前困难的原因。我们的胜利是伟大空前的,但不是就没有困难了。目前我们的困难,主要是财政经济方面的困难,以及因此而引起物价的波动。产生这个困难的原因,主要是国家支出猛烈增加,国家收入则有待恢复。

中央人民政府通过的一九五〇年财政收支概算和发行人民胜利折实公债的决定,便是中央人民政府领导全国人民为克服一九五〇年度财政困难并改善国家财政和物价状况而进军的必胜号令。

（二）说明困难的性质。我们这个困难是暂时的,是胜利中的困难,是与国民党反动政府灭亡过程中的困难完全不同的。国民党政府依靠外债,依靠欺骗来支持它的钞票发行,搜括民财充实他们自己的腰包,并用来进攻人民,残害人民。而今天的政府是完全为人民利益打算的。例如说：解放战争不能半途息手,一定要将革命进行到底,解放全中国,人民解放军数量激增,需要供给他们,需要支出大量的军费。新解放了的大批旧的军政、公教人员,需要使他们有生活,尚要发薪水给他们。新解放的地区税收公粮等收入,一下子还不能要求和老解放区一样。诸如此类,国家支出就很迫切,很浩大,但这完全是为革命为人民利益而着想的,我们的钞票发行,就是为了弥补入不敷出,从人民群众根本利益出发的。所以,这和国民党反动政府的滥发钞票相比,有它本质上的不同。在相当时间以后,工业、贸易、交通恢复了,税收自然增加了,农业生产量提高,国家投资的企业将逐步取得利润,解放战争胜利完成,国家军费支出将逐步减少等等,这样就可以争取财政收支的平衡,从而使物价能够稳定。因此我们的困难是暂时的。

（三）说明克服困难的条件。中国地大物博,资源丰富,人民众多,这就是克服困难的物质基础。中国共产党和毛主席的领导及全国各民主阶层的空前大团结,这是克服困难的政治保证。正如毛主席所指示：我们是有困难的,有办法的,有希望的。

三、宣传今后的具体任务和克服困难的办法

（一）生产救灾工作,在灾区主要是生产自救,就地坚持,保证不饿死一个人,不荒一亩地。防止消极悲观、依赖、等待的思想。同时要宣传社会互济,提倡亲帮亲、邻帮邻、有无相帮、非灾区帮助灾区。

在农村要提倡精耕细作,注意选种,防除病害,争取明年增产一成。城市也要努力生产,战胜困难。

（二）宣传治水的重要性,不但可以以工代赈,解决一部分灾民的困难,而且是去除水患的根本办法,打下长期农业生产建设的基础。

（三）宣传折实公债,拥护政府发行并踊跃认购折实公债。折实公债是从人民利益出发的,是为了渡过目前这一时期的困难,可以弥补政府的一部分财政赤字,以减少物价波动,及物价波动所引起的损失,而认购公债的人仍可分期收回本息。所以发行折实公债

不但对政府有利,对人民也是有利的。

（四）继续支援前线,粉碎敌人封锁,争取早日解放台湾,解放全华东,解放全中国。

（五）宣传人民代表会议的重要性,慎重选举代表,协助政府推行各种法令,完成各种革命工作和建设工作。

（六）宣传巩固后方治安,加强民兵,提高警惕,协助政府和军队剿匪肃特。

（七）新区宣传土改政策,号召农民齐心反恶霸,组织和加强农会。

中共苏北区党委宣传部
（《苏北日报》1949.12.30）

第二章

通讯报道

一支儿童团的劲旅
——新安旅行团缩影

代 云

大团圆以前

新旅的前身,是我国民教育家陶行知先生在淮安创办的新安小学。二十四年双十节,该校校长汪达之先生领导一部分同学到别地去组织儿童,使这一份从不被人重视的力量,也能贡献给抗战。他们遍历了华中、华北、西北、西南各省,沿途工作,共计组织了五十多个儿童团体,包括人数有万人之多,最后抵达广西桂林,在桂林工作两年多的时间,普遍地开展了儿童运动,领导了数千儿童从事抗战工作;后因桂林环境变化,不允许他们继续工作下去,从去年二月开始,分批向我华中抗日民主根据地移动。第一批来到苏北的,是在去年五月,当即成立苏北分团,分别到夏令营、各乡村学校去组织和教育儿童,使苏北的儿童运动,顿时活跃起来;最后一批是去年七月到苏中,在那儿也工作了几个月,今年一月八日才全部抵达盐阜区。分开将近一年的新旅,现在又大团圆了!

来自不同阶层,统一于同一目标

新旅现有团员四十五人。男团员三十一名,女团员十四名,年龄最小的仅九岁。这四十五人中,就成分说,有资本家的少爷、小姐,有地主的儿子、姑娘,有工人和贫家的穷小孩。就地域说,包括了江苏、浙江、湖北、湖南、广东、广西、河北、河南、江西、安徽、山东、察哈尔和吉林等十三个省份。再就参加的情形说,有的是父母亲自送来的,有的是亲自参加的,有的则是瞒着家庭、欺骗父母偷跑出来的。

可是,我们着同质的衣服,吃同一锅里的饭,努力于同一目标——争取抗战胜利——的工作,这一群,好像是兄弟姊妹一样,没有什么"贵贱"之分,也没有什么贫富之别!

"新旅的爸爸"

"新旅的爸爸"——汪达之先生,是最刻实的生活教育的实践家,新旅的创造者和领导者。他排除了任何艰险,克服了许多困难,使这支"儿童的劲旅"保存着,而且不断地发展着与壮大着!

他对小朋友们的生活,无不随时关怀着,甚至于深夜还起来替他们盖好被子。"我自己的爸爸还没有这么好!"这是几个小朋友同声告诉我的。

他站在小朋友中一同吃饭,他拉着小朋友的手一同在广场上做游戏,他对每个小朋友都同样的爱护与和善。小朋友都称他是"大家的爸爸"。

整训时期

在移动这一时期中,他们都是分别的工作。为着交换这一时期的工作经验,总结这一时期的教训,提高团员本身的教育,以及加强新团员对集体生活的了解,于是整训一个月。

整训的内容分别是政治、自然、艺术三种。政治课第一组讲的是社会进化过程,二、三组则是以中国革命问题为主要教材。三民主义、新民主主义、抗建纲领、"三三制"、统一战线等问题,都包括在里面。

第一组的自然课程,是从与他们日常生活有关,火、水、冰雪,谈到冬天动植物栖息枯萎的原因,以及冬季的卫生。二、三两组则讲生理卫生与普通卫生常识,如怎样保持身体健康、如何防止和医治冻疮等。地理则解掉了过去那种呆记出产人口的传统方式,而换以适应目前需要知道的盐阜地形。

艺术分文艺创作、戏剧、歌咏、舞蹈、杂技五种,这虽然是普遍的课目,但亦随他们的兴趣而另分小组进行近于研究的学习。

除了这些比较规定的课程以外,还有专题报告或讨论,像集体主义、太平洋战争对中国抗战的影响等问题,都讨论过。

最后的几句话

我们看:在法西斯奴役下的千百万儿童,受着怎样的摧残和蹂躏?在黑暗笼罩的地区里,儿童的世界也没有丝毫乐趣!

在这里:有新旅来领导儿童工作,儿童能有说话、有读书和工作的自由,盐阜的儿童是怎样的幸运啊!小朋友!你们应该如何地朝着这一前途努力!

(《盐阜报》1942.01.26)

借　粮

艾　汀

腊月开头了,离年关还会远吗?

带着乌云的天空,总是灰暗的像是一块铅石那样沉重。

张庄人底心,过得走投无路,日子过眼飞快,眼看囤子将空了。又将新年……呸,下锅的粮食呢?

桂子是年轻的,被太阳晒黑仍泥腿子,怪有力的两条筋,显露着自己的才干,你看那圆球似的两只眼睛。

农救该开会了,桂子是个呱呱叫的会员。

团聚了圈子形的人群,补丁破洞的旧衣;几百只的耳朵静听着头目(会长)的报告;有秩序的静的空气。

桂子提出了:"过新年,六十家断粮……"

一颗弹子正中人心,该打主意了。

嘈嚷浮荡在会场的四周。……

——借粮食度寒冬,大家的同意。

"不成呵……"怀疑与动摇。

……要是政府出布告那就好办多……低声的私语。

桂子的果敢坚决,扫除了畏首缩头的气氛。

"我们有组织,大家有力量,推派代表。……"

十一个代表选出了,桂子是其中一个。

——张大爹先借,是张庄的首户,共同的议决,出发了,负着重重的担子,十一个。

冒了火,近视眼了的张大爹。

"什么?你们胆子这样……大?借……粮?我,粒……没有……世界……真变了,……你们?"

头目耐心地恳求半天过去了,不成,……得到的是"一粒没有"。

桂子是军师,诸葛的智谋……一个人回到了会场。

他们继续:"贫富互助",大道理头头是道,张大爹要撵他们出大门。

一大群人跟随了桂子,站好了在大门前。

大爹看到了这简直不成话,这许多……一定是桂子的鬼,……哧,要砍头,呵,要是过去……

恳求商量的直到天晚,张大爹才算想开了,总还要叹叹气,……唔只算……退步想,五石,这样借出了,……保证明年照还加一五。

大伙儿微笑着。

明天,是的。……

……鬼子要打走……

行空腊月开头了,离年关还会远吗?

(《盐阜报》1942.02.11)

我们在期望着新四军

本报特约通讯员　徐　普

他们一堆人,在计算着斗争出贪污保长的罚款以及粮秣等;人声像野鸭起飞的那样嘈杂,希望像战胜敌人底那样高兴,大家拿着空口袋,望着将要停顿底算盘珠。

"好啦!小本借贷所的基本有了保证,不要向人家装笑脸央求了。"

"弄个小生意,可以糊糊嘴巴度春荒,究竟加入农救会还有办法想。"

一霎时,屯里所有的大麦、山芋干,像泉水一样地流进了农救会员的空口袋,钞票亦散到他们闹着"生活不得来"的穷人手上。

大家喜悦地点着钞票,捆着粮秣袋口,这在大南庄,是空前未有、闻所未闻的事。

小孩子们绕着池塘麦田迎着爸爸妈妈,"满载而归"。

在屋角里,留着三个农救会员和一个小组长围住到辛保长家做客的陈洋客人,他脸上缠黑地嵌着几点大麻子,捷起了露出有劲的臂膀底袖子管翘起一条搁在板凳上的大腿,有力的姿势,笼罩着四个静听的农救会员。

"陈洋的民众够苦了,敌人、'和平军'抽筋剥皮的狠命向我们榨;做生意人,逢敌人捐、'和平军'捐,碰得凑巧,土匪还来要'外快'。"

"这样闹了一个笑话,一个从江边回来的商人,运了一船古衣,从敌人关口损过,又遭'和平军'损,重新碰得陈洋的土匪(还是伪军),出了两次开舱费,而进到新四军的步哨,照样拿出开舱费,给新四军战士大大教训一顿。"

几个人出神地一阵哄笑。

"陈洋附近,土匪抢劫是平常事,如果你家有条牛,拿牛头捐是小事,晚上不牵走到是难保。几家有经验人家,晚上将牛躲避在穷人家里,做到'日出而回','日入而迁'。"

"白天行路,'和平军'老爷看了你的棉袍称心,就要你剥下来给他,要比上海的'剥猪猡'公开些。敌人看到,就会投个嘉奖的喜笑。"

"一家寡妇人家,只有一个三岁女孩,晚上与母亲同床,半夜里'和平军''破门而入',搜索之下,无目中物,卷起破烂的棉被,与仅有的半月余粮,一扫净光。母女何从生活?天晓得。当然对富户更形狠毒,借粮一次又一次地连续不断,来一个字纸条,要多少,只能把多少,哪个富户不'怨声载道'。"

"不论贫富,只要谁家妻女生得端正一些,在伪军长官底眼角上一带,早晚有被强迫'成婚'之危险。一个××团长,一连强迫五个妇女供他作淫乐。在一次战斗中,新四军解救了五个民家妇女。"

"一天,一个小脚姑娘,提了马桶走向河边,适值鬼子岗哨上经过一个教师模样的商人,未经脱帽向敌人行礼,一声命令,敌人要小脚姑娘代商人向之行礼,迫令穿着大褂子的先生代之洗马桶取乐。"

麻子客人呼了一口气继续接下去:

"总之,不能相比,光明与黑暗,天堂与地狱,陈洋四周民众之痛苦,一言难尽,今天眼看射河北的新四军底爱护民众,与农救会的'改善民生',真要使我感到流泪,永不相信敌伪之欺骗宣传。"

客人几乎沉郁下去,终于有力地讲出了最后几句话:

"啊!陈洋的老百姓,射河南的老百姓,他们张着牛大的眼睛,伸着鹅般长的脖颈,在期待着'新四军',每个人都气愤地嚷着:——新四军任何负担,老百姓死也甘愿,宁死也不甘顺从日寇与'和平军'。"

(《盐阜报》1942.03.26)

苏南人民心目中的新四军

扬子江南岸京沪线及其以南各县的人民是见多识广的。在最近六年中,他们看见过不少军队,可是只有新四军是一种特别的军队,一提起,他们的感情也就特别浓厚。

苏南人民常常回忆着第一次看见新四军的情景。他们以前不知道什么新四军,二十七年冬天半夜下雨,忽然有人喊门:"老板呀,对不起,请你开门。……"人们在家里发抖,死也不敢开。"不要怕,我们是新四军,是打鬼子,保护老百姓的军队。"一听到军队更不敢开门了。第二天清早,一看一个个灰色士兵抱住枪坐在打湿的草堆旁边,唉!这就怪了,这是什么军队呀,连胡子挂到心口的老公公也没有见过。

有的人是这样回忆的,从前军队走的时候,兵器都丢了,步枪块把钱一支,机枪六块钱一挺,手榴弹常有人挑到村子上卖,两毛钱一个,那时汉奸趁火打劫,土匪如毛,鬼子到处烧杀,没人敢打嗨一物,有一阵胡蜂怕螳螂。四月里来了新四军,五月初一就在赤山(注一)开火,打死百十个真鬼子,还得到一门"神炮"(注二),新四军不是天兵吗?个个奇怪。

苏南人民一直在谈着新四军,日子越久,故事越多,一些日常小事已经成为人民生活中的格言。他们说:"新四军吃得苦中苦,真是人上人,人家吃鱼吃肉,看都不看,天天吃点没有油的老韭菜,有时就吃盐汤,从来没有说一个苦字。"

"新四军打起仗来如猛虎,坐在屋里像姑娘,平常整天写字洗衣服缝针线,弄得干干净净,穿得服服帖帖,枪也擦得雪亮。"

"新四军规规矩矩,说一是一,说二是二。新四军买草照市价付钱,自己来挑。"

新四军买菜你不要钱他不要菜,别的军队牙齿朝外长,专门吃人。镇(江)句(容)公路上的民谣说得好:"亲老子(指新四军)要菜,野老子(指伪军)不要菜,亲老子给钱我不要,野老子要钱要不到。"

"新四军对老百姓好,对俘虏也好。有两个新四军士兵送俘虏到旅部去,路上吃饭,炒鸡蛋给俘虏吃,自己坐在一边吃咸菜。"

"新四军不但兵好,伙夫也不揩油。一个上士到别村去买肉,九十块钱还价给八十五,老板卖了。给他付钱后,接过发票一看,摇头说:'你写错了,我给你八十五,你写了九十,请你重写一张。'"

苏南人民更喜欢谈新四军战斗和英勇牺牲的故事,他们说这些故事时,常常加进些自己的幻想,把它变成神话。如说:"新四军的眼睛和普通人的不同,有夜眼,在漆黑的夜里看见走路,看见打仗。……"

"新四军死不投降,就是一个人陷入敌人重围,也要打到底,子弹打完,拼枪杆,拼指甲,拼牙齿,拼血,最后一道红光上天。"

关于这些神话,有一位老先生解释说:"神就是人,岳飞曾经是人。"

新四军在苏南人民的心目中是伟人、是英雄、是神,同时又是家人、亲戚和朋友。人们在谈话时总要省去"新"字,而亲切地称呼"四军"。孩子们听到母亲说,乖乖长大了到新四军去学本事去,便笑开嘴巴。年轻人更愿和新四军一道生活。

五年来新四军和苏南抗日人民紧密地结合着,各地有威望的士绅以至会门领袖都愿意和他们共生死打日本,说是"新四军在,就有我在"。南京城外六十三岁的青帮头子谢开广被敌人抓进城去,严刑拷打,始终不屈。敌人问他:"城外有多少新四军?"他说:"多起来几万几十万,少起来一个也看不见。"

今年五月南京宪兵队把秦淮区的区长抓去,要他说出哪些人是新四军。他说:"全苏南人民都是新四军。"人民听到这个消息都说好,因为这就是他们的光荣和骄傲。

新四军在苏南人民的心目中是一种光明和希望。龙潭(注三)附近一个被糟蹋过的年青寡妇,生活苦得不成样子,常想寻死,看到新四军后,她说:"我不想死了,熬下去罢。"

每次部队经过村庄,人们就涌出来看,嚷着:"我们的队伍来了。"他们看见这整齐英俊的灰色行列便眼笑眉开,彼此安慰着:"天快亮了。"明明是一个连队,要说千把人,但明天就是几千人。他们最喜欢夸张新四军的人数,而善意地流露出人民心里的渴望。像这种特别军队,谁不希望他多,多了日子就好过了。

(注一)赤山在南京城外,二十九年旧历五月初一,新四军二支队四团一部和敌激战,毙敌一百一十人,我伤亡七人。

(注二)赤山战斗中,缴到的大炮是敌人自"八一三"以来经常使用的大炮,敌人称其为"神炮"。

(注三)龙潭是京沪线上的车站。

(《盐阜报》1942.04.26)

佃湖战斗纪实

于天明

七月九日,破晓的曙光启幕了,东方现出鱼肚色的一丝曙光。战士们在操场正操练得起劲的时候,忽地来了一个紧急情报:敌人从响水口、大新集、小尖、百禄沟……集中七八百兵力,多数是日寇,抓民伕、小车运大炮、机枪……在黄圩分三路向我佃湖进犯。操场上的活动,立刻停止了,营长、教导员、政指开始了战斗动员:佃湖是盐阜根据地的军事要点,保卫佃湖,保卫根据地,保卫人民,是我们武装同志的任务。我们以杀敌人、捉鬼子、缴枪械为我们竞赛的口号,用苏联红军保卫斯大林格勒的英勇精神,来粉碎敌人蚕食政策,这样作为我们庆祝十月革命节的献礼……这每一句话,都激动着战士们战斗的决心。

"活捉鬼子!"战士们高呼起来了。

敏捷地散开,一个个蛰伏在坚固的围墙下、壕沟里,做战斗的布置。

真的,敌人由黄圩分三路向佃湖进攻。一路是黄圩东北沿着旧黄河堤袭逼,一路绕道西南,经顾家大楼向佃湖西南进攻。

清脆的机枪声,激动着清冷的空气,由疏渐密。营长独自英勇地跑出北圩门,侦察敌情。野兽们来了,一阵机枪猛烈地射来,营长光荣的负了伤,被弟兄们救下,这时更燃烧起战士们替营长复仇的火焰!

早饭时,距佃湖东北圩墙外几十米处的江兴庄,有四五家的一个村落,有一家小油坊,被敌人占领。这里居高临下,可以控制佃湖。在军事上,敌人是占优势,并有敌兵二百余人,重机枪一挺,轻机枪三四挺,迫击炮,掷弹筒……向我阵地连攻三四次,可是都被我击退!敌人没法攻进我坚强的阵地,于是变更他的作战计划,转移目标,配合西南面之敌,向我地方兵团"涟大"防地西南面圩墙袭击,结果也被我们手榴弹枪弹击溃。

敌人又疯狂地用炮轰炸我西北角的堡垒,战士们表现得坚强,毫不畏惧,高呼"伪军兄弟们!快反正,中国人不打中国人!……"这一阵呼声,摇撼了整个伪军。指战员们兴奋、鼓舞,从早上一直坚守到晚上,和铁一般的坚固。这时敌人已精疲力尽,大炮、机枪也没有中午猛烈,敌人"几大炮获得佃湖"的迷梦,至此也烟消云散了!

我参加十月革命检阅大会的主力×连,当晚亦越至连地,由佃湖西南出动,向黄圩一路追击,伏击敌人溃散。这时,西北一面之敌,已完全撤退,×连没有遇战。江兴庄之敌百余人,被我三面合抄,包围庄内。敌狗急跳槽,施放毒瓦斯、照明弹。我方迅速移动攻击方向,此时敌乘其放毒之际,以机枪掩护,三五一群,狼狈而逃。

第二天一早晨,在敌伪遗尸二十余具中,检出日本指挥官中尉大范万宪治一名。当将其尸体洗净,穿好衣服,用棺材敛起,送回敌营。有些老百姓奇异地说:"新四军捉了鬼子给鸡吃,打死鬼子给棺材。"又有老百姓说:"这是新四军最好的政策哩!"后来敌人写来一封信,他们表示深深的感谢。群众沸腾起来了,到处传播着胜利的消息。墙上的捷报,标出"庆祝十月革命,反蚕食斗争胜利"。北沙、大关、佃湖、滨海的儿童团,募集了花生、山芋、盐阜票……整队到达战地,对战士们致亲热的慰问,高唱着胜利的歌曲。士绅们和群众团体,也忙得不可开交,募集肥猪、条粉、白菜纷纷慰劳。这是战士们血的收获,群众们内心拥护的表现。为了防御敌人报复,四乡的民众都自动地来修筑工事。敌寇如敢再犯,定会遭受我双倍的打击。

(《盐阜报》1943.09.27)

选好人民代表

吴　诚

一个十来岁的小孩子,拿着一根短短的玉米棒,敲着一面破锣。"唔……唔……"的声音连贯地响着。开会的人从四面八方赶来,不一会,一个场子上挤得满满的了。

做主席的是一个瘦脸、卷发、短装的人,他说明了选举代表的意义,和从前保甲制度的害处,群众中便发出了这样的声音:

"对啊!我们乡里就出过坏乡长严子安,坏保长潘永全……"

主席候嘈杂的声浪低了下来,更加提高嗓子说:

"鬼子到中国来,要地头蛇收伪捐,抽壮丁。这些地头蛇是哪些人呢?不就是从前的坏乡长坏甲长……"嘈杂的声浪又起来:

"不错,不错,没得这些地头蛇,我俫不会送命!"

主席说明了好人的标准是:一要不伪化,二要不搞鬼,三不搭臭架子,四要不贪污,五要不压迫老百姓,六要奉公守法不老油条……惹得大家都笑了起来。

"……从前我俫也不晓得,要选这样好代表,我俫老早这样选,少吃多少亏啊!"

选举开始时,大家挨秩序投豆子。一刻儿工夫,五个小代表产生出来了。老乡长喊到:

"五个小代表站到前面来,现在开始选主任代表。"

李相林吵着:

"周永相办事公正,我俫选他做主任代表!"

主席站在桌子上问:

"你们可赞成哪?"

大家拍着手嚷着:"好啊,好啊!"

场角头站着一个老保长,浑名闭眼虎,过去是严子安的好朋友。他摆头摇尾地在人堆里威胁着旁人:

"周永相,我不赞成,你们不能选他。"

主席发觉了他暗地里搞鬼,便想制止他。他却歪着头说:

"现在是真正民主,应该给我讲话!"

主席很和气地说:

"欢迎你说话,但到台上来说!"

他站到了台上去:

"周永相过去是农抗会代表,在地方他搞乱秩序,这种人不要选他,你们老百姓,我这话对不对?"

人群里即刻闹了起来:

"周永相办事公正,我俫大家要选他做主任代表!"

一个老头子又骂道:

"你这闭眼虎瞎说,你说周永相不好,为什么你选他做小代表呢?"

还有人大着喉咙指着他说:

"你是严子安的狐群狗党,你拿面镜子照照看!你应学做一个好人!"

这样,在大家的指责之下,他才装聋作哑的躲到人堆里去。主任代表选举后,已经是黄昏的时候了。大家赶着回家,一路上,纷纷地谈着:

"想不到我俫女将也有公民权了。"

"这个选举真公平……"

"这个闭眼虎真混蛋,耽误了我俫大半天,家里伢儿还等我喂奶呢!"

(《滨海报》1943.11.20)

公路上捉迷藏

致 华

说起这回我们佯攻蛤拖沟,伏击望直港这路的增援敌人,简直把人笑死。

七连长带一部分伏击在直通望直港公路的正面,我们这一个班躲在公路西边的房子里。

太阳出来了,仍不见敌人来,我们正不耐烦,忽然听见公路上有人喊:"哪一个?站住!"我们从门缝向外一看,只见一串十六个和平军,都穿着黄棉大衣,鬼鬼祟祟地左右张望着。望了一会儿,前进几步,然后停下又张望。走在最前面的一个拿驳壳枪的,疑神见鬼地喊了"哪一个?站住!"之后,就侧耳听听周围有什么动静没有。

我们把手榴弹的铁圈扣在手指上,一声不响。和平军走到我们面前,并没有搜索到房里来,只听见最前边的那个说:"走!走!不要怕,没事没事。"于是他们就走过去了。

敌人已走近我们的伏击圈了,我们只等埋伏在正面的同志一打枪,我们也就从房里冲出,打他的屁股。

哪知埋伏在正面的七连长,等得不耐烦了,就套了件便衣出来望风。迎面看到敌人,又回头慢慢地走。敌人在后面叫起来:"干什么的?干什么的!站住!"七连长也不理他,等一走近我们自己人的地方,再一回头,就带着队伍冲上去了。

一枪也没有打,光是喊叫声就把敌人吓得乱七八糟地逃散了。我们也从房里冲出,从屁股后面追去。公路的西边是水田,东边是条大河,敌人哇哇叫着,一部分就扑通扑通跳下河,划了两下,就沉下去了。

不敢下水的敌人,有的把枪一丢,就举起两手,慌张地说:"不打,不打,不打,不打……"有的身子一抖就跪下来,合起双手像老奶奶进庙烧香一样,一面拜着一面磕头说:"怪我没长眼睛,不识泰山。"

河边芦草里索索地响,我跑过去,就看见一个癞痢头露在水面上,摇摇晃晃像个烂冬瓜。我拿根竹棍一敲,说:"出来出来!"一个和平军就从水里站出来了,满身满脸都是湿汪汪的泥巴。

横过公路,底下有道风车戽水的沟,一个和平军爬到里面去了,但是两脚还伸在外面。我们握住他的两脚向外拖,他在里面吱吱地叫,不肯出来。我们一不小心,让他挣脱了,像蚯蚓一样钻到里面去了。我们就找了一根长竹竿从水沟的另一个口插进一捣,他就老老实实地出来了。

把他们带了回来之后,我就问:"你们干什么当和平军呢?"

当中一个摆着手说:"唉!我没话可说!我没话可说!"

另一个装腔作势地打自己一个耳光,说:"我真是混蛋,干什么不当新四军精忠报国,偏当和平军打中国人呢!混蛋!混蛋……"说着又啪地打了自己一个耳光。

天晓得,这叫什么战仗啊!简直是讲笑话。

(《滨海报》1943.11.20)

靖江人民的胜利

夏　阳

　　靖江县被称为三分区的门户,它面临长江,是三分区地区最小而人口最稠密的一县,它又有着以靖江城为中心的蛛网似的五条公路,和十九个敌伪据点。各据点的伪军有伪十九师、伪自卫团等不同的系统,都是本地土匪流氓出身,熟悉地方情形,这就更利于敌伪对靖江人民更多、更严重、更残酷的压迫、屠杀、抢劫、掳掠,所以,靖江县的反敌伪斗争,是尖锐而艰苦的。

　　去年敌伪对靖(江)泰(兴)边境进行所谓"清剿",增筑了广陵镇、蛤蟆圩等据点,并增筑了公路,大举杀害人民,抢掠财物、粮食,造成了人民极大的恐慌。虽然当时新四军共产党及其抗日政府号召人民斗争,并指出坚持原地斗争的胜利条件,可是一般的民众仍怀疑着,缺乏斗争的胜利信心和决心。

　　的确,那时的环境是异常的复杂与艰苦,敌伪气焰嚣张,肆意屠杀、抢掠。就在那时候,广陵乡农抗会主任何国风烈士被敌伪杀害了。生祠堂伪军到太和区的大小"扫荡"与抢劫,一个月竟达二十五次之多,并筑下了熊家圩据点,实行抽丁抓伕。一些没有民族气节没有人格的坏乡长纷纷被伪化,甚至与伪军勾结,对人民进行搜括与压迫。敌探汉奸,时时下乡,地方坏鬼蠢蠢活动,人民不知道自己伟大的力量,不敢斗争,把反"清剿"斗争全部依赖于政府和部队。然而,结果怎样呢？结果是反"清剿"斗争胜利了,靖江人民获得了斗争经验,团结并且组织起来了,粉碎了敌伪不断的"扫荡"企图,使靖江各项工作都蓬蓬勃勃地开展了。

　　看吧！今年的靖江与去年的靖江有极显著的区别。去年反"清剿"斗争时,敌伪"扫荡"频繁,深入乡间,普遍伪化,民众不但组织不起来,原有组织亦被摧残或工作停顿。伪军苛捐杂税重重,民不聊生。什么"区部队"的经常费三百五十元一保,什么"代改费"一百元一保,"献金"一百元一保,大米一斗一保,制服费二百元一保,什么"护路捐"、"军粮"、"军草"、"枪械捐"、"帽子钱"、"车费"、"工资"、"被子捐"、"鞋子捐"、封树、封竹子、"帐子捐"、"浴盆捐"、"慰劳捐"、"太太捐"、"胭脂花粉捐"等等稀奇古怪的名目而外,加上每次"扫荡"时的"清箱"和"抢光政策",被子、衣服、羊子、猪子,什么都要,并且绑票绑牛,借名敲诈。我们的党政机关也只能在很小的地区活动。在我们打击敌伪这嚣张气焰,将靖江斗争阵地坚持下来的时候,于去年十月底统计,全靖江五百一十平方公里,一百六十平方公里是中心区,一百五十平方公里是敌占区,两百平方公里是游击区。但现在大大不同了,现在游击区全部变成了我们党政军机关部队经常活动的地区。边区工作,大大开展,原有的五个行政区,划成七个。民兵自卫队、短枪队活动在据点周围,活动在据点里,活动在敌伪军碉堡下。普通的民兵的活跃,造成了敌伪的极大的恐慌,三个两个不敢跑出街头,十个二十个不敢下乡拉牛,整个的部队也不敢轻易地下乡,伪军的嘴里是很少喊什么"扫荡"的名词儿,所以靖江人民已经普遍不缴伪捐,大大地减轻了身上的负担。

　　整个的伪军出来活动,每次都是被我部队打得落花流水,屁滚尿流,不但抢劫不到民众的东西,而且要"赔了夫人又折兵",被缴枪、被俘。今年四月间,伪十九师七十三团全部最精锐的五百余人,选择好枪,配以小炮,大小"头目"全体出动,进驻新港,企图大举搜括并筑新据点。我军即在五号桥地方,予以全部消灭,营长排长,很多被俘,其他大小"头目"则狼狈而逃,兵也不要了,逃走的逃走,跳江的跳江,还有躲在公路的涵洞中。而最近七月间,又有三百余人下乡,企图包围我太和区公所,被我独立团一部,予以打击,缴枪四十余支,俘虏四十余人,毙伤伪军三十余人。八圩港的伪军下乡绑去了七个"肉票",我东兴区游击队给以打击,攻克八圩港据点,救出七人。

　　民兵们配合与帮助了部队作战胜利,而战斗胜利又转过来提高了人民的情绪,坚定其信心和决心,发展和巩固了民兵,促进更大的胜利。靖江民兵英勇斗争的故事是很多的,他们在近来反伪化斗争中成为主要的力量。西来区的民兵和群众曾经接连两天,计两万余人,两次包围了西来镇伪据点,结果完全胜利,伪军承认了以后不再绑牛绑票的条件,并放出所绑的民众,交出勾引伪军下乡绑票的地头鬼,打死七个。五月初太河、候和、东兴三区的民众一万五千人包围了生祠堂据点,与伪军斗争,反对缴伪粮伪捐,六十余岁的老婆婆也拿了木棍参加这一斗争。伪军开枪射击,民众仍坚持,毫不畏惧。太和三区柯乡的民兵领袖周博文,就在这斗争中壮烈的英勇牺牲。周博文是一个二十八岁的青年,但坚毅勇敢,一向从事地方武装工作,保卫家乡。这次包围据点时,他手持木棒,领导民兵,首先冲入碉堡中弹牺牲。群众闻讯,更加激怒,坚持斗争下去,逼使伪军屈服,接受了群众条件。事后靖江各界为周烈士召开了追悼会,出了特刊,成立了博文小学,专员公署亦明令褒奖,并抚恤国币一万元。在最近太和区战斗的同时,候河的六千民众,在民兵为前锋的斗争情绪下,又包围马桥伪据点,捣毁了伪区公所。伪钤记、文件、油印机等物,完全被民兵缴获。事后伪区长向伪方辞职,说什么"才疏学浅,致遭敌袭,损失重重,际此刷新政务,恐误要公,呈请准予辞职"。

　　在民兵斗争的屡次胜利下,太和区东兴区的民兵于七月上旬又全面封锁了熊家圩的伪据点,党政军各方面一致配合,伪军不能出来一步,送信求援的通讯员亦被我捕获,伪军不能出来买菜,不能弄到草烧,不能得到粮食。结果靖江这个最反动的,民众痛恨入骨的伪据点,也不得不被逼得全部撤走,所筑的碉堡工事,被我全部焚毁。伪军自认为最坚固的据点,在民众的伟大力量面前,未打一枪一弹而被毁灭了。

　　于是,现在伪军一提到民兵,便摇头吐舌,在伪捐税收不到,粮食抢不到,不敢下乡不敢出据点一步的情形下,便制造什么"请鬼子下乡扫荡"的空气,企图以此来恐吓民众。当民众围攻马桥的时候,伪军开来两辆空卡车,说是鬼子来了。然而勇敢的民众毫不畏惧,坚持斗争。结果揭穿纸老虎,原是空车。日暮途穷的伪军在弄得无法可想时,曾烧竹障工事,以为柴火之用,或便衣下乡,偷了老百姓的草就逃。最可笑的是伪军穿起便衣,绑了起来在街上走,向老百姓说是抓到民兵新四军,但是老百姓看了却哈哈大笑,这是多么无聊、多么愚蠢!

　　一年来靖江曾俘捕过片小田五次郎、内信一、阿尾为藏、松川四个鬼子,并缴获到一支手枪,一支三八式步枪,两支木盒枪。这中间有两个鬼子则是民兵抓到的,一个是候河区××乡民兵抓到的,一个是长安区××乡抓到的。靖江民兵,已经由抓伪军,进而抓鬼子了,已经由杀害伪军、活埋伪军,转变到会运用俘虏政策了。

民兵在靖江已是普遍的存在,不但在中心地区、在边区,就是在靖江最残酷最反动的据点所在地××区亦有民兵的组织与活动了。他们的组织,不但有大刀、长矛、榴弹,并且有从伪军手里夺来的步枪。例如候河区共有十四个乡镇(据点在内),它被包围在七个据点的当中,然而十四个乡镇都有民兵与自卫队,有一些乡保到连女人儿童也放哨了。当我们早晨经过各乡的时候,就会听到"一二三四"的呼喊声,那不是部队,是民兵上早操啊!并且,当我们经过各乡的时候,就会听到唱歌声、读书声,那不是机关部队学校或私塾,而是民兵夜校、妇女识字班和儿童团啊!在太和区曾相当普遍的存在着封建性的迷信的群众武装组织——大刀会,现在也已变成政府领导下的民兵组织,取消了那种交会费、送大香之类的变相剥削,勇敢地愿意保卫家乡的大刀会领导,都变成为今天民兵中的优秀干部。七月底县民兵总队部并胜利的完成了一百二十多次乡级民兵干部的训练。

今年七月七日,这是伟大的抗日战争六周年纪念日,各区分别一致的举行了一次纪念会,同时举行了民兵大检阅。这是靖江一年来空前伟大的场面,各区参加者在两千人以上,孤山区最多,仅是各乡民兵自卫队代表即达一万二千人。在检阅完毕以后,又举行了盛大的游行,各阶层的人士都看到了人民自己的力量。而候河区的大会,则是距离据点三里多路的地方举行的。步枪呀、榴弹呀、大刀呀、钢叉呀等等各式各样的武装。各乡的民兵,有着各乡的特点,有趣的是××乡的一百几十人一律穿着一样的草鞋,引起全场的注意。有组织的妇女,也参加了这次的检阅。长安区的一些有髻有辫子的小脚妇女居然自己指挥,在台上唱着"拥爱歌"。参加工作四五年的干部,也感到惊喜地说:"才第一次看到!"真的,现在连老太婆也指挥儿童唱歌了,这是千真万确的事实,这证明了一个真理:群众的力量是伟大的,是任何敌人所不可战胜的!!

(《苏中报》1943.12.27)

黄师长访问记

常 工

雨过天晴,记者踏着柔软的沙路到师部去。

这天,到处都悬灯结彩,庆贺春节。路上,鞭炮断断续续的作响,行人都穿得红红绿绿的,显然是一派新气象。

到师部后,黄师长正与别人谈话,警卫员将记者领到秘书的屋子等候,在秘书的桌子上,堆满数百封慰问黄师长的信,每封信都充满着对黄师长的敬爱和关心。

——亲爱的黄师长:我们只听说你的名字,但没有看见过你的样子,你能到我们乡里来玩吗?让我们见见你的样子好吧!

——亲爱的黄师长:你领导军队打鬼子,使我们能安居乐业。请你务必多吃点饭,多穿点衣,绝不要使身体有些不舒服。

——亲爱的黄师长:有了共产党的领导,我们就能胜利,请你放开心,我们永远跟着共产党走,党叫我们做什么事,我们绝对完成任务。

是的,黄师长是为人民所爱戴着的。

黄师长今年已经四十二岁了,二十一年的战争生活养成了他沉静严肃而又慈祥的风度,同时,二十一年的战争生活也侵蚀了他的健康,使他的外表似乎又老于他的年龄,经常不断地思想,也使得他额前的皱纹加多而且加深了,但他仍努力于人民的解放事业。

黄师长不仅在八路军新四军干部中是斗争历史较长的一个,而且在中国共产党里,他也是一个历史很长的老党员。

黄师长出身是湘南一个中学的学生,他从小就有了革命的志向,一九二三年便开始革命活动,随即参加了一九二五年的大革命。但一九二七年国民党开始"清党",叛变了革命,黄师长便领导湘南一带农民进行暴动,最后投奔井冈山了。

从那时起,黄师长就屹立在武装斗争的最前线,他担任过连长、连党代表、团长、团政委、师政委等职,参加和粉碎过敌人的五次"围剿"及二万五千里的长征,曾获得过红军军委会的勋章。黄师长不但是一个天才的军事指挥员,而且也是一个优良的政治工作者。

抗战爆发以后,红军改编为八路军,他即担任总政治部组织部长。平型关战斗后,他又担任三四四旅政委,转战华北平原,消灭叛民卖国的石逆友三后,抗日大军便由华北敌后指向华中敌后了。

皖南事变以前,曾担任八路军第四纵队政委,后又担任第五纵队司令兼政委;皖南事变以后,江苏韩德勤辈亦大举向新四军进攻,黄师长在援助兄弟军号召下,一九四一年与兄弟军会师盐城。第五纵队遂改编为新四军第三师,黄师长便担任师长兼政委,去年又兼苏北军区司令。

二十一年来,黄师长革命如一日。

——我是没有什么了不起的地方的,我也是数万万人中的一个而已。黄师长拨着火盆上的炭对记者说:我只是坚决地执行着毛泽东同志为首的党中央的路线和政策。

黄师长对任何人都是这样谦虚的,因此,无论干部战士,对他都像儿子对父亲一样的爱戴;同样,黄师长对工作却是严肃而又认真,对生活却也极其艰苦朴素,所以,很多人都喜欢谈他的故事,作为自己前进的楷模。

实事求是是他一贯的工作作风,凡事都从具体环境具体条件研究,从不马虎,所以在完成一件工作时,常常夜间不寝。同时,他还具有着远大的战略眼光,不以暂时的利益而忽略了永久的利益。对己要求甚严,时常倾听别人对他的批评与意见,不求铺张,不喜欢吹嘘,他永远是在埋头苦干的。

赤诚率直是他所具有的长处,对任何犯错误的人,他从来都是谆谆善诱地规训,将心比心,使你心悦诚服。所以,即使受了他批评的人,从不讲一句怨话的。同样,他对干部和战士的关心也是无微不至的。在红军时,他就因对干部和战士的关心而为大家所崇仰。今天他还同过去一样,每逢检查工作时,他总要到班上去,找干部和战士谈天,使得干部战士都兴奋愉快。

在生活上黄师长是最艰苦的一个,从不讲究,一年四季总是布衣布鞋,行军遇到了房子少的地方,他也是和大家一起住宿。去年师规定干部优待时,其中有他,他很不以为然,首先把自己的名字划掉了,说:"我不需要。"事实也是这样的,他到连队检查工作时,如连里给他多增加些菜,他老是这样和蔼地说:以后不需要这样了,我和你们都是一样的人。

记者最初看到黄师长是前年的秋天,那时敌人大举扫荡盐阜,记不得是哪天了,师部住在五桥口,敌人从硕集来进攻,大家都很慌乱,黄师长却沉着地若无其事地带着一个连掩护,三个钟点以后,他骑着马下来了,笑嘻嘻地说:不要紧,敌人撤退了。在他未讲话前,部队就到处都扬起歌声了——因为黄师长在面前啊!

去年敌寇的大举扫荡不也是因黄师长正确的领导而被我们粉碎了吗?

黄师长是一个忠于民族解放和人民解放的战士,而且是一个老练的革命舵手,他在毛泽东同志为首的党中央及华中局领导下,紧握着走向胜利的旗帜,这旗帜将招展在苏北的每个角落。

——黄师长!记者向他说,我们盐阜报想把你介绍一下,群众都在热烈地要求我们!

——不需要!黄师长很谦虚地说:我没有什么呀!

记者继续给他说明介绍的原因后,天已中午了,于是便告辞黄师长。临走时,黄师长把他那高度的近视眼镜戴起来说:

——有空常常来玩!

(《盐阜报》1944.01.25)

反清乡中的民兵

力　耘

野　　马

某乡有一个姓林的民兵,个子很高,气力也大,两条腿子又长又粗,走起路来,别人跑步也追不上,因此大家叫他"野马"。

野马自参加民兵队以后,每次打游击,他总是跑在第一个,打起手榴弹来,又远又准。有一次,他带着五个民兵伏在田里,十多个鬼子碰巧从海夏镇下乡来,他丢了两个手榴弹,炸死了一个鬼子,炸伤了一个鬼子。队长为了奖励他,发给他一支土造的驳壳枪。

野马把这支土造的驳壳枪看得比性命还宝贵,连睡觉的时候,也伴在一起;一有空,就把枪擦得亮亮的,还特地托人到街上买了一瓶擦枪的生发油呢。

六月里,天气很热,热得使人心烦,野马走来走去地骂着:"为什么鬼子不下乡来呢?不杀鬼子我就不煞渴。"

野马决定去找队长。当他踏进队长的堂屋时,看见队长拿着一套黄军服在翻来覆去地看。野马心里突然一动,便高着喉咙说:"队长这套衣服借给我穿一天吧!"队长以为他说笑话并不介意。野马看见队长不睬他,急了起来,又说:"这套衣服借我穿一天。"

队长朝他一望,看他那副认真的样子,于是也很正经地说:"不能,要交公的。"

野马听得不耐烦起来,两手伸出去抓着就走,并且说:"我只借一天,不还你把我枪毙！"

队长弄不清他是什么玩意，也就借给了他，不过当他走出大门的时候，队长叮嘱着说："公家的东西，不能马虎。"

野马一到家，就全身打扮起来：穿着黄军装，挂着驳壳枪，大摇大摆地上街去了。

在街上，他看见伪军在太阳地里站岗，也装做爱理不理的样子，头不回的直向伪乡长的家门口走去。

但是野马只知道伪乡长的住所，却认不得伪乡本人，所以一进门，便直着喉咙喊："乡长在家吗？"

"不在家。"坐在堂屋里一个瘦瘦的中年人答。野马又再追问一句：

"到哪里去了呢？我找他有事。"

"什么事呢？"中年人抬起头来。野马便凑近他的耳朵低声地说：

"我警察局长的勤务兵，我们今天没有伙食钱了，想到乡里去弄些油水，警察局长要找乡长带路。"

那中年人连忙从凳子上站了起来："得罪，得罪，我就是乡长。"

野马一阵欢喜，很和气地说："警察局长就在北街梢等你，你快些去。"

"好，好，马上走，马上走！"伪乡长一面笑着说，一面朝外就走。

野马一步不离地跟在伪乡长后面，走过伪军的岗位时，伪乡长毕恭敬地鞠了一个躬，大约走了十几间房子远，伪乡长回头问："警察局长在哪里？"

"在前面！"野马拿出了那支土造驳壳枪，对准伪乡长的后脑袋，"啪"的一声，伪乡长倒下去了。

篱笆

孙大只要一跨出门槛，使他顶刺目的东西，就是门前飞着灰沙的公路和竖在地上的竹篱笆。他一看到公路和篱笆，立刻会想起棺材和茅厕来。

三年前，鬼子占领了掘港和马塘后，就造起公路来了。孙大的几丈田给鬼子砌平筑了公路，连埋在田头的两口父母的棺材，也给踏平了。有时，孙大看见汽车上坐着鬼子和二黄，行驶过去，他的脸就变了，仿佛那汽车在自己的胸膛上行驶的一样，心就痛起来："爹娘活着痛了一世，死了还给鬼子二黄踏在底下，翻不了身。"

清乡一开始，鬼子二黄拉着伕子到处筑篱笆。孙大像避难一样，带着老婆小孩上丈人家去了几天，回来的时候，篱笆已经筑在门口了，门前的一片菜田筑在篱笆内，连日夜应用的茅厕也筑在篱笆中间了。

孙大当时很生气，指着篱笆就骂："封锁，封锁，封得住死的茅厕封不住活的人。"

但孙大是很胆小的，他怕鬼子的脸，也怕鬼子打，一肚子的气，闷在肚里，自己只得抽个空又挖了一个新的茅厕。

不久，乡里有了民兵，民兵经常出来破篱笆，孙大门前的篱笆也被破过一次，但破过后一天，给鬼子又拉伕子修起来了。来破篱笆的民兵队长，他是认得的，但孙大虽然恨死了篱笆,却没有勇气参加民兵队。

一天傍晚,太阳将要落下去了,西边绯红的彩霞,闪着一片金光,使人的眼睛发晕。那时孙大在上茅厕,远远地看见两个戴尖头帽子穿黄衣服的鬼子,手里拿着东西,在篱笆旁边走来走去,有时鬼子的两手攀在篱笆上,有时也回过头来望望,仿佛在提什么东西又怕人看见似的。

孙大蹲在茅厕上不动,天慢慢暗下来了,不久,两个鬼子走远了。孙大才站起来,赶着系了裤带,连跑带走的到篱笆跟前去。

孙大进前一看,反倒弄得怪起来了。他看见像瓶子一样的铁的东西,吊在竹篱笆上面,铁瓶子在上面拖着一段钢丝。

孙大睁了眼睛仔细地看,心里想:这是什么东西呢?他用手数一数,一共有十五个。他又用手摸了一下,他想,家里的烧纸,风大时常要飘,拿两只铁瓶压压倒不错。正想伸手去拿,他忽然想:莫慌,鬼子没好心肠,出了事,不是好要的。

于是他回到家里,拿出一张白纸来,撕成一小片一小片,再拿了半碗玉米粥,朝着篱笆跑去,他的老婆在后面叫,他也不管。

走到篱笆跟前,他在每个铁瓶子上贴了小纸片。贴好后,他自言自语地说:"我情愿守一夜,等民兵来。"

在半夜里,民兵队长带着民兵来了,有的拿着扁担,有的拿着绳子,黑黝黝的一堆,孙大要数也数不清。

孙大一看见民兵队长,像看见宝贝似的,连声叫:

"来得好,来得好,我等了你们半天了。"

一面说,一面拉了队长的手,朝篱笆跑去,指着白纸条说:

"鬼子在这里搞了半天鬼,我都贴上了小纸条,这玩意到底是什么呢?"

民兵队长近前一看,原来是鬼子常用的手榴弹,拉开了线挂在篱笆上。他说:"好险,好险,差点儿上鬼子当。"

民兵队长亲自把手榴弹一个一个解下来,卷好钢丝,把盖子装好,拍着孙大的肩膀说:

"亏得你,我们得了命,又补充了武器。"

灭 尸

林生是一个灰色的民兵,他的家离开久隆镇只有半里路。六月天,田里要车水,林生约了三个邻居到自己田里去做活计了,家里留了新讨来的女人和六十多岁的老母亲看家煮锅。

林生刚出门一个多钟头,久隆镇据点里跑出来一个鬼子,直向林生家的堂屋跑去,婆媳两人吓得没了主张,躲又不能,跑又不能,两个人像木鸡一样吓得呆在一边了。

鬼子手里没有枪,左手拿了一只鸡,他用右手指着鸡屁股下面,用上海话说:

"侬有鸡蛋吗?"

婆婆吓急了，连说："没……有没……有……"声音是已经发抖了。

鬼子朝门外望望，只见高粱秆子在微风中摇曳，没有人，也看不见房子。

鬼子陡然起了淫心，左手把鸡子用力向地上一掷，右手把老太婆一推，向前一步把媳妇朝东房里拖。

老太婆跌在地上，爬不起来，但看见媳妇涨红了脸，赖在壁上时，一股死劲鼓励了她，霍地从地上坐了起来，只一闪，就跑出去叫林生了。

不到一刻钟，林生带着三个农民赶来了，各人手里拿着锄头。那时鬼子已把媳妇拖进房，女人躺在地上只是哭。

林生赶进房。鬼子冷不防给林生在后面抱住了腰，身体失去了重心，不能转动了。林生口叫："拿绳来，拿绳来！"鬼子只拼命地挣扎，又把脚一勾，两个人滚在地上了。

但林生尽力朝着鬼子的脚一蹴，依然抱住鬼子的腰，死不放手。

两个农民跑上去揪住了鬼子的手和脚。另一个拿绳去，把他捆扎起来，又怕鬼子喊，便拿一把棉花塞住他的嘴。

林生主张把鬼子送到区政府，拿这个"宝贝"换一支驳壳枪。

可是三个农民不同意这样做，因为这几天风声很紧，鬼子经常下来，区政府又不知在哪里，万一在路上碰到"扫荡"，大家就要"触霉头"。

于是决定把这个鬼子弄死。三个农民把鬼子放在一只不通风的柜里，把盖子盖了起来，和林生一起坐在上面。

没有半个钟头，鬼子闷死在柜里了，四个人又动手在柜底下挖了一个坑，把死鬼子埋了。

傍晚，据点里的鬼子一批又一批的在大路上来回的走着，看见过路的老百姓就抓，问有没有看见一个"皇军"。

林生很不放心，又在大路口的沟旁，挖了一个坑，把鬼子的尸首移去埋了。过了几天鬼子又穿了便衣出来找，林生便索性把死鬼子的尸体埋到离据点十多丈路的沟旁边去。

（《苏中报》1944.02.24）

江边的孤儿

晓　影

江里滚滚的浪，太阳照下来，红颜绿色的，还有渔船，船上站着渔夫，倒在大鱼鳞里的碎影，远方，点点的帆影……这时，小东儿也在一个渔船里，帮大人弄网，预备潮头来了，要冲上去，在许多许多船中间，争着捕鱼的。鱼捉得多，卖得钱，才有饭吃。

从长江支流的堤上，朝里望，有零零落落的草房，小东儿起先的家就在一个草房里，他的父母非常爱他，时常摸他圆冬瓜的头脸，有时做块到田里做活去。

父亲活计做得疲劳了，就抽着烟问他：

"小东儿长大了，做什么呢？"

"当兵"！

"当和平军吗?"

"不,我要当新四军!"

父亲做了个鬼脸,又惊又喜,然后点头。说着十九年——穷人没田种,大家起来革命,他也参加过红军,怎样开会,怎样打仗的故事。现在,江边的人民也都知道:"新四军八路军还是共产党领导的呀!""毛泽东还在做事……"小东儿的脑海里,听了又听,早已听熟了。可是,父亲为什么要做鬼脸呢?父亲说,这块全是鬼子二黄住的乌龟壳,新四军暂时落在北边!

说着,说着,太阳快要到中了。父亲敲敲烟灰站起来,吐了一口沫,又拿起铁耙砸泥块。小东儿踏在地里拔草,拔了一阵,小东儿肚子咕噜咕噜地叫。要吃饭了,他望望烟筒,一个黑白头巾的女人,提着篮儿,走到田野里来。

"好了!妈妈带饭来了。"

他们合家三个人,就在田里"野餐"。五月里的东南风,带着稻子的芳香散播在割了麦子的田野里。

——那天夜里,他们听见大江里轰隆轰隆的声音,知道鬼子要"扫荡"了,开来许多的兵舰。小东儿不安神地问爸爸:

"扫荡了,新四军跟他们打吗?"

"打的,别高声,别挨和平军、汉奸听见了。"

明天,小东儿拿起竹棒,往沟里钓鱼。远远的瞟见公路上有些穿黄衣裳的队伍,田里做活计的人忽然溜了,黄衣裳"砰砰"的打起枪。"啊呀!不好了,和平军在拉伕了!"小东儿背起钓竿,急急忙忙的回家,那时母亲正在咿哇咿哇的哭,原来小东儿的父亲也被拉去了。小东儿不禁拉长了脸,后来听说父亲关在碉堡里。

当时听说和平军在父亲身边搜出手榴弹,说父亲是"民兵队长",说专门帮新四军反对把和平军军粮的。后来听说打呀,父亲吃了很多的苦。——过了三天,小东儿的父亲被狗入的和平军害死了,小东儿伤心地哭起来了。母亲眼泪,像无代价的往外面涌,好容易东凑西借,才凑成了一千元把父亲的尸首赎出来。

从此,小东儿的父亲,再也不能摸摸他的圆冬瓜头了!

母亲想起父亲,想起小东儿,常常哭起来。她一个人在田里垦着父亲垦过的泥;慢慢地把黄豆稻子……长起来了。"不做做娘儿俩吃什么呢?"

秋天来了,江边吹过来一阵阵凉快的风。对于父亲,小东儿时时浮现过去许多伤感的回忆。

"呵!新四军来了,来看啊!"小东儿兴奋似的,睁着两只大眼睛。

许多小孩子都站在坟顶上向北瞟,结果,连影子也没有。

"你这家伙,骗人!"

"你说新四军不会来吗?哼!"他把钓竿横在背上,将长线拉在胸前"一!二!"的踏起步来了。一个挑草的姑娘用手指括他的鼻子,哄笑着走散了。

母亲忽然害病了,渐渐的小东儿要吃的饭,母亲烧不动了。秋天,江边害病的人很多,母亲的病更加严重,小东儿也渐渐的担心起来。有一天,母亲要想吃鱼,家里没钱买,小东儿只好自己去钓。

小东儿从这个沟里跳到那个沟里,只有几条细鱼!于是,他向很远的地方走去,一心只顾钓鱼。秋阳很慈爱地抚摸了一会儿,便要下去了。他急急地想回家,但认不得走哪条路。心愈急,天色愈暗,而且,江上立即刮着呼吼的大风,小东儿哇的一声哭起来了。

"孩儿,到这里来啊,风暴来了。"声音从一个摇晃不定的渔船那边发出来的。小东儿壮着胆走到那儿,钻进船篷里,一个三十多岁的渔夫和一个老太婆惊奇地问着他:

"你有老子吗?"

"死了!"

"你的妈妈呢?"

"妈……妈病在家里。"小东儿嘴一牵一牵,又要哭了。

那一夜,风刮得很大,渔夫很有经验地说:

"有变潮来了。"

渔夫把船靠近南岸细沟里,索在两棵大杨树下,小东儿吃过饭便在船上呼噜呼噜地睡着了。到半夜,船激烈地动荡,把他惊醒了。幸亏小船夹在两棵大杨树中间,几次翻呀翻,好险呀!那位老太太也吓得叽咕叽咕念着咒。小东儿在黑夜里听见狂狂的浪潮声,人的嚎哭声,喊救命声,以及霍拉霍拉的倒塌声。小东儿竭力扳着船槛,摇摇摆摆地上升,船篷碰到大树顶了。

天一亮,小东儿伸出头来,遍地变了平洋,看不到田,看不到房子,只见大水滚滚地流着,水面上浮着箱子、衣裳、木头以及死人,唉!

小东儿从未见过这样怪东西,连船里老太婆说:"几十年没有的怪潮!"

几天后,怪潮才退去,小东儿哭哭啼啼找自己的家。看!江边的堤岸完全冲倒了。田中成熟的黄豆、稻、棉花,发着难闻的水腐臭。当然小东儿那边的草房统统没有了!但是躺在床上,跑不动的妈妈呢?小东儿哇的一声大哭起来了。

当渔夫给我讲着去年秋天小东儿在怪潮泛滥中的故事时,好在江边的据点被我们收复,使这里人民获得解放了。在这春荒时期里,我调查到单是永安沙地方,南北两岸损失农植物三万余亩,淹死农民二百多,饥民占全人口百分之八十。当我想起这脱险的渔船,这个好心肠的渔夫,和旁立着弄网的小东儿,使我想起许多沦陷区天灾人祸的仇恨啊!不过,天真的小孩子向北瞟的新四军真的来了,人民有自己的抗日民主政府了,任敌人顽固派平时不肯老百姓筑堤,任敌人这么的"扫荡"、"清剿"、"清乡"。六岁的小东儿一定要活下去的。

(《江潮报》1944.03.27)

筑起新的长城
——在反"清乡"斗争中

杜　诺

某乡是个比较平静的乡村,自从去年进行三冬运动实行二五减租,成立了民兵自卫队,肃清了土匪坏蛋,人民安居乐业。农闲的时候,到处响着纺纱织布的声音。虽然春荒到来,但有了互助互济,解决了大家的困难,仍然充满欣欣向荣的蓬勃气象。

这个乡的八百多个老百姓还自选出了乡长和民兵乡队长,作为保卫乡土的干部。虽然,有个别不明大义的士绅还在到处谈着不入耳的话,认为:一个做畚箕的贫农也做起乡长来,读书的人、留洋的人反而做不到乡长!可是老百姓却拥护他们、爱护他们!

四月里敌人开始"清乡",在骑岸镇十总店都筑起了据点,这个乡当然也卷入反"清乡"的热潮中。只要敌伪从这乡经过,他们总是给予打击,并时常到骑岸镇据点附近,打手榴弹,使鬼子日夜不安。同时加紧思想上组织上的积极准备,掀起群众性的除奸运动,捕捉了二十几个汉奸和嫌疑分子、一个伪警、四个伪军,缴到四支步枪。这样,民众的"反清乡"热情便更加高涨了。

接着,又有三十几个青年壮汉涌进了民兵队伍,使我们的武装力量更壮大了,活动力也更加提高,不但到据点附近打手榴弹,扰乱敌人,并且还能帮助他乡进行工作,联合他乡开展游击战争。有名的五乡联合的赤膊战,连乡里的小孩,也会把这故事很清楚地告诉你。

六月间,滥港桥增筑了据点,敌人开始注意这个乡,但是总无法使它伪化,更无法收伪捐。因此,便配合骑岸镇敌伪下乡,搜索民兵和乡长,要烧房子,要民兵自首,要乡长出面"维持",不然便大烧大杀。当时,便烧去了九家,并且夜里出动,埋伏在我民兵的家门口。因为我民兵和地方干部是打游击生活的,早晨回来,便被他们捕捉起来。敌人又想出种种办法捕捉我干部和民兵(当时被捕去十几个),梦想以他们为伪化的资本,并且说:"只要你们乡长出面'维持'便可将人放回。"

可是,人们已经是有了反清乡斗争的锻炼,认清了敌人"清乡"的面目,"维持"是不能"治安"的,相反的会引鬼子上门,祸及乡土;因此,我们一方面发动劳动互助、救济被难的同胞,同时干部与民兵转移,使敌人无法发现目标,这样,民兵便可更积极的活动。有些同志房子被烧了,反而痛快地说:"房子烧掉爹娘分散,可以满天飞了。"——这是多么悲愤而又激昂的语句。

敌人找不到我干部和民兵,便对捉去的几个人,加以毒刑,想在他们身上掘出线索,以便进行这个乡的伪化。

当时抓去的有姜志明、姜志荣、姜兰普、茅汉兴、吴稚贵等十数人。敌人用老虎凳,用开水,还用刀割开皮肉,然后用盐在这裂开的皮肉上擦,强迫招供,要他们招出民兵和乡保长来。可是姜志明同志,是个模范共产党员,他在这么极刑下面,始终坚持如一。他坚信自己死了没有问题,那里还有很好的乡长、队长和民兵,还有许许多多的兄弟,绝对不能害他们,也不能害老百姓!有他们在,我们穷人才有好日子过,他决意牺牲自己,便勇敢的承认:"我是民兵!"敌人接着追问:"你民兵有几个?"回答的是:"就是我一个。""那么朱乡长是哪一个?""就是我!"鬼子怒极,刺刀对着他的胸,"识相些,说出来!"姜志明同志默然不睬,最后敌人追问:"到底愿意死还是愿意活?!"他坚决地回答:"愿意死!"鬼子把他杀害以后,被捕的同志知道了,不但没有害怕,反而更加深了对敌人的仇恨。

敌人拷打吴稚贵同志时,他只反复说:"我是种田的,不知道什么是民兵!"敌人没法,只好强迫他带路。带到天主堂,他说:"这便是××家!"敌人问:"怎么没有房子?""烧掉了,问你们!"敌人气极了打了他几个耳刮子,又把刺刀对着他。后来带到小土地庙,敌人问他是谁家,他说这就是他的家。这样敌人便把他刺死在路旁。

姜志荣同志在牢中,有一天,他在小便时,偶尔发现墙角下有个洞,他便鼓动大家开小差,乘着夜晚,把衣服鞋子脱在门口,越过墙头,游过几个条沟,逃回家里。第二天敌人下乡搜索,一无所得,便抓住了两个民兵队长的父亲说:"你儿子当民兵队长,你知道吗?"老头子抹着胡子泰然说:"他要打日本人,我不晓得,儿大不是爹娘的!"敌人跑上前便是几个耳刮子,可是,老人更勇敢地说:"你日本人不讲理,你……""啪……"。

但是,也有极少数上层分子碰到这种情形,反而吓昏了,动摇了。比如说:"何必把人命当儿戏?大家'维持'一点!"因此乡长便临时召集了乡政扩大会,展开热烈的讨论。在会议上,乡长劈头一句:"我是民主的乡长,我有抗日权柄,没有'维持'的权柄!老实说吧!'维持'便是伪化!"接着,换了口气又说:"大家看看我的小舅子吧,他是相信'维持'的,结果怎样呢?不到几天,房子同样给敌人烧掉了。我责问他,你乡里'维持',但你的房子哪里去了?这正是我们今天的教训!"这几句话像炸弹一样炸毁了少数分子的动摇心理。

指导员也站起说:"我们是坚持抗日,反对妥协的,假如要'维持',要伪化,看看南面×乡已摊捐一百四十万元,西面×乡至少出了几十万,我们虽然也受损失,但比较起来要好得多的!"

一个东洋留学生,本乡的大地主,他幻想保全自己的财产,支吾着说:"大家不要怀疑,我不是汉奸,不过,我觉得到环境严重的时候,不妨出来个把人'维持''维持'!"

但大家一齐愤怒地站了起来,高叫着:"反对!反对!"

会场顿时紧张起来,人声更加嘈杂。乡长制止了会场的紊乱。他说:"谁要'维持'就准备好壮丁册!"

"坚决不'维持'不'招待'!"群众直着嗓子在叫。但这位张先生却恼羞成怒地说:

"既然这样,你们有多少骨干?"

"二十四个骨干!"一个青年气愤地回答。

"那么留两个打游击,其他的打埋伏!政府在精兵简政的时候,为了保存有生力量不是也打游击吗?"

"不,我们都要打游击!"

"何必打,打了要烧房子!"

"啊!你原来怕烧房子!"

"你这家伙自私!"

"既然不伪化,何必讨论?!"张先生涨红了脸,低着头退出了会场,但立刻有人在他背后高叫:"谁要'维持'就要谁的头!"

"我们是烧不光,杀不完的!等死倒不如拼命!"

其他的士绅如陈××先生等看到群众这样热烈的斗争情绪,便也赞成不招待不"维持",并且说:"各人头上半片天,知道他要烧哪一个?大家碰运气罢。"但另一个更坚决地说:"房子烧了地还在,任他烧好了。"

民兵更是快活地说:

"现在光了,可以满天飞了。"

"只要有人,不愁没有屋。"这样,大家的意志便完全一致了,坚决斗争下去,反对伪化!

姜志明同志死的消息传到这乡里之后,大家深为感动,乡里的干部和民兵,大家凑起钱来,买棺材,给他家治丧安葬,并且替他做头七,大家都跑来磕头纪念他。××乡还派代表来参加,并带礼金二百元,县政府区署都派人来吊唁。一时茅屋里挤满了人,大家都说:"不能伪化,姜志明在亮处,我们要为姜志明同志报仇!"人们又是难过,又是愤恨,压抑不住的热情在心里澎湃着,还有人流下泪来。乡长负责主办这个丧事,并在群众中热烈地动员:"要为姜志明同志复仇,坚持不伪化!"

治丧之后,大家更有计划地行动起来,把比较红的人组织起基干队,灰色的组织秘密游击小组,更积极地打击敌人,到处张贴标语:"誓为姜志明同志报仇!""坚决不伪化!"敌人下乡就打冷枪。敌人对这乡烧杀得更凶了,可是民兵一点也不怕,并且用自己的名字(自己的房子已经被烧了)写了许多标语:"烧房的不算狠,有本事的捉我人!""不要烧老百姓的房子,有本事烧我的房子。"这样更加博得老百姓的同情,并且更进一步的得到帮助。

六月的夜晚,民兵游击小组,昼夜不停地巡逻放哨,忽然走到路头一片小店的门口,看见从门缝里火光灼灼的透亮出来,从门缝里望进去,原来有几个人正在喝酒,接着便是棒子一斜,纸牌在台子上跳动,大家哼着牌儿经,吴柏林的脸孔红润润的,更高兴起来,嚼说着最近乡里的情况。民兵看情景,似乎有什么花头?当夜便睡在隔壁的房子里,静静地听着他们的声息。

沙沙的牌声依然在响着,姓吴的继续在谈论着:"××老百姓是完蛋啦,东洋人见了多欢喜,还费我二千元呢!"又是哈哈大笑起来。

××民兵听到这些话,要想先去报告恐怕来不及而让他逃了!便打开门,把他捉住,送到×教导员那里去。

当即,×教导员的屋子里挤满了老百姓,门外也站了很多人。愤怒的人群,到处叫着"把他杀掉"的声音。他呆住了,便把张××怎样叫他做伪乡丁,送东西到据点去,还要拖出徐××做伪乡长……一五一十都说出来了。

"大家看,这件事怎样处理!"×同志征求大家的意见。

"杀掉!"群众的吼声。

"我们要拿本事来,给鬼子和王八蛋颜色看一看!告诉他,我们乡里的老百姓不是好惹的!"一个青年说。

"在紧急情况下,我们的政策也应该灵活运用!"一个同志同意大家的意见,转脸对×

教导员说。

稍许静了片刻,群众又紧张起来,说话的声音又响了。

"我们要反对伪化,第一炮要打响它!"

"我们要把伪化势力压下去,便要把这次苗头扑灭!"

"引鬼上门,将来我们乡里灾殃会更大的!"

紧张的人群,热烈的提出相同的意见,一致要求把他杀掉。×教导员看了事实,的确非杀不可,最后才决定枪毙他。

大家把他拖出来,拥到绅士张先生坟上,一粒子弹便送他回老家。

大家又跑回来,要把伪乡长徐××捉来。

这时绅士张××带着苍白的脸色,急急地跑来说情:"刀下留人!"

群众又轰动起来。

"伪化的不杀,杀什么人?"

"哪个伪化就要打哪个!"

张先生的脸一会红一会青,惭愧地说:"并不是伪化,只是一时的错误……"接了一口气:"念了这么多的书,不会做这些事的。"

"管你念多少书,看事实就是了!"有谁在人群中尖声地叫着。

大家把张先生教训一顿,并且告诉他伪化了乡里会蒙受更大的损失的,群众又把徐××公审了一番,才释放。

这位东洋留学生的张先生,很惭愧的,低着头,慢慢地向着自己的屋子走去。

敌人对这乡进行伪化的企图是不会放松的,他们更进一步的施行威胁镇压和烧杀,妄图使人民屈服在他的淫威之下。敌人几次捕捉我乡长,可是到处扑了空。因乡长自己知道,今天斗争是要靠武装的,无论大风大雨他都同民兵在一起行动。他起着积极的模范作用,每次民兵大会都到场。他是那样的和蔼可亲,又是以团结友爱的精神帮助同志们改正错误,大家都尊敬他。所以,到了危急的时候,大家受了他的鼓动总是勇往直前,有时不见了他,或是他有工作去了,总是替他担心。

有一天敌人又是几路下乡来搜索乡长,当一个汉奸将鬼子带到他家门口的路上,指着他的房子说:"这就是乡长的家。"鬼子犹豫不敢相信:"怎么是这样又破又矮的草棚子?"这时,乡长正在家里,看见鬼子来了,已难逃脱,便索性在后面草丛里隐藏起来。鬼子到处搜索,刺刀的阴影掠过他的身上几次。忽然,西边的枪声响起来,敌人便慌张地走了。当乡长舒口气跑出来的时候,看到自己的民兵弟兄来了,大家又快活的在一起了。

民兵们以同样的心情,也照顾着其他人。

有一天敌人绑去一个姓苏的肉票,也是民兵打下来的。因此,政府和民兵的威信,在群众中更加提高了。

一天,滥港桥的敌伪又下乡了,首先到了张××先生家里大抢一顿。当时,他的夫人正病在床上,看见鬼子,便吓得跌下床,敌人一见喜出望外,拖着便接吻,等到民兵知悉赶到,敌人已经跑了。

张夫人病上加气,便悒郁而死了。张××先生受到如此侮辱,更加难受,但因情况紧张,又不能治丧,民兵便立刻动员起来,毫不以往事为意,帮助他警戒、抬棺材出葬,因此张××先生感激非常,完全改变过去对待民兵的轻视态度,并且愿意帮助民兵的给养。其他的小地主看了这种情形,也更加积极的帮助民兵,愿意保住每月出六个脱离生产民兵的给养,这样民兵的积极性更加提高了。

此后,上层士绅和群众格外认识乡长是我们的乡长,民兵是保卫我们的武装。直到张先生和李先生被敌人捉去,也能顽强地坚持着民族气节,回来后,还向乡政府和民兵讲明经过情形,并申明态度。

现在全乡各阶层的人民都团结起来了,共产党和政府变成人民斗争的堡垒,民兵像一座新的长城,保卫着大众的利益,并且经常帮助他乡向前发展,也成了路西四五个乡的基点。

民兵更是经常到据点附近,积极地打击敌人,少数的敌人是不敢下乡了,也不敢通过该乡的中心地区。因此,到处又响着纺纱织布的机声,孩子也敢在场上嘻嘻哈哈地游戏了。

但是,他们并没有忘记,是处在"清乡"圈内,仍然要更顽强地积极斗争。他们坚定地相信:敌人是永远也伪化不了这块土地的!

(《苏中报》1944.04.12)

美国机师被救脱险经过

朱茵

二十日夜的二更头里,下着雨,建阳二区万丰乡靠湖垛敌据点二里路的××村,人们正在收拾场上农具回家里,突然有人在大声惊叫:"看!云彩!云彩从天上掉下来了!"人们立刻骚动起来了。"真的,好几朵,云中还有个人。"屋子里的人都跑到大场上。信神的老奶奶,惊惶得连话还没说清楚,口里就念起菩萨来了。

白云带着几个高大的黑影,飞快地飘落到地上了,有两个刚落到念佛的老奶奶家的草堆旁,就忽然不见了,吓得老百姓大叫着躲向屋里去,紧闭房门,不敢出来。

第二天约摸在四更头时,农人们刚起来准备下田,老爹爹提着灯笼走到草堆旁边去摸什么东西时,忽然,草堆里有两个红脸,老爹爹吓得几乎向后栽倒。红脸从草堆里爬起来了,嘴里咕噜咕噜的手指指天上,又指指地上,他们又从腰上扯下一面小旗子,手指着旗上的中美联合国旗,和旗上的中国大字:"亲爱的中国朋友:我是来华对日作战的美国人!"见过世面和识字的人,顿时消失了恐惧,知道他们就是从报上听到的帮中国炸日本的美国人。于是把这陌生的客人,带回茅屋中,而亲切地招待着,连最不懂事的老奶奶,也告诉着人:"他们是美国新四军。"

"同志!坐下歇歇吧!"老奶奶把凳子搬到美国人面前,但美国人只是摇摇头,老头子以为是他们怕脏,急忙用抹布将凳子拭干净:"这回干净,可以坐了!"但美国人仍然不肯坐下去,老奶奶着急了,急忙拿着扫帚,把它扫了一遍。

"新四军是爱干净的呵！"她笑嘻嘻地对美国人看了一眼，但美国人依然没有坐下去，而是焦急地望着东方天际的鱼肚色。

从美国人的焦急形色中，人们知道他们想的是什么。于是，几十个人飞快地到湖垛那边去监视敌人和坏人，几十个人围在洋人周围保护。当一个五岁的小孩好奇地去摸摸洋人身上放光的金属品时，马上遭到了大人们的齐声喝阻。几个人冒雨去找小船运送客人，又有几个人急忙赶早路去报告模范班，要他们到中途来迎接。大家放弃了忙生活，紧张、欢悦地护救着我们的盟国朋友，像护救我们自己的军队一样。

不到一点钟，十几个农人披着满身泥泞湿透的衣服，把两位美国人送到了××庄南边模范班放哨的地方。当美国人刚遇到背枪的模范班时，有些怀疑恐惧。但模范班随即亲切地把他们安顿在老百姓的大床上休息，十几条枪分布四周放哨保护。

接着，一簇簇人们又拥来第三个、第四个美国朋友。据人们说，他们都是落在××附近的庄子上，一个落在小河边上的树旁边，一个落在秧田里，人们在五更头起床以后才发现的。

当×××的老百姓把这四位洋朋友交代给模范班准备回家去的时候，一位美国朋友从口袋里掏出了十张一百元一张的红票子，给一位老爹爹。老爹爹向他摇了摇手，微笑了一下，回转身来就走。美国人马上追上一步，又从口袋里掏出了两个银洋，笑嘻嘻地向老头子手里塞去。"哪里话？不要不要！"老头子正经地把美国人的手推回去了。

"啦啦……"美国人又拉住老头子的手膀叫了起来，把一个金黄色的圆东西往老头子的破口袋里塞。

"同志的！这不像话！"老头子把金黄色的东西还给美国人，向他点点头。美国人只得感叹地连拍着老头的肩膀。

一位老奶奶提着茶壶，端着开水来了：

"同志的！吃开水！"她还是像对新四军那样对洋人谈着话，但是洋人摆了摆手。

一位青年站出来了："大概他是不放心吃，我先试给他看看。"于是他即刻端起碗来喝了一口水，这时候外国人才开始敢吃东西。

天已经亮了！正在×庄西边放哨的建阳总队第三连哨兵，探到这消息，马上飞奔五里以外连部报告。当苏指导员领着全连战士和一个会说洋话的陶先生到达×庄时，只见一大群人拥着美国人正向这边来了。苏指导员马上站住队伍，向四位美国朋友致了敬礼，说了欢迎词。但美国人依然是怀疑和不安，一直到陶先生上前用洋话说明了我们是新四军和模范班时，他们才完全消失了怀疑，而热烈地拥抱我们的战士了！

到了三连驻地，附近的人们，成千成万地赶来看。大家都关心着洋人，有的泡果子茶送给他们吃，有的送卤肉、鸡蛋。尤其一个穷苦的老奶奶，从床底下的罐子里，摸出了一个多月预备给姑娘生孩子吃的二十多个鸡蛋，欢天喜地地送给指导员："请你送给这几个美国人，告诉他们，我穷，太少了！"

吃了饭以后，三连和模范班以及×××老百姓，开了个临时盛大的欢迎会。美国朋友被这种高度的国际友爱所感动，也唱着他们的洋歌大笑着，向我们翘着大拇指赞美着。

为了防备敌人出来，连部即刻雇了一个小船，派了一个得力的班，赶快护送美国人到后方。由这里到总队部约有三十里水路，每隔两里都打大坝，船行不通，但为了美国朋友的安全，他们是决心来拖船过坝的。

　　雨越下越大了，小舟在小河中艰难地爬动着，战士们都光赤膊和顶头，张着塞满了烂泥的嘴巴，声嘶力竭地喊着，用着滚满污泥的手膀抬着拖着，一个一个地过着坝。战士们常常扑通扑通地滚在水里，又飞快地爬起，一直到晚上九点钟，才到达总队。每人虽然已经精疲力竭，水泥从头上直滚到脚上，但每个人都笑哈哈，再三叮嘱着："总队长，美国人欢喜吃鸡子呀……"

　　美国人到后的第一件事，就是洗澡。几个战士从被包里取出平时舍不得用的白毛巾，总队部首长和干部们也都拿出心爱的香肥皂，送给美国人洗澡、擦脸，拿出仅有的雪白的衬衫和布鞋，笑嘻嘻地送给他们换。

　　在总队部的第三天（二十二号）早上，意外得很，湖垛附近的老百姓又送来了第五个美国朋友。这一个美国朋友获救经过更是侥幸的喜事！

　　当他降落在离湖垛不到二里路的伪化区××乡时，一些坏人要把他送到敌人那里去。幸喜一个年轻人勇敢地站出来了："不能，他帮我们打鬼子，我们为什么还要丧尽天良送给鬼子呢！"他愤愤地说着："你们想想，到底以后要靠哪个过日子？给我把他送到北边去！"大家附和着他，同声斥着坏人，坏人终于畏缩地放了下来。

　　当这青年人扶着美国人在黑暗中向北走时，因道路烂滑，寸步难行，于是他趁人们不注意时转头就带回家中，给他换上便衣，藏在家房里，一面又和那一群善良的人分别到湖垛那边去放哨。第二天，雨下得更大，路更难行，家里的粗饭美国朋友不吃，于是他特地冒雨到湖垛去买鸡蛋糕和饼，给美国人吃。

　　他们全家和庄上许多人们，就这样提心吊胆的把美国人藏了一天两晚。

　　第三天，那位青年人就护送这位美国朋友到我们部队，半路上就碰到我们去迎接的人。

　　这青年人任务完毕时，把所有美国的银钱钞票、戒指、武器如数点交给他，一点也不含糊，使得这位美国朋友，在分别时对他们目送着，依依不舍。

（《盐阜报》1944.08.25）

抢救空中堡垒

白　桦

　　八月二十日的夜里，美国的一架空中堡垒在湖垛敌据点以西七里的乡下坠落了。飞机在伪化区上空开始下降滑行，撞断四棵桑树，带倒一架风车，冲过一条河，最后停止在根据地边缘的稻田里。

　　边区是汉奸活跃的地方，敌人如果出发，不要一个钟点就能到这里。夜间巡逻的民兵沿河边布上哨位，把飞机周围警戒起来，就在远处高喊："美国同志出来，不要怕，我们是新四军。"

飞机头烧着熊熊烈火,他们不敢接近,怕被炸弹打伤了。

驻在二十里外的盐阜独立团,看见飞机坠地的火光,立即命令第六连去营救落难的美国战友。漆黑的夜,微风夹着细雨,田埂泥泞烂滑,部队迅速行进。"扑通"一声,什么人跌下水田,赶快爬起来追上前边的黑影,没有一个人掉队,大家用最快的步子和敌人竞走。

飞机在湖垛上空,汽油就像下雨似的滴下来,它在附近降落,敌人看得很清楚。近藤中队长带着七十多个鬼子,四十多个伪军,企图下来拦抢。但是鬼子怕被新四军袭击,叫伪军在前面搜索,伪军也怕新四军,七里路直走到天亮。

九点钟,战斗在飞机以东一百米的河边进行,敌人的掷弹筒、机关枪一齐发射,百把人分四路冲来,六连显然是处于劣势的,八十个人,多半是新战士,破枪,子弹少。

分散在二里宽的战线上,敌人不怕这薄弱的火力,十几个人已冲过河北岸了。

手榴弹一连串的爆炸,把敌人打退下去,战士们都端起刺刀,他们不退却,因为背后就是空中堡垒。

战斗越打越激烈,雨也越下越大,乡村沸腾起来了,枪声、锣声、喊叫声震动原野,成百成千的民兵、区队、老百姓,在雨地里从四面八方向枪响的地方集拢来。

"打鬼子,救美国人!"大家一条声。

另一列队伍从北面包抄过来,敌人吓得跌跌滑滑地窜回湖垛去。

五位美国机师获救后,他们挂心着"飞机最新式装置"和"里面的重要文件",恐怕被敌人搞去。

我们告诉他:盐阜独立团牺牲三个战士,伤两个战士、一个班长,打退敌人,把空中堡垒抢救过来了。美国战友们都感动得说不出话来。

(《苏中报》1944.06.25)

忆韬奋先生

戈 扬

四二年除夕,我经过南通的骑岸镇,听说韬奋先生在苏中行署,我没有休息,便去看他。

院子里静悄悄的,卧室的门斜开着,我在门外伫立了一下,看见一个人端坐在沙发上,侧着头,注视着窗外的天空。他裹着一件蓝布的厚棉披风,面孔黑而消瘦,我简直不能认出他就是韬奋先生——我觉得,他比一年半前在香港的时候,老了十岁。

我预计这次来看邹先生,能听到一些宏论,或者至少是他对于根据地的观感。事实不然,他却首先询问我苏北的情形。当我谈到盐阜区参议会的盛况,和参议会所产生的三三制政府时,邹先生的脸上透出兴奋和欢喜,他把椅子拉近,左耳伸过来,仿佛为了听得更仔细更清楚,眼睛也停着。他是这么关心根据地的民主建设,哪怕是一个极小的消息,也能引起他莫大的注意。直到我再也没有话说了,他才默默地若有所思地然而是非常欣慰地说:"敌后的民主政治能办得这么好……"

第三天起，我便和邹先生一同行动。邹先生有病，行动困难，他每走一步，右脚跟总不敢落地，怕使右脑受震动而发生剧痛。邹先生的右耳是中耳炎，前年十二月，敌寇占领香港的时候，他的耳膜就被炮声震破。潜逃出香港后，又在国民党通缉追捕的天罗地网中，辗转逃命，一年来没有得到休息和治疗的机会，以致一天天扩大，而影响到右脑。来根据地后，曾得到较好的医治和休息，略为转好，但是苏中敌人"扫荡"频繁，不能给他较长的时间休养。同时，他自己也不愿意离开部队，他要和新四军生活在一起，他要用笔来报道新四军的战斗生活。

邹先生描述他在某次夜行军中的情形说："深夜，天下小雨，队伍向北移动，西北风迎面吹来。我骑马，马走得很慢，身上湿透，耳朵也更痛了；走快，又怕右脑受震动。而水网地带，到处是桥，一会儿下马，一会儿上马；但是当我看到同行的战士们在雨地里跋涉，有时还要战斗，自己的病痛，马上就减轻了。"

在这短短的几天中，我更进一步体验到韬奋先生的伟大。

记得辫子还翘在头上的时候，就听到韬奋先生的声音了，此后一直听到他的声音。韬奋先生的声音，曾经激动着我们这一代人的心，使千万青年有勇气咬断封建的锁链，走上抗日救亡的大道，最后进入了真理之门。

韬奋先生的声音是够大的了，然而，他却是如此怡静，如此沉默，如此谦逊，仿佛是一个从来就没有讲过什么话，只是用眼睛看、用耳朵听的人。不论是谁讲话，他都注意地听。他不但用耳朵听，也用眼睛、用脑、用心灵去听。韬奋先生是新闻界的前辈，几次我总想问他，新闻记者要注意哪些方面的修养，但是没有问，因为我从他的沉默和谦虚，痛苦和热爱中，得到极大的启示。

(《苏中报》1944.10.19)

淮 阴 之 战

随军记者团

淮阴城十万人民忍受六年七个月苦难，终于在一九四五年九月六日看见了太阳。拨开云雾的是谁？是新四军，是全心全意为人民服务的新四军！

九十分钟消灭了九千多手执利器的汉奸，这不是神话也不是夸张，而是活的人创造出来的事实。

(一) 英雄旗招展

深的壕沟，高的城墙，敌人枪孔里的枪炮组成一面死亡的网。下午两点钟，最激烈的攻击战首先在南门展开，敌人像野兽般的疯狂叫喊，疯狂地射击，枪弹、手榴弹、石头、砖块一齐地泼下来。战士们似乎听不见刮风似的枪炮声，看不见迷眼的烟火，他们两眼只注视爬墙的道路，头脑里只记着："胜利"。

突击班第一批冲上去，半路上倒下了，第二班上去又倒下来，第三班终于把梯子竖起来。七连五班长——战斗英雄徐佳标第一个爬上去，当他把"英雄旗"插上敌人的工事，魁伟的身体在城头上站起来的时候,大家看他的胸前冒了一股烟,身体晃了几晃,他中弹了,但并没有立即倒下来。他跷起一只脚,举起双手像鹰一样,把一颗手榴弹投给敌人,然后才倒下来;而且他倒向城里,挂在城垛上的两条腿,还顽强地堵住敌人的机枪口。这位灌云籍十九岁的青年战斗英雄,为了人民一直战斗到停止最后一口气,直到两条小腿只悬挂着两条筋。

后续部队向着徐佳标的英雄旗帜前进,梯子上跌下来一个,又上去一个,在榴片下,我们的勇士在地上躺满了,梯子下堆成堆。轻伤的从死了的战友身底爬来,又抓住梯子。重伤的同志没有呻吟,他们明白,痛苦的呻吟是会破坏战斗意志的。一个小鬼忽然惊叫:"一营长倒了!"小鬼身旁胸口翻冒着血花的勇士说:"革命牺牲是光荣的!"于是小鬼像这位老战士一样,咬紧牙,闭起眼不做声了。他俩虽然都想救护他们亲爱的营长,然而最使他们伤心的就是现在躺在敌人面前而自己没有动弹的力量。

激战继续进行,勇士们只有一个动作——"打"! 只有一个决心——"冲!"现在他们只按照战斗前所说的"死也要死到城里去"的话去做。

同样壮烈的战斗也发生在西门。四支军的勇士们越过战友们的尸体猛烈冲锋,连害疟疾的一连排长孙明华同志,都不顾休息,硬带着十二颗手榴弹头冲上去。

当然,敌人最后还是倒在我们前头了,我们占领了南门,也占领了西门,战死的我军特务团的几十个、几百个徐佳标式的英雄,他们的英名是不朽的。

(二)灰色的巨浪卷进城头

二十八团在东门进攻,和南门特务团爬城的同时,高沟战斗英雄李武林拉动了炸药的火绳,浓烟带着巨响从地心升上天空,这便是总攻击的信号。

炸药是从地道内爆发的,这地道直达东北炮楼之下,长五十五米,是七连十二个奋勇队员和两个干部的汗水和辛劳换来的。他们在空气极其稀薄——燃不着灯,窒息得使人呼吸艰难的地道下,整整工作了两昼夜。这代价便是毁灭了敌人重要的火力点、两挺轻机、一挺重机和十六个射手,都埋葬在碉堡的瓦砾里,给冲锋的部队开辟了一条大道。

当爆炸的浓烟正向天空蔓延,响声还在震荡的时候,我们合阵地的机枪,像暴发的山洪一样,连续地响成一片,冲锋号的响亮声浪在阵地左前右后翻滚。

我们的一、二营的指战员们,就在这浓烟里,号声里,山洪一样的枪声里,像一阵灰色的巨浪,卷上城头。一营二连首先在东北炮楼登城,二营四连在东门上插了红旗,这卷上城头的巨浪,有着无比的力量,它就要冲尽这城市的污秽。挡不住!任何力量挡不住它!

但是,敌人还企图作无效的顽抗,他们从城上的工事里向外打手榴弹。一连八班的勇士登城之后,只剩三个人了。然而,就是三个勇士也终于杀了两个"黄皮",把敌人赶出了工事。在同时,九班勇士景嘉良,他是梭镖穿进了敌人的工事,不巧却钩住了麻包,这批守城的敌人,便暂时的——仅仅是暂时的逃出了毁灭的边缘。

进城了,在这极短的、千百倍紧张和震耳欲聋的枪炮下,我一、二、三营的指战员们,都从高高的梯子上扑向城头,并且像三支锋利的羽箭,射向城市的中心(一营在右,二营在左,三营居中),同时我三十团也插向城市的西南。

(三) "杀"——"杀"!

当敌人像黄蜂一样沿着城墙向西逃窜的时候,二连的二、三排随着连长飞一般的赶去。八班的勇士高孝云,头上挂了花,鲜血从脸上流向肩头,他虽然感到伤口疼痛,但是敌人须要消灭,他还能走,他不愿向后,他用手堵住了流血的伤口,冲向同志们的前头。

前进一、二里路的时候,遇到最顽强的伪师部特务连,这是一群恶狗,他们只晓得替主子效忠,却不愿投到祖国的怀抱,他们拼命顽抗,机枪手负了伤还在疯狂地打。伪连长失去了人性地指挥恶狗们反冲锋,他们步步前进,每进一步,还喊一声"杀"!

这些,在我们的勇士前面是没有用的,这是一种愚蠢的举动而已,他们前进,所得到的是一阵机枪和手榴弹;他们喊"杀",我们勇士们的杀声比黄狗的狂吠喊得更响,三次、四次的反冲锋都在我们勇士们雄壮的反击下失败。终于,在一片喊杀声下屈膝投降。

(四) 末日到了

二营四连在东门大街上疾风似的前进,路上的敌人都放下了武装。他们先头有十六个勇士,就这样直冲向伪师部大门。院内的机枪,在绝望地哀鸣,潘逆干臣在大门碉堡上张皇失措——虽然他的周围还有百余支张着机头的驳壳枪在保镖。但勇士们把手榴弹投向院内,敌人机枪的哀鸣"嗒嘟"消失在爆炸声里。我连副剑子林、七班付剑以让、九班付朱守齐随即冲进了大门,那些在日寇的屠刀下耀武扬威、抢劫杀戮人民的刽子手——高级军官们,颤抖抖的都像夹着尾巴的狗,这就是他们末日的到来。剑连副一把抓住了伪参谋主任,他在勇士面前失魂落魄,成为乖乖的一只羊了。

"打电话,叫各团投降!"

剑连副的话像铅块一样,每个字都打在他脑子里,一动也不动,这只现在才驯良的羊,颤抖抖地拿起了话筒。

"奉……奉师长……命令,停止抵抗,把枪交给新四军……"

电话传向各团。

七班副剑以让,一个人冲进伪师部里的大碉堡。对那些拿着驳壳枪马弁们,他连看都不看,径自走向楼顶,这平日凶恶的黄皮们,虽然自己手中还握着枪,然而在我们勇士面前,他们的手都软了,失去了力量。

勇士昂然走向楼顶,可惜潘逆干臣却早已倒在血泊里了,楼顶高高挑起了白裤头。他们原来似乎已下定决心"与城共存亡"的,然而如今他们只好决定投降,可惜事先没准备,临时只好用白裤头来代替投降的白旗。

(五) 皆大欢喜

东门的部队冲进伪司令部,南、北、西门的部队也进了大街,各兄弟兵团的勇士们互相交换着胜利的、喜悦的眼色,互相祝贺,呼喊,"快得很啊!"这轻松愉快的话语,在火药的气息里,在细雨和零星的枪声里,随处飘荡。

成百成千的俘虏,一批批沿着人道走过,他们戴着军帽,有的穿着短裤,有的穿着长衫,还有穿上了女人的上衣,男的,女的,穿拖鞋的,赤脚的……都张着一只可怜而惶恐的眼睛看着我们勇士们欢笑,他们踏着满地的储币向前,每隔几步便是从他们的手里放下的枪支堆和弹药箱……

扛着所缴获的机枪、大炮……各种战利品的勇士们,从各个巷子里走向大街,后面都跟着几副担架,那上面不见伤员,却是堆得实实在在的胜利品,夫子们走的特别有力,"哎子咳哎子咳"的声音从欢笑的嘴巴里送上大街,又高又响,给这些胜利喜悦增添热烈的气氛。

(《苏北日报》1945.09.12)

一切为了前线

百　痕

在光复淮阴的战役里,我解放区的人民是以最大的勇敢和热情来支援前线的,因为他们清楚地知道,复仇和援救沦陷区人民的机会到了。无论在前线,在后方,都是那样奋不顾身的在工作,创造了许多为前线服务的英雄和模范。

一、五万人民踊上前线

当围攻淮阴的消息传开去的时候,靠近城周围的我解放区政府、人民,都忘记了寒冷、疲劳,倾其所有精力组织为前线服务的后勤工作,在淮阴成立了反攻动员委员会,在淮宝、淮安都成立了后勤委员会,具体领导着运输担架等工作,人民积极踊上前线的五万三千六百六十三人之多,这是一个多么庞大的数字啊!

民兵们维持后方秩序,帮助运输粮草,木工铁匠,帮作攻城器材,总之任何人都毫无例外的把自己的技术贡献出来,参加前线工作。

二、他们贡献一切力量

寒冷、阴雨并没有减弱他们的热情,"一切为了前线的胜利","一切为了主力",就是他们的动力,难道有比前线胜利更重要的事情吗?在寒冷的雨地里三四天内挖通了由淮阴到淮安长达三十余里的水道,把城壕里的水引出去。同样,淮阴民政科的同志,因寒冷和疲劳都生了瘧(同疟)疾,等到猛烈的热冷过去之后,又照常工作了。

前线的需要是紧迫的,当他们正在吃饭的时候前方要人了,便拿着饼跟随到前方,如果是吃稀饭那便索性不吃,白天用人要去,夜里也要去。盐西区的教导员胡正全同志,亲自领导民伕昼夜不息的协助军队进行坑道作业,淮阴木工在几天之内全数完成了攻城器材,城北、盐集两区六十余民伕,在前线与××团挖了从洋油栈至东门的通道,风寒雨冷,泥泞满身,忘记了疲劳,他们只知道要工作,要胜利。

艰巨的粮草运输工作,直继续到战后结束,从遥远的淮宝之蒋坝道上至淮阴的王营街里,川流不息地流动着运输队,男和女,老和幼,推着,挑着,拉着,挥着如雨的汗水,走过深的水、滑的泥泞,这些没有拿枪的男女勇士们!英雄们!在为了祖国,为了解放自己同胞的战斗里,他们贡献了一切力量。

三、他们出现在前线

总攻击的时间迫近了,战斗的准备更形紧张,成百成千的担架,分散在攻城的各部队里,我们血肉关系的军与民将在火线上并肩作战。

当暴烈的浓烟和响亮的军号,把战士们带上城头的时候,担架紧随在他的后面,毫不犹豫没有后退,更忘记了饥饿和疲倦,他们和战士们心里只有一个目的,就是消灭我们的敌人——伪二十八师。

当勇士们负伤的时候,他们忘记了在前线,像援救兄弟一样,用粗大的手,轻轻地抬起他们,温和询问他的伤处,转向安全所在。淮阴一百五十付担架就这样参加了二十八团的攻击。在南门周桥区民伕卫兆俊同志,就在这样的情形下,右膀子被子弹穿过他还不知道,大概是在掷石头吧!当鲜血流透了他的衣服,流向了手掌心,他才真的发觉是负伤了。然而,他并没有呻吟和叫喊,像我们勇士一样坚强。他曾这样地说:"这轻微的负伤没有什么,是为了自己的。"

同样在东、南门淮宝县,盐南,盐北,吴集担架,也是那样勇猛,奋不顾身地进行前线救护工作。当勇士们,在烟土和弹雨里爬城的时候,紧跟着冲上去。因为他们清楚地知道,新四军是人民的宝贝,他们不能让一个勇士在前线长时间的忍受痛苦,他们和战士同样的英勇,同样的奋不顾身,单淮宝的民伕英雄们牺牲了五位,伤一位,淮阴死一伤一。

在解放祖国领土的战争中,他们不仅流尽了最后一滴汗,而且流尽了最后一点血。像一朵自由、幸福的花,将永远在城上放光。

(《苏北报》1945.09.17)

在 南 门
——特务团通讯

陈忠良

大炮从拂晓开始,联串地摧毁着突出城垛的炮楼。城门两翼的乌龟壳,接二连三地打透了肚子。火药、铁片、浓烟绕布着半个清江天空,敌人被吓得钻到城脚,再也不敢露头了。

下午两点钟,在南门五百米远的战线上五十多挺的轻重机枪结成火网,像击巨鼓一样的怒吼了!这是冲锋的前奏。接着总攻击的号音响了,攻城的勇士们没有顾及雹雨似的子弹阻挡去路,也没有对"死"字表示过畏惧。七中队第三班首先直冲正面炮楼,在五十米远的冲锋道路上,通过一条窄狭的木桥;三班的勇士就在敌人火力下消耗了。钢铁的五班,穿过机枪的丛网,飞驰上梯。第一个爬上梯子的是战斗英雄的班长徐家标同志,他把步枪在肩上一套,握着一颗炸弹,另一手是一面"战斗堡垒"的红旗。他大跨步上去,第一个插上了一面胜利的旗帜。"冲呀！大红旗挂上城楼了。"二大队健儿振奋高呼！正在徐家标第一颗炸弹打进炮楼，敌人迎面一枪，打中了右额，死在城头上，徐家标忍痛低语；马上送进去第二颗炸弹，第二粒子弹又中了胸部，徐家标同志仰倒在城上，停止了呼吸。唐士连同志踏着班长的血迹前进，倒下来。李学忠第三个冲上去，打下来了。谢秀和高喊："五班同志，要死在一块！"说着第四个冲上去。一个倒下，再上一个，直至副班长刘学清最后倒下来。钢铁的五班，真正做到自己说过的"宁为清江鬼，不做怕死虫"的誓言。可是，钢铁是打不烂的，牺牲流血吓不住决心为人民服务的军队，壮士们的鲜血，汇成了一条"坚决"、"顽强"的洪流。接着勇士们还是再接再厉地勇往直冲！

八中队与七中队并肩齐进，勇猛爬城，剧烈恶斗！勇士们奋勇前进，一只手臂断了，用另一只手打炸弹。副政指常进先曲了腿，还高喊冲！政指郭琦同志负伤下去，还对教导员说："我们三大队要争气，剩一个也要冲！"九中队的勇士们也同样的和七、八中队在一起搏斗。英勇牺牲，昂然不屈，大队长宋传海、大队副张培铣两同志也壮烈地牺牲了。

一大队在东面是另一路攻城矛头，在同一时间内与敌人翻覆冲杀。在敌人的火网中洗沐滚水澡；可是每个指战员绝不犹豫胆怯，个个奋勇当先，向城上的敌人扑斗着。

第二次总攻击号音响了，二大队加入作战。四中队政指刘进修同志率领一个班冲上城楼，与敌人拼刺刀，负伤后，被敌人推下城来牺牲了。六中队长任良泉同志身先士卒，亦光荣殉国。七中队长都振德同志负伤不下火线，并自动代理大队长，率三大队继续冲击。三中队一排六个战士自己组织起来往上冲，一中队青年战士陆鸣飞同志挂彩说："要死到城里去！"说罢，爬上城墙。人民的队伍是钢铁，是堡垒，是永远打不垮的，英雄们踏着烈士的尸体，浴着血流，驱逐了清江南关的敌人，冲入了南门大街。

九月九日
（《苏北报》1945.09.17）

攻克高邮

郭永绵

当我们的第一颗炮弹飕飕地在天空飞行的时候，正是二十五日下午五时正。接连三炮都打击在南门城头的大碉堡上，碉堡被打得通心过。运河西边的迫击炮阵地以剧烈的排炮配合着，炮弹已不是一个接一个，而是成群结队整批地打击着城垣和碉堡，沿着城墙爆发的火光，简直是像放烟火的大圈。

五时三十分，俄国重机枪像一架从容的缝衣机答答地响了，跟着的是马克辛重机枪沉重地叫响，三八式轻机枪灵巧清脆地陪衬。时间到了，所有的机关枪都猛烈地开火，这时你无法听得出是什么枪的射声。当你在后面，你只听到一片爆响，像高山瀑布的喧腾；走到前面，那越过头顶的子弹啸声，就像蝗虫群飞过一样嘎嘎地响声，只见城头上冒起一柱柱炮击的黑烟，一条条子弹扣射迸发出来的火线。没有听到敌人的还击，我们密集的炮火像一面渔网，紧紧罩上城头，不让敌人还击，不让敌人抬头。敌人的工事、碉堡、城垛给炮火炸飞了，倒塌了，平毁了，七零八落。

第二章 通讯报道

一营的战士们一个班,一个排,一个连,沿着运河边,沿着被敌人放火烧剩的墙脚,沿着沙袋,沿着一切可以蔽体的东西,无声地迅速地向前运动。队伍集合在城壕边黑暗隐蔽地方,胸前佩着证章的突击队员、战士、指挥员,都紧紧地握着梯子、榴弹、枪杆。刺刀在暗中发亮。每个人全身像火烧一样,心里一团火,比那在头顶飞过的炮弹更炽热。——是对敌人仇恨,是等待的焦急。

从围城到现在,已经整整的六天了。我们耐心地喊话,送传单,用尽一切可以用的办法,希望敌人回头是岸,反正过来。我们用宽大政策,给他们生命财产的安全,保证宽恕他们过去的罪恶,免得人民再经受炮火的灾难。可是敌人执迷不悟,他们以为城墙壁坚,他们仗着有千把鬼子做靠山,他们幻想泰州、扬州的敌人增援,他们幻想天天飞来盘绕着飞机可以救他们的命。他们大言不惭,说新四军攻三个月都不能攻进来。当今天我们送最后通牒给他们的时候,他们竟从城上用手榴弹炸送信的人——我们已到了不能再容忍等待的时候了。在我们的连队中响起了怒吼:"敌人不缴枪,就消灭他!"

雨是从昨晚就下的,一直没有停过。可是除了雨水滴进眼睛之外,谁也想不到身上的泥泞和脸上的雨水。大家眼望着黑暗中更显得高大的城墙,反复地燃烧着一个思想:"跨上高邮城墙!"通讯员满身泥泞跑来说:"营长叫赶快攻。""冲!"一群群的人越过壕沟,敌人一批批的榴弹从城上掷下,一着地就爆炸。突击队员摸到铁丝网边,挥起大刀奋力砍断,拉开鹿砦,立刻有人上去架梯子;给榴弹炸倒了,后边的人立刻扶起;梯子还没放平,已经有人往上爬。在城门的东南、西南,一架架的梯子竖起来了,祗见黑黝黝的人不断地跑过来,争先往上爬。敌人盲目紧张地掷着榴弹、石块、石灰,因为防止石灰撒到眼里,每个人都埋着头往上爬,帽上、衣上、梯上、地上都是白茫茫的一片。有人爬到城垛,冷不防给敌一勾连枪,往下倒了。第二个人上来给鬼子一刺,刺通了腮帮,敌人用铁叉将比城高的梯子一推,连人带梯子都滚下来了,可也没哼一声。二连一排长田生龙,他现在是突击队长,肩上带了花,他还是争先爬,刚到城头,给敌人榴弹炸昏了栽了下来。"爬上城去",爬起来又爬,到底爬上去了,敌人一夹子机枪,他身上打了五六个洞,默然地牺牲了。机枪班战士大个子杨本善是撤退江南时参军进来的,从未打过仗,他也参加了突击队,跟着一排长往上爬,给榴弹炸昏了跌了下来,换个梯子又爬;人太多梯子断了,两次从城头上翻下来,"不死也要爬上去",第三次爬上去了。一个战士爬到城头,被敌人用砖头往头上一敲,昏了翻下城脚,别人从他身上踏过去,半天醒过来,又挣扎着向上爬。

不问敌人是居高临下,使用榴弹、刺刀、勾连枪、铁叉、石灰等等种种武器,也不问梯断了,跌伤的、带花的,没有人肯落后,都争着先上,只有一个信念:"坚决爬上城去!"

我们的连队,我们的战士、指挥员,像打翻了的熔炉倾泼出来的铁水一样,是这样炽热激怒,不屈不挠地用榴弹、刺刀向上仰攻肉搏上去。"上去,跨上城去!"

终于一连突上去了,二连也跟着上来,巨人似的在城头上站稳了脚。敌人慌张地喊着:"班长,排长,不好了,敌人上来了,怎么办?""枪不要了,拿大刀砍!"敌人的官长命令。但在我们的刺刀下,伪军四散奔逃,有的还躲在破碎的碉堡里放枪打榴弹。三十多个鬼子端着刺刀过来,惨烈的肉搏开始了,敌人一个个倒毙。整个敌人都四散溃逃了,——这时正是六时三十分。

激烈的巷战展开了,后续部队源源地向前推进,在黑暗的雨夜中时远时近地冒起火柱,西北角上的火光人声枪声响成一片——北门也突破了。前进!

敌人的斗志完全瓦解了,东逃西窜。伪军的高级官长早穿了便衣逃开了,只丢下这些被欺骗的没有了联系组织的小队在各个角落里盲目地抵抗。丁忠德一个人走在前面摸到一个碉堡门口,听见里面有人说话,他大喝一声:"缴枪!"敌人缴枪了,一共六个人,一挺机枪,四支步枪。四支步枪,他还背不动呢,只好押着俘虏,等待后面的同志来帮背。

一个被追急的鬼子撞到一个战士跟前,将枪往旁边一丢,扑冬跪下来:

"好来西,好来西,大大的,枪过格过格,子弹过格,金表过格。"

武器都解下来,手表,没有人要他的。

十一时,西门东门的鬼子都解除武装,枪声都逐渐的静寂了。一队的鬼子向城外走,皮鞋在石头路上敲得咯咯响。躲在角落里,床底下的群众都忘了枪炮弹的危险,好奇地拥出街来看,指指点点。一个小孩子大声喊:"亡国奴!"

鬼子规矩地走着,经过我们的哨岗,都伸手敬礼,殷勤地说:"大大的辛苦!"

十二点钟以后,家家的人都打开门点上灯,迎接我们的战士。战斗已结束,战士们在忙着搜索残敌和战利品。有的在人家里休息,女人小孩出神地在听他们讲述攻城的经过,时时有快乐的哄笑,引动着在门口经过的人。现在大家都是如此轻松和愉快,因为"嗨!高邮解放了!"

(《新华日报》1946.01)

从南京到清江
——三个从南京来的飞行员的记述

希·涛·翔

四月三日下午由高邮开到清江的轮船上,带来了从南京到解放区来找真理的三个飞行师。他们看到解放区各种建设的新气象,回想起过去伪方的情形和现在国民党统治下南京的情形,大有所感,特写此文以飨读者。

——编者

被抛弃在抗战门外的我们

抗战开始不到几月,由于国民党军队的不战而溃,我们的家乡都相继沦陷了,人民到处逃亡,被遗弃在死亡的边缘。在沦亡区的成千成万个青年,有着满腔的热血,想把自己献身给抗战,可是很失望的是政府丢了我们,我们始终被关在抗战的门外。

流浪,流浪,流浪……三年来的流亡生活,把多少青年的意志腐蚀而消沉了。我们,三个青年,就在抗战三年以后,糊里糊涂地从三个不同的地方去投考了伪陆军军校武汉分校。两年的教育又在糊涂中度过,我们算"毕业"了,于是就要被派到伪军里去"实习"。对于这种没有灵魂的卑污的"军队",我们从内心里厌弃它,为了拖延,就又投考了伪航空学校。

虽然受的是伪化的教育，虽然也有些青年是由消沉而变成死心塌地了，可是也有不少的青年，他们是始终热爱着祖国，忘不了祖国的。下面就是几个事实：有一次，同学们因为目睹敌宪兵惨击人民的事，心头恨得忍无可忍，立即激起了全校同学的反抗，在一个元旦的叙餐会上，同学们忍不住唱出了抗日的歌声，最后成为抗日歌曲的大表演。这事立刻被敌人的特工探悉了，结果被捕去一个姓浦的同学。可是中国青年的热血不是用刺刀、监狱可以抑止得住的，反抗的事件在暗中进行着：敌伪飞机上用的汽油和器材，常常忽然不翼而飞了；当要开某一飞机时，忽然一件很小的但是主要的机件没有了，因此飞机就不能起飞了……

不能够否认，当时我们对于祖国的期望，常常是寄托在国民党大后方身上。可是抗战胜利后，同时也就给我们带来了失望。首先是由重庆来的朋友们纷纷谈着大后方的黑暗生活，继之国民党的官员就把他们在重庆所演的丑剧全套搬到"收复区"来了。到处是人民的怨声，到处是绝望……

这就算是抗战胜利吗？光明在哪里？我们这些青年，到哪儿去呢？……

走向了追求光明的征途

尽管国民党的新闻统治是如何严密，可是人民的耳朵和眼睛是最敏锐的，在失望中，我们仿佛看见了一点光明，仿佛听到了一些可喜的消息，这光明和可喜的消息是从解放区传来的。

当然，开始的时候，我们有许多疑虑，可是从解放区传来的光明，却在眼前越加辉耀起来。如果是一个正义的青年，当他看见了自己所要追求的光明，有什么力量可以阻挡得了他呢？

终于我们找到了一个从解放区来的同志，我们如获救星似的和他谈了话。我们想立刻到解放区来，可是那时正当国民党进攻解放区，到解放区很不便当。

我们不能忘记这日子——一月七日，国民党方面忽然命令我们明天飞往重庆。我们三个人决定不去，当晚就冒着危险逃出司令部，躲在朋友家十余天后，当国民党的进攻稍有停息时，我们就走上了追求真理和争取民主的征途。

这样的检查

三月三十日早晨的京沪快车，把我们三人从南京拖到镇江。

过江乘汽车到扬州时，心里不觉惧怕起来。进城的时候，警察、军人向我们要通行证、居住证、身份证明书。天哪！这不是敌伪的时候，现在是胜利和平了，中国人在中国地方来去，还用什么通行证、居住证？我们说："我们是南京临时大学里的学生，放春假回家的。"但他们很阴险地说："那也得有差假证。"费了九牛二虎之力量，才算通过检查而进了扬州城。

扬州，是个特殊的地区，城里的空气非常紧张，当地亲友告诉我们，这里是最前线，机关林立,特工也多得很,处处得当心,故使我们心里更惧怕不安了。

四月一日的清早,这是我们最难闯的一关——出扬州城,各个人的心里紧张得连茶饭也不想吃,每人把心提到嗓子眼。拖我们的人力车夫说:"东关门到了。"我们的心,忐忑地跳起来。两个警察老爷,一个灰衣老总,在守着城门,大约在睡觉吧,我们的车子一拖而过,才逃过了检查。

可是我们的心里,直到坐上了由扬州到高邮的快船上,还没有定下来。一阵锣声,开船了,我们在怀疑着,检查不检查呢?船行出扬州才小声问船夫:"还检查吗?"他们说:"到湾头(距扬州二十里)'国军'还要检查。"

逆水,船行得很慢,可是我们却觉得太快了,因为渐渐要到湾头了。遥远望到一群群的"国军"和警察,我们连坐也坐不安了,这时候警察老爷忽然大喊一声:"统统下船检查!"同行的老百姓一个个下船去,我们躲在船尾。警察跑到船上,船夫很快地和他握一握手,接着熟练地奉上了绿的、红的,一团团的东西,警察老爷们把这些放在袋里,于是下令:"好啦!开吧!开吧!"到这时候我们恍然大悟,所谓检查原来是要钞票。前次进扬州城时所以遭到了留难,也是没有给钞票的缘故。早知道这样,何必提心吊胆。

到了解放区

从扬州到清江,要四天的工夫,在这几天里,我们感觉到解放区才是人民自己的土地!记得我们只在邵伯受到当地驻军的检查以后,就从未受任何检查盘问,并且处处指示我们,帮助我们。在高邮、宝应、清江,所经过的地方,看到的是修街道,筑房屋,整河堤,修河坝。一切都是建设的新气象。

解放区的工作人员是负责的,青年人是热忱的,中途在各县区的招待所里住宿,他们都殷勤、恳切招待着客人,尤其是初到解放区的陌生人,他们好像保姆看护孩子似的爱护着。

四月三号的下午轮船快到清江的时候,这时一个穿灰制服的青年同志——华中美术工厂吴联英同志,跑过来和我们谈天,知道我们的来历以后,很热忱地说:"到清江后一切联络,都由我负责!"奇怪,这里的青年,为什么待我们像一个老朋友似的亲热呢?在别的地方曾经有过的吗?

(1946.04.17)

联防小调
——八段景调

倪骝瑞

各位民兵细听我来讲,鬼子伪军真是太猖狂,抬去人家人,又来抢公粮,老百姓们活遭殃,民兵同志呀,你们要注意呀!老百姓们活遭殃。

民兵联防确是好办法,各乡配合组织有力量,打起麻雀战,处处互相帮,鬼子伪军不敢下乡,民兵同志呀,你们注意呀!不让鬼子下乡抢。

民兵同志要用心,学好本领打那鬼子兵,打退鬼子兵,我们才安身,中华民族才得生存,民兵同志呀,你们注意呀! 学习本领打走鬼子兵。

(《盐阜大众》1946.05.28)

南行半月
——随淮阴执行小组去通琐记

樊发源 吴青

到 白 蒲

十七号执行组冒雨从如皋动身,当夜抵达白蒲。这里是国民党军率同朱逆开治部伪军,在停战命令生效后第三天占领的。国民党如皋县政府就驻在这个镇上。县政府所及极限只是镇上八个保,如果不是想向解放区"收复"如皋,这个县长本来是可以不设的。船码头上街上就看到不少标语,什么"请执行组责令共军不再围袭白蒲",什么"要求共军退出如皋"。他们不是自己应该遵守停战命令退出白蒲,反而进一步企图把白蒲事件拿到如皋城重演。

在白蒲那个"县政府"里休息了一些时候,曾被带往白蒲小学去参观欢迎会,在拥挤不堪的人群中,竟也有些家伙叫着上面一类的口号。大会开始了,会场上仍然有几个在寂寞地叫喊着,会场显得乱纷纷的,幸亏邓克中校及杨超上校先后制止,方稍为宁静下来。但是在长桌的一角站着一个穿西装大衣满面白粉的少女,提起尖脆的嗓子讲话了:"伟大的邓克将军,今天我代表……"这刺耳的话刚开头,就被人打着手叫她停下来。接着是国民党如皋县王县长致词,语调沉重,每句话讲两遍,他说:"我代表(?)如皋百五十万群众欢迎执行组,希望很快调处,以使'军令''政令'之推行,……"语毕三方面代表被邀讲话。

下午二时许,执行组向南通进发。(樊)

桃之华门口

"欢迎和平天使,从速把原物分给民众!"

"切实惩治汉奸,解散伪军!"

"切实实现蒋主席四项诺言!"等口号。不意在南通"桃之华旅馆"(通城招待执行组的地方)门前听到了,到底有人民的地方,就有正义在。刚达南通城不到十分钟的我们,大家惊奇地塞到阳台上朝下看着。泥泞的公路上站着成群的青年男女,大约有四五百人的光景,这是刚才站在公路上,欢迎执行组的群众行列之一部分。正如他们给小组的请愿书上所说:"在不自主的重重压力下,我们感到难言的痛苦,现在你们诸位先生冒了北国的风寒长途跋涉到我们这里来了;你们给了我们的是融化坚冰的东风,使我们在冷寂的春夜里,看见了一线光明,感到一些温暖;你们的来是全南通的福音,你们是促成全国和平民主的使者,乘这个机会让我们痛痛快快倾吐我们衷心的希望,使诸位先生知道我们学生要求些什么……"然而他们被门岗拦阻了,五个警卫兵横着的步枪刺刀,在雨丝与灯光中闪着光。

几百条喉咙在路上叫哑了,但得不到一点回声。

黝黑的天,雨点大起来,不少的人撑起伞来在灼亮的"欢迎和平天使"的电灯牌楼下,雨伞上也反射出白的回光。从楼上望下去,打着的伞像夏天藕塘里的荷叶一样,他们要求接见的心情,更急迫,同时唱着悲壮的歌,我只隐约听清楚了这几句:

"寒风凄雨我们等待着什么?等待着自由……不怕风吹雨打……等待不到,不回家。"

几个青年再度请求给他们进去,门警举起灼亮的刺刀阻拦着,态度异常凶恶。青年们对他讲:"你是不是中国人?""刺刀向外!""停战命令早下了,你们对家里人还动刀枪吗?"

有三个人走进来,又被门警硬拖了出去。

局面是僵了。这时杨超上校出现在楼前栏杆上,向下面讲话了:"各位!你们的心意我们是对不住得很,代表们很累了,实在需要休息,……我们的任务是停止军事冲突,其次才是私人问题,你们可以写书面的东西来,这样闹是不好的。"

"为人民服务应不辞劳苦,请抽出一点休息时间来见见我们,我们在这里已等了两个钟头了。"

"你们这样胡闹简直是乌合之众,为什么一定要接见,我看你们一点不民主。……"

"……"

"不要闹了,你们派代表来。"

"派几个?"

"派三个。"

"我们人多,请求派十个。"

人数还未讲好,下面近门的地方突然有三个青年"自告奋勇"地向群众说:"我们三个人去!"说着就往里面跑。

"你们不是我们的代表,我们的代表要大家拥护。"结果那三个家伙缩回头了。

三个代表被推出了,他们挺起胸膛走上楼梯去,下面引起来鼓掌,如雷的掌声,冲破了春夜的寒风。

七时十分,邓克中校精神抖擞地到门口去:"……谢谢你们,静静地听我说,我们热望明天双方的谈判能获得协议,协议的消息我们将很快的送到报馆里去公布,使大家很快的知道,今天只能讲这许多,明天可以告诉你们更详细的,再会吧!"

"请问什么时候,上午十时好吗?"

"下午三点吧!"

"好,我们在一点半派人来接你。"

"随便,随便。"邓克中校等操着华语说。

"请问能保证我们派来的人能进门吧?"

"可以,可以。"

数百青年欢欣地走了。

"我们游行回去。"(樊)

青年要求讲话

三月十九日下午二时,去桃之华旅馆里,我与樊发源同志被邀与南通文艺协会代表会面。这时,屋子里门口、走廊里挤满了"招待先生"、茶房等等看热闹的人。我们进门,三位青年代表立刻站起,热情地握手,急促地说起话来,好像在一个僻静的场所与一千多年不见的老朋友谈话一样。

"我们今天准备了一个茶话会,原来邓克中校昨天答应两点钟赴会,但今天他因病不能去了。许多学生在那里等候,我们希望你们二位能去谈谈执行小组一路上的情形。"

另一位记者孙平天先生接着说:"我们这里没有言论自由,没有新闻自由,没有……为了昨天的游行,我已经失业了。我们有许多话要说,要请贵报给我们说话,所以希望一位能去。我们要进来见你们是不容易的。刚才我是来邀请邓克中校赴会的,但要不是杨翻译见到我们,门岗是不准我们进来的。"(孙平天现在已惨遭杀害)

我们当即接受这突如其来的诚意邀请,同时声明在先:我们随小组来通城的唯一任务,是报道有关小组各方面情形,因此所能谈的也不能超出这范围,希望代表们回去向大家打一个招呼。

二点四十分,我们蒙国民党南通县杨县长以自备汽车相送,并有四位"招待员"与三名卫士护送,一会儿就到了南通女师校址,跳下汽车,立时跨进了一个青年人的世界。举目四眺,满眼都是带着笑容、含着热情、似曾相识的脸,几百双视线投射到我们身上,还有小学三四年级的小朋友们,在我们前后左右跌跌绊绊地向前拥。

茶话会地点在礼堂的左半边,一张长桌周围摆着二十来把椅子,白台布放着几碟糖果、香烟、清茶,整个礼堂挤满了人,洋溢着笑语声。与文协会员、各报记者、小学教师、学生代表等握手交换名片之后,就被引到礼堂外操场上,与全体一千余青年同胞相见,并作简短的演讲,说明邓克中校确实因病未能参加。小组工作定当日下午五时开始作第一次交换意见。

讲演完毕,人群并不散去,长桌四周被围得水泄不通。茶话会就在这样厚的人圈子里开始。

先由一位文协代表谈了该会的组成情形。它是一个诞生不满一周岁的婴儿,会员三百多人,大部分是南通省中、县中、女师、精进四中校的学生,还有小学教师、文艺青年、各报社记者及南通青年剧艺社,南通戏剧研究会,城干剧社等三个剧社的社员。该社初步工作决定每周一次文艺晚会,包括歌咏、诗歌朗诵、台词对白、文艺理论会等等。最后他表示,南通文协会愿与解放区文协取得联系,交换经验。他们曾派人去上海文协联系。

听罢,一位小妹妹从桌子对面伸过头来低声地对我说:"我们想把昨天游行的情形告诉你,我一边讲,你一边记好不好?"我请她自己写,并答应等她写完了带走。

接下去是学生代表要求我介绍解放区学生青年生活,女同学则要求介绍解放区妇女生活，我因声明在先，不谈与执行小组无关的事，但又却不过他们和她们的一片挚诚，就随便把黑牡丹的故事摆起龙门阵来。我一边讲，一边就不断地有人递送字条、纸片和急就的文章，不到十分钟，我的手皮夹鼓起一大块，再也塞不下去了。最后一张字条上写着：

"各位记者先生，当你们来到这里的时候，你们的左近俱是特务们的走狗。这便是目前南通的社会情形，以及教育的情形。我们现在有许多的事要告诉你们，无奈重重的压力已扣住我们的喉咙和舌头，祝你们健康！"

下面盖着"南通学生"四字的红章。

看情势，茶话会已渐渐转向笔谈会了。而人圈却越来越厚。我正站起准备告辞时，有人提议要求一个娱乐，不由分说，我被拥上礼堂中央的讲话台。樊同志首先被请，跳了一圈秧歌舞。素来不善歌舞的我，也被迫献了一回丑。这还不算，还要唱歌。最后，学生们全体唱了"期待到底"。他们解释说："这是上一天为迎接执行小组莅通，在雨中等候时临时编成的。"一位小妹妹当场把歌词抄给了我，歌词是：

"寒风凄雨，我们等待什么？等待着自由，等待着幸福，不怕风吹雨打，不怕肚子饿，坚决等待，等待不到不回家。"

他们的歌声是那样坚毅、有力，它证明了敌伪在通城八年的镇压、奴化、麻醉完全失败，相反的是使得这新生的一代锻炼得更坚强。这歌声所表现的坚决为和平民主而奋斗的精神，足以震慑躲藏在人丛里的小鼠小爪，一声不敢响地缩回洞里去。

场面已经由笔谈转到歌咏，再转下去，不知会不会转成一个游行示威。一位聪明的先生走上前来通知我，说桃之华来电话请即回。这一声催促，的确对我帮助不小，马上想起了告辞。

一位小朋友伸手向我索片卡留念。接着十几双手伸了过来，终于把皮夹里卡片掏空了，才冲出重围，走出礼堂。操场上传来一片"哨啦哨啦独啦独"的歌声，三五个女同学正在那里学跳秧歌。

回到桃之华旅馆，打开皮夹，细细翻阅那一堆堆的纸片，计大小十二份，有文艺协会致执行小组的公开信与标语，有南通学生致小组的一封公开信，有南通学生给记者的信两封。一信如前所说，另一封内称"目前官办的'民众'团体确实不少，它们也说是传达人民大众所要说的话，但不外是伪造民意，请诸位先生切勿上当。"有一位署名里闻的"民意古雾中"，写执行小组莅通前几天，通城政府当局如何经过保甲强迫各户在空白纸上签名，准备假借名义伪造民意的卑鄙罪行。有两张纸上写着三月十八日游行请愿的行列，如何冲过刺刀、铁丝网、宪警的拦阻，冲到桃之华门前的情形（与江海导报载《民主的行列》内容相同）。另一些纸上则写着：

"在风传执行小组将来通的消息的前几天，官方竟派员硬把贫民的草棚拆毁，企图建筑炮台。停战令既已颁布实行，为什么又要建筑炮台，并且还要拆毁民房呢？"

"官方利用金钱收买南通的腐蚀记者，在报纸上大量伪造事实，散放破坏实现停战命令的空气。请以最近几天的报纸和前些日子的比较，即可明了（本地现有五家报社，但没有一家是民营的,没有一家肯替民众说一句话,也没有一个记者能自由地尽了他的责任)。"

三月二十日,南通各界(主要是商会与各业工会和学生)的请愿团又在桃之华门前出现。我在阳台上向下面望,许多年轻的兄弟姊妹在那里向我含笑颔首,千万句话,尽在不言中。

他们和她们坚信:人民的报纸一定会把他们衷心的话传达给全国、全世界爱好自由民主的人,他们的期待,他们的努力,不会是徒然的。(吴青)

所谓"五万人请愿"

执行组莅通第三天上午十时,桃之华门口拥满了成队的人:最前列有五六十人擎着"县商整会"、"钟表业同业公会"、"汽车、五金、棉业、药业……"二十来张各同业公会的白旗子,其余是千把多的中小学生和观众,领队和"招待"们在楼上楼下忙碌着、指点着,已经有人大摇大摆地走近了门警,进内请邓克中校讲话了。

西北角(中共代表驻在西半边楼上),有十几个穿长衫的所谓"流亡人民代表",他们首先叫喊着口号:"我们要还乡"、"打倒共产党"、"反对东北转特殊化"……他们意思是要国民党军队打到他们的家乡去,打垮解放区民主政权,好让他们这些漏网的汉奸(因为在解放区,如不是汉奸,是无用"流亡"的)去继续狐假虎威,奴役人民。可是在东边的大群中小学生却立即叫喊起"取消特务机构"、"反对学校监牢化"、"彻底惩治汉奸"、"反对伪造民意"等口号,于是西北角的喊声沉寂下去了。

两分钟后,邓克中校出来了,他对那些请愿的人说:"……现在我们在楼上正摊开很多地图,觅取一个解决途径,我已知道双方司令需要些什么,你们叫喊对我们是没有一点帮助的,我们刚开始静静的谈了,没有什么可告诉你们,你们这样表现,使我们小组更加增多困难,我希望立即回到楼里去,我们不喜欢有人在外面打扰。……"说完了,就辞别了。

立即下面领队的叫喊着"××"、"××中学"、"快跑步走"、"跑步"、"游行回去"。于是记者和"招待"随着行列行进,走到西门时,队伍已经各分东西地回去了。

下午,当地几家报纸第一版第一条刊出如下的特号大标题来:

"向执行小组请愿

五万青年大游行!"

这几家报纸的记者竟将一二千人的集会,夸大为五万或几万;个人忝居同行,看到这些当面造谣,无端诬蔑,夸大到发疯的新闻事业者,确实有些替他难为情。料想他们自己,大概很满意他们的杰作吧?

殷勤的招待员

南通国民党军政当局此次对执行小组的招待,曾聘请了近二十位青年学生与"商整会职员",充当临时招待(后改称干事)。这是小组初次到达收复区首先受到的隆情厚谊,理应报道于读者之前。

　　桃之华旅馆楼上楼下共计三十二间房间,执行小组全体人员占了整个楼面,招待人员占了整个楼底。小组人员每顿两桌,招待人员两桌却坐不下。中共方面人员和我们两位记者,跨出桃之华大门一步,招待先生们陪行的起码要三四位,通常是六七位。洗澡、理发、买东西,一概奉陪,风雨无阻。但是中共人员从八年游击战中锻炼出来的两条飞毛腿,有时候对于这些招待先生们的照顾是很不周到的,以致经常害得几位身段不高的青年满头大汗,犹恐掉队。还有一次,四位中共人员上街购物,有两位先回旅馆,一位招待员陪着;走到半路,忽然想起后面两位身上未带钱,于是一个折回,这回可真难为了这位招待先生,他没有分身法,不知陪哪一位好,两腿跟着一位折回到桥下新土场去,他五步一回头,目送着另一位,直到十字路口转了弯,望不见为止。据说,招待先生们最当心的是陪着中共人员上书铺跑报摊,看看究竟那些付出的钞票上有没有写上什么字。否则,为什么中共人员总喜欢跑书铺子、跑报摊呢?

　　至于对记者,则完全是以解放区出去的女贵宾相待。第一天到达桃之华,方才坐定,就有人介绍给我两位胸挂大红色飘带,带上写着"招待"二字的女士。一位陆女士,西门外纱布店的老板奶奶,年纪二十开外。一位顾小姐,不到二十模样。这两位当天陪我去洗澡,去中华园赴宴会陪我看戏,最后还陪我睡觉。第一天,顾小姐悄然而去,又来了一位女士,是城区张乐陶区长的闺女(一年多前从大后方回来的)。这以后半个月中,陆张二位和我形影不离,她们陪我吃、陪我玩、陪我上街、赴宴、闲谈、睡觉,还有跟着学生游行。虽则她们不大懂得英语,我与美方人员聊天时,她们也乐于做伴,从不拒却。不管什么时候,她们一不见我,马上会从第一间房找到末一间,从走廊东头走到西头,直到找见为止。好几个晚上她们陪我聊天到深夜,大家忘了疲倦。

　　到通城第二天,我与樊发源同志被邀赴南通文艺协会开座位会。去时,承杨县长派汽车相送。我们一跳上车,四位招待先生接踵而上,车门外两旁边搭着三个卫士,汽车一动起来,摇摇摆摆,活像一只硬壳虫身上驼了一群苍蝇。陪去的几位招待先生,并且在我们讲演时,充当义务记录。想起来,不免感到惭愧,因为我那天只讲了不满五分钟的话。

　　白兰司肯先生某日走访一坤伶,陪他去的六位招待先生中,有一位手持手枪,而且是上了膛的。

　　对邓克中校的招待更是无微不至,也许是语言不通之故,茶房(楼上经常有四个茶房,两个是正式茶房,两个是穿着茶房号衣的副官),招待没有事也会轮流的不时推门去看看,随时准备他口头提出什么需要来。譬如,有一天,我们在邓克中校房内聊天,短短的时间内,单是茶房推门探首进来张望有五次,其他人员不在内。最后,邓克摆摆手说:"这个我已经习惯了。"邓克中校在离南通城前一天游狼山,他乘的汽车两旁站了六个招待先生,等于给车子挂上了黑窗帘。事后,邓克中校幽默地说:"希望世界上有一种透明的人体,他们虽然挡住了汽车的窗子,我还可以透过他们的身体,看到外面美丽的春色。"

(吴)

打 个 对 折

"青年节"（国民党定黄花岗纪念日为青年节）清晨,我们在南门外段家坝的土布市场参观,回来之后,有一位巡官来报告:"局长叮嘱我来报告,今天'青年节',城里学生又要上街吵,你们如果外出,请通知科长,我们派人拥卫你们出去。"在当天晚上,我们因为明天要动身,想上街去买从上海新到的书报杂志。我们下楼通知他们,一位警察说:"科长吩咐,夜里不能出去。"接着赶来一个茶房:"先生,区长吩咐,今晚街上不能去。"后来有一位干事跑来谦和地又照讲了一番。

我们估计这样一个城市,有这样的警卫,又是师部所在地,不会出什么乱子吧？说明我们出去的原因,并请他们把我们的意思告诉科长。

科长来了,"实在对不住,我仅负责办办东西,这事要问吴参谋。"

"这时候出去,我们无力保障,这里治安……"那个招待又不耐烦地解释。

于是我们只好回到楼上去,过了一会科长来打"招呼"了:"实在对不住,吴参谋意思,你们去少点,四人派两个去,我们叫汽车送。请三青（指干部）陪伴（科长自己说,表示负责任的不是他）,派警察卫拥你们。"

当局之爱护我们,真令人不胜"感激"。（樊）

一个惊人的统计

莅通的第七天,我和一位干事（前称招待）谈起招待费用时,据他可靠的估计,已达五千万法币光景。我听到这庞大数字,大吃一惊。这个数字等于国民党"中央信托局"的资本（见上海杂志）；这个数字,可购大米一千二百五十市石（据二十七日通城黑市粮价,如果在五六天前,可购一千七百多担）；这个数字,可以维持近九千人七天的生活（每人每天以法币八百元计算）。这笔费用,是由通城县商整会开支,由各商家分摊。城区在战前是十三万人口,那么在这七天中,每个人就派出四百元,如果照国民党南通杨县长所称,战区人口以六万计算,那么每人就变为八百三十余元了。我说:"这负担不太重吗？"干事说:"过去的'当局'要什么就有什么,因此八年来一直'平平稳稳',幸而没有出什么大乱子；今天为了和平,更属应当……"

的确,这也难怪,执行小组吃饭的人虽不过两桌光景,但招待、警卫、总务……总在四桌以上,比如,执行组的人出去洗澡,招待就陪着下池子。招待还拿所谓车马费……浪费颇多,开头二三天,每顿不是"中华园"的超等翅菜,酒席一百万法币；就是"胜利餐厅"的西餐,也得一万元一客。每上一盘正菜,乐队还奏起音乐来,真是"酒酣耳热",弄得脑子里嗡嗡作响,吃一顿饭总在两小时左右,因此,大半天的时间就消磨掉了,而况几天晚上还有"堂会"、"游艺会"、"跳舞会"呢。后来小组提出意见:"宴会太多,妨碍工作。""等协议达成后再痛欢一下吧。"才稍稍简便了的,委实,这样下去,我们哪里对得起城里的十三万同胞呢！通城人民的痛苦和负担,已经是与沦陷时没有什么两样的。

单说伪币吧,因为截止兑换的时期不确定,我们在街上,每天都看到整大捆的伪币在拎来拎去,有的还用脚箩挑车子推呢。刚复业的"中国银行"、"江苏银行"和刚创办的"中央信托局"的门前,挤满了面有忧色的人群。在二十六、七日,因为伪币停用,百货上涨,二十五日上等熟米高涨到法币三百六十元一升,如以伪币付价,米行多数拒用,或暗行抬价,因此升合小民,困惑惶惶,而一般如"烧饼"、"油条"、"豆腐"等小铺子,大都以伪币为流通资本,一经忽然变卦,拒用伪币,则买卖双方均感不便。因此二十五、六日各商店大部分被迫停业。结果是小店小贩最吃苦,小民最倒霉。

二十六日那天,我同时又听说招待费只用了一千多万,心上宽松了不少。但在回来那天,杨超上校讲:"招待费达七八千万。"我的心又紧缩起来。回到如皋后,得到通城的消息,商整会已开始向二十多家同业公会摊派了,单纱业同业公会就要出六百万,估计七八千万的数字是没有什么差错的。(樊)

车 前 痛 诉

三十一日上午,我和一位小组代表乘吉普车先行回如。天晴地干,车驰如飞,沿途某些碉堡上或其围墙中,有的写着"建设新中国",有的写着"彻底消灭奸匪,确立治安",有的写着"扫除建国障碍",还有些地方有国军的士兵,身着单衣,忙碌地在修筑碉堡和工事。

中饭后过白蒲,不四五里就遇到一个大缺口,问老百姓才知道因恐雨水殃及田禾,老百姓不得已才开了放水的。车停下,我们分别去请老百姓带木板来架桥,当地老百姓围上来劈头一句就问:"白蒲到底退不退,再搅下去我们没日子过了,草也被搅光了。"有的问:"你们去了十多天,谈得如何?果和得起来呀?"

"你别提借木头,你朝北面林梓一方瞟瞟,那里哪一家不是棵枝齐整,青枝绿叶,你看我们这里剩下了几棵了?这些时心真被搅得痛,前些时白蒲每天下来锯树五次,我家园上三十二棵三红碗口粗的树,全被锯得只留下尺把高的桩桩儿,你求他们留一点,他骂你妈的皮,眼睛向你白白就走了。"一个孕妇,眼泪汪汪地向我们诉着。

一个壮汉急忙地说:"你来别想在南边借到一根木头,连车棚也拉去烧锅筑工事,十家有九家的绞关(厗斗用的长木头),也被扛了去,让我过河向北面去想法子吧。"

慢慢的,人越围越多,年轻力壮的都朝北去了,留下少妇、老人家一五一十地诉着苦。

扬子港桥邵文夏家在阴历二十四,问人家匀的草,也被抢了去,抢去了算,腰眼也挨打肿了;旁边一个老寡妇,锅门口只剩下一捆草,也挨抢去,老太不肯,被一拳打倒在地上,另外一条簾子(草柴搭的篱笆席子),也被抢上街了。"

旁边一个人说:"这些小东西算什么,旁人家连门板也被扛了去。"

"条把簾子,麦场时候哪有得盖呢?"

"有什么说头呀,他要草,我要挡,他用枪来挡;……回头他反过来说我'抢他的枪',要拖我上街去。"

"顾四洋盘四只壮猪,被买了去,只把了一半钱;高二胖贩猪,一帮猪被捉了一个去,这些爹爹,他们好像怕我们船装多了要沉下去似的。……"

"邵家瞎爹你说呀!"

"先生,我本名叫邵银凤,我家两个老人家的两个老母鸡被抢去,合把稻粒子也倒光了,还把我眼睛打了冒血。"我说:"街上出了告示,说你们不拉伕,不抢不敲诈,如有这些事就要去报告的。他就紧上来四个耳光,不能回嘴,一回嘴就打,把我打晕过去半个钟头。你要报告,他不给你报告去,临走还不甘心,连我两个儿媳妇屋上晒的两捆红草,也被带上街去卖了。"

我们问他今天下来没有?他们说:

"昨天还在这里要蛋的,今天大概晓得你们来,没有向北,但是向东去了,上半天还听见东面有机枪声音。"

痛诉不绝如缕,有一个老太指向西边说:"只是西路人家不知道你们来,不然怕你五张纸也写不完。"

桥搭好了,北面还继续有扛板来的人,美国朋友白兰司肯高兴得鼓起掌来,大家也跟着拍起手来了。我们向他们打着招呼,他们说:"你们还叫对不起;让他们打了以后,我们还要叫对不起;你们也是为了我们,还这样客气。"

我们叮嘱他们后面还有两辆车子来,桥要再架宽些。他们同声答道:"好,我们守在这里等,你们快赶路吧!"车刚要开,两个老爹忙追上来:"先生,我们桥搁在这里,等会儿汽车过了,那些白蒲来的国民党车队要拿了上街去,那怎么办呢?过去这些花头精玩够了。"我们连忙告诉他们:"你们放心,执行小组来了后,你们告诉他们,这木头木板是向老百姓借了来搁的,千万不能让白蒲的军队扛回去。"吉普车过了桥,向如皋跃进,成群的小孩子打飞脚追着,笑声掌声和马达声连成了一片。(樊)

(《江淮导报》1946.06)

巧　　计

李世佐　王恒祥

敌伪奔袭涟东二区六堡,碰了壁,队伍七零八落的,满野落荒地逃,把田里走出了路。

逃到一区忠诚乡,有一个伪军掉队了,他慌死了,张大了喉咙拼命喊:"警卫大队在哪里?王班长!等等我呀!……"这时候,忠诚乡的民兵正埋伏在路旁,一听见就趁这当儿,计策来了,答喊说:"来呀!在这里……"这个伪军以为真的是自己人,就一头奔民兵那块跑。一个民兵说:"乖乖!来得好!……"这个伪军就挨民兵活抱住了。

(《盐阜大众》1946.12.09)

常胜英雄杨连长

陈登科

伍佑反击战斗中,华中野战军某部的一连杨连长带领三十三个战士,穷追了二十多里路,活捉一百二十六个敌人,缴到五挺轻机两挺重机枪,一门六〇小炮,五十二支步枪。这次战斗胜利结束后,各连队战士们一提到一连的胜利,无不竖起大拇指说:"人家连长管劲,是数一数二的!"团首长也夸赞:"杨连长过去是有名的常胜英雄,现在到华中又取得这样大的成绩,一定要好好表扬他。"

一连长杨树歧同志,是山西历城人,今年二十六岁,对人温和,上了战场,浑身都来劲,真是一条莽汉。他家里很穷,十二岁就替人家放牛,也不知挨过人家多少拳打脚踢。到了十八岁,他才知道老替人家放羊放牛,不是青年人的出路,只有跳出这火坑,走革命的光明道路。

他一九三七年便参加革命,由小鬼干到连长,受过三次伤,现在还有一块铁片在脚上。八年抗战中,与敌伪大小战斗四百多次,每一次战斗当中,不是得到物质奖励,就是名誉奖励或口头表扬。当班长时,做过团的战斗英雄;当排长时,得过很多次物质奖励。去年打汝南是全旅二等战斗英雄,旅首长授予他奖章。中原突围时,曾在三小时之内,打下青峰岭,冲破全军生死存亡的一座重要关头,创造出伟大英勇的战绩。

伍佑战斗一开始的时候,他心里就盘算,这次战斗一定把自己的第一连换上美国装备。他对全连动员的口号是:"打大仗,缴大炮,多捉俘虏,换美国枪,装备我们一连!"每个战士受到了他的鼓动,都抱定了决心,坚决地响应他的号召。

六号的战斗,在海神庙开始了。敌人的两个团的兵力,七门大炮,两架飞机,上下配合,分四路来猛扑英勇的一连,梦想消灭这支人民的队伍。但杨树歧同志英勇地领导着自己队伍沉着应战,等敌人接近工事的时候,他一声怒吼"杀啦!"一阵手榴弹,如飞蝗虫一样飞出去,把敌人炸倒了二十多个。敌人一连三次冲锋,一个个都像灰孙子一样打了回去。二排长郭天付负伤了,但在杨树歧同志英勇精神鼓舞下,始终不下火线,还坚定地掌握队伍坚持阵地。这时战斗越打越激烈,杨树歧同志提出口号:"同志们,抖抖精神,稳住打,决不让敌人突破一点,来一千要叫他死八百。"战斗经过六个钟头,敌人想消灭一连的愿望结果失败了,只好翻着两眼停止了进攻。

海神庙的阵地战结束了,虽阻止了敌人的前进,但没有活捉到敌人,没有缴到敌人的武器,这件事情在每一个战士心里很觉扫兴。"仗打得再漂亮,没有缴到枪不舒心!"杨树歧同志又根据战士的情绪,继续动员,提出口号:"为伤亡的同志复仇,一定要保持一连常胜军光荣的称号,决不落人家后!"全连在这号召下,战斗的士气更加提高了。

九号的五更头,反击战开始了。一连在杨树歧同志的领导下,冲进了敌人第一道防线,雪亮的刺刀和手榴弹,把敌人吓得惊魂丧胆,拔起狗腿直跑。杨树歧同志就带领了三十多个勇士一口气追下二十多里,把敌人的魂也追掉了,结果一百二十六个蒋军跪下了狗腿,两手呵呵抖抖地举起美国的枪炮缴了械。杨连长笑着说:"同志们,美国的枪到我们手里了,我们任务胜利完成了,也有大本钱打敌人了,敌人有美国枪再送来吧!"

一连得到这样大的胜利,这样大的收获,威名再次传遍了全团,每个连队都要向一连学习,团首长也提出奖励,因此全连的胜利信心更加高涨,决心在下次战争中,一定要缴敌人更多的武器,俘虏更多的敌人。

(《盐阜报》1947.01.16)

共产党员在火线上

柯 岗

六四部队党委秘书,在他的战地办公室里告诉我每次战役结束之后,至少有二百份战士们的入党申请书送到这里来,有些在牺牲前来不及书面请求而用口头提出的尚未计入。有一些是被解放战士们的申请书,他们书上多都首先严正声明"脱离国民党"或"同志会",而又赤诚请求参加共产党。平汉战役过来的姚建的申请书上写着:我从来没有见过像共产党员这样坚决、勇敢、诚心诚意替老百姓办事的人,我声明坚决脱离那说人话不办人事的国民党,誓死为我自己、为全世界的人民战斗到底!

看了这些申请书,使我想到一个非常现实的问题:共产党人究竟是怎样为了人民而英勇奋战,而为广大非党人民战士所景仰,愿意向他们学习呢?我想只举几个片断的材料就够了。

打菜园的时候,共产党员翟春堂正在医院里休养,一听说打仗,伤没全好就跟着出发了。组织上劝他不要去,他却偷偷地跟着突击组冲过两道鹿砦一道水沟,第一名登上城。他爬上城头时,别人尚未跟上,敌人四把刺刀面向他刺来;他一闪身,一颗炸弹把敌人打回去。他占领了敌人的工事,敌人不停地向他反扑,他几次打退敌人,最后为炸弹所伤。敌人一齐扑过来捉他,他带着伤又打死了三个敌人,始终坚持工事。在霍村战斗中,敌人用密集炮火掩护步兵向我猛烈反扑,许多工事被摧毁。有些人想转移阵地,他说:"不行!共产党的军队丢掉阵地是可耻的!"他从工事里站起来大声喊着:"不要怕!瞄准打!敌人是怕死的!"真的,当我们阵地前面躺满敌人的死尸时,敌人再不敢反扑了;这时一颗炮弹炸倒了他,但他躺在担架上还说:"瞄准打!敌人是怕死的!"

谈到共产党员王文宽,第三连没有一个不五体投地的佩服他。白奇山战斗中,当他带头向敌人冲去之后,由于地形不利,上级命令他们撤回来,这时大批敌人向他们猛扑,情况十分紧张,有些人发慌了,他挺身而出,向大家宣布:"要有次序地转移。我是共产党员,我在后边掩护大家,只要沉着,受损失我负责。"这次的转移,没有任何人受伤。不久前打霍村,他的胳膊被打断,骨头露在外边,当他看到另外一彩号在喊叫时,他很和气地说:"忍耐点吧,同志!替老百姓办事就是要流血的呀!"说着,他把手巾放在他嘴里咬着,头上直冒汗,一声不响,直到医生给他把绷带捆好。

该连被解放的新战士葛壴吾说:"在汲县战斗中,敌人一个营在榴弹炮掩护下向我们一个连进攻,并且一步步向我指挥所逼近,当时我看不行了,据我在蒋军里的作战经验,我们整个连非垮台不可,可是谁也没有想到,俺董指导员把驳壳枪一举,大声说:'为人民立功的时候到了!快!共产党员快跟我往前冲!'说着,十九个同志端起刺刀跟着飞跑上去,我也跟着上去了,终于打退了敌人。从此,我相信共产党的队伍是永远不会打败仗的!"我问他当时是怎么想的,他说:"我没有怎么想,我只觉得敌人的子弹是不认人的,共产党员也是为着全国老百姓,人家都不怕,我为啥不跟上去呢?"

(《苏北日报》1947.04.21)

郭大娘藏枪立功

芦 芒

四月二十九日下午,沭淮公路徐溜据点的蒋军六十五师,配合还乡团共二百余人,向住在河东×里地×庄的淮阴游击队围袭,枪子打得像飞蝇一样,"嗡嗡!嗡嗡!"在天空中嘶叫。

郭大娘冒险从田里找回自己的孩子,游击队已像麻雀一样飞得无影踪。她听听家院里没有一点人声,心里一喜,"好呀!菩萨保佑!"正说着跨进屋里,只见到南面动员群众挖路沟的几个游击队员遗下的稻面袋小包袱,棉袍子,七零八落地散乱着,最糟的是害病找医生的×××同志的步枪与手枪,还没人替他拿走。她的心顿时扑扑地跳起来,只是踏脚怪自己,早知道这样再也不该外去找孩子。她连忙跑到门口一望,戴大帽子的蒋军躬着背,一跳跳地走西头柴地里上来了。她急得眼眶里一阵黑,一步窜回堂屋,先将步枪抛进房间里,黑洞洞的床底下,贴住墙根堆上些破板,将马桶朝床前移进作掩护,又马快到外面将棉袍一挟,"擦啷"一响,一条缝有一百九十个银洋的白布带子掉下地去。她吓得一怔,门外蒋军已"妈勒皮!妈勒皮!"的走进来了。手枪与银洋朝哪里搁呢?山芋屯里放不得,花生筒里更不行,她急出一身冷汗,索性将银洋带子勒在裤腰上,把手枪往小褂子口袋里一插,心想:"只要我人不死,这两件东西永不撒手。"听听蒋军才到家后,她又急忙地安置了稻面袋与小包袱,刚转过手来,蒋军已闯进家院。

"妈勒皮!你家'八路'!"嘴说手到,郭大娘脸上现出五个手指印。七个蒋军像一群盗匪似的窜进屋里乱翻。郭大娘不安地站在后面摸摸怀里的手枪与银洋袋子,低头回顾自己的衣服有些鼓起来,她恨做衣服时没把腰身放宽些,赶快用两手摸自己胸口与腹部装出肚疼的样子。

两间小小的破屋子,哪有找不到的东西。稻面袋、小包袱、棉袍子被丢出来了,蒋军的铁拳枪托朝郭大娘身上乱捣,她一阵昏暗,两眼发光,地皮转动起来,眼看要站不住脚了,但是一股莫名的力量,突然支持了她。她没有倒下地去,因为一倒下去,手枪会从衣服底下掉出来。虽然满身已痛得难受,但她的两手都不敢阻挡打来的耳光与枪托,不敢去摸下热辣辣的痛处,她怕不留神手枪会在口袋里摇晃起来,裤腰上的银洋袋子会松结掉下来或给枪托打到啊。

蒋军一面拷打,一面以枪托吓唬着她交枪。郭大娘咬牙赌咒:"你找出一根枪来我死也闭眼。"蒋军用枪到床底下寻找,郭大娘的心像针刺一样,连声申辩:"找出什么东西来,我抵死。"三个蒋军爬在床前,嫌马桶有臭味,只伸腿在床底下乱踢,盖在步枪上的两块破板给蹬开了。郭大娘头脑有点摇晃,心要从心口跳出来。"这下完了!"她想起门外哭爬在地上的孩子,搁在床头上挨打的丈夫,屋子好像要翻过来了。"死吧!"郭大娘的心一横,突然清醒起来:"树长千年砍柴烧,人活百岁也对得起八路军。"真巧,盖在长枪上的第三块板还未被踢开,在东北方响起了枪声,蒋军一阵慌乱,涌到家院里,有的赶紧拉下裤子小便,有的抓起场上的几个生山芋,一头走一头缩头缩脑地窜到外去。

蒋军走后,还乡团又几次凶恶地闯进门来拷问,但郭大娘宁愿自己身上多添几块伤痕,终于保全了手枪、步枪、银洋袋子。

几天后,游击队又活动到×庄,郭大娘惊喜地从田里起出枪与银洋,淌着眼泪说:"同志的,你们总要常来啊!你们为我,我这苦头也不算什么!"游击队员仔细察看着郭大娘遍体的鳞伤与一拐拐的腿,激动地说:"老大娘,姆们全记在心里,民主政府会记上你一大功的。"

(《淮海报》1947.05.27)

红枪女将李兰英

孙 明

"姜(埝)北有个高凤英,姜(埝)南有个李兰英,两个英雄同齐名。"苏中海(安)泰(州)线的人民,都这样歌颂他们的英雄。

李兰英贫农出身,七岁丧父,母亲带她重嫁,人家因她是"拖油瓶"而百般凌辱,十八年来,一直过着"不名誉"的日子。新四军来后,她好容易翻了身,被选为乡妇抗主任和民兵指导员。但大前年又被家庭蒙骗,嫁给一个富裕的、不务正业的丈夫。土地改革时,她首先将婆家六亩好田托出来,她的模范行动博得全乡称赞,但公婆却因此恨透了她。

去年七月间,海泰线重镇姜堰被蒋军占领,她的家乡就成为蒋军南来北往的要道。为了保卫穷人和妇女永远翻身,李兰英毅然加入了乡的武工队。由于机智胆大,不到一个月就成为名震海泰的女英雄了。去年十一月二十三日,姜埝军粮河三百余蒋军拂晓合击林黄乡,离李兰英不远时,大喊:"不准乱,不准动!"她却不慌不忙地举起那条湖北条子,砰的一声一枪一个,蒋军头一伸,钢盔被打了下来。又一次,她带武工队在林家墅设伏,当二十一个蒋记"自卫队"员闯进来时,她大喊一声:"冲去"。"自卫队"慌忙架起机枪应战,她一面骂:"活土匪,我们送你家去。"一面举枪瞄准,射倒敌人的机枪手。"自卫队"员吓得连抢来的大木材都丢了。总计在反"清剿"六十天中,她共参加战斗五十八次,毙俘敌五人,并一次领导三千人破坏了姜(埝)张(甸)公路,把从蒋军手中缴来簇新的小马枪武装了自己。

英雄必然是与群众相结合的。有一次,一个连的"自卫队"员企图袭击李兰英和她的武工队,出动才半里路,群众在一刻钟内就送给她十次情报。当敌人扑来时,武工队员们已经无影无踪了。有一次,三百多蒋军已经将其三面全占,她躲在一个人家的柜子里,当敌人进入该庄时,所有的群众都拥到北面张望,蒋军追问:"红枪女将李兰英哪里去了。"群众说:"已经扑河溜到北面去了。"蒋军到河边仔细一看,果然河北岸,湿了一大块,赶忙向河北追去,原来河北的水块是群众故意泼的。

姜埝蒋军对这红枪女将毫无办法,出了张通告:"毙伤李兰英,赏法币五十万元,生擒加倍。"想以此收买群众,但毫无结果。蒋军只好放谣言说:"李兰英已经捉到了。"数百人连夜赶到乡政府去探问,一看持红枪的李兰英仍在跳跳蹦蹦时,都一拥把她拖住,惊喜地说不出话来。

在海泰线上流传着这样一句歌谣:"土顽(指土匪蒋伪)一到,心惊肉跳。李兰英一到,太平睡觉。"但当人民遇着她时,又一律称她为小伙,因为大家把她当做自己子女一样看待。

(《人民报》1947.06.16)

坚持敌后的旗帜
——华光游击队

一、他的佃农生活

一个瘦小身材,满脸黑麻子,很精神的小伙子,这人便是现在名传四方的坚持敌后的游击英雄徐华光同志。他今年二十八岁,原是李广吉的佃户,受过地主无限的剥削。有一年荒年,眼看要饿死了,又向地主李广吉"大爷大爷"的哀告了半天,只借了一石霉烂的小秫秫,扛到家中只脱三斗米子,秋天给地主除去大秫一石五斗,还有两块半白洋。那时华光同志刚八九岁。鬼子侵入中国后,有一年用大车送租子给地主,迎头被李广吉一骂:"妈皮的,这样世道用大车送粮食,影响多大,你想害我吗?"因为是穷人,眼泪只好往肚里吞。

二、在人民部队立功

一九四〇年八月,这个年刚二十饱受地主压迫的青年,参加泗阳地方兵团。四一年升级到五旅。华光同志虽瘦小,但作战勇敢,参加山东省的甲子山、界首、挑林、莒县等战役。他的战斗经验逐渐丰富起来,责任也就由战士、战斗组长、班长、排长逐渐重大起来。正在这蓬勃发展之际,在五山战斗(打盐滩)中光荣的负伤了,他不得已拿着一张三等荣军证回家了。不久又要求参加地方工作,在陇集村当村指导员,秋天又调双河乡当中队长。

三、沟东庄杀敌

敌军大批过境时,刘集区北四乡许多干部被挤在双河乡沟东庄的一角上。三月间还乡团王阴德、周锋、徐二麻子三条野狗,带了七八十党觉,企图来顽化双河。这时人心惶惶,有些干部也吓抖了。当时华光同志鼓励大家说:"敌人是可以打的,敢打的跟我来!"当时跳出十二个人跟着他,他作好地势,砰的一枪,敌人倒下了一个。敌人呆了,另一个还乡团上来背着死尸转身想走,华光同志说:"日妈!让你走三步,叫你睡倒!"捧起一枪,敌人应声而倒。敌人慌了,马上跑了。双河乡坚持住了,干部也认为敌人是能打的。

四、打开董槽乡

野狗们给这条神枪制服了,又在董槽乡乱窜了。华光同志即对董槽乡同志说:"我去帮你们开辟董槽。"他只带了几个队员上董槽乡,来到路南庄,正遇还乡徐二麻子们事先已埋伏在河沟里,见着华光同志即问:"你是哪个?"华光同志反问他们:"你是哪个?""我是周锋人。"华光同志马上机警地向后边人说:"这是还乡团,我们向那庄去。"自己仍不动声色,赶着抢走。徐二麻子说:"那庄有八路,不能去。""怕什么,有八路就打。"占好地势以后,敌人又给他杀伤两名,董槽乡又打开了。

三月二十日评功大会上，大家公认华光同志为特等英雄。从那时起便成立华光游击队。华光同志因他有五六年的战斗经验，善指挥又勇敢，队员们跟他打仗都非常高兴。队员韩如楼请假回家时，他母亲说："打仗你不怕吗?"他说："跟徐队长没有关系，远的地方敌人打不到我们，近的地方，徐队长枪一伸就把对方打倒了。"群众也普遍地认为徐华光是保护自己的救命恩人。

华光游击队在刘集区北树立坚持旗帜以后，群众性的游击战争也普遍展开，干部和群众不但认为敌人能打，并且认为好打。四月间，不知死活的野狗王二才(王阴德)、周锋等率领三十多人，企图到围圩抢粮，被董槽的民兵，配合华光游击队，一下将蒋记七乡联防主任王二才打死了。从此敌人再也不敢向他们走进一步。

五、活捉冯汉才　铲除张连兴

神枪手徐华光美名远近皆知。五月十九号，接受悦来区之请，在联圩一战，单身活捉了叛徒冯汉才。他是顽保长，是敌人中打得最凶的凶手。这次战斗给华光追了一里多路，这家伙也来不及打了。华光同志说："我们是老部队，缴械是优待的。"冯汉才朝下一跪，举枪缴了械，一支大金钩，三十七发子弹。

六月上旬又接受泗阳城南区的邀请，消灭涧河东张胡圩一带张连兴这批土顽。在张圩东边姜庄战斗中，敌人听说华光游击队到了，就不敢前进。唯有张连兴不知死活叫人前进。华光同志即喊道："你过来吧!"举起一枪，张贼应声而倒。这次战斗敌人死了三个，伤了三个。

六、这支游击队的威望

自从这支游击队成立，刘集区坚持住了，到泗阳城南区打几次胜仗，除掉人民最痛恨的张连兴，于是群众说："河西出了徐华光，是那里老百姓福气，我们也占光。"双河乡陈老先生对华光同志说："我说一个字给你猜：'王学去镇东，身背一张弓，点起四员将，马到就成功。'是什么字?"华光同志不懂，陈老先生哈哈大笑说："不是你么，自你在姆乡东镇以后，至现在杀伤了二十五六个敌人，收获那么多地区，我们这边未丢一根汗毛，敌人不敢来了!"

(《淮海报》1947.07.07)

在这里找到了光明

张以煓　张立岫

一个下午，漫天的毛毛雨。我在靠近公路旁的吴庄西头两间小屋里躲雨。房主是一个二十来岁的小伙子，态度沉默，而近于忸怩。一进门，他很客气地让我坐下。屋里新砌一口小灶，西山头新铺一个土炕，还有日常生活的一些简单家具，旁的什么也没有。因而我估计他是新近搬来的，而且那种忸怩的情态，更断定他不是我们解放区人，我便随口和他拉起呱来：

"你不是这块人呢?""先生，你怎么知道我不是这块人的?"他含笑惊讶地反问我。

"嗳！我看得出来。"语气十分肯定而有把握。

他笑了笑,不回答我,默默地在向我打量,好像佩服我的眼力。闲着很觉无聊,于是我又接上话头,进一步问:

"你这块有亲戚吗?"

他苦笑地摇摇头,告诉我,他在这块不但没有亲戚,就连一个熟人也没有。

"那你怎的到这块来?"我稍感惊奇了!

这一问,他的脸突然阴沉下来,低下头像在回忆什么悲伤事一样,真使我意外的摸不着边际。小屋子里空气原来是很轻松的,忽然有些严肃起来了。

"先生……"

好半天,他才很费力地吐出这两个字,底下的话再也说不下去,一颗泪水在他眼眶里打转。

这情景,使我有了些模糊的预感,只是频频地瞧着他。

"我家住在兴坝,名叫张有才。"他抑制着感情:"我是被国民党抓丁逃跑出来的!"一颗泪水方才不自禁地掉下来。

终于明白了他的底细,我们虽不相识,但我对他却产生极度的同情心,因此我很关怀地追问他:"你是怎样被抓的?"

"唉!提起来真苦呢!"他欲言又止,生怕伤心事儿,触起他的悲痛。半晌,他忽又睁大两眼,像增添了勇气似的,满含愤怒,向我告诉说他被"抓"的始末。

"我兄弟两个,大哥十天前被抓去,保长还要五十块白洋,方保我无事。先生,你看这五十块钱从哪块出土呢?"悲伤又涌上他的心头,泪水滔滔地:"我……我终于第二天就被捕了!"

面对着这受难的青年,真有说不出的悲愤:"他们犯了什么罪呢?……"但我却又拼命地压住自己的感情,安慰他:"过去的事不必伤心了!"

他擦擦眼泪,又继续说下去:

"第三天,我就被绑上汽车,送到新浦受训。同汽车的有二三十个青年人,都和我一样的被绑着。"凄厉的声音,越说越激动起来:"幸好在半路上,绳子给我挣断了,冒险跳下汽车,藏入高粱地逃了!"

他声音开始和缓下来。接着告诉我,逃到这块,村长怎样替他找房子,怎样跟他解决困难,政府又怎样优待他。他忽然又变成天真的小孩子,拉着我的手,十分热情地说:"解放区里的人多好啊!"感激的眼光,直射着我,好像我就是帮助他的那个村长。

"这算什么呢?我们是一家人啊!"我带笑的投给他亲切的一瞥,我们的关系更加亲密了。谈到他的家庭,他伤心地申诉,哥哥抓去还没有回来,父亲正在家里受罪,一家人四分五散,多会才能团圆呢?他失声地哭了!我也眼湿,想到蒋管区像这样有家无归的人,真何止千万啊!

半天,他又像有所发现似的抬起泪眼,惊异地问我:"你们这块怎么没有抓壮丁的事呵?"

我便详细告诉他解放区民主政府从来不做这种黑暗事情,人民为了保田保家,都自愿参军,把参军当着非常光荣的事。除了上面的道理,我并指出:"你那块抓壮丁,全是蒋介石打内战造成下的罪孽!"

他明白了,他的遭难归咎于谁。"蒋介石这个老狗人的,我前世杀过你的!"愤激的声调里,蕴藏着无比的怒火! 同时他更感到,他已在这里找到了光明,受人关怀,受人爱护,……泪水虽还挂在脸上,但眉宇之间,已露出兴奋、喜悦的神情。

雨住了,我向他告别,他殷勤的送我到场前,总是恋恋不舍。本来萍水相逢,有什么值得留念呢? 但看出他那颗诚挚的心,不仅在留念着我,而且是在留念着解放区里所有的人啊!

(《苏北日报》1947.08.09)

英勇担架队

刘锋芒

我们猛烈的火力,把苏嘴敌人完全压缩到街北头淮河堤上,狼狈万分的敌人,仗依他洋爸爸的美国机枪大炮,疯狂地向四处扫射,拼死地抵抗。一营冲至敌阵数十米时,就开始火攻,无数的火箭,像数百只红公鸡一样飞到敌人指挥所房里去。

一批一批的担架队,担着彩号,从火线上抬下来,抬到后方小新庄没有多时,很快又回到火线来,他们的脸沉着而刚毅,放射着无畏的光彩。那时敌人集中猛烈炮火及机枪火网,几乎打得人不能抬头。当机枪一阵像风扫来时,他们就伏了下来,暂停一刻又前进了! 我敬佩这担架队英勇,遂同他们说:"小新庄离苏嘴有多远?"

"二里半路只有多,没有少!"最头里的青年担架对我说。

我接着又说:"你们来去真快呀! 敌人炮火这样厉害,在沟里头一伸就完蛋,你们不怕吗?"

"怕就不死了吗?"许多担架抢着说,笑着。

忽然,沟里向火线有一条大埝被敌人发现了,狡猾的敌人集中了三挺机枪,紧紧封锁着。我预先冲了过去,后即指示他们伏下勿动。但英勇的他们,见我们冲过来,他们也一拥冲过机枪封锁线,一个也没有受伤。

团指挥所一批担架,在等待着任务下来,一营一个同志叫他们跟上去抢彩号,但是机枪实在打得叫人吃惊。有些担架犹豫不决,这时有五六个徒手担架队员,浑身及满脸是泥灰,每人背了彩号下来。"你们脸上怎么弄的?"我问他们。

"是抢救挂彩同志时被炸弹炸的!"他们一齐回答。

临时,那批犹疑的担架队有好几个人跳起来说:"大家看! 人家也是人,我们也是人,人家拿命拼,我们命就比人家值钱吗? 走,上去!"当时,绝大部分担架都跟了上去。那担架队队长又说:"并不是替新四军抬的,是替我们自己亲兄弟抬的,敌人打不走,大家活遭天瘟!"

战斗结束后,我去访问他们时,他们很亲热地告诉我说:"我们都是去年秋天参加涟水保卫战,那个仗打得震天动地,比苏嘴厉害多了。同志,我们也受过锻炼的呀!"

(《苏北日报》1947.08.20)

宋集——淮安边区的哨兵

楚升

　　宋集镇是淮安西北部最边区的一个小集镇,距离涟水城只有七里路。附近人民概称它"小宋集"。

　　宋集的确不大,只有一条街,小半里路长,逢集时也不怎么热闹;但无论在人民心里或者敌人心里,它却不是一个小地方。抗日战争中它曾忍受着一切磨难,但终于翻了身;自卫战争的伟大时代里,它又站起来了,像一柄刺刀摇撼在野兽的巨口之前。

　　上月初旬,我到阔别了四年的小宋集去赶集,宋集人骄傲地对我说:"我们虽是边区,只有两个还乡团,一个是狗肏的孙恒宣,一个是只有一只耳朵的孙恒英。""并且这两个家伙现在全上江南了。"的确,"老中央"在宋集镇是吃不开的,因为宋集人完全了解"老中央"的本质是什么?而共产党又为什么与他们利益永远一致。

　　宋集镇是淮安西北部最边区的一个哨兵,它日夜监视着敌人。不仅如此,它还创造了好些奇迹,成为抗蒋战史上美丽的插曲。

　　去年腊月,周晓春同志做钦工区教导员,他是宋集人,宋集人概称他三先生,个个欢喜他。有一次打游击,他与区队联防队失掉了联系,在宋集西北距涟城约五里路地方与三个"还乡团"遭遇,敌人平端着枪喝道:"站住,不要动!"周一看原来一个是顽保长邵怀义,两个顽保丁,他即严厉地喝道:"干什么,你还敢打我吗?"一面说着,一面即步向顽保长面前走去。"还乡团"见他来了,反不敢打枪。周此时见他有逃跑之势,即又喝道:"不要跑,我同你说两句要紧话!"说着到了面前了,周见那保丁拿的一支崭新的式字枪,即和颜悦色地说:"枪给我吧,你们再想办法。"保丁先不肯给,但顽保长见是周三先生,觉得不给不好意思,于是爽爽快快的将一支步枪送了过来。一个小小遭遇战,却在几句话中胜利结束了。

　　还有一个故事,也是钦工区人所津津乐道的。那时涟城失陷不久,敌人从淮城经过钦工,宋集到涟城修了一条公路,经常过着汽车,骑兵步兵,宋集联防队看着不顺眼,于是天天夜里去割电话线。割了敌人又修,修了游击队又割。敌人无可奈何,只好将公路线移到河西夹滩去。事后,联防队员个个笑道:"敌人公路到底搬家了。"

　　宋集镇的联防队就是这样的坚持着,哨兵一直放在距涟城三四里路的黄河堆上。宋集始终是属于人民的。

(《苏北日报》1947.08.20)

三年回顾

蔡修本

　　三年前的夏天,报纸的筹备工作,大体完成了。对这张快要出版的报纸,却没有想出一个更好的名称来,"淮扬报""运东大众"……提了好几个,都送到韦一平同志那儿,请他来决定。最后，他想了"人民报"这个名字，也是他对这张党报的要求："为着人民大众服务"。

韦一平同志和周山同志，为创办人民报，费了一年的心血，筹划经费，贩卖铅印器材，抽调干部和工人（到部队与地方上四处物色）；现在，他们先后为革命牺牲了，今天"人民报"出到六百期了，要沉痛地纪念他们，我们只有办好人民报，使它更好地为人民服务，才是完成他们的遗志，才是为他们复仇！

诞生在临北

宝应临北的大湖——汪洋湖南岸的草荡边的一个小舍里，破天荒地响起铅印机的响声，时间是在一九四四年六月十二日，《人民报》呱呱地堕地了。

报纸印的红色、八开纸上分了四版，上面有夏光同志题了"人民报"三字，五天一期。先在第一版写了一篇"开头的话"，说明办通俗大众报的道理。编辑兼作记者，工作空下来，就跑到附近几个乡村庄里，参加群众开会，听群众怎么讲，也就记住了照它写出来。报纸出版后，就在附近村庄里，乘着群众开会、乘凉的时候，读把大家听。对于发展工农通讯员与工农稿件很看重，通讯工作开始发展起来了。

创办的时候，技术条件是差的，铅字残缺，工人同志都是从部队里调来的，他们过去做过印刷工作，但已生疏了。工人和编辑只有八人，任何困难，也只有和大家克服，排字，校对，拼版，发行，都采取合作的办法。排字同志喊铅字不够了，刻字同志自己动手刻，刻得手指皮开肉烂；编辑同志也赶到排字房想办法，把新闻里的字略加改变。拼版时编辑做了工人的"参谋"，共同研究。机器装在船上，大伏天气在闷热的船舱里印报纸，汗水和油墨涂满了工人同志的脸上身上，还精细地看着是否印得清楚。所以，物质条件虽然困难，报纸却出得蛮漂亮的。

通俗大众化的《人民报》，出了一百期，计一年两个月，报社人员增至三十多人，分工也明确起来。报纸改为三天一期，建立了电台，各县均有专职记者，发展了一百多位工农通讯员，报纸销数增至六千份。出到一百期，鬼子投降了，那时情况以及读者对电讯的迫切需要，已经不是三天一期的报纸所解决的了，《人民报》只好改了。

这是《人民报》创刊时期的情形。那时报社同志，互助合作，克服困难，吃苦耐劳的精神是很好的，我们应该很好的接受和贯彻下去。

从乡村到城市

从乡村到城市，是《人民报》的发展时期，人力及物质条件仍很困难，工作却扩大了四倍，报纸与当时群众运动已有进步，来稿激增（从每月四百篇增至一千五百篇），发行普遍（日销九千份），报纸的技术上也有改进，它是《人民报》发育成长的时期。

从现在来看当时，研究工作上所发现的一些问题，和没做的事情，以便今后继续努力，也是很需要的。

前年十一月，一个晴朗的早上，我们十几条船，从高邮东乡姚黄庄附近的蔡家舍，进了兴化城，出版每天四开一张的《人民报》。

每个同志，都在船上畅谈着到了城里怎样办报。编辑同志也谈他的新计划，工人同志有建立新工厂的打算,电台同志也在计划着……总之,大家都在谈他的计划、生活。

到城里去办报,怎样办?办给什么人看?大家却没有很好的研究。有的说:"不能再做乡下佬了,应该有些风度,才能团结城市知识青年和上层分子。"有的说:"乡下办报吃不开,城市里才吃得开呢?"也有的说:"我们不能再是'党气扑人',要照顾各阶层。""我们不能老躲在家里,应该学会交际。"……意见纷纷。可是到了城里,党报应该怎样?办给哪一个看?初期在兴化时,是没有很好的解决。到了高邮,明确提出以区乡干部为主要对象,为工农大众服务。但与实际结合仍不能深入。

当时,轰轰烈烈的群众运动,惩奸、土地改革,报纸上是满版的登着,但是读者的反映,不久就不断地提出:"太单调","说来说去总是这些","老一套","变成八股了"。

"什么原因,有这些反映?"于是,开会、讨论、研究……得出一个结论来。

今年,一个寒冷的晚上,编辑部几位同志又回忆起城市里的生活和工作,谈得很有劲,感觉到:"过去对这些空前的群众运动报道得不够深入,编辑上也少研究,没有懂得一句话:'写群众'。我们记者的采访,以及所联系的通讯员(大部分是参加工作队的外来干部)写稿,很多是站在领导地位用干部语气,写出了群众在领导下怎样斗争起来,或者只是一般的动态,编辑上对实际情况研究少,组织版面差,因此,发现了群众自己的呼声也没有予以重视,亦看不到复仇翻身的群众气势。因此,报上必然登载的是千篇一律,使读者感到厌倦。"

为什么我们不能深入群众呢?"我们在乡下的读者对象是干部和工农群众,到城里去,也还是应该办给干部、工农群众和店员学徒、贫苦知识青年看,我们不需要也不必要,卷到那些高贵的上层分子之列,这一点很重要,如果不能贯彻到新闻工作同志的思想与行动中,就不会深入到群众中去。同时,报社支社经常闹着自己的系统,所谓'正规化','广播重要、报纸重要'之类问题,领导思想不能一致。因此,我们就不可能集中力量,利用在城市里各种机关,提高自己业务,深入联系群众,把工作提高一步!"

"错过了良好的时机。"大家有些同感。我们接受这个教训。

在城里,还有一个重要教训:人数增加到一百五十多,规模也扩大了,可是怎样来管理?经费哪里来?却没有经验,忙于筹划经费,处理人事问题,以及琐琐碎碎的事情,工作效率却相反降低了。

在坚持中

从和平生活突然转弯到游击坚持的困难情形,这是大家都体验到的。《人民报》亦是如此。一年来,和平生活把报社养得像胖子一样,不便行动(移动一次,要一百个民工),当时只有一个要求:要他"瘦"。

"再见,反攻时候我们再一起工作,好吗?""请你不要忘记,到山东就写信来啊!""我们希望在通讯里看到坚持三分区的英勇斗争。"送别了许多同志上山东,物质器材也进行精简,工厂、编辑部,支社分散行动,为了一个目的,站住脚跟,坚持出报!

交通困难,情况混乱,来稿一时中断,报纸是没有办法出版了。但是,"电讯"自从退出河线以来,却始终没有间断,那时移动频繁,因此,铅印,石印,油印,大的小的,只要能出版,尽它一切可能。

严冬已经渡过,黄茫茫的芦苇叶里,已刈割的芦秆上,又冒出菜绿色的嫩芽。情况比较稳定了,三天一期的《人民报》,在草荡的村庄里出版,"鲁南大捷"、"枣庄大捷"、"鲁西大捷"、"莱芜大捷"的急电不断传来,捷报也随即送出去。

"坚持高宝蒋和,我军连战皆捷,攻克……"、"溱潼莫家堡之战……"、"蒋后我军挺进江都……"不断地从新华社总社的电报机里发出来,新华广播电台也向全国广播这些消息。

这时,整个形势在转变,干部和群众对于时局的关怀,超过了任何一个时期,到报社里听消息,拿报纸,一天到晚不断。因此,"×同志来,请你们通知他……","这封信转×单位",我们成立了一个临时联络的中心。同时,苏北通榆公路以西地区,有一个临时因交通断隔绝,也由《人民报》来供给他们报纸。

"我们在淤黄河边的一个镇上,买到了《人民报》,我们多么高兴!"一位苏北部队同志写信给我们。

"在《大众日报》上,看到溱潼我军收复大块失地的电讯,我怀念着二分区的老同志好朋友。"撤退到山东去的同志来了信。

坚持以来,我们的工人同志首先立功,精简以后,人力减少一半,工作效率提高一倍,报纸,宣传品,画报,小册子,只要交给他们,一定完成。在物质很困难的条件下,印刷却出得更漂亮。他们背起武器,保卫工厂,节省粮薪,献给党。"我们一切为了自己的解放!"电台人员减少一半,他们不顾睡眠不足与疲劳,一面抄报,自己又译报。为了抄收饶政委"迎接民主高潮"的电报,盛耀同志两天两夜不睡,地委机关立功委员会马上为他记功。校对同志只剩了一个,可是担负了三个人的工作。

在万分紧张的情况下,记者同志没有离开自己的位置,始终站在最前线,在边沿区,清剿圈内,不顾一切疲劳和生命危险,进行采访和报道。编辑部及二支社的同志,人数也减少了,日以继夜地工作,忘记了休息。发行工作同志克服一切交通困难,曾有一个时期,每天跑八十里,风雨不停。总务工作同志,人手虽有不足,在外面能够主动出去侦察情况,在家里又细心关顾大家生活。

坚持考验了我们,提高了我们。

我们在坚持一年中,尤其是最近半年,在复查与反"清剿"中,报纸与实际结合是进了一步,可是还经常落在运动的后面。报纸自己讲话的地方多,而站在群众中间报道群众的痛苦、要求、群众翻身复仇的气势、群众斗争的创造,却还是很少,这在六百期以后,是我们应该努力的目标:加强党报的指导性和群众性,多接触实际,多联系群众。

希望全党同志,在"全党办报用报"的号召下,严肃地督促我们,指导我们,帮助我们。

(《人民报》1947.09.03)

随军琐记
——胡集战斗之一

丁 芒

春风荡漾着暖意,枪托碰打着裤腿,背包一跳一跳的,部队的巨流迅速到达了,马蹄踢起尘沙,使我记起了"大漠飞沙旋落照"的诗句。

一簇一簇的老百姓,迎着路口,贪婪地数着机枪,或出神地看着我们一个个兴奋的面孔,不时低声的惊叹,露出满足的微笑。蒋政府的宣传机关尽力吹嘘:"苏北已无共军……"我感觉这个谣造得又幼稚,又可怜,又可笑!

太阳沉入了西方天空,晚风习习,颇感舒畅,不知哪一村的老百姓,敲起锣鼓,从后面赶来,大人小孩一起高呼:"欢送你们上战场,多打几个大胜仗!"声调热情而愉快。不由得我脸上掠过一阵骄傲的羞红,感动地咽下一口唾沫。

乌云弥漫天空,今年第一次打闪和响雷,我们比喻它是胜利的第一炮,在走向战斗的时候,雷声好像是我们心的共鸣,在雷电中行军,似乎杀敌勇气更加雄壮了!

夜抵塘沟镇躲雨,苗老先生叫媳妇烧茶给我们喝,他谈起乡政府昨日开会动员每家储粮储柴时,每个老百姓都说:

"不用说一担木柴,就劈好两担三担放着等八路来,也是高兴的!"

"我们明天就开始磨小麦了。"

苗老先生固执地讲述这件事,说明他们是如何焦急的期待自己的军队啊!

我们到达胡集东四里左右的×庄时,已是半夜以后了。老百姓开始不肯开门,后经我们告诉是八路,用不着害怕,一个老太婆在门缝里颤抖的低声问:

"你们真的是八路吗?"

我们肯定地回答了她。她猛的把门一开,仔细打量我们一番,突然半跪似的拉住我们的衣袖,感激而热情地颤动说:"嗳!真是你们来了!……"

拂晓前,敌人杂乱地打着枪,我们部队也正在进行运动,胡集被包围起来啦。

十二时开始炮击,三时总攻,我们吃过午饭后,便出发到×部前方指挥所去。指挥所离据点仅百米远左右,在抵达前里许,我们不得不散开依次向前运动,敌人发觉我们,子弹在头上、两旁乱飞。

炮击开始,一颗颗炮弹在据点里开了花,发出惊人的巨响,我们骄傲地笑了。

抵休息地造饭,一个老奶奶用几乎哭出的声音,向我们诉说"还乡团"的罪行:"他家是抗属,老爹爹被'流亡'(指还乡团)逮去,勒索一百块银洋的赎命费,家里肥猪早被蒋军吃了,只好卖掉唯一的小黄牛和剩下的粮食,凑足数送去,把人赎出,膀子已经被打断了。"老爹爹哼着说:"每天总有二三十老百姓抓进据点去,苦刑吊打,又不给吃……"衰弱无神的眼睛望着我们,嘴唇在颤动,似乎话还很多的。

吃饭时机枪开口了,埋伏在东北坟地的战士们,直着身子勇猛地冲锋,一阵手榴弹,敌人的机枪哑了,战士们跃进了圩子,结束战斗只有五分钟。

老奶奶伸开焦灼的脸,年青的叫起来:

"哦,进去了,是进去!……"

我们紧接着担架队和民兵,也冲了上去。

胡集的敌人,被压缩在小圩子里,仍旧继续打着枪,子弹像画眉鸟似的在耳边吱吱叫。战士们已经逮住百多个"还乡团"和十几个蒋军。

前方包扎所忙着替伤员们换药,战士们安闲地谈着冲锋的情形。虽然街心不住有子弹吱吱穿过或炸开来,但一切都很安静。街上的老百姓,站在檐口观望,女人们已经出来打水,小孩子继续玩弄着泥块,好像战争气氛早已被遗忘了。

这时遇到两个熟识的战士,我说不出当时的心境,因为他们是那样兴奋而骄傲。他们是两个月前从蒋军六十七师解放过来的,我在干训队认识了他们。今天他们又是全副武装,拿着插有三棱刺刀的步枪,满脸沾着泥沙,雄纠纠地为人民而战。他们很客气地告诉我在班里的生活情形,班长和其他同志如何帮助他们,爱护他们,使他们认识了人民军队的本质。他们也谈起拥爱运动、立功运动和快报,已经能适当地使用一些政治语汇了。在他们的坦直而兴奋的谈话中,我看出了一个人的质的变化过程。

文工队员到处张贴着捷报、宣传品,写着墙头标语,许多战士也围拢来阅读,脸上充满了光辉。

深夜,一件好消息传播开来,钱集出援的蒋军五六〇团一个精锐连及一个侦察排,被我×部包围全部歼灭,俘一百数十名,缴机枪十挺,炮三门。沭阳出援的敌人也遭到阻击,被歼一部分。

我们在街上休息。我军又发动佯攻,冲锋号呜啦啦地吹起来,机枪像瀑布一样哗响,敌人慌张地四面八方打枪,接着又沉寂下去。

半夜,我们移到靠近圩子的一个庄子上。拂晓前,敌人逃走了。我们光复了胡集。

下弦月升上来,照着矮矮的土墙,和被敌人砍伐得光秃的原野,仍不时听到继续的追击枪声,清晨的空气凉沁沁的。

(《苏北日报》1947.09.25)

英勇的苏北海员

沈 坚

苏北解放区,南临四百多里的长江,东有八百余里的海岸线,大小江海港埠一百余处,内地河泊交叉纵横,天然地形促成了苏北的船业也特别发达。据不完全统计,大小轮船、拖船、海船、江船、渔船(黄花渔船)、内河出海船等共约三万八千六百七十余条,被雇佣的海员达十八万以上。

多少年来在水上生活的海员们,天天披星戴月,张篷把舵。国民党反动统治时,为剥削他们,压迫他们,设上了重重关卡。他们是最被鄙视的,没有地位,更没有可靠的生活保障,虽然那时期个别海港江埠也有御办的海员工会的组织,事实上是由特务和坏蛋把持操纵着,除了每月底剥削海员们的血汗——会费,压榨海员们的脂膏外,至于应有的福利,根本上从没有被考虑过,重重的压迫剥削,使海员们在饥饿线上挣扎,生活不如牛马。抗战以后,不少海员们在日寇、反动派无数大的"清剿"、"扫荡"、"封锁"下,更遭了无比的摧残和杀戮。一九四〇年八月,射阳、新洋两海港,一次六十七只大小海船被日寇烧得精光,没有逃得掉的七十多个海员,有的被刺刀戳死后绑在石头上丢入大海,有的被关在船舱内活活烧成了灰。同年新洋港五条船运皮花去山东,在海中遭遇日舰,船货全部损失外,四十多个海员殉难,只留下韩志冲家的一个十六岁伢儿,历经曲折的遭遇逃生回乡。一九四八年春天,国民党反动派"扫荡"黄家集附近,十六条船被烧得片木不留,二十六只船被两架敌机打坏,三个海员中弹受伤,一个海工当时殉难。盐城南通两分区的新洋等六条港,十年来就被烧毁拉走船三百条左右,海员们被打死五百七十余人。这些血海冤仇,海员们是永远不会忘记的。

一九三九年,新四军为了保护海员们的利益,建立了海防司令部,其后又组织了中共长江工作委员会,把解放区的海员们组织起来,帮助他们解决困难,举办船贷——烤皮、蔴丝、桐油、石灰、木材等,还资助他们修理船只,添置捕鱼渔具。从××向北,经弶港等港,一直到××港为止,大小数十个港中有××只渔船,每年黄花渔汛时,在海防部队保护下,捕捉着大量的鲜鱼,海员们生活上得到了保障,并进行政治、文化教育,提高了政治认识,建立了共产党组织。在土地改革中,他们的家里部分分得了土地。

苏北的海员,与解放区所有的工人、农民一样,在八年抗战三年解放战争中,热烈支援解放军作战,有着光荣的斗争历史。

一九三九年起,长江在日寇和反动派的严密封锁中,海员们想尽一切办法,不断地护送着人民自己的部队——新四军,来往渡江。一九四五年新四军北撤,近百条船不分昼夜,忙了半个多月。泰兴丁光田,一下子从一只沉掉的海船上,舍身救出刘玉歇等五十六个同志。靖江周盛有,多少年来,不论风里雨里、白天黑夜,只要任务一到,便驾着船穿插来往,送情报、送弹药武器给养、送部队,为了完成革命任务而航行的次数,连他自己很难记得清楚了。无数的海员们,十年来熟悉了敌人的行动规律,熟悉了长江两岸敌人的碉堡群,他们在斗争中锻炼得更矫健更坚强。

××港,经常有××条船五百多海员服务于海防司令部,徐仲贤、汤宰洪、崔道清等无数海员,都和人民解放军同舟共济四五年以上,与海匪作战时,海员们始终毫无畏惧地拉篷、把舵。

一九四七年三月,蔡明贵、宋万馀等三条船,五十多海员,冲过敌人重重封锁,从××地装运枪炮弹药回来,海洋中遭敌舰拦击,海员们奋起自卫,先后作战六小时之久,打死海匪二十余人,最后两条船不幸中炮弹沉入海底,当另一只船被敌舰追上时,海员们将弹药武器全部丢入海中或破坏,有的不愿做俘虏,壮烈地跳海自尽。

在由坚持转入反攻中,海员们更积极地支援部队,配合作战。盐城分区近千条载重百余担以上的大船,一九四七、一九四八两年中,平均每条船为支前运输七个月以上。一九四七年解放盐城之役,三十多海员冒着敌人炮火,潜伏水内,将七条船推到洋桥口碉堡前,经过半小时努力,终于替突击队铺好了冲锋的道路。解放兴化、高邮、宝应、涟水、阜宁等战役中，海员们都顽强地将船推到敌人城脚下。支前中，数以百计的英勇海员，光荣的参加了共产党。

大军渡江前，全苏北有二万五千七百余只船，十余万船工，争先恐后地为部队运送给养弹药。渡江演习中，成百成千的海员，教着解放军战士撑船、划桨、拉锚……此外还热烈地贡献渡江作战的计谋，表现了无穷的智慧与创造。——造过马船、造码头、修船等等。渡江开始，二百多里长江线上各港口，无数的船，在炮火中挂足风帆，南北飞驶，海员们个个以忘我的精神，大显身手，发扬了高度的革命英雄主义。海安县十七岁女水手王凤英，在强渡中曾英勇机智地突破七艘敌舰的包围，胜利地完成了任务。靖江严声甫和田世章，从一九三九年即帮助新四军渡江的老英雄，强渡中，在八里宽的江面上一夜装运了七八次，创造了最高纪录。这些只是无数英雄事迹中的几个例子，以第一渡江司令部所辖一千二百余只船统计，即涌现一千三百八十四名功臣。

这一连串的光荣斗争历史，表明了苏北海员在抗日与人民解放战争中坚韧不屈、英勇奋斗的精神，同时也证明了，在新中国的经济建设中，他们将是一股伟大坚强的力量。

（《苏北日报》1947.10.24）

小勺子在田埂上

木 木

张三妈家这天晚饭比往日吃得早，天还没有上黑影子，就吃过了，她在锅上刷碗，一边吩咐她小二子：

"在家里好好看门，回头带件好衣服把你……"小二子心里也想去，只看了她妈一眼，噘住嘴，头坑下来了。

"怎干的！你能去搬吗？看你还要挨一顿屁股才好！"她把碗洗好了，到家房里把头发搔了两下，就同她男人和大筛子走出去了。走出门口，只听她对大筛子说：

"大筛子，你今个晚上要放灵巧些呢！……"

天黑下来了，村里的贫雇农才到齐，聚在地主王仁豪家门前场上，叽叽喳喳的比赶集还热闹，听不出大家说些什么，听得最清楚的，就是张三妈那个尖吞子，说不到三句话，就听到她"咯咯咯……"地笑了。

这时，屋里一个人拿了盏灯走出来，把灯放在预先摆在场上的桌子上，他爬上桌子开口说话了：

"大家不要讲话啦！……"

"农会长宣讲了，大家住嘴噢！"人堆里有人这样喊。

"各位主人翁啊，大家都晓得了，又有'情况'来了，中央军出动扫荡，离我们这块不过三二十里，今天晚上，一大家子都在这块，我们要连夜把浮财分掉……"农会长还没有说完，人堆子里哄起来了。

"大家不要哄噢，大家赶快把浮财打家里搬出来，搭配好，评好了就往自己家里搬。反对爱小的人，浑水摸鱼。听说以前有人裤裆里夹把小勺子家去！……"哈哈哈哈哄堂大笑起来了,张三妈脸上有些发烧。

"就动手,大家一定要守秩序,不能乱,不能乱!"农会长跳下桌子来,进屋去了,场上的人又哄起来,一起拥到门口去。

张三妈拥在人前头,挤进屋里去了,看到院子里满眼是箱子,箱子里装满了衣裳,另外柜、铜盆、茶壶、罐子、小马子……多少呀,她心里想,要是这些东西,都是我家多好呀!不,那就要挨人家斗……斗争了,还是让我拣几样吧!小二子在家看门,她要件花褂子,能有件花棉袄,那就再好没有。大筛子,要分件棉袍子。他爹,他爹随他自己拣吧。我呢,破褂子不能穿了,就拣件老蓝布的吧。她看得发愣了,想得好多啊!

她像别人一样的,来回搬了好多趟,看到那样是她欢喜的,就想把它藏起来。记得十多天前集体查封的时候,一把小勺子是我藏到家后的田埂旁边,小棉袄里还夹了块鸭毛的尿垫子,实在样样都是好的。最后她搬出一只箱子,不知怎样的,把箱子开开来了,见一条花被单,就往腰里凶揣,揣了一半,又怕有人看见,把箱子一关,急匆匆直往场上搬。

等她搬到场上的时候,大家都在等着农会长讲话。她一个人搬了箱子出来,大家都望着她,她心里有些"七颠八倒",不要是大家都晓得我拿东西的呀!箱子重,脚下走得不妥,那条花单被又在脚下打绊,走到离灯不远的地方,"拍通"她跌倒了,几个妇女去扶她,她不知怎好,嘴里直说:"没事,没事,不要扶。"心里跳得像小榔头颠,慢慢地走到人堆里去。

"三妈呀,你看你身上拉的什么东西?"农会长在桌上问她。

"没……没有,什么……"她说着就把那单被从裤裆里往外拉。

"这个人真不是东西,上次把小勺子夹在裤裆里带家去,这次又浑水摸鱼了。"人堆里一个人在喊。

"不,不,是单被,花单被,不晓得怎么揣到腰里的。小勺子没,没有夹在裤裆里,藏在家里田埂……田埂上……"脸红得像肚肺,她愣在那里,两条腿有千把斤重,撑不起来,搬不走了!

"哈哈哈!小勺子在家后田埂上!"人堆子里轰的笑开来闹开来了。

(《盐阜大众》1947.10.25)

杨广美换了一个人

阜东四区某乡有个偷牛贼杨广美,七月里他偷了一保李老头的大水牛,连夜赶上五汛港去卖。李老头第二天清早尾下去,走到半路,碰到杨广美在草地上睡觉,身旁站着个大水牛。李老头一看,一把捉住,喊起冤来,当地模范班,就把杨广美送到区署来了。区长一问,这头牛不是李老头的,杨广美就拍手顿脚地说理,他说这头牛是自己的牛和五汛港王家开牛行的换来的。区长再一细问,杨广美这半年家里从来没养过牛,找住线索,就派人去提王家开牛行的,哪知王家又把杨广美带去的牛卖了,一直尾到射阳县,案子办了半个多月,把牛追回来,真凭实据才罢手。

找到牛，人证传到，杨广美理是没得说了，但是他总不承认。这时候西窭卫南的老百姓都来告他还偷过好几头牛，三区也有人要来告。区署就把他送上县政府了，民主政府的牢，同从前的牢不同，吃大卷子米饭，十天一顿肉不必说。早晚外来上操，看守长指导员天天讲话教道理开化脑筋，牢里有歌咏队，识字小组，读报小组。犯人不守规矩，还开斗争会，大家批评。杨广美一住半个月，头脑有点变了，法官再提讯的时候，他就不大狡赖，把案子承认个一椿两椿了。

又过这么十天，西窭开乡民大会，区署派武装把杨广美接来给老百姓公审。杨广美细捆着手上了台，就要求讲话。主席不答应，要大家先提意见。台下话说得纷纷，有的要政府判他坐十年牢，有的要政府砍他这两条偷牛腿。一个老头子跳上台说："牛是种田人性命，你姓杨的把我们性命拿在手里，听你玩，现在大家提意见，要枪毙你，哪个不是父母养的，你好容易长成一条汉子，现在民主时代，你赶快承认错误，好宽大宽大你。"

杨广美没有说话，他哭了起来，两眼流泪，喊道："枪毙了我也罢了，死了我口眼闭紧紧，不怪大家，是我不好。"杨广美哭了半天，大家心也软了，一决议，要求县政府罚他做四个月苦工。

区长问杨广美，愿意不愿意，有话没话说？他说："我错到底了，大家还宽大我，叫我做一年苦工也愿意去。"他又向大家说："我杨广美再偷牛，一家老少都把砍。"

在场的人看他说得恳切，看他比一个多月前的杨广美大不相同了，当时就把他松了绑。区长写了封给司法科的信交给他，拍拍他的肩膀说："去县政府牢里好好地做苦工，多想想自己以前的错误，重新做好人。"杨广美拿了信，呆呆地看着地下的绳子，突然转过身来说："那我就去了"！

他一个人走上去县政府的小路，没有一根枪跟着。过一天司法科来信，说杨广美已经在那里做苦工了，表现不错哩！

（《盐阜大众》1948.02.18）

活捉乡长鲍希仁

陆敬芳

顽匪悦来乡副乡长鲍希仁和新"提拔"的队长胡邦裕，带领老流氓鲍希松、鲍希信、艾小桂、艾庆龙、吴培业等，共七个坏蛋，在八号那天，计划突击我村集区马厂乡黄堰圩村民兵干部。匪首鲍希仁，又特地向匪连长张以仁借一支破二堂盒枪，天没黑，就从神山子动了身；摸到黄堰圩时，天就下起雨来，又不知村干民兵在什么地方，有的人就想回去，有的就想顺带抢些东西回去，于是就把吴二娘家的牛轻轻牵出来，刚刚到庄北，被我民兵发觉，到处打起枪来。

这些贼种，不顾命乱跑，到黄堰圩西北角九里墩前，不见了艾庆龙，余下六个人也迷失了方向，不知东西南北，在小魏庄东面摸来摸去，一直顶到鸡叫，才摸到老宅庄。他们认为已经出了我们解放区，就到庄西头抗属韩永喜家找火烤，问道："这里是什么庄子？"

韩老爹起初认为他们是自家队伍，这时看他们的行色说话，很不对头，心里就是生了疑惑。哪知在这时,匪首鲍希仁一面烤火一面说:"老头子,你把夹饼拿些来吃吃。"韩老爹说:"我家早没有吃的了。"他们着急说:"小声点!没有夹饼抓点山芋干子来也行。"韩老爹看他们这样低三下四,心里全明白了,趁机混出门外,去找村干民兵。在外站岗的鲍希松,看出马脚,不敢声张,单独溜走。屋里烤火的几个坏蛋,看老头迟迟不来,知道不妙,正想逃走,哪知外面已布下了天罗地网,塔山区队以及村干部王学彬、李庆亮、徐广太、孙景子、安兴堂等,带着民兵,已围上来了,一条声喊:"狗娘养的,要想活命,快点缴械!"顽匪队长胡邦裕挤出门外,放了一枪之后,就向东跑,哪知东边的子弹,对着他射了过来,吓得他回头又向西跑,西边的子弹也同样向他打来,弄得他东跑西跑,活像落在网里的鱼一样,正在瞎头撞,被李庆亮同志一枪打中了他的小肚子。李庆亮跑上去摘下他手里的汉阳造,他想到腰里摸手枪,当时又挨了两枪,被打得直挺挺的了。这时鲍希仁在屋里,正要摔手榴弹,民兵已冲进去。鲍希仁拼命挣扎,把火脚子弄得满屋乱飞,使人睁不开眼,趁空跑到墙角,把头钻在小缸里,屁股露在外面,颤呵呵的。民兵窜上,把他拖出来,他在地上乱打滚。大家高兴地说:"不要装孬种了,跟我们走吧!"没有跑掉的吴培业,当时也上了绳。大家牵着俘虏,背着步枪,笑嘻嘻的送到区署去了。大家说:"打下这头牛,留原主来认领吧。"

正走着,小魏村传来了喜讯,说庄北冻死了艾小桂,得了一支汉阳造,五排子弹;一条龙庄也传来好消息,说庄前交通沟里,也冻死一个土顽,翻出照片,是鲍希信。

老百姓都欢天喜地,到处都谈着这胜利的故事。

(《淮海报》1948年第1493期)

磨 军 粮

小 景

六组里组长张昌龙从村里开会回来,心里又是欣喜又是担心。喜的是解放军打徐州,江北要把这颗钉子拔掉了,担心的是这次后勤任务真不小,前次才动员去一副担架,现在四天后就要磨好一千五百斤粮,组里剩了的多是些老头子和妇女儿童了。

一到家后,晚饭也吃不下,就把组里九户人家通知来开会。今朝要算到得最齐,女将、伢儿、老爹,屋里挤得满满的。军属范二爹是个瞎子,也叫他七岁的孙子炳儿搀来了。

张昌龙把前方好消息告诉大家,大家都欢喜得拍巴掌。叽哩刮拉,屋子里闹哄哄。王大喜的女将说:"乖龙冬,消灭了十八个师呢?反动派快要完哟!"周洪祥老爹说:"只要把徐州打下来,蒋介石这个狗入的就快完蛋了。"正说得高兴,组长张昌龙又告诉大家说:"仗是打得漂亮的,可是我们后方工作不好点做好,对前方也有点影响,这下子上头派我们组里在四天之内,磨好一千五百斤粮,大家要出劲揪呢!"

马上周洪祥老爹精神抖抖地说:"这点粮,没说项,我们连夜也要把他赶起来。"满屋子的人都是眉开眼笑地说:"昌龙爹放心,我们女将伢儿拉的拉,磨的磨,没得男将也行。"于是昌龙便说:"那么我们现在就来派派看。"王大喜女将抢着说道:"磨粮和抬担架一样,都是为了我们大家的。"你一百斤,我百斤。顿时,会场上大家抢着报斤数。

这时范二爹心里一霍一霍的,忍不住了,就自报磨一百斤。张昌龙听了心里虽然高兴,但知道他家有实际困难,就问大家:"你们大家看,可要军属范二爹家磨军粮哈?"邵德才女将说:"范二爹自己眼睛又瞎,家里就是一个媳妇,一个小孩子,人手不多,不能要他家磨。"王大喜女将也说:"这一百斤粮,我们每家带一点就行了。"会场上一条声:"不要他家磨。"范二爹着急地说:"这次打徐州的部队,说不定我家山儿也在里头呢!我能够磨点粮送到前方,心里也安逸。磨粮又不比种麦,我们爹孙三代可以揿得下来。"昌龙见他一股热情,又很坚决,就答应给他五十斤。

会一散,把粮抬到家,范二爹叫儿媳把麦子弄出来拣一拣,重又扬了一下,范二爹又叫她称了自家五斤元麦放在里头贴蚀耗。就这样,范二爹拉,媳妇拐,两个人磨磨歇歇,磨到半夜才磨好。

第二天一大早,爹孙三个把粮食抬到组长家。昌龙一看,磨的根,又干又白,随即拿了秤过来,一称多了一斤半,忙问道:"二爹,怎么有得多的?"范二爹和他媳妇都笑笑,没有回答。旁边炳儿做了个鬼脸儿说道:"是我家妈妈加了五斤粮进去的。"

于是这个消息,马上传开去了:"范二爹磨得粮,又干又白,自家还贴上了五斤粮,头一个完成了任务。"其他七户人家,都在出劲地向他看齐,全组三天都完成了任务。

(《新华日报》1948.12.12)

胡大嫂劝夫出民工

周德远

胡大嫂劝夫出民工的故事,传开了全邵光乡。

本月二十八日,天麻花亮,胡大群远远就瞟见指导员李立华同志,急匆匆地到各家动员民工,他忙朝家溜,嘴里叽里咕噜对女人说:

"指导员在动员民工,怕的要叫我去,他来了你就说我得伤寒病,不能行动。"说着,霎时间哼哼歪歪,"唉……"的病起来了。胡大嫂生气地说:"你老这样子,不怕丑吗?"

立华同志早晓得胡大群的惯脾气,跑到大群窗口前听他俩口在吵嘴,不耐烦走到门口,喊道:"群大哥在家吗?""在房里呢!"胡大嫂笑着招呼指导员。忽然房里传出大群装病的哼唉声:"唉!哪个呀?"指导员故意加重语气的说:"大群,你要出后勤呐!不能再向后赖了,大家都对你有意见。"大群装着抽气的说:"指导员,我病了,实实在在的不能起床,不能去。"立华同志和胡大嫂招呼着,匆匆地走了。出门时胡大嫂对他说:"今天一定保证他去,你放心,不要你们麻烦。"立华边走边笑的说着:"看你动员的本事!"

太阳红上来了,锅里的山芋蒸得粉烂的,胡大嫂亲热地喊:"大扣爷,立华走了,起来吃早饭吧!"大群一骨碌地坐起来!大嫂却正经地说:"扣宝爷,你老不去,到底想什么心思呢?"大群马上气鼓鼓发狠地说:"外边人要我去做民工,你也把我朝外推吗?入妈的。"又说:"飞机呜呜的,机枪格格的,子弹和你有亲吗?"大嫂子和气地说:"王家力立了大功回来,他们在外五个月,一根毫毛也不差掉!"又说:"伢子爷,我们也要算算陈财,你忘记了吗?三年前,家里什么也没有,现在分了十分亩水汪地,收到八十斛籼稻,多快活。"大群五十岁的爸爸,在旁听见也给感动了,滴着眼泪说:"过去你果记得,地主'黑二皮'一棍打昏了你,不报仇吗?"

大群头一坑,脸一红,"呼啦呼啦"的只顾低头吃山芋,伸伸懒腰说:"去就去!"他脚一跷,鞋子呢?腿一伸,棉裤呢?手一揸,零用钱呢?层层困难提出来吓女人,调皮地说:"不是我不去,是没东西。"胡大嫂脸上堆满了笑,心里想:丈夫的脑子里有些透气了,便慢吞吞地说:"只要你去,东西我去想办法。"大群量定他女人家是没法想的,便拍拍心口说:"去去,不去就是孬种。"

天乌黑了,胡大嫂跑到离家几里路的通洋港婆家,向二舅子借了双簇新的鞋子,又跟外婆东凑西凑,借了些钱,买了七尺黑平布,想套棉裤,又把自己纺线纺出的两斤细纱卖了钱,准备丈夫做零用。一切准备定当,跑得汗淋淋的回来了。"这钱给你做盘费,这是一双新鞋子,棉裤一套就好。"她一样样点给丈夫大群看。

胡大群受了感动,觉得惭愧地说:"我真的去了,鞋子和钱给你,裤子把伢子做吧!我不要。"说罢,扛起扁担,边走边吩咐胡大嫂"扣宝看好,水田不能脱水"等等一连串的家常话。大嫂一面送丈夫,一面高兴地说:"你放心,家里有我。"一直送到大路口才回来。

旁的民工一个未到,大群已在集中地点西坝上等了。五十个民工先后来了,大家大眼翻小眼的看着大群:"咦!大群打第一炮了。"指导员立华同志心里有数,便讲给其他民工听,这时,个个都夸赞胡大嫂不错。

(《新华日报》1948.12.18)

第三章

铭 诔 公 函

悼李大钊同志

魏 琴

　　李大钊同志及其他二十余同志在北京被杀了。在军阀的反动中心和帝国主义的在华外交中心被杀了！自从他们被捕以来，固然明显看出他们是无生还希望的，但他们被杀的消息，仍然如晴天霹雳一般，使我们感觉异常的悲痛！李大钊同志及其他二十余同志之死，正当中国革命进展至第二个阶段的时候，正当资产阶级背叛并建立其自己政权的时候，正当帝国主义以公开干涉手段威吓中国革命的时候。李大钊同志及其他二十余同志在北京被杀，恰与四川广东福建江西安徽上海南京杭州宁波等处革命工农群众之被屠杀，差不多在同一个时候。

　　中国反革命的资产阶级，经过他的代理人蒋介石及其党徒开始向革命的战线攻击，于是反动的封建军阀更加无所忌惮地杀戮中国无产阶级及北方革命运动的领袖了。我们的勇敢同志之血从今在革命群众队里永远深刻着蒋介石张作霖两大刽子手的名字！资产阶级背叛革命战线，必定与全国最反动势力联合起来，必定与民众敌人张作霖等联合起来。资产阶级和这些反动派中间的斗争，亦如军阀中间或帝国主义中间的斗争一样，是继续而不断的。但对于革命，对于工人和农民，蒋介石和张作霖都一样是仇敌！

　　北京同志被杀一事，革命的群众应该看做是资产阶级和反动军阀政治联合之表示。无疑，这是帝国主义者嗾使胡匪张作霖杀害我们同志！他们假借张作霖兵警之手搜查苏联大使馆，拘捕我们同志并杀害之。帝国主义者在中国的共产主义怪物面前发抖，他们在中国革命的高潮中认识了这个怪物。最近一月以来，因为蒋介石之反对国民政府，帝国主义者在北京尤其猖狂，这更可以证明，客观上，蒋介石和帝国主义者已经联合起来了。北京同志被杀一事，足以告诉群众，蒋介石及其徒党究竟往哪条路走去；告诉群众，他们是离开革命而变成帝国主义的佣仆了。

　　李大钊同志是创立中国共产党之一人，又是国民党的政治会议一委员。他是最勇敢的战士，为推翻一切反动势力而奋斗。他的名字早就为全中国革命者所认识了。他及其他同志的名字将为几百万北方的群众所牢记不忘。我们的英勇同志之死，愈加继起革命运动向前进展！

（《向导》1927.05.08 第 195 期）

革命烈士总追悼词

尹 宽

从一九二五年的五卅到现在,恰恰是两周年了。这是一个整个的流血斗争的过程!

在这个过程中,已经是一批又一批的烈士倒下去了!

这些烈士的刽子手原是以英日等帝国主义者为主人,北洋军阀为助手,但于今又加上南方的新军阀凑在一起!

我们的敌人加多了,但我们自己确也猛省了!

我们用不着悲哀!历史为着我们工作,我们一定能雪此仇恨!

帝国主义者,北洋军阀,大资产阶级已用我们烈士的血把中国赤化了,我们就只有踏着这一条赤化的道路向前猛进!

同志们,奋斗!

烈士精神不死!

(《向导》1927.05.30 第 196 期)

悼韩紫翁
闻韩紫翁陷敌不屈而死诗以赞之

陈 毅

忍视神州竟陆沉,
几人酣醉几人醒?
坚持晚节昭千古,
誓挽狂澜励后生。
御侮力排朋党论,
同仇谋止阋墙争。
海宁胜地多人杰,
信国南归又见君。

(《盐阜报》1942.04.26)

记盐阜区抗日阵亡将士纪念塔

常 工

庄严雄伟的盐阜区抗日阵亡将士纪念塔落成了。

塔高六丈,背靠着黄河堤,面向南方一片碧绿的田野。十里外,就可以望见塔顶。

上面站着一个铁铸的黑炯炯的战士像,全副武装,脚穿草鞋,手中紧握着钢枪,以庄严的英雄姿态,向日本帝国主义者,向汉奸、叛徒,向敢于内战的国民党反动派,向怯懦的人们示威。

塔身是灰色的,正面雕刻着陈军长沐手敬题的字,背面却雕刻着杨芷江先生所作的塔铭,左右两面,亦雕刻着黄师长、张副师长、王冀英、陈曙东、唐碧澄、杨动樵、乔耀汉、邹鲁山诸先生的悲壮慷慨的诗和词,每个字都涂着鲜艳的硃砂和麦绿的彩色。

塔周方园一亩,靠塔修有一尺高的阶梯十层,每层都铺有光洁的淡蓝色的方块大砖,在高阶梯的四角,朝天放着四个一人高的炮弹,宛似守卫塔的四个巨人。塔东北角上,筑有彭故参谋长雄和田故旅长守尧两同志的纪念碑。

每个人,走到这个塔的底下,仰望这个铁打的巨人,都会起着一种伟大庄严之感。这是盐阜区的光荣和骄傲的象征,这是牺牲壮士崇高的民族气节,钢铁一般的意志的象征,这是不可摧毁的盐阜抗日民主根据地的象征呀!

塔的修成,费时两个半月,参加修筑的群众有一万多人,共计用了四十多万块砖,二十五担水泥,十五担石灰××铁,十二担炭,人工和材料的数字都是相当惊人的,这是盐阜区全体人民所心甘情愿的。在塔刚要修成的时候,益林商会还自愿出钱另修一个纪念亭呢!

修塔的砖是各地群众运来的,远的竟在八十里以外。有的甚至是从敌占区运来,例如盐东××乡,就从离敌据点只半里路的敌占区抢运。他们说:"战士们能流血,我们还不能流汗吗?"参加运砖的行列,最多时竟有两千多人,有一个十四五岁的小姑娘,她扛着四块砖参加运送。

修塔工人的工作更是惊人,每天都以极大的速度进行,在两个半月中,产生了不少的劳动英雄。其中有泥水匠陈廷模、桑荣旭、董其功和冶铁匠周介和为最模范;除把自己的工作完成好,还替别人帮忙,互相研究,互相学习。起初很多工人不会使用水泥,他们就分成四组,每组一个领导,大家不但学会了使用水泥,而且使用得很漂亮,很多困难都是这样克服的。

最令人感动的,也是对牺牲烈士最好的悼念,是每天帮助修塔、挑水、推土、运砖……的群众,他们不吃公家一点粮食,而工作却特别积极,只要轮到他们,不用催,就都自动来了。他们还进行乡与乡竞赛,马集乡有两个妇女,工作和男子一样重,在推土竞赛中,争得了胜利,获得大家的赞誉,建委会为了这也各赠她们毛巾一条。

这塔,是血和汗的结晶,也是盐阜各阶层人民铁的团结的象征!

在修建中,建委会刘秉华、刘超、刘立卿、张敬之、鲁莽等同志极为劳苦,他们在生活上和工人打成一片,不断地对工人进行教育和鼓动,他们差不多每天都到,工人们也都这样说:"四十多万块砖,每块都检查到了!"

首长也非常关心工程的进行,张副师长李政委先后来了四次,每次都带来了兴奋,替工人们摄影,在吃饭时替工人们敬酒,使工人精神上得到很大的鼓励。

(《盐阜报》1943.10.03)

第四章

散 文 小 说

可怜的若格 Pauvre Jacoues

赵祖欣

　　可怜的若格，境况真苦恼。挨塞底先生见他眼泪永远挂在眼边，渐渐的就拿他当作了眼中钉，时常报以老拳。从早到晚。只听见这两句话："若格你是个糊涂虫，若格，你是个笨驴。"说也真怪，只要他父亲在旁边，这可怜的若格便手足无措。本是用力噙眼泪，反把面孔弄得很难看。有一天晚上，大家坐下，正要吃饭，忽觉得房里一点水也没有。好若格就说："我拿去，你们看好不好？"说完，就拿了一个樽子、一个大沙石樽子。挨塞底先生耸了耸肩，说道："要是若格去，樽子就算碎了，那是一定的。"挨塞底夫人神气从容地说："若格你听见了吗？不要打碎啊，留神点。"挨塞底先生接说："你那算白说，他一定打碎了回来。"这个时候，若格哭啼啼的声音说："你为什么一定愿意我打碎它？"挨塞底说："我没有愿意你打碎它，我说你一定打碎了它回来。"说话时，声音狠严厉，不容旁人回答的。若格也不回答，一只手颤巍巍地拿起樽子，恨恨地出去了，那个形境仿佛是说："我打碎了它？你们看罢。"

　　五分钟过去了，十分钟也过去了，若格还不回来。挨塞底夫人觉得有点不安静了，说道："千万不要遇着什么事啊！"挨塞底厉声说："你想他能遇见什么事？他打碎了樽子不敢进来了。"说着就立起来开门，看看若格到底是怎么样了。不必走远，若格就在台阶上站着，两手空空，一声不响，脸上露着惊呆的样子。一见挨塞底先生，脸就发白，凄凄惨惨没声没气地说道："我打碎了。"他是把樽子打碎了。

（《每周评论》1919.02.16）

现代教育的趋势

天　风

教育的天然基础（涵庐记）

　　这回所要说的现代教育的新趋势，就是注重个人本能 Instinct 的趋势。从前的教育家对于儿童的本能，很不留意；现在才知道儿童的本能，是教育上很重要的东西。一切学问和训练，必定要拿人类天然的生来的本能做根据，利用他自动的能力，发展他原有的天性,才是新教育的宗旨。从前的教育,把学生当做被动的,把许多教授的材料装进学生心里去,就算了事;现在的教育,是要学生自动,是以学生个人的本能做主,拿教育做发展他们本能的工具。

这种注重个人天然本能的教育倾向,是很新的,是近来才有的。从前西方的人对于人心有两种很怪的观念:(一)把人心当做一个袋子,中间是空的,可以拿些东西装将进去;(二)把人心看做白蜡白纸一样,想做成什么就像什么,要染上什么颜色就变成什么颜色。这两个比喻可以证明古人把人心看做被动的,推到结果,必定把儿童也看做被动的,不相信他们有自己的本能。

现在的教育渐渐承认个人的本能,所以现在教授的方法,让儿童加入学校的活动,拿他天然的本能做主,从旁边去利用他、指点他、引导他,叫他往一个方向上走,叫他向他能够做到的地方发展,——这就是新教育和旧教育不同的地方。

本能到底是什么,现在也用不着精密的科学的定义。简单说来,本能是天然生来,不学而能的种种趋向、种种冲动。譬如小孩子初生下地,遇见强光,就会闭眼;遇见大声音,就会害怕;饿了就会要吃:这都是自然的动作,没有人教导他的。这些不学而能不教而知的天生的性质,就叫做本能。教育不过观察哪些是他们可能的,哪些是应该利用的,把它一一挑选出来,加以相当的训练,引到实际应用上去,把他们本能,一一发见出来,这才是注重自动的新教育。

以上所说的本能,不过是关于个人里面的一部分。教育的缘起,就因为除了里面的本能,还有外面的社会的种种环境。譬如风俗习惯历史遗传道德文化都是外面的分子。因为要想把内部的本能和外部的环境互相照应互相帮助互相融合起来所以才有教育。我们且分三步说。

(一)教育的需要 就是因为什么缘故才要教育?因为个人的本能和社会的环境中间有一道大沟。本能的天然趋向,自然的冲动,是杂乱无章的,是未经过训练的,所以不能适合社会生活之用。有这种缘由逼迫我们,所以我们才要教育。

(二)教育的目的 就是教育到底是为什么?因为个人的本能未必恰和社会生活相合,所以教育的方针:就在怎样训练、怎样引导个人的本能,叫他和社会的生活相合。必定要把个人的本能和现在社会的生活沟通一气,叫他恰好适应社会的需要,才是教育的目的。

(三)教育的材料 就是拿什么东西来教育?因为教育是引导个人的本能叫他适合现在社会的生活,所以必定要拿那些和现在有益的学问文学技术制度等来做教育的材料。

照这样看来,教育这个东西,乃是引导训练发展个人本能,让他恰好和社会生活相合。所以现代的教育可说是沟通个人本能和社会生活的一种工具。

大家都知道教育的范围很大,不单限于学校教育。小儿生下地来,自吃乳的时候就受他母亲的种种教育,可见人生在世,天然的本能没有一天不和社会的环境相接触的,这都是广义的教育。我此刻且不讲这种广义的教育,先讲学校的教育。学校是什么呢?学校是一种社会的制度,社会把一切过去的现在的将来的种种计划工具,集聚在这个机关之中,拿这些东西训练学生,使他本能地活动,变向一条路上去,和当时社会生活的精神相合,——这就是学校的定义。再简单说一句,学校就是缩小的集中的社会,把过去现在未来的所有计划工具,拿来教社会的幼小分子,叫他们为现在和将来社会之用。学校不但是雏形的社会,并且是模范的社会,后来社会改良都要完全靠着它。

我本不愿意劈头就正式说明个人的教育主张。不过为简单起见所以开口就说了。注重个人本能,本是教育的新趋势,我所以再三解说,第一要想大家明白教育一方面是拿不学而知不教而能的本能做主体;一方面是以适应社会的需要做目的的。

这样抽象的讲法,恐怕有点不容易明白,现在且抽出小孩子学说话的一件事来做具体的说明。我们都知道学习语言是很不容易的事,然而小孩子学讲话,居然能在很短的时间,收得很大的效果。这都是本能作用。人类天然有和别人交际的天性,有能讲话的本能,小孩子乱叫乱喊,都是天然的趋向。据心理学家的研究,当小孩子一岁半的时候,所发的音,连世界上所有的音都有了,这就是教育的基础。没有这种基础,就没有教育可言。然而一方面又有社会的需要:我们学说话是要使人懂得我的话,又要使我懂得人的话。小孩子学话,最初有家庭间的要求,其次有社会的需要,不能不通达彼此的意思。因为有这种需要,所以小孩子不知不觉的就能说话了。但是这种社会的需要同时又能限制学话的趋向。我要人懂得我说的话,就不能不依社会上通用的规矩。在北京的人,不能不依北京的发音;社会已经定了"茶"的名,我就不能叫它做"酒";社会通用的文法是"人吃茶",我就不能说"茶吃人"。小孩子天然的本能,受了这种限制,自然渐渐的归到一个方向去,学成一种适用的话。由此足证二者交相为用。无论何种教育能力,假使受教的没有天然的本能,那么就要教也无从教起;然无论他有多大的天然的本能,假使没有社会的需要,那么就要学也无从学起。由此更足以证明前说的教育上的三义:社交和参预事情,就是小孩子要学话的需要;使他成一个能应答的人物,就是他的目的;在他那个社会里的单字、成语、语气、文法等,就是他的材料。

小孩子在很短的时间内能学很多很难的语言,这件事若要研究起来,可以得以下教训:

小孩子天然有说话的趋向,家庭利用它教他说话,渐渐的就能说能懂。到了学校,用了许多工夫,反不能收这样的效果,这是什么缘故呢?可不是因为一是利用他的本能,一是压制他的本能,所以一方面收效很大,一方面收效很小吗。对付学生的方法,大家都说"学生行动,尚没有过于激烈的地方,若是一味的捉拿,越捉越多,恐怕要惹出别省的反响,不如拿平和方法对待为是"。当时议定两种办法:一是更换大学校长,让蔡元培辞职,叫胡仁源继任。二是更换教育次长,让袁希涛辞职,叫傅岳棻继任,并暂行代理总长的职务。并责成傅氏同各学校校长接洽,商议善后的办法。当晚八点钟又在钱能训家里会议,商定对待学生不取极端严厉和极端放任主义。第一步办法,仍从叫学生上课着手,对于各学校根本问题绝不摇动。这回捉拿学生本是警备总司令段芝贵的主意(据七日顺天时报说:"段芝贵前在军警会议席上,极力主张以严厉的办法对待学生,故令警察应施行拘捕。不料学生拘捕未尽,而市面秩序,反形恐慌。更兼商民睹此军警戒严,及学生愈闹愈厉之景况,以为大乱在即,遂向各兑换所兑取天津张家口中交钞票现款。于是金融界又受影响。故于昨日晋见总统时,知办理不善,遂引咎辞职云。")。现在不觉良心发见,自己懊悔起来了。于是又同吴炳湘商议。吴氏乃主张同教育次长各校校长教职员等共同商议,要求一体帮助,来收束学生的风潮。

(《每周评论》1919.06.22)

找儿子的老太太

杨国民

　　火车还未开到,白塔站已显得很热闹,青岛来的大箱子颜料与麻袋装着的杂货、食盐,堆在站上就有人一般高。搭客们三三两两地在铁路上徘徊,有的坐有的站,有的蹲在地上;内战的消息吸引着人们的心,张贴在木板上的《淮海报》前边,人们更挤得黑压压的。不识字的娘儿们,一边把奶头塞着吵闹的孩子的嘴,拍拍孩子的屁股,一边却尖起耳朵,半懂不懂地听着别人念着的内战的消息。路警站在自己的岗位上维持秩序。

　　小贩们夹杂在喧闹中叫卖纸烟,提着黄瓜、包菜、茶水,在搭客中转来转去兜揽生意。

　　在我身旁的一位九十多岁的老太太,出神的眺望着四方,像在苦想着一桩心事。头上包着一方土织的毛巾,跟着脚坐在太阳底下,挥着蒲扇。膝盖上放着一个衣服包。"你侬到哪块去?问徐州这段路好走吗?"她突然打着一口海州土音问我,怕我不明白她的意思,还用颤颤巍巍的手朝西指指。她的话起初使我吃惊,同时又引起我的好奇心,我不知道这样一位老太有什么要紧的事到徐州去?我也捏着侉音回答她:"我到新安镇。老太,火车只开到运河站赵墩,到徐州要走了去,你侬去干么?"

　　她想说不说的样子:"到徐州——看儿子去。"她那一张本来是憔悴的脸,这时忽的又蒙上了层深愁。我想,这也许是儿子在徐州害了重病,再不然是出了什么岔子,或者蹲了监牢,不然不会使她如此发愁。她的母爱无形中深深感动了我。我一边送她一段黄瓜,一边关怀地问:"老太,儿子在徐州做买卖吗?"

　　"你侬哪块知道,我的老命可苦啦!说你听:我家住大蒲镇,有两个儿子,大儿子在日本人没来前被老中央八十八师拉夫去,已有七年多不归家;二儿子前年害风瘫症死了,为了买棺材葬他,累了一屁股债;二媳妇又被入奶奶的一个中央军班长拐走了,我孤苦伶仃,靠卖杂货赚点钱糊口过日子。大哥,我日夜思念着大儿子,没依没靠!自早收到他从徐州托人送来一信。"她说着说着眼里就湿漉漉起来了。她的哽咽的话音与悲惨的命运,引起了周围的搭客的同情。她左手撩起衣角,从衣袋里摸出一封信。我接过信来,也蹲在地上,慢慢地看那铅笔写的信,才知道这老太叫郑吴氏。信是她大儿子端午节前写的,大意是:

　　"男离别娘已有七载,受尽饿寒,苦不堪言!……男思家颇切,今春猜测可复员归里,奈上峰不许!现时而命与该方(指我军——作者注)接触,归家不得,男怨罪已极!……娘接信后,可与二弟来徐一行,顺带便衣数件,便于更换,详细情况见面再谈……"

"大哥,听带信人说,徐州现忙着家里人与家里人打仗,我大儿打鬼子打了几年没打死,今天与自己家里人打死了,我死也不瞑目!你们八路军……"她正说着话,火车轰隆轰隆的冒着黑烟,从西边开来,搭客有的拍拍屁股的灰沙,摸着行李袋,准备上车了。老太看着别人这样,也慌忙站起来,拎起包袱要走。

"老太,别忙,车子到站还要下客下货。你看,"我手指着那一大堆货,"好多货要上车,要等半个钟头才能上车呢。"她点点头,仍旧坐下来,把我还她的信珍重的塞到包袱里去。

火车已停在我们的面前,把它从西边带来的人和东西吐出来,接着新的人和货物又填了进去。我扶她进了车厢,找到座位以后,又下车买了十个面包,送给老太四个,但她推开我的手:"你侬吃吧,我不饿!"我说:"没事,大娘,到赵墩还远哩,你侬先吃个充充饥!"几番推让,她才收下。

车过麦坡站约两三里路,老太望望周围,看没人注意,她才低低的告诉我:"不瞒你说,我死也不让大儿子在中央军里干了,成天打自家人可是出路呢?我这次带二十块银洋做盘缠,要他一起回家,你们路上查到可要紧么?"

"不要紧,只要是不愿打内战的人,不管当官的当兵的,尽管回来,八路军和民主政府一定保护,你侬放心好了!"我解说着。

"天保佑我大儿回来,就是要饭也甘心。……你侬知道干老中央军哪,哪个不骂死!打人,骂人,抽丁,抽税,哪一手不跟二皇在时一样!"老太沉重地叹了一口气。

我坐在她的背包上,吹不到风,额上的汗直往下淌,老太看了不过意,硬要和我换座位,让我靠窗吹吹风。这种无微不至的关怀,就是自己的慈母的温存,恐怕也不过如此吧!同时也使我想起了那位在徐州干着老中央军的她的儿子的可羡与可怜。可羡的是他有着这样一个慈祥的母亲,可怜的是他正被反共将军们鞭策着走上内战前线,放着和平的生活不能过,却出生入死的为少数的官僚买办当炮灰。说不定他此刻正伏在徐州哪一个碉堡里,被迫用枪口对准着这批东来的和平居民,而不知道这中间有着自己的母亲吧!

新安镇出现了,已经到了我下车的地方,我不能不和这位老太太——我的临时的母亲告别了。当我走到列车外边,她却趴着窗向我摆摆手,为我祝福平安。我也向她挥挥手,但列车开动了,我想祝福她:"愿你回来的时候,你儿子伴着你!"可是我没有说出来。火车轰隆轰隆的沿着路轨向西滚去,像是一颗忐忑不安的慈母的心。

(《新华日报》华中版 1946.08.10)

第五章

诗 词 歌 谣

雪

志 希

七年十二月二十日
往日独登楼，
但见惨淡寒烟满城昏黑。
如何隔夜推窗，
变得这般清白，
难道是"大老"爱银子的精诚，
感动"老天"把世界变成这样颜色？
还是"老天"不忍地狱沉沉，
也教他有片时改革？
听说畅观楼中陶然亭下，
有人带酒披裘称心赏雪。
那知道地安门前皇城根底，
却有人披着单衣按着肚皮、震着牙齿、断断续续地叫"了……了……不得……！"

（《每周评论》1918.12.20）

背枪的人

仲 密

早起出门，走过西珠帘。
行人稀少，店铺多还关闭，
只有一个背枪的人，
站在大马路里。
我本愿人"卖剑买牛，卖刀买犊"，
怕见恶狠狠的兵器。
但他长站在守望面前，

指点道路、维持秩序,
只做大家公共的事,——
那背枪的人,
也是我们的朋友,我们的兄弟。

(《每周评论》1919.03.07)

偶　成

仲　密

一

北河沿的西边,
立着一所灰色的大屋。
每天响的钟声,
现在忽然没有了,
门外也没有人的行迹。
只见十几个黄布帐,
散在沿河的绿杨树下。

二

许多老老小小的人,——
有的蹲着,有的站着,——
都在隔河呆望着。
老先生,可怜你们在清朝过了大半生,
还没有见过这样有趣的玩意儿。
我告诉你,踏了冰蹋了雪,一直往西北,
在那里的旧账簿上,
却可看到许多这样的事!
用通红的火一般的横行字,
都在那旧账簿的末叶上记着。

三

他们,"看呵,捉了犯人来了!"
但我却不见有什么,
只有一位穿黄衣服的朋友,
带了他的侄儿! 或是兄弟?——

在断绝交通的路上走来。
那弱小的少年——年纪不过十二三,
一身灰色布的制服,袖子上一条红线,
头上却没有帽子。
到了门口,一眨眼间,他忽然不见了,——
只有那黄衣的朋友还在门外站着,
许多老老小小的人隔了河望着。

四

不相识的小兄弟,
请你受我的敬意。
我愿你出了这门时,
不再受这样的待遇!
我不忍再见你那勇敢悲哀的样子,
但我终不能忘记。
我只愿你立志反对军国主义,
将来自有光明,
与我们同做平和的人民,
过自由的日子。

(中华民国八年六月三日)
(《每周评论》1919.06.08)

威　权

适

(一)

威权坐在山顶上,
指挥一班铁索锁着的奴隶替他开矿。
他说:"你们谁敢不尽力做工?
我要把你们怎么样就怎么样!"

(二)

奴隶们做了一万年的苦工,
头颈上的铁索渐渐的磨断了。
他们说:"等到铁索断时,
我们要造反了!"

(三)

奴隶们同心合力,
一锄一锄地掘到山脚底。
山脚底挖空了,
威权倒撞下来,活活的跌死。

(《每周评论》1919.07.13)

女 丐

辛 白

一个三十来岁的妇人,跟着我的车子跑,口中喊道:"老爷!给我一个大!可怜!可怜!"

他一手拿着一支香烟一手伸着要钱,两腿跑个不歇,跑几步,叫一声老爷,吸一口烟。

(《每周评论》1919.07.30)

一颗星儿

适

我爱你这颗顶大的星儿,
可惜我叫不出你的名字。
平日黄昏时候,
霞光遮尽了满天堂,
总不能遮住你。
今天风雨后,
闷沉沉的天气,
我望遍天边,寻不见一点半点光明,
回转头来,
只有你在那杨柳高头依旧亮晶晶地。

(《每周评论》1919.08.10)

感黄庞二烈士底死

雁 汀

何人不死去,
死本不足奇;
看了怎样死,
再量我们脑中留的痕迹!

死先锋是他们两个,

死先锋是他们两个。

死本是常事,

屋顶塌下压死你。

主义是盾牌,

宣传是武器;

我们何必畏崽(葸),

看看黄庞底足迹。

(《先驱》1922.02.18 第 3 期)

劳 动 歌

一

你种田,

我织布,

他烧砖瓦盖房屋。

哼哼!呵呵!

哼哼!呵呵!

做工八点钟!

休息八点钟!

教育八点钟!

大家要求生活才劳动。

二

认识字,

好读书,

工人不是本来粗,

读书,识字。

识字,读书。

教育八点钟!

休息八点钟!

做工八点钟!

大家要求教育才劳动。

三

槐树绿,

石榴红，
薄薄衣衫软软风。
嘻嘻！哈哈！！
嘻嘻！哈哈！！
休息八点钟！
教育八点钟！
做工八点钟！
大家要求休息才劳动。

(《先驱》1923.05.01 第 7 期)

和杨芷江先生步六韵

陈　毅

光明黑暗搏神州，
抗战年来禾黍秋。
胡马窥江人(注一)投敌，
权奸误国我深忧。
英雄老去诗人在(注二)，
邯郸梦回妄念收(注三)。
眷旧淮南多惠助，
飘摇风雨济同舟。

注一　谓李长江辈。
注二　芷江先生旧从吴子玉游。
注三　用吴子玉句。

(《盐阜报》1942.06.11)

赠陈军长

阿　英

将军只手定苏北，
勋业多传大江南。
会看白门传羽檄，
丰功端合勒蒋山。
融合马列成巾纶，
敌后坚持贼胆寒。
五年功成反扫荡，

长驱倭寇出雄关。

(《盐阜报》1942.07.23)

和陈毅同志(三首)

杨芷江

一

诵君绝笔痛如何？
国步于今难益多。
只有睢阳堪比拟，
鼠为掘尽雀为罗。

二

旌旗浩荡渡江年，
共说为民解倒悬；
今日彭咸当日树，
万家争献犒军钱。

三

匈奴未灭敢言家，
报国丹忱宁有涯；
留取一腔新热血，
与君共溉自由花。

(《盐阜报》1942.08.01)

颂陈军长

阿 英

壮气凌云上，
雄才一代中。
孤军驱暴虏，
只手拯哀鸿。
苏北干城重，
江南障海功。

生灵数百万，
翘首仰英风。

(《盐阜报》1942.11.18)

送沈、张诸君赴延安

陈 毅

岁暮天寒曙色新，
停杯驻马送君行。
华东小住情无限，
又向天涯事远征。

万里长征不计程，
指津自有北辰星。
太行山上辞残雪，
延安城头望柳青。

刀丛出入历艰辛，
且喜刀丛自有春。
穿插敌防千百里，
壮游堪羡快平生。

八载睽离望关陕，
五年风雨仗延安。
故人相见问消息，
敌后荆榛仔细看。

(《盐阜报》1942.11.18)

我从黄河堤上来

常 工

一旁是流水漾漾，
一旁是草野茫茫，
同志，我从黄河堤上来，
告诉你——
　黄河堤上的秋天，
　　一派好风光。

黄河堤上的秋天,
谁说罹大难?
秋天的黄河堤上,
谁说遭灾殃?
同志,我从黄河堤上来,
告诉你——
　　黄河堤还是那样高,
　　黄河堤还是那样长,
　　黄河堤上的野花,
　　红岗岗……
明媚的秋日的阳光,
温暖着黄河堤的脸颊,
和畅的秋日的轻风,
抚慰着黄河堤的心房。
同志,我从黄河堤上来,
告诉你——
　　流水上穿梭着渔船,
　　草野里跳跃着牛羊,
　　蓝色的澄洁的天空,
　　云雀飞翔……
满堤的山芋红溜溜,
都说今年大丰收,
满堤的花生白胖胖,
都说今年好风光。
同志,我从黄河堤上来,
告诉你——
　　白发老人安康,
　　年轻汉子都健壮,
　　娇丽的姑娘们,
　　都披着淡红色的头巾,
　　舞动跳荡。
秋水闪烁着耀眼的波浪,
谁不留恋呀!
秋野散布着醉人的芬芳,
谁不神往呀!
同志,我从黄河堤上来,

告诉你——
　　哨兵都在葵花朵下守望，
　　马队都在荞麦畦边驰骋，
　　扬起紫色的飘带，
　　纵情歌唱。
秋天的黄河堤上，
永远没有忧伤，
黄河堤上的秋天，
永远都很悲壮。
同志，我从黄河堤上来，
告诉你——
　　战死者的坟上草色青青，
　　战死者的塔上百倍灿烂，
　　　　千倍辉煌。
　　一旁是流水漾漾，
　　一旁是草野茫茫。
同志，我从黄河堤上来，
黄河堤上是最幸福的
快乐的家乡。

(《盐阜报》1943.10)

民 做 主
（三十六码头调）

彭　彬

　　过去世事真不行，
　　青皮泥腿子不当人，
　　心中有话难开口，
　　乡亲们呀，
　　　只好忍气又吞声哪！

　　如今天地翻了身，
　　穷富男女都平等，
　　民主政府讲民主，
　　乡亲们呀，
　　　心中冤屈有处伸哪！

现时的官儿大家选,
选个乡长有本领,
做事要为老百姓,
乡亲们呀,
办事桩桩要公正哪!

如有乡长官僚又贪污,
红眼绿睛狠又狠,
大家起来罢免他,
乡亲们呀,
推翻坏蛋换好人哪!

(《盐阜大众》1944.02.05)

乡选运动小调
(陪送调)

夏侯魁

长江里后浪推前浪,
人民大众有力量,
各乡各村开大会,
一齐来,出主张,
真正民主选乡长。
咿呀呀子喂,
选举就是人民做皇上。

反动派政府最腐败,
地痞流氓全上台,
贪污腐化心肠坏,
乱抽壮丁乱抓差,
抓得人民哭哀哀。
咿呀呀子喂,
有钱有势才能吃得开。

民主政府就不一样,
百姓自己选乡长,
选出一位好干部,
为大家,办事情,

凭公理,无私心。
咿呀呀子喂,
共产党出的好章程。

过去政府死要钱,
定出多少黑头捐,
县里公事到门前,
乡约地保来要捐,
还供酒饭鸦片烟。
咿呀呀子喂,
穷苦百姓无处去申冤。

民主政府爱人民,
公差使费一扫清,
生产运动来实行,
不分百姓不分兵,
劳动英雄得奖金。
咿呀呀子喂,
军民生活大大来改进。

乡选先发红白榜,
大家都要看周详,
好人坏人看明白,
好公民,登红榜,
不是公民登不上。
咿呀呀子喂,
坏蛋分子登白榜。

大家开会细讨论,
检查奸细与坏人,
发现坏蛋就斗争,
有一分,认一分,
从头按到根。
咿呀呀子喂,
公民资格大家来评论。

选举乡长大家要注意,
不分穷富和高低,
古来传言道得好,
十年河东转河西,
莫笑穷人穿破衣。
咿呀呀子喂,
只要能为大家谋福利。

(《苏中报》1944.02.21)

可惜未住新四军

雍有方

麦子黄,麦子黄,
家家户户收割忙,
东村叫人叫不到,
西村叫人人也忙,
眼看田中黄金麦,
两手抚弄无主张。
听说南庄新四军,
帮忙收割真热心,
一根麦子不损失,
捆扎真当心,
请他吃烟他不吃,
请他吃茶茶不尝,
问他为什这样干?
他说我们是自家人,
看看呀我们村,
可惜未住新四军。

(《苏中报》1944.06.12)

开 荒 小 调

朱木人

提起从前实悲伤,
老政府真是黑心肠,
只管要钱和要费,
不问老百姓死与亡。

好哥哥！
更谈不到叫开荒。

开荒事情莫马虎，
不可当着鸦鸦乌，
这事拼命齐出力，
为的是当前日子苦。
好哥哥！
开好以后有生路。

开荒事情不算难，
只要大家出力干，
人又多，心又同，
有了组织容易办。
好哥哥！
蚂蚁搬动太行山。

开荒为的是生产，
怕有坏人来捣蛋，
不要顾前不顾后，
注意他把谣言散。
好哥哥！
大家一起来防范。

努力开荒莫偷懒，
走在人前做模范，
拿出精神多翻土，
更要起早带睡晚。
好哥哥！
能劳动的是好汉。

政府关心老百姓，
以前日子太苦辛，
号召大家来生产，
利用废土来生金。
好哥哥！

莫负政府一片心。

开荒事情要仔细,
政府为我们费心机。
人说我们扶不起,
我们定要争口气。
好哥哥!
切切莫要当儿戏。

开荒大事莫忘记,
多种五谷有生机,
目下虽然吃点苦,
明年已成好田地。
好哥哥!
子子孙孙收大利。

开荒虽然烦点神,
是为自己不为人,
无论哪块有荒地,
把它一律来开成。
好哥哥!
从此以后有升腾。

要过好日子快开荒,
一心一意定主张,
多种豆子有油吃,
多种棉花有衣裳。
好哥哥!
有吃有穿好风光。

从前开荒白吃苦,
收成全归白老虎,
现在已经全打倒,
一切自己来做主。
好哥哥!
自己的事莫马虎。

日本鬼子花样多,
"扫荡"之外还封锁,
我们生产增加了,
对他来个反封锁。
好哥哥!
打走鬼子就好过。

(《苏中报》1944.06.19)

反 抢 粮

吉 甫

大麦小麦已登场,
红眼敌伪狠心肠,
麻袋绳子准备了,
专钻空子下乡抢!

大家快把粮藏好,
车子去盘河下椿;
站岗放哨更加紧,
严防奸细混进庄!

基干民兵游击队,
刺刀磨快弹登膛,
敌伪来了齐动手,
请他快快见阎王。

(《江潮报》1944.06.28)

战 争 七 年

田 园

悼阵亡将士

战争七年。
为了国家,为了民族,
新四军的将士流下了鲜血。
他们的血是红的,
好像清早的太阳;

好像太阳一样明亮,
照着我们的方向。

战争七年。
为了人民,为了革命,
多少同志的牺牲,
也就是为了我们
这,活着的一群。
但是,他们的牺牲是值得的,
为了革命,为了人民,
他们的名字刻在墓碑上,刻在历史上,
也刻在千万人的心坎上!
他们是被敌人杀死的,
他们是被敌人谋害的。
敌人的刀
割断了,他们的脖子,
割不断了他们的意志,
我们的意志,
我们的意志连着他们的意志,
敌人的刀
割不完,中国人的头,
——革命的志士的咽喉;
敌人的刀
割不掉,共产党
和真理。

战争七年。
为了真理,为了共产党,
他们的牺牲决不冤枉,
共产党不忘记他们,正像不忘记自己的疤痕,仇恨!
只要敌人还有杀害我们的力量,
我们将,永不妥协,
和敌人的暴虐
作殊死的斗争,
直到最后把敌人战胜!

战争七年。
为了国家,为了民族,

新四军的将士流下了鲜血。
我说:"新四军的将士们,
你们放心,
我们活着的一群,
决不辜负,
你们的要求,
我们的要求,
全国人民的要求。
你看,这里还有我,
我的一颗头颅!"

(《盐阜报》1944.07.06)

新 四 军

马启明

你纵横华中千万里,
你渡过江涛和海浪,
北到淮北,
南到浙东,
东到大海,
西到鄂中,
到处有你的足迹,
到处有你的威风。

你在这些地方成长,
你在这些地方壮大。
你有了:
强大的主力,
强大的地方武装,
无数民兵布满了
个个村庄个个乡。
你打仗像吃饭,
三天不打心作痒。
大炮、榴弹、机枪
一齐带上战场。
打据点,
攻碉堡,

机枪在叫,
榴弹在响,
你好像没有听到,
敌人的炮声,
你好像没有看见,
敌人的飞机。
你只知道:
这里是中国的人民,
这里是中国的地方。
你决心,
赶走鬼子,
你要老百姓得到解放。

车桥大胜仗:
碉堡,在你的炮弹下坍下,
鬼子,在你的榴弹下死亡,
人民,在你的战斗中欢喜到发狂!
车桥,是韩德勤手上失掉的地方,
车桥,靠了你才得到解放!

天井里,
空场上,
摆着一块门板,
这是你的课堂。
一排排,
一行行,
枪靠着右边坐在背包上,
紧握了笔管,
你在细心听讲,
听懂了,记下来,
免得把它遗忘。

坐久了,
站起来唱。
高兴了,
大家笑一场。

学习本领去革命，
学习本领去打仗。

荒田里，
草地上，
你手握着钉耙，
你抓紧了铁铲。
泥土和草根，
一块一块翻过来，
让荒地变成了熟田，
自耕自食，
减轻了老百姓的负担。

你住到一个地方，
男的帮你借门板，
女的帮你补衣裳，
小孩子
摸摸你的枪。
大家好像一家人，
融洽得鱼水一样。

你移动了，
装上门板，
捆好稻草，
屋子里，
场地上，
打扫得漂漂亮亮，
说一声：
"老板呀，
谢谢你，
下次再会！"

(《苏中报》1944.07.07)

打了胜仗

克 襄

胜利品，乱糟糟地堆满了一场。

修枪的机器、
留声机、
铁丝网,
还有数不清的黄军装,
一船一船起上来,
点了一样又一样。
破庙的大殿上,
今天不比往常。
石板成了俘虏们的床,
睡的睡,躺的躺,
有的哭,有的叹。
伪军的太太们,斜倚着破包裹,
心里或者也在盘算,
不该嫁个男人当二黄。

(《人民报大众》1945.05.06)

红旗手——徐家标

陈允豪

"三一"部队徐家标,(注)
是个头等好班长。
生来不爱多讲话,
可是班上人人拥护他;
拥护他忠诚勇敢坚定顽强。

徐家标打仗就想缴机枪,
"机枪哪儿叫,就往哪儿冲!"
动员时候这样说,
打仗时候这样做,
阜宁战斗里缴到两挺好机枪。

这一回淮阴城上打大仗,
徐家标扛一面红旗爬城墙。
没有爬城他先说:
"死,也要把红旗插上城墙,
我死了指挥交给副班长。"

南门城上摆下杀阵，
汉奸潘翰臣梦想阻挡大军，
几十挺机枪下大雨，
手榴弹炸得天摇地晃，
徐家标带着红旗勇往直上。

红旗手在弹雨里冲，
红旗手在杀阵里走，
千百战士潮水涌，
徐家标飞在潮头上，
红旗威武飘在顶前方。

爬上梯子两三步，
徐家标已经受了伤，
不怕死，哪怕伤，
英雄没有后退，只有向上；
红旗飘飘直往城头上。

"看啊！
红旗插上城墙了！"
攻城部队齐声欢呼，
红旗好比一支军号，
鼓动大军去把敌人打掉。

红旗飘在城头上，
英雄战斗在城头上；
枪子打中了头，
刺刀刺伤了手，
徐家标还打了两个手榴弹。

鲜血流干了，胸脯刺通了，
徐家标扑倒在敌人机枪口上；
全身打得筋骨四散，
英雄精神打不烂，
淮阴城上有徐家标的名字——永恒常在。

红旗领着大军冲锋,
城里城外人民替红旗祝祷。
红旗下的战士如天神下降,
千万个徐家标攻进了城墙,
敌人——土崩瓦裂了。
鲜丽红旗满城飞扬,
淮阴古城吐出千年怨气。
城头刻上英雄名号:
特级战斗英雄——
红旗手徐家标。
千秋永祭,万世难忘。

注:"三一"部队是新四军三师特务团当时的代号。

(《苏北报》1945.09.17)

解放淮阴城后的巡礼

方　徨

解放淮阴城的第二天,
看热闹的人,
拥挤大闸口上,
就像闸下大运河那浪头涌涌。

十里大街——
米、面、盐、
洋火、旱烟——小贩,
吃食摊子、生意人,
士兵,
宣传队、进城啦!

东门大街,
白玫瑰,理发师剪子弄得嗒嗒响,
衣服店洋机隆隆缝衣裳,
卖花粉胰子店
正加紧洗刷铺面。

茶叶庄、摄影馆,

"开张啦"！
"新四军买卖公平,凭良心不做生意,发痴!"

一回儿
民兵队伍从乡下进城参观,
一回儿
乡下抬了猪羊敲锣打鼓慰劳队伍。

没有到过淮阴城,今天来看看,
到过淮阴城的人,今天也来看看,
新四军解放了淮阴城,
谁不想来看看?

淮阴城
今天像个万花筒;
说不尽、数不尽,
只能拣几件事情说把大家听听。

第一件事:
满街
五光十色的标语。
一个宣传员
爬在高梯子上,
爬在"中央储备银行"墙上,
专心一致地描画一个
中国人底心里人——
人民领袖毛泽东;
用鲜艳的颜色
涂得光彩夺目,
使人民领袖灼灼有光的眼神,
射注到街心中。
人们在他跟前来回走过,
都要停止脚步对他一看,
人们对他望,
他对人们笑,
他笑得比一切都美丽,

比含露的花朵、
比侵(清)晨的太阳、
比市上初红的枣果、
比胜利的战士脸上底红晕。
画得活龙活现，
毛主席像在说：
"我永远在这里了，
城市里的人们呀，
让你们天天在我跟前走过。"
我看见您：
脸色一天天的红润，
体格一天天的宽胖，
财产一天天的丰富，
心情一天天的喜欢。
一白发老人翅起白发，
用根红木手杖指点着；
一个战士告诉他：
"这是毛主席！"
白发老人笑说：
"看不出，书生模样的人
就是共产党领袖。"

第二件事：
满街
脚底下
成堆都是储备票。
储备票命运，
和潘干臣贼子命运一起完了。
在警察局墙上，
贴一张黄色标语：
"抗票
人民的票子
永远的使用！"
几个艺术字。
下首聚集一堆儿童——
是几个香烟小贩

把两张"江淮"票,
荣耀地和艺术字比一比。
把成叠的储备票撕得纷纷飞。
他们不识字,
可是全懂得标语的用意。
他们说:
"用抗票,我的物品卖得便宜些!"
城里大老板,大厂主,
买卖交易
用异常信用的眼光,
把抗票珍贵地收藏起来。
抗票
——成了市上最体面的东西。

第三件事:
新四军
部队驻在街上
城市里人很惊讶这些部队。
战士擦枪,
老奶奶围了看,说:
"新四军真是神兵,眼一撩就上城了,没指望一下就打下来了。"

看见一个小窃钻到门窗洞开的店铺里,街上巡哨的战士就问:"你做什么?"
小窃就吓滚蛋了。
街上门开没人的店铺,
安安全全,
新四军这样保护它!

齐整武装的战士,
街上来回,
若是有个把风纪扣忘记扣上,
会给岗哨叫回去。
城市里人说:
"新四军纪律严明,天下少有!"
战士们伏在柜台上,
写字、读书、看报、上课,

老百姓好惊讶:"文武全才的军队。"

活泼泼的战士
爬在缴获的大汽车上,
二十几辆——
跳蹦、吹笛、唱歌、
在场上逗引缴获大洋马,嬉跳。
伴了
投降的二十八师,
他们穿了新四军军装;
新老战士,
融洽在一起。
每个战士都是宣传员,
闲暇下和店里老板谈笑。

战士问:
"老板,打仗受惊吓啦?"
老板眼泪果果说:
"我直行以为过不了中秋节,
躲在床肚里,
怕的不是子弹,
怕的是二十八师一败胡来。"

战士问:
"大妈,晓得新四军吗?"
大妈说:"巴得眼睛胡桃大啦!
在水码头上淘米洗菜时辰,
婶妈姊妹们总嘴接耳朵的传说些,新四军的好处。"

两天光景已经像一家人,
——在叙说家常。
战士们爬在占领的城楼上,
哈哈大笑,
一种胜利者、占领者、
正义行为的大笑!

要说的太多了,
拣几件事情说把大家听听。
于九,十,淮阴。

(《苏北报》1945.09.17)

歌颂您——苏皖

林在午

啊,苏皖
笼罩着黎明曙光的
我们的苏皖!
风车带来了丰收,
搏斗带来了自由。
人们不忘记
这用血换来的日子,
不会忘记垦殖一块土地。

凛冽的寒风拂着太阳,
太阳放射出温暖的光,
抚摩着自由的苏皖,
善良人民的苏皖呵!
人们不再是恐慌,
更不再受鞭打掳掠。

那垂涎的野狗,
那狼心的蠹虫们,
时刻想毁坏这乐园,
然而
人们与保卫者
决不让梦幻兑现。
苏皖!
你的儿女们
会用一切的力量
追寻更多的希望,
更会昂立在自己的田庄上
向你歌唱!
让人在寒意的晴空里,

传出对你歌颂的声响。

(《江海导报》1946.02.11)

记一个人的殉难
——悼迅逸兄

章品镇

两眼蒙上布,
手镣脚铐,
被押上车。
(一线希望驰出去
断了,断了,
和生命一齐被投向漆黑的深夜。)
苦刑后
失魂的脚
踏上舢板
心浮在
呜咽的夜潮之上。
极目两岸,
迷茫的夜,
迷茫的水和天
江南的人
江北的人
都睡着。
朋友,朋友,朋友,
你挨上几刀?
再加上几枪?
然后被推下?
不尽长江,
迎着黎明,
载你远去,
永远寂寞的大洋……
为自由,为自由,
为自由而死的人呀!

(《江海导报》1946.04.16)

长江咏

阿 二

看长江万里，
多少迂回曲折；
日夜不停地东流到海，
又多么平等——自由——团结。
上下五千年，
浪淘尽无数英雄豪杰；
问那些统治者，
几个爱民如子，
民归之，如水之就下。
鉴已往，望将来！
谁是意中人，值得我民众欢迎热烈？
还须鉴别。

(《江海导报》1946.04.16)

蝗虫和中央军

戴爱棠 何 干

小蝗虫，颜色黄，
它飞到哪块，
百姓就遭殃，
滩柴熟草都啃光，
庄稼禾苗白白长。

中央军，身色黄，
他驻到哪块，
百姓更遭殃，
衣服什物他都要，
庄稼上场一扫光，
无理发动打内战，
谁都含恨痛心肠。
同胞们，请想想，
蝗虫和中央军，

哪能分出两个样!

(《盐阜大众》1946.05.28)

洪泽湖草民谣

刘兆楠　周象琰　陈学广

放下锣,丢下鼓,
听咱草民谈苦楚:
自从草滩落下户,
砍草为生把嘴糊。
每天早早起、迟迟睡,
撑着船、拿着刀,
来到草地里,
一刀一个血口子。
进了苇草滩,
柴尖戳人如刀山。
脚踩苇柴根,
泥水有腰深,
上面太阳晒,
下头水汽蒸,
弄得浑身汗淋淋。
到冬天,更可怜,
身上没得一点棉,
缩着腰,撑着船,
战战兢兢撑到草滩边,
冰冻渣渣赛刀尖,
可怜穷人没法子,
忍着痛,受熬煎,
忍疼不住喊声天!

想从前,日子苦,
大滩主,二滩主(一),
剥削咱们赛狼虎,
倒四六,倒三七,
卖草咱们不做主。
二滩主,点子孬,
他同买户勾结好,

草钱他拿用,
刀户一文捞不到。

封建恶霸高平轩,
欺压咱们在滩边,
私养兵丁几十个,
生活全靠草民捐。
灯油费,草鞋捐,
每天还要保护钱,
如若刀户说不字,
麻绳捆,皮鞭抽,
吊过还要麻绳钱。

肚里从没吃过饱,
身上衣裳不遮×,
拿起扁担拾乱刀(二),
顶头碰见打二梢(三),
他说苇锄我们包(四),
要拾就得买刀条(五);
不买刀条不准走,
苇锄全部没收了;
两手空空回家转,
老婆一急去上吊,
穷人日子怎么过,
出头日子哪天到!

咱草民,实在苦,
滩主剥削不算数,
还有坏蛋土中央,
——名字叫九路;
到草滩,上门户,
张老三,李老五,
问你家在哪里住?
不管穷和富,
写上登记簿,
船头捐,落地税,

地亩捐，营业税，
晒场钱，印花税，
符号钱，生活费，
香烟钱，保险费，
……
没底捐税且不算，
还有其他小零碎，
打把事，靠面子，
派东西，惹人气，
一个本，十个利。
白天明敲诈，
夜里又来抢，
要问他是哪来的？
他说咱是土中央！
拿着树棍当钢枪，
天地炮，怀里装，
冒充合子和手枪，
咱草民，心吓慌，
完全跑得净大光。
坏家伙，真正孬，
抢去洋钱和钞票，
衣服被子大卷包，
口粮食物他都要，
锅碗瓢勺一担挑。

只说痛苦一辈子，
哪晓得太阳走咱门前过，
来了救命恩人共产党，
打跑九路土中央，
把咱草民全解放，
组织草民会，
取消二滩主，
算清了旧账，
滩主没钱草滩让；
组织生产又互助，
减息又减租，

过去倒四六，
现在二八分，
苛捐和杂税，
一律全废除，
家把咱们当，
选举好人做干部；
土匪都肃清，
到处能把船儿住。
共产党待咱好处无其数，
把咱生活来照顾，
春天借贷款，
冬天放口粮，
不问老和少，
个个喜洋洋。

现在反动派，
又把孬心想，
调虾兵，派蟹将，
想夺咱们好家乡。
团结自卫力量强，
坚决和他干一场！
叫声反动派，
不要再梦想，
你如果来到湖边站一站，
打得你尸骨不还乡！

注：(一)"大滩主"指柴滩地的地主。"二滩主"指柴滩地主的狗腿子。
(二)"乱刀"就是乱柴，水下一尺多高半截柴根子。
(三)"打二梢"是地痞流氓来在滩上鬼混，吃白相饭。
(四)"苇铡"是土话，和"乱刀"一个意思。
(五)"刀条"就是一张刀给他多少钱，他给你一个收条，给钱拿到"刀条"拾乱刀就没事了，不然没收，连扁担也收去。

(《盐阜大众》1946.07.22)

洪泽湖上的鸭枪队

陈一石

鸭枪队，组织好，

力量大来本领高。
小溜子,水上漂。
弹药箱,枪跟靠,
草滩里面钻,
沙坝边上绕,
人不见,他就到,
平打展翅雁,
高射过天鸟。
坏蛋一见魂吓掉,
站不住脚就要跑。

鸭枪队,办法多,
过去洪泽湖是土匪窝,
现在变成安乐窝。
魏三安河扎大营,
一下子打死它三百多。
国民党前来敲竹杠,
三枪打得他划子沉三个,
就连那只轮划子,
也吓得飞跑回头躲。
洪泽湖上老百姓,
个个都说鸭枪队救了我。

鸭枪队,威风大,
坏蛋一进湖,
鸭枪队就答话,
吓得土顽高铸九,
认了鬼子做爸爸,
跑到敌伪区,
再也不敢把湖下;
日本鬼子也害怕,
打盱眙,江山下,
打坏它两只钢板划,
打死七、打伤八,
鬼子吓得直喊呀呀呀!
这场大功劳,

人人都把鸭枪队来夸。

鸭枪队,真正凶,
洪泽湖上称英雄,
装好弹和药,
不让国民党来进攻。
白天站路岗,
夜放流动哨,
叫坏蛋特工行不通!
保家乡,保湖产,
保卫洪泽湖像铁桶!

(《盐阜大众》1946.08.09)

女村长余德英

惠 霖

余德英,你
三寸长的小脚,得得地敲,
引起人们的欢笑。
笑你积极,
笑你坚强,
笑你灵巧。

三十二年春天里,
丁埝黄狗把你捉去吊,
咬紧牙关,你一句话也不摆。
问你乡有多少民兵,
回说:"你休想知道。"
问你乡妇女哪个娇,
你狠狠地刺了一眼:
"狗,你家也有女将!"

去年八月
新四军解放如皋,
你到前线去慰劳,
你说:
"新四军来,我家日子才过好。"

火烧的太阳底下,
你浸在臭汗里,
帮伤员洗血染衣裳,
整整四天没直腰。
区长笑道:"村长辛苦了!"
你摇摇髻子,笑一笑:
"替自己兄弟洗衣,谈不到!"

麦子抽新苗,
你又把伴工队组织好,
转变了二流子徐德林和徐德镖,
还有那癞子胡四藻。
民兵苏林祥生病,
二亩田麦穗儿要往下掉,
当夜你睡个大早,
明早露水没干,
八个麦秆齐挑上场;
苏林祥脸上泛起
满意的微笑:
"亲姐妹不会待我这样好!"

从毛毛雨到亮月高照,
你以为从此天下太平了,
哪晓道蒋介石贼心不死,
拿起美国枪炮,向自家人开刀!
你美丽的"将来"
全被反动派烧掉!
民主政府发出号召:
参军,参战,后勤搞好,
全民动员起来,
保卫家乡和自己的田庄。

你立即用行动响应了号召,
七月二十日晌晚,
带着妇女着忙奔跑,
黄绑腿做圈套,

套住了大帽子的颈项就跑,
闯进解放区的野猪哀哀求饶,
数一数,二百五;
还有几支美国造。
余德英,
你现在做了模范村代表,
人们见你都把指头翘:
"只有解放区
才出女英豪!"

(《新华日报》1946.10.06)

人靠田来田靠人

严服群

人靠田来田靠人,
　　田是命根,
　　人是真神;
　　人靠田养,
　　田靠人耕。
种田全靠手脚勤!
　　你也下劲,
　　我也下劲,
　　大家下劲,
　　加紧春耕。
土地平分下劲干!
　　大家流汗,
　　大家吃饭;
　　不剥削人,
　　伴工生产。
满田长得油绿绿!
　　田里的麦,
　　身上的肉;
　　全靠自己,
　　不等"天"福。
偷懒自己最上当!
　　有粪不上,
　　好田变荒;

　　　　一家老小，
　　　　　　饿断肚肠！
　　春不种来秋没收！
　　　　多理田头，
　　　　多长苗头，
　　　　忙好生产，
　　　　穿吃不愁。
　　起早带晚做活计！
　　　　人靠勤俭，
　　　　田靠粪水；
　　　　日打夜巴，
　　　　粮饭到嘴。
　　下劲黄土变成金！
　　　　贫农中农，
　　　　合一条心，
　　　　生产认真，
　　　　发财翻身！

(《苏北日报》1947.07.24)

我们是自愿来的
——记射阳后勤大队

江　流

这回拔盐城据点，
我们当然来了哇！

我们是自愿抢着来的，
去年上过山东的人也来了，
年龄超过五十岁的也来了，
没满月的新郎哥也来了，
边区的青年瞒着蒋狗——
偷偷的也来了；
四明区本来要担架九十副，
却来了一百〇四张。

我们肩膀上披一块破布，
腰眼里扣一个水葫芦，
挑起笆斗担子，

扛着担架床，
就"开路开路"了。

横跨过黄沙荡，
飞渡了新峰港，
我们又穿过了——
茫茫的草滩和盐场，
磨磨拳头上了前方。

枪声一响，
个个精神陡涨；
同部队一起冲，
把伤兵朝下抢。

我们有个人，
腿已挨炮弹炸伤，
他还抬着担架床，
一会跑了五十几里，
把伤兵抬到后方，
他自己也掀得直踉跄！

还有哩：
又有一架床上，
抬了两个老乡。

还有哩：
我们在伍佑，
夺到了一挺重机枪；
我们把它送把老部队，
因为它们留着有更多用场。

有的挂了花，
有的掼倒了，
但是我们只把牙一咬；
装孬吗？
真正谈不到；

一心要把蒋贼打倒。

只要看这一点，
就可以看出天下一定是我们的，
蒋贼终究不得交消。

(《苏北日报》1947.09.04)

涟水保卫战
（快板）

民间艺人老苗作

初三、十三、二十三，
公公就把儿媳搀，
有人问他哪里住，
涟水西门住大关，
八路撵走日本鬼，
一家数口得平安。
无事正在家中坐，
天上飞机乱翻翻，
蒋机无故丢炸弹，
被他炸得我腿弯，
公公一看慌张了，
磕磕冲冲将她搀。
炸伤好多老百姓，
姓冯一家炸光干。
恨人不恨别一个，
老蒋就派动刀斩，
一心一意打内战，
闹得百姓心不安，
双十协定不遵守，
一心独裁坐江山。
真砍实杀不是对手，
美国去了好几番，
天上让人飞机走，
地上美国营盘安，
兵权让给美国掌，
军舰准许住海关，

他拿祖宗把飞机换,
又拿儿女换炸弹,
武器全是主权换,
换来武器成大摊。
四路八阵调兵马,
带兵官员十二三,
你问将官哪几个,
大家听我说一番!
白崇禧与汤恩伯,
顾祝同同阎锡山,
调来将官李延年,
还有陈诚胡宗南,
将官一言说不尽,
全是一班大坏蛋,
到处进攻吃败仗,
老蒋气得把眼翻。
蒋介石,
心不安,
不是怪李四,
就是怪张三,
刘峙被他撤了职,
顺带苏中李默庵,
撤职将官无其数,
还有多少被他看。
蒋介石,
心如刀斩,
不灭八路心不安,
嘴里说大话,
其实本事不怎干,
南京调来警卫师,
想在苏北拼一番,
过了宿迁奔洋河,
遇见八路撞刀山,
一路死伤无其数,
实数倒有六千三,
八路设下空城计,

让他大兵住淮安。
蒋介石，
狗贼奸，
正中我们巧机关，
大被蒙头不知道，
带兵又过河大关，
八路又用口袋阵，
周围包得如刀山，
远的就用机枪扫，
近的就用刺刀斩，
还有多少不投降，
跳下黄河把水淹，
只说回头有生路，
没想还是进鬼门关，
有的吓得呵抖抖，
坐在地上把眼翻，
还有没死爬不动，
只行如同得下瘫，
还有就朝地上睡，
死尸直朝身上扳，
死伤总有两千几，
剩下几个转回还，
一头跑到地河南，
连跑带吓一身汗。
当官的一听慌张了，
悲悲切切把气叹，
目瞪口呆没注意，
你看到底怎么办？
旁边过来王营长，
大家听我谈一谈：
现今我有我主意，
拿出来把大家看，
明天早上飞机到，
各营各连选精干，
带机枪，
手榴弹，

各人冲锋不要怕，
如然哪个朝后退，
盒枪打死他王八蛋。
他们这样商议好，
明早就照这样办，
过了河，
望北翻。
一头到了黄河滩，
机枪没命扫，
大炮满头掼。
新四军队伍真不少，
涟水城南布机关，
当中朝后退，
二面望上翻，
活抱营长王八蛋，
回转机枪头朝里，
新四军打仗实在管。
蒋家兵，
得下瘫，
个顶个，
把眼翻，
上天天无路，
入地鬼门关，
插翅又难飞，
落在天罗地网间，
个个号啕大声哭，
眼泪都哭干。
一气开口骂，
都骂老蒋狗贼奸，
造你祖宗王八蛋，
不派叫我爬刀山，
送我们士兵来送死，
你在后方吃喝玩。
上天有人被俘虏，
回来都对我们谈：
新四军，

为着人民求解放；
蒋介石，
为着独裁坐江山。
新四军开火官长前领导；
蒋家兵，
官长怕死不动弹。
新四军，
打仗百姓出后勤，
自告奋勇乱翻翻；
我们打仗哪有什么后勤队，
百姓跑反乱翻翻。
新四军受伤即刻有人担，
一直抬到休养所，
百姓个个来问安，
儿童个个来慰劳，
妇救会，
烧茶弄饭洗衣衫；
蒋家兵，
就说打死没人埋，
太阳晒成死人干，
不连受伤没人问，
听天留命走一番，
到这会，
没有军队来增援，
一定要上鬼门关。
中央军，
正在个个嚎啕哭，
亲妈妈新四军队伍来得欢，
二十分钟也没有，
蒋军被歼括括干，
前后死伤五千几，
活抱倒是有两千三。
新四军冲到里面看一看，
个顶个来不动弹，
一齐上前拾枪械，
喜死人，

都是美国炮和枪,
大炮小炮无其数,
拾拾堆成一大摊,
也有美国卡宾式,
火箭炮来水机关,
轻重机枪几百挺,
美式步枪拐球弯。
加拿大手提实在好,
雪白如银没有斑,
机枪也有汤姆式,
声音好似撞倒山,
快机盒枪也罢了,
榔头手枪没人扳,
子弹得到真不少,
满箱足数六千三。
老蒋是我们运输队,
美国是我们造枪大机关。
这本是,
保卫涟水大胜利,
在位的,
更大胜利还在后边。

(《淮海报》1946.11.07)

做双慰劳鞋

吴德生

小大姐,坐妆台,
一天到晚剪又裁,
人问大姐做什么?
她说:
"脚下大反攻,
做双慰劳鞋,
送把新四军,
穿去好打反动派。"

(《盐阜大众》1948.02.18)

不亏毛主席亏哪个
（秧歌词）

彭 勃

少啦少啦多啦多，
不亏毛主席亏哪个，
穿不愁来吃不愁，
又得田来又得牛，
穷大龙，出了头，
掌印把，抓大权，
一切事情行民主，
翻身当家多自由，
不亏毛主席亏哪个！

（《盐阜大众》1948.02.18）

匪币和华中币

沈 云

匪币如废纸，
不久像"储备"，
趁早排出去，
才得不吃亏。

匪币跌价如山倒，
留在身上天天少：
匪币过一天，
十万变八千；
匪币过一宿，
一万变八百；
蒋贼一打倒，
擦屁股也嫌小。

匪币到了你，
东西贵一倍；
匪币到了他，
又是新价码；

大家想法来排除,
组织出口多买货。
华中票子真不错,
人民利益他保护,
繁荣市场交易多,
有根有底颠不破。

(《江海日报》1948.06.30)

救命的运棉河
——记开北村棉民郝锡甲的谈话

黄海平

我自从搬到这里来,
真是十年九不收。
秋天稍微下几寸雨,
田里的矮草就不见头;
呼啦呼啦尺把深,
青蛤蟆成大趟的在家里游;
家里的水要朝外戽,
伢子都爬在小桌上登。
田里不谈庄稼了,
就是半人高的青草盐蒿,
也烂的烂倒的倒,
二十五亩收不上二十五担草。
我真发怨,我想不种这倒头埂!
可是,地主要发狠:
"到一方,歇一处,
——你跑到沥山都没田种。"
穷日子我真过够了,
今年指望明年好,
今年田里"咕咙沟",
春三头上稀粥都喝不饱。
共产党来了我才转了机,
五口子分到二十五亩地。
民主政府处处为穷人,
领导群众生产出主意。
今年春上,

开了四十里长的运棉河。
你莫看轻了这条河,
真是我们救命的河;
大雨小雨不受淹,
庄稼从此保得住!
不瞒你,
我今年收入斛稻头,
三斛多秋秋,
还有十四五担籽花也靠得住。
只怪我,
五亩多地没下种,
就这样,今年已是小快活。
我心里想想真高兴,
要不是开这条河,
今年的收成哪块有这么多?!

(《新华日报》1948.11.04)

横渡长江

小　王

长江水,浪滔滔,
挡不住民主大高潮。
大高潮,像海涛,
千军万马准备好。
准备好粮和草,
支前工作大家搞。
大家搞,立功劳,
横渡长江把仇报。
把仇报,
把仇报,
彻底推翻蒋家小王朝。

(《江海导报》1949.03)

黑 乌 鸦
(小开口)

孟庆秀

国民党飞机像黑乌鸦,

飞来飞去闹喳喳；
八年抗战百姓苦，
问你却在哪里躲。
苏北你也曾来到，
韩德勤靠你送钞票；
钞票送来千万斤，
叫他反对新四军。
那时候你呀真正孬，
躲躲藏藏飞得高；
看见日本飞机你就逃，
好比老鼠看见猫。
新四军来真勇敢，
他把鬼子二皇全打跑，
人民自由又快乐，
你为什么反来闹？
说你孬种真孬种，
打起鬼子不中用；
杀起人民格外凶，
机枪咯咯炸弹轰。
孬种飞机你不要胡闹，
人民力量你吓不倒；
如若你再敢瞎胡闹，
机关枪打得你往地上掉。

（《盐阜大众》1946.06.28）

纺纱组长顾学英
（快板）

工农余秀英　永富代笔

同志们，细听真，
这春荒，真怕人，
男子要组织生产组，
妇女不要在家里登，
拾草拾菜能糊口，
纺纱也能度荒春。
纺纱的好处说你听：
周集区，二圩村，

顾庄有个顾学英,
她对纺纱顶认真,
姐妹二人挖小蒜,
换来钞票做血本。
她纺纱,比人能,
纺得快,是头等,
一天能纺纱四两,
两天能纺纱半斤。
她家姐妹俩,
车子有两辆,
早晚不断纺,
两天纺一斤,
共纺四天整,
纺出纱二斤,
拿到换纱所,
换来稻头和小饼,
换来稻头六斤整,
换来小饼十三斤,
换来粮食春荒度,
换来棉花有二斤。
她劝姐妹们莫闲登,
纺棉纱,能养身,
妇女被她来说醒,
组织小组六个人,
大家一齐都来纺,
还数她顶能,
纺出纱,算头等,
小组长,她担任,
领导大家来生产,
慢慢熬过这荒春。

(《淮海报》1948 第 1454 期)

缴 公 粮
(五更京儿里调)

一更京儿里,

明月照东方,
部队在前线拼刀又拼枪,
为的是保卫田地和家乡,
老百姓,在后方,
赶快缴公粮。

二更京儿里,
月儿渐渐高,
干部带头快把公粮缴,
缴公粮本是为自己,
消灭那、反动派,
生活才过得好。

三更京儿里,
明月正当央,
大家团结支援前方,
要过日子就要靠武装,
战士们、没吃粮,
怎么能打仗。

四更京儿里,
明月正斜西,
前方部队肚里不能饥,
吃饱饭杀敌冲锋有力气,
公粮呀、公草呀,
赶快要缴齐。

五更京儿里,
月落天要亮,
挨过黑暗就要见太阳,
解放区军民再加一把劲,
打到那,南京去,
活捉贼老蒋。

(《淮海报》第1479期)

送郎出后勤
（梁兄十送调）

寒　星

送郎送到一里塘，
你出担架上前方，
家中事情莫焦虑，
一切生活我承当。（重一句）
送郎送到二里河，
后勤任务要安心做，
在外困难要克服，
完成任务回家转。（重一句）
送郎送到三里街，
转运伤员欢而快，
上高下坡要注意，
爱护伤员理应该。（重）
送郎送到四里崖，
在外对人要和蔼，
遇到困难要帮助，
同胞兄弟一样待。（重）
送郎送到五里庄，
闲时帮帮驻地忙，
节省口粮又生产，
生产支前多光荣。（重）
送郎送到六里桥，
前方一有任务到，
跟随带队出发去，
听到命令要踊跃。（重）
送郎送到七里滩，
遇到飞机莫胆寒，
平心静气来隐蔽，
切勿奔跑乱翻翻。（重）
送郎送到八里溪，
在外冷热要注意，
头痛伤风医生看，
棉布衣裳多带些。（重）

送郎送到九里湾,
后勤任务加紧干,
遇事带头负责任,
争取立功做模范。(重)
送郎送到十里台,
千万不能开小差,
坚决完成大任务,
光荣胜利回转来。(重)

(《淮海报》1948.06.08)

报 喜
(凤阳花鼓调)

沈金铃

锣鼓响,响昌昌,
报喜报到你门上,
你家儿子去参军,
你家三代有荣光。
冬冬昌,冬冬昌,
冬冬昌冬昌冬冬昌!

做了军属有名望,
送个喜报到你家,
喜报贴在大门上,
满屋三间红堂堂。(过门)

鼓儿响,响冬冬,
老爹老太多开通,
送了儿子参军去,
功劳簿上记一功。(过门)

哥哥嫂子也光荣,
弟弟参军去立功,
动员工作做得多,
你也受人来尊重。(过门)

热吵吵,闹哄哄,

军属姐姐也光荣,
妈妈思想不大通,
姐姐一到就真通。(过门)

弟弟妹妹年纪轻,
齐送哥哥去参军,
你到前方去杀敌,
我在家里读书文。(过门)

锣儿响,鼓儿敲,
做了军属多荣耀,
政府群众多优待,
代耕工作定做好。(过门)

蒋贼马上就要倒,
全国胜利快来到,
军属家庭人人敬,
全家老小有功劳。(过门)

(《江海报》1948.11.01)

拿他的枪,打他的人
(快板)

吴庭汉

没得魂,没得魂,
淮海战役第一阶段的缴获吓煞人!
十六天,打掉匪军十七万八千还带零。
六零炮,战防炮,
野弹炮,化学炮,
榴炮山炮步兵炮,
大大小小一共缴到一千零四十又六门。
轻机枪,地下蹲,
四千二百八十挺,
炮弹、子弹要用屯子屯。
这光是十六天里的缴获帐,
后来的还不曾查得清。
好!大家下决心,

快快去参军,
拿他的枪,打他的人,
一齐打到南京城,
活活捉住蒋煞星!

(《江海报》1948.11.01)

支 前
(莲花落)

张万渠　葛政银

莲花板儿响几声,
我把莲花唱你听。
别的莲花都不唱,
支前莲花听分明。

支前为的哪一个,
为的去打蒋煞星。
蒋贼一天不消灭,
中国一天不太平。

一角太平不算数,
全国太平真太平。
军队前方打胜仗,
后方支前要加紧。

不问男女老和少,
大家都要出把劲。
年轻汉子上前方,
运输担架莫后人。

妇女一齐去生产,
磨粮舂米也有份。
年老在家来照料,
儿童站岗防坏人。

支前工作大家事,
不问哪个都有份。

大家齐心出劲搞,
消灭蒋匪才安顿。

(《江海报》1948.11.01)

说 胜 利
(快板)

丁开娴

我军秋季大反攻,
第一个胜仗在山东。
济南大城先拿下,
只打了八天和八夜,
消灭了蒋军十万人,
起义的军长叫吴化文。
关外接连大胜仗,
东北全境都解放。
蒋军有的来投降,
有的起义在战场;
顽抗的终归没好处,
被我大军兜一网。
中原首先拿郑州,
开封敌人没命的溜。
西北华北也打得猛,
几万蒋匪送了终。
淮海前线大炮轰,
黄伯韬兵团先送终。
徐州外围全扫净,
十一月二号解放徐州城。
蒋匪吓得向西南溜,
三个兵团一齐被包围。
增援的兵团叫黄维,
被围在宿西南没路走。
孙元良兵团已经全打掉,
做了第二个黄伯韬。
余下的三个命也不会长,
围困在里面饿肚肠。
黄维兵团去了一大半,

还有两个性命也不会长久。
总计淮海战役开始到现在,
已经打掉敌人几十万。
蒋匪兵败如山倒,
两淮宝应统统都溜掉。
全国胜利已靠近,
大家再出一把劲。
努力支援前线去,
还要扩大解放军,
一齐打到南京去,
活活捉住蒋煞星。

(《江海报》1948.11.17)

后 记

建党 90 周年之际,我们接受了《红色记忆——江苏省档案馆馆藏革命历史报刊资料选编》的编纂任务,从浩繁的馆藏革命历史报纸中,筛选、过滤出 100 余万字内容,编排加工成书,反映中国共产党在江苏这片土地上奋斗求索,领导人民追求国家独立、民族解放的辉煌历程。得益于江苏省档案局党组的高度重视,以及江苏省档案馆有关部门的大力支持和密切配合,终得付梓成书。

本书的编务工作,前期由邹华主持启动,方毓宁、刘维荣、胡若筠、苏海霞参与了编辑方案的研究,刘维荣、苏海霞完成了大部分资料查找复印工作,并进行了初步编排、整理。后期编务由薛春刚统筹,方毓宁、胡卫国进行了补充查档,并完善了内容体系的分类设置和篇章目录的结构编排,胡卫国承担了后期内容的校对工作。朱芳芳、张涛参与了前期部分资料的收集工作。

管理部两任领导姚军、张少敏、刘建,以及姜菊红、蔡红、曹淇铭、陈志远、孙文静、董丽媛等同志不辞辛苦,协助我们完成了繁重的馆藏档案资料查阅和调档任务,在此谨致谢忱!

鉴于水平所限,疏漏差错在所难免,恳请方家和读者不吝指正。

编者

2014 年 7 月 1 日